ܠܟܣܝܩܘܢ ܣܘܪܝܝܐ

LEXICON SYRIACUM

AUCTORE

CAROLO BROCKELMANN

PRAEFATUS EST

TH. NÖLDEKE.

Wipf & Stock
PUBLISHERS
Eugene, Oregon

Wipf and Stock Publishers
199 W 8th Ave, Suite 3
Eugene, OR 97401

Lexicon Syriacum
By Brockelmann, Carl
ISBN: 1-59244-841-0
Publication date 8/30/2004
Previously published by Reuther and Reichard, 1895

PRAEFATIO.

Rogante bibliopola honestissimo me Brockelmanni lexico syriaco pauca praefaturum esse promiseram. Sed, ut primum „prospectum“ ab eo jussu bibliopolae conscriptum legi, me supervacanei quid promisisse intellexi, cum non modo, quod ille exposuit, novum lexicon manuale syriacum omnino necessarium esse, mihi quoque jamdiu persuasissem, sed etiam leges, quas in libro scribendo sibi proposuit, omnes fere probarem. Sed de opere jam absoluto scribere non possum, quod nondum satis id cognovi. In lexico industria et diligentia conscripto multa bona, multa minus probanda investigare facile quidem est; sed quanti re vera aestimandum sit, nemo dijudicare potest nisi, qui longum tempus eo usus sit. Sed non possum, quin praefationem scribam, praesertim cum in fasciculis jam editis lecturis promissa sit. Sententia illa, quae superflua nocere negavit, in lexico quidem non probanda, hanc praefationem quodam modo excusatam esse velim.

Lexico syriaco brevi, locupleti, modico pretio emendo nos jam carere non posse, nemo nescit, qui juvenibus literas syriacas tradidit. Castelli lexicon heptaglotton suo quidem tempore haud contemnendum erat, quamquam non Buxtorfi nedum Ludolfi opera aequavit. Pars ejus syriaca, quam J. D. Michaelis seorsim excudendam curavit, multum quidem literis profuit, sed jamdiu nondum sufficiebat; accedebat, quod pretium antea satis mediocre, postquam omnia examplaria divendita sunt, a veterum librorum coemptoribus nimis auctum erat. Payne-Smithii thesauri ingentis, praeterquam quod nondum absolutus est, aditus tironibus non satis patet, pretium plerisque non tolerandum est. Ceterum lexico syriaco manuali ne is quidem, qui in Syrorum sermone literisque studiorum sedem collocavit, uti aspernabitur. Denique sperandum est fore, ut lexico manuali theologi et christiani et judaei ad linguam syriacam diligenter addiscendam librosque syriacos lectitandos alliciantur, id, quod adhuc non, ut par erat, fecerunt.

Lexica nostra arabica quidem satis perfecta esse potuerunt, cum copiam verborum ab Arabum lexicographis collectam et digestam denuo retractarent.

Sed lexicon syriacum, quod quidem viris doctis satisfaciat, multa librorum syriacorum lectione inniti oportet. Auctor quidem copia, quam Payne Smith immensa diligentia coacervavit, accurate uti profecto non aspernabitur, sed inprimis suis viribus niti debet. Quae vocabula in Peschita et libris versionibusque ante Arabum dominationem conditis invenerit, his testibus ei probanda sunt. Secundo loco opera recentiora ad XIVmum fere saeculum scripta habenda sunt; posterioribus nisi summa cautione non utetur.

Quae vocabula peregrina recipienda sint, vix certo modo definiri potest. Glossaria Syrorum vetera multas voces graecas, nonnullas crudeliter deformatas, proferunt, quae ex his excerptae a „poetis" posterioribus pro pretioso carminum ornamento adhibentur. Hic illic tale quid etiam prius evenit, itaque haec nomina lexico haud sunt omittenda. Porro phrases ut ܐܦܘܕܝܟܣܐ ܥܒܕ (ἀποδεῖξαι), ܐܟܣܘܪܝܣܛܐ ܗܘܐ (ἐξορισθῆναι), numquam familiari Syrorum sermone usitatae, itaque a Nestorianis posterioribus interdum falso pronuntiatae et adhibitae, cum jam apud scriptores saeculi Vti inveniantur, in lexico proferendae sunt. Vocabula quidem graeca legens plerumque lexico non evoluto cognoscet; in vocibus autem seriorum temporum nunquam Ducangii glossario vel opere simili omnino carere potest. — Vocabula originis persicae e glossariis tantum nota quam plurima recipienda sunt, nam pleraque e lingua vulgari aut libris popularibus, quibus acta martyrum fere omnia adnumerare debemus, hausta sunt.

In derivatis verborum proferendis lexicographus arctis finibus se continere potest. A quovis verbo ܩܛܠ nomen agentis ܩܳܛܽܘܠܳܐ, a quovis ܩܰܛܶܠ n. a. ܡܩܰܛܠܳܢܳܐ formari potest etc. Ut igitur participia, nisi quidem propter formae vel sensus proprietates quasdam proferenda sunt, silentio praetermittuntur, ita plerumque ܩܳܛܽܘܠܳܐ, ܡܩܰܛܠܳܢܳܐ, ܡܬܩܰܛܠܳܢܳܐ etc. quoque praeter verborum formas enumerari non oportet. Porro abstractorum in ܘܬܳܐ—, adverbiorum in ܐܺܝܬ— formatio tam facilis, sensus tam manifestus est, ut e. g. praeter ܢܰܟܺܦܳܐ etiam ܢܰܟܺܦܽܘܬܳܐ et ܢܰܟܺܦܳܐܺܝܬ proferre supervacaneum sit. Qui noverit, quid verbum formae ܩܰܛܶܠ vel ܐܶܬܩܰܛܰܠ significet, ei formas ܡܩܰܛܠܳܢܽܘܬܳܐ, ܡܬܩܰܛܠܳܢܳܐܺܝܬ etc. indicari non oportet. Valde miror, quotiescunque tales formae in quovis libro novo inveniendae lexici incrementa nominantur. Eodem jure cum in libro nuper edito verbi cujusdam 2. pers. pl. m. perf. casu quodam prius non lectam inveneris, ut vocem antea ignotam indicare liceret. Sed hac de re pluribus verbis disseri potest. Neque etiam valde dolendum est, si quando in lexico manuali desit Ethpeʿel, quod merum passivum, vel Afʿel, quod merum causativum verbi Peʿal commemorati est.

Nomina propria omittenda sunt. Cum quando literae syriacae multo melius quam nunc cognitae erunt, tum tempus erit nomina locorum et hominum syriaca et persica colligere et digerere. Sed tunc quoque lexicographus quidem aliis negotiis vacabit quam colligendi innumerabilia nomina graeca et biblica, quae forte in libris syriacis inveniuntur; quasi quis in lexico germanico omnia nomina scriptorum arabicorum vel oppidorum sinicorum proferret, quae forte in hoc sive illo libro germanico commemorantur.

Optandum est, ut lexicon in Pĕʿal formam imperfecti et in nominibus interdum formam sing. st. abs. et cstr. aut plur. indicet. Sane quidem formae proferendae non sunt, nisi quae certae sunt. Idem saepe de omnibus vocalibus dicendum est. Vocabula, quae, quo modo pronuntiata sint, non constat, vocalibus fictis ne instruantur!

Mihi quidem laudandus non videtur, si quis lexico manuali linguis inter se comparandis inservire velit. Facile levitati et neglegentiae opem feret. Probo tamen, quod hoc opus vocabula e lingua assyriaca recepta Petro Jensenio auctore indicat. Multa vocabula sunt, quorum formae in sermone syriaco offendunt (e. g. ܗܝܟܠܐ, quod ex lege syriaca ܗܟܠܐ esse debebat). Nimirum ideo supervacaneum non erit, quae vocabula ex assyriaco in aramaeum sermonem migrarint, via ac ratione investigare et retractare. De nonnullis quidem vocabulis dubitandum erit, receptane an ab origine utrique linguae communia fuerint.

Dispositio secundum radicales non solum scientiae rationibus probatur, sed etiam longe commodissima itaque sola est, quae admittatur. Nam in lexico disponendo id praecipue agendum est, ut vocabula quam facillime inveniantur. Falluntur, qui hoc in hebraico non agnoscunt, quia tironi primum quidem paulo difficilius erit, מִפְּעַל sub litera פ quam מ invenire; licet tamen illi initio statim discendum sit, הִפִּיל s. v. נָפַל quaerendum esse. Attamen ne quis putet ternis vel quaternis consonantibus, ad quarum ordinem vocabula disponenda sunt, semper veras horum radices effici. De his alii aliter judicabunt, quique post nos his studiis vacabunt, de multis aliter quam nos sentient. Forsitan utile videatur, ut nunc jam radices mediae geminatae ita etiam radices mediae ܘ et ܝ biradicalium loco disponere. — Radices secundariae eae etiam, quarum origo manifesta est, ut ܫܥܒܕ et ܥܒܕ, ut nunc sonant, proferendae sunt; tamen equidem ܫܥܒܕܐ s. v. ܥܒܕ ut ܐܣܢܩܐ s. v. ܐܣܐ ponerem, lecturos s. v. ܫܥܒܕ ad ܥܒܕ delegans.

Quo facilius inveniantur, etiam voces peregrinas secundum ternas priores literas consonantes disponendas esse, jam lexicorum semiticorum auctores, qui XVIImo saeculo floruerunt, recte intellexerunt. Concedo in hac quoque re molesti aliquid restare. Tali modo ܟܘܠܐ s. v. ܟܠܐ aut ܟܘܠ, ܟܘܠܝܬܐ s. v. ܟܠܝ

ponenda sunt; re vera quidem alterum altero non multum distabit. Litera vocalis ܗ jam in syriacis nonnullas nobis difficultates parat, cum saepe nesciamus, longamne an brevem vocalem exprimat, sitne forma radicis עי an עע. In vocabulis graecis ܗ pro ο quidem modo ponitur, modo omittitur. Porro in vocabulis graecis jam priscis temporibus saepissime, non tamen semper, ι littera ܝ exprimitur. Scholae quaedam plerasque vel omnes vocabulorum graecorum vocales literis vocalibus, α litera ܐ, adeo ε litera ܗ, reddiderunt. Ergo, si quis vocabulum graecum, quocunque modo scribitur, ita lexico inserendum esse censeat, interdum locis plane diversis id disponat et lecturum hinc illuc deleget oportet. Multo igitur simplicius est eo loco vocabulum ponere, qui consonantibus indicatur. Qui ܟܝܪܘܛܘܢܝܐ χειροτονία quaesiverit, inveniet s. r. ܟܪܛ, ubi etiam ܟܪܛܘܢܝܐ affertur aliaeque formae ܟܝܪܛܘܢܝܐ etc. facile suppleri possunt. Innumerabiles vocis παῤῥησία formae facile s. r. ܦܪܣ colliguntur; sane quidem optandum erat, ut formae duobus ; et ܗ scriptae, suo loco lecturo delegato, afferrentur. Ne absolutissimum quidem lexicon omnes formas afferre potest, quibus hoc vel illud vocabulum graecum aliquando scribitur. Sed si quis novum librum legens novum scribendi modum invenerit, facillime de eo edocebitur eo loco quaerens, ubi ceterae formae inveniuntur, si quidem secundum ternas priores literas consonantes dispositae sunt.

Index latino-syriacus lexici syriaci appendix gratissimus mihi videtur. Equidem indicibus aliorum lexicorum semiticorum jam saepe usus interdum syriacum, qui adhuc deerat, desideravi.

Denique expressis verbis profiteor, meam hujus operis partem solam eam fuisse, quod per literas auctori consilia quaedam de opere instituendo dedi et de locis nonnullis scriptorum syriacorum et difficilioribus et corruptis, quantum poteram, eum edocui.

Argentorati, mense Sept. 1894.

Th. Nöldeke.

CAROLUS BROCKELMANN LECTURIS SALUTEM DICIT.

Iis, quae Th. Nöldeke libro meo praefatus est, pauca habeo, quae addam. Vocalibus usus sum graecis more Jacobitarum praeter e et o, a Nestorianis tantum servatas, quas hos secutus punctis signavi. Auctoritate ductus sum Bibliorum, adhibitis Barhebraei commentariis, et lexicographorum Syrorum inprimis Eliae Nisibeni codicis Gothani, cujus quantum in hac re sit pretium, nemo nescit. Quae vocabula aliis Nestoriani, aliis Jacobitae vocalibus animant, indicavi secutus Barhebraei grammaticam, adhibitis, quae v. cl. Martin in J. A. P. sér. VI vol. 9 p. 305 sq. disputavit.

Vocabulorum significationes ad ordinem ratione et usu commendatum disposui; significationibus, quas dicunt, primariis investigandis, seu mavis, fingendis operam non dedi.

Linguas cognatas in iis tantum radicibus discriminandis adhibui, quae ab origine diversae nunc e linguae legibus in unam collapsae sunt formam. Vocabula peregrina, ut graeca taceam, quae quisque facile cognoscet, quantum fieri potuit, ad originem referenda censui. In persicis ad Pauli de Lagarde inprimis opera lectorem ablegavi, qui semper fere, quid de quaque re viri docti judicaverint, exposuit, ita ut aliis laudandis supersedere posse mihi viderer.

P. Jensen lecturos monet nomen suum vocibus assyriacis additum interdum significare se primum in vocibus jam antea inter se comparatis causas intellexisse, quibus probaretur, vocem syriacam ex assyriaca receptam esse.

Indicem latinum, ne nimis augeretur, ita confeci, ut inprimis verba activa colligerem, passiva et nomina a verbis derivata omitterem; itaque, si quis e. g., quae voces syriacae „cingulum" significent, comperire velit, s. v. „cinxit" quaerat.

Addenda et Emendanda pleraque viris doctis mox nominandis debeo, nonnulla libros, dum lexicon sub prelo est, editos vel acquisitos legens inveni;

quae ad Hexapla pertinent, hausta sunt e Fieldii indice syriaco in Auctario ad Originis Hexapla tom II p. 62 sq., cujus notitiam v. cl. Baethgen debeo.

Jussu bibliopolae honestissimi, qui hujus operis aditum non nostratibus solum patere voluit, lingua usus sum latina, cujus puritatem haud ita anxie curavi, medii aevi scriptores saepius imitatus quam Ciceronem; qua re, si qui puristae offendentur, equidem aegre non feram. Th. Nöldeke praefatio, ab ipso vernaculo sermone conscripta, a me latine versa est.

Hoc qualecunque opusculum ab imagine illa lexici syriaci omnibus numeris absoluti, quam vir doctus in praefatione delineavit, etsi pro virili parte eam aequare contendi, sat esse diversum et multa, quae emendentur et addantur, adhuc restare minime me fugit. Sed, qui de opere meo judicium ferre velint, me dira necessitate coactum brevi quinquies senorum mensium spatio, omnibus, quorum quidem mihi aditus pateret, libris syriacis perlustratis, hoc lexicon compilasse et inprimendum curavisse, secum, quaeso, reputent. Quid me, qui antea in arabicis versatus semper me versaturum speraveram, ut hunc laborem „ergastulo dignum" in me susciperem, commoverit, hic enarrare longum est. Labore taedii satis pleno si literarum Syriacarum studiosos aliquantulum adjuvisse videbor, suscepti me non poenitebit.

Restat, ut gratias agam, quam maximas, bibliothecarum praefectis, qui libros me adjuverunt, Argentoratensis, Berolinensis, Gothanae, Rostockiensis, Vratislaviensis; Theodoro Nöldeke, magistro carissimo, qui libris suis et institutione ad hoc opus mihi viam munivit, ipso in opere saepenumero haerentem me expedivit, labentem sustinuit, desperantem excitavit, denique praefatione sua ornatum hoc volumen viris doctis commendari benigne concessit; Siegmundo Fraenkel, qui inde a fasciculo secundo in plagulis legendis me adjuvare haud dedignatus multa et ab ipso et ab Immanuele Löw scite animadversa sibique per literas tradita mecum benigne communicavit; Petro Jensen, qui in plagulis, quae vocabula e lingua assyriaca in syriacam recepta aut ipse invenisset, aut ab aliis recte inventa judicaret, annotavit; A. Bevan, R. Duval, L. Techen, J. Wellhausen, qui per literas ad me scribebant, quae in singulis fasciculis vel omissa vel minus recte explicata invenerunt.

Dabam Vratislaviae, 25. Febr. 1895.

ܐ

ܐ prima litera alfabeti; de sono cf N § 32—36; de usu orthographico N § 4A; numerus **1**.

ܐܐܪ *pl.* ܐܐܪܐܣ Kays 92 11, ܐܐܪܘܣ Geop 7 22 (*f.* et *m.* N § 88 gr. ἀήρ) aër Afr 279 5, ER 15 6, Asd 62 22. — ܐܟܠܐ ܕܐܐܪ aspectus tristis ESJ 229 4.

ܐܐܪܝܐ aërius ES **1** 120E, Kays 101 4.

ܐܒܐ (N § 146) pater *pl.* ܐܒܗܬܐ etiam parentes ES **3** XXVI 4, am **1** 349 1, Th Marg **1** 148 10.

ܐܒܘܬܐ patrocinium IA **2** 100 v. 110, Nis 67 84.

ܐܒܗܘܬܐ paternitas Afr 335 13, ES **2** 511E.

ܐܒܗܝܐ paternus 1Ezr 1 29, Bhce **1** 25 3.

ܐܒܝܐ patricius Spic 25 13, ECth **3** 1 12.

ܐܒܢܝܐ paternus Cat Bod 559 17.

ܐܬܐܒ, ܐܬܐܒܝ pater factus est Bhgr **1** 48 20.

ܐܒܒܐ ἀββᾶ Mc 14 36 (Phil.)

ܐܒ (Del. hebr. lang. 14 sq., Jensen ZA **7** 216 n. 1) mensis Augustus Bhchr 81 17.

ܐܒܐ *pl.* ܐܒܒܐ (N § 74) et ܐܢܒܐ nest. ܐ̱ (Bhgr **4** 4 5) √ אנב (Delitzsch Prol. **114**) fructus Dt 33 14, 2Rg 18 32, ER 35 8, IA in MS **1** 13 30, ES **1** 296D.

ܐܒܘܒܐ (√ נבב N § 127, 1) fistula ES **2** 440C, BO **1** 286 2, Bhchr 139 12.

ܐܒܘܒܬܐ id. KwD 9 1, ܕܡܝܢܐ ܐ̱ arundo Geop 109 15. *pl.* ܐܒܘܒܝܬܐ bubae Bhce **2** 839 u.

ܐܒܓܐ ova Duval-Berthelot La chimie **2** 305 n. 3, BB 11 1.

ܐܒܓܝܪ (pers. Lag. GA 6 5) cisterna BB.

ܐܒܓܪܐ (p. *afgâr, figâr* Lag. GA 6 21) claudus ES **1** 422D.

ܐܒܕ a (ܐܒܕ Spic 33 9) *1.* periit 1Sam 9 3, Guidi to 36 1, s. ܡܢ privatus est aliqua re ES **3** 478; *2.* interiit ψ 1 6, BO **3** 1 128.

ܐܒܝܕ perditus Lc 15 6, ES **3** 310C, asd 19 20, *abstr.* perversitas AM **2** 192 19 c. suff. 1. pers. ego perditus, abjectus ES **2** 506C.

Af. *1.* perdidit, delevit ψ 9 6, Mt **10** 9, ES **1** 406C.; *2.* pessum dedit, admisit ut periret am **3** 245 9; *3.* amisit Afr 14 17; *4.* s. ܡܢ exstirpavit Jer 49 38.

Ettaf. *pass.* ES **2** 239E, JS in MS **2** 134 901.

ܐܒܕܬܐ (nest. ܐܒܕܬܐ N § 95) *1.* = אֲבֵדָה res perdita Ex 22 8; *2.* interitus ES **1** 59B, AS **2** 334 8.

ܐܒܕܢܐ *1.* jactura Mc 14 4, AS 195 8; *2.* interitus 1Thess 5 3, Afr **271** u, JS in asd 98 9; *3.* locus perniciei Job 28 6. — ܒܪ ܐ̱ *1.* perniciei consecratus Joh **17** 12, SB 105 5; *2.* Antichristus BO **3** 1 322 n. 55.

ܐܘܒܕܢܐ = ܐܒܕܢܐ *2* Dap 89 29.

ܐܘܒܕܢܘܬܐ excidium ES **3** 43F.

ܐܒܕܘܡܐ ἑβδόμη VII ma indictio AS **1** 15 23.

ܐܒܕܐ (ar. أبدا) indesinenter Duval-Berthelot La chimie **2** 13 14.

ܐܒܗܘܠ (pers. *abhul* Lag. GA 6 3) fructus abietis (*pine-cone*) BB, Bh ad Js 14 8, 55 13.

ܐܒܗܡܢ sol apud Persas AS **4** 9 2.

ܐܒܓܐ gallus Pr 30 31, EN 45 26, BA n. 64

ܐܒܩܘܐܝ ὑπακοαὶ genus cantici Cat Bod 273 6 a. f.

ܐܶܬܐܰܒܰܠ (h. התאבל) lugere 1Sm 16 1, Sir 41 10, ES 1 364A, Dap 94 29.

ܐܰܒܺܝܠܳܐ *1.* tristis Mt 5 5, VRabb 184 24; *2.* monachus MS 2 67 22, IA 2 156 303 *f.* monacha AS 2 354 1, BO 3, 186 a 4.

ܐܰܒܺܝܠܽܘܬܳܐ *1.* tristitia ES in MS 1 10 362, Nis 4 131, ES 3 581F; *2.* vita monastica BO 3 1 496 a 27, IA 1 186 202.

ܐܶܒܠܳܐ luctus Nm 14 39, Add 48 20, ES 1 268C.

ܐܶܒܠܳܢܳܝܳܐ lugubris (*mourning*) ES 2 25F, Bh ad Mt 23 7.

ܐܰܒܽܘܠܳܐ h. אוּבָל (ass. *abullu* Budge Th Marg 1 320 21) porticus ES 2 217A ad Dan 8 3, EN 54 38, BA n. 31.

ܐܰܒܽܘܠܬܳܐ porta Th Marg 1 320 21.

ܐܶܒܰܠܬܳܐ (nest. ܐܰܒܠܬܳܐ Bhgr 4 4 5, Nöld. GGA 1879, p. 1268) cf. ܗܒܠܬܐ grex camelorum Js 60 6, IA 1 224 v. 396, am 1 197 7.

ܐܘܒܠܐ v. s. v. ܝܒܠ.

ܐܘܒܠܝܣܩܘܣ Wright Cat 2 792 a *pl.* ܐܒܠܝܣܩܐ BS 256 15, ὀβελός Epiph 9 70, 53 43.

ܐܰܒܢܳܐ *pl.* ܐܰܒ̈ܢܶܐ (Bh ad Sap 5 23) *1.* lapis Js 65 3; *2.* gemma AS 3 21 5; *3.* columnam, aedificium parvum esse perverse contendunt Sev 13 u, Bhgr 2 v. 868, BA n. 74.

ܐܰܒܢܽܘܣܳܐ EN 50 57, ܐܶܒܢܽܘܣ Bhchr 188 9 ἔβενος ebenum.

ܐܒܣ AS 2 261 12, Joh Eph 73 22, Cat Bod 460 7 a. f., ܐܰܒܰܐܣ JBh 1 8 ἀββᾶς abbas.

ܐܰܒܣܬܰܓ (p. *abastag* Lag GA 7 4) ܐܒܣܬܐ Cat Bod 420 21, Avesta Corluy Mar Pethion 26 7, am 2 576 12.

ܐܰܒܩܳܐ pulvis Dt 28 24, AS 3 325 10, BA n. 84.

ܐܒܪ v. s. v. ܒܪ.

ܐܶܒܪܳܐ *f.* (am 3 428 1) penna Afr 281 11, ES 1 335 A.

ܐܰܒܳܪܳܐ (ex ass.? cf. *abar* nomen metalli cujusdam Jens.) plumbum (Barth p. 25) Ex 15 10, Sir 47 18, Afr 302u, PsC 193 3.

ܐܶܒܪܬܳܐ juncus BA n. 104.

ܐܒܪܘܙܘܣܝܣ ὀβρύζωσις probatio auri Duv. B 2 282 n. 1, 285 n. 2.

ܐܒܪܝܩܳܐ (p. Lag GA 7 5) urceus BA n. 99.

ܐܒܪܝܫܘܡ (p. *aprišum* Lag GA 7 6) sericum.

ܐܒܫܐ = ܐܩܫܐ q. v. BA n. 105.

ܐܒܬܐ v. s. v. ܐܒܐ.

ܐܒܬܬܐ *1.* perpendiculum BA n. 34; *2.* culter quo agricola vomerem radit ib. 1Sm 13 21.

ܐܓܢܬܐ lanx, patella BA n. 206.

ܐܓܘܓܐ (gr. ἀγωγὸς) aquaeductus JSt 81 20, AS 3 215 13, am 3 69 2, Rg δ 18 12 (Hex).

ܐܓܘܓܐ *pl.* ܐܓܘ̈ܓܐ ἀγωγή ductio Rechtsb. 18 3, 29 9.

ܐܓܘܪܐ *f.* ܐܓܘܪܬܐ i. q. ܚܘܡܪܐ BA n. 117.

ܐܓܘܕܐ (pers. *angudân* Lag GA n. 7) EN 24 35, BA n. 126 silphium.

ܐܓܕܝܢ (ἴγδην) mortarium Geop 88 18 (9 26 4), Duv. B 2 17 19, 23 15, 24 14.

ܐܓܪܝܘܢ ἔριον lana Duv. B 2 305 n. 2. cf. ܥܪܝܘܢ.

ܐܓܕܝܩܘܣ (ἔκδικος) cognitor civitatis Rechtsb 14 8, AS 3 189 19, Joh Eph 253 14.

ܐܓܠܘܟܘܢ (ἀγάλλοχον) agallochum, aloë indica EN 26 78.

ܐܓܠܝܦܣܝܣ AS 3 225 1 ܐܟܠܝܦܣܝܣ Dion T 120 15 ἔκλειψις, solis defectus.

ܐܓܡܐ (nest. ܐ̈ Bhgr 4 4 5) palus ψ 107 35, Ex 2 3 (Hex), ES 1 489 C.

ܐܓܡܘܢܐ ἡγεμὼν praetor ES 2 96 C, dap 88 12, *pl.* Lc 21 12 (Phil.).

ܐܓܡܘܢܘܬܐ propraetura Lc 2 2 (Phil.)

ܐܓܢܝܛܘܣ vox corrupta aut ἀμίαντον aut ἀγέννητον apap 74 1.

ܐܓܢܐ *f.* (N § 84) (pers. Lag GA 8 8 arm. St. § 112 ex ass. *agannu* Jens.) urceus Joh 2 6, MS **2** 14 12, apap 38 3.

ܐܓܢܬܐ et ܐܓܢܘܬܐ urceus parvus BA n. 175.

ܐܓܘܢ saepe ܐܓܘܢܐ (Afr 107 1, ER 36 2 etc.) ἀγὼν certamen 2Mcc 15 19, ES **1** 368A, JS in Asd 94 18, JN in MS **1** 99 1.

ܐܓܘܢܝܐ ἀγωνία angor Lc 22 44 (Phil.).

ܐܓܘܢܣܛܐ ἀγωνιστής agonista Jul 6 12, Bhchr 460 1, TB 133 23; *abstr.* Jul 9 26.

ܐܓܢܘܐܛܐ agnoaetae Cat Wright **2** 966a.

ܐܓܢܘܡܐ ἀγνόημα error, lapsus ψ 7 inscr. (Aqu.) cf. Bh ad ψ p. 105 86.

ܐܓܢܘܣ ἄγνος agnus JS 95 14, Geop 70 9.

ܐܓܢܣܐ maritus sororis uxoris alicujus EN 16 34, BA n. 156.

ܐܓܘܣܛܛܐ donativa JohEph 48 17.

ܐܓܠܦ غافث eupatorium, agrimonia EN 26 81.

ܐܓܪ o (ex assyr. Jensen ZA **7** 215) *1.* conduxit Gn 30 16, ES **1** 280C, Afr 213 7; *2.* corrupit BO **1** 238 17.

ܐܓܘܪܐ conductor ER 152 13.

ܐܓܝܪܐ mercennarius Mc 1 29, Afr 191 6, ES **1** 218C, *f.* merces, arrhabo 1Sm 2 36 = ES **1** 339B.

ܐܓܝܪܘܬܐ conquisitio BO **2** 301a 23.

Etpe. pass 1Sm 2 5, ES **1** 334A.

Pa. = Pe Dt 23 15, ES **1** 464E.

Af. *1.* = Pe Ne 10 32, IA in MS **1** 15, v. 117; *2.* mercede vitam sustinuit apap 13 6, *3.* collocavit KwDW 31 3.

ܐܓܪܐ merces Gn 15 1, Mt 15 12, MS **1** 15 106.

ܐܓܪܬܐ (pers.? N. GGA '84 p. 1022 assyr. Del. Prol. 148 4), literae, epistula ER 21 6, MS **1** 16 172, Chr. ed. 155 11

ܐܓܪܐ tectum ES **1** 979D, JSt 41 12, Bhchr 169 9.

ܐܓܘܪܐ (ass. *agurru*) *1.* later coctus BA n. 138.

ܐܓܘܪܬܐ *1.* mercatura, negotium ES **1** 290B; *2.* onus (navis) Afr. 458 9.

ܐܓܪܐ, ܐܬܐܓܪ v. s. v. ܐܓܪ.

ܐܓܪܣܛܝܣ ἀργεστὴς ventus AS 143 6 = Arist. de mundo 4.

ܐܓܝܪܘܣ αἴγειρος populus nigra Geop 67 7.

ܐܓܪܘܣ (ἀγρὸς) *1.* ager Mt 13 44 (Cur), Za 2 8, Afr. 366 15, ES **1** 305C; *2.* villa MS **2** 66 11; *3.* ptocheum, nosocomium (*spital*) Chr ed. 152 3, JSt 38 3 (*conj.*).

ܐܓܪܘܦܣ γρὺψ Cat Wright **3**, 1192b.

ܐܓܪܝܩܘܢ ἀγαρικὸν agaricum EN 24 34.

ܐܓܝܬܠܐ αἰγιθαλοὶ pari Geop 99 23.

ܦܪܝܣܛܘ ܐܕܝܪܬܐ περὶ τὸ ἀστὺ, suburbium Joseph 2 5 (coll. p. 30 n. ubi Kottek de significatione minus recte disputavit cf. Gottheil Hebr. **3** 138), ECth **4** 20 3 (quem locum Bernstein ZDMG **6** 362 frustra tentavit coll. ESI 448F, ubi pro ܐܕܝܪܘ emendandum ܐܕܝܪܬܘ).

ܐܕܘܢܐ fovea ignea, fornax ES **2** 383C, Nis 58 13, BA n. 215.

ܐܕܘܛܘܢ ܒܝܬ ἄδυτον adytum EN 29 60.

ܐܕܓܠ medicamentum indicum a. شيطرج EN 26 70, BA n. 233.

ܐܕܝܠܬܐ JARS 57 16 et ܐܬܝܠܬܐ (cf. ass. *ēdiltu* J.) BA n. 583 valvae.

ܐܕܪܐ fimbriae palmarum BA n. 217.

ܐܕܡܬܐ terra Gn 2 7, ES **3** 581a, am **2** 74 16, dap 108 6.

ܐܕܡܐ h. אֲדָמָה Hos 11 8 (Hex).

ܐܕܡܝܐ terrestris ES **1** 129B.

ܐܕܡܢܝܐ adamiticus ES **1** 154C, Bh ad Pr 8 22.

ܐܕܡܘܣ et ܐܕܡܣ (ἀδάμας) adamas Am 7 7 (Hex), ES **2** 532C, Jul 86 10, IA **2** 250 v. 244.

ܐܕܡܢܛܝܢܘܢ ἀδαμάντινον Am 7 7 (Hex).

ܐܕܡܢܛܝܢ adamantinus Jer 17 1 (Hex).

ܐܕܢܐ *f.* (N§84) *1. pl. m.* auris Mt 13 43, ER 21 12 etc.; *2.* sinus maris Kays 259 5; *3. pl. f.* ansa am **3** 586 17, *pl. m.* Duv B **2** 53 13.

ܐܕܝܛܐܪܘܢ = ܕܝܠܝܬܐ *f.* 183 v falso pro τὸ ἰδιαίτερον, proprium (dicendi genus) gl. herm.

ܐܝܕܝܩܛܘܢ ἤδικτον edictum JohEph 24 13.

ܐܕܪ mensis Martius cf. Delitzsch Hebr. Lang. 14 sq., Hoffmann Ausz. n. 720.

ܐܕܪܐ (nest. ܐ Bhgr **4** 4 5) pers.? (Lag. GA 10 11, Nom 91r 2 1—12) assyr.? (Jensen ZA **7** 216) *1.* area Gn 50 11, Afr 308u, Rabb 211 1, Geop 9 19; *2.* frumentum in area coacervatum Ru 3 2, Th Marg **1** 400 13.

ܐܕܪܘܢܐ cubiculum ES **1** 407D, apap 136 2, JS in ZDMG **25** 332 v. 117, Bhce **1** 359 6.

ܐܕܪܐ quercus Löw n. 9, Th. Marg **1** 284 5.

ܐܘܕܪܝܐ (ᾠδάρια) nugae ineptiae Jul 48 3.

ܐܕܘܪܓܢܐ (e pers. *âḏar* ignis) ara igni dicata MAMQ 52 1.

ܐܕܫܐ (e gr. εἶδος Lag. GA 159 14, ZDMG **32** 748u) *1.* ἰδέα sensu Platonico glherm. ZDMG **39** 267 3; *2.* genus, species ES **1** 128E 530D, ZDMG **39** 282 25; *3.* fructus Lc 22 18 (Cur), ER 35 9, ESL **1** 195 16.

ܐܕܫܝܩܐ εἰδικὸς glherm.

ܐܕܘܬܘܢ i. q. h. ידותון ψ 39 1.

ܐܗ interjectio illudentis ES **2** 188A.

ܐܗܐ o! interj. Jul 128 23, ESL **2** 49 3.

ܐܗܗ i. q. h. אֲהָהּ Jer 14 13 (Hex) cf. ZDMG **3** 406 (Bernstein).

ܐܗܘܢܓ crocodilus KwD 26 15, corrupt. e pers. ܢܗܢܓ Lag. GA 65 167 cf. ZDMG **30** 770.

ܐܗܪ i. q. ܚܡܪ q. v. (N§37) Geop 102 13, Field p. 1, ܐܗܪ = ܚܡܪ AM **2** 361 15.

ܐܗܪܡܘܓ am **2** 579 17 *ahrmôg* av. *ašĕmaôga* turbator puritatis (Nöld.).

ܐܘ o! interject. exclamantis vel vocantis Gal 3 1, ER 65 20, Bhce **2** 719 7.

ܐܘ *1.* aut, vel, sive passim; *2.* ܐܘ—ܐܘ ESL **2** 107 1; *3.* post comparativum i. q. gr. ἤ quam (N§173 n. 1) Mt 10 15, AS 187 21.

ܐܘܐ consensit cum aliquo IS in MS **2** 62 v. 323.

ܐܘܝܐ *pl. m.* ܐܘܝܐ *f.* ܐܘܝܬܐ (N§146) concors, familiaris, par. ES **1** 106E, 375D.

ܐܘܝܘܬܐ *1.* concordia 1 Pet 3 8, ES **1** 540B, ER 112 17; *2.* sensu malo: conjuratio ES **1** 58D.

ܐܘܝܢܐ unanimus Th. Marg **1** 36 17.

Etpe. se conjunxit c. aliquo Bhchr 296 20.

Pa. concordem fecit, conjunxit Nis 54 87, IA **1** 198 v. 441.

Etpa. se conjunxit, conjunctus est seq. ܒ Mt 5 25, ES **3** 124D, seq. ܠܘܬ adhaesit alicui, partes alicujus secutus est BO **1** 375 19.

ܐܘܒ **Etpa.** desiderio flagravit Js 26 9, coll ES **2** 62E.

ܐܘܝ interj. οὐαὶ vae! Joh Eph 16 9, 91 9, AS **2** 135, 14, Pall. in Th Marg **2** 35 5.

ܐܘܓ i. q. ῥοῦς rhus cotinus ZDMG **392** 95 9 arab. سماق, (*sumac*) BA n. 286, Duv. B **2** 79.

ܐܘܓܢܣ (εὐγενής) nobilis EN 15 25, BA n. 288.

ܐܘܕܐ (Barth p. 18) stipes, torris, titio Js 7 4 semper fere seq. ܡܫܚܢܐ adustus ES **1** 491B, KwD 377, BO **3** 1 128a 1, Bhchr 511 16.

ܐܘܕܝܐ gr. εὐδία tempestas serena Geop **6** 30.

ܐܘܗ o! eheu! interj. 2 R 3 10, Sch 50 1, Jul 196 12, seq. ܥܠ JARS 177, 2.

ܐܘܙܢܐ (e p. *âbĕzân* Lag. GA 10 12) *1.* pelvis baptismalis Rie 130 14, am **3** 347 6, Bhce **3** 363 17; *2.* sarcophagus ZDMG **36** 165.

ܐܘܛܘܡܛܘܢ αὐτόματον automaton Kays 34 2, Cat Wright **2** 981a.

ܐܘܛܘܡܪܝܢ αὐτομάρειον *appareil à tirage spontané* Duv. B **2** 17u, 261 n. 1, 240 n. 4.

ܐܘܛܘܩܪܛܘܪ *pl.* ܘ̈ (Bhchr 106 23) αὐτοκράτωρ ES **1** 446D, AS **3** 163 16, Jul 7 26.

ܐܘܛܘܩܪܛܘܪܘܬܐ (vox dubia) potestas, imperium PsC 103 20.

ܐܘܛܩܣܝܐ εὐταξία ordo AS **3** 118 22.

ܐܘܛܘܟܝܢܝܣܛܐ εὐτυχιανιστής, assecla Eutychii AS **3** 148 3.

ܐܘܛܪܢܐ (οὐετερανὸς veteranus Sachau cf. ZDMG **29** 647 n. 1) magnates BO **1** 237a 2 AM **2** 396, 2.

ܐܘܝ o! interject. Afr 456 1 = Js 55 1 AS **3** 187 20.

ܐܘܝ ܚܩܠܐ (ar. ابن آوى) thoes, canes aurei Bhad Job 30 29, ad Js 13 22.

ܐܘܟܪܝܣܛܝܐ εὐχαριστία eucharistia Act 2 42, am **2** 641 17, AS **2** 379 26, ESL **2** 13 8.

ܐܘܟܝܬ hoc est, sive ES **1** 518F, dap 1 1 seq. ܐܘ ἤτοι—ἢ aut—aut gl. herm.

ܐܘܟܠܘܣ s. ܐܗܠܘܣ lignum aloës Löw 295, KwDW 380 14.

ܐܘܠܘܢܐ (e gr. αὐλὼν) vallis Judith **4** 4, ES **2** 151C, JEh 8 15, Bhce **1** 299 1.

ܐܘܠܘܢܝܐ in campis degens Bh Cat Bod 637 10a f.

ܐܘܢ *1.* interj. o! Mt 17 17, Afr 46 2, ES **1** 503C; *2.* gr. (τὸ) ὂν herm. 78 17; *3.* (οὐγκία) *sg.* et *pl.* uncia Duv. B **2** 69 10, 30 2 etc.

ܐܘܢܐ (√ اوى habitavit ZDMG **9** 879 sed Lag GA 149 2? contra Nöld Mand Gr 136 n. 1) *1.* mansio domicilium Joh 14 23, ER 155 5, Add in asd 109 9; *2.* hospitium, ubi quis noctem agit Bal 296 25, hinc ܚܕ ܗܘܐ ܐܘܢܝ ܚܥܡܝ magnis itineribus contendit, iter die duplicavit Jul 74 23.

ܐܘܢܓܠܝܘܢ (nest. ܟ Bhgr **4** 4 5) *pl.* ܐܘܢܓܠܝܐ ECth **4** 10 12 εὐαγγέλιον evangelium dap 72 5, ER 114 19 etc.

ܐܘܢܓܠܝܣܛܐ (nest. ܟ Bhll) εὐαγγελιστής ES **1** 18C, MS **2** 2 1, Bhchr 30 6.

ܐܘܢܓܠܝܐ evangelicus ES **2** 145C, Cyr 12 5, Bhce **2** 675 9.

ܐܘܢܘܟܣܐ εὐνοῦχος castratus Mt 19 12 (Phil) ENchr 84 5, Bhchr 63 15.

ܐܘܣܝܐ *pl.* ܐܘܣܝܣ (ECth 131 18) οὐσία *1.* essentia ESL **2** 179 16, JohDar MS **1** 106 24; *2.* opes Jul 37 5, AS **2** 107 5, Eb Mai **10** 285 28.

ܐܘܣܝܝܐ essentialis Cyr 387 17, Kays 187 19.

ܐܘܣܝܐܝܬ essentialiter Kays 49 2.

ܐܘܦܐ i. q. אֵיפָה Ez 45 11 (Hex) cf. ܐܝܦܐ.

ܐܘܦܘܩܝܡܢܘܢ τὸ ὑποκείμενον herm 39 15.

ܐܘܦܪܟܝܐ ὑπαρχία Bhce **2** 565 28 cf. ܗܘܦܪܟܝܐ.

ܐܘܦܪܕܘܟܣܘܢ τὸ ὑπέρδοξον gl. herm.

ܐܘܦܘܬܣܝܣ ὑπόθεσις negotium Bhce **1** 367 15.

ܐܘܩܠܝܬܐ EN 20 33 الوقاية cf. Fraenkel WZKM **3** 250, BA n. 394 add: التى يوقّى بها النسا شعر الراس fascia qua mulieres capillos colligant.

ܐܘܩܝܐܢܘܣ ES **1** 122a ܐܘܩܝܢܘܣ ib **2** 390D. ܐܘܩܝܢܘܣ Afr 278u ܐܘܩܐܢܘܣ ZDMG **24** 293 1, ܐܘܩܝܢܐ Jul 124 22 ὠκεανὸς oceanus.

ܐܘܩܝܢܐ Heb 6 19, ܐܘܩܝܢܘܣ Kays 259 9 ܐܘܩܝܢܘܣ Act 27 28 *pl.* ܐܘܩܝܢܐ̈ Vit Rabb 161 14, ܐܘܩܝܢܐ̈ am **1** 281 8, ܐܘܩܝܢܘܣ Act 27 29, gr. ὄγκινος uncinus (Fraenkel 229) anchora.

ܐܘܩܝܢܬܝܢܐ ܡܫܟܐ = עֹרֹת תְּחָשִׁים Ex 35 23, 36 19 (Hex) ὑακίνθινος.

ܐܘܪܝܙܘܢ ὁρίζων horizon ES **1** 150F, Ge ZA **8** 19 2, Bhchr 209 2.

ܐܘܦܝܣܛܘܠܣ ܗܪܛܣܛܝܩܐ ἐπιστολαὶ ἑορταστικαί epistolae festivae Athanasii JE in Journ. of s. l. **5** 8 15.

ܐܘܪܬܐ hortulus parvus (supra terram) Bhgr 2 78 v. 888, BA n. 412.

ܐܘܪܝܬܐ i. q. h. תּוֹרָה lex mosaica Mt 11 13, Afr 22 14, ES 1 221E, IA in MS 118 v. 302.

ܐܘܪܘܣ εὖρος eurus Epiph 72 83.
ܐܘܪܘܢܘܛܘܣ εὐρονότος AS 143 15, Epiph 72 84.

ܐܘܪܩܠܝܕܘܢ Act 27 14 ܐܘܪܩܠܘܕܘܢ Epiph 71 81 εὐρακλύδων, ventus.
ܐܘܪܩܘܠܘܢ εὐρακύλων var. lect. voc. praec. Epiph 72 12.

ܐܘܫܥܢܐ *1.* ὡσαννὰ Mt 21 9; *pl.* ES **2** 417F, Rabb 252 20, ܐܘܫܥܢܐ ܕܥܪܘܒܬܐ *palmsunday* JSt 27 3, Th Marg **1** 145 2; *2.* dies palmarum Bhchr 155 7; *3.* ܐܘܫܥܢܐ ܕܕܩܠܐ τὰ βαΐα τῶν φοινίκων rami palmarum Joh 12 13 (Bernst.).

ܐܘܬܢܛܐ αὐθέντης dominus ψ 36 30 (Symm.)
ܐܘܬܢܛܝܣ αὐθέντης Rie 53 9.
ܐܘܬܢܛܝܐ Rechtsb 9 2, Bhce **1** 39 17, BO **3** 1 483b apu, ܐܘܬܢܛܝܐ JBh 9 13, ܐܘܬܢܛܝܐ Ath 36 3 αὐθεντία.
ܐܘܬܢܛܝܩܐ αὐθεντικὴ Cat Wright **2** 725a.
ܐܘܬܢܛܝܩܘܢ αὐθεντικὸν tabulae authenticae Rechtsb 24 7.

ܐܙܪܐ nest. 'ܐ crines inguinis (العانة) Cyr 239 18, EN 9 79, BA n. 426 coll. p. 261 2.

ܐܙܪܓܠܐ (BA n 428) ܐܙܪܓܠܐ (EN 42 46) pers. (Lag GA 11 19) taurus magnus Hex Js 30 24, Jer 50 11, Symm ψ 69 32, am **3** 270 20, Kays 136 16, 187 4, DuvB **2** 207 2, 252 n. 1.

ܐܙܓܐ (e pers. سغ Fraenkel 28) fornix Joh Eph 174 5, AS **2** 221 18, Bhce **2** 593 13, Kays 230 9.
ܐܙܓܘܢܐ forniculus am **2** 432 11.

ܐܝܙܓܕܐ (pers.? Lag GA 187 1, bab. *ašgandu* Jens. in Horn Grundriss p. 29 anm.) nuntius Lc 14 32, ψ 68 32, Afr 10 15, ES **1** 87D, JSt 88 10, JS in asd 107 15.
ܐܝܙܓܕܘܬܐ nuntiatio, missio ES **1** 487E, BO **1** 355 13, Jul XVI 22.

ܐܙܡܘܟܣܐ i. q. ܐܙܡܘܟܣܐ q. v. BA n. 430.

ܐܙܕܪܚܬ (pers. *âzâdĕdiraht* Lag GA 12 20) planta BB.

ܐܙܠ (N § 183 Barth p. 18) *1.* ivit c. acc. viae Nis 74 114; *2.* abiit (e vita) ES **2** 558E; *3.* seq. ܠ valuit ad Mt 5 13, profuit apap 291 5.
ܐܙܠܐ itio, profectio ES **3** 182E.
ܐܙܠܬܐ iter ES **1** 690, **3** 290a, Th Marg **1** 69 6.
ܡܐܙܠܐ Geop 79 16 saepius ܡܐܙܠܬܐ dap 114 1, Bal 276 6 sphaera.
ܪܗܛܐ ܕܡܐܙܠܐ cursus sphaerarum Bhchr 28 10.

ܐܙܩܘܠܐ planta spinosa ar. عاقول EN 50 44, BA n. 587.

ܐܙܡܪܓܕܐ σμάραγδος Ez 28 13, KwDW 307 2, 347 8.

ܐܚ ach! interject. Ge ZA **8** 31 9.

ܐܚܐ (N § 146) frater Gn 4 2 etc.
ܐܚܘܢܐ fraterculus Rie 117 19, Bhcar 119 8.
ܐܚܘܢܘܢܐ id, se in Palestina audisse refert Bhgr **1** 68 11.
ܐܚܘܬܐ fraternitas dap 49 14.
ܐܚܝܐܝܬ fraterne AS **2** 258 2.
ܐܚܝܢܘܬܐ fraternitas Bhchr 178 16.
ܐܬܐܚܝ et ܐܬܐܚܝ frater factus est Bhgr **1** 48 20.
ܐܚܝܢܐ (N § 32) cognatus Mc 3 4, ES **1** 132B, PsC 189 10, *f.* ܐܚܝܢܬܐ Lc 1 36, KwDW 170 7.
ܐܚܝܢܘܬܐ *1.* cognatio ES **1** 318F, Nis 27 96, ER 37 14; *2.* i. q. σχέσις نسبة gl. herm.
ܚܬܐ *pl.* ܐܚܘܬܐ (N § 146) soror Gn 12 19.

ܐܚܕ o. *1.* cepit, apprehendit Mt 21 35, ES **3** 284, Cyr 179 pu; *2.* continuit PsC 237 3; *3.* clausit Gn 19 6, Rabb 213 26; *4.* seq. ܥܝܢܐ occaecavit, fascinavit 2 Par. 33 6, KwD 69 14 (ZDMG **31** 539), KwDW 153 13; *5.* proposuit (aenigma) Jud 14 16.
ܐܚܘܕܐ *1.* lictor ES **3** 92F, JS in asd 98 7; *2.* rector JE in ES **2** 289 3; *3.* retinens, coagulativus ES **2** 316E.
ܐܚܝܕܐ *adj.* potens Ez 20 33 (Hex) ܐܚܝܕ ܟܠ

omnipotens dap 15 18; *subst.* praefectus EN chr 33 6, Bhce **2** 617 6.

ܐܣܝܪܘܬܐ τὸ περιεκτικὸν, περιοχὴ glherm.

ܐܣܝܪܘܬܐ ܐܪܓܐ sera, claustrum EN 55 55.

ܐܣܪܐ (nest. ܐ̱ Bhgr **4** 4 5) *1.* clausio, claustrum ESL **1** 219 17, Eb Mai **10** 188 15; *2. pl.* زرانين EN 55 56, serae (portae) Pr 18 19 (cf. Bh ad l.); *3.* retentio, oppressio (irae) Ap Bar 59 (ed Cer 154a 18).

ܐܘܣܪܢܐ *1.* imperium Lc 2 1, asd 38 15; *2.* provincia Vit. Rabb 194 8, am **3** 233 4, dioecesis ET 3 4; *3.* potestas 2Mcc 9 17, majestas Greg in MS **1** 116 6, Ath 20 3.

Etpe. *1.* captus, deprehensus est ER 101 20, Rechtsb 54 21, Bhce **3** 248 u; *2.* clausus est Jul 53 22.

ܦܠܣܐܣܝܪܘܬܐ συστολή herm 4 12.

Af. *1.* prehendere fecit i. e. dedit Gn 2 21, ES **1** 318F, IA in MS **1** 15 v. 131, locavit Mt 21 41, ESL **1** 253 18; *2.* accendit Lc 22 55, Afr 242 21, Jul 247 26.

ܡܥܣܝܪܬܐ i. q. h. מִשְׁבְּצוֹת Ex 28 13 (Hex) schol. ornamenta aurea, figura scutorum parvorum.

ܐܘܣܪܐ ligna, cremia ESL **2** 377 21, Geop 9 13, Jul 30 11.

ܐܘܣܒܪܬܐ aenigma Jud 14 12, Bal 323 26, IS in MS **2** 106 484.

ܐܣܠܐ lixivia (*lie*) KwD 77 14, EN 29 55, Bh ad Zeph 2 9, cf. Löw n. 11.

ܐܘܣܟܢܕܝܢ δορυκνίδιον Gal ZDMG **39** 256 8.

ܐܫܚ et ܐܫܚܚ *interject.* i. q. h. הֶאָח Js 44 16, Ez 25 3, 26 2, 36 2, Job 39 25. (de vocis etymologia Geiger ZDMG **18** 825 parum probabilia disputavit).

ܐܘܚܪ *1. intr.* moratus, cunctatus est Mt 24 28, commoratus est apud aliq. Gn 32 4, immoratus est c. ܒ rei Pr 23 30; *2. tr.* distulit ES **1** 33a.

ܐܘܚܪܢܐ cunctatio Lc 1 21, ES **1** 87D, Ath 32 19.

ܡܘܚܪ *1. intr.* cunctatus, moratus est Gn 34 19, Dt 23 22; *2. tr.* remoratus est alqm Gn 24 56, detinuit, distulit alqd Th Marg **1** 92 19.

ܡܘܚܪܢܐ dilatio, posterioritas Th Marg **1** 81 5.

ܡܘܚܪܢܐܝܬ *1.* serius ES **1** 134E, Ath 32 18; *2.* sensim, paulatim Cyr 60 27.

ܡܘܚܪܢܘܬܐ dilatio ES **1** 134E.

Eštaf. cunctatus est Gn 19 16, Bal 277 22, apap 9 6.

ܚܪܬܐ *1.* extremitas, puppis (navis) Act 27 29, EN 28 29; *2.* finis ES **1** 423D, asd 7 9

ܠܚܪܬܐ ὕστερον Gal ZDMG **39** 266 6.

ܐܚܪܝܐ extremus, postremus, ultimus asd 33 16.

ܐܚܪܝܬ *adv.* postremo Mt 21 32 (Cur); ES **1** 128A, BO **3** 1 120a 8.

ܠܐܚܪܝܬ id. asd 78 16.

ܚܪܝܬܐ posteritas, progenies Afr 469 17.

ܐܚܪܢܐ (N§146) *1.* alius pass.; *2.* τὶς Geop 8, 18; 85 1 gl. herm.

ܐܚܪܢܝܬ ἄλλως herm 67 12, ܐܚܪܢܐܝܬ aliter TB 73 7.

ܐܚܪܢܝܐ ἀλλοῖον opp. ܐܚܪܐ ἄλλον ut غير opp. آخر gl. herm.

ܐܚܪܢ ܥܡܡܐ Ath 42 22 et ܐܚܪܢ ܫܪܒܬܐ Rie 4 19, Jud 13 5 (Hex) ἀλλόφυλος alienigena.

ܐܚܪܢܐܝܬ aliter ER 75 13, Ath 17 1, TB 46 17.

ܐܚܪܢܘܬܐ ἑτερότης غيريّة glherm.

ܐܛܒܘܪܘܢ i. q. h. תָּבוֹר Hos 5 1 (Hex).

ܐܛܐܡܐ lora (*thongs*) Ps C 48 8.

ܐܛܠܐ (cf. ܛܠܐ? Fraenkel WZKM **3** 254) calx parieti inducta BA n. 552.

ܢܘܗܪܐ ܐܛܠܐ radius lucis Zingerle Chrest 406 21.

ܐܛܠܢܛܝܩܘܣ (sic lege!) ἀτλαντικὸς atlanticus AS 138 19.

ܐܛܠܣ Ἄτλας Bh ad ψ p. 167 81, qui ܫܡܝܐ ܡܥܡܕ explicat.

ܐܛܠܣ (ar. اَطْلَس) sericum rasum (*satin*) Bhchr 157 14.

ܐܛܡܐ *1.* densus, firmus ES **1** 120B, 458E; *2.* coercitus, restrictus ES **3** 666C, Nis 3 8; *3.* surdus ESL **1** 169 6.

ܐܰܛܺܝܡܽܘܬܳܐ densitas, spissitas (lapidum) Kays 71 7, Pall in Th Marg 2 195u.

ܐܰܛܽܘܡܳܐ ἄτομα herm 82 1, corpus EN 7 33.

ܐܛܘܡܘܠܘܓܝܐ ἐτυμολογία Sever. in Gottheil ES not. p. 8, ed. Merx 7 10.

ܐܶܛܽܘܡܽܘܠܽܘܓܺܝܣܳܐ ἐτυμολογῆσαι Bhgr 2 60 1, chr. 6 10.

ܐܶܛܪܳܓܽܘܢ aequilatera BA, BB, PS.

ܐܛܣܝܐ ἐτησίαι (*monsoon*) AS 143 23 = Arist. de mundo 4.

ܐܶܛܽܘܪܓܳܐ v. s. v. ܛܽܘܪܓܳܐ.

ܐܛܪܝܢ i. q. a. إطرية vermicelle EN 34 71.

ܐܺܝܒܳܐ, ܐܝܒܠܐ rivus, fons (sacer) JS in ZDMG 29 110 v. 62.

ܐܺܝܒܳܐ v. s. v. ܐܒ.

ܐܺܝܒܳܐ v. s. v. ܐܒܐ.

ܐܶܘ interj. *1.* εὖ macte! Mt 25 21, ES 1 497D, am 1 339 19, Th Marg 1 115 15; *2.* vae! ESJ 20 13, Hoffmann Ausz. n. 1043.

ܐܺܝܘܳܢܳܐ, ܐܝܘܢ i. q. p. ايوان palatium AS 2 321 3, KwDW 346 13.

ܐܺܝܕܶܝܢ εἶτα tum Ath 23 16, herm 26 23, AS 129 25, Bhchr 94 26.

ܐܺܝܗ̈ܳܐ interjectio vituperantis Bhgr 1 182 7, Merx 172.

ܐܝܛܪܘܣܘܦܝܣܛܐ ἰατροσοφισταὶ Epiph 18 91.

ܐܝܟ (N § 23C) ut N § 364.

ܐܰܝܟܳܐ ubi, quo? Gn 3 9, ES 1 520A; seq. ܕ ibi, ubi Chr ed 145 12. ܕ ܠܐܝܟܐ ܕܠܡܐ adeo ut BO 3 1 506b 6.

ܐܰܝܟ et ܐܰܝܟܢܳܐ ut ES 3 137F, JS in asd 87 11, Ath 35 6.

ܐܰܝܟ ܕܗܘ quocunque modo JBh 4 2.

ܐܰܝܟܳܢܽܘܬܳܐ modus Bhce 1 7 9.

ܐܰܝܟܢܳܝܽܘܬܳܐ *1.* qualitas Bhchr 98 19, Kays 41 4 τὸ ποῖον, ποιότης glherm; *2.* modus JARS 3 2.

ܐܺܝܠ (Lag Orient. 2 3 sq., Nöld. MABW 1880, 760 sq.'82 1175 sq., Lag Mitt 1 94 sq. 227) deus Gn 31 13, ES 3 252a, ES in MS 1 65 v. 221.

ܐܝܠܫܕܝ אֵל שַׁדַּי Gn 17 1, ON 85 18, Card 105 13.

ܐܰܝܠܳܐ (cf. Nöld. MBAW 1880 774) cervus Js 35 6, ES 2 79B, Rabb 365 21, JS in asd 89 22.

ܐܰܝܠܬܳܐ (nest. ܐܝ Bhgr 4 4 5) cerva Jer 14 5, ES 2 126C, MAMQ 5 5.

ܐܺܝܠܬܳܐ arbor parva ψ 29 9 cf. Bh ad l. p. 131 90, ES 1 420C.

ܐܺܝܠܳܐ (nest. ܐܝ BA n. 660) auxilium ψ 88 5, ES 1 398D, Jul 48 8, Bhchr 336 22.

ܐܺܝܠܳܢܳܐ arbor Gn 1 29, Mt 21 8, ER 46 8, ES 1 402A.

ܐܝܠܛܪܝܢ εἰλητάριον volumen asd 72 21, cf. 187n.

ܐܝܠܡܘܣ (gr.?) serpyllum Geop 97 14, i. q. ܗܪܦܠܘܣ.

ܐܰܝܡܟܳܐ (ܡ̈) unde? Mc 6 2, ER 65 7.

ܐܺܝܢ sane, etiam, ita Afr 500 12, ES 1 504D, TB 83 23, am 2 435 4.

ܐܝܢ i. q. εἶν h. הִין Ex 29 40 (Hex) = 18 ξέσται Epiph 5 87, 19 58 sq.

ܐܰܝܢܳܐ *f.* ܐܰܝܕܳܐ *pl.* ܐܝܠܝܢ qui? qualis?

ܐܰܝܢܳܝܽܘܬܳܐ qualitas ES 1 119E, JBh 8 18.

ܐܰܝܢܽܘܬܳܐ id. Cyr 406 1.

ܐܝܢܒܕ (pers. leg اسبد i. q. ܐܣܦܗܒܕ Perles et. St. 114) magister equitum am 2 584 9.

ܐܝܣܘܢ *pl.* ܐܝܣܘܢܐ ἴσον (*copy*) AS 2 79 27, Cat Wright 2 586A, Bhcar 90 2, *pl.* Joh Eph 26 25.

ܐܺܝܣܦܺܝܣ ἴασπις jaspis Ap 21 18, Ex 39 11, (Hex).

ܐܝܣܦܝܢ id Ap 4 3, Ez 28 13, ES 2 188E.

ܐܝܦܘܩܐ ἴαπυξ ventus AS 143 8.

ܐܝܩܐ et ܐܝܩܝ εἰκῆ frustra Mt 5 22, Afr 242 4, ER 17 20, asd 9 9, Bhchr 403 15.

ܐܝܪܐ olla (Fraenkel ZA **9** 1) 1Sm 2 14, Sir 13 2, EN 38 67, BA n. 634.
ܐܝܪ mensis Maius ESL **3** 95 pu. (cf. Del. Hebr. Lang. 14 sq. Jensen ZA **7** 216 n.).

ܐܝܪܛܝܘܢ ἱερατεῖον sacrarium (Renaud. Lit. Or. **2** 52), ESL **2** 49 9 (sic l.!) JohEph 11 7, 23 11.

ܐܝܬ N § 199, 301—308.
ܐܝܬܝܐ essentia ER 60 23, JS in MS **2** 76 5.
ܐܝܬܝܐܝܬ essentialiter ES **3** 519E οὐσιωδῶς glherm.
ܐܝܬܝܝܐ essentialis AS 136 11, Rendic. dei Lincei 1886 p. 551 3.
ܐܝܬܘܬܐ essentia ES **1** 128C, ER 46 20, asd 43 16.

ܐܟܬܐ ira Mt 5 23, Bal. 336 5, KwD 68 5.
ܐܟܬܢܐ iracundus Afr 82 6, ES **2** 38A, dap 11 28.
ܐܟܬܢܘܬܐ iracunditas ES **2** 44A.
ܐܬܟܬ iracundus evasit, odit Epiph 26 96.

ܐܟܕܪܐ (accadicus Jens.) gallus *f.* gallina BA n. 655, 656.
ܐܟܕܝܐ ἠχάδια toni Cat Wright **1** 252b.

ܐܟܝܕܢܐ ἔχιδνα vipera, aspis Act 28 3, Afr 286 15, ES **2** 469B, AS **4** 69 20, Geop 40 15.

ܐܟܘܬ sicut Gn 2 18, Chr ed 154 25.
ܐܟܘ et ܐܟܘܬ id Afr 8 4, ER 78 19.
ܐܟܚܕ Act 4 24, Vit Rabb 193 16 et ܐܟܚܕܐ Gn 14 6, ES **2** 235D, dap 53 7 simul; in compp. graecis πρὸς et σὺν glherm.
ܐܟܚܕܢܐ ἴσος par BA n. 665 glherm.
ܐܟܚܕܢܐܝܬ simul AS **1** 26 17.

ܐܟܛܘܐܟܘܣ ὀκτώηχος octoechus Cat Bod 273, Par. 84 n. 127.

ܐܟܐܛܝܣ ἀχάτης achates Ex 28 19 (Hex), AS **4** 86 2.
ܐܟܛܝܢ ἀχάτην id Ez 28 13 (Hex).

ܐܟܛܘܦܝܘܢ l. ܐܣܛܘܦܝܘܢ στυπεῖον stupa (PS) Geop 119 25.

ܐܟܠ o *1.* edit, comedit Gn 3 12, ER 120 16; *2.* formicavit (*to itch*) KwD 5 9 (ZDMG **31** 538 Löw); *3.* seq. ܕ ܩܪܨܐ (ex ass. *akālu karṣē* Jens.) calumniatus est, accusavit aliqm ES **2** 213D, Rabb 167 6, Ath 16 8.
ܐܟܠܐ rubigo am **2** 650 8, Ep Jer 12 (Hex).
ܐܟܘܠܐ edax Mt 11 19, dap 51 15 γαγγραινώδης Gal ZDMG **39** 299 16.
ܐܟܘܠܘܬܐ edacitas IS 26 2.
ܐܘܟܠܐ cibus ES **1** 324B, Kays 113 11, am **3** 245 14.
ܐܟܝܠܬܐ *1.* devoratio ER 93 20 (ignis) Joseph 4 2, ECth **2** 21 l 24; *2.* detritio (vestis) IA **2** 332 v. 1593.
ܡܐܟܘܠܬܐ cibus ES **1** 11A, Sind 2 5, am **3** 7 8.
ܡܐܟܠܬܐ abs. ܡܐܟܠܐ id. *pl.* ܡܐܟܠܐ ES **1** 11a, Gn 1 29, 6 21, am **2** 665 13.
Etpe. comesus, devoratus est ES **2** 28D.
ܡܬܐܟܠܢܐ esculentus ES **3** 589D.
Af. comedere fecit, comedendum dedit Rom 12 20, Bal 300 14, AS **2** 348 21, Bhchr 115 13.

ܐܟܠܘܣ ὄχλος vulgus Act 17 5, JohEph 89 u, AS **2** 33 7, Jul 28 4.

ܐܟܡ o Gn 30 32, Joel 2 6, ES **2** 251A, BS 11 3 et ܐܘܟܡ (cf. Lag. Nom. 34 6 sq.) Nah 2 10 (N § 160B) niger fuit.
Etpa. denigratus est IA **2** 90 34.
Af. *1.* nigravit Cant 1 6, ES **2** 365C, Bal 261 14; *2.* niger fuit Cant 1 6, Bh ad Pr 22 29.
Ettaf. nigratus est Cyr 305 33.
ܐܘܟܡܐ niger Lv 13 31, ER 8 23 *m. pl. subst.* vestes nigrae Bhchr 81 3.
ܐܘܟܡܘܬܐ nigror ES **1** 118D.

ܐܟܢܐ ܕ ita, ut ES **3** 405D.
ܐܟܢ ܕ ut (*fin.*) BO **1** 480 18 Bhchr 77 4.

ܐܟܝܢ tum, tunc ES **2** 487D, asd 62 15.

ܐܝܟܢܘܡܘܢ ἰχνεύμων Cat Wright **3** 1193a.

ܐܟܝܢܝܣ ἐχενηΐς remora AS **4** 97 26.
ܐܟܝܢܘܣ ἐχῖνος herinaceus AS **4** 96 24.

ܐܟܘܣ ἦχος Cat Wright **1** 253a, Par 81 n. 122a.
ܐܟܣܓܘܢܐ et ܐܟܣ' ἑξάγωνον sexangulum Kays 208 16, JS 103 13.
ܐܟܣܝܢܐ (gr. ξοΐς Ceriani cit. Field p. 8 *ἀσκίδιον = ascia Fraenkel WZKM **3** 170), culter (lapicidae) 1Par 22 3, ER 115 17, EN 31 99.
ܐܘܟܣܝܕܝܢ (ὀξάδιον) acetum Duv B **2** 295 5 a. f. 58 10.
ܐܟܣܕܪܐ *f.* ἐξέδρα exedra Joseph 26 11, Ez 40 17 (Hex), ESL **2** 307 1, AS **2** 293 11.
ܐܟܣܝܘܣ ἄξιος dignus BO **3** 2 700 11.
ܐܟܣܝܐ ἄξιος AS **3** 68 21.
ܐܘܟܣܝܐ ὀξεῖα acuta JBh 81.
ܐܟܣܝܘܡܐ ἀξίωμα *1.* sensu log BZ 9 19, AS 109 15 glherm; *2.* dignitas Ge in Afr pr. 20 13; *3.* privilegium Bhce **3** 361 4.
ܐܘܟܣܠܡܐ ὀξάλμη muria Duv. B **2** 56 19 20.
ܐܟܣܘܡܘܣܝܐ ἐξωμοσία abjuratio Rechtsb. 28 5 cf. 277, Cat Wright **2** 1028b.
ܐܟܣܢܝܐ ξένος alienus, peregrinus Afr 293 20, ER 88 11, asd 62 2.
ܐܟܣܢܝܘܬܐ *1.* exilium Afr 9 5, ES **1** 220C, am **3** 235 6; *2.* hospitium Clr 9 6.
ܐܟܣܢܝܐ ξενία exilium ES **2** 135C, JEh 24 4, commoratio in eremo ESZ **1** 36b.
ܐܬܐܟܣܢܝ hospitio usus est Act 10 6 (Phil.), Bhce **2** 479 24.
ܐܟܣܘܢܐ (ἄξων) axis AS 136 19, ZDMG **9** 873.
ܐܟܣܘܓܝܘܢ ܕܚܙܝܪܐ (ἀξούγγιον) *f.* ὑεῖον στῆρ adeps suillus Geop 94 7, 110 13.
ܐܟܣܕܘܟܝܐ ESL **2** 85 17, *pl.* ܐܟܣܕܘܟܝܘܣ AS **2** 101 7, Joh Eph 150 1. ܐܟܣܢܕܘܟܝܢ Bhchr 347 10, EN 31 9 ξενοδόχειον, Xenodochium.
ܐܟܣܢܕܘܟܪܐ xenodochus. BO **2** 50 n 5. JohEph 56 2, ܐܟܣܕܘܟܪܐ AS **3** 216 2.
ܐܟܣܘܣܛܝܬܐ pecunia mutuo data ES **1** 527 E.
ܐܟܣܝܣ ἕξις status Bhcar 59 u.
ܐܟܣܝܣܢܝܐ ad ἕξιν (statum) pertinens Kays 84 8, Bh de div. sap. 21 7.
ܐܟܣܝܣܢܝܘܬܐ status Bhcar 138 4.
ܐܟܣܝܣܘܛܝܣ ἐξισωτής Cat Wright **2** 424b.
ܐܟܣܘܣܝܐ ἐξουσία potestas Mc 3 15 (Phil).
ܐܟܣܘܟܘܢܘܢ (corr.) ὀξύχοινον Geop 113 27.
ܐܟܣܦܠܐ ἑξαπλᾶ hexapla Wright Cat **1** 33b, Lag. Praeterm. 250 67.
ܐܟܣܦܘܣܛܝܠܪܐ ἐξαποστειλάρια Cat Wright **1** 328b, ܦܛ' Cat Bod 276 5
ܐܟܣܝܩܘܣܛܘܣ ἑξηκοστὸς sexagesima diei lunaris pars Ge ZA **8** 12 1.
ܐܟܣܩܦܛܘܪܣ exceptores asd 71 23 (cf. p 185 n ad 61 16).
ܐܟܣܩܦܝܢ Bhchr 157 7 v. s. v. ܩܦܝܢ.
ܐܟܣܘܪܝܐ *pl.* ܐܟܣܘܪܝܣ ἐξορία exilium Guidi to 44 8, dap 76 21, Jul 3 8, JohEph 10 11.
ܐܟܣܘܪܝܣܐ ܥܒܕ ἐξορίσαι exiliavit Bhgr **1** 47 21.
ܐܟܣܘܪܝܣܬܝܢܐܝ ܗܘܐ ἐξορισθῆναι exiliatus est Rabb 365 14, Bhgr **1** 47 25, BO **2** 294A.
ܐܟܣܪ exiliavit Bhchr 89 7.
ܐܬܐܟܣܪ exiliatus est Bhchr 502 14.
ܐܟܣܪܟܐ ܐܟܣܪܟܘܣ ἐξάρχης exarcha Jul 25 9, 19, Joh Eph 127 11.
ܐܟܣܪܩܛܘܣ ἐξέρκιτος exercitus AS **3** 231 22, JohEph 343 16.

ܐܟܦ a *1.* operam dedit, curavit Afr 177 21, Rabb 217 16; *2.* instigavit, compulit, coegit Pr 6 7, ESJ 155 15, Jul 127 6, Th Marg **1** 330 8.
ܐܟܦܬ ܠܗ ܠܟ curae mihi fuit (N § 254a) ES **2** 357B, JS 15 15, Eb Mai X 297 12.
ܐܟܝܦܐܝܬ sedule Gal ZDMG **39** 244.
ܐܟܝܦܘܬܐ sedulitas ER 85 11.
ܐܘܟܦܐ importunitas ES **2** 15A.
ܐܘܟܦܐ studium Job 33 7, EN 66 37, Card 98 12, KwDW 53 3.
ܐܟܦܢܐ studiosus Vit Rabb 203 13.
ܐܘܟܦܐ clitellae (*packsaddle*) EN 42 40, PsC 231 6.
ܐܘܟܦܐ id BB col 61.
ܐܟܦܐ id BA n. 596.

ܐܟܪܐ (ex ass. *ikkaru*? Zimmern Bussps 5 Jens)

agricola Jac 5 7, Afr 287 1, ER 9 3, IA 1 258 v 156.

ܐܟܪܘܬܐ agricultura ES 1 505E, TB 167 23, Cyr 279 12.

ܐܟܪ aravit, agrum coluit ES 3 124C, Ath 30 26, met (animas) Th Marg 1 278 13.

Etpa. *pass* Bh ad Hos 12 12.

ܐܟܪܐ argilla flava BA n. 323.

ܐܟܘܪ *p.* آخور stabulum Bhchr[1] 484 16.

ܐܟܝܠܐ *1.* debilis Nis 35 260, Bal 260 20; *2.* levis ES 2 426F; *3.* incautus (sermo) ES 3 392B; *4.* impostor, deceptor ES 2 496F, 508A, ESL 3 745pu, *f.* haeresis Jul 80 14.

ܐܟܝܠܘܬܐ debilitas AS 43 21, EN 32 21.

ܐܟܝܠܘܠ (cf. DelitzschHebr.Lang. 14 sq) mensis September Journ. of s. l. 7 41 22.

ܐܠܐ *1.* nisi N§374D; *2.* ἀλλὰ Geop 24 28, γὰρ=alioquin Geop 26 16 glherm; *3.* seq. ܘ sed, autem KwD 42 1, Nöld in Wright KwD XXIII.

ܐܠܠ (nest. ܐ Bh ad Js 24 4) ululavit, lamentatus est Jo 1 8, Js 3 26, ES 3 273E, ER 103 14, dap 94 25.

Etpe. deploratus est Mi 2 4 (Hex), Arist 10 9.

Pa. imploravit ES 1 408A.

ܐܠܝܐ lamentatio Joseph 5 2 (673, b 9), ES 2 372D, Rabb 371 14.

ܐܠܝܬܐ lamentatio, threnus ES 1 393 F, BO 2 174 19, am 2 76 8.

ܐܠܝܬܐ lamentans femina, praefica Bhchr[1] 328, BA n. 757, Eb Mai X 255 17.

ܐܠܝܬܐ (nest. ܐ N § 101) *1.* cauda Ex 29 22, ES 1 247 F; *2.* panis (?) Sir 20 17 var. ܐܠܝܬܐ et ܐܠܬܐ cf. BA n. 733; *3* strix Phys 17 5.

ܐܠܓܦܘܣ capra DuvB 2 241 n. 1, BB 165 pu.

ܐܠܐܒܣܛܪܘܢ ἀλάβαστρον alabastrum Regnδ 21 16 (Hex), Epiph 44 27.

ܐܠܒܪܘܣ AS 4 83 10, ܐܠܒܪܘܢ ib 101 1, Geop 44 28 ἑλλέβορος helleborus.

ܐܠܓܐ ἀλλαγή (ZDMG 3 416) furor Regnδ 9 20 (Hex).

ܐܠܓܘܪܐ *1.* acervi straminis BA n. 325 Th Marg 1 285 17 cf 2 513 n. 2, horrea IA 2 332, v. 1583; *2.* ornamenta ib. 92 76.

ܐܠܘܕܪܝܘܢ ܟܠܩܘܣܝܕܝܣ ἐλύδριον χαλκοειδὲς aut χελιδόνιον? sulphur marinum DuvB 2 3 9 BB 168 10.

ܐܠܗܐ deus ܐܠܗܐ ܠܐ, ἄθεος Clr 122 17.

ܐܠܗܬܐ dea Act 19 27, ER 7 24, Spic 38 19, Jul 18 1.

ܐܠܗܘܢܐ deus parvus JS ZDMG 29 115 v. 183.

ܐܠܗܘܬܐ divinitas ER 21 18, Ath 22 26.

ܐܠܗܝܐ divinus ER 37 2, ES 2 158C.

ܐܠܗܐܝܬ divine ES 3 519B.

ܐܠܗܝܢܐ (nisi em) divinus EC Journ of s l. 5. 408 6.

ܐܠܗܢܝܐ is ib 405 5, 407 6.

ܐܠܗ deum fecit BO 2 193 26, AS 38 13.

ܡܐܠܗܢܐ deificus BO 2 155b, Cat Bod 251 7 a. f.

Etpa. *pass.* Bhce 1 57 6, Joh Dar MS 1 106 16.

ܡܐܠܗܢܘܬܐ deificatio Joh Dar MS 1 106 15, Kays 86 2, OM 213 14.

ܐܠܗܝܡ Gn 6 2, Job 1 6, Spic 4 1, ܐܠܗܝܡ ES 1 513D h. אֱלֹהִים.

ܐܠܘ si N§375.

ܐܠܘܬܐ *1.* colostrum (اللبأ من اللبن) BA n. 724. *2.* ἀλοή aloe ψ 155 9 (Hex).

ܐܠܛܐ ἐλάτη pinus ψ 104 17 (Aquil in Bh 210 67), Ez 31 8 (Hex) = תל תלים Cant 5 11 (Hex), Gal ZDMG 39 240.

ܐܠܛܝܢܘܣ ἐλατίνους pineos Ez 27 5 (Hex).

ܐܠܛܘܣ ἐλατὸς ductilis Duv. B 2 225 n. 1.

ܐܠܟܛܘܪܐ ἀλέκτορα gallum Mc 14 72 (Phil).

ܐܶܠܰܡ (nest. ܐ N§174An) iratus est Jer 3 12, ES 2 105A, ESL 3 81 14, ThMarg 1 28 17.
ܐܶܠܡܳܐ (nest. ܐ) ira ES 2 188B, JARS 111 4.

ܐܘܠܡ, ܐܠܡ i. q. h. אוּלָם Reg γ 6 3, Ez 40 6 (Hex).

ܐܠܡܐܣ pers. *almâs* = ἀδάμας adamas PsC 224 13 cf. Nöld. Beitr. p. 16.

ܐܠܘܡܦܝܐܣ AS 143 7, ܐܠܘܡܦܝܐ AS 3 10 15, Dion T 41 10 ὀλυμπιάς, olympias.
ܐܠܘܡܦܝܣ εὐλάμπη? nomen radicis AS 4 100 1.

ܐܠܐ ܐܘܢܝܩܐ ἄλλα ὠνεακά aliud instrumentum venditionis Rechtsb 12 13 cf. 204.

ܐܠܘܣܛܪܝܘ ἰλλούστριοι illustres Jh Eph 203 15.

ܐܠܠܝܣܦܩܘܣ ἐλελίσφακος salvia Geop 98 20.

ܐܠܩܢܛܝܩܐ κάρυον ποντικὸν Geop 25 11 corylus avellana Löw n. 23.
ܐܠܘܣܪܝܩܘܢ ὁλοσηρικὸν vestis holoserica AS 2 268 12, Joh Eph. 172 7.

ܐܶܠܥܳܐ *f.* (N§84) *1.* costa Gn 2 21, asd 54 18, ES 1 18F; *2.* latus (figurae geometricae) IS 103 18.

ܐܶܠܰܦ (cf. ܝܠܦ) *1.* docuit ER 50 23, PsC 20 7; *2.* egit de aliqua re Gal ZDMG 39 246.
ܡܰܠܦܳܢܳܐ (N§174D) doctor ER 47 20.
ܡܰܠܦܳܢܳܝܳܐ magistralis Cyr 78 6.
ܡܰܠܦܳܢܽܘܬܳܐ doctrina, eruditio JS in ER 393 4, Gal ZDMG 39 244.
ܐܠܦܐ (N§93) mille.

ܐܶܠܦܳܐ *f.* (N§84) ex ass. *elippu 1.* navis ER 97 2, ES 1 538C; *2.* Plejades Geop 19 17.
ܐܶܠܦܩܢܝܬܐ navicula Jh 6 22 (Bernst.), Bhchr 377 3.
ܐܶܠܦܳܝܳܐ *pl.* ܐܶܠܦܳܝܶܐ (Clr 150 1) nauta AS 3 166 8, Bhchr 494 3.
ܐܶܠܦܳܝܽܘܬܳܐ navigatio ECth 1 54 2.

ܐܶܠܰܦ nomen primae literae alphabeti.

ܐܠܦܐ ἄλφα litera Gal ZDMG 39 248.
ܐܠܦ ܒܝܬ Bhce 2 791 3, ܐܠܦܐ ܒܝܬܐ AS 20 4 24, BO 2 160b alphabeta.

ܐܠܦܝܛܐ ἄλφιτα polenta Geop 104 16.

ܐܶܠܰܨ (nest. ܐ N§174An Barth p 52) *1.* oppressit, vexavit, compulit, coegit Gn 19 3, ER 121 27, Bhchr 117 apu; *2.* contendit, studuit Jon 1 3 (Hex).
ܐܠܝܨ necesse fuit ES 2 447C, dap 31 17.
ܐܠܨܐ ܡܢ ἐξ ἀνάγκης glherm ܐܠܝܨܬܐ res necessariae Gal ZDMG 39 283 3.
ܐܠܝܨܘܬܐ necessitas glherm.
ܐܠܝܨܝܐ necessarius ES 1 130D, glherm.
ܐܠܝܨܘܬܐ necessitas Ge ZA 8 24 9.
ܐܠܨܐ connexio Ez 43 8 (Hex).
ܐܠܘܨܐ oppressor ψ 129 2, am 1 227 1.
ܐܠܨܐ vocalis litera Jod cum puncto inferiore signata BZ in Merx 173.
ܐܠܝܨܐ *1.* compressus, angustus Ath 53 20, Jul 94 13; *2.* vehemens ZDMG 27 593 v. 98.
ܐܠܝܨܝܐ ἀναγκαῖος necessarius (amicus) Act 10 25 (Phil).
ܐܘܠܨܢܐ vexatio Gn 35 3, Corluy MP 30 14.
Etpe. *1.* oppressus est asd 31 23; *2.* tentatus est dap 3 3; *3.* coactus est ER 39 17.

ܐܠܩܐ ὁλκή i. q. ܙܘܙܐ Epi 52 38.
ܐܠܩܘܢ ἀλκύων avis AS 4 68 6.
ܐܠܩܛܪܘܢ ἤλεκτρον Ez 1 4 (Hex), AS 150 27, Kays 266 14, Duv B 2 2 4, 3 4 BB 131 16.
ܐܠܩܪܝܐ (ὁλκάριος Hoffmann ZDMG 32 750) navem trahens (*treckshuytman*) EN 28 29, BA n. 750.

ܐܠܘܪܘܣ αἴλουρος mustela Cat Wright 2 603b.

ܐܠܬܐܐ ἀλθαία Geop 17 20, ZDMG 39 256 1.
ܐܠܘܬ h. אהלות ψ 44 20 (45 9) Aqu.

ܐܶܡܳܐ (cf. Delitzsch Prol. 108 sq.) *pl.* ܐܶܡܗܳܬܳܐ et ܐܶܡܗܶܐ (ES 3 613a) N§146; *1.* mater Gn 2 24 *pass.* *2.* abbatissa, monasterii praeposita BO 3 2 91b.
ܐܶܡܳܐ ܕܡܕܝܢܬܐ metropolis Eb Mai X 309 10.

ܐܡܐ ܕܙܡܪܐ instrumentum musicum ES 1 524a.
ܐܡܐ ܕܪܝܫܐ calva (الهامة) EN 8 52.

ܐܡܘܬܐ *pl.* ܐܡܘܬܐ (N§146) populus, natio Gn 27 29, ES 3 356E, Ath 47 3.
ܐܡܘܬܢܝܐ ἐθνικός gentilis Bhgr 1 16 19.
ܐܡܬܐ *pl.* ܐܡܝܢ (N§81) cubitus, ulna Gn 6 15, ES 1 51C.
ܐܡܘܢܐ forma, protoplasma ES 2 521C, Kays 149 1.

ܐܡܬܐ *pl.* ܐܡܗܬܐ (N§146) serva, ancilla Mt 26 69, ES 1 403C, dap 1 17.
ܐܡܗܘܬܐ servitium ancillae ES 1 84C, IA 1 248 v. 509, Rechtsb 19 11.

ܐܡܒܗ (pers. *anbah* Lag GA 12 21) fructus mangiferae indicae EN 27 7, BA n. 787.

ܐܡܒܘܢ ἄμβων ambo BO 3 2 718m.

ܐܡܒܝܩܐ (pers. Lag GA 12 22) cucurbita chymica, alembicum, BA n. 788 Duv B 2 31 11 12.
ܐܡܒܝܩܘܣ id Duv. B 2 26 15, 28 apu.

ܐܡܒܪܐ ܒܝܬ (pers. *anbâr* Lag GA 12 23, Sem 1 44) horreum Hoffmann Ausz. n. 342.

ܐܡܓ effugit, evasit BO 3 1 392 4af, Bhchr 307 5.

ܐܡܕܪܐ ESL 2 805 7, l. ܡܕܪܐ.

ܐܡܕܝܠܬܐ *pl.* ܐܡܕܝܠܐ et ܐܡܕܠܬܐ (Geop 2 12) pala (*spade*) PsC 101 4, Geop 9 16, EN 23 12.
ܐܡܝܐܢܛܘܢ ἀμίαντον amiantum Geop 119 12.

ܐܡܝܠܐ (i. q. ܣܡܘܟܬܐ Hoffmann Ausz. n. 206) *f.* (N§84) pallium Jos 7 21, ES 1 298E.
ܐܡܝܠܝܢ id. Hoffmann Ausz. n. 206.

ܐܡܘܠܘܢ EN 27 1, ܐܡܘܠܢ BA n. 833 (ἄμυλον) amylum.

ܐܡܘܠܘܓܘܣ ὁμολόγος Epiph. 38 80.
ܐܡܘܠܘܓܝܐ ὁμολογία confessio fidei BO 2 diss. 40 Epi l. l. pl. Joh Eph 162 4, Cat Bod 47 4 af Par 4 n. 10.
ܐܡܘܠܘܓܝܡܐ ὁμολόγημα Epiph l. l.

ܐܡܘܡܘܢ ἄμωμον amomum Ap 18 13.

ܐܡܝܢ *1.* s. q. ܒ perseveravit, mansit, studuit alicui rei Col 4 2, ES 1 191F, AM 2 291 16; *2.* s. q. ܠ tractavit Cyr 32 27; *3.* interfuit Hoffmann Kirch 6 44.
ܐܡܝܢܐ constans, assiduus, continuus ES 1 383F, dap 55 24; *adv.* ἀεὶ usque Lc 5 33 glherm.
ܐܡܝܢܘܬܐ constantia Vit. Rabb 183 24 ܒܐܡܝܢܘ continuo Mar 14 12.
ܐܡܝܢ gr. ἀμήν h. אָמֵן Mt 5 18, ES 3 288F.
ܐܡܢܐ *1.* negotium ES 1 191F, JEh 27 13, Jer 7 3 (Hex); *2.* facinus Jud 2 19 (Hex), Ath 19 25; *3.* ars Bhchr 127 5; *4.* munus officium KwDW 35 9.
ܐܘܡܢܐ (ex ass. *ummānu* cf أمّ III Jens.) *1.* sollers, ingeniosus Afr 108 23, JEh 29 9; *2.* artifex Chr ed 146 10.
ܐܘܡܢܘܬܐ sollertia, artificium, ars ES 1 561B, Rabb 216 11, dap 95 16.
ܐܡܣܐ lacerta EN 43 80 i. q. ܚܠܛܬܐ; BA n. 793.
ܐܡܣܝܢܬܐ oppidum parvum BA n. 794.

ܐܡܝܢܛܘܢ (ἀμίαντον?) *1.* salamandra, quae igni non absumitur Kays 90 18, cf. BA n. 816; *2.* amiantum (*amianth*) Duv B 2 41 3, Nat 63, 80, 117, ThMarg 1 273 16, BB 186.

ܐܡܘܢܘܡܘܣ ὁμώνυμος glherm.

ܐܡܘܢܝܩܘܢ Geop 109 13, ܐܡܘܢܝܩܐ EN 27 2 ἀμμωνιακὸν ammoniacum.

ܐܡܢܩܝܦܛܘܣ ἐμαγκίπατος emancipatus Rechtsb 4 21, 19 3.

ܐܡܘܣܝܘܢ ὁμοούσιον JAP 7 5 p. 202 n. 1.

ܐܡܦܘܡܐ ἔμφωμα fenestra Fraenkel 14 n. 1.
ܐܡܦܝܕܐ EN 23 15, ܐܡܦܝܕܐ BA n. 844 cerussa ar. اسفيداج, *espèce de calcaire* Duv B 2 49 5 12, 50 10.

ܐܡܦܝܡܪܝܢܘܣ (ἀμφημερινός) febris quotidiana EN 33 50.

ܐܡܦܩܝܢܘܢ ὀμφάκινον ex oleis immaturis pressum Geop 19 30.

ܐܡܦܘܪܐ ἀμφορεύς amphora Joh Eph 172 24.

ܐܡܦܝܬܐܛܪܘܢ ἀμφιθέατρον am **3** 213 4.

ܐܡܨܐ (pers. Lag. GA 13 24) cibus acidus BA 845.

ܐܡܩܬܐ lacerta Pr 30 28, ES **1** 241 F, Geop 70 6, BA n. 847.

ܐܡܪ a. dixit, locutus est pass. seq. ܥܠ causam dixit 2 Mcc 4 44.
ܐܡܘܪܐ *1.* dicens ES **2** 323A, IA in MS **1** 16 210; *2.* studens, laborans ES **3** 67E, 70A, (Geiger ZDMG **21** 490); *3.* scriptor JS ZDMG **28** 590 1.
ܐܡܘܪܘܬܐ *1.* eloquentia Th Marg **1** 113 7; *2.* recitatio ib 290 12.
ܐܘܡܪܐ oratio Cat MB 11a 24.
ܐܘܡܪܘܬܐ colloquium Cat MB 11a 23.
ܐܡܘܪܬܐ verbum, sermo Apoc Bar 60 (ed Cer 154b 21).
ܡܐܡܪܐ sermo, oratio tam metrica quam solutis numeris, homilia, tractatus, in quos libri auctorum dividi solent, carmina ER 21 1, OB **3** 1 n. 1, ZDMG **39** 244.
ܡܐܡܪܘܬܐ sermo, homilia (cf. ZDMG **47** 301), ESL **1** 691 28.
ܐܡܪܢܐ IA **2** 332 v. 1584, l. ܡܐܪܢܐ.
Etpe. *1.* dictus est 87 5, BO **1** 42; *2.* jussus est Mt 5 21, Act 10 22, Ap 6 11.
ܡܠܬܐܡܪܢܘܬܐ λέξις Dion. Thrax. in Gottheil ES n. p. 2 glherm.

ܐܡܪܐ (assyr. cf. Jensen ZA **7** 216 n. 4) agnus Gn 22 7, Mt 7 15, ES **2** 355C, Ath 17 13.
ܐܡܪܘܣܐ agnus parvus Bhgr **1** 24u.

ܐܡܝܪܐ (ar. أمير) *pl.* pers. ܐܡܝܪ̈ܐ (Bhchr 309 20) praefectus Bhchr 112 2, ENchr 23 3.
ܐܡܝܪܘܬܐ emiratus ENchr 25 19.

ܐܡܪܐ *pl.* ܐܡܪ̈ܣ ἀμάρα cloaca Joh Eph 270 7, Jul 26 13, Bhce **1** 247 24.

ܐܡܪܩܘܣ ܐܡܪܩܐ ἀμάρακος amaracus apap 159 12, EN 24 36.

ܐܡܪܡܢܐ (εἱμαρμένη) *1.* adumbratio AS **3** 215 22; *2.* fatum AS 157 26.
ܡܢܬܐ ܐܡܪܡܢܐ id qu. pr. *1.* ib 214 19.

ܐܡܪܝܢܣ Geop 17 19, l. ܡܪܝܢ q. v. cf. Lag GA 173 n. 3.

ܐܡܥܬܐ (N § 108) palus JEh 25 15, Gal ZDMG **39** 300 2, EN 48 92.

ܐܡܬܝ *1.* inter. quando? ψ 42 2, ܥܕܡܐ ܠܐܡܬܝ quousque?; *2.* conj. quando, cum seq. ܕ Js 6 1 (Hex), ER 35 2.
ܟܠ ܐܡܬܝ ܕ quotiescunque Bhchr 98 4.

ܐܡܬܘܣܛܘܣ Ap 21 20, ܐܡܬܘܣܛܘܣ Ex 28 19 (Hex), ܐܡܬܘܣܛܘܣ Ez 28 13 (Hex) ἀμέθυστος.

ܐܢ si cond. et interrog. N § 372, 374.

ܐܢܐ ego pron. 1. pers.

ܐܘܢܝܐ (nest ܐ Bh ad Pr 14 13) luctus Afr 423 15, ES **2** 390A, AS **3** 25 12, apap 153 5.
ܐܢܝܬܐ gemitus IA **1** 284 v. 184, ZDMG **31** 380 6, coll 389 n. 18.

ܐܢܐܠܩ i. q. ܐܠܬܚܩ occupatus fuit aliqua re BA 1 7.
ܐܢܘܩܐ truncus EN 30 70, BA n. 350.

ܐܢܒܒܙܘܢ ἀναβιβάζων pars superior zodiaci tt. astr. JS 106 8, Kays 194 1.

ܐܢܒܒܐ i. q. ܐܡܒܒܐ q. v. Duv B **2** pass.

ܐܢܓܠܡܘܢ (corr.) ichneumon Phys. cap. **5**.

ܐܢܓܠܝܣ et ܐܢܓܠܝܣ ἀναγαλλίς anagallis Duv B **2** 15 14, 227 n. 2.

ܐܢܓܢܘܣܛܐ et ܐܢܓܢܘܣܛܣ ἀναγνώστης lector AS **3** 183 3, BO **2** diss p. 117.

ܐܢܓܪܝܐ ἀγγαρεία (cf Jensen in Horn Grundr.

p. 29 not.) servitium Mt 5 41, Mc 15 21 (Phil).

ܐܢܕܘܠܓܢܛܝܐ indulgentia Joh Eph 203 1.

ܐܶܢܕܺܩܛܝܘܢ ἐνδικτίων indictio Rechtsb 24 6, am **3** 189 8, BO **2** 56b, Ath 1 2.

ܐܢܘܕܪܝܣ et ܐܢܕܪܘܣ ἔνυδρις hydra Phys. cap. **31**.

ܐܰܢܕܪܺܝܰܢܛܐ JSt 23 18, AS **2** 309 20, ܐܢܕܪܝܢܛܘܣ Jul 92 11, ܐܢܕܪܝܛܐ PsC 60 9 glherm, ܐܢܕܪܛܐ ZDMG **39** 304 8 ἀνδριὰς statua.

ܐܰܢܕܪܰܟܢܐ ἀνδράχνη portulaca Geop 22 26.

ܐܶܢܰܚ gemuit IA **2** 166 69.
ܐܶܬܬܢܰܚ id. Js 24 7, ES **1** 194C, ER 14 20, Dion T 137 4.
ܐܶܢܚܬܐ gemitus Jud 2 18 (Hex), ES **2** 353F, Jul 91 1, Ath 19 23.
ܐܳܢܽܘܚܐ gemebundus Ez 5 15 (Hex).
ܬܶܐܢܳܚܬܐ gemitus Act 7 34 (Phil) Th Marg **1** 236 17.

ܐܢܚܢ nos forma antiqua pron. 1. pers. pl. cf. Rödiger ZDMG **16** 551.

ܐܢܛܐ ἐνάτη, nona (indictio) AS **1** 14 22.

ܐܢܛܘܒܝܢ (ἐντύβιον) intubus genus olei Geop 98 6.

ܐܢܛܝܓܪܦܐ, ܐܢܛܝܓܪܦܘܢ ἀντίγραφον exemplum Rechtsb 23 24, AS **3** 264 17, Joh Eph 274 25, Bhce **1** 249 13.
ܐܢܛܝܓܪܦܣ ἀντιγραφεῖς contrarotulatores Joh Eph 198 8.
ܐܢܛܝܕܛܘܢ ER 48 5, ܐܢܛܝܕܘܛܘܣ Geop 58 8, *pl.* ܐܢܛܝܕܘܛܘܣ Bhchr 36 14, ܐܢܛܝܕܘܛܐ ce **2** 753 13 ἀντίδοτος, ον, antidotum.
ܐܢܛܝܘܦܪܟܘܣ ἀντιύπαρχος Joh Eph 191 13.
ܐܢܛܝܟܪܝܣܛܘܣ AS **2** 163 3 *pl.* ܐ̈ـ, Rie 67 5, 1Jh 2 18 (Phil) ἀντίχριστος antichristus.

ܐܢܛܘܟܣܝܣ ἔντευξις commercium AS **3** 176 7.

ܐܢܛܘܠܐ et ܐܢܛܠܐ ἐντολή poena AS **2** 40 7, 274 7.
ܐܢܛܘܠܣ ἐντολεύς mandatarius (in judicio) Rechtsb 7 16.

ܐܢܛܠܟܝܐ et ܐܢܛܝܠܟܝܐ ἐντελέχεια actus, potentia ECth **2** 20 l. 9 glherm.

ܐܢܛܘܠܝܩܘܢ *1.* ἐντολικὸν auctoritas Rechtsb 10 24, Joh Eph 228 16, Bh Cat Par 173b 16; *2.* ἀνατολικὸν (*letter to the east?*) Cat Wright **2** 704a.
ܐܢܛܘܠܝܩܘܝ ἀνατολικοὶ orientales Bhchr 120 4.
ܐܢܛܝܓܟܘܩܠܝܐ ἀντεγκύκλια AS **3** 164 13.
ܐܢܛܝܦܣܝܣ ἀντίφασις contradictio AS **4** 14 10 glherm, Bhcar 167 7.
ܐܢܛܝܦܛܝܩܘܣ ἀντιφατικῶς glherm.
ܐܢܛܝܦܘܪܘܣ ἀντίφορος (Procop. de aedif. **2** 7 ed. Dindorf **3** 229) *the townhall* JSt 22 15.
ܐܢܛܝܦܬܐܐ ἀντιπάθεια Bhchr 135 15.
ܐܢܛܝܩܣܪ ἀντικαῖσαρ AS **3** 199 6.
ܐܢܛܝܩܐ ἀντικυρικὸν (? PS) Geop 50 16.
ܐܢܛܝܪܘܣ ESL **2** 49 9 leg. ܐܢܛܝܪܘܣ q. v.
ܐܢܛܝܪܛܐ ἀντηρέτης inimicus Bhchr 88 21.
ܐܢܛܝܪܣܝܐ ἀντηρεσία rebellatio JohEph 190 19.
ܐܢܛܪܦܣܐ ἀνατροπῆσαι Rechtsb 37 12, (ZDMG **26** 830).
ܐܢܛܝܬܐܣܝܣ ἀντίθεσις glherm.

ܐܢܟܐ (cf. Lag. arm. St. § 103 Jensen ZA **1** 13 sq.) plumbum, et nigrum et album, stannum Ez 22 18, Afr 302u, ES **1** 267D, Bhchr 173 2.
ܐܢܟܝܐ stanneus Zach 4 10 (Hex).
ܐܢܟ o stanno obduxit Duv B **2** 231 n. 2, 235 n. 3.
ܐܬܐܢܟ pass ib 236 n. 1.

ܐܢܘܟܝܘܢ ὀνύχιον (gemma) Ex 28 20, Job 28 16 (Hex).
ܐܘܢܘܟܝܘܢ ὀνύχιον (?) i. q. ܕܢܚܐ ܛܦܪܐ apud medicos morbus quidam oculorum Bhap 13 66.

ܐܢܟܘܫܐ ἀγχοῦσα anchusa EN 26 72, BA n. 912.

ܐܢܟܝܪܝܕܝܐ ἐγχειρίδια manualia Sev. ad Act 19 12 (Phil).

ܐܢܠܘܓܝܣܐ ܥܒܕ (ἀναλογῆσαι) mensus est JS 128 21.

ܐܢܠܘܛܝܩܝ ἀναλυτική analytica glherm Cat Wright **2** 893b.

ܐܢܘܠܝܘܢ ἐνύλιον inula Geop 51 23.

ܐܢܠܘܡܐ *pl.* ܐܢܠܘܡܛܐ (AS **2** 116 10) ἀνάλωμα sumptus Joh Eph 124 18, AS **3** 246 26, Bhchr 78 7.

ܐܘܢܘܡܠܝ οἰνόμελι vinum mulsum Geop 51 22.

ܐܢܘܢ *m.* ܐܢܝܢ pron. encl. 3 p. pl. N§632.

ܐܢܘܢܐ ἀννῶναι annonae Rechtsb 14 17, Joh Eph 416 7, Bhchr 362 10.

ܐܢܢܩܐ, ܐܢܢܩܝ *pl.* ܐܢܢܩܝܣ (2Cor 6 14), ܐܢܢܩܣ (AS 41 11), ܐܢܢܩܝܣ (PsC 156 20, am **2** 198 3), ἀνάγκη necessitas Mt 18 7, Afr 355 13, ER 34 27.

ܐܢܢܩܝܐ necessarius ES **1** 120D, Ath 54 27.

ܐܬܐܢܢܩ *1.* oppressus, coactus est Gal 2 3, Bhchr 435 24, ce **3** 187 4; *2.* taedio captus est Jul 47 23.

ܐܢܢܩܘܬܐ (N§137 n. 1) oppressio 2 Cor 2 4, Jul 234 24, Jh Eph 278 23, Bhcar 20 3.

ܐܢܣܛܘܟܝܘܣܐ ܥܒܕ (ἀναστοιχειῶσαι) resolvit et reparavit Cyr 396 2.

ܐܢܝܣܘܢ ἄνισον anisum EN 24 32.

ܐܢܘܣܝܣ ἕνωσις conjunctio Joh Eph 29 18.

ܐܢܩܐ avis عقاب BA n. 918 ام حُبَيْن EN 43 86, gallus agrestis ON 90 12 falco? ES **1** 275F, AS **4** 54 15.

ܐܢܘܦܘܓܪܦܐ ἐνυπόγραφος servus ascriptitius Rechtsb 15 7.

ܐܢܦܣܝܘܣ ἀνεψιὸς consobrinus Col 4 10 (Phil).

ܐܢܦܘܪܐ et ܐܢܦܘܪܐ ἀναφορά. *1.* relatio asd 74 3 am **3** 342 9; *2.* ille pars officii eucharistici, quae ab oratione osculi pacis incipit et usque ad gratiarum actionem extenditur Renaudot lit. or. **2** 45, BO **2** 37a 1, Bhce **1** 331 19; *3.* tt. astr: a) aequator EN 55 69, ZA **8** 19 8; b) ortus sideris Bh Cat Bod 582 15.

ܐܢܒܬܡܘܣ ἀναβαθμοὺς genus canticorum Cat Bod 273 6 a f.

ܐܬܐܢܚ gemuit Job 24 12, ES **2** 10D, Bhcar 21 1.

ܐܢܚܬܐ gemitus, suspirium Ex 2 24, Sir 35 15, Afr 96 2, ES **2** 362A, IA **1** 220 v. 301.

ܬܢܚܐ gemitus 4, Ezr 7 bis 9 nisi ܬܢܚܬܐ legendum.

ܐܘܢܩܝܐ et ܐܘܢܩܝܬܐ *pl.* ܐܘܢܩܝܣ οὐγκία = 2 στατήρ Epiph 3 22, AS **1** 30 10, Geop 48 17 18.

ܐܢܩܘܠܐܣ ἀγκύλαι lora Ex 38 17 (Hex).

ܐܢܩܝܢܐ ἐγκαίνια, dedicatio (ecclesiae) Joh Eph 215 2, AS **3** 218 20, 231 10, Cat Wright **1** 253a.

ܐܢܩܢܛܘܪܘ ὀνοκένταυροι Js 33 22, 34 11 (Hex).

ܐܢܩܝܢܐ ὄγκινοι Aquil Regn δ 25 14, Jer 52 18 cf. ZDMG **3** 427 (Bernstein).

ܐܢܩܘܩܠܝܘܢ ܐܓܖ̈ܬܐ epistolae encyclicae Joh Eph 240 15, AS 72 3, AS **2** 376 26, Bhce **1** 287 12, Cat Wright **2** 936b.

ܐܢܩܘܪܐ ܐܢܩܪܐ ἄγκυρα anchora Act 27 29, Hebr 6 19 (Phil).

ܐܢܫܐ (N§146) *1. sg.* homo *pass.*; *2. coll.* homines spc. cognati Lc 2 44, AS **1** 35 7, Clr 140 2, ܐܢܫܝ ܡܕܝܢܬܐ incolae urbis am **1** 411 7. *St. absol.* ܐܢܫ quidam, quaedam Bhchr 244 16, 247 4, *pl.* ܐܢܫܝܢ nonnulli am **2** 633 4.

ܐܢܫܝܐ humanus Ath 12 21, dap 84 22, Jul 46 3.

ܐܢܫܐܝܬ figurā humanā ES **2** 50A.

ܐܢܫܘܬܐ *1.* humanitas ES **2** 506F τὸ ἀνθρωπικὸν gl. herm; *2.* genus humanum Vit Rabb 197 27, IA **2** 210 v. 122; *3.* incolae Chr ed 147 5, asd 13 21; *4.* cognati KwDW 245 13.

ܐܢܬ *m.* ܐܢܬܝ *f. pl.* ܐܢܬܘܢ *m.* ܐܢܬܝܢ *f.* tu, vos.

ܐܢܬܬܐ (N § 146) mulier, uxor Gn 2 22.

ܐܢܬܝܟܪܐ moneta plumbea Duv B **2** 254 n. 2.

ܐܢܬܘܦܛܘܣ Act 13 7, AS **3** 96 18, ܐܢܬܘܦܛܐ Spic 39 25, ἀνθύπατος, proconsul.

ܐܢܬܪܩܘܣ Hex Ex 28 18, Ez 10 9, ܐܢܬܪܐܩܐ Hex Js 54 11 ἄνθραξ carbo.

ܐܣܐ (Jensen WZKW **6** 210) μυῤῥίνη myrtus Js 55 13, Afr 368 18, ES **1** 248D.
ܐܣܐ ܕܒܪܐ μυρσίνη ἀγρία Geop 47 5.

ܐܣܬܐ *pl.* ܐܣܐ (N§81) paries Sir 29 10, ES **1** 149B, ER 19 2.

ܐܣܝ sanavit, curavit Gn 20 17, ES **2** 241D, IA **1** 88 70.
ܡܐܣܝܢܐ sanans, medicus asd 7 25, Ath 42 17.
Etpa. *pass.* Mt 9 22, ES **1** 560D, MS **2** 67 29.
ܡܬܐܣܝܢܘܬܐ sanabilitas Bhad Js 19 14.
ܐܣܝܐ (ex ass. *āsu* Jens.) *pl.* ܐܣܘܬܐ (N§79A) medicus Gn 50 2, Mt 9 12, ES **2** 241D, **3** 64B.
ܐܣܝܬܐ *1.* medica IA **2** 30 v 118; *2.* obstetrix ap. N.T. 3 12.
ܐܣܝܘܬܐ *pl.* ܐܣܘܬܐ et ܐܣܝܘܬܐ (N§76A) *1.* sanatio asd 36 12, Jul 238 13; *2.* medicina a) ars medici Gal ZDMG **39** 244, b) i. q. ἐπιχείρημα ib 259 5, ES **1** 561B.
ܐܣܝܢܝܐ medicinalis Bhchr 57 17, KwDW 52 19.

ܐܝܣܓܘܓܝ εἰσαγωγή Bhchr 54 25 glherm.

ܐܣܦܝܣܘܩܐ digiti tegumentum EN 55 54, BA n. 947.

ܐܣܕܐ pulvinus Gn 28 11, Bhchr 165 10 ܐܣܕܘܬܗ πρὸς τῇ κεφαλῇ Jh 20 12, ܐܣܕܬܗ id. JS ZDMG **25** 342 v. 453.

ܐܣܝܕܐ ἀσιδα חֲסִידָה Hex Jer 8 7, Job 39 13.

ܐܣܘܪ pers. سوار eques armatus KwDW 326 3 7 18.

ܐܣܘܛܐ (ἄσωτος) intemperans, avidus dap 11 20, *adv.* Ath 14 7, Vit. Rabb 189 27, Bhchr 120 12.
ܐܣܘܛܘܬܐ intemperantia, aviditas Lc 21 34, Rabb 362 5, am **3** 134 3.

ܐܣܦܗܒܕ (v. *spahpat* Nöld. Sassan. p. 444) dux JSt 58 16.

ܐܣܛܒܠܐ stabulum AS **2** 338 16, Geop 106 27, Bhchr 189 11.
ܐܣܛܒܠ ovile BO **3** 2 465 2.
ܐܣܛܒܠܪܐ stabularius AS **2** 338 15, Bhchr 153 17.

ܐܣܛܒܪܩܐ (a. استبرق) *brocaded silks* PsC 200 9, cf. Nöld. Beitr. 13.
ܐܣܛܒܪܩܝܢ id. BA n. 966 Lag GA 13 25.

ܐܣܛܕܐ (Bhchr 446 5, adMt 36 7) ܐܣܛܕܝܢ (Afr 107 1), ܐܣܛܕܝ (Vit Rabb 159 8, TB 165 8) ܐܣܛܕܝܘܢ *f.* (ES **3** 367E, Bhchr 309 22) *pl.* ܐܣܛܕܘܬܐ (N § 79A, Lc 24 13, Jul 229 4) στάδιον stadium.

ܐܣܛܘܐ *m.* στοὰ porticus Lc 20 46 (Cur), ES **1** 460A, JSt 24 15, Bhce **3** 455 10.

ܐܣܛܛܝܘܢܐ stationes IA **2** 54 v 541, BO **3** 178a 19, tertia καθίσματος pars ThMarg **1** 142 7, cf. **2** 292.

ܐܣܛܘܟܣܐ στοιχεῖον elementum Gal 4 3, ES **1** 119F, JS in MS **1** 53 v 247, am **3** 670 1.
ܐܣܛܘܟܣܝܐ στοιχειώδης glherm.

ܐܣܛܝܟܝܪܐ στιχηρὰ Epiph 11 19.

ܐܣܛܠܐ (Kays 138 2) *pl.* ܐܣܛܠܘܣ (ib 259 14) ܐܣܛܠܐܣ (Card 45 6) στήλη columna.
ܐܣܛܠܐ *f.* στολή vestis Mt 14 36 (Cur), ES **1** 173C, Rabb 247 6, JS in asd 99 15.

ܐܣܛܛܠܣܛܝܩܘܢ (ἐκτελεστικὸν(?)) mandatum BO **3** 2 465 6.

ܐܣܛܘܡܐ (p. ستام gr. στόμωμα Duval JAP **9** 2 296) chalybs (*steel*) BO **3** 1 495 b. 28, ThMarg **1** 329 2, EN 47 70, BA n. 992.

ܐܣܛܘܡܟܐ στόμαχος 1Tim 5 28, Afr 307 14, AS **2** 358 2, Bhchr 125 19, ES **1** 257a.

ܐܣܛܘܢܐ (pers. *sutûn* Lag GA 13 26) columna Afr 278 15, ER 8 26.

ܐܣܛܘܠܝܛܐ στυλίτης ES **2** 144 2, AS **2** 242 27, Bhce **3** 195 7.

ܐܣܛܘܢܝܐ id. Thes. hymn. **3** 203 1, Bhchr 100 19.

ܐܣܛܐܣܝܣ, ܐܣܛܣܝܣ στάσις tumultus Mc 15 7, Dion T 153 12.15.

ܐܣܛܣܝܢܐ seditiosus ψ 101 5 (Symm in Bh 207 78), Bhce **2** 725 3.

ܐܣܛܣܝܢܘܬܐ seditiositas Giorn d. soc. as. it. **3** 183 3.

ܐܣܛܩܣܛܐ (corr. ex ἑκατοστή?) fœnus BO **1** 238 5, AM **2** 396.

ܐܣܛܦܘܠܝܢܘܣ σταφυλῖνος pastinaca Geop 98 4, am **1** 493u, Gal ZDMG **39** 297 4, SB 102 4.

ܐܣܛܦܛܪܝܩ (corr.) l. ܦܛܪܝܩ? patricius بطريق Bhchr 166 15.

ܐܣܛܛܘܬܐ l. ܐܣܛܘܬܐ q. v. AS **2** 52 11.

ܐܣܛܩܛܐ στακτή stacten ES **1** 355A, Gn 37 25 (Hex), MS **2** 12 26, Sch 30 9.

ܐܣܛܪ (pers. Lag GA 14 27 turc? Blau ZDMG **23** 272 1) pannus subsutus (*lining*) EN 36 27, BA n. 973.

ܐܣܛܝܪܐ ostiarius AS **2** 236 9.

ܐܣܛܪܘܒܠܝܢܐ στροβυλίνη Geop 47 27.

ܐܣܛܪܒܝܢܐ id ZDMG **39** 240, 279 67.

ܐܣܛܪܛܐ *f.* strata (via) Jul 136 12, AM **2** 103 11, am **3** 74 7.

ܐܣܛܪܛܝܓܐ *pl.* ܐ̈ (Bhchr 41 10) στρατηγὸς Act 16 22, ECth **1** 37 137, Rechtsb 6 15.

ܐܣܛܪܛܝܓܘܬܐ imperium asd 73 4, cf. p. 188 n. ad 72 18.

ܐܣܛܪܛܝܐ στρατιὰ exercitus Lc 3 14, Jul 67 2, IA **2** 280 v. 813, AS **3** 220 7, am **1** 243 17.

ܐܣܛܪܛܝܐ ܦܠܚܐ (στρατεία) milites Vit Rabb 188 17.

ܐܣܛܪܛܝܘܛܐ στρατιώτης miles Mt 8 9, Afr 404u, ESL **1** 221 29.

ܐܣܛܪܛܝܘܬܐ militia Rechtsb 18 1.

ܐܣܛܪܛܠܛܣ στρατηλάτης imperator PsC 137 8, JSt 11 16, AS **2** 105 26.

ܐܣܛܪܛܠܛܘܬܐ imperium am **3** 238 19.

ܐܝܣܛܘܪܝܐ ἱστορία historia AS **3** 16 4.

ܐܣܛܘܪܟܐ στύραξ storax EN 24 38, 27 94, BA n. 976, Bh ad ψ 153 73, Gal ZDMG **39** 298 1 (cf. **40** 765).

ܐܣܛܪܘܟܢܘܢ στρύχνον Geop 108 16.

ܐܣܛܪܘܠܒܘܢ ἀστρολάβον Bhchr 54 25.

ܐܣܛܪܘܠܘܓܝܐ ἀστρολογία astrologia ES **2** 317E, Bhchr 54 11.

ܐܣܛܪܘܠܘܓܘܣ *pl.* ܐ̈ ἀστρολόγος Js 47 13 (Hex), Kays 201 22, Ge ZA **8** 27 5.

ܐܣܛܪܢܓܠܝܐ? ܣܛܪܢܓܠܐ (στρογγύλη) Estrangelo, vetus Syrorum scriptura BO **3** 2 378, Bhce **1** 417 15.

ܐܣܛܪܝܢܐ (στρῆνος) luxuria, superbia, (*lewd behaviour*), 1Tim 5 6, JSt 25 4, AS **2** 113 9, Bhchr 13 3.

ܐܣܛܪܝܘܢ ostrea AS **4** 86 11.

ܐܣܛܪܝܣܩܘܣ *pl.* ܐ̈ (BS 256 15) ἀστηρισκὸς stellula Cat Wright **2** 792a, Epiph 9 53.

ܐܣܛܪܦܘܬܐ σατράπαι סרנים Jud 3 3 (Hex).

ܐܣܛܪܝܩܘܢ ἰστρικὸν (oleum) Geop 86 25.

ܐܣܟܕܝܐ σχεδίαι naves 1 Ezr 5 53.

ܐܣܟܘܠܐ σχολή schola ESL **2** 31 11, JSt 28 20, Chr ed 152 18.

ܐܶܣܟܽܘܠܳܝܳܐ discipulus, scholaris am **1** 401 14, BO **3** 124b 8.

ܐܶܣܟܽܘܠܳܝܽܘܬܳܐ munus scholare ThMarg **2** 56 2.

ܐܣܟܘܠܣܛܝܩܘܣ *pl.* ܩܶܐ σχολαστικὸς causidicus AS **1** 63 5, am **3** 325 14.

ܐܣܟܘܠܐ i. q. ܣܟܘܠܐ q. v. AS **3** 233 20, Joh Eph 399 24.

ܐܣܦܝܕܘܟܠܘܢܐ ἀσπιδοχελώνη AS **4** 90 4.

ܐܶܣܟܺܝܡܳܐ (σχῆμα) *1.* habitus, modus Afr 436 8, ER 12 19, ܒܶܐܣܟܺܝܡܳܐ εὐσχημόνως Rom 13 13, ܒܐܣܟܝܡ ܐܣܟܝܡ diverso modo ES **2** 553E, Nis 62 107; *2.* ornatus Jul 17 2, vestitus (spec. monasticus cf. Usener Der heil. Theodos. p. 171 n. ad 7 33) ThMarg **1** 334 16, Cat Par 67b n. 3, Bhce **3** 43 16; *3.* pompa Nis 74 50.

ܐܶܣܟܺܝܡܳܢܳܐ *1.* εὐσχήμων Sir 26 24, justus Afr 257 10; *2.* simulator ES **3** XXVI 6 484F; *adv. 1.* simulate Vit Rabb 171 16; *2.* luculenter Spic 1u.

ܐܶܣܟܺܝܡܳܢܽܘܬܳܐ *1.* natura ES **1** 513a; *2.* simulatio Cyr 103o.

ܐܶܣܡܳܐ palus in litore fluminis Th Marg **1** 229 22, BA n. 357, BB 78.

ܐܣܠܝܫܝܣ i. q. d. הַשְּׁלִישִׁי Jer 38 14 (Hex).

ܐܝܣܠܐܣܡܐ εἰσέλασμα Cat Wright **1** 335a.

ܐܣܘܡܛܐ ἀσώματα incorporalia EN 6 12, Cat MB 52a 23.

ܐܣܡܪܓܕܐ σμάραγδος Hex Ex 28 9, Ez 28 13.

ܐܝܣܘܡܪܝܣ ἰσομερής IS 127 16.

ܐܝܣܡܪܝܐ, ܐܝܣܡܪܝܐ ἰσημερία Cat Wright **1** 44b, Ge ZA **8** 21 2.

ܐܝܣܡܪܝܢܘܢ ἰσημερινὸν aequinoctiale Bh adsc. ment. (ed Gottheil) 1 8.

ܐܶܣܦ *1.* collegit, coacervavit 2Pt 3 7, Nis 29 250, Spic 7 18; *2.* suppeditavit alicui aliquid Bal 279 22, Jul 78 13; *3.* occultavit Cyr 95 4.

Etpe. *1.* sibi suppeditavit ES **2** 56A; *2.* collectus est Bhcar 100 8.

Pa. occultavit, obtexit ES **2** 362E.

ܐܶܣܦܳܐ commeatus, victus Spic 7 18, ES **1** 196A, am **3** 225 4, Jul 108 9.

ܐܶܣܦܽܘܓܳܐ et ܐܶܣܦܽܘܓܝܳܐ *f.* (N § 88) σπόγγος spongus (Löw n. 224) Bal 280 4, Geop 18 25, Jul 248 11.

ܐܶܣܦܳܕܳܐ (σπονδεῖον Martin cf. Fraenkel WZKM **3** 183) vas plumbeum BA n. 1031, JSt 85 9, Ge ZA **8** 35 16.

ܐܣܦܩܝܣ καψάκης Epiph 44 32.

ܐܣܦܝܪܒܐ (pers. Lag GA 14 28) pulmenti genus EN 34 68BB.

ܐܣܦܝܕܓܐ (pers. *sipêdah* Lag GA 14 28) cerussa e stano praeparata, ψιμύθιον (*white lead*) EN 24 33BB.

ܐܣܦܘܕܠܘܣ ἀσφόδελος Geop 111 27.

ܐܣܦܘܪܘܣ planta Geop 113 12 (> Gr).

ܐܣܦܪܐ stratum lecti Vit Rabb 185 2.

ܐܶܣܦܰܣܛܳܐ (pers. Lorsbach Archiv **2** 289) veredarius Esth 8 10 14.

ܐܣܦܠܝܕܐ (ψαλίδιον Fraenkel p. 115) fornix BA n. 429.

ܐܣܦܠܐ *pl.* ܐܣܦܠܝܣ ἀσφάλεια, securitas AS **2** 189 19, Cat Wright **2** 705b.

ܐܶܣܦܠܶܢܺܝܬܳܐ *pl.* ܐܣܦܠܢܝܬܐ (σπλήνιον ZDMG **9** 873) emplastrum AS **3** 53 11, dap 45 20, Geop 104 26, Ar 14 9, Duv B **2** 99 15, 101 6, EN 27 10.

ܐܶܣܦܺܝܩܳܐ et ܐܶܣܦܺܝܩܳܐ (cf. ZDMG **6** 356) trabes, tigna am **1** 281 9, Geop 16 22, 70 5, ECth **1** 1 7.

ܐܣܦܠܝܢ i. q. ܣܦܠܝܢ q. v. Geop 86 29.

ܐܣܦܢܕܡܢܘܣ σφένδαμνος Geop 66 30.

ܐܣܦܣܠܪܐ corr. ex ܐܣܦܣܠܪܐ q. v. EN 12 40, BA n. 1024.

ܐܣܦܝܢܝܐ color ruber ES **1** 229D, **2** 317A, Bhgr **1** 24u, ON 87 17, BA n. 1025.

ܐܣܦܣ, ܐܣܦܝܣ ἀσπίς *1.* anguis Rom 3 13, Afr 109 12, ES **2** 40D, Jul 249 17; *2.* testudo Phys cap. 31, anguis testudini similis Bh ad Dt 32 33 (ZDMG **24** 506).
ܐܣܦܣܬܐ (pers.? Lag Sem **1** 46, ass. *aspasti* Meissner ZA VI 296) medicago sativa EN 25 59.

ܐܣܦܩܘܠܛܘܪ σπεκουλάτωρ Mc 6 27, lictor, carnifex Jul 53 10, Sind 20 16, Bhchr 174 11.

ܐܣܦܩܠܣ (σφέκλη Du Cange **2** 1670) faex Duv B **2** 13 19, 14 2, 33 15.

ܐܣܦܝܪܐ, ܐܣܦܪܐ *1.* σφαῖρα a) globus ES **1** 119B, JN in MS **1** 99 v. 20, asd 54 17, b) = χῶνος ZDMG **39** 279 67, c) placenta Rabb 235 26, EN 35 93; *2.* σπεῖρα caterva Mt 27 27, JohEph 131 6.
ܐܣܦܝܪܝܐ globosus JEh 6 3, adv. ib. 6 13.
ܐܣܦܝܪܝܘܬܐ globositas ES **1** 121A.
ܐܣܦܝܪܢܝܐ globosus BO **3** 1 294a 24.
ܐܣܦܝܪܢܝܘܬܐ globositas Bh adsc. ment. (ed. Gottheil Mitt. des akad. Ver. zu Berlin n. 3) p. 2 10.

ܐܣܦܪܓܘܣ ἀσπάραγος IS 94 13.
ܐܣܦܪܓܐ *1.* id Geop 20 7; *2.* malum cydoneum Afr 187 19, Geop 115 8.

ܐܣܦܘܪܝܕܐ σπυρίς sporta Mt 15 37, Afr 300 20, Rabb 237 22, Bhce **1** 103 1, am **3** 586 16.

ܐܣܦܪܘܣ الرياحين basilica EN 49 25, BA n. 1035.

ܐܣܦܪܘܛܐ sportula Rechtsb 32 22.

ܐܣܦܪܡܪܡܐ et ܐܡܐ (pers. اسپرم Lag GA 65 2, Sem **1** 48, Löw p. 152) herbae odoratae KwD 110 6, 77 16.

ܐܣܦܪܝܣܐ, ܐܣܦܪܝܣܐ (pers. *asprês* Nöld. ZDMG **44** 532) hippodromus AM **1** 227 8, am **2** 52 5, MAMQ 4 13.
ܐܣܦܪܣܬܐ ܚܒܛ (σπαρισθῆναι? PS) fustibus caedit, verberavit Joh Eph 15 12.

ܐܣܦܬܐ σπάθη spatula DuvB **2** 51 5, 54 17, BA 1041.
ܐܣܦܬܪܐ σπαθάριος Joh Eph 49 3, Bhchr 89 20.

ܐܣܩܪܐ locusta caudata EN 44 99, BA n. 1043.
ܐܣܩܪܝܐ l. ܐܣܛܘܩܪܝܐ ἱστοκέραια malus cf. Fraenkel WZKM **3** 181, Afr 259 18.

ܐܣܩܘܛܐ (σκῦτος scutica) verbera ES **3** 374E, TB 61 12, am **2** 198 14, KwDW 187 1.
ܐܣܩܝܛܝܩܘܢ ἀσκητικὸν Cat Wright **2** 727b, Pall. in ThMarg **2** 202 n. 21.

ܐܣܩܘܦܪܝܐ Eb Mai **10** 274 30 cf. ܣܩܘܦܪܝܐ.

ܐܣܩܝܠܐ σκίλλα scilla EN 24 42.

ܐܣܩܡܢܝܢ σκάμνιον scamnium Alex 25 6.

ܐܣܩܝܣܛܘܣ ἀσκίαστος sine umbra Duv B **2** 10 7 ܐܣܩܝܣܛܝܢ ib 11 10.

ܐܣܩܘܦܐ σκύφος poculum Gn 44 2, ES **1** 98E, PsC 147 11, EN 29 62.
ܐܣܩܦܝܬܐ (σκάφια = σκαφεῖα) pala (*spade*) EN 27 16, BA n. 1049, apap 69 2.
ܐܣܩܦܬܐ id. Cyr 136u gl. ad ܪܦܫܐ.

ܐܣܩܪܝܒܘܢܐ et ܐܣܩܪܝܒܘܢܣ σκρίβωνες regii satellites Joh Eph 405 21, 334 21, 380 6.

ܐܣܩܘܪܢ (gr.?) arca longa, sportula AS **2** 106 9.

ܐܣܩܪܝܢܐ σκρίνια JohEph 199 12.
ܐܣܩܪܝܢܪܐ σκρινάριος Cat Wright **2** 923b, AS **3** 354 12 (sic l.!)

ܐܣܩܠܬܐ Bhcar 115 11 l. ܐܣܛܠܐ qv.

ܐܣܪ o. *1.* vinxit, ligavit Gn 37 7, Ath 36 21, dap 7 23; *2.* cinxit s. 2 acc. Lv 8 7; *3.* cepit Bhchr 1 198, 200.
ܐܣܝܪܝ ܚܝܠܐ qui arma ferre possunt ES **1** 250B.
ܒܝܬ ܐܣܝܪܐ carcer Gn 39 20, ES **2** 59D.

ܐܣܝܪܘܬܐ *1.* captivitas ER 46 19; *2.* conjunctum esse glherm.

ܐܣܘܪܐ (nest. ܐ̱ N§109) *1.* ligamen, vinculum ψ 109 19, ES **2** 25F, ER 76 16; *2.* cingulum Nm 30 4; *3.* vincula, carcer Eb Mai X 299 11; *4.* conjunctio animi cum corpore glherm; *5.* tt. gr. conjunctio ET 14 8, particula Bhgr **1** 156 seq.

ܐܣܘܪܝܐ vinculum Act 16 26, Afr 70 13, am **2** 536 6, TB 30 23.

ܐܣܘܪܬܐ vinctio asd 29 5, TB 30 1.

ܡܐܣܘܪܬܐ *pl.* ܡܐܣܘܪ̈ܝܬܐ *1.* fascis Mt 13 30, ECth **4** 34 9; *2.* vinculum Jes 58 6, Afr 50 20, ES **2** 438D, dap 21 22.

Etpe. conjunctus est ES **1** 548C.

ܠܐ ܡܐܣܪܢܝܘܬܐ ἀσύνδετα glherm.

ܐܣܪܐ ἀσσάριον Mt 10 29 = 100 λεπτὰ, Epiph 2 15, Cyr 55 17.

ܐܣܪܘܢ ἄσαρον = σέσαλις (Löw p. 369), Gal ZDMG **39** 295 9.

ܐܣܪܘܣ id. Gal. de al. fac. **2** 61, JS 97 11.

ܐܣܪܐ ἄσαρον (? PS) Geop 119 16, corr. e θησαυροὶ BB 139 cf. Fraenkel WZKM **3** 179.

ܐܣܪܡܘܬܐ i. q. h. הַשְּׁרֵמוֹת Jer 31 40 (Hex).

ܐܣܝܢܬܐ (אסינתא? Hoffmann ZDMG **32** 751) mortarium BB Bhgr **1** 213 10.

ܐܣܛܡܟܣ ESL **1** 469 3 ܐܣܛܘܡܟܣ Bhchr 47 2 = ܐܣܛܘܡܟܘܣ q. v.

ܐܣܬܘܡܐ *1.* capulus (*handle*) EN 41 19, BA n. 1068; *2.* manica Duv B **2** 294 n. 1.

ܐܣܬܪܐ ES **1** 317A, ܐܣܬܪܐ ER 6 19, אֲשֵׁרָה. ܐܣܬܪ̈ܬܐ Jud 1 13 (Hex), ܐܣܬܪܘܬ Jud 10 6 (Hex) עַשְׁתָּרוֹת.

ܐܣܬܝܪܐ, ܐܣܬܪܐ *f.* (N§84) στατὴρ = 4 ܙܘ̈ܙܐ Epiph 3 23, Mt 17 27, JSt 9 7, PsC 147 17, Clr 154 31.

ܐܥܦ o̤ duplicavit Ex 26 9 (Hex).

Etpe. duplicatus est ES **2** 184C = Ez 21 19.

Pa. = duplicavit ES **1** 194D.

ܐܥܦܐ duplum Gn 43 12, Afr 470 2, ER 101 27, Gal ZDMG **39** 271 9.

ܐܥܝܦܐ duplicatus Gn 23 9, dap 37 13, Nestle Chr.[1] 57 87.

ܐܦ etiam, quoque pass ܐܦ—ܐܦ et—et 3Mcc 5 29, Bhchr 272 12.

ܐܦܢܐ *1.* occasio Pr 9 9, JSt 86 7, JS in MS **2** 112 v 572, Bhchr 232 12; *2.* mora Kw DW 334 2.

ܐܦ̈ܐ et ܐܦܐ *f.* facies (√אנף) ER 122 2, ES **3** 311E, Asd 56 15.

ܐܦܝ̈ ܠܘܩܒܠ *face to face* Pall in Th Marg **2** 196u, Eb Mai X 188 13.

ܐܦܝ̈ ܪܡܫܐ sub vesperam PsC 186 15.

ܠܐܦܝ̈ *1.* versus JSt 52 13; *2.* circiter, sub AS 113 1, Geop 34 10 glherm.

ܥܠ ܐܦܝ̈ *1.* propter JSt 8 18; *2.* pro. Dt 24 16, Ign 198 4.

ܐܦܝ̈ ܬܪܥܐ (*pl.* vocis ܦܐܬܐ Barth ZDMG **41** 630 n. 1) *sg. m.* (N§142) velum Mt 27 51, Ath 18 15, PsC 195 11.

ܐܦܝ̈ ܦܬܘܪܐ id. ThMarg **1** 263 7.

ܐܦܐ (nest. ܐ̱ N § 174A n) coxit 2Reg 4 38, ES **2** 122A.

Etpe. coctus est Lv 2 4, ES **2** 122A, asd 30 2.

ܐܦܝܬܐ πέμματα Hos 3 1 (Hex).

ܐܦܩܠܬܐ pallium (monachi apud Nest.) BO **3** 2 898 n.

ܐܦܝܐ coquus, pistor EN 22 88, BA n. 1278.

ܡܐܦܝܬܐ coctio Hos 7 4, ES **2** 241F, Mar 37 9.

ܐܦܝܒܛܐ ἐπιβάται Ez 27 29 (Hex).

ܐܦܝܒܘܠܐ ἐπιβολὴ aggressus 1Ezr 8 22.

ܐܦܩܢܝܐ placentae genus BA n. 1280.

ܐܦܓܘܓܐ ἀπαγωγὴ glherm.

ܐܦܘܓܐܘܣ, ܐܦܘܓܐܘܢ *pl.* ܐܦܘܓ̈ܐܐ ἀπόγαιος, ἀπόγαιον GeZA **8** 16 20, Bh adsc. ment. 5 12, Cat Bod 579 6ζ.

ܐܦܝܓܪܡܐ ἐπίγραμμα Cat Wright **2** 545a.

ܐܦܝܓܪܦܐ ἐπιγραφαὶ Rie 55 19.

ܐܦܘܕܐ אֵפֹד vestitus sacerdotum Jud 8 27 (Hex), Afr 219 3, ES **1** 230C, Apoc Bar 6 (ed Cer 117 14).
ܐܦܘܕܝܐ (ἐπῳδία) psalterium Sir 40 21, ESL **3** 677 15 i. q. p. سرنای, EN 28 34, BA n. 1264.

ܐܦܘܕܝܟܣܐ ἀποδεῖξαι Cat Wright **2** 614a glherm.
ܐܦܘܕܝܟܣܝܣ ἀπόδειξις Cat Wright **2** 893b glherm, Bhcar 14 6.
ܐܦܘܕܝܟܛܝܩܝܬܐ ἀποδεικτική glherm.

ܐܦܕܢܐ (pers. Nöld ZDMG **29** 432, Lag. pers. St. **1** 71) *f.* palatium ER 121 27, asd 13 12, Jul 173 26, IA **2** 138 v. 608, JS in MS **1** 78 88.

ܐܦܘܕܝܩܢܐ dap 40 25 ܐܦܘܕܝܩܘܢܘܣ BO **2** diss p. 117, *pl.* ܐܦܘܕܝܩܢܐ Kays 175 9, ܗܦܘܕܝܩܢܐ Cat MB 64a 25 ὑποδιάκονος subdiaconus.

ܐܦܘܬܝܩܣ ἀποθῆκαι 3Ezr 1 54, ZDMG **9** 875.

ܐܦܝܕܪܘܡܐ ἐπιδρομή Rie 4 25 (cf. gr 81 19).
ܐܦܝܕܪܘܡܘܣ, ܐܝܦܝܕܪܘܡܘܣ ἱππόδρομος JohEph 186 10, AS **3** 136 26.

ܐܦܝܠܝܐ unicum الفرد EN 69 14, BA n. 1271, Bh ad Am 1 3.

ܐܦܛܘܝ ὑπατοι consules 1Ezr 3 14.
ܐܦܛܐ genus lapidis Duv B **2** 261 n. 3.
ܐܦܛܝܘܢ ὀπτίων optiones militaris annonae erogatores qui annonas militibus distribuebant (Perles Et St 103) Joh Eph 163 19.
ܐܦܛܓܐ ἐπιταγή mandatum 1Ezr 1 16.
ܐܦܛܝܢܐ = ܦܛܝܢܐ q. v. AS **3** 259 1.
ܐܦܛܝܢܐ id. Cat MB 92b 21.
ܐܦܛܦܠܐ ἑπταπλᾶ BS 255 n. l. 4.
ܐܦܛܪܘܦܐ, ܐܦܛܪܦܐ ἐπίτροπος a) praefectus ES **3** 382D, asd 111 9, Bhchr 46u; b) villicus Mt 20 8 (Phil); c) tutor, curator AS 183 3, Rechtsb 21 21, ENchr 96 7.
ܐܦܛܪܘܦܘܬܐ procuratio BO **3** 1 571 8.

ܐܦܝܘܢ Bhchr 221 3, Geop 58 9, ܐܦܝܘܢ Geop 58 11, ܐܘܦܝܘܢ EN 24 31 ὄπιον opium.

ܐܦܝܘܣܝܘܢ ἐπιούσιον necessarium Cyr 169 25.

ܐܦܘܟܐܛܣ ἐποχαί Bh Cat Bod 579 6 ζ.

ܐܦܘܠܐ ampulla Bh ad Jer 19 1, BA n. 1250.

ܐܦܘܠܘܓܝܐ ἀπολογία excusatio AS **2** 193 5, Rie 94 6, Eb Mai X 307 10.

ܐܦܠܝܘܛܝܣ ἀπηλιώτης subsolanus AS 142 30, Epiph 71 82.

ܐܦܘܠܝܡܢܝܣܩܘܣ ὑπολημνίσκος obelus cum puncto supposito Cat Wright **2** 792a.

ܐܦܠܪܘܣܝܣ l. ܐܦܠܪܘܣܝܣ πλήρωσις Rechtsb 35 17.

ܐܦܠܘܣ ἁπλῶς simpliciter Severus annot. ad 3Reg 8 10, Mas. Pec. Field 13 glherm.

ܐܦܠܐ terra fertilis BA n. 1294, ES **1** 110D.
ܐܦܢܐ cochlea rotarum Ez 10 13.

ܐܦܢܛܐ, ܐܦܢܛܐ ἀπαντή = ἀπάντησις JohEph 410 16, Bhce **1** 207 11.

ܐܦܢܛܝܣܝܣ Cat Wright **2** 887a, ܗܦܢܛܝܣܝܣ ib **1** 273a ὑπάντησις.

ܐܦܘܣܝܐ ἀπουσία *1.* dejectio, alvus, scobs intertrimentum ER 49 27, ES **3** 592B, AM **2** 231 5, am **3** 39 19 = apap 205 11 (quod Geiger ZDMG **26** 803 frustra tentavit) EN 10 11; *2.* lasanum, sella familiarica Bhce **1** 263 17.

ܐܦܝܣܛܠܡܐ, ܐܦܣܛܠܡܐ ἐπίσταλμα legatio JohEph 256 17, 293u.

ܐܦܘܣܛܘܠܝܩܐ ἀποστολικά cathartica (*purgatives*) EN 27 6.

ܐܦܘܣܛܣܝܘܢ ἀποστάσιον repudium Mt 5 31 (Phil cf. Bh ad l.), Mc 10 4 (Phil).
ܐܦܘܣܛܣܝܣ ἀπόστασις Bhcar 166 5.

ܐܦܘܣܟܝܣܛܐ ἀποσχιστής AS **3** 165 15, 182 20 (sic l.!).

ܐܦܘܣܠܝܛܝܢ lege ܐܦܘܠܝܛܝܢ q. v. Geop 51 9.

ܐܘܦܣܘܢܝܐ, ܐܦܣܘܢܝܐ ὀψώνια, obsonia Lc 3 14, ES **2** 208D, Rie 31 6, EN 17 82, chr 71 16, Bhchr 92pu.

ܐܦܣܝܢܬܝܢ Bh ZDMG 24 504 u ܐܦܣܢܬܝܢ BO **3** 506B 16, Geop 10 22, ܐܦܣܢܬܝܘܢ Apoc 8 11, ܐܦܣܢܬܘܣ ib. ἀψίνθιον ἄψινθος Gal ZDMG **39** 240 (cf. **40**, 763), KwDW 67 3, 153 11.

ܐܦܣܝܩܝܢ ὀψίκιον obsequium Alex 18 2, Bhchr 120 3.

ܐܦܝܣܩܘܦܐ (nest. ܐ̱ Bhgr. **4** 4 5) ܐܦܣܩܘܦܐ episcopus pass.
ܐܦܝܣܩܘܦܘܬܐ *1.* episcopatus Vit Rabb 170 7 JohEph 13 21, Th Marg **1** 301 17; *2.* i. q. h. פְּקֻדּוֹת Regn δ 11 18 (Hex).
ܐܦܣܩܘܦܝܘܢ (ܒܝܬ) ἐπισκοπεῖον domus episcopi ESL **2** 7 21, AS **3** 219 7, Bhchr 105 12, JohEph 13 18.
ܐܦܣܩܘܦܝܢܐ ἐπισκοπειανὸς satelles episcopi JohEph 32u.

ܐܦܣܪܐ (pers. Lag GA 17 31, Sem **1** 49) *1.* capistrum (*rope, line*), EN 40 4, IA **2** 328 v. 1529, KwD 121 10, ZDMG **24** 292 6.
ܐܦܣܪܐ tegumentum capitis sacerdotum BA 1298 (?).

ܐܦܘܣܘܬ ἀφουσωθ (h. חָפְשִׁית) Reg δ 15 5 (Hex).

ܐܦܥܐ *f.* (N§84) hyaena Sir 13 18.

ܐܦܝܦܕܐ ἐπίπεδα (geometr.) glherm.

ܐܦܦܐ αφα h. אַף הוּ Reg δ 2 14 (Hex).

ܐܦܘܦܛܘ ἀφύπατοι viri consulares JohEph 203 14.

ܐܦܘܦܛܝܩܐ, ܐܦܘܦܛܝܩܘܣ ἀποφατικὸς negativus gl herm Sev **31** 2.

ܐܦܘܦܢܐ ἀποφάναι gl. herm.

ܐܦܦܢܛܝ ὑπαπαντή Cat Wright **1** 260a.
ܐܦܘܦܢܛܝܩܘܣ Bhgr **1** 78pu ܐܦܘܦܢܛܝܩܝܐ glherm ἀποφαντικὸς, negativus.
ܐܦܘܦܢܣܝܣ ἀπόφανσις negatio glherm AS **4** 10 17, BZ 9 11.

ܐܦܘܦܘܦܣ ἔποψ upupa Phys cap **22**.

ܐܦܘܦܝܣܐ ἀποφῆσαι Bhgr **1** 176 19 glherm.
ܐܦܘܦܣܝܣ, ܐܦܘܦܐܣܝܣ ἀπόφασις *1.* judicium asd 59 14, Rabb 365 14, Jul 44 13; *2.* negatio AS **4** 10 17, Rie 62 25 glherm.

ܐܘܦܐܦܪܟܘ ὑπέπαρχοι subpraefecti Joh Eph 203 15.

ܐܦܨܐ χηκίς galla (*gall-nut*) EN26 79, Geop 99 8, Gal ZDMG **39** 276 23, Löw n. 51.

ܐܦܩܐ fons ES **2** 126E.
ܐܦܩܠܐ erioxylon carminatum, purgatum (*carded cotton*) BA n. 1311.

ܐܦܩܘܪܣ (gr.?) genus serpentum (?), am **3** 276 10.

ܐܦܩܛܝ ἐπακτή epacte Cat Par 130b 1.

ܐܦܘܩܛܝܣܝܣ (sic!) ἀπόκτησις detrimentum Cat Wright **2** 1014b.

ܐܦܩܛܝܩܘ ἐφεκτικοί· philosophi sceptici glherm.

ܐܘܦܝܩܝܢ Asd 48 17, AM **2** 72 13, ܐܦܝܩܝܢ asd 55 21, ܐ̱ ܚܝܢ ib. 49 16, AM **2** 129 23 (ὀφφίκιον, officium) officiales.

ܐܦܩܘܢܣ *f.* (ἀγὼν) ἱππικὸς cursus equorum Rechtsb 7 4, JohEph 139 6, Bhchr 74 6.

ܐܦܝܩܘܩܠܘܣ ἐπίκυκλος Bh in Cat Bod 578 11.

ܐܦܩܪܝܐ et ܐܦܩܪܝܢ (ἐπικάριον? PS) sindon, pallium Jud 14 13, ES **1** 324E, EN 37 32, BA n. 1310.

ܐܦܘܩܪܝܣܝܣ ἀπόκρισις responsio Jh 1 22 (Bernst), AS **2** 18 10, BO **2** 177a.

ܐܦܘܩܪܝܣܪܐ ἀποκρισιάριος JohEph 57 12, AS **2** 229 16, **3** 202 16, CatWright II 977b.

ܐܦܪܬܐ desertum ES **1** 345A, **3** 600A, JS in ZDMG **13** 51 13.

ܐܦܘܪܐ (ἀμφορέα) vas vinarium BA n. 386 = 150 ξέσται Epiph 5 84.

ܐܦܪܝܓܝܘܢ περίγαιον Bh adsc. ment. 5 7.

ܐܦܪܫܓܢܐ ? explicatio, declaratio Bhcar 155 10.

ܐܦܪܛܝܐ ὑπηρέτης servus JohEph 73 12, 76u.

ܐܦܪܟܝܐ JEh 19 10, *pl.* ܐܦܪܟܝܣ ib. 33 13, Joh Eph 290 24, ܐܦܪܟܝܐ Act 23 34 (Phil), Field 7 ἐπαρχία praefectura.

ܐܦܘܪܘܡܐ ἀπόῤῥυμα apud Thebanos tantum = 15 ξέσται Epiph 5 69, 48 42 sq.

ܐܦܘܪܣܡܐ (Lag. GA 17 30) balsamum Löw n. 53, Duv B **2** 7 9, SB 97 8, EN 24 44, BA n. 1259.

ܐܦܪܣܡܐ (pers. LagRie gr. XLIX) *1.* insidiae Act 9 24, ES **1** 508C; *2.* consilium, dolus (*preconcerted arrangement*) JSt 76 11, Jul 25 3, AS **3** 43 26.

ܐܦܪܝܩܘܣ ἀφρικός ventus AS 143 12.

ܐܦܪܩܛܝܣ Epiph 72 96, ܐܦܪܩܛܝܩܘܣ ib. 98 ἀπάρκτιος ventus.

ܐܦܫܬܐ (nest. ܐ Bhgr **4** 4 5) $\sqrt{}$ יבש uvae passae (*raisins*) Nm 6 3, ES **1** 56A, JSt 36 14, Geop 11 18, Bhchr 395 21.

ܐܦܫܬܐ ܕܟܠܒܐ convolvulus (ar. ميويزج) EN 27 00, BA 1330.

ܐܦܝܬܛܐ ἐπιθέτης impostor JohEph 409 1, Bhchr 89 22.

ܐܦܝܬܛܘܬܐ impostura JohEph 118 11.

ܐܦܝܬܣܝܣ ἐπίθεσις impostura JohEph 316 20.

ܐܦܘܬܛܘܢ ἀπόθετον (*the public granary*) JSt 35 21.

ܐܦܝܬܘܡܝܐ ἐπιθύμιον EN 24 35.

ܐܦܘܬܝܩܐ *pl.* ܐܦܘܬܝܩܣ ἀποθήκη 1Ezr 1 51, JohEph 202 18.

ܐܦܘܬܝܩܪܐ ἀποθηκάριος JohEph 202 18.

ܐܦܬܪܐ *f.* (Bhgr **1** 11 11, N § 88) et ܐܦܬܪܐ (SB 61 6) φθορὰ morbus stomachi Nm 11 20, ES **1** 256F, EN 32 31, BA n. 1333.

ܐܦܝܬܪܘܢܝܩܐ ܡܠܐ λόγοι ἐπιθρόνιοι BO **1** 469a, Ign 215 12, JBh 12 10, Cat Wright **2** 534a.

ܐܨܛܠܐ i. q. ܐܣܛܠܐ vestis Gn 45 22 (Hex).

ܐܨܛܪܝܢܐ = ܐܣܛܪܝܢܐ στρῆνος Regn δ 19 28 (Hex).

ܐܨܕܐ BA n 1375, ܐܨܕܐ EN 34 67 condimenta.

ܐܨܕܐ horreum Mt 3 12, Afr 278 16, ES **1** 33E, ER 101 25.

ܐܨܘܬܐ *pl.* ܐܨܘܬܐ (BA n. 1348) ܐ (EN 38 73) *1.* alveus Ex 7 28, MS **2** 73 4, cista Bh ZDMG **40** 439; *2.* pasta, massa Ez 44 30, ES **1** 491D, IA **2** 212 v 186.

ܐܩܘܒܝܛܘܢ PsC 51 6, ܐܩܘܒܝܛܘܢ AS **2** 275 15, **3** 205 8, ܐܩܘܒܝܛܘܢ Bhchr 75u ἀκούβιτον (*couch*).

ܐܩܒܘܐܣܝܣ ἐκβόησις clamor tumultuosus AS **3** 203 7, 272 7 (sic l.! Nöld.)

ܐܩܓܐ turc. آقچه albi (denarii) Bhchr 407 22.

ܐܩܕܡܝܐ ἀκαδημία glherm.

ܐܩܛܘܣܛܐ ἑκατοστή centesima, usura AM **2** 396 17.

ܐܩܛܝܩܘܣ ἑκτικὸς phthisis (الدق) EN 33 50, Bh ad Sir 26 26.

ܐܩܠܐ (corr. ex ܐܩܠܐ ἀγκύλη PS aut $\sqrt{}$ עקל

Fraenkel WZKM **3** 187), ansae BA n. 628 i. q. h. לֻלָאֹת Ex 26 4, 36 11 (Hex).

ܐܶܩܠܳܐ (√ עקל Fraenkel l. l.) armilla, brachiale Judith 10 4, Js 3 19 (Hex), ES **1** 267F, IA **1** 140 v 1346, Pel 1 27.

ܒܢ̈ܬ ܐܩܠܘܬܐ virgines pudicae? BhZDMG **40** 440.

ܐܟܠܣܬܐ (corr.?) exceptio, copia JohEph 159 13.

ܐܟܠܝܕܢ (pro ܐܘܠܝܕܢ αὐλίδιον) cylindrum Duv B **2** 17 21 22.

ܐܟܠܣܝܩܕܝܩܘܣ ἐκκλησιέκδικος ecclesiae jurisconsultus JohEph 124 9, 263 121 (sic l.!).

ܐܶܟܠܶܣܝܰܣܛܺܝܩܝ Bhchr 316 5, Bh ce **2** 589 4, ܐܟܠܣܝܣܛܝܩܐ ENchr 59u, Cat Wright **2** 940b ἐκκλησιαστικὴ (ἱστορία).

ܐܶܟܠܶܝܦܣܝܣ ἔκλειψις solis defectus ES **1** 125C, IS 107 2, Bhchr 136 15.

ܐܟܠܝܦܛܝܩܐ eclipticus Bh adsc. ment. 5 13.

ܐܟܠܪ̈ܐ cellaria IA **2** 332 v 1584.

ܐܰܩܘܠܽܘܬܺܝܰܐ ἀκολουθία consequentia BO **3**1 460b 19, Rie 61 9, BhPaul 1 3.

ܐܰܩܡܶܐ *m.* saepe *pl.* ἀκμή (Field 13) aetas PsC 10 16, JN in MS **1** 99 14, Sch 106 6, am **1** 474 8, Bhchr 489 19.

ܐܩܢܐ ἄκαινα, acna, decempeda Epiph 61 38.

ܐܰܓܘܢܐ ἀγκὼν cubitus Hex: Ex 26 17, Job 31 22, Jer 38 12, JBh 10 15, EN 9 83.

ܐܩܘܢܡܐ Rechtsb 25 3, ܐܘܩܘܢܘܡܐ Lc 16 2 (Phil), ܐܘܩܘܢܘܡܘܣ Gal 4 2 (Phil cf Bhadl), *pl.* ܐܩܘܢܡܐ JohEph 174 20 οἰκονόμος villicus.

ܐܘܩܘܢܘܡܝܩܘܢ οἰκονομικὸν glherm.

ܐܶܩܦܰܪ̈ܐ v. s. v. ܩܦܪ.

ܐܩܪܐ ἄκρα arx Hoffmann Ausz n. 763.

ܐܩܪܝܒܝܐ ἀκρίβεια accuratio AS **3** 11 18, JohEph 120 3.

ܐܩܪܝܒܣܛܪܘܢ (ܛܪܘ) ἀκριβέστερον Geop praef l. 5 af. glherm.

ܐܰܩܪܰܛܘܢ ἄκρατον non mixtum Ap 14 10.

ܐܰܩܘܪܰܠܝܘܢ Bhchr 98 9, corr. e κοράλλιον vestis colore splendido.

ܐܳܪܳܐ *1.* ἄρα igitur, ergo ES **1** 329A, Bhchr 126 6; *2.* ἆρα num glherm.

ܐܘܪܪܐ orarium (*stole*) AS **3** 222 18, BO **3**2 670 18, apap 51 3, Bhce **2** 693 22, Card 99 u, Cat Wright **2** 491 33.

ܐܘܪܒܓܝ ὀροβάγχη Geop 6 7.

ܐܶܪܒܳܐ (Lag. Mitt. **2** 65) juncus, cyperus (Papyrus L. Löw n. 30), Js 19 6 = ES **2** 50C, Job 40 16 (Hex), AS **3** 205 8, Bhgr 75u, am **3** 495 u, Kays 207 15.

ܐܪܘܓܐ versicolor Za 6 3 = ES **2** 293A, BA n. 401.

ܐܪܓܠܘܠܐ (ex assyr. *bargulu* Jensen ZA **7** 218) lapicida 1Reg 5 32, ES **1** 456D, AS **3** 214 22, am **3** 505 8.

ܐܰܪܓܘܳܢܳܐ (e babyl.) purpur Ex 25 4, Afr 181 16, ES **1** 229F, JS in MS **2** 56 v. 131, am **1** 230 1, Sch 256 4.

ܐܪܓܛܐ ἐργάται operarii AS **2** 319 20, Joh Eph 236 u.

ܐܪܓܐ *f.* ܐܪܓܬܐ sc. ܐܪܥܐ γῆ πυῤῥᾶ fulva Geop praef. 2 (**2** 92) cf. ἄργιλος glherm.

ܐܪܓܘܣܐ genus serpentum Nestle Chr[1] 55 51.

ܐܪܓܐ mus magna BA n. 1474.

ܐܪܓܠܝܢ (ἐργαλεῖον Field 3) instrumentum Pat. Vit. 79 v. PS.

ܐܪܓܡܘܣ ἐρεγμὸς Geop 111 8.

ܐܘܪܓܢܘܢ *pl.* ܐܘܪܓܢܐ ὄργανον Ath 14 1, ET **3** 11, Bhchr 54 24 instrumentum.

ܐܘܪܓܢܝܬܐ (animalia) organis praedita (آلِيَّة) EN 8 45.

ܐܪܓܢܐܝܬ modo instrumenti SB 25 7.

ܐܪܝܓܢܘܢ ὀρίγανον origanum Geop 43 27, AS **4** 102 2 (sic l.!).

ܐܪܓܣܛܝܣ ἀργεστής ventus AS 143 11.

ܐܪܓܘܪܘ ἀργύριοι (nummi) Epiph 2 18.

ܐܪܓܘܪܘܦܪܛܐ ἀργυροπράτης (*silversmith*) JohEph 93 12, 169 5.

ܐܪܓܘܪܘܦܪܛܝܘܢ ἀργυροπράτιον (*a silversmith's shop*) AS **2** 321 20.

ܐܪܕ (corr.) oliva? ESL **2** 799 12.

ܐܪܕܘ Urdu, castra Mongolorum Bhce **2** 735 13.

ܐܪܕܒܐ ἀρτάβη اردبّ (pers.? Lag. GA 17 32 ass. *arṭabi* Jens.) mensura EN 58 47, BA n. 1455 cf. ܐܪܛܒܐ.

ܐܪܕܒܟܐ (cf. *darabukkeh* EWLane manners and customs[5] **1** 240, **2** 73, 75 Lag.) instrumentum musicum BA n. 1456 EN 28 37.

ܐܪܕܘܢܐ et ܐܪܕܢܐ acus magna BA n. 397, 405.

ܐܪܕܝܟܠܐ (ex assyr. *arad êkal*? Duv JAP 1886, VIII7, 559), architecta 1Cor 3 10, Afr 9 17, ER 19 10, asd 52 21, Bhchr 388 25, *adv.* more architectae Ex 38 23 (Hex).

ܐܪܕܝܟܠܘܬܐ architectura Ex 35 35 (Hex), am **3** 5 15.

ܐܪܘܕܝܘܣ ἐρωδιός ardea Phys. cap **17**.

ܐܪܕܥܐ *f.m.* (N§85,125) *1.* rana Apoc16 13, ES **1** 194E, ER 91 15, AS **4** 75 8; *2.* pars pedis equi Geop 107 10.

ܐܪܕܥܝܐ ad ranas pertinens KwDW 235 20, 236 1.

ܐܪܘܙܐ *f.* ܐܪܘܙܬܐ (pers. Lag GA 17 33) vitulus, vitula Js 30 24, ES **2** 72C, Ex 24 5 (Hex), Geop 103 1, Hos 4 16 (Hex), EN 42 45.

ܐܪܙܐ N§51 (pers. Lag. GA 192 11) secretum, mysterium Bhchr 326 7, cf. ܪܙܐ.

ܐܪܙ clam renuntiavit Bhchr 310 2, consignavit am **3** 377 2, innuit Bh ad Mt 18 24, ES **2** 121C, BO **2** 163 2.

ܡܐܪܙܢܐ ܕܥܕܬܐ mysteriis ecclesiae initiati ZDMG **24** 270 9.

ܐܬܐܪܙ clam edoctus, certior factus est Bhchr 199 10, BO **3**2 110, ES **2** 122A.

ܐܪܙܐ cedrus (Löw n. 32) 2Rg 14 9, Afr 80 6, ER 9 5, ES **2** 18B.

ܐܪܙܦܛ (pers. Lag. Sem. **1** 43) dominus arcis am **2** 131 14. AM **1** 24 20.

ܐܪܘܪܐ ܒܪ mustela KwDW 259 17, 262 2, 264 4 ܐܪܘܪܐ ܒܪ ib 172 17.

ܐܪܙܢ (pers. ارزان) aequus, modicus BA 1467, ON 84 1.

ܐܘܪܝܙܘܢܛܘܣ ὁρίζων horizon Bh in Cat Bod 582 3γ.

ܐܘܪܚܐ *f. st. cstr.* ܐܘܪܚ (N§103) *pl.* ܐܘܪܚܬܐ *1.* via Gn 3 24, Afr 212 7, Bal 257 10; *2.* mores, studium Nm 20 17, 21 22, ES **1** 514E; *3.* religio AM **1** 112 30; *4.* ܐܘܪܚܐ ܕܢܫܐ a) menstruatio Gn 18 11, Rie 118 17, Clr 144 13, b) coitus Susanna v. 10; *5.* ܐܘܪܚܐ ܕܬܠܬ tertium Chr ed 155 16; *6.* ܐܪܚ ܐܘܪܚܐ ܠ ܕ alicui aliquid faciendum commisit, tradidit ZDMG **29** 109 v 31.

ܐܪܚ *1.* profectus est, discessit Bhchr 136 13; *2.* hospes venit KwDW 178 6 sq., 179 25.

ܐܪܚܐ viator, hospes 2Sm 12 4, ES **2** 103F Add 44 24, IA **1** 240 v 358.

ܐܪܚܬܐ Bal 261 15 vox corrupta.

ܐܪܛܐ ἀρετή virtus JS 17 2, AS **3** 17 7.

ܐܪܛܒܐ *pl.* ܐܪܛܒܐ ἀρτάβη = 72 ξέσται Epiph 4 57, 40 22, Jes 5 10 (Hex), Dn 14 2 (ib), Cyr 228 1 cf. ܐܪܕܒܐ.

ܐܪܛܘܒܪܕ (pers. *âradu barad* Lag GA 18 34) medicamentum cepis simile Sagistana oriundum BB.

ܐܪܛܡܘܢܐ malum ἀρτέμωνα Act 27 41 (Phil).

ܐܪܛܝܩܐ ES **3** XLIX 36, ܐܪܛܝܩܘܣ Tit 3 10 (Phil) *pl.* ܐܪܛܝܩܐ ESL **2** 5pu αἱρετικός haereticus.

ܐܪܛܪܝܐ Geop 51 18, BZ Merx 161 8, ܐܪܛܪܝܣ Bhgr **2** 39 26, ܐܪܛܪܝܘܣ herm 79 14 ἀρτηρίαι, arteriae.

ܐܪܝܐ *pl.* ܐܪ̈ܝܘܬܐ (N § 146) leo Ap 9 17, Afr 64 1, ES **1** 52D.

ܐܪܝܘܬܐ leaena ES **2** 366C, apap 151 9, JS in asd 91 18.

ܐܪܝܐ et ܐܪܝܐ, ܟܘܪܗܢܐ lepra leonina seu elephantiasis MS **2** 66 1, Mar 26 1, AM **2** 296 25.

ܐܪܝܢܐ leprosus am **1** 26 19, Kays 267 19.

ܐܪܝܢܐ ܟܒܪܝܬܐ metallum et sulphure et argento vivo mixtum Kays 267 18.

ܐܪܝܢܘܬܐ lepra Bhchr 353 15, Kays 42 16, Cat Wright **2** 543b.

ܐܪܘܝܐ *pl.* ܐܪ̈ܘܝܬܐ (N § 79A) praesepe Lc 2 7, ESL **1** 511 23, Bal 255 4, AS **3** 108 8, am **2** 73 4.

ܐܪܘܬܐ i. q. h. ארות 2 Rg 4 39 (Hex) cf. JE in Journ. of s. l. **10** 18 18.

ܐܪܝܟܐ longus ES **2** 27F, PsC 134 11, *f.* metrum dodekasyllabon Card 2 5, *adv.* ES **1** 122D, JEh 12 12.

ܐܪܝܟܘܬܐ longitudo Ath 16 25.

ܐܘܪܟܐ id ES **1** 51 6, JS in ER 406 16.

ܐܘܪܟܢܝܐ longitudinalis Bh. adsc. ment. 14 4.

ܐܪܟ longum reddidit ES **1** 535C.

Af. id ES **1** 539D, ER 72 7, AS **3** 127 6.

ܐܪܟܘܣ ܐܪܟܐܣ, ܐܪܟܘܣ ἀρχαὶ *1.* magistratus Lc 12 11 (Cur), Afr 415 3, JS in asd 94 20; *2.* nomen angeli, qui aërem regit EN 6 3, daemonis am **2** 179 16.

ܐܪܟܐ ܒܝܬ archivum ES **3** 241E, Jul 99 5, PsC 255 4.

ܐܪܟܝܘܢ ἀρχαῖον id Chr ed. 147 9.

ܐܪܟܐ ἀρχὴ? magistratus AS **2** 158 3, Anton Rh (cod. Lond.) 39 6 (Nöld.).

ܐܪܟܕܝܩܘܢ ἀρχιδιάκονος archidiaconus ES **3** XLV 2, Bhce **1** 177 1, AS **3** 222 7.

ܐܪܟܕܝܩܘܢܘܬܐ archidiaconatus BO **3** 2 842apu. Eb Mai X 270 30.

ܐܪܟܝܘܛܐ ἀρχειώτης archivarius Rechtsb 23 27 cf. p. 270.

ܐܪܟܝܛܩܛܘܢ AS **3** 289 19, *pl.* ܐܪܟܝܛܩܛܘܢܣ PsC 74 4 (Nöld. Beitr. 12) ἀρχιτέκτων.

ܐܪܟܝܛܪܘܣ AS **3** 289 5, ZDMG **39** 244, Cat Wright **1** 494a, ܐܪܟܝܐܛܪܘܣ IS 101 1 ἀρχίατρος.

ܐܪܟܐܘܠܘܓܝܐ ἀρχαιολογία glherm.

ܐܪܟܘܢ ἄρχων *1.* magistratus Joh 12 31 = ES **1** 37F, asd 77 7; *2.* summus diabolorum Mt 9 18 (Phil), ER 153 6, am **1** 439 5.

ܐܪܟܘܢܐ (nest. ܦ) id Mt 9 18 (Peš.), TB 157 18, *pl.* ESL **2** 315 9.

ܐܪܟܘܢܘܬܐ magistratus ER 66 16, ES **2** 548A, Jul 76 11.

ܐܪܟܘܢܛܘܬܐ id ES **3** 433A, Kays 175 23.

ܐܪܟܘܢܛܝܣܘܬܐ id EN 17 65.

ܐܪܟܝܣܛܐ JSt 22 10, Kays 186 5, ܐܘܪܟܝܣܛܝܣ Cat Wright **1** 335a ὀρχηστὴς saltator.

ܐܘܪܟܝܣܛܘܬܐ saltatio AS **4** 36 2 glherm.

ܐܪܡܝܐ Syrus (Nöld. p. 75 n. 1) BhPaul 2 3.

ܐܪܡܝܐ paganus Joh 7 35 (Cur), Rom 1 16, Act 16 3.

ܐܪܡܐܝܬ more pagano Gal 2 14.

ܐܪܡܝܘܬܐ natio Syrorum JS in am **3** 677 3.

ܐܪܡܢܘܢ Act 27 17, ܐܪܡܢܘܢ apap 77 3, Js 33 23 (Hex), ܐܪܡܠܘܢ AS **4** 49 23, ܐܪܡܢܐ Ez 27 5 (Hex), ܐܪܡܢܐ AS **4** 97 28, ἄρμενον. *1.* navis; *2.* i. q. ἀρτέμων malus (navis); *3.* instrumentum ψ 73 4 (Symm).

ܐܪܡܘܢܝܐ ἁρμονία AS 147 24 glherm.

ܐܪܡܘܣܐ εἱρμὸς (cf. Christ SBMA 1880) hirmus Cat Bod 286.

ܐܪܡܝܣ (ἑρμῆς) mercurialis Duv B **2** 9 17.

ܐܪܙܐ i. q. h. זֶמֶר caper montanus Dt 14 5.

ܐܪܘܢܐ i. q. h. אָרוֹן arca foederis ES **1** 251E, ER 14 9.

ܐܪܝܢܐ ἐρινεὰ caprifici fructus Geop 17 17.

ܐܪܝܢ (ἰαρινὸν?) aerugo Geop 76 23, Duv B **2** 4 13, 129 n. 2, BB 1181 1, 148 1, 1027 16.

ܐܪܓܢܘܣ i. q. ἄγνος Geop 70 10, Löw 320b.

ܐܪܓܐ (Delitzsch Prol. 114) *f. m.* (N § 85)

lepus Lv 11 6, KwD 14 2, ES 1 275B, Jul XVII 14.

ܐܘܪܢܝܬܪܘܬܐ (ὀρνιθάριος) aucupium (*fowling*) Sch 24 2.
ܐܘܪܢܝܣܛܘܬܐ (ὀρνιστής) id ib. 24 15.

ܐܪܢܓܐ mus magnus AM 2 318 29, EN 44 91, BA n. 1521.

ܐܘܪܢܩܐ ECth 1 64 6 saccus (gr.? pers.?) cf. rabb. ארנקא (Nöld.).

ܐܝܪܢܝܩܘܣ εἰρηνικαὶ (ἐπιστολαὶ) Eb Mai X 254 13.

ܐܘܪܢܝܬܝܐ ὀρνιθίαι AS 143 24.

ܐܪܝܣ Ἄρης Mars (planeta) Spic 13 26.
ܐܝܪܐ αἶρα lolium Geop 114 13.
ܐܪܣܐ, ܐܝܪܣܐ ἶρις lilium Ex 30 24 (Hex), EN 24 32, BA n. 636.
ܐܪܣܢܐ ferruginosus Duv B 2 53 18, 54 12.
ܐܪܝܣܢܐ πτισάνη ptisana Geop 103 22, EN 35 88.

ܐܪܝܣܛܘܢ ἄρρευστον non fluidum Duv B 2 11 19.

ܐܪܣܝܣ αἵρεσις *1.* haeresis dap 14 3, ES 3 XXIII 21, BO 2 170B; *2.* 'ܐ ܡܠܐ l. ܦܪܣܝܣ πρᾶσις emptio Rechtsb 31 7.
ܐܪܣܝܘܛܐ αἱρεσιώτης dap 99 6, ES 3 XXVIII 36.

ܐܘܪܘܣܩܘܦܘܣ ὡροσκόπος Ge ZA 8 25 19.

ܐܪܥܐ *f.* (h. אֶרֶץ ar. أَرْض). *1.* terra pass.; *2.* contignatio, quae plano pede est (*ground-floor*) ES 3 568A.
ܐܪܥܢܐ terrenus, terrestris Bal 252 10.
ܐܪܥܝܐ id dap 50 15, ES 1 127B.

ܐܪܥ o (ar. عرض) occurrit, obviam ivit ψ 85 11, ES 2 515D, Vit. Rabb 169 9.
ܐܪܥܘܬܐ concursio Bhgr 1 199 14, ThMarg 1 72 8, disputatio BO 2 170a.
Af. (sagittas scuto) excepit Bal 268 12.
ܡܪܥܢܐ lorica Bal 287 3.
ܠܐܘܪܥ (N§103) ', ܠܐܘܪܥܗ in occursum, obviam Gn 18 2, Mt 25 1, ER 132 6, asd 22 7.

ܐܪܦܘܠܠܘܣ ἕρπυλλος serpyllus Geop 97 14.

ܐܘܪܦܢܛܪܘܦܘܣ ὀρφανοτρόφος AS 3 147 25.
ܐܘܪܦܢܛܪܘܦܝܘܢ ὀρφανοτρόφιον AS 3 147 18.

ܐܪܩܛܘܣ *1.* ἄρκτος Epiph 72 97; *2.* arctium Duv B 2 237 n. 7.

ܐܪܩܝܢܐ ἐρικίναι Phys 4 9.

ܐܪܩ contudit Dn 2 40, ES 2 206B, AM 63 11.
ܐܪܩܣ chrysolithus ES 1 231D corr. l. ܬܪܩܣ q. v.

ܐܪܫܩܕܝܩܐ ES 2 161D ad Jer 51 41, „arsacidicus" = regius ThMarg 1 266 2, BA 1542, BB 303.

ܐܪܬܘܕܘܟܣܐ Chr ed. 149 12, Jul 29 24, ܐܪܬܘܕܘܟܣܘܣ BO 3 1 114b 30, *pl.* ܐܘܪܬܘܕܘܟܣܐ Cat Wright 2 704b, ܐܪܬܕܘܟܣ IA 1 92 v. 191 ὀρθόδοξος orthodoxus.
ܐܪܬܘܕܘܟܣܝܐ ὀρθοδοξία Jul 125 27, AS 2 255 8, Joh Eph 137 4.

ܐܪܬܠܐ EN 38 69, Duv B 2 95 19, ܐܪܬܠܐ BA n. 1549, BB 304 cochlear cf. Fraenkel WZKM 3 257.

ܐܪܬܡܘܣ *pl.* ܐܪܬܡܣ *1.* ἀριθμός turma, manipulus Joh Eph 334 15, 407 21; *2.* cuncti clerici Hoffmann Kirch n. 185.
ܐܪܬܡܛܝܩܝ Kays 216 4, ܐܪܬܡܛܝܩܘܬܐ JARS 64 12 ἀριθμητική arithmetica.

ܐܪܬܪܘܢ glherm ܐܪܬܪܘܢ ET 6 24 ἄρθρον.

ܐܫܬܐ *pl.* ܐܫܬܬܐ *f.* (N§79B2,86) febris Mt 8 15, Afr 151 6, Kays 249 8, EN 33 48.
ܐܫܝܬܐ (nest. 'ܐ Bhgr 4 4 5) muri magni Js 16 7, EN 51 82, BA n. 1573.

ܐܫܓܪܡܢ (pers. Lag GA 18 35) qui tumultum excitat BB.

ܐܫܕ o effudit, profudit Gn 9 6, Rom 3 15, Afr 36 6, Bal 251 10, JS in asd 107 3, exspiravit (animam) Jul 144 21.
ܐܫܕܘܬܐ effusio, profusio Ath 43 16, ES 1 124C.

ܐܫܘܕܐ is qui effudit ER 91 1.

ܐܫܕ ܕܡܐ effusio sanguinis Jul 35 22, am **3** 429 17.

Etpe. effusus est Gn 9 6, Mt 9 17, Bal 265 22.

ܐܫܟܬܐ *pl.* ܐܫܟܐ testiculus Geop 102 20, Sind 18 13, AS **4** 41 9, Bhchr 224 22.

ܐܫܟܪܐ (ex ass. *iškaru* jugum J.) *f.* (N § 83) et ܐܫܟܪܬܐ *pl.* ܐܫܟܪ̈ܝܬܐ ager Js 5 10, ES **3** 239A, IA **1** 258 v. 155, Jul 8 7, AS **2** 135 25, AM **2** 234 15.

ܐܫܟܪܝܐ agrestis AS **2** 141 19.

ܐܫܟܪܟܢܐ (e bab. *urkarinnu?* Ball PSBA XI 143 sq. Jensen ZA VII 181 sq.) buxus sempervivens L. (Löw 37), Js 41 19, Afr 386 18, ES **2** 89B, PsC 8 4, Geop 48 23.

ܐܫܠܐ i. q. ܫܠܝܐ (N § 35) Kays 124 10, *adv.* Alex 62 6.

ܐܫܠܐ (ass. *ašlu*) funis EN 28 28, BA n. 639.

ܐܫܝܡܘܢ i. q. ישימון desertum ψ 68 8, 106 14, Js 43 19, cf. ES **2** 137E.

ܐܫܝܡܘܢܝܐ desertus Th Marg **1** 77 12.

ܐܫܘܪܐ (pers. Lag GA 11 17) admissarius (asinus, equus) Jer 5 8, ES **2** 110A, KwD 52 19, Joh Eph 8 18, Geop 107 30.

ܐܫܦ (assyr. Praetorius Literaturblatt f. or. Phil. **1** 197, Delitzsch Prol. 141n) incantavit, fascinavit Dt 18 11.

Etpe. pass. IA **1** 280 v. 132.

ܐܫܘܦܐ incantator ESJ 99 17.

ܐܫܘܦܘܬܐ incantatio ES **2** 383B.

ܐܫܦܐ incantator dap 28 11.

ܐܫܦܙܐ (pers. سپنج, Lag. arm. Stud. § 207 Sem. 51) domus am **2** 230 16, am **3** 111 13, AM **1** 107 18.

ܐܫܦܙܢܐ majordomus BA n. 1600.

ܐܫܦܙܢܝܐ id BA n. 1600, Bh ZDMG **40** 439. Lag. ܐܫܦܙܢܐ emendandum censuit, quod legitur Bhcar 65 9.

ܐܫܩܘܢ (pers. Lag GA 11 18) ἀμμωνιακὸν ammoniacum EN 24 33BB.

ܐܫܬܐ v. s. v. ܫܬ.

ܐܫܬܩܕܡ(ܝ) anno superiori 2Cor 8 10, AS **4** 14 24, am **2** 276 17.

ܐܫܬܪܓܘܢ (Lag GA 19 36 pers.) camelopardalis.

ܐܫܬܪܙܐ scalpellus EN 31 96, BA n. 1678.

ܐܫܬܪܡܘܪܓ (pers. Lag GA 19 36) struthiocamelus Bh ad Job 30 29, ad Js 34 13.

ܐܬܐ (√ اوى Delitzsch Prol. 116) *pl.* ܐܬܘܬܐ (N § 79B 2) signum, Gn 4 15, indicium, miraculum Chr ed. 152 28, Guidi to **26** 125.

ܐܬܘܬܐ littera AS 147 25, ER 149 24, ES **1** 208B, *plur.* alphabetum ZDMG **39** 248.

ܐܬܐ (nest. ܐܬ Bhgr **4** 4 5 N § 183) *1.* venit, advenit ER 54 6; *2.* seq. ܠܘܬ pervenit ZDMG **39** 244; *3.* accidit, fuit Rie 85 11 ܐܝܟ ܕܐܬܝܐ, τὸ τυχὸν fortuito glherm AS 109 30; *4.* ܠܐ ܬܐܬܐ ܠܟ ne pigeat te IA **2** 348 v. 1858; *5.* ܐܬܝܬ ܕ seq. *impf.* animum induxi ut.

ܐܬܝܐ *f.* ܐܬܝܬܐ (Joh 7 30 Bernst. cf. praef. XXVII) qui venit Mc 8 3, Joh **6** 18 (Bernst.).

ܐܬܝܐ adventus ES **3** 182E.

ܡܐܬܝܬܐ id ES **2** 84F, ܡܐܬܝܐ id ER 96 26, Cyr 231 24.

ܡܐܬܝܬܐ *1.* adventus Mt 24 37, ER 34 8, MS **2** 65 1; *2.* invasio Chr ed. 150 12.

Af. (N § 174E), *1.* adduxit, attulit Gn 2 19, Joh Eph 85 2, Cyr 389 20; *2.* arcessivit ES **2** 279, Bhchr 133 16; *3.* toleravit, sustinuit Cyr 219 2.

ܡܝܬܝܢܐ ܕܡܝܐ aquaeductus JEh 2 5.

ܐܝܟ ܡܝܬܝܘܬܐ ܕܙܒܢܐ ut tempus tulit Bhchr praef.

ܡܝܬܝܘܬܐ ܕܡܟܬܒܢܘܬܐ collectio s. apparatus scriptorum ib.

Ettaf. *1.* apportatus, allatus est ES **1** 558C, Bhchr 190 17; *2.* inductus est Ath 23 13.

ܡܬܐܬܝܬܐ derivativum herm 129 10 inf.

ܐܬܠܝܛܐ ἀθλητής ER 24 18, ES **2** 533E.

ܐܬܠܝܛܘܬܐ fortitudo Rabb 246 8, JS in asd 99 10.

ܐܬܠܝܐ (ass. *attalû* Mahler SBWA XCV 363) *1.* draco (nomen anni) Mém. de l'Ac. de St. Pétersbourg 1890 p. 122sq.; *2.* nomen stellae, quae solem tangens eclipsim efficit Sim. Šanql. 38, eclipsis lunae BA n. 1791.

ܪܝܫ ܐܬܠܝܐ draco (sidus) Bhcar 38, cf. Nöld. ZDMG **44** 524.

ܐܬܠܝ *1.* αἰθάλη vapor Duv B **2** 13 7 16, 14 18, ܐܬܠܝܐ ib 15 13; *2.* أثال et إثال alembicum ib 19 2, 23 16, BB 331 6.

ܐܬܠܝܣܐ (ἀθλῆσαι), *1.* pugna, certamen ECth **3** 57 l. 18, TB 133 2; *2.* vir fortis EN 40 10, BA 1951.

ܐܬܠܝܣܘܬܐ pugna Phil 1 27 (Phil), Bhchr 56 15, Kays 54 15.

ܐܢܬܘܠܘܦܘܣ ἀνθόλοψ AS **4** 48 11.

ܐܬܡܛܐ ἴθματα passus Epiph 48 24.

ܐܬܡܠ(ܝ) (cf. Delitzsch Prol 132 n. 1, Jensen KB **3** 1 206; de ܝ v. Gottheil EŞ not. p. 12/13, scribendum negat JBh 7 5), heri Gn 31 2, JS in ER 405 19.

ܡܢܐܬܡܠ nudius tertius Gn 31 2, ES **1** 203E, JS in ER 405 18, MS **1** 91 16.

ܐܬܢܐ *f.* asina Mt 21 5, ES **1** 108D, dap 40 16.

ܐܬܘܢܐ (N§119 Lag Nom 111 6 ass. *atûnu*), furnus Gn 19 28, Mt 13 42, ES **1** 126B, ER 95 12.

ܐܬܘܢܣ ὀθόναι linteamina (sacra) Rie 57 16 Hoffmann Kirch n. 107.

ܐܬܘܐܘܣ ὁ θεός glherm Journ. As. **7** 5 202 n. 1, ZDMG **27** 496 2, Cat Wright 216a 25, 899b 2.

ܐܝܬܝܩܐ ἠθική Bhchr 529 21.

ܐܝܬܝܩܘܢ ἠθικόν glherm BO **2** 303a, Bhce **3** 477 12.

ܐܬܪܐ *pl.* ܐܬܪܘܬܐ (N§70B 1, Lag. arm. St. §83), ܐܬܪܝܢ ܟܠܗ ubicunque *1.* locus ER 117 26; *2.* terra, regio asd 33 5; *3.* occasio, tempus 1Cor 16 12, ES **3** 466D, ܐܬܪܐ ܝܗܒ concessit ES **2** 554D, Nis 14 84, 75 109; *4. pl.* ܐܬܪܘܬܐ τὰ τοπικά glherm.

ܐܬܪ ܕ ubi Joh 17 24.

ܒܬܪ post *1.* de loco Joel 2 14, *met.* ܗܘܐ ܒܬܪ se dedit alicui rei Corluy MP 11 4 ܒܬܪ ܪܝܫܗ capite subverso apap 77 11, am **2** 385 15; *2.* de tempore ES **2** 29D, ZDMG **39** 272 10. C. suff. ܒܬܪܗܘܢ KwDW 261 25.

ܒܬܪ ܒܬܪ *1.* hic illic BO **3** 1 488a 13; *2.* paulatim, pedetentim Joh Eph 138 23, Bhchr 8 14.

ܠܒܣܬܪܐ retroversus אָחוֹר Js 44 25 (Hex), Cyr 57 4.

ܠܒܬܪܗ ܝܘܡܐ proximo die JSt 60 20, Bhchr 122 14.

ܒܬܪܟܢ postea, tum Gn 6 3.

ܒܬܪ ܗܠܝܢ τὰ ἐφεξῆς glherm.

ܒܬܪܦܘܣܝܩܐ μεταφυσικά (liber Aristotelis) herm 84 27.

ܐܬܪܝܐ rusticus, vulgaris ET 3 6, BA pass.

ܐܬܝܪ, ܐܬܝܪ *1.* αἰθήρ Job 2 9, Ez 40 14 (Hex), ES **1** 118E, Kays 66 6, Bhchr 259 10; *2.* ἀθήρη sorbitio alicae (*pottage*) KwDW 210 21.

ܐܬܝܪܝܐ aethericus AS 157 6.

ܐܬܪܝܘܕܝܢ triodium Cat Bod 292.

ܐܬܪܝܢ (quid gr.?) lepra morbus quo Hadrianus laborabat Epiph 22 98.

ܒ

ܒ secunda litera alphabeti ܒܝܬ, numerus 2.
ܒ in praep. de cujus usu v. N§248.

ܒܐܪܐ, ܒܝܪܐ *pl.* ܒܐܪ̈ܬܐ *f. 1.* puteus Gn 21 19, ES **1** 66E, **2** 45F, ER 136 9, IA **2** 210 v. 130; *2.* fovea (sepulcrum) Gn 37 35 (Hex).
ܒܐܪܬܐ Kays 105 4 i. q. ܒܝܪܬܐ q. v.
ܒܐܪܐ v. s. v. ܒܘܪ.

ܒܐܫ malus fuit; displicuit Ex 5 23, ES **2** 381F, Nis 10 84, TB 94 1, ܒܐܫܬ ܠܝ dolui ESJ 49 6.
ܒܝܫܐ pauper ψ 25 16, ES **2** 44F, am **3** 142 5.
ܒܝܫܘܬܐ paupertas Eccl 12 15 (cf. Bh ad l.) BA n. 2374.
ܒܝܫܐ malus ES **2** 424F, Vit. Rabb 168 21 etc.
ܒܝܫܘܬܐ malignitas ER 124 1, ES **3** 327B.
ܒܘܐܫܐ scelus, peccatum TB 160 5.
Etpe. *1.* male se habuit ES **1** 431C, displicuit Gn 21 11; *2.* ܐܬܒܐܫ ܠܝ taeduit me, dolui Gn 4 5, ES **1** 40D, PsC 114 17.
Af. male egit, peccavit Gn 19 7, ES **2** 65A, asd 2 22.
ܡܒܐܫܢܐ depravans ES **2** 481A.
ܡܒܐܫܢܘܬܐ *1.* peccatum dap 1 15; *2.* facultas, studium nocendi glherm; *3.* miseria Jes 53 4 (Hex).

ܒܒܐ papa, pater KwD 29 20.

ܒܒܓܐ pers. ببغا psittacus KwDW 162 9 etc.

ܒܒܝ βαβαὶ interj. taedii: vae! Bhgr **1** 182 10, EN 75 84.
ܒܒܝ interj. admirationis EN 75 85.

ܒܒܠܝܘܬܩܐ AS **3** 10 24, ܒܒܠܝܐܬܝܩܝ Epiph 17 83 ܒܝ' Cat Bod 420 7, *pl.* ܒܒܠܝܘܬ̈ܝܩܣ Dion T 159 13 βιβλιοθήκη, bibliotheca.

ܒܒܪܐ (pers. Lag GA 19 37) panther BB.

ܒܓܐ (pers. Lag GA 20 38) hortus BA 2235.

ܒܓܘܓܝܬܐ urceus 1 Rg 14 3, ES **1** 480B, EN 38 76.
ܒܓܓܐ gemitus (columbae) القرقرة EN 32 32, 45 35.

ܐܬܒܓܝܣ impeditus est BA n. 1697, AS 134 17 (ubi sic leg. pro ܐܬܒܓܣ).
ܒܓܝܣܐ impeditio, remoratio BA n. 2274.

ܒܓܠ deliratus est, garrivit Cyr 371 13.
ܒܓܠܐ delirium AS **2** 82 4, BO **3** 1 82 11, EN 75 85.
ܒܓܠܐ garrulus ES **1** 276D, *adv.* AS **3** 296 10.
ܒܓܠܐ fertilis Bh de div. sap. 2 3.
ܒܓܠܐ (ar. بغْل) mulus Bhchr 317 19.

ܒܓܢ clamavit, vocavit, provocavit Dt 22 1 (Hex), Act 21 28, Afr 252 6, ER 137 11, JS in asd 102 9, seq. ܥܠ mercedem reposcit IA in MS **1** 15 v. 105.
ܒܓܢܐ *1.* clamor PsC 36 4, IA **2** 180 v. 385, Bh ad Job 3 1; *2.* i. q. ܒܓܢܐ q. v. Bhchr 562 4.
ܒܓܢ ܩܣܪ ܐܢܐ (nest. ܒܓܝܢ) vel ܒܓܝܢܘܬ ܩܣ' ad Caesarem provocavit Act 25 11, 12, ܒܓܝܢܟ ad te confugio! am **3** 100 18, apap 154 7. Contra G. Hoffmann, qui ZDMG **32** 754 praep. בגין propter esse contendit, vide Nöld. Pers. St. **2** (SBWA '92) p. 46.

ܒܓܪ *1.* retinuit JohEph 364 25, Kays 256 23; *2.* infirmus evasit AS **2** 50 22, KwD 21 15.
ܒܓܝܪܐ infirmus AS **2** 141 17.
ܒܓܝܪܐ *1.* retentus Kays 191 5; *2.* infirmus KwD 52 6.
ܒܓܝܪܘܬܐ infirmitas, macies EN 33 40.
ܒܘܓܪܐ ruga (الاشكنج) EN 23 14.
ܒܓܪܐ EN 55 55, ܒܓܪܐ BA n. 2243 propugnaculum, vallum (المترس).
Etpe. *1.* retentus est Kays 191 1; *2.* infirmus evasit KwD 52 4.

ܒܓܥܦܐ saxa ingentia AS **2** 138 3 cf. ܟܐܦܐ.

ܒܕ (N§360A) quod, quia, quoniam pass. seq. ܗܟܝܠ cum ES **1** 254F, Ath 12 18, igitur, ergo Bhchr 201 22 διὸ glherm.

ܒܕܐ i. q. h. בַּת Reg γ 5 25 (Hex), Lc 16 6 (Phil), Epiph 33 73.

ܒܕܐ se effundit (flumen) Hoffmann Ausz. n. 627; am **2** 651 11 ܒܕܝܐ.

ܐܬܒܕܒܕ perturbatus est IA **2** 12 160, am **2** 88 16, KwD 2 18, ZDMG 40 439.

ܒܕܐ *1.* garrivit ES **2** 467a, Rabb 226 22, Ath 22 14; *2.* finxit, commentus est BO **2** 166a 9a f.

Etpe. pass. TB 102 10.

ܒܕܝܐ nugae, ineptiae ES **1** 536C, Vit. Rabb 194 13, Jul 80 21.

ܒܕܘܝܘܬܐ garritus am **3** 378 2.

Pa. e. q. Pe AS 109 29.

ܒܕܒܢܐ (pers. بادبان custos venti Fraenkel p. 54 n. 2) اللبنة من القميص larcinia indusii EN 36 24, BA n. 2249.

ܒܕܘܝܐ (ar. البَدَوِىّ) Arabs desertum colens Bhchr 253 3, ad Act 6 15.

ܐܬܒܕܒܠ infirmus evasit(?) Zingerle Chrest 410 v. 10, Rg α 21 13 (Hex).

ܒܕܘܠܐ demens, insanus ES **1** 521A, 540E, BA n. 2251, ZDMG **29** 648.

ܒܕܘܠܢܐ ope proclitici ܠ ܘ ܕ ܒ formatus Bhgr **1** 40u glherm.

ܒܕܢܓܠ (ar. باذنجان) solanum melongena Bh ZDMG **40** 439.

ܒܕܝܣܛܐ (βαδιστής DuCange 165) equus tolutarius (*pacer*) Pel 1 25.

ܒܕܩ o. *1.* dispersit BA 2258, separavit Geop 35 1; *2.* exploravit, examinavit ES **1** 314D; *3.* (Barth p. 24 n. 3 ex ass.-bab. *baṭāḳu* Jens.) refecit, reparavit 2Rg 12 7 8 12, ES **1** 545F, **2** 431D.

ܒܕܩܐ *1.* reparatura 2Rg 12 6, ES **1** 564F, JARS 127 3; *2.* locus reparandus ES **1** 545F.

ܒܕܘܩܐ *1.* γνωρίζων herm 151 13, examinator Giorn. d. soc. as. it. **3** 169 8, 189 3; *2.* reparator ES **2** 431E.

Pa. *1.* detexit, indicavit Joh 11 57, ES **1** 406D, Bal 323 10; *2.* symbolice repraesentavit ES **1** 247F cf. Wisemann p. 19.

ܡܒܕܩܢܐ *1.* detegens ES **1** 107F; *2.* interpres Jud 5 9 = ES **1** 313B.

ܒܘܕܩܐ *1.* revelatio ES **2** 5A; *2.* indicatio (μήνυσις) ThM 4 6.

Etpa. detectus est Bal 324 11, apparuit Bhchr 522 5.

ܒܕܘܪܐ (pers. cf. ܒܘܛܝܐ) catinus Duv B **2** 100 19, 102 15.

ܒܕܪ o. (Barth p. 24) sparsit ES **3** 397a, dispersit ER 31 21, dap 23 29, inspersit ES **3** 37B, 382C.

ܒܕܪܐ dispersio ES **1** 43E.

ܒܕܝܪܘܬܐ natura soluta (arenae) Kays 71 7.

Etpe. dispersus est Mt 12 30.

Pa. *1.* dispersit, dissipavit Gn 11 9, ER 106 11; *2.* ebrium fecit (vinum) ES **1** 56B.

ܒܘܕܪܐ dispersio Jer 15 7 (Hex), Ath 11 16, dap 26 24.

ܡܒܕܪܢܘܬܐ dispersio KwDW 192 6.

Etpa. se dissipavit Gn 9 19, asd 65 11.

ܒܕܝܫܓܢ (p. *badišgân* Lag GA 20 40) genus hederae BB.

ܐܬܒܗܒܗ anxius mansit, stupuit BO **3** 1 268b 17, Eb Mai **10** 221u.

ܒܘܗܒܗܐ anxietas BA n. 2279.

ܒܗܠ *1.* quievit Ath 33 8, Vit. Rabb 189 17; *2.* quietum se tenuit Jul 117 18, apap 32 9; *3.* desiit, cessavit Act 21 32, Vit. Rabb 177 21, am **1** 250 13.

ܒܗܠܐ quies, otium Afr 449 18.

ܒܗܝܠܐ *1.* quietus, remissus, piger ES **3** 588A; *2.* silens, mutus ES **2** 410F, JSTham v.

313; *3.* γαληνότατος serenissimus Hoffmann Kirch 12 6; *adv.* clam Mt 1 19 (Cur), silenter ER 18 9, Guidi to 38 1.

ܒܗܝܠܘܬܐ *1.* silentium ES **1** 66E, ESZ **1** 672, Mc 4 39 (Phil); *2.* serenitas Hoffmann Kirch. 78 28.

Etpe. otium nactus est, vacavit ES **2** 437C, BO **3** 2 126 2, seq. ܡܢ pacavit, peregit (rem) Bhchr 133 4.

Pa. sedavit ES **2** 439a, Spic 43 22.

ܒܗܡܘܣܛܝܣ ES **3** 61 4E, l. ܒܗܡܣܛܝܢ PS.

ܒܗܡܢ (pers. Lag GA 20 41), planta EN 24 42.

ܒܗܡܘܬ h. בְּהֵמוֹת Job 40 15, Bh ad l. et ad 41 25: aliis locusta, aliis i. q. ܦܝܠܐ, aliis belua immanis ficta, aliis Satanas cf. ES **2** 18B

ܐܒܗܩ luxit, splenduit Lv 13 38, 2Mcc 5 3, AS **3** 22 26.

ܡܒܗܘܩ albus Bhce **3** 13 5.

ܒܗܩܐ radius luminis Jul 49 8.

ܒܘܗܩܢܐ scabies (*pimples, pustules*) Lv 13 2, ES **1** 243E, Kays 42 17.

ܫܒܗܪ glorificavit, praedicatione extulit 2Cor 10 12.

ܫܘܒܗܪܐ gloria Jer 49 16, ER 107 8, Guidi to 19 49, superbia, ostentatio Vit Rabb 188 4, ES **2** 85B.

ܫܒܗܪܢܐ (N § 130) gloriosus, jactator Sir 4 29, Rom 1 30, AS **1** 68 7, am **2** 309 11, dap 8 22; *adv.* Vit. Rabb 189 20.

ܫܒܗܪܢܘܬܐ jactatio, superbia Mc 7 22, asd 29 12, Joh Dar in MS **1** 110 5.

Eštaf. gloriatus est, jactavit, superbus fuit Rom 2 23, Afr 81 1, Jer 9 23 = ES **2** 119F, JohDar in MS **1** 105 19.

ܒܗܪܐ crepusculum Bhcar 71 11.

ܒܗܘܪܐ obscurus, tenebrosus ES **1** 458F, Guidi to 37 16, Bhchr 96 26; *adv.* καθ' ὑποτύπωσιν glherm.

ܒܗܝܪܐ obscurus ES **1** 462C.

ܒܘܗܪܐ crepusculum ES **3** 8F, JSt 31 15, Joh Eph 408 19.

ܒܗܪܘܡܐ (pers. بهره Lag. GA 21 43) pars, portio BA n. 2268.

ܒܗܫܬ (pers. بهشت) paradisus am **2** 576 6.

ܒܗܬ *1.* puduit eum, erubuit c. acc. pers. Gn 2 24, Rom 1 16, asd 55 12, dap 67 2; *2.* confusus, perturbatus est Corluy MP 24 15, Bh ad Job 28 20.

ܒܗܝܬܐ pudefactus Jer 6 15, Ez 23 29 (Hex), ES **2** 158F, Bal 314 15.

ܒܗܬܬܐ *1.* pudor dap 64 15, DionT 134 2; *2.* confusio Corluy MP 13 7; *3.* turpitudo, dedecus Hos 9 10, 1Cor 13 5.

ܒܗܬܢܐ pudicus Sir 26 15.

ܒܗܬܢܘܬܐ pudicitia AS 170 13.

Af. *1.* pudefecit ER 351 11, Joseph **3** 2 l. 15; *2.* pudefactus est AM **2** 387 16.

ܒܘܦܐ upupa Phys 14 10.

ܒܘܒܐ pupilla (oculi) Dt 32 10, ES **2** 331B, AS **3** 43 9, BO **3**1 568a1.

ܒܘܒܝܐ puellus ES **1** 246A, AS **2** 32 12, JohEph 257 4, Bhchr 110 21.

ܒܘܒܝܐ et ܒܘܒܐ id BA n. 2230.

ܒܘܒܝܬܐ, *pl.* ܒܘܒܝܬܐ puella Mc 5 41 (Phil), Bhchr 519 7.

ܒܘܒܝܬܘܬܐ puella Bhgr **1** 25 12.

ܒܘܒܝܘܬܐ pueritia Ge ZA **8** 10 8.

ܒܘܒܘܢ *1.* (βουβών) tumores EN **33** 47; *2.* comp. voc. ܒܘܒܠܐ βούβαλος Duv B **2** 48 16.

ܒܘܒܐ Bhce **2** 775 5, EN 48 91, *pl.* ܒܘܒܐ Joseph **7** 3, AS **3** 207 7.

ܒܘܒܝܬܐ Bhgr I 32u (√נבב G Hoffmann LCB '82 321) canales.

ܒܒܐ id BA n. 2360.

ܒܘܕ periit Efr. in Bhgr **1** 97u.

Pa. perdidit id. ib. 139 21.

ܒܘܕܪܐ balbus, stultus BA n. 2276.

ܒܘܗܘ i. q. h. בֹּהוּ Gn 1 2.

ܒܘܬܝܐ (pers بوته) catinus Duv B **2** 21 14, 24 20.

ܒܘܠܐ tumultus BA n. 2291.
ܒܘܩܛܐ 1. crotala (*castanets*) PsC 89 n. 3; 2. calculi (*men at draught*) BA n. 2296.
ܒܘܠܐ animus, mens Afr 295 9, ES 1 511D, Bal 272 27.

ܒܘܠܐ 1. βουλή AS 3 288 3, Spic 41 10, AM 2 316 2; 2. βολή effluvium Duv B 2 39 16.
ܒܝܬ ܒܘܠܐ βουλευτήριον 1Mcc 8 15.
ܒܘܠܘܛܐ (nest. ܒܘܠܘܛܐ Bhgr 4 4 5) βουλευτής Lc 23 50, Spic 38 2, Sch 267 6.
ܒܘܠܘܛܝܣ id Mc 15 43 (Phil).
ܒܘܠܐ (βῶλος) gleba TB 131 16.

ܒܘܡܐ bubo, strix ψ 102 7, KwD 58 5.

ܒܘܢܐ βύνη hordeum aqua perfusum Duv B 2 54 10.

ܒܘܣ desiit, destitit Clr 104 11.
ܒܘܣܝܐ negligentia TB 135 9 ܕܠܐ ܒܘܣܝ indesinenter TB 43 25.

ܒܘܨܐ byssus Ez 9 3, Lc 16 19, Afr 261 9, ES 2 174B.
ܒܘܨܝܐ byssinus 1Ezr 3 6.
ܒܘܨܝܢܐ (Nöld ZDMG 29 650, Lag Sem 52—56 Löw n. 41) φλόμος verbascum BA n. 2310, Geop 74 5, ZDMG 39 301 5.

ܒܩܘ putrescunt Kays 101 12, 102 4, BA 2564.

ܒܪ 1. vastata, desolata est (terra) ES 1 46D, 197B, *met.* de femina procos pellente ES 1 287E; 2. putrefactus est ES 3 328D; 3. sq. ܡܢ privatus est aliqua re ECth 1 42 l. 4.
ܒܘܪܐ 1. terra inculta Clr 90 6, JS Tham v. 203; 2. stultus Za 11 15, Afr 152 17, ES 2 304C, simplex 2Cor 11 6, JSt 5 10.
ܒܘܪܘܬܐ 1. vastatio ES 1 312B; 2. ruditas am 1 468 4.
ܒܘܪܢܐ stultus BO 3₁ 149b 27.
ܒܝܪܐ (nest. ܒܝܪܐ Bhgr 4 4 5) incultus Dt 21 4. Hos 12 12, am 2 595 16, Cyr 120 14.
ܒܝܪܐ 1. sterilis, neglecta (terra) Hos 13 8 (ἀπορουμένη cf. ZDMG 4, 208), Jer 2 31 (Hex), ES 3 211E, AS 2 133 20, EN 75 84; 2. haesitans ἀπορούμενος Act 25 20 (Phil).
Af. vastavit Cyr 376 29.
ܐܬܒܘܪ stupefactus est JSt 87 7.

ܒܬ noctem peregit Gn 19 2, ES 1 421C, Rabb 212 9, Jul 181 9.
Af. effecit ut noctem perageret ES 2 14B.
ܒܝܬܐ 1. quies nocturna JS in MS 1 22 32; 2. hospitium ER 120 14, ES 2 127A, DionT 105 10.
ܒܝܬ ܒܝܬܐ hospitium Gn 42 27, JS in MS 1 22 21, ܒܝܬ ܡܒܬܐ id. Js 10 29.

ܒܘܝܬܐ βοήθεια auxilium am 3 298 16.
ܒܘܐܬܘܣ βοηθὸς adjutor ib. 311 2, 312 n. 6.

ܒܙܐ Hebr 6 83₅ ܒܙܐ KwD 31 9, *pl.* ܒܙܐ ib. 6 16 (pers. باز cf. ܒܐܙܐ) falco.

ܒܙ rapuit, diripuit, spoliavit Jud 2 14, Vit. Rabb 187 15, IA 1 222 v. 382.
ܒܙܘܙܐ rapax Jud 2 14, Vit Rabb 187 27.
ܒܙܘܙܘܬܐ rapacitas ES 2 241E.
ܒܙܬܐ *pl.* ܒܙܐ Ex 25 9 (Hex, cf. Bh ZDMG 29 503) praeda, spolia 1Mcc 5 22, Afr 25 7, ES 1 483A.
ܒܙܙܐ direptio IA 1 222 v. 382.
ܒܙܘܙܝܐ id ES 2 53A, Bhchr 4 22.
Etpe. direptus est Judith 8 21, Afr 33 15, ER 131 3, *met.* peracta est (nox) ES 1 14F.
Af. diripiendum commisit ES 2 163a.
Ettaf. 1. arripuit Card 58 20; 2. direptus est Jer 51 8.
ܒܙܩ 1. surripuit, furatus est BhZDMG 40 439; 2. aperuit (portam) Nis 13 19.
ܒܙܐ mamma, papilla PsC 226 16, am 3 352 13, Bhchr 122 8.
ܒܙܘܢܐ papilla parva BA n 2324.
ܒܙܙܐ (ar. البزّاز) pannarius (*cloth-merchant*) Bh chr 477 15.

ܒܙܚ illusit, irrisit seq. ܒ Mt 2 16 (Cur) asd 57 u, AM 1 45 16.

ܒܘܙܚܐ illusio, irrisio ψ 35 16, BO **2** 233a 4 af.

ܒܙܚܐ φιλοσκώπτης glherm.

ܡܒܙܚܢܘܬܐ ignominia Alex 67 5.

Etpa. illusus, irrisus est Mt 2 16, ER 135 7, Alex 7 11.

ܒܙܚܐ ludibrium, ignominia, ES **1** 408A, Corluy MP 27 4, JSTham v. 142.

ܒܙܥ discidit, laceravit Jer 5 6, dap **63** 23, Afr 22 6, ES **1** 124B.

ܒܙܥܐ *1.* σχίσμα Mt 9 16, Clr 47 21; *2.* latebra (*loop-hole*) KwD 65 9; *3.* foramen (*porc*) Bh Hebr **8** 51 16.

Etpe. disruptus est Dan 14 26 (Hex).

Pa. i. q. Pe. Jos 94, PsC **101** 8, KwDW 172 17.

Etpa. *1.* discissus est Prov 3.20, ES **1** 7E; *2.* perforatus est ES **2** 9B.

ܒܘܙܥܐ *1.* laceratio JS in MS **1** 71 v. 384; *2.* fissura ES **1** 190D.

ܒܙܩ sparsit ES **1** 226A.

ܒܙܩܐ *1.* gleba terrae ZDMG **27** 594 v. 12; *2.* lapillus ES **1** 276A, AS **4** 91 16, AM **2** 325 5, *pl.* glarea (*gravel*) apap 11 14; *3.* ulcus, abscessus (?) ZDMG **39** 298 45.

Pa. disspersit Esther 3 8.

ܒܙܡܐ (pers. بَزَه Lag. GA 21 46) aries parvus BB.

ܒܙܝܩܐ (pers. بازى Lag. GA 21 45) falco IA in ER 380 3, IA **2** 332 v. 1575, Arist 19 10.

ܒܘܙܝܩܐ id PsC 14 11, BhZDMG **40** 439.

ܒܙܝܩܪܐ (pers. بازيار) falconarius EN 22 86, BA 2332, N § 140.

ܒܙܪܐ literae, diploma EN 76 89, Cat Wright **1** 338.

ܒܙܪܐ oleum EN 76 89.

ܒܚܢ examinavit, scrutatus est Jer 6 27, ES **1** 126D, ER 83 4.

ܒܘܚܢܐ examinatio ES **1** 129D, BO **2** 170A, herm 64 34.

ܒܚܘܢܬܢܐܝܬ ἐξεταστικῶς AS 115 19.

ܒܚܪ o examinavit, scrutatus est ψ 26 2, ES **2** 548A, JS in asd **92** 2.

ܒܚܘܪܐ *1.* examinator Jer 6 27, ES **2** 112F; *2.* κρίσιμος JS 102 15; *3. pl.* octo primi dies caniculares Ge ZA **8** 23 3.

ܒܚܝܪܐ probatus, electus Ath 29 2, ψ 17 31 (Hex), *adv.* accurate BO **2** 24a.

ܒܚܝܪܘܬܐ virtus viri spectati herm 64 35.

ܒܘܚܪܢܐ *1.* examinatio ES **1** 72A, am **2** 372u, Ath 31 9; *2.* crisis (morbi) BhZDMG **40** 439.

Etpe. examinatus est ER 103 5, probatus est AM **2** 185.

ܒܚܫ *1.* festinavit IA **1** 298 78, Bal 298 18, circumivit IA **2** 280 v. 804; *2.* agitavit BB 239 14, excitavit (ignem σκαλεύειν) Journ. As. **7** 8 444 n. 15; *3.* examinavit Bhchr 417 16, probavit Geop 88 15.

Pa. scrutatus est Geop 69 23.

Af. agitavit (ἀνετάραξεν) Geop 46 24, 47 26.

ܒܚܫܝܐ puber EN 12 39, BA 2743 (sic l.!).

ܒܚܫܐ sinus EN 36 24.

ܒܘܚܫܐ agitatio (κίνησις) Geop 85 29.

ܒܘܚܫܬܐ aera (*weed, tare*), 2 Rg 19 26, BA n. 2283.

ܒܛܐ (pers. Lag. GA 21 47) anas Kays 254 6.

ܒܛܐ scintilla KwD 28 13, BA n. 2346.

ܒܛܛܐ id. BA l. l.

ܒܛܝܘܣܐ *pl.* ܒܛܝܘܣܐ (*m.*!) Lag GA 211 cadus, urceus EN 29 62, BO **3** 1 208b 4, ThMarg **1** 201 11.

ܒܛܝܚܐ (ar. بطّيخ) *m.* et *f.* cucumis melo L. Kays 221 3, 244 19.

ܒܛܠ *1.* periit ES **2** 303B Corluy MP 25 10; *2.* cessavit, desiit JohEph **130** 8, Corluy MP 31 1, KwDW **206** 3, Bh ad Job 5 23; *3.* otiosus fuit Ex 5 17.

ܒܛܝܠ *1.* privatus aliqua re dap 54 9; 2. desistens Jul 48 23; *3.* ܒܛܝܠ ܠܝ curae mihi est, curo sq. ܒ Act 17 21; Gal 2 6, ZDMG **39** 259 8, JohEph 149 10; *4. adv.* diligenter AM **2** 269 39, Cyr 13 25.

ܒܛܝܠܘܬܐ cura, diligentia, studium asd 19 25, BO **2** 355, EbMai **10** 175 8.

ܒ' [illegible] φροντίζειν ZDMG **39** 260 8.

ܒܛܘܠܐ opus caelatum 1Reg 6 18, ES **1** 459D, BA n. 3306.

ܒܛܠܢܐ *1.* otium Ath ܠܗ 8, ECth **3** 2 26, Cyr 61 25; *2.* negligentia ES **3** 108C; *3.* vanitas dap 2 25, am **2** 381 17. ܒ' ܡܣܝܒ̈ܢܐ περίεργοι ZDMG **39** 283 10; *4.* solutio ES **2** 285D.

ܐܬܒܛܠ ܠܝ sq. ܒ curae mihi fuit, curavi Lc 10 34, asd 44 22, ES **3** 389C, AM **2** 278 u.

Pa. *1.* cessare fecit, inhibuit (gladium) Bernst. Chr. 42 7, 62 4; *2.* abjecit 1Cor. 13 11; *3.* perdidit, delevit Guidi to 35 2, irritum fecit (foedus) Gn 17 14; *4.* seq. ܡܢ privavit aliqua re asd 59 6.

ܡܒܛܠܢܐ *1.* qui perdit, delet Corluy MP 8 11; *2.* nomen accentus JBh 20 7.

ܒܛܝܠܐ inanis, vanus Mt 12 36, ES **2** 532E, Clr. ep. 44 7, *pl. f.* vanitates, nugae Act 14 15, Bh ad Job 36 4, *adv.* frustra dap 73 22.

ܒܛܝܠܐ inutilis, inanis, irritus Mt 25 30, ES **3** 187A, JE Journ of s. l. **10** 2 18.

ܒܘܛܠܐ solutio, abrogatio ES **2** 519B, ER 38 23, Clr 24 2.

Etpa. finitus, abolitus est, cessavit Ez 6 6, 1Cor 13 8, 10.

ܒܛܡܬܐ τερεβίνθη pistacia palaestina (Löw n. 44) Gn 14 6, Jos 24 26 (Hex), ES **1** 307D, Jul 103 23.

ܒܛܡܐ fructus pistaciae Gn 37 25, EN 49 17, BA 2354.

ܒܛܢ concepit (utero) Gn 4 1, ES **1** 442F, Bal 300 16, Ath ܠܐ 8.

ܒܛܢܬܐ *1.* gravida 1Thess 5 3, JSTham v. 287.

ܒܛܢܘܬܐ (nisi ܒܛܝܢܘܬܐ leg.) status concepti Jer 20 17.

ܒܛܝܢܐ conceptus ES **1** 442F ܡܣܡܝܐ ܡܢ ܒ' caecus inde a teneris ESL **1** 313 6.

ܒܛܝܢܘܬܐ conceptio Afr 337 4, BO **3**₁ 311 b m.

ܒܛܢܐ conceptio asd 24 10, AS 74 10, glherm, *pl.* graviditas, Gn 3 16, ES **1** 36C.

Af. gravidam fecit Lv 18 21, KwD 55 13, Jš in ThMarg **1** CLXVI 9.

ܒܛܣ βάτος = 50 ξέσται Epiph 4 48.

ܒܛܘܪܝܐ biturea δάκρυον τῆς πίτυος resina AS **4** 38 27.

ܒܝܐ (N § 172a) consolatus est ψ 61 3, ZA 10 2, ES **2** 300C, MS **1** 103 7.

ܒܘܝܐܐ consolatio 1Mcc 12 9, Lc 2 25, ER 27 6, Jul 226 5.

ܒܘܝܐܢܐ consolatorius Bhcar 99 17.

Etpa. solatio affectus est Gn 16 2, Ath 18 25, Vit Rabb 175 9, Jul 144 20.

ܒܝܪܬܐ i. q. ܒܝܪܬܐ q. v. Duv B **2** 26 4.

ܒܝܪܘܣ toga lanea BA n. 2362 (em. ܒ' = γ[illegible] τῶν Jens.).

ܒܝܠܠܘܣ *pl.* βίλλος, billa, schedula JohEph 94 4.

ܒܝܡ Rom 14 10, asd 20 13, ܒܐܡܐ ES **3** 356B, asd 110 2, *pl.* ܒܐ̈ܡܐܬܐ Bhcar 67 16, *f.* βῆμα tribunal.

ܒܝܢ *1.* intelligentem fecit, docuit Job 32 8, Ign 209 17; *2.* manifestum fecit, declaravit Job 6 24.

ܒܘܢܐ intelligentia, prudentia Ex 31 3, ES **2** 316B, ER 34 11, JS in MS **1** 45 9.

ܠܐ ܒܘܢܐ, ἀπόγνωσις desperatio Joseph 2 2.

Etpa. intellexit, cognovit 1Sm 3 8, ES **2** 364C seq. ܠܘܬ animum advertit ad asd 8 3, ES **1** 441C.

ܒܝܬ, ܒܝܢܬ, ܒܝܢܝ inter N § 251.

ܒܝܬ ܥܝ̈ܢܐ τὰ μέτωπα, frons 1Sm 17 49, Ap 14 1, apap 40 17, AM **2** 282u.

ܒܝܬ ܐܘܪ̈ܚܬܐ διέξοδοι τῶν ὁδῶν Mt 22, 9 (Cur).
ܒܝܬ ܐܦܐ facies Hoffmann Ausz. n. 98.

ܒܝܢܐ (ass. *bīnu*) lignum arboris اثل BA n. 2366.

ܒܝܢܝܬܐ piscis بنّي de quo vide de Goeje gl. gr. EN 43 84.

ܒܝܘܣ, ܒܝܣ βίος *1.* vita AS 205 20; *2.* victus AS **3** 282 15.

ܒܝܣܬܐ, ܒܝܣܬܐ βῆσσα (Lag. GA 22 50, Fraenkel ZA **9** 3) *pl.* ܒܝܣܝܬܐ (Rie 130 6) urna AS **2** 26 20, Joh Eph 74 15, Bhad Mt 57 23, Epiph 4 67, EN 39 83.

ܒܝܥܬܐ *1. pl.* ܒܝ̈ܥܐ (N § 81) ovum ES **1** 248A, IA **2** 216 v. 243, BO **2** diss 140, testiculus KwDW 8 9, ThMarg **1** 295 10, Bhchr 108 pu; *2. pl.* ܒܝ̈ܥܬܐ fornix AS **3** 208 9.
ܒܝܥܬܢܝܐ ovatus Kays 30 20.

ܒܝܪܬܐ (Delitzsch Hebr. Lang. 22 sq.) paltium, arx Esth 1 5, Afr 83 8, ES **2** 135E, am **3** 6 1, JS in MS **2** 57 v. 161.
ܒܝܪܘܣ (e gr. βίρρος) toga cucullata AS **2** 261 21, apap 80 19, Bhce **1** 355 u cf. n 2, JARS 29 9, Eb Mai X 296 31.

ܒܝܬܐ *absol.* ܒܝ *cstr.* ܒܝܬ *pl.* ܒ̈ܬܐ (N § 146) *1.* domus pass.; *2.* conclave JohEph 116 14, Bhchr 239 24; *3.* familia, partes, asseclae, Gn 7 1, Afr 323 4, Jul 24 9, Bhchr 406 15; *4.* involucrum (arcus) IA **2** 278 v. 800; *5.* in re medica sedes e. g. sanguinis, phlegmatis glherm; *6.* versus (ar. بيت) Cat Wright **2** 665b.
ܒܝܬ ܕܢܚܐ festum Epiphaniae BO **2** 164a.
ܒܝܬ ܕܝܘܬܐ atramentarium Bh ZDMG **40** 439.
ܒܝܬ ܦܠܓܐ φελόνης 2Tim 4 13.
ܒܝܬܝܬܐ ܕܟܘܪ̈ܣܝܐ Bh ZDMG **40** 439 sella familiarica.
ܒܝܬ ܕܡܢܝ ܡܢܐ Manichaei TB 124 26.
ܒܝܬ ܢܘܪܐ *1.* templum ignis Hoffmann Ausz. 311, *pl.* ܒܝ̈ܬ ܢܘܪ̈ܐ MAMQ 6 13; *2.* caminus Bhce **3** 455 10, Cat Wright 491a 30 (sic l.!)

ܒܝܬ ܩܒܘܪܐ sepulcrum apap 147 9.
ܒܝܬ ܚܘܪ̈ܒܐ ἰτεῶν Geop 17 15.
ܒܝܬ ܩܢܝܐ καλαμῶν ib.
ܒܝܬ ܪܓܠܐ stapia (*stirrups*) Bhchr 204 22.
ܒܝܬ ܪ̈ܗܘܡܝܐ imperium Romanum Chr ed 150 13 [1].
ܒܝܬܘܢܐ domuncula Esther 7 7, am **2** 432 13, Bhchr 165 10.
ܒܝܬܝܐ domesticus, familiaris, amicus dap 47 24, Jul 113 20, KwDW 128 2, ܒܝܬܝܐܝܬ intra, domestice ESZ **1** 418, Ath 15 20.
ܒܝܬܝܘܬܐ familiaritas, amicitia ES **2** 90E, KwDW 126 10, 171 1; *2.* i. q. ar. نِسْبة nomen relationis Bhgr.
ܒܝܬܝ domesticum, familiarem fecit Mar 30 2, ES **1** 177A, Bhchr 139 12.
ܐܬܒܝܬܝ familiariter usus est KwDW 60 12, etc. Bhchr 401 7.

ܒܝܦܬܐ (cf. إجفلا) gallina KwDW 330 12.

ܒܟܐ flevit Jac 5 1, seq. ܥܠ deflevit.
ܒܝܬ ܒܟܝܐ domus lugubris Gn 27 41, Sir 7 34, Jul 42 14, 123 1.
ܒܟܝܐ fletus dap 81 2, JS in MS **1** 36 v. 81, Arist 9 8.
ܒܟܝܬܐ id Gn 35 8, dap 15 8, Afr 143 19.
ܒܟܝܢܐ nomen accentus Merx 180 1.
Pa. deploravit, lamentatus est Ez 8 14, ES **3** 273E, Vit Rabb 207 6, AS **2** 71 3.
ܡܒܟܝܢܐ nomen accentus JBh 18 11.
Etpa. deploratus est am **2** 8 14, Arist 10 9, ThMarg **1** 406 10.
Af. effecit, ut fleret ES **1** 256A.

ܒܟܘܢܐ (p. Lag. Symmicta **1** 34 92) pistillum EN 38 65, 70 19.
ܒܟܘܪܐ incola Ex 12 19, ER 17 14, ES **2** 243F, Bhchr 232 10.

ܒܟܣܐ (gr. πυξίς?) EN 31 94, ܒܟܣܐ BA n. 2220, 2413 atramentarium.

---

[1] Vocabula cum ܒܝܬ composita, quae hic non inveneris, sub initio vocis secundae quaere, sis.

ܒܟܰܪ maturus fuit Nis 29 122, 62 115.

ܒܘܽܟܪܳܐ *1.* primogenitus Lc 2 7, ER 88 16, MS **1** 42 v. 267; *2.* met. hostia BO **3** 243b.

ܒܘܽܟܪܘܽܬܳܐ primogenitura Gn 25 36, Hebr 12 18, Afr 290 3, ES **1** 4B.

ܒܰܟܺܝܪܳܐ *1.* primogenitus Gn 30 41, ES **2** 322D; *2.* (imber) vernalis Za 10 1, Ath 49 2, ER 322 25.

Pa. *1.* primus fuit ES **1** 237F, seq. ܠܘܳܬܶܗ primus ad eum venit BO **3** 1, 98 a 8; *2.* coepit ES **2** 36A; s ܒ Jš in ThMarg **1** CLXV 6; *3.* praecessit ES **2** 407A; *4.* ܒܰܟܰܪ ܡܩܰܕܶܡ anticipavit Nis 15 32 33; *5.* primitias tribuit ES **3** 41F.

ܒܶܟܪܳܐ primitiae Lv 2 14, ES **1** 237F, ܒܶܟܳܪܳܐ fructus praematurus Js 28 4, ES **2** 67C.

Etpa. pro primitiis oblatus est Lv 27 26.

ܒܶܟܦܳܐ lapis magnus post portam positus BA n. 2419.

ܒܟܘܡܐ cameli parvi EN 41 34.

ܒܶܟܠܳܒܳܐ *1.* textrix IA **2** 186 v. 485, BA n. 2422; *2.* subtemen h. דַּלָּה Js 38 12 (Hex).

ܒܘܟܬܝ ar. بُخْتِيّ camelus dromas Bactrianus KwDW 335 6, 339 12.

ܒܰܠܒܶܠ *1.* mixtus ES **2** 72C; *2.* confusus ES **1** 139B, Nis 62 109, JSt 20 9, MS **1** 16 v. 200; *3.* malus, pravus Bal 272 18, *adv.* Jul 68 1; *4.* frumentum ventilatum Js 30 24 cf. Bh ad l.

ܒܰܠܒܶܠܘܬܳܐ confusio, permixtio ES **2** 448F, JSt 18 1.

ܒܰܠܒܶܠ perturbavit Gn 11 9, Afr 463 15, asd 8 8, Vit Rabb 188 27.

ܒܘܽܠܒܳܠܳܐ confusio Nis 6 102, Bal 280 7, BO **1** 465b.

Etpa. turbatus est Afr 463 19, Nis 37 58, DionT 68 3.

ܒܠܳܐ *1.* detritus, obsoletus est Jos 9 13, ER **1** 300C, **3** 358B; *2.* senuit, consenuit Gn 18 12, ES **1** 69A, ThMarg **1** 133 28; *3.* periit Bal 302 4.

ܒܠܳܝܳܐ detritus, vetus Mc 2 21, am **1** 19 14.

ܒܠܳܝܘܽܬܳܐ vetustas Lv 13 55.

ܕ݁ܠܳܐ ܒܠܶܐ sine 2Reg 1 3, dap 23 2, Vit Rabb 167 25, ES **1** 11E.

Etpe. *1.* detritus est (κατατριβῆναι) herm 34 4 6; *2.* debilitatus, confectus est Js 24 4, BO **3** 1 392b 11.

Pa. *1.* detrivit, corrupit (vestem) ES **2** 440a; *2.* putrefecit (carnem) Thren 3 4 (Hex).

Etpa. detritus est KwDW 403 2.

ܒܘܠܒܘܣ βολβὸς ZDMG **39** 240.

ܒܠܒܝܣ βαλβῖς carceres, unde cursus in stadio proficiscebantur Cyr 116 21.

ܒܘܠܐܕ (pers. پولاد) chalybs Kays 267 23.

ܒܶܠܕܳܪܳܐ PsC 157 10, JARS 132 4, ܒܠܕܪܐ am **2** 142 12, Guidi to 42 19 (veredarius Perles Et. St. 114, Hoffmann Ausz. n. 196) cursor (*letter-carrier*).

ܒܰܠܗܶܒ (Barth p. 30) perturbavit, obstupefecit Job 24 17, ES **2** 350F, Bhchr 508 23.

ܒܰܠܗܒܳܢܳܐ perturbator Jul 13 9.

ܒܘܽܠܗܳܒܳܐ obstupefactio Ez 30 4, ES **1** 101B, Bhcar, 128 1, *pl.* mirabilia ESL **3** 214 1.

Etp. perturbatus, territus est ES **1** 368A, Bal 317 19, Bhcar 120 3.

ܐܶܬܒܰܠܗܰܘ putrefactum est (lignum) Js 40 20, ES **1** 228D, **2** 10E.

ܒܰܠܗܳܘܬܳܐ ܕܥܰܝܢܳܐ limi oculi EN 32 23.

ܒܰܠܗܘܳܐ res ex ore procedens EN 76 94.

ܒܰܠܗܘܽܬܳܐ caries ES **2** 335C.

ܒܰܠܗܘܳܢܳܐ teredo (*wood-worm*) Pr 12 4, ES **2** 319D, PsC 219 18 (ass. *balṭîtu* Delitzsch Stud p. 82).

ܒܠܘܛܐ ܒܰܠܘܛ ضرب من التزاويق EN 76 94.

ܒܰܠܘܛܳܐ lychnuchi genus EN 39 80.

ܒܠܘܽܛܳܐ *1.* quercus (Löw n. 51) Gn 13 6, Jud 4 11 (Hex), ES **2** 24D; *2.* vas forma glandis ThMarg **1** 353 19.

ܒܠܘܛܐ ܕܐܪܥܐ χαμαίδρυς كمادريوس EN 26 91.

ܡܠܟܐ — castanea (شاهبلوط) EN 50 53.

ܒܠܘܬܐ ܐܡܪܬܐ palmulae immaturae (بسر) EN 51 61.

ܒܠܘܦ (var. ܒܝܠܦ) cibus colorem flavum efficiens Bhchr 253 11.

ܒܠܡ o praeligavit os dap 32 4, ES **1** 242F, Bal 312 3, *met.* silere fecit Mt 22 34 (Phil).
ܒܠܡܐ vinculum oris Js 37 29, Afr 82 19, ES **2** 81D, Vit Rabb 187 25.
Etpe. *1.* vinculo oris praeditus est ES **2** 72C; *2.* obmutuit BO **3** 1, 407 8.

ܒܘܠܝܡܘܣ βούλιμος (*greediness*) Bhchr 81 12, EN 32 32.

ܒܠܢܐ dap 2 26, Vit Rabb 174 6, JSt 38 17, ܒܠܢܝ Sind 24 apu, Bhchr 207 4 ܒܠܐܢܝ BO **2** diss p. 133, *pl.* ܒܠܢܐ JSt 16 6. ܒܠܢܘܬܐ Clr 76 35 balneum.
ܒܠܢܝܐ balnearius ES **3** XXXIII 42, Bh ZDMG **40** 439.

ܒܠܢܝܡ Guidi to 23 v. 1841. ܒܠܢܝܡ q.v. (Nöld.)

ܒܠܣܐ (βλαισὸς PS) cruribus distortis laborans, BA n. 2467.
ܒܠܘܣܐ (βῶλος) pilula Duv B **2** 240 n. 3.
ܒܠܣܘܣܝܬܐ i. q. ܒܠܘܣܝܬܐ scintilla ES **1** 471C.

ܒܠܣܛܐ (gr.? aut pers. بالشت i. q. بالش cervical? Nöld.) sellae genus JohEph 175 2, EN 40 1.

ܒܠܣܛܣ JSt 71 6, ܒܠܣܛܘܣ 1Mcc 6 51, Joseph 21 14, ESL **2** 17 15 ballista.
ܒܠܣܛܪܐ βαλλίστρα id ZDMG **29** 92 13.

ܒܠܣܡܘܢ βάλσαμον Bhchr 205 7.
ܒܠܣܡ, ܒܠܣܡ ar. بلسان balsamum SB 97 9 et n. 7.

ܒܠܥ o et a (N§170) *1.* devoravit Gn 41 7, dap 97 21, ER 66 17, ES **2** 366A; *2.* caesus, verberibus castigatus est, ES **3** 42D, asd 98 6, Arist 14 10, punitus est Gn 19 11; *3.* vulneratus est Lc 22 51, ES **1** 514C, AS **3** 209 21; *4.* seq. ܚܣܡܐ invidia exarsit Bhce **3** 391 1.
ܒܠܥܐ tt. gr. assimilatio (literae) Bh ad Mt 36 1.
ܒܠܥܬܐ vortex ES **2** 383C.
ܒܠܘܥܐ *1.* hamus Mt 17 27, IA **2** 2 14, AS **3** 38 16; *2.* blennus (piscium genus) Geop 114 1.
ܒܠܘܥܝܬܐ *pl.* ܒܠܘܥܝܬܐ cloaca EN 54 47, Bhchr 195 3.
ܒܠܥܬܢܐ avidus KwDW 47 4, BA n. 2464.
ܒܠܘܥܬܢܝܬܐ guttur Bh ad Sir 7 11.
Etpe. devoratus est Hebr 11 29, ES **1** 438E.
Af. vulneravit Bhchr 136 25.

ܒܠܥܕ c. *suff. pl.* aut seq. ܡܢ sine Js 36 10, Joh 1 3, Afr 172 7, ER 37 26, asd 28 15.

ܒܠܦܪܢܘܢ venafranum (oleum) Geop 86 25.

ܒܠܨ progerminavit, floruit Ez 7 10 = ES **2** 172A, Cant 7 13 = MS **2** 29 7, Mc 4 5.
Af. protulit (sententiam) Wisemann 85 3, pronuntiavit (literam) Bh ad Mt 26 2, 38 10.
Etpe. pronuntiata est (litera) Journ. as. **2** 19, 356n 4.
ܒܠܨܐ granum Duv B **2** 100 4,
ܒܠܨܐ pronuntiatio Bh ad Mt 14 5.
ܒܠܨܘܨܝܬܐ scintilla Js 1 31, ES **2** 23F, Sap Sal 2 2, Bhce **1** 53 2.

ܒܠܩ apparuit Bal 295 1, JS in MS **1** 92 26, Bhchr 85 13, splenduit AS **2** 119 18, s. ܥܠ supervenit Joh Eph 371 10, Fab. 32 4.
ܒܠܩܬܐ subito Bhchr 118 19.
ܒܠܩܬܐ i. q. ܒܠܩܬܐ q. v. BA n. 2478.
ܒܠܩܐ desertum, solitudo Nis 3 99.
Pa. *1.* excitavit, incitavit Jul 77 6, 105 5; *2.* sq. ܠܘܬ videre fecit Bh. de div. sap 14 6.
ܒܘܠܩܐ splendor am **2** 102 13.
ܒܠܩܝܬܐ EN 50 56, ܒܠܩܝܬܐ (BA, PS) ferula communis.
Etpa. affectus est (dolore) MS **1** 36 84 (desiderio), MS **1** 46 19.

ܒܘܠܘܪܐ (skr. *vâidûrija* Lag GA 22 48 vel potius pal. *veḷuriya* Franke ZDMG **47** 600) beryllus i. q. h. שֹׁהַם Gn 2 12, Ex 25 7; 28 9, 35 9 27, 39 6 13.

ܒܙܩ contendit, certatus, praedatus est BA n. 2479.
ܒܙܘܩܐ fures, latrones Joh Eph 124 11, 189 22.

ܒܘܡܘܣܐ βωμός ara i. q. h. בָּמָה 2 Par 14 3, 31 1, cf. ZDMG **3** 391 (Bernstein).

ܒܢܐ *pl.* ܒܠܢܐܘܣ Card 45 8, ܒܠܢܣ BO **3** 1 256b, balneum am **3** 27 3, BO **1** 352 10, Geop 117 20.

ܒܢܐ *1.* aedificavit, exstruxit; *2.* seq. ܥܠ tt. gr. construxit ET 14 14.
ܒܢܐ (ar. مَبْنِىّ) tt. gr. indeclinabilis ET 5 19.
ܒܢܝܢܐ aedificatio Eb Mai **10** 242 6.
ܒܢܘܝܐ architectus 1Ezr 6 4, Act 4 11 (Phil).
ܒܢܝܢܐ *1.* aedificium Chr ed 146 3, ES **2** 273A; *2.* met. aedificatio AS **2** 251 7, 1 Cor 14 3 (Phil).

Etpe. aedificatus est Za 8 9, ES **2** 494E, Chr ed 146 26, *met.* AS **2** 243 15.

Pa. aedificavit Sir 48 17, asd 112 13, Jul 125 27, IA **1** 148 v. 1503; *met.* (de anima) 1 Cor 10 23, Vit. Rabb 200 3, AS **2** 249 10.
ܡܒܢܝܢܐ aedituus(?) JSAbb 82 563.
ܒܢܝܐ architectus Mc 12 10, Afr 10 9, ES **1** 457A.
ܒܢܝܘܬܐ aedificatio ES **2** 551A, TB 70 21.

Etpa. aedificatus est Js 51 7; *met.* 1 Cor 14 17.

ܒܘܢܘܩܣܢܘܣ pestilentia Bhchr 80 23.

ܒܢܕܐ *pl.* ܒܢܕܐ *f.* Bhchr 294 2, ܒܢܕܘܢ ZDMG **29** 92 5 (βάνδον orig. germ.) signum, vexillum Joh Eph 343 17.

ܒܢܕܝܩܣ βίνδικες, vindices Cat Wright **2** 560a.
ܒܘܢܕܘܩܐ ܕܙܘܓܐ (p. بُنْدُق) globus, pila Bhchr 223 21.
ܒܢܕܩܐ pila Duv B **2** 24 pu.
ܒܢܕܘܩܐ pilula ib 30 4.
ܡܒܢܕܩܐ formā pilae ib 30 3.

ܒܘܢܕܐ (pers. بَنْدَه) *1.* praefectus regionis am **2** 208 18, BA n. 2300; *2.* pes lychnuchi BA n. 2301.

ܒܢܦܟ h. בנפך Ez 27 16 (Hex).

ܒܢܦܫܐ (pers. Lag GA 22 49) viola EN 35 1, 49 26.

ܒܢܩܐ (bancus? PS) fornix EN 54 39, BA n. 429.

ܒܢܪܐ (balnearia vestis?) lodix feralis (*pall*) ER 140 22.

ܒܣܐ contempsit, despexit seq. ܒ Jer 31 32, Afr 261 7, seq. ܥܠ ER 118 2.
ܒܣܝܘܬܐ contemptio ThMarg **1** 300 1.
ܒܣܝܐ despiciens (*neglectful*) asd 19 7.
ܒܣܝܢܐ contemptio ES **1** 455D, Nis 20 14, asd 23 24.

Etpe. contemptus est Ath 40 5, Cyr 114 12.

Af. *1.* s. ܒ neglexit PsC 95 6, Cyr 84 9; *2.* s. ܥܠ contempsit IA **1** 140 v. 1312.
ܡܒܣܝܢܘܬܐ contemptio Ath ܢܒ 14.

ܒܣܒܣ *1.* fregit ER 4 27; *2.* laceravit Bal 292 25, JS in MS **1** 70 v. 356.
ܒܘܣܒܣܐ *1.* fissura ES **2** 464A; *2.* dilaceratio, miseria Nis 3 85, 6 3, OM 212 18.

Etpa. *1.* fractus est asd 98 11; *2.* dilaceratus est ES **1** 514B, Nis 57 117 120, Jul 57 3.

ܒܣܬܩܐ (e ܐܣܬܐ + ܒܝܬ N§141) *pl.* ܒܣܬܩܐ (N§79a), *1.* pulvinar Mc 4 38, ES **1** 81D, AS **2** 199 18; *2.* nummus argenteus = 700 ܙܘܙܐ Bchr 414 2, aureus = 700, ܕܝܢܪܐ ib. 11; summa 700 aureorum Hoffmann Ausz. n. 841.

ܒܣܛܘܣ vestinum (? oleum PS) Geop 86 26.
ܒܣܛܘܣܐ basaltes Duv B **2** 245 n. 4.

ܒܣܛܘܩܐ (pers.) lagena Duv B **2** 41 4 cf. ܒܣܬܘܩܐ.

ܒܣܛܪܢܐ vestiarius Joh Eph 114 1.
ܒܣܛܪܘܢ vestiarium ib 328 23.

ܒܣܛܪܢܘܢ βαστέρνον lectica Joh Eph 165 23.

ܒܐܣܝܠܝܣ βασιλεῖς reges Lc 21 12 (Phil).
ܒܣܝܠܝܐ βασίλεια regnum ThMarg **1** 138 16, BB 408.
ܒܣܝܠܝܩܐ Joseph **7** 1, Chr ed 153 15, Alex 18 15, BA n. 2515, *pl.* ܒܣܝܠܝܩܘܣ JSt 25 16, Joh Eph 335 2, ܒܐܣܝܠܝܩܘܣ Bhce **1** 359 7, βασιλική (*colonnades*).
ܒܣܝܠܝܩܘܢ βασιλικὸν regius am **3** 143 14.

ܒܣܡ *1.* gavisus est seq. ܒ aliqua re Ap 11 10, Lc 15 32 (Cur), Rabb 235 1; *2.* jucundus fuit, placuit Jer 31 26.
ܒܣܡܐ *1.* suavitas ER 36 9; *2.* gaudium JE in Journ. of s. l. **10** 24 6; *3.* convivium Bal 301 2.
ܒܣܡܐ *pl.* ܒܣܡ̈ܐ 1Rg 9 25, ZDMG **39** 254 1, ܒܣܡܢܐ BO **3** 1 239a 5, ܒܣܡܘܢܐ, ES **3** 277E Dion T 78 12 odor.
ܒܣܡܢܝܐ odoratus Cant 8 2 (Hex).
ܒܣܡܢܝܘܬܐ thus ThMarg **1** 235 11.
ܒܣܡܘܢܐ conviva ThMarg **1** 401 22.
ܒܣܳܡܐ myropola Ex 30 25 (Hex), ESL **1** 317 1, IA **2** 66 v. 109.
ܒܣܝܡܐ *1.* dulcis, suavis Ez 20 41, ES **1** 10F, Corluy MP 36 10; *2.* comis, benevolus *adv.* Vit. Rabb 172 24.
ܒܣܝܡܘܬܐ comitas Bal 304 6.
ܒܣܝܡܘܢܐ *1.* θρυπτικός Rie 5 19; *2.* jucunditas, vita lauta ES **2** 542E.
ܒܘܣܡܐ *1.* suavitas, jucunditas JEh 16 16, AM **2** 86 38; *2.* gaudium, laetitia dap 90 12, Ath 19 23.
Etpa. gavisus, delectatus est 1Mcc 12 12, Lc 15 24 (Cur), ER 30 12, BO **2** 179b 6.
Af. *1.* suavem fecit (odorem) Sir 24 15; *2.* gaudio affecit Apoc Bar 56 (ed. Cer 151b 12).

ܒܐܣܝܢܘܣ genus olei Geop 86 26.

ܒܣܝܣ Ex 26 19 (Hex), PsC 67 8, ܒܐܣܝܣ Cant 5 15 (Hex), MS **2** 25 4 βάσις, basis.

ܒܣܪ o. (ar. بسر) *1.* seq. ܥܠ contempsit, despexit Gn 25 34, Ath 42 18, ES **1** 79F. *2.* seq. acc. reprobavit, redarguit ES **3** 77C, JS in asd 93 24.
ܒܣܝܪܘܬܐ humilitas ES **3** 266D.
ܒܣܝܪܐ pollutus, vitiatus JSTham v. 320.
ܒܣܝܪܐܝܬ negligenter ES **2** 532C.
ܒܣܝܪܘܬܐ vilitas Vit. Rabb 160 3.
ܒܘܣܪܢܐ contemptio ESZ **1** 91.
ܒܣܪܐ uvae immaturae, acerbae (Löw n. 65), Jer 31 29 30, Ez 18 2, Geop 38 19.
Pa. seq. acc. *1.* contempsit asd 76 10, JS ib 99 14; *2.* refellit ES **3** 92A.
ܡܒܣܪܢܐ καταφρονητής Act 13 41, Hab 1 3 (Hex).
ܡܒܣܪܢܘܬܐ contemptio Vit. Rabb 173 4.
Etpa. contemptus est ES **1** 163B, Vit. Rabb 173 16.

ܒܣܪܐ *m. pl.* ܒܣܪ̈ܐ et ܒܣܪ̈ܝܢ (N § 74, ar. بشر) caro Gn 2 21, Ap 19 18, ES **1** 521E, dap 34 25, PsC 139 9.
ܒܣܪ̈ܬܐ *f.* (N p. 47 n. 3) pelles, coria ES **2** 317A SB 115 2, carnes Bhchr 245 22.
ܒܣܪܘܢܐ frustum carnis KwDW 308 5.
ܒܣܪܢܐ corporeus (*fleshly, carnal*) Rom 7 15 (Phil), ES **2** 3D.
ܒܣܪܢܝܐ id ES **1** 119C, 188F, IA **2** 192 v. 623, Cyr 231 18.
ܒܣܪ incarnavit AS **3** 295 5.
Etpa. incarnatus est AS **3** 294 26, Cyr 111 15, Bhad ψ p. 218 22.
ܡܬܒܣܪܢܘܬܐ incarnatio ES **1** 178D.

ܒܘܣܬܢܐ (pers. بُستان) hortus JARS 126u.

ܒܣܬܘܩܐ (pers. بَستو Lag GA 22 50) vas figilinum parvum BB, cf. ܒܣܛܘܩܐ.

ܒܣܬܪܐ (pers. پَستَر) pars postica, aversa

Jos 8 2, Ez 41 15, Ap 1 10, hinc praep. ܒܣܬܪ post, Phil 3 14, ES **1** 251B, ܗܦܟ ܠܒܣܬܪܗ retroversus est ψ 114 3, asd 49 7.

ܡܢ ܒܣܬܪܐܝܬ retrorsum Gn 9 23, AS **4** 77 10, Kays 28 6.

ܒܣܬܪܘܢܐ (pers. Lag GA 23 51 cf. Blau ZDMG **23** 269) pars ornamenti sponsae BB.

ܒܥܒܥܘܢܝܬܐ bullae BA n. 2532.

ܒܥܐ *1.* quaesivit, appetiit, studuit, 1Cor 13 5, Ath 21 21, ap NT 16 8; *2.* petiit, precatus est seq. ܡܢ Gn 19 2, Joh 14 16, ER 123 22.

ܒܥܬܐ (de pl. N§78) *1.* quaesitio Clr 155 2, Alex 9,4; *2.* disquisitio ER 28 4; *3.* postulatio dap 103 1; *4.* disputatio ZDMG **29** 90 3.

ܒܥܘܬܐ petitio, supplicatio Ex 32 31, Chr ed 155 8, ES **1** 506B.

ܒܥܘܬܢܐܝܬ more precantis BO **3** 2 687 14.

ܒܥܝܐ *1.* deprecator ES **3** 345E, asd 50 26; *2.* qui quaerit, appetit ThMarg **1** 146 14.

Etpe. *1.* quaesitus est JSt 11 5, Joh Eph 355 25, Vit. Rabb 181 20; *2.* ab eo petitum est Guidi to 37 3.

ܡܬܒܥܐ ܗܘܐ res postulabat, opus erat dap 56 21, ES **1** 137F, ER 77 27.

ܡܬܒܥܝܢܘܬܐ προβλήματα glherm.

ܒܥܝܕܐ remotus Bal 291 11.

ܐܒܥܕ *1.* removit ES **2** 253A; *2.* discessit, abiit Lc 20 9, Bal 304 25, JSt 64 15.

ܡܒܥܕܐ remotus ES **1** 82A, ER 78 20, asd 35 4.

ܒܥܘܪܐ crines (camelorum) Mt 3 4 (Cur), BA n. 2533.

ܒܥܛ a et o (N§169) *1.* calcavit Ath 10 24, Jul 119 28; *2.* calcitravit Dt 32 15, ES **1** 287A, ER 6 17.

ܒܥܘܛܬܐ calcatio AS 178 2, Bhchr 251 12.

ܒܥܛܘܬܐ id Rechtsb 60 7.

Pa. = Pe. *1.* am **1** 224 17, AM **2** 192 28, Bhce **1** 85 15; *2.* Act 9 4. Cyr 314 22.

ܒܥܟ pedibus contrivit AM **2** 295 28.

ܒܥܟܐ foedus turpis (vox) BA n. 2541.

Etpe. contusus est CBV **3** 407, Joh Eph 116 11.

ܒܥܠ *1.* immatura fuit (uva) ER 144 23; *2.* nubilis fuit Nis 70 21; *3.* in matrimonium duxit Js 62 5.

ܒܥܠܠܝܬܐ *1.* immaturae (uvae) ES **1** 56A, Geop 34 2; immaturum (frumentum) ES **1** 313A; *3.* mustum תִּירוֹשׁ Js 65 8 (Hex).

ܒܥܠܬܐ marita Gal 4 27, ES **1** 384E, ER 8 9.

ܒܥܠܘܬܐ vita matrimonialis ES **3** 582E.

Etpe. nupsit Js 62 4, ES **3** 227A, IA **2** 112 81, Bhcar 161 4.

ܒܥܠܐ dominus, maritus Gn 3 6, Rom 7 2, JS in ER 409 7, Bhchr 136u.

ܒܥܠܘܬܐ matrimonium Eb Mai **10** 227u.

ܒܥܠܕܒܒܐ (N§141 ex ass. *bēl dabābi* calumniator Jensen, Meissner cf. Winckler diss. thes. **6**) hostis, inimicus Lc 8 12, ER 36 23, MS **2** 66 1.

ܒܥܠܕܒܒܬܐ inimica Mich 7 8 (Hex), am **2** 116 13.

ܒܥܠܕܒܒܐܝܬ inimice ER 36 15.

ܒܥܠܕܒܒܘܬܐ inimicitia Gn 3 15, Afr 182 2, asd 111 20.

ܐܬܒܥܠܕܒܒ inimice egit ψ 34 40 (Hex).

ܒܥܠܕܝܢܐ adversarius Mt 5 25, Rechtsb 19 23, Bhchr 396 6.

ܒܥܠܬ ܕܝܢܐ adversaria Jer 51 36 (Hex).

ܐܬܒܥܠܕܝܢ certavit (ἀντιδικέω) Jud 6 31 (Hex).

ܒܥܠܕܝܢܐ adversarius, hostis ES **1** 397D, Bh ad Job 41 25.

ܒܥܠ ܡܠܟܐ consiliarius Sir 37 11.

ܒܥܠܒܪܝܬ et ܒܥܠܒܪܝܬܐ h. בַּעַל בְּרִית Jud 8 33, 9 4 (Hex).

ܒܥܠܝܡ h. בְּעָלִים Jud 8 33 (Hex).

ܒܥܨ contudit Kays 137 3, ThMarg **1** 344 8.

Pa. concussit (συνεσπάραξεν) Lc 9 42 (Cur), Mc 1 26 (Phil), ES **2** 465B, Joh Eph 177 23.

Etpa. *1.* contusus est am **1** 197 7, JohEph 116 11 (sic l!); *2.* ἐκυλίετο se volutavit Mc 9 20, BA n. 2552, 7005.

ܒܥܪ effervuit ES **2** 439F.

Pa. (Barth p 15) *1.* racemavit, collegit Lv 19 10, IA **2** 182 v. 432, BO **1** 217a; *2.* removit Dt 19 19, ES **1** 280B, ER 125 1, IA **2** 192 v. 650; *3.* perlustravit Joh Eph 80 1.

ܒܥܘܪܐ racematio Js 17 6, Jer 49 9 (Hex), ES **1** 282A.

Etpa. *1.* racematus est Jer 6 9, ES **2** 21D, ZDMG **27** 580 v. 301; *2.* perlustratus est Joh Eph 79 22.

ܒܥܘܪܐ stercus AS **4** 77 9, Geop 4 24, Duv B **2** 386.

ܒܥܝܪܐ *sg. f., pl. f.* et *m.* (N § 87) brutum, jumentum Gn 1 24, ER 39 11, IA **2** 232 v. 235, apap 238, Bce **3** 69 11.

ܒܥܝܪܝܐ ferus, immitis ES **2** 463F.

ܒܥܝܪܝܐܝܬ id. Bh ad ψ 157 93, *adv.* Guidi chr. 12pu.

ܒܥܪܝܪܐ (Barth p. 5) ferus Ez 21 36, ES **1** 238B, *adv.* ܒܥܪܝܪܐܝܬ JS in ER 396 21.

ܒܥܪܝܪܘܬܐ feritas TB 83 18.

ܒܥܝܪܘܬܐ id. ES **1** 354F.

ܐܬܒܥܪܪ ferus, furens fuit ES **1** 541E (sic l!), Kays 230 2, Bhchr 304 20, Journ. As. **7** 8 473 n. 103.

ܒܥܬ *1.* improviso invasit, oppressit aliquem Job 3 4, 15 24; *2.* timuit AS **3** 198 18.

ܒܥܬܬܐ impetus, invasio, oppressio Job 6 4.

Af. perturbavit, terruit Job 7 14, ES **2** 7A.

ܒܦܝܩܘܣ βαφικός tintorialis Duv B **2** 57 7.

ܒܘܦܬܠܡܘܢ βούφθαλμον planta EN 24 41, BA 2308.

ܒܨ ἐξηράνθη (*failled*) Lc 8 6 (Cur).

Etpa. debilitatus est ES **1** 491B.

ܒܨܝܨܐ debilis, macer JS 72 14, Bh ZDMG **40** 440, EN 11 26.

ܒܨܝܨܘܬܐ debilitas Hebr **4** 209u.

ܒܨܐ perquisivit, examinavit, scrutatus est Gn 44 11, Ath 52 2, Rabb 220 18, Jul 179 3.

ܒܨܘܝܐ perscrutator Js 23 13, ES **1** 275F, IA in MS **1** 14 v. 60.

ܒܨܝܐ examinatio Afr 24 8, ES **1** 171A, Cyr 163 7.

Etpe. examinatus est ER 41 13.

ܡܬܒܨܝܢܐ perscrutabilis ES **3** 176A.

Pa. *1.* perquisivit ES **1** 99E; *2.* denudavit Joel 1 7 (Hex).

ܒܨܠܐ allium, cepa (Löw n. 54), Nm 11 5, Afr 312 2, ES **1** 296D, AS **4** 65 24, Geop 111 2.

ܒܨܪ (Barth p. 1) a et o (N § 170) *1. intr.* minutus est, defecit ER 64 9, Bh ad Job 14 19; *2. tr.* detraxit, subtraxit Nm 11 17, Afr 101 8, ER 21 15.

ܠܐ ܒܨܝܪܐ ne minimum quidem Bhcar 52 15.

ܒܨܝܪ parvus, exiguus Gn 41 19, *pl.* pauci dap 78 4, Bhchr 347 8; ܒܨܝܪ ܡܢ ܩܠܝܠ parum abfuit, paene ESZ **2** 39 4, Joh Eph 254 5, Bhchr 210 8; ܒ ܝܘܡܝܢ ܐܪܒܥܝܢ deductis XL diebus Joh Eph 320 22.

ܒܨܝܪܘܬܐ paucitas dap 73 19.

Pa. *1.* minuit, deminuit ψ 89 46, asd 19 2; *2.* minus fecit, praestitit 2Cor 11 5, 12 11, omisit, neglexit Dt 4 2, BO **2** 233 b 22 destitit, discessit Jud 2 19.

ܒܨܝܪܐ assecla ESL **3** 657 15.

ܒܘܨܪܐ *1.* deminutio, defectus ES **1** 125E, **2** 451A; *2.* crimen, scelus ES **3** 337D.

ܒܨܘܪܐ crimen, scelus ES **1** 512A.

Etpa. deminutus est Gn 11 6, Cyr 21 3.

Af. defecit 2Cor 8 15 (Phil).

ܒܩܐ culex ES **2** 319D, IA **2** 220 v. 336, Jul XVII 15, Joh Eph 71 10.

ܐܒܩܣ comsumpsit ES **3** 107D, maceravit IA **2** 320 v. 1435.

ܒܩܝܣ putridus Sap Sal 14 1, ES **1** 390A, Bh de div. sap. 37 7.

ܒܩܐ exploravit, probavit ES **1** 518F, JS in asd 88 2.

ܒܩܝܬܐ examinatio TB 59 9, Geop 11 5.

ܒܘܩܝܐ id. ES **2** 468A, AS 61 11, am **2** 279 1.

ܒܘܚܢܝܐ μόνιμος JS 92 21, cf. ZDMG **25** 285.

Etpa. *1.* intuitus, contemplatus est, spectavit, animadvertit seq. ܒ Gn 24 21, ES **2** 87C, Bal 294 19, am **3** 575 1; *2.* examinatus est Gn 42 16.

ܒܘܚܢܐ *1.* examinatio Rom 5 4, Ath 30 7, ER 36 25; *2.* probatio, demonstratio Cyr 111 20.

ܒܘܛܠܘܪܪܐ AS **2** 268 13, l. ܦܘܛܠܘܪܪܐ pectorale (Nöld.).

ܒܘܟܠܐ *1.* (βάκλον) clava EN 41 27; *2.* poculum Duv B **2** 261 n. 2.

ܒܘܩܠܛܘܢ βουκέλλατον buccellatum (*soldiers' bread*) JSt 52 20.

ܒܘܩܢܐ EN 41 29, KwD 25 2 (cf. ZDMG **30** 763), Nis 26 32, AS 61 11 16, *Pl.* ܒܘܩܢܐ IA **1** 296 30 (sic l.!) ܒܘܩܝܢܣ PsC 134 n. 4, βούκινα bucina (*trumpet*) Fraenkel WZKM **7** 33.

ܒܩܪ o. *1.* perquisivit JE Journ. of s. l. **10** 16 6, Bhchr 325 4; *2.* perforavit KwDW 58 12.

Pa. id. Bhchr 177 7.

Etpa. pass. ib. 177 5, car. 159 9.

ܒܩܪܐ *f. pl.* ܒܩܪܬܐ (Bhchr 218 6, Kays 96 6), ܒܩܪܬܐ (Kays 68 2) N § 84 grex *1.* boum, saepissime Js 30 24, ES **1** 68E, ER 93 23; *2.* simiarum KwD 28 12; *3.* suum Mt 8 30, Cyr 52 18; *4.* daemonum Cyr 54 30.

ܒܩܪܐ bubulcus, armentarius Bhchr 144 23.

ܒܩܘܣܢܐ pugio IARS 92 12.

ܒܪܐ *1.* campus Mt 3 4, ES **2** 260F, ER 116 16; *2.* externum, externa species Mt 23 25, Afr 307 2.

ܠܒܪ extra, foras ES **2** 355C, ܡܢ ܠܒܪ foris Gn 6 14, Vit Rabb 167 11, ܠܒܪ ܡܢ extra, praeter, nisi ES **2** 60D, MS **2** 69 24.

ܒܪܝܐ *1.* agrestis Bh ad Job 41 25; *2.* exterior, externus Ez 46 20, Lc 8 10 (Cur), ES **1** 402B; *3.* exterus, adventicius ES **1** 415F; *4.* profanus Bhce **1** 99 17.

ܒܪܝܐܝܬ externe ES **3** 58F.

ܒܪܝܘܬܐ exteriora Nis 9 38, JSt 21 7, IA **2** 192 v. 624.

ܡܒܪܝ seq. ܡܢ *1.* remotus AS **3** 259 15; *2.* liber MAMQ 16 11; *3.* destitutus KwDW 206 6.

ܐܬܒܪܝ *1.* exiit, prodiit JS in MS **2** 158 v. 1264; *2.* exclusus est ES **2** 344D.

ܒܪܝܢܐ externus MS **1** 2 19, *adv.* ES **2** 354E.

ܒܪܝܬܐ *pl.* ܒܪܝܬܐ (e **barrjâtâ* N § 21C) via Pr 4 26, 3Mcc 1 20, Lc 14 21, ON 71 5.

ܒܪܝܪܐ simplex, imperitus ψ 73 1, ER 46 12, JS in asd 96u.

ܒܪܝܪܘܬܐ simplicitas Act 2 46, ES **2** 438F.

ܒܪܐ, ܒܪ *pl.* ܒܢܝܐ (N § 146) *1.* filius pass.; *2.* pullus MAMQ 5 6; *3.* penis Sind 21 14.

ܒܪ ܐܓܪܐ daemon lunatici Mt 17 15, Add 3 22, Duv B **2** 46 10.

ܒܪ ܐܓܪܐ lunaticus Mt 4 24, am **2** 268 14, apap 39 9.

ܒܪ ܐܙܡܠܐ terebra (fabri lignarii) بيرم EN 30 68.

ܒܪ ܓܪܓܠܐ sinapis (Löw p. 383), am **2** 265 3, MS **2** 72 16, Geop 98 8.

ܒܪ ܕܘܟܬܐ (Lag Mitt **4** 17) postilena (*crupper*), EN 40 7.

ܒܪ ܕܪܥܐ ܒܢܝ radii (*arm pieces*) PsC 172 5.

ܒܪ ܬܪܝܢ iterum Mar 66 8, am **1** 489 9, KwD 53 3.

ܒܪ ܚܫܢܐ i. q. h. חֹשֶׁן Ex 28 4 (Hex).

ܒܪ ܝܘܡܗ vel ܒܪ ܝܘܡܐ eodem die JSt 91 5, ES **1** 222D.

ܒܪ ܚܨܐ περίζωμα Geop 90 22.

ܒܪ ܟܝܢܐ consubstantialis Bhce **1** 105 13.

ܒܪ ܠܒܐ (Lag Mitt **4** 17) lorum pectoris BA 2612.

ܒܪ ܡܠܟܐ consiliarius am **3** 283 16.

ܒܪ ܙܘܓܐ conjux AS **4** 71 20; ܒܪ ܐܢܫܐ homo pass.

ܐܬܒܪܢܫ homo factus est JS in ES **1** 182E, Ath 50 6, AS 66 9.

ܡܬܒܪܢܫܢܘܬܐ incarnatio ES **1** 529D, AS **3** 139 16, BO **2** 19b.

ܒܪ ܥܠܡܐ laicus am **1** 366 2.

ܒܪ ܫܘܬܦܐ conjux AS **4** 71 20.

ܒܪ ܨܒܥܐ digiti tegumentum EN 39 89.

ܒܪ ܨܘܪܐ (Lag Mitt **4** 17) torques Job 15 27

(Hex), Bhchr 257 20, EN 36 24, BA n. 2627.

ܒܪ ܩܠܐ secundum eandem melodiam BO 1 80, ad modum Nis 2 inscr.

ܒܪ ܐܪܙܐ *1.* consciens mysterii ES 1 448B, asd 46 11; *2.* symbolum Nis 32 69.

ܒܪ ܫܘܪܐ (Lag Mitt 3 20, 4 17) murus parvus praestructus Js 26 1, Thren 2 8 (Hex), ES 2 62C, ER 10 21, Jul 25 14.

ܒܪ ܫܥܬܗ statim MS 2 69 14.

ܒܪܘܢܐ filiolus Hoffmann Ausz. n. 901, Kw DW 236 4.

ܒܪܘܢܝܐ id. se in Palaestina audisse refert Bh gr 1 66 11.

ܒܪܘܬܐ filium esse (*sonship*) Spic 32 6, ES 1 487A, Sch 108 14, Joh Dar in MS 1 109 11.

ܒܪܘܬܐܝܬ *sonshiply* Hoffmann Ausz. n. 514.

ܒܪܘܬܢܘܬܐ i. q. ܒܪܘܬܐ Bh ad Rom 8 19.

ܐܒܪ adoptavit Card 98 20.

Ettaf. pass. BA n. 6971.

ܒܪܬܐ *pl.* ܒܢܬܐ (N § 146) *1.* filia pass.; *2.* ovum Dt 22 6, Afr 238 21, ES 2 130C, Sch 4 4.

ܒܢܬ ܐܕܢܐ ulcera in auribus EN 32 25, BA n. 2501.

ܒܢܬ ܐܣܐ baccae myrti Geop 109 29.

ܒܪܬ — grando (*hail-stones*) apap 146 10.

ܒܪܬ ܐܘܢܟܐ — ὄνυχος παῖδες (pyra onchina) Geop 16 7.

ܒܪܬ ܐܓܐ — ulcera, pustulae EN 33 43, BA n. 2503.

ܒܪܬ ܓܡܠܐ guttur EN 9 66, BA n. 2643.

ܒܪܬ ܩܠܐ *1.* vox, verbum, vocabulum; *2.* lingua Cat Wright 1 336 b. 8.

ܒܪܬܩܠܝܐ verbalis Bh gr. 1 2 15, ad Mt 18 4.

ܒܪܐ creavit Gn 1 1, dap 9 23 etc.

ܒܪܘܝܐ creator ER 80 10, Corluy MP 13 9, Arist. 4 22.

ܒܪܘܝܘܬܐ creatio ES 1 25B, ER 80 13.

ܒܪܘܝܢܐ creatorius ES 1 130F.

ܒܪܝܬܐ *1.* creatio, genesis ES 1 128A; *2.* res creata, mundus, Mc 16 15, JS in MS 1 71 397, *pl.* ܒܪܝܬܐ creaturae Rom 1 25, ES 1 368E, Arist. 4 22.

Etpe. creatus est Gn 2 4, ER 39 14.

ܡܬܒܪܝܢܘܬܐ creatio SB 4 10 etc.

ܒܪܘܬܐ *pl.* ܒܪܘܬܐ (N § 77 Lag GGA '71 p. 1098), scobs (*saw-dust*) JE gr. 83 5, BA n. 2594.

ܒܘܪܝܐ *pl.* ܒܘܪܝܬܐ (cf. aethiop. *ber*ʿ Nöld. Pers. St. 2 SBWA 1892, p. 40) stragulum junceum (*rushmat*) EN 37 51, ON 89 2.

ܒܪܒܘܓܐ vas ligneum BA n. 2577.

ܒܪܒܪܝܐ βάρβαρος barbarus Col 3 11, asd 35 4, ECth 5 28 l. 41.

ܒܘܪܓܐ burgus (Nöld. ZDMG 29 426 n. 1) turris AS 2 380 24, Bhchr 152 5, JARS 142u, Cat Par 19a apu.

ܒܪܕܐ grando Ap 16 21, Afr 283 6, ES 1 118C, Bhchr 293 3.

ܒܪܝܕܐ *1.* fuscus, lividus (de veste) 1Rg 22 10, JE in ES 1 515 10; *2.* maculatus, varius (de ovibus) Gn 31 10, BA n. 2582.

ܒܐܪܘܕ ar. بارود nitrum Duv B 2 101 17 19.

ܒܪܕܘܢܐ (βούρδων, burdo Hoffmann glherm, dem. vocis *bardā e bab. פרד Jens), *1.* mulus Ez 27 14 (Hex), Rabb 213 5, Joh Eph 203 13, Bhchr 63 15; *2.* equus sarcinarius ThMarg 1 247 3.

ܒܪܕܥܝܬܐ (pers.? Bernstein ZDMG 4 216 sq., Lag GA 23 52, Fraenkel 104, turc.?? Blau ZDMG 26 210) pannus Pr 23 21, ES in MS 1 5 88, AS 2 55 25.

ܒܘܪܕܥܐ id. Pr 23 21 (Hex), AS 2 375 19.

ܒܪܕܘܢܩܐ timo (navis) BO 2 2 405 16.

ܒܪܕܘܬܩܐ (praedicatio? BO 2 203b) concio Renaudot coll. or. lit. 2 100, thes. hymn. 3 180 1, 211bis.

ܒܪܕܝܣܐ (pers. Fraenkel ZA 9 3) ager consitus BB 428.

ܒܪܕܫܐ (pers. Lag GA 24 53, Nöld. Mand. Gr. 20 n. 2, Fraenkel ZA 9 2), ocrea (*gravelegging*) 1Sm 17 6, PsC 129 1, Bhgr 1 34 27, BA n. 2596.

ܒܪܙܢܝܐ id. AS 153 25.

ܒܪܙܩܛܘܢܐ plantago psyllium L (Löw n. 254).

ܒܪܟܝܐ hoedus KwD 69 7, vervex dux gregis BA n. 2597.

ܡܒܪܟܝܐ perspicuus ES 1 127B, Bh ad Job 28 13.

ܒܪܟ (adoravit, ܒܪܟ genu flexit apud Occid. Bhgr 2 118 nest. semper ܒܪܟ Bh ad Mt 64 6) o. *1.* genua flexit, decubuit, procubuit Gn 49 9, ψ 22 30, ES 1 505A, ThMarg 1 129 13; *2.* benedixit Nm 24 9.

ܒܪܝܟ curvatus, procumbens 1Rg 8 54, BO 2 173 4, ThMarg 1 287 21.

ܒܪܝܟ benedictus 1Rg 8 56, Guidi to 18 5.

ܒܘܪܟܐ *f.* genu Js 45 23, ES 1 505A, asd 54 9, Bhchr 122 9.

ܒܘܪܟܬܐ benedictio Dt 11 26, Afr 346 1, ER 97 21, Ath 5 18.

ܒܘܪܟܬܢܝܐ ad benedictionem pertinens am 3 535 9.

Pa. benedixit Gn 1 22, ER 45 27.

ܡܒܪܟܬܐ benedicta (urbs Edessa) Chr ed. 157 7.

ܒܘܪܟܐ benedictio Eb. Mai 10 210 32.

Etpa. benedictus est ES 2 106E, Bhchr 180 4.

Af. procumbere fecit, prostravit ψ 18 40, Joh Eph 106 24, genua flectere jussit BO 3 2 824 15.

ܒܪܟܬܐ arthemisia (Löw n. 58) EN 26 88 *1.* = ἀβρότονος Geop 109 30, ZDMG 39 249 1; *2.* = πόλιον Geop 108 17.

ܒܘܪܩܐ (pers. Lag GA 21 44) borax EN 24 42, BA n. 2317, Duv B 2 37 4.

ܒܪܟܡܢܐ brachmanes KwD 96 6, PsC 164 15.

ܒܪܘܠܐ (Lag GA 22 48) βήρυλλος Gn 2 12, Ap 21 20, ES 1 231A, JS in asd 99 14.

ܒܪܘܠܚܐ h. בְּדֹלַח (Lag GA 20 39, Orient 2 44) praecedenti vocabulo assimilatum Gn 2 12, ES 1 256E, AS 3 20 25, crystallus indicus EN 20 44, BA n. 2590.

ܒܪܡ (ܒܪ + ܡܐ praeter quod) sed, autem Afr 131 8, ES 1 508C., Jul 244 25.

ܒܪܡ o. corrosit, consumpsit, confecit Jos 9 5 (Hex), ES 2 319D, Rabb 368 3.

Etpe. corrosus est ES 2 335D, confectus est Bh ZDMG 40 440, car 80u.

ܒܘܪܡܐ olla BA n. 2319, Duv B 2 33 19, 41 20.

ܒܪܘܡܠܝܐ brumalia Geop 7 13.

ܒܪܡܐ Vit Rabb 184 26 i. q. ܒܪܢܡܐ q. v.

ܒܪܘܢ baro (apud Armenios) Bhchr 442 18.

ܒܪܢܓ (p. *birinǵ* Lag GA 24 54) oryza BB.

ܒܪܢܛܘܢ (vox corr.) ἀβρότονον Geop 109 30.

ܒܘܪܣܝܐ βυρσεὺς (*tanner*) Act 10 6, Geop 69 9, EN 22 95.

ܒܘܪܣܝܘܬܐ *tannery* JS 39 11.

ܒܘܪܣܡܐ Bareçma (Barsom) apud Magos virgae dactylorum, punicorum, tamaricum, quae adorans inprimis sacerdos liturgiam decantans manu tenebat cf. Spiegel er. Altertumskunde 3 571, d. heil. Schr. d. Pars. LXIII sq. tab 3 fig. 8, Lag arm. St §372, GA 159, Hoffmann Ausz. n. 838 et 1004, MAMQ 66, cf. p. 11 n. 16.

ܒܪܚܠ vociferatus est Joh Eph 116 12.

ܒܪܙ pervasit Corluy MP 24 2, Bal 260 17, penetravit ESJ 114 5, IA 2 252 v. 310, Jul 57 12.

ܒܪܙܘܬܐ scabies Kays 42 16.

ܒܪܩ fulsit, micuit Lc 17 24, hebes, obtusus fuit Ez 18 1 (Hex).

ܒܪܩܐ fulmen Mt 24 27, ES 1 499C, ER 150 19.

ܒܪܩܐ glarea Duv B 2 37 12.

ܒܪܩܬ i. q. h. בָּרֶקֶת smaragdus Ex 28 17, 39 10.

ܒܪܩܐ veneficus ESL 2 419 22.

ܡܒܪܩܢܝܬܐ hebetes, obtusi, dentes BA n. 2593.

Af. fulsit Ez 21 20, ES 2 185D, Jul 157 5.

Ettaf. illuminatus est Ath 39 9, Bhcar 18 3.

ܒܘܪܩܐ borax Duv B 2 pass., Bh ad Jer 2 22.

ܒܘܪܩܣ ܢܛܪܘܢ nitrum boracicum Duv B **2** 26apu.

ܒܪܦܘܦܐ fluvius, canalis (خليج EN 48 86) glossa erronea ad Ex 2 3 5 ܒܪܦܘܦܐ = בְּסוּף Fraenkel WZKM **7** 42.

ܒܪܩܘܩܝܐ βερίκοκκα mala praecoqua Lag GA 44 n. 3, Löw p. 150, EN 51 72, ZDMG **39** 282 18.

ܒܪܝܬ h. בְּרִית σμῆγμα Ma 3 2 (Aqu.).

ܒܪܬܐ *f.* (N § 86) cypressus Löw n. 59, Js 55 13, ES **2** 43C, am **2** 555 17.

ܒܫܩܦܐ (Lag GA 173), peganum harmala L Löw p. 371, EN 25 52, ZDMG **39** 282 32.

ܒܫܘܫܐ id. Duv B **2** 54 10, 101 19.

ܒܫܠ coctus est, maturuit Gn 40 10, Afr 449 6, ER 29 22, Bhchr 80 3.

ܒܫܝܠ coctus Nm 6 19.

ܒܫܠܐ *1.* maturitas ES **2** 59F; *2.* coctio Geop 11 11.

ܒܫܝܠܘܬܐ coctio BB 45.

Pa. *1.* maturavit ES **3** 594C; *2.* coxit Gn 25 29, 2Rg 4 38, ES **1** 530A.

ܒܘܫܠܐ *1.* maturitas ES **1** 10B; *2.* cibus coctus, pulmentum 2Rg 4 38, ES **1** 530A, Vit Rabb 182 10, Bhchr 157 26.

ܡܒܫܠܢܐ coquus Cyrill. ZDMG **27** 580 v. 268.

Etpa. *1.* coctus est Lv 6 21, ES **2** 311C; *2.* ad maturitatem perfectus est ES **3** 138E.

ܒܫܘܦ ܕܦܪܢܓܝܐ episcopus Francorum AS **1** 28 20.

ܒܬܐܬܐ (a. بتاتي *pl.* voc. بتيّة) vasa, dolia Bhchr[1] 417.

ܒܬܘܠܐ castus, pudicus ES **2** 409A, JS in ER 387 14; *adv.* ES **2** 478D, *f.* virgo Mt 25 1, Rabb 225 12, nomen sideris Ge ZA **8** 13 7, *pl. m.* virginitas Dt 22 14, ESL **1** 529 20, apap 37 11.

ܒܬܘܠܘܬܐ virginitas Afr 9 2, ER 99 8, Ath 14 14, pudicitia (viri) ES **1** 48B.

ܒܬܘܠܝܐ virgineus AS 74 10, AS **3** 156 1.

Pa. vitiavit, stupravit Ez 23 8, ES **2** 186E.

Etpa. stuprata est Ez 23 3, ES **2** 186D, IA **1** 212 v. 130.

ܒܬܝܪܐ vox corrupta ES **2** 383C; Davies conjecit ܒܪܝܡܘܣ (PS).

ܒܛܪܟܝܘܢ βατράχιον malachites Duv B **2** 16 19, BB 350 17, 381u.

ܓ

ܓ tertia litera alphabeti Gâmal, numerus: 3.

ܓܐܝܐ (cf. Bh ad Jer 13 9) altus, superbus Jer 13 9, ES **1** 216B, Jac Ed ib. 515 4.

ܓܐܝܘܬܐ magnificentia Bal 261 14, splendor Pel 2 7, superbia Sir 10 7.

ܓܐܘܬܐ deliciae sensu malo ES **3** 512E, 513D, Bhcar 85 8, bono ES **3** 229A, Nis 7 16.

ܓܐܘܬܢܐ superbus Sir 10 6.

ܓܐܘܬܬܢܐ luxuriosus KwDW 397 12.

ܐܬܓܐܝ et ܐܬܓܐܝܐ, ܐܬܓܐܝ (N § 172B) *1.* se sustulit Ex 15 1, superbivit, se jactavit ES **2** 339D, asd 29 15, JS in MS **1** 31 287; *2.* effervuit, bullivit (fons) Afr 233 18.

Af. superbum fecit ESL **2** 321 2.

ܓܐܘܓܪܐܦܘܣ γεώγραφοι geographi AS 140 23.

ܓܐܘܓܪܐܦܝܐ γεωγραφία geographia Bh adsc. ment. 3 8.

ܓܐܘܡܛܪܝܣ γεωμέτρης geometer Bhchr 54 17.

ܓܐܘܡܛܪܝܐ γεωμετρία geometria PsC 23 15, ThM 10 19.

ܓܐܘܡܛܪܝܣܐܝ γεωμετρῆσαι Bhgr **1** 47 18.

ܓܐܘܡܛܪܝܩܐ γεωμετρικὸς geometricus Bhchr 210 25, CatBod 577 2.

ܓܐܘܡܛܪܝܩܘܬܐ geometria JARS 64 12.

ܓܐܘܪܓܝܩܘܣ Geop 82 20, ܓܘܪܓܝܩܘܣ ib. 83 18 γεωργικοὶ georgici.

ܓܒܐ v. s. v. ܓܘܒ.

ܓܘܒܐ et ܓܘܒܬܐ, *pl.* ܓܘܒܐ et ܓܘܒܝܬܐ fossa, fovea 1Rg 6 9, ES **1** 453D, Bal 280 25, Bhchr 297u.

ܓܒܐ gibbosus JS cit PS.

ܓܒܐ *1.* elegit, delegit Joh 15 16, Guidi to 18 3; *2.* collegit, exegit (tributum) Mt 17 24 (Cur), ES **3** 382D, BS 18 38.

ܓܒܝܬܐ *1.* electio, optio ESL **1** 467 4, asd 110 11, Bhce **2** 467 5; *2. pl.* ܓܒܝܬܐ λογίαι collectae 1Cor 16 2 (Phil.); *2.* tributum Rabb 215 18.

ܓܒܝܘܬܐ electio ES **1** 173D, TB 46 20, Act 9 15 (Phil.).

Etpe. *1.* electus est asd 8 12, Vit Rabb 171 2.

Pa. *1.* elegit 1Sm 13 2, ES **1** 39F, ER 21 1; *2.* selegit (herbas inutiles) JSt 4 12, KwDW 176 1; *3.* collegit Ex 16 16 (Hex).

ܓܒܝܐ *1.* exactor EN 17 71; *2.* ὑπηρέτης lictor Mt 5 25.

ܓܘܒܝܐ electio Geop 3 18, Th Marg **1** 17 20.

Af. *1.* exactorem fecit ES **3** 382D; *2.* paravit Afr 148 3.

ܓܒܪܘܬܐ scoria argenti ES **2** 113B, BA (PS).

ܓܒܚܢܐ (ex hebr. גִּבֵּחַ de quo v. Schwally Idiot. 15) calvus Lv 13 41, BA n. 2685, N§109.

ܓܒܚܢܘܬܐ calvities Lv 13 42.

ܓܒܠ o *1.* coagulavit Gn 2 7, AS **3** 89 15; *2.* subegit AS **4** 101 1; *3.* contudit Geop 103 27; *4.* finxit, formavit ap. N. T. 11 6; *5.* fecit, creavit Joh 9 6, ES **3** 191D, ER 51 7; *6.* finxit, commentus est Ath 5 24.

ܓܒܘܠܐ creator Js 22 11, asd 109 1, Rabb 367 9, MS **2** 9 15.

ܓܒܠܬܐ *1.* massa (φύραμα) 1Cor 5 6, ER 37 18; *2.* creatura dap 84 19, AM **2** 375 11; *3.* mundus creatus ES **1** 22B.

ܓܒܝܠܘܬܐ *1.* creatio ES **1** 132C, *2.* πλάσις glherm.

ܓܘܒܠܐ *1.* (prava) inventio Cat Wright **2** 983b, Cyr 383 12; *2.* le style figuré Métr. 17 n. 3.

Etpe. creatus est, 1Tim 2 13, ER 58 8, MS **2** 11 14.

ܐܬܘܬܐ ܕܠܐ ܓܒܝܠܢ (opp. ܐܬܘܬܐ ܕܓܒܝܠܢ) literae non scriptae sed pronuntiandae Bhgr **1** 203 §9.

Pa. *1.* trivit Geop 102 28; *2.* fecit, creavit, ES **1** 49F.

Etpa. ἀναδεύεσθαι humectari Gal ZDMG **39** 240.

ܓܒܠܓܒܠܐ planta ar. عَرطَنيثا BA n. 2698.

ܓܒܢ contraxit, coagulavit (τυροῦν) Thren 4 7 (Hex).

Etpe. concrevit ψ 119 70 ἐτυρώθη Thren 4 7 (Hex).

ܓܒܢܬܐ, *pl.* ܓܘܒܢܐ caseus Joh 10 10, Rabb 235 22, IA **2** 168 v. 108, BO **2** 280A 6 7 ab inf.

ܓܒܝܢܐ supercilia Lv 14 9, ES **1** 247D, AS **1** 71 16, *sg.* vertex, cacumen (ὀφρὺς τοῦ ὄρους) Lc 4 29, AS **3** 251 21.

ܛܘܪܐ ܕܓܒܝܢܐ הַר גַּבְנֻנִּים ψ 67 17 (Hex) omnibus, quae a deo sumuntur praeditus Bh ad l. p. 176 72. ܛܘܪܐ ܕܡܬܓܒܢ ib. (Aqu.) id.

ܓܒܢܘܢܝܡ i. q. h. גַּבְנֻנִּים ψ 68 17.

ܓܒܣܘܢܛܘܣ Duval Berthelot **2** 4 13 et ܓܒܣܘܢ ib. Geop 52 30 i. q. ܓܦܣܘܢ q. v.

ܓܒܨܐ BA. ܓܒܨܐ BB, placenta PS.

ܓܒܪ increpuit (aliquem) ES **1** 471E.

ܓܒܪܐ vir Gn 2 23, ER 146 16.

ܓܒܪܘܬܐ *1.* virtus MS **2** 68 8 potentia asd 1 8; *2.* cupido KwD 106 1, virilia Spic 20 1; *pl.* ܓܢܒܪܘܬܐ (N§76A) facinora mirabilia Act 2 59, ES **1** 366 1, ThMarg **1** 370 11.

ܓܒܪܝܐ virilis Eccl 10 10 (Hex), *f.* ܓܒܪܝܬܐ Pr 12 4, am **1** 237 4, Bhchr 209 26 virago.

ܓܒܪܢܝܐ virilis ES **1** 250D, KwDW 125 12.

ܓܒܪܘܢܐ homunculus DionThr 53 22.

ܓܒܪܘܢܩܐ homunculus Métr. 53 2.

ܐܬܓܒܪܘܢ homunculus factus est Bhgr **1** 48 19, TA 36 187.

Pa. animavit, confortavit 2Mcc 15 17, ES **1** 49u (cf. ZDMG **4** 306) Jul 137 26.

Etpa. vir factus est Job 33 26, Pr 13 4 (Hex)glherm, potens f. e. JSt 11 15, magnus f. e. Geop 80 7.

ܓܢܒܪܐ (N § 28) *1. subst.* vir fortis, heros Gn 6 3, ER 27 5, nomen sideris Orionis ES **2** 449A; *2. adj.* fortis f. Pall in ThMarg **2** 196 8.

ܓܢܒܪܐܝܬ fortiter AS **2** 355 26.

ܓܢܒܪܘܬܐ *1.* fortitudo Ath 16 3; *2.* τὰ ἀναγκαῖα partes genitales Arist 11 22.

ܡܓܢܒܪ confirmans ESZ **1** 2.

ܐܬܓܢܒܪ fortem se praestitit 1Sam 2 9, ES **1** 169B, 314C.

ܐܫܬܓܢܒܪ vir fortis fuit JS in ER 388 16.

ܓܘܒܪܢܝܛܐ κυβερνήτης Afr 259 17.

ܓܝܓܠܐ *f.* (N § 31) *1.* rota ψ 83 14, Afr 505u, Rabb 247 17; *2.* rota figularis ES **3** 67F; *3.* lapis os sepulcri tegens apap 18 13 (cf. ZDMG **26** 800); *4.* circulus ES **1** 125D, ER 15 6.

ܓܝܓܠܘܢܝܬܐ rotula Ez 16 12 (Hex).

ܓܓܘܠܬܐ ambon in occidentali ecclesiae parte Badger, The Nest. **2** 20.

ܓܓܝܕܝܐ μελισσόφυλλον apiastrum ZDMG **39** 281 10 ervum (كرسنة) BA n. 2706.

ܓܓܢܝܐ humilis, vilis Métr. 54 12.

ܓܝܓܢܛܐ ܕܝܠܗܘܢ Ez 23 21 (Hex), ܓܝܓܢܛܝܣ ib. 27, ܓܝܓܢܛܝܣ Num 13 33 (Hex), γίγαντες, gigantes.

ܓܓܪܬܐ (N § 31) guttur ψ 69 4, ER 123 14, IA **1** 146 v. 1460.

ܓܓܪܬܢܘܬܐ vel potius, ܓܓܪܬܢܘܬܐ ingluvies BO **3** 91b 18 = ThMarg **1** 63 15.

ܓܓܪܬܢܐ gulosus Sir 31 16, KwD 109 10, Rie 5 18.

ܓܓܪܢܝܬܐ gutturales ET 32 11.

ܓܕ abscidit, amputavit ES **3** 282D, Nis 5 139, PsC 114 10.

ܓܕܕܐ discissio ER 137 7, ESL **2** 333 15.

ܓܕܕ ܩܘܒܐ textum araneum i. e. desectio telae Job 7 6, cf. Bh ad l., Wisemann p. 253.

Etpa. abscissus est ES **2** 83A, Card 97 13.

ܓܕܐ fortuna, sors Gn 30 11, Jul 130 14, KwDW 193 15, *pl.* dei fortunae Js 65 11, ES **3** 216D, IA **2** 210 v. 127.

ܓܕܝܐ fortunatus, felix KWD 55 13, Bhchr 63 3.

ܓܕܝܢܘܬܐ felicitas KwD 63 10, Bhchr 169 1.

ܓܕܘܕܐ adolescens, juvenis, Judith 7 22, ES **2** 57F, am **1** 258 15.

ܓܕܘܕܘܬܐ adolescentia, juventus PsC 24 2, Fab 41 12.

ܓܕܕܐ, ܓܕܐ *f.* absinthium Am 6 12, Afr 45 22, ES **2** 264C, dap 6 20, KwD 20 10.

ܓܕܝܕܐ amarus Nis 34 28.

ܓܘܕܐ *f.* rar. *m.* BO **2** 399a 8, (pers. Lag GA 24 56 contra Nöld. Mand Gr § 68); *1.* turma, agmen (militum), ES **1** 505B, Bal 253 4, Jul 176 28; *2.* chorus musicus ψ 149 3, 150 4, Cant 7 1, Thren 5 5 (Hex); *3.* murus, vallum ThMarg **1** 228 14, BA n. 2764.

ܓܕܐ exarsit (ignis) EN 77 17, BA 2711, ascendit, se sustulit (avis) BA ll. (fumus), Bhcar 80 5.

ܓܕܝܐ hoedus Gn 27 9, ES **3** 415D, asd 7 12, Bal 332 8, nomen sideris Ge ZA **8** 17 5.

ܓܕܝܐ terrae motus AS 146 9.

ܓܕܘܦܢܐ impudens Métr. 54 13.

ܓܕܠ *1.* plexit Mt 27 29, ES **3** 163C, Rabb 364 27; *2.* finxit, formavit ThMarg **1** 135 8; SB 4 21, ZDMG **3** 407; *3.* intr. ascendit (precatio ad caelum) ER 123 12 (nisi ܓܕܪܐ leg.).

ܓܕܠܐ *1.* plectere ES **3** 287C, Geop 56 29; *2.* corona Js 28 1, ES **2** 67B, Ez 7 6 (Hex); *3.* vestis monachi Cat Wright **1** 389; *4.* impletio (modii ita, ut sit 1 1/4) Epiph 34 88.

ܓܕܘܠܐ *1.* cincinnus ES **3** 330E, dap 8 11, AS **3** 27 2; *2.* corona ESL **2** 755 24.

ܓܕܝܠܬܐ *1.* stragulum KwDW 179 10; *2.* cincinnus, crines plexi Bhchr 336 20.

Etpe. *1.* refl. plexit sibi (crines) dap 8 12; *2.* pass plexus est asd 79 17, ThMarg **1** 20 6, *met.* factum est (mel) SB 102 8.

Pa. plexit (coronam) nexit ES **3** 163C, Bhchr. 90 19 (consilium) KwDW 246 12.

Af. coronavit ES **3** 574F.

ܐܬܓܕܠ saturatus (?) est AS **2** 209 8.

ܡܓܕܠܐ turris ψ 61 4, Mt 21 33, ER 97 24, JSt 53 14, Bhchr 83 8.

ܓܕܡ cecīdit, abscidit ER 16 1, JSA 498.

ܓܕܡܐ virgae decisae BA n. 2728.

ܓܕܡܐ (ar. الجزم) apocope Bhgr **1** 66 cap. 17.

Pa. i. q. Pe. Dt 7 5, ES **1** 272A, JS in ER 395 27.

ܓܘܕܡܐ caesio AS **2** 232 9.

Etpa. caesus est Jer 48 25, ES **2** 149F, JSA 497.

ܓܕܢܝܬܐ convallis, contractura (*ledge*) 1Rg 6 6 (מגרעות) Sir 40 16, Ez 7 16, ES **2** 172B, AS **2** 176 18, JEh 44 15, SB 31 13.

ܓܕܥ amputavit Geop 14 28.

ܓܕܦ (Barth p. 28) conviciatus est, blasphemavit 2Rg 19 6, Mt 9 3, seq. ܥܠ Afr 81 2, ER 40 1, Jš in ThMarg **2** 143 14.

ܓܘܕܦܐ convicium, maledictio Mt 26 65, dap 10 8, ES **1** 506D.

Etpa. ei maledictum est Bhad Paul 2 22.

ܓܕܦܐ remigatio BA n. 2734.

ܓܕܘܦܐ remus BA n. 2715.

ܓܕܦܐ remex BA n. 2735.

ܓܕܪ̈ܐ ... hellespontus EN chr 65 9.

ܓܕܪܬܐ genus piscium BA n. 2722.

ܐܬܓܕܪܪ se invicem tangentes sonum dederunt (lapides) BA n. 7035.

ܓܕܫ a (N § 160A) accidit, contigit, evenit c. acc. pers. Gn 42 29, ES **2** 233E, TB 93 12, DionT 34 16.

ܓܕܫܐ accidens, casus ES **2** 382C, dap 117 14, AS **4** 5 27 (sic l.!), fortuna (τύχη) PsC 38 14.

ܓܕܫܝܐ fortuitus, accidentialis (opp. ܟܝܢܝܐ) ES **1** 117B, Bhchr 99 8.

ܓܕܫܐܝܬ casu BO **3** 1 88 22, ThMarg **1** 29 8.

ܓܕܫܐ acervus manipulorum (*stook*) Ex 22 5, ESL **3** 125 6, IA **1** 284 v. 178, Geop 10 7.

ܓܗܐ effugit, liberatus est ES **1** 44B, **2** 11D, Ath 33 14.

ܓܗܝܘܬܐ *1.* liberatio, salvatio JSt 91 8, am **1** 476 1, Bhchr 443 24, Kays 9 1; *2.* fuga glherm.

Af. *1.* i. q. Pe. ES **1** 46C, JacEd ib. 273 8, ER 345 1; *2.* sivit ut effugeret Jul 234 27, salvavit Bhchr 236 13, liberavit, absolvit Cyr 35 12.

ܓܘܗܓܗܐ tempus matutinum BA n. 2759.

ܓܗܘܪܡ (pers. Lag. GA 24 55) milium BB.

ܓܗܘܝܐ pubescens, puber EN 11 37, BA n. 2743.

ܐܬܓܗܢ se inclinavit, procubuit 1Rg 18 42, Mc 1 7, ES **1** 498D, Bal 273 19, Jul 200 13.

ܓܗܢ accubuit Job 24 11, ES **2** 10D.

ܓܗܝܢ inclinatus ESL **1** 391 11, BO **1** 464a 1.

ܓܗܢܘܬܐ inclinatio AS **2** 214 18; BO **1** 481 3.

ܓܗܢܐ *f.* h. גֵּיא הִנֹּם Gehenna Mt 23 33, ES **1** 292C, JS in asd 101 13, Joh Dar in MS **1** 110 13.

ܓܗܪ hebes fuit (oculus) 2 Mcc 10 30, ES **2** 319C, JS in ER 400 2, AS **3** 103 19.
ܓܗܝܪܐ oculis hebes Lv 21 20, ES **1** 247D, BA 2752.
ܓܗܝܪܘܬܐ oculorum hebetudo Dt 28 28 (Hex sec. Bh) EN 32 22, BA n. 2751.
ܓܗܪܐ caecus Job 17 7 (Hex).
Af. *1.* offuscavit BA BB cit PS; *2. met.* occaecatus est (de animo) JohEph 10u.

ܓܘܐ medium, pars interna (corporis) dap 80 19.
ܓܘܐ ܥܒܪ δυσεντερία ZDMG **39** 240 ܓܘ ܐܪܥܐ intestina terrae i. e. mineralia ZDMG **39** 248.
ܠܓܘ intro, intus Chr ed 146 1, dap 56 27, ܠܓܘ ܡܢ intrinsecus Gn 6 14, ER 148 18, ܡܢ ܠܓܘ intra, *met.* ἔμπειρος ZDMG **39** 265 3.
ܓܘܝܐ *1.* intestina, viscera Ex 12 9, Act 1 18, am **1** 253 12, Bhchr 450 18; *2.* castratus Hoffmann Ausz. n. 89.
ܓܘܝܐ *1.* interior Ez 8 16, ER 66 6, asd 33 11; *2.* qui intus est, incola Chr ed 147 3.
ܓܘܝܘܬܐ ea quae intra sunt Nis 9 37.
ܓܘܝ introduxit Bhcar 24 5.
ܡܓܘܝ *1.* interior BO **1** 360 7, Cat Bod 490 29; *2.* initiatus, peritus ES **2** 218D; KwDW 78 12, 85 3 etc., Guidi chron. 10 11.
ܡܓܘܝܘܬܐ notitia, peritia KwDW 101 23, 232 7.
ܐܬܓܘܝ intus penetravit ES **2** 330F, PsC 225 18, Bhchr 247 1.
ܓܘܐ *1.* universitas, communitas am **1** 496 16, Giorn. d. soc. as. it. **3** 173 19, Eb Mai **10** 199 28; *2.* aedificia communia (monachorum) ThMarg **1** 342 4.
ܕܓܘܐ conjunctim (*in common*) JSt 16 21, ܣܝܡܐ ܕܓܘܐ theses generales ZDMG **39** 244.
ܓܘܢܝܐ universalis, communis ES **2** 122C, am **1** 520 18, *adv.* ES **1** 403D, am **1** 520 18.
ܓܘܢܝܘܬܐ κοινότης glherm.

ܐܓܝܒ respondit AS **3** 22 2, am **2** 645 9.
Ettaf. responsum est Job 4 12, ES **2** 3F, AS **3** 271 11.

ܓܘܓܝܬܐ gemitus? Card 105 18.
ܓܘܓܝ de voce infantium et pipitu avium BA 5352.
ܓܘܓܝ (N§83) *1.* aranea Js 59 5, Afr 397 12, Rabb 368 7; *2.* textum araneum ψ 90 9, ES **3** 241B, AS **3** 109 7.

ܓܘܕ calidus fuit, fervuit Hos 7 4.
ܓܘܕܐ uter Sir 18 10, ES **2** 317B, EN 23 22, BA n. 2761, TA 24 35.
ܓܘܕ ar. جواد equus nobilis KwDW 335 2, 339 4.

ܓܙ transiit, praeteriit ψ 69 4, evanuit, defecit Js 58 11, Afr 51 1, ES **1** 266D, decrevit (luna) ES **2** 458A.
Pa. *1.* evanescere fecit ES **2** 34D; *2.* delevit am **2** 112 10.
Af. = Pa. *1.* ES **1** 492D; *2.* Dt 32 25, ES **1** 287B, Afr 360 18.

ܓܘܙܐ *pl.* ܓܘܙܐ (pers.? Lag GA 25 57) nux (*nut and nut-tree*) Löw 63, Cant 6 11, cf. MS **2** 27 1, PsC 217 7, dap 95 26.
ܓܘܙܢܝܐ nuciformis Ex 37 17 (Hex).

ܓܚ *1.* motus est ER 153 9 fluxit (multitudo) Bhchr 94 14, aestuavit ES **1** 295A, prorupit Joseph 4 4; *2.* germinavit ES **1** 63D.
ܓܘܚܐ inundatio Bh adsc. ment. 11 14.
Af. *1.* aestuare, fluere fecit ES **3** 403B, JEh 14 1, ThM 39 16; *2.* procreavit ES **1** 525F.
ܡܓܝܚܢܘܬܐ ܕܪܘܚܐ effusio spiritus sancti Cat Wright **1** 43b 14.
Ettaf. procreatus est AS 142 24.

ܓܘܝ (pers. *gôj*) globus, pila BA n. 2773.
ܓܘܝܟܐ (pers. *gôj* et *gôjak*) orbiculus vesti colligandae Hoffmann Ausz. n. 1011.

ܓܘܫ effervuit, aestuavit (misericordia)

Gn 43 30, ES 1 528E, Jul 163 21, am 3 234 4.

Af. removit, extrusit ES 2 453E, Jul 129 3, AS 1 4 1.

ܓܘܠܩܐ (pers. Lag GA 25 58, Sem 1 57) saccus BB, EN 39 88.

ܓܘܢܐ st. cstr. nest. ܓܘܢ jac. ܓܘܢ (N § 98) *pl.* ܓܘ̈ܢܐ, ܓܘ̈ܢܝܐ (N § 74), ܓܘ̈ܢܝܬܐ (p. Lag GA 26 60), *1.* color asd 108 14, ES 1 118C, Jul 116 16, Gal ZDMG 39 280 19; *2.* cibus Bhchr 157 26; *3.* gemma ON 47 21.

ܡܓܘܢܐ coloratus Bh in Bernst. chr. 18 6.

ܓܘܢ (γοῦν) ergo JSTham v. 135 Bh pass. glherm.

ܓܘܦܐ σκύφος poculum Jer 35 0 (Symm).

ܓܘܣܐ refugium ES 3 245F, 'ܠ ܐܬܓܘܣ confugit ES 3 342E, JS in ER 382 8, 'ܠ ܓܘܣ id. ESJ 263 1, ܒܝܬ ܓܘܣܐ asylum Nm 35 11, ψ 61 4, ES 1 278A.

ܓܘܣܝܐ profugus AS 3 215 13, 247 25, am 3 162 12.

ܐܬܓܘܣ s. ܒ confugit Act 14 6, asd 44 18, Rabb 372 27, JohDar in MS 1 106 21.

ܓܘܣܝܬܐ cadaver BA n. 2801.

ܓܘܦ contempsit Bhcar 141 7.

ܓܘܦ interjectio contemptionis Sir 13 22, Bhgr 1 181u, car 17 3.

ܓܘܦܐ planta quaedam ar. كنجر, حشف BA n. 2805.

ܓܘܦܢܬܐ *pl.* ܓܘܦ̈ܢܝܬܐ racematio, spicilegium Bhgr 1 235 2.

ܓܘܨ *1.* attraxit IS 57 22, cepit ThMarg 1 353 6; *2.* spiritu duxit, hausit ESL 3 679 13; *3.* prorupit JS 40 10.

Af. conjunxit (scuta) Joseph 24 11.

Etpa. (Barth p. 34 v. 1) clausus est Neh 7 3.

ܓܘܨܐ rete Hab 1 15, ES 3 397A, am 2 85 17, ThMarg 1 315 19.

Pa. venatus est Lev Rhet 85r. cit. PS.

ܐܬܓܘܨ rete factum est TA 34 142.

ܓܘܪ *1.* moechatus est, adulteravit c. acc. pers. Mt 5 28, ES 1 221D, JSt 18 6; *2.* adulterio concepit AS 1 66 15.

ܓܘܪܐ adulterium Joh 8 3, ER 36 17, asd 15 5, JSt 23 10.

Pa. sq. ܒ moechatus est Arist 14 20, 16 11.

ܓܝܘܪܐ adulter Lv 20 10, ES 1 276F, JS in ER 389 14, JohDar in MS 1 110 9.

ܓܝܘܪܬܐ adultera Lv 20 10, Mt 12 39, ES 2 103D.

ܓܝܘܪܘܬܐ adulterium ES 2 236D.

Af. *1.* in adulterium induxit Mt 5 32 (Cur), Arist 10 12; *2.* moechatus est Pall in Th Marg 2 32 4 a f.

ܓܘܪܐ *1. f.* rar. *m.* (N § 84) columna (libri) Sir 9 7 annot ad. 1 Ezr 5 14; *2.* calx? JARS 136 10 (leg. ܓܝܪܐ Jens.).

ܓܘܪܐ peregrinus, προσήλυτος Mt 23 15, Afr 378 1, ES 1 186D, ER 17 12, AS 3 282 23.

ܐܬܓܝܪ proselytus factus est ψ 15 1 (Aqu.) Bh ap 9 75, Epiph 24 54.

ܐܬܓܘܪ id. (nisi corrigendum) ES 2 188E.

ܓܘܪܕܝܢ Guardiano (patrum minorum) BO 3 1 600 22.

ܓܘܪܕܣ (pers. Lag GA 27 64) frumenti genus.

ܓܘܫܐ vadum BA n. 2821.

ܓܘܫܐ profunditas, altitudo BA n. 2823.

ܓܘܫܦܐ (pers. Lag GA 25 58) pinna BB.

ܓܘܬܬܐ s. ܓܘܬܐ putamen, cortex ES 3 570A.

ܓܙܠܐ Geop 64 4, vox incerta.

ܓܙܠܘܬܐ i. q. ܓܙܠܘܬܐ q. v. Clr 130 11 (γ 3).

ܓܙ totondit Gn 31 19, ES 1 382A, am 2 549, dap 12 11.

ܓܙܘܙܐ tonsor 1 Sm 25 11, Ath 20 2.

ܓܙܬܐ tonsura Dt 18 4, ES 2 264F, Geop 112 17.

ܓܙܬܐ vellus Jud 6 38, ES 1 317B, Rabb 367 3, am 2 549 2.

ܓܙܝܙ dividuus ES **3** 156E.

ܡܓܙܙܐ falx Geop 14 10, EN 27 16 (sic l.!), BA n. 5356.

Etpe. tonsus est ES **2** 264F, Geop 112 18.

Af. = pe ES **3** 443E.

ܓܙܐ (pers. Lag GA 27 67) gaza, thesaurus Afr 123 2, ES **1** 481A, ER 118 9, asd 99 10.

ܓܙܒܪܐ, ܓܙܒܪܐ (Lag GA 28 5) thesaurarius 2Rg 10 22, Vit Rabb 208 9, Jul 16 22, AS **3** 209 16.

ܓܙܒ orbatus fuit, caruit JSTham v. 190.

Pa. orbavit, privavit ES **1** 73E, Bal 320 19.

ܡܓܙܒܐ orbus, sterilis ES **1** 521A.

ܡܓܙܒܘܬܐ orbitas, sterilitas Js 47 9 (Hex), Bal 294 15, BO **2** 280a 17.

ܓܘܙܒܐ *1.* sterilitas ES **1** 73B, **2** 427A, JSTham v. 306; *2.* paupertas, miseria ES **2** 296F.

Etpa. *1.* orbatus est Gn 27 45, ES **1** 81C; *2.* se removit, subduxit ESZ **1** 556.

ܓܙܒܝܬܐ tributum Bhchr 147 10, ce **1** 361 = Dion T in BO **2** 104b, cf. Nöld. ZDMG **29** 91 15.

ܓܘܙܠ *1.* incendit, inflammavit 2Mcc 14 11, ES **2** 18E, Vit. Rabb 202 9; *2.* iratum reddidit ES **3** 363B.

ܓܘܙܠܬܐ flamma ER 38 10, ES **2** 393A.

ܓܘܙܠܐ id. 2Thess 1 8 (jac. ܓܘܙܠܐ Bh ad l.) am **2** 200 11.

ܓܘܙܠܐ incensio, inflammatio BO **2** 164b, AS 187 16.

ܐܬܓܘܙܠ inflammatus est, exarsit Ex 3 2, ER 96 9, asd 84 14, dap 96 14, iratus est Corluy MP 23 11.

ܓܙܠܐ BA cit PS ܓܘܙܠܐ Jud 20 16 (Hex), ambidexter.

ܡܓܙܠܐ claudus BA BB cit PS.

ܓܙܡ minatus est Act 7 57, ES **1** 219D, BO **1** 413a 3n.

ܓܘܙܡܐ minatio, minae Act 14 5, Rabb 227 23, JacEd in ES **1** 500 7.

ܓܘܙܡܘܬܐ *1.* audacia AM **2** 191, Euseb. Mart. Pal. 14 23; *2.* minae Hex Prov 13 8, 17 10.

Pa. = Pe. BO **2** 233b 11.

ܐܬܓܙܥ succisus est Job 15 17 (Hex).

ܓܘܙܥܐ *f.* rar. *m.* (N§84) baculus, stipes Js 11 1, ES **2** 40A.

ܓܙܪ o. *1.* a) circumcidit Gn 17 10, Act 15 5, ES **1** 75D, Vit. Rabb 179 12, b) circumcisus est Ex 12 45, Act 15 1, Cl r. ep. app. 306 7; *2.* decidit, decrevit, constituit ESJ 12 12, dap 21 7, asd 75 2.

ܓܙܪܬܐ fatum Joseph **5** 4 (673 c 17), am **2** 274 13, ܓܙܝܪܐܝܬ certo dap 120 9.

ܓܙܪܬܐ *1.* ܓܙܪܬܐ ܕܬܪܥܐ annulus portae EN 55 53; *2.* campus vel insula (= Mesopotamia) BA 2839; *3.* strues lignorum Jer 11 16 cf. Bh ad l. et BA 2840.

ܓܙܪܬܐ insula Act 20 15, Afr 433 6, ES **1** 122F.

ܓܙܪܘܢܝܬܐ et ܓܙܪܘܢܝܬܐ parva insula Act 27 16 (Phil), JEh 19 17.

ܓܙܘܪܐ macellarius Ath 18 22.

ܓܙܘܪܐ circumcisor EN 77 26.

ܓܙܘܪܐ *1.* praeda (leonis) Am 3 4, ES **2** 259D; *2.* exsectio, amputatio Nis 11 23.

ܓܘܙܪܐ insulae Kays 258 5.

ܓܙܪܐ *1.* pars ES **1** 470A; *2.* grex Gn 29 2, ER 93 24, asd 89 5, MS **1** 35 v. 61; *3.* ܓܙܪ ܕܝܢܐ (N§141) judicium dap 14 4, ER 59 7, asd 85 15.

ܓܙܘܪܬܐ *1.* desectio ER 125 27; *2.* circumcisio Rom 2 26, Afr 204 19, ES **3** 185A.

ܓܙܪܝܢ ܓܙܪܝܢܐ γαζαρηνοί גָּזְרִין Dn 2 27, 5 7 (Hex).

ܡܓܙܪܐ culter dap 46 1, Joh Eph 160 25, dolabra, securis 1Rg 6 7, ES **1** 459C.

Etpe. circumcisus est Jos 5 8, Lc 2 21.

Af. *1.* paravit Eb ZDMG **29** 504 v. 2; *2.* dono dedit KwDW 374 7.

ܓܙܝܪܦܛܐ et ܓܙܝܪܦܛܐ (pers. Hoffmann Ausz. n. 542) lictor Chr ed. 146 18, Corluy MP 15 15, 40 12.

ܓܙܪܐ (pers. گزر) rapa (*carrot*) Löw p. 86 n. 64, SB 102 5.

ܓܚܟ *1.* risit Gn 18 12, Mc 15 31, ER 107 26, JS in asd 97 23; *2.* splenduit Duval Berthelot **2** 26 18.

ܓܘܚܟܐ risus Am 7 9, ES **2** 265B, Bal 286 27, Bhchr 395 19.

ܓܚܘܟܐ ridens Journ. As. **7** 8 466 n. 81.

ܓܚܘܟܘܬܐ aptitudo ad ridendum AS **4** 6 1, τὸ γελαστικὸν glherm.

Etpe. derisus est ER 122 26, IA **1** 238 v. 291.

Pa. seq. ܒ derisit Gn 19 14, Ath 50 26, ES **2** 335E; *2.* seq. ܥܡ lusit, jocatus est AM **2** 116 6.

ܡܓܚܟܢܐ ridens BA cit. PS.

ܓܚܪ rasit ES **2** 3A.

ܓܚܪܐ emunctio BA 2851.

ܓܛܐ *1.* (e bab. *giṭṭu* Jensen LCB '94 p. 54. 396) testamentum BA n. 2853; *2.* unum habens testiculum BA n. 2852.

ܓܝܘܪܐ templum Ez 16 24, ES **2** 179E, Th Marg **1** CLXIV l. 15, BA n. 2854.

ܓܝܕܐ *1.* nervus Ez 37 6, Afr 164 18, dap 82 10, ES **2** 4F.

ܓܝܕ *1.* nervos praecidit Jos 11 6 (Hex), Cyr 176 16, Bhchr 163 16; *2.* trucidavit IA **2** 270 v. 648.

Etpa. trucidatus est IA **2** 266 v. 592.

ܓܝܕܐ *2.* radix ES **3** 127C, am **3** 153 12.

ܓܝܣܘܪܐ cornix vel alia quaedam avis foeda, aliarum pennis se ornans MS **2** 55 v. 64, Métr 54 5, (Nöld. ZDMG **34** 576), Cat Wright **2** 593b, BA n. 2859.

ܓܝܣܐ *1.* (pers. Lag GA 28 68, sed cf. Fraenkel 238), exercitus, agmen Gn 49 19, Hos 7 1, ES **1** 188A; *2.* depraedatio, invasio IA **2** 234 v. 255, JohEph 381 11, ThMarg **1** 69 15.

ܓܝܣ rapuit, diripuit ES **1** 113D, ThMarg **1** 101 4, Bhchr 111 10.

ܓܝܣܐ praedo Mt 26 55, asd 44 19, JS in ER 391 1.

ܓܝܣܘܬܐ praedatio ThMarg **1** 314 5.

ܓܝܣܐ i. q. ܐܓܝܣܐ q. v. EN 77 27, sec. BA n. 2870 apud Mesopotamios tantum;

ܓܝܣܐ γεῖσος i. q. כֹּתֶרֶת Js 52 22, Ez 40 43 (Hex) cf. ZDMG **3** 409 (Bernstein).

ܓܝܣܬܐ id. Ez 43 13 (Hex).

ܓܝܪ γὰρ semper sec. loc. pos. nam, enim. pass.

ܓܝܪܐ gluten Bh ad Js 44 13.

ܓܝܪܘܬܐ difficultas deglutiendi BA, BB, PS.

ܓܠܐ *pl.* ܓܠܠܐ (N § 21D) unda Afr 7 4, ES **2** 112F, ER 27 27.

ܓܠܠ fluctuavit Js 5 30, Jer 6 23 (Hex).

ܐܬܓܠܓܠ *1.* aestuavit ES **2** 112F; *2.* agitatus, volutatus est Bhchr [1] 214.

ܓܠܐ, ܓܠܠܐ, integumentum Vit. Rabb 185 3, Sind 16 4, KwDW 116 9, Hoffmann Ausz. n. 1028, pallium (apud Jacobitas) BO **3** 2 898m.

ܓܠܝܬܐ id. Sind 10 8.

ܓܠܘܬܐ pannus AS **2** 117 1.

ܓܘܠܬܐ cucullus, pallium Jer 43 12, ER 140 24, AS **2** 280 8, am **3** 442 5, BO **3** 2 814 2 cf. 818 n. 8.

ܓܠܐ *1.* assula Mt 7 3, dap 20 24; *2.* festuca, stipula Job 13 25, ES **2** 247A, JS in ER 395 16, herba siccata (*dried grass*) Th Marg **1** 42 12.

ܓܠܐ, ܓܠܬܐ *f.* (KwDW 75 14sq), *1.* testudo JSt 48 6, Kays 29 18, KwD 24 11; *2.* vallum (*mound*) JSt 62 10.

ܓܠܘܠܐ vagans ES **1** 552C.

ܓܠܝܠܐ rotundus ES **1** 126E, asd 54 3, Bhchr 260 14, *adv.* orbiculatim glherm.

ܓܠܝܠܘܬܐ forma rotunda JEh 9 11.

ܓܠܝܠܐ *1.* vallis BA, PS; rotunditas Phys XIX p. 13.

ܓܠܝܘܢܐ volumen asd 9 2, Zach 5 2 (Hex).

ܡܓܠܬܐ *pl.* ܡܓ̈ܠܐ id. Jos 18 9, Zach 5 2 = ES 290D, ESJ 116 9 *pl.* syngraphae (*bonds*) IA **1** 276 v. 36.

ܡܓܠܘܠܐ globus luteus Bhchr 132 11.

ܓܠܐ *1.* detexit, nudavit ES **1** 507C; *2.* aperuit, manifestum fecit asd 52 11; *3.* in lucem edidit (librum) Bhchr 394 11; *4.* in exilium profectus est, fugit ES **2** 39D.

ܓܠܝܐ revelatus, apertus, ܓܠܐ ܐ̈ܦܐ vultu aperto ZDMG **40** 509 ad v. 10. *pl. f.* vada Kays 183 8, *adv.* aperte, perspicue ES **2** 234D, ER 48 12.

ܓܠܝܘܬܐ perspicuitas ER 41 17, ܓܠܝܘܬ ܐ̈ܦܐ vultus apertus, fiducia Rabb 208 27, ThM 90 19, JS in asd 90 25, παῤῥησία 1Joh 4 17.

ܒܓܠܝܐ aperte ES **1** 521A, ܠܓܠܝܐ ܐܬܐ manifestum evasit Lc 8 17, ܐܝܬܝ ܠܓܠܝܐ manifestum reddidit JE in ES **1** 562 3, Th Marg **1** 16 21.

ܓܠܘܝܐ *1.* manifestans ES **3** 383D; *2.* exsul, perfuga ES **1** 80A, 418C.

ܓܠܘܬܐ *1.* exilium Neh 7 6, Mt 1 17 (Cur), ES **1** 418D, Rabb 366 4; *2.* exules ES **2** 71C.

ܓܠܝ exiliavit 1Ezr 5 7, ES **1** 554D, Bhchr 27 2.

ܐܬܓܠܝ emigravit ES **1** 467A.

ܓܠܝܢܐ revelatio asd 11 5, *adv.* revelatione ES **1** 519B, **2** 195E.

ܓܠܝܘܢܐ *1.* volumen Js 8 1, ES **2** 34A, Vit Rabb 194 13, *pl.* rouleaux Duval-Berthelot 50 20; *2.* (cf. Lag Mitt. **1** 78sq.) revelatio, apocalypsis Spic 33 20, ES **2** 488A.

ܡܓܠܝ ܐ̈ܦܐ vultus apertus, fiducia KwDW 156 14.

Etpe. *1.* denudatus est Gn 9 21, ES **1** 3A; *2.* revelatus est Ez 13 14 = ES **2** 176D; *3.* se manifestavit Gn 13 7, Ath 13 14.

ܫܡܐ ܕܓܠܝܢܘܬܐ revelatio dap 55 9, ThMarg **1** 297 16.

Pa. *1.* exiliavit 2Rg 17 27, ES **1** 554E. *2.* emigravit ES **1** 64A, Jul 224 19.

ܡܓܠܝܢܐܝܬ manifeste Métr 9 2.

ܓܠܘܬܐ exiliatio ES **2** 36B, JSt 5 2.

ܓܠܒܐ (ex ass. *gallabu* novacula Jens.) cultellus 2Sm20 8, BA n. 2881.

ܡܓܠܒܐ scutica am **1** 286 6, Bhce **1** 325 1.

ܓܠܒܛܪܐ (κραββατάριον) grabatus (*barrow*) BA n. 2882.

ܓܠܒܛܪܐ ܕܥܓܠܬܐ temo currus (sideris) Epiph 74 37.

ܓܠܓ *1.* revelavit, retexit ES **3** 160D, KwDW 384 23, **388** 4; *2.* abstulit ES **2** 466C.

ܓܠܝܓ patens BO **3** 2 823 2.

Pa. = Pe. ES **2** 126B, Jul 13 22.

ܓܘܠܓܐ revelatio ESL **2** 565 11.

Etpa. *pass.* Jer 13 22, (apud Bh) ES **2** 126A.

ܓܠܓ̈ܐ funes Nm 3 26, 4 26, TA 40 223, BA n. 2883.

ܓܠܓܠ abstulit, removit ESL **2** 451 13, AS **3** 186 16, Jul 113 11.

Etpa. *1. pass.* Jul 34 27, AS **3** 75 26; *2.* revelatus est Jer 13 22 (ed. Cer.).

ܡܫܟܐ ܕܓܠܓܠܐ ܕܕܪܬܐ i. q. h. קַלְעֵי הֶחָצֵר Num 3 26, 4 26 (Cer.), cf. ܓܠܓ̈ܐ.

ܓܠܕܐ cutis, pellis dap 118 5, PsC 172 5, Jul 250 19.

ܓܠܕܘܢܐ pellicula Duval-Berthelot **2** 34 9.

ܓܠܝܕܐ, ܐܓܠܝܕܐ (N§51) frigus, glacies Gn 31 40, Job 6 16, Afr 191 12, ES **1** 118C.

Af. congelavit Bhchr 145 19.

Pa. p. p. gelatus PsC 132 7.

ܐܬܓܠܕ congelavit TA 40 224.

ܓܠܕܘܣ (pers. Lag GA 28 69) nom. medicamenti BB.

ܓܠܙ spoliavit, privavit Ath 21 9, Vit. Rabb 195 2, JS in asd 89 13.

ܓܠܝܙ expers *pl. f.* αἱ στερήσεις glherm.

ܓܠܝܙܘܬܐ στέρησις glherm orbitas Joh Eph 64 23.

ܓܠܙܘܬܐ abstinentia ES **2** 164B.

ܓܠܝܙܘܬܐ abstinentia TB 35 31, inopia, egestas TB 51 31, 57 19.

Etpe. privatus est ER 39 27, Ath 27 5.

ܒܝܬ ܓܠܝܙܘܬ̈ܐ orbitas KwDW 299 4 et n. 2.

ܓܠܙܝܙ (pers. Lag GA 29 70), terra Magnesialis sulphurata BB BA n. 2894.

ܓܠܚ *1.* expandit Bh BA; *2.* declaravit Bh PS.

Af. manifestavit ES **2** 109F.

ܓܠܛܬܐ (ar. غلطة) vitium Clr. ep. prol. p. XII, 18, Cat Wright **3** 1147b, Cat Bod 230 33.

ܓܠܛܝܐ unum testiculum habens BA n. 2897.

ܓܠܛܢ̈ܐ fulcra, tibicines (?) AS **3** 208 10.

ܓܠܝܪܐ galearius Jul 132 6, 158 21, TA 42 252.

ܓܠܝܪܘܬܐ galearii IA **1** 286 v. 214.

ܓܠܝܡܛܐ terra saxea BA 2911, AS **2** 204 25, Bhcar 132 8, ECth **2** 8 l. 3 l. ܓܒܠ ܓܠܝܡܛܐ cf. ZDMG **17** 726.

ܓܠܘܡܐ i. q. h. גְּלוֹמֵי Ez 27 24 (Hex).

ܓܠܝܡܐ ar. غَيْلَم mas testudinis KwDW 284 10 et n. 2.

ܐܬܓܠܝܡ se manifestavit TA 308 203.

ܓܠܣ KwD 48 1, ܓܠܘܣ Sind 14 11, ܓܘܠܣ ib. 17 19, ܓܠܘܣ Journ. As. **7** 8 473 n. 102, KwDW 243 8, *pl.* ܓܠܣ̈ܐ Regn γ 10 22 (Hex), (καλλίας Nöld. ZDMG **30** 770) simia.

ܓܠܣܘܬܐ ܥܒܕܐ πιθηκισμός Rie 86 8.

ܓܠܘܣܛܐ lignum sandali album rubrumque BB in PS.

ܓܠܘܣܛܩܐ AS **3** 80 2, 83 18, Cat Wright **2** 491 20 i. q. ܓܠܘܣܩܡܐ.

ܓܠܘܣܩܐ simila, farina optima (? PS), Pall in ThMarg **2** 470 n. 3 l. 9.

ܓܠܘܣܩܡܐ (γλωσσόκομον) cista, theca, capsa Joh 12 6, Afr 216 4, ER 12 22, Chr ed. 149 23, JSt 75 16, Jul 194 21.

ܓܠܕܬܐ *1.* praeputium EN 10 7, BA n. 2913; *2.* os palmulae BA ll. *pl.* ܓܠܕ̈ܐ BA n. 2970, Löw p. 123.

ܓܠܕ̈ܐ os palmulae BA n. 2915.

ܐܬܓܠܥ (nisi ܐܬܓܠܝ leg.) dispersus est ES **3** 432A.

ܓܠܦ (e γλύφειν Röd.) *1.* sculpsit Ex 28 9, Afr 201 8, ES **2** 273A; *2.* tornavit (verba) IA in MS **1** 16 v. 199; *3.* siliquis exuit KwD 40 11, 41 14.

ܓܠܦܐ sculptura Ex 28 11, Sir 22 17, asd 21 9, ES **2** 319F.

ܓܠܦ̈ܐ squamae (metalli) Duval-Berthelot **2** 257 n. 2, 258 n. 2.

ܓܠܝܦܘܬܐ sculptura ECth **1** 42 l. 15, AS **2** 272 22.

ܓܠܝܦܐ statua, idolum Dt 27 15, ES **2** 159B, asd 11 14.

ܓܠܝܦܘܬܐ ܕܡܠܐ *ciselure du discours* Métr 8 v. 7.

Etpe. rasus est KwDW 22 9.

ܓܠܦܬܐ (nest. 'ܓ) *1.* penna, ala Ez 17 3, ES **2** 180D, JS 13 6, AS **4** 60 3, BO **3** 125b 10; *2.* scalpellus Bh ZDMG **40** 440.

ܓܠܝܦܝܐ pennatus ψ 148 21 (Hex).

ܡܓܠܦܪ is, cujus labra distant, ringens BA n. 6476.

ܓܠܘܩܪܝܣ (corr.) γλυκέριζα Geop 47 21.

ܓܠܐܡ genus cibi e lacte concreto EN 36 13.

ܓܠܨ laceravit BA n. 2918.

ܓܠܨܐ laceratio BA n. 2917.

ܓܡ *1.* cecīdit (*to cut down*) Js 16 8, ES **2** 46F, JSt 58 2, ZDMG **14** 689 14; *2.* abscīdit IA **2** 262 v. 489, Métr 34 2, (cf. Nöld. ZDMG **34** 575).

Pa. cecīdit Bhchr. 371 9.

Etpe. *1.* caesus est Bhcar 81 2; *2.* putatus est (*to be lopped*) Js 5 6 (Hex), Geop 73 1, TA 36 174.

ܓܘܡܐ (a κύαμος? BB 465, Budge ThMarg **2** 605 n. 2), faba (*bean*) 2 Sm 17 28, JSt 34 20, Geop 2 20, ZDMG **39** 278 88.

ܓܠ̈ܐ ܕܦܚܪܐ vasa figilaria Geop 62 14, 67 26.
ܓܘܡܚܬܐ pl. ܓܘܡܚ̈ܬܐ fovea, cloaca ES 2 335F, AS 2 331 5, Hoffmann Ausz. n. 273, AS 4 88 28, Geop 18 29, SB 18 1.

ܓܡܣ ܐ̱ importunus fuit, ausus est IA 1 238 v. 293, Vit. Rabb 196 22, Jul 174 25, PsC 91 16, AS 3 60 25.
ܓܘܡܣܐ audacia, importunitas, ES 3 414A, Bal 276 27, AM 2 162 12.
ܓܘܡܣܢܐ audax, importunus ES 1 441C, Jul 10 2, Bhce 2 739 17.
ܓܘܡܣܢܘܬܐ audacia, importunitas ES 1 249C, Jul 33 27, ThMarg 1 52 6.
ܓܡܘܣܐ audax, importunus ES 1 541B.

ܓܡܐܕܐ f. ar. جمادى quintus et sextus mensis anni moslemici ENchr 13 7, Cat MB 89 29.

ܓܡܚܠܐ ܒܝܬ am 2 55 1, vox dubia: Assemani „sepulcrum“ vertit, Bernst. (ZDMG 4 321) conjecit ܓܘܡܚܐ ܒܝܬ aut ܓܡܟܐ ܒܝܬ (forsan ex ass. *kimaḫḫu* sepulcrum Jens.).

ܓܡܠܐ m. et f. (N§85, 94C) camelus Mt 23 24, Afr 392 16, ES 1 275B, JSt 29 19.
ܓܡܠ ܢܡܪܐ camelopardus Dt 14 5 (Hex cit. Bh) ON 15 23, BB in Lag GA 47 119.
ܓܡܠܐ camelarius Bhce 1 261 1.
ܓܡܠܘܬܐ quaestus camelarii ib. 263 2 (sic l.!)
ܓܡܠܐ EN 28 27, ܓܡܠܐ BA 2928 quisquiliae (*sweepings*).
ܓܡܠܐ aduncus (nasus) EN 77 31, BA n. 2928.
ܓܡܠܢܐ genus formicarum magnarum ON 146 18.
ܓܡܠ̈ܢܝܬܐ cantherii (*rafters*) Nat 53 12.

ܓܡܢܣܝܐ, ܓܘܡܢܣܝܐ γυμνάσια ECth 1 2 22. ZDMG 39 304 v. 8; 2. γυμνασία glherm.
ܓܡܢܣܝܢ γυμνάσιον 2 Mcc 4 9, AS 1 69 27, Spic 17 25.
ܓܘܡܢܝܩܘܣ γυμνικὸς (ἀγὼν) Bhchr 28 6.
ܓܘܡܢܣܛܝܩܐܝܬ γυμναστικῶς glherm.

ܓܡܥ demersus est ψ 68 29 = 69 15 (Symm apud Bh 179 55), Phys 19 16, Bhchr 146 9.
ܓܡܥܐ demersio ψ 38 11 (Aqu).
ܓܡܥܬܐ (ar. جماعة) manipulus, pugillus Duval-Berthelot 2 99 10.
Af. mersit am 1 175 14.
ܓܘܡܥܬܐ τραῦμα מַכַּתְּ Jud 15 19 (Hex), fovea BA 2782.
ܓܘܡܥ̈ܐ sepulcra ES 3 159A.

ܓܡܪ (Barth p. 34) perdidit, delevit Afr 256 3.
Etpe. obrutus est Bhchr 77 4.
ܓܘܡܪܐ fovea Lc 6 39, Afr 17 11, ES 3 306B, asd 46 10.

ܓܡܪ o. *1.* perfecit, explevit ES 2 95B, BO 1 27 10a f., ThMarg 1 105 11; *2.* constituit KwD 21 23, cf. ZDMG 44 297; *3.* a. perfectus est, defecit, periit Gn 21 15, ES 1 491C, asd 47 24, AS 1 30 20.
ܓܡܘܪܐ perficiens ES 1 479D, BO 3 1 124a 5, OM 368 11.
ܓܡܝܪܐ perfectus Joh 17 23, ER 84 14, *adv.* absolute ER 41 7 glherm.
ܓܡܝܪܘܬܐ perfectio ES 2 512E, Rabb 227 23, ThMarg 1 65 10.
ܓܡܪܐ καταρτισμὸς Eph 4 12, ܒܓܡܪ absolute, omnino Afr 117 17, ES 1 546C, Rabb 210 4, ThMarg 1 296 22.
ܕܐܡܪ ܒܓܡܪ ܐܡܪ ut breviter dicam, denique Joseph. 4 3.
ܓܡܘܪܝܐ perfectio ESL 1 555 20 (sic l.!) deletio, finis Nah 1 9, Sir 23 20, ES 1 340D.
ܓܡܘܪܬܐ pl. ܓܘܡܪ̈ܐ (N§81) *1.* pruna, carbo Pr 26 21, ER 38 10, Jul 97 10; *2.* particula hostiae BO 3 1 244a m.
Etpe. *1.* se perfecit ER 352 18; *2.* perfectus est Joh Dar in MS 1 106 16, Th Marg 1 97 7.
Pa. *1.* perfecit, absolvit Gn 24 19, Gal ZDMG 39 244, ES 3 416D; *2.* delevit, exstinxit Jer 14 12, ES 2 384C, Jul 31 6; *3.* prunis ardentibus calefecit Duval-Berthelot II pass.
ܓܘܡܪܐ exstinctio ES 2 266A.
Af. = Pa. 2, ES 1 547F, Corluy MP 23 1.

ܓܠܘܪܝܐ *1.* αἴλουρος mustela Cat. Wright **2** 603b, Ep Jer v. 21, Clr 129 4, BA n. 2784; *2.* martes EN 43 76, BA n. 2785.

ܓܘܡܘܪ γόμορ h. עֹמֶר Ex 16 16 (Hex).
ܓܡܪ id. h. חֹמֶר Hos 3 2 (Hex) = 15 μόδιοι Epiph 4 47.

ܓܡܘܫܐ BB ܓܡܫܐ PsC 212 2, ܓܘܡܫܐ Kays 41 9, Bh ZDMG **40** 440 (pers. Lag GA 26 59) bos bubalus.

ܓܢ *1.* seq. ܥܠ et ܒ texit Sir 23 18, Lc 1 35, ES **1** 117B; *2.* s. ܥܠ invasit, oppressit ES **1** 352B, SB 61 2.
ܡܓܢܢܘܬܐ inspiratio ES **1** 404A.
ܡܓܢܐ, ܡܓܢܐ *f.* (N§84) scutum 1Mcc 4 6, ES **1** 560C, KwDW 155 7.
ܓܢܬܐ *pl.* ܓܢܐ (AS **1** 57 21), ܓܢܢܐ (am **3** 240 14), ܓܢܝܢ, ܓܢܢܣ (Dion T 163 9, Bhchr 113 6, N§89) hortus, paradisus 1Rg 21 2, Bal 335 7, JS in asd 99 3, PsC 185 15.
ܓܢܢܝܐ in horto situs ψ 8 1 (Aqu.), Bh ad ψ 107 31.
ܓܢܬܘܢܝܬܐ (N§133) hortulus AS **2** 45 26.
ܓܢܢܐ hortulanus Joh 20 15, ES **2** 326B, JSt 87 14, KwD 85 5.
ܓܢܘܢܐ (ass. *gamūnu* Zimmern ZA **4** 256 1) thalamus Mt 9 15, Afr 103 6, ER 134 11, JS in asd 107 19.

ܓܢܐ *1.* cubuit ThMarg **1** 294 9, accubuit seq. ܥܠ ad (mensam) ES **1** 68F, AM **2** 231 2, quievit Rabb 204 17; *2.* latuit, se abscondidit Bhchr [1] 539 14.
ܓܢܝܐ latibulum, latebra Js 33 1, ES **2** 74B, ThMarg **1** 327 4.
ܓܢܝܬܐ *1.* latibula Dion T 168 15; *2.* fana, delubra Js 1 29, ES **1** 345C, Bh ad Job 30 5, lemures ES **3** 216E, idola 1Sm 7 3 (עשתרות) EN 19 19, cf. ZDMG **29** 111 v. 81,
ܓܘܢܝܐ lectus ThMarg **1** 227 1.
ܡܓܢܝܐ cubile ES **3** 588F.

Etpe. 1. = Pe. *1.* Cyrill ZDMG **27** 572 v. 207, IA in ER 381 5; *2.* se abdidit Joh 5 13, ESL **2** 31 22, Jul 194 27, se removit Alex 7 12.

Pa. reprehendit, conviciatus est ES **2** 480A, AS **3** 142 20, KwDW 215 19.
ܓܘܢܝܐ convicium, contumelia 2Cor 6 8, ES **2** 514B, Rabb 228 10, PsC 229 17.
ܓܢܝܐ reprehensio AS 175 13.

Etpa. reprehensus est ES **3** 253D, KwDW 215 7, Mos. Agh. in Rendic. dei Lincei 1886 p. 412 27.

Af. *1.* accubare jussit ES **1** 98E, PsC 197 11; *2.* abscondidit ES **1** 444B; *3.* recubuit ThMarg **1** 305 8 et **2** 541 n. 1.

ܓܢܒ *1.* furatus est ER 83 14, ThMarg **1** 71 12, s. ܥܝܢܐ furtim aspexit Alex **26** 3, s. ܢܦܫܗ clam se subduxit AM **2** 189; *2.* decepit JSTham v. 276; *3.* tt. gr. suppressit (in legendo) ON 20 21.
ܓܘܢܒܬܐ *1.* furtum ES **2** 526B, Bal 312 12; *2.* res furto ablata Ex 22 3, ES **2** 526B.
ܓܘܢܒܐ *pl.* ܓܘܢܒܐ (EŞ 18 2) furtum ES **3** 207A, ER 100 11.

Etpe. *1.* ereptus, fraudatus est ES **3** 585B, 598C; *2.* deceptus est (*to be beguiled*) asd 20 7, JS in MS **1** 94 4, JŠ in ThMarg **2** 133 4; *3.* tt. gr. suppressa est (litera) EŞ cap VII.
ܡܚܐ ܡܬܓܢܒܢܝܬܐ literae supprimendae (opp. ܡܚܐ ܡܚܠܚܠܬܐ) Bhgr **1** 202 13.

Pa. *1.* furatus est Jer 23 30, s. ܥܝܢܐ vel ܥܝܢ furtim aspexit Guidi to 38 1, JSTham v. 248; *2.* decepit JSTham v. 368.
ܓܘܢܒܐ furtum Ap 9 21.
ܓܢܒܐ fur Mt 6 19, Bal 310 10, *f.* Bal 321 25, *adv.* furtim ES **3** 525B.
ܓܢܒܘܬܐ furtum Ex 22 2, Bal 306 16, IA **1** 252 40, asd 70 2.

ܓܢܒܐ *cstr.* ܓܢܒ (N§99) *1.* latus ER 8 2; Chr ed 148 5, asd 49 1; *2.* factio Guidi chr 12 10 etc., Bhchr 110pu.

ܓܢܕܘܡ (pers. Lag. GA 24 55) triticum BB.

ܓܢܒܪܐ urceus angusto ore BA n. 4598.
ܓܢܒܘܪܐ rotundus BA n. 2936.

ܐܬܓܢܝ se occultavit ES 1 14F, 118C, AM 2 301 10, ThMarg. 1 64 14.
ܓܢܝܐ *1.* absconditus ES 1 159F, Vit. Rabb 185 22, Jul 189 1; *2.* daemon KwD 75 13.
ܓܢܝܘܬܐ occultatio ES 3 92F, JS in MS 2 158 v. 1270.

ܓܢܙܘܪܐ (pers. *ganǵûr*) thesaurarius Bhgr 1 19 10, BA n. 2939.

ܓܢܚ miratus est, obstupuit ES 3 448E, Cyrill ZDMG 27 566 v. 9, 568 v. 87.
ܓܢܝܚܐ *1.* repentina (mors) ES 1 402D, Vit. Rabb 206 27; *2.* indignus, nefastus BO 3 1 121b 20, immodicus (ὑπέρογκος) Dt 30 11 (Hex s. Bh).
ܓܢܝܚܘܬܐ admirabilitas AS 2 54 12.
ܓܢܚܐ admiratio ES 2 375F.
ܓܘܢܚܐ *1.* obstupefactio ER 142 14, JS in MS 2 158 v. 1284; *2.* miraculum asd 8 3, ES 2 376B; *3.* terror, timor ES 2 353B, Nis 31 103, 36 23; *4.* clamor ES 3 29F; *5.* scissura BO 1 219a.

Etpe. commotus, perculsus est (animo) Act 2 37, Cyrill. ZDMG 27 568 v. 160.

Pa. terruit ES 2 319C.

Etpa. *1.* timore perculsus est ES 2 480A, Vit Rabb 197 6, KwDW 291 15; *2.* doluit ES 2 335A.

Af. obstupefecit ES 1 259A (nisi ܡܓܢܚܘܬܐ leg.).

ܓܢܛܝܢܐ gentiana radix EN 25 48, ܓܢܛܝܢܐ id Duval B. 2 7 12.

ܓܢܛܝ̈ܠܐ gentiles am 3 285 3.

ܓܘܢܝܐ *pl.* ܓܘܢܝ̈ܬܐ (Ap 7 1) ܓܘܢܝ̈ܬܐ (Bhchr 60 18); *1.* (γωνία) angulus Mt 21 42 (Phil), JSt 32 17, AS 2 120 6, am 2 191 18; *2.* vestimentum quoddam AS 2 268 13.
ܓܘܢܝܬܐ *1.* angulus Js 28 16 (Hex); *2.* plaga venti ES 2 166F.

ܓܢܘܡܐ AS 1 43 24, Joh Eph 231u, *pl.* ܓܢܘܡܣ Cat Wright 2 447b, ܓܢܘܡܝܣ Métr 33 10 γνώμη sententia.
ܓܢܘܡܘܢ γνώμων Epiph 38 79.
ܓܢܘܡܘܢܝܬܐ sana Bhcar 132 4.
ܓܢܘܡܘܣܘܢ sententiae Métr 34 5.

ܓܢܣܐ *pl.* ܓܢ̈ܣܐ et ܓܢ̈ܣܐ (N § 74) γένος Gn 1 21, Sir 25 2, ER 39 11, ES 3 568D, AS 2 110 1.
ܓܢܣܐܝܬ γενικῶς glherm.
ܓܢܣܝܐ *1.* generalis Kays 143 15, γενικὸς glherm; *2.* tt. gr. radicalis ES 10 5sq., Sev. apud Merx 212.
ܓܢܣܝܘܬܐ natura Kays 8 1, BO 1 462 1.
ܡܓܢܣܐ generatus Card 98 15.

ܓܢܘܣܝܣ, ܓܢܘܣܝܣ, ܓܢܘܣܝܣ γνῶσις, *1.* gnosis Clr 163 11; *2.* inventarium Cat Wright 1 23b, Joh Eph 41 3.
ܓܢܘܣܛܝܩܘܣ AS 3 249 1, ThMarg 1 36 17, *pl.* ܓܢܘܣܛܝܩ̈ܐ TB 116 21. ܓܢܘܣܛܝܩܘ AS 87 28 γνωστικὸς gnosticus.

ܓܢܣܘܪܐ (pers. Lag GA 27 61), cynosorchis (medicamentum) BB.

ܓܢܦܠܘܣ pulpa colocynthidis EN 26 70, BA n. 2950.

ܓܘܢܥܪܐ et ܓܘܢܥܐ derisio, irrisio BA, BB, PS.

ܓܢܩܪܐ palear (*dew-lap*) BA n. 2951.
ܓܘܢܩܪܐ *1.* colaphus; *2.* fauces BA, BB, PS.

ܓܢܪܝܩܝܢ generalis BO 3 1 601a 14.

ܓܝܕܢܫܝܐ (גִּיד נָשֶׁא N § 141), *1.* nervus in coxa Gn 32 33, ES 1 183C, BA n. 2952; *2.* planta quaedam spinosa Rie 132 15.

ܓܬܬܝܬܐ i. q. h. גִּתִּית ψ 8 inscr. (Aqu).

ܐܓܠܣ (ar. اجلس Hoffmann Ausz. n. 584), *1.* recumbere jussit ESL 2 85 24 p. p. ܡܓܠܣ jacens ESJ 250 16, BO 1 34 19; *2.* recubuit, jacuit ER 154 11, ES 2 345F, ThMarg 1 138 1.

ܓܣܬܐ pes, basis Jer 27 19.
ܓܣܬܐ sera, claustrum EN 55 55, BA 5386.
ܓܣܐ coxa, latus Jer 30 6, ES 2 139D, am 2 97 17.
ܓܝܣܐ γεῖσος Rg γ 7 9 (Hex).

ܓܥܐ 1. eructavit, evomuit Mt 13 35, ES 1 77E, 171D; 2. scaturivit, prorupit Nis 3 71, 19 77, ES 1 23C.
ܓܥܝܐ EN 45 34, BA n. 2955, ܓܥܝܘܬܐ EN 32 33 evomitum.
Etpe. evomitus est ESL 2 239 2, Epiph 69 22.

ܓܣܛܪܢܐ γηστέρνα cisterna AS 3 215 14, Joh Eph 130 21, 356 10.

ܓܘܣܦܢܕ (pers. Lag GA 27 62) ovis BB.

ܓܥܪ rugivit Hos 11 10 (Hex), Ap 10 3, ES 2 394C, am 1 181 9, 3 351 19.
ܓܥܘܪܬܐ flagellum BA, BB, PS.

ܓܥܐ clamavit Gn 4 10, Jer 30 15 (Hex), Chr ed 156 6, asd 84 16; 2. vocavit Ath 32 6, Vit. Rabb 169 5, s. ܠܘܬ imploravit Nm 12 13, Dt 26 7, JSTham v. 240; 3. mugivit (bos) Job 6 5, 21 10.
ܓܥܝܐ clamor boum, mugitus AM 1 28 3, cf. Bernstein ZDMG 4 318.
ܓܥܬܐ clamor Gn 18 20, Heb 5 7, ES 1 266D.

ܓܥܛ evomuit AS 4 42 19, 46 24, Bhcar 110 16.
Af. surrexit (serpens) ER 153 20.

ܐܓܥܠ commendavit, commisit, tradidit Rom 16 1, Ath 46 11, asd 19 11, Dion T. 130 13.
Etpe. 1. commendatus est Lc 12 48, Vit. Rabb 181 20, Jul 4 25; 2. traditus est ES 1 520B, Vit Rabb 166 29.
Ettaf. commendatus est KwDW 25 8, Eb Mai 10 266 24.
ܓܘܥܠܢܐ depositum Sir 41 12, 2Tim 1 12, Vit Rabb 166 16, Jul 11 16, Bhchr 257 24.

ܓܥܡ evomuit ESL 1 681 26, Bhcar 135 7.

ܓܥܡܐ vomitus EN 32 31.
Pa. s. ܒ vomitum alicui movit Nis 71 56.
ܓܘܥܡܐ vomitus Nis 21 133.

ܓܥܠ taeduit eum, contempsit Lv 26 11, ES 2 67F, Bal 252 115, KwDW 216 8.
ܓܥܠܬܐ taedium Hoffmann Ausz n. 855.
ܓܥܠ 1. taedio affectus Afr 310r; 2. foedus ES 1 495F, KwDW 231 23.
ܓܥܠܘܬܐ taedium Bh de div. sap. 39 8.
Af. taedium movit IA 2 224 48.

ܓܥܠܘܬܐ orobanche BB, PS.

ܓܥܪ seq. ܒ increpuit, objurgavit aliquem Js 17 13, ES 1 165A, Bal 276 20, IA 2 220 v. 341.
ܓܥܪܬܐ rugitus ES 3 329D.
ܓܥܪܘܬܐ foeditas TB 164 29.

ܓܦܐ 1. ala Gn 1 21, ES 1 127E, Bal 260 27, IA 1 90 v. 133; 2. sinus cum brachiis Nis 9 20, 31 218; 3. pinna (*fin*) ES 1 275C.
ܓܦܘܬܐ casa parvula BO 3 1 183 b. 32 = Th Marg 1 98 5.
ܓܦܬܐ ὀργυιά ulna Act 27 28 (Phil).
ܓܦܘܐ = ܓܦܐ IA 2 84 75.
ܓܦܢܐ alatus Gn 7 14 (Hex).
ܓܦܢܝܐ id. Ez 1 6 (Hex), Kays 254 4.
ܓܦ alas fecit EN 76 14.
Pa. alis instruxit Card 99 15.
ܓܘܦܐ 1. fornicatus Jul 139 21; 2. specus ER 126 20, ESL 2 507 2; 3. sinus, gurges, abyssus Job 21 33.

ܓܦܬܐ *pl.* ܓܘܦܢܐ (N§81) 1. vitis (Löw n. 65) Joh 15 1, ES 1 108D, am 3 153 12; 2. planta brachia agens (ut hedera) Geop 44 21.
ܓܘܦܢܐ vitis Geop 15 18, Gal ZDMG 39 251 32, *pl.* pampini am 3 153 13.
ܓܦܢ circumfossit (vites) Geop 14 11.
Etpa. *pass.* ib. 15 15.

ܓܦܣܘܣ PsC 193 3 7, Geop 11 3, ܓܦܣܘܣ Bhchr 273 17, γύψος gypsus.
ܓܦܣܝܢܐ gypsinus JEh 43 2.

ܓܘܦܢܐ panicula floris (cum nodo edibili aut cum vagina) aut vagina ipsa (palmae) Löw p. 118, EN 51 60, BA n. 2807.

ܓܦܣܐ Duval-Berthelot **2** 4 13, Bhchr 452 24, BO **3** 486 cap 9, ܓܦܣܐ PsC 138 14. ܓܦܣܐ am **2** 439 21 (ex ass. *gaṣṣu* Jensen ZA **9**, ThMarg **1** 124 9 calx (*lime*).

ܓܪ *1.* traxit asd 84 17, 105 17; *2.* extraxit PsC 175 16.

ܓܪܘܪ trahens Joh Eph 91 16.

ܓܪܪܐ tractio AS **3** 87 23.

ܓܪܝܪܐ vi Joh Eph 44 3, Dion T 168 16.

ܓܪܘܪܐ nomen accentus ET 38 16, BZ 14 8, Merx p. 84.

ܓܪܐ ܠܐ *1.* ruminavit Lv 11 3, dap 57 1, ES **1** 241B; *2. met.* secum reputavit JS in MS **2** 118 v. 663, Vit Rabb 164 6, Th Marg **1** 303 21.

ܓܪܬܐ ruminatio Lv 11 3 (Hex cf. Bh).

ܓܐܪܐ (N § 21c) *1.* sagitta Afr 52 4, ES **1** 547E, JS in asd 94 17.

ܓܐܪܘܢܐ ὀβελὸς BS 256 15.

ܓܪܬܐ (cf. ar. جَرَّة) urceus DuvB **2** 96 1.

ܓܪܓ fluxit Duval-Berthelot **2** 97 1.

ܓܪܐ incitavit, instigavit Dt 7 20, ES **1** 386C, Jul 101 20, Dion T 139 12.

ܡܓܪܝܢܘܬܐ incitatio 1Rg 12 15, ES **1** 328D.

ܓܘܪܝܐ id. Sap Sal 17 9.

Etpa. *1.* incitatus est Afr 452 7, ES **1** 495F; *2.* aggressus, certatus est s. ܒ Dt 2 19, ES **1** 280D, s. ܥܡ apap 14 16, s. ܥܡ Dt 2 9.

ܡܬܓܪܝܢܘܬܐ incitatio Joh Eph 98 5.

ܓܘܪܝܐ *pl.* ܓܘܪܝܐ IA **2** 328 v. 1528, ܓܘܪܝܬܐ JS 27 4, ܓܘܪܝܐ KwDW 326 6, catulus leonis Gn 49 9, 1Macc 3 4, Afr 64 1, ES **1** 107D.

ܓܘܪܝܬܐ catula Ez 19 2 (Hex).

ܓܪܒ (Lag Nom 42 11 sq.) leprosus fuit ES **3** 572B, IA **1** 252 45.

ܓܪܒܐ (N § 23D) lepra 2Rg 5 3, Ath 29 25, IS in MS **1** 47 75, Bhgr **1** 212 24.

ܓܪܒܐ leprosus 2Rg 7 3, ES **1** 537F, Ath 29 25, Bh ll.

ܓܪܒܬܐ leprosus Mt 8 2 (Phil), ESL **1** 443 15, BS 17 29.

Af. = Pe. Ex 4 6, ES **1** 194C, am **2** 37 14, KwD 23 5.

ܓܪܒܝܐ *f.* (N § 84) septentrio Gn 14 14, ES **3** 580D, boreas Cant 4 16 = MS **2** 21 25, ܓܪܒܝܐ ܡܕܢܚܝܐ *north-east* ThMarg **1** 278 8.

ܓܪܒܝܝܐ septentrionalis Ez 47 2, ES **2** 252A, Chr ed. 146 4.

ܓܘܪܒܐ (pers. جُوراب) soccus e lana textus BB, BA cit PS.

ܓܪܒܐ *f.* (pers. Lag Nom. 43 n.) *1.* uter Jer 13 12, ES **2** 125D, SB 104 1; *2.* vas figilinum, urceus Am 8 1 (Hex), Lc 22 10, ES **1** 333E, am **1** 17u; *3.* vestimentum quoddam JARS 130 5.

ܓܪܝܒܐ (pers. Lag GA 29 71, arm. St. n. 536) mensura frumenti et terrae Regn δ 7 1, 16 18, Ez 45 24, Th Marg **1** 196 18, Bh ad Hos 3 2, EN 58 46.

ܓܪܒܘܙܐ frusta massae BB in PS.

ܓܘܪܒܙܐ (pers. گُربز) homo dolosus, fallax KwDW 30 3 18, 34 8.

ܓܪܓ *1.* incitavit Act 14 2, ES **1** 407A, PsC 114 3; *2.* adhortatus est ER 86 21; *3.* invitavit ψ 78 41, Bhchr 145 1.

ܓܘܪܓܐ *1.* incitatio Pr 20 18, asd 101 4; *2.* invitatio Rabb 240 24.

ܡܓܪܓܢܘܬܐ invitatio dap 21 9.

ܓܪܓܐ esca, illecebra Afr 257 4, Bh de div sap. 37 7, BA n. 2959.

Etpa. *1.* se invicem incitaverunt Dt 1 41; *2.* incitatus est Dan 1 25.

ܓܪܓܙ rostris compulsatis clangorem edidit Kays 255 2.

ܓܘܪܓܙܐ *1.* clangor, fragor Kays 237 14; *2.* exhortatio, excitatio ESZ **2** 22.

ܓܘܪܢܝ ܐܘܡܦܢܝ (pers. Lag GA 27 63) i. q. ὀμφάκινος οἶνος BB.

ܓܪܓܢ humiliavit Bh Eth cit. PS.

ܐܬܓܪܓܢ se demisit, humiliavit, prostravit Afr 391 7, ES 1 326B, apap 144 6, Bhce 1 339 18.

ܓܘܪܓܢܘܬܐ humiliatio Bal 262 13, Th Marg 1 355 11, Bhchr 144 18.

ܐܬܓܪܓܫܘ inter se tangentes sonum ediderunt (lapides) BA n. 7035.

ܓܪܓܘܪܬܐ γίγαρτα Gal ZDMG 39 240, grana mali punici Geop 70 25.

ܓܘܪܓܘܪܐ genus fructuum Kays 203 13.

ܓܪܓܝܢܐ arbutus unedi L. Löw p. 335, Gal ZDMG 39 277 38, BA n. 2958.

ܓܪܓܝܢܐ BA in PS et ܓܪܓܢܢܐ EN 44 1, genus vermium.

ܓܪܓܪ traxit Act 8 3, ES 2 109B, apap 144 11, Bhchr 372 26.

ܓܪܓܪܬܐ traha Js 28 28, ES 2 69B, Bhchr 136 3.

Etpa. tractus est AS 2 318 8.

ܓܪܓܝܪܐ εὔζωμος eruca Löw n. 66, Geop 91 6, EN 50 33.

ܓܘܪܓܪܢܐ melilotus Löw n. 67, Gal ZDMG 39 300 13, EN 50 41.

ܓܪܓܫܬܐ gleba, argilla pura BA, BB, PS.

ܓܪܕ o erasit Joseph 3 3, ES 2 335F, IA 2 348 v. 1833, Bhchr 183 6.

ܓܪܝܕܬܐ *1.* detrita (vestis) IA 2 332 v. 1594; *2.* acutus, clarus τρανὸς Js 35 6 (Hex), *adv.* clare, perspicue AS 2 270 1.

ܓܪܝܕܐ calvus ESL 2 19 12.

ܓܪܕܬܐ rasura Duval-Berthelot 2 240 n. 2.

Pa. *1.* rasit ES 2 3A; *2.* derasit AM 2 83 21.

Etpa. *1.* rasit se Job 2 8; *2.* rasus est Geop 16 17.

ܓܪܕܐ castor AS 4 41 5, Geop 111 25, Phys cap 2.

ܓܪܕܐ tela, textura BA n. 2966.

ܓܪ̈ܕܝܬܐ fragmenta BA n. 2967.

ܓܪܕܝܢ (pers. Lag GA 26 1) panis non fermentatus, oleo conspersus BB.

ܓܪܕܘܡܬܐ locus ubi hostia jugulatur BB in PS, leg ܓܪܕܘܡܐ q. v.

ܓܪܕܝ *1.* liquefactus est ES 2 459B; *2.* defecit Jer 6 29 = ES 2 113A, Afr 462 2, s. ܡܢ privatus est 1Rg 18 5, ES 1 494C.

ܡܓܪܕܝ inanis Bal 284 11.

Etpa. privatus est IA in MS 1 13 27, KwDW 305 19, Th Marg 1 XCIX n. 8.

ܓܪܕܝܐ (gr. γέρδιος) falso ܓܪܕܝܐ 1Par 20 5 al. textor Jud 16 14, ES 2 125B, Bh ad Js 34 12, Job 7 6, EN 22 00 (sic. l.!).

ܓܘܪܕܡܐ Geop 2 16, ἐν τῷ γορδάτῳ l. γορδάμῳ Lag Erläut. zu Agath 133 n. 2.

ܓܘܪܕܡܢܐ *1.* ambidexter, duabus manibus pariter utens BA n. 2814; *2.* elephantiasi laborans ib n. 2815.

ܓܪܕܘܡܐ jugulum BA n. 3423.

ܓܪܕܦ excoriavit, erosit BA in PS.

Etpa. fractus, laceratus est BB in Ps.

ܓܘܪܙܐ fascis (ligni) Soph 5 1, Jud 9 48 (Hex).

ܓܘܪܙܢܐ i. q. ܓܘܪܢܐ cella ESZ 2 30.

ܓܪ̈ܙܐ ܕܬܘܦܢܓ sagittae sclopetis jactae BO 3 1, 597 8 9.

ܓܪܙܡ *1.* constitutum est 1Sm 20 7, Bal 282 3, Jul 129 26, AS 3 101 1, ܓܪܙܡܬ ܥܠܗ constituta est (sc. pernicies) AM 2 335 22; *2.* perfectus, absolutus est Bhchr 515 22.

ܓܪܙܡ constituit Th Marg 1 74 6.

Etpe. constitutus est Bh car 115 1, BA n. 1762.

Pa. constituit 1Sm 20 34, ER 19 16.

ܓܪܝܙܡܐ *1.* acutus AS 2 53 10; *2.* absolutus

EbMai **10** 256 12; *adv.* modo deciso, certo (*actually*) PsC 10 6, glherm.

ܓܪܡܐ os (ossis) Gn 2 23, Joh 19 36, ES **1** 565F, MS **2** 61 v. 305. ܒܓܪܡܗ de ea ipsa apap 260 14.

ܓܪܡܦܝܠܐ ebur Ap 18 12, ES **2** 260E, PsC 8 3.

ܓܪܡܦܝܠܝܐ eburneus Hex ψ 44 21, Cant 7 4.

ܓܪܡܢܐ fortis, firmus ψ 35 19 (Aqu. cf. Bh ad ψ p. 140 52).

ܓܪܘܡܐ radius quo explanatur massa ad formandas placentas (*rolling-pin* PS) EN 30 78, BA n. 6665.

ܓܪܘܡܐ lapides pulvere mixti Kays 183 12.

ܓܪܘܡܐ nucleus Geop 70 30, 71 4, Epiph 57 53, JARS 177 8 BA n. 2915.

ܓܪܘܡܝܬܐ sceletus Jud 14 8, Afr 313 14, ES **1** 323E, Nis 39 210.

ܓܘܪܡܕܐ cubitus, ulna BA n. 2816.

ܓܪܡܕܪܘܢ (pers. Lag GA 30 72) medicamentum a feminis ad libidinem incitandam et ad vulnera mammae exsiccanda usitatum BB.

ܓܪܡܐ γραμμή gramma glherm Duval-Berthelot **2** 69 12.

ܓܪܡܛܝܐ γραμμάτια syngraphae glherm.

ܐܓܪܡܛܐܘܣ γραμματεῖς Lc 5 21 (Phil).

ܐܓܪܡܛܐ ES **2** 317D. ܓܪܡܛܝܩܘܣ Cat Wright **2** 491 7, *pl.* ܓܪܡܛܝܩܘ ET 12 14 γραμματικός.

ܓܪܡܛܝܩܐܝܬ γραμματικῶς JBh 68 20.

ܓܪܡܛܝܩܝ γραμματική grammatica ET 4 19, Bhchr 219 21.

ܓܪܡܛܝܩܘܬܐ id. AS 147 24.

ܓܪܡܗܐ (pers. *garmah* Nöld. in Fraenkel 33) farina alba Sind 7 4, Bh ad ψ p. 193 66, BA n. 2983, ON 89 7.

ܓܘܪܢܐ *f.* (Bhgr **1** 13 13) urna ER 155 17, AM **2** 363 2sq., Bhchr 79 26.

ܓܪܝܬܐ anguilla Löw n. 68.

ܓܪܢܝܐ i. q. ܓܪܝܢܐ BA n. 2984, 4694.

ܐܬܓܪܢ circumdatus est TA 42 242.

ܓܘܪܣܝܐ porcellus BA in PS.

ܓܪܣ periit ESL **2** 465 3, JS in asd 98 13.

ܓܪܣܐ serpens Js 14 29, ER 153 19, IA in MS **1** 20 438, JS in asd 105 22.

ܓܪܣܐ χρυσοκόμη Gal ZDMG **39** 302 11.

ܓܪܝܣܐ *1.* contusus am **3** 576 13 s. ܓܪܝܣܬܐ debilis ES **1** 49E; *2.* et ܓܪܣܐ hordeum molitum Geop 103 8, IS 41 6, BA 2976, EN 35 88.

ܓܪܝܣܘܬܐ i. q. ܓܪܝܣܘܬܐ q. v. am **1** 402 10.

Pa. perdidit ES **1** 218B, Joh Dar in MS **1** 105 12, Bhcar 102 9.

ܓܘܪܣܢܐ pernicies ES **2** 31D.

Etpa. *1.* deletus est, periit AS **3** 56 5, Bhchr 389 24 (sic l.!); *2.* serpens factus est TA 36 187.

Af. i. q. Pa. ES **1** 536B, Cyrill. ZDMG **27** 573 v. 268.

ܓܪܣܣܐ improbus, malus Bh in Ps.

ܓܪܣܛܝܣ (ἄγρωστις?) triticum repens (*dog's-grass*) JSt 41 13.

ܓܘܪܣܢܐ (pers. Lag GA 27 65) fames BB.

ܓܪܥ *1.* totondit Act 21 24, ES **1** 325F, Th Marg **1** CLXI 2; *2.* tonsus est Gn 41 14, IA **2** 126 379.

ܓܪܥܐ tonsura Js 22 12 (Hex).

ܓܪܘܥܐ tonsor Bh ZDMG **40** 449.

ܓܪܥܐ id. Ez 5 1, ES **1** 325F.

ܓܪܥܘܬܐ ars tonsoris KwDW 33 22.

ܓܪܝܥܐ *1.* imberbis EbMai **10** 265 b. 2; *2.* puer, servus KwDW 47 1.

ܓܪܝܘܐ (neosyr. *grêô* ZDMG **35** 234) puer, famulus Sind 10 8, 24 3, Bhchr 528 11.

ܡܓܪܥܐ novacula (*razor*) am **3** 263 20, Geop 50 30.

Etpe. tonsus est Jud 16 22, ES **1** 326A, Joh Eph 88 22.

ܓܪܦ *1.* inundavit Jer 47 2, Dan 11 10, ES **2** 34E; *2.* abluit, abripuit Jud 5 21, Afr 204 6, Bhchr 185 3; *3.* deflavit (ventus pulverem) Bhchr 353 22, verrit Joh Eph 88u, Bhce 1 263 17; *4.* quassit (alas) ES **3** 35A; *5.* hausit Js 30 14.

ܓܪܦܐ inundatio Nis 31 160.

ܓܪܘܦܝܐ id. Js 28 15, Afr 341 5, ES **2** 49B, Dion T 70 14.

ܡܓܪܦܬܐ cochlear Bhchr 207 3.

ܡܓܪܘܦܬܐ pala EN 30 75.

ܡܓܪܦܝܬܐ cochlear EN 38 71, *pl.* cochlearia Nm 4 14, et palae BA n. 5397.

Etpe. unda abreptus est Ath 31 20, Bhchr 146 15.

Pa. = Pe. *2.* Js 43 2, ES **2** 93B.

ܓܘܪܦܐ (γορφίον) segmentum e stipite olivae in humum plantatum ut ex eo nova surgat arbor Geop 80 29.

ܓܪܐܦܐ γράφια Epiph 12 22.

ܓܪܦܝܘܢ (γραφεῖον) stylet Duval-Berthelot **2** 56 2 sq.

ܓܪܦܝܕܝܢ γραφίδιον BA n. 2989, ZDMG **32** 748.

ܓܪܙ ES **2** 375E, l. ܓܪܣ

ܓܪܝܨܬܐ (Fraenkel p. 36) *pl.* ܓܪ̈ܝܨܬܐ Mt 14 17, apap 148 7, ܓܪܝܨܢ apap 38 12, placenta Ex 29 23, Afr 409 9, ES **1** 339B, am **1** 485 5.

ܓܪܛܬܐ (Lag Mitt **4** 362) ἄγρωστις Geop 8 21, 104 10.

ܓܪܫ se convertit ES **3** 2C.

Pa. sustulit ET 7 21, abstulit Joseph 5 21, ES **1** 315B, 523C.

ܡܓܪܫ laborans AS **2** 109 23.

ܓܫ *1.* tetigit ES **2** 543D; *2.* exploravit Jos 7 2, ES **1** 256A, KwDW 199 5.

ܓܫܐ ܕܐܝܬ ܠܗ σύρτη Act 27 17 41 (Phil).

ܓܫܬܐ *1.* tactus Gn 27 22, Afr 279 5, ES **1** 80F; *2.* exploratio ES **1** 304D.

ܓܫܘܫܐ speculator Lc 20 20, ES **1** 95B, KwD 62 10, *f.* speculatrix Bhchr 206 15.

ܓܫܘܫܘܬܐ exploratio ES **1** 96E.

ܓܫܝܫܐ laxatus, emollitus Cyrill. ZDMG **27** 580 v. 240.

Etpe. *1.* tactus est Heb. 12 18, Cyr 268 13, JS in ER 391 8; *2.* palpatus est ES **2** 403F.

Etpa. tangendo cognitus est, JS in MS **2** 144 v. 1049.

Af. tetigit am **2** 577 17.

ܓܫܓܫ palpavit Job 5 14 (Hex), am **2** 19 19.

ܓܫܛ *1.* avellit Geop 65 4; *2.* vexavit Th Marg **1** 228 14, Bh ZDMG **40** 440.

Etpe. laceratus est ES **3** 633F, JohEph 210 9.

Pa. dilaceravit ESJ 34 9, apap 40 12.

ܓܘܫܛܐ vulnus ThMarg **1** 313 10.

ܓܐܫܝܐ ar. غاشية ephippium Bhchr 290 15.

ܓܘܫܡܐ st. cstr. ܓܘܫܡ SB 100 1 corpus Lc 3 22, ER 24 2, AS **3** 156 20.

ܓܘܫܡܐܝܬ corporaliter ES **2** 460C, 513D, Nis 18 15.

ܓܫܡܢܐ corporeus Alex 57u 60 13.

ܓܫܡܢܝܐ *1.* corporeus Bal 237 27, IA **1** 26 29; *2.* solidus ES **3** 177E.

ܓܫܡܢܘܬܐ corporeitas AS 44 3 glherm, BO **3** 1 542b 24.

ܓܘܫܡܢܝܘܬܐ corporeitas ESL **1** 545 7 σωματῶδες glherm.

ܓܘܫܡܢܝܐ *1.* corporalis ES **1** 139E, 173D, BO **3** 1 357b m, *adv.* ER 49 22, ES **2** 460C; *2.* corpulentus Bhchr 205 25.

ܓܘܫܡܢܝܘܬܐ τὸ σωματικὸν glherm.

ܓܫܡ corporavit VitRabb 160 11, Jul 114 14, BO **2** 195 a 24; *met.* (narrationem) planam fecit, ante oculos posuit BO **2** 274 27.

Etpa. *1.* corporatus est, corpus induit ES **1** 163B, MS **1** 2 22, BO **2** 27b; *2.* solidus factus est Bh adsc. ment. 12 24.

ܠܐ ܡܬܓܫܡܢܘܬܐ incorporatio ES **1** 227D σωμάτωσις glherm.

ܓܘܫܡܣܩܐ (pers.) fascia MAMQ 91u.

ܓܫܦ s. ܓܫ *1.* tetigit, attigit ESZ **1** 429, Mt 8 3 (Phil), KwDW 157 21, incitavit ES **3** 387B; *2.* consideravit Bh ad Job 4 13.

ܓܫܦܐ percussio ψ 88 16 (Aqu. Symm.).

Etpe. tactus est ES **1** 118F.
Af. nexuit, alligavit Pr 3 3 (Hex).

ܓܰܘܣܳܦܳܐ et ܓܰܘܣܦܳܬܳܐ (pers. Lag GA 27 66) γαυσάπη, gausapa (*plush*) BA n. 2824, BB.

ܓܶܫܪܳܐ, ܓܶܫܪܳܐ nest. ܓܶܫܪܳܐ pons asd 101 26, Joh Eph 214 4, PsC 205 14, Bhchr 76 4.
ܓܫܰܪ *1.* pontem fecit ES **3** 14F, PsC 206 2, JohEph 400 19; *2.* ponte junxit 2Sm 19 18, IS 34 19.

ܓܘܫܪܐ (ex babyl. *gušûru* Barth p. 34) trabs, tignum BA n. 4890.

ܓܶܝܬܺܝܢ (pers. گيتى) mundus am **2** 576 16. Nöldeke in Festgruss an R. v. Roth (Stuttgart 1893) p. 35 n. 5.

ܓܬܝܡܐ fractus animo K in PS.

ܓܶܬܪܳܐ faex, amurca BB in PS.

ܕ

ܕ quarta alfabeti litera, Dâlath, numerus 4.

ܕ particula relativa, de cujus usu v. N § 235, 236, 341—371.

ܕܺܐܒܳܐ, ܕܐܒܐ lupus Js 65 25, Cyr 125 5.
ܕܺܐܒܬܳܐ lupa ES **3** 408D, Pel 5 28.

ܕܶܒܳܐ *f.* et *m.* (N § 85) ursus Dan 7 5, ES **2** 214B, apap 157, Cyr 125 5.
ܕܶܒܳܒܳܐ (al. ܕܒܒܐ N § 115), *pl.* ܕܶܒܳܒܶܐ Geop 102 24, musca Eccl 10 1, ES **2** 33E, Sind 22 21, Bhchr 234 1.

ܕܰܒܳܓܳܐ coriarius Bhchr 574 4, Lag GA 32 79.
ܕܺܝܒܳܓܳܐ (pers. Lag. l. l.) vestis auro picta JARS 84 1.

ܕܝܒܕܪܐ (skr. *dêvadâru* Lag GA 32 80) arbor abieti similis BB.

ܕܒܰܚ *1.* mactavit Mc 14 12; *2.* sacrificavit
ܕܶܒܚܳܐ sacrificium, victima Nm 25 2, ES **2** 24A, JS in MS **1** 66 240.
ܕܶܒܚܬܳܐ id. Mt 9 13, ES **2** 29D, MS **1** 2 7.
ܕܳܒܘܚܳܐ sacrificator ES **2** 509A.
ܕܒܳܚܘܬܳܐ sacrificatio ES **1** 170F, Jul 83 27, JS in MS **2** 53 28.
ܡܰܕܒܚܳܐ ara Gn 8 20, Mt 23 35, ES **3** 234F, Rabb 221 9.

Etpe. sacrificatus est Vit Rabb **200** 26.
Pa. (assidue) sacrificavit 1Sm 1 21, ES **2** 374D, asd 14 8.

ܕܘܒܚܬܐ ESL **2** 573 12 l. ܕܒܚܬܐ q. v.

ܕܒܶܠܬܳܐ *pl.* ܕܒܠܐ placenta ficaria 2Sm 16 1, ES **1** 416C, Judith 10 5.

ܕܒܰܩ a. pupugit, momordit ES **2** 343C, Afr 135 2, MS **1** 38 v. 150, Bhchr 293 26.
ܕܶܒܩܳܐ punctio, morsus KwDW 55 13, 219 18.
ܕܘܒܩܳܐ aculeus Cyr ZDMG **27** 595 v. 78, AS **3** 33 1, **4** 42 25, Phys 8 2.
Etpe. morsus est ES **2** 439C, KwDW 214 3, Bhchr 293 26, car 115 6.

ܕܒܶܩ *1.* conglutinatus est, adhaesit s. ܠ vel ܒ 2Reg 5 27, ψ 44 26, Job 19 20; *2.* s. *acc.* secutus est Mt 9 27; *3.* stupuit (oculus) AM **2** 349 39.
ܕܒܘܩܳܐ *1.* gluten Js 41 7 = ES **2** 88E, EN 25 58; *2.* commissura Ex 26 4, ES **1** 513F.
Etpe. *1.* adhaesit ES **2** 102B; *2.* conjunctus, unitus est ES **2** 473B.
Pa. *1.* agglutinavit, conjunxit Gn 3 7, ES **1** 139F, ap N.T. 48 3; *2.* compegit (librum) BO **1** 306A, Cat Wright **1**59B, CatPar 31 2.
ܕܒܺܝܩܳܐ adhaerens Mc 5 24, ES **1** 120A, Kw DW 399 15.

ܕܒܘܩܝܘܬܐ pronomen relativum Bhgr 1 78 § 9.
ܕܒܘܩܐ 1. commissura JSA v. 365; 2. gluten, viscum Am 3 5 (Hex), ZDMG 39 288 2, Duval-Berthelot 2 2 10, 4 10, 5 3; 3. tegumentum (libri) Bhchr 285 20; 4. volumen ib. 362 3.
ܡܕܒܩܢܐ glutinator, bibliopegus ThMarg 1 117 3.

Etpa. 1. adhaesit 2Reg 3 3, ES 1 546E, am 1 17 8; 2. compactus est CatMB 2a 34.

Af. conjunxit Ez 29 4, ES 2 189D.

ܕܒܪ a. 1. egit, duxit Gn 2 15, dap 2 3, ES 1 520A, spec. uxorem Mt 1 20 (Cur), AS 1 63 6; 2. assumpsit Joh 14 3; 3. intr. s. ܒܣܘܣܝܐ equo vectus est Joseph 27 13, absol. ThMarg 1 102 21; 4. vagatus est Bhchr 165 18.
ܕܒܪ ducens Arist 16 6, JohEph 91 9.
ܕܒܪܐ ager, campus Job 5 23, dap 56 3, ER 114 21, KwDW 17 20.
ܕܒܪܝܐ agrestis Bhchr[1] 317.
ܕܒܘܪܐ 1. actor ψ 136 3, ER 137 10, ES 2 467F; 2. vespillo ES 3 237F.
ܕܒܪܐ agmen Mi 1 6, ES 2 272E.
ܕܒܪܬܐ praeda Nm 31 12, am 3 232 13, Joh Eph 217 17, Bhchr 85 21.
ܕܒܘܪܐ m. vespa AS 4 77 22, Geop 99 23.
ܕܒܘܪܝܬܐ apis Ex 23 28, dap 61 15, Jul XVII 16, Bhce 2 481 15.
ܕܘܒܪܐ comitatus ER 144 21.
ܡܕܒܪܐ desertum Ex 3 1, Afr 452 1, Vit Rabb 161 7.
ܡܕܒܪܝܐ desertum habitans AS 2 27 10, Jul 226 4, JEh 43 1.
ܡܕܒܪܢܝܐ id. KwDW 21 16.

Etpe. 1. ductus est Job 11 16, dap 85 18, ap N. T. 33 4; 2. versatus est (aliquo loco) am 7 12 (Hex), Cat Bibl. Vat 3 164 31.

Pa. 1. rexit, gubernavit, administravit Dt 32 12, BO 2 214a 7 a f.; 2. tractavit Duval-Berthelot 2 10 12.
ܡܕܒܪܢܐ 1. ὁδηγὸς Act 1 16; 2. administrator Guidi to 40 8, ES 2 3 17.
ܡܕܒܪܢܐܝܬ 1. κατ' οἰκονομίαν JSAbb 153pu; 2. μεταφορικῶς AS 116 24.
ܡܕܒܪܢܘܬܐ institutio Pr 1 5.
ܕܘܒܪܐ 1. rectio, institutio, disciplina AS 173 19; 2. ratio (agendi), *pl.* mores AS 179 11, ThMarg 1 58 21; 3. tractatio, regula Duval-Berthelot 2 20 6.

Etpa. 1. se gessit ZDMG 39 283 8; Clr 53 22; 2. rationem habuit (alicujus) Vit Rabb 173 12, obsecutus est Alex 7 5.

ܕܒܝܪ h. דְּבִיר Regn γ 6 5 (Hex).
ܕܒܪܐ ܕܝܘܡܬܐ ES 1 476A. ܣܦܪ ܕܒܪܝ ܝܘܡܝܢ 1Reg 14 19, AS 3 10 10, h. ספר דברי הימים liber Chronicorum.

ܕܒܫܐ *ctr.* ܕܒܫ, mel Ex 3 8, ES 1 480B, Rabb 367 21, AS 3 7 23.
ܕܒܫܢܝܐ mellificus KwDW 405 5.
ܕܒܫܬܐ apis mellifica BA n. 3037.
ܕܘܒܫܐ, ܐܩܛܪܐ succus uvarum passarum in ignem instillans Hos 3 1, cf. Bh ad l., ES 2 237E, BA n. 3020.

Pa. melli similis fuit Duval-Berthelot 2 100 5.

ܕܘܓܐ surdus ψ 38 14, Mt 9 32 (Phil), ES 2 79D, JS in MS 1 47 63.
ܕܘܓܘܬܐ surditas Kays 42 17, BO 2 286A.
ܐܬܕܓܝ 1. surdus evasit Bhchr 335 2; 2. surdum reddidit IA 2 76 61.
ܕܓܕܓ baltutivit BA 5411, 5412.

ܕܓܠ Hab 3 6 i. q. h. ויתר tremuit aut opinatus est? cf. Nöld. ZDMG 40 729 n.

Pa. 1. mentitus est, fefellit Col 3 9, asd 27 17 spem (alicujus) decepit Job 6 15; s. ܒ fefellit Gn 31 7, Hos 5 7 6 7; 2. mendacem putavit, declaravit ES 1 34C, asd 20 19, ZDMG 25 335 v. 220.
ܕܓܠܐ mendax Pr 6 17, asd 2 16, JohDar in MS 1 107 2, ܬܪ̈ܥܐ ܕܓܠܝܢ falsa ostia Dan 14 20 (Hex), *f.* mendacium ECth 2 30 l. 17, TB 58 30, *adv.* ER 51 23; ES 2 275E.
ܕܓܠܘܬܐ mendacium Ex 20 7, ER 48 10, ܕܓܠܘܬܐ

ܬܪ̈ܥܐ (nisi ܕܓܠܝܬܐ emendandum) falsae portae Dan 14 14 (Hex).

ܕܓܠܘܬܐ mendacium ESL 3 117 10, AS 3 183 24, EC in Journ. of s. l. 5 ('64) p. 405 6.

Etpa. *1.* s. ܒ mendax evasit, fefellit Js 33 1, JohEph 64 2; *2.* decepta est spes BO 3 2, 456 6 = ThMarg 1 214 8.

ܕܘܓܡܐ *pl.* ܕܘܓ̈ܡܛܐ, Ath 15 26, AS 2 386 4, Dan 6 13 (Hex). ܕܘܓܡܐ AS 4 2 21, δόγμα *1.* doctrina BO 3 1 352 6 pu, Bhchr 114 pu glherm; *2.* secta JARS 83 3; *3. pl.* leges Dan. l. l.

ܕܘܓܡܛܝܩܐ δογματικὰ AS 2 162 26.

ܕܘܓܡܛܝܩܝ δογματική ES 3 XXXIII 40.

ܕܓܠܐ *1.* dolor oculi; *2.* nix plurima EN 77 41.

ܕܓܫ perfossit Pr 12 18, JS in asd 105 25, Jul 53 10, JSt 68 3, DionT 124 8.

ܕܓܘܫܐ percussor Ez 21 11 (Hex).

Etpe. percussus est 2Mcc 12 22, Joseph 24 5, Arist 10 11.

ܕܕܝܢ δᾴδιον Geop 11 29, 119 12, Löw n. 70.

ܕܝܕܣܩܠܝܐ διδασκαλία *1.* doctrina dap 1 1; *2.* renuntiatio Hoffmann Kirchenvers. 15 21.

ܕܘܕܩܛܐ, ܕܘܕܩܛܐ δωδεκάτη duodecima indictio AS 1 14 12, 15 24 (cf. 2 22 23).

ܕܘܕܩܛܘܢ milliarium XIImum Chr ed 156 23.

ܕܪܕܪܐ BA n. 3047; *1.* δρῦς Geop 25 1 etc.; *2.* πτελέα ZDMG 39 294 38, Löw n. 71, Lag. Nom. 130 9 sq.

ܕܝܕܪܟܡܘܢ *pl.* ܕܝܕܪ̈ܟܡܐ δίδραχμον Ex 30 18 (Hex), Mt 17 24.

ܕܗܒܐ (N § 94C), *1.* aurum Gn 2 12, Act 3 6, ES 3 167C, Vit Rabb 165 24; *2.* χρυσάργυρον lustralis collatio cf. Rechtsb. p. 284 ad § 116, Chr ed 152 19, JSt 26 8.

ܕܗܒܢܝܐ aureus Cyr 210 16, JEh 15 16, Cat MB 37b 20; *f.* electrum, sori ou la pyrite Duval-Berthelot 2 3 6, 4 5, 8 17.

ܡܕܗܒܐ inauratus ES 1 192B, AS 2 268 27, Bhchr 173 4.

Etpa. inauratus, ornatus est Cyr 11 2.

Af. inauravit Js 40 19 (Hex), part. pass. Ap 14 14.

ܐܬܕܗܒ in aurum conversum est TA 40 226.

ܕܗܒܢܐ pannus nitidus, splendens Job 28 18, BA n. 3053.

ܐܕܗܠ obstupefecit BB, PS.

ܕܗܦܢܐ (pers. Lag GA 30 74) i. q. δάφνη BB.

ܕܗܢ pinguis evasit Js 58 11 (Hex).

Pa. pinguem fecit ES 3 590B.

ܕܗܢܐ pingue, pinguedo Za 4 14, Afr 288 7, ES 1 330E.

ܕܗܝܢܐ pinguis ES 1 188C.

ܕܗܝܢܘܬܐ *1.* pinguedo Job 36 16 (Hex), AS 4 78 22, KwDW 9 7; *2.* unctio ES 2 289A.

Etpa. *1.* se unxit ESL 2 379 21; *2.* unctus est Js 34 6.

Af. *1.* pinguem fecit Afr 449 14, ES 3 590B; *2.* unxit ESL 2 179 3.

ܕܗܢܓ (pers. دهنه) gemma similis smaragdo, malachites Kays 265 1.

ܕܗܩܢܐ vel ܕܗܩܢܐ (p. دهقان Nöld. Sass. p. 446 sq. Lag. arm. St. § 603) dominus vel praefectus pagi ThMarg 1 120 7, am 2 584 11.

ܕܗܪܘܬܐ pinguedo BA, BB, PS.

ܕܘܐ debilis, miser fuit Jer 8 18, ES 2 118B, Bhcar 119 4.

ܕܘܝܐ afflictus, infelix, debilis, miser asd 8 10, ES 1 246A, Arist 12 5, *adv.* ES 1 491B.

ܕܘܝܪܝܐ ar. الدّاريّة templarii Bhchr [1] 419.

ܕܘܝܬܐ cantharides EN 44 99, BA n. 3077.

ܕܘܝܘܬܐ debilitas, miseria ES 3 452A, Joh Dar in MS 1 105 11.

ܕܘܝܐ miseria IA 2 80 v. 162.

ܕܘܝܐ (jac. ܕܘܝܐ N § 128B) ܕܘܝܐ Jul 193 13, ܕܘܝܐ Nis 76 50, miseria ψ 13 3, ESJ 225 17.

Pa. purgavit Geop 111 8.

Etpa. debilitatus est ES **2** 150E, JARS 181 2.

Af. debilitavit ES **3** 297B, Bal 274 3, Js 33 1 (Hex).

ܕܘܒ fluxit Lv 15 2, gonorrhoia laboravit Lv 15 8, liquefactus est, haemorrhagia laboravit ES **1** 247B, diffluxit ψ 88 10, Job 37 1 (Hex), ES **2** 342E.

ܕܝܒܐ haemorrhagia Afr 318 19.

ܕܘܒܐ gonorrhoia Lv 15 2, dap 115 13; *2.* haemorrhagia Lv 15 19.

Pa. *1.* diffluere, tabescere fecit 1Sm 2 33, ES **1** 294A, KwDW 99 12; *2.* vexavit 1Sm 16 14, ES **1** 8C, 180D.

ܕܘܒܢܐ *1.* tabes Dt 28 65, Bh ad ψ 161 98; *2.* effluxus Duval-Berthelot **2** 101 11.

ܕܝܒܐ gonorrhoia laborans Lv 15 6.

Etpa. diffluxit, tabuit Joseph **4** 2, ESJ 89 11, TB 43 26, Clr 2 21.

ܕܘܓܐ (pers. LagGA 48 122) lac acidum EN 77 43.

ܕܘܕܐ mente captus BB, Hoffmann Ausz. n. 228.

ܕܘܕ turbavit ER 123 5, ES **2** 518F.

ܕܘܕܐ turbatio Pr 23 29, Guidi to 35 1, ES **1** 558D.

ܬܕܘܕܐ id. am **2** 67 2.

Etpa. turbatus est Mt 24 6, ES **2** 502F, JS in asd 101 7.

ܡܬܕܘܕܢܘܬܐ perturbatio KwDW 389 19.

ܕܕܐ *1.* patruus Lv 10 4, ES **1** 396C, BO **3** 1 196b, Bhchr 97 6; *pl.* ܕܕܐ Cat Wright **1** 163b, cf. Nöld. Neusyr. Gramm. 137; *2.* i. q. h. דוד amatus Cant 1 13 = MS **2** 12 26, Cant 5 10 = ES **1** 365E.

ܕܕܬܐ amita EbMai **10** 222 11.

ܬܕܘܕܐ psalterium Badger The Nest **2** 2.

ܐܬܕܘܙܠ se libravit Duval-Berthelot **2** 18 20.

ܕܠ *1.* excitatus est Jer 6 22, KwDW 47 8, se movit Js 24 19, ES **2** 350D tremuit Jud 5 5 = ES **1** 312D; *2.* se demisit, descendit JS in MS **2** 156 v. 1235, JSAbb **214** 127, JE in ES **2** 30 2, benigne se gessit ES **2** 487 16.

ܕܘܠܐ (ex ass. *dūlu*?) situla Joh 4 11, nomen sideris aquarii Spic 15 8, PsC 22 4.

ܕܘܠܐ solutio ventris Bhchr 189 22.

ܕܘܠܢܐ oscillum (*swing*) EN 29 44.

Pa. excitavit ES **2** 334C, BO **1** 94.

ܡܕܘܠܢܐ minister Rie 25 1, Kays 186 6, JE in Journ. of s. l. **10** 24 5.

ܕܘܠܢܘܬܐ servitium Rie 13 19, Bhchr 108 12.

Af. = Pa. Jer 50 9, ES **1** 141E, Guidi to 36 6.

ܕܢ *1.* judicavit Act 4 19, ES **1** 507D; *2.* ius reddidit, tribuit dap 46 13; *3.* s. ܥܡ litigavit cum aliquo Job 13 19, ES **2** 122E, KwDW 364 8; *4.* discrevit (somnia) Dan 4 15 (Hex).

ܕܝܢܐ *1.* iudicium ER 103 25; *2.* ius Ez 18 5, Afr 25 13; *3.* lis, causa Job 13 18, asd 46 24, dap 50 12; *4.* κριτήριον ZDMG **39** 303 13, ratio (somnii) Dan 2 26 (Hex).

ܕܝܢܐ, *f.* ܕܝܢܬܐ SB 161 9 judex Dt 21 2, ES **1** 431D, asd 46 23; BO **3** 1 57 1.

ܕܝܢܘܬܐ munus judicis ES **2** 26E, BO **3** 1 268a 8, EbMai **10** 245 11.

ܡܕܝܢܬܐ (N § 28) *pl. semel* ܡܕܝܢܐ Cyrill. ZDMG **27** 595pu urbs oppidum 2Par 6 32.

ܡܕܝܢܬܘܢܐ oppidulum Bhchr 418 21.

ܡܕܝܢܝܐ oppidanus Bhchr 77 3.

Etpe. *1.* judicatus est Ex 21 20, ES **1** 507D, asd 47 5, Bhce **2** 663pu; *2.* s. ܥܡ litigavit cum aliquo Jer 2 9.

ܡܬܕܝܢܢܘܬܐ judicium Jš. in ThMarg **2** 141 12.

ܕܨ exsultavit, gavisus est Lc 1 41, Afr 115 1, JS in asd 108 3.

ܕܘܨܐ exsultatio ES **3** 240B, KwDW 140 15.

ܕܝܨܐ saltatio Jer 25 10, 2Bar 2 23, ES **1** 403F.

ܕܝܨܐ, *f.* ܕܝܨܬܐ (cf. Bh ad Pr 4 19) ibex, caprea Js 35 1, ES **2** 79A, ER 115 7, PsC 217 11.

Pa. exsultavit ψ 113 7 (Hex), ES **2** 58E, ܠܘܩܒܠ restitit, se opposuit ECth **1** 721.23.

ܕܘܨܐ scoria Duval-Berthelot **2** 296 9.

ܕܘܟ contudit ES **1** 256D, Geop 11 30.

ܡܕܘܟܬܐ mortarium ES **1** 256D, Geop 87 8, Duval-Berthelot **2** 50 19, 56 9.

Etpe. contusus est Geop 11 29.

ܕܘܩ (Barth p. 38) adspexit MS **1** 59 21, speculatus est ES **1** 119C, insidiatus est Afr 153 3, s. ܒ inspexit Cat. Bibl. Vat. **2** 49 22.

ܕܘܩܐ *1.* observatio Bhchr 196 14; *2.* observator 2Reg 9 17, asd 26 17, Afr 153 3, ER 131 8, Jul 212 10.

ܕܘܩܝܝܐ opticus Bhchr 529 11.

ܕܝܩܐ speculator PsC 272 18.

ܕܝܘܩܐ spectans Cyr 23 13.

Af. *1.* vidit ψ 85 11, Joh 20 11, Afr 11 21, JS in asd 95 17; *2.* micuit, eminuit JEh 20 1, extulit, protendit Hoffmann Ausz. n. 93.

ܡܕܝܩ versatus, peritus Act 18 24, Bhchr 451 18 ܡܕܝܩ ܠܝ ܒܗ constat mihi BO **3** 1 196b, ܠܐ ܡܕܝܩ ܐܢܐ nescio ThMarg **1** 195 4.

ܕܘܪ habitavit, mansit IA **2** 186 v. 528.

ܕܘܪܐ Job 41 6 et ܕܘܪܬܐ ib. 12: labrum chytropodis, in quo sedet lebes et unde fumus egreditur Bh ad l.

ܕܪܐ aetas, saeculum Gn 7 1, ES **2** 256A, asd 8 24.

ܕܪܬܐ, *pl.* ܕܪܐ (IA **1** 304 v. 210) et ܕܪܘܬܐ; *1.* atrium, aula Ez 46 20, Lc 22 55, asd 26 17; *2.* domus, domicilium Chr ed 145 9, AS **2** 96 u. Zingerle, Chrest. 252 f.

ܕܪܬܘܢܝܬܐ domus parvula AS **2** 45 26, ThMarg **1** 297 2.

ܕܪܬܘܠܝܬܐ id. Bhce **3** 429 19.

ܕܝܪܐ *1. m.* domicilium Jer 31 23, ES **3** 396A, ovile Guidi to 18 4, ES **3** 443C; *2. f. pl.* ܕܝܪܬܐ, ܕܝܪܘܬܐ (AS **3** 175 10, 180 12) coenobium Chr ed 152 6, Vit Rabb 161 11.

ܕܝܪܝܐ coenobita Chr ed 150 28, ES **3** XXXIV 11, Vit Rabb 178 16.

ܕܝܪܝܘܬܐ vita monastica ES **3** XXXIV 32, Vit Rabb 183 17.

ܕܝܪܘܢܝܬܐ domus parvula Bhchr 136 17.

ܕܝܪܘܣܝܬܐ ovilia parva am **2** 429 4.

ܡܕܝܪܐ contignatio EbMai **10** 242 20, mansio Nis 1 112, domicilium Hab 3 11, asd 62 17, Vit Rabb 206 27, conclave ES **1** 51C.

ܡܕܪܘܢܝܬܐ cylindrus (ad solum levigandum) Geop 9 20, Severus ZDMG **35** 300.

ܕܝܪ habitavit ES **2** 108F, Vit Rabb 188 14, mansit, exspectavit ES **1** 18C.

ܕܝܪܐ incola ES **1** 464F.

ܕܘܝܪܐ habitatio ES **1** 120F, ThMarg **1** 45 2, Bhchr 29 13. ܥܡܐ ܕܡ' conviva Dan 14 2 (Hex).

ܕܘܪ detorsit ES **3** 387D (nisi ܕܘܪ legendum).

ܕܘܪܐ Bhchr 241 12, ܕܘܪܬܐ Rechtsb 8 4 (δωρεά) munus JohEph 130u, spec. quod sponsus sponsae dat vel parentibus ejus.

ܕܘܫ calcavit, conculcavit ψ 18 43, BO **1** 84a 10 af. *met.* (praecepta) conculcavit, contempsit ES **2** 410F, Bhchr 130 26.

ܕܘܫܐ calcatio, conculcatio dap 23 25, Afr 109 8.

ܕܝܫܐ ES **2** 27A, ܕܝܫܬܐ am **3** 495 13, ThMarg **1** 408 14 id.

ܕܝܘܫܐ conculcator ES **2** 47A.

Etpe. conculcatus est Mt 5 13, Ath 37 16, Bhchr 49 6.

Pa. = Pe. Mt 7 6 (Phil.).

ܕܘܬܐ (pers. Lag Sem 32) atramentum nigrum (de cujus praeparatione apud Syros v. Cat. Wright 581a, 1085a, 1207b) 2Cor 3 3, ES **2** 464F, IA **1** 276 v. 34.

ܕܘܬܕܐܪܐ (pers. دويدار) atramentarium tenens, scribarum praefectus, unus e Khalifarum ministris Bhchr[1] p. 527.

ܕܘܬܝܝܐ atramentinus SB 4 6.

ܕܙܕܐܪ (pers. دزدار Lag GA 31 77) arcis custos Bhchr 341 11.

ܕܘܚܫܐ pulvis Afr 433 7, ES **2** 339F, ER 12 26.

Pa. in pulverem mutavit 2Petr 2 6 (Phil).

Etpa. in pulverem mutatus, confractus est Card 98 6, SB 154 22.

Af. vexavit JS in ZDMG **31** 374 11.

ܕܚܐ *1.* impulit glherm; *2.* depulit, propulit dap 26 22, Jul 84 16.

Etpe. propulsus est Sir 13 21, ES **1** 552E, ER 57 15, Bhce **1** 183 2.

ܕܚܠ *1.* timuit, metuit Job 6 16, s. ܡܢ ab aliquo Dt **10** 12, Ath 70 apu, s. ܕܠܐ ne Bhchr[1] 175, ܕܠܡܐ ne forte; *2.* veritus est ψ 15 4.

ܕܚܠܐ timor Arist 11 9, ES **3** 315C, Bh de div. sap. 21 8.

ܕܚܠܬܐ *1.* timor, metus Job 13 21, ES **2** 208C, **3** 315C; *2.* pietas, religio BO **1** 28 11, ES **1** 550C, Clr 156 33; *3.* secta Jul 41 13, BO **3** 1 242 13, EbMai **10** 251 26; *4.* objectum timoris vel reverentiae Js 8 13, *pl.* Ex 12 12, ES **1** 116, JohEph 97 8.

ܕܚܘܠܐ timidus ES **1** 182D.

ܕܚܝܠܐ timendus, terribilis Hebr 12 21; ES **2** 86A, Guidi to 37 5.

ܕܚܝܠܘܬܐ majestas ES **3** 92F.

Pa. terruit, minatus est Neh 6 9; ER 55 16, asd 53 6.

ܕܘܚܠܐ terrefactio ES **2** 524E, VitRabb 168 25, JS in asd 101 1.

ܕܚܠܢܐ *1.* timidus Dt 20 8, ES **3** 400C, KwDW 346 18; *2.* timendus ES **2** 369A, ZDMG **27** 508 n. 7.

ܕܚܠܬܢܐ *1.* timidus Mt 8 26, ES **1** 317E, Cyr 14 29; *2.* pius, religiosus dap 10 20.

ܕܚܠܬܢܘܬܐ timiditas ES **1** 241D, Pr 19 15 (Hex), Cyr 119 3.

Etpa. territus est Jer 51 46 (Hex).

Af. i. q. Pa. ES **1** 24, Bhchr[1] 529.

ܕܚܠܘܠܐ *1.* timidus Sir 45 2; *2.* formido ES **3** 317E, formido avium (*scare-crow*) Epist Jer v. 70 (Hex), JS ZDMG **29** 113 v. 145.

ܕܘܚܠܐ (ar. دُوخَلَّة ass. *tuḫallu* aram. תוחלא Jensen ZK **2** 26, ZA **6** 445) palmula praematura BB cit PS.

ܕܘܚܢܐ milium, panicum (Löw 72) Ez 4 9, ES **2** 169E, ThMarg **1** 162 4, Kays 207 15, Bhchr 346 16.

ܕܚܘܝܐ expulsivus ES **2** 316E (cf. Bernstein ZDMG **4** 309).

ܕܚܩ o *1.* depulit, propulit Dt 23 8, ESL **1** 293 14, dap 7 2.

ܕܘܚܩܐ expulsio Thren 1 7 (Hex).

Etpe. depulsus est ES **3** 572B, KwDW 359 2, ThMarg **1** 33 2.

Pa. i. q. Pe. ES **1** 379E, Thren 5 22 (Hex).

ܕܘܚܩܐ vexatio, afflictatio Job 36 20, ES **2** 15F.

ܕܚܪܓܐ ܟܐܦܐ durissimum lapidum genus i. q. אֶלְגָּבִישׁ Ez 13 11, BA 4573.

ܕܚܪܓܘܬܐ duritia Bhcar 141 15.

ܕܚܫܐ (pers.? Lag GA 31 78) satelles, lictor Gn 37 36, Mt 26 58, Afr 38 3, ES **1** 91D.

ܕܘܚܘܒܝܟ (pers. دوچوبك) baculus am **2** 595 4.

ܕܘܛܪܐ δευτέρα secunda AS **1** 15 20.

ܕܘܛܪܪܐ δευτεράριος Cat Wright **2** 454b.

ܕܘܛܪܐ (cf. ar. ضوطار Fraenkel WZKM **3** 249) leno EN 14 00, BA n. 5415.

ܕܝܒܝܛܐ διαβήτης *1.* libra TB 34 28 glherm; *2.* circulus ESL **2** 573 12, ThM 10 18, Js 44 13 (JE), Card 161 2.

ܕܝܒܛܝܣ id. diabetes morbus EN 33 37.

ܕܝܘܐ (pers. Lag. GA 32 20) daemon ES **1** 381C, ER 16 14, JSt 44 15.

ܕܝܘܢܐ daemoniacus Mt 8 28, ES **3** LIV 47, Bhchr 181 20.

ܐܬܕܝܘܢ δαιμονίζεσθαι lymphaticus evasit Mt 4 24 (Phil), Joh 10 21 (Bernst.), Epiph 31 10, Bh ZDMG **40** 440.

ܕܚܠܬ ܕܝܘܘܬܐ superstitio Act 25 19 (Phil).

ܕܝܘ aquila Bh ad Js 34 15.

ܕܝܘܐܢ pers. دیوان codex, tabulae KwDW 150 10.

ܕܝܙܐ aper silvestris BB, PS.

ܕܝܠܐ milliarum BA, BB, PS.

ܕܝܐܛܓܡܐ, *pl.* ܕܝܐܛܓܡܛܐ (sic l.!) διάταγμα mandatum Ezr 8 36, AS **3** 129 9.

ܕܝܐܛܟܣܝܣ Sev. in ES **2** 183 2. ܕܝܐܛܐܟܣܝܣ Rie 23 17. ܕܝܐܛܟܣܝܣ Bhce **1** 207 14 διάταξις dispositio.

ܕܝܐܛܣܪܘܢ (διὰ τεσσάρων) Diatessaron (Tatiani) Add 36 17, BO **3** 1 2, Bh ad Mt 8 14, EbMai **10** 191 13.

ܕܝܛܪܘܢ (corr.) id. asd 15 24, cf. p. 158 n. ad 15 29.

ܕܝܐܛܪܝܓܘܢܐ δύο τρίγωνα glherm.

ܕܝܟܪܘܣܘܢ διάχρυσον = 1/2 ἄργυρος Epiph 3 34, 54 81.

ܕܝܠܝ meus etc. cf. Nöld. § 225.
ܕܝܠܢܝܐ τὸ ἴδιον glherm.
ܕܝܠܢܝܘܬܐ ἰδιότης ib.
ܕܝܠܢܝܐ ἰδικὸς specialis Ath 43 24, JBh 8 13 glherm, *adv.* ἰδίως Ath 28 10 glherm.
ܕܝܠܢܝܘܬܐ proprietas BO **1** 475A.

ܕܝܐܠܘܓܘ διάλογοι dialogi Bhce **3** 411 15.

ܕܝܐܠܠܝܐ *pl.* ܕܝܐܠܠܝܣ διαλαλία AS **3** 101 12 10.

ܕܝܐܠܘܣܝܣ διάλυσις pactio Rechtsb. 14 20.

ܕܝܐܠܩܛܝܩܘ διαλεκτικοὶ dialectici Bh adsc. ment. 18 19.
ܕܝܐܠܩܛܝܩܝܬܐ διαλεκτική glherm.

ܕܝܡܐ, ܕܝܡܬܐ (N § 23E) nebula tenuis cineri similis Ex 16 13, ON 87 3.

ܕܝܡܛܪܘܢ Bhchr 253 15 adsc. ment. 5 14, Card 44 10 glherm, ܕܝܡܛܪܘܢ JS 103 14, ܕܝܡܛܪܘܣ AS 136 20, *pl.* ܕܝܐܡܛܪܐ Ge ZA **8** 26 23 διάμετρος, dimetiens.

ܕܝܐܡܛܪܐܝܬ diametraliter Kays 193 18.

ܕܝܢ (e אֱדַיִן N § 32) sed autem gr. δὲ pass.

ܕܐܝܢ, ܕܝܢ (pers. *daena*, *din* ex elam. *dēn* e bab. *dēnu* Jensen in Horn Grundr. p. 133 n. 2) religio Corluy MP 8 11, am **2** 604 11, Guidi chron. 17 5.

ܕܝܢܓ (pers. *dînîg*) asceta KwD 69 7, cf. Benfey praef. LXXIII.

ܕܝܘܣܒܐܠܢܘܣ Διὸς βάλανος Geop 74 13.

ܕܝܐܦܘܢܛܝܘܣ διαπόντιος transmarinus Rechtsb 19 24, cf. p. 237.

ܕܝܘܦܘܣܝܛܐ, ܕܝܦܘܣܝܛܐ διοφυσίτης AS **3** 162 10, Bhce **1** 189 5.

ܕܝܐܦܣܠܡܘܢ, ܕܝܐܦܣܠܡܐ διάψαλμον Hab 3 3 (Hex), Bh ad ψ 109 91.

ܕܝܘܦܣܝܣ δίοψις apparitio, nomen mercurii Duval-Berthelot **2** 46 11.

ܕܝܐܦܪܓܡܐ διάφραγμα membrana pulmonem a jecore et liene distinguens ES **2** 316C, EN 9 73.

ܕܝܩܢ ܪܫ ἀρχιδιάκονος ESL **2** 49 5.
ܕܝܩܘܢܝܐ *pl.* ܕܝܩܘܢܝܣ διακονία AS **2** 237 21, 241 12, JohEph 92 35.
ܕܝܩܘܢܝܘܢ διακονεῖον Bhce **1** 359 5.
ܕܝܩܘܢܝܩܘܢ ܒܝܬ domus diaconica AS **2** 362 14.

ܕܝܩܣܝܣ (ܕܝܩܣܘܣ) ܐܡܪ (δίκας?) causam dixit JohEph 255 18, Bhce **1** 241 17.

ܕܝܩܘܠܘܣ argentum BA (PS) Ge ZA **8** 95 4.

ܕܝܩܐ, *pl.* ܕܝܩܐܣ δίκη Rechtsb 7 16, 20 6.
ܕܝܩܝܘܡܛܐ δικαιώματα *1.* documenta Rechtsb 25 4, JohEph 131 13; *2.* leges Rechtsb 39 1.
ܕܝܩܢܝܩܘܢ ܒܝܬ δικανικὸν tribunal JohEph 90 6.
ܕܝܩܣܛܐ δικασταὶ judices JohEph 197 2.
ܕܝܩܣܛܪܝܢ δικαστήριον tribunal asd 49 16, Jul 119 14, am **1** 247 18, **3** 306 3.

ܕܝܐܩܪܝܢܘܡܢܘ διακρινόμενοι cognomen Monophysitarum Bhce 1 235 14, chr 89 4, Joh Eph 169 18.

ܕܝܪܡܢܘܛܐ διερμηνευτής interpres JohEph 354 22.

ܕܝܬܐ *pl.* ܕܝ̈ܬܐ *1.* milvus (ἴκτινος cf. Land AS **4** 59 n. 2), Js 34 15 (h. דַּיּוֹת) AS **4** 62 13, IA **1** 58 105; *2.* i. q. h. אַיָּה Job 28 7 sec. Bh. ad l. ܩܘܦܐ strix.

ܕܝܬܩܐ, ܕܝܬܩܐ, (*sg.*, cum *suff. pl.* ܕܝ̈ܬܩܘܗܝ, testamentum ejus MS **1** 61 101, JSTham v. 172), *pl.* ܕܝ̈ܬܩܐ, ER 5 13, ܕܝܐܬܝܩܝ ES **1** 184E, ܕܝ̈ܬܩܘܢ, Afr 28 11, ܕܝ̈ܬܩܘܬܐ, Gal 4 24, Afr 441 17 διαθήκη testamentum, foedus Mt 26 28, ER 137 1, asd 14 27, Jul 75 18, Bhchr 252 2.

ܕܝܐܬܝܣܝܣ διάθεσις dispositio Bhcar 166 10.

ܕܘܟܬܐ, *pl.* ܕܘܟ̈ܝܬܐ (N § 71 4) et ܕܘܟ̈ܘܬܐ (Geop 4 30, 118 29) locus Gn 24 31, asd 53 26, spec. sedes (episcopi) Chr ed 153 4, dap 11 4.

ܒܕܘܟܬܗ statim ECth passim, ܟܠ ܕܘܟ ubique Cyr 118 28, ܟܠ ܕܘܟܐ id. ib. 120 15, ܡܢ ܟܠ ܕܘܟ πανταχόθεν undique Geop 24 23, ܒܕܘܟ numeris apponitur ut circiter, forte AS111 22, Cyr 117 7.

ܕܟܐ purus fuit Thren 4 7, purus evasit, purgatus est Lv 15 28, 2Rg 5 13.

ܕܟܝܐ, ܕܟܝܐ purus Gn 7 2, Pr 25 4, Joh 15 3.

ܕܟܝܘܬܐ puritas ψ 18 31, Job 9 30, Guidi to 19 35.

ܕܟܝܬܐ olera pura(?) AS **2** 196 24.

Pa. *1.* purgavit Ez 37 23, 2Par 34 8; *2.* segregavit, secrevit aliqd ab aliquo ES **3** 254E, BO **1** 37 18.

ܕܘܟܝܐ purgatio dap 41 20, JS in MS **1** 51 v. 178, BO **3** 1 358a 13.

ܡܕܟܝܢܘܬܐ *1.* id. Lc 2 22; ER 62 6, MS **1** 48 v. 76; *2.* sordes JE in Journ. As. 1888 p. 476 n. 1 l. 5.

ܡܕܟܝܢܐ novacula (*razor*) Jud 13 5, PsC 23 10, Bhchr 149 22.

Etpa. *1.* se purgavit Job 9 30, ES **1** 532E; *2.* purgatus est Pr 20 9, JS in MS **1** 48 83, AM **2** 346 28 sanatus est BO **2** 61a 24.

Ettaf. purgavit Nis 30 85.

ܕܟܘܦܐ mutulus lucernae BA n. 3117.

ܕܘܟܣ δοὺξ dux JSt 47 14, AS **3** 178 17, am **1** 250 18, JohEph 216 1.

ܕܘܩܣܐ BO **2** 230 13, **3** 1 332b apu, Mai **10** 271 17, Cat Bod 560 8. ܕܘܩܣܝܐ Card 108 19 δόξα gloria.

ܕܟܪܐ *1.* mas, masculus Gn 1 27, dap 1 20, Bhchr 51 9; *2.* aries Ath ܡܝ 8, BO **1** 74a 1; *3.* membrum virile AS **4** 40 19, Sind 21 12, Bhchr 356 3.

ܕܟܪܐܝܬ masculine ET **6** 20.

ܕܟܪܢܝܐ *1.* masculus AS **4** 40 7; *2.* tt gr. masculinus ET **6** 12, *adv.* Bh ad Job 24 6.

ܕܟܝܪ *1.* memoria recolatur BO **1** 55a 28, **2** 220 23; *2.* memor Bal 294 7.

ܕܘܟܪܢܐ (de ܒ cf. Rahlfs diss. p. IX) memoria Gn 9 16, 1Cor 11 25, ES **1** 442F, Bal 331 9.

Etpe. *1.* meminit, recordatus est Gn 8 1, Sap Sal 2 4, Bal 292 10, JS in asd 108 6; *2.* commemoravit Add 20 19.

Af. *1.* in memoriam revocavit Js 19 17, ES **1** 449D; *2.* commemoravit Job 13 26; Vit Rabb 167 12, PsC 121 1, BO **2** 220 4, narravit ES **1** 102E.

ܕܟܠ filum texuit ESL **3** 687 17, Bhgr **1** 98 7, ON 53 4; 72 17.

ܕܘܟܠܐ filum ESJ 47 15, am **2** 266 16, BO **1** 186 n. 1.

ܕܠܝܠܐ facilis ES **1** 278 8, ER 111 12, BO **1** 110b 10, *adv.* facile ER 111 15.

ܕܠܝܠܐ paucus asd 7 14, Jul 118 3, Bhchr 163 7.

ܒܕܠܝ̈ܠܬܐ paucis verbis ES **1** 21A.

ܕܠܝܠܘܬܐ tenuitas ZDMG **39** 287 1.

Pa. *1.* deminuit JBh 4 15; *2.* dimisit Mt 1 19 (Cur).

ܕܘܠܠܐ *1.* divortium Afr 116 2, ES **1** 411B; *2.* repudium ES **3** 215E, 'ܕ ܟܬܒܐ id. Mt 5 31, ES **1** 280A.

ܡܕܠܠܢܐ ἀραιωτικός ZDMG **39** 240.

Etpa. *1.* parvus factus, deminutus est Job 28 4, ES **1** 317F, rarus evasit ES **1** 339D; *2.* cognominatus est, Bhce **3** 1 7, Cat MB 4a pu.

ܕܠܐ *1.* hausit Ex 2 16 19, Joh 4 15; *2.* extraxit dap 19 27, Bal 284 21.

ܕܠܝܬܐ brachia, palmites Ez 17 7=ES **2** 181A.

Pa. extulit, extraxit Pr 9 12 (nest. sec. Bh. ad l.), ES **1** 534C, Alex **64** 15, KwDW 194 24.

Etpa. extractus est ES **2** 360A, Nis 74 31, ER 28 5.

Af. i. q. Pa. Pr 9 12 (jac.).

ܕܘܠܒܐ (pers. Lag GA 31 76, Sem **1** 60, bab. *tulubu* Jens.) platanus orientalis (Löw 73), Gn 30 37, Sir 24 14, ER 149 8, IS 34 23, PsC 219 7.

ܕܠܝܚܘܬܐ (corr.) indulgentia Afr 251 15.

ܕܠܚ *1.* turbavit, turbidam reddidit (aquam) Afr 269 19, IA **1** 94 v. 218; *2. met.* commovit, turbavit Jos 7 25, BO **1** 302a 19, s. ܡܢ revocavit, avertit, deterruit IA **2** 274 v. 706.

ܕܠܝܚܐ turbatus Ath ܡܐ 25.

ܕܠܝܚܘܬܐ aqua turbata ES **3** 113F. ܕܠܝܚܘܬ ܡܝܐ discidium BO **3** 1 106a 2=ThMarg **1** 70 1.

ܕܠܘܚܐ perturbator 1Reg 18 17, IA **2** 280 v. 806, stimulator ES **1** 495E.

ܕܘܠܚܢܐ perturbatio 1Sm 4 14, ES **1** 396B, Jul 179 20, am **3** 368 9.

Pa. perturbavit Act 15 24, dap 47 8, ES **1** 495E.

Etpa. perturbatus est 2Rg 6 11, ψ 46 4, JS in asd 91 10.

ܕܘܠܚܓܐ ar. ذو الحجّة XIImus mensis anni Moslemici ENchr 19 2.

ܕܠܡܛܝܩܐ δαλματική vestis missalis ES **3** 49 27.

ܕܠܦ stillavit Eccl 10 18 = ES **2** 348B.

ܕܠܦܐ stillicidium Pr 19 13, JohEph 174 3.

ܕܠܦܝܢܐ δελφίς apap 91 1, Phys cap 32.

ܕܠܩ a *1.* arsit, flagravit ES **1** 423E, BO **1** 142b 21; *2.* fulsit, splenduit ESJ 152 7; *3.* ortus est (sol), Bal 296 15.

ܕܠܩܐ *1.* accensio ER 63 3; *2.* incendium asd 84 15, ES **2** 465D.

ܕܠܩܐ *1.* flamma ES **3** 75E, AM **2** 232 17, EbMai **10** 269 12, fax, taeda ES **1** 319E; *2.* splendor PsC 182 5, ThMarg **1** 95 3.

Pa. accendit ES **3** 525D.

Af. *1.* id. Corluy MP 23 11, EbMai **10** 270 16; *2.* illuminavit IA in MS **1** 13 7.

ܕܠܩܛ v. s. v. ܡܠܩܛ.

ܕܘܠܩܥܕܗ ar. ذوالقعدة XI us mensis anni Moslemici ENchr. 15 17.

ܕܠܡܐ (e ܠܡܐ + ܕ) ut fortasse, ne forte, quominus ES **2** 427A, Vit Rabb 176 7, Jul 5 25.

ܕܡܐ σκοπεύειν observavit, spectavit cum animi cura et studio atque diligentia 1Rg 4 13, Dt 18 10 (Hex), BS p. 22.

ܕܡܐ (N§146) *1.* sanguis Gn 4 10, Mt 26 28, ܐܢܬܬܐ ܕܪܕܝܐ ܕܡܐ haemorrhoissa Nis 27 10, ܕܘܡܐ ES **3** 554E et ܕܘܡܐ BO **1** 96 id. cf. Nöld § 224*; *2. met.* succus (uvarum) 1Mcc 6 34.

ܐܬܕܡܝ cruentus factus est Geop 100 17, 110 9.

ܕܡܢܝܐ sanguineus BO **3** 2 294 22.

ܡܕܡܕܡܐ Bhchr 111 14, ܕܡܕܡܐ (N§130) BB cruentus.

ܕܡܐ similis fuit s. ܠ Cant 2 17, Mt 6 8, s. ܒ ER 22 16, ܕܡܐ videtur ES **2** 269A, verimile est dap 52 5, ܒܐܣܟܡܐ ܕܡܝܢ ὁμοιοσχήμονες glherm. ܐܝܟ ܕܡܝܢ ὁμοιοτρόπως ib.

ܕܡܘܐ *1.* similitudo Js 13 4, BO 1 107a 4; *2.* imago, figura, forma asd 68 13, ES 1 108E, SB 158 19, *pl.* ܕܡܘ̈ܐ (N § 72) pretium Gn 23 13, ES 1 536, JohEph 360 15.

ܕܡܘܐܝܬ similiter ThMarg 1 327 17.

ܕܡܘܬܐ, *pl.* ܕܡܘ̈ܬܐ (N § 76B) *1.* similitudo ZDMG 39 254 13; *2.* simulacrum, imago Gn 1 26, ES 2 372C, asd 48 8; *3.* forma BO 1 540 Wisemann 20, exemplar Act 12 44, Clr ep 150 2 τύπος figura ES 1 112F, μορφὴ opp. ܗܘܠܐ ὕλη glherm. ܒܕܡܘܬܐ ܚܕܐ ὁμοίως ib., ܕܡܘܬܐ ܩܪܢܢܝܬܐ ἡ κερασφόρος PsC 20 8, cf. Nöld. Beitr. 13; *4.* tt. astr. constellatio Bh Cat Bod 580 8ζ.

ܕܡܘܬܢܝܐ, ܣܘܟܐ i. q. ܣܟܠܐ τέλος terminus imaginationis, cogitatus cf. ܕܡܘܬܐܝܬ ὁμοιωτικῶς figurative glherm.

ܕܡܝ imitatus est EbMai 10 328 15.

ܐܬܕܡܝ imitando expressus est ib. l. 30.

ܕܡܝܐ dignum, pretium, aequivalentia Nis 4 80.

ܕܡܝܐ *1.* similis Métr 13 13 (cf. ZDMG 34 574), Bhgr 2 77, JARS 6 5; *2.* aptus AS 4 42 24.

ܕܡܝܘܬܐ ὁμοιότης similitudo Cyr 158 14 s. ܠܘܬ et ܠܘܬ πρός τι, ܠܐ ܕܡܝܘܬܐ syn. ܫܘܚܠܦܐ ἀνομοίωσις syn. ἀλλοίωσις; dein comparatio εἰκασία (Vorstellung) φαντασία καταληπτικὴ glherm.

Pa. *1.* s. ܠ assimilavit, comparavit ZDMG 39 244, am 3 235 18, aequiperavit ER 46 15; *2.* s. ܒ similis fuit Vit Rabb 192 2; *3.* s. ܡܢ εἰκάζειν, concludit, aestimavit ex aliqua re AS 112 26 27, 116 5.

ܕܘܡܝܐ *1.* ὁμοίωσις glherm; *2.* εἰκασία conclusio AS 116 4.

Etpa. *1.* s. ܠ assimilatus est Js 24 5; JSAbb 157 23; *2.* s. ܒ similis fuit ER 22 23, Ath 21 8, dap 51 28, imitatus est JSAbb 66 402, Arist 13 10.

Ettaf. similis factus est Métr 13 6.

ܕܡܘܛܝܩܘܣ δημοτικὸς AS 3 145 24.

ܕܡܟ (Barth 2, 3) *1.* dormivit ER 29 11, Chred 146 7; *2.* obdormivit Gn 2 21, Guidi to 36 19.

ܕܡܟܘܬܐ *1.* somnus ES 1 56D; *2.* somnolentia ES 2 505F.

ܕܡܟܐ somno deditus Pr 23 21.

ܕܡܝܟ dormiens Mt 8 24, ES 3 224B.

ܕܡܝܟܘܬܐ somnus IA 2 120 231.

ܡܕܡܟܐ *1.* locus, tempus dormiendi Lv 15 24, dap 93 29; *2.* dormitus Joh 11 13, KwDW 400 6; ܒܝܬ ܡ' cubiculum.

Pa. sopivit Pr 29 22 (Hex), ES 2 405C, TB 21 12, Nis 61 115.

ܡܕܡܟܢܐ ὑπνωτικὸς Gal ZDMG 39 240.

Af. dormire fecit Jud 16 19.

ܕܡܢܛܝܢܘܣ adamas AS 4 88 14 (leg. 'ܐܕ).

ܕܘܡܣܐ δόμος domus 1Ezr 6 24, JS in ER 397 1, Bhchr 98 15.

ܕܡܣ aedificavit Bhce 3 7 17.

ܕܘܡܣܝܣ ἐνδόμησις pila, columna Ap 21 18.

ܕܘܡܣܛܝܩܐ, AS 3 232 16, am 3 269 1, Joh Eph 7 17 (sic l.!) ܕܘܡܣܛܝܩܘܣ, Bhchr 185 14 domesticus.

ܕܝܡܘܣ δῆμος populus AS 3 56 17.

ܕܡܘܣܝܢ, *f.* Jul 250 18, AS 3 215 13, ܕܝܡܘܣܝܢ, JSt 24 11. ܕܝܡܘܣܝܘܢ, Bhchr 115 6, Cat Wright 2 535a δημόσιον = balneum.

ܕܡܘܣܝܢ, id. = aerarium AS 3 55 19.

ܕܘܡܣܝܢ, id. = cancellaria, tabularium (ar. ديوان) JARS 36 7.

ܕܡܘܣܝܣ, Joh Eph 123 16, ܕܡܘܣܝܐ, ib. 315 16, ܕܡܘܣܝܐ, ib. 365 13 δημόσιος, publicus.

ܕܝܡܘܣܝܘܣ, δημοσίως publice Rie 55 20.

ܕܡܥܬܐ *pl.* ܕܡܥ̈ܐ lacrima ES 2 250C, Vit Rabb 165 2, Jul 228 9.

ܕܡܥܘܢܝܬܐ lacrimula Kays 129 16.

ܕܡܥ, lacrimavit, flevit Joh 11 35 (Phil).

Pa. id. Mich 2 6, ES 2 275A, 3Mcc 5 49, ESL 2 11 18.

ܕܡܪܐ gramiae, lemae BA n. 4233.

ܕܡܪܢܝܬܐ φρίσσουσα (γῆ) trepidans Geop 6 29.

ܕܡܝܪܐ mirabilis am **1** 468 17.

Pa. mirificavit ψ 30 51 (Hex).

ܕܘܡܪܐ *1.* admiratio, stupor JS in MS **1** 93 9, Arist 20 2; *2.* mirabile Js 9 5, ER 34 17, *adv.* mirabiliter ES **1** 467F, thes. hymn. **3** 167 23.

Etpa. admiratus est, stupuit Mt 8 27, Js 59 16, ES **1** 519C.

ܡܬܕܡܪܢܐ nomen accentus ET 38 12, BZ 15 5, *adv.* mirabiliter ES **2** 22F.

ܬܕܡܘܪܬܐ *pl.* ܬܕܡܪܬܐ miraculum Ex 3 20, ER 56 3, Guidi to 42 11.

Af. mirificavit ψ 15 4 (Hex).

ܕܢܐ (ex ass. *dannu* Tallquist Nabunaid p. 65) *1.* urna Bhce **2** 825 15, BA n. 3183; *2.* ramus SB 5 11.

ܐܬܕܢܝ *1.* adhaesit ES **1** 143C, ER 87 10, Ath 24 8; *2.* aggressus, ausus est, suscepit Bhchr [1] 2; *3.* assensus est BO **3** 1 107b 5, ThMarg **1** 72 23, oboedivit Act 7 39, cessit Cyr 60 1, passus est 2Cor 11 20, concessit, permisit Bhchr 122 22.

ܡܬܕܢܝܢܘܬܐ adhaesio Jš in ThMarg **2** 142 18.

Af. adjunxit, appendit ECth **2** 30 l. 17, Clr 90 13.

ܕܘܢܒܐ *f.* et ܕܘܢܒܬܐ et ܕܘܢܒܐ (Dt 28 13, Joh Eph 301 20) *pl.* ܕܘܢܒܐ et ܕܘܢܒܬܐ (N § 71 4), *1.* cauda Ap 8 13, ES **2** 18B, Geop 107 24, Bhchr 247 19; *2.* extrema pars (hastilis) 2Sm 2 23, ES **1** 396F, MAMQ 7 6.

ܕܘܢܒܣܘܣܝܐ ἵππουρις ZDMG **39** 251 4.

ܕܢܝܦ ܠܐ (nisi forte ܕܠܐ leg.) indesinens AS 167 19.

ܕܢܦ perdidit Js 26 14, insidiatus est(?) Jul 167 4, postposuit BA 3185.

ܕܢܕܠܐ ceterach officinarum Löw n. 77.

ܕܢܕܠܐ (cf. Delitzsch Assyr. Stud. **1** 76) scolopendra, forficula auricularia vel millepeda BA n. 3186.

ܕܢܕܠ commovit BA, PS.

Etpa. pependit Vit. Pat. cit PS.

ܕܢܚ a. *1.* ortus est Job 9 7, apap 63 9, BO **1** 310a 16; *2.* splenduit, fulsit Js 11 3, BO **1** 312b 19.

ܕܢܝܚ ortus ES **3** 6E, Job 31 26, manifestus Giorn. d. soc. as. it. **3** 176u, *adv.* conspicue Hoffmann Kirchenvers. 55 34.

ܕܢܝܚܘܬܐ claritas, conspicuitas KwDW 103 6.

ܕܢܚܐ *1.* ortus (solis) ER 72 13, ES **1** 9B; *2.* lux, splendor BO **1** 312b 19; *3.* epiphania ES **3** XLIV 31, asd 26 20.

ܡܕܢܚܐ *f.* ortus (solis) Joh Eph 408 19, Bhchr 87 13, oriens Mt 8 11, ES **3** 580D.

ܡܕܢܚܝܐ orientalis Chr ed 148 5, ES **3** XXXVII 24.

ܡܕܢܚ ܫܡܫܐ ortus solis BA 5454, Mt 8 11 (Phil).

Af. *1.* oriri fecit Mt 5 45, ES **2** 294C, Vit Rabb 164 9; *2.* illustravit ECth **1** 33 l. 4; *3.* manifestavit ThM 50 25; *4.* aperuit, protulit Guidi to 35 5, ThMarg **1** 15 6, Giorn. d. soc. as. it. **3** 176 20.

ܕܘܫܪܛܝܐ AS **3** 219 26 l. ܕܘܫܪܝܐ donativa cf. Joh Eph 168 18.

ܕܥܨ vexavit Jul 63 23, Ex 1 14 (Hex), JARS 8 1.

ܕܘܥܨܐ vexatio Jer 14 15 (Hex), BA n. 3091.

Etpa. vexatus est Ez 9 4, ES **2** 173 5, AS **3** 41 12, BO **3** 1 128b 4.

ܕܢܩܐ (pers. دانك Lag GA 22 81) sexta pars dirhemi Bhchr 220 26, Duval-Berthelot **2** 69 15.

ܕܝܢܪܐ δηνάριος denarius Mc 12 15, ES **3** 373D, Vit Rabb 202 27.

ܕܐܝܣܝܣ (δέησις) petitio AS **3** 132 2, 139 18.

ܕܘܣܢܛܪܝܐ δυσεντερία tormina intestinorum Bhchr 399 8, Geop 53 14.

ܕܣܦܘܛܝܩܐ δεσποτικὸς minister τοῦ δεσπότου, domini Joh Eph 49 2, 94 4.

ܕܘܩܢܐ perdrix BA, BB, PS.

ܐܬܕܘܣܩܠ (δυσκόλως) cunctatus est ES 1 70E.

ܕܘܣܘܪܝܐ δυσουρία urinae difficultas Geop 111 2.

ܕܘܣܬܢܝ (pers. Lag GA 33 82) modus saltandi BA n. 3192.

ܕܘܣܬܢܐ (pers. Lag GA 33 83, Armen. St. §576, Sem 60) manubrium, capulus BA n. 1068, Rg β 23 10 (conj. Lorsbach).

ܕܘܫܬܢܐ cingulum latum BA n. 3092.

ܕܘܣܬܪܐ ascia, securis Duv-B 2 318 n. 3.

ܕܥܟ *1.* exstinctus est ψ 118 12, Bal 286 27; *2.* marcuit, flaccuit ES 3 323D.

Pa. *1.* exstinxit Afr 22 9, Gal ZDMG **39** 304 3, KwDW 274 1; *2.* duravit (metallum) Duval-Berthelot 2 96 19.

ܕܥܝܟܐ exstinctus ES 3 252B.

ܕܘܥܟܐ exstinctio ES 1 372B, AS 188 8.

Etpa. exstinctus est ES 2 354C, BO 3 2 363m (sic l.!).

Af. *1.* i. q. Pa. ES 3 445B, JS in asd 97 6; *2.* restinxit, sedavit (sitim) Rabb 232 17.

ܕܥܨ infixit Nis 39 58, ESL 3 769 8.

ܕܥܪ o. *1.* hebetavit ESJ 12 14 = Bal 277 7, MS 1 20 v. 429; *2.* increpuit 1 Tim 5 1 (Phil); *3.* incitavit Joh Eph 326 18.

Pa. occaecavit ESJ 69 10, Jul 10 25.

ܡܕܥܪܢܐ percussor 1 Tim 3 3 (Phil), Joh Eph 304 15.

ܕܘܥܬܐ *f.* et *m.* (N§86) *pl.* ܕܘܥܬܐ (BO 3 1 77 6) √ידע, h. יזע (N p. 280), sudor Gn 3 19, ES 2 172D, Jul 248 10.

ܕܘܥܬܐ ܕܐܪܙܐ resina Geop 106 18.

ܕܘܥܬܐ ܕܒܛܡܬܐ resina terebinthi EN 26 78.

ܕܥܠ sudavit ES 2 392B, Jul 248 10, IA 1 36 83, SB 116 20.

ܕܥܝܠܬܐ sudore manans ThMarg 1 343 9.

ܕܦܐ (ex assyr. *duppu* Jensen ZA **4** 348), *1.* asser, tabula Joh 19 20, ES 1 229E, PsC 138 17; *2.* tabula, qua liber compactus est (*cap*) Bhce 3 269 1; *3. pl.* τὰ ζυγὰ (τῶν πλοίων) 3 Mcc 4 10; *4.* i. q. ܠܘܚܐ q. v. PsC 261 1.

ܕܝܦܛܘܟܘܢ ܕܝܦܬܘܟܘܢ, *pl.* ܕܝܦܛܘܟܘܣ (Bhce 1 139 8), ܕܝܦܛܟܐ (BO 2 202b) δίπτυχον tabula Chr ed 155 22, Joh Eph 87 15, AS 3 131 17, Cat Wright 2 491a 18.

ܕܝܦܠܘܣܝܣ δίπλωσις duplicatio ponderis auri aut argenti Duval-Berthelot la chimie au moyen âge 2 27 9, cf. ZDMG **47** 532.

ܕܦܢܐ *f. pl.* ܕܦܢܬܐ (etiam Hex Ez 41 7, cf. Field 20 ass. *dapanu*), *1.* latus, lumbus Js 11 5, ES 1 419F, JS in asd 105 26, Bhchr 64 2; *2.* feretrum AS 2 387 18.

ܕܘܦܢܐ loculus (*coffin*) Gn 50 26, ES 1 115A, 484C. BA 3094.

ܕܦܢܐ *pl.* ܕܦܢܐ et ܕܦܢܣ, gr. δαπανὴ sumptus Dn 14 21 (Hex), Rechtsb 24 28, Joh Eph 380 1.

ܐܬܕܦܢܝ ἀνηλίσκετο, impendebatur Dn 14 2 (Hex).

ܕܦܝܢܐ (corr.) δελφίνιον Geop 117 6.

ܕܦܢܝܕܝܢ δαφνίδιον laurus Jul 247 26, AS 185 6, Rie 134 24, Geop 41 16, EN 26 81.

ܕܝܦܪܘܣ ER 156 5, ܕܝܦܪܘܣ ESL 3 217 12 δίφρος lectica.

ܕܝܦܬܪܐܣ διφθέραι pelles Ex 39 34 (Hex).

ܕܩ contudit, comminuit Js 28 28, Afr 84 1, ER 8 16.

ܕܩܐ legumina arida Löw p. 155n, ThMarg 1 278 1, Pall ib. 2 471 n. 4, Nat. 41 9, BA n. 3203, BB 587.

ܕܩܐ legumen Vit Rabb 183 11, AS 2 297 24, AM 2 230u.

ܕܩܬܐ scobs (*clippings*) ES 1 226A, pulvis KwDW 142 9 (conj. Duval).

ܕܩܩܐ scopulus(?) Kays 260 3.

ܕܩܝܩܐ parvus JEh 20 1, cribratus Geop 10 28, hectica (febris) Sir 26 26.

ܕܩܝܩܘܬܐ parvitas JEh 19 17, ܕܩܩܐ ܕܟܐܦܐ pulvis lapidis Duval-Berthelot 2 56 20.

ܕܩܘܩܐ pistillum Duval-Berthelot 2 22 2, 47 20.

Etpe. contusus est Dt 9 21, ES 2 66A, Gal ZDMG 39 301 5.

Pa. et **Af.** contudit Ex 30 35, Afr 89 16, ES 1 545E.

Etpa. contusus est Cyr 24 4.

ܕܩܕܩ moderatus est, temperavit (passui) Jul 30 25.

ܕܩܕܩ parvus ES 1 349D, am 3 366 15, apap 130 5, saepius *pl.* ܕܩܕܩܐ (N§146), 1Cor 6 2, asd 54 2, ER 348 2, *pl. f.* minutiae ES 2 97E.

ܕܩܛܐ δεκάτη decima (indictio) AS 3 249 13.

ܕܝܩܛܛܘܪ dictator Bhchr 32 15.

ܕܩܠ abluit ES 3 89C, BA n. 3211.

ܕܩܠܐ *f.* phoenix dactylifera (Löw 78), Nm 33 9, ES 1 190B, ZDMG 39 301 6, Journ. As. 7 8 407 v. 84, *pl.* palmae Ap 7 9.

ܕܩܠܢܐ verrucae BA n. 3212.

ܕܝܩܠܐ δίκελλα bidens Geop 29 23, Cyr 136 14, 153 2.

ܕܘܩܝܡܣܝܐ δοκιμασία AS 1 62 22.

ܕܩܢܐ, ܕܩܢ (N§94C) barba Lv 13 30, ES 1 422C, ER 8 5, Jul 53 6.

ܕܩܢܢܐ barbatus ES 2 457F.

ܕܩܢܘܣܐ δεκανὸς *1.* nuntius, praecursor AS 3 34 8, Joh Eph 33 8; *2.* minister ecclesiae Hoffmann Kirchenvers. p. 91 n. 112; *3.* tt. astrol. decanus (singula signa in tres partes dividuntur; singulae autem partes singulos habent decanos, ut sint in singulis signis terni decani Jul Firm. ad Mavort. Loll. Astron. p. 17 cit. Cureton ll. p. 84) Spic 18 16, ZDMG 17 404, Kays 193 13, Cat Bod 577η.

ܕܩܪ feriit, petiit (cornu) Ex 21 28, Afr 153 8, (gladio) BO 1 230a 30, transfodit (hasta) ER 6 18, JS in asd 96 9.

ܕܩܘܪܐ petulcus (taurus, *goring*) ES 1 55C, Ex 21 29 (Hex).

ܕܩܪܐ punctio, ictus AS 67 1, Bhchr 164 19.

ܕܩܪܬܐ plagae, ictus (mortis) ψ 17 6 (Symm).

Etpe. petitus, transfossus est ES 2 306A, IA 2 96 29.

Pa. transfixit Ath ܠܗ 4, ES 2 194B, KwD 18 1, JS in ER 396 20, ZATW 6 201 9.

ܕܘܩܪܐ plaga, ictus Bhcar 117 4.

Etpa. transfixus est am 2 83 10.

Ettaf. συγκερατισθήσεται Dn 11 40 (Hex).

ܕܩܘܪܝܘܢ BO 2 56b *pl.* ܕܩܘܪܝܘܢܣ AS 2 41 10 decurio.

ܕܝܩܪܢܐ δίκρανος furca ψ 73 11 (Symm).

ܕܕ (pers. Lag GA 33 84 forma falsa: Nöld. Tabari 447) praefectus provinciae BB.

ܕܪܐ, ܕܪܬܐ *1.* certamen PsC 39 17; *2.* pugna IA 2 282 v. 849; *3.* bellum asd 100 11, ES 1 182B, ER 397 24.

ܕܪܘܪܐ πύκτης luctator Rie 16 2, Arist 14 2, EN 40 10, KwDW 82 21.

ܕܪܘܪܘܬܐ facultas pugnandi Bhchr 194 6.

ܕܪܐ sparsit, dispersit ψ 1 4, ES 2 94C, JS in ER 408 12.

ܕܪܝܐ ventilatio Nis 7 12 13.

ܡܕܪܝܐ vannus Js 30 24 = ES 2 72C, Joh Eph 331 3, Bhchr 126 14.

ܕܪܒܙܝܢ (pers. درابزين) saeptum Bh ZDMG 24 512 1.

ܕܪܓܐ *1.* gradus Act 21 40, ES 1 562A, Vit Rabb 170 10, Bhchr 363 10, ܕܪܓ ܒܕܪܓ ES 1 414A, ܕܪܓ ܒܕܪܓ Nis 41 98 gradatim; *2.* ordo IA in MS 1 15 v. 131, munus asd 40 18.

ܕܪܓ ܚܒܠܐ status partui proximus ES **1** 73E.

ܕܪܓܢܐ var. ܕܪܓܢܐ (Wright apap **2** 218c comp. chald. דִּרְגְּנִין, דּוּרְגְּנִין apparitores, satellites) officiales am **3** 87 2.

Pa. *1.* gradatim disposuit ES **3** 588F, Cyrill ZDMG **27** 587 v. 184; *2.* gradatim promovit Bh pr. ad Lev.

ܕܘܪܓܐ *1.* gradus ES **1** 165F, BO **3** 1 183b 19, ThMarg **1** 97 18; *2.* continuatio per gradus MS **1** 114 24.

ܕܪܓܐ ar. دُرَّاج avis phasiana EN 45 23, Kw DW 367 17.

Etpa. *1.* gradatim promotus est ThM 55 13; *2.* gradatim ascendit ES **1** 540F, ER 84 11, Bhchr 254 9; *3.* gradatim secutus est JSt 42 7.

Af. gradatim adduxit ThM 52 10.

ܕܪܓܘܫܬܐ *pl.* ܕܪܓܘܫܬܐ lectica Act 5 15 (Phil), Bhchr 486 8, BA n. 3221.

ܕܪܕܪܐ vultur EN 45 25, BA n. 3222.

ܕܪܚܐ lectus BA n. 3110.

ܕܪܕܣ faece, merda polluit Joh Eph 270 11.

ܕܪܕܩܐ et ܕܪܘܕܩܐ pueri BA n. 3225.

ܕܪܕܪܐ virgulta (*bushes*) Gn 3 18, Mt 7 16 (Phil), Afr 113 19, ES **1** 37A, AS **2** 133 21.

ܕܪܙܝܐ (pers. Lag GA 34 85), sartor (*tailor*) BA n. 3229.

ܕܘܪܝܐ (δόρυ, δοράτιον Heb **3** 152, Nöld. Beitr. p. 16), hasta Joseph 14 4, TB 141 28, PsC 42 6.

ܕܪܟ *1.* gressus est Js 32 20, SB 71 9, seq. ܒ calcavit Dt 11 24, Afr 414 10, ES **1** 267C, seq. ܥܠ transgressus est Job 9 8, ψ 91 13; *2.* concubinam fecit ES **1** 79B.

ܕܪܟܐ *1.* attactio dap 6 22; *2.* tritura Kays 140 20; *3.* gradus KwDW 281 24.

ܕܪܟܬܐ tritura Lv 26 5, 1Tim 5 18, ES **2** 161D.

ܕܘܪܟܬܐ *1.* gradus, passus Act 7 5, ES **1** 33C; *2.* calcatio ES **2** 262B, EN 77 42.

ܕܪܘܟܬܐ concubina Gn 25 6, Afr 161 4, ES **1** 65E, PsC 141 1, AS **3** 228 3.

Etpe. *1.* attactus, apprehensus est Ath 48 10, ER 342 11; *2.* intellectus, perceptus est ES **1** 8 ad Gn 1 2; *3.* compressa, vitiata est ES **2** 423E.

ܡܬܕܪܟܢܘܬܐ *1.* adeptio KwDW 246 11; *2.* τὸ καταληπτικὸν glherm; comprehensio Kw DW 384 13, ܠܐ ܡ' quod quis adipisci nequit ES **1** 142F.

Af. *1.* consecutus, adeptus est Gn 19 19, Ath ܟܘ 10, Bal 286 23, advenit Bhchr 384 4, valuit, potuit Afr 6 9, intellexit, percepit ES **1** 532C, BO **1** 132a 24, Arist 1 9 deprehendit Dn 6 11 (Hex), *intr.* ad maturitatem pervenit Bh ad Job 24 6; *2.* trivit (frumentum) 1 Cor 9 9, ES **2** 72C, Rie 22 18.

ܡܕܪܟܢܘܬܐ adeptio KwDW 251 16, κατάληψις glherm.

Ettaf. *1.* deprehensus est Dn (Hex) p. 55 9; *2.* tritum est ES **2** 69C.

ܕܪܟܡܘܢ δραχμή drachma Duval-Berthelot **2** 69 13 14.

ܕܪܟܡܢܐ (pers. Lag GA 34 88, Hoffmann ZA **2** 51) daricus Ne 7 71, Vit Rabb 190 5, PsC 39 2, Bhchr 109 3.

ܡܕܪܡ astutus (*crafty*) PsC 236 1, AS **3** 67 8, KwD 2 6.

ܡܕܪܡܢܘܬܐ *1.* astutia Cyr 14 26, KwDW 88 18, 96 22, improbitas AS **3** 72 6, Cyr 22 2; *2.* machinatio Jer 29 32 (Hex).

Etpa. cogitavit, spectavit AS **3** 217 11.

ܕܪܡܐ Spic 41 20, ܕܪܡܛܐ ECth **2** 18 l. 6 δράματα, dramata.

ܕܪܡܢܐ (pers. Lag GA 34 87) pharmacum JSAbb 46 202, BA n. 3236.

ܕܪܘܡܘܢ *f.* (gr. δρόμων) navigium Joh Eph 165 11, AS **2** 18 18, Bhce **1** 209 3.

ܕܪܘܡܘܢܝܐ nauta AS **2** 18 25.

ܕܪܡܣܩ (pers. Lag GA 34 89) absinthium BB.

ܕܪܘܢ (pers. درون) *1.* bonorum apprecatio, qua Magi Deum et ignem venerantur et cibos benedicunt, antequam edant (Vull.) am **2** 589 15; *2.* panis sacratus Hoffmann Ausz. n. 860.

ܕܪܘܢܐ magus panem sacrans am **2** 590 8.

ܕܪܘܣܦ apap **1** 279 8, vox incerta cf. **2** 245 n. 1.

ܕܪܘܣܬܒܕ (pers. *drustbad*) archiater Guidi chron. 12 6 cf. Nöld. Übers. 13 n. 2, Hoffmann Ausz. n. 971.

ܕܪܘܣܬܟܝܙ l. ܪܘܣܬܟܝܙ رستاخيز resurrectio am **2** 576 13, cf. Nöld. Festgruss an R. v. Roth (Stuttgart 1893) p. 35 n. 4.

ܕܪܥܐ *1.* brachium ψ 18 35, ES **1** 558C; *2.* adminiculum laterale (sellae) PsC 218 13.

Pa. gubernavit (navem) am **2** 352 4.

Af. brachio portavit AS 181 16.

ܕܪܥܬܐ propagines Ez 17 6 (Hex).

ܕܪܟܣܬܐ regula, praeceptum BA n. 3232.

ܕܪܦܫܐ (pers. دَرَفش) signum, vexillum BA n. 3239.

ܕܪܨܝܢ (pers. Lag GA 35 90) laurum cinnamomum dap 84 1, Bh ad Prov 7 17.

ܕܘܪܩܝܢܐ (δωράκιον) mala Persica Geop 13 23, ZDMG **39** 281 17, Kays 203 14, EN 51 73.

ܕܪܩܘܢ δράκων draco Ap Bar 73 (ed. Cer 163a 6).

ܕܪܩܘܢܛܝܘܢ δρακόντιον JSA 7 12.

ܕܪܫ *1.* calcavit, patefecit (viam) Job 19 12, ES **1** 237F, Bal 256 20; *2.* inquisivit, disputavit Act 9 29, BO **3** 1 80 2, Eb Mai **10** 236 3.

ܕܪܫܐ calcatio Js 28 27.

ܕܪܫܐ sermo ES **1** 451A, Rabb 223 13, ἀντιλογία ZDMG **39** 200 10, disputatio Th Marg **1** 73 2, Bhce **3** 187 5.

ܕܪܫܬܐ ܟܡܐܠܝܘܢ χαμαιλέων ZDMG **39** 302 5 daphne oleoides BA (PS).

ܕܪܘܫܐ sophista BO **1** 341a.

ܕܪܘܫܝܐ dialecticus Bh ad Job praef. (chrest. Bernst. 186 15), *adv.* disputatorie ES **2** 527F, perspicue ER 45 20.

ܡܕܪܫܬܐ schola BO **3** 2 919.

ܡܕܪܫܐ hymnus, cantus (cf. ZDMG **47** 301), Bal 251 1, Chr ed 150 12, BO **1** 166a.

Pa. *1.* exercuit, exercitavit, edocuit 1Tim 4 7, ZDMG **39** 244; *2.* disputavit PsC 11 11, Sind 1 10.

ܕܘܪܫܐ *1.* eruditio BO **3** 1 460a 5, ThMarg **1** 90 15, ZDMG **39** 244, ܒܝܬ ܕ' παλαίστρα ib. 304 9; *2.* certamen ES **1** 496B.

Etpa. *1.* patefacta est (via) ES **1** 11A; *2.* exercitus, eruditus est ES **3** 74A, BO **3** 1 440 3, AS 198 22.

ܡܬܕܪܫ ambiguus, anceps ES **2** 321C.

ܐܕܪܫ cf. Fraenkel WZKM **3** 250, *1.* neglexit JSt 25 5, ThMarg **1** 341 10; *2.* occultavit Nis 30 60, celavit IA **2** 68 177.

ܕܘܫܟܐ EN 40 6, BA 2581, ܕܘܫܟܐ BS in BB, (pers. Lag GA 23 52) stragulum (*housing*).

ܕܫܢܐ (pers. Lag GA 35 91) donum Afr 169 17, ER 95 4, ES **2** 379C, asd 13 8, Jul 12 5.

ܕܫܢ donavit JARS 85 13.

Etpa. donatus est Bhcar 114 7.

ܕܫܦܝ (pers. Lag GA 36 92), culter duarum acierum BB.

ܕܫܪܐ et ܕܘܫܪܐ avena (Löwn. 81), BA n. 3103.

ܕܫܬܒܝ (pers. Lag GA 35 89) agrestis BB.

ܕܬܐ (pers. Lag GA 36 93), lex Dn 2 9, BA n. 3248.

ܡܕܪܝܐ rectus, gubernatus Card 100 10.

ܗ

ܗ litera quinta alfabeti, Hê, numerus 5.

ܗܳܐ ecce! Gn 1 29, ESL 3 19 8; inest multis pronominibus adverbiis demonstrativis, quae suo loco quaere sis.

ܗܒܰܒ *1.* floruit ER 340 11, Nis 48 28, MS 2 13 3; *2.* fulsit, splenduit ESL 2 795 21.

ܗܒܳܒܳܐ flos Dt 16 1, Afr 493 18, ES 1 127E, MS 1 117 4.

ܗܒ̈ܒܳܐ *f.* flores Jul 93 14, IA 1 174 v. 2126.

ܗܰܕܝܳܒܳܐ (pers. ZDMG 27 500 n. 4) adversarius ZDMG 27 496 4, BA n. 3255.

ܗܒܳܠܳܐ *1.* pulvis EN 46 61, BA 3257; *2.* vanitas Job 21 34, ES 1 420F, JS in asd 101 18, ܗܒܶܠ ܗܒ̈ܠܺܝܢ vanitatum vanitas Koh 1 2, ES 3 553B.

ܗܒܳܠܳܝܳܐ vanus Bhchr 337 15, KwDW 212 16.

ܗܒܳܠܬܳܐ (Nöld. GGA 1879 p. 1268) grex (camelorum) Js 60 6 (Hex), Joh Eph 345 5, Bhchr 85 20, Nöld. ZDMG 38 143 cf. ܐܒܠܬܐ.

ܗܒܳܠܳܐ *1.* subulcus EN 42 48, BA 3258, ON 14 3; *2.* vapor Bh ad Koh 1 2, Sap 7 25.

ܐܶܬܗܰܓܰܓ cogitavit, imaginatus est ES 1 140C, Kays 57 12, Bhchr 451 2.

ܗܰܓܳܓܳܐ et ܗܰܓܺܝܓܳܐ *1.* phantasma Jul 177 14, JN in MS 1 99 15, SB 112u; *2.* phantasticus Bhchr in Bernst. Chr 46 4.

ܗܰܓܳܓܽܘܬܳܐ phantasma ESL 2 29 16, AS 3 197 10, BO 2 276b 23.

ܗܰܓܳܓܳܝܳܐ phantasticus Dan. Ṣal in Nestle Chr [1] 87 33.

ܗܰܓܺܝܓܳܝܳܐ id. Bh ad Mt 54 4.

ܗܓܳܐ cogitavit, meditatus est ES 3 30C, am 2 326 7.

ܗܶܓܝܳܐ *1.* meditatio ES 3 108B; *2.* pronuntiatio JE ZDMG 32 491 l. 5, (cf. Merx p. 56); *3.* syllaba ET 13 14; *4.* lectio Jul 227 23, MS 1 15 156, Rie 140 19; *5.* literarum elementa ES 3 203C.

Pa. vocali instruxit (literam) Cat Wright 1 103 sq.

ܡܗܰܓܝܳܢܳܐ *1.* magister Cat Wright 1 53b; *2.* linea, de cujus usu v. N § 52C, ET 35 15.

ܗܽܘܓܳܝܳܐ meditatio ES 3 257A, Ath 19 5, ψ 118 43 (Hex).

Etpa. meditatus est Afr 106 1, ES 2 131A, Add 35 11.

ܗܓܝܽܘܢ (ἔριον?) lana Duval-Berthelot 2 274 n. 3 cf. ܐܓܝܘܢ.

ܗܓܰܡ evertit, diruit Act 13 19, ES 1 440D, Pall in ThMarg 2 31pu.

ܗܘܓܡܳܢܳܐ *1.* dirutio Ath ܛ 24; *2.* ruina Bhchr 224 2.

Etpe. dirutus est Js 16 7, ES 1 405A, Vit Rabb 192 25, Bhchr 139 22.

ܗܶܓܡܽܘܢܳܐ, ܗܺܓܡܽܘܢܳܐ (ἡγεμών) dux, praefectus 1Ezr 6 26, Mc 15 1, asd 17 8, JSt 23 19, am 3 345 4.

ܗܶܓܡܽܘܢܽܘܬܳܐ ductus, praefectura Lc 2 2, am 3 345 4, BO 3 2 698 8.

ܗܽܘܓܢܳܝܳܐ ܓܡܠܳܐ (εὐγενής Nöld. Pers. St. II SBWA '92 p. 43), KwD 96 23, 97 19 (sic l.!), ܗܘܓܢܝܬܐ Bhgr 23 24, 35 4 dromedarius.

ܗܓܢܳܐ EN 39 96, ܗܓܢܝܬܐ PsC 18 7, nothus, spurius (*halfbred*).

ܗܰܓܪܳܝܽܘܬܳܐ (Arabes filii Hagar matris Ismaëlis) Islamismus Bhchr 341 18.

ܐܶܬܗܰܓܰܪ ad Islamismum transiit, Muslim factus est Bhchr 115 9.

Etpa. id. JARS 38 4, BO 1 536 5a f. Cat Par 61 6⁰ (sic l.!)

ܗܳܕ ES 3 80C, 407E, 590B, ZDMG 27

497 6, cf. 502 n. 6, Bal 318 2, vulgo ܗܳܕܶܐ haec f. cf. ܗܳܢܳܐ.

ܗܕܳܐ duxit Ap 7 17 (sed hoc quoque loco **Pa.** praestat).

ܗܕܳܝܳܐ ductio ES **3** 159B.

Pa. id. q. Pe. ES **2** 92C, Joh Dar. MS **1** 108 13, BO **1** 33 23.

ܗܰܕܳܝܳܐ dux Afr 333 3, ES **2** 496F, Vit Rabb 195 20, JS in asd 88 10.

ܗܰܕܳܝܬܳܐ am **3** 11 13, Nis 55 93, ܗܰܕܳܝܳܐ BA n. 3272 id.

ܗܰܕܳܝܽܘܬܳܐ ductio Hoffmann Kirchenvers. 50 30.

ܗܽܘܕܳܝܳܐ ductio Bh Paul 21 5, Clr ep. app. 305 15.

Etpa. ductus est ES **3** 279A, Cyr 112 11, Sev. A. 14 12.

ܗܶܕܝܽܘܛܳܐ (ἰδιώτης) *1.* idiota, simplex Act 4 13, ES **1** 277B, Afr 221 7, *adv.* ES **2** 406C; *2.* incognitus Nis 18 55.

ܗܶܕܝܽܘܛܽܘܬܳܐ simplicitas ES **1** 288D, ER 29 26, ThMarg **1** 53 1.

ܗܰܕܳܡܳܐ (pers. Lag GA 38 94), *1.* membrum Rom 6 13, ER 4 19, ES **2** 81D; *2.* tt. gr. verbum, forma JBh 11 4 8, 16 12, ZDMG **30** 528.

ܗܰܕܡܽܘܢܳܐ membrum parvulum Eb Mai **10** 252 9.

ܗܰܕܶܡ membratim concidit (*to cut in pieces*) Jud 20 6 (Hex), JSA v. 522, Bhchr 132 13.

ܗܕܰܣ seq. ܒ cogitavit, studuit (alicui rei) *to think of* ES **3** 57F, Rabb 265 8, IA in MS **1** 14 57.

ܗܕܳܣܳܐ contemplatio ThMarg **1** 245 7.

ܗܶܕܪܳܐ *1.* ornatus dap 7 29, ES **1** 325B; *2.* splendor, gloria, magnificentia Eph 1 12, JS in MS **2** 102 v. 409, ThMarg **1** 74 18.

ܗܕܺܝܪܳܐ splendidus, magnificus Ex 15 6, Vit Rabb 173 2, AM **2** 236 25.

ܗܕܺܝܪܽܘܬܳܐ magnificentia Bal 296 8.

ܗܰܕܰܪ ornavit ES **3** XLIV 7, Thes hymn. **3** 185u, Cyr 25 28.

Etpa. *1.* ornatus est **1** 394D; *2.* magnificus evasit Heb **4** 211 12.

ܗܶܕܪܰܘܠܺܝܣ ὕδραυλις (*hydraulic organ*) IA **1** 294 10, am **3** 6 9, Heb **4** 209 10.

ܗܕܪܘܦܝܩܘܣ Card 43 5, ܗܕܪܘܦܝܩܘܣ Lc 14 2 (Cur), ܗܕܪܘܦܝܩܘܣ AS **3** 87 9 ὑδρωπικὸς (*dropsical*).

ܗܕܪܘܦܝܩܝܐ *ὑδρωπικία (*dropsy*) AS **3** 87 12.

ܗܕܪܐܪܓܘܪܘܢ (ὑδράργυρον) mercurius (*quicksilver, mercury*) Duval-Berthelot **2** pass. BB 41 24, 55 3, 610 1.

ܗܽܘ, ܗܳܘ̇ is., ܗܰܘ ille cf. N § 226—230.

ܗܰܘܬܳܐ *pl.* ܗܘ̈ܬܐ (JEh 31 8) et ܗܘ̈ܬܐ (Nis 67 51) fovea, abyssus (*pit, hole, precipice*) ψ 69 3, Lc 16 26, JS in asd 103 17, JS in ER 387 20, Bhchr 326 5.

ܗܘܳܐ (N § 183, 260, 261, 263, 268, 277, 299, 300 Barth p. 71), *1.* fuit; *2.* exstitit, factus est, ortus est, accidit pass.

ܗ̈ܘܝܐ essentiae (*beings*) ES **1** 129E, Rendic. dei Lincei 1886 p. 408 19 (Mos. Aghel.).

ܗܘܳܝܳܐ *1.* existentia Cyr 37 2, ThM 2 9, Kw DW 147 5, esse ܡܢ ܗܘܝܗ ܕܡܫܝܚܐ ex quo Messias fuit AS 115 19; *2.* γένεσις creatio Ath ܒܪ 6 glherm, ThM 14 5; *3.* essentia ThMarg **1** 349 12.

Af. creavit Eb Mai X 319 1.

ܗܘܽܘ interj. adhortantis age! Jer 51 13, ES **2** 160F.

ܗܽܘܠܶܐ (ὕλη) *pl.* ܗܘ̈ܠܣ, *1.* silva am **3** 216 16, JohEph 369u; *2.* materia ES **2** 481F, AS **4** 12 25, ܗܘܠܐ ܕܐܣܝܘܬܐ materia medica ZDMG **39** 246; *3.* ligna (*fuel*) Joh Eph 94 21, Bhchr 492 7.

ܗܽܘܠܳܢܳܝܳܐ materialis ES **1** 132C, MS **2** 14 6, Joh Dar in ER 411 24.

ܗܽܘܠܳܢܳܝܽܘܬܳܐ materialitas ThMarg **1** 363 17.

ܗܰܘܢܳܐ *st. cstr.* nest. ܗܽܘܢ jac. ܗܘܢ (N§98) mens, intelligentia, prudentia ES **1** 141D, Vit Rabb 185 11.

ܗܰܘܢܳܢܳܝܳܐ spiritualis BO **3** 1 354a 2.

ܗܰܘܢܳܢܳܝܽܘܬܳܐ spiritualitas ThMarg **1** 307 22.

ܡܗܰܘܢܳܐ intelligentia praeditus Afr 116 16; *adv.* prudenter Rabb 243 12; Clr ep 165 3.

ܐܶܬ݂ܗܰܘܰܢ prudens factus est Afr 9 8, ER 6 27, ES **3** 190E.

ܗܰܘܶܢ prudenter se gessit (*to deport one's self wisely*) Rechtsb 81 6.

ܐܶܬ݂ܗܰܘܰܢ *1.* resipuit (*to become again reasonable*) Bhchr 211 9; *2.* cogitavit Js 32 6 (Hex); *3.* intellexit Jer 2 10 (Hex), Joh Dar in ER 410 10, Bhchr 266 23; *4.* prudenter se gessit Rechtsb 16 27.

ܗܘܢܐܙ lapis quidam, corrupt.? AS **4** 87 8.

ܗܰܘܦܳܐ *1.* halitus (*breath, respiration*) ES **1** 423C, Jul 27 14, AM **2** 112 21; *2.* inpetus ES **2** 474E; *3.* eradiatio (solis) (*the beaming of the sun*) ES **2** 433C.

ܗܘܦܘܣ i. q. ܐܘܦܘܣ q. v. Epiph 4 55.

ܗܽܘܪܳܐ genus piscium BB, PS.

ܗܽܘܪܳܩܳܐ fel rubrum BA, PS.

ܗܘܪܡܝܬܐ spinae genus, foliis egens Bhgr **1** 33 25.

ܗܘܪܘܢܝܩܘܣ (pers. Lag GA 38 96) βρυωνία, planta pampinos agens, ἄμπελος λευκὴ vitis alba BB.

ܗܙܪܒܕ (pers. هَزَارْبَدْ) χιλίαρχος dux M militum am **2** 318 5.

ܗܰܘܙܳܐ spina Jud 9 14, ES **1** 320F, IA **2** 236 v. 286, am **2** 101 11.

ܗܰܘܶܙ seduxit Card 98 9.

Etpa. spinis similis fuit TA 30 170.

ܗܛܘܡܘܠܘܓܝܐ ἐτυμολογία etymologia glherm BA n. 3286.

ܗܛܪܘܛܝܣ (ἑτερότης? PS) στάσις seditio Lc 23 19 (Cur).

ܗܺܝ ea, ܗܳܝ illa N§63a 67b.

ܗܺܝܕܽܘܬܳܐ status, conditio ThMarg **2** 139 14, Bhcar 139 11, Eb Mai **10** 333 26.

ܗܳܝܕܶܝܢ tunc, illo tempore ER 69 19, ES **3** 189D, JSt 39 5, Bhchr 324 12.

ܗܰܝܕܶܝܢ tum Mt 9 14, ES **1** 529E, ER 69 20.

ܗܺܝܝܽܘܬܳܐ identitas BO **3** 1 357bpu.

ܗܺܝܝܳܝܳܐ (cf. N§230) identicus Bhgr **1** 198 8; *adv.* Métr 10 13.

ܗܺܝܝܳܝܽܘܬܳܐ *1.* identitas JEh 3 14, JBh 8 9, Sev. A 67 11, Métr 10 2 ܒܗܝܝܳܝܽܘܬ eodem modo Bhce **3** 1 12; *2.* singularitas AS **4** 35 12.

ܗܰܝܟܠܳܐ (ex assyr. *êkallu*) *1.* palatium Js 39 7, ES **1** 508A, PsC 247 14, am **3** 6 1; *2.* templum Mt 21 12, Afr 7 14, asd 10 2.

ܗܺܝܠܳܐ id q. ܗܰܝܠܳܐ *2.* q. v. ECth **1** 4 2, TB 5 35.

ܗܠܠܘ ܗܠܠܘ interj. laetitiae ThMarg **1** CLIV n. 1 l. 3.

ܗܰܝܡܶܢ (√אמן N§174E) *1.* credidit, fidem habuit seq. ܠ vel ܒ Job 4 18, ER 94 12, KwDW 259 10; *2.* sq. 2 *acc.* commisit alicui alquid (*to trust one with*) ThMarg **1** 221 14.

ܗܰܝܡܳܢܽܘܬܳܐ persuasio, religio Lc 7 50, ER 38 9.

ܡܗܰܝܡܢܳܐܺܝܬ݂ *adv.* pius asd 14 3.

ܡܗܰܝܡܰܢ, ܡܗܰܝܡܢܳܐ *1.* fidus, fide dignus Ath 24 26, Rabb 241 13, ܐܢܐ ܡܗܝܡܢ s. *acc.* = πεπίστευμαι sq. *acc.* mihi creditum, permissum est 1Cor 9 17; *2.* familiaris, intimus ES **1** 161D, Jul 21 24; *3.* minister JSt 78 19; *4.* eunuchus, castratus Mt 19 12, ES **1** 91D, KwD 43 13.

ܡܗܰܝܡܢܽܘܬܳܐ fides AS 43 23.

Etpa. *1.* creditus est 1Sm 3 20, Guidi to 41 17, fides ei fuit Jš in ThMarg **2** 167 19; *2.* ei creditum, commissum est dap 31 16, ES **2** 288E.

ܗܘܩܝܢܬܘܣ ὑάκινθος hyacinthus lapis Ap 21 20.

ܗܟܘܬ itidem, pariter ES **1** 242A, ER 79 23, JS in MS **1** 107 2, 'ܘܗ 'ܗ tantum Th Marg **1** 124 15.

ܗܟܝܠ (Barth p. 18 n. 1) itaque, ergo, igitur Mc 13 35, ER 41 22 etc.

ܗܟܢ, ܗܟܢܐ sic, ita Gn 1 30, ES **1** 541D, ER 40 25, Bhchr 154 10, ܒܗܟܢ hac re, hoc modo Bh, 'ܠܗ huic rei, ad hanc rem Bhchr 171 3, 'ܥܠ ܗ hac de re Bhchr 154 5, 'ܡܢ ܗ inde, 'ܡܛܠ ܗ propter hoc Bh.

ܗܟܣܐ ܓܘܢܘܢ ἑξάγωνος sexangulum GeZA 8 26 22.

ܗܟܣܝܘܠܘܓܘ ἀξιόλογοι digni glherm.

ܗܟܣܐܩܘܣܛܘܣ ἑξηκοστὸς sexagesimus Ge ZA **8** 18 16.

ܗܠܐ *1.* porro, diutius ES **1** 87A, JS in asd 87 20 'ܕܠ futurus JS in asd 102 1; *2.* seq. ܡܢ, a) ultra, supra Sch 192 12, Cyr 22 18, b) extra ER 354 11.

ܗܠܠ laudavit, laudibus extulit 3Mcc 7 13, ES **1** 432D, IA **1** 170 v. 2052.

ܗܘܠܠܐ *1.* laudatio, hymnus ES **1** 352C, Jul 242 14, ThMarg **1** 67 10; *2.* i. q. κάθισμα vigesima psalterii pars Badger The Nestor. **2** 21.

ܐܗܠ *1.* illusit, irrisit seq. ܒ (*to scoff, to mock*) ES **1** 487E, ER 12 25, Bhchr 247u; *2.* despexit, contempsit (*to despise, to disdain*) Jul 48 1, JS in asd 101 20.

ܡܗܠܠܢܘܬܐ irrisio Joh Eph 328 2.

Etpa. derisus est ES **3** 205E.

Ettaf. id Nm 23 19 (Hex).

ܬܗܠܘܠܬܐ irrisio, ludibrium Hoffmann Ausz. n. 765, Bhchr 248 1.

ܗܠܠܘܝܐ h. הללויה AS **2** 67 20, Kays 116 20.

ܗܠܝܘܣ ἕλειος palustris Löw n. 26, JS 94 14, EN 50 40.

ܗܠܟ *1.* incessit, ambulavit, ivit Gn 3 8, 2Thess 3 6, ER 27 8, Jul 240 20; *2.* vixit ψ 15 2; *3.* abiit, discessit, migravit Job 14 20, periit ER 128 1, praeteriit (tempus) Alex 15 6; *4.* ire fecit Jos 24 3.

ܗܠܟܐ (nest. 'ܗ Bhgr **4** 4 5), *1.* incessus, ambulatio BO **3** 1 392b 11, 'ܒܝܬ ܗ περίπατος Hex: Ez 42 4, Job 41 25; *2.* cursus, lapsus (aquae) Rechtsb 62 28.

ܗܠܟܬܐ (jac. 'ܗ Bhgr **4** 4 5) *pl.* ܗܠܟ̈ܬܐ (N § 93) gressus, incessus ψ 37 23, ES **2** 395C, asd 22 1, Jul 230 25, am **3** 495 15, facultas eundi SB 103 2.

ܗܠܟܐ *1.* ambulans ES **2** 461A, Bal 266 13; *2.* praecursor ESJ 111 18.

ܗܠܟܢܐ fluens, profluens (oratio) Bh ZDMG **40** 440.

ܡܬܗܠܟܢܐ pervius (*passable*) Ath ܒ 3, BO **3** 1 360a 11.

ܗܠܘܢ (N § 67 n. 2) Mt 20 9, 21 11, Lc 8 13 (Cur) illi.

ܗܠܝܢ illae Mt 25 24 (Cur), ECth **1** 47 38.

ܗܠܢܟܘܣ ἔλεγχος? glherm.

ܗܠܝܠܐ (pers. هليله) terminalia chebula Löw n. 84, EN 24 34.

ܗܠܝܢ hi, hae N § 67a.

ܗܠܝܢܐ ܕܗܠܝܢ̈ܐ stola seu orarium BO **3** 2 670 14.

ܗܠܝܩܐ (ἕλιξ, ἑλίκη Fraenkel 56, ZA **9** 4), genus caelaturae (*a kind of relievo*) 1Rg 7 17, 18 20, BA 3306.

ܐܬܗܡܣ *1.* avertit (oculos) Js 1 15, 3Mcc 6 15; *2.* neglexit, non curavit seq. ܒ Act 18 17, ER 84 17, BO 1 288b 3, seq. ܡܢ destitit, supersedit ES **2** 265D.

ܡܬܗܡܣܢܘܬܐ negligentia Ath 28 17, Joh Eph 291 10, ThMarg **1** 27 15.

Ettaf. neglectus est Bhce **1** 363 13.

ܗܘܡܝܛܝܘܢ ὑμήττιον hymettium (mel) Geop 101 18.

ܗܡܝܢܐ, ܗܡܝܢܐ (pers. Lag GA 39 97) cingulum, h. אַבְנֵט Ex 28 4, Lv 8 7, Js 22 21, ES **1** 231B, AM **2** 326 2.

ܗܡܟܝܠ ܡܢ hinc Joh 4 15 (Cur), Clr 149 33, BO **2** 264 2.

ܗܡܘܢ (nest. ܗ Bhgr **4** 4 5), h. הָמוֹן (Geiger ZDMG **21** 491) *f.* inferi ES **2** 393E, ESL **1** 545 19.

ܗܡܝܢܐ ἡμίνα hemina Nm 15 7, ES **1** 232D, Geop 87 22, AM **2** 288 21.

ܗܡܢܝܟܐ (pers.? Lag GA 40 98 gall. μανιάκης Fick Vgl. WB [4] **2** p. 207), torques Gn 41 42, ES **1** 93D, JS in asd 99 14, MS **2** 164 v. 1378, AS **3** 20 24.

ܗܡܣ *1.* cogitavit, meditatus est (*to think of*) Afr 176 17, ES **1** 276A, ThMarg **1** 239 18, Ge in ZA **8** 31 21, meminit (*to remember*) ES **3** 419F; *2.* inquisivit, scrutatus est (*to search, inquire*) seq. ܒ ES **3** 30 23; *3.* seq. ܒ alq. petiit, in alq. irruit ES **2** 438C, Nis 34 25, apap 157 5, ad alq. venit ES **2** 426C, Nis 42 52; *4.* ausus est (*to risk, dare*) BO **1** 110a 13af, 115b 14.

ܗܡܘܣܐ studium disceptandi ES **3** 81D.

ܗܘܡܣܐ cogitatio Afr 449 18, ES **3** 111C.

ܗܡܘܣܢܝܬ cogitans ES **3** 86C.

ܗܡܝܣܝܘܢ (ἡμισειον?) dimidium AS **2** 118 10.

ܗܘܡܘܐܘܣܝܘܢ ὁμοούσιον (*consubstantial*) Eb Mai **10** 202 31.

ܗܡܝܪܐ (ὅμηρος, ον) pignus, obses (*hostage*) Js 18 1, 1Mcc 1 10, Afr 412 8, ES **3** 299D, Jul 105 13, JSt 75 14, *f. pl.* Bhchr 293 21.

ܗܡܝܬܐܘܣ ἡμίθεοι semidei (*half gods*) ECth **2** 8 l. 2.

ܗܢ *1.* et ܗܢܐ hic N§67a; *2.* i. q. ܗܠܝܢ hi JS Const. (Rendic. dei Lincei 1882) v. 207, 263/4 etc. KwDW 298 6.

ܗܢܐ jucundus fuit, placuit ThMarg **2** 138 1.

ܗܢܝܐܐ utilitas (*profit*) Afr 39 1, ES **2** 243E, Ath 43 20.

ܗܢܝܐ utilis, jucundus ESL **1** 203pu, Ath ܢ 26, *adv.* Corluy MP 29 1.

ܗܢܝܐܘܬܐ, ܗܢܝܘܬܐ utilitas, jucunditas ES **3** 172D, Ath 21 14, MS **1** 102 17, Bhchr 446 20.

Etpa. utilitatem cepit Afr 204 18, ES **2** 508F, Ath 43 23.

Af. profuit, juvit Prov. 11 4, ES **1** 448C, ER 140 25.

ܗܢܕܩܛܐ ἐνδεκάτη undecima (indictio) AS **1** 14 21.

ܗܢܕܩܛܝܐ *m.* indictio AS **1** 14 8, BO **1** 236a.

ܗܢܕܘܩܘܩܐ melilotus BB Löw p. 94.

ܗܢܓܡܢ (pers. *anǵuman* Lag GA 40 99) contio.

ܗܢܘܛܝܩܘܢ AS **3** 165 7, ܗܢܘܛܝܩܘܢ ZDMG **30** 227 10, ܗܢܘܛܝܩܘܢ Cat Wright **2** 936b ἑνωτικὸν uniens.

ܗܢܝܘܟܐ ἡνίοχος auriga (*charioteer*) Afr 247 16, ES **3** 376E, Jul 69 23, IA **1** 250 25, ECth **2** 46 16.

ܗܢܘܢ illi TB 20 19, N§67 n. 2.

ܗܢܝܢ ii ܗܢܝܢ eae N§63a.

ܗܢܘܢ illi ܗܢܝܢ illae N§67b.

ܗܦܓܘܓܝ ET 17 23, ܗܦܓܘܓܐ Bhgr **1** 8 8, ἐπαγωγή inductio.

ܗܦܘܕܝܩܢܐ asd 26 11, BO **3** 1 355bm (sic l.! ܗܦܘܕܝܩܢܐ Rie 24 23, ὑποδιάκονος subdiaconus.

ܗܦܘܕܝܩܢܘܬܐ munus subdiaconi Cat Bod 422 2.

ܗܦܘܕܟܛܐ ὑποδέκτης qui recipit (*receiver, collector*) ER 68 6.

ܗܦܘܪܕܘܐ am **2** 176 2, cf. AM **1** 166, forma incerta „carnifex"?

ܗܦܘܛܘܣ *pl.* ܗܦܛܘ ὕπατοι consules Joh Eph 86 3, 88 7, Bhchr 43 apu, Eb Mai **10** 328 5.

ܗܦܛܝܐ, ܗܦܛܝܐ ὑπατία consulatus AS **3** 59 2, Joh Eph 172 1, am **3** 189 8, 344 12.

ܗܦܛܝܣܐ ὑπατίσσα uxor consulis Joh Eph 88 9.

ܗܦܘܛܝܛܝܣ ἡπατῖτις hepatitis Geop 48 18.

ܗܦܟ *1.* trans. a) convertit, mutavit (*to change*) ψ 66 5, 78 44, b) evertit, subvertit (*to destroy*) Gn 19 21, Job 12 15; *2.* intrans. a) se vertit, avertit (*to turn away*) dap 48 11, ER 127 1, AM **2** 62 13, b) se convertit (*to amend*) Bhchr 304 4, c) rediit, revertit Gn 3 19, Chr ed. 157 2, AM **2** 78 37, destitit ψ 18 38, seq. imperf. rursus fecit Ath 23 11, ܙܒܢ 'ܗ revendidit Bhchr 158 4, 'ܗ ܠܗ restituit etc. Bh, s. ܩܝܡܐ rupit foedus (*to act contrary to a treaty*) Guidi chron 12 1.

ܗܦܝܟܐ perversus Prov 2 12, Guidi to 35 10, *f.* *1.* conversio ES **1** 525C; *2.* eversio ES **2** 21C.

ܗܦܟܐ exitus (diei) JARS 138 6, 'ܠܘܩܒܠ contra ES **1** 30A, 'ܗܘ id, BO **2** 200pu.

ܗܦܟܬܐ *1.* alternans (*alternative*) ES **3** 407A; *2.* perversus ES **3** 124D, Jul 191 8, Jš in ThMarg **2** 170 30.

ܗܦܟܐ *1.* detortio (verborum) (*misrepresentation*) ES **2** 49F; *2.* contrarium ES **1** 539D, Dion T 151 6.

ܗܦܟܝܐ contrarius ES **3** 201A, *adv.* ER 44 15, asd 53 15.

ܗܦܟܘܬܐ reditus (nisi ܗܘܦܟܬܐ leg. cf. BA n. 3325) ER 53 21.

ܗܦܟܬܐ *1.* conversio ES **1** 152A, Bhgr **1** 215 pu; *2.* objectio (*reproach*) BO **1** 2 96b., ܕܡܠܬܐ 'ܗ responsio EN 78 50, ܕܡܠܐ 'ܗ distortio verborum (*change of words*) asd 55 1, ܕܝܘܡܐ ܠܗܦܟܗ postero die Lag prov. 72 8, ܕܫܢܬܐ 'ܒܗ postero anno 1Rg 20 22, ES **1** 505C, am **2** 272 7, 'ܗ ܕ ܠܗܘܦܟܗ (sic!) ThMarg **1** 96 14.

ܗܘܦܟܐ *1.* eversio ES **1** 376B; *2.* reditus ThMarg **1** 42 1.

ܗܘܦܟܐ *1. subst.* distortio ES **2** 474F; *2. adj.* perversus, inconstans ES **2** 556F.

Etpe. *1.* se vertit, convertit Thren 5 2, Lc 17 31, *met.* asd 41 14; *2.* se mutavit Job 38 14, ES **1** 118C, AS 75 20; *3.* transformatus est Duval-Berthelot **2** 10 10, 11 17; *4.* eversus, dirutus est Chr ed. 148 27.

ܡܬܗܦܟܢܘܬܐ *1.* conversio Ath 16 13; *2.* versatilitas BO **3** 1 120 10.

Pa. verba inter se commutaverunt KwDW 391 7.

ܡܗܦܟܐ perversus Prov 17 20, ES **2** 414B, **3** 173F.

ܡܗܦܟܐ *1.* conversio ThM 48 2; *2.* ܡܗܦܟ ܡܠܐ responsum KwD 391 5; *3. pl.* res gestae, mores 2Pt 3 11, dap 10 7, Vit Rabb 174 24.

ܡܬܗܦܟܢܐ mobilis Prov 6 14 (Hex), EN 15 16.

ܡܬܗܦܟܢܘܬܐ perversitas ER 31 13, versutia ThMarg **1** 326 17.

Etpa. *1.* agitatus, volutatus est Jud 7 13, Job 37 12; *2.* versatus, commoratus est 2Cor 1 12, ES **1** 404F, seq. ܒ usus est aliquo Cyr 203 21, AS **3** 197 2.

ܡܬܗܦܟܢ versutus am **3** 293 6.

Af. *1.* vertit, convertit ψ 90 3, Clr 41 1,

avertit 3Mcc 6 13, 2Tim 4 4; *2.* mutavit Dt 23 5, Jer 31 13, vertit, transtulit (in aliam linguam) BO **2** 264u; *3.* evertit, subvertit ES **1** 474E, 555D; *4.* respondit ES **1** 30B, Jul 47 9.

ܗܘܦܘܠܐܡܢܝܣܩܘܣ *pl.* ܐ̈ ὑποληµνίσκος signum diacriticum figura obeli puncto supposito Epiph 15 10, BS 256 17.

ܗܦܠܐ ܐܘܢܐ ἁπλῆ ὠνή simplaria venditio Rechtsb 31 13.

ܗܦܠܘܣ ἁπλῶς simpliciter glherm, ThM 40 21, Eb Mai **10** 339 21, ThMarg **1** 29 15.

ܗܘܦܘܠܐܦܣܝܣ ὑπόληψις opinio, existimatio Cyr 171 15.

ܗܘܦܘܡܢܡܐ AS 3 87 1, *pl.* ܗܘܦܘܡܢ̈ܡܛܐ, ὑπόμνημα memoria Spic 38 1, asd 41 13, Jul 56 15, AS **1** 41 21, am **3** 281 14.

ܗܘܦܘܡܢܣܛܝܩܘܢ ὑπομνηστικὸν memoriale Cat Wright **2** 595a, Epiph 6 3.

ܐܦܝܡܪܘܢ ἐφήμερον ephemerum (animal) Bh ad Lv 11 21.

ܐܦܝܦܕܘܢ ἐπίπεδον epipedum glherm.

ܐܦܩܛܐ ἐπακταὶ epactae glherm.

ܐܦܩܛܪܘܩܠܝܣ ἐπακτροκέλης navicula praedonum glherm.

ܐܦܩܛܘܪܐ = ܐܦܩܛܘܪܐ q. v. glherm.

ܗܦܪ murmuravit (*to grumble*) ψ 68 23 (Hex), BA n. 3387.

ܗܦܪܐ loquax, vaniloquus (*talker, prattler*) EN 14 6, BO **3** 178b.12 (sic l.!) = ThMarg **1** 143 8.

ܐܘܦܘܪܒܝܘܢ εὐφόρβιον euphorbium EN 26 83.

ܐܦܝܕܝܓܡܛܐ (sic!) ἐπιδείγματα exempla Métr 15pu, cf. ZDMG **34** 574.

ܗܘܦܪܛܐ ὑπηρέτης servus dap 37 22, Joh Eph 76 7.

ܗܦܪܟܐ ἔπαρχος praefectus 2Mcc 4 28, AM **2** 317 25.

ܗܦܪܟܝܐ *pl.* ܗܦܪܟܝܣ ἐπαρχία praefectura JSt 84 9, Ath 1 7.

ܗܘܦܪܟܐ ὕπαρχος praefectus Guidi to 19 32, asd 11 9, JSt 10 3, Dion T 146 1.

ܗܘܦܪܟܝܐ *pl.* ܗܘܦܪܟܝܣ ὑπαρχία praefectura Dion T 129 9, Bhchr 105 1, JARS 21 9.

ܗܘܦܪܟܘܬܐ id. AM **2** 68 25.

ܗܘܦܘܬܛܝܩܘܣ ὑποθετικὸς hypotheticus Bhgr **1** 158 21, herm 83 3.

ܗܘܦܘܬܣܝܣ ܗܘܦܘܬܝܣܝܣ ὑπόθεσις hypothesis Ath ܝܒ 26, AS **3** 263 19.

ܗܦܠܛܘܬܐ = ܗܦܪܟܝܐ q. v. ThMarg **1** 307 7, Ge ZA **8** 11 7.

ܗܩܛܐ ἕκτη sexta (indictio) AS **1** 15 21.

ܗܩܛܘܣܛܘܢ ἑκατοστὸν querela inofficiosi AS **1** 43 22, Rechtsb. 16 10.

ܗܩܛܘܣܛܐ ἑκατοστὴ usura, foenus Giorn. d. soc. as. it. **3** 184 15.

ܗܪܐ litigavit, disputavit ER 138 18.

ܗܪܝܪܐ ululatus EN 46 40.

ܗܪܝܐ ligitatio Sir 28 8, ES **1** 102B, JS in MS **2** 124 v. 734, BO **1** 302.

ܗܪܝܪܐ litigiosus ES **1** 60F, IA **2** 148 v. 145, ܗܪܝܪܬܐ felis (*cat*) EN 43 75.

ܗܪܝܪܘܬܐ litigiositas Giorn. d. soc. as. it. **3** 183 2.

Af. offendit, nocuit Gn 26 29, ES **1** 485C, asd 75 13, Jul 222 7.

Ettaf. *pass.* JARS 167 17.

ܗܪܡܘܪܓ Fata Morgana BA n. 3348.

ܗܪܝܢܐ AS **3** 289 3, l. ܚܪܝܢܐ.

ܗܪܓܐ tumultus, turba, strepitus BA 3346.

ܗܪܓ *1.* trans. occupavit (animum) IA in MS

1 15 v. 157; *2.* intr. cogitavit, meditatus est ES **3** 239B, JE in ES **1** 563 3.

ܗܘܪܓܐ contemplatio ES **1** 372B, BO **2** 439bu, Alex 61 13.

Etpe. meditatus est Jul 12 15.

ܗܪܘܕܝܐ ψ 104 17 (Hex), Za 5 9 (Aqu.), ܗܪܘܕܝܘܣ AS **4** 62 23, ἐρωδιὸς ardea.

ܗܪܕܕܦܢ ῥοδοδάφνη Nerium Oleander Löw n. 86, BB.

ܗܪܕܘܣܡܐ ἡδύοσμος mentha odorosa Gal ZDMG **39** 258 1, cf. Löw p. 183, 259, corr ex ܗܕܘܣܡܐ.

ܗܪܛܝܩܐ (nest. [illegible]) AS **3** 289 3, Jul 125 20, *pl.* ܗܪܛܝܩܘ Vit Rabb 171 9, MS **1** 2 1, Guidi to 35 13, αἱρετικὸς haereticus.

ܗܪܟܐ hic Mc 14 32, ES **1** 530A, ܠܗ' huc Gn 45 5 8, Ex 3 5, ܡܢ ܗ' hinc.

ܗܪܟܝܢ ܡܢ ECth **2** 67 l. 16, l. ܡܢ ܗܪܟܝܢ q. v.

ܗܪܘܡܛܐ ἀρώματα aromata Mc 16 1, ES **1** 484B, Jul 116 26, AS **2** 374 10.

ܗܪܘܡܛܝܬܐ quae aromata attulit Cat Wright **1** 317b.

ܗܪܘܡܛܝܐ aromaticus Kays 101 16.

ܗܪܘܡܛܝܩܝ id. Bh Hebr. **8** 49 5.

ܗܪܡܘܣܐ *1.* junctura tecti (*cross beam of the roof* PS) BA n. 3356; *2.* equuleus (*kind of rack*) AM **2** 137 19.

ܗܪܡܘܣ Kays 214 7, leg. ܗܪܡܣܘܣ.

ܗܪܝܘܐ BA n. 3364, ܗܪܝܘܬܐ Bh ad Job 30 29, Js 13 22, thos, canis aureus (*jackal*).

ܗܪܘܣ ECth **3** 33 l. 14, *pl.* ܗܪܘܐܣ ib. **3** 58 l. 4, ἥρως, ἥρωες (*hero*).

ܗܪܣܝܣ αἵρεσις *1.* haeresis ER 43 15, JSt 16 20, AS **2** 356 5; *2.* opinio Spic 9 15.

ܗܪܣܝܘܛܐ αἱρεσιώτης haereticus Tit 3 10, ER 47 16, MS **2** 2 20.

ܗܪܣܝܘܛܘܬܐ haeresis Bhce **1** 51 7.

ܗܪܙܦܢܐ pers.? flagellum (*a whip*) PsC 15 7.

ܗܪܬܡܢ ibi Lc 17 21, Spic 46 1, ESL **1** 189 9, ܠܗ' ܥܕܡܐ adhuc TB 30 25.

ܗܫܐ Jos 17 4, ES **1** 507B, ER 51 18 etc., ܗܫ ES **2** 480A. IA in ER 381 6, ZDMG **33** 667 (ܫܥܐ+ܗܐ) nunc.

ܗܬܐ i. q. ܚܬܐ BB, PS cf. Löw p. 106 n. 2.

ܗܬܠܐ larus(?) avis BB, PS.

ܘ

ܘ sexta litera alfabeti, de sono N § 40, 41, de usu orthographico § 4, numerus 6.

ܘ conjunctio copulativa „et“ N § 332—340.

ܘܕܪܐ (apud Edessenos) ova piscium (*spawn*) EN 43 85, BA n. 3368.

ܘܕܛܪܘܣ οὐδέτερος neuter Epiph 34 87.

ܘܗܪܐ cavaedium, locus apertus ante atrium BA, PS.

ܘܐܘ *f.* Wau nomen literae ES **3** XLVIII 5.

ܘܐܐ *1.* (gr. ὦα Löw p. 49) nux avellana EN 68 83, BA 3369; *2.* dolor BA ll.

ܘܙܐ *f.* (KwD 19 3) et ܘܙܬܐ (JSt 66 9), *pl.* ܘܙܐ̈

(Geop 8 16, Kays 254 6) ex אַוְזָא (N§32) anser KwDW 62 1, 75 17, 76 9.

ܘܙܘܪܐ avis, cujus plumae albo-caeruleae BA, BB, PS.

ܘܪܢܐ (cf. ܐܪܘܢܐ pers. Lag GA 10 12) *1.* loculus (*coffin*) AS **3** 52 10, PsC 138 16; *2.* pelvis baptismatis (*baptismal bason*) apap 42 2, JARS **60** 4.

ܘܙܝܪܐ (ar. وَزِير) Vezirus, principis amicus, qui rei publicae administrandae praeest ENchr 77 6, Bhchr 173 16.

ܘܙܝܪܘܬܐ Veziratus ENchr 84 pu Bhchr 200 21.

ܘܛܐ avis quaedam, perdici similis sed minor (ar. طيهوج) EN 45 17, BA n. 3372.

ܘܝ vae! interj. 1Sm 4 8, BO **1** 133b 8af, Jul 218 2.

ܘܝܐ malum, calamitas Prov 23 29, Ap 11 14, ES **2** 344F, asd 10 6, Vit Rabb 207 9.

ܘܠܐ, ܘܐܠܐ, ܘܝܠܐ *f. pl.* ܘܠܘܬ (AS **3** 75 26) ܘܐܠܘܬ (Ex 35 17, Hex), βῆλον velum ES **3** 542A, JS in asd 89 13, MS **1** 78 90, Bhchr 173 9.

ܘܠܘܠܬܐ lamentatio BA n. 3379.

ܘܠܐ ܠܘܠܐ decet Mc 9 11, BO **1** 299b. 23.

ܘܠܝܐܝܬ et ܘܐܠܝܐܝܬ decenter Ath 19 9, KwDW 4 22.

ܘܠܝܘܬܐ decus, honestas ER 28 19, asd 22 13.

ܘܠܝܢܘܬܐ id. ER 29 17, Alex 4 11.

ܘܠܥܬܐ aculei ἀκίδες h. שׂשׂ *stings, pricks* Jos 23 13, Gal ZDMG **39** 240.

ܘܣܝܩܘܪܐ (vox corr.) i. q. ܒܣܘܪܐ, ܡܥܠܝܐ am **3** 237 15.

ܘܣܐ soccus e lana textus BA, PS.

ܘܣܦܘܪ̈ܐ (pers. *vaspûr* Nöld. Tabari 501) magnates apap 279 6.

ܘܣܡܐ (pers.) *1.* servus BA n. 3384, Nöld. Bezzenberger Beitr. **4** ('78) p. 54; *2.* benedictio Hoffmann Ausz. n. 857.

ܘܥܕܐ *1.* pactum, constitutum Jud 20 38, asd 101 22, promissum BO **1** 314a 20; *2.* locus constitutus ES **1** 518A, spatium definitum ES **1** 123B, JEh 15 10, refugium, asylum ES **3** 581F, BO **1** 24 20, ܠܘܥܕܐ ܕ ad, prope Dan 3 48 (Hex), ES **2** 496 34; *3.* tempus definitum ES **1** 18C, 2Sm 20 5, terminus vitae, mors ES **2** 345B.

Pa. invitavit Mt 38 19, ES **2** 259D, advocavit 2Sm 20 4 5, conduxit ESZ **1** 130.

Etpa. *1.* convenit Job 2 11, ES **2** 223E, Rabb 363 3, am **2** 385 6; *2.* vale dixit ESJ 130 6; *3.* se contulit Th Marg **1** 142 10.

ܘܥܠܬܐ obtrectatio BO **3** 1, 327a 4.

ܘܓ (pers. Lag GA 40 100) Iris pseudacorus L ἄκυρον Löw n. 87.

ܘܩܦ ar. وَقْف legatum JARS 126 16, Eb Mai **10** 264 7.

ܘܪܕܐ (pers. Lag Arm. St. n. 2106) rosa cf. Löw n. 88, Bal 332 14, AS **3** 3 13, am **2** 294u, Bhchr 121 5.

ܘܪܕܐ ܚܡܪܐ et ܘܚܡܝܪܐ aremona BB Löw p. 201.

ܘܪܕܐ ܕܫܡܫܐ chrysanthemum coronarium L BB Löw p. 290.

ܘܪܝܕܐ *1.* arteria ES **1** 121D, Geop 19 8, Sind 14 15, Bhchr 65 16; *2.* nervus Geop 109 17.

ܘܪܘܪܐ merops EN 45 23, BA 3390, (*bee-eater*) Geop 99 24.

ܘܪܙܐ (pers. Lag GA 41 101) aper silvestris BA n. 3389, Spic 25 6.

ܘܪܛܐ aut ܠܛܪܐ Jul 128 5, quid sit nescio l. ܣܘܛܪܐ (? Schwally).

ܘܪܠܐ genus lacertae ar. وَرَل EN 43 80.

ܘܪܘܙܐ (l. ܘܪܘܙܐ Fleischer) pers. برنج oryza PS, Löw p. 358.

ܘܪܘܙܐ BA, PS et ܘܪܘܙܢܐ EN 44 15 pullus gallinaceus ovo recenter exclusus.

ܘܪܩܬܐ *pl.* ܘܪܩܐ (ar. وَرَقَة, وَرَق) folium Bhchr 573 18, 583 14, ZDMG **40** 440, Duval-Berthelot **2** 102 15.

ܘܪܣ وَرْس crocum Indicum Duval-Berthelot **2** 38 10, ܘܪܣܐ id. ib. 13, ܘܪܣܐ ib. 44 6, 205 n. 2, ܘܪܣܐ ib. 44 20, 49 7 etc.

ܘܪܫܢܐ columba silvestris ar. ورشان EN 45 16.

ܘܪܛܝ προσωπῖτις arctium Lappa L. Löw n. 90, Geop 42 11.

ܘܣܣ sandaraque, resina juniperi Duval-Berthelot **2** 5 17.

ܙ

ܙ septima litera alfabeti, Zain; numerus 7.

ܙܐܓܒ scabies (*itch, scab*) Bhcar 115 12, BA n. 3399.

ܙܐܦܐ *1.* ἀφέψημα decoctum Gal ZDMG **39** 240; *2.* τρίχες pili Geop 115 29.

ܙܒܒܐ caelatura, perforatio Bhcar 163 16.

ܙܒܕ donavit Gn 30 20.
ܙܒܕܐ dos Gn 30 20, JS in MS **1** 22 39, BA n. 3409.
ܙܒܘܕܐ id. EN 38 55, donum nuptiale.

ܙܒܠܐ fimus, stercus (*dung*) Lc 14 35, Afr 46 3, ES **1** 276B, JS in asd 101 9. Dion T 169 10.
ܙܒܠ stercoravit (*to dung*) Lc 13 8.
Pa. id. Geop 8 11.
ܙܘܒܠܐ stercoratio Geop 81 29.
Etpa. stercoratus est Geop 8 12.

ܙܒܝܠܐ (pers. Lag GA 41 102, sed cf. Tallquist Nabunaid p. 70, Meissner ZA 6) sporta (*basket*).

ܙܒܢ e (N § 160A) emit Gn 25 10, Vit Rabb 165 20, BO **1** 215a 15.
ܙܒܘܢܐ emptor Mt 21 12 (Cur), ES **2** 302B.
ܙܒܢܐ et ܙܒܢܐ emptio Dt 18 8, ES **1** 508C, Rabb 215 9, Eb Mai **10** 216 30.
ܙܒܘܢܐ emptio Rechtsb 31 14.
ܙܒܝܢܘܬܐ (Sev 25 14) *1.* emptio Jer 32 12, Bhce **2** 691 16; *2.* mercatus Ez 27 12 (Hex).
ܙܒܢܝܐ ἀγοραστής obsonator TB 61 13 (ܙܒܘܢܐ leg.?).
Etpe. emptus est IA in MS **1** 18 v. 336.
Pa. vendidit Vit Rabb 165 24.
ܙܘܒܢܐ venditio ESJ 26 12, Rabb 213 9, KwDW 367 6.
ܡܙܒܢܢܐ venditor Mt 21 12 (Cur), ES **2** 302B.
Etpa. venditus est ESJ 252 17, Vit Rabb 172 23.
ܡܙܒܢܢܘܬܐ venditio Th Marg **1** 37 7.

ܙܒܢܐ abs. et cstr. ܙܒܢ (N § 94C) pers. *zrvân* Lag Mitt **2** 38, *1.* tempus Gn 2 25, ES **1** 398F etc.
ܙܒܢ semel ZDMG **39** 269 1, ܙܒܢ — ܙܒܢ modo-modo MS **2** 67 14; *2.* tempus i. q. temporalitas, fragilitas ES **3** 155F, BO **3** 1 331b. 23.

ܙܒܢܬܐ (N § 28) *pl.* ܙܒ̈ܢܝܢ (ZDMG **39** 244, ES **1** 389F), ܙܒ̈ܢܬܐ (JE in ES **1** 437 5) tempus (germ. Mal) Gn 18 32.

ܙܒܢܢܝܐ temporalis, fragilis ES **1** 383F, *adv.* Ath 33 20.

ܙܒܢܢܝܘܬܐ χρόνιος, cui inest notio χρονιότητος glherm.

ܙܒܣ ζάβα (cf. Lorsbach Archiv **1** 260) lorica Joh Eph 372 12, Bhchr 85 15.

ܙܝܒܩ (pers.) mercurius (*quicksilver*) Duval-Berthelot **2** 39 15.

ܙܒܘܪܐ (nest. ܙ̇ Bh ad Mt 51 24) παροψὶς urceus Mt 23 25 = Clr 144 4, Ex 25 29, ON 19 19.

ܙܒܘܪܬܐ id. Mt 23 26 = Clr 144 5.

ܙܒܘܪܬܐ ܕܐܣܪܐ summa pars femoris EN 9 89.

ܙ' ܕܒܘܪܟܐ patella genus (*kneebone*) EN 10 90, BA 3412.

ܙܒܘܪܐ Geop 98 19, ܙܒܘܪܐ Bh de pl. n. 93 et ܙܒܘܪܐ BA, BB, PS (ex assyr.? Meissner ZA **6** 294) thymum Löw n. 137.

ܙܒܪܐ hastae Mich 4 3 (Hex).

ܙܒܪܝܐ (incert.) χέλυφοι cortices viciarum Geop 5 6 (PS).

ܙܒܘܪܝܓ pers. زوباريج solanum nigrum L. BB, Löw p. 296.

ܙܓܘܬܐ i. q. ܙܓܘܬܐ (N § 27) Ex 2 3, Geop 12 23.

ܙܓܐ (pers. Lag GA 41 103) *1.* tintinnabulum (*bell*) Ex 28 33, ES **1** 230C, JS in MS **1** 84 273, PsC 262 14; *2.* mortarium (*mortar*) Duval-Berthelot **2** 35 14—15.

ܙܓܘܓܐ *pl.* ܙܓܘܓܝܬܐ tintinnabulum parvum Bhchr 205 3, 139 25.

ܙܓܐ *f.* ܙܓܬܐ (per. Lag GA 41 104) pullus (gallinae) EN 45 27, BA 3418, ON 15 13.

ܙܓܓܐ aurium tintinnitus BA n. 3421.

ܙܓܘܓܐ vitriolum Duval-Berthelot **2** 5 6.

ܙܓܘܓܝܬܐ vitrum Ap 4 6, Vit Rabb 183 2. PsC 138 17, Geop 39 25.

ܙܓܘܓܝܐ vitriarius Duval-Berthelot **2** 9 15.

ܙܓܘܓܐ liberi TA 40 221.

ܐܙܓܓ splenduit TA 40 228.

ܙܓܘܪܐ arbor quaedam (Löw n. 91) Geop 67 3.

ܙܓܘܠܐ pullus columbinus BA n. 3446, Bhchr 230 1.

ܙܓܪ *1.* tr. o. a) retinuit (*to retain*) Joh Eph 32 5, cohibuit, coercuit ES **1** 487C, BO **1** 40 9; b) obmutescere fecit (*to impose silence*) Mc 4 39, BO **1** 40 8; *2.* intr. a. cecidit, remisit (mare) (*to relent, subside*) Cyr 49 8.

Etpe. coercitus, cohibitus est ER 41 22, ES **2** 463B, Nis 39 193, Rendic. dei Lincei 1886 p. 409 25.

Pa. reprehendit, vituperavit ES **1** 541B.

Af. cohibuit Job 15 11, reprehendit ES **3** 272F.

ܙܓܘܪܐ jugulum BA n. 3423.

ܙܕܒܝܣ Afr 297 14 v. s. v. ܐܕܒܝܣ.

ܙܕܩ, ܙܕܩܐ (Barth p. 52) justus, aequus, conveniens BO **2** 332b 4, impers. decet ER 48 5, Jš in ThMarg **2** 163 7, *pl.* affines KwDW 25 1, 107 4 etc.

ܙܕܩܐ justus ES **3** XLVIII 34, BO **2** 155 6, *adv.* ES **3** 519C.

ܙܕܩܐ *1.* justum, debitum ES **1** 336D; *2.* lex, praeceptum (δικαίωμα) ψ 18 23 (Hex), Jš in ThMarg **2** 162 18.

ܙܕܩܬܐ beneficium, eleemosyne Mt 6 1, asd 15 27, JSt 84 13, BO **1** 49 3.

Pa. *1.* justificavit Jer 3 11, ER 128 26, ES **2** 104C, asd 56 2; *2.* justam cognovit (poenam) Bickell conspect **2** 11 v. 113, cf. ZDMG **25** 279; *3.* adjudicavit Bhce **2** 767 13; *4.* s. ܒ beneficio donavit KwD 78 14.

ܙܕܝܩܐ justus, probus Gn 7 1, dap 16 23, ES **1** 549A.

ܙܕܝܩܘܬܐ justitia, probitas Rom 3 13, ER 103 26, ES **3** 343E.

ܙܕܩܐ *1.* justitia Eccl 7 16 (Hex); *2.* munus Bhce **2** 745 22; *3.* legatum (ar. وقف) JARS 86 5; *4.* ψήφισμα i. e. συνθήκη glherm.

Etpa. *1.* justificatus est Rom 4 2, ER 116 11, ES **2** 104D; *2.* adjudicatus est ES **3** 284F, Nis 48 9.

ܙܕܘܩܝܐ Sadducaeus Mt 22 23, Afr 167 10, am **2** 675 4.

ܙܗܐ superbus Za 10 3, ES **2** 300D.

ܙܗܝܐ *1.* splendidus ER 150 78, ESL **1** 207 11; f. vestis splendida am **3** 111 2; *2.* decorus asd 21 25; *3.* cautus Alex 3 17, *adv.* ἀκριβῶς (*exactly*) Epiph 5 15.

ܙܗܝܘܬܐ *1.* splendor ES **1** 48B, Guidi to 36 17, ThMarg **1** 116 4.

Pa. splendidum fuit ES **2** 314E, Nis 19 25, IA **1** 250 7.

Etpa. splendidus factus est Ex 34 29, ThMarg **1** 24 10.

ܙܗܡܐ foetidus (*stinking*) ThMarg **1** 106 18.

ܙܗܝܡܘܬܐ foetor ES **2** 560B, Jul 240 3, AS **2** 300 6, Joh Eph 71 11.

ܙܗܘܡܐ foetidus JS in asd 107 25, AS **3** 242 9, JARS 5 10.

ܙܗܘܡܘܬܐ foetor am **2** 92 3.

ܡܙܗܡܐ MS **1** 55 290, ܡܙܗܡܬܐ ESL **1** 661 13, foetidus.

Etpa. foetuit Kays 75 12, ThMarg **1** 105 15.

ܙܗܪ splenduit, fulsit Mt 13 42 (Cur).

ܙܗܪܐ *1.* splendor 2 Bar 4 2, ES **1** 117D, JSt 48 2, PsC 132 1; *2.* flos Kays 58 20.

ܙܗܝܪܐ *1.* illustratus, illuminatus ES **3** 155B; *2.* providus, cautus Gal 6 1, ER 85 7, s. ܒ observans ESZ **1** 642.

ܙܗܝܪܘܬܐ *1.* cautio, diligentia BO **2** 172 5, **3** 121b. 9, Arist 4 24; *2.* custodia Guidi to 40 11, PsC 204 4.

Etpe. *1.* cavit Ez 33 4 5, asd 109 19, seq. ܡܢ vitavit 2Sm 20 10; *2.* seq. ܒ cavit alicui, providit, consuluit ψ 19 12, BO **1** 379 1, **2** 224 8.

Pa. cavere fecit, admonuit Ez 18 20, dap 47 3, Kays 212 4, seq. ܡܢ de aliqua re Nis 46 106.

ܙܘܗܪܐ *1.* admonitio ES **1** 226F, Vit Rabb 176 19, dap 4 25; *2.* cautio, providentia Prov 4 23.

Af. fulsit, splenduit Dan 12 3, Mc 9 3, JS in asd 88 2.

ܙܠܝܩܐ *1.* splendor ESL **1** 205 4, Ath 36 25; *2.* radius ES **1** 2A, JS in MS **1** 46 23, ThMarg **1** 301 9.

ܙܗܪܐ (pers. Lag GA 41 105) venenum KwD 68 15, Journ. As. **7** 8, 468 n. 87, EN 43 90.

ܙܗܝܪܐ venenatus Métr 56 8.

ܙܘܗܪܐ i. q. ar. زهرة Veneris stella Kays 195 4.

ܙܘܐ tumuit (*to bloat*) AS **2** 315 19, am **3** 35 6, AM **2** 312 18.

ܙܘܝܬܐ angulus Mt 21 42, ER 123 23, AS **4** 57 11.

ܙܘܝܬܢܐ (N § 135) angulosus K. (PS).

Etpa. tumuit ES **1** 216D.

Af. tumescere fecit Bhcar 162 15.

ܙܘܓܐ (e gr. ζεῦγος) *1.* jugum, par Gn 45 22 ER 71 2, 'ܙ ܒܪ similis ES **1** 221D, 'ܙ ܒܪܬ a) uxor Bhce **3** 63 11, b) similis dap 66 26; *2.* currus ES **1** 482F, am **3** 73 8; *3.* nomen accentus ET 25 4, BZ 1 6 sq.

ܙܘܓܝܐ metricus Cat Bod 501 n. 1.

ܙܘܓ conjunxit, copulavit Mt 19 6, dap 102 14, spec. matrimonio dap 96 8.

ܙܘܘܓܐ nuptiae Ath 14 17, dap 115 28, matrimonium JS in ER 384 4, concubitus, coitus Bhchr 134 18.

Etpa. matrimonio conjunctus est dap 115 9.

ܡܙܘܓܝܬܐ ar. المزدوج metrum tettareskaidekasyllabum Card 2.

Af. conjunxit ES **1** 279A, Nis 19 95, AS **3** 302 20, ThMarg **1** 275 20.

Ettaf. conjunctus est Métr 18 4.

ܙܝܘܩ (pers. cf. ܙܝܒܩ) Duval-Berthelot 2 4 23, Kays 218 6, ܙܝܘܩܐ Duv-B. 45 22 mercurius.

ܙܘܕܐ commeatus, victus Gn 42 25, ES 1 98F, ER 345 16.

Pa. commeatu instruxit Act 28 10, ES 1 74C, Vit Rabb 164 27, SB 34 5.

Etpa. *1. refl.* Jos 9 4, AM 2 348 8; *2. pass.* ES 1 96E, ThMarg 1 385 6.

ܙܘܗܪ̈ܐ fenestrae Gn 6 16 (h. צֹהַר) cf. ES 1 147E, Ez 4 2, EN 57 41, BA 3454, ON 16 6.

ܙܘܕܝܘܢ, *pl.* ܙܘܕܝ̈ܐ ζῴδιον, *1.* signum zodiaci, ar. بُرْج Kays 192 22, Bhchr 216 18; *2. per abusionem* i. q. بُرْج turris Bhchr 24 22.

ܙܘܕܝܩܘܢ ζῳδιακὸν (signum zodiacum) Bh adsc ment. 4 23.

ܙܘܙܐ (babyl. *zūzu* cf. Jensen ZA 6 60) *1.* δραχμὴ nummus et pondus Afr 14 15, JSt 10 14, PsC 145 18, ENchr 35 12; *2.* i. q. κύαθος Geop 108 18.

ܐܙܕܘܙ *1.* institit (*to urge, hurry*) BO 3 1 120b 19, JohEph 17 21; *2.* se jactavit ES 3 309E, IS 20 21, TA 30 110.

ܙܘܚ *1.* elatus est, se sustulit ES 3 356C, Nis 36 224; *2.* abiit, discessit ES 3 504D, Jul 95 20. AS 2 388 6.

ܙܘܚܐ pompa ES 2 210B, JS in ER 390 15, Jul 37 13, MS 2 66 7.

ܙܝܚ *1.* tulit ES 1 466E, AM 2 391 33, JS in asd 108 5; *2.* extulit, sepelivit ES 2 541B, asd 21 7, ThMarg 1 373 14; *3.* laudibus extulit, celebravit ES 3 354C, BO 1 304bu.

ܙܘܝܚܐ *1.* pompa ES 3 LIX 46; *2.* funus Rabb 214 19.

Etpa. *1.* sublatus est ES 1 281F, elatus est ES 1 514C, Vit Rabb 208 4, ThMarg 1 406 10; *2.* vectus est AS 3 22 9, motus est Clr 125 35.

ܐܙܝܚ movit Clr 132 2.

ܙܘܛܐ parvus BA (PS).

ܙܘܡܐ (gr. ζωμὸς) ius (*sauce*) Jud 6 19 (Hex), AS 2 363 4.

ܙܘܡܐ *1.* (p. *zumah* unde ar. زمج) avis venatica BA n. 3458; *2.* rostrum, proboscis BA n. 3460.

ܙܢ *1.* aluit, sustentavit Dan 4 9 (Hex), ES 1 461C, ER 342 18; *2.* praebuit, donavit, BO 1 215a 15, KwDW 88 5.

ܙܝܘܢܐ sustentator, altor ES 2 518A, IA 2 146 116, am 3 20 11.

ܙܘܢܬܐ sustentatio, auxilium ThMarg 1 210 19.

ܡܙܘܢܐ (N § 126G) alimentum, victus (*nourishment, food*) Ruth 1 6, ES 2 59B, Bal 304 16, KwD 39 20.

ܙܘܢܐܣ, ܙܢܐ, *pl.* ܙܘܢ̈ܣ, ܙܘܢܝ̈ܣ ζωνὴ cingulum IA 2 226 100 3, AS 3 90 7, am 3 238 18, Bhchr 212 7.

ܙܘܢ ζῷον animal Duval-Berthelot 2 39 19.

ܙܥ *1.* se movit, motus est Js 40 20, ES 2 87B, Job 37 1; *2.* concussus est, contremuit (*to tremble, quake*) ψ 18 8, asd 16 27, am 3 361 8.

ܙܘܥܐ, *pl.* ܙܘ̈ܥܐ 4Ezr 6 3, *1.* motus spec. terrae Am 1 1, Chr ed 152 25, *met.* tempestas, perturbatio Job 17 1; *2.* tt. gr. vocalis motus ar. حَرَكة ET 9 1.

ܙܘܥܬܐ metus, terror 2Mcc 3 30, ES 1 55A, am 3 252 10.

ܙܝܘܥܐ turbator Nis 58 89.

ܙܘܥܬܢܐ vilis, contemnendus am 2 350 4, AM 2 99 15.

Af. movit, perturbavit, terruit Job 13 21, Joh 11 33.

ܡܙܝܥܐ vile aliquid JS in MS 1 48 105.

ܡܙܝܥܢܘܬܐ λῆρος ineptiae TB 79 13 (Field 28 conj. ܡܙܝܪܢܘܬܐ).

ܡܙܝܥܢܐ nomen accentus ET 16 7, BZ 2 3.

Ettaf. 1. commotus, concussus est ψ 15 5, Guidi to 39 8; *2.* se movit, cessit Job 14 18;

3. actus est Hoffmann Kirchenvers. p. 6 l. 28.

ܡܬܬܙܝܥܢܘܬܐ 1. motus ES **1** 123F, ThMarg **1** 305 22; 3. tt. gr. casus ET 8 9, accentus ib. 16 14.

ܐܙܝܥ movit, excitavit ES **1** 369F, **2** 460F, Bar 2 30 (Hex).

ܙܘܥܚܐ agitatio, tumultus ES **3** 226E, Bhchr 178 15.

ܐܬܙܝܥ 1. se movit ES **1** 356F; 2. commotus, labefactus est ES **2** 371C, Nis 70 21, Mt 11 7 (Phil).

ܙܘܦܐ (c. ܘ gr. ES 22 2 sed cf. Delitzsch Prol. 84 n. 1) ὕσσωπος hyssopus Löw p. 93, ψ 51 9, Joh 19 29, ES **1** 243 21, JS in MS **1** 48 77.

ܙܘܩ desideravit ES **3** 609A, p. a. ܙܐܩ volans IA **2** 264 v. 552.

ܙܘܩܐ ventilatio (?frumenti) Kays 140 20.

ܙܘܒܩܐ et ܙܘܒܩ (pers.) mercurius Duval-Berthelot **2** 45 u. 46 2, cf. ܙܝܒܩ et ܙܝܘܩ.

ܙܘܪ 1. cepit, tenuit Lv 2 2, PsC 101 12, Epiph 39 20; 2. pugnis castigavit (*to fist*) am **2** 335 12.

ܙܘܪܐ 1. pugnus Js 40 12, Afr 154 6, JS 46 12, am **2** 340 18; 2. manus i. q. potestas ES **1** 409A; 3. ܡܠܐ ܙܘܪܐ manipulus, pugillus farinae Epiph 4 5, 39 18 sq.

ܙܘܬܘܡ Js 19 10 (Hex), ZDMG **39** 275 3, Duval-Berthelot **2** 54 100, 86 3. ܙܘܬܘܣ EN 36 10, BA 3474 ζύθος cerevisia.

ܙܘܙܦܐ Rhamnus Zizyphus L. Löw n. 229b, Gal ZDMG **39** 290 1, Bhchr 216 9.

ܙܚܠܐ locustae ER 89 11, ES **2** 249C, Jul 184 20.

ܙܚܠܢܝܬܐ ܙܚܠܬܐ genus humile, vile ES **1** 49D.

ܙܚܦ incitavit AS **3** 73 21.

ܙܚܦܐ 1. celeritas ES **2** 107F; 2. depulsio, aversio BA n. 3481.

ܙܚܝܦܐ (uter) plenus, qui comprimi nequit BA n. 3478, *abstr.* ib.

Pa. incitavit AS **3** 73 8.

ܙܘܚܦܐ incitatio AS **3** 284 21.

ܙܚܘܪܝܬܐ coccum Gn 38 28, Afr 78 1, ES **1** 230A, JS in MS **1** 48 77, *pl.* vestes cocco tinctae Jer 4 30 (e bab. (*īn*) *zaḫuritu* i. e. vinum zaḫuricum Jensen).

ܙܝܛܡܐ, ܙܛܡܐ, ܙܛܡܬܐ, ܙܝܛܡܐ, ܙܛܝܡܐ, *pl.* ܙܛܡܐ̈, ܙܛܡܛܐ̈ (Bhchr 299 19, Clr ep 84 2) ζήτημα; 1. reprehensio, vituperium Act 18 15, JS in MS **2** 110 v. 529, Bhchr 299 19; 2. vitium Rabb 216 21, KwD 27 15, offensio Bal 306 2; 3. quaestio IA **2** 34 51; examinatio ESJ 137 1.

ܙܛܡ vituperavit, accusavit ES **1** 532B, IA in MS **1** 14 42, Cat Wright **1** 43b 20.

Etpa. argutus est BO **3** 1 218b 2, accusatus est KwDW 113 19 etc.

ܙܛܘܪܐ puerulus BA, PS.

ܙܝܦܐ vagina, theca BA, PS.

ܙܝܘܐ (assyr. Jensen ZK **2** 4 3 n. 2, Delitzsch Prol. 152), 1. splendor Afr 280 11, JS in MS **1** 41 250, KwD 102 25; 2. pulchritudo Bal 287 14; 3. vestitus Bal 317 16, adspectus Corluy MP 31 7.

ܙܝܙܬܐ 1. s. ܕܪܓܐ i. q. ܣܩܘܦܐ ES **1** 320C, l. ܙܝܙܐ?; 2. γεῖσα prominens tecti pars (*either corbels or eaves, parapet, coping*) ThMarg **1** 211 6.

ܙܝܙܢܐ (√ זן Lag Semit **1** 63) Lolium spec. L. Löw 92 herba inutilis Mt 13 26, Afr 277 3, ER 4 4, JS in MS **2** 53 51.

ܙܝܙܢܘܬܐ inutilitas Jul 93 4.

ܙܝܢܐ (pers. Lag GA 43 110) 1. arma Job

10 17, ER 29 8, JSt 9 7; *2.* gladius ψ 35 2, Js in asd 89 3; *3.* signum IA **2** 278 v. 798.

ܙܝܢ armavit 2Mcc 15 11, dap 92 11, JS in ER 397 24.

Etpa. se armavit, armatus est ES **1** 545A, JS in asd 89 20, JS in ER 397 13.

ܙܝܦܐ falsum, mendacium, fraus ER 43 18, Ath 40 15, Bhchr 569 1.

ܙܝܦ falsavit Rie 78 10, Cyr 101 15, Bhce **2** 639 1.

Etpa. *1.* falsatus est Cyr 16 25; *2.* deceptus est Rie 91 13; *3.* s. ܥܡ falsum se praebuit, decepit BO **3** 1 120b 24.

ܙܝܦܢܐ falsus, fraudulentus ES **1** 36A, am **3** 406 5, Jš in ThMarg **2** 172 7.

ܙܝܦܢܘܬܐ falsitas ES **1** 431B, Bal 306 16, Cyr 210 5.

ܐܙܝܦ *1.* falsum se praebuit Jul 10 1, dissimulavit ib. 72 24, decepit ES **2** 485D, AS **2** 363 3; *2.* deceptus est Rendic. dei Lincei 1886 p. 409 15 (Mos. Agh.).

ܙܝܩܐ (ex(?) ass. *zîku* Haupt Assyr. Lautlehre p. 90) procella Ez 34 12, Job 39 26 (Hex), dap 23 13, Afr 193 19.

ܙܝܩܬܐ fulmen Ez 1 14, ES **2** 166E, Jul XVIII 16.

ܙܝܢܩܐ torques 1Ezr 3 6, Js 13 18 (Hex), am **1** 19 14, AS **3** 272 13..

ܙܝܬܐ (Lag Mitt **3** 215 sq.) oliva (Löw n. 95), Ex 23 11, dap 40 14, Rabb 237 6.

ܙܝܬܐ ܕܒܪܐ daphne oleoides EN 27 99, Löw p. 247.

ܙܝܬܘܢܝܬܐ ܕܐܪܥܐ cyperus L. PS, Löw p. 277.

ܙܟܐ *1.* vicit 1Reg 20 23, Afr 415 7, Ath 33 10, *met.* superavit AM **2** 62 25; *2.* purus, integer fuit, justificatus est Job 15 14, ψ 51 6, Jer 49 12.

ܙܟܘܬܐ *1.* victoria ES **1** 505B, Ath 39 22; *2.* probitas, innocentia Jer 51 10, Ez 18 20, Guidi to 36 6.

Etpe. victus, superatus est Corluy MP 9 16, AM **2** 118 25, KwDW 396 14.

ܡܙܕܟܝܢܘܬܐ superatio KwDW 363 8.

Pa. *1.* victorem fecit ZDMG **28** 613 v. 687; *2.* purgavit i. e. correxit (mendacium) Job 6 29; *3.* innocentem judicavit, justificavit ψ 19 13, asd 29 9, KwDW 379 8.

ܙܟܝܐ *1.* victor ER 355 2, Chr ed 150 27; *2.* justus, innocens Mt 27 4, Afr 36 6, ES **1** 532A, asd 29 8.

ܙܟܝܘܬܐ innocentia Afr 41 3.

Af. i. q. Pa. *3.*, Ex 23 7, Job 9 28.

ܙܟܘܪܐ (Lag Nom 111 17) *1.* hariolus (*fortune-teller*) incantator 2Rg 21 6, Afr 342 14, ES **1** 246A, asd 75 2; *2.* mortuus ab infimis excitatus (h. אוב) 1Sm 28 7, Rie 15 12, unde ܙ' ܡܙܟܪ qui mortuos evocat EbMai **10** 118, 282, *f.* ܙ' ܡܙܟܪܬܐ 1Sm 28 7.

ܙܟܪ *1.* hariolatus est Jul 71 26, 93 10; *2.* magicas artes exercuit Nis 9 58, ZDMG **28** 667 n. 6 (ex ass. *zakāru* vocare? Jensen, Zimmern).

ܙܟܘܪܘܬܐ divinatio, hariolatio ES **2** 464D.

ܙܠܐ (al. ܙܠܠܐ) arundo (*sedge, reed*) MAMQ 72 9, am **1** 442 8, Kays 228 7, ThMarg **1** 159 12, cf. **2** 322 n. 4.

ܙܠ *1.* defecit ER 27 22, ES **3** 3F, Nis 1 142; *2.* contemptus fuit Gn 16 4, Pr 3 21; *3.* contempsit ES **1** 3D, 65D.

ܙܠܠܐ illecebrae IA **2** 226 116.

ܙܠܝܠܐ *1.* exiguus, despectus Nis 17 66; *2.* sordidus, turpis Afr 270 12, ES **1** 492D, ER 99 21, *f.* meretrix (*whore, harlot*) ES **2** 533E.

ܙܠܝܠܘܬܐ *1.* impudicitia ES **1** 252F; *2.* incessus mollis ThMarg **1** 113 3.

Pa. *1.* inquinavit, foedavit ESL **1** 313u, Bhchr 550 21; *2.* conviciatus est ES **3** 586A.

ܙܘܠܠܐ inquinatio Bhchr 162 3.

Etpa. *1.* commotus est ES **2** 417D p. inordinatus Nis 75 112; *2.* impudice se gessit Jer 2 36, ER 8 14; viluit Bhce **3** 441 2.

Af. *1.* inquinavit Vit Rabb 174 14, Mar 85 6; *2.* levem fecit Nis **6** 149, despexit Sir 10 29.

ܙܠܒܝܐ genus dulciarii, pers. زلیبیا, ar. زلابیة, EN 34 72.

ܙܠܘܦܐ et ܙܠܘܦܐ membrum virile cervi BA n. 3501.

ܙܠܚܦܝܐ anguilla (*eel*) BA n. 3499, cf. Löw p. 97.

ܙܠܝܓܐ (nest. ܙ Bhgr **4** 4 5) *pl.* ܙܠܝܓܐ (ES 18 2), fulgor, splendor Ap 21 11, ES **1** 124E, AS 141 21.

Af. *1.* fulsit, splenduit Act 9 3, Afr 67 8, ES **1** 370 23; *2.* splendere fecit Guidi to 36 5, JS in MS **2** 132 v. 888.

ܡܙܠܓܢܘܬܐ splendor Kays 95 1.

ܡܙܠܥܙܐ *1.* turbidus ES **1** 488F, IA **2** 250 v. 263; *2.* perturbatus, confusus ES **3** 496B, Jul 4 6; *3.* egenus Guidi to 37 10.

ܡܙܠܥܙܘܬܐ miseria, paupertas KwDW 396 12, Bh ZDMG **40** 441.

ܙܘܠܥܙܐ *1.* perturbatio, tumultus ES **1** 470B, BO **3** 1 273b 7, Eb Mai **10** 256 22; *2.* sollicitudo ES **1** 51B.

ܐܙܕܠܥܙ *1.* perturbatus est 1Cor 7 29, defecit ES **1** 94E, **2** 74.

ܙܠܚ *1.* o. trans. aspersit (*to besprinkle*) ES **2** 391B, Bal 284 12, JE in ES **1** 243 17, madefecit (*to wet, moisten*) AM **2** 113 36; *2.* a. intr. se effudit(?), JS in ZDMG **13** 50 7 = Zingerle Chrest 374 2.

Etpe. aspersus est ES **3** 21D.

ܙܠܝܚܐ aspersus ZDMG **29** 112, 1 n.

ܙܠܝܚܐ patinae (lunulae, ܣܗܪܘܢܐ Bh) Cant 1 10, cf. MS **2** 12 19, BA 3504, ON 16 2.

ܙܠܡ pervertit Bhcar 132 4.

ܙܠܡܐ *1.* oppositio JS 106 4; *2.* perversitas Card 100 2, *3.* ira ZDMG **29** 531.

ܙܠܡܐ tt. gr. apud orientales i. q. ܙܠܡܐ Bhgr **1** 3 26, cf. N§8.

ܙܠܝܡܐ *1.* perversus ESL **1** 465 26, Ath 18 9, BO **1** 173a; *2.* oppositus JS 106 3.

ܙܠܝܡܘܬܐ, obliquitas Bhgr **1** 3 22.

Etpe. perversus est ER 121 25.

Af. distorsit (oculos) Bh ZDMG **40** 441.

ܙܠܥ *1.* hausit Joh 2 8; *2.* purgavit, sustulit Afr 255 21, ES **2** 487E; *3.* vacillavit ER 42 5; EN 48 00.

ܙܠܥܐ et ܙܠܘܥܐ patera Hex: Ex 25 29, Jer 52 19.

Etpe. vacillavit ES **1** 118E, ER 18 4, JS in MS **2** 86 v. 156.

ܙܠܦ *1.* inquinavit ESL **2** 379 14, Bhcar 149 8; *2.* exhausit Js 30 14 (Hex), Joh Eph 174 7.

Etpe. inquinatus est ESL **2** 377 26, am **2** 58 21.

ܙܠܦܐ ostrea Kays 29 18.

ܙܠܦܬܐ (nest. ܙܠܦܬܐ) testa (*oystershell*) PsC 178 8, am **3** 536 1, AS **4** 91 9, EN 43 83, BA n. 3515.

ܡܙܠܦܐ pictus, ornatus Vit Rabb 189 19, EN 37 42, Bhcar 32 9, *adv.* artificiose Métr 9 1.

ܙܘܠܦܐ ornamentum IA **2** 158 v. 377, BA n. 3457.

ܙܠܝܩܐ fulgor, radius ES **1** 126B, asd 68 14. Dion T **76** 16.

Af. fulgere fecit ESL **1** 127 16.

ܙܡ a. *1.* susurravit, sonuit 1Cor 13 1, IA **1** 182 85, JohEph 27 3; *2.* capistravit (*to fasten, tether*) Geop 14 26 glherm (de vite adliganda).

ܙܡܐ labia IA **2** 318 v. 1391.

ܙܡܡܐ *1.* susurrus, sonus ESZ **1** 211, ESL **2** 11 2, Arist 22 11 glherm; *2.* frenum ES **2** 546E, **3** 208D, capistratio Geop 14 21; *3.* unguenta (σμήγματα) Sus v. 17 cf. ܡܙܡܡܐ.

Af. sonuit Sev. Ant. in Nestle Chr. ܦ 18 sq., Cyr 285 19.

Etpa. tacta est (chorda) Bh ad ψ p. 136 33.

ܡܙܡܙܡܢܐ (ar. الزمازمة cf. de Sacy Cal. et Dim. 41 4) magi KwDW 375 9.

ܐܙܕܡܙܡ evulgata est (fama) JohEph 171 8.

زمهران ܐܡܗܪܢ nomen veneni KwDW 142 8, 143 14.

ܐܡܙܡܝܬܐ oscillum (*swing*) BA n. 3519.

ܙܡܗܪܝܪܐ frigus vehemens am **3** 366 16, Kays 237 6, Bh ad Job 38 29, BA n. 3521.

ܙܡܝܐ ζημία poena Rechtsb 20 26.

ܙܡܘܡܝܐ aut „lychnuchus" aut „patera olei" BA n. 5655, Ex 25 38, 37 17 h. מַחְתּוֹת TA 34 150.

ܙܡܝܠܐ, ܙܡܝܠܐ σμίλη, scalpellum (*knife*) Jer 36 23, AS **3** 10 12, am **3** 352 13, BO **3** 1 542b 17.

ܙܡܝܢܐ *1.* socius ES **1** 444A; *2.* destinatus ad ThMarg **1** 75 5.

Pa. *1.* invitavit 2Reg 10 20, ES **1** 95C, 316E; *2.* praeparavit ES 1 434F, adduxit (bellum), ES **1** 406B.

ܙܘܡܢܐ invitatio KwD 45 19.

Etpa. invitatus est ES 1 422F, convenit Jos 7 13, Bhchr 2 7.

ܡܙܕܡܢܢܘܬܐ conjunctio AS **4** 3 22.

ܙܘܡܘܣ ζωμός liquor Duv-B **2** 57 17, cf. ܙܘܡܐ.

ܙܡܪ a. cecinit, cantavit ψ 89 2, ES **3** 356A.

ܙܡܪܐ *1.* cantus, concentus Gn 31 27, ES **2** 57B, Ath ܢ 14, Pall in ThMarg **2** 31 apu, *2.* psalterium asd 42 7; *3.* commessatio (κῶμος) Rom 13 13, Gal 5 21, Clrep 146 1.

ܙܡܝܪܬܐ cantus, psalmus Js 23 5 (Hex), ES **1** 433A.

ܡܙܡܘܪܐ h. מִזְמוֹר psalmus ES **1** 432D, Jul 225 18, JSt **26** 14.

Etpe. part. τὸ αὐλούμενον quod tibia canitur 1Cor 14 7.

Pa. cecinit, psallit, laudavit ψ 18 50, ESL **2** 29 1, ER 16 10.

ܙܡܪܐ cantor Mt 9 23, PsC 103 2.

ܡܙܡܪܢܐ id. ES **3** 375B, Ath 13 6.

ܙܘܡܪܐ cantus ES **2** 331F.

Etpa. cantum est Cat Bod 490, part.: τὸ αὐλούμενον 1Cor 14 7 (Phil).

ܙܡܪܘܬܐ tibia BA 3523.

ܙܪܩܬܐ γλαύκη Rie 8 17, ܙܪܝܩܬܐ glauca (*blue eye*) EN 8 60.

ܙܡܪܓܕܐ, ܙܡܪܓܕܘܣ, ܙܡܪܘܓܕܐ (Kays 264 22) σμάραγδος (Lag GA 44 111), ES **2** 188E, PsC 9 4, Bhchr 236 19.

ܙܢܐ (N§146) pers. (Lag Rie gr. XXVIII) modus, ratio, via ES **2** 175A, KwDW 333 6, ET 15 17, *pl.* mores JSt 16 20, Bhchr 96 25.

ܙܢܝܐ diversus (*different, various*) Bhchr 230 21, ad Js 1 6.

ܙܢܝܬܐ (Lag Mitt **2** 368) scortum, meretrix (*whore, harlot*) Mi 1 7, ES **2** 273B.

ܙܢܝܘܬܐ scortatio, stuprum Gn 38 24, ES **1** 91A, ER 103 2, Ath 54 1.

ܙܢܝܝܐ scortatorius Pr 7 10 (Hex).

Pa. scortatus est, stupravit Ap 17 2, ES **1** 264D, JS in ER 385 12.

ܙܢܝܐ scortator 1Cor 5 9, ES **1** 73F, IA **2** 228 v. 158.

ܙܘܢܝܐ scortatio Ez 16 24 (Hex).

Etpa. fornicata, stuprata est IA **1** 236 251.

ܙܢܟܠܐ i. q. ܙܢܐ q. v. Sind 19 12, Bhchr 309 9 ad Mt 37 25.

ܙܢܓܠܐ tinnitus, sonitus (curruum inter se conjunctorum) Jud 5 28, ES **1** 315F, BA 3529, BB 694, ON 96 1sq. *met.* concentus, series (historiae), ThMarg **1** 139 10; 'ܙܢ ܡܟܗܢܘܬܐ ܐܬܡܢܝ clero adnumeratus est IA

RS 4u, cf. ThMarg 1 302 18, ܕܒܬܘܠܬܐ ܙ' chorus (?) virginum Cat MB 56a 13a f.

ܡܙܢܓܠܐ tintinnabulis instructus Pel 1 25.

ܙܢܓܒܝܠ (s. *çrṅgavera* ZKM 7 127, Sachau ad Gawâlîḳî 78 2) Zingiber officinale EN 25 61, Löw n. 96.

ܙܢܓܦܪ (ar. زُنْجُفْر, pers. شَنْگَرْف) cinnabaris EN 25 62.

ܙܢܓܪܐ, ܙܢܓܪܐ (pers. Lag GA 42 106) rubigo EN 25 61, Bh ad Sir 12 10, Duval-Berthelot 2 52 9 etc.

ܡܙܢܓܪ rubiginosus Bh ad Jer 6 28.

ܙܢܩ abscidit IA 2 34 54.

ܙܢܩܐ manipulus, manica (presbyteri) BO 3 2 819u, Sev A 106 7.

ܙܢܕܝܩܢܣ (pers. *زندانيك) custodiae praefectus Afr 297 14 (sic l.! cf. Lag Mitt 3 23).

ܙܘܢܙܠܐ *1.* tremor Cat Wr 854b; *2.* turpitudo, dedecus TA 30 102.

ܐܙܕܢܙܠ tremuit BA, PS.

ܙܢܚܐ pestis, lues Bhchr 96 18.

ܙܢܩ *1.* jecit, jaculatus est ψ 63 16 (Aqu.), ESZ 2 125, MAMQ 9 15, ThMarg 1 394 10; *2.* rejecit ES 3 523B, BO 3 1 82 7.

ܙܢܩܐ jactio AS 145 4, BA 3554.

ܙܢܩܐ ψέλλιον, filum, fraenum (EN 41 41) aliis annulus Job 40 22 (Hex).

Etpe. jactus est ER 138 2.

ܙܢܩܐ (pers. زَنَخ) mentum Geop 108 28, BA 3533, latus barbae (menti) in quo nondum crines sunt ON 15 17.

ܙܘܢܪܐ ESL 2 419 27, Bhchr 155 2, ܙܢܪܐ ES 2 379C, ζωνάριον cingulum.

ܐܙܕܢܪ se cinxit Sev 30 10.

ܙܥܡ vituperavit, increpuit ES 1 523F.

ܙܘܥܡܐ accusatio ES 2 455C, IA 2 274 v. 708.

Etpa. vituperatus est ESL 1 505 4, IA in MS 1 15 143.

ܙܥܦ impulit, ursit Geop 101 9.

ܙܥܝܦܐ *1.* exardescens ES 1 522D; *2.* indignabundus 1Rg 20 43, dap 56 8, ES 1 99A, 503B.

ܙܥܝܦܘܬܐ *1.* aestus, vehementia ES 1 503C, BO 3 1 88a 5af.

ܙܥܝܦܐܝܬ vehementer ES 1 523F.

Etpe. ira incensus est Mc 14 5, ES 1 550F, Jul 42 11, Joh Dar in MS 1 108 26.

ܙܘܥܦܐ pressus, vexatio (*oppression, distress*) Joh Eph 8 4.

ܙܥܩ clamavit BO 1 30 12, 90b 5a f, IS Const. v. 378.

ܙܥܩܬܐ clamor Eccl 9 17, Ath ܘ 10, ES 2 7E.

Af. i. q. pe. 2Rg 4 1, Luc 22 5, Ath ܙ 19, Guidi to 43 12.

Ettaf. *1.* vocatus est Gn 45 16, ES 1 128B, Cyr 7 7; *2.* jussum est Rie 60 12, cf. 61 3.

ܙܥܪ *1.* parvus fuit Job 14 21, ER 64 9, KwDW 200 5; *2.* pusillanimus fuit Nestle Chr 1 53 8.

ܙܥܘܪܐ (N§71 2) *1.* parvus *adv.* ܙܥܘܪ Geop 41 11, ܙܥܘܪܐܝܬ paululum ES 3 58E, AS 2 246 10, ܙܥܘܪ ܕܡܐ sanguine carens ES 1 431E; *2. pl.* pauci Ath ܡ 3, ES 2 84F, ISt 71 15.

ܙܥܘܪܘܬܐ parvitas Gn 43 33, ES 2 69B, ܙܥܘܪܘܬܝ *my own little self* ER 24 8.

Pa. *1.* deminuit ES 1 529C, dap 55 18; *2.* despexit KwDW 175 11.

ܙܘܥܪܐ ar. التصغير deminutio Bhgr 1 64cap16.

ܡܫܬܙܥܪܢܐ quod deminui potest Bhgr 1 66 8.

Af. *1.* parvum fecit Ex 16 7; *2.* parvi aestimavit asd 5 3.

ܙܥܦܬܐ et ܙܥܦܐ (Bh ad Pr 23 7 ܙܥܦܐ) *pl.* ܙܥܦܐ capillus Pr 23 7, ON 15 18, BA 3548, Bh ad Jer 9 26, Kays 63 9.

ܙܥܦܚ v. s. v. ܨܦܚ.

ܙܦܪ foetuit (*to stink*) ES **2** 408D, Nis 67 67.

ܙܦܝܪܐ *1.* foetidus ES **2** 560B, IA **1** 38 113; *2.* stramentum concisum Duval-Berthelot **2** 9 21.

ܙܦܝܪܘܬܐ foetor ES **2** 336A, JulXVII28, odor Afr 290 9, ES **2** 336A.

ܙܘܦܪܐ foetor Clr 43 18.

ܙܦܘܪܐ foetidus ThMarg **1** CLXV l. 10.

ܙܦܘܪܘܬܐ foetor Joel 2 20 (Hex), Job 6 7 (ib).

ܙܦܪܢܐ (N § 132) mystax (*mustachio*) BA n. 3466.

Pa. foetidam reddidit (barbam) ER 8 22.

ܙܐܦܘܪܘܣ ζέφυρος Zephyrus ventus Geop 94 23, Epiph 32 89.

ܙܘܦܪܦ avis quaedam aquatica KwDW 40 3, 41 2, 42 7.

ܙܦܬܐ (Lag arm. St. § 1351) *f.* pix ES **2** 78E, PsC 193 3, Gal ZDMG **39** 293 19.

ܙܦܝܬܐ picatus BA n. 3546.

ܙܦܬܪܐ l. ܐܦܬܪܐ BO **3** 1 208a 31.

ܙܘܦܬܐܦܪܝܕܘܢ (pers. جفت آفريد Lag GA 42 107) medicamentum quoddam Löw n. 94.

ܙܩܐ *f.* uter Mt 9 17, Afr 19 3, ES **1** 118F, PsC 205 8.

ܙܩܝܐ uter parvus Geop 75 11 18.

ܙܩܘܬܐ id. BA n. 3553.

ܙܩ ܕܡܐ, ܙܩ ܕܡܐ αἱμαπτυικός (*blood spitting*) Gal ZDMG **39** 240.

ܐܙܩܬܐ annulus Ex 25 12, ES **1** 228E.

ܙܩܘܪܬܐ stimulus, aculeus BA n. 3552 cf. ܙܩܬܐ.

ܙܘܪܬܐ minor (Alexandria, Armenia) Anal Nic 11 11, 12 3 (sic l.!) cf. ZDMG **12** 547, BA n. 3552.

ܙܩܘܩܐ fabae Geop 115 20.

ܙܩܘܦܐ et ܙ' ܬܠܓܐ grando minor BA n. 3468.

ܙܩܦ *1.* tr. erexit ER 65 14, crucifixit Lc 23 21, dap 88 16, PsC 149 9; *2.* intr. surrexit (mare, procella) ap NT 46 1, ESL **1** 327 18, Joh Eph 280 15, horruit (crinis) Job 4 15, ES **2** 37.

ܙܩܘܦܐ crucifixor ER 97 17, asd 9 9, JS in MS **1** 70 v. 356.

ܙܩܝܦܐ *1.* erectus, altus ES **2** 89A; *2.* crucifixus ER 97 22, ES **2** 258A; *3.* crux Mt 10 38.

ܙܩܝܦܘܬܐ crucifixio asd 26 8, ES **2** 267E, Nis 60 124.

ܙܩܦܐ pars quarta cubitus Epiph 64 1.

ܙܩܦܐ vocalis â, ô N § 8.

ܙܩܝܦܬܐ (N § 108) clava (*club*) BA n. 3554.

ܡܙܩܦܐ altus IS 17 11.

Etpe. *1.* erectus est Bal 273 11; *2.* crucifixus est Mt 27 22, Ath ܡܚ 12.

ܙܩܪ texuit (*to weave*) Afr 428 11, Rabb 215 13, PsC 113 4 *met.* de sermone Cyr 156 2.

ܙܩܪܬܐ textrices dap 40 13.

ܙܩܝܪܘܬܐ divitiae BA, PS.

ܙܩܘܪܐ *1.* textor ES **2** 319F; *2.* nomen accentus qui et ܡܙܩܪܢܐ ET 38 14.

ܙܩܘܪܘܬܐ textrina ECth **1** 1 8, SB 123 19.

ܙܩܪܐ textura Ex 35 35, ES **3** 85B, JARS 123 10 *met.* ET 4 10.

Etpe. textus est Bal 278 25.

ܙܩܬܐ *f. pl.* ܙܩܬܐ (N § 80) *1.* stimulus (*sting, prick*) Pr 26 3, ES **1** 179A, ER 102 25; *2.* virga, baculus (*switch*) Gn 30 37.

ܙܩܬ *1.* stimulavit ES **1** 100E, JS in asd 89 6, Vit Rabb 180 17, Jul 18 19; *2.* pupugit Job 6 4 (Hex).

ܙܩܬܐ horror EN 78 59.

ܙܩܘܬܐ *pl.* ܙܩܘܬܐ (ES **1** 310E) stimulus Pr 26 3 (Hex), Kays 136 17.

Etpe. stimulatus est ψ 29 24 (Hex), MS **1** 105 21, AS **2** 206 12.

Pa. i. q. pe Ez 22 16 (Symm) 4Mcc 6 6, 11 19.

ܙܪܒܐ eques BA n. 3570.

ܙܪܕ equo vectus est BA n. 5665.

ܙܪܒ *1.* pressit, compressit Nm 22 25 (Hex), ESL **2** 579 28, AS 4 23, Bhchr 294 23; *2.* impulit, incitavit ThMarg **1** 256 3.

ܙܪܝܒܐ *1.* oppressus, cohibitus Vit Rabb 188 19, IS in asd 102 26; *2.* compactus 'ܙ ܢܚܠܐ torrens ES **2** 67A; *3.* tt. gr. vocali *Reβâṣa* instructus BA pass.

ܙܪܝܒܘܬܐ i. q. ܙܘܪܒܬܐ q. v. Kays 234 3.

ܙܪܝܒܘܬܐ *1.* compressio ES **1** 120A; *2.* oppressio, vis ES **1** 477D.

ܙܪܒܐ massa ES **2** 383D.

ܙܪܒܐ, ܕܠܒܐ angustia cordis K. PS.

ܙܘܪܒܬܐ turbo, typhon BA, PS.

ܙܘܪܒܐ sera, claustrum EN 55 56, BA n. 3472.

ܙܘܪܒܢܐ *1.* oppressio Ath 46 7; *2.* confertus hominum globus Bhchr 186 1; *3.* crepitus ventris BA n. 3566.

Etpe. oppressus est JA in ER 381 1, Bhchr 108u.

Af. i. q. Pe. ES **2** 146E.

ܐܙܕܪܓܝ tardus fuit TA 36 167.

ܙܘܪܢܒܕ (pers. *zurunbâd* Lag GA 47 116), Zingiber BB, Löw n. 97.

ܙܪܒܛܘܢ βλίτον Blitum virgatum Löw n. 144, Gal ZDMG **39** 254 8.

ܙܪܓ splenduit Gn 49 12, Afr 456 9, ES **1** 109A, BhZDMG **40** 441.

ܙܪܓܐ *1.* ruber BA n. 3564, EN 8 60, Merx 176 16, Löw p. **215**; *2.* i. q. h. פִּטְדָה topazius Ex 39 10.

ܙܪ̈ܕܐ (pers. Lag GA 44 112) lorica (*coat of mail*) IA **1** 146 v. 1479, JSA 357, EN 41 28, BA 3565.

ܙܪܕ *1.* constrinxit; suffocavit; *2.* decepit PS.

Pa. miscuit Bh, PS.

ܙܘܪܕܬܐ guttur, jugulum Bh, PS.

ܙܪܕܐܠܘ (pers. Lag GA 44 113) Prunus Armeniaca Löw p. 150 BB.

ܙܪܕܘܐ (pers. Lag GA 47 115) carthamus tinctorius BB, Löw p. 219.

ܙܪܕܘܫܬܝܐ asseclae Mazdaci, filii Bamdâdhi discipuli Zarâdushti f. Khôragân, cf. Nöld. Ṭabari p. 445—67, JSt 16 21.

ܙܘܪܘܢܕ pers. زراوند aristolochia PS, Löw p. 280.

ܙܪܝܙܐ potens, dominans ES **3** 340C, Nis 74 32, Bhchr 144 20.

ܙܪܝܙܘܬܐ potentia MAMQ 53u.

Etpa. potentiam induit JSA 374 (nisi ܐܙܕܪܙܘ loricam induerunt leg.).

ܙܪܙܘܪܐ i. q. ܙܘܪܙܐ *2.* BA n. 4056.

ܙܪܙܝܪܐ sturnus (avis) *starling* EN 45 16, BA n. 3567.

ܙܪܗܐ rasura BA n. 2918, 3569.

ܙܪܗ vexavit Card 132 14.

ܐܙܕܪܗܒ *1.* superbivit (*to be proud, to flaunt*) Pr 30 31, ES **2** 407E, IA **1** 58 113, AS **2** 32 7 17, TA 34 153 (sic l.!); *2.* ausus est Jul 79 26, Joh Eph 56 10.

ܙܪܗܘܒܐ reverendus, timendus BA, BB, PS.

ܙܪܘܢܒܬܐ atriplex odorata? BB, PS.

ܙܪܘܢܒܕ i. q. ܙܘܪܢܒܕ q. v. ll.

ܙܪܢܝܟܐ (pers. Lag GA 47 117) arsenicum EN 25 63, Kays 264 21.

ܙܪܢܦܐ ar. الزرافة camelopardus ON 15 22, cf. ܙܪܐܦܐ.

ܙܪܥ seminavit Jer 4 3, asd 4 25.

ܙܪܥܐ semen Gn 3 15, ECth **1** 76 1, ZDMG **39** 273 10 *pl.* posteri ES **1** 19C.

ܙܪܥ ܒܠܘܦܐ lithospermum BB Löw n. 98.

ܙܪܥ ܩܛܘܢܝܬܐ plantago psyllium L. BB Löw n. 254.

ܙܪܥ ܡܘܗܬܐ id. ib,

ܙܪ̈ܥܘܢܐ semina, olera ES **2** 201D, ESL **2** 651 21, ThMarg **1** 105 19.

ܙܪ̈ܥܘܢܝܬܐ *1.* semina, olera ThMarg **1** 104 5; *2.* i. q. seq. Jud 1 18 (Hex).

ܙܪ̈ܥܝܘܬܐ progenies, posteri Ezr 2 59, Afr 309 17, ES **2** 215B, am **2** 175 9, SB 22 19.

ܙܪܥܘܢܝܐ ad semen pertinens Bh Hebr **3** 250 2.

ܙܪܘܥܐ seminator ES **3** 124C, Bal 270 7, Dion T 91 11.

ܙܪܝܥܐ seminatio Gn 8 22, Sch 44 14.

ܙܘܪܥܐ id. AS **2** 273 15.

Etpe. seminatus est Ez 36 9, ZDMG **39** 280 26.

ܙܪܝܦܬܐ (N§108) *pl.* ܙܪ̈ܝܦܬܐ imber vehemens Job 37 10, Js 25 4, ES **2** 61A, Bhchr 289 16.

ܙܪܝܦܘܬܐ *1.* vehementia ES **1** 541B; *2.* procella JS in MS **1** 95 9 (nisi ܙܪܝܦܬܐ em.).

ܙܪܩ sparsit 2Par 29 24 l. ܐܙܪܩܘ.

ܙܪܐܦܐ Bhchr 147 9, ar. الزرافة, زرنا BB (pers. Lag GA 47 119) camelopardus, cf. ܙܪܢܐ.

ܙܪܩ sparsit, dissipavit ER 35 15, Guidi to 36 13.

Etpe. dissipatus est ES **1** 15B, Nis 29 187, Bhchr 197 3.

Pa. dispersit ES **1** 477B.

Af. id. ES **1** 541C.

ܙܪܩܐ glaucus PsC 263 12, Bhchr 451 10, EN 8 59, ܙܪܩܬܐ EN 8 59, ܙܪܩܢܝܬܐ BA n. 3578 femina oculis caeruleis praedita.

ܙܘܪܩܐ ar. زورق (cf. ass. *zuriḳ* vas irrigatorium Jensen, pers. زورة Ğawalîḳî 77) navicula Bhchr 252 23, car 36 18.

ܙܪܫܟ (pers. Lag GA 47 118) berberis vulgaris EN 24 36, Löw n. 99.

ܙܪܬܐ *st. cstr.* ܙܪܬ *pl.* ܙܪ̈ܬܐ (Geop 95 14) spithama (*span*) Ex 28 16, ES **1** 231C, PsC 269 17, am **3** 259 3.

ܙܘܠܒܝܐ (pers. Lag GA 42 108) placenta (daemonibus oblata) Jer 7 18, ES **2** 89C, IA **2** 212 v. 168, Hoffmann Ausz. n. 873, Th Marg **1** 201 4.

ܚ

ܚ octava litera alfabeti, Ḥêth; numerus 8.

ܚܡܐܬܐ (e bab. *him(w)itu* J.) butyrum (*butter*) Gn 18 8, ES **1** 163E, AS **3** 211 17, Geop 95 1, Kays 68 3, Bhce 36 14.

ܚܐܪܐ v. s. v. ܚܐܪ.

ܚܒܐܠܕܐ Raphanus sativus L. Löw p. 310.

ܚܒܐܠܐ dactylus immaturus BB Löw p. 120.

ܚܒܐܪܐ vis, vehementia Hab 3 8, ER 42 2, JS in MS **1** 47 41; ܥܒܕ ܚ' se contulit ES **1** 155D; *adv.* vehementer KwDW 27 1.

ܚܒܐܪܢܝܐ violentus Bh ad ψ p. 234 24.

ܚܒܐܪܫ (N§83) genus culicum ECth **5** 6 l. 13, ZDMG **6** 363.

ܚܒܒ *1.* arsit, exarsit ψ 18 9, Afr 86 1, ER 125 13, Jš in ThMarg **2** 159 18; *2.* seq. ܒ amore exarsit asd 55 5.

ܚܒܬܐ ar. حبة granum, quarta pars κερατίου PS.

ܚܒܬ̈ܐ sarmenta Ex 15 7, Afr 16 10, ES **1** 430B, Ath ܨܠ 16.

ܚܒܘܒܐ id. Act 28 3, Epiph 42 85, Kays 233 11.

ܚܒܘܒܢܝܐ φρυγανώδης ferulaceus BB in Löw p. 221, 311.

ܚܒܘܒܬܐ id. BA n. 3607.

ܚܘܒܐ *1.* amor asd 54 16, Vit Rabb 172 17, Ath 40 22; *2.* pons BA, PS.

ܚܘܒܢܐܝܬ amanter ES **2** 402C, 483D, Th Marg **1** 95 20.

ܚܘܒܬܢܐ amorosus ES **1** 157E.

ܚܒܚܒܐ κνησμὸς pruritus (*tickling*) BB in Löw p. 328 7.

ܚܒܝܒܐ *1.* carus, amatus Ex 19 5, Judith 9 3, Rabb 241 15; *2.* plena (luna) ES **2** 14A.

Pa. *1.* amavit ES **1** 559C, Bal 256 18, JS in asd 108 9, *to caress* Jul 205 10; *2.* ad amorem incitavit ThMarg **1** 59 2.

Etpa. amatus est ES **3** 216E, *to be caressed* ES **2** 283D.

Af. amavit Joh 13 1, Vit Rabb 175 14.

Ettaf. amatus est ψ 67 19 (Symm.), Joh 12 21 (Bernst.).

ܚܒܛ *1. trans.* a) decīdit, dejecit (uvas etc.) Dt 24 20, Afr 378 4, ES **1** 282A, Bal 280 4, b) contudit, fregit Js **27** 12, ES **2** 66D; *2. intr.* decĭdit (grando) Bhchr 293 3.

ܚܒܛܐ dejectio JE in ThMarg **2** 169 20.

Etpe. *1.* excussus est (*to be beaten out*) ES **2** 69B; *2.* dejectus est ThMarg **1** 391 13.

Pa. contudit, fregit KwD 31u.

Etpa. *1.* caesus est am **1** 197 7; *2.* dejectus est Eb Mai **10** 310 13.

ܥܠܦܐ ܚܒܛܐ imber vehemens ESL **1** 197 3, EN 79 77.

ܡ' ܚܒܝܛܐ id. AM **2** 305 10.

ܡܚܒܛܢܝܬܐ instrumentum percutiendi Lib. Parad, cit BB, PS.

ܚܒܝܬܐ i. q. חֵבֶת Js 5 10 seria, amphora BA 3616, EN 29 62.

ܚܘܒܝܐ tenebrae TA 36 176.

ܚܒܟ *1.* miscuit Jul 68 1, JS in MS **1** 46 36; *2.* conjunxit ES **1** 120C, Vit Rabb 193 15, Joh Eph 93 2; *3.* se miscuit Duval-Berthelot **2** 54 8, seq. ܒ se effudit (flumen) JEh 12 11.

ܚܒܟܐ *1.* mixtio Duval-Berth. **2** 54 14; *2.* conjunctio ZDMG **39** 274 3; *3.* confusio Ap Bar 70 (ed. Cer. 161a 21).

ܚܒܘܟܝܐ mixtio Kays 153 9, BO **1** 514a, confusio Ez 7 23 (Hex).

ܚܒܝܟܘܬܐ mixtio Kays 187 14, conjunctio Gal ZDMG **39** 286 11.

Etpe. se miscuit, mixtus est Joh Eph 201 20, ECth **2** 21 l. 8, ZDMG **39** 271 7.

Pa. miscuit Jul 118 10, AS 143 23, Th Marg **1** 19 13.

ܚܘܒܟܐ complexus ES **2** 346E.

ܚܒܠ (ar. حبل) *1.* parturivit (*to be in labour*) Ap 12 2; *2.* concepit BO **3** 1 89 29, ThMarg **1** 302 2.

ܚܒܠܐ *1.* dolor (partus) (*throes, pains in labour*) Mt 24 8, PsC 19 11, JS in MS **1** 58 2.

ܚܒܠܐ *1.* funis Dt 32 22, Act 27 32, ES **1** 185F, PsC 205 3; *2.* clima Kays 243 4; *3.* flamma, radius Sanct Vit 46r, PS.

ܚܒܠ ܝܡܐ ora maritima (*sea-coast*) 1Mcc 11 8, ES **2** 184F.

Pa. parturivit Js 66 7, Mi 4 10, ES **2** 278A.

ܚܒܠ (ar. خبل) *1.* pernicies Act 2 27, Afr 446 24, ES **1** 431F; *2.* damnum Bhchr 152 17.

ܚܘܒܠܐ (Barth p. 42 n. 1, cf. ass. *hubullu*) foenus 2Sm 20 19, ES **1** 527E, Eb Mai **10** 191 21.

Pa. *1.* corrupit, necavit Gn 6 12, Afr 446 6, AM **2** 357 9; *2.* stupravit (feminam), dap 2 10, Bhchr 130pu, Eb Mai **10** 214 20.

ܚܒܠܐ perniciosus Nis 1 135 145, JS in MS **1** 71 381, am **3** 228 7.

ܚܘܒܠܐ *1.* pernicies Bal 330 17; *2.* corruptio, devastatio Chr ed 154 29, AM **2** 193 3; *3.* injuria ES **1** 221D, Cyr 108 6.

ܡܚܒܠܐ castratus Arist 17 7.

Etpa. *1.* corruptus est Gn **6** 11, Afr 446 6, ES **2** 39C, (pecuniā) JSt 13 2; *2.* stuprata est Rabb 218 18.

ܡܬܦܚܚܢܐ fragilis ER 67 3, Ath 22 4.

ܡܬܦܚܚܢܘܬܐ fragilitas Ath ܝ 18.

ܣܚܠܠܐ planta clavicula agens λινόζωστις ZDMG **39** 280 17, ἄχει אחו Sir 40 16, لبلاب EN 26 93, ܣ' ܕܟܪ̈ܡܐ hedera helix Löw n. 100, ܣ' ܕܚܩܠܐ convolvulus arvensis ib.

ܣܚܠܢܐ (nest. 'ܚ' Bhgr **4** 4 5) piger, iners Mt 25 26, ES **2** 318A, IA in MS **1** 14 65, am **3** 484 1.

ܣܚܠܢܘܬܐ pigritia 1Tim 5 12, Ath 40 1.

ܐܬܣܚܠܢ pigrum se praestitit, p. fuit Sir 10 26, Joseph 5 11, ES in MS **2** 10 21, ECth **26** l. 2.

ܣܚܦ *1.* ursit (*to press, throng*) Nm 22 25, asd 71 21, coercuit Ath ܠܒ 21, incitavit (*to hurry*) Guidi chron. 22 8; *2. intr.* pressit, festinavit, studuit ESL **1** 329 16, Vit Rabb 208 2, JSt 53 4, seq. ܠܘܬ adhaesit Ath 15 9; *3.* tt. gr. vocali Ḥĕβâṣa pronunciavit Bhgr **2** 7 v. 30.

ܣܚܝܦܐ vocalis i N§8.

ܣܚܦܐ *1.* turba JS in MS **2** 164 v. 1356, Jul 233 26, PsC 81 16; *2.* crepitus ventris BA n. 3630.

ܣܚܦܐ legumen quoddam (*kind of pulse*) BA, BB Löw n. 102.

ܣܚܦܘܪܐ i. q. ܣܚܝܦܐ *2.* BA.

ܣܚܝܦܐ *1.* spissus, densus Dion T 168 7, plenus KwDW 197 3; *2.* placenta Ex 16 30 (Hex), Sind 19 11; *3.* ܣܚܝܦܬܐ alumen BB 1332u, cf. JAP '93 p. 329.

ܣܚܝܦܘܬܐ litera vocali Ḥĕβâṣa pronunciata Bhgr **1** 3 22.

Etpe. se pressit Nm 22 25.

Pa. festinavit, studuit Afr 485 7.

ܣܚܦܘܦܐ amplexus (*embracing*) BA, BB in PS.

ܣܚܪܐ *1.* socius Gn 11 3, Chr ed 154 25, asd 19 1, JS in MS **2** 126 v. 791; *2.* alter (N § 242 ann.) Lc 10 2 (Cur), Afr 434 17, *f.* ܣܚܪܬܐ altera Lc 6 10, ER 48 20, AS **2** 349 2, ܣܚܪ 4Ezr VII bis 10 l. ܣܚܪ.

ܣܚܪܝܐ socialis AS 157 10.

ܣܚܪܘܬܐ societas ES **3** 284F, ThMarg **1** 298 9.

Pa. *1.* socius fuit ψ 94 20; *2.* fixit oculos Job 16 9.

Etpa. se conjunxit ThMarg **1** CLIX l. 6, Bhchr 135 23.

ܣܚܪܐ atramentum Cat Wright **2** 581A.

ܣܚܪܬܐ vulnus ES **2** 515C, Vit Rabb 203 6, AS **4** 38 20.

ܣܚܝܪܐ *1.* carminatus (*heckled*) ESL **3** 87u; *2.* buteo (*bustard*) EN 45 18.

ܣܚܪܐ *1.* (N§115) caligo (*darkness*) Job 10 22, 28 1 cf. ES **2** 11F, (Bhgr **2** 89 v. 1054 foveam vertit cf. Nöld. Mand. Gr§59); *2.* fovea (*pit, hole*) Mt 12 11, Bhcar 162 10, EN 46 53; *3.* veneficus (*poisoner*) ESL **2** 419 22, Bhcar 162 9.

ܣܚܘܪܐ (Barth p. 3?) fumus Bh de div. sap 11 1, car 129 2.

ܣܝܚܘܪܐ (N§127 2) fumus densus Jud 20 40, ER 93 21, IA **2** 214 v. 207, AS **1** 11 19.

ܣܚܘܪܐ id. Rabb 368 5, AM **2** 103 17 (nisi emendandum).

ܣܚܪܘܦܐ buteo (*bustard*) BA n. 3636.

ܣܚܦ *1.* cepit, captivum tenuit asd 40 19 obsedit ES **1** 567C, interclusit (aquam) ES **3** XXX 5; *2.* continuit Afr 34 11, Gal ZDMG **39** 244, herm 80 10.

ܣܚܘܦܐ περιεκτικὸν generale glherm *f.* ܣܚܘܦܬܐ carcer ES **2** 439E, ER 67 18, Nis 69 105.

ܣܚܝܦܐ monachus, reclusus Chr ed 148 20, Bhchr 136 18.

ܣܚܝܦܘܬܐ species reclusi IA **2** 180 v. 381.

ܣܚܝܦܝܐ monachus reclusus Afr 19 4.

ܣܚܘܦܝܐ *1.* captivitas asd 31 24, Bal 296 23, ܒܝܬ ܣ' carcer Joh Eph 10 11; *2.* obsessio Ez 4 3, Nestle Chr [1] 53 12.

Etpe. se inclusit Ez 3 24.

ܣܚܘܦܐ obsessor Nis 13 98 100.

ܣܚܘܦܐ genus malorum (*kind of apples*) Löw n. 103.

Af. subegit, subjecit ES **2** 517E.

ܚܘܦܣܬܐ (Geop 110 26), *pl.* ܚܘܦܣܐ (ES **3** 631E, AS **4** 40 3) et ܚܘܦܣܝܬܐ (Hab 2 11 (Hex), am **3** 349 12, Bhce **2** 787 n. 1) scarabaeus.

ܚܓܐ dies festus Ex 32 5, JS in ER 394 18, Jul 71 25, dap 59 12.

ܚܓܝ ar. الحجّ peregrinatio Moslemorum Bhchr 224 11.

ܐܬܚܓܝ diem festum egit Ex 5 1, Afr 312 22.

ܚܓܝܐ *1.* solemnis Pel 4 3; *2.* peregrinans ad festum agendum EN 55 9.

ܚܓܓ diem festum egit ER 6 8, Alex 27 18, Ath 26 19.

ܡܚܓܓܢܐ festus (dies) Ath 45 18.

ܚܘܓܓܐ *1.* actio solemnis AS **2** 227 9, AM 22 20, Kays 113 9; *2.* orbis terrarum TA 36 176.

ܚܓܐ *1.* caverna ES **2** 13B, am **2** 599u; *2.* templum (idoli) EN 78 62; *3.* operculum(?) Geop 68 2.

ܚܘܓܒܐ *1.* idolum apap 88 20; *2.* fanum, templum 2Par 33 19, ECth **1** 2 l. 21, Jul 17 13.

ܚܘܓܒܢܐ (sic cod. Goth. Lag: ܚܓܒܐ) custos الحاجب EN 17 60.

ܚܓܠ *1.* cinxit Rechtsb 32 25; *2.* libidinosa fuit (mulier) Card.

ܚܓܝܠ ἑλικτὸς, εἱλικιώδης contortus Nestle Chr [1] 57 89.

ܚܓܠܐ *f.* (N § 85) perdix Jer 17 11, ES **1** 386D, AS **4** 61 3, Bhchr 297 23.

ܚܓܠܬܐ id. BA n. 3649.

ܚܓܡܐ hyrax (ar. وبر, h. שָׁפָן) ψ 104 18, ES **1** 275B, IA **2** 326 v. 1513, JEh 44 17.

ܚܓܝܣܐ (Barth p. 34) claudus Mc 9 45, Spic 30 7, Afr 388 18, ES **1** 427D, IA **2** 348 v. 1832.

ܚܓܝܣܘܬܐ claudicatio Kays 42 17.

Pa. claudum fecit Cyr 324 6.

ܚܓܪ o. *1.* retinuit, impedivit Afr 330 16; *2.* claudum fecit, mutilavit (*to lame*) ES **2** 452F, IA **2** 348 v. 1849; *3.* claudus fuit ES **1** 181C.

ܚܓܝܪ claudus Lv 21 18, Afr 141 17, ES **1** 566D, asd **2** 13.

ܚܓܝܪܘܬܐ clauditas KwDW 91 7.

ܚܘܓܪܐ claudus BA 6 11 n. 3694.

Etpe. *1.* deflexus est (*to be turned off*) Afr 326 16; *2.* in litus ejecta est (navis) (*to strand*) ES **1** 149C; *3.* claudus factus est Dt 15 21, Eb Mai **10** 239 26.

Pa. claudum fecit Afr 388 2, Cyrill. ZDMG **27** 591 v. 33.

Etpa. claudus factus est ES **2** 482D, Métr 33 15.

Af. claudicavit Bhchr 508 23, Bhce **1** 253 21.

ܚܕ, ܚܕܐ (√אחד N § 32) unus.

ܚܕ ܒܫܒܐ dies dominica Ath 19 13, ISt 24 13, BO **3** 2 362 3.

ܚܕ ܟܡܐ quanto magis 2Cor 3 9, ES Nis 77 5, Dion T 98 13, ThMarg **1** 349 19.

ܚܕܐ ܒܟܡܐ raro ThMarg **1** 381 8, EN 68 81.

ܡܚܕܐ statim, subito 2Rg 5 3, Mt 4 22, Vit Rabb 165 5, Jul 244 27, PsC 132 7.

ܡܚܕܗ id. JSt 12 7, Dion T 134 11.

ܚܕ ܐܝܟ duplum Sir 12 5, ESL **3** 101 4, IA **2** 252 v. 290.

ܚܕ ܚܕ *pl.* ܚܕܚܕܢܐ singuli ES **2** 104F, 510B, JSt 24 13, ThM 3 6.

ܚܕܝܘܬܐ unitas ES **1** 283B, Rabb 235 9, MS 2 4 3.

ܚܕܝܐ *1.* singularis Bhchr 210 11; *2.* solitaris ES **3** 127A; *3.* tt. gr. singularis ES **1** 131B, ET 6 12, *adv.* ܚܕܝܐܝܬ ES **1** 128C.

ܚܕܝܘܬܐ ἑνὰς glherm.

ܚܕܕܐ alterutrum, inter se cf. N § 242.

ܚܕܐ? collegit (? prunas h. חתה) Pr 25 22.

ܚܕܒܐ *1.* cichoreum Löw p. 255, EN 49 32, BA n. 3659; *2.* seq. ܣܘܓܟܘܣ σόγχος sonchus oleraceus Gal ZDMG **39** 297 33.

ܚܕܘܓܐ conviva (*guest*) ES **3** 378B, JS in asd 106 4, Bhchr 370 7, spec. in nuptiis VitRabb 166 2, Jul 30 7, EbMai **10** 251 15.

ܚܕܘܬܐ *pl.* ܚܕܘܬܐ fovea qua horreum et triticum asservantur Jer 41 8, Joel 1 17 (Hex), ZDMG **4** 211, EN 78 63, ON 16 9, Bhgr **1** 212 22.

ܚܕܐ (h. חדה, ass. *ḫadû*) gavisus est 1Sm 11 15, ES **3** 404A, ER 99 4.

ܚܕܘܐ (ES **1** 162C, ER 345 8), *emph.* ܚܕܘܬܐ (N§76B) gaudium ψ 4 8, ER 97 24, ES **3** XLI 10.

ܚܕܘܬܢܝܐ laetus Cat Wright **1** 241a.

ܚܕܝܘܬܐ gaudium ESZ **2** 103.

ܚܕܝܐ laetus Pr 15 13, ThMarg **1** 56 17.

ܚܕܝܢܐ laetus Nm 22 32 (Hex), am **1** 137 8, JARS 12 [2] 1, *adv.* ܚܕܝܢܐܝܬ Corluy MP 10 5.

Pa. laetificavit Jer 20 15, Afr 6 2, ES **1** 66D, KwDW 10 11.

Etpa. laetificatus est Jer 22 15, ES **2** 135A, Card 25 20, ThMarg **1** 146 12.

ܚܕܝܐ (h. חָזֶה) *pl.* ܚܕܘܬܐ (Lv 9 20, EN 78 64, ON 16 8) et ܚܕܝܐ (N§79A) pectus Pr 6 10, Afr 91 1, ES **1** 231D, asd 34 8.

ܚܕܝܢܬܐ luscinia (*nightingale*) BA, PS.

ܚܕܘܕܐ et ܚܕܘܕܐ acutus BA n. 3661.

ܚܕܪ o. *1.* cinxit, circumdedit, saepsit Jos 6 3, ES **1** 23E, Bal 316 10 ܚܕܪ ܚܕܪܐ circum Guidi to 38 10; *2.* circumfluxit Gn 2 11, ES **3** XXXIII 12; *3.* mendicavit (*to beg*) Mc 10 46, JSt 34 7.

ܚܕܪܐ *1.* mendicatio Cyrill ZDMG **27** 587 v. 355, 366; *2.* quod quis mendicando adipiscitur ThMarg **1** 168 18.

ܚܘܕܪܐ *1.* ambitus *revolution* (siderum) AS 114 21 (anni) Nestle chr [1] 79 9; *2.* circulus PsC 8 5; *3.* circulus, liber continens officia, quae diebus dominicis, feriis quadragesimae, aliis nonnullis diebus per annum recitantur Bhce **2** 637 n. 2, Badger The Nestor. **2** 22.

ܚܘܕܪܐܝܬ *1.* circulariter ES **1** 119A; *2.* circum ES **1** 429A, am **3** 505 3, Bhchr 476 10.

ܚܕܪܐ *1.* mendicatio Alex 7 20; *2.* *pl.* loca quae circumjacent ER 91 6, asd 16 2, regio Spic 18 16.

ܚܕܪܐ circumdans Bal 295 5.

ܚܕܪ circum Judith 5 22, Vit Rabb 168 24.

ܚܕܪܬܐ *1.* conclave rotundum 1Rg 6 6, Eccl 1 6, ES **1** 459B; *2.* περίβολος consaeptum Sir 50 2; *3.* vestis pellicea EN 36 28.

ܚܕܪ ܫܡܫܐ heliotropium BB, Löw p. 323.

ܚܕܘܪܐ *1.* mendicus Jer 20 3, ESL **1** 293 14, am **2** 649 7; *2.* vulg. urceus BA 3664.

ܚܕܘܪܬܐ *1.* cardo Amos 9 1, ES **2** 267B; *2.* i. q. ܚܕܘܪܐ *2.* BA l. l.

ܚܕܘܪܘܬܐ mendicatio PsC 20 7.

Etpe. cinctus est (*to be encircled*) Bhce **2** 509 23.

Af. *1.* cinxit, circumdedit 3Mcc 4 11, ES **1** 24B, 553D (Gal ZDMG **39** 299 10; *2.* stipem dedit (*to bestow a charity upon*) Cyrill ZDMG **27** 587 v. 356.

ܚܕܬ novus factus est ES **1** 547F, ESL **1** 619 17.

ܚܕܬܐ (N§26B) novus 2Sm 21 16, Chr ed 146 28, JS in MS **2** 134 v. 905, *f.* ܚܕܬܐ *subst.* testamentum novum Cat Wright **1** 44a, *adv.* ܚܕܬܐܝܬ *1.* denuo ES **1** 33E, Rabb 231 4; *2.* nuper JSt 16 17.

ܚܕܬܘܬܐ novitas Lv 13 55, ThMarg **1** 137 2, Kays 148 6.

ܚܕܘܬܐ (N§26B) sponsa EN 78 64.

Pa. *1.* renovavit Dt 20 5, ES **1** 534C, Th Marg **1** 140 22; *2.* innovavit, mutavit ThM 30 15, ap NT **21** 12.

ܚܘܕܬܐ renovatio (*repairing*) Rom **12** 2, ES **1** 461A, asd 84 8, ISt 82 4, encaenia (ecclesiae) *consecration of the church* Cat Bod 2 51 7.

Etpa. renovatus est ESJ 157 18, Guidi to 42 22.

Ettaf. i. q. Etpa. am **3** 267 2.

ܚܳܒ *1.* (ar. حاب) a) debuit Dt 24 10, Ath 29 17; b) deliquit, commisit Afr 74 5, dap 46 16, JE in ES **1** 436 1; c) damnatus est IS in asd 104 12; *2.* (ar. خاب i) a) inferior discessit, superatus, victus est (*to be subdued, vanquished*) ER 48 26, Jul 56 1, KwDW 229 5; b) in angustiis fuit, laboravit (*to be in great straits*) Bhchr 64 7.

ܚܰܘܒܬܳܐ *1.* debitum (*guilt, debt*) Mt 18 27, ES **1** 512A, Chr ed 147 2; *2.* clades (*defect, overthrow*) Joseph 13 12.

ܚܰܘ̈ܒܶܐ scelera Ex 20 5, Am 1 6.

Etpe. *1.* debuit Ath 32 24, Hoffmann Ausz. n. 326; *2.* debitum est ES **1** 258E, Rabb 219 7.

ܡܶܬܚܰܝܒܳܢܳܐ necessarius ET 3 16.

Pa. damnavit Ex 22 8, ER 47 26, Ath 29 10.

ܚܰܝܳܒܳܐ *1.* noxius (*guilty, culpable*) Lc 7 41, Vit Rabb 184 21, Guidi to 22 151; *2.* inferior ER 24 22.

ܚܰܝܳܒܽܘܬܳܐ *1.* culpa, crimen ES **3** 264F, dap 2 6; *2.* condemnatio 1Cor 11 34, AS **4** 92 21.

ܚܰܘܒܳܢܳܐ debilis Ge in ZA **8** 36 8.

ܚܽܘܝܳܒܳܐ *1.* crimen 1Cor 11 29; *2.* damnatio dap 27 3, 50 15.

Etpa. *1.* culpam in se admisit (*to charge one's self with guilt*) dap **2** 2; *2.* condemnatus est ER 7 3.

ܚܳܓ *1.* circumiit ES **3** 444E; *2.* cinxit TB 80 1; *3.* cavit ES **1** 468C, Jul 238 25, am **3** 397 16, Bhce **2** 729 27; *4.* observavit ER 30 18.

ܚܰܓܶܓ finibus circumscripsit ES **3** 444E.

ܚܽܘܓܳܓܳܐ *1.* circuitio; *2.* locus saeptus, asylum BA, PS.

ܚܽܘܓܳܓܬܳܐ, *pl.* ܚܽܘܓܳ̈ܓܳܬܳܐ (Bh ap 5 83) circulus, orbis Pr 8 27, ES **3** 564A, Bhchr 471 19.

ܐܰܚܓܳܐ, *pl.* ܚ̈ܓܶܐ alhagi Maurorum (Löw n. 104), Js 55 13, ESL **2** 157 17, ZDMG **39** 278 41, ThMarg **1** 287 13, EN 78 63.

ܚܓܳܐ ܐܽܘܗܳܝܢܳܐ arbor quaedam BB in Löw p. 338.

ܚܓܳܝܢܳܐ similis plantae alhagi BB in Löw p. 357 7.

ܠܚܽܘܕܰܝ Ath 54 9, Clr ep 34 2 et ܠܚܽܘܕܶܝܗ IA in MS **1** 14 65, ZDMG **39** 267 12, solum c. suff. pl. e. g. ܠܚܽܘܕܰܝܗܽܘܢ ii soli Vit Rabb 176 19.

ܠܚܽܘܕܳܝܳܐ *1.* solitarius AS **4** 58 8; *2.* singularis Bhchr 210 11, ce **2** 829 17, *adv.* ܠܚܽܘܕܳܝܳܐܺܝܬ solum ES **1** 354E, ThMarg **1** 159 3.

ܠܚܽܘܕܳܝܽܘܬܳܐ solitudo EbMai **10** 291 18.

ܠܚܽܘܕܳܝܳܐܺܝܬ ܕܠܳܐ *1.* sola ES **1** 129E; *2.* singularis Ath ܣ 16.

ܐܶܬܠܰܚܕܰܢ solus factus est Bhcar 34 5, 119 3, BA n. 6995.

ܠܚܽܘܕܳܝܽܘܬܳܐ singularitas Cyr 232 20.

ܚܰܝܶܕ conjunxit ES **1** 228E, ESL **2** 131u.

ܡܚܰܝܕܳܢܳܐ nomen accentus i. q. ܙܰܘܓܳܐ ET 38 14, JBh 20 8.

ܚܽܘܝܳܕܳܐ conjunctio ES **1** 345E, AS **2** 389 9, JohEph 37 7.

Etpa. conjunctus est ES **1** 330C.

ܚܽܘܕܳܐ (pers. خود) diadema (*headband*) ES **2** 379C, Addai 33 13, asd 22 22.

ܡܚܽܘܙܳܐ (N§126C, assyr. *maḫâzu*) urbs munita ES **2** 390B, IA **2** 158 v. 369, JSt 70 21, Bhchr 183 15.

ܚܕܽܘܚܬܳܐ suspirium EN 45 32.

ܚܰܕܝܳܐ laetus, comis ES **2** 413B, ER 9 14, *adv.* Rabb 246 7, Ath 41 11.

ܚܰܕܝܽܘܬܳܐ gaudium, laetitia Ath 41 12, Cyr 114 27, JSt 19 20.

ܐܶܬܚܰܕܺܝ laetus fuit Jš in ThMarg **2** 162 17, Bhce **1** 321 12.

ܚܳܛ suit (*to sew*) Ez 13 18, ES **2** 176D, PsC 15 4, Bhchr 206 13.

ܚܽܘܛܳܐ *1.* filum (*thread*) Gn 14 23, ES **1** 126F,

am **3** 430 17; *2.* filum radicis Cyrill ZDMG **27** 594 v. 6.

ܚܝܛܬܐ sutura Sch 258 6, Bhchr 157 15.

Etpe. sutus est Afr 145 9.

Pa. consuit AS **2** 199 6, *met.* (verba) BO **2** 159b, TB 150 32.

ܚܝܛܐ sartor Bhchr 549 8.

ܚܝܛܘܬܐ *met.* consutio Cyr 438 22.

Etpa. consutus est Job 14 12 (Hex).

ܚܘܝܐ, *pl.* ܚܘܘܬܐ m. (N§79A) serpens Gn 3 1, Afr 255 21, ER 46 13.

ܚܘܝܬܐ (N§137) id. AS **4** 75 24.

ܚܘܝܘܢܐ anguiculus Bh ad ψ p. 202 21.

ܚܘܝ (Barth ZDMG **41** 641, St p. 10) *1.* ostendit, demonstravit 1Sm 6 2, ER 49 4, JS in MS **2** 134 v. 899, Bhchr 201 22; *2.* functus est (munere) ES **1** 14E; *3.* signavit, edidit (monetam) AS **1** 17 1; *4.* praestitit, fecit Clr ep **6** 2.

ܚܘܝܐ demonstratio AS 167 12, ThMarg **1** 30 19, JARS 144 16.

ܡܚܘܝܢܐ *1.* demonstrans Bhgr **1** 158 16, *adv.* ἀποδεικτικῶς glherm; *2.* nomen accentus ET 38 5.

ܬܚܘܝܬܐ *1.* demonstratio (*proof*) Lc 1 80, ER 27 26, JSt 84 4; *2.* exemplum ER 127 2.

ܚܘܝܐ (?) spectaculum AS **4** 63 2.

Etpa. *1.* ostentus, demonstratus est JS in MS **2** 130 v. 843, JE in ES **2** 30 5; *2.* fefellit, decepit (*to beguile*) Bh in ZDMG **24** 508 7.

ܡܚܘܝܢܝܐ ἀποδεικτικὸν, *adv.* ἀποδεικτικῶς glherm.

ܡܚܘܝܢܝܘܬܐ *1.* τὸ ἀποδεικτικὸν glherm; *2.* ostentatio BO **3** 1 120a 17. Jš in ThMarg **2** 164 25.

ܚܘܟܐ ocimum basilicum (Löw n. 106), EN 50 33, ZDMG **39** 302 1, BA n. 3711.

ܚܘܟܐ textor Bhchr 477 15.

ܚܠܐ arena Jos 11 4, Ap 20 8, Ath ܩܘ 16.

ܚܠܠܬܐ (terra) arenosa Kays 242 7, Geop 2 17.

ܚܠܐ avunculus Jul 74 25, AM **2** 387 35, Bhchr 159 6.

ܚܠܬܐ matertera (*aunt*) Rabb 221 7, JohEph 84 18, Bhchr 82pu.

ܚܠܬܐ urceus BA n. 39 2, EN 39 83.

ܚܡ (N§58) i. q. ܚܡ q. v. ES **3** 159C.

ܚܣ ($\sqrt{ḥs}$ Delitzsch Prol. 181) *1.* miseratus est asd 42 24, Ath 27 12; 2. s. ܥܠ pepercit 1Sm 24 11, Act 20 29, ES **1** 426C.

ܚܘܣܝܐ misericordia, clementia Js 14 6, ES **1** 224C, asd 78 13, *adv.* misericordiā Kw DW 5 19.

ܚܘܣܢܐ misericors (*merciful*) Afr 190 6, ESZ **2** 82, KwDW 105 21, *adv.* parce (*sparingly*) 2Cor 9 6 (Phil).

ܚܘܣܢܘܬܐ *1.* misericordia ESL **2** 85 8, Kw DW 105 22, clementia PsC 105 14; *2.* parsimonia Bhchr 202 2.

ܚܣ (ar. حَاشَا) absit! Gn 18 28, Lc 20 16 (Cur), Afr 240 2, ER 61 21, Cyr 16 2.

ܚܦ lavit PsC 271 8, Bh in Kayser Can. des JE 13 1.

ܚܘܦܐ umbra (?) ES **3** 115C.

ܚܨ *1.* pressit asd 61 4; *2.* firmavit ESL **1** 997 3; *3.* clausit KwDW 395 9; *4.* tetendit (chordas) ESL **2** 637u, (arcum) Cyrill. ZDMG **27** 593 v. 79; *5.* spissatus est Duval-Berthelot **2** 22 21.

ܚܨܝܢܐ *1.* firmus ES **1** 118F, constans ThMarg **1** 123 8, *adv.* 1Pt 5 5, asd 75 27, Vit Rabb 198 9; *2.* durus, fortis (sonus) Bhgr **1** 197 4, Merx 55 3; *3.* celer GeZA **8** 32 6, *adv.* (*quickly*) Ezr 7 26, PsC 90 4, Gal ZDMG **39** 241.

ܚܨܝܢܘܬܐ *1.* firmitas, vigor ES **3** 44E, KwDW 268 12, JohEph 90 22; *2.* diligentia AS **4** 40 5; *3.* abstinentia, continentia (*soberness*) Clr. ep 96 3.

ܚܘܨܐ strabo, paetus (*squinting*) BA 3752.

ܚܝܨܐ *1.* paries (*wall*) KwD 40 14; *2.* vinculum (*fetter*) am **3** 164 14, cingulum (*girdle*) EbMai **10** 277 15, fascia (*swathe*) Mt 27 59, apap 18u.

Etpe. vinctus, adstrictus est Cyr 303 9.

Pa. *1.* firmavit Jul 70 7, VitRabb 181 8, ISt 77 15.

ܚܘܙܩܐ *1.* vinculum Geop 56 1; *2.* coeundi ardoris inflammatio BB cit. Lag GA 30 72.

Etpa. firmatus, adstrictus est MS **1** 13 2, asd 54 3, Ath ܛ 11.

ܚܘܨܐ (ar. الخوص) *1.* folia palmae Löw p. 116, EN 51 59, BA 37 51; *2. sg.* stragulum (*mat*) KwDW 179 10.

ܚܘܩܐ sonitus, crepitus EN 32 24.

ܚܘܩܐ gradus scalarum ThMarg **1** 270 20, BA n. 3754.

ܐܬܚܘܩ divisus est Métr 9 6.

ܚܘܩܐ linea ES **3** 574C, IA **1** 126 v. 1000.

ܚܪ *1.* vidit, adspexit Js 42 20, ER 84 25, JS in MS **1** 356 1; *2.* spectavit asd 77 10; *3.* exspectavit AM **2** 295u, Sind 11 2, 25 9, Eb Mai **10** 198 27, cunctatus est Sir 6 21, cogitavit Joh Eph 253 24.

ܚܘܪܐ *1.* visus KwDW 129 20, ThMarg 1 108 17, adspectus ES **1** 139E, **3** 614A; *2.* exemplum 1Pt 2 22, ES **1** 48B, ThMarg **2** 135 15.

ܚܝܪܐ adspectus ES **1** 36C, ER 87 21, Guidi to 20 96.

ܚܝܪܬܐ *1.* conventus BO **3** 1 44a 29, ThMarg **1** 60 5, λαύρα (*cloister*) ZDMG **32** 753 n. 3;

ܚܐܪܬܐ castra Joh Eph 216 10, 217 19, AM **2** 327u, BO **3** 1 255a 15 (sic leg. PS).

ܚܘܪܐ invidus IS in MS **2** 96 313, ThMarg **1** 82 11, BA n. 3760.

Etpe. respectum est Eb Mai **10** 227 9.

Af. *1.* intellexit 2Mcc 5 17; *2.* demonstravit ES **3** 177A, am **3** 222 10; *3.* convertit (aquaeductum) apap 42 2; *4.* seq. ܒܪܓܠܐ celeriter progressus est Guidi chron 7 17, 9 12.

ܚܘܪ albus fuit, factus est Lv 13 3, ES **2** 352D, Bhce **2** 661 20.

ܚܘܪܐ albus ES **1** 109A, *subst.* vestis alba Act 10 30, asd 13 23, *pl. f.* Bal 320 23, *pl. m.* albi (nummi i. e. argentei) Bhchr 230 2, ce **2** 719 apu, EN 78 68, *pl. f.* crines albi ES 2 230 2, Jul 51 1, piper album BB, PS, ܫܒܬܐ ܕܚܘܪܐ hebdomas albarum Bhchr 284 14.

ܚܘܪܘܬܐ albor ES **1** 118D.

ܚܘܪܐ *1.* λεύκη populus alba (Löw n. 107), Geop 19 27, Gal ZDMG **39** 249 11, ON 16 18; *2.* κλήθρη alnus AS 156 26.

ܚܘܪܬܐ *1.* λεύκη populus alba (Löw n. 107) AS 156 26, ZDMG **39** 280 12; *2.* γῆ ἀργιλλώδης (terra) alba Geop 26 18.

ܚܘܪ dealbavit Ex 19 10, Afr 78 1, ES **2** 357C.

ܚܘܪܐ dealbatio Duv-B **2** 26u, 32 10.

Etpa. *1.* se dealbavit Jer 2 22, ES **2** 101B; *2.* dealbatus est Js 1 18, Vit Rabb 164 15, JSt 27 8.

ܚܘܪܘܪܐ λεύκωμα, albugo Lv 21 20, Tob 2 10, Geop 109 6, EN 32 20.

ܚܘܫ sensit, intellexit, animadvertit Nis 43 133.

ܚܘܫܐ thymus (Löw n. 137, Delitzsch Prol 84 n. 1) Gal ZDMG **39** 258 7.

ܚܘܬܐ Geop 15 10 v. sv. ܚܘܬܐ.

ܚܘܬܐ, *1.* ܚܘܬܝܐ abyssus, profunditas ES **1** 549A, BO **1** 297a, Geop 38 6 (τὸ ταπεινότερον), am **3** 383 1, BA n. 3788; *2.* sg. postica pars corporis humani, podex, nates EN 10 2.

ܚܘܬܐ (nest. ܚܘܬ) scabiosus Lv 22 22.

ܚܘܬܬܐ lichen *1.* in corpore humano (*tetter, ringworm*) Lv 13 6, Kays 42 16, EN 33 42; *2.* in plantis (Löw n. 108), Gal ZDMG **39** 279 6, 299 14.

ܐܬܚܘܬ *1.* intus penetravit Bhcar 137 14; *2.* scabie tectus est Card 58 21.

ܚܙܐ vidit Gn 1 12, ER 14 15, JS in MS **2** 134 v. 910.

ܚܙܘܐ *1.* visus KwDW 85 4, visio Ath 16 26, ThMarg **1** 31 11; *2.* adspectus Gn 13 11, Mt 28 3, Bal 297 16.

ܚܙܝܐ *1.* visio ER 46 10, Guidi to 42 16, Corluy MP 30 2; *2.* adspectus asd 20 4; *3.* spectaculum AM **2** 101 13.

ܚܙܢܐ visio ES **2** 93E.

ܚܙܘܝܐ spectator ES **3** 376E.

ܚܙܘܝܘܬܐ facultas videndi, visus glherm.

ܚܙܝܐ *1.* spectator Lc 1 2, ES 1 234C, dap 50 17; *2.* vates (*seer, prophet*) 1Sm 9 9, ThMarg **1** 67 2.

ܚܙܘܢܐ *1.* visio Dt 4 34, ES **1** 339E, asd 3 22, Dion T 106 6; *2.* spectaculum Jul 214 11, ܒܝܬ ܚ' σκηνή scena Rie 15 24.

ܦܠܚ ܡܚܙܝܬܐ ὀφθαλμοδουλεία Eph **6** 6.

ܡܚܙܝܬܐ speculum ES **1** 462C, KwDW 154 8, EN 38 61.

ܡܚܙܝܬܢܝܐ specularis Bhcar 21 5.

Etpe. visus est Gn 8 5, Guidi to 35 6, ER 85 18, JS in MS **2** 126 v. 784.

ܐܬܚܙܝ (N§182) gloriatus est AS **3** 130 18, Joh Eph 259 23, Cat Wright **3** 494b, Ge in ZA **8** 9 23.

ܚܙܒܐ (Barth p. 51, e bab. *ḫazbu?* = ܚܨܒܐ, quod ex assyr., et ܚܨܒܐ, quae vocabuli forma vere syriaca Jensen) vas, dolium Bhchr 34u, ad Js 5 10.

ܚܙܝܡ ܐܕܢܐ cui aures obstructae (*deaf*) Bh, BB, PS.

ܚܙܡܐ (ex ar. حزام Fr.) cingulum Bh Nomcit PS.

ܚܙܘܩܐ durus, asper BA n. 3795, Bhcar 116 11.

Etpe. durus fuit BB, PS.

ܚܙܩ *1.* cinxit Ez 23 15, ES **2** 187A, ER 76 16; *2.* tenuit JSt 4 15; *3.* abiit, discessit Mc 13 34, ES **1** 99C, Rabb 219 18, KwD 31 14.

ܚܙܩܐ *1.* cingulum (*belt*) ISt 71 5; *2.* vinculum *bandage* (jugi) Js 11 5, Ez 34 27 (Hex), (pacis) Eph 4 3, Jš in ThMarg **2** 164 30.

ܡܚܙܩܬܐ cingulum (*girdle, belt*) Ez 23 15, ES **2** 183A.

ܚܙܘܩܐ peregrinator (*traveller*) ES **3** 272E, IS 18 7.

ܚܙܘܩܝܐ peregrinatorius Cyr 288 23.

ܚܙܩܘܬܐ discessus ES **1** 449D.

ܚܙܩܘܢܐ *1.* discessus, peregrinatio Ath 32 19; *2.* migratio ES **1** 186D.

Pa. *1.* cinxit Js 22 21, ES **1** 432C, Guidi to 34 14; *2.* adstrinxit Afr 259 19.

ܚܙܘܩܝܐ viator K. PS.

Etpa. se cinxit Ez 28 13, ES **2** 188E, am **3** 164 15.

ܚܙܪܐ farina, simila EN 78 71.

ܚܙܪܬܐ furfur (*bran*) BA n. 3817.

ܚܙܪܐ pulvis EN 78 71.

ܚܙܝܪܐ (cf. assyr. *ḫumṣiru* et nomen bab. *Ḫa(m)ziru?* Forsan e babyl. Jensen) sus Js 65 4, Afr 316 7, ER 9 15, asd 82 16.

ܚܙܝܪ ܒܪܐ aper Jul XVII 13, PsC 174 11, Bhchr 305 3.

ܚܙܝܪܬܐ sus Prov 11 22, 2Pt 2 22, am **2** 436u, Bhchr 77 12, *pl.* scrofula EN 33 46.

ܚܙܝܪܝܐ suinus Kays 139 17, Cyr 55 31.

ܚܙܝܪܘܬܐ spurcitia (*nastiness*) am **1** 267 1.

ܚܙܝܪܢ (cf. ass. *Ḫabaṣirānu* = bab. **Ḫa(m)zirānu* nomen Procyonis? Jensen) mensis Junius Joh Eph 403 5, Journ of s. l. **7** 41 17, Bhchr 49 apu.

ܚܙܘܪܬܐ i. q. ܚܙܝܪܬܐ BA n. 3800.

ܚܙܘܪܬܐ *dialecto vulgari* collis parvus, monticulus BA n. 3801.

ܚܙܪܐ subulcus (*swine-herd*) EN 88 72.

ܚܙܘܪܐ (Lag Nom. 111 9, Hübschmann ZDMG **46** 238) pirus malus (Löw n. 109) Cant 2 3, ES **1** 84D, Jul 229 8, Geop 23 18, ܚܙܘܪܝ ܦܬܐ protuberantiae genae EN 8 55, BA n. 3802.

ܚܙܘܪܐ ܐܪܡܢܝܐ prunus armeniaca BB Löw p. 150.

ܚܙܘܪܐ ܒܪܝܐ mespilus germanica BB Löw p. 288.

ܚܙܘܪܐ ܡܕܝܐ citrus medica BB Löw p. 46.

ܚܘܪܐ ܦܪܣܝܐ amygdalus persica BB Löw p. 148.

ܚܫܠܐ prunum Kays 203 13 (sic l.!), EN 51 72, BA n. 3819.

ܚܫܠܢܝܬܐ id. (Löw p. 149) Geop 13 23, Gal ZDMG **39** 277 34.

ܚܫܠܐ prunus 2Rg 14 9, BA n. 3701.

ܚܫܝܫܬܐ *pl.* ܚܫܝܫܬܐ (√ ܚܪ caluit Fraenkel 36 n.) placenta Ex 29 2, Hos 7 8, ES **1** 248E, BA n. 3819, EN 34 84.

ܚܫܠܘܪܐ tudes, quo linum vel cannabis tunditur BA, BB, PS, cf. ܚܫܠܘܪܐ.

ܚܛ effossit Jos 6 1, ES **1** 263C, AS **4** 42 5, Geop 28 9.

ܚܛܘܛܐ sulcus ES **3** 321C, ES in MS **1** 8 267, am **3** 154 12.

ܚܛܘܛܐ mus arvalis ON 90 21.

ܡܚܛܐ (N § 59) acus Mt 19 24, Afr 392 17, Bhchr 451 25.

Etpe. *1.* effossus est Geop 28 10; *2.* refossa est (terra) Arist. 6 5.

Pa. *1.* effossit Geop 16 22, *spec.* oculos 2Sm 20 6, Card 98 10; *2.* insculpsit Card 98 7.

ܚܛܬܐ *pl.* ܚܛܐ (ar. حنطة) triticum (Löw n. 111) Ez 4, 9, ES **1** 286F, Geop 2 20 etc., Dion T 117 6.

ܚܛܬܐ ܕܒܪܐ chelidonium majus BB Löw p. 160, 220.

ܚܛܐ peccavit (*to sin*) Gn 20 6, 1Tim 5 20, ES **1** 97D, BO **1** 105.

ܚܛܝܬܐ peccatum Js 22 17, ER 84 3, Chr ed 151 2, Joh Dar in MS **1** 105 20.

ܚܛܝܬܢܐ peccator JARS 5 5.

ܚܛܗܐ peccatum Ezr 4 6, Spic 23 11.

ܚܛܝܐ, ܚܛܝܬܐ peccator, peccatrix ES **2** 267D, 407C, JS in MS **1** 66 229.

ܚܛܝܘܬܐ pravitas (*sinfulness*) ES **2** 384D, Nis 45 174.

ܚܛܗܐ peccatum Lc 7 49, ER 36 16, Corluy MP 44 10, JS in MS **1** 66 240.

ܚܛܝܐ peccator TB 127 15.

Etpe. peccatum est Cyr 35 12.

ܐܚܛܝ in peccatum induxit Ex 32 25, ES **2** 189B, dap 28 22, JE schol 26 10.

ܡܚܛܝܢܘܬܐ corruptela (*misleading, seduction*) Clr ep 146u.

ܟܘܬܝܢܐ ܡܚܫܠܚܬܐ 2Sm 13 19, כְּתֹנֶת הַפַּסִּים vestis striata, picta EN 37 43, BA n. 5699, 5700.

ܚܛܝܒܬܐ serva, ancilla BA n. 3833.

ܚܛܦ *1.* rapuit ψ 10 9, ER 124 22, Guidi to 19 26; *2.* abduxit asd 45 29; *3.* incitavit ad properandum (*to hurry*) asd 54 21.

ܚܛܘܦܐ *f. pl.* ܚܛܘܦܝܬܐ (N § 71 3) *1.* rapax Gn 49 27, Vit Rabb 187 27; *2.* avis rapax ER 46 10.

ܚܛܝܦܐ repentinus ES **1** 4F, **2** 175D, Joh Eph 259 9.

ܚܛܝܦܘܬܐ ܕܪܥܝܢܐ extasis Philox. cit PS.

ܚܛܘܦܐ rapina Js 17 14, BA n. 3704a.

ܚܛܘܦܝܐ id. dap 4 25.

Etpe. *1.* raptus est ES **2** 335E; *2. met.* abreptus est ES **1** 565E.

Af. rapuit, furatus est ES **3** 638.

ܚܘܛܪܐ *f.* (rar. m. cf. SB 50 sq.) *pl.* ܚܘܛܪܐ ThMarg **1** 236 12, virga, baculus Ex 4 4, Afr 225 8, ES **3** 338D, AS **2** 368 8, SB 49 n. **16**.

ܚܘܛܪܐ ܕܪܥܐ Equisetum ramosissimum EN 24 41, Löw p. 34, 368.

ܚܘܛܪܘܢܐ virgula am **1** 506 15, ThMarg **1** 340 21.

ܚܛܪ *1.* virgis cecīdit Act 16 23 (Phil), Cyrill ZDMG **27** 586 230; *2.* carminavit (lanam) BA n. 3835, 3831, EN 22 81.

ܚܛܪܐ *1.* EN 41 34, ܚܛܪܐ BA n. 3834 gibber (cameli); *2.* i. q. ܚܘܛܪ ܕܪܥܐ Löw p. 34.

ܚܛܝܪܐ gibbosus BA, PS.

ܚܛܪܬܐ *1.* carmen (*card*); *2.* arcus ligneus EN 29 52. BA n. 3826.

ܚ' ܕܐܪܥܐ *the highest point of the earth* Bh adsc. ment. 2 4.

Etpe. virgis caesus est (*to be beaten with rods*) 2Cor 11 25 (Phil).

ܐܬܚܛܪ se fulsit (baculo) EN 60 88, BA n. 1816.

ܚܝܐ (N § 183) *1.* vixit Ex 33 20; *2.* revixit ER 56 6.

ܚܝܐ *1.* vivus *adv.* ܚܝܐܝܬ (N § 155a) vive ψ 123 3, Nis 76 24, ThMarg **1** 161 18; *2.* crudus, incoctus Ex 12 9, PsC 263 16, *adv.* Geop 101 24, JSt 36 7.

ܚܝ ܠܥܠܡ ἀείζωον semper vivum (Löw n. 112) Geop 4 4, Gal ZDMG **39** 249 8.

ܚܝܬܐ obstetrix (*midwife*) Ex 1 15, JE in ES **2** 211 2, Bhchr 208 8.

ܚܝܬ ܡܝܬܐ resurrectio mortuorum 1Cor 15 2, Afr 22 16, ES **3** 301A, asd 15 24.

ܚܝܐ vita Mt 7 14, ER 139 8, BO **3** 98 n. 1.

ܚܝܘܬܐ vita ES **2** 316D, Spic 11 11, BA 1 90.

ܚܝܠܐ ܚܝܘܬܢܝܐ δύναμις ζωική glherm.

ܚܝܘܬܢܝܬܐ sc. ܙܘܥܐ opp. ܢܦܫܢܝܐ impetus organicus et anorganicus, de motu dictus glherm.

ܚܝܘܬܐ (N § 76B) animal Gn 1 25, ES **3** XLII 1.

ܚܝܘܬ ܩܪܚܬܐ spongus Ge in Afr praef. p. 33 12 15, Cat Wright 1156a 18, Löw p. 279.

ܚܝܘܬ ܚܩܠܐ v. s. v. ܚܩܠܐ.

ܚܝܘܬܢܝܐ bestialis AS **4** 36 24, Joh Eph 250 3, *adv.* AS **2** 132 5, Bhce **1** 239 10.

ܚܝܘܬܢܝܘܬܐ bestialitas Joh Eph 236 7.

ܚܝܠܬܐ saccus, pera (*knapsack, wallet*) Th Marg **1** 186 18, IS 41 3.

Af. vivere fecit Mc 15 31, ES **1** 537E, Ath ܓ 9.

ܡܚܝܢܐ vivificus ES **1** 537E, Guidi to 36 11.

Ettaf. vivificatus est 1Pt 3 19 (Phil.).

ܚܝܠܬܐ ES **2** 352A l. ܚܝܠܬܐ (em. Rödiger in gl. chr.).

ܚܝܠܐ *pl.* ܚܝܠܐ et ܚܝܠܘܬܐ (N § 79B) *1.* vis, potentia ER 105 6, ES **2** 410A, ܚܝܠܐܝܬ virtualiter ET 25 12; *2.* vires, copiae (*active forces*) 1Mcc 3 28, ES **3** 327F, Chr ed 156 20; *3.* miraculum asd 1 4, ES **1** 205C, ThMarg **1** 71 4.

ܚܝܠܬܢܐ potens, robustus Jos 4 24, ES **3** 363A, ER 28 20.

ܚܝܠܬܢܘܬܐ potentia Rg γ 16 5 (Hex), ER 50 4.

ܚܝܠ corroboravit Vit Rabb 171 6, Guidi to 22 168.

ܡܚܝܠܢܐ corroborans Corluy MP 39 10.

ܚܘܝܠܐ confirmatio, auxilium ES **3** 253B, AS **2** 251 8, Eb Mai **10** 260 25.

Etpa. *1.* robustus fuit MS **2** 63 12, Guidi to 28 192; *2.* fortis fuit Mt 14 27 (Cur).

ܚܝܡ (a ܚܡܝܐ q. v.) cognatum declaravit ES **1** 8C.

Etpa. *1.* cognatus factus est Nis 27 103, IA **2** 234 276, JS in ER 406 22; *2.* constrictus est Pr 5 22 (Hex).

ܚܟ *1.* rasit KwD 5 9; *2.* prurivit κνηθόμενοι (*to itch*) 2Tim 4 3 (Phil.).

ܚܟܟܐ *1.* scarificatio (*itching*) ER 93 20, EN 33 42, BA n. 3870, ܡܚܪܒ ܚܟܟܐ δακνῶδες Gal ZDMG **39** 291; *2.* scabies (ψώρα) Gal ZDMG **39** 299 14; *3.* urtica (Löw n. 113) Geop 115 28.

ܚܟܟܬܐ scabies ψώρα Gal BA, BB, PS.

Pa. perforavit IS 73 16.

ܚܟܐ v. s. v. ܚܢܟ.

ܚܟܡ a *1.* cognovit Neh 6 12, ES **1** 278D; *2.* sapiens factus est Dt 32 29; *3.* potuit ER 30 8; *4.* cognovit (feminam i. e. compressit) Gn 4 1, Mt 1 25.

ܡܚܟܡܘܬܐ παιδεία eruditio Sir 9 1.

ܚܟܡܬܐ *1.* sapientia 1Par 22 12, ER 31 1, Dion T 125 11, ܐܦܪܝܡ ܚܟܡܬܢܐ Efraem sapiens Chr ed 149 6; *2.* consilium chr ed 146 11.

ܚܟܡܬܢܝܐ ad sapientiam pertinens Bhchr 78 15, KwDW 3 2.

ܚܟܝܡܘܬܐ astutia (*slyness, craftiness*) ES **1** 182A, ZDMG **29** 525.

ܚܟܡܘܬ Achamoth nomen sapientiae (divinae) Valentini et Bardesanis ES **2** 444C.

ܚܟܝܡܐ sapiens, peritus ES **1** 423F, (*competent judge*) Chr ed 145 13, BO **2** 10b.
ܚܟܝܡܘܬܐ sapientia ER 31 2, φρόνησις glherm.
ܡܚܟܡܢܝܬܐ (N § 126B) familiares Lc 23 49 (Cur), BA n. 5714.
Etpe. eruditus, monitus est Nis 2 171.
Pa. docuit, erudivit (*to make wiser*) ES **1** 518A, (*to dress*) IA in MS **1** 20 450, Th Marg **1** 142 16.
ܚܘܟܡܐ doctrina ThMarg **1** 355 19.
Etpa. *1.* doctus, eruditus est ES **2** 364B, dap 19 28, Kays 185 5; *2.* consideravit ES **1** 518A, cogitavit ES **1** 372D; *3.* conjuravit ES **1** 432B, 547B; *4.* astute egit Hoffmann Kirchenv. 21 6.

ܚܘܠܐ (√حلّ) profanum ES **2** 200D, EN 69 11.
ܚܠܠ purgavit ES **2** 451A, Rabb 248 16, Mal 3 2 (Hex).
ܚܘܠܠܐ purgatio ES **2** 515B, Bhchr 363 3.
Etpa. purgatus est Lv 6 20, Nis 30 91, ESL **1** 103 19, IS in MS **1** 46 22.
Af. profanavit Js 56 6, ES **3** 185A, Bhce **1** 365 8.
ܚܠܘܠܐ dies festus Jud 9 27, spec. nuptiae Mt 25 10, Afr 106 10, ES **1** 205B, am **3** 11 9, JS in asd 97 24.

ܚܠ (√خلّ) fossit Joseph 13 7.
ܚܠܐ acetum (*vinegar*) ES **3** 163F, dap 29 7, Geop 51 27.
ܚܠܡܘܣ muria (*brine, pickle*) Duv-B **2** 4 1, 22 21 etc.
ܚܠܐ *1.* pulvis Js 3 24, ES **3** 322C, Sind 10 1; *2.* velum Ez 16 10.
ܚܠܬܐ (BA n. 3922 ܢ', MS Lex. Ind. Off. ܢ cf. Wright gl. KwD) *pl.* ܚܠܐ (IA **2** 278, 799) vagina (*sheath*) 1Sm 17 51, Joh 18 11 ES **3** 67D, Jul 191 13, AS **3** 46 9.
ܚܠܠܝܐ habitator cavernarum K. PS.
ܚܘܠܠܝܬܐ sepultorum corporum loculi ES **3** 310C.
ܚܠܠܐ rima ES **1** 121D, PC 266 2, (*hole*) ISt 56 3.
ܚܠܠܢܐ faucibus abundans JEh 46 14.
ܚܠܠܐ, ܚܠܠܐ rimæ, caverna 1Sm 13 6, KwDW 210 4, crypta JEh 21 2, Bhchr 369 11.
ܚܠܝܠܐ cavus Ex 27 8, ES in MS **1** 13 8, KwD 29 19, Bhce **1** 379 4.
ܚܠܝܠܬܐ commentum (*fictitious, feigned*) ES **2** 455C.
ܚܠܝܠܘܬܐ cavitas Sev Bh BA BB PS.
ܚܠܠܐ rima, fovea ES **3** 317E.
ܚܘܠܠܐ rima (*chasm in a rock*) Js 2 19, ES **2** 130A, Jul 26 13.
ܚܠܠܝܐ (cf. حَلَيّة Dozy suppl.) genus vestimenti Bhchr 212 11.

ܚܠܚܠ concussit IA **2** 82 15.
ܚܠܚܘܠܐ fissura Bh Hebr VIII 51 15.
ܚܠܚܠܐ pisa BA, PS.
Etpa. *1.* (a recto tramite) dimotus est IS Abb 60 344; *2.* latius atque latius serpsit (ulcus) IA **2** 54 246.

ܚܠܒܐ (N § 94C ar. حلب) *1.* lac Js 7 22, ESL **1** 243 3, ER 15 22; *2.* succus (χυλὸς, ὀπὸς) Gal ZDMG **39** 241, 261 10.
ܚܠܒܐ ܕܚܠܬܝܬ asa foetida EN 25 54.
ܚܠܒ ܕܒܐ Euphorbiae species BB Löw n. 192.
ܚܠܒ ܦܢܓܐ succus ferulae opapanacis BA, BB, PS.
ܚܠܒ mulsit Job 10 10 (Hex).
ܚܠܝܒܬܐ ἄμελξις mulctus Job 20 17 (Hex).

ܚܠܒܐ (ar. خِلْب) *1.* διάφραγμα quod intercedit inter pulmonem et jecur, omentum Jud 3 22 (Hex), EN 8 42; *2.* velum AS **4** 69 16 glherm.
ܚܠܒܢܝܐ velorum similis AS **4** 69 6.
ܚܘܠܒܐ *1.* rima h. חַגְוֵי הַסֶּלַע Cant 2 14; *2.* spina aut ascia aut gladius tenuis BA n. 3714.
ܚܠܒܢܝܬܐ galbanum (Löw n. 115) Ex 30 34, Sir 24 15, ES **1** 234A.
ܚܠܒܢܝܬܐ ܐܣܛܘܪܟܣܝܬܐ storax EN 24 44, Löw p. 163.

ܚܠܒܢܝܬܐ ܡܪܝܬܐ ar. قنّة galbanum EN 26 83, Löw l. l.
ܚܘܠܒܢܝܬܐ id AS 4 102 11, Geop 42 5.
ܚܠܒܠܒܐ eryngium PS, Löw p. 180.

ܚܠܒܨܝܢ ornithogalum (Löw n. 116) BA n. 3885.

ܚܠܕ *1.* repsit, serpsit Dt 32 24, ES **1** 141B, BO **3** 57 7, (*to sneak, slink*) Bhchr 206 15; *2. met.* irrepsit, penetravit ThMarg **1** 245 7.
ܚܘܠܕܐ talpa Pr 24 31, ES **1** 241F, Cyrill ZDMG **27** 571 v. 145.
Pa. reptavit, irrepsit, penetravit ES **2** 434F, IA **2** 344 v. 754, AS **3** 161 7.
ܚܘܠܕܬܐ reptatio Giorn. d. soc. as. it. **3** 183 1.
ܚܠܕܝܬܐ cancer (morbus) Afr 136 2, ES **3** 96 3, Vit Rabb 193 20.

ܚܠܕܘܢܐ cochlea Ge in Afr pr 33 15, Sch 180 12.
ܚܠܕܘܢܐ id. MS **2** 56 130, Bhchr 216 16.

ܚܠܛ *1.* miscuit Jos 22 12, ER 43 16, asd 61 18; *2.* se miscuit, mixtus est ER 56 13. PsC 134 15, se effudit, influxit Bhchr 91 4.
ܚܠܝܛܐ intrusus ES **1** 186D.
ܚܠܛܢܐ versicolor Jul 228 22.
ܚܠܝܛܬܐ cibus sorbilis ex tritico contrito paratus BA, BB, PS.
ܚܠܝܛܘܬܐ mixtio ES **2** 505C.
ܚܠܛܐ id. Lv 19 19, ES **1** 245E.
ܚܠܛܐ id. Joh 19 39, BO **3** 1 243 3.
ܚܠܘܛܐ id. 2Mcc 14 38, ES **1** 256A.
ܚܘܠܛܢܐ *1.* mixtio 2Cor 6 14, ER 65 10, ES **3** 448E; *2.* communitas (ecclesiae) Vit Rabb 194 10.
ܐܬܚܠܛ se miscuit Bhcar 114 16.
ܚܠܛܝܬܐ thapsia asclepium Hoffmann Ausz. n. 287, Löw n. 118.
Pa. miscuit ES **2** 512B.
ܡܚܠܛܢܐ mixtio Sev 45 16.
ܡܚܠܛܢܐ obses Regn ܕ 14 14 (Hex).
ܡܚܠܛܢܘܬܐ confusio ThMarg **1** 19 15.

ܚܠܝܛܐ *1.* vulgus, turba Nm 11 4, Jul 162 15, TB 103 10; *2.* cynopha ES **3** XXXI 14, BA n. 3887, EN 44 2.
Etpa. *1.* mixtus est ER 49 18, Guidi to 41 5; *2.* se miscuit AM **2** 337 23, Cyr 31u; *3.* se effudit, influxit Bh adsc. ment. 11 21.

ܚܠܝܐ dulcis ψ 119 103, ER 18 10, Ath ܟ 16.
ܚܠܝܐ ܕܪ foeniculum Löw p. 383.
ܚܠܝܐ ܥܕܐ γλυκυσίδη paeonia Löw p. 308.
ܚܠܝܘܬܐ dulcitas Jud 9 11, ES **3** 143B, Cyr 76 29.
ܚܠܘܐ vinum mulsum (οἰνόμελι) Geop 22 18. 93 2, Journ. As. **7** 8, 441 n. 10.
ܚܠܝܠܐ erysimum BB, Löw n. 119.
ܚܠܝܐ *1.* suavitas Ruth 3 7, cf. Bernstein ZDMG **3** 388; *2.* suavis Ath ܟ 21.
Pa. dulcem fecit ES **1** 194F, dap 97 2, SB 5 15.
Etpa. *1.* dulcis factus est ES **1** 217F, Geop 11 23, Kays 248 2; *2.* dulcis habitus est Journ. As. **7** 8, 461 n. 63.

ܚܠܡ somniavit Act 2 17, ES **1** 92D, Afr 404 2, Bal 274 11, Ath ܠ 22.
ܚܠܡܐ et ܚܠܘܡܐ somniator Jer 27 9 (Peš), Gn 37 19 (Hex).
ܚܠܡܐ somnium Gn 28 12, ER 152 3, Guidi to 38 11, Gal ZDMG **39** 267 2.
ܚܠܡܢܐ somniculosus (*dreamlike*) BO **3** 2, 456 7.
ܕܠܐ ܚܠܡ sine remedio (*incurable*) Spic 46 17.
ܚܠܡܬܐ ܕܬܕܐ papilla BA n. 3906.
ܚܠܝܡܐ *1.* sanus Mt 9 12, ES **2** 453C, asd 16 1; *2.* integer Corluy 12 2; *3.* solidus KwDW 387 19; *4. adv.* prudenter ER 39 26, Joh Eph 66u.
ܚܠܝܡܘܬܐ integritas ER 29 20, KwDW 175 10.
ܚܘܠܡܢܐ *1.* sanatio ES **1** 519C, Cal ZDMG **39** 265 13; *2.* sanitas ES **1** 448F, Nis 5 133, **11** 36.
ܚܘܠܡܢܝܐ sanans Bhcar 170 10.
Etpe. *1.* sanatus est 2Rg 1 2, ES **3** 371E,

AS **2** 366 16; *2.* libidinatus est ES **1** 441B.

ܡܚܠܡܢܐ (mala) somnia excitans (daemon) ZDMG **33** 670 3.

Af. sanavit Hos 5 13, ES **1** 477D, Add 4 18, dap 22 21.

ܐܬܚܠܡ *1.* somniavit Kays 74 1, BA n. 7104; *2.* pollutionibus laboravit Bh ZDMG **40** 441.

ܚܠܡܫܝܬܐ (ar. الخلة EN 9 71) anchusa (Löw n. 120) Job 6 6, IA in MS **1** 17 260.

ܚܘܠܡܛܬܐ h. חֹמֶט (ass. *ḫul-mit-tu* Delitzsch Stud. p. 87 n. 10, Barth p. 49u) lacerta magna Lv **11** 30, EN 43 81, BA n. 3721, ON 90 23.

ܚܠܡܐ gemmae (ὄνυχες) PsC 9 6, cf. Nöld. Beitr. p. 16.

ܚܠܡܘܢܐ ephippium EN 37 50, 41 40, BA 3908.

ܚܠܡܠܡܐ aristae (*awn, beard,* Löw p. 159) Cyrill. ZDMG **27** 619, ECth **1** 77 l. 15, EN 49 10.

ܚܠܦ permutavit Js 9 9, Afr 214 5, TB 132 14.

ܚܠܘܦܐ (de ܦ̣ v. Bh ad Js 9 17, sed ܦ̇ id ad Job 37 30) mutabilis, inconstans Js 10 6, Afr 82 5, ES **1** 512A.

ܚܠܘܦܘܬܐ inconstantia (*fickleness*) Js 32 6, ES **2** 292C.

ܚܠܦܐ (aut ܚ) πτέρις filix BB Löw p. 168.

ܚܘܠܦܐ *1.* permutatio ES **1** 508C, res permutata Job 13 16, ܕ ܚܠܦܐ loco (alicujus rei) ES **2** 43E, Nis 5 98, 67 43; *2.* nequitia Job 20 18, ES **2** 9A; *3.* χάραξ pedamentum, ridica (*vine-prop*) Geop 34 13 (ε 22 13); *4.* upupa (*whoop*) AS **4** 59 23; *5.* στοιβή Gal ZDMG **39** 297 38.

ܚܘܠܦܐ *1.* ὁλόσχοινος juncus mariscus Geop praef 24p 12 18, glherm, JE in ZDMG **24** 291 26, κάλαμος calamus, arundo Löw n. 121, JE Journ. of s. l. **10** 13 12; *2.* c. *suff.* *pl.* ܚܘܠܦܝܗܘܢ etc. pro ES **3** 361B, Nis 7 50, Rabb 257 5, JS in asd 93 8.

ܚܠܦܐ ܕܝܡܐ (al. 'ܚ et 'ܚ) Andropogon Schoenanthus L. Löw p. 168.

ܚܠܦ c. *suff. pl.* pro Vit Rabb 173 7.

ܚܠܦ ܫܡܐ pronomen (ἀντωνυμία) ET 7 11, Bhgr **1** 72 cap 19.

ܚܠܝܦܘܬܐ compensatio Sir 44 17, Afr 234u, am **3** 436 2.

ܚܠܘܦܝܬܐ novacula (*razor*) KwD 10 7, Joh Eph 192 3, BA n. 3889.

ܚܠܦܬܐ *1.* res permutata, compensatio Math 16 26, Afr 155 5, ES **2** 147 15, ܚ' ܚܕܬܐ vestis nova Joh Eph 6 16; *2.* vicarius Bhchr 308 7, SB 8 n. 11.

Pa. mutavit, permutavit Gn 41 4, ES **1** 280E, Ath 22 3, dap 59 13.

ܚܘܠܦܐ *1.* mutatio (lunae) Afr 279 2, permutatio (literarum) JE gr 68 19, deformatio Bhcar 96 6, compensatio Afr 158 6, commutatio Bhchr 152 21; *2.* t. t. gr. i. q. ar. بدل appositio Bh gr **1** 61 9 sq.

Etpa. *1.* se mutavit Pall in ThMarg **2** 35 8, Rabb 286 14; *2.* mutatus est 1Rg 5 14, AS 161 6, AM **1** 192; *3.* alternatim irruit Joh Eph 128 17.

Af. germinavit (arbor) ES **3** 27B.

Šaf. permutavit 1Sm 10 9, ER 54 20, AS **1** 28 6, Gal ZDMG **39** 285 1, Bhchr 103 13.

ܫܘܚܠܦܐ *1.* mutatio ER 45 20, discrimen Gal ZDMG **39** 284 10; *2.* conversio ES **3** 334A; *3.* (animi) affectio (*humour, caprice*) Rabb 316 25; *4.* defectio (*apostasy*) Corluy MP 32 9.

ܫܘܚܠܦܐ ܡܫܚܠܦܢܝܬܐ, ܫ' ܡܫܡܗܐ, ܫ' ܥܩܪܐ nomina accentuum ET 38 18 19, JBh 18 10.

ܩܠܐ ܡܫܚܠܦܐ genus canticorum (ἀντίφωνα) Cat Wright **1** 376b, Nöld. in Pertsch Cat. Goth. Anhang p. 54.

ܡܫܚܠܦܐ diversus Vit Rabb 168 22, Corluy MP 38 15.

Eštaf. *1.* se mutavit 2Mcc **14** 30, Mt 17 2, ER 35 27; *2.* se convertit Vit Rabb 161 2; *3.* dissimulavit ES **2** 508A.

ܡܫܚܠܦܢܘܬܐ mutatio ER 45 20, ܠܐ ܡ' immutabilitas IS Abb 184 apu.

ܚܛܦ (Barth p. 53) *1.* expugnavit ES **2** 520D; *2.* assiduus fuit, se alacriter accinxit (ad opus) Sev. de Mc ܠܗ 3, PS.

ܚܛܝܦܐ *1.* liber ER 27 5, providus ES **1** 407D; *2.* fortis AM **2** 63 13; *3. subst.* uter Jud 4 19, EN 23 22.

ܚܛܝܦܘܬܐ *1.* libertas ES **3** 361A; *2.* fortitudo Joseph 3 2, ES **2** 424F, Jul 43 28, Joh Eph 90 23.

Pa. rapuit, spoliavit Act 19 37, ES **2** 265E, IS Tham v. 261.

ܚܘܛܦܐ spoliatio ES **2** 423B.

ܡܚܛܦܢܐ latro (*robber*) dap 105 19.

ܐܚܛܦܬܐ spolium Lc 11 22 (Cur), ES **3** 323B, Jul 161 24, IA **1** 130 v. 111.

Etpa. spoliatus est ES **2** 130E, 423B, Ath ܣܠ 10.

ܚܠܡ attribuit, constituit Jul 147 8, Kays 202 23, JE schol 10 11.

ܚܠܡܐ fatum ES **2** 445F, Nis 72 106, ER 17 26, asd 15 7, PsC 136 1.

ܚܠܡܝܐ fatalista Bhchr 344 19, ad Jer 18 7.

ܐܬܚܠܡ fatum est Card 109 6.

ܚܠܝܠܐ acus oculis fucandis inserviens BA n. 3921.

ܚܠܝܦܐ *1.* debilis Nm 13 18, ES **3** 130D, JS in asd 105 17; *2.* vilis, contemnendus ES **2** 483B, Nis 19 92, miser Nis 10 43, 20 23, humilis Corluy MP 35 4, ignarus Clr 62 30.

ܚܠܝܦܘܬܐ *1.* debilitas Joh Dar in MS **1** 105 12, Jš in ThMarg **2** 142 28; *2.* humilitas Corluy MP 23 7.

ܚܠܬܝܬܐ assa foetida (cf. de Goeje gl. bibl. geogr. ar. IV s. v. حلتيث) Gal ZDMG **39** 291 12, Löw p. 36.

ܚܠܦܝܢ ܝܘ' σίλφιον Geop 109 16.

ܚܡܐ (cf. Delitzsch Prol. 91) *pl.* ܚܡܘܬܐ (N §146) socer Gn 38 13, ES **1** 96A, 200F, Bhchr 324 26.

ܚܡܬܐ socrus Dt 27 23, Lc 4 38, Clr 60 1, ECth 4 12 l. 3, Bhchr 501 24.

ܚܡܝܢܐ affinis Bhchr 561 22.

ܚܡ *1.* caluit, arsit 1Sm 11 9, ψ 39 4, ES **1** 353D; *2.* aruit, marcuit Mt 13 6, ES **3** 241E; *3.* verrit Mt 12 44, Lc 11 25, 15 8.

ܚܡܬܐ *1.* aestus (*heat*) ESL **1** 663apu; *2.* febris EN 79 84.

ܚܘܡܐ calor, aestus Gn 8 22, ES **1** 10E, IS in MS **1** 38 v. 166, Rabb 376 10.

ܚܡܝܡܐ calidus Js 9 12, Afr 447 17, Vit Rabb 167 4, *f. subst. 1.* fons calidus (*hot spring*) Chr ed 152 26, Joh Eph 136 13, ISt 28 8; *2.* balneum Joh Eph 15 2; *3.* i. q. h. בָּלִיל foenum maturum Job 6 5, Cat Vat **3** 58.

ܚܡܝܡܘܬܐ calor, ardor ES **1** 118B, ER 44 2, Gal ZDMG **39** 246, KwDW 171 13.

ܚܡܡܐ (Löw n. 123, Lag GA 117 15, Agath 154) amomum Gal ZDMG **39** 251 38.

ܚܡܡܐ (N §59) ahenum aquarium (*chaffern*) am **3** 264 11, EN 39 37.

ܚܘܡܡܐ calor Cat Wr **2** 616b.

Etpa. calefactus est Apoc 16 9, exarsit ThMarg **1** 29 18.

Af. calefecit, fervefecit Afr 137 7, asd 54 17, MS **2** 72 3.

ܚܡܚܡ densus fuit (pulvis) BA n. 5730.

ܐܬܚܡܚܡ exarsit Bhcar 104 10.

ܚܡܛ et ܚܡܛ (Nis 48 31) *1.* aruit, marcuit Afr 493 18, ES **2** 45F, ER 347 17; *2.* (dial. occ.) vidit Versio Homeri et Anton in Merx 211 2.

Pa. calefecit Job 39 14.

Af. arefecit (*to dry up*) ER 105 15, IA in MS **1** 19 381.

ܚܡܘܪܬܐ pustula JSt 21 12, am **3** 354 4, ZDMG **30** 353, **39** 304 12.

ܚܘܡܪܝܬܐ propugnaculum murorum BA n. 3737.

ܚܘܡܠܐ arborum genus, Edessae frequens, fructibus carens BA n. 3728, Löw n. 122.

ܚܡܠ *1.* portavit Gn 6 21, asd 89 2; *2.* recepit ψ 27 10, dap 78 2; *3.* collegit Gn 41 35, ES **1** 210B, Cyr 386 2, *intr.* congregatus est JS in MS **1** 92 7; *4.* inclusit Cyrill. ZDMG **27** 582 v. 390, 590 v. 627, retinuit ib. 588 v. 423, 589 v. 534; *5.* pepercit ES **1** 518B, Bal 309 21.

ܚܡܝܠܬܐ κειμήλια res pretiosae Card 58 20.

ܚܡܠܐ collectio frugum Ex **23** 16.

ܒܝܬ ܚܡܠܐ thesaurus Ez 18 13 = ES **2** 188F, PsC 77 8.

Etpe. congregatus est Gn 15 15, ES **1** 64E, AM **2** 112 3; *2.* inclusus est Cyrill ZDMG **27** 579 v. 165, 582 v. 418; *3.* conditus est (gladius in vagina) Jul 191 13.

Pa. collegit KwDW 382 22, Bhgr **1** 28 13.

ܚܘܡܠܐ collectio (θησαυρίζειν) AS 156 27.

Etpa. *1.* collectus est ES **3** 238B; *2.* finitus est Cyr 17 17, abolitus est SB 115 17.

Af. *1.* collegit ES **1** 49E; *2.* condonavit (peccatum) ESL **2** 197 1.

ܚܡܠ obruit (*to overwhelm*) JSt 28 19, Duval-Berthelot **2** 245 n. 1.

ܚܡܝܠܬܐ tegumentum Jud 4 18, ThMarg **1** 135 1, EN 37 50.

ܚܡܡܐ? ܕܒܪܐ lilium silvestre Ferr. Löw n. 124.

ܚܡܣܢ *1.* firmiter tenuit Gn 21 8, ES **1** 75C; *2.* sustinuit, toleravit, perseveravit, constans, fortis fuit 1Thess 3 1, ES **1** 278D, ER 122 1, Ath ܡܗ 25; *3.* exspectavit Tob 5 7; *4.* firmavit, corroboravit ER 122 1.

ܚܘܡܣܢܐ constantia, fortitudo ES **1** 333C, Vit Rabb 159 18, IS in asd 102 15.

ܡܚܡܣܢܢܘܬܐ id. Cyr 156 13.

ܚܡܥ fermentatus est Ex 12 34, Lc 13 21, Epiph 42 83.

ܚܡܝܥܐ fermentum Kays 189 23.

ܚܡܝܥܐ id. ES **1** 222C.

ܚܡܥܐ grana mali granati EN 51 70, BA n. 3939, Löw n. 363.

ܚܡܝܥܐ fermentatus Ex 12 19 (Hex), ESL **1** 379 15, Kays 138 18.

ܚܡܥܠܬܐ *pl.* ܚܡܥܠܝܬܐ rumex (Löw n. 125) Gal ZDMG **39** 271 12, 279 4, BA n. 3926, EN 50 35.

ܡܫܚܡܥܢܘܬܐ refrigeratio aut fermentatio (?) Duv-B **2** 101 1.

Etpa. fermentatus est Bh ad Lv 2 11.

Af. *1.* fermentavit ER 96 5, ES **2** 242B, AS **3** 317 8; *2.* fermentatus est (met. de argilla) Kays 168 2.

ܚܡܨ a. acido sapore fuit Geop **36** 26, Sch 261 6, Bh ad Lv 1 11.

ܚܘܡܨܐ acidus Geop 49 13, Gal ZDMG **39** 241, *f.* rheum (Löw n. 126).

ܚܘܡܨܘܬܐ aciditas ES **2** 242B, Gal ZDMG **39** 241, Hebr. **4** 209 6.

ܚܡܨܐ ciceres (*chickpeas*) Löw n. 127, Geop 42 29, ISt 34 20, MAMQ 33 4, Gal ZDMG **39** 257 17, EN 49 5.

ܚܡܨܐ ܕܒܪܐ ἐρέβινθος ἄγριος ciceres agrestes Gal ZDMG **39** 257 18.

ܚܡܨ pudefecit (*to shame, confound*) Rabb 310 25, Joh Eph 286 8.

ܐܬܚܡܨܬܐ (nest. 'ܚ' Bhgr **4** 4, 5) *1.* pudor 1Tim 2 9, ES **1** 247D, Dion T 151 7; *2.* pudefactio ER 137 14, AS **2** 251 21.

ܚܘܡܨܢܐ pudicus EN 14 87.

Etpa. puduit eum 2 Rg 3 14, ER 153 17, Jul 81 25, IA **1** 122 v. 925, dap 11 17.

ܠܐܡܚܡܨܢܘܬܐ pudor KwDW 325 20.

ܚܡܨܝܨܠܬܐ colchicum (Löw n. 128) Js 35 1, cf. ES **2** 79A, EN 25 68, BA n. 3941.

ܚܡܪܐ *pl.* ܚܡܪܐ et ܚܡܪܐ (N § 146) حمار *1.* asinus dap 11 17, Rabb **213** 6, Bhchr 473u; *2.* asina Mt 11 2, Nm 22 23 (Hex).

ܚܡܳܪܬܐ asina KwD 52 18.

ܚܡܳܪܘܢܐ asellus Joh 12 14 (Bernst.) Bhchr 500 10.

ܚܡܪܳܝܐ ab asino actus Mt 18 5 (Phil.).

ܚܡܪܟܪܐ (N§140) asinarius EN 23 7, BA n. 3944.

ܝܰܚܡܽܘܪܳܐ (cf. Lag GA 52, Mitt **2** 251, Hommel, Namen der Säugetiere 333, 392) bubalus Dt 14 5, ES **1** 275A, Sch 182 10, Bhchr 253 7.

ܚܰܡܪܳܐ (ar. خَمْر) *pl.* ܚܰܡܪ̈ܐ (N§74) vinum Jer 13 12, ES **2** 370A, **3** 437A, Nis 74 102, ER 65 22, Ath ܠ 5, BO **1** 226 1.

ܚܽܘܡܪܳܐ i. q. ܚܰܡܪܳܐ Cyrill ZDMG **27** 581 v. 313.

ܚܰܡܳܪܳܐ vinarius Bhcar 52 6.

ܡܚܰܡܪܳܐ ebrius Ez 23 42 (Hex).

ܚܡܝܪܐ fermentum Mt 13 33, Afr 302 1, ER 36 19, Ath 14 20, Ex 13 7 (Hex).

ܚܘܡܪܬܐ et ܚܘܡܪܬܐ, *pl.* ܚܘ̈ܡܪܐ et ܚܘܡܪ̈ܬܐ (N 81) et ܚܘܡܪ̈ܝܬܐ Duval-Berthelot **2** 8 6; *1.* rota (*wheel*) PsC 101 11; *2.* spondylus (spinae) am **2** 374 12, Geop 113 3, EN 9 76, seq. ܚܨ̈ܐ lumbi ESJ 45 2, Bal 309 25, AS **3** 22 22 (columnae) Cant 5 15, cf. MS **2** 25 1, AM **2** 377 6, (catenae) Corluy MP 11 60; *3.* nodus culmi (Löw p. 159), Cyrill ZDMG **27** 594 v. 37; *4.* gemma Ez 16 13, ES **2** 1 78E, Spic 15 4, PsC 8 15; *5.* amuletum Duval-Berthelot **2** 86; *6. pastille*(?) ib. 101 5 6.

ܚܘܡܪ̈ܝ ܚܝܪ̈ܒܐ physalis alkekengi EN 26 90, Löw p. 297.

ܚܡܪܘܢܐ vermium genus sub hydriis vivens EN 44 2 (idem atque asellus?).

ܡܚܡܪܢܘܬܐ conjunctio(?) Duval-Berthelot **2** 19 3.

Etpa. se conjunxit(?) ib. 100 9.

ܚܡܪܝܠܬܐ propugnaculum murorum BA n. 3727.

ܚܡܫܐ quinque s. ܒܚܡܫܐ dies Jovis (*Thursday*) JSt 27 5.

ܚܡܝܫܝܬܐ quinta mensis die.

ܚܡܫܐ ܦܢܛܘܪܘܦܘܢ πεντόροβον paeonia BB Löw p. 308.

ܚܡܫܐ ܦܘܪܘܣ idem ib.

ܚܘܡܫܐ *1.* quinta pars Lev 5 16, ES **1** 252D, Bhchr 130 21; *2.* inguina 2Sm 3 27, ES **1** 399A.

ܚܡܝܫܝܐ quintus ܟܟܪ̈ܝܢ ܚܡܫܐ quinque talenta ThMarg **1** 301 14.

ܚܡܫܝܢ quinquaginta

ܚܡܫܝܢܝܐ et ܚܡܫܝܢܝܬܐ pentecoste Bhap 5 73, Sim. Šanql. 50.

ܚܡܫܬܥܣܪ quindecim.

ܚܡܫܬܥܣܪܝܘܬܐ aetas quindecim annorum ES 1 556C.

ܚܡܬܐ (√חמי N§105) *f.* *1.* venenum (*poison*) Rom 3 13; *2.* ardor (*heat*) ESL 1 663apu; *3.* ira (*passion, choler*) Dn 11 44, Afr 50 2, ES **1** 541A, Guidi to 41 2.

ܚܡܬ Cyr 7 4, saepius ܚܡܬܐ ܠܗ iratus est ESJ 34 15, Bal 290 12, Journ. of s. l. **6** 24 3.

ܚܡܬܢܐ iracundus Pr 19 19, 2Mcc 10 35, ES **2** 401C, KwD 92 20, dap 12 16, *adv.* Joseph 3 1.

ܚܡܬܢܘܬܐ ferocia AS **4** 35 12.

ܚܡܝܬܐ iratus PsC 122 6, ܚܡܝܬܐ ܠܗ iratus est (N§254a) ESJ 157 1, PsC 116 1, Bal 328 25.

ܚܡܬ iratum fecit apap 39 20, Bal 290 12, Bhce **1** 89 5.

Etpa. ira incensus est (*to grow angry*) Gn 30 3, Afr 130 5, ER 122 22, ES **1** 83E, 535D, dap 19 29, Corluy MP 16 6.

Af. id q. Pa. Pr 20 2, Hos 12 14 (Hex), Journ. of s. l. **6** 30 2.

ܚܢܢ nos N§63.

ܚܢܐ (h. חֵצֶן, ar. حِضْن Hoffmann ZDMG **32** 753 n. 3), *1.* sinus (*bosom*) Ruth 4 16 (Hex), PsC 130 9, KwD 81 19, Dion T 115 4; *2.* pudenda Dt 25 11, EN 10 6.

ܚܢ *1.* clemens, mitis fuit (*to be merciful*)

2Rg 13 23, ES **1** 227B, asd **60** 10, Ath ܦܠ 27; *2.* pepercit Joseph 8 2.

ܚܢܢܐ *1.* clementia, misericordia Mt 9 13, ER 11 7, asd 8 23; *2.* pulvis loci, ubi martyres coronati fuerunt, quem oleo et aqua dilutum ad extremam unctionem adhibent Assem. in Mai scr. vet. nov. coll **5** 21, BO **3** 2 CLXXVIII 2, Badger the Nestorians **1** 103, MAMQ 51 6, cf. p. 11 n. 13, am **1** 391 8, AM **2** 295 3, cf. ZDMG **6** 352, Rabb 210 6, 212 10, Journ. of s. l. **6** 8 6.

ܚܢܢܐ clemens Neh 9 17, ES **3** 339C, asd 44 16, dap 11 13 (ubi ܚܢܢ legendum).

ܚܢܢܐ rancidus ES **2** 478B, Rie 130 5.

ܐܚܢܢܬܐ (N § 23E) preces, precatio Jer 31 9, Afr 49 16, ES **3** 348C.

Etpe. *1.* miseratus est ES **2** 231E; *2.* imploravit ES **3** 360F; *3.* clementiam consecutus est ER 40 10, ThMarg **1** 44 17.

ܡܬܚܢܢܐ miserabilis Bhchr 285 22, 307 23.

Etpa. *1.* imploravit Rom 1 10, ES **2** 175C, AM **2** 343 16; *2.* clementiam consecutus est (*to be pardoned*) Cyr *25 14, SB 160 8.

ܚܢܐ *1.* telum intendit (in aliquid) (*to aim*) ER 122 24, IA **2** 76 15, PsC 178 2; *2.* aggressus est ECth **2** 49 l. 6; *3.* spectavit, curavit ES **1** 40C, Cyrill ZDMG **27** 593 v. 82, KwDW 84 18.

ܚܢܝܐ aptus, idoneus KwDW 52 2, 171 17 etc.

ܚܢܝܐ *1.* inquisitio (veritatis) ECth **2** 50 l. 26; *2.* opinio ThMarg **1** 92 11, Bhce **2** 501 18.

ܚܢܝܐ curans IA **2** 206 38.

ܚܢܝܩ ܠܗ doluit ESJ 43 17, Bal 298 24, Clr 118 31.

ܚܢܝܩܬܐ *pl.* ܚܢܝܩܬܐ dolor Jon 3 8, Afr 50 1, ES **2** 363B, Bal 284 7 Guidi to 27 161.

ܚܢܝܩܐ *1.* dolens ES **1** 381A, Bal 317 2, ܚܢܝܩܐ ܗܘܐ ܠܗ (N § 254a) doluit Afr 161 8; *adv.* Joseph V 3 (673b 3), ES **3** 251F; *2.* lamentabilis ES **1** 381A, Corluy MP 40 7.

Etpa. lamentatus est Bal 317 9; *2.* desideravit, optavit Mos. Agh. in Rendic. dei Lincei 1886 p. 549 8, cf. 552.

Af. dolore affecit ES **3** 130F.

ܚܢܘܬܐ (a √חנה Nöld. in Fraenkel p. 172, cf. Lag Psalt. vers. memphit. 155 Mitt **2** 363sq.), taberna Jer 35 2, Act 28 5, ES **3** 374B, ER 126 11, Chr ed 146 10, ISt 24 13.

ܚܢܘܝܐ caupo (*tavern-keeper*) Js 1 22, ES **2** 23A, ECth **2** 52 l. 4, Bhce **1** 143 14.

ܚܢܘܝܘܬܐ vita eremitica Bhce **2** 619 5.

ܚܢܛ condivit (mortuum) Gn 50 2, ES **1** 484C, Jul 194 21.

ܚܢܘܛܬܐ unguentum, condimentum (*balm*) μῖγμα Joh 19 39, ESL **1** 693 10, IA **1** 240 v. 329, am **1** 33 9.

ܚܢܟܐ (Bhcar § 7 9), *saepius* ܚܢܟܐ *m. semel, f.* (MAMQ 37 2, cf. Nöldeke ZDMG **44** 531), *pl.* ܚܢܟܐ *f.* rar. *m.* (N § 87) palatum Pr 24 13, Afr 187 20, ESL **1** 307pu, Rabb 230 12

ܚܢܟܝ ܚܢܟܘܗܝ dolet Sir 7 11, am **3** 226 19.

ܚܘܢܟܐ palatum BA n. 3741.

ܚܢܦܐ, ܚܢܦܬܐ paganus, pagana Vit Rabb 160 3, Rie 143 16, Guidi to 20 74, *adv.* more pagano ES **2** 124A.

ܚܢܦܘܬܐ paganitas (*heathenism or heathens*) ES **3** XXXII 18, Guidi to 20 100.

ܚܢܦܝܐ paganicus Sir 47 21, Joh Eph 103 8.

Pa. in paganitatem induxit ES **2** 451A.

Af. *1.* paganus factus est ESL **1** 65 8, Nis 18 71, Eb Mai **10** 252 15; *2.* i. q. Pa. ES **1** 62C.

ܚܢܘܨܐ (Lag Nom 112 20) porculus Bh ad ψ p. 210 70, BO **1** 352 6, EN 43 67, BA n. 3593.

ܚܢܝܨܐ (N § 112) id. BA n. 3960.

ܚܢܩ *1.* suffocavit (*to choke*) Mc 4 6, AM

2 86 18; *2.* suspendio interemit (*to hang up*) Mt 27 5.

ܚܢܩܐ *1.* suffocatio KwDW 133 13; *2.* cruciatus ER 88 20, dap 24 8; *3.* vinculum ψ 2 3, BO **3** 1 150b 2; *4. pl.* i. q. h. שְׁלַבִּים limbi, taeniae 1Rg 7 29.

ܚܢܝܩܐ anxius, sollicitus Bal 329 18.

ܚܢܩ ܕܐܒܐ, Löw n. 129, ܚܢܩ ܢܡܪܐ Gal ZDMG **39** 250 19 aconitum.

ܚܢܩܬܐ dyspnoea, spiritus difficultas Bhchr 159 23, EN 32 28.

ܚܢܝܩܘܬܐ suffocatio ES **1** 418D, Nis **1** 67.

ܚܢܩܢܝܬܐ *1.* laqueus ES **2** 407E, IA **1** 131 175, 1Cor 7 35 (Phil); *2.* cruciatus, angustiae dap 104 4, Pr 22 24 (Hex).

Etpe. suffocatus est ER 25 2, AM **2** 86 10, ThMarg **2** 140 5.

Pa. *1.* suffocavit ES **1** 195E, Ath ܒ 4, AM **2** 86 31; *2.* aqua mersit (*to drown*) Chr 154 28, 157 7.

ܚܢܘܩܐ *1.* strangulatio Nis 61 24, Bhcar 163 8; *2.* mersio ESL **2** 33 2.

Etpa. *1.* fluctibus exstinctus est (*to be drowned*) ER 28 4, Chr ed 146 7, JohEph 362 18; *2.* seq. ܒܠ summo studio appetiit (aliquid) ES **2** 491C.

ܚܣܬܐ *pl.* ܚܣܐ̈ lactuca (Löw n. 130) ESL **1** 379 16, Geop 92 4, Gal ZDMG **39** 258 6, EN 50 33.

ܚܣܐ ܣܘܡܩܐ anchusa BB Löw p. 165.

ܚܣܐ ܡܪܝܪܐ̈ lactucae amarae EN 26 75, BA n. 3992.

ܚܣܕܐ *1.* ignominia (*shame, infamy*) Jer 42 18, ES **1** 44B, Bhchr 318 3; *2.* (ab h. חֶסֶד) clementia Jul 135 15 (sic leg!).

ܚܣܕܬܐ ignominia ESL **2** 221 16.

ܚܣܝܕܐ κεχαριτωμένος gratiae plenus Lc 1 28 (Phil), apap 275 11.

ܚܣܕ maledixit (*to revile, calumniate*) Mt 5 11, ES **1** 169D, BhPaul **2** 11, *nom. act. adv.* conviciis (*calumniating*) ES **2** 251F.

ܚܘܣܕܐ maledictio 2Bar 3 8.

Etpa. ei maledictum est ES **3** 39E, ER 13 26.

ܚܣܘܣܩܢܐ̈ cartilagines (*gristles*) EN 7 40, BA n. 3976.

ܚܣܝܐ *1.* sanctus Js 57 11, Cyr 424 12, Ath 12 17; *2.* episcopus Bhchr 262 13.

ܚܣܝܘܬܐ sanctitas Eph 4 24, ThMarg **2** 105 26, ܚܣܝܘܬܟ sanctitas tua (in alloquendo) Rabb 226 23, JBh 12 8.

Pa. *1.* consecravit asd 43 20; *2.* absolvit Gn 24 41, Mt 27 24, dap 52 9, JS in MS **1** 74 479, ThMarg **1** 39 10; *3.* clemens fuit Corluy MP 35 3, condonavit asd 45 3.

ܚܘܣܝܐ *1.* reconciliatio Ez 24 21, ES **1** 426D, Ath 15 21; *2.* condonatio ES **1** 35D, MS **1** 2 9, ThMarg **1** 40 8; *3.* piaculum (ἱλαστήριον) Rom 3 25; *4.* operculum *cover, lid* (arcae foederis, כַּפֹּרֶת ἱλαστήριον) Ex 25 17.

ܡܚܣܝܢܐ innocens Mt 27 24, dap 53 9, 93 6.

ܡܚܣܝܢܢܐ propitiator ES **3** 468C, asd 43 40.

Etpa. *1.* consecratus est JS in MS **1** 34 30, am **1** 186 14; *2.* absolutus est Gn 24 41, ES **1** 154D, ER 360 21, dap 67 10; *3.* condonatus est ap NT 29 20.

ܡܬܚܣܝܢܢܐ placabilis (*reconcilable*) Ath 53 7.

ܚܣܟ *1.* retraxit IA **2** 218 v. 300, retinuit KwDW 122 2, impedivit Gn 20 6, ES **1** 514E, JS in asd 105 12, coercuit (iram) ES **1** 541A, recusavit Gn 22 12; *2.* liberavit ES **1** 36B.

ܚܣܟܐ retentio KwDW 122 7.

ܚܣܝܟܘܬܐ (sic pro ܚܣܝܪܘܬܐ ed. Rom. legendum videtur) inopia ES **1** 491F.

ܚܣܝܟܘܬܐ immunitas ThMarg **1** 274 10.

ܚܣܟܬܐ, ܚܣܟܐ̈ densa arborum (*thickets*) Joh Eph 402 24.

ܚܣܝܟܘܬܐ solitudo, secessus Vit Rabb 185 10.

Etpe. *1.* impeditus est ER 128 12; *2.* liberatus est Nis 2 64, Bal 297 23.

Pa. retinuit, reservavit, seposuit Bh, Vit Sanct. cit PS.

ܚܣܘܟܬܢܐ parcus IS 55 10.
ܚܣܟܢܐ id. Joh Eph 331 20.
ܚܣܘܟܬܢܘܬܐ *1.* immoratio Bhgr cit PS; *2.* parsimonia PsC 38 1; *3.* immunitas (?) dap 73 7.

ܚܣܡܪܬܐ et ܚܣܡܪܘܬܐ (?) artifex inaurium BA, PS.

ܚܣܠ *1.* ablactavit (*to wean*) 1Sm 1 23, Afr 177 15, ES **1** 75D; *2.* detraxit (cibum) Alex 3 15; *3.* dedocuit, a consuetudine abduxit (*to disuse, disaccustom*) ES **2** 472D, Nis 15 78.
ܚܣܠܐ *1.* ablactatio ES **3** 617F; *2.* avaritia ES **3** 362A (nisi forte corruptum sit).
ܚܣܠܐ ablactatio ES **1** 75D, Card 101 4.
ܚܣܠܘܬܐ *1.* ablactatio (*weaning*) ES **1** 3F; *2.* abstinentia ciborum, continentia morum glherm.
Etpe. ablactatus est Gn 21 8, ER 107 6, PsC 23 4.

ܚܣܡ o et a invidit Pr 24 19, Afr 268 14, ES **1** 32B, ER 128 24, Ath 35 22.
ܚܣܡܐ *1.* invidia (*envy, grudge*) Mt 27 18, Jul 195 10, JS in asd 108 11; *2.* suspicio KwDW 79 12.
ܚܣܝܡܐ invidendus BO **3** 1 125.
ܚܣܝܡܘܬܐ ܥܒܕ invidendus evasit ThMarg **1** 303 2.
ܚܣܡܢܐ invidiosus ES **2** 556F, Rie 77 15, *adv.* Ath ܕܝ 25.
ܚܣܡܢܘܬܐ invidia Cyr 157 23, Giorn. d. soc. as. it. **3** 177 5.
ܚܣܘܡܬܢܐ invidiosus Arist 9 9.
Etpe. odio fuit ap. NT 28 8.
ܡܬܚܣܡܢܐ invidendus ThMarg **1** 378 17.

ܚܣܢ a et ܚܣܢ o (N § 160a) *1.* superavit seq. ܠ s. ܠ 1Sm 13 14, Afr 342 15, ES **1** 73E, asd 67 2, ThMarg **1** 300 18; *2.* restitit, repugnavit Vit Rabb 169 9.
ܚܣܢܐ *pl. semel* ܚܣܝܢܬܐ Kays 254 9 (N § 79B1) arx Za 9 12, ES **1** 401B, JSt 55 3.
ܠܚܘܣܢܐ rar. ܡ̈ܢ ܡܢ (Act 14 17) et ܡ̈ܢ ܠܠ (3Mcc 7 6), vix Lc 9 32, JS in MS **1** 37 117, AS **2** 348 2, Bhchr 483 15.
ܚܘܣܢܐ pudenda Geop 102 11, Gal ZDMG **39** 300 7, EN 9 78, BA n. 5842, testiculi KwDW 8 9.
Etpe. superatus est ES **1** 73F, Vit Rabb 182 16, Mar 85 11, Act 10 38 (Phil), ES **1** 460, leg. ܐܬܚܝܠ q. v.
Pa. *1.* armavit, fortificavit, munivit (locum) Js 15 4, ES **2** 155F, Bhchr 364 2; *2.* affirmavit Hoffmann Kirchenv. 10 43.
ܚܣܝܢܐ firmus, robustus Mt 12 29, ER 105 14, asd 16 26, Corluy MP 13 12.
ܚܣܝܢܘܬܐ firmitas, securitas ES **1** 401B, Bh ad Jer 48 28.
ܚܘܣܢܐ fortificatio Js 22 10 (Hex).
Etpa. *1.* se fortificavit Bhchr 144 9; *2.* fortis factus est 1Cor 16 13, ES **1** 352A.
Af. firmavit, corroboravit Ath ܢܚ 18.

ܚܣܪ a *1.* defecit Gn 8 5, AM **2** 348 8; *2.* injuria affecit Phil v. 18; *3.* punivit 1Ezr 1 34.
ܚܣܪܐ damnum ES **3** 6 25 (nisi ܚܘܣܪܐ leg. PS).
ܚܣܝܪܐ deficiens Chr ed 155 3, seq. ܡܢ carens Arist 27 12, ܚܣܝܪ ܠܐ egeo dap 33 4, ܚܣܝܪܐ ܗܘܐ supererat, reliquum erat, restabat Clr ep app. 298 1, ܝܬܝܪ ܚܣܝܪ plus minus Cat Wr **2** 645a, BO **1** 386, ܚܣܝܪ ܩܠܝܠ paulum abest, fere ThMarg **2** 106 1, *pl. f.* τὰ παραλιπόμενα (liber Chronicorum) JE in Journ of s. l. **10** 20 20.
ܚܣܝܪܘܬܐ defectus Lc 21 4, ES **1** 475C, Ath 21 22.
ܚܘܣܪܢܐ *1.* defectio, deminutio ER 69 25, IS 118 20; *2.* inopia, egestas Ezr 7 26, ES **1** 17E, ER 26 6; *3.* sumptus, impensa JSt 14 17, Bhce **2** 649 26; *4.* damnum, detrimentum Corluy MP 40 15.
Pa. *1.* deficere fecit ψ 23 1, ECth **1** 34 10; *2.* multavit Dt 22 19. AM **2** 323; *3.* nocuit dap 45 20.
Af. *1.* nocuit, damno, detrimento fuit IA

in MS 1 19 383, Chr ed 153 14, KwDW 61 23; *2.* rapuit, furatus est dap 55 18; *3.* eguit Ex 16 18; *4.* perdidit Rechtsb 19 13.

Ettaf. multatus est BO 3 1 273, Bh, PS.

Etpa. *1.* multatus est Ex 21 22; *2.* contaminatus est (*to be blotted, sullied*) Bhce 1 57u.

ܚܦܦܐ smegma, quo caput et barba lavantur Dn 13 17 (Hex), Bhgr 1 33 4, BA n. 4009.

ܚܦܦܬܐ et ܚܦܝܦܬܐ ramus palmae K, PS.

ܚܦܝܬܐ (forma dialectica vocis ܟܦܝܬܐ q. v.) genus vestimenti BA n. 4006a.

ܚܦܝܝܐ (ar. حافٍ) discalceatus (*barefooted*) 1Rg 21 27, ES 1 491B, Bhchr 138 21.

ܚܦܝܝܘܬܐ status discalceati Jer 2 25, ES 1 82D.

ܚܦܐ (ar. خفى) *1.* texit, operuit 2Sm 15 30, ES 1 503F, JS in asd 88 8; *2.* occultavit, abdidit ER 52 14, Ath ܗ 6, Guidi to 35 21, JS in MS 1 39 193; *3.* occaecavit (*to blind, dazzle*) Gn 20 16; *4.* vicit, superavit ES 3 86C.

ܡܚܦܝܐ *1.* clandestinus (*secret*) *adv.* clam JS in MS 1 77 47; *2.* opp. ܦܠܝܚܐ de genere dicendi obscuro (αἰνιττόμενον λέγειν) glherm.

ܡܚܦܝܢܘܬܐ obscurum ThMarg 1 327 4.

ܚܘܦܝܐ *1.* defectus (lunae) *eclipse of the moon* ECth 1 55 l. 4; *2.* tt. gr. occultatio (literae) i. e. assimilatio Bhgr 1 130 6; *3.* χάραξ palus ad vitem adligandam Geop 36 29 etc. glherm.

ܬܚܦܝܬܐ *1.* occultatio, obductio dap 9 3, JS in MS 1 39 181; *2.* tegumentum 2Cor 3 13, ES 1 107B, ER 30 6.

Etpa. *1.* se abdidit, occultavit ER 94 8; *2.* opertus, obrutus est ES 2 459C, Nis 27 16, KwDW 5 8; *3.* ܡܬܚܦܝܐ ܟܪܡܐ χαρακοῦται ad palum, ridicam adligatur Geop 38 2.

ܚܦܛ seq. ܠ alicui rei operam navavit studuit ES 3 324B.

ܚܦܝܛܐ studiosus (*zealous, ardent*) Ath 18 18, *adv.* Guidi to 36 8.

ܚܦܝܛܘܬܐ studium ER 122 9, Guidi to 24 28, Jš in ThMarg 2 143 1.

Pa. incitavit, adhortatus est Mc 15 11, Ath 13 1.

ܚܘܦܛܐ *1.* adhortatio, admonitio dap 36 1, ThMarg 1 16 2; *2.* sollicitudo (*care, sorrow*) Nis 76 86, ES 2 457D.

ܡܚܦܛܢܘܬܐ adhortatio ThMarg 1 144 8.

Etpa. *1.* admonitus est Ath 21 1, dap 48 15; *2.* studuit, operam dedit ER 125 3, dap 3 1, Rabb 241 2, *nom. ag.* KwDW 375 6.

ܚܘܦܢܐ *f.* (N § 84) manipulus, pugillus (*handful*) Ex 9 8, ES 3 327E, ER 33 15, PsC 88 11.

ܚܦܝܢܝܬܐ obstetrix (*midwife*) K, PS.

ܚܦܪ o (ar. حَفَرَ) fossit Js 37 25, Afr 184 1, ES 3 287C, Ath ܠ 20.

ܚܦܪܐ fossio ES 2 288A.

ܚܦܘܪܐ fossor Bhce 3 463u.

ܚܦܪܐ fovea (*pit, ditch*) Js 38 11, ES 3 328B, (*cave*) JSt 29 11, Geop 9 5, Joh Eph 49 7, EN 7 20.

Etpe. fossus est (μεταλλεύεσθαι) Gal ZDMG 39 204 9.

ܚܦܪ a (ar. خَفِرَ) puduit eum, pudefactus est ES 2 298A.

ܚܦܪܐ pudor ψ 17 14, Ez 16 52, ES 2 104B.

ܚܘܦܪܐ pudefactio SB 152 9.

Af. *1.* i. q. Pe. ψ 34 6, ESL 1 507 8, AM 2 234 8; *2.* pudefecit Pr 19 26.

ܚܨܐ (Nöld. mand. Gr. p. 54) *1.* lumbus (*hip, haunch*) Gn 24 3, Afr 123 17, ES 1 525B, ܗܦܟ ܚܨܐ fugit PsC 201 14; *2.* superficies (terrae etc.) ES 3 15D, IA 2 288 v. 937, am 3 548 15.

ܚܨܨܐ (nest. ܚܨܨܐ Bh ad Pr 20 17), glarea (*gravel*) Js 48 19, Pr 20 17.

ܚܪܳܐ evellit Pr 30 17, Mt 5 29, am **3** 121 6, Bhchr 222u.

ܚܶܪܘܳܝܳܐ dentiscalpium EN 39 78, BA u. 4020.

Etpe. evulsus est ECth **1** 64 l. 12, Bhchr 214 7.

Pa. i. q. Pe. MS **2** 71 10, Bhchr 334 26, KwDW 274 14.

ܚܶܪܨܳܐ (Barth p. 53, ex ass. *ḫaṣbu* Jensen cf. ܚܨܒܐ) urceus ES **3** 663A, ER 144 23, Geop 16 10.

ܚܨܰܕ o messuit, messem fecit (*to reap, gather*) ψ 126 5, ER 102 2, dap 40 12, Ath 27 14.

ܚܨܳܕܳܐ messis Gn 8 22, ES **1** 54F, Bhchr 276 3.

ܚܶܨܕܳܐ id. ES **1** 426C (nisi emandandum).

ܚܨܘܿܕܳܐ messor 2Rg 4 18, ES **3** 328F, Bal 273 9.

Etpe. messus est ES **3** 76E, KwDW 107 15.

ܚܨܳܕܳܠܳܐ ES **2** 176D corrupt. e ܦܨܕܠܐ q. v.

ܚܨܺܝܢܳܐ *f.* (N § 84, ex ass. *ḫaṣinnu* = *ḫaṣīnu* e **ḫaṣiānu* Jensen, cf. Fraenkel p. 86) dolabra, securis KwD 41 22, 106 32, KwDW 213 20.

ܚܨܘܪܬܐ Fab 39 14, vox incerta, num equa (ar. حصان)? Nöld.

ܚܨܰܦ (Barth p. 53) a audax, procax fuit ES **3** 31E.

ܚܨܘܿܦܳܐ *1.* audacia, procacitas ER 29 8, ES **2** 425E, IA **2** 62 12; *2.* leg ܚܘܨܦܐ (Fraenkel) ESL **2** 565 8.

ܚܨܺܝܦܳܐ *1.* audax, procax Dt 28 49, ES **1** 558A, PsC 89 2; *2.* leg ܚܨܝܦܐ (Fraenkel) ES **2** 425D, Cyrill ZDMG **27** 593 v. 92.

ܚܨܺܝܦܽܘܬܳܐ audacia, procacitas ES **1** 558C, ER 28 27, dap 15 3.

ܡܚܨܦܐ leg ܡܚܨܦ (Fraenkel) ES **3** 328B, C.

Af. *1.* procax fuit ES **3** 304B, Nis 40 49, s. ܠܘܳܬ precibus fatigavit aliquem ER 28 7; *2.* ausus est ES **1** 69C, Vit Rabb 189 12, PsC 191 1; *3.* seq. ܐܦܝܗ procacem vultum induit Pr 7 13, dap 6 3.

Etpa. procacem se praestitit ES **3** 193D, Nis 60 27.

ܚܶܨܦܳܐ testa (*pot-sherd*) Job 2 8, ES **2** 3A, 2Cor 4 7, *pl.* ܚܨܦܐ *f.* testae concharum (*muscle-shells*) Nat 61 paen. ܕܪܘܫܐ 'ܚ calvaria (*brain-pan*) am **2** 229 12.

ܚܶܨܦܳܝܳܐ testaceus AS **4** 91 5 (sic l.!).

ܚܶܨܦܳܢܳܝܳܐ id. Js 30 14 (Hex), Duval-Berthelot **2** 44 17.

ܚܶܨܪܳܐ *f.* (N 114 84) *1.* digitus minimus 1Rg 12 10, ES **1** 207E, Bhchr 212 21, *met.* de quantitate minima Pall in ThMarg **2** 196 21; *2.* penna (scribae) Bh ZDMG **40** 442; *3.* ܚܨܪܐ ܕܟܒܕܐ lobus hepatis (i. e. ligamentum suspensorium et venosum Lag Mitt **3** 58) hebr. יֹתֶרֶת הַכָּבֵד ar. زيادة الكبد Ex 29 22, Lv 3 10, ES **1** 232C, EN 10 96, BA n. 4028, Merx 174 sq.

ܚܩܳܐ et ܚܩܐ saluit, saltavit (*to jump, spring*) BA n. 4029, 4030.

ܚܰܩܠܳܐ *f. pl.* ܚܰܩܠܳܬܳܐ (N § 84) et ܚܩܠܐ ThMarg **2** 106 12 (nisi sg. leg.), ager Gn 2 4, ER 118 8, asd 11 23, JS in MS **1** 48 85, mensura agri Epiph 60 23.

ܚܩܘܪܐ vaniloquentia, jactantia (*brag, ostentation*) Jul 174 1.

ܚܺܐܪܳܐ (e **ḥarr* N § 21C, ar. حُرّ) *f.* ܚܐܪܬܐ liber, libera (uxor) Gal 4 22, Chr ed 146 28, Bh ad Cant 6 8, *adv.* ingenue Bhchr 108 11, sua sponte Hoffmann Kirchenv. 11 44.

ܚܺܐܪܽܘܬܳܐ libertas ER 32 9, Ath 37 21, ܒܚܐܪܘܬܗ sua sponte asd 76 7.

ܚܐܪܘܬܢܐܝܬ libere Kays 257 12.

ܚܐܪܢܐ liber, ingenuus ECth **5** 36 l. 7.

ܚܐܪܢܘܬܐ libertas TB 141 7.

ܚܺܪܽܘܪܳܐ (Lag Nom 192 19) *1.* libertas Rom 8 21, ER 345 20, Jul 94 3; *2.* dimissio

Rechtsb 13 9; *3.* literae libertatis Rechtsb 4 17.

ܚܪܘܪܐ liberator ES **2** 517B.

ܚܪܪ *1.* liberavit Jer 34 11, ES **1** 368E, Rabb 247 4; *2.* dimisit Bhchr 126 20; *3.* absolvit dap 51 8; *4.* aboluit (tributum) Bhchr 363 17.

ܚܘܪܪܐ *1.* liberatio ES **2** 85F, KwDW 234 7; *2.* dimissio Bhchr 98 20; *3.* literae libertatis Hoffmann Ausz. n. 160.

Etpa. liberatus est ES **3** 303D, ER **100** 19, Ath 33 18.

ܚܪ (ar. خرّ) raucedine laboravit (guttur) ψ 69 3, EN 79 79.

ܚܘܪܐ foramen BA n. 3757.

ܚܘܪܐ *1.* foramen Clr 142 1; *2.* caverna IA **2** 328 v. 1540; *3.* foramen acus (*eye of a needle*) Mt 19 24, Afr 392 16; *4.* rictus (*mouth, jaws*) ES **2** 40D.

ܚܘܪܚܪܐ ronchus (hominis) (*snoring*) BA n. 3767 (canis) ib. 3768.

ܚܪܐ (ar. خرى) cacavit Tob 2 10 (sic legas gr. ἀφώδευσαν), KwD 77 12.

ܚܪܝܐ stercus *pl. st. cstr.* ܚܪܝ (Geop 72 29), EN 10 12.

ܚܪܝ ܦܪܙܠܐ scoriae ferri (*dross of iron*) BA n. 4062.

ܒܝܬ ܚܪܝܐ sella familiarica (*closet*) Bh ZDMG **40** 441.

ܚܪܝܐ stercus 2Rg 6 25, ES **1** 536D, Bh ZDMG **40** 442.

ܚܪܘܬܐ *pl.* ܚܪ̈ܘܬܐ (N§77, JEgr 83 5), femur (μηρὸν, ἰσχίον) Sir 19 12, ES **1** 4E, KwD 26 4, Gal ZDMG **39** 241, 301 8, Bhchr 519 22.

ܒܝܬ ܡܚܪܝܢܐ sella familiarica 2Rg 10 27, ES **1** 543B, Jul 182 16.

ܡܚܪܝܢܐ ܕܬܝܫܐ τραγοπώγων BA, Löw p. 216.

ܐܬܚܪܝ (Barth p. 12) *1.* restitit ES **1** 408A, Ath ܟ 24, JSt 13 1, haesit (spina in gutture) AS **3** 48 14 (navis in vado) Act 27 41, ES **3** 151; *2.* litigavit Ex 23 21, Afr 101 4, ES **1** 23A, Vit Rabb 171 23; *3.* affirmavit (διισχυρίζετο) Act 12 15, Cyr 334 25, οὐκ ὀρθῶς ἀποφαίνεσθαι Gal ZDMG **39** 260 7.

ܚܪܝܢܐ lis, certamen ψ 81 8, Afr 117 3, ES **2** 309A, asd 68 26.

ܡܬܚܪܝܢܐ litigator Bhce **2** 689 6, *adv.* ܚܪܝܢܐܝܬ disceptatione ThMarg **1** 113 18.

ܚܪܝܢܝܐ litigiosus ES **2** 454E, dap 17 7.

ܚܪܝܢܘܬܐ litigiositas dap 55 19, Rabb 240 17, Journ. As. **7** 8, 458 55.

Af. paravit, acuit (arma) Job 10 17.

ܚܪܝܛܐ (ex ass. *ḫi(e)rîtu* a √ חרץ Jensen ZK **2** 167 n. 4) *1.* fossa aquaria (*water-trench*) Ex 14 9, PsC 172 10, Bhchr 117 5; *2.* fossa, cuniculus Duv.-B **2** 278 n. 3.

ܚܪܒܐ (ar. حرب) *m.* rar. *f.* (N§87), *1.* gladius Jud 20 48, ES **1** 319B, am **1** 99 10, Joh Eph 272u; *2.* vomer Lc 9 62, ES **2** 204B, am **2** 551 11.

ܚܪܒ (ar. خرب) a desertus fuit, factus est Mt 2 25, Ath 17 22.

ܚܪܒ o vastavit, delevit (*to destroy*) Ex 5 21, ES **1** 525A, Chr ed 157 1, JSt 54 11.

ܚܪܒܐ *1.* desertus Ez 29 12 (Hex), Corluy MP 31 13 *f.* a) desertum Ez 13 4, cf. ES **2** 176C, dap 23 17, b) ruina ER 18 22, Sind 9 2; *2.* ܥܢܒ̈ܐ ܕ' labrusca ES **3** 238C; *3.* vanus, inanis (sermo) ER 50 27, IA in MS **1** 16 181.

ܚܪܒܘܬܐ desolatio ἐρήμωσις Tetr. Dn 9 18, PS.

ܚܘܪܒܐ vastatio ES **1** 523C.

ܚܘܪܒܐ *1.* devastatio ES **2** 98D, Nestle Chr[1] 57 93, Bhgr **1** 212 23; *2.* desertum, solitudo Mt 3 1, ER 114 12, ES **3** 112A.

ܚܘܪܒܢܐ desertus ThMarg **1** 274 2.

ܚܘܪܒܐ (Bhgr **1** 212 23), ciconia ψ 104 17, Za 5 10, ES **1** 273F, EN 45 20.

ܚܪܝܒܐ *1.* desertus Joh Eph 334 2; *2.* siccatus Jud 16 7 (Hex).

ܚܪܝܒܘܬܐ ܕܟܦܢܐ vis, vehementia famis Joh Eph 414 2.

ܡܚܪܒܐ desertus Ez 29 12 (Hex).

ܚܪܒܘܬܐ vastatio ES **2** 237A.
ܚܪܘܒܐ *1.* ceratonia (Löw n. 132, Lag Nom 111 13), Lc 15 16, Afr 97 2, ES **2** 26E; *2.* uvae immaturae Js 5 2, Nis 43 34, Sch 261 5.
ܚܘܪܒܢܐ devastatio ES **2** 59F, Epiph 23 17.
Etpe. deletus est 2Rg 3 23.
Af. *1.* exinanivit JS in MS **1** 92 22; *2.* vastavit Bal 282 27, Chr ed 156 23, JSA 123.

ܚܘܪܒܩܠܐ helleborus (Löw n. 136), Geop 4 15 (sic l!), 58 30, Gal ZDMG **39** 256 9, EN 25 57, BA n. 3763.
ܚܘܪܒܩܠܐ ܚܘܪܐ veratrum album BB Löw p. 306.

ܚܪܒܢܕܐ (pers. خَرْبَنْدَه) asinarius (*ass-driver*) EN 17 74.

ܚܘܪܒܣܐ i. q. ܚܘܪܦܣܐ q. v. BB, PS.

ܚܪܓܘܡܬܐ ansa, manubrium (*handle, haft*) BA n. 4037.
ܚܪܓܢܐ cassia tora Löw n. 133 BA n. 4038.

ܚܪܓ confricuit (*to grate, rub*) Geop 17 6, BA n. 4040.
ܚܪܓܘܬܐ *1.* agilitas AS **4** 38 32; *2.* elegantia am **3** 123 1, apap 287 1.
Etpe. se invicem fricuerunt Kays 183 6.
ܚܪܓܠܐ i. q. ܚܪܓܠܐ q. v. BA n. 4046, ex quo corruptum est cf. Nöldeke ZDMG **28** 649.

ܚܪܓܠܐ (Lag arm. St. §972) gryllus Lv 11 22, ES **1** 241E, BA 4039.

ܐܬܚܪܓܕ tremuit (timore) Rie 2 6.

ܚܪܕܡܘܢܐ lacerta EN 43 75.

ܚܪܕܠܐ sinapis (Löw n. 134), Mt 13 31. Afr 394 10, ES **2** 201D, PsC 88 4.
ܚܪܕܠܘܢܐ Sinapis incana L, Löw p. 178, BA n. 4042.

ܚܘܪܕܦܐ *1.* pituita narium (*mucus*) BA n. 3764; *2.* zizyphus? Löw p. 287.

ܚܪܕܘܢܐ crocodilus Lv 11 29, ES **1** 243E, AS **4** 43 80, PsC 176 1, EN 43 80.

ܚܪܕܦ et ܚܪܕܦ titillavit (*to tickle*) BA n. 3765.
ܚܘܪܕܦܐ dolus BA n. 4192.

ܚܪܙ *1.* ordinavit, disposuit ER 6 4, ES **2** 337A, Bhcar 96 14; *2.* ornavit, distinxit (gemmis) Bhchr 178 11.
Etpe. *1.* ordinatus est ET 15 16; *2.* affixus est ECth **5** 32 l. 7; *3.* ornatus est Bhcar 138 6.

ܚܪܙܘܦܬܐ ܐܪܛܪܝܐ ἡ τραχεῖα ἀρτηρία glherm, dura, cf. ܚܘܦܐ.

ܚܪܙܢܐ latratus BA n. 4057.

ܚܪܛ incidit (*to cut into*) Lv 21 5, Dt 14 1 (Theod in Bh).
ܚܘܪܛܬܐ incisura Lv 19 28, Jer 16 6 (Hex).
Pa. dilaniavit (*to scratch*) am **1** 194 10, Sind 3 20, Bhchr 444 1.
Etpa. intercisus est Hos 7 14 (Hex), Card 58 13.

ܚܪܛܘܡܐ proboscis *trunk* (elephanti) Kays 137 19, KwDW 209 5, BA n. 4056.
ܚܪܛܘܡܢܐ et ܚܪܛܡܢܐ ciceres (*chickpeas*) Löw p. 172, BA n. 4058.

ܚܪܟ ussit, torruit (*to burn, wither*) ES **1** 82E, asd 56 3.
ܚܪܟܐ aqua salsa EN 38 70.
ܚܘܪܟܐ incendium Bhcar 95 10, Eb Mai **10** 317 20.
ܚܪܝܟܘܬܐ pars ardens (ollae) Duval-Berthelot **2** 99 18 19.
Etpa. *1.* adustus est ES **2** 376F, Bh ad Thren 4 7; *2.* incensus est Vit Rabb 164

13; *3.* arsit, flagravit Rabb 365 23, Jul 51 21.

ܚܪܟܫ *1.* seq. ܕܘܢܒܗ caudam movit (*to wag the tail*) KwD 3 4, PsC 33 7; *2.* s. acc. pers. cauda movenda adulatus est ES **2** 440A, ECth **1** 44 24, JS 44 8; *3.* sollicitavit ES **2** 440A.

ܚܘܪܟܫܐ caudae motio BA n. 3771.

ܚܘܪܠܐ cicercula (λάθυρος) Löw p. 173, Geop 18 6, Cat Bod 176 10.

ܚܪܡ interdixit, consecravit Mi 4 13, ES **2** 278C.

ܚܪܡ interdictum, illicitum fuit Nis 72 103.

ܚܶܪܡܐ interdictio, detestatio Gal 1 8 9, ES **1** 392D, Rabb 225 9.

ܚܪܝܡܐ *1.* interdictus, devotus Dt 6 18, Afr 407 8; *2.* detestatus, damnatus asd 50 14, Ath ܠܐ 3, Cyr 275 23; *3.* scelestus ES **2** 447F.

ܚܪܝܡܘܬܐ nequitia, scelus BO **2** 2 52b, KwDW 123 15, Bhchr 340 20.

ܚܪܡܢܐ *1.* serpens ψ 91 13, ES **1** 109E, JS in MS **1** 64 v. 117; *2.* ܚܪܡܢܝܬܐ detestata (Scheol) ES **3** 339F.

ܚܪܡܢܘܬܐ *1.* crudelitas ZDMG **29** 525; *2.* contumacia Cat MB 11b 8.

Etpe. interdictus est Vit Rabb 200 25, Joh Eph 211 15, Eb Mai **10** 219 9.

Af. *1.* consecravit ES **1** 309C, Vit Rabb 192 25; *2.* devovit, detestatus est (*to execrate*) Mt 26 74, Afr 143 17, ES **2** 485F, Vit Rabb 193 7.

Ettaf. *1.* damnatus, devotus est ESL **2** 15 14, Joh Eph 36 24, Bhce **1** 67 1; *2.* censuris coactus est Eb Mai **10** 218 28.

ܚܘܪܡܘܦܐ edax, vorax canis (*gluttonous*) BA n. 3774.

ܚܘܪܡܘܦܐ i. q. ܟܪܡܘܣܐ q. v. Löw p. 287.

ܚܪܣܐ et ܚܪܣܐ scabies AS **3** 52 6, KwD 52 4, BA n. 4077, EN 32 20.

ܚܘܪܣܐ asper (*rough, harsh*) Pel 11 9, Gal ZDMG **39** 282 22, ThMarg **1** 280 6, BA n. 4047.

ܚܘܪܣܘܬܐ asperitas τραχύτης Gal ZDMG **39** 241 1.

ܚܪܣܝܐ genus piscium inter saxa degens Bhcar 163 9, BA 4078.

ܚܪܣܝܬܐ v. s. v. ܚܪܝܫܝܬܐ.

ܚܪܣܘܡܐ *1.* proboscis BA n. 4056; *2.* scopae EN 42 47.

ܚܪܣܘܦܐ δαῦκον σπέρμα Gal ZDMG **39** 255 3, l. ܚܪܘܣܐ q. v.

ܚܪܝܥܐ (cf. ar. اخترع) astutus ES **1** 46D, Ath ܣ 21, ECth **5** 41 11.

ܚܪܝܥܘܬܐ astutia Lc 20 23, ES **1** 247F, JS in MS **2** 54 72.

Etpa. astutus fuit Alex 5 15.

ܚܪܝܨܐ (ar. حرض, חָרוּץ) flavus Gal ZDMG **39** 241, Kays 101 15.

ܚܘܪܨܐ id. AS 147 21, Kays 32 1, BA n. 4046.

ܚܘܪܦܐ (ar. حرف) acies, mucro (*point, spike*) Bhcar 115 1.

ܚܘܪܦܐ acies ES **2** 370B, Vit Rabb 159 3, Bhchr 129 22.

ܚܪܝܦܐ *1.* acutus Za 9 13, Vit Rabb 179 13, asd 52 8, (morbus) Bhce **3** 427 20, (mens) ES **1** 546A, *adv.* a) celeriter ἐν ἀτόμῳ (*quickly*) 1Cor 15 52, b) clara voce (*loudly*) Cyrill ZDMG **27** 570 v. 38; *2.* acutus, sagax KwDW 272 21; *3.* conviva ES **3** 26A, Nis 70 36; *4. pl.* grana Berberis Kays 128 19.

ܚܪܝܦܘܬܐ *1.* acies Gal ZDMG **39** 241; *2.* celeritas ES **2** 200F.

Pa. acuit Js 44 12 (Hex).

Etpa. acutus est Ez 21 9 (Hex).

ܚܘܪܦܐ (ar. خَرُوف) annicula, unius anni (ovis) EN 42 56.

ܚܘܪܦܣܛܐ Geop 4 13, i. q. ܚܘܪܒܐ q. v.

ܚܘܪܦܢܐ daucus carota Löw p. 86, BA n. 3778, Gal ZDMG **39** 255 3.

ܚܪܦܘܫܬܐ scarabaeus niger (*dung-beetle*) BA, BB, PS.

ܚܪܙܠܐ ornithogalum? Löw n. 116, BA n. 4081.

ܚܪܙܢܝܬܐ (var lect: ܚܪܙܢܩܝܬܐ) ܟܐܒܐ morbus tergi Bhchr 216 6.

ܚܪܙܦܬܐ tenuissimum grandinis genus Kays 236 23, BA n. 4082.

ܚܪܩ (ar. حرق) dentibus frendit (*to gnash the teeth*) ψ 112 10, Afr 436 2, ES **2** 343F, Bal 292 24.

ܚܘܪܩܐ strepitus, stridor (dentium) Mt 13 42, Afr 133 3, ES **2** 250A, dap 81 2.

ܚܪܩ (ar. خرق) *1.* duxit (lineam) ES **2** 341D; *2.* determinavit, constituit Vit Rabb 181 15, ECth **2** 21 l. 20; *3.* pronuntiavit ESZ **1** 523, Bhchr 369 6; *4.* tt. log. conclusit ET 6 9.

ܚܪܩܐ *1.* terminus ES **2** 341E; *2.* ornamentum hebr. חלאים Cant 7 2, cf. MS **2** 27 18, *pl.* striae, fasciae (*stripes*) Duval-Berthelot **2** 8 16.

ܚܪܩܝܐ fatalista Bh ad Jer 18 7.

ܚܘܪܩܢܐ *1.* finis ECth **1** 69 l. 12, Clr 16 13, Bh ZDMG **40** 442; *2.* determinatio, sanctio ThM 41 17, JARS 123pu, Eb Mai **10** 219 30.

ܚܪܘܩܐ acidus (αὐστηρὸς, ὑπόστυφον, στρυφνὸς) Gal ZDMG **39** 241, EN 34 78, BA n. 4050.

ܚܪܘܩܘܬܐ aciditas στρύψις Gal ZDMG **39** 241.

ܡܚܪܩܢܝܬܐ caterva canum BA n. 5754.

Etpe. incisus est Bhcar 21 7.

ܡܚܪܩܐܝܬ expresse Eb Mai **10** 201 10.

ܚܪܩܘܠܐ talus pedis (*anklebone*) BA, BB, PS.

ܡܚܪܩܠܐ joculator BA, PS.

ܚܪܫ (Delitzsch Prol. p. 100), mutus fuit, tacuit Ez 24 27, Afr 299 19, ES **2** 131 8, ThMarg **1** CLXII l. 14 *met.*, de puteo vacuo Js 17 9 (cf. Bh ad l.)

ܚܪܫܐ *1.* mutus ψ 38 14, (cf. Bh ad l. p. 145 6), ER 57 19, Jul 95 26; *2)* surdus Js 42 18, Mt 9 32, ES **2** 92C, Ath **ܐ** 16.

ܚܪܝܫܐ surdus dap 112 12 (nisi ܚܪܫܐ legendum).

Etpe. surdus fuit Mi 7 16, Guidi to 35 18.

ܚܪܘܫܬܐ (al. 'ܚ N§120) guttur EN 9 70, Bh ZDMG **40** 442.

ܚܪܘܫܘܬܐ id. Bhgr **1** 195 10.

ܚܪܘܫܝܐ gutturalis Bhgr **1** 196 6.

ܚܪܘܫܐ raucus BA n. 4052.

ܚܪܫ o jugulavit, interfecit ER 131 8.

Pa. id. ES **2** 528C, Nis 72 28, JS in ER 393 10.

ܚܘܪܫܐ *1.* angina, suffocatio in gutture BA; *2.* catarrhus BA, BB, PS.

Etpa. jugulatus est Nis 72 26.

ܚܪܫܐ et ܚܪܫܐ (Barth p. 3; sed hoc vocabulum et praecedens ad unam eandemque radicem, cui notio vinciendi inerat, pertinere et a voce ܚܪܫܘܬܐ et seq. separanda videntur, Jensen) *1.* ars magica ES **1** 206E; *2.* incantamenta Nah 3 4, Act 8 11, ER 91 12, Corluy MP 12 9.

ܚܪܫܐ magus ER 10 22, Gal ZDMG **39** 268 6, BA n. 4087.

ܚܪܫܘܬܐ ars magica Gal ZDMG **39** 202 8, Eb Mai **10** 215 24, BA n. 4088.

Pa. et **Af.** artes magicas exercuit ES **3** 667B, dap 28 10.

ܚܪܬ (*denom. a* ܒܪܝܬܐ Jens.) *1.* fossit, excavavit schol ad ψ 92 8 (Hex), BA n. 4091; *2.* discidit ESL **2** 275pu.

ܚܪܬܐ excavatio ψ 92 8 (Hex).

Etpa. discissus est Hab 3 9 (ed. Ceriani ܐܬܚܫܠ).
ܚܫܪܐ v. s. v. ܚܫܪ.

ܚܘܫܦܬܐ i. q. ܚܘܫܪܦܐ q. v. BA l. l.

ܚܫ a *1.* passus est, doluit Mt 16 21, Corluy MP 34 19, Ign 12 4, BO 1 483; *2.* ܚܫ ܠܝ dolui AS **3** 49 21.
ܚܫܐ *1.* dolor Corluy MP 28 14, JS in MS **1** 38 146; *2.* zelus ES **3** 238B.
ܚܫܝܫܐ *1.* dolorosus (*grievous, painful*) ES **1** 137B, *adv.* Joh Sab in MS **1** 102 7; *2.* tt. gr. passivus JBh 7 6.
ܚܫܫܬܐ dolor ER 61 10, Bal 289 18.
ܚܫܘܫܐ *1.* patiens Act 14 14, dap 25 23; *2.* tt. gr. passivus ET 6 23.
ܚܫܘܫܘܬܐ *1.* passibilitas Ath 49 21, BO **1** 223A, ThMarg **1** 275 1; *2.* tt gr passivitas Sev 12 11.
ܚܫܝܫܐ patiens, tristis ES **2** 352B, Vit Rabb 207 8, Joh Eph 280 5, *adv.* asd 21 11.
ܚܫܝܫܬܢܐ officiosus AS **4** 81 14.
Af. *1.* dolore affecit ES **3** 423B, ER 54 11, JS in asd 105 16; *2.* contudit, confregit Duval-Berthelot **2** 45 14, BB 19u.
ܡܚܫ ܐܠܗܐ theopaschita Hoffmann Ausz. n. 936, Cat Wright 976b.
ܡܚܫܢܘܬܐ passio, ira ES **2** 438B.

ܚܫܒ *1.* cogitavit, putavit Ez 28 2, ThMarg **1** 101 13; *2.* imputavit, tribuit 2Cor 5 19; *3.* magni aestimavit Spic 31 4.
ܚܫܫܬܐ naeniae (*mourning songs*) Ez 2 10, ES **2** 167F, ZDMG **4** 309.
ܚܘܫܒܢܐ ratio Mt 18 23, ES **3** 386A, asd 19 13.
ܡܚܫܒܬܐ cogitatio Gn 6 5, ES **2** 229B, Rabb 227 20, Corluy MP 24 6.
ܡܚܫܒܢܝܐ cogitatorius, rationalis Bh, PS.
Etpe. *1.* putatus, habitus est 4Ezr 6 57; *2.* tributum est Gn 15 6.
ܚܘܫܒܐ *1.* cogitatio ER 48 14, Guidi to 38 2; *2.* ratio (*computation*) asd 13 11, λογισμὸς Gal ZDMG **39** 205 2.
ܚܘܫܒܢܐ ܕܫܡܐ arab. الضمير pronomen Bhgr **1** 73 1.
ܡܚܫܒܢܐ cogitans ES **1** 147C, Kays 154 20, JE Journ. of s. l. **10** 11 23.
ܡܚܫܒܢܘܬܐ consideratio TB 26 25, Kays 99 9.
Etpa. *1.* cogitavit Mt 9 4, ES **1** 500C, examinavit Chr ed 145 13, deliberavit Vit Rabb 170 26; *2.* putatus, habitus est SB 141u.

ܚܫܚ, ܚܫܝܚܐ *1.* egens (*in want of*) Mt 3 14 (Cur); *2.* aptus, idoneus, utilis (*suitable, convenient*) dap 10 13, JS in asd 94 13, KwDW 173 25; *3.* necessarius ER 77 27.
ܚܫܝܚܐ idoneus ES **1** 120F.
ܚܫܝܚܘܬܐ utilitas, usus Jer 48 38, asd 63 1.
ܚܫܚܬܐ *1.* necessitas (*need, want*) ES **1** 508A, Arist 7 18, Pall in ThMarg **2** 33 13; *2.* usus ES **2** 258A, ZDMG **39** 265 12; *3.* χρῆσις significatio et λέξις ON 98 3, 120 3, 145 22, cf. praef. XIII, ThMarg **1** 80 10.
ܚܫܚܬܐܝܬ secundum significationem χρῆσιν ZDMG **32** 477.
ܚܫܚܘܬܐ usus Ep. Jer. v. 58.
ܚܘܫܚܐ *1.* usus ES **2** 24B, MS **1** 117 6, Rechtsb 64 1; *2.* consuetudo, commercium Bal 300 15; *3.* abusus ES **1** 23A.
Etpa. *1.* seq. ܒ usus est ER 72 5, Gal ZDMG **39** 244, asd 52 8. spec. femina i. e. compressit Bh, Joh Dar 13, PS.

ܚܫܟ (Barth p. 4) obscuratus est Lc 11 35 (Cur), ES **3** 485D, ER 71 4, ESL **1** 695u.
ܚܫܟܐ tenebrae ER 60 7, ES **1** 215C, JS in ZDMG **14** 684 8.
ܚܫܟܐ *pl.* vertigo capitis BA, PS.
ܚܘܫܟܐ tenebrae JAP 7 8 456 n. 48, Cyrill in ZDMG **27** 571 v. 145.
ܚܫܘܟܐ *1. subst.* tenebrae Mt 27 45, ER 60 3, ES **3** 341C; *2. adj.* obscurus Mar 29 9, Bal 283 27, Ath 14 14.
ܚܫܘܟܢܐ tenebrosus AS **2** 228 21, am **1** 180 18, SevA 76 4.

ܚܫܘܟܘܬܐ obscuritas ES **3** 308D, asd 49 3, ThMarg **1** 156 15.

ܚܫܘܟܬܢܐ tenebrosus Eb. PS.

ܚܫܘܟܬܢܘܬܐ tenebrae, ignorantia Bh Esth, PS.

ܚܫܟܬܐ minae(?) ES **2** 345F.

ܚܫܝܟܐ caecus Sir 4 1, ES **3** 500A.

Etpa. obscuratus est Rom 1 21.

Af. obscuravit 1Sm 2 39, ES **2** 266E, Rabb 239 16, JS in asd 88 9.

Ettaf. obscuratus est Mc 13 24 (Phil), Kays 109 2.

ܚܫܠ *1.* polivit (gladium) *to furbish* JS in asd 89 3; *2.* ornavit IA in MS **1** 16 209, Vit Rabb 172 22, JS in asd 88 2; *3.* cogitavit, consilium cepit 1Sm 23 7, ES **1** 106B, Joh Eph 132 13, seq. ܐܪܙܐ conjuravit Bhchr 159 13; *4.* excitavit (invidiam) Bal 282 6.

ܚܫܠܬܐ ornamentum Jud 18 17, ES **1** 224E, Vit Rabb 199 20, Jul 170 27.

ܚܫܠܐ et ܚܫܘܠܝܐ aurifaber (*goldsmith*) Zingerle Chr 376 9, Kays 126 4, Bhchr 529 26.

Etpe. *1.* ornatus est ES **1** 226A, Corluy MP 34 8; *2.* cogitatum est Joh Eph 346 17, BO **3** 1, 273A 2.

Af. excitavit (lacrimas) Sch 80 6.

ܚܫܘܠܐ procella Pr 23 24, Afr 7 5, Rabb 226 16, JS in asd 100 15.

ܐܬܚܫܘܠ *1.* procellā captus est Ath ܡܚ 18, Kays 108 9, Bhchr 424 16; *2.* fluctuatus est (κλυδωνιζόμενοι) *to be moved* Eph 4 14 (Phil).

ܚܫܘܠܬܢܘܬܐ procellositas Cat Bod 26 26.

ܚܫܡܝܬܐ coena KwD 41 12.

ܚܫܡܝܬܐ et ܐܚܫܡܝܬܐ coena Mt 22 4 (Cur), Afr 106 14, ES **1** 489D, Ath ܟ 20.

ܚܫܡܬܐ ES **2** 327E, (Cardahi conj. ܚܫܡܝܬܐ).

ܚܫܡܬܐ arcus tectum fulciens BA n. 4108.

Af. coenavit Pr 23 1, ES **2** 213C, Ath ܘ 13, Bhchr 550 15.

ܚܫܦܘܦܠ (e ܚܫܦܘܦܠ? Geiger ZDMG **18** 826), dupliciter Js 65 7 cf. ES **2** 197 3 (qui interpretatur: ܚܠܦܐ ܬܪܬܝܢ), Spic 44 4 (Cureton: *the contest of feelings?*), BA n. 4114.

ܚܫܩܘܠ (pers. شقاقل) radix dauci carotae PS, Löw p. 86 n. 1.

ܚܫܦܪܐ ES **2** 370B pugna, congressus? nisi leg. ܚܫܩܪܐ q. v.

ܚܬܐ et ܚܬܬܐ ZDMG **24** 270 15 (e* ܚܛܬܐ √אחר N§105), *pl.* ܚܬܐ (N§80), *1.* saccus; *2.* trabs (ex assyr. *ḫittu* epistylium Jensen ZA IX Zimmern) 1Rg 7 3, Ez 40 16.

ܚܬܝܬܐ diligens, exactus ER 38 4, Gal ZDMG **39** 244, *adv.* JS in MS **1** 50 162.

ܚܬܝܬܘܬܐ *1.* veritas, proprietas (*peculiarity*) ER 55 7; *2.* diligentia Ath 15 2, Gal ZDMG **39** 284 12.

Pa. confirmavit ES **1** 432D.

ܚܬܚܬ (Barth p. 68) allexit, incitavit ES **1** 30F, AM **1** 122, Cyr 235 20.

ܚܘܬܚܬܐ incitatio ES **1** 349E, am **2** 330 18, ThMarg **1** 134 21.

ܚܘܬܚܬܢܐ irritans, ad voluptatem provocans Bh Eth, PS.

Etpa. incitatus est, concupivit ES **2** 368B, Nis 35 51.

ܚܬܡ *1. tr.* obsignavit (*to seal*) 1Rg 21 8, ES **1** 93B, Ath 33 26, clausit ES **3** 40B; *2. intr.* obsignatus, finitus est Cyrill ZDMG **27** 570 v. 536, ܚܬܡܝܢ ܫܘܡܐ vulnera cicatricibus integuntur (*to heal a scar*) Geop 104 15.

ܚܬܡܐ sigillum Jer 22 24, Afr 214 11, ES **2** 332B, Dion T 110 17.

ܚܬܡܬܐ θυσάνια fimbriae BB, Löw p. 243.

ܚܬܡܐ mutus Nis 71 116.

Etpe. *1.* confirmatus est dap 39 18; *2.* finitus, perfectus est am **3** 328 9.

Pa. *1.* obsignavit am **3** 326 8; *2.* decrevit

ES **1** 12F; *3.* confirmavit ES **1** 92A, Vit Rabb 197 17.

ܡܚܬܡܬܐ sigillum (*seal*) asd 27 4.

ܚܘܬܡܐ *1.* obsignatio ES **3** 130C, Rechtsb 23 28, dap 114 27; *2.* finis ES **1** 432D, ER 127 9; *3.* hymnus dimissorius Cat Wright **1** 213b.

ܚܬܢܐ (Delitzsch Prol 90), *1.* sponsus (*bridegroom*) Mt 9 15, Afr 103 5, Vit Rabb 165 8; *2.* gener (*son in law*) Gn 19 14, ES **1** 61C, Bhchr 299 15; *3.* affinis Bhchr 91 18.

ܚܬܢܘܬܐ *1.* sponsalia, nuptiae Cant 3 11, ES **1** 325B, Jul 55 18; *2.* donum sponsi matutinum post nuptiarum diem (*gift on the morning after the nuptial day*) Bhchr 390 12.

Etpa. *1.* affinitate se cum aliquo devinxit (*to become related by marriage*) s. ܠ Dt 7 3, ES **1** 44D, JSt 19 8; *2.* nuptias egit Vit Rabb 208 22.

ܚܬܦ fregit, confregit BA n. 5766.

ܚܘܬܪܐ (Barth p. 37) superbia ES **1** 112A, Vit Rabb 198 16, Jul 237 2.

ܚܬܝܪܐ superbus, glorians ER 42 20, asd 51 10, Corluy MP 23 8.

ܚܬܝܪܘܬܐ superbia asd 29 12, ThMarg **1** 82 15.

Etpe. superbus fuit, gloriatus est 1Cor 15 4, ES **1** 46D.

ܚܘܬܪܐ elatio, praedicatio ES **2** 414A.

ܡܚܬܪܢܐ educator, altor Cyrill ZDMG **27** 596 v. 138.

ܐܬܚܬܪܘܬܐ (N § 127) adulatio (*flattery*) JARS 84 10.

Etpa. gloriatus est ES **3** 279C, IA **1** 264 301, Bhcar 90u.

Af. superbum fecit 1Cor 8 1, ES **2** 440F.

ܛ

ܛ nona alfabeti litera, Ṭêth, numerus 9.

ܛܐܒ *1.* bonus, pretiosus fuit Afr 160 8, 347 4; *2.* seq. ܥܡ bene se habuit Gn 13 16, Jul 174 1.

ܐܬܛܐܒ bonus fuit Eccl 7 4 (Hex).

ܐܛܐܒ bene egit Jer 26 13, ES **1** 236E.

ܡܛܐܒܢܘܬܐ beneficium Eccl 4 8 (Hex).

ܛܐܢ (pers. Lag GA 47 120) corpus BA n. 4137.

ܛܐܢܬܐ IA **2** 22 78 l. ܛܒܝܢܬܐ q. v.

ܛܒ a interrogavit, quaesivit 1Sm 20 13, 23 22.

ܛܒܐ et ܛܒܐ *1.* rumor, fama (*report, saying*) 1Sm 2 23, ER 88 12, Jul 88 25, JS in MS **1** 34 23, ܡܢܐ ܛܒܟ hebr. מִי אָתְּ quis tu? Ru 3 9; *2.* tt. gr. (ar. خَبَر) praedicatum ET 15 17, Bhgr **1** 43u.

ܛܒܝܒܐ clarus, famosus ES **1** 156D, Rabb 367 3.

ܛܒܝܒܘܬܐ celebritas Bh, PS.

Etpe. innotuit, claruit ThMarg **1** 223 10 (nisi Etpa. leg.).

Pa. narravit (*to divulge a rumour*) Bhchr 377 11.

Etpa. *1.* narratum est Cyr 78 29; *2.* innotuit, claruit ESJ 37 16, ThMarg **1** 93 12, Bhce **2** 773 2.

Af. *1.* clarum fecit (διεφήμησαν) Mt 9 31; *2.* nuntiavit, narravit ES **1** 113E, Joh Eph 118 8, ThM 48 5; *3.* seq. ܫܡܐ nominavit ECth **2** 8 2.

ܛܒܓܐ lac acidum EN 35 93.

ܛܒܚܪܐ i. q. ܛܒܪܐ q. v. BB, PS.

ܛܒܫ mactavit, interfecit, contudit Thren

2 21, Bal 262 25, Joh Eph 206 24, Bhchr 150 2.

ܛܒܚܐ macellarius, coquus ES **1** 351A, Jul 63 22, JS in asd 90 9.

ܛܒܘܫܐ *the crusher, but the writer probably thought of the Persian word tôpâh, ruin, destruction, injury, mischief, in later times* تباه Wright ad JSt 49 20, transl. p. 42.

Etpa. *to be crushed* JSt 50 1.

ܛܒܝܐ et ܛܒܝܬܐ *pl.* ܛܒܝܐ antilope Dt 12 15, Act 9 36 (Phil), ES **1** 52C, Bal 271 1.

ܛܘܒܝܐ τουβία tibialia Joh Eph 192 15.

ܛܒܫܝܪ (pers. Lag GA 48 122), creta EN 26 75.

ܛܒܠܐ *m.* (sed *f.* Jul 42 4), tympanum (*tambour*) asd 42 7, Jul 41 3, AM **2** 124 11, Bhchr 206 10.

ܛܒܠܘܢܐ genus tympani parvi ON 116 9 (cf. Nöld. ZDMG **35** 498).

ܛܒܠ tympanizavit Sch 64 7.

ܛܒܠܐ τυμπάνιον (*head-dress*) ornamentum muliebre Ibn S. PS.

ܡܛܒܠܢܐ ceratode oculi prominente laborans EN 11 30.

ܛܒܠܝܬܐ (EN cod Goth ܛܒܠܝܬܐ) tabula, mensa PsC 25u, Geop 91 12, Rie 128 18 (cf. Kayser Can JE p. 112), BO **2** 178a, EN 38 72.

ܛܒܠܝܬܐ idem PsC 51 13 (nisi emendandum).

ܛܒܠܣܗܪܝ lunatus (*semilunary*) Duval-Berthelot **2** 101 14.

ܛܒܠܪܐ (nest. 'ܒ' Bh ad Prov 23 34, gr **4** 4 5) et ܛܒܘܠܪܐ (asd 12 21, am **1** 251 1, Add 2u), ταβελλάριος tabellarius 2Sm 15 1, ES **1** 415C, Jul 96 7, Bhchr 47 4.

ܛܒܘܣܐ i. q. ܛܘܦܣܐ qv. Fab 41 1.

ܛܒܣܝܪܐ i. q. ܛܒܠܣܝܪܐ PS.

ܛܒܥ o. *1. tr.* a) obsignavit (*to seal*) ES **2** 500A, AM **2** 107 3, OM 379u, b) percussit (nummum) (*to coin*) JS in ER 406 25, Bhchr 197 18, c) tt. gr. dure (*quššâja*) pronuntiavit (literam) ON 31 5 6, 20 19 21 etc. (cf. p. XIV) JAP **6** 19 459; *2. intr.* mersus, demersus est (*to sink*) Ex 15 5, ESJ 23 8, Bal 284 23, Joh Eph 113 17, s. ܒ se committere (in haereses) *to enter* dap 26 29, seq. ܒܫܢܬܗ graviter dormivit Bhchr 192 11.

ܛܒܥܐ *1.* sigillum Ap 8 1, ES **2** 332A, AM **2** 106 28; *2.* nummus (νόμισμα) Mt 22 18; *3.* gemma 2Par 9 1, ESL **1** 485 7, Guidi to 43 2; *4.* panis signatus, quo Jacobitae Eucharistiam conficiunt BO **2** 181, Bhchr **3** 351 n. 1; *5.* locus palustris KwD 1 9; *6.* s. الطين المختوم ܘܒܥܠܐ EN 26 75.

ܛܒܝܥ seq. ܒ similis ES **1** 47C.

ܛܒܘܥܐ demergens ESZ **1** 311.

Etpe. *1.* obsignatus, percussus est Guidi to 37 15, ENchr 35 12; *2.* destinatus est am **2** 263 9.

Pa. *1.* demersit Lc 17 2 (Cur), am **3** 560 8, ThMarg **1** 118 17; *2.* perdidit Bal 311 10; *3.* part. pass. somno immersus ES **3** 109C.

ܛܒܝܥܐ *1.* humi depressus ES **2** 527C; *2.* dormiens Js 29 10, Nis 49 173.

ܛܒܥܘܬܐ immersio KwDW 381 14 c. suff. 1 p. ego demersus ES **3** 399A.

ܛܒܥܘܢܐ ricinus (*a certain venomous insect of the same kind as the ticks*) BA, BB, PS.

ܛܘܒܥܐ *1.* demersio ES **1** 194F, ER 90 16, Rie 109 13; *2.* somnolentia (*sleepiness*) ES **2** 400C, Nis 2 191.

Etpa. *1.* demersus est JS in ER 385 1, Nestle Chr [1] 57 97; *2.* periit ES **3** 487C, Ath ܡܘܬ 1.

ܛܒܩܐ (pers. Lag GA 49 126) patina, lanx EN 38 7, BA n. 4159, ON 89 13.

ܛܒܪܙܝܢ securis BA 4160.

ܛܒܪܙܕ (pers. Lag GA 49 127), *1.* saccharum EN 34 74, BB ܛܒܪܙܝܢ Löw p. 345; *2.* genus aluminis vel salis quod findi potest (?) gall. *clivable* Duval-Berthelot **2** 39 18.

ܛܘܒܪܩܐ (pers. Lag GA 48 123) saccus BA n. 4179.

ܛܓܝܠܐ deplumatus (?) Bh, PS.

ܛܘܓܝܬܐ gemitus Bh, PS.

ܛܓܢܐ, ܛܓܢܐ, ܛܝܓܢܐ sartago Lv 2 5, ES **1** 232D, AS **3** 55 8, Bhchr 565 4.

ܛܓܢ *1.* frixit, coxit Jer 29 22, Duval-Berthelot **2** 29pu; *2.* vexavit (sitis) ESL **2** 373 26.

ܡܛܓܢܢܐ cruciatus asd 50 18, ESL **2** 371 16, Dion T 185 17.

Etpa. *1.* coctus est ES **2** 169D; *2.* vexatus est ESL **1** 555 26, AM **2** 333 1.

ܐܬܛܓܪ *1.* concussit, vexavit, increpuit (*to snub, use roughly*) Lc 3 14 (διασείσητε), Afr 34 22, ES **1** 95B, Vit Rabb 188 18; *2.* litigavit, certatus est TB 123 4, Bhchr 589 23; *3.* machinatus est (*to intrigue*) Hoffmann Ausz. n. 291.

ܡܬܛܓܪܢܘܬܐ *1.* objurgatio (*scolding*) TB 99 6, Th Marg **1** 153 19; *2.* disceptatio, contentio (*quarrel*) Bhcar 45 1; *3.* machinae, dolus (*craft*) BA n. 4182.

ܛܓܪܐ (skr. *tagara* Lag GA 49 128), *1.* medicamentum indicum BB; *2.* pondus quoddam indicum BO **3** 1 597 29.

ܛܘܓܪܐ (pers. طغرا) monogramma regium in fronte diplomatis Bhchr 231 8.

ܛܓܪܝܣ τίγρις tigris Cat Wright **3** 1193.

ܛܓܝܡܐ cujus cauda resecta (avis) BA, BB, PS.

ܛܘܕܪܝ (pers. Lag GA p. 48) erysimum, sisymbrium polycerum EN 24 45, Löw p. 164.

ܛܗܐ erravit BA n. 4164.

ܛܘܗܡܐ (pers. تخم, تخمه Lag GA 48 125) stirps, familia, gens Act 7 14, Afr 10 3, (avium) ES **1** 275F.

ܡܛܗܡܢܐ nobilis ESL **2** 79 20.

ܡܛܗܡܢܝܬܐ cognatus Eb Mai **10** 211 7.

Etpa. cognatus factus est seq. ܒ Act 17 20, ESL **3** 227 20, Bhcar 85 1, seq. ܠ AS **3** 65 14.

ܛܗܪܐ meridies ψ 91 6, Afr 216 7, ES **1** 400B, Bhchr 296 7.

ܛܗܪܝܐ meridianus ψ 91 6 (Hex), MS **2** 12 2, JE schol 6 21.

ܛܘܐ assatus est (*be roasted*) Joel **1** 17.

ܛܘܝܐ assatio Lc 24 42, ESL **1** 649 25, Joh Eph 6 10.

ܛܘܝܐ (N § 155A) jejune Dan **6** 20, Mt 15 32 (Cur), ES **2** 212F, MAMQ 31 12.

Pa. assavit, torruit Js 44 19, ES **2** 170A, Ath ܩܘ 17.

Etpa. assatus est ESL **1** 387 10, Bh ZDMG **40** 442.

ܛܒ *1.* bonus Nis 45 150, Guidi to 18 4, ܛܒ ܓܕܐ felix (*lucky*) KwDW 228 20, *pl. f.* virtutes (*prerogatives*) Corluy MP 21 2, bona ThMarg **1** 269 11; *2.* pretiosus (*worthy*) Bhchr 178 11, *adv.* ܛܒ valde Mt 4 8, ES **2** 98E, TB 130 27.

ܛܒܘܬܐ benignitas KwDW 340 23.

ܛܒܘܬ ܓܕܐ felicitas KwDW 217 15.

ܛܘܒܐ *1.* fructus, reditus ES **1** 97D, Nis 6 58, 47 61; *2.* beatitudo (*happiness*) ThMarg **1** 84 20, *st. absol.* macte! (*all hail*) AS **2** 344 16, ܐܡܪ ܠܗ ܛܘܒ beatum eum praedicavit (*to call happy*) Clr 58 7, asd 85 20, Cat Par 4A n. 5⁰, *c. suff. pl.* ܛܘܒܝܟܘܢ macte! ES **1** 433D, Cyr 23 30, Clr ep 48 9, ܛܘܒܝܗ ܗܘܐ

gratulandum erat Nis 35 52, 39 26 etc.; *3.* ὄλυνθος grossus Gal ZDMG **39** 299 3f leg ܛܘܒܐ q. v.

ܛܘܒ *espèce de rouge* Duv-B **2** 99 11 12.

ܛܘܒܢܐ *f.* ܛܘܒܢܝܬܐ beatus ER 80 16, Rabb 370 14, Chr ed 150 12, JSt 72 5.

ܛܘܒܬܢܐ id. Ath 13 1, Cyr 61 28, OM 334u.

ܛܘܒܬܢܘܬܐ beatitudo Mos. Agh in Rendic. dei Linc. 1886, 410 27, BO **3** 2 288 32, Bhce **1** 163 11.

ܛܝܒܘܬܐ benignitas (*bounty, kindness*) Mi 7 18, Act 11 23, Vit Rabb 184 20, AM **2** 385 5, Chr ed **153** 14.

ܛܝܒܘܬܗܝܢܐ sc. ܝܠܕܐ partus, natus gratia datus glherm.

ܛܝܒ paravit Nm 23 1, Lc 24 1, asd 65 22, Corluy MP 109, Bhce **2** 723 15.

ܛܘܝܒܐ *1.* paratio, apparatus 2Macc 15 21, ER 12 15, Bal 284 27, ܛܘܝܒܐ ܕܪܥܝܢܐ προθυμία alacritas (*readiness, willingness*) 2Cor 9 2, *absol.* ThMarg **1** 212 7; *2.* ἕτοιμον = ἔτυμον sq. ܕܡܠܬܐ, ἑτοιμολογία etymologia Hoffmann ZDMG **32** 736, seq. ܕܫܡܐ Nestle Chr [1] p. 81 n. 42 l. 3.

ܡܛܝܒܘܬܐ ܕܪܥܝܢܐ animus paratus ThMarg **1** 77 4.

Etpa. seq. ܒ interfuit (proelio) Bhce **2** 725 22.

ܛܘܓܐ et ܛܘܓܣ *m.* toga apap **1** 274 18, 277 16, 279 2, am **3** 111 3.

ܛܘܠܐ spatium et intervallum (temporis et loci) JS 34 8, AS 143 8, glherm, Bh adsc. ment. 4 16, de div. sap 3 8, Eb Mai **10** 328 24.

ܛܘܛܝܐ antimon Duval-Berthelot **2** 101 17, EN 25 46, cf. ܛܛܝܐ.

ܛܘܛܝܬܐ botrus, acinus Js 65 8, Afr 446 1, ES **2** 181E, AS **4** 43 6.

ܛܘܛ dedit, commisit Cod Bod PS.

ܛܘܟܣܐ supplicatio BA, PS.

ܐܬܛܘܟܣ supplicatus est (*to implore*) Cat Bod 250 13af, Cat Par 73a 6, BA n. 7127, TA 40 237.

ܛܘܝܠ *1.* ambulavit (*to walk*) ES **2** 207E, ThMarg **1** 243 14; *2.* equo circumvectus est Bhce **1** 367 11.

ܛܘܝܠܐ ambulatio BA n. 4190.

ܛܘܢܘܣ τόνοι syllabae Métr. 68 16, Bh Cat Bod 638 1.

ܛܘܦܢܩܐ (pers. تپانچه) colaphus, alapa BA n. 4204.

ܛܘܣ *1.* volavit Hab 1 8, ER 113 8, Jul 190 1, KwDW 191 9; *2.* circumvagatus est ES **1** 19C.

ܛܘܣܐ volatus ES **2** 107F.

ܛܘܣܐ (τάως) pavus 1Rg 10 22, ES **1** 241D, Geop 115 15, AM **2** 271 17.

ܛܐܘܣ, ܛܐܘܣ τέως BA n. 4128, N§155C.

ܛܦ *1.* supernatavit Gal ZDMG **39** 300 4, levior fuit ER 27 9; *2.* navi vectus est Act 27 1 (Phil), JEh 20 2, Bhchr 106 1; *3.* inundatus est AS **1** 19 3; *4.* circumvagatus est ES **3** 133A.

ܛܐܦܐ navigans JBh 3 6.

ܛܘܦܐ *1.* natatio 1Rg 5 23; *2.* navigatio Act 27 11 (Phil); *3.* inundatio ES **2** 266D; *4.* ratis ex uteribus confecta ThMarg **1** 205 18 (cf. **2** 397 n. 2).

ܛܘܦܢܐ diluvium Gn 6 17, Afr 188 12, ES **1** 534B, Bhchr 369 7.

Af. *1.* natare fecit ES **2** 447F, fluere fecit Cyr 160 13; *2.* inundavit JEh 24 1, Bhchr 52 17, inundare fecit Dt 11 4; *3.* innuit, significavit ES **2** 151F.

ܡܛܦܢܝܬܐ navigabilis JEh 33 1.

ܛܘܦܣܐ i. q. ܛܦܣܐ q. v. ON 89 33 (cf. Nöldeke ZDMG **35** 499).

ܛܘܪܐ mons Lc 1 65, ER 65 15, JS in MS **1** 59 2, Guidi to 19 46.

ܛܘܪܝܐ montanus ES **1** 149C, Lc 1 39 (Phil), Za 7 7 (Hex), i. q. ἐλελίσφακος Geop 112 21.

ܛܘܪܐ spatium (temporis) ESJ 239 12, Add 14 7, asd 51 23, (viae, itineris) ES **3** 26C, JS in MS **1** 22 18.

ܛܘܪܝܣ asd 47 18, ܛܘܪܝܣ AM **2** 137 21, taurina (lora)? Cureton ad asd p. 182 n. conj. ܬܘܪܝܣ = lora??

ܛܫ *1.* livit, illevit (*to besmear*) ES **1** 536C, am **2599** 10, Bhchr 276 16; *2.* maculavit ES **2** 335E; *3.* se maculavit IA **2** 12 118.

ܛܘܫܐ linimentum EN 27 8.

ܛܘܫܬܐ emplastrum (*plaster*) ZDMG **29** 501 n. 10.

Etpe. illitus est Geop 94 19.

ܛܘܫ (Barth p. 31) maculavit, foedavit (*to pollute, profane*) Gn 49 4, ES **1** 186F, dap 35 23, 108 8, Jul 143 26.

ܛܘܫܬܐ inquinatio Lv 10 10, BO **3** 1 356au, Eb Mai **10** 330 28.

Etpa. maculatus est ES **1** 100E, IA **2** 12 v 118 (sic leg).

ܛܘܫܛܫܐ perturbatio Card 58 17.

ܛܚܠܐ *1.* lien Geop 93 19, Kays 220 8 glherm; *2.* lienes (*spleen*) Geop 110 13, IS 41 22, Gal ZDMG **39** 241.

ܛܚܢ a (nest. ܛܚܢ Bhgr **1** 118, sed cf. Bh ad Thren 5 13, ubi ̈ tantum praescribit, N §169) *1.* moluit (*to grind, mill*) Jud 16 21, ES **1** 256C, JSt 72 6; *2.* concoxit, digessit ES **1** 276A.

ܛܚܝܢܐ fortis, validus (fustis) IA **1** 282 152.

ܛܚܢܐ actio molendi JEh 43 3, Threni 5 13ni. (Hex).

ܛܚܢܘܬܐ id. am **3** 604 4.

ܛܚܢܐ molaris Kays 31 4.

Etpe. mola fractus est Ath 48 14, Ign 46 5, Bh ZDMG **40** 442.

Af. molere fecit PsC 261 1.

ܛܚܪܐ, ܛܚܘܪܐ dysenteria Dt 28 27, 1Sm 5 9, Afr 264 8, ES **1** 364B, EN 33 34, BA n. 4226.

ܛܚܪ tenesmo laboravit BA, BB, PS.

Etpe. id. ib.

ܛܛܝܒܘܣ (skr. *ṭiṭṭibha* Benfey introd. XLIII) glareola (*strand-snipe*) KwD 23 24.

ܛܛܝܩܘܣ *1.* psittacus Sind 5 21, Bhchr 351 11; *2.* luscinia (*nightingale*) Bhcar 67 4af., 68 1, 71 4af.; *3.* i. q. τέττιξ gryllus Soph 59 1; *4.* i. q. ܛܛܝܒܘܣ KwDW 74 10 11 n. 1.

ܛܘܛܝܣ *1.* i. q. praec. n. 2, Fab 26 3; *2.* i. q. pr. n. *3*, Soph 3 1.

ܛܝܛܠܘܣ (τίτλος) titulus Joh 19 19 (Bernst.) CatWright **2** 949a, CatPar 22 40.

ܛܛܘܣ avis quaedam (i. q. ܛܛܝܒܘܣ?) Mos. Agh in Rendic. dei Lincei 1886 p. 556 13.

ܛܛܪܓܘܢܘܣ et ܛܛܪܓܘܢܘܢ (Bhchr 513 3) *pl.* ܛܛܪܓܘܢܐ (ZA 8 26 22), τετράγωνος quadratus Ap 21 16, Gn 6 14 (Hex), Ez 41 21 (ib.), IS 103 12, glherm.

ܥܒܕ ܛܛܪܓܘܢܝܣܐ (τετραγωνίσαι) quadravit Bhchr 253 16.

ܛܛܪܕܪܟܡܘܢ τετράδραχμον (nummus quattuor drachmas continens) Job 42 11 (Hex).

ܛܛܪܐܘܢܓܠܝܘܢ τέτταρα εὐαγγέλια quattuor evangelia AS **3** 245 21, Cat Wright **1** 41b.

ܛܛܪܛܐ τετάρτη quarta (indictio) AS **1** 14 26, **3** 244 18.

ܛܛܪܛܝܘܣ Geop 93 28o, ܛܛܪܛܝܐ EN 33 49 τεταρταῖος quartana (febris).

ܛܛܪܦܘܠ AS **3** 136 23, ܦܘܠܐ ܛܛܪܐ Bhce **1** 359 8 τετράπυλον, quattuor portae.

ܛܛܪܪܟܐ, ܛܛܪܪܟܐ Mt 14 1 (Cur), ܛܛܪܪܟܐ Ign 214 17, ap NT 21 2, ܛܛܪܐܪܟܘܣ Mt 14 1 (Phil), *pl.* ܛܛܪܪܟܐ Bhchr 46 21, τετράρχης tetrarcha Mt 14 1, Bhchr 47 21, Dion T 117 1.

ܛܛܪܐܪܟܘܬܐ imperium tetrarchae Bhchr 48 13.

ܛܛܪܐܪܟܘܢܛܘܣ τετραρχοῦντος Lc 3 1 (Phil).

ܛܝܗܘܓ (pers. Lag GA 50 130) genus perdicis BB.

ܛܝܙܐ anus, podex Bhce 741 18, BA, PS.

ܛܝܪܢܬܐ Kays 31 14, vox incerta.

ܛܝܡܐ λῆμαι gramiae (*gum of the eyes*) Geop 104 8 (ιγ 17), ZA 8 91 12, Bh ad Cant 4 9, BA n. 4233.

ܛܝܡܢܘܣ? ܬܡܓܐ (pers.?) vox incertae significationis Bhce 3 85 17.

ܛܝܡܐ *sg. f.* aut ܛܝܡܐ *pl. m.* (N§88), ܛܝܡܬܐ (KwDW 166 12), τιμή pretium Mt 27 6, ES 3 409B, Bhchr 289 7, ܛܝܡܬܢܝ ܚܓܪ me vendidit Cyrill ZDMG 27 582 v. 431.

ܛܝܢܐ lutum (*dirt, mire, loam, mud*) Dn 2 41, Afr 90 8, ES 1 241B, ER 115 17, dap 429, AS 3 89 5, PsC 185 16.

ܛܝܢܐ ܐܪܡܢܝܐ medicamentum quoddam EN 2676.

ܛܝܢܢܝܐ luteus (*dirty*) Job 13 12, Dn 2 41 (Hex).

ܛܝܢ luto illevit Duval-Berthelot 2 *pass.*

ܛܣ volavit Bal 312 13.

Pa. volare fecit IA 2 110 25.

Af. sustulit (oculum) AS 3 298 10.

ܛܝܣܐ avis et aves ES 2 17D, Jul 192 16, JS in MS 1 70 v. 55.

ܛܝܪܐ *1.* crates (*hurdle, fold*) Nm 31 16, ES 1 230A, Jul 196 10; *2.* grex ES 3 427E, MS 2 67 6.

ܛܝܪܙ BA n. 4242 leg. ܛܝܪܙ, pers. تيريز duo segmenta triangularia, quae vesti ab utroque latere sinus inseruntur PS.

ܛܟܐ τάχα fortasse Ex 32 30, ES 1 357F, Bal 286 14, Bhchr 319 5.

ܛܟܛܟ bullivit, aestuavit BA, BB, PS.

ܛܟܢܐ τέχνη dolus ES 1 4E, Bhchr 83 4.

ܛܟܢܐ dolosus Bh ad Jer 6 5.

ܛܟܢܢܝܐ dolosus Bhchr 288 16, ad Paul. 12 20.

Etpa. *1.* operam dedit, studuit AS 3 72 6, Bhchr 85 7; *2.* excogitavit, commentus est AS 34 26.

ܛܘܟܢܐ dolus Eb Mai 10 234 20.

Af. technice exposuit Gal ZDMG 39 244.

ܛܟܣܐ (N§25 nest. 'ܛ') τάξις, *1.* ordo ER 370 1, Gal ZDMG 39 245; *2.* officium asd 65 18, 77 18; *3.* apparatus ES 1 367D, vestitus Hoffmann Ausz. n. 879.

ܛܟܣܝܣ τάξις ordo ESL 2 407 3, AM 2 316 34, (documentorum in actis) Hoffmann Kirchenvers. p. 92 n. 141.

ܛܟܣܝܘܛܐ AS 3 342 15, ܛܟܣܐܘܛܐ Joh Eph 7 16 ταξιώτης, ταξεώτης, cohortalis, officialis procuratoris; *2.* curialis Hoffmann Kirchenvers. p. 89 n. 75.

ܛܟܣ ordinavit, disposuit ES 1 435B, ER 72 22, dap 10 28, Bh ad Paul 1 4.

ܛܘܟܣܐ ordinatio, dispositio Jer 52 34, TB 12 15, Cat Wright 1 105a, ThMarg 1 79 18.

Etpa. *1.* dispositus, definitus est ES 1 390F, Gal ZDMG 39 289 12; *2.* ei mandatum, commissum est ES 2 283F; *3.* conditus est Bhce 2 479 1.

ܛܠܐ et ܛܠܐ (ar. طَلّ) ros Pr 3 20, Afr 413 2, ES 1 7E, ER 65 18.

ܛܠܡܬܐ ἰκμὰς humor Lc 8 6 (Cur).

ܛܠܠܐ (ar. ظِلّ) *1.* umbra 2Rg 20 10, ES 1 519C, Rabb 375 21; *2.* umbra, simulacrum ES 1 529C.

ܛܠܠܝܬܐ et ܛܘܠܠܬܐ (AM 2 325u), *1.* umbra Hebr 9 5, ER 107 14, Ath 13 18; *2.* simulacrum ES 1 389E, Jul 177 15, Dion T 137 16.

ܛܠܠܢܝܐ umbratilis Bhce 1 7 10, (lex Mosaica) ad Paul. 26 10.

ܡܛܠܠܐ (N§146 ad fin) tectum Mt 8 8, dap 97 5, JS in MS 2 102 v. 403.

ܡܛܠܠܬܐ (N§59) *pl.* ܡܛܠܠܐ umbraculum Jon 4 5, ES 1 461F, JS in MS 1 69 331.

Pa. obumbravit Lc 9 34 (Cur), Afr 454 11.

ܬܛܠܝܠܐ tectum (*roof*) ER 115 25, JSt 29 6, PsC 138 15.

Etpa. obumbratus est ThMarg **1** 20 16.

Af. i. q. Pa. Dt 12 2, ES **2** 316D, Jul 234 3, dap 108 23.

ܛܠܡܣܪܐ *1.* solea ferrea BA 4248; *2.* januae vectis PS.

ܛܠܓܢܪܐ (Fraenkel p. 29) pers. ترکهار vas potorium PS BA n. 4249.

ܛܠܓܢ o extenuavit (*to hammer*) Duval-Berthelot **2** 31u.

ܛܠܓܢܐ *1.* tenuis ES **1** 126E, Rie 8 19; *2.* ovatus JEh 9 12; *3.* crassus (capite) EN 11 28; *4.* pinguis (pronuntiatio literae ܠ) Bhgr **1** 194 13, *abstr.* ib. 15.

Pa. malleo extenuavit Duval-Berthelot **2** 27 6.

ܛܠܦܦ cunctatus est (*to loiter, linger*) IA **2** 272 v. 677.

ܛܠܦܦܐ cunctator, piger Bhcar 14 2, TA 40 233.

ܐܬܛܠܦܦ tardus fuit TA 30 106.

ܛܠܝܐ *f.* ܛܠܝܬܐ (N§146), *1. pl.* ܛܠܝܐ, ܛܠܝܬܐ adolescens (*adj.*), puer (= servus), ancilla Afr 424 18, AM **2** 163, BO **3** 2 33b; *2. pl.* ܛܠܝܐ, ܛܠܝܬܐ puer, puella Mt 9 25, ES **2** 36F, Vit Rabb 155 7.

ܛܠܝܝܐ puerilis Rie 97 22.

ܛܠܝܘܢܐ puellus Bhchr 368 14, KwDW 92 20.

ܛܠܝܘܢܩܐ id. AS 205 6, Kays 120 9, Bhcar 13 12.

ܛܠܝܘܢܩܝܐ puerilis ET 3 6, Bhchr 471 20, *adv.* Cyr 230 28.

ܛܠܝܘܢܩܘܣܝܬܐ puella Bhgr **1** 20 14.

ܛܠܝܘܬܐ pueritia, juventus Mc 10 20, Pall in ThMarg **2** 33 20.

ܛܠܝ juvenis factus est ES **3** 584E.

Pa. juvenem fecit ES **1** 304B.

ܛܠܝܘܬܐ robur juvenile (*vigour of youth*) ES **1** 75C.

Etpa. juvenis factus est ES **1** 169A, IA **1** 110 v. 603, ThMarg **1** 376 14.

ܛܠܩܫܩܘܩ cichorium Intybus (pers. طرخشقوق) BB Löw p. 253.

ܛܠܡ *1.* injuria affecit (*to wrong*) Jer 7 6, dap 12 14; *2.* calumniatus est JS in MS **1** 94 16; *3.* seq. ܒ negavit Chr ed 150 29, Ath 47 10, non servavit (jusjurandum) 2Mcc 15 10; *4.* s. *acc.* alicui meritam gratiam non rettulit, praemium denegavit Nis **6** 68, 66 20 etc., s. 2 *acc.* IA in MS **1** 15 v. 106.

ܛܠܘܡܐ *1.* negator IA **2** 2 28, Corluy MP 18 17, *adv.* injuste ThMarg **1** 102 18; *2.* sterilis AS **2** 74 12.

ܛܠܘܡܘܬܐ *1.* oppressio KwDW 391 4; *2.* calumnia, ingratitudo ES **2** 523F, Nis 40 22, Clr 106 27.

ܛܠܝܡܘܬܐ oppressio, injuria accepta ES **3** 348A, Nis 12 14.

ܛܠܘܡܝܐ *1.* injuria, oppressio (παράβασις) 2Mcc 15 10, Vit Rabb 187 13; *2.* negatio asd 46 16.

Etpe. *1.* injuria affectus est dap 12 14, Bal 328 11, Dion T 135 1; *2.* argutus est JS in asd 93 6; *3.* negatum est ER 52 5; *4.* s. *acc.* praemio defraudatus est Nis 49 64 etc., asd 11 26.

Pa. *1.* oppressit ES **2** 370E; *2.* negavit ES **1** 220B.

ܛܠܘܡܐ et ܛܠܘܡܬܐ (Fraenkel 35) panis EN 34 82, BA n. 4195, 4196.

ܛܠܝܣܡ (pers. Lag GA 50 131), EN 24 45, i. q. ܛܠܣܡ q. v.

ܛܠܢܛܐ τάλαντον talentum PsC 74 10 etc.

ܛܠܣܡܐ, ܛܠܣܡܘܣ *pl.* ܛܠܣܡܛܐ τέλεσμα

amuletum (*talisman*) Jul XVII 12, 17, JARS 48 3.

ܛܠܣܦܬܪܐ (skr. *tâlîçapatra* Lag GA 50 132) herba indica BB, Löw n. 139.

ܛܠܡܬܐ palus Js 41 8, 42 15 (Hex), EN 47 63, BA n. 4263, TA 30 96.

ܛܘܠܠܐ somnus Gal ZDMG **39** 241 (s. ܚܪܡ καρωτικός) BA n. 4196a.

ܛܠܩܘܣܐ scarabaei parvi PS.

ܛܠܘܦܚܐ (Löw n. 140, Lag Nom 78n) lens (*lentils*) Gn 25 34, ES **1** 79E, KwD 104 20, JSt 34 4, Geop 4 24.

ܛܠܘܦܣܐ adiantum Gal ZDMG **39** 249 7, EN 33 41, BA n. 4264, ܦܝܠܐ ܛ' ἐλελίσφακος salvia Gal ZDMG **39** 256 8, Löw p. 183.

ܛܠܘܦܣܝ ܡܝܐ lenticulus palustris BB Löw p. 236.

ܛܠܦܩܘܢܐ latrunculi (*chessmen*) PS.

ܛܠܦܣܦܪܐ EN 55 54, BA n. 4265, i. q. ܛܠܣܦܬܪܐ qv.

ܛܠܦ defecit, evanuit, interiit 1Sm 9 7, ES **2** 323B, IA **2** 98 v. 101, Dion T 117 5.

Pa. *1.* perdidit, delevit ES **1** 13C, JS in ER 395 16; *2.* s. ܡܢ privavit Jš in ThMarg **1** CLXV l. 1.

ܛܘܠܦܐ *1.* destructio, interitus ES **3** 49C, Bal 286 25, MS **1** 113 5; *2.* dispersio ES **1** 14C; *3.* incantatio IA **1** 186 v 99; *4.* plenilunium ES **3** 439B; *5.* turma, cohors (praec. daemonum) Nm 2 2, ES **3** 279E, IA **1** 186 199, Jul 245 20.

Etpa. perditus, exstinctus est Hos 11 6, MS **1** 113 2, BO **2** 174 12.

ܛܠܩ talcum Duv-B **2** 2 6.

ܛܘܠܡܝܣܐ (gr.? Nöld. ZDMG **29** 649 n. 3) *1.* insignis, eximius IA in MS **1** 20 416, Jul 190 26, JohEph 256 15, Sch 24 2; *2.* sollers Nis 41 16, 72 60.

ܛܡܫܐ sandalia Mc 6 9, am **1** 517 16, Bhce **1** 211 3.

ܛܡܘܪܐ cochlear ferrum BA n. 4252.

ܐܬܛܡܪ cochlear factus est TA 40 225.

ܛܡܘܫܐ *1.* tenax (*viscous*) Gal ZDMG **39** 241, EN 68 85; *2.* fragilis (?) BO **3** 2 285 24.

ܛܡܘܫܘܬܐ et ܛܡܫܘܬܐ (?) immundities Kays 66 22, Jul 120 6.

ܛܘܡܫܐ et ܛܘܡܫܬܐ *1.* impuritas Eph 5 17, am **2** 43 8; *2.* macula KwDW 130 20.

ܛܡܘܫܝܐ inquinatio ZDMG **33** 669u.

Pa. inquinavit ES **3** 163A.

ܛܘܡܫܐ inquinatio asd 21 26, ES **1** 502C, ER 100 6, Ath ܢ 24.

ܐܬܛܡܫܘܬܐ ECth **5** 14 5, ܐܬܛܡܫܘܬܐ BO **3** 136b 30, ZDMG **28** 615 v. 752 id.

ܛܡܫܐ (pers. Lag GA 51 135) indusium (*mantle*) BB.

ܛܡ *1.* occlusit (*to lock, shut up*) ES **2** 344A, IA **2** 112 73; *2.* obstupefecit Giorn. d. soc. as. it. **3** 176 9.

ܛܡܝܡܐ *1.* firmus ES **1** 454D, JS in asd 100 18; *2.* maculosus Journ. of s. l. **3** ('63) 152.

Pa. *1.* obturavit, obstruxit 2Rg 3 19, Afr 265 4, ES **1** 525C, Dion T 196 1; *2.* domuit ES **2** 427D.

Af. clausit (labia) Hoffmann Ausz. n. 1020.

ܛܡܝܡܦܘܡܐ cujus inter loquendum saliva effluit BA, PS.

ܛܡܐ (Dt 25 14) ܛܡܐܐ *f.* ܛܡܐܬܐ (nest. ܛܡܝܬܐ Bhgr **1** 129) impurus Act 18 14, dap 97 11, Vit Rabb 194 3, Guidi to 19 20.

ܛܡܐܘܬܐ impuritas Gn 43 32, ES **1** 244D, Ath ܢ 23, Corluy MP 29 9 (sic l!).

Pa. (N § 172B) inquinavit Gn 34 5, Afr 95 3, ES **1** 476E, Ath 15 4.

ܛܘܡܐܐ inquinatio ES **1** 244E, Eb Mai **10** 220 20, Card 97 4.

Etpa. inquinatus est Jer 2 23, Afr 139 15, dap 67 16, JS in asd 96 1, MS **1** 71 393.

ܛܡܓܐ (turc. vel potius mong. طمغا, تمغا v. Vullers s. v.) diploma JARS 98 10.

ܛܡܪ celavit, abscondidit BA, PS.

ܛܡܪܐ ungula BB, PS.

ܛܡܝܘܢ (ταμιεῖον) fiscus am **1** 246 2, Jul 22 19, 119 11, AS **2** 4 5, Rechtsb. 30 16.

ܛܡܟܪܐ l. ܛܝܡܟܪܐ (pers. تيماج Fraenkel) liber corio compactus BA n. 4269, BB.

ܛܡܛܡ inquinavit EN 68 79, BA n. 5805.

ܛܘܡܘܣ (τόμος) liber, libellus, epistula ES **3** XXXV 2, AS **2** 292 6, BO **2** 18b, Bhchr 174 2.

ܛܡܣܝܬ dialecto Tagrîtensi i. q. ܡܠܒܘܣ q. v. BA n. 7280.

ܛܡܪ *1.* obruit, defossit, abdidit ψ 31 5, asd 9 11, Rabb 214 14, Cyrill ZDMG **27** 569 v. 145; *2.* penetravit Joh Eph 345 25, 404 7.

ܛܡܪܐ defossio, obrutio TB 70 2, Kays 212 21.

ܛܡܪܬܐ placenta Regn γ 17 13 (Hex), Ez 4 12 (Hex), Epiph 41 57.

Etpe. *1.* se abdidit Js 2 10, ES **2** 24C; *2.* obrutus, defossus est ER 106 2, Chr ed. 156 5, TB 164 33.

ܛܡܫ conspersit 1Sm 14 27, am **3** 319 10, Rie 138 3, Dion T 55 17.

ܛܡܫܐ immersio, tinctura BA n. 4274.

Etpe. conspersus est Geop 24 8.

Pa. maculavit ER 141 2, Jul 127 13.

ܛܢ a. *1.* studuit dap 45 5, Jul 201 21; *2.* s. ܒ invidit Gn 26 15, KwD 102 24.

ܛܢܢܐ studium Vit Rabb 159 4, Joh Dar in MS **1** 105 12.

ܛܢܢܐ invidiosus ES **2** 428D.

Pa. studium alicujus excitavit Bhchr 296 17.

ܛܢܢܐ *1.* propugnator Act 22 3, ES **1** 226C, JS in asd 88 11; *2.* invidiosus Ex 20 5, ES **2** 470A.

ܛܢܢܘܬܐ studium, invidia ES **3** 252E, SB 49 5, KwDW 20 13.

Etpa. studio flagravit KwDW 44 22.

Af. studium, invidiam alicujus incitavit Dt 32 16, Afr 99 5, dap 86 29, Vit Rabb 195 23.

ܛܢܛܢܐ IA **2** 8 32, l. ܡܛܢܛܢܐ Nöld.

ܛܘܢܒܐ funis Nm 3 26, ES **1** 251D, Ex 35 11 (Hex), Kays 227 7.

ܛܢܒܘܠܐ (pers. Lag GA 51 134) folium piperis betel BB, Löw p. 58.

ܛܢܓܝܪܐ (pers. Lag GA 50 135, Nöld. Mand. Gr. 51, Fraenkel 69) olla BA n. 4276.

ܛܢܝܪܐ ligatus , vinctus PS.

ܛܘܢܟܢܘܢ (τὸ) τυγχάνον fors glherm.

ܛܢܦ inquinatus, peccator fuit ES **2** 478E.

ܛܢܦܐ impurus ER 136 10 (sic l.!) MS **2** 67 9, Guidi to 19 21.

ܛܢܦܘܬܐ impuritas Ez 44 6, Guidi to 35 6.

Pa. *1.* inquinavit, profanavit Nm 35 33, ES **2** 106E, Jš in ThMarg **1** CLXIV l. 14; *2.* stupravit dap 17 18.

Etpa. *1.* se maculavit 1Rg 21 25, ES **2** 104D, Ez 20 7 (Hex); *2.* profanatus est Ath ܛܘ 25.

ܛܢܦܣܬܐ (ar. طنفسة Fraenkel p. 103u) tapetum Bhchr 515 18.

ܛܣܐ *1.* bractea Ex 39 3, dap 98 2, am **3** 147 17; *2.* amuletum Rabb 211 3, ECth **5** 9 4; *3.* (pers. تشت) vas Bhchr 396u.

ܛܣܣ *1.* metallum in bracteas tutudit, laminas duxit Bh ad Js 41 7; *2.* laminis texit IA 42 231.

ܛܣܘܓܐ (ar. طسّوج p. تسو) ponderis genus Duval-Berthelot **2** 69 14.

ܛܣܩܐ (pers. تشك PS) tributum BA n. 4285.

ܛܣܪܣܩܕܩܛܐ τέσσαρες καὶ δεκάτη quattuor decima (indictio) AS **3** 289 24.

ܛܣܣܪܩܘܣܛܝܐ τεσσαρακοστοὶ qui tres tantum ante festum paschale hebdomadas jejunium servant Bhce **1** 117 14.

ܛܥܐ *1.* erravit Gn 21 14, ES **1** 279A, dap 23 3; *2.* oblitus est Ath 27 10, asd 82 7, Bal 304 14; *3.* vanus fuit Js 34 16, ignotus fuit ZDMG **39** 218 12; *4.* ܛܥܝܢܝ fugit me ἔλαθεν Lc 8 47, ES **3** XLV 23, ER 40 20, oblitus sum Joh Eph 295 11.

ܛܥܝܐ planeta Ge ZA **8** 31 18, Bhchr 369 4.

ܛܥܝܘܬܐ error, inscitia Hos 8 6, Arist 41 20, JE in ES **1** 501 2.

ܛܥܝܢܐ errans Joh 7 47 (Phil. sec. Bh.).

ܛܥܘܬܐ *1.* error BO **3** 1, 462 1, ThMarg **1** 47 14; *2.* mendum IA **2** 348 v. 1833, BO **2** 279b.

ܛܥܝܘܢ *f. sg.* et *pl.* (N § 83) error 2Thess 2 11, asd 9 13, ER 17 14, ECth **3** 13 3.

Etpe. *1.* oblivioni traditum est ES **1** 112D; *2.* evanuit (ἠφανίσθη) Sir 45 26, 4Ezr 6 27, cf. Ceriani Mon **5** p. 108.

Af. *1.* errare fecit Nm 32 13; *2.* induxit, corrupit Gn 3 13, ESL **2** 529 7, Ath 23 27; *3.* s. ܒ fefellit Guidi to 41 8, Philox. in Stephen bar Sudaili ed. Frothingham (Leiden 1886) 46 7.

ܡܛܥܝܢܘܬܐ corruptela ER 86 20, Ath 21 16.

Ettaf. *1.* inductus, corruptus est Ap 18 23, ES **1** 191C, Rie 7 18; *2.* deceptus est Bhce **1** 79 19; *3.* oblivioni traditum est BO **3** 2, 288 3.

ܛܥܛܥ (?) confecit AM **2** 102 39.

ܛܥܡ *1.* gustavit Joh 8 52, ES **3** 335F, ap NT 7 17; *2.* percepit dap 7 23; *3.* usus est AM **2** 72 20, dap 93 6.

ܛܥܡܐ *1.* gustus ES **1** 530D, Gal ZDMG **39** 246; *2.* prudentia ES **1** 377A, Nis 65 163, KwDW 182 2.

ܛܥܝܡܐ *1.* sapidus (*savoury*) JS in asd 88 24; *2.* prudens am **2** 174 14, ZDMG **25** 232 87, IA in MS **1** 17 275, *adv.* Joh Eph 76 23.

ܛܥܝܡܘܬܐ maturitas ES **3** 203E, Nis 15 49.

ܛܥܝܡܬܐ impudica mulier ES **3** 396C.

ܛܥܝܡܐ sapidus ER 29 23, ES **3** 121E, Th Marg **1** 402 16.

ܛܥܡܐ insitio (*grafting*) ἐγκεντρισμὸς Geop 16 30.

ܛܥܡܬܐ *1.* gustus ES **1** 23B, ER 35 12, Ex 16 30 (Hex); *2.* insitio (*grafting*) Geop 16 1.

ܛܥܘܡܐ *1.* esca, coena ES **2** 169E, IA in MS 1 18 331, Vit Rabb 181 8; *2.* surculus sapidus (τὸ ἔνθεμα) Geop 54 8.

ܡܛܥܡܢܘܬܐ commeatus BA, PS.

Etpe. *1.* saputt Gal ZDMG **39** 261 2; *2.* perceptus est ER 44 22, ES **3** 369D, Th Marg **1** 62 8; *3.* usus est (*to enjoy*) s. ܒ Ath 7, s. ܠ ES **1** 423A; *4.* insitus est (ἐνεκεντρίσθης) Rom 11 17, Nis 41 112 (Bevan).

Af. insevit surculum (arbori) Rom 11 23, Geop 15 6.

Ettaf. insitus est Rom 11 17 (Phil.), Geop 14 24.

ܛܥܢ (nest. ܛܥܢ Bhgr **4** 4 5) portavit, toleravit Joh 20 15, Vit Rabb 167 27, Corluy MP 36 10.

ܛܥܢܐ *1.* onus 2Rg 5 17, ES **1** 533B, JSt 10 15; *2.* saccus Gn 43 21, ES **1** 97A, Bal 303 8.

ܛܥܢܬܐ proventus (fructuum) Nis 29 116, IA **2** 22 78 (sic l.).

ܛܥܝܢܐ *1.* portans Guidi to 25 39, ܛܥܝܢ ܡܘܬܐ morte dignum (peccatum) Ath 21 10; *2.* *f.* gravida Bhchr 392 18.

ܛܥܝܢܘܬܐ productio (fructuum) καρποφορία ECth **2** 96 3, **4** 33 33.

ܛܥܘܢܬܐ *1.* onus 2Sm 16 2, AS **2** 192 15; *2.* quod quis portare potest am **3** 592 1.

ܛܥܘܢܐ gestator, bajulus (*carrier, porter*) ES **3** 328D (sic l.!) Bal **266** 6.

Etpa. oneratus est Ath 24 14.

Af. oneravit KwDW 255 8, Bhchr 77 12.

ܛܥܐ erravit, aberravit (ἐσφάλη) Ezr **1** 4 27 (ἐξετράπη), Hebr 12 13, ψ 17 37 (Symm), ThMarg **2** 133 28.

ܛܥܘܝܐ *1.* falsus Bhcar 100u, *adv.* ESL **2** 55 7; *2.* ἠλίθιος qui hallucinatur ThMarg **1** 390 9.

ܛܥܘܝܘܬܐ error Kays 200 18, Eb Mai **10** 183 12.

ܛܘܥܝܐ error BO **3** 356a u.

Etpe. *1.* erravit am **2** 578 19; *2.* errore obrutus est Eb Mai **10** 203u.

ܛܦܬܐ *pl.* ܛܦ̈ܐ punctum Joseph b. Malk. Merx **124** n. **1**, 126 3.

ܛܦܐ *1.* clausit (portam, oculos) ER 126 19, ESL **3** 65 13, Guidi to 26 122; *2.* se abdidit AM **2** 342, ER 126 19.

ܛܦܝܐ *1.* latus (montis) 2Sm **16** 13, La lég. de Mar Bassus publ. par. Chabot Paris 1893 p. 32 v. 436, BA n. 4306; *2.* s. ܬܪܥܐ sera, claustrum EN 55 56.

Pa. *1.* clausit (*to shut, lock*) Cyrill. ZDMG **27** 585 v. 129, IA **2** 208 79; *2.* imposuit (medicamentum) ESL **3** 17 13; *3.* conjunxit AS **4** 96 26, coacervavit KwDW 180 15, ܛܦܝ ܠܗ ܠܟܠ ܢܦܫܗ amplexus est (*to embrace*) ESJ 164 1.

ܡܛܦܝܢܐ apud Nestorianos accentus distinctivus, linea infra literam posita, de cujus usu vide ET 35 15, BZ 15 18, Bhgr **1** 217 § 7, JAP **6** 19 398, Merx p. 201 sq.

Etpa. *1.* se abdidit ER 125 10, apap 27 11; *2.* absconditus, obrutus est Vit Rabb 187 6, IA **2** 104 24; *3.* adplicavit, adjunxit 1Sm 26 19.

ܛܘܦܐܙܝܘܢ (τοπάζιον) topozius Ap 21 20, Ex 28 17 ψ 118, 167 (Hex).

ܛܦܚ *1.* expandit (*to spread*) Js 48 13, Kays 76 12, BA n. 4302; *2.* pugnis cecīdit (*to box*) ThMarg **1** 103 4; *3.* luxit, splenduit PS.

ܛܦ̈ܚܐ et ܛܦ̈ܚܐ verbera ThMarg **1** 288 1, 313 10.

Pa. extendit, expandit OM 279pu.

ܛܦܘܚܝܐ clamor? Pat. Vit. PS.

ܛܦܝܛܐ (τάπης) tapetum Kays 186 2.

ܡܛܦܛܦ crepitans (*flickering*) Js 43 17, Mt 12 20, ES **3** 282E, am **3** 154 6.

ܛܦܛܦܐ lignum, quo pila impellitur BB, PS.

ܛܘܦܛܦܐ *1.* strepitus, singultus BA n. 4223; *2.* aestus maris (*breakers, surge*) TA 26 59.

Etpa. sonuit, strepuit ES **3** 565F.

ܛܘܦܘܛܪܝܛܝܣ τοποτηρητής vicarius Cat Wright **1** 335a.

ܛܦܠ inquinavit (*to blot, stain*) Jul 98 18, BO **3** 1, 310a 8.

ܛܦܠܐ sordes (*dirt, soil*) ESL **1** 81 6, BA 4309.

ܛܘܦܠܘܬܐ immundities Bhchr 154 21.

Pa. inquinavit ThMarg **1** 226 8, EN 68 79, BA 5813.

Etpa. inquinatus est ThMarg **1** 40 1.

ܛܘܦܘܢܝܩܘܣ τυφωνικὸς typhonicus (ventus) Act 27 14, Epiph 71 81.

ܛܦܣ o et a (Lag Nom 33) confugit s. ܒ ES **2** 362F, Jul 201 4, am **3** 363 17.

Etpa. idem ES **3** 413B.

ܛܘܦܣܐ ܛܘܦܘܣ τύπος *1.* exemplum ES **2** 278D, Vit Rabb 164 24; *2.* symbolum, allegoria Bh ad Mt 2 20; *3.* proscriptio Joh Eph 171 16.

ܛܘܦܣܢܝܐ adjectivum κατὰ τύπον substantivi formatum glherm.

ܛܘܦܣܢܝܐ τυπικὸς exemplaris schol. ad ES **1** 297 1 6, Ath 34 21, Cyr. 205 6, *adv.* Ath 14 9, JE in ES **2** 287 5, glherm.

Pa. *1.* finxit, formavit ES **1** 449E, Cyr. 198 4, SevA 20 3; *2.* ordinavit, constituit Ath 23 12.

Etpa. *1.* repraesentatus est Cyr 215 16, Bh ad Js 6 2; *2.* constitutus est Ath 40 3.

ܛܦܝܬܐ τάπης tapetum ON 95 4.

ܛܘܦܐܣܘܣ i. q. ܛܘܦܙܘܣ qv. Ez 28 13 (Hex).

ܛܘܦܝܩܐ τοπικὰ topica (Aristotelis) glherm.

ܛܦܩܐ panis in patina coctus BA n. 4312.

ܛܦܪܐ *f.* (N§84) *pl.* ܛܦܪ̈ܐ ZA TW **6** 201 3 *1.* ungula Ez 13 3, ER 116 24, asd 54 5, Sch 87 2, ܡܢ ܛܦܪ̈ܐ ܪܟܝܟܬܐ a teneris ungulis i. e. a pueris ThMarg **1** 169 15, Bhce **2** 729 14, Cat MB 24b 15 a f.; *2.* onyx, lapis Ex 30 34, ES **1** 234A, Ez 28 13 (Hex).

ܛܦܪ̈ܐ ܩܛܠ ὄνυχες plantae Geop 16 7.

ܛܘܦܪܟܘܣ τοπάρχαι procuratores **1** Ezr3 2.

ܛܦܝܐ veru quo carnes assantur BO, PS.

ܛܦܛܪܘܢܐ (pers.?) seductor JS in BO **3** 1 128b 27, ThMarg **2** 156 16, Khaiath Clemens 123.

ܛܦܪܐ desertum, solitudo BA, BB, PS.

ܛܩܛܘܢ (τακτὸν) demensum (cibi) Alex 8 4.

ܛܪܐ (N§128) rupes Js 48 21, Afr 22 6, ES **1** 195A, JS in MS **1** 73 441.

ܛܪܐ orbis cribri e ligno factus BA, BB, PS.

ܛܪܐ *1.* (ar. طرأ) s. ܠ acc, aut ܒ impulit, allisit Afr 11 2, ES **3** 192E, ap NT 12 6, percussit IA **2** 240 73, tetigit (fulmen) Geop 39 4; *2.* (ar. طرّ) dealbavit, trullissavit Lv 14 48, Ez 13 12, ThMarg **1** 98 13; *3.* sivit (? *laisser*) Duval-Berthelot **2** 20 12, 50 1.

ܛܪܝܐ lymphaticus AS **4** 8 21.

ܛܪܝܐ et ܛܪܝܘܬܐ tectorium (*plastering*) Ez 13 12, ThMarg **1** 98 13.

ܛܪܝܬܐ id. ThMarg **1** 122 16.

Etpe. *1.* ruit in Mt 7 27, collisit ES **2** 148A; *2.* percussus est dap 3 12, AS **3** 100 3, tactus, vulneratus est Geop 42 23; *3.* dealbatus est Lv 14 43, Geop 10 15.

Ettaf. (nisi **etpe** leg.) attigit AS **4** 35 18.

ܛܘܪܒܐ *f.* τύρβη turba Dion T 126 15.

ܛܘܪܒܕ (pers. Lag GA 50 129) convolvulus turpethum EN 24 45.

ܛܘܪܒܐܐ festinatio, perturbatio BA n. 4216.

ܛܪܘܒܠܝܢ τρύβλιον metrum continens 1/2 ξέστου Epiph 5 77, 48 27.

ܛܪܝܒܘܢܐ τριβοῦνος tribunus JSt 68 4, AS **2** 232 27, Joh Eph 379 20, JS 36 2.

ܛܘܪܢܓܐ et ܐܬܪܘܓܐ *f.* et *m.* (N§87) (pers. Lag GA 62 166) citrus medica cedra (Löw n. 17) Lv 23 40, ES **1** 248C, Geop 52 13, Dion T 78 10, Bhchr 173 8.

ܛܘܪܓ (pers. توره) canis aureus KwD 86 1, KwDW 39 15 etc.

ܛܪܓܘܕܘܣ *f.* ܛܪܓܘܕܝܬܐ (Bhcar 99 18) τραγῳδὸς tragoedus IA **1** 296 31, PsC 78 11, ECth **2** 18 7, glherm (de spiritu sancto) Journ. of s. l. **6** 1 6.

ܛܪܓܘܠܐ vir labris flaccidis BB, PS.

ܛܪܝܓܘܢܐ et ܛܪܝܓܘܢܘܢ *pl.* ܛܪܝܓܘܢ̈ܐ et ܛܪܝܓܘܢܘܢ τρίγωνον triangulum AS **3** 257 4, Kays 208 17, IS 103 12, Ge ZA **8** 26 21, IS 114 21.

ܛܪܕ expulit (*to drive away, chase.*) Ex 2 7, Vit Rabb 194 16, Chr ed 154 2.

ܛܘܪܕܐ expulsio ES **1** 138B, Sev. A. 44 2.

ܛܪܘܕܐ strabo PS.

Etpe. expulsus est ES **2** 291F, Rabb 208 12, Ath ܩܐ 6.

ܛܪܝܐ recens Jud 15 15, BA n. 4330.

ܛܪܘܝܐ frigidus BA, BB, PS.
ܛܪܘܝܘܬܐ (?) strabismus BB, PS.

ܛܪܟܫܘܢ (pers. Lag GA 52 138) et ܛܪܟܣܘܢ (Löw p. 253) cichorium intybus BB, cf. ܛܠܟܫܘܢ.

ܛܪܝܛܐ τρίτη tertia (indictio) AS **1** 62 18, Joh Eph 335 24.
ܛܪܝܛܐܘܣ τριταῖος febris intermittens EN 33 49.

ܛܪܛܡ mumuravit BA, BB, PS.

ܛܘܪܛܡܐ ventris crepitus EN 45 25.

ܛܪܛܩ crepuit, ebullivit AS **2** 299 17, Thes. hym. **3** 200 8, Job 30 27 (Hex), Duval-Berthelot **2** 35 9.
ܛܘܪܛܩܐ crepitus JARS 94 12, spec. ventris (*fart*) BA n. 4218.
Etpa. crepuit, ebullivit AS **3** 55 8, Dion T 191 1, Duval-Berthelot **2** 55 2.

ܛܪܛܦ ululavit BA, PS.

ܛܪܛܒܠܐ craticula (*gridiron* Cureton not. ad asd 184 dissimilatione cf. ܛܪܛܘܠ) Lv 2 7, ES **1** 240B, asd 55 9, Ex 27 4 (Hex), Bhgr **1** 14 15, ad Pr 26 21.

ܛܘܪܛܢܝܐ gemitus BA n. 4219.

ܛܪܛܪܘܣ τάρταρος tartarus Mar 29 7, Job 40 15 (Hex).

ܛܪܛܫ (a √ ܛܪܫ) inquinavit ER 141 2, ESL **1** 407 18, AS **2** 98 15.
Etpa. inquinatus est ER 115 17, BO **3** 2 360 9, Cyr 33 22.

ܛܪܝܐܕܝܩܘܢ τριαδικὸν ad trinitatem pertinens Cat Bod 276 24.

ܛܪܝܦܘܕܝܣܩܝܢ (corrupt. ex τριποδίσκιον?) tripus Duval-Berthelot **2** 285 n. 1.

ܛܪܝܢܐ (pers. Lag GA 52 137) mensa e palmae foliis texta BA n. 4339.

ܛܪܚܘܢܐ serum lactis (*whey* PS) EN 36 15, BA n. 4340.

ܬܪܝܩܐ θηριακὸν theriacum ON 141 (Nöldeke ZDMG **35** 499).

ܛܪܝܝܓܐ (arm. Lag GA 48 121, arm. St. § 2205, Mitt **2** 12 ff) τάριχος piscis sale induratus (*pickled fish*) BA n. 4133.

ܛܪܢܐ (ταραχὴ Rödiger gl. Chrest., N § 129) susurro (*back-biter, calumniator*) Pr 19 7, ES **2** 122B, AS **3** 6 2, *adv.* Joh Eph 30 3 15.
ܛܪܢܘܬܐ insusurratio (*calumny*) Joh Eph 19 13, KwDW 90 8.

ܛܪܝܟܘܢ τρίχουν modus apud Cyprios usitatus, dimidium σαμίου continens Epiph 49 71.

ܛܪܝܟܐܦܛܘܢ τρίχαπτον vestis e pilis texta Ez 16 10 (Hex).

ܛܪܘܦܫܘܢ cf. ܛܪܟܫܘܢ.

ܛܪܘܠܐ (τροῦλλα) cochlear sive patina ferrea Nm 4 7, Duval-Berthelot **2** 32 21, 33 1, BA n. 4326, BB 794 19, EN 29 61.

ܛܪܝܠܝܬܘܢ τρίλιθον trigemme *pl.* Bhce **1** 377 8.

ܛܪܝܡܐ (pers.?) pirum BA, Löw n. 208.

ܬܪܣܘܩܠܐ (originis incertae) calcei scissi Jos 9 5, ES **1** 300C, am **1** 517 6, BA 4349.

ܛܪܘܣܦܐ panis in cinere coctus BA n. 4348.

ܛܪܡܝܣܝܢ τριμήσιον tremissis, tertia aurei pars JSt 79 2, AS 2 261 4.

ܛܪܦܫ inquinavit Cat Wright 310a, cf. ZDMG 25 275.

ܛܪܘܟܡܢ (pers. LagGA 48 122) et ܛܪܘܟܡܢ (Löw n. 300) δίκταμνον herba BB.

ܛܪܘܢܐ τύραννος tyrannus Jud 16 5, ER 119 13, dap 12 4, Jul 12 3.

ܛܪܘܢܘܬܐ tyrannis ES 1 510B, Cyr 82 6.

ܛܪܘܢܝܐ tyrannicus Jš in ThMarg 2 167 28, Bhchr 155 7.

ܛܪܢܓܒܝܢ (pers. Lag GA 50, cf. ܬܪܢܓܒܝܢ) genus roris, ros mellatus Kays 228 19, 265 16.

ܛܘܪܢܘܣ (τόρνος) rota figularis Cant 5 14, cf. MS 2 24 23, AS 136 15, Duval-Berthelot 2 8 16, Rgn γ 6 18 (Hex).

ܛܘܪܢܣ id. Ex 25 18 (Hex).

ܛܪܢܘܛܐ τορνευτής tornator Spic 26 24.

ܛܪܦܐ obolus BB, PS.

ܛܪܣܩܐ ligula coriacea, qua calx ocreae ligatur BA, PS.

ܛܪܝܣܩܝܕܩܛܐ τρισκαιδεκάτη tertia decima (indictio) AS 1 14 20, 3 279 1.

ܛܪܝܣܩܠܝܣ τρισκελής tripus PsC 8 9.

ܬܪܣܩܝܣ θρασκίας ventus AS 143 11 = Arist. de mundo 4.

ܛܪܦ (ar. طرف Barth p. 27) *1.* percussit (*to knock, dash*) Lc 18 13, AS 2 54 24, KwDW 88 9, plausit (*to clap*) KwD 40 4; *2.* 'ܛ ܒܐܝܕ̈ܐ ܐܦ̈ܘܗܝ am 3 144 3 et ܐܦ̈ܘܗܝ AS 2 43 15, manibus vultum texit; *3.* movit, quassit (alas) (*to dash the wings*) Journ. of s. l. 6 25 2.

ܛܪܦܐ *1.* folium Mc 11 13, ER 154 14, Ath 44 23; *2.* margo Sir 5 11, ES 1 232F.

ܛܪܦܣܬܐ *1.* γῦρις pollen, farina tenuis Gn 40 16 (Aqu), ER v. l. p. XXV ad 29 24, Gal ZDMG 39 241; *2.* ἄχνη, ἄλευρον πυρῶν Geop 110 11.

ܛܪܝܦܐ cremore privatum (lac) EN 36 18, BA 4343.

ܡܛܪܦ ܥܝܢܐ momentum (temporis) ES 1 9A, Add 14 24.

ܡܛܪܦܬ ܥܝܢܐ id. Bhchr 209 23.

Pa. oculos convertit KwD 70 8.

Af. s. ܒ supplosit (pedem) Js 3 16.

ܛܪܦ (ar. طرب Barth 27) *1.* excitavit Geop 18 20; *2.* fatigavit, vexavit Gn 25 30, ES 1 79E, Rabb 374 26; *3.* racematus est Thr 3 51 (Hex).

ܛܘܪܦܐ excitatio, vexatio Gn 42 21, ES 1 420F, Rabb 226 8, Geop 18 21.

ܡܛܪܦܢܘܬܐ tristitia KwD 375 23.

Etpa. excitatus est Gn 41 8, ER 91 5, Ath 28 16, ThMarg 1 67 24.

ܛܪܝܦܘܕܣ τρίποδες testudines, vineae Bhchr 180 3.

ܛܪܦܙܝܛܐ τραπεζίτης trapezita AS 2 8 8, Spic 16 26, Epiph 59 82, Joh Eph 169 5.

ܛܪܘܦܘܠܘܓܝܘܢ τροπολόγιον liber troporum i. e. canticorum ecclesiae Cat Wright 1 280a.

ܛܪܦܣܐ (pers. Lag GA 51 135) lorica (*coat of mail*) 17 6, Bhchr 173 10, EN 41 28, BA 1Sm n. 4355.

ܛܪܦܘܣܐ planta quaedam (?) apap 1 159 12, cf. 2 138a.

[illegible] BA n. 4345, leg [illegible] q. v.

ܛܪܦܘܣܬܐ cera, BB, PS.

ܛܪܘܦܝܩܐ τροπική ars tropica IS 128 14.
ܛܪܘܦܝܩܝܐ tropicus IS 128 2, Bhchr 54 21.

ܛܪܘܦܪܝܢ *pl.* ܛܪܘܦܪ̈ܐ τροπάριον cantus ecclesiasticus (cf. Christ SBMA 1870) CatBod 276 18, Par 7 n. 20, Wright **1** 280a.

ܛܪܝܦܬܐ *pl.* ܛܪ̈ܝܦܬܐ caro macra, adipe carens BA n. 4356.

ܛܪܡܐ *1.* integer, honestus ψ 16 6, ES **1** 454F, IA **1** 174 v. 2127, IS in asd 88 4; *2.* ingenuus, nobilis Bhchr 214 2; *3.* fortis, violentus Duval-Berthelot **2** 35u, 39 6; *4.* insigeis ib. 43 20.
ܛܪܡܘܬܐ integritas ES **1** 454E.

ܛܪܡܐ lorum flagellum am **2** 107 14, AM **1** 155, 186 etc.

ܛܘܪܘܣ i. q. ܛܘܪܝ q. v. KwDW 7 1.

ܛܪܘܩܛܛܐ JohEph 87 11, ܛܪܘܩܛܛܘܢ ib. 392 2, ܛܪܘܩܛܛ AS **3** 247 4, *pl.* ܛܪܘܩܛܛܘ̈ܢܐ ib. 246 2, τρακτάτον tractatum.

ܛܪܝܩܠܝܢܐ τρικλίνιον triclinium Joh 2 8 (Bernst.), ES **3** 323C, AS **2** 242 22, **3** 322 10, Kays 144 11, Card 45 7.

ܛܪܫ *1.* aspersit IS in MS **1** 35 71, JohEph 210 1, inspersit Geop 58 28; *2.* inquinavit IA **2** 16 31.
ܛܘܪܫܐ pollutio BA **2** 285b, ܐܬܛܪܫ 'ܛ carnibus vescuntur ib. **3** 2 358u.

ܛܘܪܫܐ (pers. *turuš* Lag Mitt **4** 363) quercus ilex, πρῖνος BA n. 4362 Löw p. 72.

ܛܪܘܣܘܣ i. q. ܛܪܝܣܘܣ q. v. BB, Löw p. 253.

ܛܪܝܬܝܛܐ τριθεῖται, nomen sectae Joh Eph 467 (cf. Schönfelder Übers. p. 272 sq.), Cat Wright **2** 969b, Bhce **1** 223 8.

ܛܪܐܬܐܢ et ܛܪܐܬܝܠ Cytinus hypocistis Löw p. 126, EN 26 76.

ܛܫܐ *1.* se occultavit 1 Sm 20 5, ES **3** 358E; Jul 37 20; *2.* occultavit dap 20 64, Duval-Berthelot **2** 14 1, ܛܫܝ̈ܬܐ secreta KwDW 226 1.
ܛܫܝܐ obscurum ESL **3** 761 23.
ܛܫܝܬܐ locus absconditus ThMarg **1** CLXVI l. 5, 118 4, BA n. 4365.
ܒܛܘܫܝܐ clam 1 Sm 19 2, ThMarg **1** 205 13.
ܒܛܘܫܝܐܝܬ (N § 83) clam Jer 35 24, Eph 5 12, ES **1** 521A.

Pa. occultavit Pr 10 14, Afr 246 3, ER 39 2, Ath **16** 23.
ܛܘܫܝܐ occultatio Afr 286 6, ESL **1** 175 19, dap 92 7.
ܡܛܫܝ̈ܬܐ latebrae, loca abscondita IS in MS **1** 92 9.

Etpa. se occultavit Gn 3 8, ES **2** 385B, Guidi to 19 20.

Af. i. q. pa. Pr 7 1, Afr 179 1, dap 5 21.

ܛܫܬܐ (pers. تشت) vas (lucernae) Cat Wright **2** 491a 23.

ܛܝܬܘܡܠܠܘܣ τιθύμαλλος euphorbia Geop 99 5.

ܝ

ܝ Jôd decima litera alphabeti, de usu orthographico N § 4, de sono N § 40, numerus 10.

ܝܐ *interject.* o! Sir 41 1, JARS 119 4.

ܝܐܒ desiderans ES **3** 565E.
ܝܐܒܐ cupidus, desiderans ES **3** XXV 8, KwDW 64 13 etc., *adv.* ES **1** 241C.
ܝܐܒܘܬܐ cupiditas Mar 23 6, KwDW 110 11.

ܬܘܐܒܢܝܐ optativus Bhgr **1** 158 16.
ܐܬܝܐܒ et ܐܬܝܐܒ (ES **2** 399D, 400A, N§33B) cupivit, desideravit, sitivit ES **1** 259E, Ath 36 18, ψ 41 1 (Hex).

ܝܐܝܐ *1.* pulcher ψ 68 35, 2Mcc 15 13, JS in asd 108 11; *2.* aptus, idoneus dap 47 9.
ܝܐܝܘܬܐ pulchritudo dap 23 18, ER 71 9, 99 9.

ܝܒܒ *1.* cecinit (*to sound*) Nm 10 5, Ath 18 6; *2.* laetos clamores sustulit **1** Ezr 5 29, ES **1** 315F, JS in MS **2** 114 590.
ܝܘܒܒܐ *1.* cantus (*trumpeting*) ES **1** 267C; *2.* laetae voces Nm 29 1, JS in MS **1** 83 230.

ܐܝܒܒ i. q. ܐܒܒ q. v. (N§174F).

ܝܒܠܐ cynodos Dactylon (Löw n. 141), Jer 17 8, Geop 17 29, Gal ZDMG **39** 249 3, ܕܓܡܐ ,ܝ' σχοῖνος Löw p. 187, Geop 110 10, Gal ZDMG **39** 298 49.
ܝܒܠܝܬܐ naves papyraceae Js 18 2.
ܝܒܠ *1.* duxit ThMarg **1** CLXVI l. 4, portavit Vit Rabb 170 11; *2.* tradidit (*to hand about*) Guidi to 39 5; *3.* propagavit JARS 3 16; *4.* transtulit (*to translate*) AS 134 15.
ܝܘܒܠܐ *1.* diffusio (flammae) Corluy MP 25 2; *2.* propagatio Jac 3 6, ES **1** 46A, ER 81 5, generatio ThMarg **1** CLXII l. 14; *3.* genus, gens ER 64 25, Nestle chr[1] 84 4, Bhchr 298 21; *4.* traditio asd 23 12, Jul 250 26, ThMarg **1** 71 15; *5.* epocha, periodus Bhchr 3 3, ܝܘܒܠ ܙܒܢܐ aera EN chr *pass.*
ܝܘܒܠܝܐ *1.* traditionarius BO 97, Lag Beitr. 79 35; *2.* genealogicus BO **3** 1 52 1.

Etpa. *1.* loco se movit Cyrill. ZDMG **27** 592 v. 191; *2.* propagatus, generatus est ES **1** 72C, ThMarg **1** 21 13, Bhchr 301 25; *3.* translatus, traditus est ES **1** 443D, Vit Rabb 187 2, ThMarg **1** 71 15.

Af. *1.* duxit Ex 18 17, ES **1** 554F, Vit Rabb 161 19; *2.* apportavit Chr ed 154 12.
ܐܘܒܠܐ ansae (*poles or handles of a bed*) Journ. of s. l. **7** 34 10.

ܡܘܒܠܐ *f.* (N§84) onus Mt 11 28, Vit Rabb 208 7, JS in asd 107 14.
ܡܘܒܠܢܘܬܐ ἀπαγωγή glherm.

Ettaf. ductus, apportatus est ES **2** 98B, Ath 53 3, EN chr 87 9.

ܝܘܒܠ היובלים Jos 6 4 (Hex).
ܫܢܬܐ ܕܝܘܒܠܝܐ annus jubilaeus (apud Hebraeos) ES **2** 198C.

ܝܒܡܐ (jac. ܒ nest. ܒ Bhgr **4** 4 5, ad Dt 25 5) levir, mariti frater (*brother in law*) Dt 25 5, ES **1** 282B.
ܝܒܡܬܐ fratria, fratris uxor Dt 25 9, Ruth 1 15 (Hex), EN 16 34, Bh ad Mt 68 10.
ܝܒܡ (viduam fratris) gravidam fecit Gn 38 8, Dt 25 5.

ܝܒܢܐ vulg. Otis tarda L. BA n. 4378.

ܝܒܝܣ ἶβις ibis Phys cap 18.

ܝܒܪܘܚܐ (N§127* 2) mandragora (Löw n. 142) Gn 30 14, ES **1** 84D, AS **4** 44 26, Gal ZDMG **39** 281 4.
ܝܒܪܘܚܐ ܒܝܬܝܐ Solanum melongena L. Löw l. l. EN 49 22.

ܝܒܫ exaruit (*to dry up*) Mc 4 6, ER 18 12, BO **2** 398, KwDW 180 1.
ܝܒܫܐ terra 1Mcc 8 32, ER 46 7, JS in MS **2** 84 115.
ܝܒܫܐ siccitas ESL **3** 95u.
ܓܙܪܬܐ ܝܒܝܫܬܐ paeninsula JEh 15 15.

Pa. exarefecit (*to wither*) ES **1** 10E, Geop 16 11, Gal ZDMG **39** 270 6.
ܝܒܝܫܐ siccus dap 97 1, *f. subst.* terra JEh 7 12.
ܝܒܝܫܘܬܐ siccitas Gal ZDMG **39** 246, glherm.

Etpa. exarefactus est ThMarg **1** LXXV n. 2 l. 5.

Af. (N§172B) exarefecit, siccum fecit Jos 2 10, Afr 194 18, ES **1** 478A, IA in MS **1** 19 v. 382.

ܝܓܝܐ (turc. ياغى) rebellus JARS 143 3.

ܐܕܝ *1.* depulit (*to drive away*) ER 100 3, IA **1** 184 155, JS in asd 891, JS Abb 264 81; *2.* liberavit IA **2** 220 330; *3.* destitit (*to quit*) JS Tham v. 355.

ܙܘܓ Rechtsb. 34 19, ܙܘܓܐ Epiph 61 31, *pl.* ܙܘܓܐ Rechtsb 33 20, Epiph 62 49, ἰοῦγον jugum, jugera.

ܝܓܪܐ acervus (lapidum) Gn 31 46, ES **1** 441D, am **2** 323 11 (ligni) Sir 21 8, ES **1** 496C.

ܐܝܕܐ (N § 146) *pl.* ܐܝܕܝܐ manus, ܐܝܕܝܬܐ manubria 1Rg 7 35, 'ܐ ܝܗܒ *1.* facultatem dedit, admisit PsC 124 13, ThMarg **1** 94 13; *2.* se dedit ib. 274 10; ܢܗܪܐ ܠܝܕ juxta flumen ES **1** 197B.

ܒܝܕ διὰ (*instr.*) ThMarg **1** 44 20, per (*loc.*) Joh 4 4 (Bernst.) (*temp.*) Lc 5 5, s. ܕ quod N § 360 a.

ܐܝܕܐ ܐܝܕܐ (Field 5) paulatim ThMarg **1** 243 12, singuli Bal 308 13, JSt 20 10, am **2** 242 2 κατὰ μέρος Gal ZDMG **39** 244, ܐܝܕܐ ܒܐܝܕܐ id. am **2** 204 5, Hoffmann Ausz. n. 121.

ܝܕܕ amavit 2Sm 12 25, ES **1** 410F.

ܝܕܝܕܐ amatus 2Sm 12 25, EN 16 36.

Etpa. amatus est Card 97 4.

ܐܘܕܝ (Lag Or. **2** 13) praedicavit, confessus est s. acc. vel ܒ ES **1** 511E, ER 46 22, Bhchr 34 21.

ܡܘܕܝܢܐ confessor ER 32 6, Chr ed. 148 13.

ܡܘܕܝܢܘܬܐ *1.* confessio Guidi to 42 10; *2.* gradus, dignitas confessoris Nis 45 28 (Bevan).

ܬܘܕܝܬܐ confessio Ez 10 11, Vit Rabb 198 20, Bhchr 185 6, *abs.* ܬܘܕܝ gloria ES **2** 402F.

Ettaf. confessione declaratum est AS **3** 141 22, glherm.

ܫܘܘܕܝܐ, ܫܘܕܝܐ *1.* confessio ES **3** 418E; *2.* promissio 1Joh 2 25. ES **1** 442D, SB 115 13; *3.* t. t. gr. propositio BZ 1 14.

ܐܫܬܘܕܝ pollicitus est 1Joh 2 25, ES **1** 410F, Joh Eph 67 12.

ܫܘܘܕܝܘܬܐ promissio ES **2** 237B.

ܝܕܘܥܐ (N § 122) *1.* millepeda Lv 11 30, EN 40 97, 79 94, BA 4389; *2.* ἔποψ upupa Za 5 9 (Hex), ψ 101 7 (Symm), Bugatus ad Ps. p. 488.

ܝܕܘܥܬܐ *f.* hyaena AS **4** 39 35, am **3** 496 13, Geop 4 11, Kays 41 23.

ܝܕܥ (N § 175A) cognovit ψ 35 8, ER 42 17, IA **2** 310 v. 1255, JS in MS **1** 47 v. 56.

ܝܕܥܐ *1.* indicium MAMQ 54 4, ET 8 19; *2.* notitia JARS 14 3.

ܝܕܥܬܐ *1.* notitia 2Par 1 10, Gal ZDMG **39** 244; *2.* intelligentia ER 30 15JS in MS **1** 54 v. 261; *3.* signum, indicium KwDW 79 10, 147 13.

ܝܕܝܥܐ nobilis Corluy MP 9 2.

ܝܕܝܥܘܬܐ notitia Bhce **1** 109 2.

ܡܕܥܐ intelligentia ES 71 4, ES **2** 335C, Guidi to 35 18.

ܡܕܥܢܐ mente praeditus BO **2** 190b.

ܐܬܡܕܥ intellexit, didicit BO **3** 1, 602 10, ThMarg **1** 235 13, Bhgr **1** 158u.

ܡܘܕܥܬܐ (N § 126B) *1.* familiaris Ru 2 9, KwD 40 12; *2.* scientia ES **2** 79, Ath ܨܐ 8.

Etpe. notus, cognitus est ER 78 7, Chr ed. 151 2, Gal ZDMG **39** 269 11, JS in MS **2** 146 v. 1086.

ܡܬܝܕܥܢܐ animo tantum percipiendus ThMarg **1** 135 7.

Pa. certiorem fecit ES **2** 525B.

ܝܕܘܥܐ *1.* notus, amicus Guidi to 21 36, BA o. 4385; *2.* peritus Chr ed. 146 12, EN 22 27; *3.* fatidicus (*fortune-teller*) 1Sm 28 3, ES **1** 387E.

ܝܕܘܥܘܬܐ peritia ER 41 24.

ܝܕܘܥܬܢܐ *1.* intellectualis ES **1** 128E, 163C; *2.* s. ܒ peritus Dan 1 4, Eccl 9 11, Gal ZDMG **39** 246 3; *3.* prudens MS **1** 103 10, Joh Eph 67u.

ܝܕܘܥܬܢܘܬܐ τὸ γνωριστικὸν, νοητικὸν herm 68 10.

Af. *1.* docuit ES **2** 28A, JS in MS **2** 112 v. 571; *2.* nuntiavit Corluy MP 40 16, Th Marg **1** 398 16.

ܡܘܕܥܢܘܬܐ σημείωμα, σημείωσις acta notarii Hoffmann, Kirchenvers. p. 91 n. 124.

Šaf. *1.* docuit Gal ZDMG **39** 269 6; *2.* nuntiavit Bhchr 160 13.

ܫܘܕܥܐ *1.* cognitio Js 30 17 (cf. Lengerke de Ephr. Syr. arte hermen. p. 171), Gal ZDMG **39** 267 6; *2.* portentum PsC 87 17.

ܫܘܕܥܢܝܐ notus Bhgr **1** 2 14.

ܡܫܘܕܥܢܐ σημαντικός glherm.

ܡܫܘܕܥܢܘܬܐ σύμβολον glherm.

Eštaf. cognovit, intellexit Jud 18 3, Mt 7 16 (Cur), ECth **4** 30 8, Bhchr 562 21.

ܡܫܬܘܕܥܢܘܬܐ *1.* notitia Ath 16 15; *2.* i. q. ܡܘܕܥܢܘܬܐ Hoffmann l. l.

ܝܗܒ (N § 183) ܢܬܠ Nis *passim* Js in MS **2** 56 120, *imp.* ܗܒ ET 10 10, *inf.* ܡܬܠ apap 134 13, *1.* dedit Jos 15 19, ER 62 16, IA **2** 222 v. 12; *2.* edidit, s. ܢܦܫܗ animam ESL **1** 511 1, ܩܠܐ vocem Jer 10 13.

ܝܗܘܒܐ donator ER 22 1, dap 75 29, Ath 46 13, *f.* dativus ET 8 13.

ܝܗܘܒܘܬ ܢܡܘܣܐ legum datio (*legislation*) Bh ap 5 73.

ܬܘܗܒܘܬܐ *1.* apodosis glherm; *2.* datio ThMarg **1** 65 7.

ܡܘܗܒܬܐ donum Dt 16 17, ES **1** 434D, Vit Rabb 183 20, JS in MS **2** 80 52.

ܡܘܗܒܬ (N § 155A) *adv.* gratis Lag. prov. 71 21.

Etpe. datus est Js 51 12, Afr 6 4.

ܡܬܝܗܒܢܐܝܬ δοτικῶς ie. casu dativo glherm.

ܡܬܝܗܒܢܘܬܐ apodosis glherm.

ܝܘܗ *interject.* minantis Jer 25 30, ES **2** 139C.

ܝܘܒܠܐ *1.* gens ES **1** 67F, IA **2** 40 66, JSt 55 10, Jul 225 15, Joh Eph 261 2; *2.* caterva (daemonum) BA n. 4404.

ܝܘܒܠܝܐ gregarius Bh, PS.

ܝܘܕ dap 36 11, ESL **2** 414 7, ܝܘܕܐ ESL **1** 377 9, Jôd, nomen literae.

ܝܘܙ (pers. Lag GA 53 139) *pl.* ܝܘܙܐ ThMarg **1** 247 4, panthera (venatica) BA n. 4415.

ܝܘܛܐ ἰῶτα litera graeca Gal ZDMG **39** 248.

ܝܘܡܐ *pl.* ܝܘܡܬܐ et ܝܘܡܐ (N § 82) dies 1Rg 2 1, Chr ed 106 25, spec. dies supremus Hebr 18 25, Mt 7 72 etc., ZDMG **25** 344 v. 520, ܝܘܡ ܡܢ ܝܘܡ Jos 1 2, am **3** 186 1, ܝܘܡ ܒܝܘܡ ES **1** 381B quotidie.

ܝܘܡܢ ES **1** 382D, BO **2** 164a, KwDW 20 16, ܝܘܡܢܐ Chr ed 151 10, ES **1** 383C hodie.

ܝܘܢܐ *f.* et *m.* (N § 85, cf. Lag arm. St. § 53) columba Cant 4 1, Afr 428 3, ES **1** 149F, ER 147 13.

ܝܘܢܝܐ graecus *passim.*

ܝܘܢ graece locutus est BA n. 6258.

ܝܙܟ (pers. يزك Quatremère hist. des sultans mamelouks **1** 235 cit. Röd. gl Chr.) excubiae, statio militum Bhchr 388 18.

ܐܬܝܙܦ mutuum accepit Dt (*to lend*) 28 12, ES **1** 284B.

ܝܙܘܦܐ mutuum accipiens ES **2** 340C.

ܝܙܦܐ (var. ܝܙܘܦܐ) id. Nis 49 72.

ܝܙܦܬܐ (nest. ܝ̈ N § 23E, 96) mutuum (*loan*) ER 33 25, ESJ 245 7, Bhce **2** 723 16.

Af. mutuum dedit (*to borrow*) Ex 22 24, Afr 117 8, asd 27 27, Vit Rabb 176 25.

ܝܚܝܕܐ unicus, solus ES **2** 397B, IS in MS **1** 67 290, *adv.* solitario ES **3** 29A, ἰδίᾳ Gal ZDMG **39** 260 3.

ܝܚܝܕܝܐ *1.* unicus ES **1** 529D; *2.* eremita Corluy MP 8 2, ThMarg **1** 21 17; *3.* *pl. f.* τὰ κατὰ μέρος Gal ZDMG **39** 260 1.

ܝܚܝܕܝܘܬܐ *1.* singularitas Gal ZDMG **39** 244; *2.* unitas Vit Rabb 197 29; *3.* solitudo ES **3**

266E, Vit Rabb 185 13; *4.* vita monastica ThMarg **1** 23 1.

Pa. univit Thes hymn **3** 261 16.

ܡܚܝܕܘܬܐ ܚܝ̈ܠܐ unitio virium glherm.

ܡܚܝܕܢܝܬܐ ἑνοποιικὸς glherm.

Etpa. unitus est Philox. in Stephen bar Sudaili (ed. Frothingham Leiden 1886) 36 7.

Šaf. seq. ܡܢ *1.* privavit, orbavit KwDW 193 18; *2.* absolvit (praecepto) (*to release*) ThMarg **1** 267 9.

ܡܫܘܚܕܢܐ *1.* singularis ISt 79 10; *2.* solitarius Jer 49 21, Vit Rabb 161 8, *adv.* ib. 167 5, *subst.* eremita ib. ER 131 3.

ܡܫܘܚܕܢܘܬܐ solitudo ThMarg **1** 329 7.

Eštaf. *1.* se disjunxit Vit Rabb 166 25; *2.* solitarius fuit ES **2** 461A, Bhcar 139u.

ܝܚܛܐ abortus 1Cor 15 8, ES **2** 10E, Nm 12 12 (Hex).

ܐܝܚܛ abortum fecit Job 21 10 (Hex), SB 145 7.

Pa. adulteravit Sev 46 5, cf. Merx p. 228.

ܐܘܝܚܠ desperavit, seq. ܡܢ 2Mcc 9 18, ES **2** 87C, DionT 45 14, seq. ܥܠ Jul 3 21.

ܝܚܠܐ gemma ὄνυξ PsC 218 13 (cf. Nöld. Beitr. 16).

ܝܐ interj. o! Pr 31 2, Merx p. 171 n. 58, cujus conjectura vix probanda videtur.

ܝܟܡ (N § 174F) niger fuit Joel 2 6, Geop 11 5, cf. ܐܘܟܡ.

ܝܠܠܬܐ (nest. ܠ Bhgr **4** 4 5, N § 102) lamentatio Gn 27 34, ES **1** 81B, ER 94 1, Chr ed 146 8.

ܐܝܠܠ (N § 175B) lamentatus est Gn 27 34, ES **1** 81B, IS in asd 95 4.

ܐܘܠܥܝ frigidus, jejunus visus est TA 26 47.

ܐܝܠܕ *1.* peperit Gn 17 21, BO **1** 29 (ovum), ISt 66 9; *2.* genuit Act 13 33, Rabb 237 21, BO **3** 1 89.

ܝܠܕܐ *1.* partus Mt 1 18, ES **1** 3F, Bal 320 8 ܓܕܐ ܕ- a) sidera natalicia, horoscopus ER 20 4, asd 15 7, b) dies natalis ES **2** 2D; *2.* coll. incolae Chr ed 154 29, ES **1** 521B.

ܝܠܕܬܐ posteri ES **1** 19D.

ܝܠܕܘܬܐ partus ES **2** 106E.

ܝܠܘܕܐ *1.* generator, parens asd 43 16, IS in MS **1** 34 44, BO **1** 290B; *2.* generans, se propagans ES **3** 127A.

ܝܠܘܕܘܬܐ genealogia ES **1** 2C.

ܝܠܝܕ ܡܢ ܟܪܣܐ nota genitiva (*birthmark*) Ps 33 9.

ܝܠܝܕܘܬܐ *1.* partus Ath 25 3, ap NT 7u; *2.* generatio Nm 3 1 (Hex).

ܡܘܠܕܬܐ partus Gn 37 27, ES **1** 171D, Bal 261 27

ܬܘܠܕܬܐ *1.* generatio Sir 41 5, ER 81 5; *2.* prognatus PsC 108 1.

Etpe. *1.* natus est Job 1 2, ER 38 10, Chr ed 147 13; *2.* crevit (luna) Geop 20 16.

ܝܠܕܬܐ mater Sir 61 9, ES **1** 395, **2** 373F.

ܝܠܘܕܐ *1.* filius, puer ES **1** 523B, Guidi to 18 7, BO **1** 290b; *2.* incola chr ed 154 29.

ܝܠܘܕܬܐ puella Za 8 5, ES **2** 296E.

ܝܠܘܕܘܬܐ pueritia BO **2** diss 122 11.

Af. *1.* parere fecit, genuit Gn 5 18, Afr 22 3, dap 54 2, Bal 306 23; *2.* in pariendo adjuvit (obstetrix) Bh in Kayser Can. des JE 12 17.

ܡܘܠܕܢܐ parens ES **1** 47D.

ܡܘܠܕܢܘܬܐ generatio ThMarg **1** 97 17.

ܝܠܦ (N § 174F) didicit ER 63 24, AS **3** 143 11, Gal ZDMG **39** 267 10.

ܝܠܘܦܐ discipulus, tiro ES **3** 193C, am **3** 529u glherm.

ܝܘܠܦܢܐ (ܦ? Lag Mitt **1** 79, Rahlfs diss. IX) disciplina, doctrina Dt 32 4, ES **1** 522A. Ath 40 16.

ܝܘܠܦܢܝܐ intelligibilis AS **4** 5 4.

ܝܠܝܦܐ discipulus (κατηχούμενος) Rom 2 18, *adv.* Kays 70 17.

Pa. v. ܐܠܦ.

Etpa. *1.* didicit TB 130 16, Clr 42 28, 2Thess 2 15 (Hex); *2.* seq. ܒ se exercuit ER 122 16.

ܝܠܡܩܐ unicornis BB cf. Löw p. 285.

ܝܡܐ *pl.* ܝܡܡܐ (N § 21D, 93) *1.* mare Jon 1

12, Afr 183 8, ES 1 538B, asd 51 5; *2.* stagnum, palus Mar 76 7.

ܝܡܬܐ *pl.* ܝܡܡܬܐ lacus 2Rg 18 17, ES 1 400D, am 3 371 16.

ܝܡܡܝܐ *1.* marinus AS 4 49 21; 2. nauta Bhchr 378 3.

ܡܝܡܡ in mare conversus Card 98 22.

ܐܝܡܡܐ (N. mand. Gr. §120) *pl.* ܐܝܡܡܬܐ Th Marg 1 243 16, 281 17, dies ES 2 309F, AS 2 375 13.

ܐܝܡܡܝܐ diurnus AS 2 207 17, Bhchr 98 5, KwD 211 11.

ܐܝܡܝ et ܝܡܐ (Clr 142 30, N§176D) juravit Gn 21 23, Afr 143 17, Bal 315 17.

ܡܘܡܬܐ (N§78, Merx p. 174) *absol.* ܡܘܡܐ ESL 3 658 18, *pl.* ܡܘܡܬܐ et ܡܘܡܝܬܐ, *1.* jusjurandum Mt 5 33, Afr 499 6, ES 1 414A, asd 15 4; *2.* exorcismus ECth 5 9 4.

ܝܡܘܝܐ jurator ES 1 78C, EN 14 1.

Af. *1.* jurare fecit Afr 159 16, Add 32 1, asd 2 3; *2.* obsecravit 1Sm 20 17.

ܡܘܡܝܢܐ exorcista am 1 209 1, Eb Mai 10 245 10, BO 3 2 800apu.

ܡܘܡܝܢܘܬܐ exorcismus BO 3 2 269 6, SevA 45 7.

Ettaf. ἐξωρκίσθη exorcisatus est Rie 17 6.

ܝܡܝܢܐ dextra (*the right hand*) Ap 10 2, ER 7 20.

ܝܡܝܢܝܐ ad dextram pertinens ES 2 283B, Mt 5 39 (Phil), IARS 7 14.

ܝܡܢ dextra salutavit AS 3 22 21.

ܬܝܡܢܐ *f. 1.* meridies (*south*), regio meridiana Mt 12 42, ES 3 580D; *2.* auster, ventus meridialis Cant 4 16, MS 2 21u.

ܬܝܡܢܝܐ meridianus Vit Rabb 200 11, ThMarg 1 162 18.

ܝܡܦܐ uter magnus BA n. 4470.

ܝܢܒܠܐ i. q. ܐܢܒܠܐ q. v.

ܝܢܘܩܐ (N. mand. Gr. 114 n. 2, Lag Mitt 4 3), adolescens Tob 7 8, Js 9 17 (Hex), Kays 163 12, Bhchr 306 21.

ܐܝܢܩ suxit (*to suck*) 2Par 36 17, ES 1 290A, MS 2 37 apu.

ܝܢܩܐ puer lactens BB, PS.

ܐܝܢܩܬܐ lactatio BA, Bh, PS.

ܐܚܝܢܩܘܬܐ ܝܢܩܬܐ *foster-brotherhood* Bh in JE Can 23 12.

ܝܢܘܩܐ lactens (*suckling baby*) Mt 21 16, ES 3 XXVIII 5.

Af. (N§175B) lactavit (*to suckle*) Dt 32 13, Vit Rabb 160 25, ZDMG 24 554 n. 14.

ܡܝܢܩܬܐ (nest. ܡ̈) nutrix Gn 37 8, ES 1 197F, am 2 637 1.

ܡܝܢܩܢܝܬܐ id. Jes 49 23.

ܝܘܣܛܘܣ justus glherm.

ܝܣܡܝܢܐ (ZDMG 29 531) et ܝܣܡܝܢ (EN 49 27, BA 4474), pers. ياسمين jasminum cf. Löw n. 143.

ܐܘܣܦ addidit ES 1 486E, Gal ZDMG 39 303 14; eo praeposito exprimitur προς in compp. sive ante verb. fin. sine copula sive seq. inf. glherm.

ܬܘܣܦܐ *1.* additio (in ܬܘܣܦܐ ܕܗܘ̈ܐ) BO 2 153b, Eb Mai 10 246 2.

ܬܘܣܦܬܐ id. ThMarg 1 65 14.

ܬܘܣܦܬܐ (nest. ܦ) additio, incrementum Afr 26 3, ES 1 435B, IA in MS 1 97 8, asd 35 8.

Ettaf. *1.* additus est KwDW 230 9; *2.* congregatus (cum (ܥܡ) patribus), ThMarg 1 120 3; *3.* auctus est ThMarg 1 259 10, KwDW 273 14; *4.* assensus est alicui (*to join in*) JE schol 9 3.

ܝܥܐ vultur? ES 2 469C, avis Qaṭâ EN 45 17, BA n. 4477.

ܝܥܐ et ܝܥܐ (Geop 42 13, KwDW 226 8) crevit ER 5 9, dap 45 22, IA 2 236 v. 288.

ܝܥܝܬܐ planta KwD 119 1, Kays 82 9; Judith 14 1, Chr ed 145 20 leg. ܥܕܥܝܬܐ q. v.

ܡܘܥܝܬܐ *1.* incrementum Ez 17 10, Afr 249u, ThMarg 1 27 8; *2.* planta, herba ap. NT

12 2, ES **1** 32A, Vit Rabb 195 10; *3.* creatura ES **1** 184E.

ܝܥܐ qui crevit ThMarg **1** CLI n. 3 l. 1.

Af. crescere fecit ES **1** 9 1, Ath ܢ 18.

ܝܥܠܐ tragelaphus ES **1** 275A, KwDW 214 7, BA n. 4479.

ܝܥܩܣܪܐ (N § 127 *2) Rheum Ribes L. EN 25 59, BA n. 4480 Löw p. 171.

ܝܥܢܐ avidus, avarus ER 122 7, dap 51 15, KwDW 120 3.

ܝܥܢܘܬܐ avaritia 2Cor 9 5, ER 100 10, dap 65 6, KwDW 119 13.

Pa. avidum fecit KwDW 187 2.

Etpa. *1.* avidus fuit, cupivit 2Cor 12 17, Afr 431 3, ES **1** 199E, Rabb 211 1; *2.* edax fuit ES **3** 591F, Nis 49 163, 71 98.

ܝܥܪܐ herba inutilis, virgulta, vepres Js 9 17, ES **1** 210D, IS in asd 97 26.

ܝܦܐ i. q. ܐܦܐ q. v. BO **3** 1 241 3 (N § 174F).

ܐܘܦܩ *1. trans.* perfecit, finivit Pall. in ThMarg **2** 32 10; *2. intr.* a) defecit, caruit Jac 4 14, ES **2** 339A, Ath 36 17; b. exstincta est (familia) Rechtsb 12 5; c) suffecit Afr. 485 16, ES **2** 442B, IS in asd 99 7.

ܡܘܦܩܢܐ destruens, consumens KwDW 134 8.

ܡܘܦܩܢܘܬܐ ἔκλειψις defectus Pr 14 28 (Hex), (solis) ES **1** 120.

ܝܦܘܣ vox incerta Afr. 258 5 286 5.

ܝܨܡܐ aut ܝܨܡܬܐ populus, natio, gens Bhcar 106 4 TA 34 143.

ܝܨܠܐ cubitus Sir 9 9, ES **2** 176D (sic leg.) Jul 174 1, Kays 31 10, EN 9 83.

ܝܨܦ seq. ܕ (ex analogia verbi gr. ἐπιμελεῖσθαί τινος N § 209B) consuluit, providit alicui rei Lc 10 41, asd 35 13, Cyr 313 18 AS **2** 116 6.

ܝܨܘܦܐ curator 2Mcc 4 2, ES **1** 161D *adv.* diligenter ES **2** 48A, provide ES **2** 427D.

ܝܨܦܬܐ (N § 105) cura ψ 55 22, ER 128 27, Jul 173 21.

Pa. *1.* quaesivit ES **2** 360B; *2.* curavit ES **3** 328B, C (sic leg. Fraenkel) KwDW 100 18.

ܝܨܝܦܐ *1.* anxie curans 2Cor 8 21, ES **2** 400E, Gal ZDMG **39** 261 6; *2.* affabilis, benignus ES **2** 425D, Cyrill ZDMG **27** 593 v. 92 (sic leg. Fr.).

ܝܨܝܦܘܬܐ cura, studium Chr ed 155 21, Jš in ThMarg **2** 164 28.

ܐܘܨܦܐ affabilitas (*kindness*) ESL **2** 565 8 (sic leg. Fr.).

ܡܬܝܨܦܢܐ diligens AS **2** 287 2, Off 127 4, curiosus Joh Eph 171 10.

Etpa. *1.* providit, studuit ES **1** 354F, KwDW 225 21; *2.* curae est ThMarg **1** 19 12; *3.* seq. ܥܠ sanatus est Alex 11 6.

ܝܨܪܐ animus, cupido Dt 31 21, Afr 179 4, ER 123 6, libido AS **4** 70 4.

ܝܨܝܪܐ cupidus, libidinosus EN 14 99.

ܝܩܕ *1.* arsit Dn 7 9, Afr 77 1, Gal ZDMG **39** 304 8; exarsit (amore) ES **1** 407E.

ܝܩܕܐ holocaustum (*burnt-offering*) Mc 12 33, Ath 15 22, Jul 50 21.

ܝܩܕܢܐ incendium ES **3** 338F, Rabb 236 4, IS in MS **2** 59 v. 220.

ܝܩܕܬܐ incendium ES **1** 72F.

ܝܩܘܕܐ flagrans ES **1** 118E, Rabb 365 20.

ܝܩܕܢܘܬܐ *1.* incendium ES **1** 126A; *2.* deflagratio ES **2** 122A, Thes hymn. **3** 200 7.

ܡܘܩܕܐ area incendii ψ 102 4, dap 98 2.

Pa. cremavit dap 97 20.

ܝܩܝܕ flagrans (studio etc.) Js 4 4, Lc 24 32, KwDW 227 1.

Etpa. crematus est Joh Eph 72 2.

Af. combussit ES **1** 482E, IS in MS **2** 65 31, ThMarg **1** 32 6.

Ettaf. *1.* incensus est ES **1** 476E; *2.* combustus est ENchr 24 2.

ܝܩܪܘܣ dragon (?) Duval-Berthelot **2** 273 n. 2.

ܝܩܠܐ i. q. ܐܝܩܠܐ qv. EN 36 4, BA n. 4503.

ܝܩܘܢܐ (gr. εἰκών) imago ES **1** 118A, Dion T 76 17, Bhchr 128 7.

Pa. formavit, effinxit am **1** 466u, IARS 58 4.

ܡܝܩܢܢܐ characteristicus BO **2** 78b.

Etpa. *1.* formatus est Cyr 8 17, glherm; *2.* descriptus est Ath ܢܘ 25.

ܝܩܘܢܬܐ PsC 200 7, Bhchr 236 19, ܝܘܩܢܬܘܣ Kays 264 22, ܝܘܩܢܬܝܣ 1Mcc 4 23, ܐܝܩܢܬܐ IS in MS **2** 104 v. 449, Ex 25 4 (Hex), Kw DW 172 6, ܝܩܘܢܬܐ Kays 59 3, ܝܩܢܬܐ AS **3** 20 23, am **1** 378 11, ὑάκινθος hyacinthus (gemma).

ܝܩܢܬ hyacinthis ornavit Card 99 23.

ܝܩܢܬܝܢܐ Ap 9 17, ܝܘܩܢܬܝܢܘܣ Ez 23 6 (Hex), *pl.* ܝܩܢܬܝܢܐ Ex 25 5 (Hex) ὑακίνθινος hyacinthinus.

ܠܝܩܘܢܝܛܘܢ aconitum AS **4** 82 15.

ܐܝܩܪ *1.* gravis fuit ES **1** 480C, Vit Rabb 173 27; *2.* honore floruit ES **1** 223B, Philox 158 12; *3.* rarus fuit ES **1** 339D; *4.* gravatus fuit (somno) Luc 9 52; *5.* seq. ܥܠ molestus fuit KwDW 119 20.

ܐܝܩܪܐ *1.* honor Chr ed 147 14, ER 77 4, ES **2** 322D; *2.* donum Rechtsb 55 7, BO **1** 385 15; *3.* margo (libri) BO **1** 63, **3** 1 327, cf. Hoffmann ZDMG **32** 736.

ܝܩܪܐ (nisi ܝܘܩܪܐ leg.) pondus ES **2** 291C.

ܐܝܩܪܐ̈ *1.* i. q. h. טַף femina et filii domus (ON 86 20), Nm 16 27, ES **1** 110C, ESJ 258 18; *2.* impedimenta, sarcinae ES **1** 448D, Jul 163 4; *4.* honor Spic 26 18.

ܝܘܩܪܐ *1.* gravitas Joel 2 8; *2.* onus Mt 20 12, dap 5 10, IS in asd 102 13, JE in ES 437 5.

ܝܘܩܪܢܐ caritas (*dear price*) asd 62 3, ISt 36 7, Bhchr 164 12.

Pa. *1.* honoravit Ex 20 12, Afr 261 6, ES **1** 402F, asd 57 13; *2.* magni aestimavit ISt 8 1 8; *3.* donavit Rechtsb 17 22.

ܝܩܝܪܐ *1.* gravis dap 5 10, am **3** 295 18; *2.* praeclarus Guidi to 24 39, *adv.* honorifice AM **1** 93 21; *3.* surdaster, mente captus Nis 52 65, 62 51; *4.* apud medicos id quod ܡܪܕܐܣܢܓ pers. ar. مرداسنج molybditis ON 19 8.

ܝܩܝܪܘܬܐ *1.* gravitas DionT 161 11 (sic l.!); praeclaritas Vit Rabb 172 15.

ܝܩܘܪܐ gravis (pondere) BA n. 4497.

ܡܝܩܪܐ magnificus, pretiosus ES **1** 339D, asd 20 17, Ath ܝ 14.

Etpa. *1.* honoratus est Jud 9 9, Afr 269 11, VitRabb 174 3; *2.* donatus est Rechtsb 18 17.

Af. *1.* oneravit 2Cor 2 5 (Phil), Bhchr 369 26; *2.* sudaster fuit IS in MS **1** 43 v. 311; *3.* surdastrum fecit Mt 13 15 (Cur), ES **1** 534F, Js 59 1 (Hex).

Ettaf. gravatus est 2Cor 5 4 (Phil).

ܝܩܪܘܪܐ (N § 127*2) rana Kays 29 21.

ܝܪܘܪܐ *f.* *1.* canis silvestris Js 13 22, ESJ 118 21, IA **1** 284 191; *2.* ferula spec. Löw n. 145, BA n. 4521.

ܐܝܪܒ *1.* magnus fuit ES **1** 467C; *2.* multus fuit asd 32 17, AM **2** 94 1.

Af. *1.* magnum fecit 1Sm 12 24, asd 80 20, Kays 114 6; *2.* magnum praedicavit Act 10 46, ER 356 5; *3.* auxit Corluy MP 43 3.

ܝܪܕܐ̈ *1.* rivus, flumen ES **3** 63D; *2.* lacus ES **2** 34D, Jul 29 6.

ܝܪܚܐ mensis Jud 11 37, ES **1** 553A, Bhchr 83 3.

ܝܪܚܘܢܐ mensis parvus Ge ZA **8** 5 13.

ܐܝܪܟ (N § 174F) longus fuit Ez 31 5, Mc 4 27, AS **2** 19 12, Geop 42 14.

ܝܪܠܐ (cf. ar. وَرَل) crocodilus AS **4** 42 2.

ܝܪܠܝܓ Bhchr 497 22, *pl.* ܝܪܠܝܓܐ ib. 556 21, IARS 44 7 (mong. يرلغ Quatremère hist. des Mongols **1** 179) mandatum.

ܐܘܪܡ (Nöld. ZDMG **25** 665 cf. Barth p. 14) altum fecit, exaltavit Joh 3 14, 8 17 (Bernst.) Joh Eph 187 3.

ܝܪܝܥܬܐ (jac. ܥ, nest. ܥ Bhgr **4** 4 5, ex hebr. יְרִיעָה ZDMG **29** 647), *1.* velum Ex 26 1, ESL **1** 471 15, Bhgr **2** 83 n. 1; *2.* tentum Bhchr 174 19, 185 5.

ܝܪܝܥܬܘܢܝܬܐ velulum AS **2** 115 9.

ܐܘܪܩ lividus fuit (*to be yellow*) AS **1** 68 6, Clr 50 8.

ܝܘܪܩܐ *pl.* ܝܘܪ̈ܩܐ IA **2** 168 v. 108, Nestle chr.[1] 60 185 (N. p. 47 n. 2) olera ES **1** 530C, am **3** 489 1, ISt 36 7, seq. ܕܒܪܐ i. q. σέρις Gal ZDMG **39** 295 7.

ܝܘܪܩܢܐ *1.* livor Jul 82 5, pallor ES **2** 438 7, Jer 30 6 (Hex), AM **2** 331 5; *2.* icterus (*jaundice*) Gal. ZDMG **39** 241, Kays 207 17, chlorosis (plantarum), 1Rg 8 37, Geop 49 6, Hoffmann Ausz. n. 115.

ܡܝܪܩܐ flavus, lividus EN 58 56.

ܝܪܘܩܐ *1.* lividus Ap 6 8, Kays 101 15, Bhchr 253 11; *2.* herbae Lc 11 47, Afr 309 19, ER 118 7, ThMarg **1** 159 13.

ܝܪܘܩܘܬܐ *1.* livor Hebr **4** 209 2; *2.* splendor TB 140 35.

Af. *1.* lividus fuit ψ 67 33 (Hex), Bhce **2** 661 20, car 176 15; *2.* viruit Epiph 60 25; *3.* viridum fecit 4Ezr 5 36.

ܡܘܪܩܢܘܬܐ pallor ψ 67 33 (Hex).

ܡܘܪܩܢܐ (origin. phoenic? Nöld. ZDMG **29** 649 n. 5) crocus Löw p. 217.

ܐܘܪܬ heres fuit, *1.* s. *acc. r.* alicujus rei ES **1** 295E, dap 10 23; *2.* s. *acc. pers.* alicui Gn 15 3, Rechtsb. 40 27.

ܝܪܬܐ heres Nestle chr.[1] 60 155.

ܝܪܬܘܬܐ hereditas Ez 46 17, ES **1** 488D, asd 85 16.

ܝܪܘܬܐ heres 2Sm 14 7.

ܝܪܬܘܬܐ hereditas ES **2** 334F (sic l.!).

ܝܪܬܢܘܬܐ hereditas ψ 61 6, ES **3** 579E, ER 347 7.

Af. heredem fecit Jer 12 14, Afr 20 4, ES **3** 277B, IS in ES 408 24.

ܝܣܐ tinea, curculio BA n. 4525.

ܐܘܫܛ extendit Ex 22 7, Afr 254 7, ES **1** 223B, Jul 33 28.

ܫܛܐ *1.* guttur AS **4** 83 7, Kays 31 17, Pr 8 7 (Hex), Bh ad ψ p. 104 87; *2.* arteria Gal ZDMG **39** 241.

ܐܘܫܛ extendit Dt 25 11, Afr 25 7, Bal 260 8, IS in MS **2** 146 v. 1081.

Ettaf. auctus est ThMarg **1** 207 9.

Šaf. *1.* extendit AS **2** 333 26; *2.* duxit ESL **2** 7 7.

ܫܘܫܛܐ *1.* extensio ES **2** 62B; *2.* processio ψ 18 12 (Symm); *3.* ductio ES **1** 384D, Kays 250 5.

ܡܫܬܘܫܛܢܘܬܐ processus ThMarg **1** 65 6.

Eštaf. *1.* porrectus est ES **3** 365A, oblatus est Jul 239 13, *2.* ductus est ESL **2** 17 1; *3.* progressus est, processit (*put one's self forward*) Rie 16 20, KwDW 219 15, crevit Cyr 10 1, seq. ܠ vel ܠܘܬ cupivit Phil 3 13, Rabb 246 27, am **3** 48 8, Ath ܝ 16.

ܡܫܬܘܫܛܢܝܬܐ ܡܫܘܫܛܬܐ المدرّج metrum dodecasyllabum Card 2 3.

ܝܫܘܥ ܦܪܘܢ ἄκανθος Gal ZDMG **39** 250 14.

ܝܫܦܗ jaspis, gemma Ex 28 20, ES **1** 231D, Kays 59 3.

ܝܫܦܢܐ serpentis genus (*in Aegypto*) am **2** 265 13.

Af. juvit, opem tulit BA, BB, PS.

ܝܫܬ (pers.) pars, sectio Avestae am **2** 589 15, Hoffmann Ausz n. 838.

ܝܬ *f.* et *m.* (N§86) *1.* essentia, natura ER 41 7, JE in Cat Wright **2** 984b, Bhchr 99 15, c. *suff.* exprimit *pron. refl.* N§223; *2.* *st. cstr.* nota accus. (N§199 n. 1), Gn 1 1, Pr 2 2 etc., ES **3** 422F, apap 279 7.

ܝܬܝܐ essentialis ThMarg **1** 139 22, *adv.* re vera ET 8 15.

ܝܬܬ essentiam dedit Card 68 5.

ܝܺܬܶܒ *1.* sedit Gn 21 16, ES **2** 130, Joh Eph 271 6; *2.* mansit, versatus est Chr ed 154 10; *3.* habitavit ψ 22 4, Chr ed 145 2; *4.* habitata est (urbs) Za 12 6, Afr 376 13, IA **1** 182 4; *5.* sita est Jul 230 3; *6.* habitabilis fuit (terra) Philox 88 6.

ܝܬܒܐ *1.* habitatio Ez 48 15, ES **2** 871C, Bal 255 17; *2.* domicilium SB 98u.

ܬܟܣܬܐ (N § 23C, 9b) excrementum Bh ZDMG **40** 443, BA n. 4536.

ܐܟܣܬܐ (N § 105) id. Dt 23 14, Jul 127 13, ܒܝܬ ܐ' sella familiarica (*closet*) am **1** 19 1.

ܬܝܒܬܐ *1.* sedes ES **1** 280F; *2.* ἡ οἰκουμένη orbis terrarum AS 138 18.

ܡܘܬܒܐ *1.* sedes ES **1** 213F, IS in MS **2** 140 v. 987, ܒܪ ܡܘ' assessor dap 50 17; *2.* tempus sedendi Bhchr 300 4; *3.* mensa Guidi to 39 5; *4.* situs, positio (loci) ES **1** 521A; *5.* seq. ܕܥܠ ܬܪܘܢܘܣ inthronisatio Cat Par 73a 17; *6.* cathisma, liturgiae pars Cat Wright **1** 396b, BO **3** 1 291 2, Badger Nest **2** 282.

ܬܘܬܒܐ *f.* ܬܘܬܒܬܐ Bar 4 9 (Hex), advena Jer 20 3, ER 137 9, ISAbb 56 v. 316.

ܬܘܬܒܘܬܐ *1.* habitatio Ath 52 25, KwDW 393 24; *2.* exilium Petr 1 17, ES **3** 355E.

Pa. habitabilem fecit Jul 110 2, Bhchr 462 15.

ܡܝܬܒܐ *1.* gravis, modestus, honorandus ES **3** 602E, Vit Rabb 193 27; *2.* situs ThMarg **1** 59 21.

ܝܬܘܒܐ incola ES **2** 152C.

ܝܬܒܢܐ sedens ES **1** 252C, Philox 78 1, IS 32 16.

Etpa. habitatus est Jer 17 6, ES **2** 130A.

Af. *1.* sedere fecit ES **1** 529F, asd 54 8, instituit (episcopum) Vit Rabb 170 26; *2.* habitare fecit ES **1** 554F, condidit (urbem) IS in MS **2** 64 19; *3.* in matrimonium duxit Ezr 10 17.

Ettaf. *1.* consedit ES **1** 157B, apap 99 2; *2.* habitavit Dn 13 28 (Hex).

ܝܬܡܐ *f.* ܝܬܡܬܐ AS **1** 49 1, orbus Jer 49 11, Afr 317 1, ES **2** 533E, Vit Rabb 188 13.

ܝܬܡܘܬܐ orbitas ES **3** 283B, dap 73 5, Bal 294 14.

ܝܬܡ orbavit KwDW 369 3.

Etpa. orbatus est 1Thess 2 17 (Phil), PsC 244 8.

ܝܬܘܥܐ euphorbiae specc. Löw n. 147, Geop 99 5, Gal ZDMG **39** 241, 299 7, EN 26 72.

ܝܬܰܪ *1.* remansit, restitit 2Rg 4 7; *2.* melior fuit, praestitit Mt 5 20, Eccl 3 19 (Hex); *3.* lucrum fecit 1Cor 9 22, Philox 126 14, IS in MS **1** 93 25, KwDW 108 19; *4.* accrevit Ath 43 20; *5.* profuit Ath 21 3.

ܝܬܪܐ *1.* funis Jud 16 9, ES **1** 325D, am **2** 382 17; *2.* nervus, corda ER 122 19, PsC 43 18, Bhchr 209 4.

ܝܘܬܪܢܐ *1.* accretio (lunae) ER 69 23; *2.* utilitas ES **1** 544A, Vit Rabb 174 21, IS in asd 98 4; *3.* praestantia, virtus Clr ep 155u.

ܝܘܬܪܢܝܐ utilis KwDW 396 20.

ܬܘܬܪܐ *1.* reliquum ECth **2** 14 6, IA **2** 96 48; *2.* abundantia Mt 12 34, ES **1** 253C, Vit Rabb 179 1.

Pa. meliorem fecit ES **1** 468 1, **2** 212.

ܝܬܝܪܐ *1.* superfluus ES **3** 3F, Spic 31 4, BO **1** 317a 9; *2.* abalienatus Cyrill ZDMG **27** 591 v. 32; *3. st. abs. m. adv.* valde Bhchr 207 22, comparativum graecum exprimit glherm, seq. ܡܢ ܗܕܐ plus minusve ThMarg **1** 22 7.

ܝܬܝܪܘܬܐ *1.* augmentum ES **3** XLVIII 25; *2.* abundantia ER 26 9, ܡܢ ܝ' superfluus Gal ZDMG **39** 263 8, KwDW 100 16.

ܡܝܬܪ excellens, praestans ap NT 5 15.

ܡܝܬܪܘܬܐ praestantia, virtus ܡܝ' ܚܕ̈ܡܐ νεκροῦν Gal ZDMG **39** 285 11.

Etpa. *1.* melior factus est IA in MS **1** 20 v. 453; *2.* praestitit seq. ܡܢ Mt 5 20 (Phil), dap 41 25; *3.* auctus est ER 21 5, Ath 43 27; *4.* utilitatem percepit dap 5 17, IA in MS **1** 15 107.

Af. *1.* reliquit ES **1** 211E; *2.* abundavit Ex 16 18; *3.* profuit Ath 43 19, Vit Rabb 178 23 seq. ܡܢ auxilium tulit contra Bhchr 36 15; *4.* paravit KwDW 282 18.

ܟ

ܟ undecima litera alfabeti, numerus 11.

ܟܐܐ (N§179D) increpavit, vituperavit seq. ܒ Gn 37 10, ap NT 11 12, Ath 26 19, Bal 276 16.

ܟܐܝܐ vituperatio Pr 13 1, Afr 277 1, ER 85 14, dap 24 25.

Etpa. vituperatus est Nis 75 56, dap 51 25.

Pa. increpavit ES **2** 530D.

ܟܘܐܝܐ accusatio ESL **2** 39 6 (sic l.!).

ܟܐܒ (N§171 Anm.) *1.* doluit Jer 4 19, Vit Rabb 180 5, Jul 85 8, IS in asd 95 16; *2.* ܟܐܒܬܐܝܬ dolui JARS 174 3.

ܟܐܒܐ *1.* dolor Ex 3 7, Mt 10 1, ES **1** 532D; *2.* morbus ES **1** 539C, vulnus ES **2** 515C.

ܟܐܒܢܐ molestus Ap 16 2.

ܟܐܒܬܢܐ *1.* dolens ES **3** 389A, JSAbb 282 v. 297; *2.* molestus Ath ܫ 2.

Pa. dolore affecit 1Rg 2 8.

Etpa. dolore affectus est Eccl 10 9.

Af. dolore affecit Pr 25 26, ES **2** 177A, ER 61 8 *part. pass.* ܡܟܐܒܐ (nest. ܡܟܐܒܐ Nöld. l.l.) dolens Lc 14 21, ES **3** 375C.

ܡܟܐܒܘܬ ܠܫܢܐ γλωσσαλγία garrulitas (*talkativeness*) Cyr 186 10.

ܟܐܡܬ namque, ergo ES **1** 124A, Cyr 113 18, Bhchr 523 21.

ܟܐܢ turc خان princeps (Bucharae) Bhchr 251 8.

ܟܐܦܐ *f.* (N§84, 98C) lapis Hagg 2 15, ER 67 21, asd 46 8.

ܟܐܦܘܢܝܬܐ lapilli Geop 75 11.

ܟܐܦܢܐ lapideus 2Cor 3 3 (Phil), Bhce **1** 7 6.

ܟܐܦܝܢܐ id. Ez 36 26 (Hex).

ܟܐܪܝܐ *1.* fervidus (*sultry*) ISt 29 13; *2.* nigra et crassa (nubes) ES **2** 61B.

ܟܐܪ pudefecit, reprehendit, accusavit ES **2** 463C, ER 62 8, dap 49 18.

ܟܘܐܪܐ, ܟܘܐܪܐ pudefactio, contumelia 1Cor 6 5, ES **3** 356D, Joh Eph 138 10, asd 74 26.

Etpa. pudefactus est ES **3** 206B, ER 24 22.

ܟܘܒܐ spina Löw 148, Joh 19 2 (Bernst.), ER 5 15, dap 102 16.

ܟܘܒܐ ܕܓܡܠܐ Alhagi Maurorum BB Löw p. 146.

ܟܘܒܐ ܚܘܪܐ λευκάκανθα Löw p. 195, EN 24 43.

ܟܘܒܐ ܚܪܝܦܐ ὀξυάκανθα BB, Löw p. 139.

ܟܘܒܐ ܡܨܪܝܐ Acacia nilotica BB, Löw p. 196.

ܟܘܒܐ ܕܛܪܓܐ τραγάκανθα astragalus BB, Löw p. 49.

ܟܘܒܢܐ *1.* spinosus Gal ZDMG **39** 241; *2.* dipsacus fullonum ib. 256 7.

ܟܘܒܢܝܐ spinosus Js 34 2, Mc 15 17 (Phil), Cyr 39 31.

ܟܒܘܢܝܐ placenta, rotunda major quam ܡܠܗܐ BA n. 4577, am **3** 611 1.

ܟܒܘܒܐ *pl.* ܟܒܒܐ (aliis ܟܒܒܐ N§101) fimus (*dung*) Zeph 1 17, Geop 94 2, Joh Eph 270 15, Bhce **1** 247u.

ܟܒܕܐ *f.* (N§84) *1.* jecur Gn 48 6, ES **1** 232F, IA **1** 286 v. 218, Bhchr 224 22; *2.* ira Bal 289 11, Jul 82 5, Joh Eph 10 15.

ܟܒܕܢܐ iratus, iracundus AS 192 12, Joh Eph 226 6 *f.* ἡπατῖτις (terra) Geop 47 23.

ܡܟܒܕܐ iratus AS 194 24.

ܐܬܟܒܕ iratus est AS 180 5.

ܟܒܙܐ (ar. خبّاز) pistor Bhce **3** 263 11.

ܟܒܠܐ vinculum ES **1** 394A, Corluy MP 11 10, Bhchr 167 23.

ܡܟܒܠܐ vinctus BA n. 4580.

ܟܒܢ cinxit Js 3 24 (Hex), Joh 13 4 (Bernst.)

ܡܟܒܢܐ vestitus ES **1** 491B, velatus ib. 499C.

ܡܚܙܩܐ *1.* cinctio Js 22 12 (Hex); *2.* cingulum ES **3** 216A, EN 36 23.

ܡܚܙܩܬܐ pallium BO **3̈** 2 824apu, ES **1** 230B (sic l.!) EN 37 16.

Etpe. se cinxit 1Sm 3 31, ES **2** 25F, Lc 96 22.

Ettaf. festinavit ψ 39 14 (Aqu. Symm).

ܡܚܝܪ multus fuit Gn 36 11, Afr 205 6, ESL **2** 333 11, seq. ܒ praestitit Rabb 237 21.

ܡܚܝܪ et ܐܡܚܝܪ fortasse Rom 11 19, ES **2** 445E, Bal 293 6.

(?) ܡܚܝܪ ܘܡܐ αἰγίλωψ Löw p. 129, Gal ZDMG **39** 249 9.

ܡܚܝܪ ܚܝܐ ἐρεύκη Gal ZDMG **39** 257 19.

ܡܚܝܪܐ multus am **2** 352 1, *st. abs. m. adv.* valde ib. 109 3.

Af. *1.* auxit Lv 26 9; *2.* crevit AS **3** 321 11.

ܡܚܪܝܬܐ (pers.? Lag Beitr 74 27, Semit **1** 64), sulphur Js 30 33, Afr 293 12, ES **1** 72A, PsC 193 3.

ܡܚܪܝܬܢܐ sulphureus Ap 9 17.

ܡܚܪܝܬܐ genus fulminum (gr. ψολόεντες) AS 144 18.

ܡܚܫ *1.* subegit Dt 2 34, ES **1** 556A, Dion T 72 6; *2.* expugnavit, cepit ES **1** 567D, Chr ed 153 12.

ܡܚܫܐ expugnatio Joh Eph 415 2.

ܡܚܫܢܐ intercalaris (dies) Ge ZA **8** 5 24, *f. subst.* annus interc. Ge ZA **8** 5 17, Kays 210 23.

ܡܚܫܐ ephialtes (*incubus*) EN 22 16.

ܡܚܫܐ *1.* vervex AM **2** 276, Bhgr; *2.* spuma sinapis Bhgr, Pat. Vit, PS.

ܡܘܚܫܐ scabellum Mt 5 35, Afr 495 5, ES **3** 344D.

ܡܚܫܘܬܐ subjugatio Ez 40 1 (Hex).

Etpe. *1.* subjugatus est Nm 32 22, Nestle chr [1]5660; *2.* superatus est (mons) ES **2** 86F.

Pa. *1.* subegit Js 2 19, ES **2** 188A, Clr ep 39u; *2.* domuit Sir 30 8, am **1** 462 10, KwDW 277 16; *3.* castigavit AS 18 30, Sind 1 3, Bhgr **2** 99 v. 1168, Cat Wright 531a.

ܡܘܚܫܐ *1.* superatio IS in ER 389 23; *2.* castigatio AS 19 1.

Af. sedere, accumbere fecit JS, PS.

ܡܚܠܦ (pers. كاغذ) charta Cat Bod 211 19.

ܡܢ (N § 360A) cum *passim*, ܡܢ ܡܢ ܗܘ idem etc. N § 230.

ܡܙܪܐ urceus parvus angusto ore BA n. 4598, ON 19 16.

ܡܘܪܐ profluvium sanguinis post partum BB, PS.

ܡܘܪܝܬܐ puerpera quae modo peperit BA n. 4615.

ܡܕܒ **Pa.** *1.* mentitus est ψ 89 35, Spic 45 11, IA **2** 180 15; *2.* mendacem declaravit ES **1** 34C, 353F.

ܡܕܒܐ mendax Ex 23 1, ES **1** 80F, Vit Rabb 191 2, *adv.* Rabb 239 14.

ܡܕܒܘܬܐ mendacium Jos 22 16, dap 105 11, Bal 335 16.

Etpa. mendacem se praestitit ψ 66 3, ES **1** 39B.

ܡܕܘ (Barth p. 35) *1.* satis Nm 16 3, ES **3** 23 14; *2.* jam ER 88 23, ܕ ܡܕ id. ES **1** 509C, Gal ZDMG **39** 272 4.

ܡܘܪܣܐ opsonium, condimentum cum aceto paratum BA n. 4612 Löw p. 373.

ܡܘܪܒ pers. خُدای deus am **2** 577 2.

ܡܕܢ conjunxit ER 5 14, asd 22 6.

ܡܕܢܐ frumentum stramento purgatum BA n. 4397.

ܡܕܢܐ fidelis, docilis ISAbb 258 36.

Etpe. *1.* se conjunxit IS in ER 390 3; *2.* jugum ei impositum est (*to be harnessed*) Gal 5 1, ER 118 22, Cyr 341 21; *3.* aequatus est ES **1** 20E; *4.* subjugatus est Philox 43 24.

ܡܕܝܢܐ (pers. Lag GA 54 142, sed cf. ass. *kudinnu*), *pl.* ܡܕܝܢܘܬܐ (N § 79A, ES **1** 494C, PsC 251 9) et ܡܕܝܢܐ (AS **3** 339 3, cf. ZDMG

33 533, JARS 156 15), mulus Jud 5 30, ES 1 316A, Ath 21 23.

ܟܘܕܢܬܐ *1.* mula 1Rg 1 33, ES **1** 443B; *2.* collis magnus ad urbem oppugnandam exstructus ISt 47 3, Joh Eph 253 24, Bhchr 76 6.

ܟܗܪ fatigatus est Joh Eph 371 23.

ܟܘܪܙܐ vultur AS **4** 61 2, Nat 49, Geop 44 18, DionT 169 14.

ܟܪܘܪܬܐ crudele facinus ES **2** 241B.

Pa. turbavit Bhcar 103 17 (ar. كدّر).

ܟܒܝܪ? magnus AS **4** 81 17.

ܟܘܡܪܐ sacerdos Hagg 2 11, apNT 13 18.

ܟܘܡܪܝܐ sacerdotalis Ath 13 3, BB in Löw p. 366.

ܟܘܡܪܘܬܐ sacerdotium ES **1** 443E, Vit Rabb 172 2, asd 16 2.

Pa. *1.* sacerdotio functus est Ex 28 4, ES **1** 148C, Vit Rabb 172 17; *2.* sacerdotem fecit am **2** 665 17.

ܟܘܡܪܐ sacerdotium Joh Dar in MS **1** 107 12, Ex 19 6 (Hex), BO **3** 1 139b 17.

Etpa. *1.* sacerdos factus est Joh Dar in ER 411 7, Cyr 403 8, BO **2** 122A; *2. subj.* ܐܬܪܐ eo loco sacerdotium factum est Bhce **1** 411 19; *3.* consecratus est ES **2** 24A, Cat Bod 491 11; *4.* peracta est (actio sacerdotalis) Bh in Kayser Can. des JE 10 14.

ܟܗܝܢܐ dives, felix, potens Jud 18 10, ES **1** 542A, Vit Rabb 192 11.

ܟܗܝܢܘܬܐ fortuna, abundantia ER 103 12, AS **4** 36 2, Bhce **2** 745 13.

Etpa. ditatus est ES **2** 58F.

ܐܬܟܗܪ objurgando expulsus est Rie 57 19.

ܟܗܪܒܐ (pers. Lag GA 53 140), succinum electricum BB.

ܟܘܬܐ *pl.* ܟܘܐ fenestra Jos 2 15, Afr 121 6, ES **2** 314F, dap 5 26.

ܟܘܐ ussit 2Tim 4 2.

ܟܘܝܐ *1.* nota inusta Ex 21 25, ES **2** 369A, IS in MS **2** 56 127; *2.* cauterium MAMQ 68pu.

Pa. ussit dap 45 24, Bhchr 346 23.

Etpa. ustus est Pr 6 28, ES **2** 93C, asd 50 15, Bhce **1** 155 4.

ܟܘܒܐ (κύμβη Lag GA 54 141), poculum BA, BB in PS.

ܟܘܐܓܐ Cat Bod 211 14, ܟܘܐܓܐ Bhce **3** 501 1, JARS 163 1, pers. خواجه dominus.

ܟܘܪ *1.* eum puduit ES **2** 514C, Vit Rabb 187 21, Jul 3 20; *2.* revocavit Bhce **3** 351 11; *3.* timuit, veritus est Cyr 123 13 (nisi ܟܗܪ legendum).

ܟܘܙܐ (pers. Lag GA 55 143) *1.* urceus am **3** 518 19; *2.* olla Duval-Berthelot **2** 3 82.

ܟܘܫܢܐ palpebris pendentibus laborans BA n. 4621.

ܟܘܫܢܘܬܐ morbus palpebris pendentibus laborantis BA n. 4621.

ܟܘܟܐ *1.* placenta Jud 7 13, ES **1** 312F; *2.* massa (*ingot*) PsC 171 7, KwD 37 22.

ܟܘܟܒܬܐ *1.* procella Job 21 18, ESL **3** 815 9, AS 142 10; *2.* tenebrae Ex 10 22 (Hex); *3.* flagellum (?) am **3** 109 10, cf. Wright ad apap **2** 237a.

ܟܘܟܒܐ stella Nm 24 17, ES **2** 263A, ER 46 7.

ܟܘܟܒܬܐ stella veneris ES **2** 458A, IA **1** 220 v. 346.

ܟܘܟܒ ܒܠ Jupiter planeta Spic 15 18.

ܟܘܟܒܝܬܐ asteriscus BS 256 14, Epiph 9 65.

ܡܟܘܟܒ asterisco insignitus Epiph 9 57.

ܟܘܟܒܢ (N§83) noctuae genus Dt 14 16, ES **1** 241C, EN 45 20, ON 90 5, BA n. 4624.

ܟܘܠܐ (gr. χηλὸς? Hoffmann Kirchenvers. p. 98 n. 275, cf. ass. *gumalum* tamarix? Jensen), arca Mt 24 38, ES **1** 249E, Spic 30 22, IA **1** 138 v. 1294.

ܟܡܪ seq. ܠ *1.* abscondidit, occultavit Nis

17 11 etc.; *2.* retinuit ER 31 24, ES **3** 469B; *3.* avertit (depositum) *to embezzle* Afr 100 6, Arist. 23 17; *4.* reticuit, celavit AS **2** 3 2, IA **1** 32 7.

ܟܘܡܘܣ *pl.* ܟܘܡܐ χυμὸς humor IS 94 12, Gal ZDMG **39** 259 8, Joh Eph 178 2, SB 156 8; *2. pl.* ܟܘܡܐ et ܩܐܡܐ chimia Duval-Berthelot **2** 249 n. 2, 214 n. 1, BB 901 9, 904 10.

ܟܘܢ talis fuit Bhcar 130u.

ܟܐܢܐ, ܟܐܢܬܐ, ܟܢܐ (N § 98C) justus Rom 3 14, ES **1** 542D, Corluy MP 39 12.

ܟܐܢܘܬܐ justitia Afr 177 22, ER 45 16, Joh Eph 109 2.

ܟܝܢܐ *1.* natura ES **3** XLIX 18, ER 37 19, Gal ZDMG **39** 256 8; *2.* virilia (*male privy member*) KwD 120 8, Phys 5u, Bhce **3** 131 12.

ܟܝܢܝܐ naturalis Bh ad Paul. 1 17, *f.* natura ThMarg **1** 125 22.

ܟܝܢܐܝܬ naturaliter Rabb 242 18, Gal ZDMG **39** 246, Ge ZA **8** 31 22.

ܟܝܢܝܘܬܐ τὸ φυσικὸν *1.* universitas rerum naturalium; *2.* quidditas naturalis, quae de omni re definitione statuitur glherm.

ܡܟܝܢ institutus Gal ZDMG **39** 274 2. *adv.* secundum ordinem Joseph 5 3, 24 12.

ܟܘܝܢܐ accidens Bh ZDMG **40** 442.

ܐܬܟܝܢ *1.* facta est (pax) Bhchr 590 21; *2.* coiit, se miscuit Bhce **1** 221 2.

ܟܘܢ commonefecit, correxit ES **1** 33A, ER 129 2, dap 21 4.

ܟܘܢܝܐ *1.* admonitio, correctio ES **1** 198F, Vit Rabb 178 26, Pr 2 2 (Hex); *2.* sagacitas naturalis Bhce **2** 669 16.

Etpa. correctus est ES **2** 546A, dap 21 7, asd 14 15.

Af. (N § 177D n. 2) *1.* constituit ES **1** 120B, JS in MS **1** 84 130; *2.* creavit ES **2** 412D, Jul 76 14.

ܡܟܝܢܐ *1.* aptus, idoneus Gal ZDMG **39** 274 10, Bhchr 343 19, ET 6 22; *2.* firmitas ES **1** 460A.

ܡܫܟܚܢܘܬܐ possibilitas ET 5 11.

Ettaf. creatus est JEh 46 8, JE in Journ. of s. l. **10** 25 29.

ܡܬܟܝܢܐܝܬ προσεχόντως decenter Pr 31 26 (Hex).

ܟܘܢܐ χώνη situla quae molae supponitur ut triticum capiat, infundibulum (*hopper*) BA n. 4640, cf. ܟܘܢ.

ܟܝܘܢ, ܟܐܘܢ (bab. *kaiawânu*) Saturnus planeta ES **2** 458C, Spic 14 23, PsC 10u, JS 102 25.

ܟܘܢܐܣ χαυῶνας placentas Jer 44 19 (Hex).

ܟܘܣ χοῦς congius Epiph 5 89, 48 67sq.

ܟܘܣܬܐ (ar. كوسات) tympana Bhchr 294 2.

ܟܣܐ poculum Gn 40 11, Afr 99 1, Bal 303 11, JS in asd 108 7.

ܟܘܦܓܐ articulus BA n. 4654.

ܟܦ *1.* flexit KwDW 199 18; *2.* retraxit (sol radios) ES **3** 323D.

ܟܘܦܐ flexio BA n. 4655.

ܟܘܦܬܐ *1.* flos granati κύτινος Löw p. 363, Geop 118 2, EN 25 48, BA n. 459, Gal ZDMG **39** 279 65, Geop 98 8; *2.* falso pro κύτισος Löw l. l.

ܟܘܦܩܬܐ urceus aquae ore angusto PS.

Etpe. flexus est KwDW 86 25.

ܟܘܪ timuit ES **2** 514B, Cyr 123 13 (sic l.?).

ܟܘܪܐ (cf. ass. *kūru*) furnus (*oven*) Nm 31 25, ES **2** 225C, Bal 264 19, Ath ܠ 21, ER 66 13 leg. ܟܘܪܐ Nöld.

ܟܘܪܐ fervor, aestus Lc 12 58 (Cur), ES **1** 197C, IA **2** 88 169.

ܟܘܪܢܐ fervidus Geop 53 10, JE schol 21 23.

ܐܬܟܘܪ fervuit ES **1** 197C.

ܟܘܪܬܐ *f.* N § 84 et ܟܘܪܬܐ (AS **4** 79 18) alveare (*beehive*) AS **1** 63 23, Geop 98 24, Sind 9 18, Bhce **2** 481 15.

ܟܘܪܐ et ܟܘܪ Mc 1 5 *f.* et *m.* (N§88) *pl.* ܟܘܪ̈ܐ (EN chr 54 11) ܟܘܪܘܣ (AS **2** 173 5) χώρα terra, provincia ER 5 20, JSt 43 12, Bhce **2** 459 16, am **2** 577 l. ܟܘܫܪ i. e. pers. كشور pars terrae Nöld. Festgruss an Roth 35 n. 8.

ܟܘܪܝܐ chorepiscopus BO **3** 2 693u, Vers. Phil ed White **2** p. 649 16, Cat Bod 367.

ܟܘܪܐܦܝܣܩܘܦܐ χωρεπίσκοπος am **2** 318 19, JSt 78 9, AS **2** 68 23, BO **3** 1 527a 7.

ܟܘܪ̈ܘܣ χόροι chori Bh Hebr **4** 84pu.

ܟܘܪ h. כור κόρος *a dry measure* (i. q. 30 μόδιοι Epiph 4 45, 30 ܣܐܬ̈ܐ Bh ad Hos 3 2) Lc 16 7, ES **1** 80A, Bhchr 147 10.

ܟܘܪܝܐ κοριαῖος metrum 30 σαίτας continens Epiph 61 46.

ܟܫ quievit, destitit Pr 11 29, Nis 3 20, dap 64 12, Rie 59 12.

ܟܝܫܐ *1.* vita tranquilla Cat Wright **2** 498b, BO **2** 246, 260 (sic l.!) Bhcar 76 1; *2.* colus (*spindle*) AS 158 6, ThMarg **1** 325 17. EN 20 19.

ܟܘܬܐ i. q. ܐܟܘܬܐ q. v. ES **1** 234A.

ܟܙܙܐ morbus cum horrore febrili PS.

ܟܝܙܝ militavit Bhcar 2 12.

ܟܘܙܓܢܝܬܐ i. q. ܟܘܣܟܢܝܬܐ q. v. BB, Löw p. 207.

ܟܝܪܘܦܐ asper, austerus cf. ܫܪܘܦܐ PS.

ܟܚܕ veritus est Philox 179 5.

ܟܚܝܕܐ *1.* venerabilis ESL **2** 27 9; *2.* turpis Joseph 7u.

ܟܚܝܕܘܬܐ reverentia Cyr 113 23.

Pa. pudefecit IA **1** 236 226.

ܟܘܚܕܢܐ *1.* verecundia ES **1** 247D, dap 9 11, ψ 43 22 (Hex); *2.* pudor ES **3** 323C, PsC 89 2, ZATW **6** 203 11.

ܟܘܚܕܢܝܬܐ (nisi ܟܚܕܢܝܬܐ leg.) pudicus dap 66 4.

Etpa. *1.* veritus est ES **1** 340F, ER 28 3, dap 7 11; *2.* puduit eum Luc 18 2, Afr 293 17, ES **3** XXXIII 21.

ܟܚܠ o. *1.* fucavit (oculos) *to paint* 2Rg 9 30, ES **1** 540E, Bhchr 164 18; *2.* occaecavit Bhchr 178 1.

ܟܘܚܠܐ stibium Jer 4 30 (Hex), ESL **1** 215 12.

ܟܚܠܐ id. FS **3** 668C, Duval-Berthalot **2** 53 18.

ܡܟܚܠܐ instrumentum fucandi EN 38 61.

Etpe. *1.* se fucavit ESL **2** 377 29; *2.* occaecatus est Joh Eph 318 4.

ܟܘܚܬܘܕܬܗ l. ܟܘܚܬܘܕܬܗ *chwêtwodatîh* conjugium incestum am **2** 578 9, Nöld. Festgr. an Roth p. 36 n. 8.

ܟܝ (secundo loco ponitur) ergo, igitur ER 31 23, Guidi to 18 15.

ܟܝܢܐ (a nomine Chii insulae cf. Löw p. 70) mastix Dan 10 54 (Hex), cf. Bernstein ZDMG **3** 411, Gal ZDMG **39** 281 6, Duval-Berthelot **2** 11 20 etc., EN 27 95, BA 4688.

ܟܝܒܐ vox incerta IA **2** 324 v. 1478.

ܟܝܠܐ metrum Pr 20 10, ES 10E, ER 13 18 (carminis) ESL **2** 65 9.

ܟܝܠܢܝܐ ad metrum pertinens Bh ad Lv 25 37.

ܡܟܝܠܬܐ metrum Pr 20 10, Afr 123 1, ES **1** 64F, Bhgr **1** 215pu.

ܟܝܠܐ mensor ESL 117 12.

ܐܟܝܠ (N§177D) mensus est Afr 51 18, ES **2** 434A, dap 75 4.

Ettaf. mensurā definitus est Jer 33 22, Afr 51 18, dap 40 20.

ܟܝܡܬܐ *f.* arcturus Job 9 9 (sec. Bh ad l. Plejades) JS in MS **2** 92 250, Geop 4 27.

ܟܡܐܬܐ ar. كمأة tuber (*truffle*) Bh ZDMG **40** 443, Löw p. 303.

ܟܝܡܝܐ ar. كيمياء chimia Bhchr 164 23, ce 1 325 15 (sic l.!).

ܟܝܡܘܣܐ καῦμα aestus Ap 7 16.

ܟܝܡܘܢܐ χειμών procella Ath ܟܘ 1, Bal 293 5, AM **2** 333 11, JS in MS **1** 95 10.

ܟܝܣܬܐ (pers. Lag Prov. VIII sed cf. ass. *kīsu* Jensen, Zimmern) sacculus Jer 46 6, ES **2** 450A, IA**2** 320 v. 1428.
ܟܝܣܘܢܐ sacculus parvus AM **2** 360 12.

ܟܝܫܬܐ glans penis et clitoris PS.

ܟܝܪܝܐ turbidus (aer) BA n. 4691, cf. ܟܠܝܪܐ.

ܟܝܪܓܐ ܐܝܪܓܐ chirographum PsC 270 15, BO **3** 572a 5, Bhchr 159 19.

ܟܝܬ (sec. loco ponitur) ergo, igitur ES **1** 251A, Guidi to 39 14.

ܟܟܐ (cf. ass. *kakku* telum Jens.) dens PsC 190 3 5, KwD 60 5, 78 17.

ܟܥܟܘܠܬܐ *pl.* ܟܥܟܠܐ placenta 1Rg 17 13, ES **1** 491C, Geop 12 1.
ܟܥܟܠܐ maculae Nis 7 31, AS **4** 37 2, Cant 1 11 (Hex).
ܟܥܟܠܝܐ *1.* caeruleus ThMarg **1** CLXIV 6; *2.* variegatus (*dapple*) EN 40 1.
ܟܥܟܠܐ variegatus EN 58 50.

ܟܥܟܝܬܐ *vulg.* gallina BA n. 4709.
ܟܥܟܝܐ placenta BA n. 4709.

ܟܥܟܘܡܐ rosio (ossum) BA n. 4647.

ܟܟܪܐ (cf. Jensen ZA **8** 232) talentum 2Rg 5 23, Afr 433 17, ES **2** 291B, Bhchr 313 3.
ܟܟܪܢܝܐ talenti pondere Ap 16 21.
ܟܟܪܝܬܐ favus (*honeycomb*) Ex 16 31, Afr 248 5, ES **1** 218D, Rabb 235 28, Geop 99 4.

ܟܟܘܫܬܐ *pl.* ܟܟܘܫܝܬܐ SB 146 19, Bhchr 205 24, mustela (*ferret*) Lv 11 29, ES **1** 241E, AS **4** 41 20, PsC 217 9, JARS 177 7.
ܟܟܘܫܐ id. ON 90 19.
ܟܟܘܫܝܐ terra mollis (? مشاشر) BA, BB, PS.

ܟܠ, ܟܘܠ totus, omnis N§217, 218.
ܟܠܢܝܘܬܐ *1.* universitas, totalitas Bhchr 593 7, KwDW 372 15, τὸ ὅλον herm 82 1, *2.* universalis Ath ܟܒ 10, JS in ES **2** 289 4; *2.* totalis Bhchr 136 15,

ܟܠܢܝܐ *1.* universalis Ath ܟܒ 10, JS in ES **2** 289 4; *2.* totalis Bhchr 136 15,
ܟܘܠܢܝܘܬܐ universalitas JE in ES **2** 289 5, BO **3** 1 268a 1.

ܟܠܚܕ (ܟܠܚܕ cf. Lag. GA 109 26) ἀεὶ semper Geop 84 6.

ܟܠܬܐ *pl.* ܟܠܬܐ (N§93, Delitzsch Prol. p. 129sq.) *1.* sponsa Jer 25 10, ES **2** 365F, Rit Rabb 177 8, JS in asd 97 12; *2.* nurus (*daughter in law*) Lc 12 53, ESJ 259 5.

ܟܠܢܬܐ, ܟܠܠܬܐ anemona ON 19 2, 77 6.
ܟܠܢܘܬܐ anemona Löw 151, EN 49 29, Gal ZDMG **39** 252 44.
ܟܠܘܣܬܐ *pl.* ܟܠܘܣܝܬܐ *1.* id. BA n. 4724; *2.* vulg. crepundia (*play-things*) BA n. 4725.
ܟܠܠܬܐ *pl.* ܟܠܠܐ *1.* aulaeum Jul 229 5, conopeum (*fly-net*) Judith 10 21; *2.* velum Jud 14 12, Bhchr 130 19, de div. sap **16** 2.
ܟܠܝܠܐ (ex ass. *kililu* = **kulālu* Jensen) *1.* corona 2Rg 11 12, ER 37 2, Gal ZDMG **39** 280 22; *2.* cutis capitis EN 8 52.
ܟܠܝܠ ܡܠܟܐ *1.* meliloton Löw n. 67, Geop 48 11, Gal ZDMG **39** 281 8; *2.* nomen sideris Geop 62 4.
ܟܠܝܕܝܐ σινδόνες sindones Pr 31 24 (Hex).
ܟܠܠ coronavit ES **3** 275B, ER 37 9, Guidi to 23 10.
ܟܘܠܠܐ coronatio (met. de martyrio) ESL **1** 65 24, Vit Rabb 169 13, asd 41 8.

Etpa. *1.* coronatus est ES **3** 355A, Corluy MP 33 7, Dion T 111 10; *2.* ornatus est Chr ed 147 5; *3.* martyrium passus est Bhchr 481 7.

ܫܟܠܠ (assyr.) *1.* perfecit 1Rg 5 31, ES **1** 434A, Jul 75 16; *2.* ornavit dap 81 7.
ܫܘܟܠܠܐ perfectio Jul 222 20, Bhce **3** 43 12.
ܡܫܟܠܠܐ adultus AS **1** 33 4.

Eštaf. perfectus est Afr 6 14, ES **1** 110F, Corluy MP 43 10.

ܟܠܐ *1.* impedivit Amos 4 7, ES **1** 186, AM **2** 138; *2.* impeditus est, desiit JS in ZDMG **29** 115 v. 179.
ܟܠܝܐ ܓܪܣܐ στεγνωτικὴ τῆς γαστρὸς alvus adstricta Gal ZDMG **39** 241.

ܟܠܝܬܐ impedimentum asd 2 5, Jš in ThMarg 2 168 5.

ܟܠܘܝܐ impediens dap 21 13.

ܟܠܝܐ retentio Ap Bar 62 ed Cer 155b 21.

ܟܠܝܢܐ *1.* impeditio Jul 188 14, Joh Eph 2 15; *2.* impedimentum dap 32 13, 119 11; *3.* prohibitio gr. κώλυσις, ἀφορισμὸς, ἀκοινωνησία Hoffmann Kirchenvers. n. 146, 263, ThMarg **1** 120 14, Bhce **2** 459u.

Etpe. *1.* impeditus est 1Par 21 22, asd 4 6; *2.* moratus est Judith 12 18, Guidi to 38 14; *3.* intermissus est Chr ed 147 4.

Pa. coercuit ap N. T. 11 4, Philox 182 6.

ܟܠܒܐ canis Dt 23 19, ES **1** 509D, Ath ܩܒ 22, Jul 92 16, nomen venti Epiph 72 94.

(ܟܠܒܬܐ) ܟܠܒܐ sirius Geop 7 17, EN 56 80.

ܟܠܒܐ ܩܘܢܝܩܘܣ κύων = κυνικὸς cynicus herm 82 3.

ܟܠܒ ܝܡܐ phoca (*sea-dog*) Geop 40 19.

ܟܠܒܐܝܬ Cyr 370u, ܟܠܒܢܐܝܬ ThMarg **1** CLXI 5, more canino.

ܟܠܒܢܝܐ caninus KwDW 83 11.

ܟܠܒ more canino egit Bhcar 55 4.

ܟܠܒܐ qui canum ope venatur ON 19 23.

ܟܠܒܬܐ forceps (*tongs*) Js 6 6, am **1** 278 14, PsC 161 11, Arist 13 17.

ܩܘܠܒܐ ascia, bipennis 1Sm 13 20, ES **2** 147C, Jul 71 13.

ܟܠܒܢܐ e gr. χαλβάνη (cf. ܚܠܒܢܝܬܐ) galbanum Geop 44 5, AS **4** 101 9, Löw p. 163.

ܟܠܒܘܬܐ insecti genus, gryllus? ES **2** 249B.

ܩܘܠܒܚܐ vulg. sportulae, quibus uvas a vinea ad torcular portant BA n. 4629.

ܟܠܕܝܐ Chaldaeus, magus asd 15 7.

ܟܠܕܝܘܬܐ ars chaldaea, magia ES **2** 383B, Jul 48 27, IS Const v. 738, Pseudo-Euseb. in Journ. of s. l. **9** 127 8.

ܟܠܕܝ ESJ 102 11, ܐܟܠܕܝ Ps 109 7, artem magicam exercuit, divinavit.

ܟܠܕܝܢ i. q. ܟܠܕܝܢ q. v. Pall in ThMarg **2** 64 n. 2.

ܟܠܕܬܐ i. q. ܟܠܬܐ q. v. BA, PS.

ܟܠܟܝܕܘܢ χαλκηδὼν gemma Ap 21 19.

ܟܠܘܠܐ (Lag Mitt **2** 11) tiara Ex 28 40, Lv 8 13, Judith 4 15, Afr 261 10, ES **1** 230C, EN 37 56, BA n. 4723.

ܟܠܙܘܬܐ mentum (*chin*) JBh 10 14, Bhchr 347 8, BA n. 4726.

ܟܠܛܘܣ χάλαθος vasculum BO **2** 248 = Röd. chr² 48 21 = Bhce **3** 435 22, ubi ܟܠܬܐ legitur.

ܟܠܛܘܠܪܝܣ et ܟܪܛܘܠܪܝܣ (JARS 72 10, BA n. 47 29) χαρτουλάριος chartularius AS **3** 224 6, BO **2** 59A.

ܟܘܠܝܬܐ renes (*reins*) Jer 11 20, ESJ 101 11, am **3** 27 14, Ath ܩܗ 4.

ܟܠܝܪܟܐ χιλίαρχος chiliarchus Mc **6** 21, AS **3** 257 22, AM **2** 191 11, Bhchr 64 9,

---

ܟܠܟܐ *f.* (N§84, 21) *1.* ratis (uteribus portata) AS **3** 209 18, EN 29 49; *2.* fragmentum glaciei (*flake of ice*) AS **1** 15 25.

ܟܘܠܡܐ frenum (bovis) BA n. 4735.

ܟܘܠܡܐ via (currus) BA n. 4634.

ܟܠܡܘܣ χλαμὺς chlamys AS **3** 220 26, am **3** 291 10, Mt 27 28 (Phil) ECth **5** 42 6.

ܟܠܡܘܕܝܢ χλαμύδιον chlamydium 2Mcc 12 35, Lag prov 72 6.

ܟܠܡܘܣ χλαμὺς Mt 27 28, PsC 224 4, Sch 256 7.

ܟܠܡܘܢ (vox corr.) ἰχνεύμων ichneumon AS **4** 42 10.

ܟܠܡܘܣܐ capistrum BA n. 4740.

ܟܠܢܐ sera, claustrum BA n. 4741.

ܟܠܘܢܝܢ χελώνιον testudo JSt 48 6.

ܟܠܢܓܒܝܢ (pers. Lag GA 56 144) γαλάγγις, galangena BB.

ܟܠܢܝܕܝܢ *pl.* ܟܠܢܝܕܐ *f.* χλανίδιον vestimenti genus AS **2** 268 12, Pr 31 22 (Hex).

ܟܠܢܝܕܘܛܘܣ χλανιδωτοὶ chlanide vestiti (i. e. philosophi) Joh Eph 124 10.

ܟܘܠܘܣ χυλός humor, succus Hebr **4** 214 2.

ܟܪܘܣܘܩܘܪܠܠܘܢ χροσοκόραλλον corallum aureum Duval-Berthelot **2** 10 9.

ܟܠܝܦܐ EN chr 105 4, ܟܠܝܦܐ Bhchr 125 18, ar. خليفة *pl.* ܟܠܝܦܐ Bhchr 122 3, خُلَفَآء chalifa, Muhammedanorum rex.

ܟܠܝܦܘܬܐ chalifatus Bhchr 298 5.

ܟܠܩܘ χαλκοῖ apud Aegyptios i. q. ܢܚܫܐ Epiph 3 29, 54 67.

ܟܠܟܝܛܝܣ χαλκίτης lapis aerosus Duval-Berthelot **2** 31 etc.

ܟܠܟܘܕܪܝܢ χαλκύδριον urceus cyprius Duv-B. **2** 46 20, 48 4.

ܟܠܟܝܛܪܝܢ χαλκητάριον *colcotar ou chalcitarin espèce de vitriol* Duval-Berthelot **2** 14 17 etc., BB 899 2.

ܟܠܟܝܢ χαλκεῖον ahenum Duv-B. **2** 33 12.

ܟܠܟܢܬܘܣ χάλκανθος chalcanthus Duval-Berthelot **2** 20u (sic l.!).

ܟܠܝܪܘܦܓܝܣ χλιαροπαγὲς gall. *amalgame fusible* Duval-Berthelot **2** 16 1, 18 7 12.

ܟܠܫܐ (χάλιξ LagNGG 1882 p. 410 Fraenkel 8) calx ES **1** 283B, Jul 192 4, Bhchr 216 9.

Pa. dealbavit, trullissavit Mt 23 27, Afr 285 12, ES **1** 283B, Geop 25 17.

ܡܟܠܫܘܬܐ dealbatio Ath ܐ 9, Duval-Berthelot **2** 20 10.

Etpa. in calcem versus est Bhce **2** 593 8.

Af. i. q. pa. Dt 27 4.

ܟܡܐ, ܐܝܟܡܐ, ܟܡܐ (ES **2** 266C) *1.* ut ES **1** 327B, dap 1 9, Chr ed 146 12; *2.* quod ES **1** 411B, quamdiu ER 119 10, s. ܕ dum Joseph **4** 3.

ܟܡܐ ܕܟܡܐ quanto Kays 110 9.

ܟܡܐ ܬܢ tanto, eo Mt 10 25, dap 72 15.

ܟܡܝܘܬܐ quantitas ES **2** 291C, BO **3** 1 203a 2, Bhchr 145 9.

ܟܡܝܢܐ quantus Kays 81 17.

ܟܡܫ flaccidus fuit BA n. 4751.

ܟܡܝܫܐ flaccidus (*withered*) Js 51 20, BA n. 4754.

Etpe. flaccidus fuit BA n. 7167.

ܩܘܡܕܘܪ port. *commodore* praefectus AS **1** 30 2, BO **3** 2 465 29.

ܟܡܟܡ vaccillavit (*to totter*) JSA v. 507.

ܟܡܗܐ *1.* caecus Dt 28 34, Bhcar 125 3; *2.* obscurus ES **2** 90F.

ܟܡܗܘܬܐ caecitas Dt 28 28. ES **2** 171E, AS **2** 379 7.

Pa. occaecavit ES **2** 474F, AS **3** 175 3, Alex 67 1.

Af. *1.* occaecavit JS in MS **1** 88 394; *2.* obscuravit BO **3** 2 356pu.

ܟܡܐܦܘܢܐ IS 94 14 cor. e χαμαιδάφνη Löw p. 299.

ܟܡܝܠܐ obscurus ES **2** 448C.

ܟܡܝܢ Bal 318 10 l. leg. ܟܡܝܢ ut ESJ 203 1.

ܟܡܟܠܐ pallium BA n. 4755.

ܟܡܠܝܘܢ Bhcar 169 8, *pl.* ܟܡܠܐܘܢܝܣ Zeph 2 14 (Hex), χαμαιλέων chamaeleon.

ܟܡܠܘܣ κάμηλος camelus Mc 10 25 (Phil).

ܟܡܢ (nest. Pa. Bhgr **1** 147) insidiatus est Dt 19 11, ES **2** 119F, Ath 45 22, JSt 11 7, KwDW 167 13.

ܟܡܢܐ insidiae AS **3** 43 23, Jul 179 5, *adv.* clam BO **3** 1, 121b 13.

Etpe. insidiatus est Jud 9 34, ES **1** 325C, Jul 167 4, AS **3** 42 17.

ܟܡܝܢܐ insidiosus Thren 2 10, Cyrill ZDMG **27** 496 9.

ܟܡܢܐ Jer 9 7 et ܟܡܢܐ insidians, excubans Sir 14 22, ES **3** 280A, KwDW 419 10.

Af. *1.* insidias posuit Js 8 2, ψ 10 2, ES **2** 111A; *2.* occultavit am **3** 104 12.

ܟܡܘܢܐ cyminum Löw 152, Js 28 25, ES **2** 69B, Gal ZDMG **39** 241.

ܟܡܘܢܝܬܐ ܕܪ̈ܘܪܐ κάπνιος fumaria officinalis L. Löw p. 207, Gal ZDMG **39** 275 6.

ܟܡܣ *1.* occultavit ES **1** 248A; *2.* tacuit Joh Eph 53u; *3. intr.* evanuit, defecit IA **1** 24 133, Pall in ThMarg **2** 201apu.

ܟܘܡܣܢܐ (ed. Urm. ܫ) placentae planae 1Par 23 29.

ܟܘܡܪܐ (Delitzsch hebr. lang. 40sq.) sacerdos Act 14 12, Afr 288 18, ER 8 4, asd 14 6.

ܟܘܡܪܬܐ sacerdos (*f.*) Act 19 35, AS 202 18, PsC 113 4.

ܟܘܡܪܝܐ sacerdotalis ES **2** 145A.

ܟܘܡܪܘܬܐ sacerdotium Hebr 7 3. ES **1** 487F, JS in ER 403 1,

ܟܡܝܪܐ *1.* atratus, niger Nis 69 37, obscurus ES **2** 253F, PsC 27 12, s. ܥܠ imminens alicui rei ES **3** 139D; *2.* tristis ES **1** 440C, Ath 47 23, KwDW 167 4.

ܟܡܝܪܘܬܐ tristitia ER 103 11, dap 94 17, KwDW 192 6.

Etpe. *1.* obscuratus est ES **1** 40E, ER 19 2, PsC 94 6; *2.* in maestitia fuit Mt 26 37, ES **1** 101C, KwDW 190 10.

Af. *1.* obscuravit JS in MS **1** 91 13; *2.* tristem fecit Mt 6 16 (Cur), ES **2** 301D, Nis 1 56.

ܟܡܝܪܘܬܐ (vox fort. corrupta) opificium? ES **2** 385F.

ܟܡܫܐ acinus BA n. 4761.

ܟܡܫܘܫܐ vinacea Löw n. 65, Nm 6 4, ES **1** 56A, 253C, Geop 23 5, Gal ZDMG **39** 254 3, JSt 36 16, EN 51 67.

ܟܡܫܐ macies BA n. 4762.

Etpe. corrugatus est BA n. 7168.

ܟܡܫܘܫܐ ܐܦ̈ܐ ruga Bh ad Paul 30 24.

ܟܘܡܬܪܐ pirus communis Löw n. 153, Geop 14 7, Gal ZDMG **39** 252 51.

ܟܡܬܪܐ id? ThMarg **1** 44 9 (nisi ܟܘܬܪܐ leg Hoffmann).

ܟܢ *1.* sic asd 78 16; *2.* tum PsC 65 12, Bh chr 136 6.

ܟܢ ܒܬܪ postea *passim.*

ܟܢܐ *1.* fundamentum, basis Ex 9 31, ER 5 11, IA **2** 36 v. 125; *2.* cauliculus Geop 97 4, AS **3** 35 3.

ܟܢܐ ܬܠܬ ܪ̈ܓܠܐ tripus Duval-Berthelot **2** 18 15.

ܟܢܐ emisit caulem ψ 128 10 (Symm), Bhgr **1** 48 14.

ܟܘܢܬܐ triticum spelta Löw n. 72, Ex 9 32, ES **2** 69A, Gal ZDMG **39** 256 1.

ܟܘܢܘܢܐ (ex ass. *kinūnu?*) foculus ES **1** 230B.

ܟܢܘܢ menses foculi i. e. December et Januarius ESL **3** 111 18, Journ. of s. l. **7** 424.

ܟܢܘܢܝܐ hiemalis Bh ZDMG **40** 443.

ܟܢܝ̈ܬܐ *pl.* ܟܢܘ̈ܬܐ *1.* carpus AS **2** 148 27, am **2** 369 2, Bhchr 216 10, vola (*the hollow of the hand*) SB 97 13, 116 20; *2.* gr. κανὼν instrumentum τέκτονος syn. ܡܫܬܐ sec. BA n. 4764 الشاقول (perpendiculum? στάθμη?) glherm; *3.* regula Hex: Mi 7 4, Za 1 6, Kays 193 19.

ܟܢܘܢ et ܟܢܘܢ χωνεῖον catinus Duval-Berthelot **2** 17 22, 53 21 22, 54 13 cf. ܟܢܐ.

ܟܢܓܪܐ et ܟܢܓܪ (pers.) gummi cynarae scolymi EN 26 90, Löw p. 292.

ܟܢܛܝ *conte* comes Bhchr 392 16.

ܟܢܕܘܪܬܐ (p. كندو Lag GA 61 152) vas BB.

ܟܢܕܩ (ar. خندق pers. كندة) fossa Bhchr 242 20.

ܟܢܝܟܬܐ placenta Joh Tell in Lamy diss. de Syr. fide p. 68, cf. Kayser Can JE p. 97.

ܟܢܬܐ (ass. *kinātu* Zimmern) *pl.* ܟܢܘ̈ܬܐ (N§87) *1. m.* collega, socius Mt 18 29, ES **2** 322B, Add 24 24; *2. f.* socia ES **1** 65F.

ܟܢܝ nominavit, appellavit ER 56 11, AS 3 50 6, KwDW 185 11.

ܟܘܢܝܐ appellatio ES 2 422A, Philox 367 8, Gal ZDMG 39 248.

Etpa. *1.* se nominavit Ath 29 27; *2.* nominatus est ES 1 561D, JS in MS 2 64 7, ENchr 104 12.

Af. i. qu. ܐܟܝܢ stabilivit, firmavit, restituit Nis 26 4 (nisi em.).

ܟܢܝܟ *1.* humilis ER 146 12, Jul 190 14, Cyr 126 3; sanatus Nis 26 4; *3. adv.* prudenter Gal ZDMG 39 283 8.

ܟܢܝܟܘܬܐ humilitas ES 1 48F, JS in MS 1 39 176.

Etpe. humiliatus est Philox 177 1.

Pa. *1.* humiliavit Js 7 12, Métr 9 4; *2.* medicavit, sanavit Nis 34 23 101, Alex 62 10.

ܟܘܢܟܐ humiliatio ESL 2 349 13.

Etpa. se humiliavit Ath ܘ 4, Cyr 175 24.

ܟܘܢܟܣ χοῖνιξ metrum 2 sextarium Geop 10 29.

ܟܢܝܣ ἐχῖνος echinus AS 4 96 19.

ܟܢܦܐ (N§84, 94C) *1.* ala Ex 25 20, ES 1 335A (domus) Lc 4 9, Am. Or. Soc. Proc. 1888 LXXIII 63; *2.* lacinia (*lappet*) ES 1 273E, asd 61 9, Bal 291 5; *3.* latus (rupis) ES 1 357F; *4.* sinus ES 3 XXXV 25 (maris) Act 27 39.

ܟܢܦ̈ܝ ܢܥܡܐ struthiocameli Job 39 13, Phys cap XXX, JE in Journ. of s. l. 10 15 8sq., ThMarg 1 126 20.

ܟܘܢܝܩܣ Ap 6 6, ܟܘܢܝܩܬܐ Epiph 39 12, *pl.* ܟܢܝ̈ܩܐ Ez 45 10 (Hex), χοῖνιξ cf. Epiph 4 52, 39 9 sq.

ܟܢܪܐ *1.* (cf. Lag arm St § 237, Nom 89n) cithara ψ 108 2, Afr 184 11, ES 1 524A, Ath ܡܘ 23; *2.* a) lotus Löw p. 283, KwDW 67 25 (pro flore loti) b) mespilus Löw p. 288, Bhgr 2 100 v. 1171, EN 80 4.

ܟܢܪܣܛܐ citharista SB 10 4.

ܟܢܫ *1.* a. se congregavit Js 18 6, ES 2 403E, am 3 225 12; *2.* o, a) collegit ER 76 16, Gal ZDMG 39 265 6 (animum) Philox 588 1, s. ܡܝܐ hydropicus fuit ap NT 19 20, b) verrit Js 14 23, AS 2 191 2, am 1 287 19, Joh Eph 88 25.

ܟܢܫܐ congregatio Act 23 1, ES 2 377D, asd 39 25, ܒܟܢܫ conjunctim Jul 132 23, turmatim AM 2 325 20.

ܟܢܫܬܐ *1.* purgatio Rie 125 9, Bh in JE Can 7 1; *2.* sordes Philox 371 7, JE in Journ. As. 1888 p. 476 n. 125.

ܟܢܫ ܡܝܐ hydropia Bhchr 154 17.

ܟܢܝܫ ܡܝܐ hydropicus Lc 14 2, AS 4 87 9, Geop 95 2.

ܟܢܝܫܐܝܬ conjunctim, simul ES 3 519C, Philox 226 20, Ath 18 36.

ܟܢܝܫܘܬܐ congregatio ES 1 100, Chr ed 146 15, ܟܢܝܫܘܬܐ ܢܨܚܢܝܬܐ syllogismus Kays 27 18.

ܟܢܘܫܬܐ *pl.* ܟܢܘ̈ܫܢ (Act 22 19) *1.* congregatio ER 47 17, Ath 13 16; *2.* commune Cyr 63 8. JS in MS 1 65 207; *3.* synagoga Mt 4 23, asd 30 21.

ܟܢܘܫܝܐ *pl.* ܟܢܘܫܝ̈ܬܐ (Cyr 16 19) *1.* congregatio Ez 38 13, Greg in MS 1 111 10, Guidi to 44 6; *2.* synodus Hoffmann Kirchenvers. 29 37; *3.* synaxis, communio Cat Bod 490 19; *4.* tt. gr. pluralis Bhgr 1 28 2 etc.

ܡܟܢܫܬܐ (nest. 'ܟ' Bhgr 4 4 5) ܡܟܢܫܬܐ (JSA 6 24) *1.* scopae Js 14 23, ISt 32 19, Joh Eph 331 12; *2.* purgatio Bh ZDMG 40 443.

ܡܟܢܫܢܝܬܐ phaenomenon quoddam in stellis ES 1 125E.

Etpe. *1.* congregatus est Ez 33 4; *2.* pluralis factus est Bhgr 1 7 9.

Pa. *1.* congregavit Ez 36 24, asd 4 24, JS in MS 1 38 147; *2.* collegit (animum) Guidi to 38 10.

ܟܘܢܫܐ *1.* collectio Philox 201 21, Cyr 127 21, KwDW 24 36; *2.* disputatio, libellus Cat Wright 2 973A.

ܟܘܢܫܝܐ *adject.* ἀθροίσεως Bhgr 1 82 11 (Merx p. 248).

Etpa. *1.* se congregavit Mc 5 4, Vit Rabb

170 24, Chr ed 148 6; *2.* se collegit ER 6 27 (sic l.!); *3.* sq. ܢܦܫܗ ܡܢ decessit vita ES **1** 44C; *3.* collectus est Philox 219 6.

ܟܘܫܪܬܐ (de vocc. non constat; ortum e ܟܘܫܠܪܬܐ N § 141) et ܟܘܫܪܬܐ Phys 5 14, *pl.* ܟܘܫܪܬܐ aut ܟܘܫܠܪܬܐ vel potius ܟܘܫܠܪܬܐ (N p. 280) umbilicus Cant 7 3, ES **1** 246B, EN chr 70 16 *pl.* praecordia AS **4** 69 25.

ܟܘܫܪܬܐ (var. ܟܘܫܪܐ) *comtes*, comites Bhchr 388 1, v. ܟܘܫܪ.

ܟܣܬܐ (cf. ass. *kissatu* Tallquist Nabunaid p. 83) stramentum Gn 42 27, ESJ 170 1, Bal 296 25, KwD 52 14.

ܟܘܣܬܐ gibber *hunch-back* (e pers. كوز Lorsbach Archiv **2** 289sq.) BA n. 4649.

ܟܘܣܬܢܐ gibbosus Lv 21 20, ES **1** 247A, AM **2** 346 32.

ܟܘܣܬܢܘܬܐ gibbositas BA n. 4648.

ܟܣܦܬܐ *pl.* ܟܣܦܐ *1.* coxa ES **1** 471F, **2** 317A, Bh ad Mt 8 11; *2.* solea JSt 73 8, EN 23 20, BA n. 4789.

ܟܘܣܦܐ vituperatio BA n. 4790.

Etpe. vituperatus est Lc 3 19, ER 7 1, Joh Eph 205 7.

Af. vituperavit, redarguit Tit 1 9, ER 70 26, Gal ZDMG **39** 246.

ܟܘܣܦܢܐ sera, claustrum BA n. 5921, cf. ܩܝܦܠܐ.

ܡܟܣܦܢܘܬܐ vituperatio ER 23 26, dap 6 27, Nestle Chr[1] 58 108.

Ettaf. vituperatus est ES **1** 120D, **2** 343E.

ܟܣܝܐ occultatus, tectus BA n. 4782 *adv.* clam Corluy MP 8 8.

ܟܣܝܘܬܐ obscurum ES **1** 130E, ER 33 13, Philox in Mem d. Lincei XII 1884 p. 450 3.

ܟܣܝܐ et ܟܣܐܐ tempus inter plenilunium et interlunium, quo luna sensim obtegitur deinde addito vel omisso ܣܗܪܐ plenilunium ψ 81 4, ES **3** 144C, Geop 7 2, Bhchr 213 8.

ܟܣܝܐܝܬ clam ES **1** 526C.

ܟܣܝܐ tegumentum (*covering*) Gn 6 8, JSt 24 2, Kays 234 12.

ܟܘܣܝܬܐ cucullus ESL **2** 49 7, Bhce **1** 211 2.

ܟܣܝܢܐ occultum ESZ **1** 438 (ex conjectura).

Pa. *1.* texit ES **1** 507C, Guidi to 23 184; *2.* occultavit ES **1** 508A, ER 45 16; *3.* celavit Bal 273 15.

ܟܘܣܝܐ tectio TB 41 33.

ܬܟܣܝܬܐ vestimentum Ex 22 26, ES **1** 519D, dap 17 20.

Etpa. *1.* occultatus est asd 16 22; *2.* vestitus est 1 Mcc 10 21.

Ettaf. obscurata est (luna) ER 71 18.

ܟܘܣܒܪܬܐ (pers. Lag GA 57 145, sed. ass. *kusibirru* Meissner ZA VI 294) coriandrum sativum Löw n. 155, Ex 16 31, ES **1** 218C, Geop 88 5, SB 60 7.

ܟܣܚ putavit (vitem) Lv 2 3, Afr 97 15.

ܟܣܘܚܐ putator am **2** 547 10.

ܟܣܚܐ putatio Cant 2 12, (MS **2** 15 24), Cyr 250 10, TB 115 6.

ܟܣܚܐ BA, ܟܣܚܐ BB cepula Löw p. 75.

ܡܟܣܚܐ falx vinitoria Nat 65 9.

Etpe. putatus est Js 5 6, Afr 98 2, AS **3** 240 12, IA **2** 24 v. 134.

ܟܣܛܠܐ cucurbita BB, PS, corr. Fr.

ܟܘܣܛܠܐ cartilago PS.

ܟܣܟܪܐ (cf. ass. *kiskirru?* Jensen) cophinus ψ 80 13 (Hex), ES **2** 179D, BA n. 4786.

ܟܣܩܘܬܐ cucurbitulae (*cups*) Bh ZDMG **40** 443.

ܟܣܠܐ gypsum PS.

ܟܣܠܬܐ terra argillosa Duv-B **2** 300 5.

ܟܫܡܫܐ *1.* uvae passae 1 Rg 14 3, ES **1** 480B, apap **1** 175 6 (cf. Nöld. ZDMG **25** 672), Bhchr 157 26; *2.* cupedia (*dainties*) Bh in JE Can 27 8.

ܟܫܡܫܐ ܕܩܢܒܐ semen cannabis Löw n. 156.

ܟܣܢܝܘܢ ξένιον munus honoris causa missum Bhce **1** 372 8.

ܟܣܢܕܘܟܐ Alex 11 9, ܟܣܢܕܘܟܝܢ VitRabb 182 25, ܟܣܢܕܘܟܝܘܢ JSt 37 21 ξενοδοχεῖον xenodochium.

ܟܣܢܕܘܟܐ ξενοδόχος JSt 37 19, AS **2** 288 6.

ܟܣܘܣܛܪܘܣ Jud 5 28, ES **1** 315F, Bhchr 270 3, ܟܣܘܣܛܪܘܢ dap 5 26 ξυστὸς xystus.

ܟܣܦܐ (ex ass. *kaspu*, siquidem = ar. كَسْبٌ Jensen) argentum, pecunia ESL **2** 339 2, Vit Rabb 176 24, Guidi to 19 47.
ܟܣܦ ܪܫܐ census, tributum Mt 22 17, ES **1** 511B.

ܟܘܣܘܪܐ olitor (*costermonger* PS) BA n. 4778.

ܟܣܝܪܝܢ ξηρίον elixir Bhchr 130 12, ce **1** 315 18, Duval-Berthelot **2** pass.

ܟܘܣܬܝܠܐ (pers. Lag GA 59 150) vestimentum quoddam Bhchr 155 2.

ܟܥܒܬܐ الكعبة Ka'ba sacrum Meccanum EN chr 31 2.

ܟܥܟܐ placenta Sanct. Vit, PS.

ܟܦ *1.* inclinavit, curvavit ES **1** 247A, Bal 276 10, Joh 3 15 (Phil); *2.* se inclinavit ECth **5** 46 42, Bhchr 139 7.
ܟܦܐ *f. 1.* vola (*the hollow of the hand*) ap NT 11 13, ES **1** 454B, JS in ER 398 17; *2.* manica (*gloves*) SB 110 9; *3.* manipulus Gn 37 7, ES **1** 96A, ER 7 22; *4.* potorium Ap 14 10.
ܟܦܐ ܕܙܪܕܐ epimedium Löw n. 158, BB.
ܟܦܬܐ *pl.* ܟܦܐ (nest. ܟ̈ Bhgr **4** 4 5), *1.* lanx Ex 25 29, ES **2** 456F, Duval-Berthelot **2** 20 2, 40 7, *scale of a balance* Philox 270 4, IS 60 2, scutula (fundae) 1Sm **25** 29; *2.* (cf. ass. *kippatu* Haupt KAT [2]) fornix, arcus ES **1** 150F, asd 83 22, Corluy MP **23** 16, cf. ܟܦܬܐ.
ܟܦܦܐ *1.* arcus Bh adsc. ment 3 9; *2.* superficies concava JSt 32 14; *3.* convexa coeli ECth **1** 1 12.
ܟܦܦܬܐ *1.* pyxidicula (*small box*) PsC 211 12, AM **2** 118 375; *2.* capsa, in qua panis eucharisticus reponitur Rie 118 7, cf. Kayser Can JE p. 84, AS **2** 270 6 Bhce **2** 507 3 cf. n. 2; *3.* capsa voluminis, Rabb 220 18.
ܟܦܝܦܘܬܐ superficies convexa JSt 32 15.
ܟܦܝܦܐ curvus 2Par 21 28, glherm.
ܟܦܝܦܘܬܐ curvitus ThMarg **1** 221 5, glherm.
Pa. *1.* inclinavit Afr 71 14; *2.* incurvavit ES **3** 295A.
Etpa. *1.* se inclinavit ES **3** 430E, Philox 136 16; *2.* incurvatus est asd 49 7, KwD 28 18.

ܟܦܐ *1.* inclinavit Lc 24 5; *2.* subvertit ES **2** 450A, Vit Rabb 169 1, Bal 306 24.
Etpe. *1.* se inclinavit ES **2** 103E; *2.* subversus est Nis 30 106, Bal 317 22, dap 28 26.

ܟܦܢ esurivit (*to hunger*) Pr 19 15, Philox 360 2, Guidi to 37 11, BO **1** 291b.
ܟܦܢܐ *1.* fames Rabb 232 3, Corluy MP 389; *2.* famelicus (*hungry*) Bal 265 22, IA **1** 280 170.
ܟܦܢܘܬܐ fames ES **1** 24B, Nis 29 186, Philox 430 1, Vit Rabb 181 9.
Etpa. famelicus fuit ES **2** 70A, Nis 71 97, IA **2** 144 33.
Af. famelicum fecit Dt 8 3, Philox 272 17, Card 23 6.

ܟܦܣܐ foedus, turpis Cat Bod 616 8af.
ܟܦܣܐ menstrua, menses Lv 12 2, Afr 318 19, Jul 81 10, Gal ZDMG **39** 241.
ܟܦܣܢܝܬܐ et ܟܦܣܘܢܝܬܐ (ES 1 86C) menstruans Lv 15 33, apap **1** 88 10.

ܟܦܪ *1.* purgavit ESL **1** 335pu; *2.* sq. ܒ abnegavit ES **3** 371C, Vit Rabb 193 25, Jul 48 26.
ܟܦܪܐ vicus, pagus 1Sm 6 18, MS **2** 29 6.
ܟܦܪܘܢܐ viculus Nm 21 25, ES **1** 305C, IA **2** 150 208, Jul 98 24.
ܟܘܦܪܐ *1.* (cf. ass. *kupru*) pix, bitumen ES **1** 51C, Geop 10 20, PsC 2 10, Bhchr 117 2; *2.* lawsonia alba Löw n. 159, Cant 1 14, MS **2** 13 1, ON 19 20.
ܟܘܦܪܛܝܛܝܣ ἀσφαλτῖτις (λίμνη) JEh 24 26.
ܟܘܦܪܬܐ dolium e libro palmae textum et picatum BA n. 4814.
ܟܦܘܪܐ infidelis Corluy MP 25 3, *adv.* BO **3** 1 120a 5.
ܟܦܘܪܘܬܐ *1.* infidelitas ES **2** 523F, asd 54 21; *2.* animus ingratus KwDW 61 9.

ܟܦܝܪܐ maledictus Nis 57 19.

ܟܦܘܪܘܬܐ *1.* abnegatio ES **3** 434E; *2.* infidelitas ER 100 13, dap 79 1, JS in asd 98 26.

Etpe. abnegatus est Bhchr 581 4.

Pa. purgavit, detersit ES **2** 335E, Philox 562 3, Jul 248 12, absolvit ES **2** 106E.

ܟܘܦܪܐ *1.* condonatio Eb Mai **10** 230u; *2.* sordes, sentina 1 Cor 4 13, Cyr 108 11; *3.* sindon EN 38 73, ON 19 20.

ܡܟܦܪܬܐ tegumentum JARS 92 10.

Etpa. *1.* deletus, exstinctus est Js 28 18, ES **2** 68E, asd 83 11, BO **1** 225a; *2.* purgatus est BA n. 7176.

Af. *1.* effecit ut aliquis officium recusaret, de pedibus Nis 77 38; *2.* apostatam fecit ES **2** 459E, am **2** 40 1, BO **1** 166 28; *3.* s. ܒ (satanae) renuntiare jussit JE Can 9 6.

ܟܦܘܪ ar. كافور camphora Sind 22 8.

ܟܦܪܣܡܐ genus dulciarii BA n. 4813, EN 34 73.

ܟܦܣܦܐ helleborus BB Löw p. 180.

ܟܦܫ maturavit Ex 9 31, Nm 17 23, BA 4819, BB, Löw p. 232.

Etpe. (a ܟܦܫܬܐ) in nodum formatus est Bh, PS.

Pa. curvavit Eb Mai **10** 200 5.

ܕ ܟܪ ibi, ubi dap 92 8, ܕ ܟܪ ܟܠ ubicunque MS **2** 43 13, ܕ ܠܟܪ illic, ubi ES **2** 265D, ܕ ܟܪ ܡܢ inde ubi ES **2** 269C, Corluy MP 30 8.

ܟܪܐܙܐ vas BA n. 4574.

ܟܪܬܐ ar. كارة *1.* sarcina ThMarg **1** 126 16, BA n. 4886; *2.* onus quantum quis portare potest KwD 104 20.

ܟܪܐ articulus humeri Job 31 22, Afr 288 10, BA n. 4821.

ܟܪܐ *1.* brevis, decurtatus fuit ES **3** 359B; *2.* ܠܝ ܟܪܝܐ (N § 254a) dolui Gn 45 5, Afr 453 11, Bal 292 11.

ܟܪܝܐ brevis Js 17 11, Gal ZDMG **39** 263 3, ܒܟܪܝܐܝܬ paucis (dixit) ES **1** 1A, ThMarg **1** 137 10.

ܟܪܝܘܬܐ *1.* brevitas (spiritus) Gal ZDMG **39** 241; *2.* dolor, aegritudo Ex 6 9, ES **1** 289F, Bal 299 14, JS in MS **1** 36 81.

ܟܪܝܐ *1. pl.* ܟܪ̈ܘܝܐ (N § 79a) ass. *karū* Jensen, acervus, strues Ex 8 10, ES **1** 208F, am **2** 65 3; *2.* ambra ON 19 15.

ܟܪܬܐ *pl.* ܟܪ̈ܘܬܐ (N § 78) pollex (*thumb*) Ex 29 20, ES **2** 391F, JS in MS **1** 60 61, (pedis) am **2** 382 16, JS in MS **1** 60 63.

Pa. decurtavit ES **2** 412E, am **3** 74 1, Jul 5 24.

ܐܟܪܝܘܬܐ aegritudo ψ 13 3, Philox 206 19, Card 98 6.

Etpa. decurtatus est ES **1** 338C, Vit Rabb 180 16, Arist 20 6.

Af. *1.* dolore affecit Bal 315 10, KwDW 14 11; *2.* doluit ES **2** 521D, Bal 292 12.

ܟܪܒ aravit (*to plough*) Ex 23 11, ES 65F, PsC 67 15, Ath 28 13.

ܟܪܒܐ *1.* aratio Gn 45 6 (Hex); *2.* sulcus (*furrow*) ψ 65 10, Job 31 38, ThMarg **1** 369 4.

ܟܪܘܒܐ et ܟܪܒܐ arator 1 Cor 9 10, ES **1** 554F, PsC 67 15.

Etpe. *1.* aratum est Js 7 25 (Hex); *2.* tortus est ES **1** 420C.

ܟܪܘܒܐ κράμβη crambe (Löw n. 161), am **3** 489 2, JSt 36 6, Rie 121 22, Gal ZDMG **39** 278 47.

ܟܪܒܐ ܕܡܝܐ, ܟܪܒܐ BB et ܟܪ̈ܒܐ, ܟܪܒܬܐ nymphaea Löw p. 213, Gal ZDMG **39** 290 9.

ܟܪܘܒܐ כְּרוּב cherub Ex 25 18, Heb 9 5, dap 121 7, ThMarg **1** 71 4.

ܟܪܘܒܝܐ cherubinicus Rabb 362 9.

ܟܪܒܠܬܐ (cf. bab. *karbal-la(?)-ti* = pers. *khauda* Nakši R. a 26 Jensen, cf. Tallquist Nabunaid 81) crista galli (*cocks-comb*) EN 45 26, BA n. 4822.

ܟܪܒܢܕܬܐ (pers. خربنده Lag GA 61 153) asinarius EN 22 89, BA n. 3944, cf. ܟܪܒܝܬܐ.

ܟܪܒܣܐ *1.* carbasus AS **2** 269 11, Bh ZDMG **40** 443; *2.* cocio (*broker*) EN 22 85.

ܟܪܒܘܠܐ (pers. Lag GA 60 151) malva BB, Löw p. 359.

ܟܪܒܝ cheiranthus spec. L. BB, Löw n. 1109.

ܟܘܪܒܐ pera PS, cf. ܟܘܪܒܐ.

ܟܘܪܒܢܐ morbus BB, PS.

ܟܪܕܝܢܠܐ cardinales (ecclesiae Romanae) BO **1** 528a 9, **3** 2 308 1, JARS 50 15.

ܟܪܕܪܝܘܣ χαραδριός avis Phys 10 cap. XV.

ܟܪܝܗܐ aegrotus ES **3** 361D, ER 103 3, Ath ܘ 37.

ܟܪܝܗܘܬܐ infirmitas 3Mcc 2 13, Rom 6 19, ES **1** 521F, Philox 204 2.

ܟܘܪܗܢܐ morbus **1** Rg 17 17, Mt 10 1, ES **2** 50A.

Etpe. ܐܬܟܪܗ et ܐܬܟܪܝܗ (dap 5 17, 80 16 Duval gr. § 194), *1.* aegrotavit ES **1** 480A, Chr ed 156 24, asd 18 14; *2.* morbum simulavit 2Sm **13** 5.

ܡܬܟܪܗܢܐ aegrotus ThMarg **1** 311 6.

Af. aegrotum fecit ER 31 27, Nis 39 96, Philox 71 3, AS 63 25, Guidi to 36 3.

ܟܪܘܝܐ carum Carvi L. Geop 51 7, 116 29, EN 49 17 BB, Löw p. 207.

ܟܪܘܙܐ (κῆρυξ(?)) *1.* nuntius, praeco Ex 36 6, am **3** 141 11, Gal ZDMG **39** 267 4; *2.* concionator ES **1** 536A, dap 21 16.

ܟܪܘܙܘܬܐ concionatio Jon 3 1, Mt 12 41, Afr 157 5.

ܟܪܙܐ vervex, dux gregis EN 42 55, BA n. 4847.

Af. *1.* renuntiavit 2Rg 3 21, ES **1** 278B; *2.* concionatus est Jon 3 1, ER 44 5, dap 55 1.

Etpe. renuntiatum est Mt 26 13, ES **3** 310E, Rabb 241 16.

ܟܘܪܙܐ (pers. Lag GA 57 146) mantica BB.

ܟܪܙܠܐ (cf. ass. *kuzallu* pastor Jensen) pedum (*shepherd's crook*) et pastor BA n. 4848.

ܟܪܘܗܠܝ (pers. Lag GA 4 154) Nerium oleander BS in BB, Löw p. 130.

ܟܘܪܙܝܐ et ܟܘܪܙܐ (a pers. كارزار pugna Lag Beitr. 41 30, Perles Et. St. 113), fortis, bellicosus BA n. 4856.

ܟܘܪܚܐ cella ES **3** XXXIV 46, Vit Rabb 201 18, ThMarg **1** 296 22, Bhchr 136 20.

ܟܘܪܚܝܬܐ cellula am **1** 490 5.

ܟܪܛܝܘܢ κερατίων folliculorum Lc 15 16 (Phil).

ܟܪܛܘܠܪܝܐ χαρτουλάριος chartularius AS **2** 272 8, Alex 25 3, Joh Eph 53 9, cf. ܟܠܛܘܠܪܐ.

ܟܝܪܘܛܡܝܛܐ χειρότμητα operatio manu facta Duval-Berthelot **2** 239 4a f.

ܟܪܛܝܐ (AS **3** 117A) ܟܝܪܘܛܘܢܝܐ *pl.* ܟܝܪܘܛܘܢܝܣ Bhce **1** 287 6, χειροτονία ordinatio (sacerdotis) ES **3** XLVII 30, Joh Dar in ER 413 7, JARS 33 15, BO **1** 386 17.

ܐܬܟܪܛܢ ordinatus est gl. ad 2Cor 8 19 (Phil).

ܟܝܪܘܛܘܢܝܣܐ ܥܒܕ (χειροτονῆσαι) ordinavit Rie 23 24, Act 14 23 (Phil), Cyr 242 12.

ܗܘܐ ܟ' ordinatus est AS **1** 14 6, ܟ' ܡܬܥܒܕ id. Rie 23 25.

ܗܘܐ ܟܝܪܘܛܘܢܝܬܝܢܝ (χειροτονηθῆναι) ordinatus est Rie 23 22, 2Cor 8 19 (Phil), BO **3** 2 701m, Joh Eph 212 24.

ܟܪܛܝܣܐ *f.* et *m.* (N § 88) χάρτης charta 2Joh v. 12, ER 21 12, ES **3** LVIII 6, asd 61 24.

ܟܐܝܪܐ χαῖρε! (?) salve am **3** 234 15.

ܟܪܟ *1.* involvit ES **1** 503E, ap NT 6 7, Philox 266 8; *2.* circumvagatus est Bhchr 338 18.

ܟܪܟܐ (N § 94C) oppidum, urbs Lc 19 17, ES **1** 482D, asd 10 21, Chr ed 147 21.

ܟܪܟܐ volumen Ez 2 9, ES **2** 168E, Bhce **2** 575 4.

ܟܪܟܐ *1.* circuitus ES **1** 301C; *2.* subtegmen Lv 13 48, ES **1** 244A, ON 19 15.

ܟܪܟܬܐ fascia Job 38 9, BA n. 4867.

ܟܪܝܟ *1.* circumvallatus Dt 1 28; *2.* cingens, circumdans ES **3** 318E, dap 91 6.

ܟܘܪܟܐ (N§108) jugum (*weaver's beam*) BA n. 4888.

ܟܘܪܟܠܬܐ turbines AS 138 9.

ܡܟܪܟܢܘܬܐ *1.* ambages (*verbosity*) IA **1** 188 v. 219; *2.* cinctio Jul 120 22.

ܟܘܪܟܪܐ circuitus Corluy MP 25 2, Kays 28 5, ψ 18 12 (Symm), s. ܐܚܪܝܬܐ *the farthest point of the course* PsC 48 16.

ܟܘܪܟܝܐ *pl.* ܟܘܪܟܝܬܐ (AS **4** 66 17, Geop 4 14) cf. ass. *kurkū* grus Jer 8 7, ES **2** 117A, ThMarg **1** 219 7, EN 45 19.

Etpe. *1.* circumiit Jer 5 1, ES **2** 109D, Jul 195 2; *2.* cinxit, circumdedit ψ 48 13, Bal 282 20.

ܐܓܪܬܐ ܡܬܟܪܟܢܝܬܐ epistula circularis JohEph 237 21, Dan Hex p. 55 12.

ܡܬܟܪܟܢܘܬܐ circuitus Bh in JE Can 10 10.

Pa. *1.* involvit E16 4, ES **2** 178A, Philox 154 14; *2.* circumdedit Bal 284 19.

ܟܘܪܟܐ *1.* ambages, circuitus Nis 62 70; *2.* toni cum versu intercalari saepe repetito BO **3** 1 168a 17, ThMarg **1** 142 5.

ܡܟܪܟܢܘܬܐ adligatio vitis ad perticas Geop 34 8.

Etpa. *1.* cinxit, circumdedit Jos 6 6; *2.* circumdatus est am **3** 164 12.

Af. *1.* circumduxit ES 3 3C, Bhap 4 48; *2.* circumdedit Philox 176 3, Jul 120 23; *3.* circumegit Duval-Berthelot **16** 14 15.

Ettaf. *1.* circumdatus est Spic 33 1, cinctus est Bhchr 162 10.

ܟܪܟܝܣܐ (κερκὶς ZDMG **9** 875) pecten textorius (*slaie*) BO **3** 1 88 23 = ThMarg **1** 29 8, BA n. 6923 (sic l.!).

ܟܪܟܕܢܐ (Lag LA 61 155) rhinocerus BA n. 4868.

ܟܪܟܘܫܐ (pers. خَرگُوشَك) cynoglossum al. plantago psyllium BB, Löw p. 315.

ܟܪܟܠ scripsit Cat Wright **1** 310A.

ܟܪܟܠܬܐ annulus cinguli BA n. 4883, EN 40 5.

ܟܘܪܟܡܐ (Lag GA 58 147), crocus sativus Löw n. 162, Cant 4 14, AS **3** 80 7, Gal ZDMG **39** 278 56, Bhchr 121 5.

ܟܪܟܡܐ ܗ̈ܢ curcuma long. Löw p. 219, Gal ZDMG **39** 302 9.

ܟܘܪܟܡܢܐ croco conditus, mixtus Geop 463.

ܟܪܟܘܡܪܐ crocum corycium(?) Löw p. 216, BA n. 4684.

ܟܪܟܡܐ cingulum BB, PS.

ܟܘܪܫܝܕ (pers. خورشيد aw. *hvarc-χšaetem* pehlv. *χvarhšet* Horn Etym n. 506) sol AS **4** 9 2.

ܟܪܘܟܝܐ uncus, hamus Js 58 5, Afr 50 15, am **1** 278 15, EN 41 27.

ܟܪܡܐ vinea 1Rg 21 15, ES **1** 511A, Ath 44 9, Bhchr 182 3.

ܟܪܡܐ ܚܘܪܐ ὀφιοστάφυλον = ἄμπελος λευκή? BB, Löw p. 278 n. 1.

ܟܪܡ putavit (*to prune*) Jer 10 22, ES **3** 159A.

ܟܪܳܡܐ vitium cultor Js 61 5, ES **2** 250E.

ܟܪܡܬܐ epistylium, abacus 1Rg 6 36, 7 16.

ܟܪܘܡܐ (χρῶμα Sachs Beitr **2** 41), *1.* color Ex 24 10, ES **1** 223A, Bhcar 171 15, ܒܠܐ ܟܪܘܡ qua de causa ES **2** 521B; *2.* pudicitia ESJ 114 15, Bal 330 10; *3.* audacia IA **2** 62 39, impudicitia AM **2** 110 27.

ܟܪܘܡܬܢܐ impudicus ES **3** 216C, AM **2** 91 12, Kays 137 9.

ܟܪܘܡܬܢܘܬܐ impatientia PsC 117 18.

ܟܪܝܡܐ modestus ES **3** 159A.

ܟܪܡܣܬܐ panis tenuis BA n. 4872.

ܟܪܘܡܣܐ sorbus domestica Löw p. 287.

ܟܪܒܐ musa paradisiaca K. Ferr. Löw p. 336.

ܐܠܟܪܒܠܛ leg ܐܠܟܪܒܠܝ ET 3 4.

ܟܪܘܢܘܓܪܦܝܐ χρονογραφία temporum descriptio Bhchr 3 2.

ܟܪܘܢܘܩܢܘܢ chrononcanon Cat Par 5 n. 31, Sim Šankl. inscr.

ܟܪܘܢܘܣ χρόνος tempus AS **3** 11 4, Geop 46 1, DionT 174 15.

ܟܪܘܢܝܩܘܢ *pl.* ܟܪܘܢܝܩܐ (Bhce **2** 601 5), χρονικὸν chronicon AS **3** 93 9, Cat Wright **2** 491b 5, BO **1** 476a.

ܟܪܣ destitit AS **2** 98 14.

ܟܪܣܐ *f.* (N § 84, Lag Nom 44 14sq.) *1.* venter Lc 23 29, Afr 251 1, ER 14 18, Bal 255 14, IS in MS **1** 50 136; *2.* uterus Philox Mem. d. Lincei XII 1884 p. 486b 18.

ܒܘܟܪ ܟܪܣܐ primum genitus JS Const v. 261.

ܟܪܣܬܢܐ ventrosus BA n. 4878, Bhcar 163 10.

ܟܘܪܣܐ *m.* (Cat Bod 230 14, Par 90 n. 1), ܟܘܪܣܬܐ EN 30 89, *pl.* ܟܘܪ̈ܣܐ *m.* (Bhce **3** 479 14), *f.* (Cat Wright **2** 473b 5) scapus (papyri, *gathering*) ES **2** 441E, JBh 4 15, Mos. Agh. Rendic. dei Lincei 1886 p. 549 5.

ܟܘܪܣܬܐ (pers. Lag GA 57 146), mantica IA **2** 152 241, KwD 43 15, cf. ܟܘܪܙܐ.

ܟܘܪܘܣ χῶρος caurus ventus Epiph 72 91, cf. Act 27 12.

ܟܪܫܬܢܐ fasciculi lini Jos 2 6, ES **1** 293D, AM **2** 144 1, BA n. 4875, ON 95 1.

ܟܪܘܣܘܙܘܡܝܘܢ χρυσοζώμιον liquor auri Duval-Berthelot **2** 55 4, 56 13 etc.

ܟܪܣܛܝܢܐ *f.* ܟܪܣܛܝܢܝܬܐ (Bhchr 281 26), christianus ES **2** 490E, ISt 55 11, Chr ed 146 5.

ܟܪܣܛܝܢܝܘܬܐ christianismus Joh Eph 98 23, Bhchr **6** 9.

ܟܪܣܛܝܢܘܝܗܘܕܝ christianojudaeus ET 4 2.

ܟܪܝܣܛܝܘܢܐ (χαριστίων Loth) trutina Epiph 51 5n, EN 58 41, BA n. 4877.

ܟܘܪܣܝܐ *pl.* ܟܘܪ̈ܣܘܬܐ (N § 79A), ex ass. sive bab. *kussu* *1.* thronus 1Rg 1 17, Afr 113 5, ER 44 3, Ath ܝܛ 19; *2.* spec. sedes (episcopi) Chr ed 154 8, Bhce **2** 531 16.

ܟܘܪܣܝܬܐ umbraculum JARS 33 4.

ܐܠܟܪܣܢ ESL **2** 329 9, leg ܐܠܟܪܣܢ Fr.

ܟܪܝܣܡܐ χρῖσμα linimentum BA n. 4876.

ܟܪܝܣܝܣ χρήσεις usus (verborum) AS **3** 142 2, BO **2** 82b, Cat Wrigt **2** 918a, Bh car 166 16.

ܟܪܣܘܦܐ articulus BA n. 4654.

ܟܪܘܣܘܠܝܛܘܣ χρυσόλιθος Ap 21 20.

ܟܪܘܣܘܦܪܣܘܢ χρυσόπασον topazi genus Ap 21 20.

ܟܪܘܣܘܩܘܠܐ et ܟܪܘܣܘܩܘܠܠܐ χρυσόκολλα chrysocolla Duval-Berthelot **1** 4 10, 5 3, 2 8.

ܟܪܘܣܪܓܘܪܘܢ χρυσάργυρον lustralis collatio Rechtsb 32 9, Eb Mai **10** 244 18 (sic l.!).

ܟܪܘܣܪܘܢ AS **2** 267 11 vox incerta; van Douwen in Verh. d. K. Akad. d. Wet. Letterk. 18 Amsterdam 1889 conjecit χρυσωρυχεῖον??

ܟܪܘܣܘܬܝܩܝ χρυσοθήκη capsula in qua odoramenta reponuntur EN 38 55. BA n. 4844.

ܟܪܥܐ *f.* (N § 84) tali (*ankle-bones*) Ex 12 9, Am 3 32, ES **2** 260C.

ܟܪܥܐ ܕܝܡܐ ripa maris Clr 22 17.

ܟܪ̈ܥܬܐ suppellectilia, sarcinae ThMarg **1** 272 4, BO **2** 230 1, Bhce **3** 233pu, Eb Mai **10** 265 31, EN 37 54, BA n. 4880.

ܟܘܪܥܐ serpens femina Bhcar 115 6, EN 43 89, BA n. 4669.

ܟܪܦܣܐ (Lag GA 61 156) apium graveolens Löw n. 167, Geop 17 9, AS 185 6, Gal ZDMG **39** 295 6, EN 49 32, Bhchr 220 23.

ܟܪܘܙܐ (ar. خُرْص Fraenkel) inaures (*earrings*) Bhchr 324 24.

ܟܪܘܣܘܣܛܘܡܐ i. q. ܟܪܘܣܘܣܛܘܡܐ q. v. Duval-Berthelot **2** 11pu.

ܟܝܪܘܪܓܝܐ χειρουργία chirurgia EN 27 12.

ܟܪܫܐ Laserpitium Siler L. Löw n. 168, BA n. 4881.

ܟܪܫܦܐ et ܟܪܫܘܦܐ cingulum BA n. 4882, 4674.
ܟܪܫܦܠܬܐ i. q. ܟܪܫܠܬܐ q. v. BB, PS.

ܟܪܬܐ *f.* (N§86) allium porrum Löw n. 169, Nm 11 5, Afr 312 2, ESL **1** 355 4, Geop 93 13, Th Marg **1** 105 4 ܕܟ' ܠܒܘܫܐ vestes prasinae PsC 43 14, ܘܠܐ ܟܪ̈ܬܢܝܬܐ vela prasina Bhcar 72 4.

ܟܫܘܪܐܦܐ austeritas vultus BA n. 4670.

ܐܟܫ abegit, depulit Gn 15 11, ES **1** 542A, AS **3** 325 21, Bhchr 540 18.
ܡܟܫܬܐ flabellum AS **2** 258 21.

ܟܫܐ *1.* cumulavit, acervavit Lv 6 5, Afr 313 20, ES **1** 542C, Jul 171 9; *2.* acervatus est ESL **3** 39 23.
ܟܫܝܬܐ acervus Jud 9 49, ES **1** 542C, ISt 51 7.
ܟܫܘܬܐ (Lag Mitt **2** 388) cuscuta Löw n. 171, EN 50 39.
Etpe. acervatus est ES **1** 268F, **2** 44B, Philox 283 8.

ܟܫܘܛܐ Carthamus tinctorius Löw p. 216, Gal ZDMG **39** 277 31, EN 49 17, BA n. 4189, ܟ' ܒܪܝܐ carthamus lanatus s. creticus Löw p. 217, Gal l. l. 253 71.

ܟܫܛ (a ܩܫܬܐ q. v.) arcujecit ES **3** 395C, Rabb 373 3, AS **3** 207 26, Bhchr 305 24.
ܟܫܛܐ sagittae missio Bhchr 163 18.
Etpe. sagittis petitus est AS **3** 305 9, Ex 19 13 (Hex).
Pa. i. q. Pe. Bhchr 163 17.

ܟܫܛܝܐ sagittarius (sidus) GeZA **8** 17 5, Kays 193 4, Bhchr 253 15pu.
ܟܫܛܢܐ Sap Sal 18 9 (ed Ceriani) leg ܟܢܕܘܢ cum Lag. gr. κινδύνων; cod. Pocock. ܟܫܕܘܢ.

ܟܘܫܛܟܐ (cf. ܟܪܫܦܐ) cingulum BA n. 4674.

ܟܫܟܘܠ apud Nest. collectio precationum e libro Ḫudrâ haustarum, quibus quotidie in vespere celebrando utuntur Cat Vat **2** 367, Badger The Nestor. **2** 22/23.

ܟܘܫܟܪܐ (pers. Lag GA 59 148) furfur, panis furfureus EN 34 82.

ܟܫܠ offendere fecit (*to give offence*) AS **1** 25 2, KwDW 156 5.
ܟܫܠܐ offensio ER 4 13, dap 101 27, IS in MS **2** 112 564.
ܡܟܫܘܠܐ offensio Mt 13 41, ER 4 14, dap 99 18, Clr 108 22.
Etpe. offendit Mt 11 6, Afr 151 2, ES **2** 9D, Vit Rabb 180 22.
Af. offendere fecit Mt 5 29, Afr 151 6, ES **2** 313F, Vit Rabb 180 22.
ܡܟܫܠܢܘܬܐ offensio ThMarg **2** 133 31.

ܟܫܡܘܫܐ ramulus sesami BA, PS.

ܟܘܫܢܐ (Lag GA 59 149), viciae spec. impr. Ersilia Löw n. 170, AS **3** 39 5, Geop 48 18, JSt 36 15, DionT 135 2.

ܟܘܫܦܐ et ܟܘܫܦܬܐ pallium BA n. 4677, Bh ad Jos 4 18.
ܟܘܫܦܐ supplicatio ψ 129 2, IS in MS **1** 98 31, PsC 54 15.
Etpa. supplicatus est Afr 391 17, dap 20 11, Vit Rabb 186 3.
ܡܟܫܦܢܘܬܐ nomen accentus ET 25 5, BZ 13 12.
ܬܟܫܦܬܐ (nest. 'ܦ' Bhgr 4 4 5) supplicatio, precatio Jos 11 20, ES **1** 161A, Rabb 245 1, Jul 236 14.
ܡܬܟܫܦܢܐ precans AS 157 11.
ܡܬܟܫܦܢܐܝܬ humiliter, modo supplicantis Kw DW 32 17.

ܟܫܰܪ a rectus, idoneus fuit Jer 13 7, ES 3 391C.

ܟܘܽܫܪܳܐ *1.* diligentia, studium, industria Sir 38 31, ES 3 43F, MAMQ 5 8; *2.* fortuna KwDW 66 3, *pl.* divitiae ThMarg 1 46 2.

ܟܶܫܪܳܐ proventus Geop 2 3 (nisi ܟܘܫܪܐ leg.).

ܟܫܺܝܪܳܐ sollers Sir 18 17.

ܟܰܫܺܝܪܳܐ *1.* sollers IA 2 14 45, Philox 371 21, *adv.* sedulo ES3 400E, dap 7 7; *2.* dives ER 96 27.

ܟܰܫܺܝܪܽܘܬܳܐ sollertia Pr 31 19, dap 7 25.

Etpa. *1.* seq. ܒ alicui rei strenuam operam navavit ES 3 382F etc., Philox 267 10; *2.* felix fuit JS in asd 89 10, Jul 247 8; *3.* seq. ܠܝ contigit mihi ES 1 418B, VitRabb 192 21.

Af. *1.* felix fuit Afr 253 7, ER 130 17, KwDW 96 8; *2.* laete crevit (*to thrive*) JSt 33 21, Geop 4 30; *3.* contigit Jud 18 5; *4.* bene cessit Philox 69 9.

ܟܘܽܫܪܳܐ i. q. ܟܘܫܪܐ q. v. BA n. 4896.

ܟܘܫܪܘܢ (pers.?) zea Ferr. Löw p. 104, 422.

ܟܘܫܬܡܝܢ i. q. ܟܘܫܬܡܝܢ q. v. BB Lag GA 59 150.

ܟܶܬܳܐ et ܟܬܬܐ (Bhce 1 263 9) *f.* (N§86) pulvisculus ECth 1 31 9, Cat MB 55a 11, EN 79 97, BA n. 4897.

ܟܬܳܐ et ܟܬܬܐ frumentum, quod crevit e granis, quae in priore messe exciderunt Lv 25 5, 2Rg 19 29, Afr 378 19, ES 1 558E, ER 5 9, EN 78 98, BA n. 4898.

ܟܬܳܬܳܐ id. 2Rg 19 29, ER 5 9, BA l. l.

ܟܬܽܘܬܳܐ cartilago BA n. 4903.

ܟܬܰܒ scripsit Pr 25 1, ES 2 317, apap 164 1.

ܟܬܳܒܳܐ *1.* scriptio Ex 32 16, Js 8 1; *2.* liber 4Rg 5 5, AM 2 345, ap NT 7 18.

ܟܬܳܒ ܐܝܕܐ manuscriptum ThMarg 1 246 6, EN 67 68, ܟܬܳܒܳܬܳܐ scripta ES 2 332B, AS 2 37 21.

ܟܬܳܒܳܝܳܐ ad scripturam (sacram) pertinens Joh Eph 235 23.

ܟܬܳܒܳܐܝܬ *1.* secundum scripturam AS 3 310 12, JEh 10 15; *2.* scribendo ThMarg 1 65 9.

ܟܬܺܝܒܳܐ scriptus Kays 145 16.

ܟܬܺܝܒܽܘܢܳܐ *1.* libellus Ap 10 2, BO 1 214a, Zach. Rhet. Leb. d. Sev. v. Ant. ed. Spanuth 1 4; *2.* character amuletum Rie 131 19, cf. Kayser Can JE p. 131.

ܟܬܺܝܒܬܳܐ scriptura ap NT 14 4, pl. literae Guidi to 41 4, ET 37 1, EŞ 5 7, (cf. Hoffmann ZDMG 32 486 16) Gal ZDMG 39 289 2, Bhchr 232 12.

ܟܬܺܝܒܳܝܳܐ scriptus glherm, Zach. Rhet. Leb. d. Sev. v. Ant. ed. Spanuth 13 5.

ܟܬܺܝܒܽܘܢܩܬܳܐ libellus Cat Bod 26apu.

ܟܬܺܝܒܽܘܬܳܐ conscriptio Bh ad Paul 1 3.

ܟܳܬܽܘܒܳܐ scriba ER 23 3, Bhchr 377 8.

ܟܳܬܽܘܒܽܘܬܳܐ cancellaria Bh ZDMG 40 443.

ܡܰܟܬܒܳܐ *1.* stilus AM 1 198 4a.f., BA n. 5946; *2.* subula (*puncher*) KwDW 108u.

Etpe. scriptus est Jer 17 13, Rabb 223 1, Philox 624 11.

Pa. scripsit Joh 8 6, Gal ZDMG 39 260 9.

Af. *1.* scripsit Lc 1 1, ES 2 158C, ER 75 13; *2.* declaravit (aliquem servum, haeredem) Philox 204 7, 8.

ܡܟܬܒ ܙܒܢܐ chronicon BO 1 476a, Bhchr 193 14.

ܡܰܟܬܒܳܢܳܐ scriptor Gal ZDMG 39 244, ENchr 67 15.

ܡܰܟܬܒܳܢܽܘܬܳܐ scriptura ER 80 15, Gal ZDMG 39 246 4.

ܟܘܬܠܐ (Fraenkel p. 223 ex ass. *kutallu* pars posterior Jensen) puppis navis PS.

ܟܬܰܡ inquinavit Jer 2 22.

ܟܘܬܡܳܐ *pl.* ܟܘܬܡܬܐ macula Gal 6 17, ES 1 126E, dap 120 1.

ܟܘܬܡܬܳܐ vitiligo, scabies Geop 112 30, Gal ZDMG 39 241 (*met.*) ER 102 26.

ܟܬܺܝܡܳܐ qui intrinsecus penetravit (color) ES 2 357C.

ܟܳܬܽܘܡܳܐ inquinans Card 99 23.

Pa. i. q. Pe. ES 1 243F, ER 347 14, Jac 3 6 (Phil).

Etpa. inquinatus est ES 3 128C, am 3 320 8, MS 1 4 8.

ܟܬܳܢܳܐ (ass. *kitinnu* Tallquist Nabunaid 87)

linum Löwn. 172, Ex 9 31, ES 2 223F, asd 84 18, Geop 5 26, PsC 5 3, Gal ZDMG 39 280 17.

ܟܬܢܝܬܐ vestimenta linea Hos 2 5 (Hex).

ܟܘܬܝܢܐ *f. pl.* ܟܘܬܝܢܬܐ (N§71 4) ass. *kuttīnu* V R 15 10 Jensen *1.* tunica Gn 37 3, Afr 403 19, ESL 1 321 16, Bal 278 25; *2.* testa (ovi) Duval-Berthelot 2 25pu.

ܟܬܦܐ *f. pl.* ܟܬܦܬܐ (N§84) *1.* humerus Mt 23 4, ES 2 188B, Ath ܠ 15; *2.* i. q. ὦμος surculus in media vitis parte Löwn. 65, Geop 34 19.

ܟܬܦܢܐ funis brachii EN 9 87.

ܟܬܪ mansit, exspectavit Ex 14 13, Afr 18 2, ES 2 280A, JSt 61 8, MS 2 9 8.

ܟܘܬܪܐ mansio AS 144 6, Bh adsc. ment. 17 22.

ܡܟܬܪܢܘܬܐ id. Philox 165 11, Cyr in Julian ed. Neumann 60 19.

ܟܘܬܪܬܐ χοθραθ כתרת Rgn δ 25 17 (Hex).

ܟܬܫ *1.* excitavit ES 3 193A, Spic 29 27; *2.* verberavit AS 1 66 10; *3.* pugnavit Philox 552 5, 601 25.

ܟܬܝܫܐ *1.* excitatus Vit Rabb 188 15; *2.* daemon ES 1 195E, 367B; *3.* lymphaticus ES 3 200D, ER 16 10.

ܟܬܝܫܘܬܐ *1.* cruciatus asd 14 15, Add 34 15, Jš in ThMarg 1 CXLIV n. l. 16; *2.* status lymphatici ES 2 209F.

ܡܟܬܫܐ *1.* plaga, cruciatus Jos 2 12, 1Rg 8 38, BO 3 1 115b 1 = ThMarg 1 168 16; *2.* ἐπαγωγή agressus Sir 10 13.

Etpe. *1.* excitatus est Jer 6 23; *2.* pressus est Jer 41 5; *3.* laboravit Corluy MP 37 1, KwDW 83 16.

ܬܟܬܘܫܐ *1.* contentio, pugna 1Sm 8 20, ER 37 27, Bhchr 309 15; *2.* labor KwDW 183 17.

ܬܟܬܘܫܝܐ ad contentionen pertinens ThMarg 1 216 11.

Pa. contendit Act 12 20 (Phil).

Etpa. *1.* pugnavit, certatus est Afr 215 5, ES 1 368D, KwDW 59 7, *part* s. ܡܬܟܬܫܐ *importunate with voice* = συρισμὸν πέμπων PsC 13 2; *2.* restititigni Duv-B. 2 1 10 27u.

ܡܬܟܬܫܢܐ athleta Rie 16 1.

ܠ

ܠ duodecima litera alphabeti Lâmadh numerus 30.

ܠ *praepos.* ad, cf. N§247, 288, 289.

ܠܐ non N§328—330.

ܠܐܝ et ܠܐܐ fatigatus est Ex 17 12, Afr 240 1, ER 44 4.

ܠܐܝܐ molestus dap 5 9.

ܠܐܝܘܬܐ molestia Bal 265 3.

ܠܐܝܐ labor, fatigatio IA in MS 1 20 420.

ܠܐܘܬܐ (N§40D) labor Gn 31 42, Afr 212 6, ES 1 86E, JS in MS 1 38 145.

Af. fatigavit Afr 240 19, ES 2 320A, Jul 237 7.

ܡܠܐܟܐ *1.* nuntius ES 1 408A; *2.* angelus Za 5 5, ER 64 1, Corluy MP 23 5.

ܡܠܐܟܝܐ angelicus ES 1 461C, AS 78 8, ThMarg 1 29 6.

ܠܒܐ *pl.* ܠܒܐ Lc 21 13 (Cur), Sir 1 29 et ܠܒܒܬܐ (N§79B1, Delitzsch Prol 88), *1.* cor Jer 3 15, ER 125 17, dap 64 23, ܡܢ ܠ' memoriter (*by heart*) Bhce 3 33 16; *2.* centrum Dt 4 11, 4Ezr 13 3, Bhchr 383 5; *3.* medulla (plantae) Lv 23 40, ES 1 248C, Löw p. 116, 157; *4. pl.* genus cibi 2Sm 13 6, EN 34 75, BA n. 5095.

ܠܒܐ [illegible] medulla (plantae) Geop 61 23.

ܠܒܝܐ *1.* cordis Bhcar 95 10; *2.* sincerus am 1 363 15.

ܠܒܝܒܐ fortis ES **2** 192C, Vit Rabb 175 22, AM **2** 386 25.

ܠܒܝܒܘܬܐ fortitudo Jos 29 2, ES **1** 497A, Cyr 87 10.

Pa. confirmavit Js 41 7, Guidi to 22 164.

ܡܠܒܒܢܘܬܐ confirmatio Js 35 2, ER 24 19, Jš in ThMarg **1** LXXXIVn l. 10.

Etpa. *1.* confirmatus est Mt 14 27, Guidi to 22 165; *2.* se confirmavit ZATW **6** 200apu.

ܠܒܝܕܐ *1.* spissus, densus ES **1** 117B, Jul 96 22, ZDMG **19** 654; *2.* congelatus (*frozen*) PsC 137 8.

ܠܒܝܕܘܬܐ densitas ES **1** 117A.

Etpa. *1.* densus fuit ES **2** 474A; *2.* congelatus est Arist 6 21.

ܠܒܕܪܐ (pers. لبدار PS) postomis (*horse-twitchers*) BA n. 5090.

ܠܒܛܠܐ i. q. ܠܘܛܠܐ q. v. Epiph 56 17 etc.

ܠܒܛ *1.* seq. ܥܠ (contra) excitavit, incitavit Sir 26 27, Afr 284u, Jul 24 2, Bhchr 64 2; *2.* seq. ܒ investigavit dap 52 22.

ܡܠܒܛܢܘܬܐ investigatio Jul 231 18.

Etpa. incitatus est Joh Eph 388 19.

ܠܒܘܛܐ mensura completa BA, BB, PS [fort. leg. ܠܒܘܛܐ abundans? Fraenkel].

ܠܘܒܝܐ *pl.* ܠܘܒܝܢ BO **1** 352 9, phaseolus, dolichus, vigna Löw n. 173, EN 49 15.

ܠܒܟ (Barth p. 27) *1.* cepit asd 40 17, Bal 268 26, AM **2** 327 15; *2.* superavit KwDW 335 2; *3.* ingressus est (viam) MS **2** 12 2, Mar Narses Gesch Josephs ed. Grabowski 5 21; *4.* s. ܬܘܕܝܬܐ meminit Philox 196 23; *5.* sparsus est (rumor) Zach. Rhet. ed. Spanuth 15 14 (religio) ib. 10 20.

ܠܒܟ ܐܝܕܐ manipulus Epiph 4 56.

ܠܒܟܬܐ *1.* manubrium, ansa (*handle*) TB 33 8; *2.* praeda Clr 56 2.

ܠܒܘܟܐ tenens Guidi to 25 22, AM **2** 337u, ܠܒܘܟ ܟܬܒܐ bibliothecarius Cat Wright **2** 648b, ܐܚܝܕ ܟܠ omnipotens Cyr in Julian ed. Neumann 46 22.

ܡܠܒܟܐ *1.* capulus (*handle*) Jud 3 22, ES **1** 310D; *2.* ansa Epiph 47 16.

ܠܒܘܟܝܐ comprehensio AS **2** 253 1.

Etpe. captus est dap 80 14, Bal 251 9, Jul 156 9.

ܠܐ ܡܬܠܒܟܢܐܝܬ incontinenter Cyr 4 20.

Af. *1.* capere fecit ES **3** 297A, BO **3** 2 674 28; *2.* cantare docuit ThMarg **1** 237 20, BO **3** 2 938 18.

ܠܒܠܒܬܐ uvula PS.

ܠܒܠܪ Chr ed 155 9, ܠܒܠܪܘܣ AS **1** 21 25, JohEph 46 13, Bhce **1** 271u, *pl.* ܠܒܠܪܐ AS **3** 137 4 λίβελλος libellus.

ܠܒܘܢܬܐ, ܠܒܘܢܬܐ (SB 93 4 11) λιβανωτὸς tus (*incense*) Löw n. 174, Mt 2 11, Afr 38 6, ES **1** 234B, Ath ܠܐ 7.

ܠܒܢܬܐ *pl.* ܠܒܢܐ (Del. Prol. 93 contra Nöld. ZDMG **36** 181) later Gn 11 3, ES **1** 223A, ThMarg **1** 135 8.

ܡܠܒܢܐ fornax lateraria Nah 3 14, Jer 43 9, (cf. Bernstein ZDMG **3** 395), Métr 73 5.

ܠܒܢܘܬܐ laterum praeparatio Ex 1 14 (Hex).

ܠܒܢܘܢ Ap 18 13, ܠܒܢܘܣ Ex 30 34 (Hex) λίβανος, tus.

ܠܒܢܘܛܘܣ Geop 109 9, ܠܒܢܘܛܘܣ Epiph 72 88 λιβανωτὸς tus.

ܠܒܢܝܬܐ Nis 33 48 corr. PS conj. ܠܒܢܝܬܐ Fraenkel ܠܒܢܝܬܐ.

ܠܒܪܛܝܢܘ (nest. ܒ Bhgr **4** 4 5) λιβερτῖνοι libertini Act 6 9.

ܠܒܘܪܢܝܩܘܢ λιβυρνικὸν liburnicum (oleum) Geop 87 7.

ܠܒܫ induit ψ 65 14, ER 5 15, (iram) Guidi to 19 24 (robur) Philox 589 15, (pudorem) ib. 593 4.

ܠܒܝܫ ܕܡܘܬܐ qui alicui similis factus est Nis 19 136.

ܠܒܝܫܘܬܐ astutia, calliditas ES **1** 517D.

ܠܒܘܫܐ vestis Gn 39 12, ES **1** 530C, Jul 37 14.

ܠܒܫܬܐ id. ES **2** 412E.

ܠܒܘܫܐ id. Mt 24 18, am 2 162 6.

ܠܒܘܫܬܐ vestimentum Mt 7 15, dap 31 17, Guidi to 43 23.

ܠܒܝܫܐ loricatus AS 2 211 10, 3 205 14, Jul 165 1, JSt 68 11.

ܬܠܒܫܬܐ vestimentum ES 1 231A, Bal 295 18, am 2 60 18.

ܐܠܒܫܘܬܐ investitura Cat Bod 243 10.

Etpa. *1.* induit PsC 43 11, TA 30 102; *2.* s. ܒ irrepsit, se intrusit Philox 405 10.

Af. *1.* vestivit ER 95 17, JS in asd 106 12, Ath ܡ 18; *2.* affecit (terrore) Philox 200 1.

ܠܓܢܬܐ *pl.* ܠܓܢܐ patina, lanx Mt 26 23, ESL 1 529 13, AS 2 291 7, Joh Eph 89 1.

ܠܓܢܘܣܝܬܐ (N§133) patellae AS 2 198 18.

ܠܓܐ port. *lega* = leuca BO 3 1 333a 6, Mai 10 271 22.

ܠܓܐܛ legatus (papae) Bhchr 442 1.

ܠܓܛܘܢ λῃγάτον legatum Rechtsb 8 16.

ܠܓܛܪܝܘܣ λῃγατάριος legatarius Rechtsb 14 15.

ܠܓܝܘܢܐ *f. pl.* ܠܓܝܘܢܣ Mt 26 78 (Phil), λεγεών legio Nm 24 24, ER 88 7, JS in MS 1 23 53, PsC 164 6.

ܠܓܠܓ balbutivit ES 1 151D, JEh 22 8, KwDW 63 22.

ܠܓܠܓܐ balbus BA n. 5258.

ܬܠܓܠܓܐ balbutitio ES 3 330E, Kays 31 3.

ܠܓܘܡܐ (Fraenkel p. 100) maxilla Jud 15 19, BA n. 5133.

ܠܓܡܐ frenum (*bit*) ThMarg 1 152 6.

ܠܓܢܐ placenta Ex 29 2, ES 1 232C, ECth 2 52 12.

ܠܓܬܐ *1.* torus, lecticulus EN 80 5; *2.* sulcus (*furrow*) Sir 38 26.

ܠܓܝܢܐ (λάγοινα Fraenkel p. 131) dolium fictile EN 29 62, BA n. 3183, 5184, 5108.

ܠܘܓܘܣ λόγος verbum AS 3 201 7.

ܠܘܓܝܣܛܝܣ λογιστής curator urbis am 1 251 1.

ܠܘܓܝܩܐ τὰ λογικὰ logica herm 68 11.

ܠܘܓܝܩܘܣ λογικοὶ logici Bh ad Mt 49 24.

ܐܬܠܓܝܬ constitutum est Card 109 6.

ܠܝܓܘܪܝܘܢ λιγύριον, λυγκούριον genus electri Ex 28 19, Ez 28 13 (Hex).

ܠܘܓܘܬܛܝܣ λογοθέτης cancellarius Bhchr 131 7.

ܠܘܓܘܬܣܝܐ λογοθεσίαι rationes reddendae AS 3 215 25.

ܠܕܢܐ Gal ZDMG 39 277 28, اللادن EN 27 94, اللادن Kays 228 20, λάδανον ladanum, cf. Löw p. 127.

ܐܬܠܕܝ placuit TA 26 66.

ܠܘܕܘܣ ludi (circenses) dap 76 22, am 1 240 5.

ܠܘܕܪܐ ludarius, gladiator, bestiarius AS 1 34 16, Bhchr 160 14.

ܠܘܕܪܘܬܐ ludus bestiarius ECth 2 17 10, am 1 246 3.

ܠܗܕܪܝܢ λῃδάριον vestis muliebris BA n. 5191.

ܠܗܓܐ vapor, nebula ψ 143 4, Afr 144 4, AS 1 117A.

ܠܗܓܢܝܐ vapori similis AS 141 18.

ܠܗܓܢܐ *1.* i. q. praec. Bh de div. sap. 4 8; *2.* fuliginosus Gal ZDMG 39 241.

ܠܗܓܘܢ vapor tenuis Duv-B 2 48 8.

ܐܬܠܗܓ in vaporem versus est AS 141 18.

ܠܗܒܐ ardor Bhchr 385 6.

Etpa. exarsit ES 2 18E, Card 58 13.

Af. id. Job 41 12, (ES 2 18E vocem hebraicam esse contendit).

ܠܗܘܝܐ et ܠܗܘܝܬܐ stultus Bh ZDMG 40 443, 444.

ܠܗܠܗ confusus, obstupefactus BA, PS.

ܠܗܠܗܘܬܐ perturbatio TA 38 192.

ܐܬܠܗܠܗ obstupefactus est BA, PS.

ܠܗܦ o seq. ܒ cupivit JS in MS 1 52 212.
ܠܗܝܦ cupidus ES 2 316A, Ath 36 11, Kw DW 173 14, *adv.* ES 1 193D.
ܠܗܝܦܘܬܐ cupido ThMarg 1 330 21, Eb Par 109 14.
Etpa. (BA n. 7192 Etpe.) cupivit Jul 78 1, s. ܒ Philox 504 5, s. ܠܘܬ am 2 133 6.
Af. *1.* cupidum fecit Afr 109 22, Rabb 235 27, am 2 249 12; *2.* cupiditate coeundi inflammavit AM 1 46 5; *3.* exussit (sitis) IA 2 278 768.

ܠܗܬܐ anhelitus ER 152 13, Zingerle Chr 399 v. 45, EN 32 28, BA n. 5126.
Af. anhelavit AS 2 115 5, Kays 137 2.

ܠܘ non N§238B.

ܠܘܐ et ܠܘܐ (KwDW 320 16), comitatus est ES 337D, Bal 267 7, JS in asd 94 14.
ܠܘܝܐ comitatus ES 2 380C, OM 114u.
ܠܘܝܬܐ id. ES 1 499B, AS 4 67 12, dap 78 21, 'ܠ ܒܪ comes Lc 2 44 (Phil), ap NT 16 8.
Pa. comitatus est Act 15 3, ES 1 75A, JS in asd 95 9.
ܠܘܝܐ *1.* comitatus ES 3 58A, Bhchr 355 20; *2.* funus Rie 141 15.
Etpa. *1.* i. q. Pa. ES 1 112E, Clr 148 12; *2.* se conjunxit AS 1 514E; *3.* deductus est ES 3 LXII 24, JS in asd 94 14; *4.* elatus est (mortuus) Lc 7 12 (Phil).

ܠܘܝ utinam ES 3 XLVI 43, 282F, JS in MS 2 98 334.

ܠܘܝܬܢ h. לִוְיָתָן Leviathan ψ 74 14, ES 1 18A, cf. JE in Journ. of s. l. 10 12 sq.

ܠܘܙܐ amygdala Löw n. 319, 1Sm 22 6, ES 2 99D, AS 3 242 6, Kays 238 4.

ܠܘܚܐ *f.* (N§84) tabula Joh 19 29, ES 2 71D, dap 5 24, Bhce 1 7 6.

ܠܘܛ detestatus est Gn 13 3, ER 46 1, Nestle Chr 1 54 31.
ܠܘܛܬܐ detestatio Dt 11 26, Afr 56 8, ES 1 286B, dap 69 24.
ܠܘܛܝܘܬܐ abominatio IA 2 234 268.
Etpe. devotus est Mal 3 9, ES 1 19F, ESZ 2 v. 131.
ܡܠܘܛ detestans Gn 13 3, Sir 21 27, ES 2 457C.
ܠܘܛܢܐ detestator ES 2 385E.

ܠܘܓܟܝܬܐ (gr. λόγχη) hasta Joh 19 34, ES 2 306B, am 2 76 3, KwD 68 8.

ܠܘܟܢܝܬܐ aculeus sagittae ψ 55 22, ESJ 12 6, Bal 268 14, Jul 79 15.
ܠܘܟܢܝܬܢܝ acutus (*having a sharp point*) KwDW 179 24.

ܠܘܪܝܪܐ lorarius (*harness-maker, maker of saddles*) Act 18 3, AS 3 195 5, JS in asd 100 4, Wright Journ. of s. l. 7 137 ng.
ܠܘܪܝܪܘܬܐ ars loraria am 1 337 8.

ܠܘܡܐ (Hoffmann Kirchenv. p. 94 n. 178) nummus AS 1 19 1, Alex 5 n. 1, BO 1 351 4, *pl.* ܠܘܡܐܣ? Bh ad 1Cor 4 21.

ܠܘܡ appropinquavit IA 1 198 476, 2 8 35 276 761.
ܠܘܡܢܘܬܐ decus TA 40 229.

ܠܘܥܐ maxilla Jud 15 19, IA 2 300 v. 1119, Geop 106 2, Bhchr 239 19.
ܠܘܥܐ festuca fluitans L. Löw n. 175, Js 19 7, ES 2 50C, Bh ad l. l. EN 48 93.

ܠܘܦ *1.* contexuit Métr 10 8, ThMarg 1 292 3, SB 22 8; *2.* conjunxit Eb Par 115 4.
ܠܘܦܐ *1.* parietaria? Löw n. 176, 1Rg 5 13, AS 4 101 1; *2.* δρακόντιον Geop 41 22, Gal ZDMG 39 255 9; *3.* ἄλφιτα polenta Geop 104 16.
ܠܘܦܬܐ conjunctio BA n. 5195.
ܠܘܦܐ conjunctio BA, PS.
Af. contexuit (verba) Clr 81 34.
Ettaf. *1.* congregatus est ThMarg 1 36 14; *2.* s. ܒ se conjunxit Philox 69 22.

ܠܘܪܐ λύρα lyra Bh ad Ps. 135 28.

ܠܘܪܣܛܝܣ λυριστής lyrista Rie 31 3.

ܠܘܪܐ λαῦρα monasterium Zach. Rhet. ed. Spanuth 26 4.

ܠܫ subegit (massam) 1Sm 28 24, ES 1 287A.

ܠܝܫܐ *1.* subactio Geop 11 13; *2.* mactra Ex 7 28 (Hex).

ܠܫܐ massa Ex 12 39, ES **2** 114A, JS in MS **2** 73 4.

ܠܫܘܬܐ genus massae Duv-B **2** 85 18.

Etpe. subacta est (massa) Afr 302 2, ER 96 5, ThMarg **1** 18 7.

ܠܘܬ *praep. 1.* ad; *2.* secundum.

ܐܠܘܝ *1. trans.* a) conjunxit Jul 56 27, b) addidit ThMarg **1** 16 15; *2. intr.* a) appropinquavit ES **2** 370E, Ath 19 10, b) comitatus est Bal 272 14, BS 16 24, c) adjuvit ES **1** 200C.

ܡܠܘܝܘܬܐ *1.* conjunctio, assistentia ES **3** 44C, ψ 421 3 (Symm); *2.* tt gr. relatio ad aliquid ar. إضافة Bhgr **1** 166 16 (Merx p. 246).

Ettaf. *1.* se conjunxit ES **2** 299C; *2.* conjunctus est Corluy MP 11 7, Kays 75 6.

ܡܠܘܝܢܝܬܐ pronomen nomini suffixum Bhgr **1** 77 6.

ܠܚ mastix(?) Duv-B **2** 27 9.

ܠܚܝܐ *1.* impulsio, vis urgens ESZ **1** v. 85, Philox 430 3; *2.* garritus am **3** 483 2, Gal ZDMG **39** 269 5.

ܠܚܝܨܐ molestus IA **2** 48 102, *f. subst.* afflictio ThMarg **1** 215 17.

ܠܚܝܨܘܬܐ *1.* necessitas (negotii) Afr pr. 19 12; *2.* afflictio ThMarg **1** 393 1; *3.* vis nocendi Vit Rabb 174 10; *4.* turbatio (ἐνόχλησις) glherm.

Etpe. *1.* afflictus est ES **2** 212C; *2.* victus est Bhchr 67 8.

Af. *1.* ursit Bhce **1** 113 20; *2.* molestiam exhibuit Act 15 19 (Phil), KwDW 371 15, Bhchr 132 10.

Ettaf. pressus est Tob 6 8, Rie 110 12.

ܠܙܘܪܕ (pers. Lag GA 62 157) lapis Lazuli Kays 265 1.

ܠܚܡܐ muria Duval-Berthelot **2** 4 1.

ܠܚܘܦܬܐ *1.* vola manus; *2.* spiritus, halitus cf. ܠܗܬܐ BA, PS.

ܠܚܐ abstersit (*to efface*) Ap 3 5, ES **1** 534F, Bal 280 3, Jul 213 12.

Etpe. abstersus est ES **3** 453A, Bal 287 7, KwDW 121 13.

Af. abstergere fecit ES **3** 496F.

ܠܚܟ lampsit, linxit 1Rg 18 38, Afr 61 7, ES **1** 497D.

ܠܚܟܐ ἀρνόγλωσσον plantago asiatica Löw p. 242, 243, Gal ZDMG **39** 253 59.

Pa. i. q. Pe. Lc 16 21, Afr 149 8.

ܠܚܘܣܟܢܐ (N§129) adulator Pr 26 22 (Hex), BA n. 5176.

ܐܬܠܚܘܣ σαίνεσθαι 1Thess 3 3 (Phil).

ܠܚܡܐ *1.* panis Js 28 28, ER 120 16 spec. ܠܚܡ ܐܦܐ, h. לֶחֶם הַפָּנִים panis propositionis Ex 25 30, Rabb 235 11, dap 41 4; *2.* coena ES **1** 100B.

ܠܚܝܡ aptus, idoneus ES **2** 97E, Philox 589 1, *adv.* justo Ath ܠ 19.

ܠܚܝܡܘܬܐ *1.* convenientia GeZA **8** 9 2; *2.* conjunctio Kays 181 1.

ܠܚܝܡܐ conveniens Kays 180 14.

ܠܚܡ *1.* minatus Corluy MP 39 15, Guidi to 26 95; *2.* paratus ES **3** 456D.

ܠܚܡܬܐ minatio Philox 576 1, Ath 33 13.

Etpe. *1.* adaptatus est, concinnatus est ES **1** 191B, Nis 46 110; *2.* conjunctus est ES **2** 299D, Kays 181 20.

Pa. *1.* conjunxit 2Cor 9 2 (Phil), Kays 180 1; *2.* commentus est KwDW 81 4; *3.* adaptavit ἐφαρμόζειν Spic. Solesm. **4** 18 3.

ܠܘܚܡܐ minatio ES **1** 429B, Joseph **6** 2 (674c 41), Philox 578 24, asd 47 3.

ܡܠܚܡ aptus, conveniens (*fitting, fitted*) PsC 101 11, 138 18.

ܡܠܚܡܘܬܐ *1.* rythmus 4Rg 16 1 (Hex); *2.* harmonia Jer 23 42 (Hex), cf. Bernstein ZDMG **3** 419.

Etpa. minatus est (*utter threats, be in rage*) Gn 27 42, ES **1** 71B, Vit Rabb 176 21, asd 47 4, KwDW 214 13, Bhce **3** 171u.

ܠܚܫ *1.* susurravit ES **2** 356E, Nis 48 6; *2.* incantavit ES **2** 439C, Jer 8 17 (Hex).

ܠܘܚܫܬܐ carmen magicum ES **2** 118A, Bal 324 14, Gal ZDMG **39** 262 9.

ܠܚܘܫܐ magus, incantator ES **2** 476A, Vit Rabb 211 2, Dn 2 2 (Hex).

ܠܚܘܫܘܬܐ incantatio Sch 134 9.

Etpe. susurratum est ES **3** 404A, Vit Rabb 205 17.

Pa. susurravit Lc 12 3, Afr 286 7, dap 57 13.

ܡܠܚܫܢܐ susurro ESL **2** 319pu (nisi forte ܡܠܚܫܢܐ q. v. leg.).

Etpa. i. q. Pa. ψ 57 10 (Symm.), Bhce **2** 619 6.

ܠܛܫ acuit Geop 61 21.

ܠܛܝܫܐ acies Geop 61 5, PsC 42 5, BA n. 518.

Etpe. acutus est Geop 61 23.

ܠܛܩܛܐ nuces pistaciae Löw p. 70 Gn 43 11, ES **1** 97D, BA n. 5183.

ܠܐܛܘܡܐ λατόμοι lapicidae Joh Eph 334 13.

ܠܐܛܘܡܝܐ λαοτομεῖα lapicidinae AS **2** 284 11.

ܠܝܛܢܝܐ ܠܝܛܢܐ λειτανία litania Cat Par 130 18, Bh in JE Can 10 21.

ܠܘܛܩܣ Rie 31 10, ܠܘܛܩܣ AS **2** 158 12, Mos. Agh. Rendic. dei Lincei 1886, 556 8, AM **2** 142 22; *1.* λῶταξ mendicus, prodigus; *2.* doctor canendi? Efr in Merx 211 4.

ܠܛܦ decorticavit BA n. 5184.

ܠܛܦܐ decorticatio BA n. 5182.

ܠܝܛܪܐ λίτρα libra 1Par 22 14, ES **1** 457D, JSt 26 11, DionT 54 12.

ܠܝܛܘܪܓܝܐ Joh Eph 180 20, *pl.* ܠܝܛܘܪܓܝܣ ib. 23 8 λειτουργία liturgia.

ܠܛܪܝܕ (e gr. αὐλητρίδες Duval) cecinit, celebravit BO **3** 2 363m, BA n. 5185, BB p. 64, EbPar 45 4.

ܠܘܛܪܝܐ λωτάρια Rhamnus lotus Löw p. 283, EN 50 57.

ܠܛܫ *1.* acuit Dt 32 41, ES **2** 417E, Geop 43 1, ThMarg **1** 121 16; *2.* detersit, polivit (*rub, smear*) KwDW 158 1, 209 19, 306 19; *3.* seq. ܠܐܪܥܐ humi prolapsus est (?) KwD 42 13; *4.* excitavit Zach. Rhet. ed. Spanuth 5 12.

ܠܛܝܫܐ acutus Ath ܟ 22, JS in asd 105 3.

ܠܛܝܫܘܬܐ acies Rabb 227 7.

ܡܠܛܫܬܐ cos Geop 43 1.

Etpe. *1.* acutus est Ez 21 9, ES **2** 184B, Jul 64 12, Cyr 87 10; *2.* excitatus est Cyr in Julian ed Neumann 59 1.

ܠܝܦܐ λίψ africus (ventus) AS 143 8, Epiph 72 88.

ܠܝܒܘܢܘܛܘܣ λιβόνοτος libonotus AS 143 18.

ܠܝܒܘܦܘܢܝܩܐ λιβοφοῖνιξ ib.

ܠܝܓ Bal 301 24 saepius redupl. ܠܝܓܠܝܓ (λιγολίγο sensim? Perles Et. Stud. 49) celeriter ES **3** 397D, AS **2** 359 10, Geop **10** 2.

ܠܝܓܠܝܓ id. Bhchr 91 26, ad Mt 37 20.

ܠܝܩܛܐ pistaciae magnae? BB, Löw p. 70.

ܠܝܩܐ (cf. arm. λek et λeak) gubernaculum Ez 27 6, ES **3** 27F, AS **3** 307 23, JARS 30u.

ܠܝܬ (N § 199) non est etc. pass.

ܠܝܬܝܐ non existens BO **3** 1 207b 2 = ThMarg **1** 198 5.

ܠܝܬܘܬܐ non existentia ThMarg **1** 51 12, EN 7 20.

ܐܠܬܝܬ evanuit Bhchr 203u, car 145 16, ad ψ p. 146 44 (sic l.!).

ܠܟܐ *1.* huc 2Sm 20 16, ܠܟܐ ܘܠܟܐ huc illuc 1Rg 2 36, ES **1** 519A, Guidi to 35 13, ܠܟܐ ܘܠܗܠ id. TB 30 29; *2.* postea JS in asd 96 9.

ܠܲܟܘܿܠܵܐ et ܠܲܟܵܐ λαχὰς lacca Duval-Berthelot **2** 2 4, 50 6, 252 9af.

ܠܚܸܣ o lampsit, linxit ES **3** 181F, ER 146 23, Nm 22 4 (Hex), de igni Bhce **2** 593 4.

Pa. id. KwDW 30 23.

ܠܲܚܡܩܵܐ panis aqua mixtus BA n. 5193 (Fraenkel conj. ܠܚܝܐ cf. ܠܚܡܐ).

ܠܶܟܣܺܝܣ ܠܶܘܟܣܺܝܣ λέξις *1.* lingua Ge in Afr p. 23u, Bhchr 98 16, gr **1** 20 12; *2.* verbum Card 106 3, EȘ 6 8.

ܠܶܟܣܺܝܩܘܿܢ λεξικὸν lexicon BA 1 2, Cat MB 96b 13af.

ܠܲܟܣܶܣ *1.* concinnavit lexicon Bh in Wisemann 85pu; *2.* scripsit grammaticam Bhgr **2** 1 14.

ܠܲܠܵܐ stultus Mt 5 22, ER 116 20, ES **3** LIV 48, JS in MS **1** 95 16.

ܠܲܠܘܼܬܵܐ stultitia ER 65 10, ECth **1** 26 8.

ܐܸܬܠܲܠܲܠ stultus evasit AS 3 27, Clr 94 3, ECth **1** 75 18.

ܠܸܠܝܵܐ, ܠܹܠܝܵܐ, ܠܹܠܝܵܐ, ܠܸܠܝܵܐ (N§146) noxpass.

ܐܝܼܡܵܡ ܠܠܝܐ diem noctemque ES **1** 14C, JSt 70 11, AS **3** 208 22.

ܠܸܠܝܼܬܵܐ (ܠܸܠܝܵܐ) (ex ass. *lilitu* cf. h. לילית) nympha, fea Sind 8u, 9 3, BA n. 5207.

ܠܸܠܝܵܝܵܐ nocturnus AS **2** 204 17, KwD 211 12, Eb Mai **10** 250 28.

ܠܘܿܡܠܢܝܬܐ i. q. ܠܘܡܢܬܐ q. v. BA n. 5161.

ܠܲܡ (talm. נַמֵּי pers.? Nöldeke) videlicet, scilicet sec. loco positum inpr. orationi indirectae afferendae inservit ER 65 11, Jul 218 2, Bhchr 305 20.

ܠܲܡܣܢܵܐ eloquens BA n. 5219.

ܠܲܡܠܶܡ *1.* balbutivit (*to stutter*) BA n. 762; *2.* dixit, narravit ib. 5223 part. pass. praedicatus Card 98 24.

ܐܸܬܠܲܡܠܲܡ balbutivit Bhcar 159 16, TA 28 79.

ܠܲܡܶܛ maledixit seq. ܒ AS **3** 119 19, 123 12.

ܠܲܡܶܡ *1.* conjunxit, Métr 64 n. 4, Bhgr **1** 2 26, Cat MB 71a 19 2, Bhchr 529 21.

Etpa. conjunctus est Métr 33u, Bhcar 152 7.

ܬܲܠܡܝܼܕܵܐ (cf. ass. *tilmēdu*) discipulus Mt 9 11, ES **1** 518F, Ath 35 6.

ܬܲܠܡܝܼܕܬܵܐ discipula ES **2** 458B, apap 128 1, JS in MS **1** 95 31.

ܬܲܠܡܝܼܕܘܼܬܵܐ disciplina Philox 69 15.

ܬܲܠܡܸܕ docuit ER 149 3, ES **2** 490A, Corluy MP 4 23.

ܬܘܼܠܡܵܕܵܐ doctrina ES **1** 277A, Ath ܩܠ 15, Corluy MP 42 1.

ܐܸܬܬܲܠܡܲܕ *1.* doctus est ER 47 17, KwDW 87 7; *2.* discipulus factus est Mt 27 57, asd 14 18.

ܠܲܡܦܛܵܐ i. q. ܢܲܡܦܛܵܐ q. v. EN 37 50, Merx p. 175.

ܠܝܡܝܛܘܿܢ ܠܝܡܢ λιμητὸν limes, regio in fine sita Bhchr 78 10.

ܠܸܡܝܢܵܐ (λιμὴν) portus 1Ezr 5 53, Afr 288 18, ER 97 2, JS in MS **2** 152 v. 1195.

ܠܶܡܢܝܣܩܘܿܣ *pl.* ܠܶܡܢܝܣܩܘܣ λημνίσκος lemniscus, signum diacriticum Cat Wright **2** 792A, BS 256 16, Epiph 15 10.

ܠܲܡܦܹܐܕܵܐ, ܠܲܡܦܹܕܵܐ, ܠܲܡܦܵܐ λαμπὰς lampas, fax Mt 25 1, Afr 103 6, ES **1** 124D, JS in MS **1** 89 v. 414.

ܠܘܿܓܟܵܕܝܵܐ λογχάδια hastae parvae Joh Eph 403 2.

ܠܘܿܛܘܿܣ Nymphaea lotus Löw p. 373, Bh chr 230 1, EN 49 25, cf. ܢܘܛܘܣ.

ܠܘܿܦܣܬܵܐ *1.* praeputium; *2.* uterus Bh, PS.

ܠܶܣܛܵܐ Mc 14 48 (Phil), ܠܶܣܛܝܵܐ (λῃστής) praedo Mt 26 13, ES **1** 382D, Mar 49 2, JS in MS **1** 95 13.

ܠܗܛܘܦܐܝܬ praedonum more Bhchr 229 16.
ܠܗܛܘܦܘܬܐ praedatio ECth **2** 77u.
ܠܗܛܦ rapuit 1Ezr 4 23, Joh Eph 323 20, Bhchr 142u.
Etpa. *1.* direptus est Bhce **1** 311 17, de div. sap. 27 3; *2.* praedo fuit Joh Dar in MS **1** 106 3.

ܠܚܟ lampsit, linxit Jud 7 5, Afr 147 4, ES **1** 509B, IA **1** 94 228.

ܠܥܒܐ avidus Philox 396 22, Bhcar 94 4, *adv.* avide, intemperanter (*greedily*) ES **1** 318A, KwDW 304 5.
ܠܥܒܘܬܐ aviditas, intemperantia ES **1** 310A, 336E, Ath ܠܘ 17.
ܠܥܒܥܒܬܐ colchicum BB, Löw p. 174.
ܠܥܒܐ, et ܠܘܥܒܐ et ܠܥܒܬܐ saliva, spuma oris BA, BB. PS.
ܠܥܒܢܐ cujus saliva defluit BA, PS.
Etpa. *1.* delectatus, gavisus est Am 6 4, ES **3** 591B; *2.* avidus fuit ES **2** 67E.

ܠܥܓ balbutivit (*to stutter*) Ex 4 10, ES **2** 77C, Sch 172 19.
ܠܥܓܐ balbus ES **1** 203F, am **1** 299 3, Spic. Solesm. IV 42 16.
ܠܥܓܘܬܐ balbuties ES **1** 198C, Kays 42 18.
Etpe. balbutire coepit AS **1** 65 13, Sch 172 18, SB 53 15.

ܠܥܙ locutus est ES **1** 2B, ER 114 8.
ܠܥܙܐ *1.* lingua ES **1** 27E, Bhce **2** 659 5; *2.* sonus (avis) ZDMG **18** 753 10.
ܠܥܙܢܝܐ ad linguam pertinens Bhgr **1** 2 5.
ܠܥܘܙܐ indistincte, barbarice loquens ψ 114 1, ThMarg **1** 131 10.
Etpe. *1.* insusurratum est ES **2** 343D; *2.* mystice significatum est JS in MS **1** 24 76.

ܠܘܥܓܬܐ maxilla Ez 38 4 (Hex), Eb Mai **10** 280u, BA n. 5184, cf. ܠܥܓܐ.

ܠܥܠ supra dap 29 26, ES **2** 108D, ER 79 3.
Etpa. seq. ܒ superavit ES **3** XXV 42.

ܠܥܣ edit, coenatus est Gn 26 30, Afr 45 3, ES **1** 70F, Rabb 221 11.
ܡܠܥܣܐ cibus AS **2** 140 22, KwD 40 7, Geop 47 16, ThMarg **1** 343 3.
Etpe. esum est Geop 93 23.
Pa. edit KwD 41 9, DionT 138 10.
Af. cibum praebuit ES **2** 508F, AS **2** 241 1.

ܠܥܦܐ prolixa barba praeditus BA, PS.
ܠܥܦܬܐ et ܠܥܦܘܬܐ scabies BA, PS.

ܐܬܠܥܦ conjunctus est Afr 164 18.

ܠܦܝܕܣ λεπίδες squamae Duv-B **2** 212 n. **2**.

ܠܦܛܐ λεπτὰ nummi parvi Ex 30 13 (Hex), Mc 12 43 (Phil), Bh adsc. ment. 16 12.
ܠܦܦ incitavit BB, PS.
Etpa. incitatus est BB, PS.

ܠܦܘܓܐ (ὁ gr.) *f.* catervae Ez 10 13, Card 108 4.

ܠܦܣ ܕܘܪܐ concha Veneris BA, PS.

ܠܦܘܪܐ *1.* idolum parvum Jud 8 27 (hebr. אֵפוֹד e quo corruptum videtur) ES **1** 320C, AS **3** 4 12, BA n. 5156; *2.* λιπαρὸς? lautus, opimus Joh Eph 172 7.

ܠܘܦܛܐ instrumentum torturae PS.

ܠܦܬܐ brassica rapa Löw n. 177, AS **4** 102 16, Geop 35 28, IS 96 7, Gal ZDMG **39** 255 12.

ܠܦܘܬ (N § 92 n. 3) secundum Js 18 4, ES **1** 424D, dap 52 19, Ath **23** 17.

ܠܦܝܕܐ scintillae (σπινθῆρες) Sap Sal 11 19 (? exspectaveris ܠܦܝܕܐ sed de lectionis ed. Cer. a Bh. comprobatae corruptela cogitari nequit).

ܠܦܢܐ planities circa urbem (Merx p. 175) Hab 3 9, Bhchr 278 3, ce 3 450, BA n. 5273.

ܠܩܛ *1.* carpsit (*to pluck*) Mt 7 16; *2.* collegit ES **1** 218B, Ath ܢܘ 9, apNT 15 23; *3.* attraxit Duval-Berthelot **2** 9 14 21.

ܠܩܛܐ *1.* collectio ES **2** 181C; *2.* esca, illecebra Afr 296 5, ES **3** 296F, KwDW 175 7.

ܠܩܛܐ spicilegium Lv 19 9, ES **1** 245E.

ܡܠܩܛܐ *1.* forfex candelaria Ex 25 38, 1Rg 7 49, EN 38 62, BA n. 6017; *2.* pera (*wallet*) AS **2** 119 15.

Etpe. *1.* collectus est Js 27 12, ES **2** 66D, ER 121 26; *2.* se collegit Jon 4 8 (Hex).

Pa. collegit Act 17 18, ES **1** 260A, JSt 73 9, ThMarg **1** 87 19.

ܡܠܩܛܐ *1.* collectum AS **1** 70 5, SB 3 3, ON 2 2; *2.* spicilegium BO **3** 1 309 n. 4.

Etpa. se congregavit Jud 11 3.

ܠܩܛܘ ESL **3** 701 11, Nöld. conj. ܠܩܛܐ.

ܠܩܛܝܩܘܢ λεκτίκιον, lectica parva AM **2** 350 7, JSt 23 4, ThMarg **1** 311 11, Bhchr 71 6.

ܠܩܛܝܩܪܐ lecticarius AS **2** 387 18.

ܠܩܘܡܐ (λεύχωμα) species glutinis Duval-Berthelot **2** 237 n. 6.

ܠܩܢܐ (λεκάνη) lanx, patina Ex 24 6, Afr 226 22, ES **1** 233E, AS **2** 46 16, Bhchr 309 4.

ܠܩܘܢܐ *1.* gypsum? Geop 22 6; *2.* et ܠܩܘܡܐ species luti Duv-B **2** 29 18 20, ܠܩܘܢܐ ib. 227 n. 1.

ܠܩܘܢܐ gall. *encaustique* Duv-B. **2** 294 n. 1.

ܠܩܘܢܛܝܣ corr. e λιβανωτίς Geop 48 5.

ܠܩܘܪܢܝܢ l. ܠܒܘܪܢܝܢ liburnicum (oleum) Geop 87 11.

ܠܩܫܐ plantae serotinae Am 7 1, cf. ES **2** 204E, BA n. 5280.

ܠܩܫܝܐ serotinus Ex 9 32, ER 5 8, Bal 322 26, Jul 12 25, Ath ܡܚ 2.

Pa. *1.* in serum produxit Job 24 6; *2.* effecit ut (vitis) fructus serotinos ferret ES **2** 10D.

ܠܩܢܬܝܘܢ ἀκάνθιον Gal ZDMG **39** 250 15.

ܠܩܪܬܐ saccus magnus BA n. 5282.

ܠܩܘܪܬܐ TA 44 268, leg. ܠܩܘܪܬܐ q. v.

ܠܘܪܝܢܘܢ Geop 62 10 l. ܦܝܠܘܪܝܢܘܢ φιλύρινον Löw n. 257.

ܠܐܪܘܣ λῆρος nugator Pel 7 21.

ܠܫܬܐ foramen interulae (*button-hole*) PS.

ܠܩܛܘܡܐ vox incerta Geop 45 7.

ܠܫܢܐ *1.* lingua Pr 6 17, ES **1** 522A, Guidi to 38 16; *2.* i. q. sermo ES **2** 203A, Gal ZDMG **39** 248; *3.* lingua (terrae) *neck of land* AS **1** 40 17, Bh adsc. ment. 10 9; *4.* ornamentum quoddam linguae forma h. לָשׁוֹן Jos 7 21.

ܠܫܢ ܐܡܪܐ ἀρνόγλωσσον plantago Löw n. 179, Gal ZDMG **39** 253 59, EN 26 93.

ܠܫܢ ܝܡܐ sinus maris Js 11 15, ESL **2** 113 22.

ܠܫܢ ܟܠܒܐ αἶρα lolium Löw n. 130, Geop 114 14.

ܠܫܢ ܦܪܚܐ lingua avis, planta Löw n. 181, AS **4** 102 15, EN 26 93.

ܠܫܢ ܬܘܪܐ lingua bovis EN 27 94.

ܠܫܢܢܐ lingua promptus (*loquacious*) dap **8** 29, Bhchr 226 16, ce **1** 205u.

ܠܫܢܢܝܘܬܐ lingua, modus loquendi Bhchr 219 21.

Pa. *1.* locutus est ET 9 3; *2.* pronuntiavit Sev 44 21, Bhchr 5 6; *3.* descripsit Bh de div. sap. 23 1.

Etpa. *1.* verba fecit AS **3** 73 8; *2.* pronuntiatus est Bh ad ψ 117 30.

ܠܫܡ aptus, idoneus, dignus Bal 236 24, IA in MS **1** 17 233, KwDW 311 18, EbMai **10** 322 23.

Pa. vexavit Bhcar 94 11.

ܠܘܫܡܐ insidiae Ath 33 6, Cyr 380 5, Philox 123 15, Kays 252 17.

ܡܠܫܡܐ astutus KwDW 128 22.

ܡܠܫܡܘܬܐ astutia Lc 20 23 (Phil).

Etpa. *1.* insidiatus est Ath 47 16, ψ 15 4 (Hex); *2.* conjuravit Zingerle Chr 386 3, Bhchr 91 20; *3.* vades factus est AS **3** 62 17; *4.* seq. ܒ studuit alicui rei Sap. Sal 1 4, Philox 123 11.

ܠܶܬܶܟ h. לֶתֶךְ dimidium κόρου, metrum frumenti Hos 3 2, cf. ES **2** 238B et Bh ad l.

ܠܬܡ pronuntiavit Bhgr **1** 194 16.

Pa. vituperavit, conviciatus est Zingerle Chr 400 v. 66, Cat Wright **1** 436 20, Jos 10 21 (Hex).

ܠܘܬܡܐ obtrectatio Cyr 104 9, Bhcar **27** 10, 141 7, BA n. 5164.

ܠܬܐܘܣ λίθος calculus in vesica (*stone in the bladder*) am **3** 522 9.

ܠܐܬܟ λεθεκ Hos 3 2 (Hex), i. q. h. לתך, cf. ܠܬܟ Epiph 4 46, 33 66.

ܡ

ܡ tertia decima litera alphabeti, Mîm, numerus 40.

ܡܳܐ *1.* seq. *adj.* quam! ES **3** 357A, ER 65 20; *2.* seq. ܕ si N§363.

ܠܡܐ et ܕܠܡܐ num, ne N§373.

ܡܳܐܐ centum, ܡܐܬܝܢ (al. ܡܐܬܐܝܢ) ducenti Mc 6 37.

ܡܐܬܢܘܬܐ Cyr 287 7, *pl.* ܡܐܘܬܐ (N§78) centuria Ex 18 21, dap 40 11, Jul 62 3, Bhce **2** 561 1.

ܡܐܬܢܝܬܐ centumplex Ath ܠ 1.

ܡܐܠܐܬ μαελεθ h. מַחֲלַת ψ 53 1 (52 1) (Hex).

ܡܐܠ *1.* desiit, destitit ER 100 23; *2.* ܡܐܠܬ ܢܦܫܗ ܒ (N§71B Anm., 254A) taeduit eum alicujus rei Luc 18 1, Afr 75 10, ES **1** 498E, JS in asd 102 17.

Pa. *1.* taeduit eum Joseph **9** 4; *2.* seq. ܒ recusavit Bal 279 8, Ath ܠܒ 6.

ܡܐܝܠܐ *1.* piger, segnis ES **2** 244F; *2.* superbus Fab 38 7.

ܡܐܝܠܘܬܐ pigritia ER 103 11, asd 19 9, Ath ܟܠ 17.

Af. *1.* desiit ES **2** 514B, AS **3** 81 8; *2.* taedio affecit AS **3** 57 11.

ܡܐܢܐ (√ אני Lag Nom 184 2), *1.* vestis ES **1** 100B, asd 42 9, Mt 9 16 (Phil); *2.* instrumentum asd 61 3, Corluy MP 34 5; *3.* vas ER 51 5; *4.* ܡܐܢܝ ܓܘܐ intestina (*bowels*) asd 59 1, Philox 378 12; *5.* navis Js 18 1, cf. ES **2** 49A; *6.* medimnus Geop 10 29, cf. Lag GA 63 7.

ܡܐܢܐ stannum BO **2** 226 1, Lorsbach Arch **2** 293 confert pers. مینا vitrum, crystallum.

ܡܓܫܐ (Delitzsch Prol 84 n. 1) phaseolus mungo Löw n. 183, EN **49** 15, BA n. 5243.

ܡܓܝܓܐ insipidus ER 29 24, Nis 29 121, Kw DW 395 3.

ܡܓܝܓܘܬܐ insipiditas SB **5** 4.

ܡܓܕܐ *pl.* ܡܓܕ̈ܐ (N§74) fructus KwD 81 16, BA n. 5346, ThMarg **1** 373 1 (sic l.!).

ܡܓܘܠܐ pus (*matter*) PsC 256 16, Geop 85 13, JSt 21 11.

Af. suppuravit BA n. 789.

ܡܓܥܠܐ crocus sativus BA, PS.

ܡܓܢ *1.* gratis Ex 21 11, Mt 10 8, ES **1** 508C; *2.* frustra Afr **6** 4, ES **1** 50E, Bal 265 8.

ܡܓܢܢܐ gratis donatus Bhcar 95 9.

ܡܓܢܘܢܘܣ μηχαναί, machinae, opera JARS 112 7.

ܡܓܢܝܛܝܣ μαγνήτης, magnetes AS **4** 88 6, ThMarg **1** 36 12, Kays 75 4, EbMai **10** 340u.

ܡܓܢܝܣܝܐ magnesia Kays 264 21.

ܡܓܓܬܐ vas, phiola ES **1** 230B, BA n. 5388.

ܡܓܣܛܝ ἡ μεγίστη Almagest (liber Ptolemaei) Bhce **3** 443 19.

ܡܓܣܛܪܘܣ JSt 58 16 'ܡܓ AS **3** 166 8, Joh Eph 387 18, Bhce **1** 209 2 μάγιστρος magister.

ܡܓܣܛܪܝܢܐ μαγιστριανὸς nobilis AS **2** 115 18, Lag prov. 79pu.

ܡܓܝܪܐ, ܡܠܓܝܪܐ (Rgn δ 25 20 (Hex), ܡܓܝܪܐ ES **1** 351B, μάγειρος, coquus PsC 51 15, JSA 170, Bhchr 63 5.

ܡܓܝܪܝܘܢ μαγειρεῖον popina (*kitchen*) AS **2** 201 12, 'ܡ ܒܝܬ id. Joh Eph 89 1.

ܡܓܘܫܐ magus ER 10 21, Jul 182 28, Corluy MP 8 5.

ܡܓܘܫܝܬܐ maga Bhcar 100 17.

ܡܓܘܫܘܬܐ magia Act 8 11 (Phil), Jul 189 3, DionT 93 9.

ܡܓܘܫܝܐ magicus ER 12 1.

ܡܓܫ precationes susurravit MAMQ 66 1.

Pa. (Lag GA p. 159) *1.* magorum modo benedixit MAMQ 25 14; *2.* artem magicam exercuit AS **3** 50 25, Act 8 9 (Phil).

ܡܓܪ a effugit ES **3** 424C, Ath 13 8.

Af. *1.* i. q. Pe. ES **1** 44C, ER 130 18; capax fuit (*to be able*) JSt 52 18.

ܡܕܐܬܐ *f. pl.* ܡܕܐܬܐ (Bhgr **1** 34 23, N§80; ex assyr. *mandattu* Hincks Khorsabad Inscr. p. 42), tributum 1Mcc 8 4, Afr 471 10, ES **1** 471D, Jul 192 8, Bhchr 318 3.

ܡܕܘܣܐ Mt 5 15 (Cur. et Phil) *pl.* ܡܕܘܣܐ JSt 21 20, Geop 11 3 et ܡܕܘܣܐ PsC 248 17, JSt 52 21, Geop 5 25 μόδιος modius.

ܒܝܬ ܡܓܪܒ ES **3** 297B corrupt. Nöld. conj. ܒܝܬ ܡܓܪܒ.

ܡܕܓ purgavit Gal ZDMG **39** 271 3.

ܡܕܓܐ *pl.* ܡܕܓܢܐ (N p. 47 n. 2) ingrediens, venenum *sg.* Cyrill ZDMG **27** 570 v. 84, *pl.* EN 34 67, BA n. 5431.

Pa. *1.* condivit ES **1** 84D, Philox 389 7, Vit Rabb 178 19; *2.* miscuit Bhchr 109 10.

ܡܕܘܓܐ *1.* conditio Rabb 235 11, Geop 2 2, JEh 16 16; *2.* condimentum Philox 490 2; *3.* contusio Duv-B **2** 22 21.

Etpa. conditus est dap 63 20, IA in MS **1** 17 v. 258, Luc 14 34 (Phil).

ܡܕܘܟܬܐ (√דוך Duval JAP 1893 p. 320) mortarium Num 11 8, Duval-Berthelot **2** 22 17 19 etc., EN 38 65, BA n. 5434.

ܡܕܝܠܐ (assyr. *midilu* Del. ass. St. 46) transtra (*crossbeams*) BA n. 5435.

ܡܕܠܐ millepeda BA n. 5438 (cf. ܪܕܠܐ).

ܡܕܡ (N. mand. Gr §150) aliquid N§219.

ܡܕܡܐ res JARS 3 3.

ܡܕܝܡܢܘܣ μέδιμνος medimnus Epiph 6 95.

ܡܕܝܢ ergo ER 38 3, MS **2** 2 2, Ath 24 4, KwDW 191 9.

ܡܕܢܐ horreum ESZ **2** 805 7, IA **2** 232 1584, (sic leg.!) Kays 142 2, BA n. 5451, ܒܝܬ ܡܕܢܐ cellaria Js 24 10, Judith 8 10, EN 29 60.

ܡܕܣܬܐ primum texturae filum BA n. 5456.

ܡܕܫܢܐ *1.* mantica, pera (*wallet*) Rie 125 24, ThMarg **1** 102 17, Bhce **1** 337 14; *2.* rete ON 72 16.

ܡܕܐܟܘܬ μεδεχωθ Epiph 47 22, cf. Symmict **2** 193 57.

ܡܕܪܐ *1.* gleba (terrae) Ez 17 10, ES **1** 138F; *2.* terra JSt 49 18, PsC 208 13; *3.* lutum ES **3** 300F.

ܡܕܪܢܝܐ terrenus JEgr 80 3.

ܡܗܪ peperit BA, BB, PS.

Pa. pervertit Nis 29 120, BA n. 6026.

ܡܗܪܘܪܐ *1.* insipidus IA **2** 88 142; *2.* γιγαρτῶδες (ἀργύριον) (argentum) a scoriis non purgatum Ez 22 18 (Theod.).

Etpa. corruptus est BA, PS.

Af. confractus est BA, PS.

ܡܕܗܪܘܬ μεδαρωθ מדהרות Jud 5 22 (Hex).

ܡܗܐ coctus est, bullivit EN 34 63, BA n. 5469, Bhcar 73 17.

ܡܗܘܝܐ v. s. v. ܡܗܝܐ.

ܡܗܠܬ μααλαθ מחלת ψ 87 inscr. (Hex).

ܡܘܗܦܛܐ (Nöld. Sassan. p. 9 n. 3) Mobed, magorum princeps am **2** 158 13, MAMQ 65 1, Mar 34, 35, Corluy MP 25 7.

ܡܗܘܪܐ dos (a sponso data) Ex 22 13, ES **2** 247B, Bhcar 71 14.

ܡܗܪܐ ar. مهر pullus equi Bhcar 71 13.

ܡܗܝܪܐ habilis ES **1** 369D, *adv.* Rabb 226 14, seq. ܒ peritus (linguae) Bh ad Paul 1 10.

ܡܗܝܪܘܬܐ habilitas Rabb 226 20, Cyr 60 1.

Pa. erudivit, instruxit (*to train*) KwDW 161 1.

Etpa. *1.* eruditus est KwDW 204 11; *2.* didicit Bhchr 397 13.

ܡܗܪ (pers. مهر) sol apud Persas AS **4** 9 2.

ܡܗܪܘܙܐ (pers.? Nöld. Beitr. 16 n. 6) cf. p. 87b.

ܡܘܙܐ (skr. *môčâ* Pott ZKM **5** 81) Musa paradisiaca Ferr. Löw p. 336.

ܡܘܛ vaccillavit (*to totter*) ψ 94 18, Afr 458 5, ES **2** 372B, ThMarg **1** 401 19.

ܡܘܛܬܐ ruina (*crumbling into ruins*) ThMarg **1** 372 12.

Etpe. sive **Ettaf.** vaccillavit Philox 103 9.

ܡܘܬܐ (*mula*) *1.* Rgn γ 1 33 (Hex), *pl.* ܡܘܠܝܬܐ Gn 45 23 (Hex) asina; *2.* sipho vinarius BB cf. Löw n. 184.

ܡܘܡܐ *1.* macula 2Cor 6 3, IA **2** 16 34; *2.* vitium Lv 9 2, dap 11 11, ER 106 7.

ܡܘܡܬܢܐ inquinatus Kays 79 16, Bhce **2** 753apu.

ܡܘܡܢܐ scelestus ES **3** XXIX 3.

ܐܬܡܘܡ ἐμωμήθη vituperatus est gl. ad 2Cor 6 3 (Phil).

ܡܘܢܝܐ, ܡܘܠܝܐ (cf. ابن آوى) canis aureus (*jackal*) KwDW 7 1, 39 15.

ܡܘܣܪܐ contumax (equus) BA n. 5559 21, Efr in Merx 211 6.

ܡܘܩܐ (pers. Lag. arm. St. § 1517) calceus ES **3** 323C, Bhchr 183 8, Eb Mai **10** 289 6, BA n. 5576.

ܡܝܩ derisit 2Rg 19 21, Lc 16 14, Afr 265 8, ES **1** 383D, Bal 286 3, Ath ܡ 4.

ܡܘܩܝܐ derisio ES **1** 403E, MS **1** 7 205, asd 58 2.

Etpa. derisus est IA **1** 238 292, Ath 26 2.

ܡܘܪ *1.* emit Gn 41 57, ES **1** 94E; *2.* subvexit (commeatum) Bhchr 485 23.

ܡܝܪܐ *1.* emtio Gn 44 2; *2.* annona Bal 305 26; *3.* commeatus Bhchr 245 6.

Af. vendidit Gn 42 6, JAP **7** 8 448 n. 24.

Ettaf. veniit Bhchr 522 21, Heb **8** 49 4.

ܡܘܪܘܢ et ܡܝܪܘܢ Mc 14 3 (Phil), ܡܘܪܘܢ Ath 44 16, μῦρον chrisma ES **2** 252D, MS **2** 10 15, Bhchr 263 23, ce **1** 381 20.

ܡܘܪܘܢܝܐ chrismate praeditus Bh in JECan 8 8.

ܡܘܪܐ *pl.* ܡܘܪܐ IS 103 19, Bh adsc. ment. 2 14, ܡܘܪܐ AS **2** 56 27, μοῖρα gradus IS 105 3, GeZA **8** 13 7.

ܡܘܫ tetigit Js 59 9 (Hex).

ܡܘܫܐ *1.* tactio ThMarg **1** 295 21, BA n. 5588; *2. pl.* pars quaedam dactylorum EN 51 62.

Etpe. *1.* tactus est Nah 3 1, ES **2** 403C, Kays 23 18; *2.* perquisitus est Nis 3 14, Philox Mem d. Lincei XII 1884 p. 486a 19, KwDW 294 8, 295 1.

Af. tangere fecit Jud 16 26, ES **1** 326F.

ܡܝܬ (N§177A) mortuus est ψ 10 21, ap. NT 12 7, ES 1 204A, AM 1 367.
ܡܘܬܐ mors Nm 8 9, AS 1 482C, DionT 194 18.
ܡܘܬܢܐ pestis Ex 9 3, ES 1 487A, JSt 1 4, DionT 141 11.
ܡܝܬܘܬܐ mors ES 2 404A, Ath 7 6, Rom 4 14 (Phil).
ܡܝܘܬܐ mortalis ES 1 128E, Ath 47 19, JS in MS 1 87 346, *adv.* (sic leg.) Philox 569 11.
ܡܝܘܬܘܬܐ mortalitas ES 1 132B, Philox 615 19, Ath 48 18.
ܡܝܬܐ et ܡܐܝܬ Philox 5 19 *1.* mortuus ES 2 84A, Jud 3 25 (Hex), KwDW 59 1; *2.* mortalis, solubilis ES 3 38C.
Af. interfecit Gn 38 10, ES 2 348C, asd 109 14.
Ettaf. interfectus est Jud 21 5 (Hex), Ez 18 13 (ib.), Bhchr 477 6.

ܡܙܐ crines parvi Geop 106 9, BA n. 5600.
ܡܙܝܐ corr. ESL 2 367 13, Cat Vat 3 74 9a f.

ܡܙܓ (Barth p. 33) miscuit ψ 112 10, OM 279 12, BO 1 125.
ܡܙܓܐ mixtio TB 63 10, BO 2 196b 8.
ܡܙܓܐ *1.* potus mixtus AS 2 140 8, am 2 127 11; *2.* coena collaticia (*pic-nic*) Giorn. d. soc. as. it. 3 192 22; *3. pl.* ܡܙܓܐ poculum Rie 7 22, Geop 17 4, Jer 48 12 (Hex), Clr ep 90 6.
ܡܙܘܓܐ temperatura Anal. Nic. 1 9, cf. Geiger ZDMG 22 547.
ܡܙܘܓܐ qui pocula ministrat (*cup-bearer*) IA 2 24 109.
ܡܙܝܓܘܬܐ mixtio Heb 4 211 17.
Etpe. mixtus est ES 2 405B, Jul 233 26.
Pa. miscuit ES 3 452F, ER 11 26, Gal ZDMG 39 246.
ܡܘܙܓܐ *1.* mixtio ES 1 454A, ER 43 16, Philox 239 20, EN 7 9; *2.* temperamentum Bhce 1 337 20.
ܡܡܙܓܘܬܐ mixtio Kays 98 4.
Etpa. mixtus est ES 1 118C, ER 4 15, Philox 467 17, BO 2 26b.

ܡܙܐ et ܡܙܐܣ μάζα fragmenta Duval-Berthelot 2 290 n. 3, 245 n. 2.

ܡܙܘܠܘܬ μαζολωθ מזלות Rgn δ 23 5 (Hex).

ܡܙܡܛܐ (Lag GA 63 160) cf. p. 96 a.

ܡܙܡܪܘܬ μαζμαρωθ מזמרות Jer 52 19 (Hex).

ܡܙܪܐ virga longa auri vel argenti PS.
ܡܙܐ mos, ratio PS.

ܡܙܘܦܐ i. q. ܡܙܘܪܐ PS.

ܡܙܝܡ AS 2 106 20, cf. ܡܙܝܡܐ, ܡܙܝܢܐ, ܡܙܝܪܐ PS 2062 pera (Nöld.).

ܡܙܘܪܐ scoria (*dross*) ψ 118 v. 119 (Symm).
ܡܙܪܐ vulg. validus corpore BA n. 5662.
ܡܙܘܪܐ clava EN 29 54, BA n. 5634.
ܡܙܘܪܝܐ id. am 2 279 2, 281pu.
ܡܙܪܐ codex (in carcere) BA n. 5661, Bhchr 102 3(?).
ܡܬܙܪܐ extensio Philox 385 3, BA n. 5531.
Etpa. *1.* extensus est BA n. 1959; *2.* nuit Bhchr 134 4.
ܐܡܙܪܝܐ pumiliones (*dwarfs*) ES 2 456A, BA n. 802.

ܡܙܘܪܘܬ μαζουρωθ מזורות Job 38 32.

ܡܙܪܝܘܢ (pers.?) Daphne oleoides BB, Löw n. 186.

ܡܐܙܪܐ (√אזר N§128C), cingula Js 3 24, ESL 2 345 24, IA 1 248 500, Kays 133 17.

ܡܙܪܩܘܬ μαζρακωθ מזרקות Jer 52 19 (Hex).

ܡܘܚܐ *1.* cerebrum Dt 28 35, ES 2 9A, JE in JAP 1888, 483 n. 13, Bhchr 538 25; *2.* lutum ovi (*yolk*) Duv-B 2 25pu.
ܡܚܚܢܐ putrefactus ESL 2 327 8.
Etpa. pulvis factus est ZDMG 31 383 4, Bhcar 47 10.

ܡܚܐ (Lag Semit. **1** 26, Orient **2** 36), *1.* verberavit, cecidit Nm 35 22, Chr ed 156 21, Rgn γ 22 34 (Hex); *2.* spectavit, pertinuit ad ER 31 16; *3.* seq. ܩܪܒܐ bellum gessit Philox 258 2, JS in MS **2** 64 25; *4.* seq. ܫܬܐ fundamentum in terra infixit ER 5 11, IA **2** 36 125.

ܡܚܘܬܐ *absol.* ܡܚܘܐ *pl.* ܡܚܘܬܐ (N § 77) *1.* plaga Dt 17 8, Joh Dar in MS **1** 108 24; *2.* vulnus ESL **1** 83 9, JS in asd 91 20.

ܡܚܝܘܬܐ ES **1** 365A corrupt.

Etpe. caesus est Arist 14 15.

Pa. *1:* vulneravit ES **3** 388E, asd 44 14, Jul 77 18; *2.* resecuit 2Sm 10 4, ES **1** 406A.

Etpa. vulneratus est Jer 46 5.

Af. percutere fecit (odorem) Am 4 10, ES **2** 261B.

ܡܚܝܛܐ embryo mortuus Gal ZDMG **39** 271 6, cf. ܝܚܛܐ.

ܡܚܘܛܐ mucus Rie 124 11, ZDMG **24** 269 22 (cf. **25** 526), Geop 104 9.

ܡܚܠ debilis factus est ES **1** 288B, ER 64 9.

ܡܚܝܠܐ debilis Gn 41 3, *adv.* Gal ZDMG **39** 273 14, *pl. f.* debilitas, humilitas Philox Mem d. Lincei XII 1884 p. 466b 7, KwDW 296 9 etc.

ܡܚܝܠܘܬܐ debilitas Gal ZDMG **39** 268 1, KwDW 5 2.

Pa. debilitavit ES **3** 12C.

Etpa. debilitatus est ES **2** 269F, Jul 192 4, Corluy MP 26 4.

Af. *1.* debilis factus est ES **1** 288B, ER 64 9, Bhchr 390 3; *2.* debilitavit ES **1** 581C, KwDW 70 14.

ܡܫܚ agros mensus est glherm.

ܡܫܘܚܐ geometer BA n. 5752.

ܡܫܘܚܘܬܐ geometria AS **4** 5 11, Jul **6** 19, ECth **2** 12 9, ThM 10 20.

ܡܚܪ cras Act 23 20, ES **1** 225A, PsC 60 8.

ܡܚܪܬܐ id. ThMarg **1** 317 17.

ܡܘܚܪܡ primus Arabum mensis Bh chr 138 11.

ܡܚܫܘܦܬܐ pluteus (putei) BA 5894 cf. ܚܫܘܦܬܐ.

ܡܛܐ ES **2** 380C leg. ܡܚܐ PS.

ܡܛܐ *1.* pervenit, advenit Ez 46 5, asd 111 8, Philox 574 9, Guidi to 20 12; *2.* contigit ES **2** 425D, JS in MS **1** 22 18, Am. Or. Soc. Proc. 1888 LXXIII 75; *3.* pertinuit, cepit Lc 15 12 13; *4.* ܡܛܐ ܠܐܝܕܘܗܝ potest Lv 12 8, Act 24 13, Jš in ThMarg **2** 140 25, KwDW 180 7.

ܡܛܝܬܐ adventus Bhcar 91 2.

ܡܛܘܬܐ (N § 101) portio Eb Mai **10** 227 29.

Pa. *1. intr.* a) advenit Js 21 29, Ath 36|7, KwDW 41 20, b) maturus fuit Joh 4 35; *2. tr.* advenire fecit Afr 22 10, PsC 151 17.

Etpa. *1.* allatus est ES **1** 130E; *2.* advenit PsC 24 3, Cyr 21 21, BO **2** 224 25.

ܡܛܡܝܬܐ res, quae lingitur BA n. 5784.

ܡܛܡܣܬܐ digitus index EN 9 85, BA n. 5781.

Pa. coxit Afr 248 6.

ܡܛܡܢܘܬܐ i. q. ܡܛܡܝܬܐ EN 27 6.

ܡܛܛܘܢ μήτατον metatus, pars dimensa territorii Bhchr 243 12.

ܡܛܛܘܢ id. mansio, domus AS **2** 179 27.

ܡܛܟܣܐ μέταξα (Lag arm. St. § 1481) metaxa (*silk*) PsC 218 12 (cf. Nöld. Beitr. p. 13 n. 1), AS **2** 268 13, Bhchr 9 16.

ܡܛܠ, **ܡܛܠܬ** propter, seq. ܕ ut, quod N § 360a.

ܡܛܠܬ ES **2** 209E, leg. ܡܛܠܬ Nöld.

ܡܛܠܠܘܢ, **ܡܛܠܘܢ**, **ܡܛܠܘܢ** *pl.* ܡܛܠܐ et ܡܛܠܐ (Kays 59 1) μέταλλον *1.* metallum ECth **2** 10 1, JEh 42 12; *2.* metalla asd 86 2, am **1** 230 15, dap 76 21, Jul 63 2, Hoffmann Kirch. 13 26.

ܡܛܠܝܩܐ μεταλλικὰ metalla Bhchr 156 25.

ܡܬܘܢ μοτὸν linamentum (*lint*) Epiph 15 18.

ܡܛܢܘܝܐ, ܡܛܢܝܐ (ESL **2** 51 1) *pl.* ܡܛܢܘܝܣ (AS **2** 114 10), ܡܛܢܘܝܣ am **3** 485 11, Th Marg **1** 43 21 (μετάνοια) *1.* adoratio ES **3** XLV 43, am **1** 490 10; *2.* inclinatio ESL **2** 51 1.

ܡܘܬܘܣ μοτὸς i. q. ܡܬܘܢ q. v. Epiph 15 21.

ܡܛܘܦܐ μέτωπον frons (aedificii) AS **2** 284 8.

ܡܛܪܐ imber 1Sm 12 17, ER 3 10, dap 24 5.
ܡܛܝܪܐ imbri fecundatus Nestle Chr 60 183.
Pe. pluit Nis 2 194, 40 19, IA **1** 284 190.
ܡܛܪܢܝܐ pluvialis GeZA **8** 30 23.
Etpe. *1.* pluit ES **2** 4C; *2.* pluvia madefactus est Am 4 7 (Hex).
Pa. pluit Ap 11 6.
Af. *1.* pluere fecit Ex 16 4, ES **1** 430F, ER 97 21; *2.* ܐܡܛܪܬ (N § 254B) pluit Jac 5 17 (Phil).

ܡܛܪܝܛܝܣ μετρητής metreta Epiph 5 75, 40 27sq.

ܡܝܛܪܢ, ܡܛܪܢ, ar. مطران metropolita AS **1** 29 21, Bhchr 307 17, BO **3** 1 175 1.
ܐܬܡܛܪܢ metropolita factus est Eb Mai **10** 305 22.

ܡܛܪܘܢܐ matrona am **3** 344 8.

ܡܝܛܪܘܦܘܠܝܣ, ܡܛܪܘܦܘܠܝܣ IS 27 17 μητρόπολις metropolis Joh Eph 13 14, Js 1 26 (Hex), Sev in ES **2** 180 4.
ܡܝܛܪܘܦܘܠܝܛܐ (nest. 'ܡ Bhgr 4 4 5), BO **1** 11a, ܡܝܛܪܘܦܘܠܝܛܐ am **3** 392 11, Bhchr 74 12, ܡܛܪܘܦܘܠܝܛܐ Kays 175 8 *pl.* ܡܝܛܪܘܦܘܠܝܛܣ BO **3** 1 53b 10 μητροπολίτης metropolita.
ܡܝܛܪܘܦܘܠܝܛܝܐ metropoliticus ThMarg **1** 216 1.
ܡܝܛܪܘܦܘܠܝܛܘܬܐ munus metropolitae am **3** 398 18, JS in MS **2** 65 14, Eb Mai **10** 260 28.
ܐܬܡܛܪܦܠܛ metropolita factus est, forma vituperata a Bhgr **1** 48 23.

ܡܛܐܬܐܣܝܣ μετάθεσις metathesis Bhcar 167 6.

ܡܝܐ aqua N § 146.
ܡܝ̈ܐ ܕܪ̈ܓܠܐ urina ES **1** 180F, Bhchr 303 7.
ܡܝܢܐ aquosus Duval-Berthelot **2** 14 3.
ܡܝܢܘܬܐ aquositas, languor Philox 575 9.
ܡܝܢܝܘܬܐ natura aquosa Gal ZDMG **39** 241.
ܡܝܢܝܐ *1.* aquosus ES **1** 119C, Ath ܡܗ 15, Kays 232 11; *2.* aquatilis BO **3** 1 312a n. 13.
ܡܝܢܢܝܘܬܐ natura aquosa Geop 46 1, 85 30.

ܡܝܕܢ ميدان stadium Bhchr 309 23.

ܡܝܘܢܓ (pers. Lag GA 63 161) fructus vitis viniferae var. silvestris BB, Löw p. 91.

ܡܝܣܛܪܘܣ Joh Eph 76 8, *pl.* ܡܝܣܛܪ̈ܐ ib. 412 22, μάιστρος magister, praefectus.

ܡܝܠܐ μίλιον *1.* milliarius Mt 5 41, ES **1** 122C, Jul 26 21; *2.* lapis milliarius ES **2** 391B, Philox 191 8.

ܡܝܬܠܬܐ (ܡܙ BA n. 5851) *1.* tapetum ESL **3** 87 12, Jul 173 26; *2.* tegumentum ES **2** 43E, Thes. hymn. **3** 259 6, Mar Narses ed. Grabowski 6 11.

ܡܘܝܠܐ *f.* مَوْئِل, مَوْأَلَة refugium (*khân*) ThMarg **1** 104 9, cf. **2** 232 n. 3.

ܡܝܡܪܐ forma ad quam res fingitur BA, BB, PS.

ܡܝܢܐ (h. מִין (מִינָה Jensen) Delitzsch hebr. lang. 70sq. Lag Nom. 183u) genus, familia Js 48 1, cf. Bh ad. l.

ܡܝܣܛܪ maistre, magister Bhce **2** 557 17 cf. ܡܝܣܛܪܘܣ.

ܡܝܫܟܘܒܐ (pers. Lag GA 64 [illegible]) anas BA n. 5857.

ܡܝܫܟܘܪܐ (cf. ماشورة ZDMG **12** 333-5) lignum super quod volvitur stamen telae BA n. 5858, Löw p. 56.

ܡܩܘܢܐ μήκων papaver Löw p. 205, AS **4** 82 16, Geop 98 8, 103 25, Gal ZDMG **39** 281 13, EN 25 56, ܡ' ܩܪܢܝܐ μήκων κερατῖτις Gal ll. l. 14.

ܡܝܫܐ (copt. *mîš* Lag GA 64 162) celtis Löw n. 189, Geop 23 10, Pall in ThMarg **2** 470 n. 3 l. 9, BA n. 5868.

ܡܟܟ *1.* contemptus, humilis fuit ES **2** 214C, Philox 335 20; *2.* stravit, extendit Js 58 5, Afr 49 20, Nis 7 50 (Bevan).

ܡܟܝܟܐ humilis Cyr 10 7.

Etpe. stratus est Js 14 11.

Pa. humiliavit 1Rg 11 39, Philox 284 13, Vit Rabb 175 11, Ath 15 22.

ܡܟܘܟܐ humiliatio ψ 90 3, Lc 1 48, asd 5 3, Cyr 89 3.

ܡܟܝܟܐ humilis Mt 5 5, Guidi to 43 24, *adv.* Corluy MP 13 4.

ܡܟܝܟܘܬܐ *1.* humilitas Zeph 2 3, Vit Rabb 173 23, Ath 16 15; *2.* depressio ES **1** 254D.

Etpa. humiliatus est 2Mcc 8 35, Afr 80 2, ES **1** 143F.

Af. humiliavit Ez 17 24, Bal 277 9, asd 5 17.

ܡܟܠܐ app. ad. Bhchr ed Behnisch 5 5 7, ܡܟܘܟܐ (ar. مَكُّوك pers. Fraenkel 207) metrum = 1/8 ܩܒܐ κάβος (ENchr 102 17), am **3** 391 9, Bhchr 389 11, ce **2** 527.

ܡܟܐ *1.* hinc am **2** 322u, JS in asd 102 2; *2.* ab hoc tempore Jul 40 26.

ܡ' ܘܡ' utrobique 1Mcc 6 38, ER 137 10, dap 96 29.

ܡ' ܘܠܟܐ hic illic ES **3** 329F, ܡܟܐ ܘܠܗܠ in posterum Bh ad Joh 3 5.

ܡܟܝܠ ergo Jos 22 4, Lc 1 20, ES **1** 519C. ER 47 1.

ܡܘܟܠܐ μόχλος *1.* obex, sera Ex 26 20, ES **2** 256D, Jul 64 2; *2.* vectis ES **1** 251F.

ܡܟܠܝܡ μαχαλίμ מכלים Ez 17 24 (Hex).

ܡܟܢܐ Ign 26 6, *pl.* ܡܟܢܝܣ AS **3** 210 16, ܡܟܢܘܣ 1Mcc 6 20, ܡܟܢܐܣ ib. 31, ܡܟܢܝܣ JARS 149 6, ܡܟܢܝܣ Bhchr 491 8, BO **3** 1 597 7 μηχανή machina.

ܡܟܢܝܐܝܬ artificiose IA **2** 204 4.

ܡܟܢܝܡܛܐ μηχανήματα machinae, opera Joh Eph 342 14, Bhchr 83 7.

ܡܟܢܝܩܐ Joh Eph 334 14, ܡܟܢܝܩܘܣ AS **3** 214 9 μηχανικὸς mechanicus.

ܡܟܢܘܢܬ μεχονὼθ מכנות Rgn δ 17 16, Jer 27 19 (Hex).

ܡܟܣܐ (ass. *maksu*) portorium (*toll*) ES **3** 382D, Rom 13 7 (Phil).

ܡܟܣܐ portitor, publicanus (*tollgatherer*) Mt 5 47, Afr 181 19, ES **1** 490A, Joh Dar in MS **1** 105 19.

ܡܟܣܘܬܐ munus portitoris ES **3** 381B, Bh ad Mt 22 7.

ܡܟܣ solvit Mt 17 24 (Phil).

ܡܟܪ *1.* spopondit Vit Rabb 166 1, JS in asd 91 25; *2.* emit ES **2** 125B; *3.* despondit ESL **2** 401pu; *4.* desponsus est alicui seq. ܠ Dt 20 7, Afr 146 8, JS in asd 106 1.

ܡܟܝܪܐ sponsus Afr 116 2, ES **1** 73F, Rabb 369 4.

ܡܟܝܪܬܐ sponsa Ex 22 15, ap NT 30 15.

ܡܟܝܪܘܬܐ sponsio ES **3** 315F, JS in MS **1** 36 88, Bh in JECan 22 24.

ܡܟܘܪܐ *1.* nuptiarum conciliator ES **2** 492A, Spic 40 17; *2.* sponsus ESL **1** 357 4.

ܡܟܘܪܐ sponsalia Rechtsb 27 7, Eb Mai **10** 210 12.

ܡܟܘܪܝܐ *1.* sponsio BO **3** 1 267b 2, EbMai **10** 210 3; *2.* collocatio (filiae) Bhchr 233 24.

Etpe. desponsus est Pr 19 14, JS in asd 106 12, MS **1** 22 45.

Af. despondit Afr 115 19, ESL **2** 401u, Eb Mai **10** 214 15.

ܡܟܪܐ *1.* rubrica sinopica Jer 22 14 (Hex),

Joh Eph 202 9, Kays 264 22; *2.* minium Duval-Berthelot **2** 4 4, BA n. 5930.

ܡܡܪܬܐ id. quod praec. EN 27 00.

ܡܫܘܬܐ *1.* vulg. navis BA n. 5893; *2.* i. q. ܡܫܘܦܬܐ q. v. BA n. 5894.

ܡܠܐ part. scilicet Merx p. 172.

ܡܠܬܐ *pl.* ܡܠܐ *1.* verbum pass.; *2.* t. t. theol. λόγος interdum m. (N§87, MS **2** 28 14, Cyr 23 4), Joh 1 1, ES **1** 521E, MS **1** 111 6.

ܡܠܬܫܘܒܚܐ δοξολογία Spic. Solesm **4** 12 2.

ܡܠܬܫܡܐ adjectivum Bhgr **1** 2 26, ܡ' ܫܘܡܠܝܬܐ infinitivus Bhgr **1** 20 80 etc.

ܡܠܦܣܝܬܐ verba parvula Zach. Rhet. ed. Spanuth 1 26.

ܡܡܠܠܐ *1.* eloquens asd 50 25; *2.* λογικὸς glherm; *3.* rationalis BO **3** 2 367m, Bhchr 298 1; *4.* purus, innocens Philox Mem. d. Lincei **12** 1884 p. 487a, 9, Mar Narses ed Grabowski 8 11, Cat. Vat. **3** 209.

ܡܡܠܠܢܐ dialecticulus ZDMG **24** 269 20.

ܡܡܠܠܘܬܐ *1.* eloquentia ES **3** 105D; *2.* logica Bhchr 168 10; *3.* rationalitas Ath 22 1.

ܡܡܠܠܝܐ logicus ET 17 11, ܡ' ܢܦܫܐ τὸ λογιστικὸν glherm.

ܡܡܠܠܐ (N§59) *1.* sermo 1Rg 19 12, ES **2** 1A; *2.* lingua Gal ZDMG **39** 248, Bhchr 411 4; *3.* vox JS in asd 103 4; *4.* tt. gr. sententia ET 17 10.

ܡܡܠܠܬܐ sermo IA **2** 272 691.

Pa. *1.* locutus est ψ 2 5, ES **1** 335D, KwD 58 19, seq. ܥܠ ܠܒܗ consolatus est Gn 50 21 (Hex); *2.* tonuit AM **2** 342 9, sonuit (tuba) AM **2** 371 5, stridorem edidit (os) asd 61 4.

ܡܡܠܠܐ *1.* eloquens ES **1** 463A, JSAbb 38 125, KwDW 185 21; *2.* garrulus ES **2** 401C, *f.* dap 64 14.

ܡܡܠܠܘܬܐ ܐܠܗܝܬܐ theologia ES **3** XLVII 47, Spic. Solesm **4** 172 10.

ܡܡܠܠ ܐܠܗܝܬܐ theologus Cyr in Julian ed. Neumann 55 25.

ܡܡܠܠ ܟܝܢܝܬܐ physiologus AS **1** 5 7.

ܡܡܠܠܘܬܐ ܟܝܢܝܬܐ physiologia glherm.

Etpa. dictum est ES **1** 540C, Vit Rabb 175 1, JS in MS **2** 78 13.

ܠܐ ܡܬܡܠܠܢܐ ineffabilis ES **1** 228E, Vit Rabb 175 1.

ܡܠܐ *1.* hausit Jos 9 21, Joh 4 7, ES **1** 435A; *2.* implevit Philox 359 13, JSA v. 80; *3.* tetendit (arcum) ψ 11 2, IA **2** 264 v. 545, Jul 45 18; *4.* sarcivit Sind 17 4; *5.* seq. ܠܒܗ consolatus est Gn 50 21, Jul 182 20, BO **3** 1 596 19, ZDMG **24** 535.

ܡܠܐ plenus Chr ed 145 9, ܡܠܐ ܙܒܢܐ ad tempus, temporarius Nis 44 13, ESL **2** 33 5, Ath 48 19, ܡ' ܝܘܡܐ per diem ES **3** 50F, ܡ' ܙܒܢܐ ad tempus ES **3** 469F, ESZ **1** 309, ܡ' ܪܦܦܐ ad momentum temporis, paulisper Nis 2 70 141 glherm, ܟܡ' ܡܨܠ paulisper 2Pt 2 18, celeriter ZDMG **24** 268 12, ܡ' ܫܥܐ ad horam ER 350 23.

ܡܠܝܐܝܬ omnino, perfecte dap 4 23, Vit Rabb 164 21, Ath 27 27.

ܡܠܝܘܬܐ plenitudo πλήρωμα Mt 9 16, ES **1** 171 2, ER 10 26, Philox 359 11.

ܡܠܝܐ (nest. ܡܠܝܐ) plenitudo 1Cor 10 26, ES **2** 272A, ܐܪܥܐ ܒܡܠܝܗ tota terra Ez 19 7, ESL **1** 407 3, dap 113 26.

ܡܠܝܐ (apud posteriores 'ܡ N§111), ܡܠܝܢܐ (cf. ass. *melū*, Haupt E-Vowel p. 18), aestus (*flood*) Nis 1 13, JSt 65 7, ENchr 146 19, Kays 147 20.

ܡܠܝܬܐ *1.* plenitudo Mc 2 21; *2.* torcular (*winepress*) Js 63 3 (Hex).

ܡܠܘܐ, ܡܠܘܬܐ *1.* plenitudo Bhchr 191 6; *2.* summa Bhce **3** 109 5; *3.* materia, argumentum ESZ **1** 422, SB 10 1; *4.* materia (cerae) SB 5 3 5, 4 16 17; *5.* robur, vigor Philox 584 5.

Etpe. impletus est ES **3** XXIV 23, dap 88 24, Chr ed 145 10.

Pa. *1.* explevit Sir 27 36, dap 54 21, JS in asd 88 25, (sitim) Rabb 282 4, (cupidinem) Philox 360 6.

ܡܘܠܝܐ *1.* completio dap 4 13, Ath 53 11, Joh Dar in MS **1** 106 22; *2.* plenitudo ψ 46 26 (Hex).

Etpa. impletus est Mt 1 22, JS Const v. 141, ThM 44 5.

Šaf. complevit ES **2** 337A, Ath 35 10, Mt 5 17 (Phil).

ܫܘܡܠܝܐ *1.* completio ap NT 206, ES **2** 107C, Ath 40 13 expletio (cupiditatis) Philox 592 12; *2.* perfectio JN in MS **1** 101 4; *3.* ordinatio (sacerdotis) CatBod 441δ.

Eštaf. *1.* completus est 1Rg 2 27, Vit Rabb 165 17, Guidi to 36 16; *2.* ordinatus est ThMarg **1** 118 1; *3.* perfectus est Philox 584 13.

ܡܠܠܚܝܡ h. מלחים Jer 38 12 (Hex).

ܡܠܒܕܐ odoramenti species BA, BB, PS.

ܡܠܓ *1.* evellit Lv 1 5, ES **2** 362E, IA **1** 282 133; *2.* avellit Mt 12 1, ES **1** 281C.

ܡܘܠܓܐ (sic Bh ad Ez. ll.) excerptum *1.* (frumenti) Dt 23 26; *2.* pennae Ez 17 3, ES **2** 180D, glherm, Bh ad ψ p. 208 24.

ܡܠܓܡܐ μάλαγμα malagma Ez 30 21, ES **2** 190C, dap 120 28, AM **2** 353 4, ThMarg **1** 87 13.

ܡܠܘܡܫܐ (sumer. *mulmaš* Jensen Kosm. 56) signum zodiaci ES **2** 383F, asd 15 8, Bh chr 369 4.

ܡܠܘܡܫܘܬܐ astrologia Sch 140 12.

ܡܠܢܬܐ Bhchr 130 14 vox incerta.

ܡܠܚܐ *f.* sal 2Rg 2 20, ES **2** 17A, asd 51 1, IA **1** 290 v. 299.

Pe. *1.* salivit Lv 2 13, IA **2** 226 v. 85, Bhchr 151 24; *2.* salsus fuit ES **1** 10D.

ܡܠܝܚܐ salsus Job 39 6, ER 117 26, *f.* terra salsa Bal 271 3, KwD 20 20, Bhchr 137 5.

ܡܠܝܚܘܬܐ gustus salsus Duv-B **2** 57 18.

ܡܠܝܚܐ salsus JSA v. 192.

Etpe. salitus est Mt 5 13, am **2** 394 6.

ܡܠܚܢܐ salsus ES **1** 10C, Mc 9 50 (Phil).

ܡܠܘܚܐ atriplex halimus Löw p. 338, Zeph 2 9, ESL **2** 291 1, AM **1** 28 2, cf. Js 17 6 (Hex).

Etpa. familiariter usus est aliquo (συναλίζεσθαι) ψ 140 4, ES **1** 474A, Bal 300 19, Act 1 14 (Phil).

ܡܠܚܐ (ex assyr. *malaḫu* Del. Prol. 178u) nauta Act 27 30, ES **2** 528F, ER 97 1.

ܡܠܚܘܬܐ directio, gubernatio Cyr 159 24.

Pa. direxit, gubernavit Ath ܩܡ 11, Dn 13 5 (Hex), Bhce **3** 47 10.

ܡܠܛ o. *1.* astutus fuit Pr 26 17, ESL **2** 681 7; *2.* intellexit Clr 14 11.

ܡܠܛܐ linimentum Jer 43 9, DionT 13 8, Bhce **2** 649 22.

ܡܠܝܛܐ astutus ES **2** 439B, BO **2** 59a, KwD 2 11.

ܡܠܝܛܐ *1.* astutus ES **1** 413C, Jul 4 15, Bhce **1** 207 1, *adv.* Joh Eph 118 10; *2.* peritus AS **2** 368 18.

ܡܠܛܐ μελέτη cura ThMarg **1** 72 13.

ܡܠܛ seq. ܒ studuit ES **2** 439B.

ܡܠܛܢ Geop 12 18 vox incerta.

ܡܝܠܝܪܢ μιλιάριον *1.* miliarium Cat Wright **2** 685A; *2.* ahenum aquae fervefaciendae EN 39 2.

ܡܠܟ *1.* suasit 1Rg 1 12, ES **2** 361B, Ath 54 14, Bhchr 176 12; *2.* promisit 1Rg 12 6, dap 58 25, JS in asd 95 20.

ܡܠܟܐ rex 2Sm 24 4, ER 355 1 etc.

ܡܠܟܬܐ regina Jer 29 2, Philox 19 16, asd 13 4.

ܡܠܘܟܝܐ regulus IA **1** 218 275, MS **2** 64 3, AS **3** 208 22, Bhchr 77 7.

ܡܠܟܝܐ regius ES **1** 368B, Cyr 38 25, Spic. Solesm **4** 59 7.

ܡܠܟܐܝܬ regie PsC 221 16.

ܡܠܟܘܬܐ *1.* regnum Hag 2 22, MS **1** 110 10, Chr ed 145 5; *2.* regia majestas asd 17 3.

ܡܠܟܘܬܢܝܐ ad regnum (caeleste) pertinens BO **3** 1 591u.

ܡܠܟܐ consilium Mc 15 1, ES **3** 608B, Joh Eph 8 1, Bhchr 131 13, ܒܪ ܡ' consiliarius dap 50 17.

ܡܠܘܟܐ *f.* ܡܠܘܟܬܐ (Sap Sal 8 8) *1.* consilarius Js 3 3, IA in MS **1** 17 242; *2.* qui promittit ER 87 5.

ܡܘܠܟܢܐ promissum Am 9 6, Afr 26 13, ES **1** 439B, asd 12 6.

Etpe. deliberavit Sir 37 10 (cf. Bh ad l.).

Pa. *1.* dominatus est Philox 158 2; *2.* seq. ܥܠ praestitit Geop 8 27.

Etpa. *1.* deliberavit Mt 26 4, ES **1** 406F, dap 52 2; *2.* rectus, gubernatus est ES **1** 36D.

Af. *1.* regnavit asd 11 13, Rabb 239 15, Bhchr 223 3; *2.* regem fecit 2Par 33 25, ES **1** 567A, Bhchr 176 12.

ܡܠܘܟܝܐ Geop 94 3, IS 97 6, ZDMG **30** 357 et Gal ib. **39** 256 1, ܡܠܘܟܝܢ Geop 101 29, 118 28, JSt 36 6 (μολόχη) μολόχιον corchorus olitorius L, Löw n. 120.

ܡܠܟܡܕܪܘܣ (gr.?) vas quoddam Epiph 47 17 (cf. Symm **2** 192 49).

ܡܠܠܘܢ, ܡܐܠܠܘܢ μᾶλλον magis ES **1** 124E, AS **2** 364 2, Ath 21 3, Bhchr 389 26.

ܡܠܢܟܘܠܝܐ μελαγχολία melancholia EN 31 14.

ܡܘܠܠܣܐ (μυλλὰς scortum) hermaphroditus BA n. 5548.

ܡܠܝܣܛܐ μάλιστα maxime am **1** 469 14, Clr ep app. 308 22, Bhchr 185 17.

ܡܠܡܐ *1.* gramiae (*rheum in the eyes*) BA n. 4233; *2.* gramias in oculis habens, ES **3** 129B.

ܡܘܡܘܣܐ lignum croceum quo tinctores utuntur PS.

ܡܠܦܦܘܢ (μελοπέπων) cucumis melo L. Löw n. 297, PsC 217 7 (sic l.!) Geop 95 10, EN 49 20, BA n. 6015.

ܡܡܟܝܢܐ aegritudinibus obnoxius IA **1** 200 497 (PS. em. ܡܟܝܢܐ).

ܡܘܡܣܐ lanx magna ahenea BA n. 6018.

ܡܡܣܐ vir fortis, strenuus BA n. 6019.

Etpe. vellicatus, evulsus est BB, PS.

ܡܡܒܪܢܣ μεμβράνας membranas 2Tim 4 13 (Phil).

ܡܡܘܢܐ (Del. Prol 122) aestus (*flood*) ψ 29 10, Afr 22 3, ES **1** 54D, JS in ER 385 5.

ܡܡܘܢܐ (Lag Nom 185, Barth p. 40 e ܡܢܡܐ quidquid? Jensen) divitiae Ex 21 30, Afr 388 20, ES **3** 207C, Bal 289 10, KwD 44 19.

ܡܝܡܘܣܐ μῖμος mimus AS **2** 337 2, Joh Eph 327 19, Bhchr 166 19.

ܡܝܡܘܣܘܬܐ ars mimica AS **2** 337u, Bh ZDMG **40** 444.

ܡܝܡܕܣ μιμάδες mimae Pel 1 23.

ܡܡܝܪܘܢ Chelidonium majus EN 27 97, Löw p. 219.

ܡܘܡܝܬܐ mentha Nis 20 14, Gal ZDMG **39** 254 5, EN 27 97, Löw p. 205.

ܡܢ a, ab, ex de cf. N § 249.

ܡܶܢ μὲν quidem *pass.*; negationem exprimit Nis 11 8, 27 49, 31 84.

ܡܰܢ quis *pass.*

ܡܳܢ, ܡܳܢܳܐ quid *pass.*

ܡܢܘ *1.* id. Bal 359 24, Rechtsb 38 7; *2.* seq. *adj.* quam! Bal 363 26.
ܡܢܘ ܘܕܡܢܘ quis et cujus sit Nis 19 127, 20 7, cf. ES **2** 506C, **3** 45C.
ܡܢܘܬܐ quidditas Kays 61 5, glherm, Cat Par **16** 263.

ܡܢܬܐ *pl.* ܡ̈ܢܐ *1.* crinis Mt 5 36, ES **2** 3F, Bhchr 347 8; *2.* nervus ES **2** 531C; *3.* chorda ES **2** 529F, Philox 382 24.
ܡܢܬܐ *1.* pediculus Js 41 14, Kays 42 3; *2.* cynopha Kays 238 11.
ܡܢܢܐ curculio Cyrill ZDMG **27** 595 v. 101.

ܡܢܐ h. מָן manna Ex 16 31, Afr 406 4, Bal 336 9, Philox 288 9.

ܡܢܚܐ μαναα מִנְחָה Ez 45 5 (Hex).

ܡܢܐ *1.* numeravit Afr 345 10, ES **1** 435E, Ath ܠܘ 14; *2.* attribuit Ath ܠܝ 20.
ܡܢܝܐ *pl.* ܡܢܝܢ ܡ̈ܢܝܐ (N§72,73) ass. *manu* mina *1.* pondus מָנֶה Neh 7 22, Geop 48 6, Epiph 54 71, Duval-Berthelot **2** 69 11; *2.* nummus λεπτὸν Mc 12 42; Afr 433 17, ES **2** 535A.
ܡܢܬܐ *pl.* ܡܢܘܬܐ (N§78) *1.* pars, portio Jos 18 8, ER 35 20, dap 35 7, IA **2** 28 90; *2. pl.* reliquiae Bhce **1** 133 18, JARS 123u.
ܡܢܬܢܝܐ partialis Nestle chr[1] 84 23, Spic. Solesm. **4** 15u.
ܡܢܬܐܝܬ partim ES **2** 291F, Ath 33 19.
ܡܢܐ ܒܡܘܙܠܐ astrologus PsC 7 6 8.
ܡܢܝܢܐ *1.* numerus Act 7 14, Ath ܠܝ 3, Gal ZDMG **39** 287 2; *2.* temporum ratio ER 72 3, Chred 157 10, Spic. Solesm **4** 224 2; *3.* lustratio (exercitus) PsC 245 18.

Etpa. sq. ܒ adnumeratus est Philox 620 1 dap 40 21, Ath ܠܗ 13.

Pa. tribuit Nis **16** 70.

ܡܢܝܢܐ numerator Jer 33 13, ESJ 117 12.
ܡܢܝܢܘܬܐ arithmetica AS **4** 5 11, ECth **2** 12 9, glherm.

ܡܢܒܪ ar. مِنْبَر suggestum (*pulpit*) Bhchr 276 11.

ܡܢܓܢ sedavit (?) Bhcar 96 7.

ܡܢܓܢܘܢ μάγγανον machina am **1** 205 1, Bhchr 83 15, *pl.* Joh Eph 353 11.
ܡܢܓܢܝܩܐ BO **3** 5, 97 2, ZDMG **29** 93u, Bhchr 111pu, *pl.* ܡܢܓܢܝܩܘܣ Bhchr 107 8, Kayser Can des JE 22 16 μαγγανικὰ machina.

ܡܢܕܛܐ μανδάτον mandatum Joh Eph 20 16, 780 19.

ܡܢܕܝܠܐ *f.* mantile *1.* sudarium AS **2** 269 8, Bhchr 179 26; *2.* fascis Bh ZDMG **40** 443.

ܡܢܕܝܣ μανδίας pallii genus Cat Wr **1** 232b.

ܡܢܕܣܘܣ μαινάδος maenadis AS **4** 97 17.

ܡܢܕܪܓܘܪܘܣ μανδραγόρας mandragora AS **4** 82 15 (sic l.!).

ܡܢܗܝܢ anno insequente Bhgr **1** 4 23 'ܠܗܠ id. EN 57 15.

ܡܢܛܐ AS **3** 95 7, ܡܢܛܐ IA **1** 134 v. 1198, ܡܘܢܝܛܐ *1.* moneta a) = nummus JS in ER 406 25, PsC 145 17, ENchr 35 12, b) *mint* EbMai **10** 328 7; *2.* signum BO **3** 149a 10, ThMarg **1** 81 3; *3.* forma (gall. *moule*) Métr 33 15.

ܡܢܛܝܐ μαντεία divinatio ESL **2** 119 10.

ܡܢܝܐ Joh Eph 415 11, ܡܐܢܝܐ EN 31 13 μανία furor.

ܡܢܝܘܢ μηναῖον menaeum Cat Bod 315 14a f.

ܡܢܐܣ μνᾶς minas 1Ezr 5 44.
ܡܘܢܝܘܣ μονιός ψ 80 14 (Hex) animal vorax ferocissimum solum incedens (schol).
ܡܢܐܣܝܣ μνάσις apud Cyprios metrum frumenti decem modios continens Epiph 6 94, 53 77 seq.

ܡܢܛ (Barth p. 4) pervenit, in pe inusitatum.
ܡܢܛܐ meta, scopus am **2** 351 9, Philox 466 10.

Pa. *1.* pervenit Act 26 7, ES **1** 490F, BO **1** 527 13; *2.* pervenire fecit ES **3** 314E, Philox 476 77, KwDW 16 18, 151 20.
ܡܘܢܛܐ adventus ψ 18 13 (Hex), BO **3** 1, 592 23, JARS 24 11.

Etpa. pervenit ES **3** 324C, devenit BO **2** 31a.
ܡܬܡܢܛܢܘܬܐ adventus Alex 15 14.

ܡܢܩܝܬܐ, ܡܢܰܩܝܬܐ (pro מְנַקִּיתָא N § 126A) *1.* patera Ex 25 29, Ez 45 13; *2.* cochlear 1Ezr 2 12, Afr 121 11, Geop 22 4; *3.* uncia PsC 190 7, Duval-Berthelot **2** 26apu.

ܡܢܦܫܐ (pers. Lag. GA 22 14) viola Löw n. 191, Geop 87 13, Gal ZDMG **39** 258 3, Spic. Solesm **4** 57 20, Ba n. 6109.

ܡܢܫܘܪ ar. مَنْشُور diploma Bhce **2** 713pu BO **2** 242b.

ܡܣܛܐ, ܡܣܛܝܬܐ ἡ μέση forum Joh Eph 91 9, 197 1.

ܡܣܐ spartum Löw p. 117, 238, Geop 17 6, EN 51 59.
ܡܣܝܬܐ coagulum, fermentum ES **2** 401E, 404A, IA **2** 212 193.
ܡܣܬܐ *1.* satietas (αὐτάρκεια) 1Tim 6 6, ES **1** 10D; *2.* portio Prov 25 16, dap 31 17, ܡܣܬ pro, secundum Ex 12 4, Afr 495 5 seq., ut ES **1** 66C, am **3** 407 18.
ܡܣܡܣܐ (√ܢܣ نَسَّ) aculeus Jud 3 31, ES **1** 310E, am **2** 73 7.

ܡܣܐܬܐ (√נשא N § 126B) libra ψ 62 10, Afr 347 10, ES **1** 12F, nomen sideris: libra PsC 19u.

ܡܣܐ *1.* coagulavit, densavit Job 10 10, KwD 6 14; *2.* densus factus est KwD 399 6.

ܡܣܝܐ *1.* humidus ES **1** 121A; *2.* putridus VRabb 204 11.
ܡܣܝܘܬܐ putredo Gal ZDMG **39** 270 14.

Etpe. *1.* densus factus est KwD 399 8; *2.* putrefactus est Lev 26 19, Afr 457 8, ES **1** 393E, dap 15 22.
ܐܡܣܝܘܬܐ pus Afr 485 13, ES **2** 515C, IA **2** 206 47, Jul 139 9.

Af. *1.* pus movit Num 5 21; *2.* humectavit (lectum lacrimis) h. אַמְסֶה ψ 6 6(7); *3.* enervavit, IA **2** 272 676.

ܡܣܡܒܪܝܢܘܢ μεσημβρινὸν meridiale Bh adsc. ment 3 11.

ܡܣܟܐ vinculum ligneum BA n. 6149.

ܡܣܘܣܝܢ (μίσυ) vitriolum cuprinum Duval-Berthelot **2** 3 5, 4 2 etc.

ܡܣܝܢܐ chalybs, quo ignem excitant (*fire-steel*) BA n. 6184.

ܡܘܣܛܐ Geop 49 18 et ܡܘܣܛܘܢ ib 22 24 (μοῦστον) mustum.

ܡܣܝܚܐ Joh 1 42 (Bernst) et ܡܫܝܚܐ ib 4 25 Μεσσίας.

ܡܣܢܘܢܐ (lat. mansio Nöld. ZDMG **25** 643 cf. Lipsius, die apocr. Apostelgesch. Ergänzgsh. 72 fin) iter decem parasangarum ES **2** 390C, Bal 303 16, AS **2** 78 2, Dion BT 56 14, hchr 84 11.

ܡܣܢܬܐ i. q. ܡܣܝܢܐ q. v. BA l.l.
ܡܣܡܐ clyster, clysmus Geop 110 5, Bhchr 220 26.
ܡܣܩܦܬܐ *1.* cataracta Jes 24 18, ES **2** 60B; *2.* avis aquatica BB in Lag. GA 64 163.

ܡܣܡܪܘܬ μασμαρὼθ Epiph 47 22 (Symm **2** 193 60).

ܡܐܣܐܢܐ μασενα מַשְּׂנָה Regn δ 22 14 (Hex).

ܡܐܣܘܦܘܪܦܘܪܐ μεσοπόρφυρα (sc. ἱμάτια) purpurā praetextae (vestes) Jes 3 21 (Hex).

ܡܘܣܣ μοῦσαι musae Spic 18 1, PsC 95 11.

ܡܘܣܝܩܝ, ܡܘܣܝܩܝܣ μουσική musica 1Ezr 4 63, ES **1** 367B, Kays 316 7.

ܡܘܣܝܩܪܐ (Lag GA 13 32) Apoc 18 22, herm 43 14, ܡܘܣܝܩܘܣܐ am **3** 377 1 *pl.* ܡܘܣܝܩܘܣܐ Bhchr 30 19 musicus.

ܡܘܣܝܩܝܬܐ musica Bhchr 171 23.

ܡܘܣܝܩܪܐ EbMai **10** 200 12f. ܡܘܣܝܩܘܣܘܬܐ ib 253 20 musicus.

ܡܘܣܝܩܪܘܬܐ *1.* musica ECth **1** 2 17, Jul **6** 18, AS 84 4; *2.* instrumenta musica glherm.

ܡܘܣܝܩܪܐ musicus CatWr **2** 692a f.

ܡܣܪ *1.* contempsit ES **2** 518F, JS in ER 397 25; *2.* tradidit Bhchr 119 20; *3.* docuit c. acc. pers. ES **3** 115E; *4.* denuntiavit Bh ZDMG **40** 444, calumniatus est KwDW 62 12, Bhce **2** 569 18.

ܡܣܘܪܐ delatio (*information*) Joh Eph 125 17.

ܡܣܘܪܝܐ *1.* contemptio Bhchr 573 2; *2.* calumniatio Bhce **2** 569 16.

Etpe. *1.* traditus est 2Sm 24 13, AS **3** 61 21; *2.* contemptus est JS in asd 89 4.

Pa. *1.* seq. ܒ contempsit dap 118 14; *2.* accusavit JARS 140 8.

Af. *1.* seq. ܒ contempsit ER 27 7, JS in asd 97 21, DionT 171 12; *2.* ausus est Bh ZDMG **40** 444.

ܡܣܬܣܝܢ vulg. scutella ampla BA n. 5859.

ܡܣܪܝܩܘܣ μεσαραικὸς ad mesenterium pertinens EN 10 97.

ܡܥܐ (N § 84) *f.* *1.* pondus i. q. h. גֵּרָה Lev 27 25; *2.* nummus parvus dap 76 25, AS **2** 96 20, Bhce **2** 619apu.

ܡܥܝܐ intestina 2Sm 16 11, Afr 360 20, ES **1** 4B, Joh Eph 109 3.

ܡܥܝܬܐ Duval-Berthelot **2** 55 3, 54u *pl.* ܡܥܝܬܐ Kays 128 10 id.

ܡܥܝܐ ܐܪܥܐ lumbrici EN 44 1.

ܡܥܕ vaccillavit (*to totter*) Cyrill ZDMG **27** 498 13 cf. 504 n. 6.

ܡܥܕܘܬܐ ThMarg **1** 373 1 l. ܡܥܕܘܬܐ.

ܡܥܕܢܐ i. q. ܡܥܢܐ q. v. BA l. l.

ܡܥܕܪ perturbavit Joh Eph 177 9, *part. pass.* ib 137 6, 155 12 *adv.* ib 275 22.

ܡܥܘܢܐ terra, regio hebr. מָעוֹן √עון BA, PS.

ܡܥܣ vastavit ZDMG **13** 58 6.

ܡܥܣܢܐ *1.* furiosus ES **2** 557F; *2.* perversus ESL **2** 319 124, Jul 81 13.

ܡܥܣܢܘܬܐ perversitas ESL **2** 319 9.

ܡܥܣܐ dolor Bh ZDMG **40** 444 spec. ventris Gal ZDMG **39** 241.

ܡܥܣܢܘܬܐ aegritudo Bhcar 119 13.

Etpe. *1.* allisus, conculcatus est JSt 48 10, Bhce **3** 267 12; *2.* vexatus est MS **2** 67 8.

Pa. *1.* divellit Lc 9 42; *2.* pervertit ES **2** 485B, ER 123 3.

ܡܦܠܐ TB 40 25 leg. ܦܠܦܐ gr. ψηλαφᾷ (Nöld.).

ܡܦܘܛܐ i. q. ܡܦܘܛܐ q. v. Jul 103 4.

ܡܘܦܘܣ μύωπες oestri Geop 102 24.

ܡܨ *1.* suxit KwDW 55 6; *2.* expressit JS in MS **1** 48 79, JE in ES **1** 243 5.

ܡܨܘܪܐ instrumentum cujus ope medicamentum in nares immittitur EN 38 60, BA n. 6497.

ܡܪܐ *1.* seq. acc. par fuit Clr 49 50; *2.* invenit ES **3** 294E (cf. ZDMG **40** 736); *3.* expressit Jud **6** 38 (Hex).

ܡܪܐ (Nöld. ZDMG **32** 406, Del. Prol. 158

ܢ. 2) seq. inf. aut ܕ, *1.* potest ES **3** 361A, ER 35 25; *2.* ܠܐ ܗܘܐ ܡܨܐ ܗܘܝܬ potui Kays 51 17.

ܡܪܝܐ purgatio Bh ZDMG **40** 444.

ܡܪܝ Vit Rabb 162 3 vox incerta [leg. ܡܪܝܪ Fraenkel].

Etpe. potuit ER 24 14, Philox 78 7, Bh ad Paul 3 16.

ܡܬܡܪܝܢܐ possibilis AS **4** 12 26 glherm.

ܡܬܡܪܝܢܘܬܐ *1.* possibilitas ThMarg **1** CXLVI 8 glherm; *2.* facultas Ath 19 26.

Pa. ES **1** 222C ܡܥܪܘܝ leg ܢܪܘܐ Ex 21 18.

Af. expressit Lev 1 15, ES **1** 317B, JE schol 13 4.

ܡܨܥ in medio stetit ES **2** 520B, ER 357 26.

ܡܨܥܐ Geop 43 24, saepius ܒܡܨܥܬܐ medium Rabb 223 4, Ath 1 10, ܠ—ܒܡܨܥܬ inter—et Bhchr 191 7, ܒܡܨܥܬ—ܘܒܡܨܥܬ id Gen 9 13 (Hex).

ܡܨܥܝܐ *1.* medius asd 23 3, apap 130 4 (ܒܩܘܡܬܗ ܡܨܥܝܐ ܐܝܬܘܗܝ ܗܘܐ statuā erat mediocri), JS in ER 405 14, f. = المتوسّط metrum dodecasyllabon Card p. 3; *2.* intercessor (*mediator*), ES **1** 2C, dap 38 9, JS in MS **2** 124 736; *3.* arbiter ESL **1** 181 2.

ܡܨܥܝܘܬܐ *1.* medium ES 1 267D, Gal ZDMG **39** 287 11; *2.* mediatio, intercessio ES **1** 454A, IS Abb 155 4.

ܡܨܥܝܐܝܬ in medio Geop 7 10.

Pa. *1.* seq. ܒܝܢܝ in medio posuit ES **3** 169A; *2.* ܡܨܥ ܠܗ dimidia ex parte fraudavit Nis 31 91; *3.* seq. ܦܠܓ dimidiavit, dividit Nis 5 16.

ܡܡܨܥ ܩܐܡ *1.* in medio stans am **3** 408 1; *2.* circumdatus KwDW 65 16.

Etpa. *1.* in medio relictus est ESL **1** 711 4, Joh Eph 31 20; *2.* inclusus est Epiph 15 12; *3.* intercessit KwDW 199 5, BO **3** 465a 22, Bhchr 319 21.

ܡܩܘܙܐ i. q. ܡܩܙܐ EN 33 51.

Etpa. i. q. ܐܬܡܩܙ BA n. 7206, 7232.

ܡܩܘܣܐ i. q. ܡܩܘܣ q. v. Gen 14 5 (Aqu) EN 58 48.

ܡܩܘܩܝܬܐ *1.* gallina BA; *2.* bubo Lex Adl. PS.

ܡܩܘܪܐ (al. ܡܩ √ܩܘܪ?) rostrum am **1** 488 19, Nat 19 11, SB 33 3, BA 6560, EN 44 9.

ܡܘܩܝܛܝܣ μύκητες fungi Geop 90 24.

ܡܘܩܠܐ *1.* bdellium Gal ZDMG **39** 254 6, Duval-Berthelot **2** 7 12, 252 11, BB 1039 3, Löw n. 307; *2.* tus (*incense*) JSt 25 2; *3.* luteum (ovi) IA **2** 138, 627.

ܡܩܠܘܢ μάκελλον macellum 1Cor 10 25, Bhcar 41 1.

ܡܘܩܪܐ luteum (ovi) Kays 227 12, Bhcar 113 3, EN 35 93, BA n. 5580.

ܡܩܪܝܣܡܘܣ μακαρισμοί benedictiones CatWr 1 328b.

ܡܩܫܩܬܐ i. q. ܡܪܫܩܬܐ q. v. EN 27 98.

ܡܪܐ JBh 2 6, ܡܪܪܐ IA **2** 112 85, μάῤῥα (cf. Tallquist Nabunaid p. 97) marra, pala ferrea vel ligo, am **2** 45 20.

ܡܪ *1.* acerbus fuit Js 24 9, ES **1** 10F, Geop 11 5; *2.* ܡܪܬ ܢܦܫܝ ܥܠ dolui 1Mcc 12 51.

ܡܘܪܐ myrrha Löw n. 185, Mt 2 11, ES **2** 412B, Gal ZDMG **39** 297 30.

ܡܪܪܐ *1.* fel Job 20 18, ES **1** 521C, dap 80 19; *2.* venenum Afr 255 21, ES **2** 371B, ER 48 6.

ܡܪܬܐ ܕܬܘܪܐ λαθυρίς lathyris Gal ZDMG **39** 279 2.

ܡܪܝܪܐ acerbitas Thren 3 15, Afr 97 3, ES **2** 7F, KwDW 135 4.

ܡܪܬܐ fel Mt 27 34, AS **2** 101 4, dap 81 9, IS in JAP 1888 p. 478 n. 1 l. 10.

ܡܪܝܪܬܐ ܕܚܡܪܐ Ecbalium Elaterium BB Löw p. 331, 332.

ܡܪܝܪܬ ܐܪܥܐ χαμαίπιτυς ajuga chia BB Löw n. 196.

ܡܪܝܪܬܐ ܕܫܡܫܐ protuberantia(?) solis ES **1** 125D.

ܡܪܝܪ ܩܠܐ λύκιον lycium Löw n. 197, Gal ZDMG **39** 280 21, EN 25 53.

ܡܪܘܪܝܬܐ cichorium Löw n. 195.

ܡܪܝܪܐ *1.* amarus ES **1** 521B, *adv.* Bal 283 18; *2.* vehemens Bhchr 2913 3.

ܥܠܘܝ ܡܪܝܪ aloe ES **1** 530D.

ܡܪܝܪܘܬܐ amaritudo ER 57 9, Ath 34 6, Gal ZDMG **39** 270 9.

ܡܪܪܘܬܐ id ES **3** 124C (nisi emendandum).

Af. amarum fecit, exacerbavit Js 3 10, ER 56 9, AS **2** 193 23, Bhcar 150 1.

ܡܪܡܪ exacerbavit Ez 20 8, Afr 360 10.

ܡܡܪܡܪܢܘܬܐ exacerbatio (*exasperation*) AS 42 20, ψ 94 16 (Hex).

ܡܡܪܡܪܢܐ (sic! sed v. N§130) adversarius am **2** 113 4.

ܡܡܪܡܪܢܘܬܐ repugnantia Dt 31 27.

Etpa. *1.* exacerbatus est Act 17 16, Bal 278 22, asd 76 9; *2.* dolore affectus est ES **1** 420E; *3.* seq. ܒܚܫܝܐ effuse, uberius flevit am **3** 236 10.

ܡܪܐ et ܡܪܝܐ *1.* dominus (N§146) Mt 6 24, ESJ 123 14, Guidi to 18 14; *2. pl.* propinqui Sind 14 4af, ES **3** 297B (cf. Nöld ZDMG **35** 234), Bh in Kayser Can. des JE 9 11, Spic Solesm **4** 227 22.

ܡܪܐ ܚܘܒܐ creditor 1Sm 2 22.

ܡܪܝ ܫܥܐ ὡρόσκοποι horoscopi Gal ZDMG **39** 269 5.

ܡܪܬܐ domina Spic 15 16, ER 93 15, Bhchr 127 12.

ܡܪܘܬܐ dominatio ER 39 9, ES **1** 128E, asd 36 21.

ܡܪܝܢܝܐ dominicus ES **2** 24A; *adv.* ES **3** 377C.

ܐܬܡܪܝ dominus factus est Bhchr 177 1.

ܡܪܓ *1.* amarum reddidit ES **3** 361D; *2.* seq. ܒ imitatus, aemulatus est ES **1** 127E, Philox 237 15, Vit Rabb 160 8, Th Marg **1** 86 1.

ܡܡܪܓܢܐ aemulans dap 12 29, 72 14.

ܡܡܪܓܢܘܬܐ studium aemulandi Th Marg **1** 145 20.

Etpa. certatus est Ath ܠܐ 25, am **3** 377 5.

ܡܪܕܘܩܝܐ Jacobita? Jš in Th Marg **1** CLXV n. 1.

ܡܪܓ *1.* offendit ES **3** 433F; *2.* vacillavit PsC 68 8.

ܡܪܓܐ *pl.* ܡܪܓܐ (ES 18 1, jac. ܓ Bhgr **4** 4 5, cf. **1** 212 10 seq.) pratum Gen 41 2, ES **3** 420D, Jul 100 20, Bhchr 199 25.

ܡܪܓܢܐ (gr. μάραγνα Nöld. Mand. Gr. XXX) flagelli genus 1Rg 12 11, i. q. h. עַקְרַבִּים, sec. ES **1** 471F culei arena impleti et aculeis instructi, Bh ZDMG **40** 445, BA n. 6632.

ܡܪܓܢܝܬܐ et ܡܪܓܢܝܬܐ (apap 274 seq., cf. Nöld. ZDMG **25** 677) μαργαρίτης *1.* margarita Ez 28 13, Afr 104 3, ES **1** 126E, JS in MS **2** 148 v. 1107; *2. met.* hostia ESL **1** 313 9, JE in ES **2** 30, Joh Tel in Lamy dissert p. 64, cf. Kayser, Die Canones des JE p. 88.

ܡܪܓܢ Kays 205 3 (sic leg.!) ar. مرجان id.

ܡܪܕ a *1.* s. ܠܘܬ a) restitit ES **2** 451A, OM 374 15, b) rebellavit 2Rg 1 1, Chr ed. 152 16, Bhchr 49 23; *2.* s. ܡܢ se subtraxit (jugo) Philox 188 12; *3.* ܡܪܕ ܡܢ ܚܝܠܐ *beyond one's power* KwDW 51 13, 171 18; *4.* in tutum se recepit Nis 1 128 (Bevan).

ܡܪܕܐ *1.* rebellio, conjuratio (hebr. קֶשֶׁר) 2Sm 15 12, Js 8 12, Jer 11 9, AS **3** 184 6, Bhchr 118 2; *2.* castellum 1Mcc 9 33, ES **3** 207E, Bhchr 93 6, ܒܝܬ ܡ' id. ES **3** 322C, Philox 274 11; *3.* natura munita Joseph 9 1.

ܡܪܝܕܐ *1.* repugnans, pertinax 1Sm 25 10, ER 38 16, Add 51 3, Jul 177 20; *2.* munitus, ES **2** 108E, JSt 44 17.

ܡܪܘܕܐ f. ܡܪܘܕܝܐ Prov 7 11 (cf. N§71 3) repugnans, pertinax Dt 21 18, Philox 188 21, asd 77 8, dap **6** 1.

ܡܪܘܕܘܬܐ repugnantia ES **3** 339D.

Pa. *1.* munivit ES **1** 88C, JSt 15 5; *2.* ad rebellionem incitavit Dn 7 23 (Hex).

ܡܪܘܕܐ rebellus Jos 10 20.

ܡܡܪܕܘܬܐ natura munita (*impregnability*) JSt 14 20.

Etpa. rebellatus est 2Sm 22 22.

Af. ad rebellionem incitavit ES **2** 459E, **3** 584A, asd 67 22.

ܡܪܕܘܟ (pers.?) radix punicae granati BB, Löw p. 365.

ܡܪܕܩܘܫ Geop 116 30, ܡܪܙܓܘܫ Bh ad ψ 161 8 (pers. Lag GA 64 299, arm St § 1453) origanum majorana Löw n. 8.

ܡܪܕܣܢܓ (pers. Lag GA 64 164) plumbum adustum ad medicamentum elaboratum EN 27 99, ON 19 8, BA 1644, BB, Löw p. 170.

ܡܘܪܕܣܢܓ λιθάργυρον argenti spuma Geop 103 2, Duval-Berthelot **2** 5 4.

ܡܪܘܐ origanum Maru Löw n. 193, EN 49 28.

ܡܪܙܒܢܘܬܐ (pers. Lag GA 64 165) marchionatus am **2** 599 1.

ܡܪܙܒܢܐ (Lag arm St. § 1455, Spiegel er. Altert. **3** 630) *1.* marchio JSt 47 23, MAMQ 5u, AS **3** 206 28, Joh Eph 98 9; *2.* modius Bh ZDMG **40** 445.

ܡܪܙܘܦ radius quo pistor ad placentulas formandas utitur (*rolling pin* PS) BA 6665.

ܡܪܝܚܐ audax Corluy MP 37 11, *adv.* ER 28 17, ES **3** XXXVIII 38.

ܡܪܝܚܘܬܐ audacia 1Sm 17 28, ES **1** 517F, Dion T 81 5.

Af. ausus est s. ܠܘܩܒܠ contra Mc 12 34, ES **1** 215C, Bal 306 24.

Ettaf. *1.* audacter factum est Rie **120** 18, Zach Rhet 15 20; *2.* ausus est Zach Rhet 6 22.

ܡܪܛ evellit am **3** 428 1, KwDW 65 26, Bhchr 242 12.

ܡܪܛܐ *1.* pennae Kays 90 18, BA n. 6680; *2.* vestis e pilis caprinis facta ES in BA n. 6683.

ܡܪܛܬܐ pluma parva Kays 67 11.

ܡܪܛܐ pili caprini EN 42 60, BA n. 6682.

Etpe. evulsus est KwDW 217 10.

Pa. *1.* divellit IA **1** 118 814; *2.* evellit Philox 515 5.

ܡܘܪܛܐ expansio crinis BA n. 6679.

Etpa. evulsus est Afr 91 9, Dn 7 4 (Hex), Card 58 14.

ܡܪܛܘܛܐ pallium Dt 22 12, Afr 180 13, ES **1** 237E, AS **3** 4 10, Jul 97 5, Bhchr 212 11.

ܡܪܛܛ vestivit Card. 98 8.

ܡܪܛܦܘܣ (pers.) asparagus Ferr. Löw p. 53.

ܡܘܪܝܐ γάρος muria Geop 49 20.

ܡܪܟ seq. ܒ divellit ES **2** 442B.

ܐܬܡܪܟܢ v. s. v. ܡܪܐ.

ܡܘܪܝܢܐ muraena AS **4** 71 8, ON 140 seq.

ܡܪܢܝܐ urceus (*jar*) PsC 130 8.

ܡܘܪܢܝܬܐ (Löw p. 249: e corno facta, cf. ass. *murrânu* √ מרר? Jensen) *1.* pedum (*shepherd's crook*) Ath 18 25, BO **2** diss p. 33; *2.* baculus Bhce **2** 571pu; *3.* hasta 1Sm 19 10, cf. ES **1** 373B, Afr 184 12.

ܡܪܣ *1.* pressit Ez 23 3, ES **2** 186D; *2.* contudit IA **2** 132 v. 496, AS **4** 51 20.

ܡܘܪܣܐ malus BA n. 5587 (leg. ܡܪܣܘܣܐ?).

Etpe. *1.* pressus est Ez 23 21; *2.* maceratus est Bh in Kayser Can. des JE p. 14 22.

ܡܪܝܣ μάρις (cf. Lag GA 196 29 seq.) metrum 20 ξέστας continens Epiph 6 91, 57 36.

ܡܪܣܘܦܐ marsupium Dt 25 13, ES **1** 282D, AS **2** 217 6.

ܡܪܥ aegrotavit am **3** 340 14.

ܡܪܥܐ *1. adj.* a) aegrotus Ez 4 14, Afr 193 22,

IA 1 88 70, Jul 114 22, b) debilis ES 1 249E, VRabb 203 6; 2. *subst.* morbus Sir 2 4, ES 3 87A, am 1 422 19.

ܡܪܥܢܘܬܐ *1.* morbus IA **2** 206 65; *2.* infirmitas, ES **1** 562D, VRabb 181 8.

ܡܡܪܥܢܐ locus aegrotus (in corpore) ES **3** 383A.

ܡܡܪܥ aegrotus, debilis Cyrill ZDMG **27** 585 v. 157.

Etpa. *1.* aegrotavit IA **2** 206 67; *2.* marcuit ib. 326 v. 1501.

Af. infirmavit Ez 17 4 (Hex.).

ܡܪܘܦܣ μέροπες meropes Geop 99 23.

ܡܪܘܪܝܬܐ i. q. ܡܪܘܪܬܐ q. v. BA. l. l.

ܡܪܩ o purgavit Jer 46 4, ES **1** 456F, Philox 73 12, JS Tham v. 35.

ܡܪܝܩܐ purus Guidi to 35 23, *adv.* IA in MS **1** 15 146.

ܡܪܝܩܘܬܐ puritas ES **1** 126D, JBh 17 17.

ܡܪܩܐ *1.* purgatio am **2** 85 7; *2.* politura Duval-Berthelot **2** 251 6, 15.

ܡܡܪܩܢܘܬܐ vis purgatoria Gal ZDMG **39** 274 5.

Etpe. purgatus est Lv 6 21, ES **3** 209F, Clr 30 23.

Etpa. id. Philox 301 6.

Ettaf. id. Bhcar 18 2.

ܡܪܝܣܐ (pers.?) morbi genus Hoffmann Ausz. n. 214.

ܡܪܩܫܝܬܐ marchesita, pyrites, stanni genus Kays 264 21, Duval-Berthelot **2** 3 10, 4 9.

ܡܪܗܫܐ (ex bab. *maḫrašu* Jensen) funis EN 48 96.

ܡܪܝܬܐ, ܡܐܪܝܬܐ (√ܝܪܬ = ירש? Löw n. 65, e gr. μυρίτης Hoffmann ZDMG **32** 741 n) mustum Act 2 13, ER 97 12, Rabb 246 11, IA **2** 124 345, Geop 52 17.

ܡܪܬܘܢ μάραθον marathium Geop 17 19 cf. Lag GA 173 n. 3, Löw p. 382 n. 3.

ܡܪܬܟܫܪ, مُرْتَخِص cui cura aerarii publici tradita est ZDMG **29** 90 10.

ܡܫ *1.* tetigit Ath ܡ 14; *2.* palpavit dap 31 3.

ܡܫܫܘܬܐ palpatio BA n. 6056.

ܡܫܐ *1.* verrit (*to clean*) ES **2** 266B; *2.* mulsit (*to stroke*) Clr 121 17; *3.* contraxit (vultum) Clr 104 2; *4.* collegit (spicas) BA n. 6784.

ܡܫܝܬܐ ἀχρεῖα inutiles Lc 17 10 (Cur).

ܡܫܝܬܐ quisquiliae Am 8 6, ES **2** 266B.

ܡܫܘܝܐ spicilegus AM **2** 277 4.

ܡܫܘܟܐ et ܡܫܘܟܬܐ (e pers. *māšū* Hoffmann ZDMG **32** 760 n. 2) vestis eremitarum lanea BA n. 6771.

ܡܫܟܒܗܪ (pers. Lag GA 63 162) aizoon BB, Löw p. 160.

ܡܫܚ (e bab. *mašāḫu* = syr. ܡܫܚ? Jensen) mensus est Js 40 12, ES **2** 86D, ES **3** 566C.

ܡܫܘܚܐ *1.* aetas PsC 103 5; *2.* modus AS **4** 5 25.

ܡܫܘܚܬܐ (N§23E) *1.* metrum Mt 23 32, ER 21 15, Chr. ed. 146 13; *2.* aetas Philox 132 23, spec. virilis PsC 209 13, EbMai **10** 243 16; *3.* carmen Bhchr 196 6.

ܡܫܘܚܐ mensor ES **3** 195E spec. geometer Spic 5 22, Chr. ed. 146 12.

Etpe. *1.* se extendit ES **1** 492E, extensus est asd 43 12; *2.* mensura definitus est Gal ZDMG **39** 289 12.

Pa. mensus est ES **3** 183C, Bhce **2** 527 3.

ܡܫܚܝܐ modicus, mediocris Gal ZDMG **39** 287 7, Bhchr 34 22; *adv.* Act 30 12 (Phil) συμμέτρως glherm.

ܡܫܘܚܬܢܘܬܐ *1.* mensuratio glherm; *2.* instrumentum Gal ZDMG **39** 287 8.

ܡܫܘܚܬܐ mensuratio Ez 42 15 (Hex).

Etpa. mensura definitus est ES **3** 3F, Cyr in Julian ed Neumann 61 21.

ܡܫܚܐ *pl.* ܡܫܚܐ (N§74) oleum Mt 25 3, ES **2** 264A, Philox 395 1, VRabb 182 12, Bhchr 205 7.

ܡܫܘܚܝܬܐ oleum herbae, quo tinctores utuntur ar. زبد القواريز EN 25 61, صبغ الغضائر BA in PS Löw p. 381.

ܡܫܚ *1.* unxit ES **1** 504A, VRabb 165 6; *2.* se unxit s. acc. mat. AS **3** 32 7, KwD 77 16.

ܡܫܝܚܐ χριστὸς Christus Lc 9 20 etc.

ܡܫܝܚܝܐ christianus JS in asd 94 21, MB 8 104.

ܡܫܝܚܘܬܐ unctio Afr 64 2, ES **1** 441F, dap 71 1.

ܡܫܚܘܬܐ id. ES **1** 443C, 527B.

ܡܫܚܐ id. Ex 30 31 (Hex), SB 27 12.

Etpe. *1.* se unxit Gal ZDMG **39** 304 10; *2.* unctus est Cyr 79 17.

ܡܫܝܚܢܐܝܬ forma unguenti ES **1** 120C, Gal ZDMG **39** 255 8.

ܡܘܫܚܬܐ *f.* (N. § 84, e gr. μόσχος? Fraenkel p. 282) vitulus Joel 1 17, Am 4 1, ES **2** 260 2.

ܡܘܫܬܐ *1.* locusta non alata Joel 1 4 cf. ES **2** 249B, Afr 362 13, Rie 134 5, Geop 4 19; *2.* teredo (*wood-worm*) BA n. 6777.

ܡܫܟ *1.* tenuis factus est Ge in Afr pr. 34 3, AS **4** 72 20, Geop 91 21; *2.* exaruit Philox 596 5.

ܡܫܝܟ emaciatus AS **4** 72 26.

ܡܫܟܐ (pers. Lag GA 282 15 sed cf. ZA **3** 54) *1.* cutis (*skin*) 2Rg 1 8, Afr 46 12, ER 67 7, DionT 138 9; *2.* tributum (*impost*) asd 51 13.

ܡܫܟܐ ܕܥܘܪܠܘܬܐ πόσθαι αἰδοίων praeputium Gal ZDMG **39** 241.

ܡܫܟܢܝܐ membranae similis AS **4** 69 6.

ܡܫܟܘܬܐ negligentia Philox 315 6, Ath 28 18, EbMai **10** 191 22.

ܡܫܟܢܐ *1.* negligens Ath 30 22; *2.* αὐτοσχεδιαστικὸς, ar. مُرتَجِل Bhgr **1** 6 10.

ܡܫܟܢܐܝܬ negligenter ES **1** 100A, VRabb 180 8, IA **2** 138 619, Jul 36 12.

ܡܫܟܢܐ (Fraenkel p. 190) pignus v. s. v. ܫܟܢ.

Af. attigit ESL **2** 243 18.

ܡܘܫܟܐ (Lag GA 63 159) moschus (*musk*), ES **3** 204 14, KwD 37 10, PsC 200 11, Bhchr 159 1.

ܡܫܟܕܐܢܐ (pers.) i. q. ܡܫܟܝܢܕܪ q. v. BB Löw p. 161.

ܡܫܟܬܐ (pers. مُشكُو) capella forte ܡܫܟܘܬܐ leg. Hoffmann Ausz. n. 348.

ܡܘܫܟܝܪܐ ἐρυσίπελας cutis inflammatio Gal ZDMG **39** 241, EN 33 45, BA 6872.

ܡܘܫܬܪܝ ar. مشترى Juppiter planeta Kays 195 8.

ܡܬܐ et ܡܬܐ, *pl.* ܡܬܘܬܐ (Bhcar 123 10) cf. ass. *mâtu* *1.* terra IA **2** 40 78, 80 162; *2.* patria apap 274 11, EC Journ. of s. l. **9** 18 13.

ܡܬܘܕܘܣ Métr 8 11, ܡܝܬܘܕܘܣ ET 10 1, *pl.* ܡܬܘܕܘ Ge ZA **8** 24 11 μέθοδος methodus.

ܡܬܚ *1. trans.* a) tetendit ψ 7 13, ESJ 153 16, JSA 729, b) telum intendit VRabb 198 8, c) chordas pulsavit Cyrill ZDMG **27** 584 v. 33, 79, d) expandit alas (vespa) Dt 1 44, Joh Eph 27 2; *2. intr.* se extendit Gal ZDMG **39** 289 13, JEh 12 14.

ܡܬܚܐ *1.* spatium (temporis) ES **1** 48A, Philox 583 12, Ath 16 25, JE in ES **1** 273 16; *2.* meta, scopus Ath 45 21.

ܡܬܚܐ *1.* extensio ESL **1** 471 22; *2.* comparatio ES **3** 77A.

ܡܬܝܚܐ prolongatus Ath 27 3; *adv.* diu Jon 3 8 (Hex).

ܡܬܝܚܘܬܐ ἐπίτασις intensio glherm, BA 7073.

Etpe. *1.* extensus est ER 26 14, asd 79 14, AM **2** 192 25; *2.* se extendit ES **1** 51A, Ath 35 5; *3.* duravit Js 13 22, Chred 156 28.

ܡܬܚܠܐ acus magna, qua saccos consuunt BA, PS.

ܡܬܠ o comparavit ES **2** 558D, ESL **2** 315 13, Cyrill ZDMG **27** 579 v. 204, Philox 8 5.

ܡܬܠܐ *1.* simile, parabola Lc 18 1, ES **1** 511A, ER 114 22; *2.* fabula, historia ES **1** 507A, dap 17 12, DionT 49 4.

ܡܬܠܢܝܐ parabolicus Spic Solesm **4** 15 20, Bh in Kayser Can des JE 26 9.

ܡܬܝܠ similis dap 70 6, Rabb 232 12.

Etpe. comparatus est Philox 137 20.

Pa. comparavit ES **2** 61A.

Etpa. *1.* comparatus est Afr 90 8; *2.* significatus est ES **1** 546C.

Af. *1.* simili usus est (*propound a parable*) Mt 13 24, ESL **1** 181 1, KwDW 15 16; *2.* proverbio usus est Ez 12 23, dap 17 12, SB 32u; *3.* demonstravit ES **2** 214D, BO **3** 2, 285 32.

ܡܬܩܘܡ v. s. v. ܩܘܡ.

ܡܬܐܡܛܝܩܐ Bhcar 23 5, chr 168 10, ܡܬܡܛܝܩܐ glherm μαθήματα doctrinae.

ܡܬܡܛܝܩܝܐ mathematicus Bhchr 28 8.

ܡܬܢܬܐ *1.* lumbi IA **2** 234 274, Kays 149 18; *2.* colles Kays 183 15.

ܡܬܝܠܐ *1.* piger, segnis ES **2** 499F; *adv.* AS 173 29, KwDW 27 19; *2.* otiosus ES **3** 56B; *3.* debilis ES **2** 214C; *4.* lenis Nis 19 95 (de vino vetere) ib. 29 136, 140.

ܡܬܝܠܘܬܐ *1.* segnitas herm 34 31, Cyr 59 21; *2.* infirmitas ES **3** 4A.

Etpa. *1.* tardo passu incessit KwDW 251 11, Bhchr 34 16; *2.* piger fuit Sir 1 27, ES **3** 140E, Bhcar 130 15.

Af. retardavit Bal 266 13.

ܡܬܦܘܠܐ i. q. ܡܣܦܘܠܐ q. v. EN 28 22, BA n. 7280.

ܡܬܨ (Barth p. 37) o *1.* exsuxit ES **2** 10E, AS **4** 95 1, KwDW 240 9; *2.* sorpsit (*tosip*) MS **2** 10 1; *3.* inhalavit ESJ 230 8.

Af. sugere fecit IA **1** 166 v. 1954.

ܡܬܪܐ, ܡܬܘܪܐ, ܡܬܪܐ rutabulum BA, BB, PS.

ܡܬܪܘܦ 1 Rg 7 38, Lc 16 6 (Cur et Pš) ܡܬܪܝܛܐ Joh 2 6 (Bernst) μετρηταὶ = βάτοι metretae.

ܡܬܪܝܕܛܝܩܘܢ pharmacum Mithridaticum Bhchr 36 16, 221 2.

ܢ

ܢ quartadecima litera alphabeti, Nûn, numerus 50.

ܢܐ et ܢܝ particula imperativum et adhortativum (1. pers. imperf.) corroborans 1 Sm 22 12, Cant 3 2, Afr 73 5, ES **1** 491F.

ܢܒܓ a. *1.* scaturivit, prorupit ES **1** 15A, Nis 35 37, Jul 32 26; *2.* germinavit am **2** 70 9; *3.* ortus est ES **1** 538D; *4.* evasit Philox 276 17.

ܢܒܓܐ *1.* virgultum Ez 17 8 (Hex) ThMarg **1** 271 8; *2.* propago ψ 79 23 (Hex), Vit Rabb 196 1.

ܢܒܓܢܝܐ derivatus Bhgr **1** 2 24.

Etpa. demanavit Bh Eth. PS.

ܢܒܓܝ (pers. نيفه ar. نيفق) pars latior femoralium EN 36 24.

ܢܒܓܪܐ grana nucleis cerasineis similia Lex Adl., Lex. Bibl. Ind. PS.

ܢܒܗ *1.* se commovit, vigilavit (anima) ψ 134 inscr.; *2.* exortus est ES **1** 52 32, Nis 2 30, AS **3** 94 21, BO **2** 168 apu; *3.* derivatus est Bhgr **1** 48 4; *4.* progressa est (hora) AS **1** 64 19.

ܢܒܗܬܐ motus (animi) ThMarg **1** 234 16.

ܢܒܗܬܢܝܐ originarius Bhgr **1** 5 16.

ܢܒܘܪܐ rostrum (canis, suis, apis etc.) BA n. 4056.

ܢܒܚ o latravit Js 56 10, Afr 149 6, ES 2 343E, Joh Eph 180 21.

ܢܒܚܐ latratus PsC 83 9, Cyr 123 24, EN 46 40.

ܢܒܘܚܘܬܐ facultas latrandi Spic Solesm 4 212 9, Epiph 72 95, Kays 68 13.

Af. latrare fecit, incitavit JS in ER 397 6 asd 100 20.

ܢܒܝܐ ex hebr. נביא propheta Gn 20 7, ES 2 301B etc.

ܢܒܝܬܐ prophetissa Jud 4 4, Lc 2 36, ES 1 217D.

ܢܒܝܘܬܐ prophetia Jer 23 26, ES 2 359C.

ܢܒܝܝܐ propheticus ES 1 552C, Ath 22 6.

Pa. praedixit Jer 36 4, 40 2 (Hex), JE schol 14 14.

Etpa. *1.* propheta exstitit Act 2 18, Bhchr 98 9; *2.* praedixit Mt 11 13, Afr 325 10, ES 2 98B, Ath 53 5; *3.* praedictum est Spic Solesm 4 126 9.

ܡܬܢܒܝܢܐܝܬ prophetice ES 2 315D.

ܢܒܠ increpavit, objurgavit ES 1 383D (denom. a ܢܒܠܐ).

ܢܒܠܐ Bh ad ψ 99 24 ܐܢܒܠܐ ψ 32 4 (Aqu) ܐܢܒܠܝܢ ψ 80 3 (Hex) νάβλα נֶבֶל instrumentum musicum.

ܢܒܠ, ܐܢܒܠ metrum 150 ξέστας continens Epiph 4 64, 43 12 i. q. h. לֶתֶךְ Hos 3 2 (Hex).

ܢܒܠܐ (cf. ἀναβολή, ἀναβληδὸν Geiger ZDMG 16 296) vestis philosophorum, humerum nudum relinquens EC Mart. Pal in am 1 207 10.

ܢܒܥ *1.* scaturivit Joh 4 14, asd 54 1; *2.* germinavit ER 49 14, Guidi to 35 11; *3.* exstitit Bhce 1 43 2.

ܢܒܥܐ fons Afr 223 18, ES 1 111E, asd 54 1.

ܡܒܘܥܬܐ fons Cat MB 55b 14.

ܡܒܘܥܐ fons Jos 18 17, Afr 114 5, ES 2 427E, ER 22 4.

ܡܒܘܥܝܬܐ fremitus, strepitus Duv.-B 2 31 20; ES 3 328B l. ܡܪܘܒܥܬܐ, cf. Bernstein ZDMG 4 311.

Af. *1.* scaturire fecit Afr 176 6, ES 1 218F, JEh 19 2; *2.* genuit, generavit Pr 1 23, Guidi to 35 1.

ܢܒܓ pullulavit Cat MB 57a 8.

ܢܒܩܐ mespila Bhgr 2 100 21 (ed. Martin ܢܡܝܐ em. Nöld. in Löw p. 228).

ܢܒܪ saluit Lv 11 21, ES 1 241D.

ܢܒܪܐ textura fibrarum in ima parte petioli folii palmae Löw p. 117, EN 43 76.

Pa. commentus est Pr 14 5 (Hex).

ܢܒܪܫܐ (a √ܒܪܫ? Lag GA 52 n. 3; vix originis syriacae Nöld. Mand. Gr. 135 n. 2) vervex, dux gregis (*bell-wether*) Geop 113 30.

ܢܒܪܫܬܐ (pers.? Lag Rie gr XXII) candelabrum ES 3 237D, JS in ER 403 7, Bhcar 163 2.

ܢܒܪܫ incendit ES 2 21E, Philox 532 1, Corluy MP 22 8, Prov 29 8 (Hex).

ܐܬܢܒܪܫ *1.* accensus est ψ 17 19 (Hex); *2.* luxit ESJ 168 12, am 2 321 4, Ath 29 22, JARS 5 4.

ܢܒܫܐ avis aquatica Lex. Adl, Lex Bibl. Ind. PS.

ܢܒܫܐ (ar. نبّاش) qui sepulcra diripit BA, PS.

ܢܒܫܘܬܐ spoliatio sepulcrorum BA, PS.

ܢܒܫܬܩ (pers. نِوِشتَه) epistola MAMQ 66 6, am 2 569 6.

ܢܓ adduxit Nis 35 227.

ܢܓܒ *1.* exaruit ES 1 55A, Philox 547 16; *2.* siccus mansit ESJ 46 10.

Pa. exarefecit ES **2** 34E, Geop 14 30, Bhchr 146 16.

ܢܓܝܒܐ aridus, siccus Geop 10 28, Nm 11 6 (Hex), Bh in Kayser Can. des JE 12 10.

Etpa. *1.* siccus factus est ES **1** 15E; *2.* torrefactus est (ἐταριχεύθη) Gal ZDMG **39** 241.

ܢܓܒ h. נֶגֶב meridies ES **1** 387D.

ܢܓܕ e *1. trans* a) traxit ES **1** 517F, ER 37 17, Joh 12 32 (Bernst.) b) abduxit Mc 7 33, c) deduxit (genus) BS 15 1; *2. intr.* a) ruit ES **2** 116F, b) se effudit JEh 13 14, c) ܢܓܕܘ ܢܐܙܠ ἄγωμεν Joh 11 7 (Bernst.).

ܢܓܕܐ *1.* tractus IA **2** 142 3; *2. pl.* verbera Act 16 33, JS in MS **1** 38 146, Guidi to 41 9.

ܢܓܘܕܐ trahens AM **2** 347 38.

ܢܓܕܘܢܐ extrema virgae pars Pr 25 11, cf. Bh ad l.

ܢܘܓܕܐ *1.* dux Mt 23 16, ESL **1** 251 18, auctor ES **1** 472B; *2.* tt. gr. nest. διαστολή linea a dextra ad laevam inclinata supra literam posita, accentus conjunctivi vices gerens ET 35 15, BZ 15 13, Bhgr **1** 201 § 7, JAP **6** 19 398, Merx 251 4.

Etpe. *1.* tractus est ER 37 21, Ath ܝ 6, 1Cor 12 2 (Phil.); *2.* laminatus est Duval-Berthelot **2** 211 22; *3.* coagulatus est (fermento) ES **3** 44A.

Pa. *1.* verberavit Mt 20 19, Guidi to 19 39; *2.* castigavit Dt 25 12, ES **1** 65D, IS Const v. 36.

ܢܓܕܐ qui navem trahit BA 30 18, cf. Hoffmann ZDMG **32** 750.

ܢܘܓܕܐ hirmus (cf. Christ SBMA 1870) BO **3** 178a 17 = ThMarg **1** 142 6.

Etpa. *1.* vapulavit ES **2** 364B, asd 47 18, KwDW 90 2; *2.* redargutus est ES **3** 145D; *3.* tractus est Philox 72 19.

Af. attraxit Duval-Berthelot **2** 1 9 10 11.

ܢܓܗ saep. ܢܓܗܐ luxit, diluxit Jud 19 26, ESL **1** 695u, ISt 29 18, KwDW 99 2.

ܢܘܓܗܐ *1.* tempus matutinum 2Sm 23 4, PsC 186 17; *2.* lucifer IA 1 158 v. 1735, Js 14 12 (Hex).

ܢܘܓܗܝܐ matutinus ψ 138 15 (Aqu).

ܢܓܗ *1.* tempus matutinum Alex 20 16, Bhchr 79 1; *2.* i. q. ܩܘܡܐ pars officii divini apud Jacobitas, Syros unitos et Maronitas cf. OM (1835) 116 etc., OM (ed Beryti 1877) p 1 etc., ESL **1** 341n.

ܢܓܗܐ aurora ESL **1** 525 18, AS **2** 325 26, am **2** 293 8.

Af. *1.* luxit Job 18 5, KwDW 33 21; *2.* pernoctavit Lc 6 12, Jul 154 16; *3.* servavit ES **3** 425C.

ܢܓܠ *1.* devastatus est JohEph 117 8; *2.* emigravit ib. 414 4.

ܡܓܠܐ *f.* (N§84) falx 1Sm 13 20, Afr 321 8, ES **1** 281C, Geop 32 18.

Pa. *1.* aufugit JohEph 365 23; *2.* expulit Bhchr 85 2.

ܢܓܠ consedit JEh 8 8.

ܢܓܠܐ *1.* locus depressior ES 1 121A; *2.* foramen JEh **6** 9.

ܢܓܪ diuturnus fuit, duravit Gn 26 8, Afr 154 5, ThMarg **1** 126 14, Bhchr 258u.

ܢܘܓܪܐ tempus diuturnum Js 24 31, asd 45 4, JS in MS **1** 38 158.

ܢܘܓܪܝܐ passer (*sparrow*) Bh ZDMG **40** 445.

Pa. *1.* diuturnum fecit ES **3** 64B, Ath 53 26 s. ܪܘܚܐ patientiam adhibuit asd 46 12; *2.* asciavit, fabricavit am **3** 18 12, ψ 128 4 (Hex).

ܢܓܪܐ (cf. ass. *naggaru* Jensen Kosm. p. 294) faber lignarius (*carpenter*) Mt 13 55, ES **2** 87B, asd 61 3.

ܢܓܪܘܬܐ fabrica materiaria Ex 31 5, ES **3** 33D, TB 89 13.

ܢܓܝܪܐ *1.* diuturnus, longus ES **2** 35C. Vit Rabb 183 23, asd 83 17, *adv.* tarde ER 68 22; *2.* clemens, misericors Pr 17 28, Nis 10 70.

ܢܓܝܪܘܬܐ *1.* longitas ES 2 83C; *2.* ܢܓܝܪܘܬ ܪܘܚܐ

patientia Pr 19 11, Afr 31 14, VitRabb 193 23, Clr 51 5.

Af. *1.* spatium concessit ES **3** 414A, Corluy MP 37 15; *2.* exspectavit asd 39 22.

ܡܘܓܪܬ ܪܘܚܐ patientia Act 26 3, ES **2** 116F, AS 192 28.

ܡܘܓܪܢܘܬܐ cunctatio Cyr 255 13.

ܢܕ *1. pers.* a) s. ܡܢ abhorruit Ez 23 17, Afr 425 18, ES **2** 178C, Philox 604 1, b) s. ܠ appetiit aliquem ES **2** 395A, *2. imp.* ܢܕܐ ܠܗ ܡܢ (N§254A), abhorrui apap 56 4, am **1** 188 10, MS **1** 105 20.

ܢܕܬܐ *1.* contemptio ES **1** 411D; *2.* sordes ER 9 7.

ܢܕܝܕܐ sordidus asd 29 14, Vit Rabb 194 6, Mar 74 12 (sic l.!).

ܢܕܝܕܘܬܐ immundities Ath 18 16, ܝܡ 6.

Etpe. *1.* detestatus est Nis 28 61, 70 77; *2.* contemptus est Philox 413 28, ThMarg **1** 310 9.

Etpa. inquinatus est ES **2** 482F, ER 350 16, JohEph 255 24.

Af. *1.* contempsit ES **1** 405E; *2.* detestatus est ES **1** 377F; *3.* s. ܢܦܫܗ contemptum fecit Ex 5 21 (Hex); *4.* nauseam movit Nis 76 10; *5.* expulit, removit (somnum) Js 38 18, Sir 42 9, ES **2** 404C.

ܢܕܐ *1.* saluit Js 63 3, ThMarg **1** 280 7; *2.* prosiluit ES **1** 121B, prorupit IA **2** 286 910, provenit ZDMG **31** 385 1.

ܢܕܝܐ ecphyma (*sprouting*) ES **1** 121A.

ܢܕܝܐ locus prominens Job 39 28 (Theod), Cant 2 14 (Symm), JEh 63 3.

Pa. sparsit ES **1** 190C.

Etpa. exsiluit? Jud 5 12 ed Cer. leg. ܐܬܢܕܝ = עורי (Bh et BA n. 1897: ܐܬܢܕܝܘ ܡܢ ܚܡܬܐ: ܐܬܢܕܝ).

ܢܕܚ movit ES **2** 395A.

ܢܕܠܐ (√נטל Fraenkel 66 n. 1) haustus Epiph 43 16.

ܢܘܕܪܐ commotio ESL **1** 253apu.

ܡܬܢܕܠܐ irritum fit (testamentum) AS **1** 34 18.

ܢܕܪ (ar. نذر) o vovit Gn 28 20, ES **1** 245D, ER 141 7, Jul 226 24.

ܢܕܪܐ votum Gn 28 20, ES **2** 420E, Ath 18, Jul 226 24.

Pa. vexavit BA, PS.

ܢܘܕܪܐ vexatio ThMarg **1** 271 17.

ܢܕܪ (ar. ندر) se profudit, defluxit Mi 1 4, Bhchr 211 2.

ܢܕܪܫܐ centipeda Lex Adl, PS.

ܐܬܢܗܒ vulneratus, percussus est AS **3** 257 10.

ܢܗܩ *1.* rugivit Jer 25 30, ES **1** 139B; *2.* clamavit ψ 38 8, Philox 207 3.

ܢܗܩܐ rugitus ISt 29 18, EN 45 35.

ܢܗܙ irritavit (*to fret, vex*) JohEph 242 2.

Etpe. mota est (terra) Kays 230 18.

Pa. strepitavit Joel 2 15, Zingerle Chrest 399 v. 47, BA n. 6075.

ܢܗܡ *1.* rugivit Jud 14 5, ES **1** 321B (mare) JSA 592; *2.* crocitavit Cyrill ZDMG **27** 563 v. 261; *3.* strepuit (penna) ES **3** 465C; *4.* s. ܒ increpavit ESJ 152 2.

ܢܗܡܬܐ (N§94E) *1.* rugitus Js 5 28, ES **1** 315C; *2.* vociferatio Job 3 24, ESJ 227 1, Alex 24 5, JSA v. 592.

Pa. *1.* gemuit (columba) Neh 2 8, Js 38 14 = ES **2** 83A, KwDW 399 12.

ܢܗܡܡܬܐ vociferatio Js 29 2, ES **2** 69E, am **3** 230 3.

Etpa. rugivit Bhcar 129 16.

ܢܗܘܣܓ (pers. Lag GA 65 137) crocodilus BB.

ܢܗܪܐ *pl.* ܢܗܖ̈ܘܬܐ (N§79B) flumen Js 19 5, ES **1** 520D, Ath 34 5.

ܢܗܪܝܐ mesopotamicus i. e. syriacus JBh 11 1, JE gr. inscr.

ܢܗܪ luxit Mt 5 16, ES **3** 399D, asd 62 22. ThMarg **1** 22 14.

ܢܘܗܪܐ lumen ψ 27 1, ER 61 25, Guidi to 18 4.

ܢܘܗܪܢܐ splendidus BO **3** 2, 257 23, ThMarg **1** 98 19, Eb Par 40 14.

ܢܘܗܪܢܘܬܐ splendor Eb Par 111 6.

Pa. illustravit VitRabb 200 3, Ath 36 18.

ܢܘܗܪܐ illuminatio BO **3** 88a 7 = ThMarg **1** 26 7, Eb Par 111 10.

ܢܗܝܪܐ *1. adj.* a) clarus, spendidus Am 8 9. ES **2** 266E, asd 24 14, b) pellucidus Ex 30 34 (Hex), *adv.* perspicue, manifeste Gal ZDMG **39** 246, c) famosus, illustris KwDW 141 18; *2. subst.* a) lampas ER 46 7, asd 9 26, BO **3** 2, 677 12, b) astrum ER 71 2.

ܢܗܝܪܘܬܐ claritas Vit Rabb 163 3.

Etpa. illustratus est ES **1** 192D, Ath 36 19.

Af. *1.* illustravit dap 94 12, Ath 50 14; *2.* incendit Mt 5 15; *3.* luxit (sol) Js 13 10, ES **1** 562A.

ܡܢܗܪܢܘܬܐ illustratio Cyr in Julian ed Neumann 57 10.

ܢܘܚܠܐ lens Bh, BA, BB, PS.

ܢܘܦܠܐ apud Mosulenses i. q. ܟܘܦܠܐ q. v. BB, Löw p. 239.

ܢܘܓ (ναυαγεῖν Hoffmann Ausz n. 28) fregit navem Am. Or. Soc. Proc. 1888, LXIIIu.

ܢܘܓܐ naufragium 2Cor 11 25, ES **2** 156F, Clr 150 10.

ܡܢܘܓܐ Spic 43 9, l. ܡܢܘܟܐ cf. Bernst. ZDMG **10** 548.

Etpa. naufragium fecit ES **2** 49B, Ath 23 19, Rie 102 17, KwDW 400 9.

ܢܘܐܓܝܣܐܣ ναυαγῆσαι Bhgr **1** 47 21 s. ܢܘܓ naufragium passus est TA 38 194.

ܢܘܚܝܐ circumcisio BA, PS.

ܡܢܘܚܝܘܬܐ, ܡܢܘܚܝܢܘܬܐ id. BA, PS.

ܢܕ *1.* experrectus est ES **3** 223E, IA **2** 324 v. 1469, territus est ES **1** 42E; *2.* vacillavit 1Rg 14 15, ES **2** 376D, Arist 26 22; *3.* circumvagatus est Gn 4 14, ER 148 13; *4.* palpitavit (cor) EN 32 29.

ܢܕܐ *1.* tremitus ES **2** 376D, Philox 378 11; *2.* terror ES **1** 42F.

ܢܕܝܕܐ *1.* motus (terrae) Bhchr 158 24, commotio (capitis) ψ 43 31 (Hex); *2.* terror Jer 24 9,

ܐܬܢܝܕ commotus est (ira) Bhchr 414 25.

Af. movit, commovit, concussit 2Rg 19 21, ER 105 7, JS in MS **1** 37 120, Jul 38 11.

ܢܘܕܐ terrae motus ES **2** 459C.

ܐܬܢܝܕ motus est Kays 65 1, Bhchr 173 4.

ܢܘܪ calcitravit BA, BB, PS.

ܢܘܪܐ calcitratio, rixa K. PS.

ܢܚ *1.* quievit ESJ 255 1, Bal 291 8, JS in MS **2** 152 v. 1198; *2.* desiit Spic Solesm **4** 246 7.

ܢܝܚܐ *1.* quietus dap 10 20; *2.* placidus ES **2** 420A, dap 41 11, ܢܝܚ ܢܦܫܐ defunctus, beatus JohEph 84 17, 85 12.

ܢܝܚܘܬܐ placiditas, clementia 3 Mcc 7 6, Philox 171 5, Vit Rabb 173 23.

ܢܝܚܐ *1.* quies asd 70 24, Rabb 226 15; *2.* tranquillitas Mc 4 39, ES **3** XL 25, Philox 151 6.

ܢܝܚܐ *1.* quies Ruth 1 9, Philox 151 8, Guidi to 28 212; *2.* voluptas Vit Rabb 172 3, Philox 68 14, ܠܢܝܚܬܗܘܢ ad voluntatem eorum asd 17 17.

ܢܝܚܬܐ *1.* donum dap 37 11, Bh gr **1** 215pu; *2.* agape pro mortui quiete habita CatBod 384 n e, Bh in Kayser Can JE 20 l. 17.

ܢܘܚܐ placatio ES **1** 240F.

Af. *1.* quiescere fecit ES **1** 20D, Philox 151 17; *2.* placavit, sedavit Bal 254 9, asd 13 27; *3.* sublevavit apoc Bar ed. Cer. 146b 20.

ܡܢܝܚܢܐ *1.* utilis KwDW 242 4; *2.* minister

Gn 45 16 (Hex), Bh in Kayser Can des JE 27 2, *f.* ancilla Ex 2 5 (Hex); *3.* nomen accentus BZ 12 8.

ܡܢܝܚܢܘܬܐ ministerium KwDW 248 3.

ܡܬܢܝܚܢܐ *1.* contentus ER 125 6, Philox 240 11, asd 28 17, 46 20; *2. f.* nomen accentus ET 38 13, JBh 20 4.

Ettaf. *1.* quievit Corluy MP 10 3, Cyr 125 5; *2.* desiit Ath 35 11; *3.* defunctus, mortuus est, Chr ed 152 2, BO **2** 49a 5. EbMai **10** 260 22; *4.* delectatus est Philox 523 19, Vit Rabb 173 3.

ܢܘܛܐ ναύτης nauta Ap 18 17, am **3** 226 16, AM **2** 336 9.

ܢܘܠܐ textura Jud 16 14, Afr 397 11, ES **1** 325E, AS **3** 109 12; ܢܘܠܐ ܕܚܝܐ vitae filum Bhchr 547 1.

ܢܘܠܐ incubus, ephialtes BA, BB, PS.

ܢܘܠ vexavit ES **1** 38E, 334C, MS **2** 66 1.

ܡܢܘܠܢܘܬܐ vexatio Eb Par 117 11.

Etpa. vexatus est ES **1** 145A, 489A, Bhchr 109 9.

ܢܡ dormivit Pr 6 10, Mt 25 5, ES **3** XXXIII 28, dap 57 13.

ܢܘܡܬܐ somnus (lenis) Pr 6 4, ES **2** 318A, Philox 283 9, Jul 80 22.

Af. sopivit am **3** 113 7.

ܢܘܡܐ, ܢܘܡܝ νομὴ pascuum AS **3** 94 9, Guidi to 36 7.

ܐܚܕ ܢܘܡܐ ἔχειν νομὴν serpsit (ulcus), se extendit, divulgavit 2Tim 2 17, Ath ܟܘ 14, apap 63 18, ZDMG **29** 109 v. 11, Joh Eph 249 7, ThMarg **1** 30 23, BO **3** 1 89a 29, Bhchr 219 8.

ܥܒܕ ܢܘܡܝ id. IA **2** 142 21.

pl. ܢܘܡܘܣ νομαὶ aqua e publico aquaeductu concessa Rechtsb 29 12.

ܢܘܡܡܐ νοῦμμος nummus AS **1** 36 25, Epiph 54 79, ISt 34 20.

ܢܘܢܐ piscis Mt 12 40, Afr 494 9, ES **2** 324B, Rabb 235 23.

ܢܘܢܝܐ Mt 15 34, Mc 8 7 (Phil.), ܢܘܢܝܩܐ (N § 132) Cyr 77u, ܢܘܢܝܣܐ Martin la tradition karkaph. ou la Masore chez les Syr. annex tabl. IV col 3, pisciculus.

ܢܘܣ tremuit ESL **2** 265 8.

ܢܘܣܐ (ναὸς) *1.* templum Afr 495 10, ES **2** 103E, MS **2** 43 2; *2.* porticus ES **1** 486D; *3.* coemeterium Bhce **3** 455 6; *4.* scrinium Chr ed 151 15.

ܢܘܣܪܕܐ (pers. *nausard Lag. arm. St. § 2232) uvae s. palmulae praematurae Hoffmann Ausz n. 52 3, EN 51 58.

ܢܘܣܪܕܠ primus dies dominicus anni novi Nöld. Sass. 407 n. 3, Hoffmann Ausz n. 523, Sachau Al Bêrûnî chron. engl. tr. p. 220 seq., BO **3** 1 598 14, Cat MB 55b 5, CatWr **1** 185a n. 101, Sim Šanql 11—13.

ܬܡܢܝܐ ܢܘܣܪܕܝܢ octo primi dies caniculares ZA **8** 26 8.

ܢܘܠ tremuit JS in MS **1** 87 354.

ܢܥ se inclinavit Act 10 11 (Phil), ThMarg **1** 94 14.

ܢܘܥܐ *1.* inclinatio JS Abb 126 4, id. in Stephan bar Sudaili (ed Frothingham Leiden 1886) p. 22 1; *2.* nutus Joseph 4 6, ThMarg **1** 21 6, Bhcar 114 13.

Af. *1.* innuit ES **1** 171B; *2.* sustulit Ex 20 25, ES **1** 221E, Jul 30 10.

Ettaf. *1.* sublatus est ER 115 20; *2.* surrexit AS **2** 146 24.

ܢܘܦܪܐ fritinnitus (*chirping*) EN 45 35.

ܢܘܩܠܝܪܐ, ܢܘܩܠܪܐ ναύκληρος nauclerus Act 27 11 (Phil), AS **2** 390 18, am **3** 226 5, Joh Eph 49 12.

ܢܘܪ *1.* expavit (*to take fright*) am **1** 197 17, Hos 4 6 (Hex), cf. ZDMG **4** 207, Bhchr 157 4; *2.* pudefactus est AS **1** 70 15.

ܢܡܘܪܐ (e bab. *nām(w)aru* Jensen) speculum BB, PS.

ܢܘܪܐ ignis 2Rg 1 12, ER 124 2, dap 27 8.
ܒܝܬ ܢܘܪܐ templa ignis ThMarg **1** 262 18, Bhchr 149 18.
ܢܘܪܝܐ igneus JS in MS **2** 106 400, *pl.* Seraphim ES **2** 330F.
ܢܘܪܢܝܐ igneus Ap 9 17, ES **1** 142D.
ܢܘܪܢܝܘܬܐ igneitas ES **1** 126B.
ܢܘܪܬܐ *1.* ranunculus Löw n. 199, Gal ZDMG **39** 254 5, Duval-Berthelot **2** 7 11, BB 30 16; *2. pâte d'arsénic* Duval-Berthelot **2** 4 7, 297 8.
ܡܢܪܬܐ *1.* candelabrum Ex 25 30, Afr 113 5, ES **1** 229B; *2.* ar. منارة minaretum Bhchr 216 14.
ܐܢܝܪ *1.* luxit Bh ad Mt 82 12; *2.* exarsit TA 26 43.

ܢܙܠ se inclinavit VitRabb 170 12.
ܢܙܠܐ *1.* momentum (staterae) Js 40 15, ES **2** 86E, Afr 347 10, ECth **1** 1 13; *2.* aestimatio Bhchr 153u.
Pa. duxit JS in asd 103 21.
ܢܘܙܠܐ i. q. ܢܝܠܐ Nah 2 10 (Hex).

ܢܙܠܬܐ seria, vas fictile BB, PS.

ܢܙܝܪܐ (ex h. נָזִיר) *1.* Nasireus 1Mcc 3 49, ES **2** 424F; *2.* continens Vit Rabb 182 11.
ܢܙܝܪܘܬܐ continentia Nasiraei Ex 39 30, 1Mcc 3 47, ES **1** 253A.
ܢܙܪ *1.* continuit (animum) ES **2** 230E, Philox 382 25, Jš in ThMarg **1** CLIII n. 41. 1, Jul 52 15; *2.* Nasiraeus fuit ER 8 5, continentia usus est BO **3** 2 264 17.
ܢܘܙܪܐ continentia BO **3** 2 264 4.
Etpe. *1.* Nasiraeum se fecit ES **1** 253A, Nestle chr 59 23; *2.* se continuit Lv 22 2, Afr 45 9, Vit Rabb 174 8.
ܢܙܝܪܐ var lect. voc. ܢܙܪܐ q. v. Judith 13 6 8, am **2** 273 8.

ܢܚܦ o (N § 160A) macruit (*to become meagre*) ψ 109 24, ES **1** 491B, Philox 489 16.

ܢܚܝܦܐ *1.* parcus, tenuis VitRabb 183 15; *2.* debilis Merx 175 4.
ܢܚܝܦܘܬܐ macies ESJ 48 1, Philox 280 17.
ܢܚܦܐ tabes Dt 28 27.
ܢܚܘܦܐ *1.* macer ES **3** 168C, Bhcar 96 2; *2.* aridus JEh 52 5; *3.* tenuis cibus Philox 384 14.

ܢܚܠܬܐ ronchus EN 45 33; AS **2** 318 6, l. ܢܚܠܬܐ.

ܢܚܠ o *1.* cribravit (*to sift*) Geop 46 26, Sind 10 17, Duval-Berthelot **2** 16u, 27 14; *2.* IA **2** 70 41, flevit(?).
ܢܚܠܐ momentum (temporis) ES **2** 439A.
ܡܢܚܠܬܐ (Sind 10 14, Duval-Berthelot **2** 16 12) et ܡܢܚܠܬܐ (Geop 87 14, Duval-Berthelot **2** 16u, 27 14, 99u, BA 5689) cribrum.
ܡܢܚܠܐ id. EN 31 00.
Etpe. cribratus est Geop 99 8.
Pa. IA **2** 94 2, induxit(?).
Af. cribravit Sind 10 18.
ܢܚܠܐ *1.* rivus Jos 8 11, Lc 3 5, ES **1** 488F; *2.* vallis ER 124 8, dap 28 10, Bhchr 408 19.

ܢܚܡ *1.* consolatus est Sir 48 24; *2.* excitavit (mortuum) ES **2** 346E, Guidi to 20 69.
ܢܘܚܡܐ excitatio ES **2** 232A, resurrectio asd 7 10, MS **1** 94 25, Cyr 62 22.
ܢܘܚܡܬܐ resurrectio Nis 45 35, 46 49, Philox 304 6, am **3** 85 7.
ܢܚܡܘܬܐ Guidi to 39 1 et ܢܘܚܡܘܬܐ Dion T 178 11 id.
Etpa. *1.* excitatus est ES **1** 77D, asd 9 27; *2.* resurrexit MS **1** 941 27.

ܢܚܝܪܝܬܐ παρίσθμια, tonsillae (*glands of the throat*) Geop 109 3.

ܢܚܦ discalceatus pertransiit (*to go barefooted*) IA **2** 202 860.
Pa. humiliavit Nis 9 48.
Af. (N § 173a) *1.* discalceavit, nudavit (pedes) ER 94 6, IA **2** 124 v. 335; *2.* discalceatus fuit (pes) Dt 8 4, h. בָּצֵק; *3.* ungulas amisit IS 21 1.

ܢܚܪ anhelavit (*to breathe with difficulty*) AS **2** 145 16, Jon 1 5 (Hex).

ܢܚܪܐ anhelitus EN 45 33.

ܢܚܝܪܐ nares Afr 82 19, ES **1** 256F, Corluy MP 34 10.

ܢܘܚܪܐ id. JohEph 210 9.

ܢܚܫܐ (Barth p. 48 n. 4, contra ab hebr. נָחָשׁ „aspis" Bochart et Kleinert in Riehm HWbA s. v. „Wahrsagen") *1.* magus Jer 27 9, ER 9 10, asd 15 6; *2.* augur, vates (*fortune-teller*) Jul 54 25.

ܢܚܫܐ *1.* augurium Jos 1 9, PsC 87 12, Jer 14 14 (Hex); *2.* ars magica Kays 171 5.

Pa. *1.* vaticinatus est (*to prophesy*) Lv 19 26, ES **1** 100C, Jul 71 26.

ܢܘܚܫܐ ars magica Js 2 6 (Hex).

Etpa. *1.* vaticinatus est Jul 147 4; *2.* fascinatus est (*to be charmed*) IA **2** 224 51.

ܢܚܫܐ aes 2Par 1 6, ES **1** 369B, asd 54 17.

ܢܚܫܝܐ aheneus Ge ZA **8** 18 19.

ܢܚܫܝܪܐ (pers. Lag GA 65 168) *1.* venatio (*hunting*) Afr 267 20, Nis 36 109, Spic 25 6, am **2** 272 8; *2.* ferae (*game*) AM **1** 78u, cf. Bernstein ZDMG **4** 319.

ܢܚܫܝܪܢܐ venator ES **1** 58A, Jul 162 7.

ܢܚܫܝܪܢܘܬܐ *1.* venatio AS 151 6; *2.* fortitudo 4Mcc 12 17; *3.* habilitas KwD 45 8, JSt 84 4.

ܢܚܬ o (N § 160A) descendit Nm 34 11, ER 16 11, asd 44 24.

ܢܚܬܐ descensio SB 54 22.

ܡܚܬܐ descensus Nis 62 107.

ܡܚܬܬܐ descensio, descensus Jos 10 11, ES **1** 178C, JS Abb 244 440.

Pa. *1.* deduxit ZDMG **28** 664 22; *2.* humiliavit Rie 59 2.

Etpa. *1.* deductus est Gn 39 1 (Hex); *2.* descendit ES **3** 608B; *3.* se demisit ES **2** 261E, Rabb 229 1, Philox 46 14, JohEph 377 3; *4.* concessit Bhce **2** 617 20.

ܡܬܢܚܬܢܘܬܐ *1.* facilitas, obsequium Philox 214 22, JohEph 30 13; *2.* humilitas (*lowliness*) Ath 50 3, ThMarg **1** 141 11.

Af. *1.* deduxit Mc 15 36, JS in MS **1** 34 23; *2.* dejecit Rabb 246 26; *3.* dempsit, abstulit Guidi to 36 10.

Ettaf. humiliatus est Mt 11 23.

ܢܚܬܐ (cf. ass. *naḫtu?* Jensen) vestis Mt 9 16, Afr 116 19, ES **1** 556E, Philox 566 16.

ܢܚܬܘܡܐ molitor, pistor (*miller*) Gn 40 1, ES **3** 394D, JSt 35 17.

ܢܚܬܘܡܘܬܐ pistura Epiph 43 10.

ܢܚܬܘܪܐ malleus BA, BB, PS cf. ܢܩܘܫܐ.

ܢܛܘܦ sordidus BB, PS.

ܢܛܒܐ et ܢܛܒܬܐ humiditas Geop 2 15, 10 13.

ܢܘܛܒܐ id. Geop 19 11, AS **2** 108 18.

ܢܛܫ splenduit am **1** 503u, ThMarg **1** 236 21, Kays 169 23.

ܢܛܫܐ EN 56 83, ܢܘܛܫܐ Bhcar 85 7, ܢܛܫܐ JARS 8 11, splendor.

ܢܛܠ *1.* sustulit (aquam) Métr 32; *2.* praeponderavit ES **3** 89E, ER 27 18, IA **2** 62 13; *3.* (deorsum) se inclinavit Philox 354 11.

ܢܛܝܠܐ gravis IA **2** 84 67.

ܢܛܠܐ *1.* haustus Mar 72 3; *2.* poculum (cf. Nöld. in Fraenkel 66) i. q. ܡܫܩܝܬܐ Duval-Berthelot **2** 69 15, ON 88 5, BA 6137.

ܢܛܝܠܐܝܬ tarde, cunctanter asd 39 18, Clr 47 21.

ܢܛܝܠܘܬܐ gravitas Afr 133 2.

ܡܛܩܠܐ pondus Ez 45 10 (Symm), EN 58 40.

ܡܛܠܬܐ cyathus Geop 48 1 25.

Pa. *1.* imposuit Cyrill ZDMG **27** 567 v. 64; *2.* ingravavit ThM 13 14.

ܢܘܛܘܣ νότος notus Epiph 72 83.

ܢܛܦ stillavit (*to drip*), tabuit ES **2** 550A, Ath ـ 21.

ܢܛܦܬܐ *1.* stacte Ex 30 34, ES **1** 234A, Bhchr 71 6; *2.* ἔβισκον Gal ZDMG **39** 256 1, ἀλθαία Geop 17 20, Löw n. 308 1.

ܢܛܘܦܬܐ *pl.* ܢܛܘ̈ܦܐ (N § 105) gutta ESL **2** 391 5, ES **3** 403E, Bhchr 80 24.

ܢܘܛܦܬܐ gutta Js 40 15, Afr 347 10, ES **2** 317B.

ܡܢܛܦܢܝܬܐ *1.* gutta ES **3** 136F; *2.* stillicidium Mich 2 11, ES **2** 275E.

Pa. stillare fecit Jud 5 4, ψ 68 9, Gal ZDMG **39** 299 9.

Af. id. Pr 5 3, ES **2** 275A, dap 6 18, asd 10 6.

ܢܛܪ o rar. a (Philox passim) custodivit, observavit Dt 33 9, Chr ed 146 19, Bhchr 164 15.

ܢܛܪܐ *1.* custodia Nis 3 66; *2.* obtemperatio ES **1** 28C, ER 32 8.

ܢܛܪ ܕܘܟܬܐ vicarius ES **2** 397C, Bhce **1** 165u.

ܢܛܪ ܟܡܐܢܐ insidiator Jos 8 13.

ܢܛܘܪܐ custos 1Sm 22 23, Rabb 218 7, *f.* ES **2** 422B, Ath 34 22.

ܢܛܘܪܘܬܐ observantia Ath ܠܒ 16, Kayser, Die Canones des JEText p. 3, 68.

ܢܛܝܪܘܬܐ *1.* temperantia Vit Rabb 177 14, κάθεξις glherm; *2.* observatio (legum) Zach. Rhet. 23 23.

ܢܛܘܪܬܐ *1.* custodia Jer 52 11, dap 34 5, Bhchr 445 3; *2.* observatio Gn 26 5, ER 42 15, Geop 6 23.

ܢܛܘܪܬܢܐ id. dap 117 24.

ܢܘܛܪܢܐ id. ES **2** 4B.

ܡܛܪܬܐ *1.* custodia Jer 32 8, Afr 148 22, dap 113 15; *2.* praesidium (*garrison*) ISt 45 9.

Etpe. conservatus est Gal ZDMG **39** 272 2.

Pa. custodivit, tutatus est ψ 141 3, ES **1** 514A, Philox 166 21, Vit Rabb 190 2.

ܢܘܛܪܐ *1.* custodia ER 11 9, Jul 248 3; *2.* praeservatio Nis 19 164, asservatio Nis 44 22 85.

Af. custodire jussit 2Rg 5 24.

ܡܛܪ ܢܦܫܐ vitae spiritum praeservans SB 31 21.

ܢܘܛܪܝܐ νωτάριος notarius AS **2** 104 21, **3** 232 16, JohEph 113 15, CatWright **2** 563a.

ܢܛܪܘܢ νίτρον natron Jer 2 22 (Hex) Kays 264 21.

ܢܛܪܘܠܦܘܣ νίτρου λέπος squama nitri Duval-Berthelot **2** 58 4.

ܢܟܬܐ dens Pr 30 14, ES **2** 417E, IA **2** 318 v. 1391, Jul 126 7.

ܢܝܙܟܐ (pers. Lag GA 65 169) *1.* hasta Jos 8 18, Afr 321 11, ES **1** 297B, Ath 31 11; *2.* cometes AS 138 3.

ܢܡܐ νῆμα filum AS **2** 148 27.

ܢܝܣܩܘܣ νεανίσκος adulescens am **1** 257 2; 1Ezr 1 50, Tob 7 2, conj. Lag. cf. ܢܝܣܩܐ.

ܢܣܝܐ, ܢܣܐ signum Joh 4 48 (Cur), Afr 181 1, 273 21.

ܢܝܣܢ (cf. Del. hebr. lang 14 seq.) mensis Aprilis ESL **3** 95pu.

ܢܝܣܢܝܐ vernalis schol ad ψ 73 34 (Hex), BB in Löw p. 237.

ܢܣܐ arbor i. q. κρανέας? (Löw p. 249), Geop 70 5.

ܢܝܪܐ (ex ass. *nīru* √ נחר Jensen) jugum Nm 19 2, Afr 118 5, ES **2** 392F, MS **2** 20 13.

ܢܝܫܐ (pers. Lag GA 66 170) *1.* signum Guidi to 37 22, Jul 199 8; *2.* signum, vexillum Bhchr 273 1; *3.* significatio ES **1** 424E; *4.* finis Gal ZDMG **39** 273 8, scopus ES **1** 514A, meta vitae ESZ **1** 119; *5.* occasio BO **2** 61u, Wisemann 31; *6.* materia, thema Bhchr 168 28; *7.* exemplum Vit Rabb 167 7, Olr ep 150 2; *8.* metrum BO **3** 40u, Bh chr 238 20, carmen Rabb 372 25, modus (musicus) BO **3** 1 178a 17 = ThMarg **1** 142 6.

ܢܝܫܢܐ signum ER 12 9.

ܢܟܐ *1.* laesit, nocuit Js 3 15; *2.* repugnavit Gal 5 17, ES **1** 396D, ZDMG **18** 755, B.

ܢܳܟܽܘܝܳܐ noxius, perniciosus ES **1** 24E, ER 350 17, IS 51 18.

ܢܶܟܝܳܢܳܐ damnum, vitium Afr 116 4, ER 51 8, IA **1** 110 628, Philox 502 5.

Etpe. laesus, vulneratus est Act 10 38, Afr 7 5, AS **3** 289 6.

Pa. laesit SB 94 n. 15 l. 7.

Af. laesit, vulneravit ES **1** 103C, Philox 101 7, AM **2** 389 20, ISt 55 17.

ܡܰܢܟܝܳܢܳܐ *1.* offensor ES **3** 386C; *2.* noxius Corluy MP 38 10.

ܡܰܢܟܝܳܢܽܘܬܳܐ vis noxia ER 50 16.

Ettaf. damno affectus est Bhchr 260 10.

ܢܶܟܗܳܐ (√ ܢܟܗ N § 105) flatus, spiritus EN 32 25, BA 4604.

ܐܰܢܟܶܗ spiravit BA n. 5896.

ܢܟܝܫ s. ܒ concubuit cum aliqua? ES **3** 154E.

ܢܰܟܺܝܫܳܐ pudicus Afr 178 1, IS 13 18, EN 12 53.

ܢܰܟܺܝܫܽܘܬܳܐ pudicitia AS 189 7.

ܢܶܫܒܬܳܐ (N § 105) flatus, spiritus JEh 7 8, BA n. 4686.

Af. spiravit BA n. 5896.

ܢܟܠ traxit (lineam) Bh adsc. ment. 1 7.

ܢܟܠ *1.* fefellit, decepit Jos 9 22, ES **1** 383E, *2.* insidiatus est Lc 11 54.

ܢܶܟܠܳܐ dolus Mc 12 15, Afr 50 20, ER 120 20, Ath 19 6.

ܢܳܟܽܘܠܳܐ deceptor ES **1** 34C, Nis 21 57, Philox 186 3, Hab 2 7 (Hex).

ܢܰܟܺܝܠܳܐ fallax Afr 51 3, ER 120 19, am **2** 285 2.

ܢܰܟܺܝܠܽܘܬܳܐ fallacitas 2Cor 11 3, ES **1** 29F, Bal 270 7.

Etpe. *1.* fallacem se praestitit ES **2** 508A, asd 77 6, Bhchr 400 24; *2.* deceptus est Bal 274 16.

Pa. decepit ES **3** 119A.

ܡܶܬܢܰܟܠܳܢܳܐ fallax ψ 15 3, ES **2** 132D, am **2** 280 11, JARS 37 10.

Af. comprehendit ThMarg **1** 102 13.

ܡܢܰܟܠܽܘܬܳܐ fraus IS 7 11, am **2** 134 8.

ܢܟܣ o mactavit Dt 16 2, ES **1** 500E, dap 103 15, JS in MS **1** 48 78.

ܢܶܟܣܶܐ (h. נכסים Fraenkel p. 98, Haupt Hebr. **3** 107 seq.) opes, divitiae Gn 34 23, Afr 150 9, ER 118 24, JohEph 95 1.

ܢܶܟܣܬܳܐ *1.* mactatio Philox 138 17, Ath 18 22, Js 34 2 (Hex), Kays 170 5; *2.* victima, hostia Dt 18 3, ER 8 25, MS **1** 107 18.

ܢܳܟܽܘܣܳܐ mactator Rgn δ 25 8 (Aqu), Dn 2 14 (Aqu).

Etpe. mactatus est Lv 22 7, ES **1** 504E, JS in MS **1** 48 73.

ܢܟܣܘܣܐ substantia Spic 26 24.

ܢܟܦ *1.* seq. ܡܢ puduit eum ES **1** 491B; *2.* ܢܶܟܦܰܬ ܠܝ puduit me Nis 61 25 93, 62 13.

ܢܰܟܦܳܐ pudicus, sanctus ES **3** 260 2, VitRabb 184 25, Corluy MP 41 4.

ܢܰܟܦܽܘܬܳܐ pudicitia, sanctitas ER 8 3, Ath 14 7.

ܢܶܟܦܬܳܐ pudor Philox 182 6, asd 30 27, KwDW 11 3, 37 6 etc.

Pa. pudicum fecit ES **3** 276E, ZDMG **25** 330 35, JE in Journ of s. l. **5** ('64) 406 10.

ܢܽܘܟܳܦܳܐ pudefactio 1Cor 12 23, Philox 126 4, ThMarg **1** 156 14.

ܡܶܬܢܰܟܦܳܢܳܐ pudicus KwD 43 8, Bhchr 399 9.

ܡܢܰܟܦܳܢܳܐ purgans ER 122 13.

Etpa. *1.* pudicus factus est ES **2** 380F, p. visus est ES **3** 190C; *2.* pudefactus est AM **2** 100 34; *3.* puduit eum Joseph **7** 1, Philox 130 13.

ܡܢܰܟܦܳܐ pudicus asd 20 4.

ܢܟܪ repudiavit (*to reject*) ES **3** 308D.

Af. id. ES **2** 551D, AS **1** 68 1.

ܢܽܘܟܪܳܝܳܐ alienus Ez 44 9, Afr 219 1, ER 43 9.

ܢܽܘܟܪܳܝܽܘܬܳܐ alienitas ES **2** 432A, JARS 11 2.

ܢܰܟܰܪ abalienavit, separavit ES **3** 117B, Ath 50 19, KwDW 218 5.

ܡܢܰܟܰܪ ܠ differens ab ES **3** 117B.

Etpa. *1.* se abalienavit Ath 5 24; *2.* oblitus est ES 1 1C, se abstinuit ER 83 1, descivit ES 3 368F, evitavit Bal 275 22, renuntiavit ES 1 53A; *3.* privatus est Vit Rabb 207 14; *4.* seq. ܠ distulit, diversus fuit ES 1 279E, Nis 16 65.

ܡܬܢܟܪܝܘܬܐ abalienatio KwDW 283 13.

ܢܘܟܪܝܛܐ ἀναχωρητής anachoreta am 1 467 10, BO 3 1 459a 12, ZDMG 46 757 10, *adv.* am 1 467 12.

ܢܘܟܪܝܛܘܬܐ vita anachoretica BO 3 1 499 cap 4, ThMarg 1 25 8.

ܢܟܬ o momordit Nm 21 6, Afr 456 10, ES 1 109F.

ܢܘܟܬܐ morsus ES 2 397F, KwDW 173 9, Gal ZDMG 39 241.

ܢܟܬܘܬܐ et ܡܢܟܬܢܘܬܐ morsus BA n. 5895.

Etpe. morsus est ER 51 25, BA n. 7263.

Pa. momordit Am 9 3, ES 2 118A, JS in MS 1 64 177.

ܢܘܟܬܐ dolor Gal ZDMG 39 297 37.

Etpa. morsus est JS in MS 1 83 v. 255, KwDW 392 5.

ܢܝܠܘܦܪ (pers. Lag GA 11 8) Nymphaea lotus Löw p. 313, KwD 80 19, cf. ܢܝܢܘܦܪ et ܢܝܠܘܦܪ.

ܢܡܛܐ (pers. Fraenkel p. 102) stratum, pannus Merx 175, cf. ܢܡܛܐ.

ܢܘܡܝܢܝܐ, ܢܘܡܢܝܐ νεομηνία nova luna 1Ezr 5 55, Vit Rabb 205 9, Geop 4 28.

ܢܡܣܐ ichneumon Phys. cap. V, EN 43 75.

ܢܡܘܣܐ νόμος lex 1Sm 10 25, ER 35 16, Guidi to 24 32, *adv.* secundum legem ES 2 115C, Ath 44 20, Bhchr 23 9.

ܢܡܘܣܝܐ legalis Bhce 1 23 19.

ܢܡܘܣܝܘܬܐ legalitas 1Ezr 8 67, ES 2 173 6, Bhce 1 7 9.

ܐܬܢܡܣ constitutus est Cat MB 55a apu.

ܢܘܡܝܣܡܐ νόμισμα = 60 ܐܣܪܐ Epiph 2 17.

ܢܘܡܝܩܐ νομικὸς *1.* legulejus ES 2 118D, dap 75 1; *2.* legis peritus, officialis Mt 22 34 (Phil), CatWr 2 623A, Bhchr 86 3.

ܢܘܡܝܩܘܬܐ legis peritia Card 41 14.

ܢܘܡܝܩܝܐ νομικὸς ad legem pertinens Tit 3 9 (Phil.).

ܢܡܪܐ *1.* tigris Cant 4 8, ES 2 109F, JAP 7 8, 464 n. 74; *2. pl.* i. q. אֲשֵׁרִים 2Par 31 1, 34 3.

Etpa. *1.* ferus fuit Bhchr 47 6 5; *2.* minatus est ib. 107 3.

ܢܡܪܬܐ (assyr. *nabartu* cf. ZA 3 50, Haupt Beiträge 1 162) cavea Ez 19 9, ES 2 182E, PsC 100 16, KwD 20 1.

ܢܢܚܝ planta palustris (neos. *ninḥi a kind of hot grass* Stoddard) ThMarg 1 159 12, Nöld. LCBl. 1894, ad l. l.

ܢܢܝܐ, ܢܝܢܝܐ *1.* (gr. λινέα N § 84) funiculus, cannabus am 2 50 5, Geop 24 22; *2.* (Del. Prol. 84 n. 2) ammi Löw n. 200, EN 27 1, Gal ZDMG 39 251 28.

ܢܢܝ praecantavit (*to lull*) BA n. 6117, Hoffmann Ausz p. 158.

ܢܢܚܘܢܩ (pers. نانخواه Lag. arm. St. § 1418) Mentha BB Löw p. 259.

ܢܢܥܐ (cf. Meissner ZA 6 293) mentha (ἡδύοσμον, Löw n. 200, Mt 23 23, Lv 11 42 (Phil.).

ܢܢܩ oppressit, injuste egit BA n. 6118.

ܢܝܙܟܐ, ܢܝܙܟܐ, ܢܝܙܟܐ *1.* acinaces Judith 13 6, am 2 273 8 (sic l.!), Bhchr 247 19; *2.* cuspis (in medio baculi) Bhce 2 639 19.

ܢܣܝܣܐ (e gr. νόσος Nöld. mand. Gr XXX) debilis, infimus ER 24 20, ZDMG 18 653, Jul 67 5.

ܢܣܝܣܘܬܐ infirmitas ES 2 549C, ER 105 8.

ܢܣܬܐ hebr. נצה Job 39 13 (Hex).

ܢܣܰܒ a *1.* accepit, sumpsit Ez 17 5, ES **2** 409D, Gal ZDMG **39** 267 6; *2.* seq. ܐܢܬܬܐ Arist 11 17, ܒܐܢܬܘܬܐ AM **2** 336 35, in matrimonium duxit; *3.* seq. ܒܐܦܐ (N§24) a) alicujus parti favit (judex) Dt 16 19, dap pass, b) simulavit Mt 22 18, ES **2** 313D, dap 69 19; *4.* *part.* seq. ܒܦܘܡܐ ܒܡܠܬܐ προπετὴς ἐν λόγῳ protervus Sir 9 18; *5.* tt. log. conclusit, collegit IS 115 20.

ܢܣܘܒܐ *1.* accipiens ER 22 18; *2.* percipiens, particeps JS Abb 34 94.

ܢܣܝܒܐܝܬ simulato glherm.

ܢܣܝܒܘܬܐ *1.* acceptio ESL **2** 13 8, Jul 221 22; *2.* communio Alex 20 8, Bh in Kayser Can. des JE p. 12 16; *3.* exceptio Sev. Merx 21 3; *4.* ܫܡܐ ܢܣܝܒܘܬܐ denominatio AS **4** 9 3.

ܡܣܒܐ ܘܡܬܠܐ commercium 1Mcc 14 43, ES **2** 10B, KwD 48 3, Guidi to 41 6.

ܡܣܒ ܒܐܦܐ partium studium (*partiality*) Ath 19 6.

Etpe. *1.* sumptus est Afr 6 4, Philox 539 21, Gal ZDMG **39** 248; *2.* seq. ܒܐܦܘܗܝ parti ejus fautum est (*to whom favour or partiality is shown*) KwDW 212 7.

ܡܣܒܢܐ i. q. ܡܣܒܐ q. v. EN 38 11.

ܢܣܝܢܐ periculum, conatus ER 42 5, Cyr 137 27, Gal ZDMG **39** 260 14.

ܢܣܝܘܢܐ (Lag Mitt **1** 78 seq.) tentatio Dt 29 2, Rabb 373 11, dap 48 29, Philox 487 6.

Pa. tentavit Ex 17 7, Vit Rabb 168 6, Th M 65 3, dap 100 12.

ܢܘܣܝܐ tentatio Journ. of s. l. **3** 128.

ܡܢܣܝܢܐ tentator (diabolus) Philox 117 15.

Etpa. tentatus est Mt 4 1, Vit Rabb 167 6, Ath 32 20, KwDW 343 12.

ܢܣܟ *1.* fudit 1Sm 10 1, dap 28 12; *2.* se effudit ES **1** 122F, Bhchr 146 7.

ܢܣܟܬܐ effusio Ex 25 31, ES **1** 224D, Jer 10 3 (Hex).

ܢܣܟܐ effusio ES **1** 12A, 53D.

ܢܣܟܬܐ imago fusa Dt 27 15.

ܢܣܟܐ cataracta (coeli) Bhchr 589 6.

ܢܣܘܟܐ *1.* effusor Jud 17 4 (Hex); *2.* ἐπαρυστρὶς vas quo funditur Regn γ 7 49, Zach 4 2 12 (Hex).

ܢܣܘܟܝܬܐ id Ex 37 17 (Hex).

ܡܢܣܟܐ clyster, syrinx Geop 110 5, Bhchr 233 12, EN 30 75.

Etpe. se effudit ES **1** 122F.

ܢܘܣܟܐ (aeg.? Lag Rie gr IX, GA 196, Mitt II 258, Hoffmann ZDMG **32** 760) copia Bhgr **2** 9pu, Cat MB 95b, Wr 1206b 5, Bod 205 10 a. f. Par 75b 8.

ܢܣܟ (av. *naçka*) pars Avestae am **2** 580 6.

ܢܣܪ serrā dissecuit (*to saw through*) Afr 82 1, ES **2** 39A, JS in MS **2** 60 274.

ܢܣܪܐ *1.* dissectio asd 60 14; *2.* incisio, fissura KwDW 6 4, 7 10; *3.* *pl.* asseri, tabulae 1Rg 6 15.

ܢܣܪܬܐ scobs, serrago (*sawdust*) Geop 4 2, Duval-Berthelot **2** 18 22.

ܢܣܝܪܐ *1.* prisma ZDMG **35** 300; *2.* serra ES **1** 228C, nisi ܡܣܪܐ leg.

ܡܣܪܐ serra Js 10 15, Afr 82 1, ES **2** 39A, JS in MS **2** 60 270.

Etpe. serra dissectus est asd 59 27, Arist 20 1.

ܢܥܐ pectus Lv 7 31, ON 16 8.

ܢܥܒܐ (N §49C) corvus ψ 146 9, Afr 239 2, ES **1** 241C, AS **4** 65 18.

ܢܥܠ rapuit, abripuit, traxit ES **2** 551C, JS in MS **1** 70 360, am **2** 73 13.

Etpe. raptus, tractus est Pr 10 24, Nis 44 119, Spic 8 3, Philox 140 20.

Pa. rapuit JS in MS **1** 70 374.

ܢܥܨ tutudit AM **2** 233 28.

ܢܥܘܬܐ piger BA, BB, PS.

ܢܘܥܡܬܐ aroma BA, PS.

ܢܥܠܐ (ar. نَعْل) solea ferrea (*horse-shoe*) Bhchr 293 23.

Pa. (equo) soleas ferreas induit (*to shoe*) Bhchr 293 23.

ܢܥܡ rugivit Am 1 2 (Hex).

ܢܥܡܬܐ *1.* sonus, vox ES **1** 101B, ER 16 24, Ath ܡܚ 12; *2.* cantilena Philox 52 2.

ܒܪܬ ܢܥܡܐ struthiocamelus Job 30 29, Js 34 13, ES **1** 214C, **2** 13E.

ܢܥܪ grunniens (*grunting*) AM **2** 318 38.

ܢܥܡܐ ES 1 275E leg. ܢܥܒܐ q. v.

ܢܥܪ *1.* clamavit (asinus) Jer 51 38, KwD 120 5, AS 194 6; *2.* sq. ܒ cecinit (tuba) ER 6 5, Jul 108 18.

ܢܥܪܐ clamor (asini) EN 45 38, Bhad Jer 51 38.

ܢܦܓܐܘ pers. نافجه vesica moschi Bhchr 159 1.

ܢܦܚ o *1.* flavit, inflavit Bal 317 18, Ath 18 2; *2.* sufflavit, excitavit JS in asd 102 5; *3.* inspiravit Cyr 20 6, JE in Journ. of s. l. **10** 2 17, Spic Solesm **4** 172 15.

ܢܦܚܐ flatus ES **3** 53D, Cyr 101 2, KwDW 86 17.

ܢܦܝܚܐ inflatus (insolentia) *puffed up, proud* ES **2** 173 pu, Vit Rabb 198 16, dap **31** 12.

ܢܦܝܚܘܬܐ *1.* inflatio (pulmonis) glherm; *2.* tumor, jactantia ES **3** 643B, Cyr 299 7.

ܢܦܘܚܐ follis (*bellows*) Job 32 19.

ܡܦܘܚܐ follis Jer 6 29, ES **2** 113A, PsC 193 9.

ܡܦܚܢܘܬܐ *1.* flatus, inflatio (*breath, puff*) ES **1** 132E, ECth **1** 47 7, KwDW 201 15; *2.* inspiratio (profetarum) Bh in Kayser Can. des JE 10 13.

ܡܦܚܢܐ flans Kays 247 21.

Etpe. *1.* inflatus est 1Ezr 9 55, Cyr 101 2, JE in Journ. of s. l. **10** 10 6; *2.* sufflatus, excitatus est ES 77 17.

ܢܘܦܚܐ tumor Ex 9 9, ER 150 1 *flatulence* KwDW 329 17.

ܡܢܦܚ tumens Gal ZDMG **39** 241.

ܡܢܦܚܢܐ πνευματώδης flatuosus Geop 5 14.

Etpa. tumuit ISt 55 18.

ܢܦܛܐ νάφθα naphta Philox 531 18; JS in MS **2** 70 26, Dn 3 46 (Hex), Duv.-Berth. **2** 37pu, Bhchr 109, 12.

ܢܦܛܝܪܐ (e gr. λαμπτὴρ Duval gr. p. 235 n. 1) laterna 1Rg 7 10, Joh 18 3, am **3** 67u, JA **2** 210 129, EN 40 15.

ܢܦܠ e *1.* cecidit Jer 36 7, ES **1** 408F, asd 34 8; *2.* jactus est (βάλλεσθαι) Mt 3 10, 5 29, AS **2** 289 11, AM **2** 85 cf. Kayser die Canones des JE p. 125; *3.* epilepsia laboravit Gal ZDMG **39** 242; *4.* sq. ܠ quadravit, aptatus est ES **2** 548F, Nis 37 116, *5.* sq. ܥܡ conveniens, aequalis fuit Duv.-Berth. **2** 295 18; *6.* sq. ܡܢ ܕܪܓܐ gradu motus est clericus JE in Rie 131 8.

ܢܦܠܐ casus ER 11 10 *pl.* segmina (*pieces*) BO **3** 1 228a 16, ThMarg **1** 60 10.

ܡܦܠ ܫܢܬܐ in somno Job 4 13, ThMarg **1** 314 20, BA n. 2481.

ܡܦܘܠܬܐ *pl.* ܡܦ̈ܠܬܐ *1.* casus Ez 26 18, Afr 188 3, ER 28 23, am **3** 227 11; *2.* ruina ES **1** 546B, Ath ܐ 17 *pl.* Apoc Bar 45 (ed. Cer.) 134 18; *3.* epilepsia Bhchr 221 1; *4.* tt. gr. casus ET 15 9, EṢ 12 12.

ܢܦܝܠ *1.* qui cecidit ES **3** 423F, am **3** 434 19; *2. f. subst.* lucrum Philox 155 8.

Etpa. *1.* descivit ES **1** 42F; *2.* putrefactus est ES **2** 197E, Philox 383 14; *3.* minutus, remissus est (dolor) ES **2** 464A.

Af. cecidit, dejecit Dn 8 10, Sch 106 6, Bhchr 351, 16.

ܐܬܢܦܝܫ commotus est TA 32 122.

ܢܦܣ e (nest. a Bhgr **4** 4 5) *1.* jecit (sortem) Lc 23 34 (Cur), Joh 19 24, ψ 21 38 (Symm); *2.* imposuit (jugum) ES **3** 146E.

ܢܦܘܫܐ extensio AS 3 19 2.

Etpe. extensus est AS 3 68 17.

ܢܦܓܠܐ aristolochia Cat Par 78 8 (cf. Nöld. ZDMG **43** 681), Duval-Berthelot **2** 23 18, Eb Par 79 8, contra Löw n. 126.

ܢܦܪ *1.* e quassit Mt 10 14, asd 8 20; *2.* o *faire dégorger* Duval-Berthelot **2** 52 11.

ܢܦܪܐ nomen accentus BZ 12 11, Merx 180 14.

Pa. *1.* concussit Act 18 6, ES **2** 335A, Mt 10 14 (Phil); *2.* ebrium fecit SB 143 19.

ܢܘܦܪܐ *1.* concussio ER 51 9; *2.* sq. ܕܡܝܐ ܠܒܛܢܐ clysmus Gal ZDMG **39** 265 9.

ܡܢܦܪܢܐ excretivus, purgativus ES **2** 316E.

Etpa. *1.* concussus est ER 9 7, *2.* ejectus est Jud 20 31.

ܢܦܩ o *1.* exiit Cant 3 11, ER 56 22, VitRabb 167 25; *2.* impensa est (pecunia) 2Rg 12 13, JohEph 411 12; *3.* translatus est EbMai **10** 200 3; *4.* sq. ܪܘܚܐ (N § 243) se excusavit Act 26 24, Philox 127 2; *5.* sq. ܠܚܐܪܘܬܐ factus est Bhad Jos 3 18; *6.* seq. ܠܫܘܠܡܐ finitus est Spic Solesm **4** 227 13.

ܢܦܩܐ (nest ܕ Bhgr **4** 7 5) tumores ES **2** 459C, AS **2** 315 9, ISt 21 10, ThMarg **1** 283 2.

ܢܦܩܬܐ *pl.* ܢܦܩܬܐ (al ܕ) expensa, sumptus Lc 14 28, Afr 457 1, ES **1** 453D, asd 13 10.

ܢܦܩܐ effossum Kays 59 1.

ܢܦܘܩ *1.* habilis dap 11 27; *2.* translatus Rechtsb 3 1, Mos. Agh. Rendic dei Lincei 1886 p. 401, 14; *3.* procedens Joh Eph 210 378; *4.* ejectus dap 51 28.

ܢܦܘܩܘܬܐ *1.* processio BO **2** 287b; *2.* ܢܦܘܩܘܬܐ ܕܡܠܬܐ eloquentia Bhce **2** 583 2.

ܡܦܩ ܪܘܚܐ Afr 33 1, Arist 1 1, ܡܦܩ ܪܘܚܐ ES **1** 35D, ER 32 12, Philox 123 16 excusatio, apologia.

ܡܦܩܬܐ exitus Afr 398 8, ER 124 12.

ܡܦܩܢܐ *1.* exitus ES **2** 109C, Philox 206 6, Kays 236 11, Bhchr 49 5; *2.* exodus ES **1** 14A, Philox 608 15, Ath ܝ 5; *3.* editio (libri) JY in ThMarg **2** 52 n. l. 3; *4.* podex Mar 70 9, anus KwD8u.

Pa. *1.* sq. ܒ instruxit, exercuit Ign 15 8, Gal ZDMG **39** 246; *2.* impendit Hoffmann, Kirch. 46 42.

ܢܘܦܩܐ *1.* exercitatio IA **2** 314 v. 341, Philox 235 10; *2.* studium, directio ECth **1** 45 2, Gal ZDMG **39** 272 8, ThMarg **1** 216 11.

ܡܢܦܩܢܘܬܐ publicatio JBh 69 18.

Etpa. exercitatus est KwDW 22 9.

Af. *1.* eduxit ER 349 4, commovit ut abiret Chr ed 157 4; *2.* impendit AM **2** 359 32, Gal ZDMG **39** 263 4; *3.* peregit (vitae tempus) Philox 320 23; *4.* scripsit ESL **2** 651 7; *5.* transtulit TB 186 14, Mos Agh in Rendic. dei Lincei 1886 552 4.

ܡܦܩܬܐ versio, translatio Bhad Jud 18 17, Cat MB 24A, 17a f., Wr **1** 42b.

Ettaf. *1.* extractus est Bhchr 167 2, expulsus est ENchr 30 10; *2.* impensa est KwDW 5 4; *3.* pronunciatus est Bhgr **2** 39 23.

ܢܦܨ fremuit (*to murmur*) ψ 2 1, Act 4 25, Ath 47 3, BO **3** 150b 2, ThMarg **1** 84 3, Bhcar 126 15.

ܡܢܦܨ horridus IA **2** 70 44.

ܢܦܫܐ *f.* *1.* animus *pass.* inservit exprimendo pronomini „ipse" N § 223; ܡܢ ܢܦܫܗܘܢ sua sponte Philox 547 16; *2.* pyramis funeraria, mausoleum 1Mcc 13 27, am **3** 6 11, Jul 22 27, PsC 68 15, Chr ed 147 14, cf. Duval Rev. Sémit. 1894 p. 259—63.

ܢܦܫܢܝܐ ad animam pertinens Afr 125 10, MS **1** 97 12, ThMarg **1** 39 15.

ܢܦܫܢܘܬܐ animus Joseph 8 2.

ܢܦܫܐ respiratio Phil 2 28, ER 340 1, Jul 65 5, Joh Eph 89 10.

ܢܦܫ cupivit (?) Bhcar 149 16.

ܢܦܝܫܐ animatus Pr 23 2.

ܢܦܝܫܘܬܐ animus ES **3** 342F.

Etpe. respiravit ES **2** 541C, Nis 7 48, ISt 6 17.

Pa. recreavit Thren 3 56 (Symm), Bhcar 67 3.

ܡܢܦܫܐ animatus Ge in Afr pr. 33 11, BO **2** 190b, Bhce **1** 61 6.
ܡܢܦܫܢܘܬܐ natura animata (τὸ ἔμψυχον) glherm, Nat 65 16.
Etpa. *1.* animatus est ES **1** 133B; *2.* respiravit ES **3** 470F, ThMarg **1** 227 9.

ܢܦܬܐ sordes (περικαθάρματα) 1Cor 4 13, Rie 125 8, Clr 81 34, Joh Eph 88u, Bh in Kayser Can des JE 7 1.

ܢܨܐ accipiter (*hawk*) Lv 11 15, ER 46 11, KwDW 21 15.

ܢܨܐ rixatus est (*to quarrel*) Gn 26 20, Afr 130 5, ER 35 18, dap 7 9.
ܢܨܝܐ rixa ES **1** 452D.
ܡܨܘܬܐ id ψ 106 32, Afr 455 7, ER 147 21, JS in MS **2** 122 733.
ܢܨܝܢܐ litigiosus 1Tim 3 3, ES **1** 30F, MS **1** 109 1, dap 10 29.
ܢܨܝܢܘܬܐ litigatio AS **3** 113 16.

ܢܨܒ o *1.* plantavit ψ 1 3, ES **1** 217C, Chr ed 151 2; *2.* condidit ENchr 21 21; *3.* posuit, peperit (ova) Chr ed 152 25.
ܢܨܘܒܐ plantator ES **3** 577E, ER 340 8, JSA 594.
ܢܨܒܬܐ *1.* planta Mt 15 13, Arist 8 11, Gal ZDMG **39** 261 9; *2.* locus consitus Mich 1 6, ES **2** 272E, dap 1 2.
ܢܨܒܬܢܝܐ vegetativus Bhce **1** 101 7.
ܢܘܨܒܬܐ (sic!) plantatio Philox 4 1.
ܢܨܒܘܬܐ plantatio Rgn δ 19 29 (Hex), Cat Vat **2** 518.
Etpe. insitus est Philox 508 20.

ܢܨܚ *1.* splenduit Philox 279 7; *2.* vicit JS in MS **2** 116 623, Pall in ThMarg **2** 196 30, MB 7 81; *3.* praestitit Hoffmann Kirch. 6 42.
ܢܨܚܢܐ victoria ES **1** 301A, ER 127 22, asd 7 6, Corluy MP 44 9.
ܢܨܚܢܢܐ praestans Eb Par 43 2.
Pa. *1.* victorem fecit Iš in ThMarg **2** 168 24; *2.* victorem declaravit Philox 350 8.
ܢܨܝܚܐ *1.* victor Corluy MP 14 11; *2.* illustris Hoffmann Kirch. 7 42; *3.* gloria (pr. gloriosus) Nis 43 287.
Etpa. *1.* sq. ܒ vicit ES **2** 50D, Philox 153 2, Guidi to 27 149; *2.* praestitit ES **1** 487F, Zach. Rhet. ed. Spanuth 1 10.
Af. *1.* victorem fecit ES **1** 460E; *2.* splenduit Nis 63 81.

ܢܨܠ *1.* infudit Lc 10 34; *2.* perfudit Geop. 109 18.
Pa. *1.* liberavit Joh Eph 352 2; *2.* servavit ib. 363 12.

ܢܨܦ *1.* sibilavit (*to hiss*) ES **3** 128F, Nis 40 47, am **2** 338 1; *2.* sq. ܒ. occupavit, commovit Vit Rabb 207 19, AS 190 10.
ܢܨܦܐ sibilus ES **3** 61C.
ܢܨܘܦܐ purus EN 59 58.
Pa. infremuit IA **1** 146 1454.

ܢܨܦܐ capparis spinosa L. Löw n. 201.

ܢܨܪ susurravit Js 8 19.
ܢܨܪܐ *1.* susurrus ES **2** 176F; *2.* laetae voces IA **1** 98 305; *3.* fritinnitus (*chirping*), grunnitus EN **46** 40.
ܢܘܨܪܐ *1.* hymni ES **2** 424D; *2.* clamores (pueri) Jš in ThMarg **1** CLXI 12; *3.* cantilenae quas matres et nutrices natis decantant, dum eos in sinu gestant; simul matrum in pueros blandimenta, congratulationes ESL **2** 621n.
ܢܘܨܪܐ haemorrhois EN 33 36.
Pa. *1.* fritinnivit (*to chirp*) Js 38 14, ES **2** 83A; *2.* susurravit ES **1** 190F, Jul 185 8; *3.* laetos clamores sustulit ES **1** 316A, Vit Rabb 188 4; *4.* cantu mulsit ES **2** 557F.
ܢܘܨܪܐ clamor (pueri) ES **2** 557F.
ܡܢܨܪܐܝܬ blande (*mockingly*) JEschol 8 9.
ܡܢܨܪܢܐ amans, blandus ZDMG **20** 465 24, 532.
Etpa. allegorice significatus est JS in MS **1** 52 204.

ܢܨܪܝܐ Nazaraeus, christianus Corluy MP 8 10.

ܢܘܨܪܝܘܬܐ christianismus Jul 146 4.

ܐܨܝܬ (√ نصت Fraenkel? BASS **3** 69 12) auscultavit Jer 8 6, ES **2** 116E.

ܢܩܐ *1.* sacrificavit ES **1** 105 19; *2.* coegit ES **3** 165C, Nis 2 137.

ܢܩܐ deditus, propensus AM **2** 50 7, Bhchr 349 21.

ܢܩܝܐ *pl.* ܢܩܝܬܐ (N § 79A, ex assyr. Zimmern in Schwally Idiot. p. 121) ovis Jos 24 32, ES **2** 279B, JS in MS **1** 54 265.

Pa. *1.* sacrificavit Gn 35 14, ES **1** 478A, ER 17 16; *2.* libavit Ath ܡܚܐ, 10.

ܢܘܩܝܐ libatio Gn 35 14, ER 10 27, Ath ܡܚܐ 10.

Etpa. *1.* sacrificatus est Phil 2 17, am **3** 432 14; *2.* se dedidit (alicui rei) ES **2** 203F.

ܢܩܒ *1.* perforavit Ex 21 6, Job 40 21, am **1** 176 15; *2.* infossit ISt 24 1, infixit ES **3** 124F.

ܢܩܒܐ *1.* perforatio ESL **1** 169 5; *2.* foramen 2Rg 12 20, ISt 24 1.

ܢܩܒܬܐ *absol.* ܢܩܒܐ *pl.* ܢܩܒܬܐ (N § 94A) femina Gn 1 27, ES **2** 141E, dap 102 12.

ܢܩܒ femininus Bhcar 48u, ܕܟܪ ܢܩܒ am **2** 592 11, ܕܟܪ ܢܩܒܐ Clr 39 15 hermaphroditus.

ܢܩܒܐܝܬ feminini generis BO **2** 280 8, DionT 52 2.

ܢܩܒܬܢܐܝܬ id. JEh 34 8.

ܢܩܒܬܢܐ effeminatus Philox 429 17.

ܢܩܒܬܢܘܬܐ genus femininum Merx 135 8.

ܢܩܒܝܐ AS 44 13 et ܢܩܒܝܢܝܐ AS **4** 40 6, ET 6 12 femininus.

ܢܩܒܝܘܬܐ ES **1** 250D et ܢܩܒܢܝܘܬܐ Bhad Mt 18 4 femininitas.

ܐܬܢܩܒ generis feminini factus est Bhgr **2** 16 221.

ܢܩܝܒܐ ar. نقيب princeps Bhchr 558 12.

ܢܩܝܒܬܐ codex vel lapis perforatus, quo collum peccatoris includitur, *met.* Philox 415 13, 418 11.

ܢܩܒܐ *1.* tundere (rostro) JE in Journ of s. l. **10** 13 15; *2.* terebra (*bore*) Ex 21 6, Dt 15 17; *3.* foramen acus (*eye of a needle*) Rie 133 23.

ܢܩܒܬܐ cuniculus Js 29 3, ES **2** 69F.

Etpe. perforatus est am **1** 177 8.

Pa. compunxit, inscripsit (corpus) *to tattoo* ES **2** 124A.

Af. fregit (sigillum) ES **2** 332B.

ܢܩܕܐ *1.* purus ES **2** 515C, Corluy MP 41 7; *2.* tenuis (sonus) CatWright **3** 1169a.

ܢܩܕܘܬܐ puritas ES **2** 515C, VitRabb 114 1.

ܢܩܕܢ delicatulus (?) AS **2** 287 18.

ܢܩܕܐ pastor (hebr. נֹקֵד) 2Rg 3 4, EN 42 61.

ܢܘܩܕܐ, *pl.* ܢܘܩܕܐ et ܢܘܩܕܐ *1.* punctum Lv 19 28, ES **1** 274C, TB 15 4, AS 136 13; *2.* gutta ES **3** 71C.

Pa. purgavit dap 45 25, ThMarg **1** 277 11, Kays 71 1.

Etpa. purgatus est ES **3** 396C, Sind 24 15.

ܢܩܪ pupugit ES **2** 346F, Duv.-B **2** 22 16.

ܢܘܩܪܬܐ punctum Lc 4 6 (Phil), BO **3** 2 201u, Kays 193 10.

ܢܘܩܕܐ ܐܝܬ tt. gr. *1.* = e apud Ḥunain; *2.* pluralis signum (ܣܝܡܐ) JBh 15 etc., Hoffmann ON XII.

ܢܘܩܕܢܝܐ punctis formatus Bhgr **1** 3 19.

ܢܩܪܐ rostrum (*bill, beak*) KwD 61 16, 69 19, 101 6.

Pa. *1.* alapas duxit (*to box one's ears*) AS **3** 56 7; *2. part. pass.* στικτός Lv 19 28 (Hex sec. Bh).

ܢܘܩܪܐ alapa AS **4** 56 7.

ܢܩܫ perforavit Phys 13 19.

ܢܩܫܐ crocitus corvi EN 46 40.

ܢܘܩܝܐ *pl.* ܢܘܩܝܢ οὐγκία uncia Duv.-Berthelot **2** 28 8 9, 29 12, 32 9, 34 21.

ܢܩܠ *1.* purgavit (viam) Jer 51 25, Bal 262 9, asd 19 27, EbMai **10** 221 27; *2.* sustulit (lapides) Js 62 10; *3.* traduxit (pons) MB 42 572.

Etpe. *1.* purgatus est ESL **2** 277 2; *2.* jactus est ib. **3** 157 15.

ܢܩܡܬܐ *st. cstr.* ܢܩܡܬ ultio (*vengeance*) Jer 50 28, ES **1** 162E, Bal 277 27.

Etpa. *1.* sq. ܡܢ ultus est 2Rg 9 7, ES **2** 24D; *2.* ultio petita est Corluy MP 13 9.

ܢܩܣ resecuit (*to cut off*) Bhchr 245 22.

ܢܩܣܐ *1.* segmentum (carnis) 2Sm 6 19, ES **2** 187C, Bhchr 245 22; *2.* massa Duval-Berthelot **2** 100 1.

ܢܩܥܐ caverna Jer 16 16, ES **1** 52C, MS **1** 5 70, am **3** 317 4.

ܢܩܥܬܐ gemma, topazius (?) Ex 28 17, ES **1** 231C, EN 20 45, ON 88 19.

ܢܩܦ *1.* adhaesit, se applicavit Philox 153 17, Gal ZDMG **39** 262 1, Hoffmann Kirch. 55 8; *2.* secutus est Lc 1 3, Ath 24 20; *3.* obtemperavit dap 54 14; *4.* decuit Ath 27 17.

ܢܩܦܐ *1.* adhaesio Philox 521 5, Vit Rabb 173 24; *2.* conjunctio IA in MS **1** 17 234, Philox 151 20; *3.* consuetudo AM **2** 190 5.

ܒܪ ܢܩܦܐ *1.* assecla Jul 66 4; *2.* maritus IA in MS **1** 17 246.

ܒܪܬ ܢܩܦܐ socia ES **2** 383B.

ܢܩܦܐܝܬ *1.* continuo Gal ZDMG **39** 244; *2.* ergo Ath 27 13.

ܢܩܝܦܐ *1.* cohaerens, perpetuus Ath 20 8; *2.* sq. ܠ aptus, decens Gal ZDMG **39** 246, *adv.* ex ordine ib.

ܢܩܝ̈ܦܬܐ dependentiae, viciniae Cat MB 61a, 18a f.

ܢܩܝܦ̈ܬܐ id. Cat Bod 247 17, 248 10.

ܢܩܝܦܘܬܐ cohaerentia, perpetuitas Philox 521 6, Vit Rabb 199 4, ThMarg **1** 19 12, Gal ZDMG **39** 262 5.

ܢܘܩܦܐ percussio Clr ep 147 1.

Etpa. *1.* adhaesit, se applicavit Nm 36 9, ER 104 2, dap 96 14; *2.* obviam venit ES **1** 204D; *3.* sibi adhaerere passus est Philox 517 15.

Af. *1.* appendit Pr 6 22; *2.* addidit ES **1** 402C, Philox 186 6, adduxit asd 50 7; *3.* coepit s. imperf. Nis 18 71, Jul 133 19 s. ܠ c. inf. Act 27 35; *4.* perrexit IA **2** 274 705.

ܐܢܩܦܬܐ *1.* modus (carminis) BO **3** 1 151b 9 = ThMarg **1** 89 2; *2.* precatio Cat Par 8 30.

ܡܢܩܦܢܘܬܐ tt. gr. status constructus ET 20 9.

ܢܩܪ *1.* fossit Ex 21 33 (Hex); *2.* excidit, cavavit Js 22 6, Mt 27 66, ES **2** 56D.

ܢܩܪܐ foramen Geop 63 7.

ܢܘܩܪܐ *1.* id. Bhcar 148u; *2.* massa Duval-Berthelot **2** 38 7, 40 17, 52 9.

ܢܩܝܪܐ (ad √ قرى falso rettulit Barth 13) puteus Bh ZDMG **40** 944.

ܢܩܝܪܬܐ id. ThMarg **1** 255 7.

ܢܩܘܪܐ rostrum Js 44 12 (cf. Bh ad l.) ES **2** 367D, Duval-Berthelot **2** 101 10.

ܢܩܘܪܐ id. Kays 255 2 (nisi ܢܩܘܪܐ leg. q. v.).

Etpe. *1.* effossus est Js 51 1, am **1** 273 11; *2.* excisus est ER 125 20, ECth **3** 61 56.

ܢܩܪܘܡܢܛܝܐ νεκρομαντεία necromantia Clr 4 23.

ܢܩܫ o. *1.* tutudit ES **3** 329B, ER 102 15, Ath 8 2; *2.* infixit Jud 4 21, Afr 254 14, asd 52 20; *3.* concussit ES **1** 66B; *4.* plausit ES **1** 545B, Jul 223 20; *5.* posuit (thalamum) 2Sm 6 17, Alex 6 15 (castra) Joh Eph **217** 18, Bhchr 101 6, *absol.* id. Joh Eph 406 2, Bhchr 104u; *6. absol.* fidibus cecinit Js 23 16; *7.* pulsatum est (signum) IA **2** 278 798 (tympanum) Jul 41 3, 42 4.

ܢܩܫܐ *1.* infixio Joseph **5** 3 (673a 15), asd 52 19; *2.* pulsatio ES **1** 524a; *3.* sonus Cyr 143 26; *4.* tremor (*quivering*) KwDW 183 4; *5.* impetus Corluy MP 21 14, Ath 14 4.

ܢܩܫܬܐ tt. gr. *1.* syllaba Métr 12 12; *2.* vocalis Bhgr **1** 229 5.

ܢܩܘܫܐ *1.* instrumentum musicum ES **1** 524A; *2.* plectron Arist 15 22; *3.* musicus h. מְנַגֵּן 2Rg 3 15; *4.* pistillum (*clapper*) Sch 76 1, (spec. quo in ecclesia fideles convocabant σήμαντρον, ἅγια ξύλα cf. Bingham or. eccl. t. **3** l. VIII 7 § 16 n. 10, inde ناقوس Fraenkel p. 276), BO **2** 178b, Bhchr 117apu; *5.* sonus (pistilli) AS **2** 357 18, Clr ep. prol. XII 3.

Etpe. *1.* infixus est asd 52 19; *2.* positum est (tentorium) Philox 277 3, Bhchr 363 7; *3.* pulsatus est BO **2** 178b; *4.* jactata est (navis tempestate) Philox 283 4; *5.* cantum est (fidibus) ESL **2** 511 16 (sic l.!).

Pa. tutudit ES **3** 411D.

Etpa. allisus est Vit Rabb 170 10.

ܢܪܝܒܐ (assyr. *niribu* Hoffmann Ausz n. 1794, Haupt E-vowel p. 13 n. 8) fauces, angustiae Bal 260 12, BO **3** 496a 17.

ܢܪܒܐ palmes, surculus (cf. Bh ad Js 11 1), Js 14 19, Afr 326 9, ES **2** 40A, am **1** 399 19.

ܢܪܒ farsit Geop 70 4.

ܢܪܓܐ (nest ܢܪܓ N § 106a) securis Dt 19 5, Afr 86 22, ES **1** 278A, IA **1** 192 319, Bhchr 304 20.

ܢܪܓܘܢܐ securis parva Geop 30 10.

ܢܪܓܠ nomen planetae Martis Kays 55 5, ass. *Nírgal* Jensen Kosmol. p. 135.

ܢܪܓܝܠ (Pott ZKM **5** 82) nux indica BB, Löw p. 85.

ܢܪܕܝܢ, ܢܪܕܘܣ (Cant 4 14 cf. MS **2** 21 3), ܢܐܪܕܘܣ (Cant 1 2 (Hex) EN 25 64), *pl.* ܢܪܕܝܢ Cant 4 14 (Hex) (e skr. *nalad* Lag GA 67 177, cf. Fick Or. u. Occ. **3** 364) nardus Löw n. 316, Joh 12 3, ESL **1** 369 21, Geop 48 6.

ܢܝܠܘܦܪ (skr. *nîlotpala* Lag GA 11) nymphaea lotus, caerulea etc. Löw p. 313, KwD 20 14, cf. ܢܝܠܘܦܪ et ܢܝܠܘܦܪ.

ܢܪܓܝܠܐ i. q. ܢܪܓܝܠܐ q. v. am **2** 369 17.

ܢܪܘܣܐ vox incertae significationis Geop 13 5.

ܢܪܩܝܣܘܣ, ܢܪܩܘܣ νάρκισσος, narcissus Löw n. 202, Gal ZDMG **39** 290 6, EN 35 2, Bhcar 67 16, Eb Par 50 13.

ܢܪܬܝܩܣ νάρθηξ pars ecclesiae Bhce **1** 387 7.

ܢܫ a *1.* debilitatus est ES **1** 186A, Philox 375 23, Dan 11 6 (Hex); *2.* laxatus est Bhchr 306 16; *3.* lenitus est KwDW 190 9; *4.* obtorpuit 2Cor 12 14.

Pa. debilitavit Card 100 3.

ܢܫܝܫܐ debilis Sir 3 29, ES **3** 361F, Gal ZDMG **39** 242.

ܢܫܝܫܘܬܐ debilitas ES **1** 342F, 439B, Bh ZDMG **40** 445.

Etpa. debilitatus est AM **2** 352 10, Guidi to 35 24.

ܢܫܐ feminae N § 146.

ܢܫܝܬܐ mulierculae 2Tim 3 6 (Phil), Bhce **2** 629 19.

ܢܫܝܐ femininus, muliebris ES **1** 248B, PsC 100 18, KwDW 232 4, Bhchr 206 13.

ܢܫܝܐ ܓܒܪܐ hermaphroditi Ath ܠ 17.

ܢܫܐ oblitus est Bhchr 193 16.

ܢܫܝܢܐ obliviscentia Bhgr **1** 62 5, Cat MB 46 11.

Pa. oblivisci fecit ES **1** 98C.

Etpa. oblitus est Dt 32 18, ES **2** 17C, Clr 138 5, Eb Par 69 9.

ܡܬܢܫܝܢܘܬܐ oblivio Arist 12 18, ThMarg **1** 95 9.

Af. *1.* oblivisci fecit ES **2** 467F, am **2** 261 3, JSTham v. 33; *2.* sanavit ES **2** 407F; *3.* seduxit ES **2** 457E.

ܢܫܒ e *1.* flavit Apoc 7 1, Afr 279 2, JS in asd 88 2; *2.* superbivit ESL **2** 329 5.

ܢܫܒܐ rete Pr 6 5, Afr 52 10, ER 120 3, KwD 47 2, JS in asd 89 22.

ܢܫܒܐ *1.* flatus ES **3** 589E, AS 143 21; *2.* procella ES **3** 49D.

ܡܫܒܐ *1.* flatus ER 97 3, Philox 151 5, Corluy MP 39 4; *2.* ventus ES **1** 121B, ER 353 18, JS in MS **1** 95 10.

Pa. flavit 4Ezr 6 1.

Etpa. *1.* vento ablatus est Cyr 14 28; *2.* jactatus est Jac 1 6 (Phil.).

Af. *1.* flare fecit Ez 13 13, ES **2** 176D, Bhchr 353 22; *2.* ventilavit Am 5 27, ES **2** 263a.

ܢܫܘܒܐ aeris obscuritas BA, BB, PS.

ܡܢܫܒܐ nubibus obductus, obscurus Bhcar 2 10.

ܢܫܕܐܕܪ, ܢܫܐܕܪ, ܢܫܕܪ (ar. نُشَادُر) sal ammoniacum Duval-Berthelot **2** pass.

ܢܫܠ detraxit (pellem) *to skin* Mich 2 8, Afr 242 20, ER 65 12, am **1** 278 19, Joh Eph 202 11.

Etpe. pelle exutus est ER 67 8, am **2** 55 18, Bhchr 324 19.

ܢܫܡ spiravit ES **3** 343C, Act 9 1 (Phil) PsC 17 6.

ܢܫܡܬܐ flatus (ignis) am **3** 252 2.

ܢܫܡܬܐ spiritus Jer 2 22, Ath 5 5, Jul 6 26.

ܢܫܘܡܐ rostrum (canis etc.) EN 41 31, BA n. 4056.

ܡܢܫܘܡܝܬܐ nares JohEph 225 1.

ܢܫܦܐ et ܢܘܫܦܐ serpens Hoffmann Ausz n. 708, AM **1** 71.

ܢܫܦܐ simila 1Rg 5 2, Afr 391 14, ES **1** 238B.

ܢܫܦܐ Nis 45 81 leg ܢܫܦܐ (Bevan).

Pa. *1.* clarum, perspicuum fecit ES **3** 84B; *2.* s. ܢܫܦ omnino sustulit Nis 45 55.

Etpa. purgatus est ES **2** 350B.

ܢܫܩ (Lag nov. ps. gr. ed. spec. p. 24 sq., Barth p. 46) osculatus est (*to kiss*) ES **2** 374F, Bhchr 180u.

ܢܘܫܩܬܐ, ܢܘܫܩܬܐ osculum Lv 22 48, ES **1** 52F, Vit Rabb 204 10, PsC 108 7.

Pa. osculatus est Lc 7 38, Afr 67 3, ER 103 14, IA in MS **1** 16 173.

ܢܫܪܐ *1.* aquila Lv 11 13, ES **1** 52D, ER 113 7; *2.* nomen sideris Geop 6 6; *3.* nomen plantae mythicae Gal ZDMG **39** 269 2, filices Löw n. 203; *4.* tectum (? potius fastigium ut ἀετὸς) Rechtsb 33 16.

ܢܫܪܐ ܕܐܝܡܡܐ lux diurna (? Martin) Spic Solesm **4** 57 16, leg. ܢܘܗܪܐ q. v.?

ܢܬܐܡ ܐܬܬܐܡ 2Par 12 7, v. s. v. ܬܐܡ.

Pa. damno affecit ES **1** 357C.

ܢܬܒܠܐ cf. s. v. ܡܬܒܠܐ.

ܢܬܠ *1. tr.* traxit IA **2** 134 560, discrevit Bal 271 13; *2. intr.* se inclinavit (libra) Epiph 58 71, KwDW 18 22, 63 11 etc.

ܢܬܠܐ *1.* libramentum ψ 17 26, Pr 16 11 (Hex). cf. ZDMG **4** 206, EN 58 40; *2.* aequipondium 4Ezr 3 34, Epiph 50 79.

ܢܬܠܘܬܐ tractio Bh de div sap 38 3.

Pa. traxit Philox 358 19, Kays 104 16.

ܢܘܬܠܐ *1.* περισπασμὸς distractio Eccl 8 16 (Hex) nisi ܢܘܬܠܐ leg. coll 1 13; *2.* abundantia ThMarg **1** 370 13.

Etpa. tractus est Philox 354 13, Kays 107 16.

ܢܬܦ o traxit Pr 7 21, Mt 9 16, IA **2** 206 35, Philox 138 19.

ܢܬܘܦܐ *1.* attractivus ES **2** 316E, ἑλκτικὸς Gal ZDMG **39** 242; *2.* destillativus Duval-Berthelot **2** 19 2 16.

Pa. attraxit ES **2** 325E, ER 119 3, asd 80 10, KwDW 219 15.

ܢܘܬܦܐ distractio (*pulling*) 1Cor 7 35, Guidi to 40 14, JS in asd 101 5.

Etpa. distractus est Guidi to 35 13, JS in asd 92 8.

ܢܬܪ decidit, defluxit, tabuit Js 7 8, Afr 32 16, ER 352 10, asd 82 21.

ܢܬܪܐ defluxus, tabes ES **1** 245E, **3** 81D, σαπρότης Gal ZDMG **39** 295 3.

ܢܬܪܐ id. ES **2** 409A.

ܢܬܪܐ *1.* nitrum Jer 2 22, ES **2** 101D, Geop

5 12; *2*. s. ܙܪܬܐ, Lv 19 10, dipsacus silvester Löw n. 204.

ܢܬܝܪ quod excidit Lv 21 20 (cf. Bh).

Af. *1*. dejecit Dan 4 11, ES **1** 440C, ER 353 18; *2*. decidit ER 115 17; *3*. delevit Philox 50 22.

ܢܬܫ laceravit (*to rend*) JSA v. 537, momordit IA **2** 32 7.

ܢܬܦܐ exstirpatio Jer 46 20 (Hex), laceratio Thr 4 7 (ib.).

Etpe. *1*. dilaceratus est Bal 268 1; *2*. avulsus est Act 21 1 (Phil); *3*. excerptus est Spic Solesm **4** 18 3.

Pa. *1*, dilaceravit JS in ER 396 25, MS **1** 70 356; *2*. evellit ES **1** 246C, Jul 50 28, Dion T 134 14.

ܢܘܬܦܐ dilaceratio Jer 15 3 (Hex).

ܣ

ܣ quintadecima litera alphabeti, Semkath, numerus 60.

ܣܐܬܐ *pl.* ܣܐܝܢ (ES 1 68E, PsC 82 6) et ܣܐܬܝܢ (Bh ad Hg 2 17) ex hebr. סְאָה modius Lv 5 11, Mt 5 15, ES **3** XXXVII 4.

ܣܐܒ senuit, consenuit Jos 23 2, ES **1** 62F, Philox 583 17, Vit Rabb 195 25.

ܣܒܐ *1*. senex Js 47 6, ER 376 1, JSA 130; *2*. avus Rechtsb 14 1, Spic 36 2.

ܣܒܝܐ senilis Cyr 239 25.

ܣܒܬܐ anus Gal ZDMG **39** 262 7.

ܣܒܬܢܝܐ anilis 1Tim 4 7 (Phil).

ܣܒܬܢܝܬܐ anilis JE in Journ. of s. l. **10** 23 19.

ܣܝܒ̈ܬܐ crines albi AS **2** 282 14, KwDW 302 5.

ܣܝܒܘܬܐ senectus Jud 8 32, ER 105 7, Philox 567 22, dap 73 9.

ܣܝܒܬܐ ES **2** 314A vox corrupta.

ܣܐܒ *1*. contaminavit Mt 15 11, Afr 306 3, ER 7 21, dap 14 23; *2*. impurum declaravit Jul 110 8, repudiavit Ath 15 8.

ܣܘܐܒܐ contaminatio Apoc 17 6, am **1** 3 2, Dion T 140 8.

Etpa. *1*. se contaminavit dap 97 10; *2*. contaminatus est Ez 44 25, ER 23 18, Ath 31 15.

ܣܐܛܝܛܝܣ *pl.* ܣܐܛ̈ܐ σαίτης metrum 22 ξέστας continens Epiph 5 70, 61 46.

ܣܐܡܐ (e gr. ἄσημος argentum infectum N. Fuller misc 3 18 = crit. sacr. **8** 999, Lag Symm 2 4, Nöld. Pers St **2** 45) argentum Act 3 6, Afr 89 2, VitRabb 165 25, JS in asd 97 19.

ܣܐܡܢܝܐ argenteus Bh adsc. ment 7 3.

ܣܐܢ induit (calceum) Mc 6 9, Spic 15 1, Ath 18 24.

ܣܐܝܢ calceatus Js 9 5, Bhchr 325 3.

ܣܐܘܢܐ calceus ER 4 8, Ath ܒ 20.

ܡܣܐܢܐ calceus Dt 25 9, Afr 225 7, ES **1** 201E, PsC 129 2.

Af. calceavit (*to shoe*) Ez 16 10, ES **2** 178D, dap 3 24, Philox 20 20.

ܣܘܐܪܐܝܡ σουαρεὶμ שְׂעָרִים Jer 29 17 (Hex).

ܣܒܒܬܐ spuma juris EN 82 67.

ܣܘܒܒܐ σοββα להעצבה Jer 44 19 (Hex).

ܣܒܐ inguen, pudenda BA, PS.

ܣܒܐ perquisivit ES **3** 25F (si lectio sana est).

ܣܒܘܬܐ similitudo Bhcar 1 6.

ܣܒܝܗܘܬܐ id. ES **2** 237F.
ܣܒܝܗܐ similis ES **1** 99A, PsC 23 8, AS **4** 97 20.

ܣܒܛܐ (pers. Fraenkel p. 79) sportula, corbis (*a small basket, casket or chest*) PsC 8 9, cf. ܣܦܛܐ.
ܣܒܝܛܐ caro salata BA, BB, PS.
ܣܒܝܛܐ siccus, exsiccatus BB, PS.

ܣܒܟ a *1.* s. ܒ a) adhaesit ER 93 10, ES **1** 49A, Geop 112 25, b) repsit AM **2** 231 32, ZDMG **14** 683 1, coll **15** 415, s. ܘܠܥܠ sursum fluxit Cyrill ZDMG **27** 592 v. 47 c) aggressus est, invasit aut opere aut scrutinatione ES **2** 440A, Nis 6 10; *2.* s. ܠ appetiit ES **3** 164D; *3.* s. ܥܠ incubuit ES **3** 404C, IA in MS **1** 17 261; *4. absol.* quaesivit, desideravit ES **3** 44B; nàvem ad ancoras deligavit Nis 10 88, infixus, immobilis remansit Nis 43 225.
ܣܘܒܟܐ, ܣܒܟܬܐ (h. שְׂבָכָה) velum reticulatum Judith 10 4, Regn δ 25 17 (Hex).
Pa. *1.* firmiter tenuit Pr 30 28; *2.* posuit Ath ܠܐ 10.
Etpa. adhaesit JS in MS **1** 46 20.
Af. *1.* intulit (nomen alicui) ESJ 151 11; *2.* s. ܥܠ a) fixit (oculos) ES **1** 155B, b) oppressit ES **1** 478C, Cyrill 373 6; *3.* s. ܣܘܩܠܐ superavit (ascensum) ES **2** 382D.

ܣܒܠ (Nöld. ZDMG **40** 729, Barth 50) *1.* portavit 1Rg 5 23, Philox 567 3, Guidi to 26 87; *2.* toleravit, passus est ES **1** 510B, Cyr 22 2, dap 33 12.
ܣܒܠܬܐ munera Rechtsb 22 8.
Etpe. portatus est ER 125 4.
ܣܒܠܬܐ *1.* scala Gn 28 12, Afr 63 2, ES **1** 81E, ISt 51 1; *2.* genus canticorum ESL **3** praef. p. XVI Nöldeke in Pertsch Cat. Goth. Anhang p. 54, BO **3** 1 283b u.
Af. imposuit Act 9 13, ES **1** 211D, am **2** 542 13.
Ettaf. passus est JARS 110 6.

ܣܘܒܘܠܐ συμβολή comissatio (*pic-nic*) ES **1** 341A, Dt 21 20, Js 46 6 (Hex) ZDMG **4** 205, **29** 90 9, 'ܣ ܥܒܕ convivium AS **1** 65 21.

ܣܝܒܘܠܐ σίβυλλα sibylla dap 43 15.

ܣܒܘܢܝܬܐ (Lag GA 67 174) σιβύναι hastae Js 2 4 (Hex).

ܣܒܣ *1. tr.* s. ܡܠܐ cumulavit ESL **2** 735 16; *2. intr.* cumulatus, auctus est ib. 739 5.
ܣܒܝܣܐ *1.* angustus ES **3** 445C; *2.* confertus, spissus JS in asd 97 15, Jul 233 26; *3.* pronomen affixum Bhgr **1** 77 §6.
ܣܒܝܣܐܝܬ *1.* graviter ES **1** 451C; *2.* saepe JE in ES **1** 371 1.
ܣܒܝܣܘܬܐ turba (*crowd*) ES **2** 275F.
Pa. auxit Eb Par 78 4.

ܣܒܣܛܘܣ, ܣܒܣܛܐܘܣ σεβαστός augustus = imperator Act 25 21 (Phil), Bhchr 257 11.

ܣܒܣܬܐ i. q. ܣܘܣܬܐ q. v. Pel 11 32.

ܣܒܣܬܢܐ (pers. سبستان) corica myxa Löw p. 68, EN 25 67.

ܣܒܣܒܣ (pers. Lag GA 67 172) mandragora BB, Löw p. 188.

ܣܒܥ s. acc. s. ܡܢ satiatus est Ex 16 8, Apoc 19 21, Ath 28 12, Philox 597 21.
ܣܒܝܥܐ satiatus Gn 35 29, *adv.* ES **1** 196D.
ܣܒܝܥܘܬܐ satietas ES **1** 436 7, Bal 265 22, Ath 48 25.
ܣܒܥܐ *1.* satietas Gn 49 21, ES **1** 114A, Philox 360 2, Cyr 151u; *2.* abundantia asd 43 3.
Pa. c. 2 acc. satiavit Mc 8 4, Afr 18 16, ES **1** 68E, Philox 20 18, KwDW 67 9.
ܡܣܒܥܐ satiatus KwDW 71 9.
ܣܘܒܥܐ apodipnon (officium) BO **3** 2 339 7, ThMarg **1** 94 4, EbMai **10** 245 25, Badger Nest. **2** 18.

ܡܫܒܥܢܐ nomen accentus BZ 15 12, Merx 180 7.

Etpa. taedio fuit AS 167 18.

ܠܐ ܡܫܬܒܥܢܐ *1.* insatiabilis ThMarg **1** 378 19; *2.* quod taedio non fit Philox 503 13.

ܣܒܰܪ *1.* credidit Mt 3 9 (nest.); *2.* speravit Jul 235 13.

ܣܒܪܐ spes ER 122, 1Chr ed 154 14.

ܣܒܝܪܘܬܐ opinio Philox 444 4, Bh ad Act 4 1.

Etpe. *1.* putatus est Philox 578 17; *2.* visum est Cyr 31 18, Nestle Chr 59 12.

Pa. *1.* putavit Gal ZDMG **39** 200 12; *2.* s. ܒ credidit apap 103 10.

ܡܣܒܪܢܐ putans Gal ZDMG **39** 269 12.

ܡܣܒܪܢܘܬܐ *1.* opinio Philox 172 5, Ath 42 12, JE schol 4 11; *2.* suspicio Spic Solesm **4** 228 15, Bhce **2** 463 16.

Af. *1.* speravit Ath ܩܘ 23; *2.* perseveravit ER 4 11; *3.* credidit Mt 3 9 (jac), Bhchr 264 17, putavit Philox 584 5, Ath ܩܠ 13.

ܣܒܪܬܐ (Fraenkel p. 115) *1.* nuntius (malus) Dion T 130 3, spec. laetus 2Sm 4 10, Bal 279 10, Card 20 11; *2.* evangelium Mc 1 14, asd 36 27, Jul 236 13, Jš in ThMarg **2** 160 23; *3.* i. q. 'ܣ ܕ ܫܒܬܐ ܪܒܬܐ ESL **1** 543 16, vel 'ܣ ܕ ܥܪܘܒܬܐ AS 1 79, sabbatum sanctum (ante festum paschale) Cat Wr **1** 150n, Kayser, Die Canones des JE p. 89.

Pa. credere fecit asd 42 25, spec. evangelium praedicavit Act 11 20, Afr 7 1, asd 39 27.

ܣܘܒܪܐ *1.* annuntiatio ES **1** 312F, BO **3** 2 387u, 'ܣ ܕ ܡܪܬܝ annuntiatio Mariae die 25. Martii (Adar) ESL **1** 151 5, Cat Par 96 24 25, Kayser ll. 20; *2.* praedicatio am **1** 487 8.

ܡܣܒܪܢܐ *1.* nuntius 1Sm 4 17; *2.* evangelista ES **1** 537E, asd 33 12.

Etpa. *1.* laetum nuntium accepit 2Sm 18 31; *2.* nuntiatum est asd 24 10, Journ of s. l. VII 36 6.

ܣܰܝܒܰܪ *1.* toleravit Jer 10 19; ES **3** 359A, MS **2** 82 103; *2.* se applicavit ad aliquem ἀντέχεσθαί τινος Mt 6 24 (Cur).

ܣܝܒܪܬܐ cibus ER 51 11, dap 31 17, MS **2** 173 34.

ܣܘܒܪܐ nutritus Card 113 9.

ܡܣܝܒܪܢܘܬܐ *1.* patientia Philox 178 21, Corluy MP 28 13; *2.* tolerantia dap 56 11.

Etpa. s. acc. vixit aliqua re ES **3** 272C.

ܠܐ ܡܣܬܝܒܪܢܐ intolerabilis ES **1** 508D.

ܣܒܪܩܘܣ Geop 25 25, genus ficorum, PS conj. ܣܩܪܕܘܣ = ἰσχάδες?

ܣܘܒܐܫܝ (turc. سوباشى) praetor pagi, magister Bhchr 471 4.

ܣܓܐ auctus est, crevit Mt 5 12, ER 353 14, AM **2** 378 35.

ܣܘܓܐܐ *st. cstr.* ܣܘܓܐ (N § 104) multitudo Neh 3 3, ES **3** 61A, AS **2** 388 6, Bhchr 344 22, *adv.* valde ThMarg **1** 222 12.

ܣܘܓܝܬܐ cantus ES **1** 352C, Bal 336 2, ISt 52 1.

Pa. *1.* auxit Philox 172 9; *2.* c. neg. s. inf. non jam fecit asd 53 3.

ܣܓܝ multus *st. absol. adv.* valde ES **1** 407D; *pl. m.* puncta pluralis JBh 16 1.

ܣܓܝ ܙܪܥܐ πολύσπερμος planta Geop 70 20, 102 15, Löw n. 206.

ܣܓܝ ܢܘܗܪܐ *euphem.* caecus Cat Wr **2** 1019b.

ܣܓܝ ܪ̈ܓܠܐ πολυπόδιον polypodium EN 24 42, Löw n. 207.

ܣܓܝܐܘܬܐ multitudo ER 63 23, Corluy MP 12 8, ܣܓܝܐܘܬ ܐܠܗܐ polytheismus Zach Rhet 3 24.

ܣܓܝܐܝܐ *1.* pluralis ES **1** 131B, ET 6 12; *2.* *pl.* multi Spic Solesm **4** 228 2.

ܣܓܝܐܝܬ pluraliter ES **1** 128C, JE in Journ of s. l. **10** 12 13.

ܣܓܝܐܝܘܬܐ *1.* pluralis ET 14 1; *2.* pluralitas EbMai **10** 321 28.

Af. *1.* auxit Philox 117 2; *2.* saepe, multum fecit ES **1** 519E, MS **2** 54 69; *3.* cantavit JE schol 24 2.

Ettaf. *1.* multiplicatus est 2Petr 1 2 (Phil), KwDW 25 2; *2.* pluralis factus est Bhgr **2** 15 8.

ܣܓܕ o (N § 160A) veneratus est Dan 2 46, Bal 276 10, Guidi to 19 33.
ܣܓܕܬܐ veneratio Lv 26 1, ER 71 6, JohEph 96u.
ܒܝܬ ܣܓܕܬܐ *mosques* EN chr 93 19.
ܣܓܝܕܐ venerabilis Ath 12 3.
ܣܓܕ ܠܫܡܫܐ heliotropium BB Löw p. 323.
ܣܓܘܕܐ cultor Joh 4 23, ES **3** 261C, asd 31 3.
ܡܣܓܕܐ *mosque* ar. مَسجِد ENchr 16u, Bhchr 103 8, JARS 135 9.
Etpe. in veneratione habitus est ES **3** 118E, asd 37 20, MS **2** 3 8.
Etpa. veneratus est ThMarg **1** 320 21.
Af. venerari fecit ES **2** 490B, IA **1** 208u, ZDMG **29** 113.

ܣܓܪܣ (pers. Hoffmann Ausz n. 562) more canino (*as a dog*) Corluy MP 29 16, am **2** 593 8.

ܣܓܘܦܘܣ, ܣܓܦܣܘܣ scutum Joseph 5pu 24 11, ib. **3** 3.

ܣܓܘܠܐ *1.* uva Nm 13 23, Afr 446 4, ES **2** 160F, JS in asd 90 6; *2.* nomen arcturi (proper uvae similitudinem) Epiph 74 30.
ܣܓܘܠܢܝܣ (?) βοτρυώδης BB Löw p. 385.
ܣܓܠܝܬܐ cypereus Löw n. 208.

ܣܝܓܝܠܠܘܢ *pl.* ܣܝܓܝܠܠܐ Bhchr 548 12, σίγιλλον (Fraenkel 252) diploma Bhchr 231 7, 548 12, ce **2** 801 2.
ܣܝܓܝܠܣܐ (σίγιλλος) libellus, scriptum accusatorium glherm.

ܣܓܘܢܝܣ σιγύναι lanceae ES **2** 276F.
ܣܘܓܢܝܬܐ vestimentum, pallium BA n. 4755.

ܣܐܓܘܣ (sagae = divinatrices, sibyllae) oracula sibyllina CatWr **2** 609a.

ܣܓܝܦܐ *1.* vitiatus Act 14 7, Lc 14 13; *2.* afflictus Clr 152 21, AM **2** 299, ISt 51 4.
ܣܘܓܦܐ damnum ES **3** 111C, dap 62 14, Ath 15 12.
Pa. nocuit, laesit Nm 30 14, ER 27 25, dap 117 25.
Etpa. laesus est ES **2** 405E, Nis 21 164, Ath 29 1.

ܣܓܐܦܝܢܘܢ σαγαπηνὸν ferula persica Löw p. 191, EN 25 68.

ܣܓܪ *1.* inclusit Job 38 8, ES **1** 429A; *2.* interdixit ES **1** 451C.
ܣܓܪܐ *1.* imber Pr 27 15, ES **1** 356C, 499C, *2.* dies pluviosus Merx 176 n. 11.
ܣܓܘܪܐ (sic l.! Fraenkel p. 114) maelium (*collar*) KwDW 69 10.
ܣܓܝܪܐ arbor quaedam, cujus folia asceta quidam edebat AS **2** 24 1, Löw n. 215.
Etpe. inclusus est Sev. Rhet 137r, BA cit PS.

ܣܕܐ compes Act 16 24, ES **2** 6A, am **1** 214 3, AM **2** 192 35.
ܣܕܐ (e pers. صد C Perles Et St. 29 n. 1) spatium C passuum AS **2** 61 22, Eb Mai **10** 242 27.

ܣܕܘܪܓܐ saccus e corio factus BB in PS.

ܣܕܠܐ sandale Act 12 8 (Phil), Js 20 2 (Hex), BS 13 1, Bh ZDMG **40** 141.

ܣܕܘܡܝܘܬܐ vitium Sodomitarum, paederastia ZATW **6** 203 11, Rev. Sém. 1894 p. 249 4, EbMai **10** 216 29.

ܣܕܘܢܐ σινδὼν sindon 2Rg 5 23, Afr 226 22, ES **3** 407D, JS in MS **1** 90 444.
ܣܕܢܐ (pers. Fleischer ZDMG **4** 223, LagGA 67 173) incus (*anvil*) Jer 18 13, AS **2** 114 12, am **2** 553 14, Cyr 413 10.
ܣܕܝ ܙܢܓܐ πράσιον marrubium Löw n. 210, Geop 23 4, Gal ZDMG **39** 242, 294 35, EN 26 83.

ܣܕܝܠܐ (pers. Fleischer ZDMG **4** 223, Lag GA 71 179) *1.* ἀγροβάλανον Js 44 14 (Aqu); *2.* πρῖνος ibex Dan 13 54 58 (Hex), cf. Bernst. ZDMG **4** 204.

ܣܘܕܣܘܢܐ ar. سُدْس pars sexta Bhcar 67 7, ad Pr 6 16, Cat Par 75a.

ܣܕܩ (cf. Barth p. 38) *1.* laceravit ER 15 14, Philox 308 7, dap 58 27, 100 6; *2.* discessit AS **2** 291 19.

ܣܕܩܐ *1.* schisma Gal 5 20, ES **2** 309A, Philox 308 6, dap 96 11; *2.* Pl. panniculi Jul 18 20, Rgn δ 2 12 (Hex).

ܡܣܕܩܢܐ schismaticus Rie 78 15.

ܡܣܕܩܢܘܬܐ ܫܘܐ discordia ThMarg **1** 93 15.

Etpe. *1.* scissus, laceratus est ER 112 5, Philox 463 10, Ath 18 15, Corluy MP 25 1; *2.* dissensit (ecclesia) Spic Solesm **4** 175 14, BO **1** 386 21, Bhchr 72 1; *3.* ductus est (sulcus) Philox 307 4.

Pa. *1.* laceravit 2Sm 13 19, Afr 302 4, Vit Rabb 186 26; *2.* sectam formavit ES **2** 493B, Spic Solesm **4** 196 27; *3.* separavit (multitudinem) ES **3** XLV 11.

ܣܕܩܘܢܐ vox incertae significationis Epiph 44 31, cf. Lag Symm **2** 190 1.

ܣܕܪ (ex ass. *sadāru*?? Jensen) *1. tr.* a) disposuit asd 84 13, JA in MS **1** 16 211, b) exposuit am **2** 212u, c) seq. ܩܪܒܐ instruxit (aciem) Philox 436 21, JohEph 365 12; *2.* se disposuit ES **1** 15B, JSA 22, JSt 54 16.

ܣܕܪܐ (ex ass. *sidru*?? Jensen) *1.* ordo ES **1** 231C, Bal 330 13; *2.* acies 1Sm 4 2, Jul 157 6, Corluy MP 15 7; *3.* series (genealogica) Rechtsb 37 3; *4.* velum Ex 27 9.

ܡܣܕܪܘܬܐ ordo Gal ZDMG **39** 262, ECth **1** 47 20, id. in Stud. Bibl. et Eccl **2** (Oxford 1890) 256 54.

ܣܕܪܘܢܐ στρώτης, στράτωρ, τραπεζίτης structor (*butler*) Hoffmann Kirch. 67, 99 n. 304, ThMarg **1** 232 12.

Etpe. et **Etpa.** dispositus est ES **1** 17F, Nis 21 186, Philox 501 10.

ܣܘܕܪܐ σουδάριον *1.* sudarium Joh 11 44, ES **2** 425A, Ath 27 13; *2.* tiara Bhchr 237 7, JARS 30 1.

ܣܘܕܪܘܢܐ mutulus lampadis PS.

ܣܗܕ testatus est Joh 1 7 (Phil), Afr 200 3, Philox 450 5, Guidi to 40 22.

ܣܗܕܐ *1.* testis Mt 26 65, *f.* ܣܗܕܬܐ Jos 23 27; *2.* martyr ES **1** 510B, *f.* Chr ed 153 19.

ܒܝܬ ܣܗܕܐ *pl.* ܒܝܬ ܣܗܕܘܬܐ capella martyrum Chr ed 152 5, Sev. Ant. in ES **1** 533 3.

ܣܗܕܝܐ martyralis Jš in ThMarg **2** 169 30.

ܣܗܕܘܬܐ *1.* testimonium Ruth 4 7; *2.* martyrium asd 63 7.

ܣܗܝܕ notus, famosus SB 84 8.

Etpe. *1.* testimonio comprobatum est Ath 42 27; *2.* interrogatus est Spic Solesm **4** 218 14.

Pa. *1.* testatus est Gn 43 3; *2.* testem invocavit διαμαρτύρεσθαι Act 18 5, 10 42, 20 21, Eb Par 71 12.

Af. *1.* testatus est Mt 23 3, Joh 1 7, Philox 448 18; *2.* martyrium perpessus est Chr ed 150 30, SB 122 17, Bhchr 127a.

ܡܣܗܕܢܘܬܐ testimonium Zach Rhet 3 12.

ܣܗܪܐ *m.* et *f.* (N§87) luna 2Rg 23 5, ES **2** 458A, ER 68 1.

ܒܪ ܣܗܪܐ die plenilunii am **2** 345 2.

ܣܗܪܝܐ *1.* lunaris Bhchr 286 7; *2.* lunatus ib. 459 20, *f.* nomen lapidis AS **4** 100 14.

ܣܗܪܘܢܐ lunulae (*crescents*) Jud 8 26, ES **1** 320C, ThMarg **1** 402 12, ON 96 5.

ܣܗܪܢܝܐ lunaris AS 90 13, Bhchr 95 6.

ܡܣܬܗܪܢܐ lunaticus Mt 17 15 (Phil).

ܣܗܐ (cf. ar. شهأ?) expetiit, invasit ES **3** 378B, ZDMG **14** 683 10.

ܣܘܐ cupidus ES **2** 238A, Jul 12 13.

ܣܘܝܬܐ cupido Bh ad Lv 1 9.

Etpe. cupivit Bhcar 44 3.

Af. cupidum fecit Bhcar 163 3.

ܣܘܝܬܐ (cf. ar. شَوَى) *1.* holocaustum (*burnt-offering*) Js 1 13, ES **1** 497D, IA **1** 226 12; *2.* odor carnis assatae ψ 66 15.

ܣܘܕܐ Geop 9 28, κλάδοι, rami leg. ܣܘܟܐ (PS).

ܣܝܓ *1.* saepsit Ez 16 5, Afr 259 8, ER 30 19; *2.* inclusit ES **1** 120B, 378B.

ܣܘܓܐ populus nigra αἴγειρος Geop 23 3, cf. Löw p. 154.

ܣܝܓܐ saeptum Nm 22 24, Afr 145 10, ER 41 24, PsC 185 16.

ܣܝܓܬܐ *1.* saeptum Jud 6 2, AM **2** 295 18; *2.* mandra BO **1** 235a; *3.* jussum, mandatum(?) JARS 175 1.

Etpe. *1.* saeptus est Afr 448 7; *2.* clausus est IA **1** 248 532.

Af. clausit ES **2** 121B.

ܣܘܐܬܐ et ܣܐܬܐ mensura frumenti EN 58 48.

ܣܘܕܐ *1.* sermo ES **3** 378D, VitRabb 191 5, JA in MS **1** 16 198; *2.* lingua Sch 24 3.

Pa. confabulatus est Eb cit PS.

Etpa. *1.* locutus est JA in MS **1** 15 146, AS **3** 217 14; *2.* collocutus est ESL **3** 975 21.

ܣܘܚ *1.* cupivit JS in asd 105 3; *2.* laete obviam ivit Bal 247 13, Philox 77 18, Guidi to 43 7; *3.* secutus est ER 351 3, seq. ܠ familiariter usus est ES **1** 98B; *4.* prorupit ES **3** 96F, invasit ES **2** 108B (sic l.!).

ܣܘܚܢܐ invasio ES **2** 108D.

Pa. cupivit 1Thess 2 8, ES **3** 387F, IA **2** 18 131.

ܡܣܘܚܢܐܝܬ voluntarie, libenter ThMarg **1** 16 2.

ܡܣܘܚܢܐ ܕܢܦܫܝ dominus animae meae apap 310 2 (cf. Geiger ZDMG **26** 804, qui contra grammaticam √ ܣܚܢ statuit coll. christ. pal. ܣܘܚܢ χωρεῖν ZDMG **22** 520, de quo jam vide Schwally Idiot. p. 60, et sam. סחן = חסן).

ܣܘܚܢܐ *1.* animus promptus 2Cor 8 11, desiderium BO **1** 455b; *2.* adhortatio ThMarg **1** 15 13.

ܣܘܚܢܐ desiderans, cupidus KwDW 288 15.

ܣܘܚܢܘܬܐ desiderium KwDW 247 18.

Etpa. cupivit Jul 78 7.

ܣܚܠ combustus est ESL **3** 105u.

ܣܚܠܐ inflammatio, adustio EN 32 20.

Pa. *1.* combussit Philox 197 5, ES **2** 116 26, JS in MS **2** 59 220; *2.* torruit asd 61 1.

ܣܘܚܠܐ combustio EN 30 79.

ܣܚܝܠܐ combustus Job 16 17, 30 17 (Hex).

Etpa. combustus est IS 29 16, am **3** 366 15, Bhcar 100 11.

ܣܘܟܬܐ *pl.* ܣܘܟܝܬܐ (Bal 264 11) et ܣܘܟܐ ramus Mt 21 8, ES **1** 190B, IA **2** 326 1501, ThMarg **1** 224 6.

ܣܘܟܢܐ gubernaculum (*helm*) Act 27 40, Jgn 222 8, ECth **1** 25 5, Kays 246 19.

ܣܘܦܐ finis ES **1** 490F, Vit Rabb 191 16, dap 29 16, ܡܢ ܣ' ܠܡܐܡܪ vel ܐܝܟ ܕܐܡ' ut breviter dicam JARS 65 5, Philox 127 5; ܣܦ ESL **2** 7 14, ER 142 19; ܣܦ ܣܘܦܐ BO **2** 172 21, ܥܠ ܣܘܦܗ ES **2** 488F, Nis 15 95 omnino.

ܣܘܦܢܝܐ universalis AS **4** 17 14, *adv.* brevi ES 14 20 cf. not. p. 19.

ܣܘܦܢܝܘܬܐ universalitas Merx 135 3.

Pa. *1.* definivit ES **1** 448A, terminavit ES **1** 444E; *2.* finivit, perfecit ES **1** 51C, Bh ad Paul 1 12.

ܣܘܦܠܐ *1.* clausula (precum) BO **3** 178a 18, ThMarg **1** 142 7; *2.* 'ܐܝܟ ܕܐܡ ut breviter dicam Cyr 401 9; *3.* limitatio Philox Mem dei Lincei XII 1884 p. 486a 11.

ܡܣܘܦܢܘܬܐ *1.* τὸ τοῦ περιέχοντος πέρας glherm; *2.* 'ܠܐ ܡ natura infinita Philox 513 14, Mem ll. 12.

Etpa. *1.* finitus est ES **2** 99F; *2.* perfectus est ER 141 16; *3.* exstinctus est asd 104 12.

ܠܐ ܡܣܬܘܦܢܐ infinitus ES **1** 431E.

ܣܘܦܠܩܕܝܬܐ metrum octocaidecasyllabum Card 2 4.

ܣܒܠܐ sibylla Spic 24 5.

ܣܒܠܐ i. q. ܣܒܠܐ q. v. ThMarg 1 213 9.

ܣܒܪ̈ܘܢ ܡܨܚܦܬܐ fimbriae pallii (*the knotted fringes or tassels of the turban cloth*) ThMarg 1 168 20.

ܣܘܣܦ (√ ܐܣܦ Nöld. Mand. Gr. 147 n. 4) *1.* sanavit IA 2 74 165, KwDW 30 13, Bhchr 521 3; *2.* curam habuit AS 4 68 15.
ܐܣܬܘܣܦ sanatus est KwDW 10 1, TA 38 193.

ܣܘܣܝܐ (vox peregr. Nöld. Gr. 147 contra Del. Prol. 128 n. 2) *pl.* ܣܘ̈ܣܝܐ (JS 32 1) saep. ܣܘܣܘ̈ܬܐ (N § 79A) equus ES 1 455A, Jul 119 25, Bhchr 194 11.
ܣܘܣܝܬܐ *pl.* ܣܘ̈ܣܝܬܐ *1.* equa Cant 1 9, 1Rg 5 8, AS 4 4 4, Sev 3 22; *2.* genus vermium Geop 42 5.

ܣܘܣܠܐ ulmus BB, Löw p. 98.

ܣܦ periit, interiit Nm 14 33, Afr 183 8, ES 1 53D, Philox 197 15.
ܣܘܦܐ finis ES 1 432A, JS in MS 2 120 677, DionT 146 13.
ܣܘܦܢܐ finitus BO 2 284b.
ܣܘܦܢܐ pernicies Jer 46 28, Afr 249 17, ES 1 215A, Philox 288 4.
Af. perdidit ES 1 191D, ThMarg 1 396 1.
Ettaf. periit ES 1 429F.

ܣܘܩ *1.* spiravit Jer 2 24, ER 90 3, Jul 134 5, Geop 112 26; *2.* sq. ܢܦܫܐ exspiravit animam Nis 10 26, *absol.* ib. 60 61; *3.* olfecit ES 3 409D, AM 2 108 20.
ܣܘܩܐ *1.* odor ES 1 324E, MS 1 117 5, AM 2 102 23; *2.* ܣܘܩܐ أسينا spiritus extremi Bhchr 324 23.
ܣܘܩܐ odor ES 3 104B.
ܣܘܩ *1.* sq. ܠܘܬ odorem exspiravit Job 6 5. *2.* olfecit ES 3 597D.
Af. olfacere fecit Card 98 23.
ܡܬܣܘܩܢܘܬܐ quod quis olfacere potest glherm.

ܣܘܪܬܐ linea Cat MB 52a 29 (leg. ܣܘܪܛܐ Fr.?).

ܣܘܪܐ ܫܡܫܢܝܬܐ σαῦρα ἡλιακή lacerta Nilotica Phys. cap. VIII, GGA 1796 p. 736 sq.
ܣܘܪܝ σῶρι sori Duval-Berthelot 2 3 6, 4 5, BB 1323 19.

ܐܣܬܘܪܕ recruduit (morbus) ES 2 380C.

ܣܘܙܘܓܝܐ ܬܪܥܐ (συζυγία) fores valvatae (*folding door*) Duval-Berthelot 2 101 4.

ܣܚܝܦܐ *1.* rarus (*porous*), mollis JEh 28 6, JAP 1884 p. 478 n. l. 15, Bh de div sap 34 1; *2.* subtilis, transparens SB 4 14; *3.* dissolutus, putridus ES 1 127B.
ܣܚܝܦܘܬܐ putredo ES 1 119E.
ܣܚܝܦܐ i. q. ܪܦܝܦܐ q. v. Cat Bod 512 15.

ܣܚܐ *1.* se lavit (*to wash*) Ath ܟ 26, dap 2 27; *2.* natavit ER 76 9, ES 2 62A *met* (de avi volante) Afr 494 1; *3.* *met* mundavit (terram) ES 2 108B, Joh Eph 402 14, Guidi chron 33 3 (sed cf. Nöld. Übers. p. 41 n. 6).
ܣܚܘܬܐ *1.* natatio PsC 179 12, ISt 4 1, Joh Eph 369 19, 'ܣ ܐܪܡܝ ἐκκολυμβᾶν enatavit Act 27 12; *2.* 'ܣ ܒܝܬ balneum Eccl 2 6 (Hex).
ܣܚܝܐ *1.* lautio (baptismatis) Eph 5 26; *2.* natatio (*swimming*) KwDW 250 6.
ܣܚܝܬܐ lautio dap 59 5, Vit Rabb 174 6.
ܣܚܝܐ ܕܓܪܓܠܐ mentha aquatica Löw n. 213.
ܡܣܚܝܘܬܐ *1.* lautio ES 3 402E, ISt 16 6; *2.* lavacrum Cant 4 2, ESL 1 69 3.
ܣܚܝܝܐ *1.* natator ES 2 62A, Kays 253 13; *2.* aquaticus SB 19 19, 20 2, 21 7.
ܣܘܚܝܐ lautio ES 2 382F.
Af. lavit Lv 8 6, AS 1 399D, ER 351 20.

ܣܚܡ constrinxit, compressit BA, BB, PS.

ܣܚܦ subruit, dejecit 1Mcc 2 25, ER 4 10, JS in asd 105 19.
ܣܚܪܐ ordo hebr. סדר 1Rg 6 36.

ܣܘܚܦܐ dejectio 1Mcc 2 49, ES **2** 43C, PsC 30 11.

Etpe. dejectus, concussus est ES **1** 193A, Corluy MP 13 13, JS in MS **1** 92 19.

Pa. subruit, dejecit 1Mcc 9 62, Mt 21 12, ES **1** 192A.

ܣܘܚܦܢܐ dejectio ES **2** 43C.

ܡܣܚܦܬܐ ruinae ES **2** 267D, dap 104 8.

ܡܣܚܦܢܘܬܐ eversio ES **2** 207F.

Etpa. eversus, dejectus est ψ 27 2, Ez 38 20, ES **3** 634E, ESL **1** 139 3.

ܣܚܪܬܐ arx, palatium ψ 48 4, ES **1** 553B, IA **1** 294 12, Jul 24 11.

ܣܚܘܪܐ mendicus Bh ZDMG **40** 445.

ܣܚܘܪܘܬܐ mendicatio ES **3** 47A.

ܣܚܪ firmavit ES **2** 469B.

ܣܛܘܛܐ puerulus BB, PS.

ܣܛܛܝܘܢܐ AS **2** 311 8, leg. ܣܛܛܝܘܢܐ (Nöld.) στατιῶνες stationes cf. ܐܣܛܛܝܘܢܐ.

ܣܛܐ deflexit, aberravit Nm 22 23, Ath ܠ 6.

Af. *1. intr.* a) aberravit ER 50 3, Ath ܝ 14 ,IA in MS **1** 20 415; b) secessit ER 360 11, Bhchr 303 7, abiit Bhchr 361 16; *2. tr.* seduxit Nm 22 23, ER 351 13.

ܡܣܛܝܢܘܬܐ aberratio ES **1** 286E.

ܣܛܕܝܘܢܐ i. q. ܐܣܛܕܝܘܢܐ q. v. AS 197 2.

ܣܛܕܝܐ στάδια stadia KwDW 91 19.

ܣܛܛܝܪܐ στατῆρα stater Mt 17 27 (Phil).

ܣܛܘܟܣܐ (cfr. ܐܣܛܘܟܣܐ) στοιχεῖα elementa Spic 31 13, 2Petr 3 10, Gal 4 13 (Phil), Spic Solesm **4** 198 12.

ܣܛܘܟܣܝܐ elementaris Bhgr **1** 193 8.

ܣܛܘܟܣܝܩܐ (στοιχικὸς) uno elemento constans Bhgr **1** 157 13.

ܣܛܘܟܐܕܘܣ στοιχὰς lavandula stoechas Löw n. 214, EN 24 35.

ܣܛܐܠܣ AS 139 24, ܣܛܝܠܣ Joh Eph 186 12 στῆλαι columnae, cippi.

ܣܛܠܐ σῖτλα situla Ge ZA **4** 35 16.

ܣܛܘܪܬܐ vinculum ψ 105 18, Afr. 436 15, ES **2** 394A, Bal 287 24.

Pe. puncto ligato (lemnisco) instruxit (litteram) JBh 13 12, Bhgr **1** 248, 49 etc., ZDMG **32** 476.

Etpe. *1.* vinctus est Bhcar 85 4; *2.* puncto ligato instructa est (littera) Bhgr **1** 244 3.

ܣܛܡܢܘܣ στάμνος vas, quo manna servabatur, 4 ξέστας continens Epiph 6 90, urna Hebr 9 4 (Phil).

ܣܛܢܐ (שָׂטָן) Satan, diabolus Mc 3 26, ES **2** 410A, Jul 246 6.

ܣܛܢܝܐ satanicus ESL **2** 43 14, MS **2** 65 9.

ܣܐܛܘܢ σάτον modius Epiph 34 87.

ܣܛܣܝܣ, ܣܛܐܣܝܣ στάσις seditio, tumultus Mc 15 7 (Phil), AS **2** 21 27, Bhchr 118 9.

ܣܛܣܝܢܐ seditiosus AS **3** 207 3, Bhchr 76 21.

ܣܛܦ scidit BA, BB, PS.

ܣܛܘܦܐ scissio BA n. 6285.

Etpa. scissus est Lib. Par. cit BA n. 6285.

ܣܝܛܝܩܘܢ σιτικὸν horreum (*granary*) ISt 24 12.

ܣܛܟܛܐ, ܣܛܟܛܝ στακτή stacte Gn 43 11, Ex 30 34, Ex 27 16 (Hex).

ܣܛܪܐ latus Ex 26 18, ES **1** 387B, Ath ܐ 7, PsC 135 11.

ܣܛܪ s. ܡܢ sine ES **1** 127B, 'ܠܚܘܕ privatim Bh Paul 17 6, 'ܗܢܘ etc. Bhchr 179 17, 'ܡܢܗ ܠܫܒܬܐ sabbato et extra eum Bh ad Joh 5 17.

Pa. concidit, dissecuit (*to cut in pieces*) Ex 29 12 (Hex).

Etpe. sibi vindicavit Bhcar 147 8.

Af. lateri apposuit Bar Sal. Comm., p. p. fictus, falsus Sev. Rhet (PS).

ܣܳܛܽܘܪܳܐ ar. ساطور magnus culter coqui (*a cook's large knife with a long thin blade*) ThMarg **1** 150 16.

ܣܛܪܝܓܡܘܣ στηριγμοὶ insistentiae Bh in Cat Bod 579 7β.

ܣܛܪܛܝܓܐ στρατηγὸς imperator AS **3** 166 6.
ܣܛܪܛܝܓܛܝܣ στρατηγέτης id. Wright Cat **1** 333b.
ܣܛܪܛܝܘ̈ܛܐ στρατιῶται milites Mc 15 16 (Phil), Joh 19 23 (Bernst).
ܣܛܪܛܘܣ *f.* στρατὸς exercitus Joh Eph 331 1, Bhchr 39 12.
ܣܛܪܛܠܛܝܣ στρατηλάτης dux ISt 10 4, 13 20.

ܣܛܪܢܐ στρῆνος luxuria cf. ܐܣܛܪܢܐ KwDW 31 1.

ܣܛܘܪܘܣ σάτυρος satyr Spic 39 16.

ܣܛܪܦܐ et ܣܛܪܦܝܣ (Epiph 73 16) 1Ezr 3 2, ES **2** 3B, Jul 188 10, Bhchr 146 1, σατράπης satrapes Lag GA 68 175.
ܣܛܪܦܘܬܐ satrapia 1Ezr 3 2, Bhchr 154 23.

ܣܛܪܝܦܢܘܣ στρίφνος caro dura Job 20 18 (Hex).

ܣܛܝܟܪܐ στιχηρὰ stichica (carmina) Alex 50 2, Cat Bod 273 7 a. f.

ܣܺܝܕܳܐ calx Am 2 1, ES **2** 257E, AS **3** 3 20, am **2** 439 21.

ܣܺܝܚܳܐ Artemisia judaica Löw n. 58 2, Gn 21 15, Gal ZDMG **39** 295 8, Kays 28 23, EN 26 70.

ܣܳܡ i (N § 177A) *1.* posuit Gn **22** 9 etc. *2.* proposuit (cibum) 1Sm 9 24, Jul 181 21. *3.* condidit (mortuum) Am. Or. Soc. Proc. 1888 LXXII 40; *4.* disposuit Gal ZDMG **39** 248; *5.* scripsit Chr ed 180 12, ISt 51 18; *6.* fecit (legem) ER 55 14; *7.* constituit Jul 121 18, BO **1** 404a 1, Gal ZDMG **39** 244; *8.* jussit Eb Mai **10** 169 17; *9.* sq. ܕܝܢܐ punivit TB 46 31; *10.* sq. ܠܒܐ attendit Nis 15 24, Cyr 355 30, *absol.* sq. ܠܗ id. ES **1** 511D; *11.* sq. ܐܦܐ se paravit Lc 9 51, JS in MS **1** 59 283.

ܣܝܡܐ situs ES **1** 273F.

ܣܝܡܬܐ (N § 23E) *1.* thesaurus Afr 44 3, ES **2** 231D, JS in asd 99 11; *2.* secretum ES **1** 407F; *3.* ܣܝܡܬ ܒܢܝܐ adoptio Rom 8 15, ES **1** 199pu, am **1** 434 19; *4.* ܒܣܝܡܬ loco, pro ES **1** 560F.

ܣܝܡܐ *1.* impositio ES **1** 561D; *2.* plantatio Geop 13 17; *3.* opus, liber AS 64 27, ὑπόθεσις commentarius Cat Bod 36 6 a f.; *4.* *pl.* fasces ligni (*faggots or bundles of firewood*) apap 14 1.

ܣܝܡ ܐܝܕܐ et ܣܝܡܘܬ ܐܝܕܐ (JARS 33 13) impositio manus, consecratio 1Tim 4 4, Afr 124 5, ES **1** 532B, Vit Rabb 175 27.

ܣܝܡ ܢܡܘܣܐ legislatio Afr 27 21.

ܣܝܡܘܬܐ libellus Rabb 222 12.

ܣܝܡܬܐ (N § 23E) plantatio ES 1 56A, Geop 18 18.

ܣܝܘܡܐ *1.* scriptor ESL **1** 62 18, Chr ed 151 32, BO **3** 454 5; *2.* ordinator BO **3** 2 801u; *3.* hypotheticus herm **66** 19 20; *4.* *f.* κατάφασις affirmatio herm 84 4.

ܣܝܘܡܘܬܐ *1.* propositio Mt 12 4 (Phil); *2.* ܣܝܘܡܘܬ ܢܡܘܣܐ legislatio Ath 55 5, Rie 53 24; *3.* studium scriptoris Guidi chron 16 11.

ܣܝܡ ܕܝܢܐ poena Afr 447 20, ER 127 11, Philox 387 1, asd 8 25.

ܣܝܡ ܪܥܝܢܐ *1.* propositio, consilium dap 94 16, TB 50 20; *2.* cogitatio, opinio ER 24 20.

Etpe. *1.* positus est Gn 24 33, Chr ed 146 22; *2.* ܒ situm est in Gal ZDMG **39** 286 4; *3.* datum est (nomen) Gal ZDMG **39** 269 6; *4.* factus est Dan 2 5, Cyr 62 1;

5. consecratus est Spic Solesm **4** 228 17, ThMarg **1** 248 2; 6. conditus est (mortuus) ES **2** 98B, AM **2** 392 25, Am. Or. Soc. Prov. 1888 LXXI 32; 7. se paravit Jul 145 28; 8. suppositum est Spic Solesm **4** 59 5.

ܡܣܝܡܢܘܬܢܐ 1. positivus AS **4** 15 25, BZ 10 4; 2. ordinandus BO **3** 2 801u.

Pa. scripsit, composuit (librum) Clr ep app 307 4, JBh 5 11.

ܣܝܡܢܘܬܐ affirmatio herm 82 16.

ܣܝܢܐ 1. lutum 2Sm 22 43, Afr 46 3, ES **1** 275D, Jul 143 26; 2. petasus (?) Guidi chron p. 20u cf. Nöld. Übers. 25 n. 3.

Pa. liberavit (?) Card 99 8.

ܣܐܡܐ argentum vile (gall. *argent à bas titre*) Duv.-B. **2** 42 6, 230, 232 1, JAP **9** 2 299.

ܣܝܢܦܐ (pers. Lag GA 71 176) semidrachma AM **1** 114 17, am **2** 299u, EN 58 44.

ܣܥܘܪܐ panicula Löw p. 119, EN 51 59.

ܣܥܒܬܐ *pl.* ܣܥܒܐ (MS **2** 72 11) 1. caterva Philox 258 11, AS **1** 4 9, Joh Eph 49 2; 2. exercitus ER 146 26, MS **2** 69 5; 3. agmen (iter facientium, *caravan*) Bal 284 6; 4. secta Cat Wr **2** 983b.

ܣܥܒܐܝܬ turmatim Philox 435 8.

ܣܥܕܐ auxilium JEschol 19 7.

Pa. adjuvit ψ 28 8, ES **1** 165B, Ath ܟܙ 27.

ܣܘܥܕܐ auxilium ESL **2** 5 6, Vit Rabb 162 19, KwDW 138 20.

Etpa. adjutus est ES **3** 27F, ER 123 21, Rechtsb 19 7.

ܣܦܝܚܐ gladius 1Sm 13 22, ER 35 15, JS in asd 94 17.

ܣܦܝܚܘܢܐ gladiolus BB cf. Löw n. 216.

ܣܥܪܐ pulvis Bhad Sir 7 6.

ܣܥܪܐ *pl.* ܣܥܪܣ (Ex 28 32 39 23, Js 38 12, ES **2** 82F), ܣܝܪܘܣ (Ath ܠ 11) σειρὰ Nöld. in Fraenkel 94, 1. filum am **1** 437 13, Th Marg **1** 17 18, Bhgr **1** 233 11, ON 147 18; 2. catena Ath ܠ 11; 3. capitulum Duval-Berthelot **2** 11 19, 16 3 9 etc.

ܣܟܬܐ *pl.* ܣܟܐ (ass. *sikkatu* Delitzsch Prol 196) 1. clavus Ex 27 19, Afr 254 14, MS **2** 51 153, asd 52 16; 2. vomer 1Sm 13 20, ES **2** 24A, Geop 3 14; 3. cuneus KwD 2 13.

ܣܟܪ clavo fixit Joseph 15 17, Bhchr 540 15.

ܣܘܟܪܐ clavus Regn γ 6 21 (Hex).

ܣܟ ar. شَكّ arsenicum Duv.-B. **2** 101 20.

ܣܟܕܝܐ σχεδία navicula Regn γ 5 23 (Hex), ON 42 5.

ܣܟܕܪܝܐ σχεδάρια naviculae Joh Eph 140 20.

ܣܟܘܣܬܐ barba tenuis Lex Adl, PS.

ܣܟܐ exspectavit Pr 7 15, Afr 159 20, ES **2** 26E, Bal 297 9.

ܣܘܟܝܐ 1. exspectatio ES **1** 557B, dap 93 21, Act 12 11 (Phil); 2. spes Ath 30 2, Rabb 227 22.

Etpe. exspectatus est ESZ **1** 11 1, KwDW 21 17, Bhchr 144 6.

ܣܟܠܐ stultus dap 39 9, ER 44 27, Corluy MP 9 4, Philox 139 17.

ܣܟܠܘܬܐ peccatum ES **1** 74B, asd 16 24.

ܣܟܠܘܬܐ stultitia Clr ep 110 2.

Af. 1. deceptus est dap 49 22, Gal ZDMG **39** 259 6; 2. erravit Philox 585 3; 3. peccavit Mt 23 17, ES **3** 361B, Ath 47 13.

ܣܟܠ 1. docuit Js 40 12, ES **2** 86B, Philox 588 11; 2. intelligentiam dedit ψ 15 13 (Hex).

ܣܘܟܠܐ 1. intelligentia Ez 28 4, Afr 13 1, ES **1** 129D, ThM 50 25; 2. significatio, sensus ES **1** 383D, Philox 308 16, Bh ad Js 10 19.

ܣܘܟܠܢܝܐ significativus Bhgr **1** 2 15.

Etpa. intellexit ES 1 128D, Philox 534 13, Vit Rabb 162 26, Guidi to 35 16.

ܐܣܟܘܠܐ ZDMG **30** 221 5, ܣܟܘܠܝ Act 19 9 (Phil.) σχολή schola.

ܣܟܘܠܝܘܢ *pl.* ܣܟܘܠܝܐ σχόλιον scholion ES 1 185A, 509 1, BO 1 492a, Cat Par 62 113.

ܣܟܘܠܣܛܝܣ σχολαστής scholasta AS **3** 201 7.

ܣܟܘܠܣܛܝܩܘܣ σχολαστικός causidicus Jul 243 17, BO **3** 2 456 2, KwDW 389 14, Bhce **3** 269 14.

ܣܟܘܠܣܛܝܩܘܬܐ ars causidici Zach. Rhet. 21 27.

ܣܟܠܪܐ i. q. ܣܟܠܪܐ q. v. AS **3** 219 25.

ܣܟܡ (ab ܐܣܟܝܡܐ q. v.) *1.* finxit, formavit Ath 29 13; *2.* simulavit Cyr 103 21.

ܣܘܟܡܐ formatio Bhgr **2** 39 25.

Etpa. *1.* sibi finxit, cogitavit Ath 23 27, BA n. 6288; *2.* figuram simulavit sq. ܒ Cyr 8 30; *3.* formatus est Bh ad Jud 2 11.

ܡܣܟܢܐ (Del. Prol. 186 n. 3, ex ass. *muš-kīnu* Jensen ZA **4** 271 sq. cf. Zimmern ZA **7** 353 sq.) pauper, infelix am **3** 529 4, Chr ed 152 4, JS in ER 385 3.

ܡܣܟܢܘܬܐ paupertas ES **3** 369F, Rabb 369 5, JS in MS **1** 34 45.

ܣܟܢ pauperem fecit Jer 5 17, ES **1** 335A, KwDW 359 9.

ܐܬܡܣܟܢ *1.* pauperem se fecit 2Cor 8 9, Afr 41 4, JS in asd 100 10; *2.* pauper factus est Lv 25 35, ES **2** 318F; *3.* debilitatus est Philox 536 18.

ܣܟܝܢܐ *pl.* ܣܟܝܢܐ (Bhchr 495 26), ܣܟܝܢܬܐ et ܣܟܝܢܬܐ (N § 71 4) culter (*knife*) Pr 23 2, ES **1** 77C, PsC 51 15, JS in ER 395 9.

ܣܟܝܢܘܣ Dan 10 54 (Hex cf. Bernstein ZDMG **3** 410) σχῖνος lentiscus.

ܣܟܝܢܘܢ Geop 67 2, μέσπιλον? cf. Löw p. 289.

ܣܟܝܢܘܣ JS 95 15; ܣܟܝܢܘܢ Geop 110 10 *pl.*

ܣܟܘܢܘܣ σχοῖνοι Joel 3 18 (Hex), ܣܟܘܢܘܢ σχοίνων Mich 6 5 (ib.) juncus Löw p. 187.

ܣܟܢܓܒܝܢ (pers. Lag GA 50 131) oxymel Bhchr 176 21.

ܐܣܟܘܣܛܣܝܐ (a gr. ζυγοστασία Fraenkel WZKM **6** 261, contra Ginzburg Записки вост. отд. имп. русск. арх. общ. 8 (1893) p. 146 qui sequestra inesse vult) trapezita BB, PS.

ܐܣܟܘܦܬܐ *pl.* ܐܣܟܦܬܐ (babyl. Barth 35) *1.* limen Ex 21 6, ES **1** 492B, Jul 123 28, Bhchr 300 16; *2.* rupes ThMarg **1** 280 5.

ܐܣܟܦܢܬܐ Geop 3 7, BA n. 1011, et ܐܣܟܦܢܐ Geop 2 12, Cyr 12 21 bidentes (σκαπάνη).

ܣܟܪ clausit Jud 3 22, ER 47 19, Guidi to 25 75.

ܣܟܪܐ *1.* clausio Eb Mai **10** 202 8, ἔμφραξις Gal ZDMG **39** 242; *2.* claustrum ES **1** 117B; *3.* cataracta KwDW 27 16, Bhchr 319 10.

Etpe. clausus est Rom 2 19, ER 10 9, asd 37 1, Sch 148 6.

Pa. clausit Afr 176 15, ES **2** 411A, Philox 547 12, asd 79 26.

ܣܟܪܐ *f.* (N § 84, Lag Nom 88 10, cf. ass. *sakiru* et *sikru* Zimmern) scutum 1Sm 17 7, Afr 44 3, ES **1** 105B, Vit Rabb 195 6, IA **1** 160 1814.

ܣܘܟܪܐ sera, obex 1Sm 23 7, ES **2** 16E, PsC 267 15.

ܣܟܪܘܣ ἐσχάραι foci Gal ZDMG **39** 242.

ܣܠܐ et ܣܠܬܐ (KwD 39 21) corbis Gn 40 16, ES **1** 232C, Philox 361 20, am **3** 41 10, KwDW 177 20.

ܣܠܒܬܐ (al. ܣܠ *m.* Bhgr **1** 213 22) *1.* ψίλωθρον psilothrum Löw p. 236, Geop 44 13, BA n. 5155; *2.* βρύον muscus Gal ZDMG **39** 258 18.

ܣܠܐܘܣ mustela ON 90 19.

ܣܘܠܠܐ scoria (*dross*) ψ 22 7, ER 49 24, IA 2 308 1244.

ܐܣܦܝܪ ܣܘܠܝܢܐ particula exornativa Bh in BO 2 280a 18.

ܣܚܠܬܐ immundities, purgamentum AS 2 197 1.

ܣܘܠܝܢܐ repudiatio ES 1 364B.

ܐܣܬܠܝܘܬܐ repudiatio ECth 3 18 4, Threni 3 45 (Symm sic l.).

Etpe. *1.* repudiatus est ER 112 5, asd 68 11; *2.* recusatus est ES 1 508B.

Af. *1.* repudiavit Lv 11 13, Afr 10 9, ER 85 20; *2.* contempsit Mc 7 13, ES 1 37A, asd 48 15.

Ettaf. repudiatus est ThMarg 1 32 12, Bhce 1 331 13.

ܣܘܠܠܒܐ glherm, ܣܘܠܠܒܐ̈ JBh 18 16, *pl.* ܣܘܠܠܒܘܣ glherm, ܣܘܠܠܒܐ̈ Métr 10 2 συλλαβὴ syllaba.

ܣܝܠܘܒܐ gr. σίλλυβος (Fraenkel ZA 9 6, fimbria, deinde) debilis Merx 211 8, TA 30 95.

ܣܠܝܓܐ Geop 17 28, vox incerta, corrupt?

ܣܘܠܘܓܝܣܡܐ AS 4 17 10, BZ 9 17, ܣܘܠܘܓܝܣܡܘܣ Kays 27 18 *f.* glherm, *pl.* ܣܘܠܘܓܝܣܡܘ̈ Kays 73 2 συλλογισμὸς syllogismus.

ܣܘܠܘܓܝܣܛܝܩܐ συλλογιστικὴ syllogistica (ars) glherm Cat Wr 2 1161b.

ܣܘܠܘܓܝܣܬܐ συλλογίσασθαι glherm.

ܣܠܓܣ conclusit Bhcar 42 11.

ܣܠܓܣܡ scripsit, edidit BO 3 61 2, Cat MB 53a 7, ZDMG 29 502 19, Bhcar 47 1, Eb Mai 10 192.

ܣܠܝܕܝܐ BA, BB, PS et ܣܠܝܕܝܢ Cat Wr 2 624b, σελίδιον columna, pagina parva.

ܣܠܘܬܐ spina BB, Löw p. 150 (cf. ZDMG 31 537).

ܣܠܘܝ̈ (N § 83, Lag Nom 190 2) coturnices Ex 16 13, Afr 65 10, ES 1 194F, Sch 262 7.

ܣܠܝܬܐ *1.* silex Geop 107 8; *2.* ensis ON 95 2.

ܣܘܠܛܐܢ ar. سُلْطَان rex BO 2 242a.

ܣܘܠܛܢܝܐ ar. السلطانيّة genus nummorum Bhchr 498 10.

ܒܝܬ ܣܠܝܐ Bhce 1 81 17, ܒ' ܣܠܝܐ JohEph 88u, *pl.* ܣܠܝ̈ܘܣ (σελλίον) sella familiarica (*closet*).

ܣܐܠܡܐ morbus epidemus inscr. nest. anni 1288 Mém. de l'ac. de St. Pétersbourg 1890 p. 27 n. 97 l. 3.

ܣܠܡܢܕܪܐ σαλαμάνδρα salamandra AS 54 7, AS 4 75 23, Phys. cap. IX.

ܣܘܠܢܐ (gr. σωλὴν) *1.* canalis 1Par 29 7, ES 2 342D, Bal 303 4, Geop 10 12; *2.* cylindrus Duval-Berthelot 2 44 11.

ܣܠܝܢ σελλίον sella parva MAMQ 44 1, am 1 181 8.

ܣܝܠܢܛܝܢ AS 3 217 15, ܣܝܠܢܛܝܢ ib. 219 11, σιλέντιον (du Cange 1370) silentium, concilium.

ܣܝܠܢܛܝܪܐ σιλεντιάριος silentiarius AS 3 121 12 13, 131 12, JohEph 364 13, BO 2 56b.

ܣܠܥܐ moneta, drachma 2Rg 7 1, Neh 5 15, EN 58 43, Merx 175 5.

ܣܠܦܚܬܐ testudo EN 43 81.

ܣܠܦܝܘܣ σίλφεος silphium Geop 109 15 cf. Löw p. 36.

ܣܠܩ (N § 183) *1.* ascendit Js 22 1 etc.; *2.* incepit Gal ZDMG 39 272 12 s. ܩܠܐ cantum (*raise the song, praise*) ThMarg 1 131 4 (cf. 2 274 n. 3), ON 93 2 sq.; *3.* s. ܓܘܢܐ exiit in colorem, similis fuit colori

Nis 2 101; *4.* ܐܣܬܠܩ accurate similis fuit ES **3** 61E; *5.* sq. ܠܘܬ relatus est ad Spic. Solesm **4** 53 11.

ܣܠܩ ܪܝܫܐ initium Gal ZDMG **39** 248.

ܡܣܠܩܐ *1.* ortus (solis) BO **3** 2 676 27; *2.* ܡܣܠܩ ܟܦܐ acervus (manipulorum) *a shock of corn* Job 5 26, ThMarg **1** 96 15; ܠܡܣܠܩ ܨܦܪܐ mane Jona 4 7; *4.* destillatio Duval-Berthelot **2** 22 36.

ܡܣܩܬܐ ascensus Neh 3 32, ES **1** 81E, DionT 110 1, ThMarg **1** 199 4.

ܣܘܠܩܐ *1.* ascensus Jos 10 10, ES **1** 556D; *2.* assumptio ἀνάλημψις Lc 9 51 (Cur).

Pa. ventilavit Js 30 24, ES **2** 72 C.

ܣܘܠܩܐ adscensio in coelum ES **1** 42B, Vit Rabb 165 3, Bhchr 518 4.

ܣܠܝܩ mactatus Jud 6 28 (Hex).

ܡܣܠܩܢܝܬܐ tubulus textoris (*bobbin* PS) EN 28 21.

ܐܣܬܠܩܘܬܐ brevis enarratio Epiph 48 27, EN 69 92.

Etpa. ascendit Act 1 11, Chred 157 8, MS **2** 9 12, Bhchr 260 5.

Af. *1.* sursum duxit Jac 2 21, dap 80 19, Bal 283 16; *2.* distinxit, ornavit PsC 200 7, opere caelato ornavit asd 42 10; *3.* solvit (tributum) 1Mcc 1 4; destillavit Duval-Berthelot **2** 27 14, sublimavit ib. 39 14; *5.* exstruxit aedificium Philox 3 15.

ܐܣܩܐ *1.* sublimatio Duval-Berthelot **2** 40 pu; *2.* tt. gr. a) vocalis signo ܠܥܠ ܡܢ ܐܬܘܬܐ, scripta BZ in Merx 173, b) apud quosdam orientales i. q. ܪܒܨܐ ܚܕ Bhgr **1** 3 27.

Ettaf. sursum ductus est JARS 59 3.

ܣܠܩܐ (cf. ass. *silku* Tallquist Nabunaid p. 111, Meissner ZA **6** 295) beta vulgaris Löw n. 217, Js 51 20, am **3** 489 1, Geop 25 23, Gal ZDMG **39** 299 2, EN 50 35.

ܣܠܩܐ ܒܪܝܐ. ἀρνόγλωσσον Gal ZDMG **39** 253 59.

ܣܠܘܪܐ silurus (*shad-fish*) Arist 19 9.

ܣܡܐ *pl.* ܣܡܡܢܐ (N § 74) *1.* pharmacum, venenum Jer 61 8, ES **2** 361B, Guidi to 36 3; *2.* color ES **3** 46E, Nis 77 13, Add 4 23.

ܣܡܐ ܕܚܘܝܐ, ܣܡܐ ܡܪܝܪܐ gentiana BB, Löw n. 53 365.

ܣܡܐ ܕܝܘܢܐ, ܣܡ ܕܡܐ verbena aut dracaena draco BB 1337 6, 1336 14, Löw n. 218 cf. p. 424, Duval-Berthelot **2** 42 14, 252 10a. f.

ܡܣܡܡܐ venenatus am **1** 451 7.

ܡܣܡܡܢܐ idem BB, Löw p. 223.

Pa. veneno infecit (*to poison*) Bh ZDMG **40** 445.

Af. id Vit Rabb 196 3, Bhchr 136u.

ܣܡܡ ܣܡܡܐ *1.* sanavit ES **2** 597A, TA 32 133; *2.* *absol.* medicinam exercuit Bhchr 175 21.

ܣܘܡܡܐ sanatio Bhchr 254 7, de div sap 34 1.

Etpa. sanatus est MS **2** 170 36.

ܣܡܡܐ (gr. σμῆμα, σμῆγμα detersio Fraenkel ZA **9** 7 n. 1) fungus, fuligo lucernae (*lamp-black*) ES **2** 335E, AS **1** 58 (inservit ad atramentum praeparandum), EN 39 81.

ܣܘܡܒܘܠܘܢ et ܣܘܡܒܠܝܢ AS **3** 123 11, *pl.* ܣܘܡܒܠܐ Sap Sal 2 9 σύμβολον *1.* indicium, denuntiatio Joh Eph 393u, Bhchr 87 9; *2.* confessio AS **3** 123 11.

ܣܘܡܒܘܠܝܘܢ συμβούλιον concilium Mc 15 1 (Phil).

ܣܡܒܘܩܐ σαμβύκη sambuca Dan 3 5 (Hex).

ܣܡܝܕܐ (σεμίδαλις Fraenkel p. 32) simila Lv 9 4, dap 110 15, Ath ܡ 6.

ܣܡܕܪܐ flos Js 17 11, Afr 145 18, ES **2** 48C, EN 51 65.

ܣܡܕܪܘܬܐ id MS **2** 13 2, Cant 7 12 (Hex).

ܣܡܕܪ floruit Cant 2 15.

ܡܣܡܕܪܬܐ flos Cant 1 4 (Hex).

ܣܘܡܛܐ σώματα corpora Cat MB 52a 23, EN 6 12.

ܣܘܡܛܝܢ σωμάτιον pergamentum MAMQ 44 3.

ܣܘܡܣܪܐ vulpes BA, BB, PS cf. ܣܡܣܘܪ.
ܣܡܣܦܝܠ et ܣܡܣܦܝܠܐ radix betae BB, Löw p. 273.

ܣܡܝ oculis captus est Afr 184 19, ES 2 304D.
ܣܡܝܐ caecus Mt 20 20, Afr 271 1, Ath 50 12.
ܣܡܝܘܬܐ caecitas ES 1 246E, Philox 502 9.

Pa. occaecavit ES 3 401B, Kays 214 1, Bhchr 251 2.
ܣܘܡܝܐ occaecatio ESL 1 223 9.

Etpa. *1.* occaecatus est Afr 457 11, ES 1 225F, Philox 502 6, Bhchr 131 3; *2.* se caecum esse simulavit ES 1 534F.

ܣܝܡܝܘܢ *f. pl.* ܣܝܡܝܐ AS 3 123 14, Bhchr 14 7 σημεῖον *1.* signum AS 2 173 7, am 3 236 1, ThMarg 1 386 5; *2.* milliarius Epiph 70 42; *3.* signum zodiaci GeZA 8 5 3.

ܣܐܡܝܘܣ σάμιος metrum apud Cyprios Epiph 49 70.

ܣܡܟ *1.* fulsit (*to prop*) ψ 145 14, Bal 277 8, Guidi to 36 4; *2.* recreavit Gn 18 5; *3.* s. ܥܠ constitit Guidi to 38 7; *4.* transiit ES 1 447D; *5.* pervenit Ex 9 33, Philox 351 21, am 2 600 9, MAMQ 6 3.
ܣܡܟܐ *1.* fulcrum dap 16 20, ES 1 229E, Philox 103 9; *2.* convivium Mt 14 6 (Cur), IA in ER 379 17, KwDW 253 3; *3.* accentus, quo nomen in initio enuntiationis nominalis indicatur ET 15 25, BZ 2 3.
ܣܡܘܟܐ *f.* ܣܡܘܟܬܐ fulciens ES 2 24E, KwDW 229 10.
ܡܣܡܟܢܐ fulcrum JS in asd 97 10, KwDW 137 5.
ܒܝܬ ܣܡܟܐ ܕܪ̈ܫܐ domicilium Philox 564 8.

Etpe. *1.* nisus est ER 3 3, 351 23, KwDW 152 1; *2.* accubuit (*to be a guest*) Mt 9 10, JS in Stephan bar Sudaili (ed Frothingham Leiden 1886) p. 26 12, c. acc. pers. cum aliquo Cyrill ZDMG 27 571 v. 205.

Pa. fulsit Ex 17 12, Js 9 7, Philox 118 17, ES 1 402D.
ܣܡܝܟܐ *1.* accubans Mt 9 10; *2.* conviva ES 2 210E, dap 55 28, SB 100 10.
ܣܘܡܟܐ *1.* fultura ES 3 253B; *2.* recreatio Philox 372 10.

Af. accubare fecit Mc 6 39, ES 1 100C, Bal 303 26, Bh in Kayser Can des JE 27 6.

ܣܡܠܐ (N p. 66 n. 2) sinistra Mt 20 21, ER 4 20, JSt 69 7.
ܣܡܠܝܐ sinister KwDW 126 4, 194 6, Bhchr 212 22.
ܣܡܠܝܘܬܐ sinisteritas SB 19 n. 1.
ܡܣܡܠܐ infaustus TA 23 140.

ܣܝܡܝܢܐ (σημεῖον) milliarius ON 131 10 (cf. Nöldeke ZDMG 35 499).

ܣܡܣܘܪ (pers. Lag. Rie gr. XLIII) vulpes BB, PS cf. ܣܡܣܪܐ.

ܣܡܣܘܢ AS 2 238 21 corr. e. ܣܩܡܢܝܘܢ σκαμνίον scamnium (PS).

ܣܡܦܢ anachoretam fecit Bhcar 133u.
ܡܣܡܦܢܐ *1.* abstinens KwDW 297 21; *2.* vestitu anachoretico indutus Bhce 3 21 16.
ܡܣܡܦܢܘܬܐ continentia ES 3 XLVI 24.
ܣܘܡܦܢܐ *1.* vestitus anachoreticus ESL 2 343 14 s. ܠܒܘܫܐ, Philox 14 4; *2.* continentia religiosa ESZ 1 367, KwDW 288 9; *3.* simplicitas Bhchr 107 1.
ܣܘܡܦܢܘܬܐ vestitus anachoreticus ES 1 82E.
ܐܣܬܡܦܢ *1.* se continuit Rabb 235 23, AS 3 319 24; *2.* anachoretam egit ESL 2 335 11, IA 1 240 329.

ܣܘܡܩܪܐ pudor Bhcar 172 9.

ܣܡܦܣܘܟܘܢ σάμψυχον amaracus sampsuchum Geop 116 30, EN 49 27.

ܣܡܶܩ (nest. ܣܡܰܩ Bhgr **4** 4 5) ruber fuit Lv 13 43, Afr 78 2, am **2** 393 12, Geop 84 30.

ܣܡܩܐ rubor AS **3** 35 2.

Pa. rubefecit ES **1** 210D, 524E, ThM 78 17, Spic. Solesm **4** 57 20.

ܣܘܡܩܐ *1.* ruber Js 63 1, ES **1** 79E, PsC 70 11, Ath 31 18; *2.* sumac ῥοῦς Löw n. 12, Geop 109 24, Duval-Berthelot **2** 7 9, EN 25 64; *3.* atramentum rubrum JBh 4 17, 5 12; *4.* pl. m. cortex coriarius (*tanning-bark*) Geop 69 9.

ܣܘܡܩܬܐ fucus, alga Sergius in BB, Löw p. 237, 238.

ܣܘܡܩܢ ruberulus reddit JEschol 7 119 nomen hebr. ܐܕܘܡ אֱדוֹם.

ܣܘܡܩܘܬܐ rubor ES **1** 524E, MS **2** 14 21 (sic l.), Js 63 1 (Hex).

Af. rubefecit IA **1** 250 5.

ܡܣܡܩܢܘܬܐ rubefactio Duval-B. **2** 18 5.

ܣܡܝܩܝܢܬܐ σιμικίνθια gl ad ܣܘܕܪܐ quo verbo Act 19 12 (Phil) illud redditur.

ܣܡܩܪܐ flavus 1Sm 16 12, ES **1** 365D, AM **2** 278 5, Bhchr 523 21.

ܣܡܘܪ (pers. Lag GA 71 178, Blau ZDMG **23** 269) mustela zibellina.

ܬܥܠܐ ܣܡܘܪܝܐ vulpes zibellinus Bhchr 181 5.

ܣܡܘܪܓ (pers. سيمرغ) avis fabulosa KwD 25 15.

ܣܡܪܓܕܐ Ap 21 19, ܣܡܪܓܕܘܣ Kays 268 21 σμάραγδος cf. [illegible].

ܣܡܘܪܢܐ σμύρνα smyrna ψ 44 20 (Aqu).

ܣܡܣܠܘܢܝ v. s. v. [illegible].

ܣܢܶܐ o liquavit (*to clear*) Duval-Berthelot **2** 13 20 21, 83 14.

ܣܢܝܐ purus 1Rg 6 20, ES **2** 295C, PsC 128 4, Kays 267 4.

ܣܢܘܢܬܐ (cf. ass. *sinūntu*) hirundo Jer 8 7, ESL **2** 725 4, IA **2** 324 1467, AS **4** 64 3.

ܣܢܝܬܐ *pl.* ܣܢܝܐ sporta Dt 26 2, ES **1** 283E, Jer 24 1, ES **2** 138D, ON 22 22.

ܣܘܢܢܝܐ ar. سُنَّة Sunnitae, factio Muhammedanorum Bhchr 193 20.

ܣܢܐ odit Jud 14 16, Bal 269, Ath 34 17.

ܣܢܝܐ ܬܪܥܐ foedus KwDW 167 4 pl. f. ܣܢܝܬܐ scelera ES **3** 190C.

ܣܢܝܘܬܐ *1.* foeditas ES **1** 523A, Philox 504 13, Cat MB 4a, 8af.; *2.* odio dignum Nis 26 18, 27 36.

ܣܢܝܐ odium AS **3** 54 25.

ܣܢܐܬܐ (N§ 100) odium Pr 10 12, ES **1** 279B, Bal 273 9, Philox 147 14.

ܣܢܝܘܬܐ *1.* odium Cyrill ZDMG **27** 595 v. 96; *2.* invisa, odiosa Dt 21 15.

ܣܢܝܐ *1.* odiosus Ap 18 2, ES **2** 545D; *2.* foedus, turpis ER 359 12, IA **1** 228 64, JS in MS **1** 39 187.

Etpe. odio fuit Philox 413 20.

Pa. foedum, tristem fecit vultum Philox 114 18.

ܡܣܢܝܐ turpis ER 359 11.

ܣܘܢܝܐ foeditas JS in MS **1** 39 176.

Etpa. *1.* in odio fuit Eccl 7 17, ES **1** 179E, Bal 274 7, JSt 11 9, KwDW 223 8; *2.* macie tabuit Geop 108 12, DionT 170 17.

ܣܢܐܓܪܐ (συνήγορος ZDMG **9** 874) deprecator, defensor Bal 332 4, MS **2** 52 27, AS **2** 377 2.

ܣܢܐܓܪܘܬܐ deprecatio JS 28 16, Ign 216 8.

ܐܣܬܢܐܓܪ deprecatus est JARS 81 3.

ܣܘܢܐܓܪܝܣܐ συνηγορῆσαι ON 42 4.

ܣܢܓܪܝܬܐ planta aquatica Kays 207 15.

ܣܢܕܠܐ σανδάλιον solea Mt 14 26, AS **2** 335 20.

ܡܣܢܕܠܐ nomen accentus qui et [illegible] Merx p. 180.

ܣܘܢܘܕܘܣ (sine ܘ scribendum praecipit JE in JBh 6 8), ܣܘܢܗܕܘܣ, ܣܘܢܝܗܕܘܣ *pl.* ܣܘ̈ܢܗܕܘ *f.* σύνοδος *1.* synodus Chred 148 3, Rabb 227 27, JS in ER 392 1; *2.* tt. astr. conjunctio Afr 27 13, Spic 21 2, ES **1** 125C, CatBod 580 2.

ܣܘܢܗܕܝܛܐ, ܣܘܢܗܕܝܛܐ synoditae (Chalcedonenses) AS **2** 13 23, JohEph 6 21, Bhchr 89 3, ce **1** 255 4.

ܣܘܢܗܕܝܐ συνοδία societas AS **2** 178 15.

ܣܘܢܗܕܝܩܐ, ܣܘ̈ܢܗܕܝܩܢ συνοδικὸν epistula synodica AS **2** 247 15, Joh Eph 230 24, Zach. Rhet 9 15, Cat Wright **2** 918a, GeZA **8** 26 23.

ܣܘܢܗܕܝܩܝܐ, ܣܘܢܗܕܝܢܝܐ synodalis BO **3** 1 77 5, Bhce **2** 679 23.

ܣܢܕܘܩܐ, ar. صندوق, loculus (*chest*) BO **2** 235 8.

ܣܘܢܕܘܩܛܝܩܘܢ συνδοκτικὸν consensus Cat Wright **2** 705a.

ܣܘܢܗܕܪܝܘܢ συνέδριον synedrium JohEph 25 18.

ܣܢܛ s. ܦ abhorruit (?) Philox 446 5.

ܣܢܛܐ ESL **2** 41 1, ܣܢܝܛܐ BO **3** 1 476bu = ThMarg **1** 94 10, EN **11** 30 (ubi lectio cod. h. a Lagardio in notas rejecta praeferenda) imberbis (*beardless*).

ܣܢܛܐ πρόπολις propolis (*hive-dross*) Gal ZDMG **39** 294 36.

ܣܘܢܛܘܟܝܐ συντυχία commercium, colloquium AS **3** 221 3, JohEph 212 23.

ܣܘܢܛܟܣܝܣ σύνταξις *1.* syntaxis Card 108 10, Cat Wright **1** 40b; *2.* supremum vale Cat Wright **2** 436b.

ܣܘܢܛܠܝܐ συντέλεια *1.* capitatio (*tax*) JSt 35 8, AS **2** 49 17; *2.* studium, observantia JohEph 98 17.

ܣܘܢܛܠܣܝܐ ܚܕܝ (συντελέσαι) contribuit Rechtsb 34 4.

ܣܘܢܛܠܣܡܛܐ συντελέσματα jugera Epiph 61 36.

ܣܘܢܛܩܛܝܩܘܣ συντακτικὸς syntacticus Cat Wright **2** 537b.

ܣܘܢܛܩܛܝܪܝܘܢ συντακτήριον supremum vale Cat Wright **2** 428b, Bhce **1** 113 6.

ܣܢܝܐ rubus fruticosus L. Löw n. 219, Act 7 30, Afr 168 1, ES **1** 116B, IS 95 15, Geop 12 18.

ܣܢܝܐ ܕܟܠܒܐ κυνόμορον fructus rosae caninae BB, Löw n. 220.

ܣܘܢܘܟܘܣ σύνοχος non intermittens (febris) EN 33 49.

ܣܘܢܐܟܣܝܣ σύναξις synaxis JohEph 11 11, Cat Wright **1** 332b.

ܣܘܢܐܟܣܪܝܢ συναξάριον synaxarium CatWr **1** 194b.

ܣܘܠܘܓܝܣܡܘܣ (corr.) συλλογισμὸς syllogismus GeZA **8** 28 12.

ܣܘ̈ܢܘܩܠܝܛܐ regis familiares TA 40 238.

ܣܘܢܐܡܦܘܛܪܐ συναμφότερα utrumque Epiph 15 27.

ܡܣܢܩܐ praecinctus, promptus BA n. 6321.

ܣܘ̈ܢܘܦܛܪܘܢ (σύνοπτρον) locus angustus Bh de div. sap 35 6.

ܣܘܢܘܦܛܝܩܐܝܬ consociatim Bh in CatBod 393 10.

ܣܘܢܘܦܛܝܩܝܐ synopticus Bh gr **1** 194 1.

ܣܘܡܦܘܢܘܣ σύμφωνος consonans JohEph 115 17.

ܣܘܢܘܦܣܝܣ συνόψις synopsis AS **3** 214 20.

ܣܘܡܦܪܣܡܐ συμπέρασμα conclusio BZ 10 13, Bhcar 167 11, glherm.

ܣܢܩ indiguit dap 79 29.

ܣܢܝܩܐ indigens Mt 9 12, ER 106 18, asd 30 9, Gal ZDMG **39** 285 8.

ܣܢܝܩܘܬܐ indigentia ER 26 10, JS in asd 99 27.

ܣܘܢܩܢܐ *1.* indigentia Afr 25 12, ES **1** 359F, JS in asd 99 26; *2.* res necessariae Nis 13 68 69.

ܣܘܢܩܐ i. q. praec. *1.* MS **1** 112 3 (nisi ܣܘܢܩܢܐ em.).

Etpe. *1. pers.* seq. ܠܘܬ indiguit Mc 2 25, ES **1** 132C, Kays 160 6; *2. imp.* seq. ܠܗ indigui ES **1** 439F.

Af. *1.* indigere fecit AM **2** 373 35; *2.* induxit, coegit KwDW 81 5.

ܣܘܢܩܠܠܘܣ ܣܘܢܩܝܠܐ σύγκελλος syncellus ESL **2** 51 8, AS **2** 104 21, **3** 243 13, Joh Eph 57 20, Bhchr 331 13.

ܣܘܢܩܠܝܛܘܣ, ܣܘܢܩܠܝܛܘ σύγκλητος *1. f.* senatus am **3** 225 12, Jul 244 4, Dion T 73 6, Bhchr 45pu; *2.* et ܣܘܢܩܠܛܐ *m.* senator am **1** 15 3, consiliarius AS **1** 36 1, Bhchr 481 13, Vezîr ENchr 105 6.

ܣܘܢܩܠܝܛܝܩܐ συγκλητικὸς senatorius am **1** 23 7.

ܣܘܢܩܘܪ (mongol.) vultur i. q. ܢܫܪܐ q. v. JARS 33 9.

ܣܘܢܩܪܝܛܐ συγκρίτης assessor (judicis) Joh Eph 239 12, Cat MB 52b. 23a f.

ܣܘܢܩܪܘܛܝܣܝ ܥܒܕ (συγκροτῆσαι) Joh Eph 41 15, ܥ' ܣܘܢܩܪܘܛܝܣܝܣ (συγκρότησις) ib. 163 10, consociavit.

ܣܘܢܩܬܕܪܐ συγκάθεδρος assessor Cat Wright **3** 1093a.

ܣܢܪ (Nöld. ZDMG **25** 671, Geiger ib. **26** 802) movit am **3** 21 12 et Wright apap **2** 162a.

ܣܢܘܪܬܐ (pers. Lag GA 72 180) galea Eph 6·17, Afr 104 16, AS **3** 127 18, IA **1** 136 v. 1218.

ܐܣܬܢܪ galeam induit ER 9 11.

ܣܢܘܪܕܐ (pers. Lag GA 72 181, turc.? Blau ZDMG **23** 271) genus panis 2Sm 6 19, EN 21 61, BA n. 4622.

ܣܘܢܬܐܣ συνηθείας salaria, stipendia Joh Eph 407 20.

ܣܘܢܬܪܘܢܝܣܡܘܣ συνθρονίσαι synthronismus Bhce **2** 645 15, BO **2** 154b, CatPar 73a17.

ܣܘܣܐ (ass. *sāsu*) *m.* et *f.* (N § 87) tinea Pr 14 30, Afr 365 3, ES **2** 319D.

ܣܣܒܪܬܐ et ܐܣܒܪܬܐ mespilus BS in BB, Löw p. 288.

ܣܣܣ subegit Card 99 8.

ܣܣܓܘܢܐ (Lag GA 27 60) purpureus Ex 25 3, ES **1** 229D.

ܣܣܛܪܐ, ܓܪܒܐ cos EN 27 98.

ܣܘܣܛܛܝܩܐ (Rie 46 7) ܣܘܣܛܛܝܩܝ συστατικὴ (ἐπιστολή) literae commendatitiae 2Cor 3 1 (Phil), συστατικὸν (Renaudot Lit or. **1** 307, Denzinger Rit or. **2** 37, 50, 54) literae electionis et consecrationis patriarchae Alexandrini monophysitae, ejus fidei professionem continentes, quae recitantur in ejus consecratione. Bh Nomocanon p. **1** c VII s 3, ce **2** 495 n. 1.

ܐܓܪܬܐ ܣܘܣܛܛܝܩܝܬܐ literae systaticae Bhce **3** 129 11.

ܣܘܣܛܘܟܝܐ συστοιχία glherm.

ܣܘܣܛܪܐ sistra (*rattles*) Sch 60 6, SB 29 n. 5.

ܣܣܠܝ ܣܝܣܠܝ σέσελι, sili EN 25 67.

ܣܝܣܘܡܒܪ, ܣܘܣܢܒܪ σισύμβριον mentha aquatica Gal ZDMG **39** 296 20, EN 27 1, 49 30, Löw p. 271.

ܣܝܣܡܪ (skr. *çiçimâra* Lag GA 71 177) reptile BB.

ܣܝܥܬܐ caterva MS **2** 169 22.

ܣܥܐ *1.* ausus est ES **1** 422E, asd 17 8; *2.* seq. ܥܠ rebellavit ES **2** 418D, aggressus est AM **2** 51 11.

ܣܥܝܐ *1.* studium, ars Bhchr 319 16; *2.* crimen, facinus ES **1** 2D, Cyr 379 6; *3.* calumnia ψ 139 16 (Symm), Bh ad Paul 3 1; *4.* objectio BO **2** 297a.

ܣܥܝܐ audax Bhce **1** 457 15.

ܣܥܕܐ cyperus Löw n. 221, ES **3** 584E, Geop 113 6, Gal ZDMG **39** 279 63 (sic leg.!), EN 25 65.

ܣܥܕܬܐ *f.* (N § 84) folia Geop 2 6.

ܣܥܝܠܐ abominandus EN 34 80, Cat Bod 272 26.

ܣܥܘܬܐ fimus (hominum) AS **3** 212 16.

ܣܥܪ o *1.* visit, visitavit Mt 25 36, asd 33 4, Vit Rabb 201 20, JohEph 74 8; *2.* curavit Ruth 1 6; *3.* fecit Ez 21 36, 1Cor 5 3, Gal ZDMG **39** 244.

ܣܥܘܪܐ *1.* periodeutes, visitator Rabb 212 7, BO **3** 2 831 3, JARS 3 10, ZDMG **36** 348 seq.; *2.* tt. gr. agens ET 6 6.

ܣܥܘܪܝܐ practicus Zach. Rhet. 14 17, Bhce **2** 583 3.

ܣܥܘܪܘܬܐ *1.* actio, negotium ES **2** 165D, KwDW 202 20; *2.* effectus Philox 590 23, Gal ZDMG **39** 259 9.

ܣܘܥܪܢܐ visitatio Mar 53 8.

ܣܘܥܪܢܐ *1.* visitatio Vit Rabb 183 9, Guidi to 1942; *2.* poena visitativa (Heimsuchung) ESL **1** 305 14, Rie 133 7; *3.* opus, actio Afr 65 5, ER 98 11. Vit Rabb 178 22; *4.* accidens Chr ed 145 4; *5.* verum Bhchr 365 10.

ܣܘܥܪܢܝܐ activus glherm.

ܣܘܥܪܢܐܝܬ *1.* re vera ES **1** 141F, Philox 589 19; *2.* sensu verbali ES **1** 112C.

Etpe. factus est Corluy MP 8 12.

ܡܬܣܥܪܢܐ tt. gr. patiens ET 5 23.

Pa. i. q. Pe *1.* ES **1** 527F.

ܣܘܥܪܐ actio Philox 269 6, 355 17 (nisi ܣܘܥܪܢܐ leg.).

ܣܥܪܐ et ܣܥܪܬܐ *1.* crinis Job 4 15, ES **1** 229C, dap 3 20, Jul 235 17; *2.* pennae KwD 28 15.

ܣܥܪ ܟܠܒܐ adiantum, capillus Veneris Löw n. 223, EN 24 43, Gal ZDMG **39** 248 7.

ܣܥܪ ܣܦܬܐ barbula labii superioris EN 8 56.

ܣܥܪܐ capillatus Gn 27 23.

ܣܥܪܘܢܐ capillatus, hirsutus EN 11 37.

ܣܥܪܬܐ *pl.* ܣܥܪܐ hordeum Löw n. 222, Ez 4 9, ES **2** 14C, Rabb 237 20, Bhchr 184 23.

ܣܥܪܣܛܐ grabbatum Act 5 15 (Phil).

ܣܦܬܐ *pl.* ܣܦܘܬܐ (N § 146) *1.* labium Dn 10 16, Afr 176 6, Vit Rabb 179 1, Ath ـ 21; *2.* margo 1Rg 7 26, ES **1** 460C, am **3** 27 8; *3.* ripa dap 19 24.

ܣܦܐ ܠܣܦܐ (ES **1** 563B) saepius ܣܦܐ ܒܣܦܐ plene, omnino, pressus dap 29 2, AS **2** 245 5, am **3** 542 9.

ܣܦܬܢܐ labrosus Bhce **2** 579 19.

ܣܦ incendit, accendit ES **1** 72B, ER 125 5, JS in MS **2** 154 1220.

ܣܦܐ *1.* limen Ez 40 6, ES **2** 199B, Ath 33 26; *2.* porticus Mt 26 71, EN 54 38.

ܣܦܣܦܐ *1.* insipiens, insolens (περπερευσάμενος) Rie 108 11, EN 12 55, 82 63; *2.* praeceps Act 19 36 (Phil), *adv.* celeriter AS **3** 135 17.

ܣܦܣܦܘܬܐ *1.* praecipitatio ad iram Rie 56 15, ira AS 191 24; *2.* insipientia AS **3** 135 17.

Etpa. inflammatus est AS 192 29. Alex 59 7, TA 32 121.

Af. accendit, incendit ES **1** 230B, IA in MS **1** 16 193. Jul 51 11.

ܣܦܩ *1.* coacervavit ES **2** 197A, JA in MS **1** 18 282, JS Abb 290 405, Bhce **1** 263 9; *2.* collegit Nis 74 87; *3.* redundans, liberalis fuit ES **3** 125C, Nis 31 72.
Etpe. collectus est AS **2** 318 27.
Etpa. occupatus est KwD 15 20, Bhcar 100 2.
ܣܦܝܩܘܬܐ AS 184 15, PS conj. ܣܦܝܢܘܬܐ ars navalis.

ܣܦܝܐ σηπία sepia Geop 109 11.

ܣܦܩ *1.* tremuit (cor) ES **1** 11D, Jul 79 25, Vers. Homeri in Merx 211 10; *2.* manus planxit ES **3** 633F, AM **2** 334 11.

ܣܦܪܐ (pers. سپید) sinapis Ferr Löw p. 178.

ܣܦܘܕܘ σπουδαὶ studia GeZA **8** 24 16.

ܣܦܝܕܐ i. q. ܐܣܦܝܕܐ q. v. cerussa Duval-Berthelot **2** 5 14, dap 106 25.
ܐܣܦܝܕ in cerussam versus est Duval-Berthelot **2** 100 15.

ܣܦܝܕܘܢ σηπεδὼν putredo dap 120 23.
ܣܦܘܪܐ tegumentum utroque latere hirsutum (ἀμφίταπος) Pr 7 11 (Hex).

ܣܦܛܐ (pers. Fraenkel p. 79) sporta EN 38 58, cf. ܣܦܛܐ.
ܣܦܘܛ ܕܐܢ Cat Wright **2** 593b, leg. ܣܦܘܛ q. v. PS.

ܣܦܛܝܘܢ i. q. ܣܦܝܬܐ q. v. σαπάτιον = σαφιθά Epiph 49 53 (cf. Symm **2** 193 88).

ܣܦܘܦܐ medicamentum aridum (ar. سفوفات) EN 27 5.
ܣܘܦܝܐ σοφία sapientia AM **2** 269 5, Bhce **3** 477 3, ON 49 18, exclamatio archidiaconi ter repetita in consecrando charismate Bh in Kayser Can. des JE p. 11 7.
ܣܘܦܝܝܐ ad sapientiam pertinens Bhcar 12 1.

ܣܦܝܩܘܠܛܘܪܐ σπεκουλάτορα speculatorem Mc 6 26 (Phil).

ܣܦܝܠܐ (sk. *çanipriya* Saturno amatus Lag GA 72 182) sapphirus Ex 24 10, ES **1** 223A, Bhchr 236 20.
ܣܦܝܠܝܢܐ sapphireus ES **1** 119B, Duval-Berthelot **2** 91 15.

ܣܦܠܘܟܝܐ (cf. Nöld. ZDMG **22** 516) aristilochia L. Löw n. 225, Gal ZDMG **39** 252 56, EN 25 61.

ܣܦܠܐܘܢ σπηλαῖον specus Card 108 1.

ܣܦܝܢܬܐ (N § 28) *pl.* ܣܦܝܢܐ ܣܦܝܢܬܐ et ܣܦܝܢܝܬܐ (JS in ZDMG **25** 233 v. 18) navis Mt 13 1, ES **1** 109D, IS 34 19, Ath ܡܘ 9.
ܣܦܢܐ nauta 1Rg 9 27, ESL **2** 39 8, AM **2** 333 9, Bhchr 494 7.
ܣܦܢܐ palea (*chaff*) Geop 9 26.

ܣܦܣܝܘܢ (?) genus olei Geop 86 26.

ܣܦܢܕܪܡܕ (Lag. arm. St. 2039) mensis Persarum Junio respondens am **2** 603 12.

ܡܝܐ ܕܣܦܘܢܐ aqua cinerea (prop. saponariorum?) Duval-Berthelot **2** 50 8.

ܣܘܦܣܛܐ et ܣܘܦܝܣܛܝܣ (Joh Eph 375 12) σοφιστὴς sophista ES **2** 317D, AS **3** 130 12, Guidi to 20 68.
ܣܘܦܣܛܘܬܐ ars sophistica AS **3** 130 13.
ܣܘܦܣܛܝܐ sophisticus Zach Rhet **3** 23, glherm *adv.* ib.
ܣܘܦܣܛܝܩܝ σοφιστικὴ ars sophistica ZDMG **46** 758 3.
ܣܘܦܝܣܛܝܩܘܣ glherm et ܣܘܦܣܛܝܩܝܐ Bhce **3** 185 2, σοφιστικὸς sophisticus.
ܣܦܣܛ demonstrare studuit Bh chr 266 23.

ܣܦܣܠܐ συμψέλλιον subsellium 2Par 9 11, am **3** 53 1, Giorn. d. soc. as. it. **3** 185 5, EbMai **10** 256 5, EN 54 48.

ܣܡܣܝܪܐ *f.* (N § 88, gr. σαμψήρα e pers. *šamšer* Lag GA 72 183, Nöld. LC '93 p. 79) ensis, gladius ψ 35 3, Afr 215 12, ES 1 295F, IA 2 226 100, AS 3 46 8.

ܣܡܣܪ (pers. Sachau ad Mu'arrab 40, Fraenkel 186) *1.* licitatus est Nis 7 3, 55 94, ThMarg 1 386 19; *2.* garrivit Bhchr 108 16.

ܣܡܣܪܐ *1.* institor ES 3 662E, 666D; *2. pl.* inanis confabulatio ES 1 429D.

ܣܘܡܣܪܐ licitatio Philox 121 10, AS 2 187 4, EN 69 94, BA 6235.

ܣܘܡܣܪܘܬܐ garritus Card 66u.

ܣܦܩ a (N § 160A) *1.* satis fuit ES 1 506B, OM 7 9, Gal ZDMG 39 273 7; *2.* potuit ES 1 493E, asd 87 11; *3.* ܣܦܩ ܠܗ ܐܝܕܗ potuit Lv 14 30, ER 89u, KwD 52 16, cf. Nöld. § 254C.

ܣܦܩܐ fieri potest asd 42 23, *adv.* ἱκανῶς satis Gal ZDMG 39 263 12.

ܣܦܘܩܐ sufficiens JE Can ed Kayser 4 13, Bh ib. 5 15.

ܣܦܘܩܘܬܐ *1.* facultas Bh in Kayser Can. des JE 16 13; *2.* 'ܠܐ ܣ inertia ES 1 139D.

ܣܦܝܩܐ *1.* vacuus, inanis ES 1 507B, dap 38 9, Bal 265 21, Philox 143 8; *2.* egenus Ath 28 3.

ܣܦܝܩܘܬܐ *1.* inanitas ES 2 518B, Spic Solesm 4 204 13; *2.* egestas Ath 34 15; *3.* satietas Gal ZDMG 39 269 12; *4.* possibilitas ESL 2 27 7.

ܣܘܦܩܢܐ otium IA 2 196 719.

Pa. evacuavit, effudit ES 3 401E, JSt 10 16, KwDW 68 6, JE Can ed Kayser 10 5.

ܡܣܦܩܢ sufficiens Philox 221 5.

ܣܘܦܩܢܐ evacuatio ES 3 666C, ER 51 6, Bh ZDMG 40 446.

Etpa. *1.* evacuatus est ES 1 281C, Philox 221 7, dap 117 16, effusus est Kays 183 20, JE Can ed Kayser 10 7; *2.* vacavit alicui rei (*have done with*) Corluy MP 17 3, KwDW 94 5, 350 11; *3.* potuit Zach Rhet 11 25.

Af. *1.* effudit ES 2 510A; *2.* vacuum reliquit ES 1 63F; *3.* idoneum fecit 2Cor 3 6 (Phil), Sev. A. 69 7.

ܣܦܩܠܝܣ et ܣܦܩܠܣ σφέκλη faex vini Duval-Berthelot 2 12 18, 136, cf. Löw ZDMG 47 534.

ܣܦܪܐ ripa ES 1 121F, ECth 4 29 2, Zach Rhet 20 31.

ܣܦܪ totondit 2Sm 14 26, ES 1 246C, dap 3 21, Jul 26 7 (pennam) ESL 1 691 24.

ܣܦܪܐ tonsor Jud 16 19 (Hex), KwD 9 6.

ܣܦܪܬܐ uxor tonsoris KwD 9 15.

ܣܘܦܪܐ tonsura Vit Rabb 177 6, AS 2 135 8, ThMarg 1 97 23, JARS 10 12.

ܣܘܦܪܘܬܐ scobs, scoria (*sawdust, dross*) Duval-Berthelot 2 21 14, 52 18.

Etpa. *1.* tonsus est Ez 24 22, AS 2 67 2, Geop 113 9, BO 3 1 93a; *2.* se totondit Bhchr 116 24.

ܡܣܦܪܐ et ܡܣܦܪܬܐ novacula AS 2 134 19, AS 154 19, Bhchr 332 12.

ܣܦܪܐ (ex ass. *šipru* Hommel Neue kirchl. Zeitschr. 1 69, Jensen KB 3 1 6, Zimmern in Schwally Idiot. 122, Barth p. 26) *1.* liber Hebr 9 19, Afr 325 11, ES 2 215D, asd 32 18; *2.* scriptura ES 2 203E, Jul 227 23, Philox 11 5.

ܣܦܪܝܐ literarius Dn 1 17 (Hex).

ܣܦܪܐ (ex ass. *šāpiru*) *1.* scriba Dt 20 5, asd 18 18, Chr ed 147 6; *2.* libris sacris doctus Mt 9 3, dap 41 25, MS 2 78 31; *3.* versutus, astutus Philox 132 9.

ܣܦܪܬܐ scriba *f.* JS in MS 2 164 v. 1382, id. Const v. 234 (?).

ܣܦܪܘܬܐ *1.* ars scribendi BO 3 1 341b u; *2.* literae GeZA 8 30 19.

ܡܣܦܪܐ *1.* doctus ESJ 105 12, ESL 1 691 24; *2.* peritus seq. ܒ, KwDW 22 4, Bhce 1 251 20; *3.* studiosus Nis 15 38.

ܡܣܦܪܘܬܐ *1.* doctrina ESJ 105 9; *2.* habilitas IA 2 348 v. 1847, KwDW 19 21.

ܣܦܝܪܐ σπεῖρα caterva Act 10 1.

ܣܦܝܪܐ σάπφειρος sapphirus Hex: Ex 24 10, Job 28 6.

ܣܦܪܓܐ ἀσπάραγος Geop 91 27, cf. Löw n. 26.

ܣܦܪܕܡܐ ZDMG 30 768, 31 538, ܣܦܪܕܡܐ KwDW 175 21, 334 15 i. q. ܐܣܦܪܕܡܐ q. v. cf. Löw p. 152.

ܣܦܪܘܙܐ (pers.?) plantae odoratae BB Löw p. 152.

ܣܦܐܦܠܐ i. q. h. סִפִּים Jer 52 19 (Hex).

ܣܦܬܪܐ σπαθάριος spatharius AS 3 165 18, Cat Wr 1054a, cf. ’ܐܣ.

ܣܦܬܣܛܝܪܘܢ σπαθιστήρ instrumentum chirurgicum Epiph 25 82.

ܣܩܐ saccus Jon 3 5, Afr 49 16, ES 1 99F, Bal 295 26.

ܣܡܩܠܐ (?) vulnus KwD 52 n. 61.

ܣܩܘܒܛܘܪܝܣ excubitores AS 2 18 6, Joh Eph 15 12.

ܣܩܒܐ (pers. Lag GA 50 131) cibus acidus EN 34 68.

ܣܩܘܪܐ (σίκυς) colocynthis amara Löw p. 332, BA, BB.

ܣܩܘܛܐ (cf. Gildemeister ZDMG 28 696 7) avarus BA, BB, PS, الفرزجيل? EN 17 76. ܣܩܘܛܐ i. q. ܐܩܘܛܐ q. v. BA n. 3552, Geop 68 20, 97 6.

ܣܩܘܛܪܝܐ Duval - Berthelot 2 48 4—5, ܣܩܘܛܪܝܢ, ܣܩܘܛܪܝܢ KwDW 67 2, 153 10 (ar. سُقُطْرَى a Socotra) socotrinum, genus aloës cf. ’ܐܣ.

ܣܩܝܘܓܪܦܝܛܝܩܘܣ σκιογραφητικῶς glherm.

ܣܩܠ expolivit, ornavit ES 2 317D, Nis 76 14.

ܣܩܠܐ expolitio, ornatus, decus Nis 60 35, 76 58 59.

ܣܘܩܠܐ 1. ornatus ESJ 70 5, AS 2 355 4, Hoffmann Ausz n. 889, ThMarg 1 397 17; 2. politura Cat Bod 2 11 19.

ܐܬܘܬܐ ܣܘܩܠܝܬܐ particula ornans Bhgr 1 157 12.

ܣܩܝܠܐ elegans Vit Rabb 174 14, KwDW 128 26.

ܣܩܝܠܘܬܐ elegantia ES 1 126D, ET 37 10, KwDW 128 10.

Pa. ornavit ESJ 70 1.

ܣܩܠܐ scalptor Bhchr 103 24.

ܡܣܩܠܐ ornatus ES 3 322F.

Etpa. se ornavit IA 1 270 421.

ܣܩܠܐ σκάλα, navale minus IA 2 18 32, AS 2 18 22, EN 40 5.

ܣܩܠ AS 173 5, leg. ܡܣܩܠ superbus PS.

ܣܩܝܠ Geop 119 10, ܣܩܝܠܐ Geop 102 10, IS 97 11 (sic l.! cf. Löw p. 273), *pl.* ܣܩܝܠܘܣ Geop 71 10, σκίλλα scilla.

ܣܩܠܘܣ Ez 4 10 (Hex), ܣܩܠܐ Nm 7 31 (Hex), ܣܩܠܘܢ Ex 38 25 (Hex), Epiph 51 19 seq., *pl.* ܣܩܠܘ̈ܣ Jer 32 10 (Hex) BS 17 24, σίκλος.

ܣܩܠܛ scarlatum, purpura BO 3 1 597 28.

ܣܩܠܝܢ σακκέλλιον aerarium JohEph 168 12.

ܣܩܠܪܐ AS 2 217 12, Joh Eph 80 13, ܣܩܠܪܐ Bhchr 101 2, ܣܩܠܪܝܐ ZDMG 29 78 1, σακκελλάριος saccellarius.

ܣܩܘܠܩܐ σκοῦλκα explorator JohEph 371 3, Bhchr 85 12.

ܣܩܘܡܐ (σήκωμα) *1.* mensura Card 111 20; *2.* demensum, pactum ThMarg 1 211 4; *3.* supputatio Cat MB 4a 14a f.; *4.* aera BO 3 1 464a m.

ܣܩܡ *1.* mensus est IS 128 22; *2.* constituit, definivit ThMarg 1 208 19; *3.* dijudicavit Kays 123 12, JE in JAP ('88) 468 n. 1 l. 5; *4.* absolvit Cat Bod 267 12.

ܣܘܟܡܐ mensura Joh Dar in MS 1 106 27.

Etpa. *1.* metiendo definitus est Joh Dar in MS 1 106 27; *2.* praelatus est BO **2** 161a; *3.* seq. ܠܘܬ aequiperavit BZ in Gottheil ES nott p. 3.

ܣܩܡܘܢܝܐ EN 25 66, ܣܩܡܘܢܝܢ ms. de Cambridge fol 74 v. 6 cf. ܣܩܡܘܢܝܢ BB 1385 16, JAP'93 p. 325 σκαμμωνία planta.

ܣܩܡܢܐ σκάμνια scamnia Joh Eph 198 10 cf. ܐܣܩܡܢܐ.

ܣܩܘܢܕܪܝܐ am **3** 341 12, ܣܩܘܢܕܪܝܘܣ ib. 272 7 σεκουνδάριος secundarius?

ܣܩܝܐܣܛܘܣ ἀσκίαστος sine umbra Duval-Berthelot **2** 10 11 cf. ܐܣ'.

ܣܩܠ *1.* in pedibus sedit paratus ad surgendum BA n. 6244, 6246; *2.* ad amorem pellexit (*to coquet, flirt*) ES **1** 407E; *3.* scelus commisit BA n. 6245.

ܣܩܠܐ nomen accentus, qui et ܡܫܩܠܢܐ JBh 18 12.

ܣܩܦܛܘܣ (sic l.!) AS 1 44 17 *pl.* ܣܩܦܛܐ ib. 20 σκηπτὸς fulmen.

ܣܩܦܛܪܘܢ ψ 44 16 (Aqu. Symm.) ܣܩܝܦܛܪܘܢ Za 10 11 (Hex), Ath ܠܗ 2, Spic Solesm **4** 60 11, *pl.* ܣܩܦܛܪܐ σκῆπτρον sceptrum.

ܣܩܘܦܠܐ σκοπελεὰ nomen venti Epiph 72 1.

ܣܩܪ (ar. سقر) odit Gn 27 41, Afr 268 14, ES **1** 82C, Vit Rabb 191 26.

ܣܩܘܪܐ qui odit, inimicus ES **2** 124F, Corluy MP 24 15, Spic Solesm **4** 242 2.

ܣܩܝܪܐ odiosus, foedus Philox 362 12.

Etpe. odio habitus est Nis 31 111, Eb Par 103 2.

Pa. *1.* sq. ܥܝܢܐ nictatus est (*to blink, twinkle*) KwDW 102 19 (cf. ZDMG **31** 540) *part.* strabo EN 11 31, BA n. 6247; *2.* i. q. Pe ES **2** 438A (nisi potius cum Bernstein ZDMG **4** 310 Pe scribendum).

Af. odium excitavit Eb Par 102 10.

ܣܩܘܪܐ rabidus (canis) IA **2** 78 88.

ܣܩܪܐ malus EN 28 29.

ܣܩܪܬܐ carina Bh ad Ez 27 5 (idem ac praecedens esse videatur).

ܣܩܪ (ar. شقر) rubrum fecit (ἐρυθαίνω) Sap Sal 13 14.

ܣܩܪܐ color ruber (φῦκος) Sap Sal 13 14.

ܣܩܪܐ *f.* (m. ZDMG **27** 497 13 cf. 503 n. 1) σάκρα epistola imperatoris ES **3** 268F, PsC 83 6, Rechtsb 30 3, Guidi to 18 14, chron 16 7.

ܣܩܘܪܐ securis IA **1** 284 188.

ܣܝܩܪܝܐ σικάριοι, sicarii Act 21 38 (Phil) cf. Bh ad l.

ܣܩܘܪܝܢ σκευάριον vas Zach Rhet 7 1.

ܣܩܪܘܣ scarus piscis AS **4** 89 24 (sic l.).

ܣܩܝܪܘܣ σκῖρος ulcus durum EN 33 46.

ܣܩܪܝܛܘܢ σέκρητον conclave Joh Eph 32 19, Cat Wr **2** 831a.

ܣܩܪܝܛܪܝܢ σεκρετάριον conclave Hoffmann Kirch. n. 40a, Cat Wr **2** 942b.

ܣܩܪܝܦܘܣ σκάριφος descriptio AS **3** 214 9, 327 8, Cat Wr **2** 803A.

ܣܩܘܪܬܐ (pers Lag GA 73 184, cf. Blau ZDMG **23** 271) patera Bh ad Mt 51 26.

ܣܪܒ *1.* mentitus est Pr 9 12, ES **1** 43A, JS in asd 107 3; *2.* oblocutus est BO **3** 2 296 5; *3.* cavillavit Bhce **3** 269pu.

ܣܪܘܒܐ vaniloquus ES **3** 161C.

ܣܪܘܒܘܬܐ *1.* vaniloquentia ES **2** 383F, dap 55 25; *2.* loquacitas Nis 40 35.

ܣܘܪܒܐ disputatio, rixa ES **3** 131C, Philox 127 5.

ܣܪܒܛ syrupus Duval-Berthelot **2** 36 20.

ܣܪܓ plexit, implicuit, firmavit ES **3** 401B,

Cyrill ZDMG **27** 594 46, am **3** 547 3, JSTham 224.

ܣܪܓܐ ephippium PsC 231 6, Joh Eph 271 24, Bhchr 107u.

ܣܪܓܬܐ *1.* storea (*mat*) ISt 38 8, Bhce **3** 265 2, ZDMG **40** 446; *2.* corbis, sporta 2Cor 11 33, ES **2** 294D; *3.* mitra Judith 16 8.

Pa. stravit equum (*to saddle*) IA **2** 278 798.

Etpa. *1.* constrictus, implicatus est Thr 1 14; *2.* junctum est (vehiculum) ESJ 111 7.

ܣܪܘܓܐ *m.* et *f.* (N § 87 σῦριγξ Merx ad JEgr 82n) porticus 2Par 29 7.

ܣܘܪܝܓܐ, ܣܘܪܝܓܐ σύριγγες haemorrhois Gal ZDMG **39** 242, 249 9, Bhchr 269 1.

ܣܪܓܠ scripsit Cat MB 53a 7.

ܣܘܪܓܠܐ linea IA **1** 20 405, AS **3** 266 9, Kays 269 2, JBh 4 15, Bhchr 231 11.

ܦܪܓܪܦܐ παράγραφος praeductale Js 44 13 n. g. (Hex), EN 31 94.

ܣܪܕ territus est ES **3** 341B, AS **2** 129 18.

ܣܪܝܕܐ reliquus Dt 2 34, ES **2** 4E, Jul 165 12.

Pa. terruit Job 6 4, asd 76 15, KwDW 23 6.

ܣܘܪܕܐ *1.* terror Js 21 4, Philox 164 7, Vit Rabb 168 26, Guidi to 39 27; *2. pl.* octo primi dies caniculares (pers.? cf. ܐܣܪܘܣܐ ex quo corruptum videtur) GeZA **8** 268.

Etpa. territus est ESL **1** 130 22, Guidi to 22 163, KwDW 55 4.

ܣܪܕܐܒ (pers. سرداب) locus subterraneus, ubi aestate captatur frigus et ubi frigida servatur aqua Bhce **3** 455 6, Röd. gl. chr., cf. Polack Pers **1** 64.

ܣܪܕܘܢ Pr 25 12, Ez 28 13, ES **2** 188E, Kays 59 3, ܣܪܕܝܘܢ Apoc 4 3, Ez 28 13 (Hex), ܣܪܕܝܢ Ex 25 7 (Hex) Apoc 21 20 σάρδιον sardius lapis.

ܣܪܕܘܢܐ am **3** 114 10 cf. Wright apap **2** 243f. l. sec. PS et Nöld. ܣܪܕܘܢܝܐ sardonyces.

ܣܪܕܘܢܘܟܣ σαρδόνυξ sardonyx Apoc 21 20.

ܣܪܕܝܘܣ lingua Syriaca versutus BA n. 6258.

ܣܪܙܠܐ (falso ܣܪܙܐ ZDMG **3** 125) pers. شرزدك mespilus BB Löw p. 286.

ܣܪܚ *1.* discidit ES **1** 511D; *2.* nocuit Lc 4 35, sq. ܒ delevit Chr ed 146 4; *3.* peccavit ER 128 23; *4.* corrupit (puellam) ES **3** XXVI, 1.

ܣܪܝܚܐ *1.* indecorus asd 55 11; *2.* debilis ES **1** 405E.

ܣܪܝܚܘܬܐ *1.* pravitas ES **3** 190B; *2.* injuria (*harm, hurt*) KwDW 81 17.

ܣܪܘܚܐ *1.* turbator Hoffmann Kirch. 9 15; *2. f.* animal saevum ES **1** 52A.

ܣܘܪܚܢܐ *1.* peccatum 1Sm 25 28, ES **1** 102E; *2.* vastatio Chr ed 146 9.

ܣܪܚܘܢܝܬܐ lecythus 2Rg 4 2, ES **1** 527D, ThMarg **1** 280 14.

Pa. *1.* turbavit ES **2** 501C; *2.* vastavit asd 56 18; *3.* interfecit ISt 79 10.

Etpa. *1.* corruptus est ES **2** 480F, Rie 125 17; *2.* mutilatus est ES **1** 405D; *3.* consecratus est Rie 125 17.

Af. *1.* a) contabescere fecit Mar 69 9, b) inflixit KwDW 238 20, *part. pass.* debilis 2Sm 9 3, c) corrupit Nis 51 12, (pecuniā) ESL **1** 221 29, deformavit (vultum) Bh in Kayser Can. des JE 27 17; *2.* proposuit ES **3** 87A, Jud 14 13 (Hex), KwDW 47 11; *3.* instituit ER 84 24, fecit ER 352 2, elegit Bhchr 250 2; *4.* dedit (nomen) ES **1** 25A (uxorem) ES **1** 83A.

Ettaf. *1.* delectus est Dn 3 22 (Hex); *2.* designatus, creatus est ES **1** 443C, Ath 1 21, Cyr 81u.

ܡܬܬܣܪܚܢܘܬܐ *1.* electio JEschol 15 2; *2.* ordinatio Spic Solesm **4** 218 15.

ܣܪܛ *1.* pupugit MAMQ 24 7; *2.* scripsit ThMarg **1** 15 9, Kays 269 21, Cat Wr **1** 33a.

ܣܪܛܐ linea, ductus Mt 5 18, ES **2** 34A, ET 35 14.
ܣܪܛܘܢܐ lineola JBh 19 3.
ܣܘܪܛܐ *1.* tegumentum ES **1** 127A; *2.* linea ES 9 7, BO **3** 488b 22.
ܣܘܪܛܬܐ aculeus (sagittae) Bal 268 19, am **2** 101 10.
Pa. *1.* delineavit ES **1** 428A; *2.* confessus est ES **1** 410E.
Etpa. *1.* discissus est Za 12 3, ES **2** 303A; *2.* delineatus est ES **1** 453E.

ܣܪܛܠܝܐ Geop 113 25, leg. ܣܪܛܐ q. v. (? PS).

ܣܪܛܢܐ *1.* cancer ESL **2** 47 8, AS **4** 91 1; *2.* nomen sideris Spic 17 10, IA **1** 244 428, PsC 20 4, cf. Nöld. ZDMG **25** 256.

ܣܪܝ foetuit, putuit Ex 7 21, ES **1** 10D, Philox 451 15, JS in asd 96 2.
ܣܪܝܘܬܐ foetor dap 45 25, ES **2** 515D, Gal ZDMG **39** 243.
Af. foetidum reddidit JS in asd 107 25.

ܣܪܟ adhaesit Corluy MP 13 8, Rie 32 1.
ܣܪܝܟ adhaerens ES **1** 318A, am **3** 298 4, Jul 15 20.
ܣܪܝܟܘܬܐ adhaesio JEgr 8 11.
ܣܪܘܟ ἐμπλαστικὸς Gal ZDMG **39** 305 3.
Etpe. adhaesit Jul 78 9, Mos. Aghel. in Rendic. dei Lincei 1886 p. 400 5.
Ettaf. adhaesit AS **4** 96 25.

ܣܪܟܣ EN 25 68 et ܣܪܐܣ BB pers. Löw p. 266 filix.

ܣܪܡܐ simus Lv 21 18, ES **1** 246E, EN 11 31.
ܣܪܡܐ id. Merx 175 6.

ܣܪܡܘܛܐ ψαρὸς canus, ravidus (*gray*) Za 6 3 7 (Hex), cf. Bernstein ZDMG **4** 215.

ܣܪܢܐ *1.* axis AS 136 19, PsC 49 8; *2.* radius ISt 33 7, KwD 86 13, Js 41 15 (Hex), Kays 209 23; *3.* hastile Cyrill ZDMG **27** 580 v. 241.

ܣܪܢܐ talarium (?) ES **3** 282D.
ܣܪܢܘܢܐ AS **2** 61 12, leg. ܣܪܘܢܐ Nöld.

ܣܝܪܝܢܣ Mi 1 8, ES **2** 43A, ܣܝܪܝܢ Spic 39 2, ESJ 18 22, σειρῆνες Js 13 22, Phys cap 28, JS 18 22, thos, qui in mari est AS **4** 43 27, hyaena Bhchr 312 12.

ܣܘܪܝܓܐ Lv 15 3 (Hex sec. Bh.), ܣܪܝܓܐ DionT 192 10 συρίγγιον fistula cf. ܣܪܘܓܐ.

ܣܘܪܢܓܢ (pers. سورنجان) colchicum Bh ad Js 35 1, Löw n. 128.

ܣܪܝܣܐ et ܣܪܝܣܐ (ex ass. *ša-rīši*? Jensen) eunuchus BA, BB, Bh, PS.
Pa. castravit Geop 103 1, Bhchr 51 9, EbMai **10** 281 17.
ܡܣܪܣܐ eunuchus ES **2** 203D, Rie 47 12.
ܣܘܪܣܐ id. JE in Journ. of s. l. **10** 25 28.
Etpa. castratus est Geop 103 21, Spic Solesm **4** 227 22, JE in Journ. of s. l. **10** 25 30.

ܣܪܣܦ (a ܣܪܦ cf. Nöld. ZDMG **25** 272) male scripsit Cat MB 3b 5, Wr **1** 310a.

ܣܪܣܦܬܐ filum Bh Nom. cit PS.
ܣܪܣܘܒܬܐ ingluvies avium BA, BB, PS.

ܣܪܣܘܪܐ vestis trita et lacera BA, BB, PS.

ܣܪܩ *1.* scidit Lv 21 18; *2.* dilatavit ES **1** 246F; *3.* extendit AS **4** 69 5.
ܣܪܩܐ incisura sagittae EN 41 24.

ܣܪܥܦ *1.* germinavit ES **2** 406C, Nis 20 12, IA **2** 24 129; *2.* tt. gr. flexit ET 24 21.
ܣܪܥܘܦܬܐ, ܣܪܥܦܬܐ virgulta Ez 31 12, Afr 448 13, ES **2** 191C, KwD 57 15, Bhchr 173 8.
ܣܘܪܥܦܐ *1.* ramificatio, ramorum conjunctio ES **3** 588F; *2.* tt. gr. flexio (verborum) ET 25 5, Cat Wr **3** 1178a.
Etpa. *1.* propagatus est Jš in ThMarg **1** CLXV 9; *2.* derivatus est Bhgr **1** 194 7.

ܣܪܦ (Barth p. 29) *1.* suxit 4Ezr 8 4, JS in MS **2** 166 v. 1377, AS **4** 46 23; *2.* absorpsit Job 5 5 (Hex), JEh 28 6; *3.* clausit, obstruxit (*to block up*) ER 68 16, ISt 38 7, Dion T 177 16.

ܣܘܪܦܬܐ haustus AS **2** 140 12, BO **2** 39a 11.

Etpe. obstructus est Guidi to 42 9, Dion T 177 8.

ܣܪܦܐ (cum ܦ graeco EṢ 22 2) h. שְׂרָפִים Seraphim JS 6 21, ER 117 16, Dion T 89 9.

ܣܪܦܘܫܐ (pers. سرپوش Lorsbach Arch. **1** 251) mitra, turba Bhchr 294 19.

ܣܪܩ (ar. سرق) *1.* exspuit Lv 18 25; *2.* spoliavit ES **1** 601B.

ܣܪܝܩܐ inanis ES **2** 276E, Bal 265 21; *adv.* frustra ES **3** 388F, Gal ZDMG **39** 264 3.

ܣܪܝܩܘܬܐ vanitas Jud 2 3, Koh 1 2 (Hex).

Pa. *1.* exinanivit Gn 42 35, Afr 8 7, AS **2** 119 1; *2.* spoliavit asd 5 3, sq. ܡܢ ib 28u, Philox 233 15.

ܣܘܪܩܐ exinanitio, paupertas voluntaria ES **2** 540E, ESL **1** 154 16, Cyr 24 1.

ܡܣܪܩܢܘܬܐ exinanitio sui, *met.* abrenuntiatio voluntaria, paupertas ES **1** 502C, AS **2** 119 2, JSAbb 66 403.

Etpa. *1.* spoliatus est Vit Rabb 163 17; *2.* vana locutus est Rom **1** 21; *3.* se exinanivit, renuntiavit (divitiis) Philox 16 7; *4.* abiit, profectus est Jos 8 16.

ܣܪܩ (ar. شرق) *1.* laceravit asd 49 1; *2.* pexit Js 19 9, dap 3 21, AS 178 10, Bhchr 229 5.

ܣܪܩܐ tormentum Nis 72 123, asd 41 2, Jul 218 8, Philox 163 3.

ܣܪܩܬܐ stupa Js 1 31, ES **2** 23F, am **3** 273 5, AS **4** 49 14.

ܣܪܩܘܢܐ pannus (nubis) AM **2** 342 8.

ܣܪܘܩܬܐ hami ferrei quibus linum pectitur EN 29 52.

ܡܣܪܩܐ pecten MAMQ 68u.

ܡܣܪܩܬܐ id. EN 9 84, 28 20, BA 6182 (al ܡ' N § 126B).

Etpe. laceratus est asd 49 1, Philox 169 12.

ܣܪܝܩܘܢ (συρικὸν minium Plin **35** § 30 45 cit. Buxtorf cf. Nöld. Pers St **2** SBWA '92 p. 45) *1.* atramentum rubrum ENchr 10 7, Cat Wr **1** 105b, BO **3** 1 355a; *2.* rubrica Duval-Berthelot **2** 2 7.

ܣܪܝܢܐ fimus, stercus Duv.-B. **2** 41 5, 79 5.

ܣܬܠܐ *f. pl.* ܣ̈ܬܠܐ (N § 80 e ܣܬܠܬܐ N § 105 √יסר Hoffmann ZDMG **32** 751) *1.* vitis Afr 473 11, Nis 5 76, Bal 326 21; *2.* surculus JS in asd 90 6; *3.* uva ES **3** 607C.

ܣܬܠ *1.* plantavit Philox 596 4, Vit Rabb 192 9; *2.* firmavit, condidit ES **3** 432A, Ath ܣܣ 10, PsC 106 4; *3.* se firmavit Cyrill ZDMG **27** 570 v. 52, 596 v. 172.

ܣܘܬܠܬܐ *1.* infixio (ῥίζωσις) Geop 31 9, Card 100 9; *2.* 'ܣ ܐܪܡܝ radices egit (*met.*) JARS 134u.

ܡܣܬܠܢܘܬܐ constantia BO **3** 1 116b 15, Cyr 244 16 τὸ παραμόνιμον glherm.

Etpa. *1.* conditus est AS 101 11, Geop 31 29, ThM 88 14; *2.* firmatus est PsC 99 12.

ܣܬܠܐ = ܐܣܬܠܐ q. v. BB, Bh, PS.

ܣܬܘܐ hiems Jer 36 22, ER 66 5, Chr ed 146 20.

ܣܬܘܝܐ hiemalis ES **1** 121C, ER 354 10, ISt 38 8.

ܐܣܬܝ hiemavit 1Cor 16 6, ISt 52 5, ENchr 25 18.

ܒܝܬ ܡܣܬܝܐ hiberna JARS 119 12.

ܡܣܬܝܢܘܬܐ hiematio Act 27 12 (Phil).

ܣܛܝܟܘܣ στίχος stichus Thes hymn **3** 250 14.

ܣܬܠܟܐ obsonium aceto paratum BB, PS.

ܣܬܦܝܪܘܣ σάπφειρος Apoc 21 19, leg. ܣܦܝܪܘܣ Bernstein ZDMG **3** 396.

ܣܬܪܐ (ar. ستر) secretum Jud 3 19.

ܣܬܝܪܬܐ secretum, mysterium ES **2** 510C, asd 47 10, JA **1** 150 v. 1550.

ܣܬܝܪܐܝܬ occulto ES **2** 550A.

ܣܬܝܪܘܬܐ obscurum ES **3** 92F.

Pa. *1.* occultavit ES 1 95C, Philox 595 1; *2.* protexit Philox 161 15, Guidi to 23 3.

ܣܬܪܐ (N § 116) *1.* praesidium ES **1** 520C, Hoffmann Ausz n. 66; *2.* densa arborum (*thicket*) ES **2** 18C; *3.* propugnaculum (*shelter*) JS in asd 97 8.

ܣܘܬܪܐ ea pars officii ecclesiastici Jacobitarum, quae completorio Latinorum respondet AS **2** 205 7, Bhce **2** 679n 1.

Etpa. *1.* se occultavit ES **2** 71C, Philox 129 22, Guidi to 24 21, se texit, vestivit SB 99 2; *2.* protectus est AM **2** 394 14, ad protectionem refugit sq. ܒ pers. ES **2** 399B, Nis 31 88.

ܣܬܪ (ar. شتر) *1. tr.* a) evertit, diruit ES **1** 511C, Philox 81 13, Jul 22 25, Ath ܠ 20, b) calumniatus est Ath 35 22, oblocutus est ESZ **2** 162; *2. intr.* recruduit, praesertim occulto (vulnus) ES **2** 380C, Nis 34 65.

ܣܬܪܐ eversio Philox 101 12, 489 7.

ܣܬܘܪܐ diruens Bhce **3** 109 11.

ܣܬܘܪܝܐ calumnia, reprehensio Cyr in Julian ed Neumann 59 23, Zach Rhet 1 8.

Etpe. *1.* deletus est Mt 24 2; *2.* occulto morbo affectus est ES **2** 549A.

ܥ

ܥ sedecima litera alphabeti ʿÊ, (عين), numerus 70; de sono cf. N § 37; adde Nestorianos ܥ sequente ܘ ut ܘ legere e. g. in voce ܢܬܥܩܪ Mt 15 13 cf. Bh ad l. l. p. 36 25.

ܥܐܠܐ (ar. ضال h. צאלים Job 40 21 22) βάτος Rhamnus lotus L. Löw n. 219, Geop praef l. 24, 17 7.

ܥܐܠܦܐ i. q. ܐܠܦܐ q. v. Lc 18 70 (Phil), Apoc 18 6.

ܥܒܐ (Barth p. 22) *1.* sinus Ex 4 6, ES **1** 439F, Cyr 311 30; *2.* spec. maris JEh 1 6; *3.* calyx (floris) ESL **2** 761 21.

ܥܒܝܐ ventus sinus maritimi AS 142 23.

ܡܥܒܒ ECth **2** 47 5, conglomeratus? (Lee *thickened*) Bernstein ZDMG **6** 359 conj. ܡܟܒܒ.

ܥܒܕ *1.* fecit, effecit, perfecit 2Rg 12 12, ER 86 23, Bal 290 4; *2.* egit, peregit Eccl 6 12, Jul 129 23, Joh Eph 403 18.

ܥܒܕܐ servus Act 2 18, ER 12 9, Bal 304 5.

ܥܒܕܘܢܐ servulus KwDW 119 12.

ܥܒܕܢܝܐ servilis Spic. Solesm **4** 14 12, Bhchr 108 12, *adv.* Cyr 12 29, Bhchr 108 13.

ܥܒܕܘܬܐ servitus ES **3** 250D, ER 46 18.

ܥܒܳܕܐ *1.* opus Pr 31 13, Gal ZDMG **39** 259 12; *2.* fictio, creatio Nis 70 12; *3.* administratio Hoffmann Ausz n. 717; *4.* creatura Philox 235 1, ܐܫܠܡ ܥܒܕ perfecit ES **1** 480F; *5.* res 4Ezr 6 54; *6.* impedimenta (*baggage*) ISt 53 12.

ܥܒܕܐ (N § 26B) impedimenta (*baggage*) Gn 26 14, EN 42 51.

ܥܒܝܕ (nest. ܥܒܝܕ) *1.* factus Mt 8 16; *2.* creatus Philox 209 3.

ܥܒܝܕܬܐ facinus Afr 313 18, am **3** 57 9.

ܥܒܝܕܘܬܐ creatio ER 80 6; ܥܒܝܕܘܬܐ ܕܐܦܐ simulatio JEschol 24 4.

ܥܒܘܕܐ *1.* creator ER 61 12, Corluy MP 38 2,

Bhchr 415 1, *f.* creatrix ES 1 131F; *2.* perficiens Ath 21 7; *3.* tt. gr. agens ET 5 11.

Etpe. factus, effectus est Philox 179 18.

ܡܬܥܒܕܢܐ tt. gr. patiens ET 5 11.

Af. *1.* fecit, perfecit Judith 5 11, Gal ZDMG **39** 244, 274 1; *2.* incitavit, commovit Cyrill ZDMG **27** 597 v. 213, Corluy MP 19 9, ܡܥܒܕܐ ܗܘܐ ܠܗ ἔδει αὐτὸν Joh 4 4.

ܡܥܒܕܢܘܬܐ effectus ER 80 6, dap 50 3, Philox 179 21, Gal ZDMG **39** 248.

Ettaf. factus est Rie **9** 19, Kays 91 20, BO **3** 1 353b apu.

ܡܬܬܥܒܕܢܐ ἐνεργούμενος a) efficax Jac 5 16 (Phil), b) s. ܡܢ ܦܬܟܪܐ lymphaticus Cat Wright **2** 987b, *absol.* Bh in Kayser Can des JE 11 3.

Šaf. servum fecit, subegit ER 34 22, Philox 244 21, dap 23 1, Chr ed 147 14.

ܫܘܥܒܕܐ *1.* subactio Gn 29 22, Afr 27 5, ER 46 18; *2.* coll. subditicii JSA 394.

Eštaf. *1.* subactus est Lc 2 51, ER 34 22, Philox 244 4, dap 7 10; *2.* commotus est IA in MS **1** 16 178.

ܥܒܸܕ servum fecit Bhchr 531 25, ad ψ 196 21.

Etpa. *1.* servus factus est ES **3** 623A, Rom 9 12 (Phil); *2.* subactus est Kays 14 26.

ܥܒܝ densus fuit KwDW **6** 14, Job 15 32 (Hex).

ܥܒܝܘܬܐ densitas (frondis) Geop **62** 30.

ܥܒܝܬܐ clitellae (cameli) Gn 31 34, EN 41 35.

ܥܒܝܐ *1.* densus (pulvis) Bhchr 259 9; *2.* frondosus 1Rg 14 23, Jer 3 6, ES **2** 104B, Jul 112 28; *3.* silvosus Ez 31 3, ES **2** 191A; *4.* occultus ES **1** 191E, Vit Rabb 192 10.

ܥܒܝܢܘܬܐ strepitus, tumultus (belli) Joseph V 1.

ܥܒܘܝܐ *1.* densus (crinis) AS **3** 39 5; *2.* frondosus Hab 3 3, ES **1** 345D, ESL **2** 271 17.

ܥܘܒܝܐ *1.* multitudo, copia ES **1** 514A, IA **2** 276 754, Joh Eph 30 4; *2.* frondositas MS **2** 25 8, ThMarg **1** 310 14.

ܥܒܐ crassus fuit AM **2** 352 8.

ܥܒܝܐ *1.* crassus ES **1** 427C, Corluy MP 12 4 (de sono) Cat Wright **3** 1169a; *2.* tumidus KwDW 24 9.

ܥܒܝܘܬܐ *1.* crassitudo Gal ZDMG **39** 274 4, JE schol 14 6; *2.* surditas (cordis) Philox 269 19.

ܥܘܒܝܐ *1.* crassitudo PsC 205 3; *2.* λαγὼν sinus intestinus Geop praef. 9.

ܥܒܝܐ *1.* crassitudo 1Rg 7 26, PsC 172 11; *2.* tumor Philox 378 10, JSt 21 9.

ܥܒܝܬܐ pallium am **3** 547 3, ThMarg **1** 134 9. EN 36 33.

ܥܒܝܐ *1.* tumor Geop 93 22; *2.* ἰλυώδης terra lutulenta Geop praef 3.

ܥܘܒܝܐ tumor dap 80 19, AS 190 2, AS **2** 16 7, Rie 131 19, ThMarg **1** 283 2, ἀπόστημα ἀφλέγμαντον Gal ZDMG **39** 242.

ܥܘܒܝܢܝܐ vehemens (dolor) JARS 5 13.

Pa. crassum fecit Ex 8 11, ES **2** 117E, Philox 409 5, JBh 4 16.

Etpa. crassus factus est Ex 7 22, dap 64 25, Philox 17 3, JS in MS **1** 43 311.

ܥܒܪ (h. עבר) *1.* transgressus est Dt 27 4; *2.* praeteriit Afr 459 1; *3.* invasit Chr ed 149 29; *4.* migravit, violavit (jussum) Guidi to 19 30, seq. ܠܘܬ Ath 24 6; *5.* seq. ܥܠ ܦܘܩܕܢܐ praeteriit, omisit apap 288 17, IS 1 7, 45 8, cf. Nöld. ZDMG **25** 672; *6.* vicit, superavit (vinum) Jer 23 9, SB 115 19, Bhchr 170 11.

ܥܶܒܪܐ ripa ulterior Dt 30 13, Mt 8 18, dap 91 2.

ܥܒܪܐ *1.* transitus ES **1** 269B, 1Mcc 9 34; *2.* finis Corluy MP 210 10; *3.* violatio Rom 4 15, dap 59 21, am **3** 61 8.

ܥܒܝܪܐ *1.* praeteritum ET 39 19; *2.* ܥܒܝܪܬܐ ܥܘܠܝܡܘܬܐ superadulta 1Cor 7 36.

ܥܒܪܬܐ transitus Mi 6 14, ES **2** 281F.

ܥܒܘܪܐ *1.* transiens ES **1** 513 13, *f.* Nis 27 24; *2.* fluxus, caducus ES **1** 402B, Philox 121 11, asd 19 23, AM **2** 344 30.

ܥܒܘܪܘܬܐ transitus KwDW 105 11.

ܡܥܒܪܬܐ *1.* transitus ES **1** 194F, Jul 229 22, BO **3** 1 314a 14; *2.* vadum Jud 3 28, Afr

19 15, ES **2** 46C; *3.* finis Ath ܠܗ 14; *4. met.* interpres, qui tradit (doctrinam) Philox 161 7.

ܥܒܘܪܝܐ *1.* transitus Spic Solesm **4** 19 2; *2.* violatio ES **2** 27B, Ath 15 7, Pr 5 22 (Hex).

Etpe. *1.* praeteriit dap 33 26 (tempus) Guidi to 20 74; *2.* deliquit, peccavit Bal 281 26; *3.* transitum est (flumen) Philox 38 9.

ܡܬܥܒܪܢܐ fluxus (de tempore) BO **3** 1 591 25.

ܡܬܥܒܪܢܘܬܐ *1.* offensio, violatio ES **1** 546D, ER 85 4, Zach Rhet 2 4, KwDW 64 9, 105 25; *2.* stultitia Pr 2 12.

Af. *1.* transire fecit Jos 7 7, Afr 224 1, ES **1** 553F; *2.* abduxit asd 53 14; *3.* aboluit, sustulit Jer 32 31, ES **1** 485F, MS **2** 68 12, delevit, perdidit Philox in Steph. bar Sudaili 42 8; *4.* seq. ܡܢ migravit, violavit 4Ezr 7 11, Rie 137 11; *5.* amovit (munere) Corluy MP 32 12, ThMarg **1** 30 6; *6.* condonavit Jul 74 2; *7.* transtulit, traduxit Bhchr 162 18.

ܡܥܒܪܢܐ transitus 2Sm 19 19.

ܡܥܒܪܢܘܬܐ traductio Epiph 51 6.

ܥܒܘܪܐ (h. עִבּוּר Lag. prov. 85) frumentum ψ 65 14, Rabb 210 18, am **3** 391 9, IA **2** 332 v. 1585, JSt 24 12.

ܥܒܩܐ (de hirco) *1.* sec. Zakarija in BB maculatus, varius; *2.* sec. Hunain cornibus egens Hoffmann Ausz n. 89.

ܥܓܒ debilitavit, elumbavit (*to lame*) AM **2** 357u.

ܡܥܓܒܐ paralyticus AS **2** 13 20, BA n. 6314.

ܥܓܘܪܐ iners IA **1** 182 73, leg. ܥܓܘܪ?

ܥܓܠܐ vitulus 1Sm 28 24, Afr 312 23, ER 8 16, dap 5 4.

ܥܓܠܘܢܐ vitulus parvus Joh Eph 152 16.

ܥܓܠܬܐ (nest. ܥ Bhgr **4** 4 5) vitula Dt 21 4, Ath ܝܚ 23, ER 138 1.

ܥܓܠ celeriter Lc 8 13 (Cur), Bal 264 12, Jul 196 7, ܥܓܠ id., Jos 23 16, ES **1** 511D, dap 14 3.

ܥܓܠܬܐ (al. ܥܓܠܬܐ) (N § 106) *1.* currus 1Sm 6 7, Afr 263 13, ES **1** 102A; *2.* nomen sideris arcti ES **2** 449A.

ܥܘܓܠܬܐ i. q. praec. *1.* AS **1** App 15.

Pa. volvit Mt 27 60, ES **3** 302B, dap 88 23, JS in MS **1** 35 66.

ܥܓܡ jacuit ES **1** 493B.

ܥܓܡ jecit AS **2** 318 10, 2Pt 2 4 (Phil).

ܥܓܡܐ *1.* cubitus ES **2** 393D, OM 95 1; *2.* excidium ES **2** 410D; *3.* orcus ESL **2** 329 5, am **2** 70 4.

ܥܓܝܡܐ *1.* jacens Afr 426 6, ES **3** 281A; *2.* mortuus ES **2** 390C.

Etpe. dejectus est Js 42 22, ES **2** 93A.

Pa. dejecit 2Pt 2 4, ES **1** 93D, AS 185 18.

ܥܓܪܐ crassum (linteum) ES **3** 141B, gravis (vincula) apap 23 17 (labor, dolor) AS **2** 61 8 (peccatum) BO **3** 1 310a 10, spissus Bh ad Gn 1 21, Merx 175 7, rudis Knös chr 116 5, terribilis (vox) AS **2** 61apu, cf. Nöld. ZDMG **32** 405.

ܥܓܪܬܐ anxiae cordis palpitationes am **2** 75 4, 109 1.

ܥܓܪܘܬܐ *1.* duritas (hiemis) AS **2** 214u, asperitas, saevitia IA **2** 148 v. 143; *2.* stultitia, ruditas Philox 22 7, Bhcar 141 13.

ܥܓܪܢܐ rudis Eb Par 127 2.

ܥܓܘܪܐ vehemens (frigus) Bhchr 153 9, rudis am **3** 512 17.

ܥܓܘܪܘܬܐ ruditas, stultitia Ge in Afr. pr. 35 16, AS 126 2.

ܥܓܪܝܢܐ et ܥܓܪܝܢܐ Inula helenium L. Löw n. 226.

ܥܓܘܫܐ petulcus (*goring*) Ex 21 29 36, JAP **7** 8 453 n. 39, Bhcar 165 15, EN 42 44.

ܥܕ *1.* usque ad pass.; *2.* adhuc 2Rg 6 33; *3.*

antequam ES **3** 125B, Nis 61 33, seq. ܠܐ id. Mt 1 18.

ܥܕܐ *1.* pampinavit Geop 36 11; *2.* sarcivit radices in superficie retectas (περίσκαλλε τὰς ἐπιπολῆς ῥίζας) Geop 95 28; *3.* exstirpavit (*to root up*) Philox 149 10, JS in asd 88 16.

ܥܕܝܐ purgatus Js 46 1, ES **2** 392F, Philox 149 17.

ܥܕܝܐ *1.* purificatio Geop 8 2; *2.* pampinatio ib. 17 10; *3.* runcatio (τὸ βοτανισθῆναι) ib. 95 17.

Etpe. purificatus est Geop 8 6.

ܡܥܕܝ̈ܐ *1.* fimbria EN 37 41; *2.* floccus lanae ib. 27 11.

ܥܕܢܐ (√ ועד Jensen ZA **7** 215) tempus Job 22 15, ES **2** 88E, ER 43 14.

ܒܝܬ ܥܕܢܐ *office of record* asd 42 3.

ܥܕܐ seq. ܥܠ ruit in, cepit Lc 9 39, Ath 48 19, ThMarg **1** 53 8.

ܥܕܝܐ distantia IA **2** 102 3.

ܥܕܝ̈ܬܐ vexationes IA **2** 104 24.

ܥܕܝܝܐ alienus ES **3** 371A, ET 5 24, EN 68 77 (sic l.!).

ܥܕܝܝܘܬܐ *1.* solitudo, recessus ESZ **1** 35; *2.* inimicitiae IA **1** 242 388.

ܡܥܕܝܝܐ *1.* alienus Bhcar 31 9; *2.* irregularis, anomalus Bh Cat Bod 601 n c.

ܡܥܕܝܝܘܬܐ alienitas Bhce **2** 659 5.

Af. *1.* rapuit, eripuit ES **1** 112B, Philox 509 20, Jul 4 10, Joh Eph 360 10; *2.* liberavit Jud 11 26, ES **1** 346B, VitRabb 177 16, Cyr 57u; *3.* arripuit, obtinuit JS Const v. 227, 351.

ܥܕܥܕܐ sortes Bhchr 305 8, ad Jos 18 10.

ܡܥܕܪܢܝܬܐ livia columba AS **4** 83 5.

ܡܥܕܪܘܢܐ pannus EN 37 45.

ܥܕܟܝܠ adhuc 1Sm 3 7, Mc 13 7, Afr 340 15, ER 83 12, Philox 598 9.

ܥܕܠ vituperavit, reprehendit ES **2** 407B, Ath 15 14, Gal ZDMG **39** 267 9.

ܥܕܝܠܐ reprehensione dignus ES **3** 160D, Nis 31 149.

ܥܕܠܬܐ vituperatio ThMarg **1** 128 19.

ܥܕܠܝܐ vituperium ER 54 19, Ath ܐ 7, JS in MS **1** 93 13.

ܠܐ ܥܕܝܠܘܬܐ sanctitas AS **4** 50 28.

ܡܥܕܠܢܐ vituperium TB 27 1, 38 22.

ܥܕܘܠܢܐ id. TB 34 16 (nisi ܡܥܕܠܢܐ leg.).

Etpe. vituperatus est ER 29 12, Ath 33 1.

ܡܥܕܠܘܬܐ vituperium ES **1** 67E, TB 85 24, Mos Agh in Rendic dei Lincei 1886 p. 410 16.

Etpa. seq. ܒ reprehendit ES **1** 74E, dap 69 4, Clr 34 8.

Af. reprehendit ES **3** 504E, IA **2** 8 6.

ܥܕܡܐ *1.* seq. ܠ usque ad; *2.* seq. ܕ dum.

ܥܕܡܫ (ܥܕܡܐ ܗܫܐ) adhuc ES **1** 304B, Bhcar 117 12.

ܥܕܡܫܐ id. ECth **1** 31 6.

ܥܕܝܢ h. עֵדֶן paradisus Gn 3 24, Bal 255 5, JS in asd 103 21.

ܥܕܝܢܝܐ paradisiacus Rabb 365 14, Alex 59 6, Kays 13 1.

Pa. *1.* jucundum fecit ES **3** 593F; *2.* ornavit ES **2** 393E.

ܡܥܕܢܘܬܐ res secundae Dt 8 56, ES **2** 151B, Rendic dei Lincei 1886 p. 409 13.

ܡܥܕܢ *1.* effeminatus, emollitus Dt 28 56, ES **2** 110F; *2.* amoena (terra) ES **1** 22F.

Etpa. *1.* jucundus factus est ES **3** 593F; *2.* laute vixit ES **1** 37A.

ܥܕܥܕܐ *f.* (N§84) cincinni (*locks*) Jud 16 19, Ez 8 3, Geop 111 18, ES **1** 325F (sic l.!), EN 21 63.

ܥܕܪ juvit, adjuvit Jos 10 4, ER 27 16, Gal ZDMG **39** 266 4.

ܥܕܪܐ auxilium ES **2** 88E, AM **2** 94u.

ܥܕܪܢܐ auxilium Ath 12 25.

ܥܕܘܪܐ adjutor Dt 33 7, Bal 292 3.

ܥܘܕܪܢܐ auxilium Jud 5 23, ES **1** 557A, MS **2** 68 30.

ܥܕܪܐ (nest. 'ܥ) malus navis Ez 27 5, am **3** 5 18 = apap 174 8.

ܥܕܪܝܐ saponaria offic. L. Löw p. 305, Gal ZDMG **39** 297 41, EN 26 92.

Pa. adjuvit Bal 293 22, Guidi to 19 34.

ܡܥܕܪܢܘܬܐ auxilium 2Cor 1 11, BO **2** 41, KwDW 112 22.

ܐܥܕܪܐ auxilium MS **2** 64 12, AS 104 10, KwDW 17 7.

ܐܥܕܪܘܬܐ id. Cat Bod 548 1.

Etpa. adjutus est Js 20 6, Vit Rabb 202 15.

ܥܗܕ (jac. 'ܥ Bh gr **4** 4 5, N § 37) meminit, recordatus est ES **1** 484D, dap 54 4, Philox 612 14.

ܥܘܗܕܢܐ *1.* memoria ES **3** 265F, Vit Rabb 185 12, Ath 33 18; *2.* commemoratio JE schol 3 5; *3.* commonefactio (*warning*) Philox 415 11.

ܥܘܗܕܬܐ admonitio Afr 198 4, ES **1** 247C.

ܥܗܘܕܢܝܐ memor Clr ep 58 2.

Etpe. recordatus est Philox 200 2, Vit Rabb 189 25, dap 54 4.

Etpa. in memoria servatus est Par Pat 10 1.

Af. in memoriam revocavit Joh 14 26, ES **1** 443B, Philox 187 22, Gal ZDMG **39** 260 13.

ܡܥܗܕܢܐ h. מַזְכִּיר magister memoriae 2Rg 18 37.

Ettaf. recordatus est Philox 176 12 (var. Etpa).

ܥܗܝܢ aptus, idoneus ES **1** 181F, dap 95 17, Mc 14 11 (Phil).

ܥܗܢܝܐ *1.* idoneus JEh 7 5, Bh in Kayser Can des JE 22 9; *2.* tempestivus Spic Solesm **4** 57 15.

ܥܗܢܘܬܐ *1.* aptitudo JEh 44 6, glherm, Bh adsc. ment 17 12; *2.* occasio BO **3** 2 679m.

Pa. dedicavit Ath ܣܚ 17.

ܥܗܪ saevivit (*to rage*) ESL **1** 691pu.

ܥܗܪܐ libidinosus, impudicus Jer 5 8, Ath 21 15.

ܥܗܪܘܬܐ libido Bhcar 141 12.

ܥܘܐ *1.* clamavit Za 11 8, ES **2** 303B; *2.* gemuit Nis 52 67, 61 100 107; *3.* ululavit Afr 383 7, AM **2** 322 29, Ex 11 7 (Hex).

ܥܘܬܐ clamor IA **1** 284 184, AM **2** 322 37, Jul 170 10.

Pa. ululavit ψ 59 6 14.

ܥܘܥܝܐ ululatus (canis) EN 46 39.

ܥܒܐ silva, nemus 1Sm 14 25, Afr 364 1, ES **1** 52C; dap 24 4.

ܥܒܬܐ silva ThMarg **1** 339 8.

ܥܒܝܐ densa arborum (*thicket*) ThMarg **1** 159 12.

ܥܘܕ scilicet Spic 29 14, Clr 131 25.

ܥܘܕܐ (N § 104) noctua Lv 11 16, ES **1** 241C, am **3** 230 2, AS **4** 57 2.

ܥܘܪܐ floccus lanae AS **2** 199 18.

ܥܐܕܐ dies festus ER 8 10, Guidi to 18 13.

ܥܐܕܢܝܐ festivus Ath 1 1.

ܥܝܕܐ consuetudo Act 15 1, ES **1** 545B, Vit Rabb 183 24, spec. mala consuetudo ES **2** 540F, Nis 21 139.

ܥܝܕܢܝܐ consuetus JARS 134pu.

ܥܝܕܐܝܬ secundum consuetudinem ET 3 20.

Pa. consuefecit JE in ES **1** 436 5, KwDW 363 17.

ܡܥܝܕܐ consuetus ES **1** 441C, **2** 265E, Ath 32 18.

ܡܥܝܕܘܬܐ consuetudo JBh 6 8.

Etpa. consuevit Rabb 238 15, dap 65 10, KwDW 330 17.

ܡܥܕܐ consuetus Lc 23 17 (Cur), ES **1** 140A, Cyr 43 2.

ܥܕܥܐܕܐ, ܥܐܕܥܐܕܐ dies festus Dt 16 14, Spic **16** 17, ER 8 10, JS in MS **1** 61 94.

ܥܕܥܕ celebravit ES **1** 441E, Ath 12 6, Spic Solesm **4** 129 17.

Etpa. celebratus est ThMarg **1** 308 5.

ܥܘܕ ar. عود aloe Löw p. 426, Sind 26 5, KwDW 380 14, 382 10.

ܥܕܬܐ (nest. ܥܕܬܐ, ܥܕܬܐ ex hebr. עֵדָה N§105 n. 2) ecclesia ψ 74 2, Mt 16 18, Chr ed 146 5.

ܥܕܬܘܢܝܬܐ (N§13) ecclesiuncula Bhchr 339 23.

ܥܕܬܝܐ ecclesiasticus AS **3** 221 3.

ܥܕܬܢܝܐ ecclesiasticus ES **1** 227C, MS **1** 105 4, JohEph 2 22.

ܥܕܬܐܝܬ secundum ecclesiam ES **2** 129A.

ܥܘܕܪܢܐ spinae (Löw n. 227) cum flore albo (Bh ad Mt p. 64 2), Mt 27 29 (JS ZDMG **31** 272 9) Lc 23 28 (Cur), apap 324 13, am **3** 164 13, Sch 257 5, JARS 65 14, EN 50 43.

ܥܘܩ impedivit 1Thess 2 18, ES **1** 121A, Jul 46 9.

ܥܘܩܢܐ impeditio ES **2** 107E, Vit Rabb 206 13, PsC 249 8.

Etpa. impeditus est ES **3** 373C, Vit Rabb 168 11, dap 38 19.

ܥܘܩܡܘܢܝܬܐ φλεγμονή Gal MDMG **39** 232, leg. ܥܩܡܘܢܝܬܐ √ܥܩܡ?

ܥܘܠܐ *1.* foetus Ex 21 22, Lc 1 41, EE 68 21, Jul 93 10; 2. infans ESL **1** 261 14.

ܥܘܠܘܬܐ status foetus Philox 263 23.

ܥܘܠܐ scelus, facinus Dn 8 16, Afr 32 1, JS in MS **1** 67 264.

Pa. sceleste egit Nestle Chr 88 11.

ܥܘܠܐ scelestus Corluy MP 19 1, *f.* Afr 48 3, *pl.* scelesta Jer 8 10 (Hex), *adv.* JS in asd 90 3.

ܥܘܠܘܬܐ impietas, petulantia Ez 18 27, ES **2** 209C, Ath ـ 1.

Etpa. injuria affectus est Js 25 3 (Hex).

ܡܬܥܘܠܢܘܬܐ injuria Pr 17 9 (Hex).

Af. (N§177F) *1.* sceleste egit ES **1** 50D, 359D, Js 3 15 (Hex); *2.* in scelus induxit JA **2** 160 7; *3.* pervertit (jus) Job 8 3.

ܥܘܥܝ vagivit (infans) BA, PS.

ܥܘܦ (ar. عيف) fatigatus est Mt 15 32, Bhchr 555 4.

ܥܝܦܐ fatigatus Jud 8 4, 1Mcc 3 17, ES **1** 319F.

ܥܘܝܦܐ fatigatio EN 32 30.

Etpa. elanguit Ez 31 15.

ܥܘܦ (ar. ضعف cf. ܐܥܦ) *1.* duplicavit Apoc 18 6, ES **1** 72A, Vit Rabb 183 17, KwDW 249 15; *2.* duplicatus est ES **3** 463A, ER 22 24, KwDW 21 18.

ܥܝܦܐ duplex ES **1** 411F, *adv.* ib 404F.

ܥܘܦܐ (h. עוף) *1. coll.* aves Lv 1 14, ES **2** 204F, JS in MS **1** 70 355; *2.* examen (apium) Sir 11 3, AS **3** 31 25; *3.* truncus, ramus Vit Rabb 195 24 ἀκρεμών, Gal ZDMG **39** 286 6 (στέλεχος), ib. 242.

Af. advolavit, afflavit ES **2** 394B.

Etpe. discerptus est (vento) Ez 31 15, Geop 82 225.

ܥܘܙ flevit (infans) BA n. 6329.

ܥܩܬ ܠܝ (N§254A ar. ضيق) piget me sq. ܒ Gn 27 46, Nm 21 5, sq. ܡܢ ܩܕܡ ES **1** 196B.

ܥܩܬܐ dolor Gn 42 21, ES **1** 475C, Bal 293 3.

ܥܩܝܢܐ tristis ES **3** 432A, Corluy MP 20 3, sq. ܠܝ doleo ES **3** 284E.

ܥܩܝܢܘܬܐ tristitia KwDW 10 8.

ܥܩܬܢܝܐ tristis Pr 17 22 (Hex), Bhcar 121 8.

Etpa. doluit Nm 21 4, ER 122 21, dap 80 6, Ath 48 18.

Af. dolore affecit 1Mcc 3 7, ES **1** 42D, Vit Rabb 187 16.

ܡܥܩܢܐ Corluy MP 39 40, ܡܥܩܢܝܬܐ ES **3** 283F afflictatio.

ܥܘܦܪܐ pulvis ψ 1 4, Afr 493 16, am **3** 304 13, IA **2** 32 4.

ܥܘܝܪܐ caecus Dt 28 28, ES **2** 117A.

ܥܘܝܪܐ caecus ER 34 13, asd 15 16, 67 25.
ܥܘܝܪܘܬܐ caecitas ER 33 27, dap 75 26.
ܥܘܪ occaecavit Afr 194 18, Philox 528 14, (nisi Pa. leg.).

Pa. occaecavit Ex 23 8, BS 19 8, Journ. of s. l. **4** 32 12, KwDW 274 19.

Etpa. *1.* occaecatus est Dt 15 21, ES **2** 474F, dap 112 11, Philox 502 10; *2. met.* orbatus est Nis 1 37.

Af. occaecavit ESL **1** 315 11, asd 79 24.

ܥܘܫܠܐ ludus, jocus TA 46 294.
ܥܘܫܠܐ (Löw p. 343) *1.* palus ES **1** 191F, Js 19 6 (Hex) cf. Bernstein ZDMG **4** 202; *2.* ܥ′ ܗܘܐ ὑλομανέω silvescere Geop 84 15.

ܥܙܐ cf. s. v. ܥܢܙ.

ܥܙ a. *1.* validus fuit ER 11 25, ThMarg **1** 373 10, Bhcar 146 9; *2.* invaluit, horruit (mare) ES **3** 133C, Nis 11 55, 18 48; *3.* sq. ܥܠ invasit, cum vi irruit ESZ **1** 123.
ܥܘܙܐ vis ES **2** 372B, dap 96 9, AM **2** 390 1.
ܥܙܝܙܐ *1.* validus ES **2** 246B, Gal ZDMG **39** 299 8; *2.* potens ES **2** 86A, asd 46 12, JS in MS **1** 65 221.
ܥܙܝܙܘܬܐ robur, firmitas ES **2** 110E, ER 57 8.

Pa. fortiter se gessit AM **2** 302.

Etpa. *1.* validus factus est ES **2** 372A, apap 76 11; *2.* potens f. e. Vitt Rabb 161 4; *3.* iratus est asd 112 4, Mar Narses Gesch. Josephs ed. Grabowski 5u, infremuit ψ 7 25 (Aqu), minatus est Mt 9 20 (Phil).
ܥܙܥܙ firmum reddidit AS **3** 230 26.

Etp. restitit AS **3** 217 20.

ܥܙܒ *1. intr.* a) fortis fuit ES **3** 154E, Nis 43 32, b) ausus est ES **3** 43E, Nis 54 76, c) perseveravit ES **2** 454B, Vit Rabb 169 8, Ath ܡܕ 15, KwDW 394 8; *2. trans.* confirmavit ES **1** 473F.

ܥܙܠ nevit Ex 35 25, Apoc Bar 10 (ed Cer 120 9), Lc 12 26 (Phil).
ܥܙܠܐ *1.* fila Bhchr 206u; *2.* lanificium EbPar 49 12.
ܥܘܙܠܐ porcus Geop 8 28.
ܥܙܝܠܐ *1.* netus Ex 26 1, ES **1** 230A; *2.* intentus JS in MS **1** 49111; *3.* innatus ES **2** 541C.
ܥܘܙܠܐ *1.* antilope Cant **4** 5, Rabb 365 21, Bhchr 172 23; *2.* hinnuleus AS **3** 45 8.
ܡܥܙܠܐ (al. ܡܥܙܠܐ N§126F) fusus (*spindle*) 1Sm 3 29, EN 27 19.
ܡܥܙܠܐ id dap 7 16, Pr 31 19 (Hex).

Etpe. netus est AS **3** 68 28.

ܥܙܘܡܐ *1.* gravis (odor) Geop 111 26, EN 13 77; *2.* non subactus, rudis ES **2** 125B.

ܥܙܩܬܐ *1.* annulus Dn 6 17, ES **2** 213B, JS in ER 390 2, Jul 153 1; *2.* podex, anus Geop 113 18.

ܥܙܝܪ involutus IA **2** 70 44.
ܥܙܪܪܐ Zizyphus spina Christi et Rhamnus lotus L. Löw n. 229, Ez 16 8, Afr 187 18, Gal ZDMG **39** 281 11, EN 51 75.
ܥܙܪܪܬܐ μελία fraxinus Geop 19 28.
ܥܙܪܘܪܐ fascia Lc 2 7, ES **1** 397E, AS **3** 108 8, SB 94 n. 15.
ܥܙܪܪ fasciis involvit Job 38 9 (Hex), Lc 2 7 (Phil).

Etp. fasciis involutus est Ez 16 4 (Hex), AS **3** 156 21.

ܥܢܙܪܘܬ sarcocolla EN 24 38.

ܥܛܐ delevit, evertit ψ 9 6, ES **1** 50D, dap 28 25.
ܥܛܘܝܐ deletor Jer 22 7 (Hex).
ܥܛܝܐ *1.* deletio ES **2** 173 1, AS **2** 232 7, Jer 24 30 (Hex); *2.* exstinctio ESL **1** 59 15.
ܥܘܛܝܐ deletio IA **2** 348 v. 1858.
ܥܛܝܢܐ id. Eb Mai **10** 202 16.

Etpe. *1.* eversus est dap 28 26; *2.* deletus est Ath 15 24, JARS 104 2; *3.* exstinctus est Act 3 19, Afr 325 10; *4.* piatus est ES **1** 42A.

ܥܛܠ *1.* surdus fuit Js 33 19, ES **2** 77C; *2.* stupidus fuit ES **3** 133C; *3.* sq. ܠܐ non potui ER 35 10.

ܥܛܝܠܐ *1.* difficilis Ex 4 10, ES **1** 63D, Jul 238 21; *2.* pertinax Vit Rabb **194** 26; *3.* ܥܛܝܠ ܪܥܝܢܐ fatuus, stupidus Bh ZDMG **40** 446; *4. adv.* stolide, duriter Nis 65 91.

ܥܛܝܠܘܬܐ *1.* difficultas Vit Rabb 181 4; *2.* stultitia ES **3** 72C, Nis 10 87; *3.* obstinatio ES **2** 467F, Joseph **3** 5.

Etpe. offensus est Afr 36 15.

ܥܛܡܐ *pl.* ܥܛܡܬܐ (N § 84) *1.* coxa, latus Jud 3 13, Afr 91 2, ES **2** 205F, AS **3** 43 26; *2.* latus montis Jud 19 1 (Hex).

ܥܛܦ *1.* rediit, revertit asd 62 29, Jul 173 20, KwDW 117 16; *2.* reddidit Rechtsb 31 14; *3.* induit ES **1** 490C.

ܥܛܦܐ *1.* amictus ES **2** 329B; *2.* locus, unde quis exit Cyrill ZDMG **27** 590 v. 130.

ܥܛܦܬܐ pallium Vit Rabb 184 25, AS **2** 152 1, Eb Mai **10** 248 20.

ܥܛܝܦܐ vestitus KwDW 111 18.

ܥܛܘܦܐ adjungens Bhgr **1** 188 14.

ܥܛܘܦܘܬܐ tt. gr. (ar. العَطْف) junctio Bhgr **1** 62 cap 15.

ܥܛܘܦܝܬܐ adjungens Bhgr **1** 158 15.

ܡܥܛܦܐ amictus Judith 10 7.

Pa. vestivit Mt 25 38, Ath 34 11, KwDW 116 9.

ܡܥܛܦܐ vestitus 2Mcc 3 25, dap 90 3, Js 61 3 (Hex).

Etpa. *1.* vestitus est ER 22 6, KwDW 116 15; *2.* tectus est ES **1** 242F; *3.* induit ES **2** 413A, Bal 272 3.

Af. *1.* a) redire jussit KwDW 117 4, b) reddidit PsC 131 1, c) respondit Clr 97 22; *2.* vestivit Lv 8 7, ES **1** 20A.

ܥܛܪ *1.* spiravit, fragravit ES **2** 252B, asd 50 16; *2.* prorupit (fletus) ESJ 228 15.

ܥܛܘܪܐ fumans Joh Eph 7 15.

ܥܛܪܐ *1.* fumus ER 93 20; *2.* odor Ez 8 11, asd 50 18; *3.* fumigatio ψ 140 2, ER 8 6, Ath ܡ 13; *4.* aspalathus ἀσπάλαθος, Sir 24 15.

ܥܛܪܝܐ fumatorius OM 24 8.

ܥܛܪܢܐ, ܥܛܪܢܐ *1.* oleum cedrinum, cedria Geop 45 11 15, MS **2** 71 12, Gal ZDMG **39** 276 17, Duval-Berthelot **2** 7 11 15, 100 21; *2. pl.* suffimenta AM **2** 306 17.

ܥܛܘܪܐ suffimenta Cat Par 119 n. 169.

ܥܛܪܐ pharmacopola Bhce **3** 163 8, ZDMG **40** 447.

Af. fumigavit 2Rg 14 4, ER 142 22, asd 42 5.

ܥܛܪܕ عطارد Mercurius planeta Kays 195 3.

ܥܛܫܐ sternutamentum (*sneezing*) Job 41 9 (Hex).

ܥܛܘܫܐ Philox 378 15 et ܥܛܘܫܬܐ id. Gal ZDMG **39** 242, EN 32 23, 45 34.

ܡܥܛܫܢܐ sternutamentum efficiens BB in Löw p. 306.

ܥܝܐ vae! Bhcar 87 14; ܥܘܝ ܥ' exsecratus est ESL **2** 315 14, Jul 10 6; ܐܬܥܘܝ ܥ' *pass.* Jul 177 5.

ܥܝܒܐ *1.* marsupium ES **1** 341C, Nis 40 59; *2.* arca vestiaria AS **3** 34 17, EN 38 58; *3.* sarcophagus Nis 21 79.

ܥܝܒܘܬܐ gr. χάρις Spic Solesm **4** 58 22, leg. ܟܪܝܣܬܐ.

Af. obscuravit Thr 2 1, ES **2** 163C.

ܥܝܩܐ *1.* ira ES **2** 338A, Jul 35 25, Joh Eph 324 24; *2.* res, quae indignationem movet ES **3** 131C, Nis 55 32; *3.* injuria, contumelia Cyrill MDMG **27** 589 v. 545.

Pa. irritavit KwDW 131 7.

ܡܥܝܩܐ iratus Afr 299 13 (sic l.).

Etpa. iratus est Philox 417 16, Mt 20 24 (Phil), KwDW 32 11, JAP 7 8 439 2, Bhce **1** 371 1.

ܥܝܠܐ *1.* pullus equi Gn 32 16, Afr 118 11, ES **1** 188D, am **3** 42 11, Geop 107 13;

2. sepulcrum (?) Cyrill ZDMG **27** 578 v. 118.

ܥܝܡܐ *1.* nebula ES **3** 49D, KwD 45 12, Job 38 9 (Hex); *2.* gr. νεφέλη, ἀήρ, velum majus, quo discus, calix, reliqua vela teguntur Renaudot Lit. Or. **2** 61 (cit PS) Sev. A. 108 6.

ܥܝܡܢ nebulosus, obscurus (*dark, gloomy*) KwDW 271 13.

ܡܥܝܡܢ nebulosus ES **1** 120E.

Af. obscuravit, obtexit ES **3** 265F.

ܐܬܥܝܡܡ obscuratus est ψ 64 25 (Symm).

ܥܝܢܐ *f.* (N § 84) *1. pl.* ܥܝܢܐ oculus *pass. met.* splendor ES **3** 129D, aspectus ES **1** 253E; *2. pl.* ܥܝܢܬܐ a) fons ES **1** 521B, PsC 177 3, IA **2** 210 129 (sed *pl.* ܥܝܢܐ Gal ZDMG **39** 249 9), b) oculus, gemma (arboris) Nis 48 37, Geop 62 27, c) bulbus Gal ZDMG **39** 242.

ܠܥܝܢ *c. suff. pl.* ܠܥܝܢܝܗܘܢ ESJ 152 14 ante, coram Mt 27 24, ES **1** 65F.

ܒܥܝܢ ܥܝܢ coram, praesens SB 63 17.

ܥܝܢ ܓܠܝܐ manifeste Joh 7 13 (Cur) ESL **1** 441 10, apap 143 2, Jul 72 15, ܓܠܝܐ ܥܝܢ id. 2Cor 3 12.

ܥܝܢ ܚܝܠܐ sardonyx Ex 28 19, ES **1** 231C, IA **1** 116 730, Kays 264 22.

ܥܝܢ ܬܘܪܐ chrysanthemum coronarium Löw n. 233.

ܡܥܝܢܐ *pl.* ܡܥܝܢܐ rar. ܡܥܝܢܬܐ *f.* rar. *m.* (N § 87) fons 2Rg 3 25, ES **2** 515B, JS in MS **1** 56 325, Ath 36 10.

ܥܝܢܢ magnis oculis praeditus apap 130 6.

Pa. *1.* intuitus est AS **2** 192 12, Bhcar 48 3; *2.* designavit Bh ad Mt 24 21.

ܐܬܥܝܢ inoculatus est Geop 14 24.

ܥܝܩܘܬܐ (?) contristatio, cura ES **1** 528A.

ܥܝܪ vigilavit Nis **61** 55.

ܥܝܪ vigilans Mc 13 34, ES **2** 400F, JS in asd 88 6, *adv.* Philox 194 20.

ܥܝܪ ܕܡܟ semisomnus SB 22 9 10, ܥܝܠ ܕ' id. ThMarg **1** 77 14.

ܥܝܪܐ angelus ES **1** 502B, Guidi to 19 61, Dion T 81 2.

ܥܝܪܘܬܐ vigilantia Afr 138 1, ES **2** 400C, dap 93 19, Cyr 25 8.

ܥܝܪܘܢܐ asphodelus Löw n. 233, Gal ZDMG **39** 253 70, EN 26 71.

ܥܝܪܬܐ caedis ultio Ex 22 1, ES **1** 41F, Jul 36 10, KwDW 110 20.

Pa. excitavit Job 3 7, ES **2** 103D.

Af. *1.* expergefecit Lc 8 24, Guidi to 20 75; *2.* excitavit ER 128 5.

Ettaf. *1.* expergefactus est ψ 108 3, Afr 169 1, Guidi to 20 20, ThMarg **1** 125 21; *2.* vigilavit Mar 13 33.

ܥܝܘܬܐ minus bene ܥ' (N § 105) nomen sideris aut Aldabaran (BB) aut Capella (Bh ad Job 9 9) aut Orion (ES **2** 261F ad Am 5 8) aut Plejades gl. ad JS in MS **2** 92 250.

ܥܟܘܒܐ cynara carduncululus Löw n. 234, Gal ZDMG **39** 299 12, EN 25 51.

ܥܟܪ *1.* impedivit ESL **1** 319 8; *2.* restitit ES **1** 431F, Ath ܨܘ 8.

ܥܘܟܪܐ *1.* impeditio IA **2** 278 802, Philox 562 20, Clr 38 22, Cyr 71 14; *2.* repugnantia Corluy MP 11 8, Ath 37 17.

Etpa. impeditus est Dt 1 13, ES **1** 441D, ER 31 15, Philox 121 4.

ܥܠ *1.* intravit Dn 5 10, Chr ed 146 1; *2.* initiatus est Jul 245 28; *3.* sq. ܥܠ compressit, stupravit ES **1** 3D; *4.* irrepsit (error) Philox 405 2.

ܥܠܬܐ *1.* causa asd 45 13, Gal ZDMG **39** 365 2; *2.* praetextus Clr ep 152u, Phil 1 18, Guidi to 29 169; *3.* argumentum Gal ZDMG **39** 244; *4.* peccatum Gn 4 13 (Hex), crimen Dion T 161 4; *5. pl.* res, vasa Sind 25 2, KwDW 42 25, Bhcar 257 15.

ܥܠܬܢܐ causatus Bh ad Mt 22 3, JARS 56 3,

Eb Par 9 9, *adv. when opportunity offered* SB 15 4.

ܥܠܠܬܢܐ causalis Bhgr **1** 158 12.

ܥܠܠܬܢܘܬܐ causa τὸ αἴτιον glherm.

ܥܠܠܬܐ fructus, reditus 2Rg 8 6, ES **3** 241F, JSTham v. 202.

ܥܘܠܠܘܬܐ (?) aditus ES **3** 44E.

ܥܠܘܠܐ *1.* intrans ES **2** 550F, Bal 252 19; *2.* subintroductus Gal 2 4.

ܥܠܘܠܘܬܐ incessus Bhgr **1** 5 2.

ܥܠܠܐ *1.* pastor *met.* clerici praeter episcopum ES **2** 560C, Nis 4 24, 14 12 etc., IA **1** 262 242; *2.* dux, superior ER 349 6, asd 19 3, 68 5; *3.* causa ET 5 14.

ܡܥܠܐ adventus Jer 8 7.

ܡܥܠܠܬܐ (N § 23) *1.* introitus ES **2** 499A, Chr ed 154 23, Bal 317 25; *2.* aditus Gal ZDMG **39** 259 7; *3.* reditus Bhchr 588 9; *4.* dies festus ܡܥܠܢܐ ܕܥܐܕܐ Sim Šanql. 51 cf. Sachau Beruni Chronol. engl. transl. p. 307.

ܡܥܠܢܝܢ (al. ܡܥܠܢܝܢ) s. ܡܥܠܢܝܬܐ, ܕܫܢܬܐ, ܡܥܠܬܐ initium anni etc. BO **1** 527 18, Bhchr 81 6, ce **2** 675 23, Merx 174 (qui de vocis forma nimis artificiosa protulit).

ܥܠܝܠ *1.* initiatus IA **2** 28 45, Jul 217 6, ThMarg **1** 98 4; *2.* seq. ܒܫܢܝܐ aetate provectus dap 10 12.

ܥܠܝܠܘܬܐ status initiati ThMarg **1** 301 13.

ܡܥܠܝܠ ܨܘܡܐ initium jejunii Bhcar 118 13.

ܡܥܠܠ ܒܫܢܝܐ aetate provectus 2Mcc 5 24.

Etpa. *1.* invasit (aliquem daemon, diabolus) apap 119 17, Jul 248 4, Sch 36 5 (ira), Gesch Josephs ed Weingarten (Halle 1893) p. 17u; *2.* seq. ܥܡ se conjunxit cum JS in asd 107 12; *3.* se excusavit ES **1** 260A, Rabb 243 21; *4.* excusatus est Ath ܩܗ 5; *5.* praetendit, praetexuit Bhchr 215 1.

Af. introduxit Neh 9 23, ES **1** 564F.

ܡܥܠܠܐ *1.* introitus Philox 206 6; *2.* pallii genus BO **3** 2 898, AS **2** 156 22 (sic l.!).

ܡܥܠܢܘܬܐ introductio, isagoge Philox 624 18, ThMarg **1** 20 9, BO **3** 1 467a.

Ettaf. introductus est ENchr 79 1, JARS 36 11.

ܥܠܥܠ flatu dissipavit Js 54 11, ES **3** 295E.

ܥܠܥܠܐ *f.* procella 2Rg 2 11, Afr 278 15, ES **1** 121C, JS in asd 100 19, Mar 29 9, Bhchr 353 22.

ܥܘܠܥܠܐ tumultus ES **1** 473A.

ܡܥܠܥܠܢܘܬܐ perturbatio Joh Eph 305 16.

ܥܠܒ (ar. غلب) *1.* vicit, superavit ES **2** 167A, Gal ZDMG **39** 246, seq. ܥܠ ER 31 2; *2.* injuria affecit, oppressit Ath 15 10.

ܥܠܘܒܐ injustus dap 49 17, 66 3.

ܥܠܘܒܘܬܐ injuria Philox 79 21, Ath 19 6, dap 1 15, Cyr 93 74.

ܥܠܘܒܝܐ injuria Mc 7 22 (Phil), Cat Wright 1173a.

ܥܠܝܒܐ oppressus Vit Rabb 183 9.

ܥܠܝܒܘܬܐ defraudatio, oppressio Nis 59 69.

ܥܘܠܒܢܐ injuria Pr 22 23, ES **1** 65E, Philox 121 13, Cyr 26 8.

Etpe. *1.* superatus est ER 44 13, Philox 121 13; *2.* oppressus est dap 49 16.

Pa. vicit ES **2** 469E.

Etpa. *1.* oppressus est 1Cor 6 7, ES **3** 664B; *2.* seq. ܒ ruit in 1Sm 14 32.

ܥܘܠܒܬܐ (cf. ar. عُلْبَة) saccus Bhchr 395 21.

ܥܠܕܐ *1.* uter Judith 10 3, Bhchr 120 17, ZDMG **40** 447; *2.* follis Duval-Berthelot **2** 240 n. 21.

ܥܠܘܝ (nest. ܥ̈) Bhgr **4** 4 5) aloe Löw n. 235, Cant 4 14, cf. MS **2** 21 8, am **1** 33 9, Gal ZDMG **39** 250 23, Bhcar 103 5.

ܥܠܘܬܐ rar. ܥ̈ status vigilantis ES **1** 25F, **2** 584B, 506B, Nis 65 23, ESL **3** 87 2.

ܥܠܘܗܝ super Job 29 3, cf. ES **2** 12D.

ܥܠܝ *c. suff. pl.* super cf. N § 250.

ܥܠܝ ܡܢܗܐ adverbium ET 14 6.

ܥܠܝܢܐ scelus Métr ܠ p. 80 v. 4 (cf. Nöldeke ZDMG **34** 577).

ܥܠܬܐ *pl.* ܥܠܘܬܐ *1.* altaria (praes. idolorum)

1Mcc 2 25, Nis 11 96, Mar 66 11, asd 14 8; *2.* sacrificium Ez 43 18, ES **1** 450E.

Pa. *1.* exaltavit ES **1** 16F, 407D, Philox 335 4, KwDW 54 12; *2.* sustulit JS in MS **1** 90 438.

ܥܠܝܐ *1.* superior, supremus Jud 1 15, ES **1** 478C, Corluy MP 23 16; *2. pl.* superi ES **1** 487F; *3.* nomen accentus ET 25 4, BZ 2 7, JBh 18 9; *4. f.* femur 1Sm 9 24.

ܥܠܝܬܐ tabulatum superius (*upper room*) Mc 14 5, ER 95 23, asd 24 19.

ܥܠܝܘܬܐ majestas Bal 304 2, JS in MS **2** 122 709.

ܡܘܥܠܝܐ exaltatio ES **1** 254D.

ܡܥܠܝܘܬܐ *1.* exaltatio ES **1** 374B, Cyr 20 24, KwDW 51 20, Eb Par 57 7; *2.* majestas ES **1** 434E, Joh Dar in MS **1** 106 17, Ath 23 26.

Etpa. *1.* sublatus est Act 10 16, ES **1** 519A; *2.* ademptus est BO **3** 1 91a 5; *3.* ascendit Philox 193 9; *4. met.* translatus est Bh ad Mt 7 9.

ܡܬܥܠܝܢܘܬܐ *1.* exaltatio KwDW 11 9; *2.* metaphora JE in Journ of s. l. **10** 23 5.

Af. seq. ܒ injuste egit 1Sm 2 29, ES **1** 438B, **2** 200, ECth **5** 34 16.

Šaf. sustulit ES **1** 65E, Joseph **5** 4.

ܫܘܥܠܝܐ superbia 4Mcc 5 20, ES **1** 202E, TB 13 13.

ܡܫܥܠܝܢܐ audax, arrogans Rie 21 20, AS 187 25, SB 22 3.

ܡܫܥܠܝܢܘܬܐ arrogantia Js 24 8 (Hex).

Eštaf. superbus factus est 2Mcc 11 7, ER 9 4, KwD 92 1, Ath ܠ 13.

ܡܫܬܥܠܝܢܘܬܐ superbia ES **1** 26E.

ܥܠܡܐ (Lag. Nom. 115, de etym. Barth ZDMG **44** 685, Jensen ZA **7** 173 n. 3) *1. str. cstr.* ܥܠܡ aeternitas ES **2** 81D, Corluy MP 20 14; *2. st. cstr.* ܥܠܡ mundus ER 117 25, Chr ed 148 4, Eb Mai **10** 198 19.

ܥܠܡܝ̈ܐ ܡܣܒܘܬܐ convivae(?) asd 193 l. 21.

ܒܪ ܥܠܡܐ laicus dap 24 7.

ܥܠܡܝܐ laicus Vit Rabb 174 2, JS in asd 84 20, Jul 236 6.

ܥܠܡܝܘܬܐ aeternum (αἰών) Eph 2 2.

ܥܠܡܢܝܐ laicus ES **1** 237B, Rechtsb 49 29, KwDW 357 13.

ܥܠܡܝܢܝܐ aeternus Kays 13 1, 15 7, Bhcar 148 3, Cat Bod 57 9 a. f.

ܠܥܠܡܝܢܝܐ id. Kays 140 3, Eb Par 2 9.

ܥܠܡܝܢܐܝܬ Kays 49 22 et ܠܥܠܡܝܢܐܝܬ ib. 121 15, ThMarg **1** 171 9, in aeternum.

Pa. aeternum praedicavit (deum) BO **3** 2 676 20.

ܥܠܝܡܐ (ar. غُلَام) *1.* juvenis ER 376 1, asd 61 20, Guidi to 38 20; *2.* adultus ES **1** 26D; *3.* puer, servus, Jud 7 11; *4.* pullus (cervi) JS in asd 89 22.

ܥܠܝܡܬܐ *1.* virgo Mc 14 66, ES **1** 170B; *2.* ancilla KwDW 319 10.

ܥܠܝܡܝܐ juvenilis Cyr 165 3, Bhcar 44 6.

ܥܠܝܡܘܬܐ juventus ψ 126 4, dap 96 9, Vit Rabb 195 25.

Pa. juventutem alicui reddidit ES **2** 418F; cf. Wiesemann 85 8, Eb Par 74 10.

ܬܘܥܠܡܐ restitutio juventutis IA **1** 304 216.

Etpa. *1.* juvenis rursus factus est ES **2** 418B, Bhcar 29 4; *2.* maturus factus est Apoc 14 18.

ܥܠܥܠ o fervefecit Geop 43 17.

ܥܠܘܫܐ (علق) στρόφος, tormen Geop 104 1.

ܥܠܘܩܬܐ *pl.* ܥܠܩ̈ܐ *1.* hirudo (*leech*) EN 44 96; *2.* sanguisuga Bh ad Pr 30 15.

ܥܠܘܩܐ *1.* h. עלוקה Pr 30 15, durum quoddam (MS **2** 35 1) mala cupido (Bh ad l.); *2.* humidus et mollis (ἱμαντώδης καὶ ἁπαλὸς) Geop 13 9, 41 26.

ܥܠܘܩܘܬܐ atra ingluvies ES **2** 119F, **3** 20 7A

Etpa. restitit MS **2** 35 4, ThM in ZA TW **6** 99 8.

ܥܠܩܘܬܐ (غلق) serae (*locks*) PsC 268 12.

ܥܠܡ *praep.* *1.* cum pass.; *2.* nulla ratione

habita (*in spite of*) KwDW 202 21; *3.* secundum (*along*) JSt 63 21.

ܥܡܐ *pl.* ܥܡܡܐ (N§93) populus asd 73 6, Chr ed 149 7.

ܥܡܡܐܝܬ gentiliter Gal 2 14 (Phil).

ܥܡܡܝܐ *1.* ἐθνικὸς gentilis Mt 18 17 (Phil), Bh ZDMG **40** 447; *2. pl.* multitudo hominum Bhchr 276 10.

ܥܡܬܐ *pl.* ܥܡܘܬܐ (Rechtsb 4 1) amita (*aunt*) Rabb 221 8, AM **2** 275 15, Bh in Kayser Can des JE 24 26, EN 15 30.

ܥܡܫܘܢܐ calceus abjectus EN 23 20.

ܥܡܕ a *1.* demersus est PsC 170 8; *2.* occidit (sol) Lc 9 12 (Cur), apap 30 8, PsC 187 16; *3.* se lavit dap 118 4, Dion T 76 7; *4.* baptizatus est Vit Rabb 164 25, asd 11 18, am **3** 403 4.

ܥܡܕܐ *1.* occasus (sideris) IS 30 2; *2.* baptisma ES **1** 332D, Cyr 16 14, JS in asd 108 14.

ܥܡܝܕܐ baptizatus ES **1** 267E, ER 360 15.

ܥܡܘܕܐ *1.* urinator (*diver*) ES **3** 151D, KwDW 264 24; *2.* baptizandus ES **3** 153B, am **2** 13 2.

ܡܥܡܘܕܝܬܐ *1.* ablutio (vasorum) Mc 7 4; *2.* baptisma Mc 1 4, Afr 129 4, ES **1** 532E, Vit Rabb 195 3, dap 45 15; *3.* ܒܝܬ ܡ' baptisterium Chr ed 149 3; *4.* ܡ' ܕܪܘܦܬܐ κολυμβήθρα lacus Joh 4 2.

Etpe. baptizatus est Mc 1 9, ER 360 12, Sch 250 15, am **3** 411 17.

ܥܡܘܕܐ columna Ex 13 22, Afr 469 2, ES **1** 526A, dap 97 4.

Af. *1.* immersit Nm 31 23; *2.* baptizavit Vit Rabb 165 6, asd 14 3.

ܡܥܡܕܢܐ baptista ER 113 5, Chr ed 152 3.

ܥܡܛ *1.* obscuratus est ES **2** 304D, Nis 18 91, Guidi to 43 2; *2.* seq. ܡܢ ܥܘܗܕܢܐ ܕܐܠܗܐ oblitus est dei Philox 17 4.

ܥܡܛܬܐ tenebrae ECth **1** 75 17.

ܥܡܛܢܐ tenebrae Ex 19 9, ES **1** 107C, dap 5 29, Bal 310 2.

ܥܡܛܢܝܐ tenebrosus Pr 7 9 (Hex), JE schol 21 23.

ܥܡܘܛܐ obscurus Ru 3 14, ES **1** 107A, met. JS in ER 391 8.

ܥܡܘܛܬܐ tenebrae, obscuritas Jul 49 5, Philox 320 1, JE schol 28 18, BO **3** 1 145a 2, EN 32 21.

ܥܡܘܛܘܬܐ obscuritas AS 153 3, ThM 3 25.

Pa. obscuravit Afr 435 4, ES **2** 18A, TB 47 29, Kays 104 22.

Etpa. obscuratus est Js 44 18, OM 137 6.

Af. obscuravit Ez 32 7 (Peš), Thr 2 1 (Hex), Philox 322 2, Kays 111 2.

ܥܡܠ a (N § 160A) laboravit Eccl 1 3, ER 41 27, dap 42 11, Ath ܠ 15.

ܥܡܠܐ labor Eccl 1 3, ES **3** 355A, Corluy MP 43 5.

ܥܡܠܘܢܐ parvus labor Ge ZA **8** 37 20.

ܥܡܝܠܐ *1.* fatigatus Rabb 208 6, Thr 1 8 (Hex); *2.* laboriosus Ath ܩܣ 2; *3.* asceta AS **2** 30 3; *4. adv.* labore Gal ZDMG **39** 283 10.

ܥܡܝܠܘܬܐ labor Eb Par 39 1.

ܥܡܘܠܐ laborans AS 150 1.

Etpe. *1.* laboravit BO **3** 1 145bu = Th Marg **1** 277 16; *2.* vexatus est ER 85 22.

ܥܡܘܠܬܢܐ laboriosus KwDW 329 10, ThMarg **1** 101 12, Guidi chron 17pu.

Af. *1.* laborem imposuit (alicui) Lc 8 49, KwDW 86 16; *2.* vexavit ER 88 21, Clr 5 6; *3.* castigavit JARS 7 1.

ܥܡܠܐ ar. عامل praefectus BO **2** 109.

ܥܡܨ (غمض Barth p. 5) clausit (oculos suos) ES **3** 364D, IA **2** 84 65, Philox 71 17.

ܥܡܝܨܘܬܐ lippitudo EN 8 62, BB in Löw p. 371.

Pa. *1.* clausit (oculos alicujus) Js 6 10, ES **2** 373C, PsC 144 2, KwDW 352 2, JS in MS **1** 43 317; *2.* occaecavit dap 64 26; *3.* occlusit (aures) Clr 8 29.

ܥܡܘܨܘܬܐ clausio (oculorum) KwDW 352 16.

Etpa. *1.* clausit (oculos) ES **3** 581D; *2.* clausus est ES **3** 137E, Nis 47 62; *3.* occaecatus est ES **3** 137E, Add 42 9, asd 19 18.

Af. clausit Nis 77 22.

ܥܡܘܨܬܐ *f.* (N§84) buccella 1Sm 2 36, KwD 85 7 (cf. Nöldeke ZDMG **31** 539), Bhchr 182 2, JARS 155 9.

ܥܘܡܩܐ *1.* profunditas, altitudo Pr 9 18, Afr 280 1, ES **1** 524C, asd 36 19; *2.* vallis Joel 3 14, ES **2** 253D, Bhchr 124 11.

ܥܡܩܐ nomen vocalis u JAP**6** 19 p. 438 seq., Sev 5 18.

Pa. *1. tr.* a) depressit ES **1** 16E, **2** 73C, b) in profundo jecit (fundamenta) Afr 107 16, KwDW 8 25; *2. intr.* penitus penetravit Jer 7 11, dap 45 20, Philox 4 5, Jer 49 8 (Hex).

ܥܡܝܩܐ *1.* altus, profundus Afr 81 21, ES **2** 86A, Corluy MP 20 2; *2. met.* de vespere Ath 52 8, de nocte BO **3** 1 228a 12, de tempore matutino Bhce 589 14.

ܥܡܝܩܘܬܐ profunditas ES **1** 119C, Philox 303 5.

ܥܘܡܩܬܐ investigatio KwDW 102 5, 203 15.

Etpa. *1.* depressus est ES **1** 11C, JEh 8 8; *2. met.* seq. ܫܢܬܐ arcte, graviter dormivit Bhchr 165 13.

Af. profundum fecit Jer 49 8 (Aqu).

ܥܡܘܩܝܬܐ *1.* κοιλάδες foveae Geop 32 16; *2.* βόθυνοι foveae *met.* meteora ignea AS 138 4.

ܥܡܪ (عمر) *1.* habitavit Lv 18 3, Chr ed 145 12; *2.* vixit VitRabb 173 25; *3.* exsecutus est, perfecit AS 173 30; *4.* habitabilis fuit TB 7 19.

ܥܘܡܪܐ *1.* habitatio ER 125 11, Corluy MP 26 6; *2.* vita ER 117 3, JS in asd 101 19; *3.* seq. ܥܪܣܐ concubitus ES **1** 408D; *4.* coenobium Bhce **2** 581 22.

ܥܘܡܪܝܐ coenobita Bhce **2** 581 20.

ܥܡܪܐ βοτάνη planta Js 66 14, Job 8 12 (Hex).

ܥܡܝܪܐ et ܥܡܝܪܬܐ (ES **2** 18B) gramen Js 40 8, ES **3** 314A, dap 12 12.

ܥܡܪܬܐ (N§23E) οἰκουμένη, orbis terrarum ES **1** 122C, TB 118 24, BO **2** 167.

ܥܡܘܪܐ *1.* incola Gn 23 4, Chr ed 152 27; *2.* domesticus ES **1** 91E.

ܥܡܘܪܬܐ *pl.* ܥܡܘܪܝܬܐ concubina Clr ep 106 11, Spic Solesm **4** 220 8, Bhce **3** 63 8 9.

ܥܡܘܪܘܬܐ inhabitatio Vit Rabb 196 22, Th M 56 9.

ܥܘܡܪܢܐ *1.* domicilium Corluy MP 38 12, IA **1** 96 201; *2.* aedificatio Cat MB 52a 9.

ܡܥܡܪܐ domicilium ER 116 16, Chr ed 146 26, Spic Solesm **4** 63 17.

Etpe. habitatus est Js 44 26 (Hex).

ܡܬܥܡܪܢܝܬܐ *1.* terra habitabilis (opp. deserto) Ath 48 2; *2.* οἰκουμένη orbis terrarum Ap 3 10, ES **1** 122C, Ath 25 5.

Af. habitare fecit VitRabb 194 17, Bhchr 124 13.

Ettaf. habitabilis factus est (κατῳκίσθη) 1Ezr 5 45.

ܥܡܪܐ (h. צֶמֶר) *pl.* ܥܡܪ̈ܐ (ESL **2** 391 2, cf. N§74) lana Ap 1 14, Afr 78 2, ES **2** 357C, Bhchr 155 2.

ܥܡܪ ܓܘܦܢܐ gossypium BA n. 4768, Löw n. 65.

ܥܡܪܐ ܝܡܝܐ φυκίοις τοῖς ἀπὸ θαλάσσης ἐκβρασσομένοις Geop 71 17 23, Löw p. 238.

ܥܡܪ ܩܘܛܢܐ gossypium Löw n. 65, Bhchr 225 11.

ܥܡܪܢܝܬܐ lanaris (ovis) EN 42 52.

ܥܢܐ (ar. ضأن cf. Del. Prol. 87) pecus Mt 26 31, Rabb 236 1, *pl.* ܥܢ̈ܝܬܐ Kays 68 2, Bhchr 131 19.

ܥܢܢܐ *f. 1.* nubes Lc 9 34, Bal 273 3, asd 24 14, dap 97 5; *2.* nomen mercurii Duval-Berthelot **2** 10 4, 25 6.

ܥܢܢܢܐ nubilus ES **1** 151C, AS 142 25.

Pa. collegit nubes Hex: Job 37 2, Gn 9 14, cf. ZDMG **19** 671, **24** 555.

ܥܘܢܢܐ συννέφεια collectio nubium Job 3 5 (Theod).

ܥܢܝܢܐ impotens ad coeundum EN 12 38.

ܥܢܢ obnubilavit Job 37 21 (Symm), cf. ZDMG **20** 445.

ܥܢܐ *1.* respondit Jud 7 14, ES **3** 229B, Guidi to 28 64; *2.* exaudivit ER 138 7; *3.* oboedivit Philox 397 20.

ܥܢܐ assiduus, occupatus aliqua re Philox 484 16, Vit Rabb 177 2, PsC 241 17, Giorn d. soc. as. it. **3** 175 21.

ܥܘܢܝܬܐ hymnus, cantilena ER 7 11, Nis pass, Jul 227 24, ThMarg **1** 145 7.

ܥܢܝܢܐ *1.* negotium Pr 3 10; *2.* consideratio, contemplatio ES **1** 372B; *3.* significatio, sensus ES **1** 498F; *4.* colloquium ER 117 14, JS in MS **1** 19 346, Corluy MP 31 2; *5.* consuetudo, usus Philox 84 2, Cyr 32 7.

ܡܥܢܝܬܐ *1.* hymnus, carmen strophicum Cat Wright **1** 248a, Bhce **1** 193 1; *2.* antiphonia Joh Eph 129 1.

ܒܪ ܡܥܢܝܬܐ amicus AS 26 6.

Etpe. *1.* occupatus est Pr 3 10, dap 2 25, Bhchr 72apu; *2.* collocutus est ES **3** XXIV 22, Ath 16 20; *3.* familiariter usus est Cyr 123 23; *4.* exauditus est ES **1** 83E, 498E, Bal 260 21.

Pa. *1.* respondit ES **1** 217E; *2.* ἐξῆρχεν incepit Judith 15 14; *3.* reciprocavit cantum Ex 15 21, ES **1** 322A, EbMai **10** 278 14.

ܥܢܝܢܐ cantor Cyrill ZDMG **27** 597 v. 197.

ܡܥܘܢܝܐ cantus responsorius ESL **2** 821 10, BO **3** 1 178a 19, EbMai **10** 279 14.

Etpa. decantatus est Cyr 409 4.

Af. *1.* applicavit (aurem) am **2** 562 16; *2.* vexavit ES **3** 28D; *3.* occupavit (animum) Philox 576 24.

ܥܢܒܬܐ *pl.* ܥܢܒ̈ܐ (N§94E) uva Neh 13 15, ES **1** 190C, Bal 280 5, PsC 78 16.

ܥܢܒ̈ܐ ܐܪ̈ܓܐ mandragora BA n. 4380, Löw p. 189.

ܥܢܒ̈ܐ ܬܘܠܐ στρύχνος atropa belladonna Gal ZDMG **39** 300 15, Geop 107 16, Löw n. 236.

ܥܢܒ̈ܐ ܕܣܢܝܐ fructus rubi fruticosi AS **2** 128 pu, cf. Löw p. 425.

ܥܢܒ̈ܐ ܕܬܥܠܐ solanum nigrum EN 26 79, Löw n. 237.

ܥܢܕ *1.* cessit (loco) Ex 33 11, ES **1** 107F, Philox 91 5; *2.* periit Jud 21 6, ES **3** 206E; *3.* mortuus est Vit Rabb 170 23.

ܥܘܢܕܢܐ *1.* finis ES **1** 341F; *2.* mors Lc 9 31 (Cur), asd 21 13, Vit Rabb 201 17.

Pa. abire, discedere fecit, removit ES **2** 132 3, **3** 320 8, cf. Bernstein ZDMG **4** 311.

ܥܢܝܕܐ mortuus ES **3** 337D, asd 18 25, Guidi to 42 22.

Af. exstinxit 1Sm 2 43, ES **1** 338E.

ܥܢܘܝܐ (cf. Lag Mitt **1** 80 sq.) *1.* humilis, sanctus ES **2** 542E, Vit Rabb 207 22; *2.* asceta Hoffmann Ausz n. 126, BO **3** 2 847 3, ThMarg **1** 23 16.

ܥܢܘܝܘܬܐ *1.* humilitas Afr 176 9, ES 275C, Rabb 238 25; *2.* ascesis Philox 531 22, ThMarg **1** 23 9.

ܡܥܢܘܝܐ humilis ESL **2** 371 24 (si lectio sana est).

ܐܬܥܢܘܝ *1.* se humiliavit Ath 25 21; *2.* occupatus est Act 24 16 (Phil), BO **3** 1 144a 8, ThMarg **1** 78 18, Bhchr 168 8.

ܥܢܩܬܐ (N§137 nest. 'ܩ Bh ad Dt ll.) abomasum, ventriculus interior (h. קֵבָה) Dt 18 3 (gr. ἔνυστρον) Mal 2 3 (Hex), cf. Bernstein ZDMG **4** 215, EN 42 59.

ܥܢܙܐ *st. cstr.* ܥܢܙ (N§99) capra Rabb 213 4, Ath ܨܝ 8, PsC 4 4.

ܥܢܙ ܐܝܠܐ τραγέλαφος glherm, ZDMG **5** 157, cf. Lag GA 283 10.

ܥܢܙ̈ ܛܘܪܐ (N§141) caprae montanae AM **1** 356 7.

ܥܢܙܝܐ caprarius Am 7 14 (Hex), EbPar 102 3.

ܥܢܦܐ *1.* juba Geop 107 24, EN 40 00; *2.* *pl. f.* (N§84) rami Sap 4 4, Cyr 266 14.

ܐܬܥܢܦ jubatus est BB, PS.

ܟܥܒܬܐ *f.* ramus, surculus ψ 80 12, ES **2** 6C, IA **2** 86 109, Geop 75 9.

ܟܦܠܬܐ *f.* (N § 86) fraus, dolus Pr 4 17, Afr 286 9, ES **2** 37F.
ܟܦܠ seq. ܥܠ fraudis accusavit ES **1** 97F.
ܟܦܠܝܐ perversitas ESL **1** 243 29.
Etpa. dolose egit ESL **1** 243 27.
ܟܦܠܘܬܐ ES **2** 454A, et ܟܦܠܘܬܐ ES **3** 207A, JS Abb 76 495, leg. ܟܦܠܘܬܐ PS.
ܟܦܠܐ vitiosus, perversus 2Thess 3 2, Afr 303 18, ES **2** 381F, IA **1** 256 140, Jul 5 11.
ܟܦܠܘܬܐ scelus Cyr 304 14, Spic 26 19.

ܟܨܣ *1.* exploravit, perscrutatus est Nis 21 176; *2.* insidiatus est Card 98 5.
ܟܨܣܐ *1.* perscrutatio ES **2** 470B; *2.* distensio BO **3** 1 144a 19; *3.* perturbatio ZDMG **24** 270 26, ThMarg **1** 37 13; *4.* labor ES **1** 489B; *5.* contumacia ES **1** 504F, superbia ES **2** 66F.
ܟܨܘܣܐ contumax Card 99 10.
Pa. *part. pass.* occupatus (labore) BA n. 6366.
Af. inflammavit IA **2** 256 388.
ܟܨܟܨ occupavit Eb Par 59u.

ܟܨܘܟܨܐ assula (*splinter*) Geop 54 15, 61 17.
ܐܬܟܨܟܨ fissus est Geop 63 24.

ܟܨܟܐ *pl.* ܟܨܟܐ (ES 18 1 N § 93) herba Amos 7 2, ER 116 17, Bhchr 179 15.

ܐܟܣܦ discussit, fregit (?) Bhchr 352 14.

ܟܣܟܪܐ *pl.* (ar. عسكر) exercitus Bhchr 563 19.

ܟܣܩ *1.* difficilis fuit KwDW 104 5; *2.* seq. ܥܠ offensus est Afr 230 5.
ܟܣܩܐ difficilis Pr 22 5, ER 111 12, asd 20 1.
ܟܣܩܘܬܐ *1.* difficultas ES **2** 115F, JSt 15 4, EN 33 36; *2.* perversitas ES **3** 427B; *3.* vehementia ESZ **1** 434.
ܟܣܩܐ onus ES **3** 547C.
ܟܣܝܩܐ difficilis 2Pt 3 16, IA **1** 118 789, JS in asd 87 6, Joh Eph 361 17, KwDW 374 15.
ܟܣܝܩܘܬܐ molestia Jul 69 28.
Etpe. difficilis fuit Cyr 40 1, Eb Mai **10** 307 2.
ܟܘܣܩܐ difficultas, vexatio ES **2** 402F, Nis 67 24, ESZ **1** 110, Pall in ThMarg **2** 33 36.
Etpa. *1.* seq. ܒ increpavit, objurgavit (*to scold*) Ath 42 16; *2.* seq. ܠܘܬ recusavit ES **1** 495A, Bhce **3** 5 11; *3.* seq. ܥܡ a) difficilem se praebuit Gn 26 20, ES **1** 68D, b) vix acquisivit, adeptus est IA **1** 118 786, c) curiose inquisivit ψ 76 12 (Hex).

ܥܣܪ, ܥܣܪܝܢ decem, *pl.* viginti N § 148.
ܥܣܪܐ decalogus Bh ad Mt 11 17.
ܥܣܪܝܬܐ decachordus Cyrill ZDMG **27** 596 v. 169.
ܥܣܪ ܡܕܝܢܢ (N § 152) decapolis Mt 4 25.
ܒܥܣܪܐ ܒܝܪܚܐ (N § 150) decimo mensis die Jer 52 4 (Hex).
ܡܥܣܪܐ decima pars (δεκάτη) Tob 1 7, Bh adsc. ment 15 16.
ܥܣܪܘܢܐ h. עִשָּׂרוֹן decima pars, mensura frumenti Ex 29 40, ES **1** 233C.
ܡܥܣܪܬܐ decimae Am 4 4, Afr 63 22, dap 32 12, JS in ER 398 14.
ܡܥܣܪܝܐ ad decimas pertinens Bh ad Lv 19 19.
ܥܣܝܪܝܐ decimus N § 133.
ܥܣܝܪܝܘܬܐ decas dap 36 9 (sic l.!, cujus nominis (יהוה) initium est decas i. e. decima litera alphabeti י), ψ 32 4 (Aqu).
Pa. *1.* decimavit Dt 14 22, Mt 23 23, ES **2** 278D, dap 40 15; *2.* divinis laudibus operam dedit IA **2** 122 v. 303.
ܡܥܣܪܢܘܬܐ decimatio ES **3** 187B.
Etpa. *1.* decimatus est Hebr 7 9 (Phil); *2.* decimam recepit AS **3** 11 25; *3.* se ex numero exemit IA **2** 28 77.
Af. decimas solvit ES **1** 62A.

ܥܫܬܪܘܬ 'Ασταρὼθ h. עַשְׁתְּרוֹת Regn γ 11 7 (Hex), EN 56 78.

ܥܦܝ̈ܬܐ (corr. e ܦܬܝܐ q. v. Nöld ZDMG **30** 356; = hebr. *צאצאות a √ יצא cum aphaeresi literae י Hoffmann ZDMG **32** 753 n. 3) pinnae (*battlements*) Nah 2 6, MAMQ 79 6, JSt 58 6.

ܥܦܐ involvit Hebr 1 12 (ܐܥܦܝܘ ἑλίξεις), ܥܦܘܦܐ, ܥܦܘܦܝܐ Bhchr 310 6.

ܥܦܦ duplicatus est Philox 212 4, cf. ܥܦ, ܐܥܦ.

ܥܦܐ duplum ES **2** 85E.

ܥܘܦܐ divitiae ZDMG **29** 116 v. 216.

ܥܦܝܦܐ duplex ES **2** 19B, *adv.* ES **3** 478F.

ܥܦܝܦܘܬܐ *1.* vestimentum duplex sine gossypio EN 36 27; *2.* genus scribendi, quo extremas tantum literarum lineas ducebant, interiora alba relinquebant Duval Traité de Gramm. syr. p. 8.

ܥܦܝܦܬܐ ܠܬܠܬܐ triplices Ez 4 2 (Hex).

ܥܦܝܦܬܐ ܠܬܡܢܝܐ octapla Job 6 28 n i (Hex), cf. Bernstein ZDMG **4** 221.

Pa. duplicavit Ez 21 4 (Hex), Ath 21 4.

ܡܥܦܦܢܘܬܐ repetitio Bh. pr. ad Dt.

Etpa. *1.* duplicatus est Philox 358 24, Ath 21 4, SB 143 3, Bh adsc. ment 17 22; *2.* multiplicatus est ES **3** 503B.

Af. duplicavit ES **1** 28D, Nis 1 148.

ܥܦܐ *1.* splenduit ψ 131 18; *2.* complicavit AS **2** 140 7, JohEph 282, 333, ThMarg **1** 303 21.

ܥܦܝܐ genus panis EN 35 87.

ܥܦܝܬܐ involucrum Job 41 4 (Hex).

ܥܘܦܝܐ *1.* flos Js 40 6, ES **2** 86A, Hebr 12 15, ThMarg **1** 322 16; *2.* foenum Duval-Berthelot **2** 277 n. 2.

ܥܘܦܝܢܐ *1.* herba Dn 3 75, ES **1** 324E, AM **2** 387 (sic l.!); *2.* negotium (περισπασμὸς) Tob 10 6, AS **3** 16 18.

Etpe. occupatus est Joh Eph 186 3.

Pa. *1.* involvit, obduxit, obtexit ES **2** 426E, Nis 41 13, spec. mortuum hinc; *2.* sepelivit ES **1** 242A, asd 84 24, am **1** 364 9.

ܥܘܦܝܐ sepultura ES **3** 257D.

Etpa. involutus, sepultus est ES **2** 138E, ER 143 7, JAP **5** 2 448 3 (sic l.!).

ܥܦܨܐ galla (*gall-nut*) cf. Löw p. 73, Cat Wright **2** 581A, cf. ܐܦܨܐ Nöld. Mand Gr 58.

ܥܦܩ (Barth p. 25) amplexus est Gn 29 13, Afr 67 3, ES **1** 528B, dap 6 7, MS **2** 70 22.

ܥܦܩܐ amplexus KwDW 221 13.

ܥܘܦܩܐ amplexus (ūs) Eccl 3 5.

Pa. amplexus est Pr 4 8, Act 20 10, ES **1** 550C, Philox 136 17, Jul 97 14.

ܥܘܦܩܢܐ amplexus ES **3** XLVI 20, Eccl 3 5 (Hex).

Etpa. *1.* amplexatus est ES **3** 602B; *2.* amplexu tentus est ESL **2** 581pu.

ܥܦܪܐ (ar. عَفَر) pulvis Js 2 10, ES **1** 497D, ER 13 1, dap 83 16.

ܥܦܪܢܐ e pulvere factus 1Cor 15 47, ES **1** 88A, ER 13 1.

ܥܦܪܢܝܘܬܐ natura pulverulenta ThMarg **1** 295 2, 379 9.

ܥܦܝܪܐ tectus (pulvere) AS **3** 89 23.

ܥܘܦܪܐ fruges residuae IA **2** 344 v. 1782.

Etpa. in pulverem mutatus est SB 154 22.

ܥܦܪܐ (ar. غفر) amiculus Lc 6 49, Nis 43 267, 276, Joh Eph 153 16.

ܥܘܦܪܐ h. אֵפוֹד vestimentum sacerdotale Jud 8 27, cf. Nöldeke ZDMG **25** 675.

ܥܦܘܪܐ conopium (*fly-net*) EN 58 59.

ܥܦܪܐ (Barth p. 19, Del. Prol. 54, Nöld ZDMG **40** 728) pallium 1Rg 19 13, Afr 124 51, ES **1** 503C, BO **3** 2 688 3.

ܥܨܨܐ tt. gr. vocalis u pass.

ܥܨܨܬܐ nomen accentus ET 38 15.

ܥܨܨ coegit ES **1** 488F (si lectio sana est).

ܥܨܐ *1.* coegit ES **1** 507C, asd 50 7, Chr ed 154 7; *2.* repugnavit, restitit s. acc. 2Mcc 14 29, Rom 2 8, Philox 431 2, dap 90 26;

3. tt. gr. literam Jod puncto inferiore signavit ON 6 14.

ܥܨܝܐ vis, necessitas ES **1** 170E.

ܥܨܝܢܐ repugnans, pertinax Bhchr 194 16, *adv.* vi Jul 147 22.

ܥܨܝܢܘܬܐ repugnantia BO **2** 224 4.

ܥܨܝܬܐ *1.* vis, necessitas Bal 286 2, SB 108 20; *2.* repugnantia Afr 62 27, ES **3** XLVIII 27, dap 67 27; *3.* nomen accentus ET 25 5.

ܥܨܝܢܐܝܬ vi ES **1** 169C, KwDW 68 23, Kays 205 22.

ܥܨܝܢܘܬܐ repugnantia Cyr 72u, Giorn. d. soc. as. it. **3** 172 17.

Etpe. *1.* coactus est ES **2** 39C, ER 130 4, Philox 431 21, Chr ed 154 12; *2.* restitit, repugnavit ES **1** 172F, Corluy MP 32 4.

Pa. *1.* evellit ES **2** 209F; *2.* restitit Philox 41 7.

Etpa. repugnatum est Philox 48 9.

Af. oppressit asd 67 1.

ܥܨܒ *1.* obligavit (vulnus) Js 1 6, Lc 10 34, ES **2** 21A; *2.* sanavit asd 19 21, JS ib 90 24, id Const v. 171; *3.* reparavit, refecit (navem) ES **3** 487C.

ܥܨܒܐ *1.* vinctura (*dressing, bandage*) Nis 10 79, AM **2** 352 22; *2.* sanatio ES **3** 375F, Spic Solesm **4** 246 2; *3.* medicamentum ES **3** 187A, dap 45 19, Gal ZDMG **39** 242.

ܥܨܘܒܐ *1.* chirurgus ES **2** 536A, IA **2** 114 117, JS Abb 133 2; *2.* medicus JS in ZDMG **25** 347 v. 634, Const v. 97.

Etpe. *1.* obligatus est Ez 30 21 (Hex); *2.* sanatus est Epiph 26 83.

Pa. *pass. part.* quod sanari potest KwDW 214 1.

ܥܨܝܦ Clr 88 11 vox incerta.

ܥܨܪ *1.* conculcavit ES **1** 201E; *2.* pressit Ex 27 20, PsC 78 17; *3.* torculavit (*to press the wine*) Dt 20 6, ER 97 17.

ܥܨܪܐ *1.* torculatio ES **2** 267F; *2.* succus ὀπὸς Gal ZDMG **39** 241 10, EN 27 7.

ܥܨܪܐ ܡܨܪܝܐ acacia Gal ZDMG **39** 250 12, cf. Löw p. 197.

ܥܨܪܬܐ sacrificium Am 5 21, Afr 315u.

ܥܨܘܪܐ torculator Jer 25 30, ES **2** 130F.

ܡܥܨܪܬܐ *1.* torcular (*wine-press*) Dt 15 14, ES **2** 160F, dap 35 20, Bhchr 315 22; *2.* mactra (*trough*) apap 115u.

Etpe. *1.* expressus est ES **3** 578B; *2.* torculatus est ER 97 15,

Pa. *1.* conculcavit ES **2** 254B; *2.* afflixit Clr ep 38u.

ܥܨܘܪܐ *1.* *pl.* h. חַרְצַנִּים acini Nm 6 4; *2.* succus ES **1** 253C; *3.* compressio Pr 30 33 n. e (Hex), cf. Bernstein ZDMG **4** 217.

Etpa. restitit, repugnavit Bhce **1** 261 15 (nisi الحب leg.).

ܥܩܐ (Sir 32 6) et ܥܩܬܐ (MS **2** 20 12) *pl.* ܥܩܐ (√ ענק Lag Prov 80 11) torques Jud 8 26, ES **1** 320C, AS **3** 20 24, Bhchr 493 7.

ܥܩܝ *1.* torque ornavit Card 99 23; *2.* vinxit ib. 24.

ܥܩܦ supinum prostravit Geop 105 21.

ܥܩܦܐ inclinatio EN 33 40.

Etpe. prostratus est (ἀνεκλίθη) Geop 110 26.

ܥܩܒ *1.* var. Pa. ἀντονομάσω (*I shall find a substitute*) apap **1** 215 12 (am **3** 50 6), cf. **2** 186a.; *2.* explevit, supplevit Eb Mai **10** 319a; *3.* requisivit IA **2** 240 64; *4.* secutus est ThMarg **1** 117 17; *5.* calcavit (πτερνιεῖ) Jer 9 4 (Hex).

ܥܩܒܐ *f.* (N § 84, 94D) *pl.* ܥܩܒܐ *1.* calx Joh 13 18, ES **1** 36B, Jul 115 6, ܒܥܩܒܗ ܕ post Philox 599 5; *2.* ungula ES **1** 192A; *3.* *pl.* genus hymnorum Cat Wright **1** 374b.

ܒܥܩܒ in calce (secutus est) ER 48 17.

ܥܩܒܬܐ *pl.* ܥܩܒܬܐ vestigium ER 16 25, dap 6 22, ECth **2** 12 6.

ܥܩܒܬܢܐ (canis) vestigator (*setter*) ECth **1** 47 l. 54.

ܥܩܒܢܘܬܐ fraus, dolus ψ 40 20 (Hex).

Pa. *1.* persecutus est Ath 45 21; *2.* seq. ܒܬܪ investigavit Mt 2 8, Vit Rabb 176 6, Philox 75 13, dap 43 14; *3.* desiit apap 65 7, cf. ZDMG **26** 801.

ܥܘܩܒܐ examinatio, investigatio Gal ZDMG **39** 264 1, 288 4, Joh Eph 103 11, KwDW 113 16.

ܡܥܩܒܢܐ περίεργος diligens Gal ZDMG **39** 263 12.

Etpa. *1.* investigatus est JS in ER 399 12, Joh Eph 98 24; *2.* sibi investigavit Arist 1 13, cf. not p. 53.

ܠܐ ܡܬܥܩܒܢܐܝܬ incomprehensibiliter BO **3** 2 214 13.

ܥܘܩܒܪܐ mus Lv 11 29, ES **1** 241E, dap 118 3, KwD 57 1, Bhchr 253u.

ܥܘܩܒܪܢܐ *1.* mus KwD 74 20; *2.* musculus EN 8 41 (ubi lectio codicis h. praeferenda).

ܥܩܕ *1.* volvit AM **1** 232 15; *2.* contorsit, convolvit JS in ZDMG **14** 685 1.

ܥܩܕܐ fixatio corporis liquidi aut vaporosi Duval-Berthelot **2** 95 20.

ܥܩܝܕܐ fixatus ib. 96 8.

ܡܥܩܕܐ ordinatus IS 34 3.

ܐܬܥܩܕ *1.* convolutus est Nis 40 46; *2.* ἐνσκολιευόμενος ZDMG **24** 291 28; *3.* curavit, operam dedit IA **1** 94 217 (Bickell: contorqueretur?), am **2** 408 6, JE in Journ of s. l. **10** 13 15, Bhchr 551u.

ܥܘܩܠܐ via tortuosa, flexuosa ES **2** 485D.

ܥܩܝܠܘܬܐ curvitas am **2** 101 14, IS 17 11.

ܡܥܩܠܐ perversus Mt 17 17, am **3** 678 17, Jul 62 25.

ܥܩܠܬܢܐ *1.* tortuosus Js 27 1, ES **1** 191D; *2.* pravus BO **1** 295A, Joh Eph 286 18.

ܥܩܡ *1.* distorsit, avertit (a fide) διαστρέψαι Act 13 8; *2.* pervertit Jer 3 26, ER 351 15, IA in MS **1** 20 428.

ܥܩܝܡܐ perversus 1Sm 22 27, ψ 18 27, KwDW 112 3.

ܥܩܝܡܘܬܐ dolus, fraus KwDW 209 17.

ܥܘܩܡܐ perversitas Pr 8 8, Bh ad ψ p. 153 66.

ܡܥܩܡܐ perversus Jud 5 6, Afr 320 16, dap 51 16, Vit Rabb 191 10.

ܡܥܩܡܘܬܐ perversitas ES **1** 193C, Vit Rabb 198 20, KwDW 96 21.

ܡܥܩܡܢܘܬܐ perversitas KwD 90 8.

Etpa. *1.* perverse egit Sm 22 27, ES **1** 432B, ER 351 13; *2.* dolo usus est (διαστρέφων) Sir 19 25.

ܥܘܩܣܐ aculeus (*sting, prick*) Act 9 4, Afr 135 2, ES **1** 324E, dap 70 11, Jul 70 27, Ign 216 21.

ܥܩܝܣܐ contortus KwDW 52 10, 145 11.

ܥܩܝܣܘܬܐ contorsio KwDW 52 12.

Etpe. punctus est Bhgr **1** 48 16.

Pa. sustulit, prae se tulit Cyr 266 14, 361 21.

ܥܘܩܣܐ injuria, fraus Nis **31** 35.

ܥܩܡܣܐ crispus EN 12 43.

ܥܩܡܣܘܬܐ crispitas Bh adsc ment 19 16.

ܥܩܦܣ i. q. ܥܩܡܣ q. v. Bh ZDMG **40** 447.

ܥܩܪ (Barth 6, 72) *1.* evertit, delevit, exstinxit 2Par 7 20, ES **1** 567D, Philox 14 16, Vit Rabb 193 14, asd 14 17; *2.* evulsit (dentes) AM **2** 223 35; *3.* sterilis factus est Sir 42 10 (Hex).

ܥܩܪܐ *f.* ܥܩܪܬܐ sterilis (de viro, femina, terra) Dt 7 14, ES **1** 60B, Lc 1 36, ES **1** 60C, **2** 410C.

ܥܩܪܝܐ sterilis Alex 59 15.

ܥܩܪܘܬܐ sterilitas Afr 22 3, ES **1** 4B, Nis 37 18, ThMarg **1** 96 1, Bh ZDMG **40** 447.

ܥܩܪܐ evulsio (dentis) ES **2** 369A.

ܥܩܪܐ pro ܟܪܩܐ buxus sempervivens = φιλλυρέα Duval-Berthelot **2** 219, BB 309 15, cf. Löw p. 63.

ܥܩܪܐ ܥܩܪܬܐ *met.* impostor Bh ZDMG **40** 447.

ܥܩܘܪܐ deletor MS **2** 65 22, Corluy MP 19 9.

ܥܘܩܪܢܐ eversio Philox 148 15, ECth **3** 71 13, Clr 37 7.

Etpe. *1.* eversus, deletus est Pr 2 22, Chr ed 152 18, Philox 365 10; *2.* evulsus est Mt 15 13, Gal ZDDG **39** 262 9.

Pa. evellit ψ 29 9 (dentes) Eb Mai **10** 200 2.

ܥܶܩܳܪܳܐ *1.* radix Ez 16 3, Lc 8 13, ES **1** 523D, ER 35 5; *2.* *drug* JS Const v. 98, Gal ZDMG **39** 417 n. 1, KwDW 142 12; *3.* tt. gr. radix ET 25 5.

ܥܶܩܳܪܳܐ ܕܪܡܳܢܳܐ radix punicae granatae EN 27 98, Löw p. 365.

ܥܶܩܳܪܳܐ ܕܐܰܪܝܳܐ orobanche Geop 6 7, Löw n. 34.

ܥܶܩܳܪܳܐ ܕܚܶܠܬܳܐ ܐܶܘܦܰܛܳܪܺܝܳܢ agrimonia eupatoria Löw n. 1, Gal ZDMG **39** 256 23.

ܥܶܩܳܪܳܐ ܚܶܘܳܪܳܐ veratrum album BB, Löw p. 306.

ܥܶܩܰܪ ܟܘܪܟܡܳܐ curcuma longa L. BB Löw p. 219.

ܥܶܩܰܪ ܦܶܪܛܪܳܢ anthemis pyrethum Löw n. 240, Gal ZDMG **39** 294 41, EN 26 79.

Etpa. aut **Ettaf.** sterilis factus est PsC 56 11, cf. Nöldeke Beitr p. 19 n. 6.

ܥܶܩܰܪܒܳܐ (nest. ܥܩ' Bhgr **4** 45) *f.* scorpio Ez 2 6, Afr 105 1, ES **2** 343C, PsC 174 4, Ath 34 1.

ܥܰܩܫܳܐ calcitratus BA, PS.

ܥܰܩܽܘܫܳܐ calcitrosus BA, PS.

ܥܰܩܬܳܐ erectio (penis) EN 10 19.

ܥܰܪ a neglexit ES **3** 434F (PS conj. ܐܰܥܺܝܪ), apap 101 5 6.

ܥܰܪܳܐ tamarix Löw p. 65, Geop 40 12, Gal ZDMG **39** 282 28, JE Journ of s. l. **10** 13 12, Bh ad Js 14 8, EN 25 47.

ܥܰܪܥܽܘܪܳܐ procella Am 1 14, ES **2** 257D.

ܥܰܪܳܢܳܐ *1.* pertica qua signum dant h. תֹּרֶן Js 30 17, cf. Bernstein ZDMG **3** 393 4; *2.* patibulum AM **2** 146 29, cf. ܐܶܪܳܢܳܐ.

ܥܰܪܦܶܠܳܐ *1.* θύελλα procella Hebr 12 18; *2.* genus Mannae (nominatur una cum imbri et rore) Kays 228 19, 265 16.

ܥܰܪܒܳܐ (ar. ضَرَّة Lag Mitt **1** 126 sq) pellex 1Sm 1 6, ES **1** 65D.

ܡܥܰܪܬܳܐ (ar. مغارة Nöld ZDMG **32** 404, Lag Symm **2** 91 92, Sem 1 3) *pl.* ܡܥܰܪ̈ܶܐ caverna Gn 49 29, ES **1** 316D, dap 21 10, Journ of s. l. **7** 33 21.

ܥܰܪܓܶܪ gargarizavit Joh Tell ed Lamy 76 8.

ܥܘܪܓܳܪܳܐ (الغَرْغَرة) gargarizatio Joh Tell 76 7, ON 91 12, EN 27 9.

ܥܰܪܕܝܳܘܠܳܐ (ar. عرن) onobrychis cf. Löw p. 320.

ܐܶܚܰܕ *1.* cepit, tenuit ESL **2** 431 15, Bal 327 20, Ath ܘ 12; *2.* continuit AS **3** 33 2, Cyr 23 21, Bhchr 288 16; *3.* concepit, portavit (foetum utero) Rabb 366 26; *4.* recepit 2Cor 7 2 (Phil); *5.* obtulit (poculum) ES **3** 439B; *6.* eripuit IA in MS **1** 14 41; *7.* seq. ܢܰܦܫܶܗ animo lictus est (*fainted away*) apap **1** 161 5, cf. **2** 139b (cf. Nöldeke ZDMG **25** 672); *8.* intellexit AM **1** 175, Bhcar 136 15, ad Act 2 22.

ܥܰܪܝܳܐ frigus Afr 74 15, ES **1** 54F, 440A, Philox 486 12, ECth **1** 64 12.

ܥܰܪܛܶܠ (N § 155a) nude Ez 16 6, 23 29.

ܐܰܚܳܕܳܐ actio tenendi am **2** 312 12.

ܚܰܪܝܬܳܐ prandium Bhgr **1** 4 25.

ܥܰܪܘܝܬܳܐ (N § 137) febrium frigus Bhgr **1** 35 1.

ܐܶܚܝܳܬܳܐ (cf. Fraenkel WZKM **3** 256) febrium horror BB 247.

Etpe. *1.* contentus est 2Sm 18 9, ES **1** 420C, Cyr 129 6; *2.* riguit AS **2** 11 2.

ܠܳܐ ܡܶܬܬܰܚܕܳܢܳܐ incomprehensibilis Rabb 245 8, Spic Solesm **4** 55 16.

Af. servavit Am 3 12 (Hex).

Ettaf. servatus est Am 3 12 (Hex).

ܥܪܰܒ o (N § 169) ar. عرب (Barth p. 32) spopondit pro seq. ܒ, ܠ vel ܥܰܠ Gn 43 9, Nis 46 189, ESJ 159 18, Rabb 219 26, asd 44 4, s. acc. pers. SB 97 3.

ܥܪܳܒܐ sponsio, fidejussio Rabb 211 5, Rechtsb 66 18.

ܥܪܳܒܳܐ fidejussor ES 2 406C, Zach Rhet 21 2, BO 3 2 269 6.

ܥܪܳܒܽܘܬܳܐ fidejussio ESJ 160 12, Bhchr 355 16, Eb Mai 10 177 6.

ܥܪܳܒܳܐ desertum ES 1 269B.

ܝܰܡܳܐ ܕܥܪܳܒܳܐ h. יָם הָעֲרָבָה mare mortuum ES 1 551F.

ܥܪܳܒܳܐ agnus ES 1 103F. ER 114 20, JS in MS 2 140 982, Fab 30 14.

ܥܪܳܒܬܳܐ *f.* (N§84) mactra (*vat, trough*) ER 96 5, apap 42 8, JSt 72 14, ThMarg 1 18 7.

ܥܪܳܒܽܘܢܝܬܳܐ mactra parva Kays 253 5.

ܥܽܘܪܳܒܳܐ *1.* colluvies Ex 8 21, ES 1 209E, h. עֵרֶב turba promiscua Neh 13 3; *2.* copia (verborum) Anton. Rhet. Chrest. Röd. 111 2.

ܥܪܳܒܳܝܳܐ Arabes asd 33 7.

Etpe. mixtus est ES 1 109F, Arist 6 22.

Pa. immiscuit AS 160 14, BO 3 1 314.

ܡܥܰܪܒܽܘܬܳܐ confusio BO 3 2 565.

Af. miscuit Philox 50 7.

ܥܽܘܪܳܒܳܐ *1.* culices Ex 8 18, Afr 283 6, ES 1 194E, EN 44 2; *2. pl.* examina (avium) AS 3 88 16.

ܛܰܝܳܝܳܐ Arabs ThMarg 1 131 18, 133 17, 316 15, ON 95 6.

ܥܪܰܒ (غرب) *1.* a occidit (sol) Gn 28 4, Afr 18 20, ES 3 515A, apap 38 17, dap 53 29; *2.* o cribravit Lc 22 31, ESL 1 435 16, Joh Eph 249 26, Geop 11 7.

ܥܪܳܒܳܐ occasus ES 1 16B, ER 72 13, Kays 17 2.

ܥܪܳܒܬܳܐ *pl.* ܥܪܳܒܶܐ et ܥܪܳܒܳܬܳܐ (ψ 136 2 Hex) populus salix Löw n. 242, Js 44 4, ES 1 248D, Geop 41 23, Gal ZDMG 39 254 5.

ܥܪܰܒ ܘܰܪܕܳܐ φυτὸν ῥόδου Sir 24 14, Löw p. 132.

ܥܽܘܪܳܒܳܐ (N§103) *pl.* ܥܽܘܪ̈ܒܶܐ (JE ZDMG 24 291 26, Journ of s. l. 10 13 13) corvus 1 Rg 17 4, ES 1 150B, Cant 5 11, cf. MS 2 24 7.

ܥܽܘܪܒܳܢܳܝܳܐ ad corvos pertinens KwDW 214 11.

ܥܽܘܪܒܬܳܐ (Lag Nom 64n) *pl.* ܥܽܘܪ̈ܒܳܬܳܐ (Cat Wr 1 131b, cf. Nöld ZDMG 25 272) dies Veneris Afr 222 14, Jul 201 21, Chr ed 153 30.

ܡܰܥܪܒܳܐ *f.* (N§84) occidens ES 3 90A, 580D.

ܡܰܥܪܒ ܓܰܪܒܝܳܐ *north-west* Bhce 3 461 14.

ܡܰܥܪܒܳܝܳܐ occidentalis Chr ed 145 23.

ܡܰܥܪܒܶܐ ܫܶܡܫܳܐ occasus solis Pr 7 8, Mt 8 16 (Cur), ES 1 212F, Vit Rabb 168 1.

Af. occidere fecit Am 8 9, ES 2 266D.

ܥܰܪܒܽܘܒܳܐ (ܥ BA) palumbes BA, BB, PS.

ܥܰܪܒܪܰܢ erythraea centaurium Löw n. 243, Gal ZDMG 39 276 19 (sic l.), EN 26 86.

ܥܰܪܒܶܠ (Lag. Arm. St. §65, Fraenkel p. 91) cribravit Afr 277 2, Cyr 413 1, Lc 22 31 (Phil).

ܥܪܒܠܳܐ cribrum Kays 221 2, Bh ZDMG 40 447.

ܥܽܘܪܒܳܠܳܐ cribratio Kays 140 20.

ܥܰܪܓܶܠ (cf. ܥܓܠ) volvit, volutavit ES 2 56F, ER 115 21, Jos 10 27 (Hex), Bhchr 352 14.

ܥܪܓܽܘܠܬܳܐ globulus AS 2 77 12.

ܥܽܘܪܓܳܠܳܐ volutatio κυλισμὸς 2 Pt 2 22, ER 93 21, Cyr 59 6.

Etpa. se volvit ESL 2 83 15, IA 2 286 196, AS 2 113 23, Mc 9 21 (Phil), (serpens) Ath 21 17.

ܥܰܪܙܳܐ tuber Löw n. 244, PsC 180 1, Gal ZMDG 39 300 2, GeZA 8 31 5.

ܥܳܪܳܕܳܐ *1.* asinus ferus Job 66 5, Afr 213 17, ES 1 52C, IA 2 326 v. 1511; *2.* columna ES 3 146C, Nis 39 148, 62 48; *3.* cf. (ar. عرّادة) machina ESL 2 17 14.

ܥܳܪܳܕܬܳܐ asina fera IA 1 246 456, am 3 435 5.

Etpe. h. התגודד se incidit Dt 14 1, cf. ES 1 274B; Bh ad l. ܐܶܬܕܰܡܝ ܠܥܳܪܳܕܳܐ asino fero se assimilavit, corr. ex ܐܶܬܓܰܕܰܪ?

ܡܥܰܪܙܽܘܬܳܐ effrenatio, licentia BA, PS.

ܡܥܰܪܙܳܐ scissus, laceratus BA n. 6387.

ܟܪܟ complicavit, implicavit ψ 118 61, Afr 182 16, ESL 2 239u, Philox 316 14.

ܟܪܟܐ (al. ܟܰ) *1.* tugurium, pergula (*hut*) Js 1 8, 24 20, ES 2 21C, 60B, AS 2 312 2, JSL 79 12, Kays 229 17; *2.* formido avium (προβασκάνιον) Ep. Jer 69.

ܟܘܪܟܐ *1.* complicatio, difficultas (verborum) ESL 2 241 3, Kays 35 4; *2.* implicatio Bhce 2 555 2; *3.* contextus ET 19 20; *4.* depravatio Hos 7 16, ES 2 242E.

Etp. complicatus est 2Petr 2 20, ESL 2 709 22.

ܟܘܪܟܬܐ et ܟܘܪܟܬܐ crepitus ventris BA n. 4218.

ܟܪܝܬ *adv.* nude 1Sm 19 24, Afr 132 7, ES 1 25F, KwDW 148 17.

ܟܪܝܬܢܐ nudus Mt 25 38, ER 70 15, Ath 28 4, *adv.* ES 2 340D, Nis 65 61.

ܟܪܝܬܢܘܬܐ nuditas Rabb 226 9, Ath 46 7, Cyr 218 25.

ܟܪܬ denudavit JARS 149 14.

Etpa. *1.* nudatus est am 2 60 19, BO 3 1 238b 4a f.; *2.* se nudavit Eb Mai 10 248 13.

ܟܪܬܢܝܬܐ leontice leontopetalum Löw n. 245, Geop 31 16, 113 28, Gal ZDMG 39 279 7.

ܟܪܨ depsuit (massam) (*to knead*) Ath ܡܐ 10, Jer 7 18 (Hex), EN 30 77.

Etpe. subacta est (massa) Epiph 42 83.

ܟܘܪܠܐ praeputiatus, non circumcisus Ex 12 48, Afr 204 4, ES 2 193A, am 2 549u.

ܟܘܪܠܘܬܐ praeputium ἀκροβυστία (*fore-skin*) Lv 12 3, Afr 206 8, ES 2 107A, dap 102 17, Bhce 3 185 13.

ܟܪܡ se collegit (aqua) ES 1 216E.

ܟܪܡܐ *1.* locus asper, iniquus (*a rough place*) Js 40 4, σκολιὸν Lc 3 5, Afr 330 17, ES 3 66C, PsC 247 4, KwDW 16 17, 241 2; *2.* altus AS 2 286 16, Joh Eph 280 17.

ܟܪܡܬܐ acervus Cant 7 2, ESL 1 347 2, am 2 600 2.

ܟܪܝܡ astutus Gn 3 11, ES 1 27A.

ܟܪܝܡܘܬܐ astutia, prudentia Pr 1 4, ES 1 26F, Jul 68 8, JS in asd 98 2.

Etpe. *1.* se collegit (aquā) Ex 15 8, ES 1 431B, Kays 108 9; *2.* aestuavit mare Joh 6 18 (Phil sec Bh.).

Pa. incitavit Joh Eph 232 5.

Etpa. *1.* astutus fuit Nis 30 10, Philox 101 2; *2.* excitatus est Joh 6 18 (Bernst.), Joh Eph 232 9; *3.* recusavit AS 2 135 23.

Af. *1.* astutus fuit 1Sm 23 22, ES 1 379C; *2.* astutum fecit Philox 102 14.

ܡܟܪܡܐ *1.* altus (mons) Joh Eph 208u; *2.* fortis ib 217 7.

ܡܟܪܡܘܬܐ *1.* fortitudo Joh Eph 23 16; *2.* imitatio ib 302 2.

ܟܪܡܣ inquinavit, polluit Joh Eph 270 9.

ܟܪܢ ineptus JS 46 9, durus, asper Bhcar 3 2.

ܟܘܪܢܬܐ frontis pars, quae inter supercilia est K, PS.

ܟܪܣܐ *f.* (N § 84) *pl.* ܟܪܣܬܐ et ܟܪܣܘܬܐ (? Bh in Kayser Can. des JE 14 6) lectus (*bed*) Ex 7 28, Mt 9 3, ES 3 331C, dap 6 5, asd 39 19, ISt 40 5.

ܟܪܣܘܢܝܬܐ lecticulus Lc 5 19 (Phil) Kays 64 23.

ܟܪܦܬܐ (Lag. Prov 85) ulmus Löw n. 246, Geop 14 30.

ܟܘܪܦܐ pecunia Mc 12 41, AS 2 316 11, Guidi to 20 90.

ܟܪܦ donavit Card 109 16.

Etpe. commutatus est Epiph 52 28.

Pa. commutavit Jer 48 38 (Hex), Bhcar 116 14.

ܟܘܪܦܬܐ mendacium (?) Card 68 6.

ܡܟܪܦܐ argentarius Mt 21 12, Ath 27 16, Bhchr 168 7.

ܥܪܦܠܐ *f.* tenebrae Ex 20 21, Afr 394 5, Bal 310 2, asd 9 13, PsC 192 7.

ܥܪܦܠ KwD 13 4, leg. ܐܬܥܪܦܠܘ se volverunt (cf. Bh in PS) Nöldeke.

ܥܪܥ (Hoffmann ZDMG **32** 762) sq. ܠܘܬ *1.* obviam iit ER 27 4, Philox 600 13, MB 50 690; *2.* accidit Afr 74 9, IA **1** 240 358, KwD 26 17.

ܥܪܥܐ hospes (πάροικος) 1 Petr 2 11, KwD 39 25.

ܥܪܥܐܝܬ *1.* casu Jul 205 17; *2.* injusto (ἀδίκως) JS 14 16.

ܥܘܪܥܐ oppressio (θλῖψις) AS 142 2.

ܥܘܪܥܢܐ casus, eventus ES **2** 450B.

ܥܪܥܐܝܬ sine justa causa (*improperly*) ES **2** 455C, Nis 2 114, Vit Rabb 188 16, asd 29 4.

ܥܪܥܘܬܐ casus BO **1** 455a 1, 'ܥ ܥܠ ὑπὲρ δίκην nimis JS 60 10.

ܥܪܩ fugit Dt 20 19, Mt 8 33, ER 83 5, Chr ed 154 10.

ܥܪܩܐ buxus sempervivens Löw p. 63, Ez 17 22, ES **1** 51C, asd 49 8, SB 31 15.

ܦܪܝܚܬܐ ܥܪܩܝܬܐ pruna juniperina ψ 119 4 (Aqu cit Bh 228 36).

ܥܪܩܬܐ *pl.* ܥܪ̈ܩܐ (nest. 'ܥ Bhgr **4** 4 5) *1.* fascia Ez 23 15, ES **2** 187B, am **1** 506 11; *2.* vinculum (calcei) Js 3 27, ES **2** 28E, frenum Js 5 18, ES **1** 120C, dap 112 18, Vit Rabb 181 27; *3.* cingulum Afr 123 17; *4.* lorum (*strap*) Sir 22 16, asd 59 24; *5.* fundamentum (domus) ES **3** 169A, AM **2** 384u; *6.* contignatio, tabulatum Cyrill ZDMG **27** 594 v. 32; *7.* examen (librae) Philox 270 2.

ܥܪ̈ܩܝ ܪ̈ܓܠܐ ἱμαντόποδες PsC 177u.

ܥܪܘܩܐ fugiens, fugitivus ES **2** 546E, Bal 288 19, Philox 538 1, Js 16 4 (Hex).

ܥܪܘܩܝܐ fuga Jer 25 35, Mt 24 20, Bal 288 25, Corluy MP 25 5; 'ܥ ܒܝܬ asylum Philox 194 10.

ܒܝܬ ܡܥܪܩܐ refugium, asylum ψ 141 5, ES **1** 181F, ISt 11 16, Joh Eph 192 2.

Pa. rodit, corrodit Za 11 16, ES **2** 304E, Bhchr 245 23, car 168 15.

ܥܪܝܩܐ fugitivus Gal ZDMG **39** 267 5, Th Marg **1** 118 2.

ܠܐ ܡܫܬܥܪܩܢܐ inevitabilis Cyr 19u.

Af. *1.* in fugam conjecit ES **3** 182B, JS in asd 100 22, Dion T 14 7, SB 64 15; *2.* in tuto collocavit (opes) Guidi chron 21 4.

Ettaf. fugere coactus est Cat Wr **2** 980b.

ܥܪ̈ܩܘܒܐ genua apap **1** 130 5.

ܥܪܩܠ *1.* impedivit ES **3** 467A, Bal 268 18, JS in asd 104 25; *2.* offendit (aliquem) dap 47 25, Guidi to 35 23.

ܥܘܪܩܠܐ impedimentum ES **2** 150E, Joh Eph 247 90, GeZA **8** 9 7.

ܡܥܪܩܠܢܘܬܐ offensio Guidi to 35 7.

Etp. *1.* involutus est Js 9 17, Afr 451 4, ES **2** 37E; *2.* coercitus est ES in MS **1** 6 144, Vit Rabb 181 5.

ܥܪܫܐ *f.* dens molaris ES **2** 369A, IA **2** 318 v. 1387, am **1** 278 15, Kays 31 4.

ܥܪܫܘܬܐ pinguedo BB Löw p. 18.

Etpe. saginatus est BA n. 7319.

Pa. saginavit Lex Adl. PS.

Etpa. saginatus est BB, PS.

ܥܫܘܢܐ *1.* fastigium, ardor (convivii) ES **3** 61E; *2.* cos BA, BB, PS.

ܥܫܩ *1.* oppressit JE in Journ. of s. l. **10** 4 7, Kays 45 11; *2.* coegit, compulit Bhchr 344 5.

ܥܘܫܩܢܐ *1.* oppressio Arist 17 3; *2.* coactio, compulsio Rie 47 12, BO **2** 220 27, Bhce **2** 625 16.

Etpe. coactus est Cyr 93 4, BO **2** 220 27.

ܥܫܢ *1.* invaluit Chr ed 145 7; *2.* sq. ܥܠ superavit ψ 65 4, Philox 175 8.

ܥܘܫܢܐ firmitas, fortitudo, robur ψ 74 3, ES **1** 307C, JS in asd 101 8, MS **2** 63 12.

Pa. *1.* firmavit Dn 11 1, ES **2** 226C, Philox 580 5; *2.* duravit Dt 15 7, AS **1** 277A.

ܥܫܝܢ fortis, firmus ES **2** 110B, Gal ZDMG **39** 261 2 (de sono) Bhgr **1** 197 4.

ܥܫܝܢܘܬܐ robur, vires 1Par 13 8, ECth **4** 20 43, KwDW 53 1.

Etpa. *1.* fortis, firmus factus est, fuit 1Mcc 8 2, ES **1** 173E, Philox 573 23, JS in MS **1** 82 223; *2.* duratus est Ex 7 13; *3.* statutum habuit Ruth 1 18 (Hex).

Af. firmavit, corroboravit 1Sm 6 6, ES **2** 245E, Joh Eph 354 13.

ܥܫܘܦܐ ascia (*axe*) Js 44 12, ES **2** 367D, asd 78 11, Bhcar 116 3.

ܥܫܩ *1.* oppressit Lc 3 14, ES **2** 370E, Bal 300 23, IA **1** 28 83; *2.* incusavit, calumniatus est ES **2** 416B, Nis 40 22; *3.* operam navavit ES **3** 114C.

ܥܫܘܩܝܐ oppressio Jer 22 17, ES **1** 279F, Philox 141 3, Vit Rabb 196 13.

ܥܩܫܘܬܐ h. עִקְּשׁוּת perversitas Pr 6 12.

ܥܫܘܩܐ oppressor ES **2** 408E, Ath 35 23.

ܥܫܘܩܘܬܐ oppressio ES **2** 131B, Joh Eph 45 23.

Etpe. accusatus est ES **2** 474A, Nis 45 97, Eccl 4 1 (Hex), SB 97 9.

Pa. *1.* oppressit Cyr 209 11; *2.* accusavit Sus 28, ES **2** 520A.

ܬܘܥܫܩܐ *1.* oppressio Jer 6 6, ES **3** 111B; *2.* calumnia ES **2** 427B.

ܥܬܝܕܐ *1.* paratus ad dap 94 4, Gal ZDMG **39** 244; *2.* futurus Ath 35 14, *pl.* res futurae ESL **2** 7 13.

ܥܬܝܕܘܬܐ animus paratus Philox 571 14.

Pa. paravit dap 92 11, Ath 12 17, ESJ 145 18.

ܬܘܥܬܕܐ *1.* paratio 2Mcc 15 21, ES **1** 128C, TB 17 26; *2.* praefatio Eb Mai **10** 318 8; *3.* συσκευή, κατασκευή, ἐπιβουλή insidiae Hoffmann Kirch 92n 138.

ܬܥܬܘܕܐ ornamentum (?) Afr 506 11.

Etpa. *1.* se paravit ES **2** 375D; *2.* deliberavit (*to concert*) KwDW 336 7.

ܥܬܩ veteravit, senuit Sir 9 10 (nest), Vit Rabb 195 26, AS **4** 53 4, Th Marg **1** 205 8.

ܥܘܬܩܐ vetustas, senectus IA **2** 122 301, BO **3** 1 493b 10, ThMarg **1** 63 8.

Pa. veteravit ES **1** 440A.

ܥܬܝܩܐ *1.* vetus ES **1** 391C, 521C, Gal ZDMG **39** 206 8; *2. subst.* vinum vetus 1Rg 20 16, *fem.* testamentum vetus Philox 118 3, Bh in Kayser Can. des JE 7 8.

ܥܬܝܩܘܬܐ *1.* vetustas Rom 7 6, Afr 429 22, Philox 612 21; *2.* aetas id. Mem. dei Lincei **12** 467a 17.

ܡܥܬܩܐ obsoletus ES **3** 107C, Ath ܠ 21.

Af. *1.* veteravit, consenuit Sir 9 10 (jac), ES **2** 352D, ER 153 24, Philox 19 7, Bhce **2** 539 12; *2.* procax factus est Ath ܡ 20; *3.* veterascere fecit Cyr 372 13.

ܥܬܩܐ i. q. ܥܬܝܩܐ q. v. IA **1** 118 802, ON 95 4 (cf. Nöldeke ZDMG **35** 499).

ܥܬܪ dives fuit, factus est 1Cor 1 5, ES **1** 127E, ER 29 2, Chr ed 147 4.

ܥܘܬܪܐ divitiae Ez 30 10, ER 125 8, Ath ܘ 11, JE in ES **1** 437 7.

ܥܬܝܪܐ dives 2Sm 12 4, ES **3** 278C, Guidi to 20 73, *adv.* copiose ES **1** 559A.

ܥܬܝܪܘܬܐ opulentia BO **3** 1 314, ZDMG **48** 186.

Af. divitem fecit ψ 65 10, asd 21 23.

ܦ

ܦ septima decima litera alphabeti, numerus 80; de sono cf. Nöld. § 15.

ܦܐܬܐ et ܦܬܐ (Afr 207 6) N § 146, *1.* facies, latus Jer 9 25, ES **2** 120C, Joh Eph 171 18, Bhce **1** 205 14; *2.* acies gladii Zach Rhet 10 39.

ܦܐܝ pulcher fuit, placuit Sev in ES **2** 183 5.

ܦܐܝܐ pulcher, decorus ES **1** 451B, Chr ed 146 1, Corluy MP 39 8, *adv.* Ath 21 6.

ܦܐܝܘܬܐ pulchritudo ES **2** 489C.

Etpa. *1.* pulcher fuit ES **2** 328D; *2.* se ornavit TA 26 64.

Af. ornavit ES **2** 502E.

ܦܘܐܝܛܐ, ܦܘܐܝܛܝܣ (AS 155 5), ܦܘܝܛܐ (IA **2** 110 29) ποιητής poeta Act 12 28 (Phil), ECth **1**.42 13, Bhchr 196 5.

ܦܘܐܝܛܪܝܐ poetria Bhcar 68 2.

ܦܘܐܝܛܘܬܐ, ܦܘܝܛܘܬܐ (Spic 38 6) *1.* ars poetica Bhchr 331u; *2.* poema Cat Bod 529n 4.

ܦܘܐܝܛܝܩܝ et ܦܘܐܝܛܝܩܘܬܐ (ποιητικὸς) ars poetica Metr 8 2, 9 1.

ܦܘܐܝܛܝܣ ποιότης qualitas glherm.

ܦܐܪܐ fructus Lc 1 42, ES **1** 434A, Gal ZDMG **39** 261 9.

ܦܐܪܢܝܐ fructuosus ES **2** 17A.

ܦܒܠܐ fibula (πόρπη) 1Mcc 10 89, 11 58.

ܦܓܐ *1.* ficus immaturus EN 51 69, Löw p. 391; *2.* flos Lawsoniae albae BB, Löw p. 213.

ܦܓܡ coercuit, retinuit ES **3** 146C, JS in MS **2** 86 147.

ܦܓܘܡܐ (PsC 32u), ܦܓܘܡܐ (ER 143 5, Ez 38 4 Hex), ܦܓܡܐ (N § 121) *pl.* ܦܓܘܡܐ *1.* frenum Js 30 28, ES **1** 242E, Jul 206 2; *2.* refrenatio ES **1** 170B; *3.* claustrum JAP **7** 8 442u.

ܦܓܘܡܐ ES **2** 116A leg ܦܓܘܡܐ q. v.

Pa. *1.* curru junxit (*to harness*) Gn 46 29, ES **2** 279A, JS in MS **2** 96 314, AS 153 23; *2.* coercuit, retinuit ESL **1** 305C.

ܦܘܓܡܐ tt. gr. *1.* = ܦܘܢܕܐ IAP **6** 19 p. 440; *2.* = ܣܛܝܓܡܐ ib p. 420 n. 1 sive, ܣܛܝܓܡܐ ܦܘܢܕܐ ib p. 425, Hoffmann ON p. XVI.

ܣܛܝܓܡܐ tt. gr. punctum, de cujus usu vide JBh 84u, JAP **7** 5 143.

Etpa. coercitus est Kays 108 9.

ܦܓܢ i. q. ܦܓܢ q. v. ES **1** 204F.

Etpa. i. q. ܐܬܦܓܢ q. v. BA l. l.

ܦܘܓܢܐ voluptas TA 36 174.

Etpa. delectatus est ES **1** 52D (leg. ܐܬܦܢܩ q. v. Bernstein ZDMG **4** 306).

ܦܘܓܠܐ et ܦܓܠܐ (Geop 91 5) Delitzsch Prol. 84n 1, raphanus sativus L. Löw n. 248, Geop 35 28, JS 96 7, Gal ZDMG **39** 294 2, Duval-Berthelot **2** 2 4, 42 4, EN 49 22.

ܦܓܡܘܡܐ edentulus, dentibus carens BA, PS.

ܦܓܡܘܬܐ sq. ܕܣܗܪܐ decrescentia (lunae) Kays 224 1.

ܦܘܓܪܐ ulcus, tumor BB, PS.

ܦܓܢܐ, ܦܓܢܐ (Lc 11 42 Phil), ܦܓܢܘܢ (ER 354 13) πήγανον peganum harmala Löw p. 371, Lc 11 42, dap 73 8, Gal ZDMG **39** 293 18.

ܕܒܪܐ, ܦܓܢܐ μῶλυ Gal ZDMG **39** 252 32 cf. Löw p. 371.

ܦܓܢܝܐ, ܦܓܢܐ paganus, rusticus Philox 192 14, dap 75 8, Joh Eph 163 22.

ܦܓܢܝܕܐ παιγνίδια jociculi AS **2** 334 22.

ܦܓܥ sq. ܒ *1.* obviam venit Ex 4 24, Mt 28 9, Guidi to 38 20; *2.* evenit, accidit Ath ܩܠ 8; *3.* familiariter usus est (ὁμιλεῖν) Gal ZDMG **39** 266 6.

ܦܓܥܐ obviam itio, occursus ES **1** 351C, 496E.

Af. *1.* occurrere fecit, intulit JS in MS **1** 17 250; *2.* occurrit, accidit ESZ **1** 110, JS in MS **1** 18 320; *3.* in se recepit ES **2** 286A.

ܦܓܪܐ corpus, cadaver Jer 33 5, ER 55 23, Gal ZDMG 39 265 11.

ܦܓܪܢܝܐ corporalis ER 66 9, *adv.* Ath 17 10, Joh Dar in MS 1 108 24.

ܦܓܪܢܘܬܐ *1.* corporalitas ES 2 392B, Philox 144 1; *2.* incorporatio, incarnatio Rabb 229 14, Chr ed 150 29, asd 94 6.

ܦܓܪܝܢܐ corporalis Ath 18 21, asd 101 3, JS in MS 2 156 v. 1245.

ܦܓܘܪܐ aridus (panis) Jos 9 5, ES 2 116A (sic leg.!), am 3 576 13, ThMarg 1 272 7, EN 34 87.

Af. sq. ܒ adhaesit Ath ܩܢ 25.

Etpa. incorporatus est Spic Solesm 4 63 8.

ܦܓܪܝܡ i. q. h. פגרים Jer 31 40 (Hex).

ܦܘܓܕܪܬܐ pudenda Lex Adl., PS.

ܦܘܓܪܦ (ex ὑπογραφή) scripsit Cat Bod 251 10a. f., Bh ib 393 5.

ܦܘܓܪܦܐ descriptio Cat Vat 3 401.

Etpa. scriptum est Bhgr 1 48 18, BA n. 2056.

ܦܓܐ a *1.* aberravit Js 50 2, Ath ܕ 10, JBh 5 17, JAP 7 8 453n 39, ThMarg 1 192 18; *2.* interiit, periit ESL 1 285 24, Job 5 24 (Hex); *3.* evanuit JS in MS 1 29 242; *4.* cunctatus est Bal 326 7 = ESJ 215 5.

ܦܓܝܘܬܐ intemperantia Joh Eph 205 18.

Etpa. in errorem inductus est Card 97 16.

Af. *1.* oblitus est Ez 39 3; *2.* oblivisci fecit ER 123 5.

ܦܕܬܐ (√ ﻓﺪﻥ Lag GGN '90 p. 16) i. q. h. אֵפֹד vestis sacerdotalis Job 28 19, Afr 261 8, ES 1 230B, JS in MS 1 84 272.

ܦܕܘܡܐ sindon, quo mortui mentum obvolvitur BA, PS.

ܦܐܝܕܓܘܓܐ, ܦܐܕܓܘܓܐ (Kays 152 18), ܦܕܓܓܘܓܐ Gal 3 24 (Phil), παιδαγωγός, paedagogus PsC 23 13, JA 1 11 8 797, JS 35 23, 1Cor 4 15 (Phil).

ܦܕܓܓ gubernavit Card 97 11.

ܦܕܓܘܓܘܬܐ educatio Eb Par 76 10.

ܠܡܦܐܕܓܓܘ παιδαγωγῆσαι Bhgr 1 47 22.

ܦܘܕܓܪܐ (asd 4 15, Bhchr 223 26), ܦܕܓܪܐ am 2 26 20, Mar 14 12, ENchr 71 13, ܦܕܓܪܐ Mar 19 10 ποδάγρα, podagra.

ܦܕܓܪܪܐ (ποδαγράριος) qui podagra laborat Joh Eph 192 4.

ܦܐܕܘܛܐ παιδευτής eruditor glherm.

ܦܕܘܪܐ pars quaedam turris AS 3 207 20, 208 12 (leg ܦܪܛܘܪܐ praetorium?).

ܦܕܝܬܐ manicae, brachialia Gn 37 22, Afr 403 19, Pel 7 27, BO 3 2 681 3, ThMarg 1 284 9, Bhchr 102 5, EN 36 26.

ܦܕܢܐ *f.* (N § 84) *1.* jugum Dt 22 10, ER 118 19, ThMarg 1 296 17; *2.* aratrum Afr 197 1, ES 2 24A, Bhchr 155 10.

ܦܕܥ contudit, fregit SB 28 19, 121 2.

ܦܕܥܬܐ bipennis Pr 25 18, am 3 26 4, ISt 62 13 (coni.).

Pa. scidit am 2 33 1, Hoffmann Ausz n. 98.

ܦܕܩܘܬܐ litigatio BA, BB, PS.

ܦܕܩ expulsus est (somnus) ES 2 417F.

ܦܕܩܐ genus panis BA n. 4622.

ܦܕܪܐ padre, pater BO 3 1 602 20.

ܦܘܕܪܝܣ ποδήρης talarium Apoc 1 13, Ex 25 7 (Hex), Za 3 5 (ib).

ܦܥܐ *1.* circumvagatus est Pr 7 12, 3Mcc 1 19, dap 4 5, ISt 78 16; *2.* erravit ES 1 475C, Ath ܠ 9, Jul 145 9; *3.* aberravit ES 1 546F.

ܦܥܝܐ vagatio, error ES 3 420C, Nis 3 3, Philox 188 4, EN 46 48.

ܦܥܝܐ errans am 3 672 5.

ܦܘܕܥܬܐ error Eccl 9 3, ES **2** 102A.

Af. transversum egit, in errorem induxit ES **2** 478C, ER 6 26, Nis 64 41, IA **1** 188 220, KwDW 368 25.

ܦܘܗܕܐ (ar. فهد) panther Jul XVII 13.

ܐܬܦܘܗܝ oscitavit (*to yawn*) BA n. 7323.

ܦܘܗܝܐ oscitatio Bh, PS.

ܦܘܬܐ (ar. فُوَّة, mischn. פואה) rubia tinctorum Löw n. 251, Gal ZDMG **39** 256 22, Duval-Berthelot **2** 45 4. 11; EN 26, 82.

ܦܓ *1.* frigidus fuit, factus est (ἐψύγη) Cant 4 6, Mt 24 12, Bal 289 11; *2.* remisit, desiit dap 105 12, am **1** 396 20; *3.* evanuit IA **2** 122 v. 274.

Pa. *1.* refrigeravit, recreavit ES **1** 119B, Vit Rabb 181 8, BO **1** 286n 2, KwDW 22 18; *2.* lenivit (*allay*) KwDW 159 19.

ܦܘܓܝܐ refrigeratio Thr 2 18, ESL **2** 11 20 (sic l.!), Vit Rabb 189 17, IA **2** 150 v. 1578.

ܡܦܓܝܢܐ ἄδιψον Gal ZDMG **39** 242.

Etpa. *1.* refrigeratus est ES **1** 121B, Rabb 375 6; *2.* se recreavit KwDW 85 16; *3.* lenitus est (*be allayed*) ib 219 14.

Af. removit, respuit (vinum) 1Sm 1 14.

ܦܥ erravit 1Ezr 4 27, JBh 5 15, Bhchr 34 20.

ܦܘܥܝܐ error, vitium ES **1** 359B, KwDW 64 3, Kays 194 9, Bhchr 227 4, Cat Bod 560 3.

ܦܘܕܝܢܐ πόδιον *1.* pes (mensura) ES **2** 334A, Geop 27 24, Bhchr 81u; *2.* tricesima horae pars Sim Šanql 14.

ܦܘܕܝܩܐ (ποδικός) = ܦܘܕܝܢܐ *1.* AS **2** 329 11.

ܦܚ se avertit, abhorruit Afr 292 6.

ܦܚ *1.* fragravit (odor) ES **2** 261B, ER 93 22, Nis 50 78, asd 42 6, AS **3** 33 18; *2.* ܦܚܬ ܢܦܩܬ festinanter egressus sum Nis 63 9, JSTham v. 231.

ܦܘܚܐ odor am **2** 102 12, Eb Par 108u.

ܦܝܚܐ cupidus JSTham v. 104.

ܦܝܘܚܐ fragrans (odor) am **3** 8 11.

ܐܬܦܘܚ fragravit (odor) Bhchr 64 9.

Af. *1.* spirare fecit Nis 50 76; *2.* sq. ܢܦܫܗ intumuit, superbivit Sir 29 5; *3.* expulit Jul 138 12.

ܦܚܝܬܐ *1.* vilis AS **2** 220 6; *2.* 'ܦ ܠܐ ne minimum quidem AS **2** 319 14.

Af. *1.* sq. ܒ contempsit am **2** 213 21, KwDW 109 17, BO **3** 120a 26, Bhchr 93 2; *2.* sq. ܣܦܘܬܐ aperuit (?) labia AS 46 18.

ܡܦܚܝܢܘܬܐ contemptio Bh de div. sap. 22 3.

ܦܚܝܬܐ et ܦܚܝܘܬܐ v. s. v. ܦܚܬܐ.

ܦܘܚ interj. contemptus phui sq. ܠ Kw DW 67 10, Bhgr **1** 182 2.

ܦܠ (Barth p. 23) *1.* conspersit Thr 3 16, ES **1** 232B, Jul 63 16; *2.* depsuit, subegit (*to knead*) Duval-Berthelot **2** 43 10.

Etpe. *1.* conspersus est Lv 7 10; *2.* torsus est Bh ZDMG **40** 448.

ܦܠܐ tinea, teredo Lex. Adl. cf. Delitzsch Assyr. Stud. p. 79.

ܦܘܠܝܢ (var. ܦܠܝܢ) φύλλον = μαλάβαθρον Laurus Malabathrum Löw p. 269, 385, Gal ZDMG **39** 287 2, cf. ܦܠܐ.

ܦܘܠܘܣ Bhchr 203 24, ܦܘܠܣ AS 136 24, ܦܘܠܘܣ Bh adsc. ment. 3 15, ܦܘܠܠܘܣ Kays 421 22, *pl.* ܦܘܠܐ AS 136 18, JS 127 10, ܦܘܠܐ Bh adsc. ment. 2 2 πόλος polus.

ܦܘܠܝܢܝܣܛܐ Paulianista, assecla Pauli Samosatensis AS 68 8, Spic Solesm **4** 233 10.

ܦܘܠܝܢܝܣܛܐ ܗܘܐ Paulianista fuit Spic Solesm **4** 233 11.

ܦܘܡܐ *1.* os Joh 19 29, ES **3** 27E, ER 40 27, *met.* os (sacci) ES **1** 98A; *2. mouthful* KwDW 66 26; *3.* acies (gladii) ܦܘܡܐ ܕܣܝܦܐ

ܦܘܡܐ ܬܪܝܢ gladius duarum acierum ψ 149 6, ECth **2** 33 21.

ܦܘܡܐܠܦܘܡ voce, coram (locutus est) Bhchr 592 2.

ܦܘܡܝ ܬܦܘܪ pronuntiavit ET 36 5.

ܦܘܡܝ id JAP **8** 19 341 n. 2.

ܐܬܦܘܡܝ pronuntiatus est Bhgr PS.

ܦܐܘܢܝܐ EN 26 80, ܦܐܘܢ Geop 42 10 παιωνία, paeonia Löw n. 247.

ܦܘܢܣ, ܦܘܢܐܣ φωνάς clamores (quibus reges salutando excipiunt) Jul 35 13, AS **2** 84 24, **3** 57 4, Joh Eph 194 11, ZDMG **29** 90 14.

ܦܗܩ oscitavit (*to yawn*) ER 355 8.

ܦܘܗܩܐ oscitatio AS **4** 82 3, EN 115 34; ܐܝܟ ܐܝܠܝܢ ܕܒܦܘܗܩܐ ܘ' λύζοντες singultientes Gal ZDMG **39** 242.

ܦܘܗܩܐ oscitatio Philox 378 13, EN 32 32.

Etpa. oscitavit 2Rg 4 35, ES **1** 529F, BA n. 2059.

ܦܘܩܐ φώκη phoca (*sea-dog*) Geop 40 19, Gal ZDMG **39** 293 22.

ܦܘܩܐ *pl.* ܦܘܩܣ (Hex Rgn γ 5 24) πεύκη picea adnot ad Regn γ 5 22 (Hex), ib 6 34, Js 60 13 (Hex).

ܦܘܩܝܢܐ πεύκινος pineus Regn γ 5 22 (Hex).

ܦܘܪܐ abjectio (?) ESL **2** 649pu.

ܦܘܪܐ *1.* rabies Spic 48 18; *2.* ira ES **1** 42A.

ܦܘܪܬܐ ira Nis 67 40, *pl.* βρόμος Job 6 7 (Hex).

ܐܬܦܪܣ et ܐܬܦܪܣ (AS **3** 120 11, Ath ܡ 25, N § 177B) iratus, indignatus est Pr 29 9, Afr 44 20, ER 144 14, ISt 56 15, Ath 54 14.

ܡܬܦܪܣܢܘܬܐ ira Philox 462 12.

ܦܘܪܪܐ ebullitio Hoffmann Ausz n. 966.

ܦܘܪܘܣ πόροι foramina (cutis, *pores*) Bhchr 134 9.

ܦܘܪܐ h. פּוּרִים sortes Esth 9 26-32.

ܦܫ *1.* mansit Nm 22 8, ES **2** 106E, Bal 310 20, asd 12 13; *2.* restitit Chr ed **156** 3; *3.* sq. ܡܢ a) destitit, desiit Chr ed 153 23, Philox 281 4, Guidi to 40 1, AM **2** 96 17, b) remotus est ES **3** 593E.

ܦܘܫܐ *1.* mansio ES **1** 72A; *2.* remoratio, retardatio Ez 12 28, Afr 33 8; *3.* vita h. חֶלֶד ψ 39 6.

ܦܫܝܫܐ reliquus ThMarg **1** 400 25.

Af. *1.* destitit, desiit Philox 223 18, am **3** 39 4, TB 68 1; *2.* neglexit ES **3** 253B; *3.* amisit, perdidit Clr 31 3; *4.* deerravit (in jaciendo) Jud 20 16, TB 68 1.

ܡܦܫܢ, ܡܦܫܢܝܬܐ διαφορητικόν, catharticum (*purgative*) Gal ZDMG **39** 242.

ܦܘܫܫܐ defectus Eb Mai **10** 340 13.

ܐܬܦܫܫ *1.* suffocatus, exstinctus est AS 149 1, Kays 236 13, Bh ad ψ 146 13; *2.* defecit Eb Mai **10** 340 8.

ܦܙ saltavit Bhgr Pr 50 v. cit PS.

ܦܙܝܙܐ levis, agilis BA, BB, PS.

ܦܙܝܙܘܬܐ levitas, agilitas BA, PS.

Etpe. agilis fuit BB, PS.

ܦܪܕܐ numerus impar BO **2** 181a cf. ܐܦܪܕܐ.

ܦܘܪܩܐ BB et ܦܘܪܩܐ BA pyxis lignea torno facta PS.

ܦܫܘܡܒܐ κόσυμβοι cirri in summo capite Js 3 18 (Hex), BB.

ܦܫܪܐ IA **2** 36 139 leg ܦܫܪ.

ܦܫܪܘܬܐ gulositas, ingluvies EN 19 98.

ܦܫܟ *1.* defecit (vox) Joseph 5 3; *2.* desudavit, laboravit Philox 387 10.

ܦܚܐ laqueus (*snare*) 2Sm 22 6, ES **2** 323F, Bal 268 20, Ath 51 9, MS **2** 71 3.

ܦܫܝܫܐ *1.* mollis (nix) Job 6 16, cf. Bh ad l.; *2.* debilis ES **3** 405C; *3.* futilis Nis 55 17, IA **1** 14 264, Jul 110 3, Arist 22 13; *4. pl.* vulgus levissimum ES **2** 447F.

ܦܫܝܫܘܬܐ putredo TA 42 242.

Pa. laqueo cepit Card 98 5.

Etpa. laqueo captus est Eccl 9 12 (Hex).

ܦܚܕܐ nervus lumborum Job 40 12 = פחדים cf. ES **2** 18C, ON 117u, sec. Bh et BB duae venae colli s. jugulares.

ܦܚܙܐ (nest. ܦܚܙܐ Bhgr **4** 4 5) impudicus, libidinosus Jud 9 4, ES **1** 48E, Rie 31 8, Spic 41 29.

ܦܚܙܘܬܐ lascivitas Jer 23 32, 2Cor 12 21, ES **1** 146B, ER 103 10.

ܦܚܙܐ lascivitas, salacitas Sir 23 6, EN 82 81.

Pa. *1.* lascivus fuit ESL **1** 291 2 (nisi Af. leg.); *2.* lascivum reddidit Bh ad Eccl **7** 3.

Etpa. lascivus fuit TB 100 19.

Af. *1.* lascivus fuit ES **2** 397C, ESL **1** 333 8, ES in MS **1** 4 30 (sic l.! cf. adnot.); *2.* lascivum fecit Sir 19 2.

ܦܚܙܠܐ cupiditate coeundi flagrans Sir 36 6, Bh ad Jer 5 8.

ܦܚܙܓܐ testiculi Phys cap 2 3, Bh ad Eccl 12 6.

ܦܚܡ aequavit, similis fuit Pr 3 15, Philox 211 16, JS in asd 99 16, Métr 10u.

ܦܘܚܡܐ *1.* comparatio ES **2** 86F; *2.* aequum, simile Rabb 364 22; *3.* exemplum Rabb 236 16; *4.* exemplar Ath ܩܘ 19, Jul 69 1, Ep Jer 1; *5.* responsum Add 2 2.

ܒܪ ܦܘܚܡܐ aequus, similis Philox 243 2, Jul 73 5, Bhce **2** 583 1.

Pa. *1.* comparavit Js 46 6, ES **2** 280A, Philox 502 13, Ath 22 7; *2.* aequi aestimavit Bhchr 152 22; *3.* interpretatus est ES **1** 532C; *4.* analogia usus est ET 34 6; *5.* seq. ܥܡ ܡܠܟܐ contulit cum libro archetypo Cat Wright 12a 12, 14b, 15a 2 etc.

ܦܘܚܡܐ *1.* collatio Cat Wright 12a 12, 14b, 15a; *2.* punctatio ON 43b, refertur ad puncta vocalia ET 36 18, 37 5, 34 16, BO **3** 1 308b 9; *3.* interpunctio, quae fit secundum sententiarum et periodos et accentus Cat Wright 105a, 1176a etc., Hoffmann praef ad ON VIII, ZDMG **35** 501.

Etpa. comparatus, collatus est ES **1** 536C, Vit Rabb 184 23, AS **3** 30 5, Ath 21 14, BO **2** 24a.

ܦܚܡܐ carbo EN 30 84.

ܦܘܚܪܐ (ex ass. *puḫru*) convivium ES **3** 524A, ER 13 24, IA **2** 24 106, Mar 52 15, ThMarg **1** 201 4, Bhchr 94 5.

ܦܚܪ **Pa.** *1.* artem figulinam exercuit *met.* mollem reddidit Joh Eph 353 21; *2.* comminuit AS **2** 328 24.

ܦܚܪܐ (ass. *paḫaru*) figulus Js 29 6, ES **2** 70D, dap 42 9, Kays 163 1.

ܦܚܪܝܐ figularius Js 41 25 (Hex), Mt 27 7 (Phil).

Etpa. *1.* contritus est AS **2** 328 21; *2.* formatus est ESL **2** 369apu, Mos. Agh. in Rendic. dei Lincei 1886 p. 412 13.

ܦܚܣܝܣܐ sulphur (?) Duval-Berthelot **2** 36 21.

ܦܚܣܘܣܐ *f.* ܦܚܣܘܣܝܬܐ ψαθυρός friabilis Geop 11 18, 27 4.

ܦܚܬܐ (nest. ܦ' Bhgr **4** 4 5) *m.* N§86 fossa, fovea Afr 383 17, ES **2** 365F, Joh Eph 123 8.

ܦܚܬܢܐ concussor, terrae motus AS 146 11.

Pa. *1.* perforavit Hab 3 14; *2.* perfodit ESL **3** 39 25; *3.* delevit ES **2** 264D.

Etpa. *1.* collapsus est ES **2** 264E, AS **2** 245 7, JSt 47 8; *2.* se aperuit terra Nm 16 31, Philox 197 3, Bhchr 204 7.

ܦܛܡܐ marcidus, tenuis BB, BA, PS.

ܦܛܡܐܝܬ putride TA 24 22.

ܦܬܒܓܐ (pers. Lag GA 73 186, Hoffmann Ausz n. 2231) cibus lautior (*junket*) Dn 1 5, ES **1** 260E, IA **1** 150 v. 1534, AS **2** 160 1, Bhchr 310 6.

ܐܬܦܛܓܢ deliciis usus est Card 113 9.

ܦܛܓܪܐ (cf. ܦܘܕܓܪܐ) ποδάγρα podagra Add 7 11, asd 5 23, Geop 51 20, Hoffmann Ausz n. 102, Joh Eph 71 1.

ܦܛܝܚܐ (cf. Barth p. 23) pepones Löw p. 352, Nm 11 5, Afr 312 21, ESL 1 465 24, AS 4 65 24.

ܦܛܝܚܫܐ Vitaxa, praefectus, satrapa provinciae magnae in regno Sassanidarum cf. Lag GA 187 26, arm. St n. 375, Hoffmann Ausz n. 274, p. 250, Spiegel eran. Altertumskunde 3 630, MAMQ 5pu, cf. p. 9 n. 5.

ܦܛܘܟܝܢ πτωχεῖον ptocheum (*spital*) Cat Wright 1 331b.

ܦܛܚܫܐ i. q. ܦܛܝܚܫܐ q. v. am 3 497 17.
ܦܛܚܫܘܬܐ satrapia am 3 497 21.

ܦܛܠ rubus BB Löw n. 255.
ܦܛܡܬܐ saginationes BB, PS.
ܦܘܛܝܐ pix BB, PS.

ܦܛܠܐ (πέταλα) laminae Duval-Berthelot 2 2u 3 6 11, Ex 39 3, Regn γ 6 18 (Hex).
ܦܛܠܝܐ πτελέα ulmus BB Löw p. 98.

ܦܘܛܒܢܐ, ܦܛܒܢܐ poculum (?) Duval-Berthelot 2 58 12 18.

ܦܛܡ IA 2 24 132 l. ܦܛܡ q. v.
ܦܛܡܐ pinguedo Jer 46 21, Mt 22 4 (Cur), ES 1 454A, ER 360 19, Ath ܝܡ 18.
Pa. pinguem reddidit 1Rg 1 9, Mt 22 9, JS in MS 1 78 331, Kays 187 3.
ܦܘܛܡܐ pinguedo am 2 249 20.
Etpa. *1.* saginatus est Nis 39 233, pinguis fuit ES 1 207D; *2. met.* superbivit ER 347 5.

ܦܛܢ astutus fuit ER 67 17, AS 3 271 11.
ܦܛܢܐ intelligentia Clr 159 10.
ܦܛܝܢܐ astutus, prudens IA 2 110 18, Card 107 22 (sic leg.!).
ܦܛܢܘܬܐ prudentia AS 3 8 22.

ܦܛܘܣܝܣ tt. gr. πτώσεις, casus ET 24 19, Sev 38 112.

ܦܛܟܐ stultus ES 3 446F, ER 98 4, Jul 80 9, AS 98 24, Joh Eph 295 11.
ܦܛܟܘܬܐ stultitia Ath ܠܗ 22, Jul 64 24, TB 8 14.

ܦܛܩܐ (pers *batak* Hoffmann Kirch n. 223) lagena Ezr 1 10.

ܦܛܩܝܐ (πιττάκιον Sachs Beitr 1 94, Hoffmann l. l.) tabula Lc 23 36 (Cur), ESL 1 667 19, AS 2 118 20, Cat Wright 2 619b, ENchr 13u.
ܦܛܘܣܐ i. q. ܦܬܘܣܐ q. v. Rabb 217 24.

ܦܛܪ *1.* abiit, discessit ES 1 415F, am 3 67u, KwDW 337 5, 387 19; *2.* seq. ܡܢ ܥܠܡܐ, ܡܢ ܚܝܐ e vita discessit, mortuus est Philox 1 25, ES 1 504E, AM 2 241 27; *3.* separatus, dissolutus est KwDW 338 1; *4.* solutus, finitus est Tob 11 17; *5.* desiit, destitit ES 3 434A, Jul 225 17, KwDW 382 5; *6.* defuit AS 3 589D; *7.* non fermentatus fuit JS in asd 88 22.
ܦܛܪܐ *1.* panes non fermentati h. מַצּוֹת Rie 57 10 (nisi ܦܛܝܪܐ leg.); *2.* lora (nisi ܦܬܪܐ leg.) Eb Mai 10 289 8.
ܦܬܪܐ stultus Merx 175 9.
ܦܛܪܝܬܐ fungi (μύκητες) Löw p. 30 3, Geop 90 24, Gal ZDMG 39 282 25, Bhcar 85 8.
ܦܛܝܪܐ *1.* non fermentatus (panis, ἄζυμον) Ex 13 6, Mt 26 17, ES 3 4B, Ath 19 3, *pl.* dies festus panum non fermentatorum dap 95 9; *2.* non subactus, crudus (*untanned*) PsC 172 5, Bhchr 285 19.
Etpa. evanuit, defecit ThMarg 1 378 16.
Af. *1.* abire fecit, dimisit ES 3 89F,

KwDW 135 3; *2.* dissolvit, separavit KwDW 368 24, 339 20; *3.* aperuit (labia) ψ 22 8, ES **2** 368C, PsC 41 18, am **2** 80 21, SB 32 1; *4.* defecit (?) ES **1** 21B; *5.* e mundo discedere fecit, e medio sustulit ER 119 26.

ܦܛܪܐܐ πατρέα nomen venti apud Orientales, qui alias θρασκίας Epiph 72 3 (Symm **2** 208 4).

ܦܛܪܝܪܟܐ et ܦܛܪܝܪܟܝܣ πατριάρχης patriarcha Vit Rabb 170 25, JSt 78 4, Bhchr 57 19, AS **2** 180 17, BO **2** 300 5, JARS 7 11.

ܦܛܪܝܪܟܘܬܐ patriarchatus Spic Solesm **4** 244 15.

ܦܛܪܝܪܟܝܐ patriarchicus JARS 28pu.

ܦܛܪܝܪܟܝܩܘܢ patriarchicus (thronus) Eb Mai **10** 328 4.

ܦܛܪܝܪܟܝܣ πατριαρχίας patriarchiae AS **2** 172 9.

ܦܛܪܟ patriarcham fecit Bhce **2** 779 4.

Etpa. patriarcha factus est BO **1** 533b, Cat Bod 562 9, Bhchr 477 8, gr **1** 48 23.

ܦܛܪܘܢ, ܦܛܪܘܢܐ patronus ES **3** 660F, am **1** 238 3, TB 67 16, JohEph 214 17.

ܦܛܪܘܢܝܐ πατρωνεία patronatus Eb Mai **10** 300 2.

ܐܬܦܛܪܦ (ab ܐܦܛܪܦܐ q. v.) epitropus factus est Bhcar **1** 48 24.

ܦܛܪܝܩ Bhchr 104 18, ܦܛܪܝܩܝ ib. 129 18, ܦܛܪܝܩܝܘܣ *pl.* ܦܛܪܝܩܐ ENchr 82 18, πατρίκιος patricius Joh Eph 47 4, Bhchr 82 13.

ܦܛܪܝܩܐ *f.* πατρικία, patricia AS **2** 264 11, Joh Eph 85 5.

ܦܛܘܣܐ et ܦܛܘܣ ܢܚܝܪܐ simus (*flat-nosed*) Bhchr 34 14, ZDMG **40** 448, EN 11 31, Merx 175 n. 1.

ܦܛܘܣܬܐ simae (nares) Bh ZDMG **40** 448.

ܦܛܘܣܘܬܐ simitas AS **4** 8 1.

ܦܛܫܐ fascia, mitra aram. פַּטְּשֵׁיהוֹן Dn 3 21, EN 37 47.

ܦܝܓܐ (pers. پيك Lag GA 74 188) *1.* pedes PsC 61 1, cf. Nöld. Beitr. p. 14 n. 3, AS **3** 258 2, AM **1** 355 6 a f., am **2** 318 18, Jul 165 1, Hoffmann Ausz n. 877; *2.* lictor Corluy MP 40 11, MS **2** 68 22, Eb Mai **10** 200 10.

ܦܝܓܝܓܐ pedites (?) am **2** 590 4.

ܦܝܓܢܐ lictor Bhchr 174 8.

ܦܝܙܐ (sin. *pai-tseu*) tabula, quam officiales pro signo dignitatis accipiebant, mongolice ܦܥܙܗ dicta JARS 33 9, cf. Chabot Revue de l'orient latin **1** p. 607—8 n. 2.

ܦܝܠܐܣܩ (var ܦܝܠܐܣܩ et ܦܝܠܢܣܩ??) panni genus Bhchr 98 9.

ܦܝܠܐ (Lag GA 74 190, sed cf. ass. *pîru* Strassmaier Alphabetisches Verzeichniss p. 517 l. 6) elephas 1Rg 10 22, ES **1** 52C, ER 10 18, MS **2** 70 5, PsC 170 13 etc., JSt 16 10.

ܦܝܠܬܐ elephas *f.* AS **4** 45 24, KwD 96pu, KwDW 335 4.

ܦܝܠܝܐ elephantinus Ez 27 15 (Hex).

ܦܝܠܓܘܫ (pers. Lag l. l.) ἄρον, arum arisarum aut dracunculus vulgaris Löw p. 238, BB.

ܦܝܠܣܘܟ Lag l. l. ebur BB.

ܦܝܠܐ Bhchr 302 4, BO **2** 225 16, ܦܠܐ EN 39 85, ON 99 9 (Fraenkel p. 81), ܦܝܠܐ AS **2** 366 20, Duval-Berthelot **2** *pass.* *pl.* ܦܝܠܐ Regn δ 12 14 (Hex), Za 9 15 (ib), ܦܝܠܘܬ Ap 5 8, ܦܝܠܐܣ Joseph **8** 3, ܦܝܠܘܬܐ Bh ad Za 14 20, φιάλη patera.

ܦܝܠܝܬܐ patella BO **3** 2 268 11, EN 39 85.

ܦܝܠܘܡܢܛܝܐ φιαλομαντεία divinatio e pateris Hoffmann Kirch n. 229.

ܦܝܠܣ πόλεις aut πύλας? JSA 634.

ܦܝܢܐ φαινόλης paenula, nomen amictus patriarchae, episcoporum, presbyterorum apud Syros VitRabb 184 27, SevA 107 10, BO **3** 2 819u, Bhchr 307 1.

ܦܝܣ (πίνος) tinctura metallorum Duval-Berthelot **2** 213u.

ܦܝܣܐ ܥܒܕ (πεῖσαι) persuasit AS 205 22 (cf. Nöld. Beitr. p. 24) Mt 27 20 (Phil), Spic Solesm **4** 216 5.

ܦܝܣܣܢ (?) falsus BO **2** 87 19 31.

ܦܘܝܣܐ *1.* persuasio Col 2 2, ES **1** 408A, JSt 47 16; *2.* supplicatio Corluy MP 38 6; *3.* vis persuadendi asd 79 22, Gal ZDMG **39** 304 14.

ܦܘܝܣܬܐ *1.* persuasio ER 70 8, AS **3** 162 24, Ath 54 23, 2Cor 8 4 (Phil); *2. pl.* ἀξιώματα 1Ezr 8 4.

ܐܦܝܣ persuasit VitRabb 172 24, Gal ZDMG **39** 246 etc.

ܡܦܝܣܢܐ *1.* precativus AS **4** 10 27; *2.* nomen accentus ET 38 8, JBh 20 1.

ܡܦܝܣܢܘܬܐ persuasio 1Cor 2 4, Mar 75 5, BO **2** 222, Spic Solesm **4** 60 8.

Ettaf. (N§ 177B) ei persuasum est, sibi persuasit Jud 1 35, Act 5 29, ES **1** 520F, Gal ZDMG **39** 268 3.

ܡܬܦܝܣܢܐ oboediens Bh ad Paul 21 15.

ܡܬܦܝܣܢܘܬܐ oboedientia 4Mcc 5 16, Philox 154 27, Cyr 115 7.

ܦܣܘܡܣܩ (pers. Lag GA 74 189) torques, laqueus ܡܚܢܩܬܐ BB.

ܦܝܣܡܠܐ (pers. Lag GA 75 191) *1.* maculatus, varius Gn 30 32, 33 35, Za 1 8, ES **1** 85C, Nis 31 46, EN 42 57; *2.* ambiguus, dubitabilis (?) AS **4** 11 5 (sic l.?).

ܦܥܝܐ mugitus, balatus EN 46 39.

ܦܝܥ solvit Bhce **2** 631 12.

ܦܝܓܐ panni genus am **3** 352 21.

ܦܝܦܝ ΠΙΠΙ = יהוה tetragrammaton CatWright **1** 31b, Hex pass., Bh ad ψ 107 43, cf. Nestle ZDMG **32** 465—508, Hoffmann ib. 757.

ܦܝܣܘܪܐ ἐπίουρος paxillus ligneus Geop 73 5, BA n. 3523.

ܦܟ contudit, fregit Jud 5 26, JS in asd 105 18.

ܦܟܐ *1.* mala, bucca Mc 14 65, ES **2** 278E, asd 50 15, Ath 21 24; *2.* alapa, colaphus Ex 21 25, ER 138 26, IA **2** 148 144, Joh Eph 203 1; *3.* maxilla (*jaw-bone*) Jud 15 16, JSt 62 17; *4.* dens exsertus (*tusk*) PsC 174 12; *5.* latus (altaris) ES **1** 122D.

Pa. diffregit Jer 23 30 (Aqu), Hos 10 11 (Symm).

Etpa. in cinerem resolutus est Js 27 9, ES **2** 66B, AS **3** 72 27.

ܡܬܦܟܟܢܝܬܐ contribilis (terra) Geop 7 30.

ܦܟܗܬܐ (ar. فاكهة) fructus ON 70 11 (cf. Nöldeke ZDMG **35** 495).

ܦܟܗ *1.* nullum saporem habuit Mt 5 13, JS in asd 88 24; *2.* evanuit (memoria) ES **1** 442F; *3.* remisit asd 85 10; *4.* obscuratus est Jul 167 27.

Pa. *1.* proprium aroma aut saporem aut naturam ademit ES **3** 121C, Nis 4 104; *2.* lenivit ES **1** 10A, ER 56 4.

ܦܟܝܗܐ insipidus Job **6** 6, Afr 272 17, ES **1** 441B.

ܦܟܝܗܘܬܐ insipiditas 2Cor 11 17, Nis 15 71, ThMarg **1** 143 10.

Etpa. *1.* lenitus est ES **1** 15C, ER 55 5; *2.* dimissa est (spes) Joseph 4 1; *3.* abolitus est Nis 21 55.

Af. sal dempsit, edulcavit, lenivit ES **2** 327C.

ܦܟܝܐ *f.* ܦܟܝܬܐ (KwD 111 18, dap 64 14) *1.* garrulus Sir 9 18, ESL **3** 47 7, KwDW 38 5; *2.* protervus Eccl 9 25, Bhce **1** 449 16.

ܦܟܝܘܬܐ *1.* garrulitas dap 65 1, Clr 18 2; *2.* protervitas Clr ep 54 11, Bhce **1** 449 15.

Pa. garrivit AM **1** 193.

ܦܩܘܩܐ φακὸς (פַּךְ) lagoena Regn δ 9 1 (Hex).

ܦܩܣܘܡܐܛ παξουμᾶς, παξαμᾶς, panis bis coctus, buccellatum (*soldiers' bred*) AS **2** 348 22.

ܦܩܣܝܢܘܢ πύξινον buxeum apap **1** 89 13.

ܦܩܪ *1.* vinxit Act 22 29, Vit Rabb 187 26, asd 54 8; *2.* connexuit (manus) Sind 24 15.
ܦܩܪܐ vinculum ES **1** 39A, Bal 287 15, asd 54 10.
ܦܩܪܐ i. q. ܦܩܪܐ q. v. BA n. 2243.
Etpe. vinctus est Pr 5 22, ER 14 26, Philox 140 20.
Pa. vinxit Dn 3 20, am **1** 476 2, Philox 244 18.
Etpa. se implicuit, immiscuit (alicui rei) 2Tim 2 4, Bhcar 56 8.

ܦܩܪܐܛܘܪܐ vicarius BO **3** 2 300 3.

ܦܠ (ind.) radix nymphaeae loti BB, Löw p. 314.

ܦܠ *1.* adspersit Bal 287 1, JS in MS **1** 51 179, JE in ES **1** 243 19; *2.* fregit Bh de div sap 26 6.
ܦܠܒܠܐ trigonella foenum graecum (τῆλις) Löw n. 258, Geop 116 9, Duval-Berthelot **2** 45 6, Gal ZDMG **39** 299 6, EN 25 54; *2.* cinis (τέφρα) Gal ZDMG **39** 299 4, AS **3** 205 17=Bhchr 76 5.
Etpe. perfossus est ESL **2** 279 3.
ܦܠܦܠ adspersit, maculavit Joseph 1 10, ES **1** 89C, ER 9 16.
ܦܘܠܦܠܐ inquinatio ES **2** 560B, Nis 21 87.
ܐܬܦܠܦܠ *1.* adspersus est Mi 1 10, ES **1** 243 20, JS in MS **1** 55 311; *2.* se maculavit Ath ܠܗ 15.

ܦܠܐ φύλλον, Laurus Malabathrum Löw n. 209, EN 25 66, cf. ܦܘܠܝܢ.
ܦܠܐ et ܦܠܒܐ v. s. v. ܦܠܐ.

ܦܠܐܬܐ et ܦܠܐܬܐ Nis 33 21, 43 42, 46 31 (Barth p. 6) *1.* simile, proverbium Pr 1 6, Mt 13 3, dap 114 8, Ath ܡܛ 19, Jul 90 13; *2.* symbolum ES **3** 137A; *3.* aenigma Jud 14 13 (Hex).
ܦܠܐܬܐܝܬ symbolice ES **1** 248C.
ܦܠܐܬܢܝܐ symbolicus JS in MS **1** 99 16, BO **1** 451a, Philox in Steph. bar Sudaili 34 9.
ܦܠܐ comparavit Mc 4 30 (Phil).
ܐܬܦܠܐ comparatum est Bh ad Pr 1 1.
ܐܬܦܠܐ dictum est (simile) Jul 148 3.

ܦܠܐ (Barth p. 71) *1.* collegit Dt 24 20, Afr 378 5, ES **1** 282A; *2.* purgavit (vermibus) ES **2** 335B; *3.* perquisivit, perscrutatus est IA **1** 196 431, **2** 312 1290, Jer 43 4 (Hex); *4.* adduxit Bhcar 14 2; *5.* palpavit am **2** 362 15.
Pa. perquisivit Bhchr 342 9.
Af. contempsit (?) JS in MS **2** 116 v. 626.

ܦܠܒܝ (pers. پنبه) gossypium BB Löw p. 92.

ܦܠܒܘܣܐ fabularius asd 52 18, cf. p. 183 not ad p. 52 2.

ܦܠܒܣ φλέβας; arteriae Hebr **4** 212 5.

ܦܠܓ *1.* divisit, partitus est 1Rg 18 21, Gal ZDMG **39** 303 10; *2.* tribuit (honorem) Nis 67 6, asd 22 4, Cyr in Julian ed. Neumann 62 11; *3.* ܠܠܝܐ medium noctis erat PsC 24 4; *4.* seq. ܒܠ discordes reddidit Philox 308 4.
ܦܠܓ in medio erat (μεσούσης) Joh 7 14.
ܦܠܓܐ partitio, divisio ES **1** 208D.
ܦܠܓܐ *pl.* ܦܠܓܐ (ES 18 1) *1.* dimidium, pars Jos 4 12, ES **1** 123B, Corluy MP 16 11; *2.* apoplexia Mt 4 24 (Cur), AM **2** 394 37, Bhcar 193 10.
ܦܠܓܗ ܕܝܘܡܐ meridies Corluy MP 9 10.
ܦܠܓ ܥܒܪܐ ܦܠܓܐ PsC 10 17, SB 85 7, *f.* ܦܠܓܬ ܥܒܪܬܐ

PsC 209 13, μεσῆλιξ media aetate cf. Nöld. Beitr p. 12.

ܦܠܓܘܬܐ (al ܦ̈) *1.* dimidium, pars Dt 10 9, Nm 31 43, Lc 15 12, Ap 8 2; *2.* separatio ES **1** 28C; *3.* schisma, factio 1Cor 1 10, Bhchr 120 19; *4.* altercatio Afr 265 15.

ܦܠܓܘܬܐ ܕܝܢܩܘܬܐ pumiliones ES **2** 455E.

ܦܠܓܘܬܐ ܝܘܡܐ meridies ER 70 16.

ܦܠܓܘܬܐ ܝܘܡܬܐ media aetas KwDW 120 11.

ܦܠܓܘܬܐ ܠܠܝܐ medium noctis Lc 11 5.

ܦܠܓܗ ܡܝܬ semimortuus Zach Rhet 19 13, Bhchr 530 11, ad Lv 17 15.

ܒܪ ܦܠܓܘܬܐ cohaeres, haereditatis socius ES **1** 75E.

ܦܠܓܐ *1.* dubitans, animo haerens asd 27 23, IA **2** 300 v. 1120, KwDW 70 12; *2.* ܦܠܓܝ ܥܡܪܐ media aetate EN 11 22 (nisi ܦܠܓܝ leg.); *3.* sq. ܥܠ iratus Spic Solesm **4** 132u.

ܦܠܓܘܬܐ *1.* divisio ES **3** 195A; *2.* duplicitas KwDW 96 21; *3.* dubitatio Act 11 12, dap 25 2, JS Abb 288 v. 371, ThMarg **1** 79 23; *4.* altercatio KwDW 211 5, Bhchr 190 23; *5.* discordia Philox 308 3.

Etpe. divisus est Ex 14 21, Lc 12 53.

Pa. divisit Gn 11 7, Mt 27 35, separavit Guidi to 24 51.

ܦܘܠܓܐ *1.* divisio ES **2** 104F, ER 95 20, Am. Or. Soc. Proc. 1888 p. LXXIII 74; *2.* separatio MS **2** 5 7; *3.* dubitatio Afr 173u, Philox 464 14.

ܡܦܠܓܢܐ arbiter Philox 315 1.

Etpa. *1.* divisus est, se divisit Job 38 24, Lc 11 17, ES **1** 22F, Philox 552 19, Corluy MP 20 4; *2.* dubitavit Mc 11 33, ER 121 11, KwDW 30 9; *3.* tributus est ES **1** 20E.

ܡܬܦܠܓܢܐ dividuus ES **3** 65C.

ܦܠܓܐ *1.* (ex ass. *balangu?* Jensen) tympanon Ex 15 20, Afr 452 10, Rabb 246 2, PsC 171 14; *2.* φάλαγξ phalanx 1Mcc 6 35, PsC 134 10 etc., comites regis Persarum am **2** 540 10.

ܦܠܓܘܬܐ phalanx am **1** 439 16, ThMarg **1** 22 9.

ܦܠܓܝܐ *1.* miles am **2** 243 3; *2.* *f.* tympanistria ψ 67 18 (Hex).

ܦܠܓܪܝܣ hemicrania? glherm.

ܦܠܓܡܐ *pl.* ܦܠܓܡ̈ܐ ER 50 13, φλέγμα pituita ER 51 15, Philox 572 13, Geop 51 19, Kays 31 22, Bh ZDMG **40** 448.

ܦܠܓܡܢܝܐ phlegmaticus Kays 181 12.

ܦܠܓܠܐ Card 66u vox incerta, corrupta?

ܦܘܠܘܓܘܢܘܢ πολύγονον polygonum Geop 102 15.

ܦܠܓܝܣ πέλαγος pelagus Act 27 5 (Phil).

ܦܠܓܝܘܣ πλάγιος obliquus (tonus) Cat Wr 273b.

ܦܘܠܕ (pers. پولاد Lag GA 75 193), chalybs KwD 100 24, 102 10 (Nöldeke ZDMG **30** 762).

ܦܠܕܪ dispersit ES **1** 559F, ER 93 24, Ex 32 25 (Hex).

ܦܘܠܕܪܐ dispersio Ge in Afr pr 34 17, JN in MS **1** 100 19, ThMarg **1** 38 5.

Etpa. *1.* se dispersit JSt 47 20, JohEph 352 9; *2.* dispersus est ER 154 24, Philox 73 1, Ath ܡܐ 27, PsC 134 1.

ܦܠܚ (cf. Del Prol 176) o *1.* coluit (agrum) Neh 5 4, Philox 131 14; *2.* laboravit ES **3** 353F, Philox 51 2, Gal ZDMG **39** 244; *3.* servivit ES **3** 347A, asd 52 13 (libidinibus) Philox in Steph. bar Sudaili (ed Frothingham) 48 4; *4.* veneratus est Dt 5 9, Corluy MP 19 7, AS **3** 54 26; *5.* fecit (justum) JS in Steph bar Sudaili p. 20 12; *6.* apparavit (hostiam) Rabb 233 13, BO **1** 483, cf. Kayser Die Canones des JE p. 92.

ܦܠܚܐ *1.* minister 2Sm 8 18, Ath 32 7; *2.* miles Act 10 7, BO **1** 70.

ܦܠܚܢܐ servilis Spic Solesm **4** 59 23.

ܦܠܚܢܝܐ militaris Cyr 281 26.

ܦܠܚܘܬܐ *pl.* ܦܠܚ̈ܘܬܐ *1.* servitus *abstr.* et *coll.*

ES **2** 208D, Bhchr 144 20; *2.* ars, quaestus JSt 65 10; *3.* mensa, convivium Mar 59 1.

ܦܠܚܢܐ pius SB 160 15.

ܦܠܚܢܘܬܐ fabricatio Ex 31 5 (Hex).

ܦܘܠܚܢܐ *1.* cultura (vineae) Corluy MP 36 12; *2.* servitium Afr 196 1, ES **2** 320A, asd 15 11; *3.* lucrum AS **2** 258 24; *4.* cultus Mar 81 7, Cyr 166 28.

Etpe. cultus est Ez 48 19, ES **2** 276C.

Pa. *1.* servivit Philox 130 18; *2.* laboravit Bhcar 120 8.

ܦܠܚܐ *1.* agricola Mc 12 1, Philox 459 17, Geop 116 6; *2.* cultor (vineae) ES **1** 554F, ER 59 6, Ath 44 9, *met.* (animi) Philox 10 14; *3.* cultor, adorator Nis 9 27.

ܦܠܚܘܬܐ agricultura Philox 11 21.

ܦܘܠܚܢܐ ἐνέργεια, vis, effectus JN in MS **1** 98 18.

Etpa. *1.* cultus est Ez 36 9, Hoffmann Kirch 45 44, Gal ZDMG **39** 251 33; *2.* servivit IA **2** 280 814; *3.* factum est (beneficium) Philox 121 21, (peccatum) JS in Steph bar Sudaili ed Frothingham p. 18 16, cf. 20 1.

Af. *1.* coluit ThMarg **1** 150 9; *2.* laboravit Philox 192 11, EC in Journ of s. l. **5** (1864) p. 405 4; *3.* committere fecit Jš in ThMarg **1** CLXI 2; *4.* conquisivit (*to enlist*) JS in asd 105 8, Joh Eph 380 5.

ܦܠܛ (ar. لفظ Barth p. 7) exspuit, evomuit Jon 2 11, Afr 283 4a f., 292 9, 422 10, ESL 1 37 26.

ܦܠܛ (ar. فلت) o evasit, effugit Dt 32 39, asd 40 6, s. acc. Philox 272 3.

Pa. *1.* servavit Act 12 11, Afr 60 13, ES **1** 514E, Bal 292 27; *2.* liberavit Guidi to 27 159; *3.* removit ES **1** 241B.

ܦܠܛܐ luxatio membrorum EN 33 52.

ܦܠܝܛܐ fugitivus Jer 44 14, ES **1** 559D, Bh in Kayser Can des JE 27 13.

ܦܘܠܛܐ *1.* fugitivi h. פְּלֵיטָה 2Rg 19 31; *2.* servatio AS **2** 74 1, PsC 132 14, KwDW 68 13.

Etpa. *1.* servatus est am **1** 449 8; *2.* liberatus est Guidi to 41 1; *3.* evasit, effugit Sir 27 20, ES **1** 560E, SB 43 5.

Af. liberavit ES **1** 431E, BO **2** 318, Kw DW 256 21.

ܦܝܠܛܘܣ, ܦܠܛܐ (gr. πιλητὸς, πιλωτὸς Fraenkel p. 102 n. 2) *1.* coactile (*felt*) Bhchr 229 5; *2.* ephippium Bh ZDMG **40** 448; *3.* saccus Bhchr 481 5; *4.* pallium (*cloak*) PsC 198 3 7, 200 5 6; *5.* cingulum(?) EN 40 5.

ܦܘܠܝܛܝܐ, ܦܘܠܝܛܐ πολιτεία respublica ES **1** 292D, Ath 51 22, AS **2** 249 1, am **3** 233 10, MS **2** 29 22, BO **3** 1 120a 19, Bhchr 87 16, Eb Mai **10** 306u.

ܦܘܠܝܛܘܘܡܢܘܣ, ܦܠܝܛܘܡܢܘܣ AS **3** 91 5, ܦܠܝܛܘܡܢܐ ib. 11, ܦܠܝܛܘܢܐ Dion T 174 5, πολιτευόμενοι magistratus, spec. decuriones Sec. Syn. Eph. ed Perry 33 4, Hoffmann Kirch 59 n. 78, Guidi to 37 3, Cat Wright **2** 425a.

ܦܠܝܛܝܩܐ, ܦܘܠܝܛܝܩܝܐ *1.* politicus, gradilis Joh Eph 172 18, ad rem publicam pertinens Bhchr 303 11; *2.* publicus Bhce **2** 753 12.

ܦܘܠܝܛܝܩܘܢ πολιτικὸν glherm.

ܦܘܠܝܛܝܘܬܢܐܝ πολιτευθῆναι gubernari Bhgr **1** 48 1.

ܦܠܛܝܐ *pl.* ܦܠܛܝܬܐ (N§ 74) πλατεῖα platea Cant 3 2, Afr 371 9, ES **2** 109D, Jul 29 17, Ath 1 4, Bhchr 540 22.

ܦܠܛܝܢ ܦܠܛܝܢ Corluy MP 17 7, Bhce **1** 431 12, car 105 13, ܦܠܛܝܢ ER 360 26, ܦܠܛܝܢ KwDW 160 4, παλάτιον palatium ES **2** 208E, ER 355 16, Guidi to 20 88, Jul 229 1.

ܦܠܛܝܢܘܣ παλατῖνοι apparitores palatii Syn II Eph 32 9.

ܦܠܛܘܣ πλάτος ubertas, verbositas AS **3** 200 2.

ܦܠܛܦܠܛܘܪܐ protectores (sancti) Cat Vat **3** 332 cf. 'ܦܪ.

ܦܠܝܘܢ Geop 108 16, ܦܘܠܝܘܢ ib. 110 24, ܦܘܠܝܘܢ EN 25 50, πόλιον polium.

ܦܝܠܠܘܓܘ φιλολόγοι philologi glherm.

ܦܠܝܛܐ curvus, non rectus ZDMG **29** 503 23, stultus Eb Par 27 3.

ܦܠܘܡܒܛܐ virgae plumbatae AM **2** 131 22 (sic l. cf. 136u).

ܦܠܘܡܝܐ πλουμίον opus plumarium acu pictum Joh Eph **73** 10.

ܦܠܡܡܘܠܘܢ φλάμμουλον, flammulae ZDMG **29** 92 6.

ܦܠܡܘܢܝ φελμονι אַלְמֹנִי Regn δ 6 8 (Hex), ܦܠܡܘܢܝ h. פַּלְמֹנִי Dn 8 13, cf. ES **2** 218C, quidam Bhgr **1** 7 14, *met.* angelus tutelaris Eb Par 22 3, cf. Nöld. ZDMG **43** 677.

ܦܠܡܘܢܝܬܐ i. q. ܦܠܡܘܢܝܬܐ q. v. BA, BB, PS cf. Fraenkel ZA **9** 7.

ܦܠܘܡܝܣ AS **4** 38 21, ܦܠܡܝܣ Geop 74 4, ܦܠܘܡܝܣ ib 109 29, φλόμος verbascum Löw p. 66, 67.

ܦܠܢ *f.* ܦܠܢܝܬܐ (N § 147) quidam, quaedam ER 128 23, ES **1** 259F, Rechtsb 24 20.
ܐܦܠܢ (nest. 'ܐ,ܐ + ܦܠܢ N. l. l.) aliquot Mt 8 9 (Cur), ECth **4** 2 14, Bhchr 179 16.
ܦܠܢܐ AS **2** 346 7 leg. ܦܠܢܝܐ militaris PS.

ܦܠܢܐ Clr 68 11, ܦܢܠܐ Cyrill ZDMG **27** 581 v. 326, 586 v. 137, ܦܐܠܘܢܝܣ 2Tim 4 13 (Phil), φελόνης paenula.

ܦܠܘܣ JSt 35 12, ܦܠܣܐ Epiph 3 36, 55 93, AS **2** 261 15, Bhchr 78 17, ܦܘܠܣܐ Bh ZDMG **40** 428, φόλλις, follis ar. فلس cf. Nöld. ZDMG **35** 497.

ܦܘܠܝܣ πόλεις oppida JSA 600.

ܦܝܠܐ φιάλη *1.* patera Ex 25 29, ES **1** 254B, Clr 126 4; *2.* h. עֲרוּגָה area, pulvinus Cant 5 13, MS **2** 24 14.

ܦܠܣܘܢ φάλσον falsum Rabb 220 19, AS **3** 160 17.
ܦܠܣܛܐ φαλσάτα, falsata AS **3** 221 15.
ܦܠܣܛܣ πλαστὰς (PS, φαλσάτας?) fictas Syn II Eph 28 26.

ܦܝܠܘܣܘܦܐ Act 17 18, ܦܝܠܣܘܦܐ ES **1** 536C, ܦܝܠܘܣܘܦܐ dap 4 18, φιλόσοφος, philosophus.
ܦܝܠܣܘܦܘܬܐ ES **3** XLIX 9, ܦܝܠܘܣܘܦܝܐ AS **3** 349 8, ܦܝܠܘܣܘܦܝܐ BZ in Merx 158 6, φιλοσοφία philosophia.
ܦܝܠܘܣܘܦܘܬܐ philosophia ER 58 23, Philox 609 7, Jul 26 18.
ܐܬܦܠܣܦ philosophatus est ZDMG **46** 758 5, EbMai **10** 92 27.
ܦܝܠܘܣܘܦܝܬܝܢܝ φιλοσοφηθῆναι Bhgr **1** 47 24.

ܦܠܣܘܪܐ πρεσσόριον, pressorium BA, BB Fraenkel ZA **9** 7.
ܦܠܣܛܘܬܐ *1.* castigatio TA 42 256; *2.* falsitas Cat Vat **3** 66 8 11.

ܦܠܚ *1.* dejecit jugum ES **1** 264C; *2.* seq. ܐܘܪܚܐ de via deduxit IA **1** 188 217.
ܦܠܚܐ occasio Lc 22 6, ES **1** 380B, Jul 26 22.
Af. *1.* liberavit (jugo) Philox 188 11, Th Marg **1** 26 19; *2.* luxavit, extorsit BO **3** 1 150b 3; *3.* conviciatus est ECth **2** 37 4,

ܦܠܦܠܐ piper (Löw n. 259) Geop 52 3, Gal ZDMG **39** 292 11, Sind 12 14, BO **3** 1 595 18.

ܦܝܠܘܦܘܢܘܣ φιλοπόνος laboriosus glherm.

ܦܘܠܘܦܘܣ πολύπους polypus AS 4 92 3.

ܦܘܠܘܦܘܪܘܣ πολυφόρος nomen plantae Geop 112 7, cf. Löw n. 272.

ܦܠܩܐ (cum ܩ gr. Bh ad ψ 185 12, πελεκὺς ZDMG 9 874 = sk. *paraçu*, sed ass. *pilakku* Del Prol 147) ascia, dolabra ψ 74 5, ES 1 228C, Jul 71 13.

ܦܠܩܐ πάλλαξ concubina Rechtsb 30 7.

ܦܠܩܣ PsC 70 11, Bhchr 79 23, ܦܠܐܩܣ Ex 31 18 (Hex), 2Cor 3 3 (Phil) πλάκας tabulae.

ܦܠܐܩܝ JEh 48 16, ܦܠܩܝ AS 3 323 10, *pl.* ܦܠܐܩܝܐ JEh 43 7, πλάκιον tabula (marmoris).

ܦܠܩܝܐ pars quaedam domus(?) AS 2 184 16.

ܦܘܠܐܩܝ Rie 104 23, ܦܘܠܩܐ JohEph 195 12, *pl.* ܦܘܠܩܣ ib. 199 8, φυλακὴ custodia.

ܦܘܠܩܛܪܝܐ φυλακτήρια laciniae, quibus partes leges Mosaicae inscriptae erant, a Judaeis in brachiis sinistris portatae Mt 23 5 (Phil), Rie 120 14.

ܦܠܩܘܡܐ BA vel ܦܠܩܘܡܐ BB annulus januae PS.

ܦܘܠܐܘܪܝܣ semidalis Fraenkel p. 33, Cast.

ܦܠܩܘܢܛܪܝܐ πλακουντάρια placentulae Cat Wright 1 31aapu.

ܦܝܠܘܪܐ φιλύρα tilia Geop 23 21, 62 10, Löw n. 257.

ܦܠܪܓܘܣ πελαργὸς pelargus Bh ad ψ 210 66, ad Lv 11 18, gr 1 212 24, ON 90 11.

ܦܠܝܪܝܣ πλήρης plenus Joh Eph 407 20.

ܦܠܝܪܘܦܘܪܝܐ πληροφορία *1.* persuasio, fides certa Col 2 2 (Phil), AS 3 352 20, Ign 220 1, JBh 8 4, Bhchr 333 11; *2.* defensio fidei Cat Wright 2 755a.

ܦܠܝܪܘܦܘܪܝܣܝ ܥܒܕ πληροφορῆσαι *1.* implevit (ministerium) 2Tim 4 5 (Phil); *2.* certum fecit ES 1 157F, Cyr 6 7, JE schol 3 17; *3.* se excusavit Zach Rhet 5 6.

ܦܠܝܪܘܦܘܪܝܬܝܢܐ ܗܘܐ πληροφορηθῆναι persuasum habebat Rom 4 21, 14 5, 2Tim 4 17 (Phil), ZDMG 26 831, Bhgr 1 47u.

ܦܠܫ *1.* perfodit (murum) Mt 6 19, Afr 129 10, ESL 1 289 16, JSt 47 6, Bhchr 183 6; *2.* perquisivit ES 1 119C.

ܦܠܫܬ ܐܘܪܚܬܐ compitum Gn 38 4, Ez 21 21, EN 47 67.

ܦܘܠܫܬܐ fovea, cuniculus Ex 22 1, Afr 145 12, ES 1 103A, JSt 47 6, Bhchr 183 7.

ܡܦܠܫܬܐ effrictio aedium (*house-breaking*) Bh ZDMG 40 448.

Etpe. *1.* perfossus est Mt 24 43, Afr 145 12; *2.* apertus est Guidi to 36 11.

Pa. *1.* effodit Kays 183 21; *2.* perforavit (vas) Philox 318 9, 360 15.

ܐܦܠܫܛ v. s. v. ܦܠܐܛܐ.

ܦܠܛܪܐ Rechtsb 33 19, Kays 98 5, EN 41 29, ܦܠܐܬܪܐ Geop 5 25, Epiph 61 42, ܦܠܬܪܘܢ ψ 128 4 (Aqu) πλέθρον jugerum.

ܦܡܠܝܐ familiaris, famulus IA 1 286 216.

ܦܘܡܦܘܣ πομπὸς pompa Joh Eph 202 9.

ܦܢܐ ossifraga AS 4 53 19.

ܦܢܬܐ *1.* pars superior calcei e corio confecta, assumentum calcei; *2.* dorsum manus BA, PS.

ܦܐܢܐ ܥܒܕ φάναι affirmavit glherm.

ܦܢܐ *1. tr.* reduxit Chr ed 154 14; *2. intr.* se vertit Act 12 25, ES 1 14A; *3.* rediit Ath 5 19, JSt 10 20; *4. met.* se convertit Bh in Kayser Can des JE 8 11.

ܦܢܝܐ *1.* seq. ܪܡܫܐ, vesper Gn 3 8, ES 1 33B, *absol.* 1Mcc 10 80, JS in MS 1 91 13, Regn γ 17 6 (Hex); *2.* angulus h. פִּנָּה Neh 3 32.

ܦܢܝܢܐ sonus, clamor(?) Nis 4 53.
ܦܢܝܬܐ conversio Cant 7 11.
ܦܢܝܬܐ *absol.* ܦܢܝܬ JARS 2 3, *1.* latus Nm 3 24, ER 113 8, Chr ed 153 8; *2.* regio Ath ܟܒ 15; *3.* ܒܦ̈ܢܝܬܗ ܕ jussu alicujus Bhchr 401 1.
ܦܘܢܝ ܐܝܕܐ h. נְטוֹת יָדוֹ circumversio manus Jos 8 19.

Etpe. *1.* se vertit Dt 1 40, ES 3 194A, Guidi to 27 134; *2.* restitutus est Chr ed 155 12; *3.* redditus est ER 117 4.
ܠܐ ܡܬܦܢܝܢܘܬܐ *1.* conversio ES 3 376A, Joh Eph 221 7, EbMai 10 219 7; *2.* aversio Ath ܩܡ 5.

Pa. *1.* retribuit ES 2 456F, 3 206B; *2.* respondit Corluy MP 13 4; *3.* exaudivit OM 3 11.
ܦܘܢܝܐ *1.* reductio AS 3 251 12; *2.* redditio Lv 25 10, ES 3 225E; *3.* conversio dap 9 23, 43 29; *4.* recreatio ThMarg 1 136 6; *5.* responsio Ath ܟܒ 13; *6.* reditus ES 1 228E, Bh ad Paul 2 19.
ܡܦܢܝܢܘܬܐ *1.* reditus ES 2 95F; *2.* conversio ES 2 311D, TB 123 4.

Etpa. *1.* redditus est Dt 28 31, BO 1 238; *2.* retributus est ES 3 152F, Nis 38 34, Dion 193 2; *3.* responsum est ES 3 277C, BO 3 2 208.

Af. *1.* vertit 1Sm 10 9, Jer 2 27, asd 13 18; *2.* convertit dap 55 10, apap 9 3, SB 121 14; *3.* reddidit ES 2 234C, JSt 9 1, Cyr 271 6, SB 154 21; *4.* reduxit ES 1 413C, BO 3 2 272, SB 39 2.

ܦܢܛܝܩܐ pontica (sc. nux) Löw p. 49, EN 51 74.

ܦܢܛܐ φάντης i. q. ܦܢܣܐ q. v. BA.
ܦܢܛܐ πέντε quinque AS 1 14 8.
ܦܢܛܕܝܩܐ πενταδικὸς? quinarius, e quinque foliis constans Cat Wright 479a, 1194b.
ܦܢܛܩܝܕܩܛܐ πεντεκαιδεκάτη quindecima indictio AS 3 252 28.
ܦܢܛܛܐ vox corrupta ZA 8 94 3.

ܦܢܛܘܢܐ apap 177 8 = am 3 5 18 „pontones genus gallicanarum navium Caes. b. g. 3 29, cui eaedem sunt onerariis; Isidoro vero 19 1 dicitur pontonium navigium fluminale, tardum et grave, quod non nisi remigio progredi potest“ Du Cange gl. lat. 5 348 cit Wright apap 2 148a, cf. ZDMG 25 333 118.

ܦܢܛܘܣ πάντως omnino Lc 4 23 (Phil), Bh gr 2 116 v. 1369, EN 82 84.
ܦܢܝܛܘܣ corr. e ܦܝܛܘܣ πίτυς pinus EN 82 84.

ܦܢܛܣܝܐ ܦܐܢܛܐܣܝܐ JBh 8 3, *pl.* ܦܢܛܣܝܣ Philox 463 8, Kays 171 8, Bhchr 451 2, ܦܐܢܛܐܣܝܣ Ath 24 12, φαντασία *1.* phantasia ES 1 208F, Jul 246 7; *2.* imago BO 2 169a, Bhchr 207 24; *3.* ostentum, portentum Guidi chr 31 10; *4.* ostentatio Philox 99 22, Act 25 23 (Phil).
ܐܬܦܢܛܣ apparuit, visus est Anonymus in ES 2 31 2, ESL 1 419n, BA n. 7333.
ܦܢܛܣܝܣܛܐ φαντασιάσται phantasiastae Cat Wright 2 643b, BO 1 386 24.
ܦܢܛܣܡܛܐ φαντάσματα phantasmata EbMai 10 203 3.

ܦܢܕܩܛܣ πανδέκτης pandecta (inscriptio libri) Bhce 2 693 19, Cat Wright 1a, Cat Bod 1u.

ܦܢܛܩܘܣܛܐ ܦܢܛܝܩܘܣܛܐ Ath 19 15, πεντηκοστὴ pentecoste Act 2 1, Rie 26 10, Dion T 145 4, Bhchr 47 17.

ܦܘܢܝܘܣ φόνιος homicida BO 1 541a.

ܦܝܢܩܐ, ܦܝܢܟܐ πίναξ patera Mt 14 8, Afr 307 3, ESL 2 429 8, Vit Rabb 183 2, Cat Wright 2 491a 21.

ܦܢܝܩܣ dap 83 20, ܦܘܢܝܩܣ AS 4 58 6, ܦܘܢܩܣ glherm, Cat Wright 3 1193a, φοίνιξ, phoenix avis.

ܦܢܣܐ φανὸς lucerna (*lamp*) Joh 8 13 (Bernst.), JSt 24 14, Bhchr 266 1.

ܦܢܝܩܐ idem(?) Bhchr 450 13.

ܐܪ̈ܙܐ, ܦܢܝܩܐ pilulae Geop 48 12.

ܦ̈ܢܝܬܐ pinnae Jer 33 41, Ez 4 2 (Hex).

ܦܢܣܝܠܝܢܘܣ πανσέληνος plenilunium Kays 194 4, Bhchr 216 19.

ܦܢܩ delectavit ES 3 590B.

ܡܦܢܩܐ mollis, tener, pulcher Dt 28 54, Jer 6 2, ES 2 110D, Vit Rabb 195 26.

ܡܦܢܩܘܬܐ vita delicata Mi 1 16, Afr 423 2.

ܦܘܢܩܐ *1.* jucunditas Dt 28 56, ER 82 8, Jul 88 3; *2.* voluptas ES 1 407D, Ath ܠ 12, dap 3 28, BO 3 1 208a 14, ThMarg 1 201 4.

ܦܘܢܳܩܐ *1.* convivium ES 1 47A; *2.* *pl.* cibi lauti ESL 1 177 9.

Etpa. *1.* delectatus est ES 2 284A, ER 103 7, BO 3 1 208a 12, TB 91 30; *2.* effeminatus, emollitus est ES 2 111A.

ܡܬܦܢܩܢܐ libidinosus dap 11 27, 31 13.

Af. laetificavit Sir 30 7, IA 2 46pu.

ܦܢܩܝܬܐ Cat Wright 2 633a, ܦܢܩܝܬܐ πιναχίδιον tabula ER 21 1, asd 173u, AS 3 118 14, Gal ZDMG 39 244, Bhchr 41pu.

ܦܢܘܩܠܐ πανούκλιον pannus, pannicula (*spindle-thread*) BA cf. Rieger Dissert. Breslau 1894 p. 32.

ܦܢܘܢܣܘܣ i. q. ܦܢܣܘܣ q. v. Phys cap. XVI.

ܦܢܬܝܪ ψ 159 20, 174 18, ܦܢܬܝܪ Hos 5 14 (Hex), πάνθηρ panther.

ܦܣܬܐ *pl.* ܦܣ̈ܐ (al. ܦ̣) *1.* vola manus Dn 5 5, ES 2 210F, 1Sm 5 4, Rabb 234 2, Corluy MP 39 13; *2.* planta (pedis) Js 1 6, ES 2 3A, EN 10 91.

ܦܣܐ et ܦܣܬܐ ES 1 153C (√נסס Nöld § 105) sors Ez 24 5, ES 2 187D, Mt 27 35, Afr 341 13, ES 1 244B.

ܦܣ tribuit Card 99 7.

ܦܣܣܐ licentia Bhchr 441 3, EbMai 10 263 29.

ܦܣܝܣܐ licet BO 3 1 248a 2, EbMai 10 212 17.

Etpe. permissum est ES 1 85A, Ath 17 9, Bhchr 237 25, EbMai 10 213 31.

Af. *1.* permisit Afr 313 4, ES 1 520F, Ath 12 23, JSt 18 5; *2.* sortitus est apap 102 10.

ܡܦܣܢܘܬܐ permissio ES 1 239F, Spic Solesm 4 185 3.

ܦܣܐ, ܦܘܣܐ φόσσα fossa JSt 49 4, gl. ad Regn δ 20 20 (Hex), Eccl 9 14 (ib.) Bhchr 90 22.

ܦܘܣܣܐ (corr.) castra(?) AS 3 256 21.

ܦܣܟܪ alcali (مجمع الأشنان) BA, PS.

ܦܣܛܓܢܝܢ φασγάνιον = ξάνθιον planta Gal ZDMG 39 290.

ܦܘܣܝܘܓܢܘܡܘܢܝܩܐ physiognomicus Bhce 3 165 1.

ܦܣܛܓܝ βασταγὴ jumenta sarcinalia Joh Eph 293 6.

ܦܣܛܘܠܐ (ἐπιστύλιον) μέλαθρον tectum Rg γ 6 5, 7 4 (Hex).

ܡܦܣܛܠܐ μεμελαθρωμένος tecto praeditus Rg γ 7 5 (Hex).

ܦܣܛܠܠܝܡ tonsura (monachi) Cat Vat 2 288.

ܦܣܛܘܡܐ πίστωμα (?) misericordia Card 99 14.

ܦܘܣܛܛܘܢ φόσσατον castra munita Bhchr 100 23.

ܦܣܛܝܣ Rechtsb. 25 14, ܦܝܣܛܝܣ BO 1 295a πίστις fides.

ܦܣܬܩܝܐ πιστάκια pistacia Gal ZDMG **39** 293 21, cf. Löw p. 69 et ܦܣܬܩܐ.

ܦܣܛܩܘܣ (sic!) EN 45 25, ܦܣܛܩܘܣ Bhchr 351 11, ܦܣܝܛܩܘܣ Cat Wr **2** 603b, JE in JAP 1888 p. 466n 2, ψίτταχος psittacus.

ܦܣܝܛܩܘܣ Joh Eph 165 14, cf. s. v. ܦܣܬܩܐ.

ܦܣܛܪܐ runcina EN 30 67.

ܦܫܐ, ܦܫܝܐ, ܦܫܝܢܐ lima, cos BA, BB, PS.

ܦܫܝܐ fundus, ima pars fluvii BA, BB, PS.

ܦܣܝܘܠܘܓܘܣ φυσιολόγος physiologus AS **4** 33 2.

ܦܣܝܘܠܘܓܝܣܐ φυσιολογῆσαι seq. ܥܠ physiologiam tractavit glherm, Bhgr **1** 47 16.

ܦܣܝܢܐ φασιανὸς avis phasiana KwD 19 20, EN 45 17.

ܦܫܚ saluit, saltavit KwD 109 21.

ܦܨܚ Ezr 6 19, Joh 6 4 (Cur), Spic 34 17, ܦܨܚܐ dap 86 9, Cyr 400 23, πάσχα פֶּסַח Passah Judaeorum.

ܦܨܚܐ AS **4** 11 5 v. s. v. ܦܨܚܐ.

ܦܣܠ *1.* excidit, deformavit (lapidem) ES **1** 273B, 456C, AS **2** 287 7; *2.* cecidit (arbores) 1Rg 5 29.

ܦܣܠܐ lapicida 1Par 22 2, Afr 201 7, AS **2** 284 7, ISt 83 17.

ܦܣܝܠܬܐ lapis deformatus Am 5 11, ES **2** 262A.

Etpe. deformatus est Kays 164 13.

ܦܣܠܝܕܝܣ ψαλίδες annuli (columnae) Ex 27 11 (Hex).

ܦܣܠܛܝܣ Rie 24 23, *pl.* ܦܣܠܛܐ ib 48 1, ܦܣܠܛܐ 1Ezr 5 41, Cat Bod 249 9a f., Bh Can des JE 21 27 ψάλτης, psalta.

ܦܣܠܛܪܝܘܢ ψαλτήριον psalterium ψ 33 1 (Hex).

ܦܣܠܝܘܠܘܣ φασίολος isopyrum Gal ZDMG **39** 258.

ܦܣܝܠܘܬܪܘܢ ψίλωθρον psilothrum, unguentum quo crines exstirpant Geop 44 13, cf. Löw p. 236.

ܦܫܡܐ (Jensen ZA **7** 218) mystax BA, BB, PS.

ܦܣܡܣܐ Joh Eph 36 18 l. ܦܣܡܣܝܐ q. v.

ܦܣܡܛܐ φάσματα monstra, portenta AS 145 10.

ܦܣܝܡܘܬܝܢ ψιμύθιον cerussa Geop 102 27, Duval-Berthelot **2** 50 14, 51 12, 86 5.

ܦܣܢܐ (pers. إپسان Fraenkel p. 216) cos Cast.

ܦܐܣܝܣ, ܦܣܝܣ φάσις glherm *1.* responsio Bhcar 166 11; *2.* apparitio stellae Cat Bod 580 1.

ܦܝܣܘܣ πίσος pisum Geop 5 18.

ܦܘܣܝܣ, ܦܘܣܝܣ Kays 99 21 φύσις natura Spic 7 13, Ign 208 18, AS 161 7, 166 3.

ܦܣܥ *1.* incessit, gressus est Sir 2 12, AS **2** 270 7, AS 46 21, progressus est PsC 100 1 (de tempore) ESL **3** 313 27; *2.* sq. ܠܓܘ intus penetravit (in mysteria) ESL **2** 37 12; *3.* sq. ܒ laesit, violavit Afr 448 4, ES **1** 24C, Bal 335 2, contempsit (mortem) Philox Mem. dei Lincei **12** 1884 p. 477a u; *4. absol.* sceleste egit ER 89 5, Philox 98 5.

ܦܣܥܐ gressus ES **2** 375E.

ܦܣܥܬܐ passus ψ 17 5, ES **3** 210C, PsC 52 1, JS in MS **1** 33 2.

Pa. discussit Bhcar 7 10.

ܦܣܦܣܬܐ (Lag Sem. **1** 47) μηδική Medicago sativa Löw p. 95, Geop 102 30.

ܦܣܝܣܐ aleae lusus (*dice*) ES **2** 459D, JS 54 7, PsC 89 21.

ܦܣܝܦܘܣ ψῆφος calculus glherm.

ܦܣܝܦܣܡܐ Rie 24 2, Joh Eph 231u, ܦܣܝܦܝܣܡܐ herm 170 30, 'ܦܣ Zach Rhet 29 30, ψήφισμα suffragium.

ܦܣܝܣܪܘܬܐ lusus cogitationis TA 42 257.

ܦܣܩ o *1. tr.* a) cecīdit ES 456B, decīdit ES **1** 555D, Guidi to 24 26, BO **3** 150b 2, resecuit Arist 11 22, Corluy MP 27 14; b) abbreviavit dap 9 16, c) delevit (chirographum) dap 52 24, d) castravit Spic Solesm **4** 227 17, Eb Mai **10** 177 12, e) sq. ܣܒܪܐ desperavit ES **3** 328D, AM **2** 333u, ThMarg **1** 222 10, f) decrevit ES **1** 507C, ESZ **1** 568, dap 52 9, g) constituit Jon 3 5, ES **3** 338A, h) vetuit Philox 623 2; *2. intr.* a) interclusus est Jud 5 6 7, Job 19 14, ZDMG **24** 588, **25** 346 v. 579, b) cecidit, remisit (ventus) ES **3** 193A, c) ܦܣܝܩܐ ܠܗ constitutum est ER 138 9.

ܦܣܩܐ *1.* grex AS **2** 311 10; *2.* pars Joseph **6** 2 (674b 7) *spec.* panni ES **1** 556E.

ܦܣܩܐ *1.* decisio Philox 621 2, Corluy MP 35 14; *2.* remotio, abrogatio Joh Eph 246 10; *3.* decretum Cyr in Julian ed Neumann 57 17; *4.* excommunicatio, anathema Bhce **2** 477 3; *5.* ἀπόφασις judicium Rie 88 8; *6.* sectio, factio ES **2** 526A; *7.* remissio (rei alienae) Ath 19 16; *8.* sq. ܕܣܒܪܐ desperatio ES **2** 356F, KwD 46 1, Bhchr 366 3; *9.* finis (*termination*) JS in Steph bar Sudaili ed Frothingham (Leiden 1886) 16 l. 11.

ܦܣܩܐ *1.* sectio, capitulum (libri) Act 8 32, ISt 51 18, JE in ES **1** 509 14, Bhgr **1** pass. *2.* ἀποφαντικὸς indicativus AS **4** 10 28, ET 12 15, herm 68, 115u; *3.* accentus, quo nomen in fine enuntiationis nominalis signatur ET 16 4, BZ 2 11.

ܦܣܝܩܘܬܐ *1.* decretum PsC 23 16, asd 50 27, ܝܘܡܐ ܦܣܝܩܬܐ dies supremus ES **1** 372B; *2. pl.* brevia (verba) Act 24 4, ES **2** 388F, PsC 115 9, MS **2** 72 17, ISt 8 1.

ܦܣܝܩܐ brevis BO **3** 1 353a 13, Cat Vat **3** 184.

ܡܦܣܩܬܐ mortarium Zeph 1 11 (Hex).

ܦܘܣܩܢܐ *1.* decretum Afr 449 5; *2.* judicium Eb Mai **10** 233 1; *3.* fortuna (τύχη) Joseph 11 10; *4.* constellatio Hoffmann Ausz. n. 932.

Etpe. *1.* scissus est Corluy MP 16 1; *2.* castratus est Arist 12 5, Spic Solesm **4** 227 18.

ܠܐ ܡܬܦܣܩܢܐ ἄτομον glherm.

ܠܐ ܡܬܦܣܩܢܘܬܐ τὸ ἄτομον ib.

Pa. *1.* decīdit ES **1** 555D, Philox 435 3, BO **3** 1 150b 2, Guidi to 24 26; *2.* finivit (vitam) ES **3** 349B.

ܡܦܣܩܢܐ τμητικὸς Gal ZDMG **39** 242.

ܦܘܣܩܐ decisio Corluy MP 32 1.

Etpa. concisus, diruptus est Jer 10 20, ES **2** 486E.

ܦܘܣܩܐ πόσκα, posca AS **2** 263 23.

ܦܣܩܝܬܐ *1.* fasciae (quibus mortuos involvunt) Joh 11 44, ThMarg **1** 312 10; *2.* institae (*girths*) Kays 64 23, Pr 7 16 (Hex.).

ܦܣܩܝܢ, ܦܝܣܩܝܢ Bhchr 302 6 (sic l.!), *pl.* ܦܣܩܝܢܐ Bhchr 146 5, Geop 98 17 (sic l.!), φισκίνα (du Cange **2** 1679) piscina (*reserservoir of water*) Neh 3 16, PsC 18 4.

ܦܝܣܩܘܣ φίσκος fiscus Spic 24 10.

ܦܘܣܝܩܘܣ φυσικὸς naturalis Bhchr 25 6.

ܐܬܦܣܩܦ episcopus factus est Bhgr **1** 48 24.

ܦܣܩܘܪܐ ventriculus avium Bh ad Mal 2 3, EN 44 10.

ܦܣܪܝܢ πισάριον pisum parvulum Geop 5 18.

ܦܣܪ abolevit, rejecit BA, BA, PS.

ܦܣܡܬܐ ascia, securis Bh ad ψ 185 12.
ܦܣܡܬܐ malleus Bh ad ψ 185 13.

ܦܣܬܐ AS 2 317 13, ܦܣܬܝܢ Geop 85 6, ψίαθοι storeae, tegumenta.

ܦܣܬܩܐ, ܦܣܬܩܐ πιστάκια, pistacia Löw p. 69, Sus 58, Geop 75 15, Duval-Berthelot 2 100 2, cf. ܦܣܬܩܐ.
ܒܗܡܢ ܦܣܬܩܐ fructus moringae arabicae Löw l. l. EN 24 40.
ܦܣܬܩܝܬܐ pistacinus Duval-Berth. 2 100 14.

ܦܣܬܝܩܐ Joh Eph 165 10 et ܦܝܣܛܝܩܘܣ ib. 14 πιστικὸς nauta, cui navis cura demandatur.

ܦܫܠ (Barth p. 69) *1.* cecīdit ESL 1 221 22, Joh Eph 259 13; *2.* contudit JS in asd 105 16, ISt 69 9; *3.* contrivit Nis 67 17 20. *4.* fregit ES 2 263C; *5.* delevit ER 138 20; *6.* vulneravit Act 19 16.
Etpe. *1.* caesus est ESL 1 221 25, ThMarg 1 399 5; *2.* contritus est ES 2 440A.
Pa. delevit ES 2 264D, Am 1 175.
Etpa. deletus est Bhchr 76 9.
Af. *1.* exclusit (ova) Js 59 5, ON 111 10, BO 3 114a; *2.* ruptum est (ovum) IA 2 216 v. 245; *3.* sq. ܠܠ voces contumeliosas emisit ES 2 81D.

ܦܥܐ balavit, vociferatus est ES 2 373F, ISt 37 13, Joh Eph 150 21.
ܦܥܝܐ balatus Nis 4 52 (Bevan), AM 1 128.

ܦܥܠܐ opus Jer 25 14, Afr 145 19, Philox 155 5.
ܦܥܠܐ operarius Mt 9 37, ER 60 22, Guidi to 18 9.
ܦܥܠܘܬܐ opera, labor Ez 29 20, ES 3 XXXIII 38, Clr 148 31.

ܦܥܪ hiavit, oscitavit Js 5 14, Joseph 3 3, PsC 193 8, Bhcar 43 17.
ܦܥܪܐ (nest. ܦ Bhgr. 4 45) fovea, caverna 1Sm 13 6, ES 1 357B, am 1 453 1, Bhce 3 69 1.

ܦܥܝܪ *1.* distentum (os) 1Ezr 4 31, ES 3 208B; *2.* hians Cyr 103u; *3.* excavatus IA 2 82 16; *4.* s. ܠܗ̇ inhians, cupidus Zach Rhet 1 15.
Pa. hiavit PsC 193 8.
Etpa. oscitavit BA n. 7336.

ܦܥܪܐ (ar. فاغرة Ibn Beithar ed. Leclerc n. 1650) zantoxylon Avicennae Duval-Berthelot 2 38 13.

ܦܥܪܘܡܐ JEgr 84 6 leg. ܦܠܪܘܡܐ πλήρωμα plenitudo Nöld.

ܦܐܦܐ, ܦܐܦܐܣ Jul 17 21 παππᾶς papa (patriarcha Alexandriae) Ath 1 5, Cat Par 24 18[0], (episcopus Romanus) AS 1 27 26, BO 3 1 593 6, Joh Eph 37u, Bhchr 429 17.
ܦܦܐ elegit (?) Card 99 16.
ܦܐܦܐܣ, ܦܐܦܐܣ papa, episcopus BO 2 255 n. 2=3 2 482 3, 493m.

ܦܦܓܐ pers. ببغا psittacus PsC 211 9.

ܦܦܝܠܘܢ παπιλίων papilio (*pavilion*) Joh Eph 366 4, Bhchr 85 3.

ܦܦܘܢܐ πέπων cucumis melo Zach Rhet 72.

ܦܦܪܓܡܢܐ πεπραγμένα acta Joh Eph 193 24, AS 3 85 8, Cat Par 28 48.

ܦܦܘܪܘܣ Js 18 2, ES 2 49A, ܦܦܝܪܘܣ am 3 276 15, EN 26 87, ܦܦܘܪܝܢ Geop 56 21, apap 34 1, ܦܦܘܪܝܢ Geop 12 18, ܦܦܪܘܣ ib. 49 27, πάπυρος papyrus, cf. Löw p. 54.

ܦܨܐ *pl.* ܦܨ̈ܐ (cum ܦ gr. √נפץ? N § 105, cf. ܦܣܐ) *1.* sors Nm 36 2, ES 1 81C, JS in MS 1 61 82, Jul 47 19, Bhce 1 449 13; *2. pl.* folia libri AS 3 10 12, Jer 36 23 (Hex).
ܦܨ̈ܐ ܕܬܛܪܐ tetrapla Dan Hex n. 110 11.

ܦܨܪܓܐ magistratus (*viceroy?* Wright apap 2 241b) ECth 2 19 4 (quem locum Geiger ZDMG 17 727, frustra tentavit), apap 1 276 12 = am 3 112 16.

ܦܪܘܚܐ fons Js 8 7, ES 1 524F, KwD 12 7, IA 2 50 124, AS 4 46 2.

ܦܪܨ gavisus est Fab 47 17, Gesch. Josephs ed Weingarten 20 12, SB 55 9.

ܦܪܝܫܐ *1.* laeṭus, hilaris Esth 5 9, ER 4 21, asd 60 7, *adv.* ES 3 563A; *2.* serena (tempestas) JS in MS 1 95 11; *3.* late patens (porta) ES 3 280D.

ܦܪܝܫܘܬܐ laetitia ES 1 527B, Ath ܨܝ 14, Bal 305 20.

ܦܨܚܐ h. פֶּסַח Pascha Nm 28 16, Mt 26 2, IA in ER 379 7, Ath 1 11.

Etpe. gavisus est Sir 31 26 (Hex), ES 2 437C, KwDW 91 23.

Pa. serenum reddidit (vultum) Philox 519 16.

Etpa. *1.* gavisus est Js 44 23, ES 1 384E, Ath 47 22, Bal 304 22, SB 105 17; *2.* laetitiam simulavit ES 2 437C; *3.* defervuit (mare) AM 2 334.

Af. *1.* laetificavit ER 5 4, Bal 309 17; *2.* serenum reddidit (vultum) ESL 1 62 5, Philox 453 8; *3.* renovavit (effigiem) Nis 69 37; *4.* Pascha celebravit Ex 12 13, ESL 1 19 14, Sch 210 1.

ܡܦܪܫܢܐܝܬ exsultanter JE in ES 2 211 2.

ܦܪܩ servavit, liberavit Jos 2 13, Afr 272 2, ES 1 194C, ISt 2 18, TB 129 1.

ܦܘܪܩܢܐ liberatio ES 1 4A, ER 11 10, IA 2 118 13, Cyr 73 25.

Etpa. servatus est ψ 123 7, Js 20 6, ES 2 389F, ISt 2 8.

ܦܪܫܛ *1.* fidit (ungulam) ψ 68 24, 69 32 (Symm in Bh p. 180 65); *2.* explicavit, extendit Cyr in ZDMG 27 572 v. 170, Eb Par 27 5; *3.* aperuit (librum) ThMarg 1 163 12; *4.* expandit (alas) IA in ER 380 15, ZDMG 27 572 7; *5.* concussit, terruit ER 155 13.

Etpe. separatus est Geop 38 30.

ܦܠܩܡܐ *1.* surdus Ex 4 11, ES 2 79B, JS in MS 1 84 284; *2.* balbutiens ES 2 328F; *3.* garrulus ER 150 20.

ܦܠܩܡܘܬܐ *1.* surditas JS in MS 1 84 285; *2.* balbuties ES 2 530F.

ܦܩܦܩ *1.* balbutivit Afr 297 6, ES 3 40B; *2.* garrivit Bhchr 264 9, id in Kayser Can des JE 19 8.

ܦܩܦܩܐ garrulus Afr 270 12, Jul 131 28, am 3 309 19, *f. pl. babble* KwDW 33 13.

ܦܩܦܩܘܬܐ garrulitas KwDW 110 10.

ܦܩܦܩܢܐ balbutiens KwD 43 12.

ܦܘܩܦܩܐ nugae, ineptiae TB 14 1, ψ 118 85 (Hex), JŠ in ThMarg 1 LXXXV n. l. 5.

ܡܠܐ ܡܦܩܦܩܢܝܬܐ verba inutilia Bh in Kayser Can des JE 18 20.

ܦܩܕ o *1.* quaesivit ESJ 50 3, dap 23 4, asd 19 20; *2.* curavit Jer 23 2; *3.* sq. ܥܠ ultus est, punivit Ex 34 7, asd 17 13; *4.* mandavit, jussit Job 36 23, Chr ed 145 22; *5.* praefecit 1Sm 25 30, AM 1 180.

ܦܩܘܕܐ *1.* mandans Nis 21 44; *2.* dominus, dux Jer 29 28, asd 13 23; *3.* tt. gr. imperativus AS 4 10 27; *4.* *adv.* mandative ES 1 128B, 3 14B; *5.* nomen accentus ET 38 8.

ܦܩܘܕܬܐ domina am 2 590 11.

ܡܠܬܐ ܦܩܘܕܬܐ imperativus ET 10 12.

ܦܩܘܕܘܬܐ *1.* dominatio, imperium Nis 19 86, asd 34 18, JS in ER 396 3; *2.* jussum Spic Solesm 4 55 20.

ܦܘܩܕܢܐ (de ܡܦܩܕܢܐ ; cf. Lag Mitt 1 79, Rahlfs diss. VIII) imperium Mt 22 38, Afr 168 4, ER 75 2, Chr ed 146 23.

Etpe. *1.* desideratus est 1Sm 20 25; *2.* quaesitus est Guidi to 37 3; *3.* jussus est Philox 228 17, JS in MS 1 93 16.

Pa. *1.* desideravit 1Sm 20 6; *2.* jussit Lc 9 6, Mt 17 9, Philox 572 5.

ܦܘܩܕܢܐ jussum 2Cor 3 1, dap 4 25, TB 112 20.

Etpa. *1.* visitatus est Jer 10 15; *2.* jussus est Act 23 31, JS in MS 1 93 16.

Af. roboravit Ez 18 23.

ܦܩܡܝܐ tinctura Duval-Berth 2 235n 2.

ܦܘܠܝܪܕܘܣ id. ib. 260n 5 etc.

ܦܩܝܗܐ (ar. فَقِيه) juris consultus et theologus Bhchr 276 8, 281 5.

ܦܩܚ floruit ES **3** 117E.

ܦܩܚܐ flos ES **1** 206C, Bal 332 15, Jul 17 6, Bhchr 230 1.

ܦܩܚ et ܦܩܚܐ melius Nm 14 3, Mt 26 24, ES **3** 260E, asd 49 5, MS **1** 111 11.

ܦܩܚܐܝܬ juste, ut par est glherm, Cat Wright 889a, BO **1** 455b.

ܦܩܚܘܬܐ utilitas Cat Wright 572b.

Pa. *1.* floruit ES **3** 117E; *2.* Bal 319 23 l. ܢܩܚ cf. ESJ 205 7.

ܦܘܩܚܐ consilium AS **4** 15 13.

Etpa. utiliter admonitus est ES **3** 279B.

Af. flores protulit Sir 39 14 (Hex).

ܦܩܝܠܝܐ (φακιόλια, φακεόλια, φακειολίδες) mitrae genus JSt 25 1, ThMarg **1** 123 22, JARS 77 1.

ܦܩܠܐ φέκλη faecula Duv.-Berth. **2** 330 n. 2.

ܦܘܩܝܠܐ, ܦܩܝܠܐ ποικίλη *1.* vestimenti genus AS **3** 324 7 9, Card 113 6; *2.* pannus, quo caput involvunt, sudarium Spic Solesm **4** 246 18, Bh ZDMG **40** 448.

ܦܩܘܠܝܢ πεκούλιον peculium Rechtsb. 912.

ܦܘܩܢܘܩܘܡܘܢ πυκνοκόμον herba Gal ZDMG **39** 294.

ܦܘܩܘܣܝܣ φύκωσις tinctura Duval-Berthelot **2** 58 18 sq.

ܦܩܥ (Barth p. 2) *1.* scissus est ES **2** 548A; *2.* ruptus est ES **2** 306E, ER 151 23, PsC 18 11; *3.* scidit, explicuit ES **2** 551E.

ܦܩܥܐ fragor ES **2** 410F, Joseph 5 3 (p. 673a 15), AS 141 2.

ܦܩܥܬܐ *1.* planities Am 1 5, Afr 331 1, ER 117 25; *2.* vallis ES **1** 219E, dap 82 5, Guidi to 36 13; *3.* fragor (*cracking*) apap **1** 155 9.

ܦܩܘܥܝܐ troglodyta Kays 150 6.

ܦܩܥܝܬܐ planus Hex: Jos 9 1, Jud 1 9, Js 13 2, *f.* vallis Jer 48 8 (Hex).

ܦܩܥܝܢܝܬܐ planus Kays 238 8.

ܦܩܥܐ ornamentum capitulare 1Rg 6 18, **7** 24, ES **1** 460C.

ܦܩܦܩܬܐ funda Bhchr app 34 34.

Etpe. crepuit 4Mcc 10 8, Geop 44 10.

Pa. *1.* fragorem edidit apap **1** 155 10; *2.* crepitavit Duval-Berthelot **2** 23 16 17; *3.* crepitare fecit Sir 38 28.

ܦܩܘܥܐ fructus colocynthidis aut cucumeris prophetarum L. Löw p. 333/4, 2Rg 4 39, ES **1** 530C, Cant 2 13, MS **2** 16 4, Apoc 6 13, cf. JE Journ. of s. l. **10** 18 12 sq.

ܦܘܩܥܐ *1.* fragor ESL **2** 367 5; *2.* crepitus Duval-Berthelot **2** 31 19.

Etpa. ruptus est ESJ 45 2.

Af. *1.* fidit ESJ 47 7; *2.* formavit (argillam) Sir 38 30; *3.* obstrepuit Ez 6 11 (Hex); *4.* ܚܫܝܪܐ anhelavit (iratus) Ez 8 17, Jul 113 4; *5.* impudice se gessit ES **3** 190A.

ܦܩܪ insanivit ES **2** 418D, ER 6 5, JS in asd 89 11, Cyr 371 2.

ܦܩܪܐ rabiosus Gal ZDMG **39** 242, JEschol 21 18, *adv.* Nis 56 55.

ܦܩܪܘܬܐ rabies, insanitas Afr 290 8, ES **2** 514D, ER 8 18.

ܦܩܝܪܐ rabiosus ER 8 41, ES **2** 469E, KwD 120 3.

Etpe. insanivit ES **1** 70C, 349D, ER 8 12.

Pa. insanivit ES **2** 440A.

Etpa. *1.* insanivit SB 141 4; *2.* deflorata est (virgo) ESL **2** 377 28 (sic l.?).

Af. *1.* rabiosum reddidit ES **2** 469E, Eb Par 102 9; *2.* libidinosum reddidit ESL **2** 379 3 (sic l.?).

ܦܘܩܘܪܝܢܐ, ܦܘܩܪܝܐ, ܦܩܪܝܐ (AM **2** 326 3) mitra,

sudarium ES **1** 230C, Bhchr 155 1, 294 17, ad Jud 13 12.

ܦܪ fugit Nis 4 111.

ܦܪܬܐ *pl.* ܦܪ̈ܐ (dap 29 6) et ܦܪ̈ܬܐ ES **1** 174C, ovis 2Sm 12 3, ES **2** 478F, am **2** 4 8.

ܦܪܬܐ lutum ES **2** 313B.

ܦܪܬܐ *pl.* ܦܪ̈ܐ πίτυρα furfur ES **1** 454B, ER 29 21, Geop 103 7, Ep. Jer 43 (Hex).

ܦܪܝܐ ineptus, imbecillus AS 172 15, Joh Eph 269 20.

ܦܪܘܪܐ puls (*pap*) Duval-Berthelot **232** 12 13, 52 2.

ܦܪܕܐ i. q. ܦܠܓܐ numerus impar BO **2** 181a.

ܦܪܝܒܛܘܢ πριβᾶτον aerarium privatum imperatoris Joh Eph 87 6.

ܦܪܒܛܝܣ παραβάτης scelestus ψ169 (Symm), Jul 250 27, Bhchr 322 21.

ܦܪܘܒܛܝܩܝ προβατικὴ ad oves pertinens Joh 5 2 (Bernst.).

ܦܪܘܒܠܝܡܛܐ προβλήματα problemata glherm BZ 10 8, TA 30 116.

ܦܪܒܘܠܪܐ παραβολάριος bestiarius ECth **5** 24 21.

ܦܪܓܐ (N § 121) panicum miliaceum L. Löw p. 101, Geop 5 19, 114 13, Gal ZDMG **39** 276 14, Js 28 25 (Hex), JSt 33 20.

ܦܪܘܓܐ *pl.* ܦܪ̈ܘܓܐ et ܦܪܘܓܝܬܐ (Geop 106 17) pullus Dt 2 6, Mt 23 37, Afr 238 22, ES **1** 379B, dap 24 23, AS **4** 53 21.

ܐܦܪܓ *1.* pulcher fuit, splenduit ES **2** 328E, Bal 272 12, Vit Rabb 204 23, Jul 17 5; *2.* eminuit Zach. Rhetor. Leb. 'd. Sev. v. Antioch. ed. Spanuth 1 9; *3.* splendere fecit, oblectavit ES **3** 572D, AS **2** 120, BO **1** 48.

ܫܘܦܪܓܘܬܐ splendor Hos 2 22 (Aqu), SB 158 2.

ܦܘܪܓܐ πύργος burgus Bh ZDMG **40** 448, cf. ܒܘܪܓܐ et ܦܘܪܓܣܐ.

ܦܪܓܘܓܐ ES **2** 320A l. ܦܪܘܓܐ q. v.

ܦܪܓܘܕܝܢ (Lag GA 209 30 sq. Fraenkel p. 45) παραγαύδιον, paragauda Joh Eph 82 12.

ܦܪܓܣ (cf. ܦܪܓܐ) delectavit am **2** 541 11, TB 107 17.

ܦܘܪܓܣܐ voluptas ESL **1** 465 18, Philox 22 8, Vit Rabb 180 3, ECth **1** 78 22.

Etpa. delectatus est ES **1** 72F, Vit Rabb 174 20, Jul 176 17.

ܦܪܝܓܝܘܣ περίγειος GeZA **8** 17 2.

ܦܪܘܓܢܐ φρύγανα sarmenta Job 30 7 (Hex).

ܦܪܓܘܪܐ strigilis (محسّة) EN 40 7.

ܦܪܓܠ (a παραγγελία) *1.* παρήγγειλεν Act 1 4, Mc 6 8, Lc 5 14 (Phil), Dn 2 18, Jud 4 10 (Hex), AS 158 26; *2.* παραγγελίαν i. e. denuntiationem misit Rechtsb. 17 27; *3.* incitavit Jud 4 10 (Hex); *4.* jussit Dn 2 18 (Hex), Bhce **2** 607 23; *5.* retinuit, cohibuit ESL **2** 709 13, apap **1** 28 10, Bhchr 349 26; *6.* impedivit ES **1** 140B, ER 100 3; *7.* vetuit Mt 10 5 (Phil), JBh 5 10.

ܦܘܪܓܠܐ *1.* cohibitio Eb Mai **10** 312 14; *2.* παραγγελία defensio Act 5 28 (Phil).

ܦܪܓܠܝܐ παραγγελία, monitio Hoffmann Kirch n. 57.

ܦܘܪܓܠܐ minae AS **2** 173 25, 180 10.

Etpa. *1.* vetitus est ES **1** 129D; *2.* incitatus est Philox 468 19.

ܦܪܓܠܐ φραγέλλιον flagellum Mt 27 26, ES **1** 403D, **2** 436B, IA **1** 118 806, PsC 43 17.

ܦܪܓܡܛܝܐ πραγματεία ET 3 17, Bh in Wisemann 86 2, Rg γ 9 14 (Hex), *1.* opus ZDMG **32** 480u, Spic Solesm **4** 172 12; *2.* mercatura Giorn. d. soc. as. it. **3** 183 14.

ܦܪܓܡܛܝܩܘܣ, ܦܪܓܡܛܝܩܘܢ *pl.* ܦܪܓܡܛܝܩܐ πραγματικὸς (τύπος) πραγματικὸν edictum imperiale Joh Eph 18 5, 67 3, 209 7.

ܦܪܘܓܢܘܣܛܝܩܘܢ προγνωστικὸν prognosticum, signum eventus futuri Cat Wright 953b.

ܦܪܘܓܠܐ i. q. ܦܪܘܓܠܐ q. v. ES 3 XXXVII 27.

ܦܪܓܪܦܐ παραγραφή signum adscriptum Cat Wr 2 425a.

ܦܪܕ *1.* a fugit, aufugit Jer 5 25, Afr 191 13, ER 152 1, am 1 197 17; *2.* separatim disposuit Geop 23 7.

ܦܪܕܬܐ *pl.* ܦܪ̈ܕܐ *1.* granulum Mt 13 31, Afr 155 10, ES 2 201D, Sch 12 2; *2.* atomum Gal ZDMG 39 246.

Etpe. fugit ZDMG 27 498 13.

ܦܪܝܕܐ effugiens (somnus) Pr 4 16, Eb Par 60 8.

Af. *1.* rapuit Pr 7 10, dap 6 1; *2.* terruit, fugavit Cant 6 5, MS 2 26 1, Spic Solesm 4 40 11.

ܦܪܕܪ friavit, comminuit Gal ZDMG 39 242, Duval-Berthelot 2 299 n. 1.

ܦܪܕܘܪܐ fragmenta parva Duv.-B. 2 299 n. 1.

Etpa. se dispersit AS 142 6.

ܦܪܕܝܓܡܐ παράδειγμα exemplum Bhcar 155 14.

ܦܪܕܝܐ (περιδέεια?? PS) *f.* turba, tumultus Bhchr 138 2.

ܦܪܕܝܡ, ܦܪܕܝܢ leopardus ThMarg 1 247 4, Cat Wr 2 1193a, EN 43 73.

ܦܪܕܝܣܐ (e pers. *pairideça* sive e bab. *pardesu*, Meissner ZA 6 290, quod e pers.?) paradisus, hortus Am 4 9, Afr 362 13, Ath 37 23, Geop 9 25, Bhchr 129 10.

ܦܪܕܝܣܝܐ custos horti Cyr 18 30.

ܦܪܕܝܣܢܐ (pers. پان Lag GA 75 194, arm. St. § 1817) horticultor BO 3 1 178b 30 = Th Marg 1 143 10, SB 5 8, Bhgr 1 19 3, Card 101 10.

ܦܪܕܝܣܢܘܬܐ horticultura ThMarg 1 271 9.

ܦܪܕܝܣܩܐ, ܦܪܕܝܣܩܐ (gr. πυργίσκος Fraenkel ZA 9 8) cista, cella 1 Par 23 28, Rabb 219 4, Joh Eph 80 7, AS 2 99 11, 3 76 28, Rie 117 13.

ܦܪܕܓܐ (pers. پردہ) tentorium Hoffmann Ausz n. 349.

ܦܪܕܘܬܐ (Lorsbach Archiv 2 307) latrina Jud 3 24, cf. ܦܪܕܘܬܐ et ܦܪܕܘܬܐ.

ܦܘܪܕܘܬܐ demonstratio BA, BB, PS.

ܦܪܘܬܐ (ar. فَرْوَة) vestis pellicea am 3 496 16, Rg γ 19 19 (Hex), Bhchr 103 12, car 142 12, ZDMG 40 448.

ܦܪܘܐ PsC 264 8, ܦܪܘܐ JSt 62 13, ESL 3 199 17 (cf. Nöld. WZKM 4 249) clavae (*clubs*).

ܦܪܘܕܐ (pers. Lag GA 76 195) cursor, nuntius ES 1 415D.

ܦܪܘܪܝܡ h. פְּרָוִרִים Rg δ 23 11 (Hex).

ܦܪܘܙܓ (pers. *pîrôzah* Lag GA 75 192) sapphirus BB, Bh ad Js 54 11.

ܦܪܙܠܐ *1.* ferrum Afr 186 1, asd 52 16 *met.* dolabra, securis ES 1 554B; *2. pl.* a) catenae ferreae Bal 289 25, AM 2 96 18, b) tabulae ferreae Chr ed 145 17.

ܦܪܙܠܝܐ ferreus Tetr Dn 7 7, 19.

ܦܪܙܠܢܐ ferratus Duval-Berthelot 2 12 10.

ܦܪܙܠܢ ܩܫܬܐ arcu ferreo armatus Bhchr 217 26.

ܦܪܙܘܡܐ, ܦܪܙܘܡܐ *pl.* ܦܪܙܘܡ̈ܐ ES 1 140A, περίζωμα praecinctorium ES 1 230B, am 2 38 6—15, Jer 13 1 (Hex), JS in MS 1 84 273.

ܦܪܙܘܢ h. פְּרָזוֹן Jud 5 7 (Hex).

ܦܪܕܓܐ frustum panis BB, PS.

ܦܪܚ *1.* volavit Za 5 2, dap 70 4, Ath ܢ 10; *2.* increvit (ulcus) Ex 9 10, Lv 13 12, ES 1 209F; *3.* disseminatum est (evangelium) Act 21 10, BO 1 7 2.

ܦܪܚܐ flos ES 2 378E, cf. Löw p. 264.

ܦܪܚܐ volatus Dn 11 14, ES 1 275F, AM 1 149.

ܦܪܚܬܐ *1. sg.* avis Hos 8 11, Ath 224; *2. coll.* aves Dn 2 38, AS 3 88 16, KwDW 205 6.

ܦܪܘܚܐ *1.* ad volandum aptus AS 4 61 17; *2.* avis volans JAP 7 8 472 n. 99.

Pa. *1.* dissipavit (opes) Lc 15 30, Afr 150 9, AS 171 1, Bhchr 1307; *2.* perdidit (tempus) Jul 89 20.

ܡܦܪܚܢܐ prodigus Bhce 2 723 23, *adv.* Lc 15 13, AS 183 2.

ܡܦܪܚܢܘܬܐ prodigalitas AS 1 app 71.

Etpa. dissipatus est Bhcar 117 19.

Af. *1.* volare fecit Dt 22 7, Afr 238 23, ES 1 279C, ap NT 11 14; *2.* disseminavit Joh Eph 304 20.

ܦܪܚܘܪܝܬܐ ES 3 635C et ܦܪܚܘܪܝܬܐ scintilla am 3 231 2, AS 2 299 16 (sic l.!), ECth 1 76 3.

ܦܪܚܘܪܐ (N § 125) vespertilio Js 2 20, ES 2 24E, IA 1 58 v. 109, AS 4 68 27, PsC 176 3.

ܦܪܚܘܪܢܝܐ vespertilioni similis Kays 255 12.

ܦܪܛ *1.* dissipavit, divulgavit (famam) dap 64 18; *2.* discidit (suturam) Bhchr 157 15.

ܦܪܛܐ fissura, rima Bhchr 157 20.

Af. aut **Pa.** assignavit Bhce 1 363u.

ܦܝܪܛܐ πειράτης praedo maritimus Clr 157 16.

ܦܪܘܛܐ πρώτη prima indictio AS 1 14 15.

ܦܪܛܐ *m. pl.* ܦܪܛܐ porta (urbis) AS 2 284 9, am 3 306 5, ZDMG 29 92 6.

ܦܪܘܛܝܘܢ πρωτεῖον primatus am 3 285 8.

ܦܪܛܩܣܝܣ παράταξις agmen, comitatus AS 3 128 21.

ܦܪܛܘܡܐ (pers.?) pirum BA, BB, Löw p. 208.

ܦܪܘܛܝܡܝܣܝܣ προτίμησις praerogativa Bhce 1 375 5.

ܦܪܛܐܣ περάτης transiens (i. e. Abraham) JE in Journ. of s. l. 10 21 7, cf. Gn 14 13.

ܦܪܘܛܐܣܝܣ πρότασις praemissum Zach. Rhet. Leb. d. Sev. v. Ant. ed. Spanuth 4 24, AS 4 12 4, BZ 9 17, glherm.

ܦܪܘܛܘܣܦܬܪܝܣ πρωτοσπαθάριος protospatharius Bhce 1 401u.

ܦܪܘܛܩܛܘܪ προτέκτωρ protector AS 2 237 17, CatWright 1081a, CatVat 3 327, cf. ܦܠ.

ܦܪܛܘܪ πραίτωρ praetor Joh Eph 199 11.

ܦܪܛܘܪܝܢ Mt 27 27 (nest. ܦܪ' Bh ad l. l., gr. 1 237 2), ܦܪܐܛܘܪܝܘܢ Joh 18 28 (Bernst.), ܦܪܛܘܪܝܢ ESL 1 449 19, ܦܪܛܘܪܝܘܢ Mc 15 16 (Phil), ܦܪܛܘܪܝܢ JSt 2 4, Journ. of s. l. 6 23 6, ܦܪܛܪܝܢ AS 2 163 8, ܦܪܛܘܪܝܐ Sch 259 11 πραιτώριον praetorium.

ܦܪܛܘܪܝܐ praetorianus AS 2 88 24, Joh Eph 379 25.

ܦܪܛܘܪܝܢܘ πραιτωριᾶνοι praetoriani, AS 3 177 25.

ܦܪܛܘܡܐ *1.* labrum equi EN 40 00; *2.* rostrum BA n. 4056.

ܦܪܝ (Barth p. 12) fertilis fuit Gn 1 32, 41 52, ES 1 19B.

ܦܪܝܐ *1.* progenies SB 19 1; *2.* fructificatio ThMarg 1 261 5; *3.* fertilitas EN 68 69.

ܦܪܝܐ *1.* fertilitas ES 1 196D; *2.* progenies ES 3 557F.

Etpe. *1.* ruptus est (*burst*) SB 98n 3; *2.* contigit Eb Mai 10 215 9.

Af. *1.* genuit Nestle Chr[1] 54 31, Philox 574 23; *2.* protulit (ager) Philox 406 9;

3. conscripsit Bh in BO **1** 166a; *4.* ordinavit BO **3** 192a. u.

ܡܦܪܝܢܐ (de etym. Sachs Beitr. 88 parum probabilia disputavit, cf. Bernstein ZDMG **9** 878) ordinator i. e. patriarcha Jacobitarum Bhchr 328 4, BO **2** diss. p. 54.

ܡܦܪܝܢܘܬܐ *1.* fertilitas ES **1** 118B; *2.* dignitas Mafriani Bhce **3** 239 6.

ܦܘܪܝܘܢ Cant 3 9, cf. MS **2** 17 27, ܦܘܪܝܐ KwDW 223 22, 224 2, 260 23, 261 1, *pl.* ܦܪܝܘܬܐ Js 60 4, 66 12, ES **1** 96A, EN 36 57 φορεῖον lectica.

ܦܘܪܝܛܘܢ πυρεῖον pars ecclesiae Ath ! 5.

ܦܪܝܘܕܘܛܐ Rabb 215 17, JSt 51 17, JS Abb 99 1, ܦܪܝܘܕܘܛܐ EN 19 9, JARS 68 12, ܦܪܝܕܘܛܐ Cat Wr **1** 236b, ܦܪܝܘܕܘܛܐ Bhce **1** 189 15, ܦܪܝܘܕܘܛܐ BO **2** diss. p. 117, ܦܪܝܘܕܘܛܐ AM **2** 287 2, περιοδευτής visitator.

ܦܪܝܘܕܘܣܣ περιοδεῦσαι circumeundo Rechtsb 34 9, MDMG **26** 830 n. 1.

ܦܪܝܕܝܐ περιοδεία provincia visitatoris AM **2** 288 12.

ܦܪܝܘܣܝܘܢ περιούσιον abundans Cyr 170 3.

ܦܪܟ contrivit, friavit Mt 12 1 (Cur), Cyr 7 10 e Lc 6 1, Duval-Berthelot **2** 33 20.

ܦܪܟܐ contritio Epiph 44 27, Adler Vers Syr 94 13.

ܦܪܟܐ ferus, crudelis am **1** 275 20, EC mart. Pal 45 14, JS 19 17, ZDMG **16** 296.

ܦܪܟܘܬܐ feritas, crudelitas am **1** 207 1, TB 81 30.

ܦܪܟܬܐ et ܦܪܘܟܬܐ, ܦܪܘܟܬܐ h. פָּרֹכֶת velum 2Par 3 14, ES **2** 16E.

ܦܪܝܟܬܐ spicae perfricatae Lv 2 14, ES **1** 237F, Rie 45 3.

Etpe. contritus, friatus est Duv.-B. **2** 52 6.

Pa. comminuit BA, PS.

Etpa. comminutus est ψ 101 4 (Aqu), Geop 79 27.

ܡܬܦܪܟܢܐ friabilis Duval-Berthelot **2** 44 15.

ܦܪܟܟ confregit Bhchr 210 15, Geop 18 11.

ܦܪܟܘܟܐ frustum, fragmentum ES **2** 409A, ESL **1** 415 13, Rie 124 6, Mt 15 27 (Phil).

Etpa. contusus est Geop 2 7, 3 14, 5 8, 74 1, Joh Tell ed Lamy 68.

ܦܪܟܐ *f.* (N § 84) (ex ass. *parakku* Del. Ass. St. 127) ara Hos 10 8, ES **2** 171B, Card 109 4.

ܦܪܟܠ *1.* vinxit Cyr 22 5, Bhchr 329 23; *2.* complicuit ES **2** 387D.

ܦܘܪܟܠܐ vinculum Bhchr 329 23, car 153 7.

Etpa. *1.* captus, impeditus est Job 18 8 (Hex), Cyr 283 25, Bhcar 160 8, chr 269 20; *2.* cecidit Bhchr 272 12.

ܦܪܘܟܝܡܢܘܢ προχείμενον propositum Cat Wr **1** 197b.

ܦܪܟܣ *1.* volitavit (?) ES **1** 276C; *2.* dissipavit Bhcar 154 3.

ܦܘܪܓܘܣܐ πύργος turris ESL **2** 19 4, Bhchr 74 4, cf. ܦܘܪܓܣܐ et ܦܘܪܓܘܣܐ.

ܦܪܟܣܝܣ *pl.* ܦܪܟܣܝܣ πρᾶξις *1.* acta ES **2** 488F, Ath ܡܪ 3, ܟܘ 16, am **3** 188 16, BO **3** 1 327a 8, SB 130 2; *2.* lis, actio AS **3** 189 19.

ܦܪܘܟܣܘܛܘܢܘܣ παροξύτονος paroxytonus JBh 8 3.

ܦܪܘܟܣܝܡܘܣ πρόξιμος proximus, amicus regis i. e. Vezîr Bhchr 173 16.

ܦܪܝܟܘܪܐ Mt 14 35 (Phil), ܦܪܝܟܘܪܘܢ Mc 1 29 (ib) περίχωρος circumjacens.

ܦܪܟܘܪܣܝܣ ܥܒܕ παραχωρῆσαι concessionem fecit Rechtsb. 21 2.

ܦܪܠܘܓܘܣ AS **3** 245 20, Mos. Agh. Rendic. dei Lincei 1886 p. 404 3, ܦܪܘܠܘܓܐ Bhgr **1** 1 21 glherm, ܦܪܠܘܓܐ Bhgr **2** 2 7 πρόλογος prologus.

ܦܪܠܘܓܝܣܡܘܣ παραλογισμὸς fallax conclusiuncula AS **4** 17 9.

ܦܪܐܝܠܛܘܣ πραιλᾶτος praelatus AS **3** 171 26.

ܦܪܠܠܟܣܝܣ παράλλαξις parallaxis Bh Cat Bod 580 3.

ܦܪܠܠܝܠܐ παράλληλος parallelus Duval-Berthelot **2** 101 21, Bh adsc. ment. 1 8.

ܦܪܐܠܘܣ, ܦܪܠܘܣ, ܦܪܠܣ πάραλος ora maritima 1Mcc 15 38, ES **2** 289 18, AS **3** 144 23.

ܦܪܠܝܘܢ (sic l.) παράλιον genus olei Geop 86 27.

ܦܪܡ concīdit Bhchr 537 20.
Etpe. scissus est Sanct Vit, PS.
Pa. discīdit Lv 13 45, Afr 362 1, ES **1** 342F, AS **2** 199 18.

ܦܘܪܡܐ (cum ܦ gr. EṢ 22 2) πύρωμα turibulum (*censer*) Ex 27 3, Afr 62 9, Bal 333 9, dap 97 14, JSt 26 13, Bhchr 315 4.

ܦܘܪܡܝܕܐܣ πυραμίδες pyramides Bhce **1** 379 6.

ܦܪܘܐܡܝܘܢ Bh ad Paul 1 3, Wisemann 84apu, ܦܪܘܐܝܡܝܘܢ glherm, προοίμιον prooemium.

ܦܘܪܝܡܟܘܣ, ܦܪܝܡܟܘܣ πυρίμαχος qui igni resistit Duv.-B. **2** 292 1 21, 16 6, 17pu.

ܦܪܡܢ (pers. فرمان) jussum, mandatum Bhce **2** 733 8.

ܦܪܡܘܢܪܝܐ et ܦܪܡܘܢܪܐ ES **3** XXVIII 1, παραμονάριος custos ecclesiae JSt 82 9, Alex 9 19, Joh Eph 57 1, Journ. of s. l. **11** 8 5, Cat Bod 280 27, Cat Wr **3** 1108a, Bhgr **1** 18 25.

ܦܪܝܡܩܪܝܐ πριμικέριος primicerius am **3** 285 2.

ܩܢܬܐ ܕܦܪܢܐ ἄρχενθος baccae juniperi Gal ZDMG **39** 252 57.

ܦܐܪܘܣ φᾶρος pharus apap **1** 80 12.

ܦܘܪܢܐ φοῦρνος furnus am **3** 383 15, Bhce **2** 593 11, EN 30 74.
ܦܘܪܢܝܬܐ genus panis in furno cocti EN 35 85.

ܦܘܪܢܐ AS **2** 334 19, *pl.* ܦܘܪܢܣ ib. 269 27, πόρνη meretrix.
ܦܘܪܢܘܒܘܣܩܘܣ πορνοβόσκος leno AM **2** 161 17.
ܦܘܪܢܝܘܢ πορνεῖον lupanar AS **3** 105 21.

ܦܪܢܓ (pers. برنج) cyprum PsC 9 7.
ܦܪܘܢܓܐ guttur BS in BB, non ܦܪܢܓ (pers. Lag GA 77 195) sed φάρυγγα Sir 34 12 (Hex).

ܦܪܢܓܠܐ *pl.* ܦܪܢܓܠܣ παραγγελία denuntiatio Rechtsb 15 2, 17 25.

ܦܪܢܓܡܘܫܟ (pers.) Caryophyllus aromaticus BB Löw n. 301.

ܦܪܘܢܝܐ πρόνοια providentia AS **3** 120 4.

ܦܪܢܝܛܝܣ φρενῖτις inflammatio cerebri EN 31 12.

ܦܪܢܝܬܐ φερνή dos (*dowry*) ESL **3** 967 10, PsC 147 4, Dion T 64 5, Bhchr 39 20.
ܦܪܢ dote dotavit Ex 22 15 (Hex).

ܦܪܘܢܡܝܐ προνομία privilegium AS **3** 215 28, 255 24.
ܦܪܘܢܘܡܘܣ, ܦܪܘܢܘܡܘܣ παρωνύμος paronymus glherm.

ܦܪܝܢܘܢ πρῖνον quercus Dn 13 58 (Hex), cf. Löw p. 72.

ܦܪܢܘܣܐ (a πρόνοος Nöld. in Fraenkel p. 280) oeconomus ESJ 118 13, Rie 140 9, Cat Wright **2** 477b; κελλάριος Hoffmann Kirch p. 101 n. 331.
ܦܪܢܣ *1.* administravit Sap 16 25, dap 31 22; *2.* divisit 1Par 23 4, Vit Rabb 165 25; *3.* curavit Afr 259 21; *4.* praebuit dap 37 4.

ܡܦܪܢܣܢܐ oeconomus ES **1** 445B, *f.* dap 7 20, *adv.* providentiā dei SB 4 1.

ܡܦܪܢܣܢܘܬܐ *1.* institutio ER 69 8; *2.* administratio Dion T 125 14.

ܦܘܪܢܣܐ *1.* auxilium Ezr 9 9, ES **1** 399A, Vit Rabb 190 19, asd 15 21; *2.* administratio Bhchr 410 22; *3.* providentia (dei) am **3** 241 12.

Etpa. *1.* praebitus est asd 15 24; *2.* adjutus est Vit Rabb 204 22; *3.* gubernatus est JS in MS **1** 95 19; *4.* usus est Philox 574 16.

ܦܪܢܣ gall. *prince* princeps Bhchr 394 12.

ܦܪܢܘܩܐ senex decrepitus BA, BB, PS.

ܦܪܢܘܩܝܐ senilis Philox, PS.

ܦܪܣ (ar. فرس) dividit, ES **2** 212A.

ܦܪܣܐ (cf. Bezold ZA **2** 46 sq.) demensum cibi σιτομέτριον Lc 12 42, dap 7 21.

ܦܪܣܐ ܕܐܐܪ concussio aeris Cyrill ZDMG **27** 584 74.

ܦܪܝܣܬܐ *1.* ἄρτος panis Act 2 46; *2.* hostia BO **3** 1 240b, OM 204 5, Cat Vat **2** 549.

Etpe. divisum est ThMarg **1** 126 20, cf. **2** 268 n. 4.

ܦܪܣܬܐ *pl.* ܦܪܣܐ ungula Lv 11 2, Afr 81 20, ES **1** 241B, Sind 5 2, ThMarg **1** 280 7, Bh ZDMG **40** 448.

ܦܪܣܢܐ ungulis praeditus ψ 69 32, ES 1 241B.

ܦܪܣ (ar. فرش) *1. tr.* pandit, extendit ER 5 16, Philox 177 2, asd 22 9, Guidi to 42 24; *2. intr.* se extendit ES **2** 513A, ER 154 15.

ܦܪܣܐ (EN 82 86, Bhgr **2** 116 v. 1370) et ܦܪܣܐ *1.* extensio Afr 406 8; *2.* velum Ex 26 7, ES **1** 229D, Bhchr 145 26, (navis) JEh 20 2; *3.* tegumentum Vit Rabb 185 2, Jul 235 17.

ܦܪܝܣܐ *1.* tunica Lv 8 7, ES **1** 363B, Jul 119 25, Guidi to 38 12; *2.* pannus ES **2** 430F; *3.* tegumentum ES **3** 400A.

Etpe. extensus est Afr 52 10, Philox 283 17, Ath 12 15.

Pa. extendit Js 25 11, Afr 71 14, ES **2** 62A, ER 121 26.

Etpa. expansus est App Bhchr 27 9, BO **3** 2 135.

ܦܘܪܣܐ (a gr. πόρος) *1.* via, ratio ER 32 18, ES **1** 439A; *2.* causa ES **1** 157D, asd **46** 7; *3.* praetextum Corluy MP 10 10.

ܒܟܠ ܦܘܪܣ omnino ES **1** 375A, Cyr 113 2, Gal ZDMG **39** 244, Kays 92 22.

ܦܘܪܣܬܢܐ EN 15 9 et ܦܪܣܬܢܐ KwD 116 13 astutus.

ܦܘܪܣܐ astutia EbMai **10** 234 20.

Etpa. *1.* commentus est ES **1** 83A, dap 45 17, Dion T 135 1; *2.* sibi finxit Ath ܡܪ 8; *3.* operam dedit ES **1** 557D, Bal 289 17, Philox 575 1, Jul 160 2.

ܦܪܣܝܐ περσέα arbor quaedam Löw p. 147, 168, (*pêcher* Duv) AS 156 24, Duval-Berthelot **2** 48 17.

ܦܪܣܐ ܕܐܪܙܐ fructus cedri Geop 49 15, 113 5, cf. Löw p. 56.

ܦܐܪܘܣ φᾶρος pharus Joh Eph 186 1, cf. ܦܪܘܣ.

ܦܘܪܘܣ πυρὸς triticum Gal ZDMG **39** 294.

ܦܪܣܒܝܐ πρεσβεία legatus AS **3** 338 24.

ܦܪܘܣܘܕܝ πρόσοδοι reditus Joh Eph 55 14.

ܦܪܘܣܘܕܝܐ προσῳδίαι i. e. comparationes, quae fiunt positionibus (punctorum, θέσεις Donat gr. p. 180 Lips.) ut Syriacae aut lineis ut Graecae glherm.

ܦܪܘܣܕܝܘܪܝܣܡܘܣ glh. ܦܪܘܣܕܝܘܪܝܣܡܘܣ TA 24 33, προσδιορισμὸς prosdiorismus.

ܦܪܘܣܕܝܘܪܝܣܡܣܛܐ prosdiorismis praeditae (protases) glherm.

ܦܪܣܢܓܐ (pers. فرسنگ Lag GA 77 196) parasangus Gn 35 16, AS **3** 256 8, BO **3** 1 129au, Bhchr 123 19.

ܦܪܘܣܛܓܡܐ, ܦܪܘܣܬܓܡܐ Eb Mai **10** 198 24, *pl.* ܦܪܘܣܛܓܡܛܐ *f.* πρόσταγμα jussum AS **3** 144 6, am **3** 233 3, AM **2** 388 8, Jul 66 17.

ܦܪܘܣܛܐܣ προστὰς porticus 2Par 3 7 (Peš) Jud 3 22 (Hex), cf. ܦܪܘܣܬܐܣ.

ܦܪܘܣܛܝܘܢ, ܦܪܣܛܝܘܢ *pl.* ܦܪܣܛܝܐ et ܦܪܘܐܣܛܝܐ (N § 79A), Joh Eph 79 24, ܦܪܘܐܣܛܝܐ AS **2** 220 22, Bhchr 82 3, προάστειον ager ante urbem situs AS **2** 17 26, 220 23, Joh Eph 130 18, Bhce **1** 209 3.

ܦܪܘܣܛܐܢܝܬܐ (pers. پرستار Lorsbach Arch **2** 322 seq., cf. ܦܪܣܬܐ) ancilla Judith 8 10.

ܦܪܘܣܛܝܡܘܢ πρόστιμον multa Rechtsb 21 8.

ܦܪܣܛܣܝܐ παραστασία auxilium in judicio Giorn. d. soc. as. it. **3** 137 16.

ܦܪܘܣܛܣܝܣ *pl.* v. προστασία protectio? AS **2** 176 21.

ܦܪܣܛܪܝܘܢ Geop 42 11, ܦܪܣܛܪܐܘܢ Gal ZDMG **39** 293, περιστερεὼν verbena peristereon.

ܦܪܣܝܐ JSt 19 8, ܦܪܗܣܝܐ AS **1** 363 6, ܦܪܝܣܝܐ Ath 42 13, AS **2** 363 9, ܦܪܪܗܣܝܐ Sap Sal 5 1, ES **2** 133D, ܦܪܪܗܣܝܐ (sic scribendum praecipit JE) JBh 6 7, ܦܪܗܣܝܐ JEschol 22 1, ܦܪܘܗܣܝܐ asd 22 3, παρρησία liberior sermo Afr 233 2, ER 122 6, MS **1** 102 12.

ܒܦܪܗܣܝܐܝܬ libere OM 44 13.

ܐܬܦܪܗܣܝܣܛ ܠܗ (παρρησιάσασθαι) libere egit Ez 16 30 (Hex).

ܦܪܗܣܝܘܬܐ libertas ThMarg **1** 237 5.

ܦܪܣܥ *1.* denudavit, revelavit Nm 25 4, ESL **1** 203 2, asd 31 18, Jul 244 10; *2.* pudefecit Zach. Rhet. Leben d. Sev. v. Ant. ed. Spanuth 28 26.

ܦܘܪܣܥܐ *1.* denudatio Afr 132 4; *2.* pudenda Ex 20 26, ES **1** 140A, KwDW 28 7, Bhchr 134 11; *3.* revelatio ES **1** 31F, dap 5 19.

Etpa. denudatus, revelatus est ES **1** 31F, ER **14** 27, dap 14 18.

ܦܪܣܝܘܢ πράσιον marrubium Geop 23 4.

ܦܪܘܣܝܠܣܝܣ προσέλασις accessus Joh Eph 169 13.

ܐܦܪܘܣܝܠܬܝ ܠܗ (προσελαθῆναι) rem libello supplice ad imperatorem perduxit Joh Eph 173 3.

ܦܪܘܣܐܦܘܪܣܡܣ Bhgr **2** 28 23, leg. ܦܪܘܣܦܘܪܝܩܘܣ q. v.

ܦܪܣܡܐ (Lag GA 17) balsamum Löw n. 53, Sir 24 15, ESL **2** 561 3, ECth **4** 10 3, Gal ZDMG **39** 254 2, cf. ܐܦܘܪܣܡܐ.

ܦܪܐܣܝܢܘܢ πράσινον prasinus Kays 264 22.

ܦܪܣܝܢܘ πράσινοι prasini, factio circensis in circo Romano, quae viridem colorem gerebat AS 204 5 (sic leg.) Joh Eph 166 1.

ܦܪܘܣܝܣܘܣܝܐ (πρόσισος?) conclavia aequaliter disposita Duval-Berthelot **2** 100pu.

ܦܪܣܩ separavit Geop 27 26, *part. pass.* rarus EN 11 27, 70 23.

ܦܪܣܬܐ *1.* ungula (equi) Ex 10 26 (Hex), Bhchr 293 24; *2.* aculeus tribuli ES **2** 69C.

ܦܪܘܣܦܘܢܝܛܝܩܘܢ προσφωνητικὸν allocutio Cat Wright **2** 92 46, (Basilii) Zach Rhet. Leb. d. Sev. v. Ant ed Spanuth 8 16.

ܐܦܪܘܣܦܘܢܝܣܝ ܠܗ (προσφωνῆσαι) allocutus est AS **3** 123 19, Zach Rhet 28 13.

ܦܪܘܣܦܘܢܝܣܝܣ προσφώνησις allocutio 1Ezr 6 21, AS **3** 117 8, Zach Rhet 8 16, Cat Wright **2** 705a.

ܦܪܘܣܦܘܪܝܩܘ προσφορικοὶ hymni psaltis in Sacra Coena decantandi, dum mysteria recipiuntur Cat Wright **1** 348b.

ܦܪܣܝܩܐ περσική citrus Medica Geop 66 29.

ܦܪܘܣܛܐܓܡܐ v. s. v. ܦܪܘܣܛܓܡܐ.

ܦܪܘܣܛܐܣ (cf. ܦܪܘܣܛܐ) προστάς porticus Ex 12 7, Neh 6 1, ES 1 212F, JS in MS 1 81 173, Ath 32 1, SB 96 8, Bhchr 519 25.

ܦܪܣܬܟܐ (pers. پرستار LagGA 79 197) ancilla BB, cf. ܦܪܣܬܩܐ.

ܦܪܝܣܛܘܪ πρηστήρ fulmen AS 143 50.

ܦܪܓ (فرع) *1.* dissolvit (capillos) AM 2 320 2; *2.* denudavit (caput) Lv 13 45, Afr 362 1, ES 1 242F; *3.* seq. ܛܪܦܐ expulit, misit (folia) Gn 40 10, KwDW 49 14.

ܦܪܓܐ fructus ES 3 577F.

ܦܪܓܐ *1.* germen Js 3 24, ES 2 28D, Nah 1 4, Gal ZDMG 39 289 8; *2.* hypericum Löw n. 263; *3.* forma derivata Bhgr, PS.

ܦܪܓܢܝܐ derivativus Bhgr, PS.

Af. germinavit, floruit Js 11 1, Lc 21 30, ES 2 80B, ER 2 4.

ܦܪܥ (فرغ) *1.* reddidit, rettulit s. 2 acc. 2Sm 16 8 12, Mt 16 27, Afr 68 1, ER 33 26; *2.* solvit 2Rg 4 7, ES 1 481C (votum), ψ 66 13, Ath 17 27.

ܦܪܥܐ ultio ἐκδίκησις Sir 39 28.

ܦܪܘܥܐ *1.* qui refert, remuneratur Hebr 11 6, ER 37 9, IA 2 172 v. 190; *2.* qui solvit ES 2 360C.

ܦܘܪܥܢܐ *1.* remuneratio Jer 51 11, Afr 182 20, ER 28 11; *2.* tt. gr. apodosis BZ 1 14, ܦܘܪܥܢ ܠܥܠܬܐ id. ET 25 1.

ܦܘܪܥܢܘܬܐ remuneratio Jud 5 2, ES 2 47B, Rie 101 9, Joh Eph 110 23.

Etpe. *1.* ei redditum, relatum est Jud 5 2, Afr 49 3, ES 3 320E, Bal 313 1; *2.* solutum est (debitum) Philox 251 4 (votum), ψ 65 2, Js 1 24; *3.* ultus est Jos 10 13, Jud 5 2, 1Sm 14 24.

ܦܪܥܢܝܬܐ sturnus avis BA, PS.

ܦܪܦܐ πόρπη, fibula, annulus h. קרס Ex 35 11, ON 89 1, 137 9.

ܦܪܦܚܝܢܐ portulaca oleracea Löw n. 264, Geop 22 27, Gal ZDMG 39 252 43, EN 50 34.

ܦܪܦܘܬܐ mica panis BB, PS.

ܦܪܦܛܘܣ JSt 24 10, ܦܪܝܦܛܘܣ glherm περίπατος peripatus (*a covered walk, cloister*).

ܦܪܝܦܛܛܝܩܘܣ *pl.* ܩܘ̈ περιπατητικός peripateticus (philosophus) glherm.

ܦܪܦܘܡܐ πρόπωμα vinum melle et aromatibus conditum, quod ante cibum stomachi roborandi causa sumebatur BB, PS.

ܦܪܦܣܛܐ ThMarg 2 19 3, Cat Wright 3 1071a, ܦܪܦܣܝܛܘܣ AS 2 272 14, ܦܪܦܘܣܝܛܘܣ AS 3 232 13, Joh Eph 81 3, πραιπόσιτος praepositus.

ܦܪܨ abluit Mc 7 3 (Phil), KwD 97 5, Geop 115 13.

ܦܘܪܨܐ *1.* vortex ES 3 43E; *2.* luxuria ES 1 453F, Bal 269 8, Cyr 210 2; *3.* voluptas KwDW 392 6, 393 12; *4.* *pl.* cibi lauti Hoffmann Ausz n. 72.

Etpa. *1.* se volutavit ESL 1 67 5, ER 96 11, Spic Solesm 4 131 18; *2.* gavisus, delectatus est ES 3 248A, ER 82 12, Ath 48 12, Bhchr 140 2.

ܦܪܦܪ ἀποσκαρίζειν, ἀποσκιρτᾶν animam egit, in agone versatus est cf. Geiger ZDMG 15 149.

Etpa. *1.* id. Nis 10 22, Jud 4 21 (Hex); *2.* se volutavit (in terra) Philox 293 19.

ܦܪܦܪܐ lamina(?) JARS 74 5.

ܦܘܪܦܪܐ fragmentum, frustum ESL 2 53 26.

ܦܪܦܪܐ perdices Geop 116 25.

ܦܪܦܘܪܐ Alex 20 3, ܦܘܪܦܘܪܐ Sch 180 11, ܦܪܦܝܪܝܛܝܣ πορφυρίτης πορφύρα, purpura porphyrita (lapicidinae) am 1 243 6.

ܦܪܙܐ lascivus AS 1 68 2.

ܦܪܕܬܐ (N§122) seminis granum Löw p. 364, Geop 95 15, Bhgr **1** 25 23.

ܦܪܨܘܦܐ πρόσωπον *1.* facies, vultus Act 2 28, Guidi to 24 29, KwDW 290 5; *2.* persona ER 34 3, dap 50 20, BO **3** 1 179a 13, tt. gr. ET 17 21.

ܡܦܪܨܦ figura (alicujus) indutus ES **1** 3E, Jul 46 12.

ܦܪܨܘܦ ܢܫܐ faciebus feminarum praediti PsC 175 1, cf. Nöld Beitr p. 13.

ܦܪܨܘܦܝܐ personalis BO **3** 1 272a u.

ܦܪܨܘܦܐܝܬ personaliter Bhchr 594 8.

ܦܪܩ *1. tr.* a) salvavit, liberavit Jer 30 10, Judith 6 2, ES **3** 359 1, Arist 22 23, b) redemit dap 34 28; *2. intr.* abscessit, abiit Ex 8 4a, Mt 9 24, ES **1** 383D, Philox 491 21.

ܦܪܩܐ *1.* pannus ES **1** 491B, Bal 284 2, Act 19 12 (Phil), Bhchr 203 21; *2.* dimidium vestimenti duplicis Cyrill ZDMG **27** 594 52; *3.* fragmentum Duval-Berthelot **2** 17 10, 34 8, 28 7.

ܦܪܩܘܢܐ panniculus Bhce **2** 625 23.

ܦܪܩܠܬܐ (N§106) cervices 1Sm 4 18, ES **1** 342A.

ܦܪܘܩܐ *f. pl.* ܦܪܘܩܝܬܐ Ath ܩܠ 15, salvator, liberator ψ 28 8, ER 7 19, JS in MS **2** 142 v. 1025.

ܦܪܘܩܝܐ salvatorius Cyr 16 1, Sev A 40 13. Zach Rhet ed Spanuth 20 10.

ܦܘܪܩܢܐ salvatio Ath 17 10, AS **3** 70 10.

ܦܘܪܩܢܐ *1.* salvatio Ex 14 13, Afr 13 7, ER 13 25, Ath 12 15; *2.* redemptio dap 34 28.

Etpe. *1.* salvatus est Philox Mem dei Lincei **12** 1884 p. 501a 27, MB 2 12, ThMarg **1** 129 21; *2.* recessit Nm 16 26, apap 95 19.

Pa. removit, abstulit Ex 32 2, 3, AM **2** 320.

ܦܘܪܩܐ *1.* solutio (ossum) am **2** 378 11; *2.* ܦܘܪܩ ܒܘܪܟܐ luxatio genuum Nah 2 11; *3.* distantia JBh 4 15.

ܦܪܝܩܐ abest Pr 13 19, Lc 24 13, am **3** 345 6, AM **2** 290 17, KwDW 10 17.

Etpa. *1.* se separavit apap 267 16, Corluy MP 12 5; *2.* abiit, discessit dap 79 20; *3.* amotus est Jer 4 24; *4.* liberatus est Lc 12 58, IA **1** 266 10.

Af. *1.* removit Pr 21 14, ES **1** 502F, Dn 13 56 (Hex); *2.* separavit dap 108 4; *3.* subduxit ES **2** 5F.

ܦܪܦܪ se volutavit BB, PS.

ܦܪܩܛܐ φράκται cancelli (*screen*) BO **3** 1 478a, ThMarg **1** 107 12.

ܦܪܩܛܝܩܐ, ܐܦܪܩܛܝܩܐ (πρακτική) epistola pragmatica EbMai **10** 322 6.

ܦܪܩܛܝܩܝܐ Bhcar 58 11, ܦܪܩܛܝܩܘܣ AS **3** 135 8, πρακτικὸς practicus.

ܦܪܩܛܪ πρακτὴρ actor AS **3** 172 25.

ܦܪܩܠ vocem edidit (avis) Kays 255 4.

ܦܪܩܠܝܛܐ παράκλητος paracletus Joh 14 26, AS **2** 487D, asd 25 12, Philox 487 15.

ܦܪܩܘܡܐ fossa urbem cingens Guidi chron 32 11.

ܦܪܩܝܢܛܐ παρακινητής turbator, seditiosus Joh Eph 125 18.

ܦܪܩܢܣܘܣ πρόκενσος processus Joh Eph 170 9, 200 1.

ܦܘܪܓܘܣ πύργος turris 1Ezr 1 52, AS **2** 106 16, Joh Eph 91 6, Bhchr 158 23, cf. ܦܘܪܓܐ et ܦܘܪܓܘܣ.

ܦܪܝ ܗܪܡܢܝܐܣ περὶ ἑρμηνείας (liber Aristotelis) glherm, Bhce **3** 477 2.

ܦܪܫ *1. tr.* a) separavit ER 49 21, Ath 46 6, Dn 15 48 (Hex), b) excommunicavit Rie 49 4, c) solvit (votum) Lv 22 21 (aenigma) Jud 14 12, d) revelavit Corluy MP 11 12, e) respexit, curavit asd 47 20, f) discrevit, cognovit Philox 160 9, g) decrevit Lc 10 1, Vit Rabb 202 23, ThMarg **1** 182 9, h) intellexit

ZDMG **24** 269 9, Dion T 134 11; *2. intr.* a) separatus est, discessit, abiit Act 21 1, ES **1** 394E, dap 57 23, Sch 42 3, KwDW 22 24, b) diversus fuit Philox 482 16, c) prudens fuit ES **3** 427E.

ܦܪܝܫܐ *1.* diversus PsC 119 13; *2.* nobilis Jud 5 9, KwDW 33 23; *3.* Pharisaeus Afr 10 9, ES **1** 419A, Joh Dar in MS **1** 105 19, Dion T 127 8; *4. f. subst.* miraculum Js 40 21, ES **2** 87B, apap **1** 161 2, Guidi to 42 12; *5. adv.* manifeste, perspicue ES **1** 117E.

ܦܪܝܫܝܐ Pharisaeus SB 121 9, 124 9.

ܦܪܝܫܘܬܐ distinctio ES **2** 505C, BO **3** 1 259a 12.

ܦܪܝܫܘܬܐ decisio TB **26** 30.

ܦܪܘܫܐ *1.* nobilis KwD 82 1 (cf. Nöld. ZDMG **30** 768); *2.* prudens Joseph **5** 3, ES **2** 401D; *3.* perspicuus Vit Rabb 193 27, *adv.* ES **1** 519C, Guidi to 22 141; *4.* schismaticus AS **3** 326 16; *5.* tt. gr. punctus diacriticus JBh 10sq., ET 34 13, Bhgr **1** 3 8, Cat Wright **1** 125a n. 5 etc., Hoffmann praef. ad ON XVII.

ܫܡ ܦܪܘܫ שֵׁם הַמְּפֹרָשׁ nomen dei arcanum ZDMG **4** 200, cf. ib. **32** 465seq.

ܦܪܘܫܘܬܐ *1.* distinctio 1Cor 12 10; *2.* diligentia ES **1** 40D; *3.* intelligentia ES **1** 40D, JSt 3 12, Cyr 180 16; *4.* prudentia ES **2** 319C, Philox 75 10.

ܦܘܪܫܐ *1.* separatio IS 88 3, Joh Eph 287 4; *2.* excommunicatio Rie 49 2, EbMai **10** 183 8; *3. pl.* differentiae ES **2** 447B.

ܦܘܪܫܢܐ *1.* separatio Ex 8 23, ES **1** 3B, asd 7 11; *2.* divortium dap 62 6; *3.* discretio ER 25 7, asd 19 8, Spic Solesm **4** 217 6; *4.* discrimen κριτήριον Gal ZDMG **39** 303 13; *5.* prudentia ES **2** 321D, Nis 13 71; *6.* donum, sacrificium h. תְּרוּמָה Ez 44 30, dap 32 12; *7.* discessus, mors ES **2** 541B, Nis 37 89.

ܦܘܪܫܢܝܐ *1.* in ordine dispositus Bhcar 16 1; *2.* prudens EbPar 42u.

Etpe. *1.* separatus est Ezr 10 8, dap 20 15, Philox 160 7; *2.* discessit Nm 16 21, ES **3** XLI 46; *3.* creatus est (episcopus) ThMarg **1** 132 3.

ܠܐ ܡܬܦܪܫܢܘܬܐ inseparabilitas Cat Wr 1000b.

Pa. *1.* separavit, discrevit Mc 10 9, ER 49 23, Philox 268 11, dap 102 14; *2.* interpretatus est, explicuit Tetr Dn 5 7, ECth **4** 32, BA **3** 1 149.

ܦܘܪܫܐ *1.* separatio ER 56 27, KwDW 280 21; *2.* discrimen dap 108 3, ThM 24 5, SB 159 13; *3.* refutatio Ath 15 17; *4.* lectionarium Cat Vat **2** 135, Cat MB 35; *5.* capitulum BO **3** 145apu.

ܦܪܫܐ (Del Prol 95 n. 1) eques Jos 24 6, ES **1** 520C, Jul 162 8, JSt 14 8.

ܦܪܫܘܬܐ *1.* equitatus Hab 3 9 (Hex); *2.* pugna equestris 4 Mcc 17 24, Ap 9 16; *3.* res equestris PsC 25 7.

ܦܪܫܐ (?) calcar IA **2** 124 v. 335.

ܡܦܪܫܐ *1.* diversus ES **2** 530B, BO **3** 1 179a 14; *2. adv.* disertis verbis ES **2** 104B; *3.* ܐܘܢܓܠܝܘܢ ܡܦܪܫܐ evangelium per anni circulum dispositum BO **2** 230, cf. Gildemeister ZDMG **13** 473.

ܡܦܪܫܘܬܐ distinctio Cat Vat **3** 370.

ܡܦܪܫܢܐ interpres (libri) dap 12 4.

ܡܦܪܫܢܘܬܐ distinguendi facultas TB 95 26.

Etpa. *1.* separatus est BO **2** 167, Cat Wr 784b; *2.* assignatus est ES **1** 132A.

Af. discrevit Nm 31 52.

ܦܪܫܓܢܐ (pers. Rödiger in Gesenii thes. p. 1133 add 87, Lag GA 79 198, arm. St. § 1838) exemplar Dt 17 18, Joseph **8** 32, ES **1** 300A, Jul 70 29, Bhgr **1** 202 14.

ܡܦܪܫܦܡ et ܡܦܪܫܦܘܡ cujus labia distant, valgus BA n. 6476.

ܦܪܬ discidit, laceravit Bhchr^{1} 153 5?

ܦܪܬܐ *1.* fimus (*dung*) Mal 2 3, ES **2** 94C, PsC 270 3; *2.* adeps(?) IA **1** 286 220; *3.* folliculus (*husk*) Cyrill ZDMG **27** 579 v. 227.

ܦܪܬܐ granum seminale ES **2** 552C.

Etpe. ruptus est Job 32 19, AS **2** 304 23, SB 98 4.

Pa. *1.* laceravit 2Rg 2 24, Afr 283 16,

AS **2** 306 23; *2.* fidit (venterem gravidae) 2Rg 8 12, ES **2** 257C, ER 14 19.

Etpa. *1.* fissus est Hos 14 1, ESL **1** 615 12; *2.* ruptus est ES **2** 368B, Act 1 18 (Phil); *3.* laceratus est Bhce **1** 95 3; *4.* stimulatus est (ira) AM **2** 193 17.

ܦܪܬܘܬܐ frustum, fragmentum Mt 15 27, AS **3** 222, am **3** 374 9, JS in MS **2** 160 v. 1318, SB 4 8.

ܦܪܬ laceravit 2Rg 2 24 in ES **1** 522C.

ܦܪܘܬܐܘܪܝܐ, ܦܪܬܬܐܪܝܐ προθεωρία praemeditatio herm 84 8, Cat Vat **2** 548 5a f.

ܦܪܘܬܐܣܡܝܐ (sic Bh ad Jos 3 24) i. q. ܦܪܘܬܣܡܝܐ et ܦܪܘܬܡܐ.

ܦܪܬܣܡܝܐ JSt 61 8, Joh Eph 381 9, ܦܪܬܐܣܡܝܐ am **3** 493 3, Cyrill ZDMG **27** 497 19, προθεσμία tempus definitum.

ܦܪܬܟ contudit ER 115 19.

Etpa. dolore affectus est (*he was crushed with grief*) ThMarg **1** 206 5.

ܦܘܪܬܐܬܐ *1.* dubitatio ES **2** 367F, am **1** 474 19, Joh Eph 298 22, Bhchr 220 20; *2.* lamina Duval-Berthelot **2** 251 4.

ܦܪܬܘܬܐ lamina Duval-Berthelot **2** 233 n. 2.

ܐܬܦܪܬܡ dubitavit, haesit ES **1** 73C, Philox 80 22, Bhce **3** 5 13.

ܡܦܪܬܬܐ friabilis Duval-Berthelot **2** 9 8.

ܦܪܬܐܢܝܩܘܣ παρθενικὸς virgineus TA 28 78.

ܦܪܘܬܐܣܡܝܐ, ܦܪܘܬܣܡܝܐ ES **2** 35C, Gal 4 2 (Phil), Rechtsb 19 25, i. q. ܦܪܬܣܡܝܐ q. v.

ܦܪܘܬܐܣܝܣ πρόθεσις prothesis Bhgr **1** 84 11.

ܦܘܪܬܥܢܐ (Barth p. 24) pulex 1Sm 24 15, ES **1** 386C, KwD 17 2, AS **4** 100 19, Geop 44 8, ECth **5** 6 13.

ܦܘܪܬܥܢܐ ܙܪܥ vel 'ܦ ܙܪܥܢܐ plantago psyllium L Löw n. 254, Gal ZDMG **39** 302 2.

ܦܪܬܝܩܐ, ܦܪܘܬܝܩܐ am **2** 136 7, *pl.* ܦܪܬܝܩܣ 2Mcc 3 10, παραθήκη depositum Afr 100 6, am **3** 330 6, AS 17 26, Rechtsb 35 21, 1Tim 7 20 (Phil), ThMarg **1** 289 6.

ܦܪܘܬܝܩܐ i. q. ܦܪܘܬܩܐ q. v. ON 95 20.

ܦܫܝܓܐ debilis (manus) Jud 3 15, Mt 15 30, ES **2** 431E, IA **2** 260 v. 480, Mar 26 3, Bhchr 163 3.

ܦܫܝܓܘܬܐ debilitas (manus) Kays 42 17.

ܦܫܘܫܪܐ lathyrus(?) Löw p. 173, EN 49 16.

ܦܫܝܙܐ (pers. *pišêz* Lag GA 79 199) nummulus BB.

ܦܫܚ *1. tr.* a) abscidit ES **3** 31A, b) concidit, dissecuit Jud 19 29, c) evellit ER 16 2, d) dejecit 2Rg 9 35, ES **1** 541C; *2. intr.* a) intermisit ES **1** 497B, b) defecit, evanuit SB 163 20.

ܦܫܚܐ *1. fork* (*of the branches*) ThMarg **1** 295 9; *2.* manus, manipulus Bhchr 477 13.

ܦܫܝܚܐ *1.* facilis ES **1** 71A, IA **2** 58 37; *2.* tolerabilius, melius Nis 6 31, 20 13, 35 90; *3.* i. q. ܦܫܝܓܐ q. v. Mt 18 8 (Cur).

Etpe. *1.* abscissus est Rom 11 19; *2.* evulsus est JS in asd 92 9; *3.* debilitata est (manus) asd 50 1, cf. ܦܫܝܚܐ *3.*

Pa. *1.* laceravit Jud 14 9, ES **1** 323E, Act 23 10; *2.* dissecuit, divisit Ex 29 11; *3.* abscidit KwD 19 20.

ܦܘܫܚܐ divulsio Joel 1 7, ES **2** 250B, am **2** 378 11, JS in asd 97 16; *2.* luxatio asd 50 4, AM **1** 175; *3.* vortex ES **3** 43E.

Etpa. *1.* abscissus est ES **3** 67F, Nis 28 14; *2.* diruptus est (irā) ZDMG **25** 341 419; *3.* se fregit, confectus est (aliquā re) ES **3** 4A.

ܦܫܛ o (Barth p. 24) *1. tr.* a) extendit Lc 6 10, Alex 8 1, JS in asd 93 18, b) distendit Guidi to 24 150, c) solvit, expedivit (linguam) ES **2** 79D, d) diffudit, circumtulit Ath 35 5, e) explicuit Spic Solesm **4** 58 22; *2. intr.* a) crevit, profecit ES **3** 575D, AM **1** 47, b) recte ivit AM **1** 79, c) se diffudit AS 206 13, d) Bal 289 26, PS conj. ܦܫܛ.

ܦܫܛܬܐ extensio Bal 247 27, BO **3** 2 687 14, Cat Bod 428 n. 75.

ܦܫܝܛܐ simplex Mt 6 29, ES **1** 406B, TB 10 22, Philox 142 3.

ܦܫܝܛܬܐ *1.* ܦ' ܡܦܩܬܐ versio simplex BO **2** 279, 280, 281, Cat Vat. **2** 16, cf. GH Gwilliam Stud Bibl. **3** 48n, Nestle ZDMG **47** 157. König ib. 316; *2.* البسيط metrum hendekasyllabum Card 2 4.

ܦܫܝܛܘܬܐ *1.* simplicitas (sensu et bono et malo) Afr 9 11, ES **3** 128E, ER 58 24, Cyr 99 11, Clr ep 156 3; *2. st. cstr. sq.* ܐܝܕܐ liberalitas ECth **5** 2 6, *absol.* Cyr 6 15.

Etpe. *1.* extensa est (manus) Ez 2 9; *2.* sanatus est Lc 13 13; *3.* se diffudit Bhchr 245 1.

Pa. *1.* extendit Js 61 2, ES **1** 215F, Prol 3 32; *2.* composuit (mortuum) ER 144 18.

Etpa. extensus est Js 35 6, ES **2** 79B, AM **2** 346.

ܦܫܟ ܠܗ *1.* res haerebat Jul 196 2; *2.* seq. ܠܡܦܪܩܗ non potuit Afr 420 15.

ܦܫܟ palma = sexta pars cubitus = quattuor digiti Epiph 64 1 3, Ex 37 12, 1Rg 7 20, Ez 40 5, ES **2** 199A.

ܦܫܝܟܐ clausus, compressus ON 88 2.

ܡܦܫܟܢܐ ἠπορημένος Thr 1 13 (Hex), desperans ECth **2** 1 2.

ܦܘܫܟܐ *1. st. cstr. seq.* ܐܝܕܐ haesitatio, dubitatio Lc 21 25, Philox 281 22; *2.* dubitatio ES **1** 176B, JE ib. 273 1; *3.* cunctatio Corluy MP 10 7.

ܦܘܫܟܢܝܐ dubitativus Bhgr **1** 158 16.

Etpa. dubitavit ES **1** 165F, JE ib. 273 7, Ath 50 5, Act 5 24 (Phil), Bhchr 574 17.

ܡܦܫܟܠܐ cruribus distortis laborans BA n. 2467.

ܦܫܠ se versavit ES **3** 104A.

ܦܫܠܐ textura AS **3** 68 18, Ex 28 28 (Hex).

ܦܫܝܠ tortus, netus Ex 26 1 (Hex), Jer 38 12 (Aqu).

Pa. nevit, texuit Ex 25 4 (Hex), AS 158 5.

Af. *1.* nevit, texuit AS 158 6, AS **2** 113 26, Card 19 22; *2.* contorsit Hoffmann Ausz n. 1014.

Ettaf. textus est AS **3** 68 17.

ܦܫܡܓܐ (pers. Lag GA 23 52, turc (?) Blau ZDMG **23** 270) tegumentum, ephippium BB.

ܦܫܡܣܝ (pers. Lag GA 73 185) pumex BB.

ܦܝܫܦܝܫܝ am **2** 25 9, ܦܫܦܫܝ Hoffmann Ausz n. 95, *pl.* pers. ܦܫܦܫܝܐ ib. n. 96 (pers. پيش + اسپ + پايه cf. Lag GA 74 188) praecursor.

ܦܫܥ *1.* perterritus est Joseph **4** 2; *2.* ingressus est (?) ES **1** 556C.

ܦܫܝܥܐ *1.* tepidus BA; *2.* insipidus BB, PS.

Etpa. perterritus est ESL **2** 727 10.

Af. AS **2** 371 18 leg. ܡܦܫܥ PS.

ܦܫܦܫܐ cimices AS **4** 100 24, Geop 44 19, Joh Eph 71 16, EN 44 93.

ܦܫܝܩܐ facilis Mt 9 5, ER 41 9, dap 33 22, Ath ܠܚ 4, *adv.* perspicue ES **3** 99F.

ܦܫܝܩܘܬܐ *1.* facilitas Sap 12 11 (Hex), AS 152 20, Bhchr 446 8; *2.* copia Cyr 58 31, Cat Vat **3** 129.

Pa. *1.* interpretatus est Dt 1 5, Afr 376 1, Philox 589 17, dap 12 2; *2.* declaravit Guidi to 22 142; *3.* transtulit Vit Rabb 172 18, Chr ed 150 10, Gal ZDMG **39** 246.

ܦܫܘܩܐ interpres BO **2** 27.

ܦܘܫܩܐ *1.* interpretatio 1Cor 14 26, ES **2** 97E, Cyr 189 5, PsC 188 6; *2.* solutio (aenigmatis) ES **1** 451A.

ܦܘܫܩܢܝܐ conclusivus Bhgr **1** 158 17.

ܡܦܫܩܢܘܬܐ expositio Cat Vat 3 18.

Etpa. manifestatus, declaratus est Nm 15 34, Rabb 229 19, JS in MS 1 78 v. 76.

ܦܫܪ *1. tr.* a) concoxit Philox 378 5, Gal ZDMG 39 242, 304 12, b) interpretatus est (somnium) ES 1 92B, Bal 274 13, Ath ܠ 17; *2. intr.* a) resolutus est Ex 16 21, IA 2 322 v. 1438, b) ruptus est PsC 132 7.

ܦܫܪܐ οὐρητικὸν urinatorium Gal ZDMG 39 254 13.

ܦܫܪܬܐ urina Gal ZDMG 39 254 13.

ܦܘܫܪܐ *1.* concoctio JS 96 13; *2.* interpretatio Gn 40 8, Afr 376 2, ES 2 205B, Bal 273 22; *3.* liquefactio (cordis dolore) JARS 117 14.

ܦܫܪ ܐܘܟܡ ἄμπελος μέλαινα vitis nigra BB, Löw p. 91.

ܦܫܘܪܐ *1.* interpres, vates Bal 274 17, Mi 5 12 (Hex), cf. Bernstein ZDMG 4 211; *2.* solutivus ES 2 316E, Geop 4 30; *3.* tepidus Apoc 3 16, Geop 113 11, ECth 4 21 5 6 (cf. ZDMG 17 727); *4.* futilis, inanis Philox 371 7; *5.* intervallum Kays 247 13.

ܦܫܘܪܘܬܐ ineptiae, stultitia Joh Eph 121 10, 122 14.

ܦܫܪܐ IA 2 126 v. 388, leg. ܡܦܫܪܐ PS.

ܬܦܫܘܪܬܐ urina am 1 456 18, JSt 25 16, Bhchr 133 21, ZDMG 40 448.

Etpe. *1.* se dissolvit, liquefactus est ψ 68 2, ES 2 272B; *2.* evanuit Sind 20 2.

Pa. *1.* solvit, liquefecit Ez 22 21, ESL 1 473 9, Hoffmann Kirch. 9 23; *2.* interpretatus est Gn 41 12, ES 2 151A, SB 46 18.

Etpa. *1.* solutus est dap 30 9; *2.* liquefactus est Mi 1 4, ESL 1 207 1, Jul 57 7.

ܦܬ o fregit (panem) Lv 2 16, Guidi chron 13 4, Dn 14 22 (Hex).

ܦܬܝܬܐ *pl.* ܦܬܬܐ frustum, fragmentum Lc 6 21, ES 1 165B, JSt 30 3, Guidi chron 13 3, Kays 77 8.

ܦܬܐ Joh Eph 76 18 i. q. ܦܬܝܬܐ q. v.

ܦܬܬܐ Cat Wr 2 490apu *pl.* voc. ܦܬܝܬܐ q. v.

Etpa. comminutus est Joh Eph 109 25.

ܦܬܦܬ *1.* discerpsit Pr 24 28; *2.* fregit ES 3 156D.

ܦܘܬܦܬܐ calumnia EN 67 62.

Etpa. discerptus est ER 15 25, AM 2 296 26, AS 3 290 21, ψ 57 8 (Symm).

ܦܬܐ se dilatavit ESL 1 105 24.

ܦܬܝܐ latus Job 11 9, ES 1 380A, Geop 87 18, Jul 182 27, de sono Cat Wr 3 1169a.

ܦܬܝܘܬܐ latitudo ψ 117 5 (Hex), Cyr 239 6, ECth 1 15 4.

ܦܬܝܐ latus ES 1 458F.

ܦܬܝܐ latitudo Geop 32 20, (verborum) Jul 145 10, 220 9.

ܦܬܝܐ latitudo Ez 45 5, ES 1 122C, ER 41 25, Chr ed 146 12.

ܦܬܝܝܐ latitudinalis Bh adsc. ment. 14 2.

Pa. *1.* ampliavit BO 1 181 4; *2.* aperuit (os) ψ 35 21 (Hex); *3.* late, fuse narravit Bhchr 388 22.

ܦܘܬܝܐ *1.* dilatatio Jul 16 4, Geop 35 19; *2.* latitudo Spic Solesm 4 57pu.

ܡܦܬܝܢܘܬܐ amplitudo ES 2 142D.

Etpa. dilatatus est ES 1 122C, 432A.

Af. dilatavit Js 5 14, Afr 463 9, ES 1 153B.

ܦܬܓܡܐ (N § 25 pers. Lag GA 79 260, arm. St. § 1825) *1.* verbum Nm 30 2, Afr 165 2, ER 155 2; *2.* sententia ET 6 1; *3.* versiculus Cat MB 20a 29.

ܝܗܒ ܦܬܓܡܐ *1.* respondit ER 145 23, dap 63 11; *2.* rationem reddidit dap 16 26.

ܦܬܘܪܐ ܕܒܘܪܟܬܐ (?) ποτήριον τῆς εὐλογίας poculum eucharistiae JSt 66 12.

ܦܬܚ *1.* aperuit Jud 3 25, ES 2 537A, Gal ZDMG 39 298 45; *2.* effecit, ut videret ESL 1 405 2; *3.* cepit, expugnavit (urbem) Bhchr 94 27, ENchr 16 8.

ܦܬܚܐ *1.* apertio ES 1 252C, AS 4 91 16, ThMarg 1 242 19; *2.* expugnatio Bhchr 116 13; *3.* capitulum (libri) BO 3 1 117a, 14; *4.* ἱστὸς jugum (*weaver's-beam.*) Js 30

17 (Hex) cf. Bernstein ZDMG **4** 203; *4*. tt. gr. vocalis a N § 9.

ܦܬܝܚܐ *1*. videns IA in MS **1** 15 126; *2. subst.* literae patentes BO **3** 1 591 10 = ThMarg **1** 203 7, JARS 20 15; *3. f.* litera vocali Pĕϑâḥâ ornata Bhgr **1** 3 20.

ܦܬܝܚܬܐ epistola parva BO **3** 1 598.

ܦܬܝܚܘܬܐ apertio Pr 8 3 (Aqu, Symm, Theod.).

ܦܬܘܚܐ ܕܬܘܪܐ stercus bovum Geop 41 11.

ܡܦܬܚ ܦܘܡܐ apertio oris KwDW 127 8;

ܡܦ' ܥܝܢܐ momentum temporis Kays 163 1.

Etpe. *1.* apertus est Gn 7 11, ES **3** 299A, ER 20 8; *2.* expugnatus est ENchr 18u.

Pa. *1.* aperuit Joh 10 21, ES **2** 534F; *2.* fecit, ut videret, oculos restituit JAP **5** 2 444pu.

ܦܘܬܚܐ *1.* apertio ES **1** 31A, Jul 58 27, Cyr 161 30; *2.* restitutio oculorum Philox 38 4.

Etpa. *1.* apertus est Mt 27 52, Joh 9 10; *2.* oculi ei restituti sunt Philox 55 13.

ܦܬܟ o *1.* nexit ESL **2** 497 11; *2.* miscuit Nis 17 11, asd 15 5.

ܦܬܟܐ vestis e lana et gossypio confecta Dt 22 11, Ez 16 10, ES **1** 279E.

ܦܬܝܟܐ *1.* varius Ath ܝ 7; *2.* vestis versicolor Ez 16 10 (Hex).

ܦܬܝܟܘܬܐ *1.* varietas Philox 344 10, Jer 13 23 (Hex); *2.* ποικιλτική pictura Job 38 36 (Hex).

Pa. variavit ECth **1** 34 13, ZDMG **27** 541 4a f.

ܡܦܬܟܐ *1.* varius ES **1** 127E, JS in asd 95 21, Joh Dar in MS **1** 109 7, *adv.* Ath ܘ 17; *2.* veneta factio in ludis circensibus notissima AS 204 5, Joh Eph 165u, Lag. de Geop. vers. Syr. p. 21 glherm.

ܡܦܬܟܘܬܐ varietas Ex 27 16 (Hex), TB 48 32, Rie 102 4.

Etpa. *1.* ornatus est ESL **2** 489 12, ψ 138 15 (Aqu, Symm); *2.* immixtus est KwDW 12 23, 172 16.

ܦܘܬܟܐ *1.* vestes auro textae Ez 27 16, Job 28 18, BO **3** 1 597 27, EN 37 39; *2.* genus gemmarum am **3** 110u = apap **1** 174 15, cf. **2** 238d.

ܦܬܟܪܐ (pers. Gildemeister ZKM **4** 211, Lag GA 79 201) idolum 2Sm 5 21, Afr 207 1, ER 126 1, AS **3** 26 24.

ܦܬܟܪܬܐ idolum deae 1Rg 15 13, ES **1** 487E, ER 8 4, Mar 76 7.

ܦܬܟܪܘܢܐ idolum parvum Cyrill ZDMG **27** 110 v. 41, Jš in ThMarg **1** CLXIV 7.

ܦܬܟܪܘܬܐ cultus idolorum ES **2** 265F, JS in asd 96 8, MS **1** 34 25.

ܦܬܟܪܝܐ ad idola pertinens Zach. Rhet. Leb. d. Sev. v. Ant. ed. Spanuth 6 32.

ܦܬܠ detorsit, pervertit ES **3** 621F.

ܦܬܝܠܐ *1.* pravus, perversus ES **2** 496F, ER 109 18; *2. f. subst.* ellychnium (*wick*) ES **1** 230B, Bhchr 205 10.

ܦܬܠܘܢܐ filum parvum ON 84 12 (cf. Nöld. ZDMG **35** 288 n. 2).

Pa. *1.* contorsit ES **2** 497A; *2.* pervertit ER 123 2, IA **2** 78 23.

ܦܘܬܠܐ perversitas Pr 8 8, ES **3** 502F, AS **3** 299 17.

ܡܦܬܠܐ *1.* curvus Pr 2 15, AS 144 20; *2.* perversus Cyr in Julian ed Neumann 59 17 = ψ 18 27 (ubi Peš. ܥܩܡܐ).

ܡܦܬܠܘܬܐ perversitas KwDW 90 8.

Etpa. *1.* contortus est ES **3** 78E; *2.* perverse egit ψ 18 27, Cyr in Julian ed Neumann 59 17.

Af. contorsit Philox 155 7.

ܦܬܢܐ vipera, aspis Dt 32 33, Job 20 16, ES **1** 287D, Sch 261 14, EN 43 90.

ܦܬܢ ar. الفتنة tumultus AS **1** 4 1, Journ. of s. l. **3** 123.

ܦܬܝܣܝܣ φϑίσις phthisis, tabes Bhchr 269 1.

ܦܬܝܣܝܩܐ φϑισικὸς phthisicus EN 32 29n.

ܦܬܩ diruptus est AM **2** 306 5, Gal ZDMG **39** 296 12.

ܦܬܩܐ i. q. ܦܬܟܐ q. v. 1Ezr 7 23, ES **3** 164A, AS **2** 321 4.

ܦܘܬܩܐ (e gr. πανδοχεῖον, πανδοχεῖον non sumptum esse vocabulum Schwally Idiot. p. 110 probare frustra conatus est; non reputavit, quae de ܦ gr. Fraenkel p. 277 disputavit cf. Praetorius ZDMG **48** 366) deversorium, caupona Lc 10 34, am **3** 7 1, ISt 39 17, Jš in ThMarg **1** CLXI 1, Bhchr 199 17.

ܦܘܬܩܝܐ Lc 10 35 *f.* ܦܘܬܩܝܬܐ JS 19 9 cauponarius, cauponaria.

ܦܬܪ interiit, finitus est Kays 112 17.

ܦܬܝܐ stolidus ZDMG **29** 501 n. 12.

ܦܬܘܪܐ (ex ass. *paššûru* Jensen cf. Halévy Mélanges p. 40) mensa Ex 25 23, Mt 25 27, Afr 113 5, ES **1** 248F, Vit Rabb 172 21, Ath ܝܚ 18, PsC 143 1.

ܨ

ܨ duodevicesima litera alphabeti, Ṣadê, numerus 90.

ܨܐܝܐ immundus, sordidus Jac 2 2, Vit Rabb 203 10, Ath 34 10.

ܨܐܬܐ *f.* et *m.* (N § 86, de *pl.* v. ib. § 78) sordes, squalor Pr 30 12, 1Petr 3 21, Bal 261 14, Ath 40 16.

ܨܐܝܘܬܐ ܨܐܝܘܬܐ, ܨܐܝܬܐ immundities ES **3** 640A, Bal 272 6, MS **2** 10 4, Geop 106 8.

Pa. ܨܐܝ, ܨܐܐ, ܨܝܐ (N § 172B) inquinavit ES **2** 492E, MS **2** 31 20, Jul 81 23.

ܨܘܐܝܐ inquinatio JARS 5 6.

Etpa. *1.* se inquinavit Ath ܝܚ 27; *2.* inquinatus est ES **2** 502C.

ܨܒܐ remedium Cyr 239 11.

ܨܒܐ sq. ܒ *1.* delectatus est Afr 108 12, Alex 13 5; *2.* cupivit, voluit ES **1** 432C, ER 34 26, dap 18 29, Bal 286 18.

ܒܨܒܝܢܗ (?) sua sponte IA **1** 198 v. 457.

ܨܒܘܬܐ (Lag Mitt. **4** 140) *1.* cupido, voluntas Job 7 18, ER 25 25, dap 18 13; *2.* res Dt 24 1, Afr 426 18, ER 31 16, JS in MS **1** 94 13; *3.* *pl.* sq. ܕܡܠܐ adverbia (?) AS **4** 5 25.

ܨܒܝܢܐ voluntas Eccl 12 10, ER 78 22 IA **1** 18 v. 269, *adv.* sua sponte ES **1** 354C, Jul 199 11, ψ 53 8 (Hex).

ܨܒܝܢܝܐ *1.* voluntarius ESZ **1** 32, ψ 46 16 (Aqu), Spic Solesm **4** 220 19; *2.* ad voluntatem pertinens JN in MS **1** 100 5.

ܨܒܝܢܝܘܬܐ voluntas Dn 11 16 (Hex).

Etpe. *1.* delectatus est Dt 21 11, Afr 323u, dap 81 8, Ath ܥܗ 2; *2.* consensit ER 48 6.

ܡܨܛܒܝܢܘܬܐ beneplacitum ψ 140 13 (Hex), 1Eph 5 9 (Phil), Rie 53 13.

ܨܒܐܘܬ h. צְבָאוֹת Zebaoth 1Sm 1 11, ES **2** 559D, Jul 100 7.

ܨܒܐܘܡ h. צְבָאִים Hos 11 8 (Hex).

ܨܒܝܐ Joh Eph 334 21 leg. ܨܒܬܐ.

ܨܒܥ (ar. صبغ) *1.* humectavit Jer 13 1, ESL **1** 185 6; *2.* mersit, intinxit Joh 13 26, IA in ER 381 8; *3.* tinxit ES **1** 110C, Bal 283 14, *met.* Philox 571 13.

ܨܒܥܐ color ER 14 21.

ܨܘܒܥܐ *1.* color JS in MS **1** 55 314; *2.* *pl.* ܨܒܥ̈ܐ (add. ad N § 74) pannus tinctus Lv 14 4, Jud 5 30, ES **1** 395B, Journ. of s. l. **7** 36 3.

ܨܘܒܥܐ color 4Ezr 9 17, Kays 77 4.

ܡܨܒܥܢܘܬܐ baptismus BA n. 6489.

Etpe. humectatus est Dn 4 12, Pel 5 24, Jul 200 16.

Pa. humectavit ψ 6 7, ES **3** 407D, Rie 113 21.

ܨܒܘܥܐ infector (*dier*) am **2** 128 9, Gal ZDMG **39** 277 33, Bhchr 575 4.

ܨܘܒܥܐ tinctura Ex 26 1, ES 1 229F.

Etpa. humectatus est Dn 4 25, ZDMG **12** 45 1, KwDW 50 16.

ܨܒܥܬܐ *pl.* ܨܒܥܐ (ar. إِصْبَعٌ) digitus (et manus et pedis) Jer 2 8, ES **3** 442E, asd 54 3, Guidi to **22** 150.

ܨܒܪ *1.* garrivit Jul 131 28, Kays 74 2, ψ 75 65 (Symm); *2.* nugatus est (*to rave*) Philox in Steph. bar Sudaili 34 4; *3.* stultus fuit Jul 80 9.

ܨܒܪܐ *1.* ineptiae, nugae ES **1** 116E, am **3** 309 19; *2.* confusio mentis Rie 29 10, am **2** 589 16, Pr 23 21 (Hex).

ܨܒܪܐ *1.* garrulus JE in ES **2** 196 1; *2.* stultus Jul 178 23.

ܨܒܘܪܐ stultus Jul 81 14.

ܨܒܘܪܘܬܐ stultitia Jul 80 6.

ܨܒܪܐ et ܨܒܪܐ ar. صَبْر et صَبَارَةٌ aloe Löw p. 295, BO **3** 1 506b 16, Merx 176 10.

ܨܒܬܐ (Bickell gl. ad Nis. a pers. سپید derivavit, quod vix probandum) ornamentum ES **3** 578E, dap 29 12, JS in asd 97 11.

Pa. ornavit ER 43 18, Philox 180 22, dap 3 21, asd 18 11.

ܨܘܒܬܐ ornatio Joh Eph 44 23, AS **2** 3 26, Spic Solesm **4** 132 23.

ܡܨܒܬܢܘܬܐ ornatio Afr 116 19, Eb Par 49 14.

ܬܨܒܝܬܐ *m.* rar. *f.* (AS **2** 318 6, N § 86) *pl.* ܬܨܒܝܬܐ ES **3** 578E, Bhchr 328 23, ornatus 1Rg 10 12, Afr 8 4, ES **2** 141F, dap 3 7.

Etpa. se ornavit, ornatus est Jer 31 4, 1Pt 3 3, JS in asd 101 16.

ܡܬܨܒܬܢܘܬܐ *1.* exornatio BO **2** 306, Cat Vat 3 348; *2.* bona voluntas BO **3** 1 125a 23 = ThMarg **1** 76 4 (leg. ܡܬܨܒܝܢܘܬܐ?).

ܨܕ o sq. ܒ oculos fixit in (aliquo) 1Sm 12 3, ES **1** 200D.

ܨܘܕܐ intentio AS **4** 15 13.

ܨܕܐ (= ass. *ṣ(z)adīdu?* Zimmern) stibium Ex 28 17, ES **1** 540E, JSTham v. 241, Bhchr 164 18, EN 24 37.

ܨܕܝܐ fixis oculis adspiciens AS **2** 143 11, Jul 249 20, Joh Eph 369 3; de Dn 10 9 v. ܨܕܪ.

Etpa. adhaesit alicui Card 97 15.

Af. sq. ܒ fixit oculos Pr 9 18, Afr 178 4, ES **1** 31C, Ath ܠ 2, JS in MS **1** 53 204.

ܨܕܐ *1.* desertus fuit, factus est Js 33 8, ES **2** 76C, Jer 4 7; *2.* derisit ES **1** 639 20.

ܨܕܝܐ solitudo ES **1** 6E, **2** 518B, Nis 68 112.

ܨܕܝܐܝܐ ἄγριος silvestris BB 51.

ܨܕܝܐ (nest. ܨ Bhgr. **4** 4 5) desertus Js 61 4, ES **1** 6E, Ath 48 3.

ܨܕܝܘܬܐ ἐρήμωσις solitudo 1Ezr 1 55, desolatio SB 35 7.

ܨܕܝܘܬܐ εἰρώνεια derisio Afr 76 6, ES in MS **1** 2 1, IA **1** 180 17, AM **2** 316 12, ECth **5** 34 9 (cf. ZDMG **6** 365), KwDW 38 15.

Pa. *1.* vastavit Sap 5 24 (Hex), Jul 67 6; *2.* lascive conversatus est EbMai **10** 217 14.

ܨܘܕܝܐ cavillatio IA **1** 132 v. 1160.

ܡܨܕܝܢܐ cavillator JAP **7** 8 473 n. 102, simulator Rie 102 19.

ܡܨܕܝܢܘܬܐ cavillatio dap 73 26.

Etpa. sq. ܒ derisit Ath **23** 20, Guidi to 22 151, KwDW 58 4.

ܡܬܨܕܝܢܐ cavillator JAP **7** 8 452 n. 35.

ܡܬܨܕܝܢܘܬܐ *1.* fraudulentia ψ 5 7 (Aqu); *2.* imaginatio Cat Wr 852b.

Af. *1.* desertum fecit Jer 12 11, Sir 49 6, Eb Par 22 6; *2.* evacuavit ES **3** 255C; *3.* prohibuit Ath ܠ 20.

ܨܕܥܐ tempora (capitis) Nm 33 55, Afr 254 14, AS **3** 44 7, Bhce **2** 683 5.

ܨܕܪܐ fibra (radicis) Cyrill ZDMG **27** 594 v. 13.

ܪܘܙ nausea affecit Joh Eph 178 3, *part. pass.* (vino) obtusus AS **2** 320 26, *adv.* ZDMG **24** 269 27.

ܪܘܙܐ crapula, nausea Rie 99 18, ψ 60 5 (Aqu. cit. Bh p. 169 49), Kays 128 14.

ܡܪܘܙܘܬܐ insulsitas ThM 11 1.

Etpa. *1.* nausea laboravit Js 29 9 (Hex), AS **2** 62 22; *2.* turbatus est am **3** 328 10, Giorn. d. soc. as. it. **3** 172; *3.* avolavit (avis) BA n. 6512.

ܪܘܙܐ crapula PS.

ܪܘܙܘܬܐ dolor tempora capitis afficiens PS.

ܪܘܝ soporatus h. נִרְדָּם Dn 10 9 (conj. Field).

Af. ebrium fecit Joh Eph 178 3, Bhcar 31 18.

ܪܘܝ et ܪܘܝ sitivit s. acc. Ex 17 3, Philox 360 3, Guidi to 19 57, Bhchr 350 15.

ܪܘܝܐ aqua egens, aridus Bhchr 393 1.

ܪܘܝܘܬܐ sitis Dt 29 18, Afr 118 14, ES **3** 581F.

ܪܘܝܐ *1.* sitis ES **1** 489A, Rabb 232 4, Philox 360 2, Ath 36 15; *2.* ariditas ES **1** 487E.

ܪܘܝܢܐ *1. adj.* sitiens ES **2** 8A, Pr 9 12 (Hex), Rie 70 15; *2. subst.* ariditas Dt 18 15, ESL **3** 71 27, Js 44 3 (Hex).

Etpa. sitivit IA **2** 352 v. 1919, am **2** 304 2.

Af. sitire fecit apap 131 13.

ܪܘܟ a hinnivit Jer 5 8, Sir 33 6, ES **2** 39D, Sch 60 13, Pall in ThMarg **2** 31 13.

ܪܘܟܐ (nest. ܪ̈ Bhgr **4** 4 5, EN 45 38 ܪܘܟܐ) hinnitus Jer 8 16, ES **2** 117F.

ܪܘܟܢܐ hinniens glherm.

ܪܘܟܢܘܬܐ aptitudo ad hinniendum AS **4** 6 1, glherm.

ܪܘܡܝܓ ar. صهريج cisterna gl. ad ܦܣܩܐ Bhce **1** 407 6, ON 83 13.

ܪܘܢܝܘܢ κωνεῖον conium maculatum L. Löw p. 381, Geop 13 5, Gal ZDMG **39** 279 66.

ܪܘܪ *1.* erexit Ez 39 15, ES **2** 197E, obturavit Bhcar 79 6; *2.* surrexit am **2** 70 10.

ܪܘܪ aruit IA **2** 24 133, 84 33.

ܪܘܪܐ aridus (*dried up*) ThMarg **1** 230 22, Kays 203 11.

ܪܘܪܐ tumulus Ez 39 15.

Af. coacervavit Ez 39 15.

ܪܘܫ *1.* congregatus est ES **3** 474F, Vit Rabb 168 19; *2.* advenit ThMarg **1** 382 4, Bhchr 372 24.

ܪܘܫܐ *1.* congregatio ES **1** 52D, ܒܝܬ ܪ̈ domus congregationis ES **1** 47F, ER 96 7, asd 13 5; *2.* reditus ES **3** 378B.

ܪ̈ܘܫܐ, ܪ̈ܘܫܐ segmenta carnis EN 346 4.

ܪܘܫܢܐ lamellosus Duv.-Berth. **2** 2 13, 5 8, 7 2, cf. JAP '93 p. 328.

Pa. *1.* congregavit ES **1** 51D, KwDW 103 6, BO **2** 180a; *2.* reddidit ES **1** 475E; *3.* effecit TB 91 22; *4.* dedit, paravit TB 79 29, AS **3** 279 6, Eb Par 27 12.

ܪܘܫܐ adventus, occursus Cat Wr 900b, Cat Vat **3** 409.

Etpa. *1.* congregatus est ER 121 26, Jul 42 14, Corluy MP 40 9; *2.* inventus est KwDW 47 8.

ܪܕ venatus, piscatus est Gn 27 4, ESL **1** 71 27, AS **3** 38 16, KwDW 40 15; derivata v. s. v. ܨܝܕ.

ܪܘܕܐ *1.* i. q. ܙܘܕܐ commeatus JS in MS **1** 26 143; *2.* corr e. ܡܨܘܕܐ q. v. Cat Vat **3** 228.

ܪܘܚ clamavit ES **2** 394D.

ܪܘܚܬܐ clamor Jer 14 2 (Bh ad l.: dolor).

Af. clara voce locutus est Syn II Eph 121 24 (conj. PS).

ܪܘܠܓܢ ar. صَوْلَجان pers. چوگان tudes in harpasto Bh ad Js 58 5.

ܪܡ jejunavit, abstinuit Za 7 5, Afr 42 6, ER 107 9 etc.

ܪܘܡܐ jejunium Jer 3 5, Afr 42 1, ES **1** 502C.

Etpe. jejunatum est dap 94 11.

ܪܝܡܐ jejunator ES **1** 273 3, IA **2** 280 v. 836, BO **3** 246b 7.

Af. jejunium praecepit Nis **2** v. 110.

ܨܘܚܐ *f.* patera KwD **102** 23 (cf. Nöldeke ZDMG **30** 768).

ܨܘܚܐ injustus, scelestus Bh cit PS.

ܨܘܨܝ *1.* fritinnivit (avis) ES **1** 489E, Th Marg **1** 77 19, Kays 67 9; *2.* sibilavit (mus) Joh Eph 72 6; *3.* sonuit (nummus) ThMarg **1** 210 1.

ܨܘܨܝܐ fritinnitus avis EN 46 41.

ܨܘܨܝܬܐ *1.* fimbria Nm 15 38, ES **1** 125E, Jul 122 15; *2.* cincinnus KwDW 101 14, 145 12, EN 36 20; *3.* pampinus KwDW 12 22; *4.* flamma KwDW 18 2.

ܟܘܟܒܐ ܨܘܨܝܬܐ (N § 129) cometes glherm. EN 56 98.

ܨܪ pinxit, finxit, repraesentavit 1Rg **7** 15, ER 16 3, asd 11 16, JS in MS **2** 132 v. 872.

ܨܘܪܬܐ *1.* imago am **3** 115 13, asd 42 10, JS in MS **1** 50 141; *2.* textus BO **3** 325, Wisemann p. 39, Ign 205 5, ZDMG **12** 543, Cat Par 197b 26.

ܨܝܪܐ ܡܛܐ ar. المطوّقة columba torquata KwDW 196 14.

ܨܝܪܐ stilus Job 19 24, ES **2** 8D, EN 83 91.

ܨܝܘܪܐ fictor ES **1** 180A.

ܨܝܪܐ idolum pictum apap 95 11, JS in ZDMG **29** 113.

Etpe. formatus, pictus est Gal 4 19, ES 179E, JA **2** 136 11, Sch 4 6.

ܫܘܠܡ ܨܝܪܘܬܐ formatio (foetus) SB 10 13.

Etpa. *1.* pictus est Arist 20 7, Bhchr **1** 79u; *2.* cogitatus est (*be imagined, fancied*) Philox 587 1, KwDW 51 14; *3.* repraesentatus est asd 9 2, Cyr 215 19.

Pa. ornavit, pinxit Jer 46 20, ES **2** 123F, asd 12 3.

ܨܝܪܐ pictor Ex 28 39, Job 19 24, ES **2** 364A, KwDW 115 21.

ܨܝܪܘܬܐ ars pictoria vel caelatoria JSAbb 28 42, AS 147 21, AS **2** 10 17.

ܨܘܝܪܐ ornatus Bh ZDMG **40** 449.

ܨܘܪܐ *1.* collum Jer 27 2, Afr 50 15, ER 50 22, JE in ES **1** 437 5, Bhchr 157 5; *2.* via, transitus ThMarg **1** 280 6.

ܨܝܪܐ (al. ܨܝܪܬܐ) cardo Ex 26 17, PsC 268 7, Js 57 8 (Hex), EN 55 53.

ܨܘܪܪܐ vertigo Js 13 8, ER 153 16, ES **1** 139B, Philox 200 12, Jul 186 4.

ܨܬ *1.* audivit 1Rg 18 29, ES **1** 101C, Rabb 229 12; *2.* exaudivit ES **3** 231C.

ܨܘܬܐ *1.* vox ES **2** 388E, JS in asd 108 1; *2.* sonus Nis 1 94; *3.* auditus ES **3** 322A; *4.* societas ES **3** 603C, Geop 98 27, Nat 54 2.

ܨܝܘܬܐ audiens PsC 254 5, ThMarg **1** 20 5.

Etpe. auditus est ES **3** 6D, Bal 314 22, Philox 496 16.

Af. audivit Afr 129 14.

ܨܚ caluit, fervuit Jon 4 8, Judith 8 3, ES **2** 381F.

ܨܚܝܢܐ calidus Js 18 4, ES **2** 49C (sic l.!).

ܨܚܝܢܘܬܐ fervor *met.* JARS 18 4.

ܨܚܚܐ *m.* et *f.* (Bhgr **1** 11 18, N § 87) *1.* liber ET 13 15, Bhchr 249 20; *2.* exemplar Ath ܟܗ 14; *3.* sectio, capitulum Bh schol pass. Cat MB 7a 83.

Af. *1.* scripsit Ath ܟܗ 10, AS **3** 123 11, Joh Eph 24u; *2.* perscripsit ES **2** 34A, BO **2** 155b; *3.* verbis expressit Hoffmann Kirch. 41 45, Philox 169 14.

ܐܨܚܚܬܐ exemplar BO **1** 540a, **3** 327b, Cat MB 76b 26, Eb Mai **10** 318 3, JARS 173 12.

Ettaf. *1.* scriptus est AS 134 8, Cat Wr 172a; *2.* expressus, expositus est ES **2** 205A.

ܨܚܘܐ tempestas serena Lc 12 56, ES **2** 320C, JS in MS **1** 95 11, KwDW 271 14.

ܐܨܚܝ serenum fuit (caelum) PsC 26u.

ܨܘܚܝܬܐ (N § 104, Barth p. 53) contumelia, vituperium 2Sm 16 12, Eph 5 4, ES **1** 407B, dap 9 26, ThMarg **1** 65 16.

Pa. maledixit, conviciatus est Act 19 9,

ES 1 249A, asd 55 20, Joh Dar in MS 1 109 15.

ܡܨܥܪܢܘܬܐ contumelia Sir 27 15 (Hex).

Etpa. contumelia affectus est 1Pt 2 23, Bal 319 11, dap 2 11, Ath 23 10.

ܨܚܝܢܐ (Barth p. 44) *f.* ܨܚܝܢܬܐ (nest. ܨܚܝܢܬܐ Bhgr **4** 4 5, N § 94) *1.* impudicus ES **2** 384C, ER 8 10, apap 66 18, AM **2** 161 27; *2.* ἠρδαλωμένος sordidus Sir 22 1.

ܨܚܝܢܘܬܐ impudicitia Mc 7 22, ES **1** 314D, ER 99 18, Ath 54 2.

Pa. impudice se gessit ES **2** 103D.

Etpa. id. Bh ad Sir 22 1.

ܨܚܢܐ (Praetorius Amhar. Gramm. p. 64) patera Cat Par 63 n. 3.

ܨܚܢܝܬܐ ar. صحناة obsonium e pisciculis paratum PS.

ܨܚܘܪ (cf. ZDMG **47** 519, N § 117) pudore rubens BA, BB, PS.

ܡܨܛܒܬܐ (BA n. 6503, al. 'ܡ EN 53 19, ThMarg **1** 380 17) et ܡܨܛܒܬܐ JSt 23 21 pers.? (Fraenkel 22, Nöld. ZDMG **30** 355, Wright ad JSt l. l. στιβάς) sedile, mensa Journ. of s. l. **7** **33** 20, BO **1** 427bu, JARS 357u.

ܐܨܛܦܛܦ purgatus est TA 22 3.

ܨܝܛܪܘܢ et ܨܛܪܘܢ (pers.) Lepidium latifolium L. BA, BB, Löw p. 38.

ܨܐܕ v. s. v. ܨܘܕ.

ܨܝܕܐ *1.* venatus, piscatus Gal ZDMG **39** 300 2; *2.* esca Rabb 225 8; *3.* praeda JBh 23 17; *4.* ferae Neh 13 16, JAP **7** 8 439 1.

ܨܝܕܠܢܐ pharmacopola ZDMG **29** 503 25.

ܨܝܕܬܐ venatus Geop 114 2.

ܨܝܕܘܬܐ piscatus Bh ad Ez 1 28.

ܡܨܝܕܬܐ (N § 26B) rete Eccl 7 26, Mt 4 18, Afr 52 10, ES **1** 230B, asd 22 9.

ܡܨܝܕܢܐ *1.* retis ope piscans Js 19 8 (Hex), *2.* reticulatus Cant 2 9 (Aqu).

Etpe. *1.* venando captus est Pr 6 25, ER 120 22; *2. met.* deprehensus est Zach. Rhet. Leb. des Sev. v. Ant. ed. Spanuth 1 25, Bhce **1** 115 16, Eb Mai **10** 177 23.

ܫܘܬܨܝܕܘܬܐ *1.* venatio Pr 11 8, Job 18 10 (Hex); *2.* apprehensio AS **3** 342 4.

Pa. venatus est 1Sm 24 12, JS in asd 89 23, Bhchr 305 3.

ܨܝܕܐ *1.* venator ES **1** 153F, ER 120 17, Ath 51 9; *2.* piscator Js 19 8, Mt 4 18, ES **2** 50D, Clr 76 5.

ܨܝܕܬܐ venatrix Arist 16 4.

ܨܝܕܘܬܐ venatus, piscatio ECth **3** 28 1, Bh ZDMG **40** 449.

Af. id. q. **Pa.** Joh Eph 235 9, Bh de div. sap. 24 6.

ܨܐܕ, ܨܕ (e *ṣadd N § 21B, Barth p. 65) *1.* apud, ad Ex 7 15, Chr ed 155 2, JS in MS **1** 46 32; *2.* ad rationem (alicujus rei) IA in MS **1** 18 338.

ܡܢ ܨܐܕ ab ES **1** 443E; ܐܝܟ ܕܡܢ ܨܐܕ ܪ̈ܘܟܒܐ quasi ex composito asd 17 2.

ܠܨܐܕ ܒܣܬܪܟܘܢ post vos ER 148 17.

ܨܗܝܐ et ܨܗܐ *1.* ardens Nis 10 58; *2.* sitiens Nis 45 49.

ܨܗܠ (Barth p. 52) *1.* tinnivit (auris) 1Sm 3 11, ES **1** 340C, Philox 108 21, dap 28 24; *2.* expurgavit, abstulit Cat Wr 820a.

ܨܗܠܐ *1.* tinnitus ES **1** 340D; *2.* puritas ES **2** 474F.

ܨܗܠܬܐ strepitus Nis 69 98, Vit Rabb 185 10, JSt 19 16, Kays 254 7.

ܨܗܠܐ corium ON 87 18 sq.

ܨܗܠܘܐ purus, clarus KwDW 298 4, ER 304 17.

ܨܗܝܠܐ purus KwDW 207 6 etc., Bh ZDMG **40** 449.

ܨܗܝܠܘܬܐ puritas Ath 39 7, KwDW 297 1.

ܡܨܗܠܬܐ colum ER 49 20, EN 29 61.

Pa. *1.* purgavit ER 15 22, ESL **2** 365 12,

Ath 40 14, KwDW 275 22; *2.* percolavit Mt 23 24, ES **1** 109A, Geop **110** 21.

ܨܘܠܠܐ purgatio ER 56 27, Philox 149 2, Bhce **1** 47 25.

ܡܨܠܠܘܬܐ puritas KwDW 393 23, SB 151 8, 159 8.

Etpa. *1.* se purgavit ER 8 23, Ath ܘ 12; *2.* purgatus est ES **1** 119A, ER 56 21, Philox 15 13, Bh ZDMG **40** 449; *3.* se purum esse simulavit ES **2** 485E.

ܨܠܐ et ܨܠܝ *1. intr.* a) se inclinavit, inclinatus est 1Rg 2 28, ES **1** 448B, (dies) ES **1** 474E, Cyr 73 16, b) se avertit JS in asd **103** 22, KwDW 124 9, c) aberravit ES **1** 450C; *2. tr.* a) flexit (jus) Dt 16 19 (Peš) Mal 3 5 (Hex), KwDW 138 19, b) disposuit (laqueos) ES **2** 323F, Nis 52 38, 58 94, IA **1** 154 v. 1630, Jul 155 23, JS in asd 89 13; c) advertit (animum) ES **1** 474E, KwD 41 15.

ܨܠܝܐ *1.* inclinatio ES **1** 11D, JARS 36 3; *2.* fluxus Kays 258 4, 259 17; *3.* ar. صلاية lapis, quo aromata conteruntur Duval-Berthelot **2** 51 2.

ܨܠܝܬܐ θήρα, θήρευμα expansum, rete ψ 34 15, 35 8 (Hex), Eccl 7 27 (ib.).

ܨܠܘܬܐ precatio, preces ψ 4 2, ER **120** 16, Bal 284 26, Philox 581 18.

ܨܠܘܬܐܝܬ precatione ThMarg **1** 113 8.

ܨܠܘܬܢܐ ad preces idoneus BO **3**2 338 15, Eb Mai **10** 192 13.

ܨܠܝܢܘܬܐ inclinatio JEh 47 10.

Etpe. *1.* inclinatus est, se inclinavit 1Sm 8 3, ES **1** 12B, KwDW 194 6, SB 161 12; *2.* aberravit ER 86 15, dap **6** 14, Ath **16** 6, JSt 28 12; *3.* dispositus est (laqueus) JS 9 3; *4.* precatus est ES **3** 560B.

ܡܨܛܠܝܢܘܬܐ *1.* inclinatio Cyr 197 16, Spic. Solesm **4** 35 10; *2.* κλίσις forma flexionis ET 8 12.

Pa. *1.* inclinavit (aures) dap 6 28, *part. pass. adv.* inclinate JEh 48 3; *2.* precatus est Neh 9 4, ES **3** 558F, Sch 38 12, Cyr 78 13.

ܨܘܠܝܐ inclinatio, flexio (juris)? Clrep 147 1.

ܡܨܠܝܢܐ *1.* tt. gr. εὐκτικὸς optativus ET 12 15, herm 66, 115u, nomen accentus ET 37 20, JBh 20 1; *2. pl.* εὐχόμενοι, εὐχῖται secta haereticorum in Mesopotamia ad finem saeculi quarti florens ThMarg **1** 51 20 (cf. **2** 91 n. 3) Bhce **1** 573, BO **1** 128b, **3**1 101b, **3**2 CLXXII, ZDMG **43** 391.

ܡܨܠܝܢܘܬܐ haeresis Euchitarum ThMarg **1** 69 1.

Etpa. oblatae sunt (preces) Afr 60 3, ES **3** 560B (sic l.!).

Af. tetendit, obtulit Cat Vat **3** 242 8a f.

ܨܠܝܒܐ (e pers. چليپا Fraenkel p. 276) crux Mt 10 33, ER 12 20, Vit Rabb 165 11, Bhchr 320 7; *adv.* formā crucis Sch 118 2, BO **3**2 687 28, SevA 115 12.

ܨܠܝܒܘܬܐ crucifixio ES **3** 122D, JA in ER 379 1, JS in MS **1** 38 142.

ܨܠܝܒܐܝܬ formā crucis BO **3**1 573, Cat Vat **3** 282.

ܨܠܒ crucifixit Lc 23 39, ES **1** 177A, Ath 38 16, JS in MS **1** 42 284.

ܨܠܘܒܐ crucifixor ES **1** 511C, JS in MS **1** 94 20.

ܨܠܒܐ funis navigii (*cable*) ThMarg **1** 229 18.

ܨܘܠܒܝܐ glycyrrhiza Löw p. 378, Geop 49 22.

Etpe. crucifixus est Lc 24 7, Afr 222 5, ES **1** 511B, dap 88 18, MS **2** 3 19, BO **1** 519 2.

Af. cruce se signavit JE Can ed Kayser 4 18.

ܨܠܒܘܒܐ tibia EN 28 37.

ܨܠܘܩܝܐ Ricinus communis BB, Löw p. 354.

ܨܠܕ infodit AS **3** 205 11 = Bhchr 76 2.

ܨܠܕܐ fovea AS **3** 205 19 = Bhchr 76 7.

ܨܠܚ *1.* fidit, scidit KwD 30 21; *2.* bene cessit, crevit Dn 8 12, 3Joh 2 1, Cyr 122 25.

ܨܠܝܚܐ ligna scissa Rg γ 18 38 (Hex).

ܨܠܦܐ furca pedis equi (*frog*) EN 40 00.

ܨܠܚܬܐ hemicranium (*megrim*) EN 33 47, cf. Fraenkel p. 264 n. 1.

ܨܠܘܚܝܬܐ phiala, lagena BA, BB, PS.

Pa. fidit, scidit 1Sm 6 14, ES **1** 76E, KwD 2 13, Spic Solesm **4** 241 9.

ܨܘܠܚܐ scissio Nis 60 78.

Etpa. *1.* laceratus est KwDW 80 17; *2.* progressus est Hoffmann Ausz n. 147.

Af. *1. tr.* prosperum fecit, paravit Gn 39 3, Afr 242 20, ES **1** 194B; *2. intr.* a) pervenit ER 34 7, b) bene cessit, evenit Jer 12 1, ES **2** 122D, Philox 131 1, am **3** 429 8, c) sq. ܥܠ invasit, oppressit 1Sm 10 6, ES **1** 352B.

ܡܨܠܚܢܘܬܐ εὔοδα Nm 14 41, εὐοδία Sir 10 5, ἐπιτυχία Sap 13 19 (Hex).

ܡܨܠܚܢܘܬܐ *1.* res secundae Apoc. Bar 14 (ed Cer p. 122 11); *2.* εὐοδία iter secundum Tob 4 6.

Ettaf. bene cessit (εὐωδήθη) Tob 5 22 (εὔοδα ἐγίγνετο) 1Ezr 7 3, Jer 12 1 (Hex).

ܨܠܡܐ imago Dn 3 15, ES **1** 18E, Ath 44 13, JS in MS **1** 76 28; ܩܫܬܐ ܨ' arcitenens Nöld. ZDMG **25** 256; ܬܐܡܐ ܨ' gemini ib.

ܨܠܡܬܐ imago deae apap **1** 49 2.

ܨܠܡܘܢܐ imago parva ZDMG **29** 110 v. 45.

ܨܠܡܘܬܐ similitudo imaginis ThMarg **1** 28 19, Eb Par 85 10.

Pa. formavit ES **1** 147B, Ex 21 22 (Hex), Wisemann 85 7.

ܨܘܠܡܐ formatio Bhcar 29 3, ad Lv 12 4.

Etpa. formatus est ES **1** 149E, Philox 337 20, am **1** 467 18, Rie 95 8.

ܡܨܠܡܢܘܬܐ formatio Bh ad Lv 12 14.

ܐܨܛܠܡ *1.* formatus est Métr 15 13; *2.* sibi finxit TA 38 202.

ܨܠܦ *1.* discidit ES **3** 147D; *2.* vulneravit ES **1** 506F, Spic Solesm **4** 38 15; *3.* verberavit JSt 68 10.

ܨܠܦܐ *1.* scissura IA **2** 296 v. 1060, AS **2** 338 18, spec. mali granati maturi (h. פֶּלַח) Cant 4 3, 6 7, ON 43 15, cf. Löw 364; *2.* vulnus ES **1** 514C.

ܨܠܦܬܐ scissio (ungulae) Dt 14 7, ES **1** 275B.

ܨܘܠܦܬܐ vulnus Ex 21 25, ES **1** 45C, ER 100 26, Philox 621 19.

Pa. *1.* perforavit BO **3** 1 240b, Eb Par 27 5; *2.* aperuit ES **3** 96F, Nis 14 151; *3.* vulneravit Mc 5 5, ES **2** 533E, KwDW 197 14, Bhchr 581 23.

Etpa. *1.* percussus est Hoffmann Ausz n. 1026; *2.* vulneratus est ES **1** 506F, KwDW 217 11.

Af. monstravit ES **3** 557C.

ܨܠܩܘܪܐ avis, qui pisces venatur BA, BB, PS.

ܨܡܐ surdus, mutus, ἐνεός Js 46 10 (Hex).

ܨܡܨܡܐ gladius BA, BB, PS.

Etpa. coercitus, prohibitus est Card 98 25.

ܨܡܐ cupivit Zach. Rhet. Leb. des Sev. v. Ant. ed. Spanuth 1 4.

Pa. et **Af.** observavit BA, BB, PS.

ܨܡܒܪܐ (pers. چنبر PS) ornamentum lunatum ON 96 5 ad Jud 8 21.

ܨܡܓܐ ar. صمغ gummi arabicum Cat Wr **2** 580b.

ܨܡܕ o *1. tr.* a) colligavit ES **1** 124C, JS in MS **2** 112 v. 575, b) obligavit (vulnus) Js 1 6, ES **2** 21B, c) demisit (caput) am **2** 26 14; *2. intr.* se conjunxit cum Geop **61** 27.

ܨܡܕܐ fascia Js 3 24, ON 108 2, sec. EN 38 61 vas unguentorum.

ܨܡܕܐ compactio (libri) Cat Vat **3** 138.

ܨܡܕܘܬܐ congregatio, concilium MB 48 659, Cat Vat **3** 177.

Pa. *1.* cinxit (gladium) 2Sm 20 8, am **2** 273 8; *2.* imposuit (onus) am **3** 110 17; *3.* subegit ES **1** 436 9.

ܒܨܡܝܕܐ continuo AS **4** 92 22.

ܙܗܝ luxit, fulsit Job 5 6, Afr 112 10, Guidi to 42 21, Philox 561 4.

ܙܗܝܐ *1.* splendor, fulgor ES **1** 458F, Rabb 223 21, Vit Rabb 167 13; *2.* surculus Jer 33 15, Cat Wr 131a, Ez 16 7 (Hex).

ܙܗܝܐ fulgens, splendidus Bal 276 5.

ܙܗܘܝܐ politor Duval-Berthelot **2** 7 18.

ܙܗܘܝܘܬܐ splendor Eb Par 111 7.

ܙܗܝܐ splendidus PsC 225 8, Cat Vat **3** 312, Bhcar 36 13.

ܙܗܝܘܬܢܐ *1.* splendidus ESL **2** 47 13, am **3** 480 9, Cat Wr **2** 835b, Kays 73 13, Bhcar 70 14; *2. f.* tiara ES **3** XLIII 40.

Etpa. illuminatus est Cyr 237 30, ThMarg **1** 336 5.

ܡܙܕܗܝܢܘܬܐ splendor TA 40 228.

Af. *1. tr.* a) illustravit ES **2** 87E, b) progerminare fecit Jer 33 15; *2. intr.* fulsit, splenduit ES **2** 90F, Ath 36 24, KwDW 299 22, BO **3** 2 215 5.

ܡܙܗܝܢܘܬܐ *1.* illuminatio ES **3** XXXIX 15, BO **1** 165a; *2.* splendor Duval-B. **2** 85 6.

ܡܙܗܝܢܘܬܐ illuminatio ES **2** 253E.

Ettaf. illuminatus est ES **1** 459C, OM 249 19.

ܡܙܗܘܦܬܐ collis arenae (? صريمة) BA n. 6521.

ܙܗܡܐ et ܙܗܡܘܬܐ sordes BB, PS.

ܙܗܘܡܝܐ pudor Bhchr 579 26.

ܐܙܕܗܡ puduit eum Afr 293 17, ESJ 10 17, Jul 83 23, AS **3** 156 10 (sic l.!), Bhce **1** 279 14.

ܙܗܪܐ albugines oculi, lippitudo BA, BB, PS.

ܙܘܪܐ seu ܙ' ܕܚܠܐ *1.* stranguria Geop 111 2, Bhchr 86 1, gr **1** 215; *2.* morbus calculo in vesica excitatus AM **2** 359u, Joh Eph 160 4, cf. Nöld. in Löw p. 323 n. 1.

ܙܘܪܐ ܫܡܫܐ heliotropium Löw n. 267.

ܙܘܪܬܐ vortex ES **2** 383C, ER 14 17, PsC 170 9.

ܙܘܥܬܐ dens (serpentis) Sap Sal 16 10, Afr 286 15.

Etpa. stranguria laboravit Gal ZDMG **39** 242.

ܙܘܩܬܐ carceres 1Par 20 3 (ed Cer., ed Urm.: ܙܘܩܬܐ).

ܙܘܠܬܐ (e ܙܘܠܬܐ elisa gutturali Bochart Hieroz. **2** 481a, cf. ZDMG **47** 519) patera EN 35 94.

ܙܘܢܐ *1.* nidor (carnis assati) BA; *2.* foetor BB, PS.

ܐܙܕܘܢܓ implicitus est (?) Nis 18 106.

ܙܢܓܐ ar. صَنْج (e pers. چنك Nöld. ZDMG **30** 418, Fraenkel p. 284) et ܙܢܓܐ *pl.* ar. صُنُوج cymbalum ON 97 3, SB 29 n. 5.

ܙܢܕܠ (ar. صَنْدَل = pers. چندل = skr. *čandana* Pott ZKM **5** 80) lignum santalinum Löw p. 107, 422, Sind 22 8, KwDW 22 15.

ܙܢܕܢ solium sedile JARS 33 4, cf. ZDMG **47** 517.

ܙܢܕܘܩܐ (ar. صندوق) cista Bhchr 276 7, cf. ܨܢܕܘܩܐ.

ܙܢܒܘ i. q. ܙܢܒܠ q. v. EN 26 74.

ܙܢܒܘܪܝ (pers. Lag. GA 35 90) cinnamum BB, Löw p. 346 cf. ܕܪܨܝܢܝ.

ܙܘܢܚܐ lapis durus (marmor?) Job 41 15, ES **2** 18F, EN 23 3.

ܙܘܟܬܐ dolus, insidiae 1Sm 2 3, ES **2** 440C, Rabb 238 25, Ath 40 22, asd 27 26.

ܙܟܝܐ astutus, dolosus Afr 108 23, ES **2** 497F, ER 46 13, dap 11 27.

ܙܟܝܘܬܐ astutia Sap 8 6, ES **1** 43A, KwDW 90 7.

Pa. dolose egit ES **1** 27B, ESL **1** 639 18, Philox 81 23.

ܙܘܟܬܢܐ astutus Job 5 13, Bhchr 257 6, *adv.* AS **2** 53 26.

Etpa. *1.* dolo usus est Act 7 19, ES **1**

32C, dap 47 7, asd 8 5; *2.* seq. ܠ dolo appetiit ES **1** 475D, ER 47 2, Spic 40 16 (cf. Bernstein ZDMG **10** 548), BO **2** 74 5.

ܡܨܛܢܥܢܘܬܐ ars, fraus Sir 42 18 (Hex).

ܨܢܝܦܬܐ ܡܨܢܦܬܐ mitra (cf. Morinus de ordinat. Jacob 499, de ordin. Maron. 428) Ex 28 4, Afr 261 10, ES **2** 230C, Bhce **2** 621 5, BO **3** 2 681 4, EN 37 36.

ܡܨܢܦ velatus ThMarg **1** 123 22.

ܨܢܪܬܐ Mt 17 27 (Cur), *pl.* ܨܢܪܐ AS **4** 78 27 et ܨܢܪܬܐ (pers.? Fraenkel p. 88) hamus Jos 23 13, AS 179 6, IS 56 7, Bhchr **237** 19.

ܨܢܪ (pers. چنار Lag GA 31 14) platanus orientalis BB, Löw p. 107.

ܨܥܠ foedavit ES **3** 431E.

ܨܥܝܠܐ *f.* ܨܥܝܠܬܐ impurus Ath ܟ 27. Bhchr 495 1, *adv.* Ath 40 10.

ܨܥܝܠܘܬܐ immundities Philox 604 2, Dt 23 13 (Symm cit Bh).

ܡܨܛܥܦܠ inquinatus Gal ZDMG **39** 271 3, 301 5, Card 58 19.

ܨܥܦܘܠܐ *1.* sordes Cat Bod 243 13; *2.* flagitia ES **3** 453C.

ܐܨܛܥܦܠ *1.* inquinatus est Bhcar 25 16; *2.* invasit, aggressus est BA n. 1362.

ܨܥܪ probrio affectus est BO **1** 108b 9.

ܨܥܪܐ contemptio, contumelia Ez 36 15, Rom 9 21, Afr 110 14, Ath 40 11, asd 17 16.

ܨܥܪܢܘܬܐ ὕβρις injuria glherm.

ܨܥܪܢܐ superbus Js 2 12 (Hex).

ܨܥܝܪܐ contemptus, turpis Mt 13 57, Vit Rabb 179 20, KwDW 52 3.

ܨܥܝܪܘܬܐ turpitudo AS **1** 35 25, cf. **2** 24.

Pa. contumelia affecit Dt 21 14, ES **1** 541B, asd 48 23, Ath 15 7.

ܡܨܥܪܢܘܬܐ contumeliositas, maledicentia 1Sm 25 25, Nis 21 84.

Etpa. contumelia affectus est Vit Rabb 173 15, Ath 43 1.

ܨܥܪܘܬܐ Geop 73 8, leg. ܡܨܥܪܘܬܗܘܢ?

ܨܦ saluit Js 5 29 (Hex), cf. Bernstein ZDMG **4** 201.

ܨܦܬܐ storea Geop 85 5.

ܨܦܘܦܐ turbatus, obstupefactus Cyrill ZDMG **27** 567 30.

ܨܦܝܦܬܐ tormenta equulei TA 30 100.

Pa. saluit Js 35 6 (Hex), cf. Bernstein ll.

ܨܦܘܦܐ perturbatus JS in MS **1** 35 60, am **2** 70 7.

ܨܦܘܦܐ numella (tormenti genus) am **3** 264 5.

ܨܦܕܐ urceus vinarius EN 29 61.

ܨܦܚ *1.* oppressit (laqueus avem) Lc 21 35, Afr 296 1, Joh Eph 4 26; *2.* redarguit ESL **1** 189 4; *3.* accidit, evenit ES **2** 439A, ER 150 5, Cyr 425 20.

ܨܦܚܐ lux Card 99 3.

ܨܦܝܚܐ ܨܦܝܚܬܐ ar. صفيحة lamina (cypri) Duval-Berthelot **2** 95 16 17.

ܨܦܚܬܐ laqueus Lc 21 35, Joh Eph 4 26, EN 68 76.

Pa. *1.* effecit, paravit (poenam) ES **2** 269F; *2.* subito irruit Jul 152 5, 186 21.

Ettaf. malo superveniente affectus est ES **2** 399C.

ܨܦܝ (ex ar. صَفَّى) purgavit, percolavit Cat Wr p. XI, Duval-Berthelot **2** 30 16.

ܨܦܘܢܐ (σάπων orig. celt. cf. Fraenkel 291) sapo EN 29 55, Bh ZDMG **40** 449.

ܨܦܘܢܝܬܐ ܚܠܠܐ lapis saponarius (?) Duval-Berthelot **2** 9 15.

ܨܦܘܢܝܐ Dn 3 5, Lc 15 25 (Cur), *pl.* ܨܦܘܢܝܬܐ am **3** 6 9 et ܨܦܘܢܝܘܬܐ IA **2** 294 11 (Fraenkel p. 277) συμφωνία symphonia.

ܨܦܘܢܐ tuba EN 83 94.

ܨܦܪܐ tempus matutinum Hos 7 6, Mt 20 1, Bal 303 13, Ath ܘ 4.

ܨܦܪܘܬܐ tempora matutina AS 179 4.

ܨܦܪܝܐ matutinus 4Rg 16 15 (Hex), Cat Wr 336a, *f. subst.* hora matutina Bhchr 547 82, ZDMG **40** 449.

ܨܦܪܝܬܐ (N § 132) diluculum AS 164 6.

ܡܨܦܪ matutinus Bhgr **1** 48 17.

ܨܦܪܐ *m.* et *f.* (N § 85) passer Lv 14 23, Mt 16 29, dap 70 4, Bal 292 26, JS in MS **1** 47 49, Kays 254 18.

ܨܦܪ ܓܡܠܐ struthiocamelus ON 15 23.

ܨܦܪ ܠܠܝܐ luscinia EN 45 24.

ܨܦܪ ܛܘܪܐ αἰγιθαλὸς parus (*titmouse*) Geop 99 23.

ܨܦܪ ܚܩܠܐ struthiocamelus Phys 17u, JE in Journ of s. l. **10** 15 9, Bhchr 147 8, ad Lv 11 15.

ܨܦܪܘܢܐ avicula ESZ **1** 451, AS **4** 64 3.

ܨܦܝܪܐ (jac ܨ̈ Bhgr **4** 4 5) hoedus Gn 37 31, Afr 83 4, dap 109 7, ER 8 21, JS in MS **1** 46 37.

ܨܦܝܪܬܐ capra Lv 4 28.

ܨܦܪ ar. صَفَر mensis secundus anni Moslemici ENchr 14 12.

ܨܦܪܕ ar. صِفْرِد genus aviculae KwDW 209 21 etc.

ܨܦܬܐ *1.* i. q. ܨܒܬܐ q. v. (N § 27) IA **2** 36 139, 158 377; *2.* lapis annuli ON 43 14; *3.* conclave quoddam am **2** 285u.

ܨܪܐ *1.* clavus ES **1** 190C, asd 78 5, JS in MS **1** 38 150; *2.* πτερύγιον Gal ZDMG **39** 299 3.

ܨܪܪ clavo affixit Col 2 14 (Phil), EN 4 22.

ܨܠܨܠܐ (jac ܨ̈) √ ܨܠ *1.* cymbalum 1Sm 18 6, 1Cor 13 1, ES **1** 225F, Mar 58 3; *2.* pipitus (avium) EN 46 41.

ܨܘܨܠܐ columba torquata EN 45 23.

ܨܪܨܪܐ (jac ܨܪܨܘܪܐ) gryllus 2Sm 17 13, EN 48 98.

ܨܘܨܪܐ (cf. ܫܘܨܪܐ) artemisia Geop 45 3, 104 22, Löw n. 58 4.

ܨܪ *1. tr.* a) colligavit ER 14 24, Hoffmann Ausz n. 362, b) inclusit Afr 19 21, ES **3** 28D, EbPar 113 15; *2. intr.* coarctatus est IA **2** 12 159, AS **2** 62 22.

ܨܪܪܐ *1.* marsupium Gn 42 35, ES **3** 454A, dap 6 8, Bal 313 14; *2.* fissura Js **2** 19 (Hex).

ܨܪܘܪܐ marsupium parvum Bhce **1** 315 13.

ܨܪܝܪܘܬܐ surditas Geop 94 20.

ܨܪܘܪܝܬܐ stellio, lacerta parva Lv 11 30, ES **1** 241F, Pr 30 28 (Hex), cf. Bh ad l, EN 43 86, ON 90 21.

Etpe. vinctus est Hos 4 19.

Pa. consarcinavit Jos 9 4 (h. מצררים, Bh ad l. „scissa“ a ܨܪܝ derivat.).

Etpa. vinctus est ES **2** 239F, Card 100 1.

ܨܪܐ *1.* fidit Jer 36 12, ES **1** 241B, Philox Memor dei Lincei **12** 1884 p. 480a 32; *2.* discidit dap 102 18; *3.* eripuit 1Sm 28 17.

ܨܪܝܐ *pl.* ܨܪ̈ܘܝܐ (cf. N 79A) *1.* discissio KwDW 107 24; *2.* rima Jer 13 4, Bhchr 530 2; *3.* ruptura Bhchr 53 15; *4.* scissura, pannus 1Rg 11 30, ES **1** 469D, AS **3** 118 22.

ܨܪܝܘܬܐ delatio ES **1** 477F.

Etpe. *1.* scissus est Ath 18 15, asd 10 2; *2.* movit, edidit (clamorem laetum) ES **1** 447B, delectatus est Alex **5** 16.

Pa. laceravit, discidit Gn 37 34, Mt 26 65, ES **1** 100B, Philox 318 15.

Etpa. laceratus est Ex 28 32, Mt 9 17, Rabb 367 26.

ܨܘܪܒܐ (ass. *ṣurbi* Meissner ZA **6** 296) ferula asa foetida Löw p. 36, ZDMG **43** 126.

ܨܪܘܩܬܐ i. q. ܨܪܘܩܬܐ q. v. Bh de div sap 9 3 (cf. Fraenkel p. 186 n. 1).

ܨܢܘܒܪܐ (pers. Lag GA 79 202, Mitt **1** 234) *1.* fructus pini Gn 43 11; *2.* cortex cedri Sir 28 11, cf. Bh ad l., ES **1** 97D, **2** 430B; *3.* μάκηρ macir Gal ZDMG **39** 281 1, cf. Löw p. 85, 86, 88.

ܨܪܦ (صرح) inflammatus est, flagravit Kays 231 17 20, 233 2.

ܨܘܪܚܬܐ (صرخ) vox accipitris vel aquilae vel crocitatio pavonis BA, BB, PS.

Af. *1.* exclamavit ES **2** 344F, Philox 457 11, Js 54 1 (Hex); *2.* fregit (animum) Job 15 13 (Hex), cf. Bernstein ZDMG **4** 222.

ܨܪܝܟܐ egenus Ez 4 17, ES **1** 94D, AS 20 5.

ܨܪܝܟܘܬܐ egestas, paupertas Pr 6 18, ES **1** 341F, dap 61 20, DionT 138 3.

ܨܪܝܟܘܬܐ (?) paupertas ψ 33 17 (Symm).

ܨܘܪܟܢܐ paupertas IA **2** 106 49.

Etpe. in angustias adductus est, laboravit Sir 26 28, ES **2** 133E, ThMarg **1** 374 13, Bh ad Pr 6 11.

Etpa. indiguit ES **2** 133E.

Af. pauperem fecit ESL **3** 111 16.

ܨܪܡ *1.* evellit Geop 15 30, 106 24, eripuit Cat Wr 489b; *2.* ausus est SB 5 20.

ܨܪܡܐ *1.* sectio? Geop 64 11; *2.* audacia ES **2** 251B.

ܨܪܝܡܘܬܐ audacia ThMarg **1** 399 6.

Af. ausus est BA n. 1378, Geop 106 7, Nat 14 1.

ܨܪܡܘܣܩܐ (pers. چرمینه Fraenkel p. 81) vas, lecythus ON 99 9.

ܨܪܢܘܦܐ i. q. ܨܪܘܦܐ q. v. BB, Löw p. 250.

ܨܪܝܦܬܐ pessulum (*rift*) AM **2** 90 26.

ܨܪܦ *1.* adstrinxit Duval-Berthelot **2** 17 8 9; *2.* cruciavit, anxit, exagitavit Job 27 6, ES **2** 108C, Bal 326 20; *3.* elutriavit, purgavit Js 48 10, Mal 3 2, ES **2** 308C, JS in asd 92 1.

ܨܪܦܐ *1.* conflatio, fusio Nis 30 88, Joh Dar in MS **1** 108 24; *2.* alumen Geop 49 1, Kays 264 2, EN 26 70; *3.* conflatorium Pr 17 3, 27 21.

ܨܪܝܦܘܬܐ puritas ES **2** 113B.

ܨܪܦܐ catinus Pr 17 3.

ܨܪܘܦܐ purgator Jer 6 29, ES **2** 113A.

ܨܪܘܦܘܬܐ densatio (στύψις) Gal ZDMG **39** 270 9, Kays 140 17.

Etpe. *1.* coarctatus est Duval-Berthelot **2** 234 n. 2; *2.* alumine tractatus est Duval-Berthelot **2** 15 13; *3.* purgatus est Bal 340 17; *4.* tentatus, afflictus est SB 9 17, 160 9, BA n. 1364.

Pa. contraxit, densavit Gal ZDMG **39** 272 2, Kays 21 5.

ܨܪܦܐ nummularius ON 113 9, BB 830, cf. Rév. d. Ét. juiv. **25** 256.

ܨܪܘܦܬܐ contrahens EN 34 78.

ܡܨܪܦܢܘܬܐ densatio (στύψις) Gal ZDMG **39** 242, 274 5.

ܡܨܪܦܢܐ *1.* acerbus, contrahens, densans Gal ZDMG **39** 242, 271 11; *2.* argentarius Mt 21 12 (Cur).

ܡܨܪܦܢܘܬܐ sapor acerbus Cyr 303 22, MS **2** 198 2, Hebr **9** 194 459.

Etpa. purgatus est ESL **1** 683 3, BO **3** 1 323a n. 60.

Af. anxit, afflixit dap 16 1, Hoffmann Ausz n. 968, KwDW 327 1.

ܨܪܩܦ colaphum duxit Bhchr 540 18.

ܨܪܩܦܐ colaphi Bhchr 248 10.

ܨܪܘܩܘܡܐ (pers.? Fraenkel p. 186) coccus tinctilis BB, Löw p. 250, cf. ܨܪܢܘܦܐ.

ܡܨܪܩܪܩ deformatus TA 42 245.

ܨܪܨܘܪܐ (N § 122, Del. Ass. St. 77, Barth p. 41) genus locustarum Dt 28 42, Joel 1 4, cf. ES **2** 249C, Geop 35 23, MAMQ 94 4, Ex 8 12 (Hex), EN 44 97.

ܨܬܪܐ (cf. Hoffmann ZDMG **32** 752) satureja Löw n. 270, Js 55 13, Geop 47 25, 98 20, ThMarg **1** 272 8, EN 26 74.

ܩ

ܩ XIXma litera alphabeti, Ḳôf, numerus C.

ܩܐܛܐ Phys 18u, ܩܐܛܘܣ Hex: Jon 2 1, Job 3 8, *pl.* ܩܐܛܐ̈ Job 9 13 (Hex), κῆτος piscis cetaceus cf. ܩܝܛܐ.

ܩܐܡܘܣܐ ܩܡܘܣܐ Ath 21 23, κημὸς fiscella (*muzzle of the horse*) Hex: ψ 32 9, Ez 19 4, ES **2** 235A, Cyr 58 9, am **2** 327 16.

ܩܘܐܬܘܣ κύαθος metrum duas κόγχας et quattuor μίσθρα, cochlearia, continens Epiph 5 73, 47 12.

ܩܒ horruit Job 4 15 (Hex), cf. Bernstein ZDMG **4** 220.

ܩܒܐ *1.* saeptum, carcer asd 34 2, 53 24; *2.* h. קַב gr. κάβος = χοῖνιξ pars quarta aut quinta aut sexta modii Epiph 4 51, 39 3 sq., 2Rg 6 25, ES **1** 536D, ISt 34 20, Geop 103 8, = 8 ܡܕܡܘܢ ENchr 102 16.

ܩܒܘܬܐ *1.* metrum Epiph 44 32; *2.* cista (*chest*) asd 53 24.

ܩܘܒܐ lacus, cisterna Cyrill ZDMG **27** 597 v. 207.

ܩܘܒܬܐ *pl.* ܩܘ̈ܒܐ *1.* tentorium (*tent*) ES **2** 87B, Bhchr 139 14; *2.* fornix (*vault*) coeli Bhchr 560 10, ecclesiae Bhchr **2** 779 apu, 825 23.

ܩܒܝܬܐ spuma juris PS.

ܩܒܒܐ fornix (*vault*) AS **3** 208 9.

ܡܩܒܒܐ *1.* curvatus Duval-Berthelot **2** 53 2, 101 2, ܫܠܗܒܝܬܐ ܡܩܒܒܐ ܥܠܘܗܝ flamma eum circumdat Zingerle Chrest 406 v. 13.

ܩܘܒܒܢ et ܩܘܒܒܢܝ convexus ZDMG **35** 300.

ܩܒܩܒܬܐ febrium horror ER 142 17, Bhchr 397 1, de div. sap. 19 2.

ܡܩܒܒܐ cameratus, fornicatus Bhchr 173 20.

Etpa. febris rigore laboravit Gal, PS.

ܩܒܠ (Barth p. 29) continuit, comprehendit Jer 2 13, Afr 403 6, ES **1** 11E, IA **2** 320 v. 1428, Bhce **1** 457 10.

ܩܒܐ *1.* stagnans (aqua) ES **1** 116F, Gal ZDMG **39** 300 3; *2.* coagulatus (sanguis) JE in ES **1** 509 5; *3.* densae (tenebrae) ES **1** 499C.

ܩܒܝܘܬܐ stagnatio Kays 29 14.

ܩܘܒܝܬܐ lacus Lv 11 36, Ex 7 19, Js **22** 11, ES **1** 120E, AS **4** 88 28, Bhchr 350 15.

ܩܒܝܐ abscessus Geop 113 21, Dion T 192 9.

ܩܘܒܝܬܐ (cf. ar. قَبَاء) tunica virilis BA, BB, PS.

ܩܒܠܐ θλάσμα contusio Geop 94 8.

Etpe. detentus est Geop 95 2.

ܩܘܒܪܐ catena, funis, chorda Bh ad Lv 27 16.

ܩܒܠ o (Barth p. 8) *1.* invocavit (deum) ES **1** 197A (judicem) Rechtsb 20 1; *2.* s. ܥܠ accusavit Rom 8 38, ES **1** 504A, Philox 373 18, JARS 36 12; *3.* s. ܒ conquestus est Nis 38 16 18, Bhchr 339 5.

ܩܘܒܠܐ matricaria chamomilla L et matricaria parthenium L, Löw n. 271, Gal ZDMG **39** 252 47, EN 35 3.

ܩܘܒܠ ܡܢ *1.* oppositus, ex adverso 2Rg 2 15. Sir 19 29, JSt 88 19, Jul 212 10; *2.* מֵרָחוֹק procul (*at a distance*) SB 48 15.

ܠܘܩܒܠ *c. suff.* ܠܘܩܒܠܗ etc. adversus, contra ER 36 14, dap 55 21, Mt 21 2 (Phil).

ܠܘܩܒܠܐ *1.* adversarius, hostis Afr 108 23, ES **3** XXIV 43, Corluy MP 19 8; *2.* oppositus AS 186 9.

ܠܘܩܒܠܝܐ oppositus ES **1** 125D, AS **3** 14 19, KwDW 52 20.

ܠܘܩܒܠܝܘܬܐ inimicitiae ES **1** 423D, Mar 85 15, KwDW 111 14.

ܠܘܩܒܠ restitit, se opposuit KwDW 365 15, Bhchr 187 4, 193u.

ܐܬܠܘܩܒܠ restitit, se opposuit ThMarg **1** 373 22, Bh ad Mt 4 15, ZDMG **46** 758 11.

ܡܢ ܠܘܩܒܠܐܝܬ contra ET 28 16.

ܡܢ ܠܘܩܒܠܝܘܬܐ hostilitas KwDW 375 15, 396 8.

ܡܩܒܠܐ oppositus AS **3** 19 26.

ܡܩܒܠܬܐ accusatio ThMarg **1** 122 2.

ܡܩܒܠܢܐ κατευκτής accusator Job 7 20 (Hex).

ܡܩܒܠܢܘܬܐ accusatio IA **2** 232 v. 211, Joh Eph 296 4, PsC 240 13, JARS 36 13.

ܡܩܒܠܢܐ AS **3** 289 11 leg. ܒܒܠܢܐ βιβλία PS.

Pa. *1.* accepit Job 2 10, Bal 314 18, Philox 574 8, AM **2** 185; *2.* s. ܛܝܒܘܬܐ gratiam egit, rettulit ESL **1** 399 11, AM **2** 103 22; *3.* s. ܥܠ constituit de aliquo Bh ZDMG **40** 449.

ܩܘܒܠܐ *1.* acceptio Ath 30 9, dap 48 12; *2.* receptio Lc 5 29, AS **3** 137 9, Zach Rhet. Leb. d. Sev. v. Ant. ed. Spanuth 26 9; *3.* convivium Lv 14 13 (Phil); *4.* ܩܘܒܠ ܛܝܒܘܬܐ gratia, animus gratus Act 4 9, ES **2** 260F, PsC 125 3, KwDW 146 4; *5.* s. ܥܐܕܐ profestum Cat Bod 313 18; *6.* i. q. ܩܘܒܠܐ q. v. frons, facies KwDW 228 10, 260 1 etc.

ܒܝܬ ܩܘܒܠܐ τὸ δοχεῖον receptaculum, hospitium Rie 12 1.

ܡܩܒܠܢܐ *1.* hospes Act 17 7, SB 129 7, *f.* hospita Clr 158 10; *2.* stola, qua indutus sacerdos sacramentum administrat ThMarg **1** 263 7, cf. Liturgia sanct. Apostolorum Addaei et Maris ed. Urmia 1890 p. 27 l. 7 et Duval Rev. crit. 1892 p. 483.

ܡܩܒܠܢܘܬܐ acceptio ECth **2** 83 21, BO **3** 1 120.

Etpa. acceptus est Lv 7 18, ER 15 21, asd 28 12, Spic Solesm **4** 220 2.

ܡܬܩܒܠܢܘܬܐ acceptio ἀποδοχή 1Tim 1 15.

ܡܬܩܒܠܢܘܬܐ acceptio Joh Eph 223 3.

Af. *1.* oppositus fuit 2Sm 1 6; *2.* seq. ܐܦܐ se opposuit ES **1** 551B; *3.* accepit Philox 488 20, Guidi chron 8 5; *4.* advenit Bal 280 1.

Saf. se opposuit, adversatus est ES **2** 460F, ER 12 14, AS **3** 135 14.

ܫܘܩܒܠܐ *1.* συγκυρία casus 1Sm 6 8, Lc 10 31 (Phil); *2.* exspectatio am **3** 254 16.

ܣܩܘܒܠܐ *1.* adversarius Joh 19 12; *2.* adversitas Joh Eph 210 12.

ܣܩܘܒܠܢܐ *1.* oppositus 1Cor 16 9 (Phil), asd 81 19, *pl. f.* contraria Ath ܢܗ 27; *2.* adversus (ventus) Corluy MP 39 7; *3.* adversarius, hostis ES **1** 539D, IA **1** 18 390, KwDW 379 15; *4. adv.* contra Ath 21 1.

ܣܩܘܒܠܢܘܬܐ oppositio AS **3** 266 5, *st. cstr.* in comp. = ἀντί ψ 18 44 etc. (Hex).

Estaf. *1.* se opposuit Rabb 229 9; *2.* advenit Joseph 2 12, asd 75 22, Guidi to 40 9; *3.* casu venit (τυχεῖν) asd 39 11, dap 37 12, PsC 168 5.

ܩܘܒܠܐ facies, vultus 1Sm 25 3, Sir 23 19, Afr 341 15, am **2** 587 10, Jul 148 2, JS in MS **1** 35 70.

ܩܘܒܠܐ *f.* κύπελλον calix Sap 2 8 (Hex), (liliorum) Spic Solesm **4** 57 21.

ܩܒܩܒܐ i. q. ܩܠܩܠܐ q. v. leontice leontopetalum BB. Löw p. 304.

ܩܘܒܠܝܪܐ AS 204 29 i. q. ܩܘܩܠܝܪܐ q. v.

ܩܒܣܬ (pers. كَبَسْت) colocynthis ON 112 19.

ܩܒܥ *1. tr.* fixit, infixit Ex 39 25, ESL **1** 263 12, Guidi to 37 22, affixit (ad crucem) Spic Solesm **4** 211u; *2. intr.* penetravit AS **2** 329 11.

ܩܒܥܐ *1.* fixio, infixio Sap 7 19, ES **1** 124F, ER 62 23, Philox 435 17, asd 78 5, JEh 47 1; *2.* compositio, coadunatio Nis 44 80.

ܡܩܒܥܐ *1.* fixus (domicilium) ES **1** 552E; *2.* firmus, non liquidus ES **3** 157B; *3. adv.* certo modo Spic Solesm **4** 213 13.

ܡܩܒܥܬܐ fixatio Duval-Berthelot **2** 329 n. 4.

ܡܩܒܥܘܬܐ *1.* firmitas ES **1** 120B; *2.* ܕܡܛܠܠܐ 1Ezr 5 50, ܕܡܫܟܢܐ Joh 7 2 (Bernst.) σκηνοπηγία scenopegia, festum tabernaculorum (apud Judaeos).

ܡܩܒܥܢܘܬܐ ܐܦܐ physiognomia glherm.

ܡܩܒܥܢܘܬܐ ܕܡܫܟܢܐ σκηνοπηγία fixa tabernacula Spic Solesm **4** 18 11.

ܩܘܒܥܐ *1.* galerus (*cap*) ES **1** 230C, Arist 13 16, ThMarg **1** 299 14, Bhce **1** 105 21; *2.* capitulum (columnae) Ez 26 32; *3.* acus clavi, uncini Nis 36 5; *4. pl.* fodinae, metalla Duval-Berthelot **2** 314 n. 5.

ܩܘܒܥܬܐ cucullus BO **3** 2 681.

Etpe. *1.* fixus est ES **3** 421D, ER 63 16, ThM 73 15; *2.* infixus, reconstructus est Nis 46 90; *3.* affixus est (ad crucem) Spic Solesm **4** 206 2.

Pa. *1.* infixit (clavum) asd 56 16; *2.* affixit ES **3** 419D; *3.* plantavit KwDW 113 16.

ܩܘܒܳܥܐ infixio Nis 36 5, IA **1** 136 5af.

Etpa. *1.* infixus est ψ 38 2, SB 107 18; *2.* stabilitus est ES **3** 209F, ThM 33 15.

ܩܘܒܝܩܘܠܪܐ, ܩܘܒܩܘܠܪܐ, ܩܘܒܩܘܠܪܝܘܣ am **3** 368 12, κουβικουλάριος, cubicularius AS **2** 16 9, Joh Eph 13 14, Cat Wright **2** 559b, Bhchr 107u.

ܩܘܒܝܩܘܠܪܝܬܐ AS **2** 206 16, *pl.* ܩܘܒܩܘܠܪܝܬܐ Joh Eph 81 3, cubicularia.

ܩܒܪ o sepelivit Jud 2 9, ES **3** 285D, Philox 383 8.

ܩܒܪܐ sepulcrum, tumulus ψ 5 10, Js 22 16, ER 60 20, Philox 383 2.

ܩܒܪܢܝܐ epitaphium Cat Vat **3** 39.

ܩܒܘܪܬܐ *1.* sepultura 2Par 21 20, ES **1** 4A, Bal 336 1, JS in MS **1** 96 20, Dion T 177 1, Bhchr 355 19; *2.* sepulcretum (*burying place*) 2Par 24 16, ES **1** 547B; *3.* i. q. χαψάκης capsa Epiph 44 36.

ܩܒܘܪܐ *1.* sepultura Joh 12 7, ES **3** 328C (sic leg.), ECth **3** 61 54; *2.* sepulcrum Joh 19 42, ܒܝܬ ܩ' id. Mc 6 29, asd 61 21, *pl.* ܒܝܬ ܩܒܘܪܐ sepulcretum Neh 2 5, Mt 8 28.

ܩܒܪܐ cumulus Hoffmann Ausz n. 95.

ܩܳܒܘܪܐ *1.* fodiens Act 5 9; *2.* vespillo, libitinarius (*burier, grave-digger*) ES **2** 375C.

ܩܒܘܪܝܐ sepultura ECth **2** 81 7.

Etpe. sepultus est 1Rg 2 34, ES **2** 234A, Philox 383 1, Chr ed 155 4.

Pa. *1.* sepelivit 1Rg 11 15; *2.* cumulavit Job 1 10, Rom 12 30, ThMarg 12 20.

ܩܒܘܪܬܐ sepultura ES **3** 462B, ESL 1 515 8.

Etpa. cumulatus est BA n. 7362.

ܩܘܒܪܐ acervus, cumulus Epiph 33 65.

ܩܒܘܪܝܢ *f. pl.* ܩܒܘܪܝܐ κιβώριον, ciborium, umbella quattuor columnis fulta supra aram du Cange gl. s. v. cf. Lorsbach Archiv **1** 263, Bernstein ZDMG **4** 210, Am 9 1 (Theod), Joh Eph 47 18, 334 22, Bhchr 136 8.

ܩܘܒܪܢܝܛܐ (jac. ܛܐ' Bhgr **1** 27) κυβερνήτης gubernator ES **3** 430D, IA in MS **1** 18 307, JS in asd 100 15, Gal ZDMG **39** 267 11, Dion T 11 10.

ܩܘܒܪܢܝܛܘܬܐ *1.* gubernatio 1Cor 12 18 (Phil); *2.* ars gubernandi Pr 1 5 (Hex), AS **4** 4 18.

ܩܒܪܝܣ, ܩܒܪܣ *1.* species vitrioli Duval-Berthelot **2** XLVII; *2.* vitriolum rubrum aut sori ib. 3 6, 4 5, 63 16; *3.* vitriolum sutorum aut *couperose* ib. 4 2; *4.* misy ib. 11 n. 5.

ܩܒܘܬܐ, ܩܒܘܬܐ κιβωτὸς cista Ex 25 15, Jer 3 16, Afr 210 18, ES **1** 295A, dap **16** 28, Geop 19 11. Mt 24 38 (Phil).

ܩܕ abscidit Lv 13 56, Lc 5 36.

ܩܕܐ uter (*leather-bag*) Joseph **3** 3, EN 39 85.

ܩܕܐ *1.* (ex ar. قدّ?) lorum EN 23 19; *2.* πολύφορος, planta quaedam, quae et πολύσπερμος seminis plena Geop 112 7, cf. Löw n. 272.

Pa. discidit, laceravit 1Par 19 4, ESL **3** 789 19, Vit Rabb **206** 9.

ܩܘܕܕܐ laceratio ESL **1** 247 10.

Etpa. *1.* scissus, laceratus est ES **3** 377B (sic l.! cf. Bernstein ZDMG **4** 312) AM **2** 345 21; *2.* distractus est AS **2** 223 16.

ܩܕܚ *1. intr.* a) exarsit, flagravit Dt 32 22,

ES **1** 118C, AS **4** 47 8, b) revixit ES **2** 444A; *2. tr.* a) terebravit, foravit Geop 55 21, b) cf. ܩܘܪܚܬܐ calvum fecit Lv 21 5, ES 1 246C, c) inflammavit Eb Par 79 7.

ܩܕܚܐ *1.* foramen Geop 55 22; *2.* (ex ar. قَدَح) patera, vas Duval-Berthelot **2** 18 16.

ܩܘܕܚܬܐ *1.* fulmen Js 29 6, ES **2** 69F; *2.* (falso pro ܩܘܪܚܬܐ cf. Wisemann 132, GHoffmann ZDMG **32** 754) calvities, locus calvus Lv 21 5, ES **1** 246C, **2** 25F.

ܩܕܝܚܬܐ pruna ψ 119 4 (Aqu).

ܩܘܕܚܐ terebra (*borer*) am **2** 290 11, PsC 233 10 11, AM **1** 104 2, **2** 118 82, ZDMG **6** 350 (sic leg. pro ܩܘܡܚܐ).

Etpe. *1.* accensus est Ign 216 5a f.; *2.* terebratus est Geop 56 1.

Pa. *1.* incidit Jer 16 1 (h. יתגדד); *2.* exclamavit KwDW 88 8.

Af. *1.* accendit Jer 17 4, AS 193 4, AS **2** 49 17; *2.* (nest. Pe.) incisuras fecit Lv 21 5 (cf. Bh ad l).

ܩܕܢ *1.* acquisivit, lucratus est Jul 4 1, KwDW 379 7; *2.* possedit Vit Rabb 160 1, retinuit Geop 117 25, firmavit (regnum) ES **1** 477A; *3.* possessione delectatus est Eccl 5 9, Afr 253 7, ES **1** 298E, ER 30 11.

ܩܘܕܢܐ acquisitio JARS 6 16.

ܡܩܕܢܢܘܬܐ possessio Spic Solesm **4** 12 3.

Etpa. *1.* mansit (in possessione alicujus) ES **1** 557E, ESL **1** 267 8, JS in ER 391 10; *2.* lucratus est (*profit, avail*) KwDW 184 1, 194 5.

ܡܬܩܕܢܢܐ quaestuosus, fructuosus (*profitable, lucrative*) MAMQ 60 10, am **2** 353 6.

ܩܐܕܝ KwDW 138 14 etc., ܩܕܝ ib. 141 15, *pl.* ܩܐܕܝ̈ ib. 138 16, ar. القاضى judex.

ܩܘܕܝܩܣ, ܩܐܕܝܩܣ codex i. q. index cf. Adler Verss. Syr. p. 59, Wisemann p. 119 n. 3, Cat Wright **1** 373b, Cat Bod 77 13.

ܩܕܠܐ *1.* cervices (*nake*) Ex 23 27, Afr 207 15, ES **1** 188F, ER 88 21; *2.* collum (lagenae) Geop 59 25.

ܩܕܡ *1.* antevenit, praecurrit Mt 28 7, Philox 253 13, Bhchr 429 23; *2.* s. perf. aut imperf. antea fecit ESL **3** 77 1u, Vit Rabb 199 27, Ath ܘ 12, Gal ZDMG **39** 283 3; *3.* pervenit ES **3** XLV 34,

ܩܕܡܝܐ primus ES **1** 197C, **2** 429C, IA in ER 379 12, BO **1** 290b, *adv.* primo Corluy MP 34 10, Gal ZDMG **39** 244.

ܩܕܡܝܐ primus Gal ZDMG **39** 248, *adv.* ܩܕܡܝܬ (N § 155A) a) primo 1Rg 18 25, Act 11 26, BO **3** 1 52u, b) antea ES **3** 272C, *pl. f.* ܡܢ ܩܕܡܝܬܐ a priori ET 15 3.

ܩܕܡܝܘܬܐ prioritas Neh 11 17, Dion T 90 19, BO **2** 307.

ܠܘܩܕܡ *1.* antea 1Rg 20 14, Mt 7 5, ES **2** 289E, TB 104 33, ܡܢ ܠܘܩܕܡ id. ES **2** 283A, Chr ed 150 23; *2.* primo SB 118 2.

ܠܩܘܕܡܝܢ et 'ܡܢ ܠ *1.* antea Act 26 20, ES **1** 558B, AS **3** 39 26, Duval-Berthelot **2** 18 16; *2.* ἐξ αἰῶνος ab aeterno Sir 1 4.

ܩܘܕܡܐ *1.* pars primaria TB 135 28, ECth **1** 23 8; *2.* 'ܡܢ ܩ ab antica parte Bhchr 155 4; *3.* 'ܡܢ ܩ et ܩܘܕܡܐ ܨܦܪܐ mane Clr 80 14, 124 2; *3.* ܩܘܕܡܘܗܝ TB 90 26 et ܡܢ ܩܘܕܡܘܗܝ ES **1** 128B, ER 17 15, ante eum.

ܩܘܕܡܬܐ pars anterior Philox 34 4.

ܩܘܕܡܝܟ ante Sus 23, ES **2** 418C, ER 151 26, AM **2** 243 8.

ܩܘܕܡܝܐ prior Bhgr **1** 195 20.

ܩܕܡ et ܡܢ ܩܕܡ *c. suff. pl.* ante Sir 1 1 etc.

ܠܩܕܡܐ antea, prius Philox 11 6, ܠܩܕܡܝܐ antrorsum Jer 7 24 (Hex).

ܣܝܡܬܐ ܩܕܡܝܬܐ propositio Hebr 9 2 (Phil).

ܡܩܕܡܐ anterior, prior Spic Solesm **4** 26 11, qui antecessit Philox 12 14; ܡܩܕܡ ܥܒܝܕ antea factus Cyr in Julian ed. Neumann 58 7.

ܡܢ ܡܩܕܡ a principio Ez 16 55, Chr ed 148 17, JE in ES **1** 128B.

ܩܕܡܝ prior (mensis Kânûn, Tešrî) BO 1 398, 2 277.

Pa. *1.* progressus est Ath ܣܗ 2; *2.* antevenit, praecurrit Bal 262 8; *3.* seq. ܩܕܡ proposuit Rom 3 25, Gal ZDMG 39 244; *4.* seq. ܣܡ ܘ προώρισεν praestituit, praefinivit Act 4 28; *5.* seq. ܠܨܦܪܐ mane ivit h. הִשְׁכִּים בַּבֹּקֶר Jud' 19 5, ThMarg 1 241 8, KwDW 33 23.

ܩܘܕܡܐ *1.* praesumptio TB 65 26, Clr 11 7; *2.* praecessio TB 158 25.

ܩܕܡܝܐ prior ES 2 2B, JSt 20 8, Joh Dar in ER 415 25, JARS 84 1.

ܩܕܡܝܘܬܐ ܕܝܕܥܬܐ praescientia ES 1 19D.

ܩܕܡܝܘܬܐ ܕܡܠܬܐ ἐπίῤῥημα adverbium ET 14 6.

ܩܕܡܝܘܬܐ ܕܡ̈ܠܐ praedictiones Spic Solesm 4 60 25.

ܩܕܡܝܘܬܐ ܕܣܝܡܐ praepositio ET 14 12.

ܩܕܡܝܘܬܐ ܕܪܚܡܘܬܐ amor anterior JE in ES 1 564 5.

ܩܕܡܝܝܐ primus ES 2 502C, 3 594F (lic l.!), Eb Par 94 11.

ܡܩܕܡ propositus ET 7 7.

ܡܩܕܡܘܬܐ ܕܚܙܝܐ προθεωρία disquisitio, quae praemittitur Cat Wright 2 488e.

ܡܩܕܡܘܬܐ ܕܝܕܥܬܐ praescientia Act 2 23, ER 81 20, Dion T 142 14, Bhchr 298 1.

Etpa. *1.* praecessit (in scriptura) Joh Dar in MS 1 106 27; *2.* praesumptus est Gal 6 1; *3.* seq. ܐܬܝܗܒ antea datum est ES 1 29E; *4.* seq. ܡܘܬܐ ܠܗ mors eum oppressit Rechtsb 14 6.

ܡܩܕܡܘܬ ܕܝܢܐ praejudicium EbMai 10 228 11.

ܩܕܡܝܐ καδμεία scoria, fuligo aeris EN 24 37.

ܩܕܘܡܝܡ i. q. h. קְדוּמִים Jud 5 21 (Hex).

ܩܕܢܝܘܣ Geop 70 5, arbor, corr. e. κρανέας (Löw p. 249) cornus?

ܩܕܣܐ (e gr. κάδος Fraenkel p. 72) *1.* ahenum (*kettle, caldron*) Ex 16 3, Afr 347 10, ES 1 336D, 530B, Philox 450 9; *2.* χράνος galea Joseph 16 3.

ܩܕܫܝܡ i. q. h. קְדֵשִׁים Regn δ 23 7 (Hex).

ܩܕܦܝܐ *1.* contortus ES 2 11C ex Job 26 13; *2.* *pl.* ποικίλοι varii Geop 99 18.

ܩܕܝܩܠܘ κωδίκελλοι codicilli Cat Wright 2 923a.

ܩܕܪܐ *f.* (N § 84) *1.* olla Mich 3 3, Afr 493 16, ES 1 256D, 336D; *2.* i. q. ricinus Duval-Berthelot 2 3 11 l. ܩܪܐ.

ܩܘܕܪܐ (gr. κόδρα, quadra? Bernstein) crates (*hurdle-work*) AS 3 205 8 = Bhchr 75u.

ܩܘܕܪܘܣ? Epiph 3 25.

ܩܕܪܝܣ 1Ezr 3 6, ܩܕܪܝܣ Bh ad Paul 22 7, κίδαρις (Lag GA 207 13, Onomast. sacr.[2] 219 38) cidaris.

ܩܕܪܘܣ *pl.* ܩܕܪܐ κέδρος cedrus Regn γ 6 9 (Hex), Js 9 10 etc.

ܩܕܪܝܢܐ Regn γ 5 22 (Hex), ܩܕܪܝܢܐ 1Ezr 5 53, κέδρινος cedrinus.

ܩܘܕܪܢܛܝܣ κοδράντης quadrans Epiph 3 24.

ܩܕܫܐ (e bab. *kudâšu*? Jensen) inauris (*earring*) Judith 10 4, ES 1 58E, AS 3 4 10, Bhchr 508 2.

ܩܕܫܬܐ Ez 16 12 (Hex) et ܩܕܫܐ ap NT 20 17 (cf. not p. 59) id.

ܩܕܫܝܐ idolatra IA 2 208 70.

ܩܘܕܫܐ sacrum, fanum 2Rg 12 14, ES 1 247E, asd 82 14, ܩܘܕܫ ܩܘܕܫܝܢ sanctissimum ES 3 XLVI 12, Dion T 126 2.

ܩܘܕܫܢܝܐ sacer ET 25 9, Eb Par 41 2.

ܡܩܕܫܐ et ܒܝܬ ܡܩ' sacrum Ex 25 8, ER 11 4, dap 34 18.

Pa. *1.* sacravit Jer 2 3, ES 2 100B, ER 23 20, dap 98 4, Joh Dar in MS 1 108 113; *2.* consecravit, inauguravit Joh Eph 119 18, Bhchr 534 6; *3.* (ex h. קִדֵּשׁ Geiger ZDMG 21 489) matrimonio junxit Nis 1 49 52.

ܩܕܝܫܐ *1.* sacer, sanctus Nm 16 3, ES 1 510B,

Gal ZDMG **39** 268 5, *adv.* ES **2** 334E; *2.* angelus Nis 9 41.

ܡܩܕܫܘܬܐ sanctitas 1Cor 5 8, Philox 610 10, JS in ER 403 20.

ܩܘܕܫܐ *1.* sacratio ER 23 22; *2.* consecratio ES **1** 462A, Bhchr **1** 381 20.

ܡܩܕܫܢܐ consecrans IA **1** 200 11, asd 43 20.

Etpa. *1.* se sacravit 1Sm 16 5; *2.* consecratus est Lv 20 7, dap 34 14, Rabb **369** 1, Ath **16** 17, Joh Dar in MS **1** 108 12; *3.* matrimonio junctus est Nis 1 117.

ܩܗܐ hebes fuit, factus est Eccl 10 10, ES **1** 423A, dap 17 13, JS in asd 96 4, AS **4** 78 21.

ܩܗܝܘܬܐ hebetudo Am 5 6, ES **2** 260F.

Af. hebetavit Sir 31 10, ES **1** 2A, JS in ER 395 9, Ign 216 20, (dolores) Spic Solesm **4** 206 4.

ܩܗܠ convenit, congregatus est AS **3** 58 20.

ܩܗܠܢܐ *1.* pertinax ThMarg **1** 158 15; *2.* garrulus Bhcar 34 17.

ܩܗܠܢܘܬܐ certandi studium AS **4** 72 2.

ܩܗܠܬܢܐ *1.* litigiosus Bhchr 226 15, Eb Par 42 7; *2.* μεγαλόφωνος clamans Sir 26 27, EN 20 48.

Pa. *1.* collegit Cat MB 71a 19a f., Cat Bod 267 11; *2.* congregavit MB 2 22, Bhcar 34 17, ad Eccl p. 16 3.

Etpa. congregatus est Bhchr 306 14, car 11 1.

Af. junctus est, foedus fecit Bhcar 136 5.

ܩܘܗܠܬ h. קֹהֶלֶת Ecclesiasticus ES **2** 338F, Bhchr 18 10.

ܩܘܒܐ pars manus (? var. ܩܦܐ) Kays 31 11.

ܩܘܕܪܐ vincula 1Mcc 3 41, Bhcar 56 8, BA n. 4583.

ܩܘܙ saluit 2Sm 22 30, ON 97 20, IA **2** 154apu, Bh ad ψ p. 117 38, car 137 12.

ܩܘܙܐ αἴλουρος mustela (*weasel*) Cat Wright **2** 603b, **3** 1051b, cf. AS **3** 135 2 22, Zach. Rhet. Leb. d. Sev. v. Ant. ed. Spanuth 7 11, EN 43 75.

ܩܘܙ saluit Js 35 6, ES **2** 79B, Bhchr 459 25, AS **4** 48 4.

ܩܘܙܬܐ saltus Thes hymn. **3** 219 7, Bhcar 144 9.

ܩܘܙ struxit, construxit Epiph 42 84.

ܩܘܚ **Etpa.** ejulavit BB, PS.

ܩܘܚܐ καυλὸς petiolus, caulis (*stalk, pedicle*) JS 97 13, Geop 92 9, Bh ad Mt 8 13, Löw pass.

ܩܘܛܦ *1.* cumulavit, acervavit ψ 119 4 (Symm.), Bh ad Ruth 3 2; *part. pass. adv.* cumulatim Epiph 53 57; *2.* circumvagatus est BA n. 6561 (leg. ܡܩܛܦܐ) cf. ܩܛܦܐ.

Etpa. accumulatus est Epiph 33 65 (sic l.!).

ܩܘܐ textum araneum Job 7 6.

ܩܘܝܐ jugum textorium (*loom*) JE in ZDMG **24** 269 26, cf. 281 n. 20.

Pa. mansit Joh 12 34, ER 30 9, Chr ed 151 27, AM **2** 348 9.

ܩܘܝܘܬܐ mansio Eb Mai **10** 318 31.

Etpa. perstitit (in persequendo) KwD 48 14.

ܩܠܐ *1.* vox Chr ed 146 8, Dion T 55 18; *2.* sonus, crepitus (passuum) ES **1** 480C, JS in MS **2** 61 v. 305; *3.* tonus (musicus) ZDMG **17** 688.

ܩܠܢܝܐ vocalis Kays 138 13, JAP **7** 5 153 n. 2, ET 10 16.

ܩܘܠܐ (N § 79a) κῶλα membra Nm 14 29 (Hex), Hebr 3 17 (Phil), Bhchr 312 11.

ܩܘܠܢ et 'ܩܘ، ܚܫܐ ܕ κῶλον passio colica (*colic*) EN 33 35, Bhchr 200 11.

ܩܘܠܝܐ genus amuleti Eb Mai **10** 282 9.

ܩܡ *1.* surrexit, stetit Jos 3 16, 2Rg 13 21, Js 49 7; *2.* sq. ܠ a) auxilium tulit, vindicavit ψ 94 16, ES **2** 446B, Nis 31 38,

b) rebellavit contra aliquem Bhchr 214 5; *3.* sq. ܥܠ a) aliquid animo deprehendit, percepit, intellexit Nis 71 43, ESL **1** 321 21, b) restitit, repugnavit Js 14 22; *4.* sq. ܥܠ ܡܠܬܗ verbo suo stetit, promissis stetit ES **3** 142E; *5.* sq. ܒܐܦܐ patrocinium suscepit ES **3** 229F; *6.* ܠܥܠ ܩܘܡ protulit Nis 6 56; *7.* sq. ܡܚܘܬܐ cicatricibus obsitus est AS **2** 116 26.

ܩܘܡܐ *1.* statio ES **1** 151C, Corluy MP 29 13, Dn 8 17 (Hex); *2.* status (lunae in sidere) Ge in ZA **8** 28 18; *3.* constantia ES **2** 50E, Philox 211 17; *4.* stabilitas ES **2** 90B; *5.* resurrectio ES **3** 507A; *6.* ὀργυιά cubitus, ulna (*ell*, *yard*) Act 27 98, AS **2** 310 7, am **3** 187 3; *7.* sq. ܕܠܠܝܐ feria, vigilia ESL **1** 359 1; *8.* sq. ܕܩܛܠܝܘܬܐ βελόστασις tormentum Ez 4 2 (Hex), cf. Bernstein ZDMG **3** 408.

ܩܘܡܬܐ *1.* statura Lc 19 3, ES **1** 367D, Rabb 224 4, Ath ܘ 25; *2.* corpus asd 49 7; *3.* ἡλικία aetas Joh 9 21 (Bernst.), Spic Solesm **4** 219 18.

ܩܝܡܐ *1.* status, statio 1Sm 13 3, AS **2** 246 12, dap 6 21; *2.* συνωμοσία foedus ES **1** 422E, Philox 609 6, JS 2 12; *3.* κανὼν societas, quae jure jurando mores christianos et dei cultum in se recepit AM **1** 149a m, 134b m, asd 31 4a f., AM **1** 135a 3a f., ܒܢܝ ܩ' canonici AM **1** 100b m, 105a, AS **1** 6 6a f., BO **3** 2 888, Hoffmann Kirchenvers p. 96n 91; *4.* clerus asd 21 24, cf. p. 163n 21 28, Vit Rabb 178 17, AM **2** 354 30, ܒܢܝ ܩ' clerici Afr 439 18, JSt 91 4, BO **1** 189, ܒܢܬ ܩ' diaconissae Vit Rabb 203 21, Clrep 100 2, cf. Kayser die Canones des JE p. 110 anm.

ܩܝܡܬܐ *1.* resurrectio (mortuorum) Mt 22 28, ES **1** 404F, Joh Eph 177 3, Bhchr 377 17; *2.* *coll.* ab inferis revocati Afr 432 2; *3.* demensum Gn 47 22, Lv 10 13, 14, ON 82 4.

ܩܝܡܘܬܐ ܩܠܐ σύστημα *the art of singing in tune and in unison* ThMarg **1** 142 17.

ܩܘܡܐ *1.* columna Nm 3 36; *2.* postis Judith 1 4, PsC 268 9, Jud 16 3 (Hex).

ܩܘܡܬܐ *1.* columna Gn 19 26, ES **1** 72A; *2.* statua dap 28 4; *3.* frumentum maturum ES **1** 281C; *4.* statio, custodia am **3** 216 5; *5.* antistita i. q. ܩܝܘܡܬܐ Zach. Rhet. Leb. d. Sev. Ant. ed. Spanuth 8 35.

ܩܝܘܡܐ (nest. ܩ' Bhgr **4** 4 5) *1.* antistes (*overseer, superintendent*) 2Par 8 10, Judith 2 14, ES **1** 453B; *2.* adjutor AS **1** 16 27, Jul 37 5, Spic Solesm **4** 242 4; *3.* *f.* ܩܝܘܡܬܐ subsistens Spic Solesm **4** 81 1.

ܩܝܘܡܬܐ προστάτις antistita Rom 16 2, Philox 184 22.

ܩܝܘܡܘܬܐ munus antistitis ES **2** 225A, Ath ܝ 19, ThMarg **1** 118 9, Kays 8 4.

Pa. *1.* stabilivit BO **1** 295a; *2.* genuit, generavit Arist 12 10; *3.* in vita mansit ES **1** 44B; *4.* confirmavit Spic Solesm **4** 53 13.

ܡܩܝܡܐ *1.* durans, permanens, reliquus ψ 111 7, Hebr 4 1, ES **1** 46E, 565B; *2.* vivus ES **1** 44C, Rechtsb 4 12, Bhchr 130u.

ܩܘܝܡܐ *1.* constitutio Philox 358 21, AS **2** 276 1; *2.* conservatio Act 27 34, Bal 298 14, Bhchr 540 1; *3.* sustentatio, alimentum ES **1** 148C, AS **2** 127 22, BO **2** 306; *4.* definitio Gal ZDMG **39** 289 6; *5.* systema Gal ZDMG **39** 246, Hebr **9** 195 475.

Etpa. *1.* restitutus est Chr ed 147 1; *2.* permansit, duravit Philox 358 4, asd 73 17; *3.* in munere constitutus est Bhce **2** 525 14.

ܡܬܩܝܡܢܘܬܐ substantia Philox 355 24.

Af. *1.* *tr.* a) effecit, ut staret Corluy MP 27 15, b) erexit ES **1** 422C, c) excitavit, revocavit Joh 12 9, ER 29 10, d) explevit (vaticinium) ES **1** 481C, e) constituit 1Par 11 3, f) sq. ܥܠ ܠܗ certiorem fecit de aliqua re AS **3** 92 5, g) fecit (foedus) Philox 609 6; *2.* *intr.* a) constitutus, creatus est (rex) ES **1** 443E, b) sq. ܡܢ constitit ex ECth **1** 27 13 (nisi utroque loco ܡܩܝܡ legendum sit), c) sq. ܠܘܩܒܠ restitit, repugnavit

ESL **1** 189 23, Hahn et Sieffert Chrest. p. 138, Rie 137 9, cf. Kayser Can. des JE p. 146.

ܩܘܡܣܝܬܐ nomen accentus BZ 3 6.

Ettaf. constitutus est 3Ezr 5 47, ψ 2 6 (Hex).

ܩܘܐܡܐ apud Romanos i.q. ܩܘܐܡܐ (κύαμοι??) Geop 91 27.

ܩܘܦܐ *1.* frustillum; *2.* olla, vas fictile BB, PS.

ܩܘܣܘܣ καῦσις genus febris Bhchr 260 25. ܩܘܣܘܣ Bhce **1** 209 5 leg. ܩܘܣܘܣ, PS.

ܩܘܦܚܐ *1.* pars media nasi; *2.* capitella columnarum BB, PS.

ܩܘܦܐ *1.* vectis, phalanga (*poles, carrying bars, legs*) = h. בַּדִּים Ex 25 13, cf. Sch 259 13, = h. מוט Nm 4 10, ar. دادوق (cf. Dozy **1** 460) EN 30 72, ES **1** 259B, PsC 59 1; *2.* sandapila, feretrum Alex 11 19; *3.* sq. ܕܣܒܬܐ, σφενδόνη, pala annuli Pr 26 8 (Hex) cf. Bernstein ZDMG **4** 218.

ܩܘܦܝܐ *1.* bajulus (*carrier, porter*) 1Rg 5 29, ES **1** 456D; *2.* sandapilarius Alex 12 13.

ܩܘܦܬܐ *1.* sacculus, marsupium KwD 29 2, cf. Blumenthal Emendat. (SA) p. 37; *2.* noctua parva ON 90 7.

ܩܘܦ *1.* petiit, quaesivit IA **2** 204 8; *2.* infirmavit, debilitavit IA **2** 56 11.

ܩܘܦܐ (skr. *kapi* Lag. Arm. Stud. § 1107) simia 1Rg 10 22, ES **1** 52C, KwD 2 12, AS **4** 51 27.

ܩܘܪܐ lotura, detersio partis vestimenti BA, BB, PS.

ܩܘܩܐ amphora ES **2** 440E, AS **2** 57 19, Bhce **2** 825 16, Duval-Berth. **2** 26 5, 34 13.

ܩܘܩܬܐ *1.* urceus 1Sm 26 12, ES **1** 385E, Vit Rabb 168 24, KwD 20 9; *2.* ars figlina Cyrill ZDMG **27** 590 v. 577.

ܩܘܩܝܐ figulus (*potter*) Jer 18 2 (Hex), Rom 9 21 (Phil), JS in ZDMG **29** 109 v. 31, JBh 2 18, Duval-Berthelot **2** 45 21, 51 17, ThMarg **1** 225 17.

ܩܘܩܝܘܬܐ ars figlina BO **1** 121, JBh 2 15.

ܩܘܩܝܢ Jul 119 22, ܩܘܩܝܐ AS 152 12 vas (gr. καυκίον du Cange 624 Fraenkel).

ܩܘܩܝ clamavit (gallina) Kays 255 1.

ܩܘܪܐ (cf. ass. *ḳūru* Jensen ZK **2** 26) medulla palmae BB, Löw p. 116.

ܩܘܦܢܟܠ (skr. *kapindschala* Benfey introduct. p. XLI) lagopus corylorum (*hazel-hen*) KwD 66 18.

ܩܘܣܡܘܩܪܛܘܪ κοσμοκράτωρ dominus mundi Jul 74 21.

ܩܝܪܐ *1.* nauclerus; *2.* auriga BA, BB, PS.

ܩܣܩܣ risit BA, PS.

Etpa. murmuravit (aqua) BA n. 7368.

ܩܛܐ instrumentum quoddam architecti fortasse pers. كَتْ lignum glherm.

ܩܛܝܬܐ *1.* ἀσκληπιάς Gal ZDMG **39** 253 63; *2.* musci genus (*kind of moss*) Löw p. 383.

ܩܛܐ pepones ES **1** 256B.

ܩܛܐ ThMarg **1** 394 7, ܩܛܘ Joh Eph 150 22, KwD 37 14, Bhchr 170 17, ZDMG **40** 450, *pl.* ܩܛܐ Bhchr 285 20, *pl.* ܩܛܘܬܐ KwD 116 16, SB 146 19 (LagGA 80, 204) felis.

ܩܛܘܢܐ felis parva Bhchr 254 3.

ܩܛܐ *1. intr.* a) versus est Kays 209 21, b) circumvagatus est Nis 63 1, Bhchr 572 7, car 27 3, Card 114 16; *2. tr.* perscrutatus est ThMarg **1** 320 17, seq. ܒܬܪ persecutus est Rechtsb 46 18.

ܩܛܐ ܩܛܐ ܡܠܚܐ ܥܠ ܪܫܗ sali conspergitur caput ejus ESL **1** 399 10 12.

Af. pervertit, ambiit ES **2** 474C.

ܩܛܒܐ tt. astr. polus (ar. القُطْب) EN 55 68.

Pa. certatus est BA n. 6564.

ܩܛܒܝܒܐܙܘܢ καταβιβάζων tt. astr. pars inferior zodiaci JS 106 8, Kays 194 1.

ܩܛܒܘܠܐ? JE gr 84 6.

ܩܛܦܢ arm. կատապան *katapan*, postea *kataban*, capitanus (Hübschmann ZDMG **38** 432) princeps Armeniorum in Melitene Bhchr 267 24.

ܩܛܝܓܘܪܐ ܩܛܓܘܪܐ ܩܛܝܓܘܪܐ κατήγορος accusator Act 23 30, ESJ 77 11, ECth **5** 37 5, Jul 121 23, AS **3** 102 11, JARS 38pu.

ܩܛܝܓܘܪܘܬܐ accusatio Act 22 30, Jul 62 16, ThM 37 2, KwDW 296 5.

ܩܛܓܘܪܝܐ κατηγορία accusatio Spic 42 3.

ܩܛܓܘܪܝܐ Cat Bod 516 9, *pl.* ܩܛܝܓܘܪܝܣ Bhce **3** 477 1, gr **2** 1 18, Hebr **9** 168 1, ܩܛܓܘܪܝܘܣ glherm. κατηγορία categoria, genus.

ܩܛܓܘܪܝܩܘܣ glherm., ܩܛܓܘܪܝܩܝܐ Cat Wr **3** 1160b, κατηγορικὸς categoricus.

ܩܛܓܪܦܐ καταγραφὴ mancipatio Rechtsb 9 22.

ܩܛܕܝܩܐ καταδίκη *1.* ܦܪܥ ܩ̈ poenam solvit Giorn. d. soc. as. it. **3** 187pu, 189 14; *2. pl.* ܩܛܕܝ̈ܩܐ judicia, damnationes Philox 218 1.

ܩܛܕܪܘܡܘܣ κατάδρομος *1.* stadium AS 205 2; *2.* cursus incitatus Sch 32 4.

ܩܛܘܬܐ (N § 146) *pl.* ܩܛܘ̈ܐ Nm 11 5, Afr 312 2, Geop 10 17, et ܩܛܘܬ̈ܐ ES **1** 350C, Joh Eph 413 16, Cucumis Chate L et Cucumis sativus L Löw n. 278, Gal ZDMG **39** 296 14, Kays 233 13.

ܩܛܘܬܐ ܕܒܪܐ cucumis agrestis Gal ZDMG **39** 296, Bh de plantes 12 8.

ܩܛܘ̈ܐ ܕܥܦܪܐ colocynthides Geop 44 30, 45 8, 91 10 23, ZDMG **3** 414, cf. BB, Löw p. 337.

ܩܛܘ̈ܐ ܣܝܩܘܣ σίκυς ἄγριος cucumis agrestis ES **1** 530D, Geop 4 20, 10 17, Gal ZDMG **39** 296 15, Löw p. 332.

ܩܛܘܬܐ ܕܓܢܐ cucumis hortensis EN § 22, BA, PS.

ܡܩܛܝܬܐ ager cucumerum Js 1 8, Ep Jer 69, ES **2** 21D, AM **2** 295 23.

ܩܛܘ (? Fraenkel p. 42 cf. ass. *kitū*? Jensen) erioxylon (*cotton*) ON 95 2.

ܩܛܝܟܝܣܝܣ κατήχησις catechesis AS **3** 226 21.

ܩܛܠ interfecit Lc 12 4, ER 17 3, Bal 262 24, Cyr 54 25, Joh Eph 278 22.

ܩܛܠܐ homicidium, nex, caedes ES **2** 265D, Bal 256 19, Corluy MP 40 7, JSAbb 50 v. 248.

ܩܛܠܬܢܝ me interfectum asd 60 23.

ܩܛܠ ܐܒܘܗܝ Arbutus Unedo L. Löw n. 279, BA n. 2958.

ܩܛܠ ܕܐܒܐ aconitum BB, Löw p. 174.

ܩܛܠ ܟܠܒܐ id. ib. p. 175.

ܩܛܘܠܐ *1. adj.* mortifer, letalis ER 48 6, am **3** 421 12, *f. pl.* ܩܛܘܠܢܝܬܐ (N § 71 3) Zach. Rhet. Leb. d. Sev. v. Ant. ed. Spanuth 6 1; *2.* homicida Lc 11 49 (Cur), Act 22 20, ES **2** 113E, asd 31 4.

ܩܛܘܠܘܬܐ *1.* homicidium Cyr 345 26; *2.* caedis cupido Cyr 57 24.

Etpe. interfectus est Gn 26 11, Ap 19 21.

Pa. interfecit, necavit Nm 31 8, Lc 11 47, ES **1** 194B, asd 16 18.

Etpa. interfectus est Dn 2 13, ES **2** 204E, Philox in Steph. bar Sudaili 38 4.

ܩܛܘܠܐ ܩܘܛܘܠܐ κοτύλη, mensura dimidium ξέστου continens Epiph 5 73, 47 8.

ܩܘܛܘܠܝܣܛܐ κοτυλιστής qui parva mensura vendit Epiph 47 8.

ܩܛܠܒ (καταλαβεῖν Löw p. 334) operam

dedit alicui rei ZDMG **24** 271 18, Métr 68 1, Sev 15 16.

ܩܘܛܠܒܘܬܐ sollicitudo in negotiis BA n. 2036, 6366.

ܩܘܛܠܒܢܐ sollicitus Bhcar 42 10.

Etpa. sollicitudine captus est ES **1** 325F, Cat Wr **2** 618B.

ܩܛܡ decidit Ez 17 4, Afr 293 20, ES 1 80D, IA **2** 86 108.

ܩܛܡܐ sectio, segmentum Bhgr **2** 118.

ܩܛܡܐ cinis 1Rg 13 3, Afr 49 16, ES **1** 209E, JS in MS **1** 69 325.

ܩܛܡܐ ܚܘܪܐ κονία cinis lixivia Gal ZDMG **39** 277 40, Geop 10 18.

ܩܛܡܢܝܬܐ cinere impleta (terra) Geop 70 29.

ܩܛܡܘܢ nebula, vapor Sap 2 4, Sir 24 3, 43 22 (Hex).

Etpe. decisus est ES **2** 181B.

Pa. decidit Card 99 24.

ܩܛܢ (Barth p. 36) *1.* tenuis fuit Js 28 20; *2.* minor, debilior fuit Cyrill ZDMG **27** 594 v. 644; *3.* coangustatus est IA **1** 164 v. 1897.

ܩܘܛܢܐ vulgus, plebs Joh 7 49 (Cur), ES **2** 184B, JSt 85 1, AS **2** 315 5, Dion T 172 2, Bhchr 97 4.

Pa. *1.* extenuavit ESL **1** 527 2, Philox 473 14, am **3** 481u *part. act.* λεπτυντικὸν Gal ZDMG **39** 271 10, *part. pass.* λεπτομερὴς ib. 271 7; *2.* acuit Cat Wr 1177a.

ܩܛܝܢܐ *1.* parvus Za 11 5; *2.* angusta (via) Philox 542 17, Ath 53 20; *3.* tenuis, subtilis (rete) ES **3** 190E (sonus) Cat Wr **3** 1169a; *4.* acutus (oculus) Cyr 29 19; *5.* acutus, sagax ES **2** 317E, Philox 464 13, KwDW 202 1; *6. adv.* acriter (vidit) ER 30 25.

ܩܛܝܢܬܐ *pl.* ܩܛܝ̈ܢܬܐ (Kays 193 11) *1.* minuta Geop 20 25 sq., Kays ll. GeZA **8** 18 16, Sim. Šanql. 14; *2.* pecus Geop 83 14.

ܩܛܝܢܘܬܐ *1.* angustia JSt 15 7; *2.* λεπτομερεία Gal ZDMG **39** 271 4; *3.* subtilitas ES **2** 492C, Philox 578 15; *4.* sagacitas JS in ER 401 2.

ܩܛܘܢܐ via, semita ES **1** 127A (sic leg.! cf. BA, BB, PS).

ܩܛܘܢܐ ܪܕܝ EN 24 40 v. s. v. ܪܕܝܐ.

ܩܛܢܐ opifex, qui gossypium elaborat (ar. قطّان Lorsbach Archiv **1** 245) Bhchr 138 9 (sic leg.!).

Etpa. *1.* extenuatus est (*to become thin*) Philox 320 13, AS 140 9, KwDW 235 4, Kays 122 6; *2.* subtilis fuit ES **2** 485D, Philox 54 21, ThMarg **1** 298 15.

ܩܛܝܟܘܡܢܘܢ (gr. κατηχουμένων?) pars ecclesiae AS **2** 184 8.

ܩܘܛܝܢܘܣ κύτινος falso pro κύτισος Geop 98 20, cf. Löw p. 363.

ܩܛܣܛܣܝܣ et ܩܛܐܣܛܐܣܝܣ (Ath ܡܗ 8, JBh 8 3) κατάστασις instauratio dap 70 22, AS **3** 102 15, am **3** 239 14, SevA 68 7, Kays 138 22, Bhcar 166 12.

ܩܛܣ ordinavit, disposuit Bhcar 174 8.

ܩܛܣܛܪܣܝܣ καταστόρεσις prostratio Geop 14 12.

ܩܛܥ *1. tr.* a) cecīdit AM **2** 377 11, b) amputavit Lv 2 24, Sch 84 2, c) contudit ES **1** 246A, d) praecidit, interclusit (viam) Philox 481 15; *2. intr.* a) desiit ES **1** 46A, ER 119 9, Philox 574 21, Dion T 192 11, b) sq. ܐܠ taedet me Job 7 16.

ܩܛܥܐ *1.* segmentum AS 142 12, TB 23 3, Bh ZDMG **40** 450; *2.* vas(?) BO **2** 226 1.

ܩܛܝܥܐ ܕܩܡܚܐ farina Bhce **3** 261u.

Etpe. exsectus, discerptus est Jud 16 9 (Hex), TB 21 32.

Pa. *1.* obtruncavit 2Mcc 8 24, BO **2** 225 10; *2.* interrupit ES **1** 83F.

ܩܘܛܥܐ *1.* decisio am **2** 546 9; *2.* interruptio ESL **3** 705 2; *3.* continentia, timiditas (ὑποστολή) Hebr 10 39; *4.* negligentia ES **3** 373E, Jul 9 22; *5.* ܩܘܛܥ ܪܥܝܢܐ animi demissio ES **2** 313E.

ܡܩܛܥܢܐ negligens Philox 155 3.

ܡܩܛܥܢܘܬܐ *1.* negligentia KwD 3 13; *2.* desperatio BO **1** 459.

Etpa. *1.* amputatus, decurtatus est Vit Rabb 204 12, Ath ܣܘ 24, Arist 20 6; *2.* ܐܬܩܛܥ ܠܗ desperavit 1Thess 3 3, Afr 108 12, AM **2** 310 29.

ܩܛܦ *1.* decerpsit, collegit, messem fecit Lv 25 5, ES **1** 30F, ER 347 23, dap 40 12, Ath ܠܚ 17; *2.* lucratus est (*to gain, win*) KwDW 52 8; *3.* fructibus spoliata est (arbor) IA in MS **1** 13 25.

ܩܛܦܐ *1.* messis Jud 8 2, ES **1** 201E, dap 40 12; *2.* vindemia (*vintage*) JSt 36 13; *3.* (al. ܩܛܦܐ) atriplex hortensis Löw p. 282, Gal ZDMG **39** 253 1, EN 26 88.

ܩܛܘܦܐ qui legit Jer 49 9, ES **2** 155A.

ܩܛܝܦܬܐ pannus AS 131 3, Bhchr 324 24.

ܩܛܝܦܐ ܗܘܬ ܠ' molestum fuit AS **2** 108 20.

ܩܛܝܦܬܐ tegumentum ON 95 22.

Etpe. decerptus est Job 8 12, ES **2** 595E, Geop 19 14.

Pa. decerpsit Job 30 4 (Aqu), KwDW 238 6, Bhcar 69 1.

ܩܘܛܦܐ ἀκήδεια negligentia, torpor ESZ **2** 180, Hex: Js 61 3, ψ 118 28, Zach. Rhet. Leb. d. Sev. v. Ant. ed. Spanuth 22 20.

ܡܩܛܦ perturbatus, desperans Cyr 63 11.

Etpa. *1.* collectus est ES **2** 419A, Bal 264 11, Ath ܠܚ 25; *2.* perturbatus est ψ 60 4 (Hex), Joh Eph 288 20; *3.* iratus est AS **2** 199 25; *4.* ܐܬܩܛܦ ܠܗ *he was very restles* JSt 29 10, AS **2** 97 10.

ܩܛܦܛܝܩܝܐ Sev 31 1, ܩܛܦܛܝܩܘܣ glherm. ܩܛܦܛܝܩܐܝܬ Cat Wr **1** 373 καταφατικὸς affirmativus.

ܩܛܦܠܣܡܐ κατάπλασμα emplastrum Geop 93 21.

ܩܛܦܐܢܐܝ ܥܒܕ καταφάναι affirmavit glherm.

ܩܛܦܐܣܐܝ καταφῆσαι id. ib.

ܩܛܦܐܣܝܣ BZ 9 14, Hebr **9** 170 52, ܩܛܐܦܐܣܝܣ AS **4** 10 17 glherm. κατάφασις affirmatio.

ܩܛܩܛ concidit (*to cut in pieces*) BB 337.

ܩܛܪ *1. trans.* a) vinxit, ligavit Jos 2 18, dap 5 23, JS in ER 394 3, Rie 131 18, b) condensavit, conspissavit Duval-Berth. **2** pass., c) conseruit (certamen cum aliquo) *to engage with one in a quarrel* Joh Eph 214 9, d) sq. ܐܪܙܐ conjuravit Philox 512 9, Guidi chron 33u, Bhchr 143 5, e) sq. ܐܦܩܘܪܐ id. apap. 276 3 (cf. Nöld. ZDMG **40** 753 n. 4), f) sq. ܪܩܕܐ egit choreas Spic Solesm **4** 122 13, g) sibi paravit (ignominiam) Joh Eph 372 7; *2. intr.* a) constitit (*to congeal*) Geop 37 28, AS **1** 15 25, Duv.-Berth. **2** pass., Bhchr 93 21, b) sq. ܥܠ invasit (aliquem) AM **2** 384 10.

ܩܛܪܐ *1.* vinculum ES **3** 391A, dap 21 22 spec. *pl.* περίαπτα amuleta Gal ZDMG **39** 262 9, JE in ER 131 19; *2.* nodus culmi Cyrill ZDMG **27** 623, cf. Löw p. 159.

ܩܛܪܐ *1.* vinculum Kays 192 20, ThMarg **1** 285 17; *2.* nodus calami ES **3** 169A.

ܩܛܪܐ *1.* ligatio ON 77 9; *2.* condensatio Duval-Berthelot **2** 25 11; *3.* sq. ܕܓܒܝܢܘܗܝ corrugatio supercilium (*the knitting of his eyebrows*) KwDW 144 17; *4.* ܩܛܪ ܓܢܘܢܐ erectio thalami nuptialis apap **2** 261, Cat Vat **2** 363, Cat Wright 283b, Badger The Nest **2** 271n; *5.* vis, necessitas Spic Solesm **4** 205 19 (nisi emend).

ܩܛܝܪܐ vis, necessitas Mich 2 2, 1Cor 9 16, ER 27 4, asd 53 22, TP 39 25, ܒܩܛܝܪܐ vi Joh Eph 233 17.

ܩܛܝܪܐܝܬ vi, necessarie ES **2** 553E, Vit Rabb 175 7, asd 14 20.

ܩܛܝܪܢܐ *1.* violentus Ez 14 21 (Hex), BO **3** 1 119a46, Bhchr 134 21; *2.* ܣܘܟܠܐ ܩ' definitio connexa glherm.

ܩܛܝܪܢܝܐ violentus ES **1** 441C, AS **2** 149 6, Cyr 260 11, Bhcar 171 11.

ܩܛܝܪܘܬܐ necessitas EC in Journ of s. l. **5** 405 12.

ܩܛܝܪܘܬܐ vis (*constraint, compulsion*) SB 100 20.

ܩܘܛܪܐ intricatio (verborum) Cat Wright 499b.

ܩܛܪܬܐ pars quaedam manus Epiph 64 10, EN 9 86 (cf. Hyrtl das arab. und hebr. in der Anatomie, cit Lag Symm **2** 202d 70).

Etpe. *1.* colligatus est Jul 203 28, 215 9; *2.* constitit BA n. 7374.

Pa. nexit AS **4** 86 6, KwDW 193 2 spec. dolos (*weave plots*) Philox 82 4, KwDW 52 4.

ܩܘܛܪܐ *1.* vinctio ES **2** 515A; *2.* conjunctio Kays 222 2; *3.* conjuratio Jer 11 9 (Hex).

ܩܛܪ ܪܫܐ (orig. pers. Lag GA 207 13seq., radici syr. assimil.) cidaris am **2** 245 3.

Etpa. *1.* vinctus, ligatus est ES **2** 195A, asd 49 8; *2.* constrictus, firmatus, corroboratus est Philox 264 16.

Af. *1.* nexit Sir 6 31, IA **1** 246 13; *2.* condensavit Duval-Berthelot **2** 10 4.

ܩܛܪܟܠܐ paxillus ligneus, qui in medio aratro figitur, ne aratrum sursum vel deorsum labatur cod Hunt PS.

ܩܛܓܪ (κατήγορος cf. ܩܛܝܓܘܪܐ) *1.* accusavit ES **1** 194B, dap 43 25, JS in MS **1** 91 21; *2.* tt. log. praedicavit ET 13 4.

ܩܘܛܓܪܐ *1.* accusatio ES **2** 439D, Bal 292 5, Philox 108 22, Rechtsb 18 27; *2.* praedicatio ET 13 4; *3.* ar. نَعْتٌ qualificativum ET 15 19.

ܡܩܛܓܪܢܐ accusator ESL **1** 441 21, TB 165 25.

ܡܩܛܓܪܢܘܬܐ dap 51 7 et ܡܩܛܓܪܢܘܬܐ dap 46 6 accusatio.

Etpa. *1.* accusatus est ES **3** 347E, Vit Rabb 191 8, Guidi to 19 51; *2.* praedicatum est AS **4** 6 11, Hebr **9** 169 33.

ܩܛܪܟܣ καταρχὰς initio glherm.

ܩܛܪܝܢ (κίτριον) citrus medica cedra Gal ZDMG **38** 282 19, Duval-Berthelot **2** 12 16, 271 9, cf. Löw n. 17.

ܩܛܪܘܣܐ ܩܘܛܪܘܣܐ h. בְּרוֹשׁ Hos 14 9, 2Par 3 5, בְּרוֹת Cant 1 17 (ubi comment: MS **2** 13 20 ܪܗܝܛܐ ܕܩܛܪܘܣܐ ܡܫܝܥܐ legit ita, ut 'ܕ, 'ܪ, quod ligna laevigata interpretatur, hebr. רהיטנו correspondeat) amygdalus ON 81 23, Bh ad Hos ll. BB, i. q. ܩܛܪܘܣܐ Löw n. 283.

ܩܛܪܘܢܐ i. q. h. מִזְרָקוֹת 2Rg 12 14, 25 15, 2Par 2 3, cf. ES **1** 550E, ON 99 18, thuribula, 2Par 2 8 = h. בְּרוֹשׁ i. q. ܩܛܪܘܣܐ.

ܩܛܪܐ, ܩܛܪܘܣܐ (pers. Lag GA 80 205 Nöldeke ZDMG **46** 141) *m.* et *f.* (N § 87) pharetra (*quiver*) Js 49 2, ψ 126 4, ES **1** 405C, IA **2** 278, 801, Bhchr 538 24.

ܩܛܪܝܣܐ stipulatio, condicio in decreto BB, PS.

ܩܛܪܩܛܐ καταῤῥάκτης catarracta 1Rg 6 8, JSt 49 6, Chr ed 145 16, Gn 7 11 (Hex).

ܩܛܬܣܝܣ JohEph 194 4, κατάθεσις (Hoffmann Kirch p. 95 n. 214) ܩܛܬܣܝܣܬܐ κατατίθεσθαι Joh Eph 115 2, testimonium in album relatum.

ܩܝܛܐ aestas Mt 24 32, ES **1** 356C, dap 12 12, Chr ed 146 17.

ܩܝܛܝܐ aestivus ER 354 4, JSt 25 17, Jud 3 14 (Hex).

Pa. aestatem peregit JARS 32 5.

ܩܝܛܐ *f.* i. q. ܩܝܬܐ q. v. AS **4** 97 12. Kays 58 22, Nat 55, ThMarg **1** 159 7.

ܩܝܛܘܢܐ κοιτὼν cubiculum Jud 15 1, ES **1** 91E, JS in ER 390 17, Guidi to 35 25.

ܩܝܛܘܢܝܐ (N § 140) cubicularius Act 12 20, ESL **3** 961 11, IA in MS **1** 18 298.

ܩܠܠܬܐ, ܩܠܠܬܐ tumor scroti, ἐντεροκήλη Cat Wright **1** 348b, Gal ZDMG **39** 243.

ܩܠܐ κέλλα cella Cat Wright 616b, cf. ܩܠܝܬܐ.

ܩܘܠܢܐ *1.* κοῖλον? cloaca Joh Eph 270 7, Bhce **1** 247 23; *2.* (gr. κήλων Fraenkel) admissarius (equus) Geop 106 7, 108 9.

ܩܝܢܬܐ h. קינה canticum, hymnus, elegia Ez 2 10, ES **2** 274F, ER 16 10, Philox 589 16, BO **1** 166a.

ܩܝܢܝܐ (ex assyr. *ḳinai* Meissner ZA **8** 82 n. 5) faber ferrarius (*smith*) Jud 17 4, ES **1** 130C, asd **78** 11, PsC 161 8.

ܩܝܢܘܬܐ fabrica ferraria ECth **5** 15 9, TB 70 22, Arist 13 17.

ܩܝܢ artem fabri ferrarii exercuit 1Rg 13 20 (Hex cf. Bh ad l), Jer 39 7 (Symm., em. Field cf. Bugat Dn p. 168).

ܩܝܣܐ *1.* lignum Jer 6 6, Afr 86 3, asd 54 2, κατ' ἐξοχὴν lignum crucis Esth 5 14, Act 5 30, Nis 57 91, ESL **1** 615 211, cf. Kayser Canones des Jacob v. Edessa p. 79; *2.* genus ponderis unciam valens Duval-Berthelot **2** 69 11; *3. mesure d'un sêtier* Duval-Berthelol **2** 23 15.

ܩܝܣܐ ܕܪܘܕܢ *1.* ἀσπάλαθος Gal ZDMG **39** 253 64, cf. Löw n. 290; *2.* gentiana Duval-Berthelot **2** 7 12.

ܩܝܣܘܢܐ lignum parvum KwD 5 8, KwDW 8 2.

ܩܝܣܝܐ ligneus Ez 41 22.

ܩܝܣܢܐ ξυλώδης ligneus IS 95 2, Bh in Kayser Can des JE 14 26.

ܩܝܣܢܝܐ id. BB in Löw p. 328.

Pa. *1.* e ligno formavit Jer 22 14 (Hex); *2.* rigidum fecit Bh ad Pr 25 20.

ܡܩܝܣܘܬܐ rigor EN 32 17, BA n. 6575.

Etpa. rigidus factus est Bhchr 134 5.

ܩܝܪܐ (κηρὸς) pix, bitumen Gn 14 10, cf. ON 128 14.

ܩܝܪܬܐ flagellum e pilis plicatis et pice oblitis factum, BA, PS.

ܩܘܩܠܐ perigonium Card.

ܩܘܟܠܝܐ cochlea (fabri lignarii) *vice, screw* asd 61 3, am **2** 49 8.

ܩܘܟܠܐ id. (nisi emendandum) Eb Mai **10** 200 4.

ܩܘܟܠܝܘܢ κογχύλιον conchylium Kays 31 1, Bh de div. sap. 35 7.

ܩܘܟܠܝܪܐ cochlear Geop 48 4.

ܩܝܓܪܘܣ κέγχρος panicum Geop 48 5.

ܩܠ *1.* levis fuit Philox 72 3, Jul 205 1; *2.* defecit Gn 8 11, ESL **3** 71 24; *3.* celer fuit Job 7 6, Philox 419 3.

ܩܘܠܬܐ *pl.* ܩܘܠܐ (cf. ass. (*g, k*) *ḳullatu* Jensen) urceus, lagena Jud 7 16, ES **1** 318F, 491C, am **3** 390 18, Sch 182 10, Bh ZDMG **40** 449; ESL **2** 507 17 leg. ܩܘܠܬܐ q. v.

ܩܘܠܝܣܩܬܐ (N § 134) ὑδρίσκη, urceus parvulus Regn δ 2 20 (Hex).

ܩܠܩܠܬܐ (?) calvae ES **2** 194D.

ܩܠܠܐ (al. ܩ') opprobrium (ἀτιμία) Hos 4 7, Sir 1 30, Afr 76 17, ES **2** 239C, IA **2** 338 v. 1664, Bhchr 528 19; ES **1** 368B leg. ܩܠܐ q. v.

ܩܠܠ ܚܣܕܐ refutatio opprobrii Métr 8 8.

Pa. *1.* levavit, sublevavit Bhchr 363 17; *2.* opprobrio affecit ES **2** 127F, IA **2** 232 2.

ܩܠܝܠܐ *1.* levis ES **2** 49F; *2.* celer Gn 49 21, ES **2** 261A, AM **2** 269 21, *adv.* Guidi to 27 143; *3. pl.* pauci Gal ZDMG **39** 273 12, Philox in Stephan bar Sudaili p. 46 2, JE Can ed Kayser 10 4; *4.* ܩܠܝܠ ܩܠܝܠ et ܩ' ܩ' ER 62 11, Ez 23 30 (Hex), AS 140 13, Cyr 32 28 et *adv.* ER 65 26 sensim, paulatim.

ܩܠܝܠܘܬܐ *1.* celeritas ER 113 6, Ge ZA **8** 32 4; *2.* paucitas ES **1** 119E.

Etpa. *1.* sublevatus est ESZ **1** 119; *2.* contemptus est ES **2** 384A.

Af. *1.* sublevavit 1Sm 6 5, Act 27 38, ES **1** 471E, dap 22 78; *2.* celeravit am **1** 477 16, Philox 394 17, JS in Stephan bar Sudaili ed Frothingham (Leiden 1886) p. 14 5; *3.* dejecit Jer 51 26, ES **2** 160F; *4.* seq. ܒ contempsit ESL **1** 704 24, AM **2** 192; *5.* superavit IA **1** 296 7.

ܩܠܩܠ *1.* dejecit, perdidit (*to overthrow*) JSA v. 524, ThMarg **2** 105 28; *2.* contumelia affecit Sir 14 1, Afr 256 6, ES **2** 446B.

ܩܘܠܩܠܐ contumelia, ignominia ES **2** 408E, Nis 55 4.

Etpa. *1.* contumelia affectus est am **2** 195

4, JS in MS **1** 34 35; *2.* agilis, promptus, alacer fuit TA 34 155.

ܩܠܠܐ καλή pulchra Rechtsb 31 7.

ܩܘܠܐ, ܩܘܠܠܐ κόλλα gluten Gal ZDMG **39** 27 7, EN 26 81.

ܩܠܬܐ *pl.* ܩܠܐ κάλαθος canistrum AS **3** 80 6, Am 8 1 (Aqu), Jer 24 1 (Hex).

ܩܠܐ *1.* confrixit (*to fry*) ES **2** 469A, EN 34 68, ON 78 19; *2.* afflixit 1Sm **17** 35; *3.* jaculatus est ES **3** 372E (leg. ܘܩܠܝܘ? Bickell).

ܩܠܝܐ alcali Duval-Berthelot **2** pass.

ܩܠܝܬܐ confrictum h. קָלִי Lv 23 14, ES **1** 296C, ON 92 8, h. קָלוּי Jos 5 11.

ܩܠܝܬܐ contemptio, convicium 2Mcc 4 14, Jul 141 7, JohEph 250 1.

Etpe. contemptus est Dt 25 3, Afr 151 2, ES **2** 400D.

Pa. *1.* frixit Jer 29 22 (Aqu, Symm); *2.* contempsit JAP **7** 8 457 n. 49; *3.* seq. ܒ litigatus est Bh ZDMG **40** 450; *4. part. pass.* frictorium ψ 101 4 (Hex).

ܩܘܠܝܐ contemptio Philox 363 3, IA **2** 96 1, Clr 34 12.

Etpa. *1.* confrixus est ψ 101 4 (Hex), combustus est Job 30 30 (Hex), Ez 24 10 (ib.); *2.* vexatus est (*to suffer agonies*) Philox 414 9, JSt 87 11, Clr 136 31.

Af. *1.* confrixit JSt 36 16; *2.* seq. ܠܘܬ provocavit (προκαλεῖσθαι) Gal 5 26, (cf. Bh ad l., alii ܡܩܠܝܢ af. voc. ܩܠܐ) cit Philox 117 20; *3.* seq. ܥܠ contempsit ER **3** 480A, Nis 19 91, ER 89 8, JS in asd 98 1, JS Abb 56 318, Joh Eph 345 1.

ܩܘܠܒܐ armilla, brachiale (*bracelet*) 2Sm 1 10, Sir 21 21, ES **1** 405C, AS **3** 20 23, Bhchr 237 22.

ܩܠܒ, ܩܠܒܐ (ar. قالب gr. καλοπόδιον Fleischer) matrix, forma, ad quam res fingitur BO **3** 2 146 16, App ad Bhchr 73, ON 126 17.

ܩܠܒܝܢ καλοπόδιον i. q. pr. BB s. v. ܐܡܘܣܐ.

ܩܠܘܒܝܢ *pl.* ܩܠܘܒܝܐ (N§79A, AS **2** 235 20, Phys 16 4) gr. κλωβίον (Nöldeke ZDMG **35** 517 n. 5) cavea (*cage*) Jer 5 27, cf. ES **2** 110B (κάρταλλος) Sir 11 30, PsC 236 6 8, Bhchr 351 12, EN 44 11.

ܩܠܘܒܝܢ am **3** 291 12, 547 3, ܩܠܘܒ AS **3** 49 22, ܩܠܘܒܝܐ ib. 25, κολόβιον tunica sine manicis (sacerdotum et feminarum).

ܩܠܒܝܩܪܐ κερβικάριον cervical Vit Rabb 185 2.

ܩܠܓܠܓܐ vox vituperationis Bh de corpore PS.

ܩܠܓܝܪܐ BO **2** 113b, ܩܠܝܓܪܐ Bhchr 110 8, ܩܘܠܓܪܐ ib. 116 5 (Lorsbach Arch **1** 254 cf. قليگر caementarius) operarius.

ܩܠܕܐ (Lag Mitt **1** 92) annulus nasi Js 37 29, cf. ES **2** 81C, Afr 82 19, EN 41 35.

ܩܠܕܪܐ ES **1** 259F, leg. ܩܠܕܐ q. v.

ܩܘܠܕܪܐ h. מַחְבֶּרֶת gr. σύμβλησις claustrum Ex 26 24 (Hex), σύγκλεισις ib. 36 29.

ܩܠܝܕܐ, ܐܩܠܝܕܐ gr. κλείς *1.* clavis Js 22 22, Mt 16 19, ER 111 4, Jul 238 5; *2.* fibula AS **3** 77 6, am 189 12.

ܩܠܝܢܕܪܘܣ κύλινδρος cylindrus AS 182 13.

ܩܘܠܗܙܐ annulus, quo janua clauditur app ad Bh chr 43, ON 137 9.

ܩܠܚܫ Cyrill ZDMG **27** 585 v. 149, leg. ܩܘܫܚ PS.

ܩܠܚܝܬܐ ferula communis Löw n. 286, Gal ZDMG **39** 242, 290 4, Bh ad ψ p. 194 99.

ܩܠܚܝܬܐ, ܫܪܐ ἀμμωνιακὸν gummi ammoniacum et sandaracum Duval-Berthelot **2** 5 13.

ܩܠܘܛܐ avarus Joh Eph 331 20, Bh ad Sir 14 2, ZDMG **40** 450, TA 40 235, EN 12 49.

ܩܠܘܛܝܐ avarus Bhcar 42 2.

ܩܠܘܓܘܬܐ avaritia Bhchr 395 24, ZDMG **40** 450.

Etpa. avarus fuit Bhchr 565 13, car 68u.

ܩܠܝܬܐ (al. ܩܠܝܬܐ) κελλίον cella Nm 25 8, ES **1** 265D, Vit Rabb 185 9, BO **1** 173a, Hoffmann Ausz n. 909, cf. ܩܠܠܐ.

ܪܫ ܩܠܝܬܐ σύγκελλος syncellus Chr ed 152 28.

ܩܠܝܬܘܢܝܬܐ cellula Bhce **2** 623 4.

ܩܠܡܐ *f. 1.* pediculus et coll. pediculi ES **1** 194E, ER 93 5, KwD 17 1, Bh ZDMG **40** 450; *2.* animalculum frumento infestum Ex 8 12, ψ 105 31, ES **3** 162E, Nis 31 167, 40 90.

ܩܠܝܡܐ *pl.* ܩܠܝܡܛܐ Ge ZA **8** 22 21, κλίμα clima Spic 14 7, AS 136 23, KwD 100 7, Bhchr 229u.

ܩܠܡܢܣ Geop 51 23, ܩܠܘܢܣ Gal ZDMG **39** 254 7, Inula Helenium cf. Löw p. 282.

ܩܠܡܝܐ Duval-Berthelot **2** 2 6 et ܩܠܡܝܐ ib. 7 8 i. q. ܩܕܡܝܐ καδμεία cadmia.

ܩܠܡܢܪܐ? AM **2** 103u.

ܩܠܡܪܐ καλαμάριον theca calamaria AS **3** 224 9, BO **2** 59.

ܩܠܢܝܐ (κλάνιον) i. q. ܐܩܠܢܐ q. v. ES **3** 215F.

ܩܠܝܢܐ Duval-Berthelot **2** 236n, ܩܠܝܢ ib. 287 n. 3, καλάινον electrum.

ܩܠܢܛܪܐ postis januae BB, PS.

ܩܠܢܕܘܣ Cat Wright **3** 1117a, Spic Solesm **4** 224 4, ܩܠܢܕܘܣ Rie 62 7, Kayser Can des JE 29 11, καλάνδαι calendae.

ܩܘܠܘܢܝܐ κολωνία colonia Act 16 12, Bh ad Paul 31 6, Clr ep app 307 8.

ܩܠܣ (a gr. καλῶς) laudavit, celebravit ES **1** 154A, ER 62 8, Bhchr 194 7.

ܩܘܠܣܐ laus, laudatio ES **2** 313D, ER 40 6, Ath 23 4, Cyr 83 2.

ܡܩܠܣܢܐ *1.* παροξύτονος JBh 18 15; *2.* nomen accentus ET 38 9, BZ 15 7.

Etpa. laudatus est ES **1** 314B, Ath 25 18.

ܩܠܣܡܛܐ ܥܒܕ κλάσματα fecit i. e. devastavit Joh Eph 368 2.

ܩܘܠܘܣܘܣ Bhchr 105 22, ܩܠܘܣܘܣ Bhce **1** 377pu, κολοσσός colossus (Rhodius).

ܩܠܝܣܝܣܛܝܩܝ, ܩܠܝܣܝܣܛܝܩܐ i. q. 'ܐܩ q. v. ἐκκλησιαστική ecclesiastica (historia) AS **2** 289 2, Guidi chron 7 1, BO **3** 1 521a 21.

ܩܠܝܣܘܪܐ κλεισοῦραι anfractus inter montes, locus angustus (*narrow pass*) Bhchr 109 19, cf. ZDMG **9** 814.

ܩܠܥܐ funda (*sling*) 1Sm 17 50, Sir 47 4, ES **1** 525C, Rabb 365 2, Jul 101 6, JSt 60 10.

ܩܠܥܐ id. ES **2** 300A (nisi emendandum).

ܩܠܥܬܐ fodina AS **2** 323 25.

ܩܘܠܥܐ *1.* fodinae Cyr 42 12; *2.* mineralia Duval-Berthelot **2** 3 6.

ܩܘܠܥܐ funda ES **2** 373C.

Pa. fundā misit Jer 10 18 (Aqu).

ܩܠܥܐ funditor (*slinger*) ES **3** 129 9 (cf. Bernstein ZDMG **4** 311), Jul 166 18, PsC 101 14, JSt **62** 12.

ܩܘܠܥܐ *1.* lutum ES **2** 53B; *2.* gleba IA 1 58 117, Geop 3 11, Job 7 5 (Hex), ZDMG **14** 680n, met. de homine Bhchr[1] 376 6.

ܩܠܥܐ (ex ar. قَلْعَة) arx, castellum Bhce **3** 531 4.

ܩܠܦ *1.* decorticavit (*to bark*) Gn 30 37, λεπίσαι Tob 3 17, JS in MS **1** 54 267, Geop 111 2; *2.* deglupsit (*to strip*) Spic 28 19.

ܩܠܦܐ folium libri ER 122 27, IA **2** 104 2 Cat Wright 496a, Bhce **3** 269 2.

ܩܠܦܬܐ *pl.* ܩܠܦܐ *1.* cortex Gn 30 37, ER 122 17, PsC 205 2, Gal ZDMG **39** 273 10; *2.* squama Lv 11 9, EṢ **1** 275B, Dion T 191 2, AS **3** 55 9; *3.* putamen (*husk, shell*) mali granati Cant 4 3, cf. MS **2** 19 1, fabae Geop 5 14, Bh ZDMG **40** 450, ovi EN 25 55; *3.* *pl.* resina AS **4** 102 9.

ܩܠܦܬܐ ܕܩܘܡܣܐ cinnamomum BS in BB in Löw p. 346.

ܩܠܦܢܐ *1. adj.* lamellosus Duval-Berthelot **2** 53 22; *2. subst.* elephantiasis AS **3** 52 7.

ܩܠܦܢܝܐ corticibus instructus Bh de plant 2 17.

Etpe. decorticatus est Ex 16 14, Tob 11 7, Geop 25 11.

Pa. decorticavit Tob 3 17 (Peš), Pr 16 30 (Hex), Duval-Berthelot **2** 25 17, *met.* de garrulo, qui verba limat Sir 20 7 (Hex).

ܩܠܦܬܐ scabies, exanthema Lv 13 2, ES **1** 242E, ON 91 3, EN 33 42.

ܩܠܦܠܦܐ gemmae florum IA **1** 58 v. 103.

ܩܠܦܢܕܪܐ σκολοπένδρα millipes Bhgr **1** 9 6.

ܩܠܘܦܘܢܝܐ κολοφωνία colophonium Duval-Berthelot **2** 52 9 10.

ܩܘܟܠܐ κόχλακες calculi Reg α 14 14 (Hex), cf. ZDMG **9** 877.

ܩܠܡ album oculi monstravit (vir invidus) ON 101 9 in Pr 23 6.

ܩܠܡܘܢܐ strabo (*squinting*) EN 11 31.

ܩܠܩܝܛܝܣ χαλκῖτις vitriolum album Duval-Berthelot **2** 2 10, cf. ܟܠܩܝܛܝܣ.

ܩܠܩܘܡܐ (χάλκωμα e χαράκωμα) machinae Dt 20 20, Eccl 9 14, Ez 4 2, cf. ES **2** 169B, Joh Eph 342 12, Bhchr 61 17, EN 41 29.

ܩܠܩܘܪܐ i. q. ܩܘܪܩܘܪܐ navicula ZDMG **27** 498 9 (leg. ܩܠܩܘܪܐ dem. v. ܩܠܩܐ q. v.?).

ܩܠܩܢܬܘܣ *1.* χάλκανθος, chalcanthum, vitriolum AS **4** 101 7, Duval-Berthelot **2** 51 15, ܩܠܩܢܬ ib. 5 6; *2.* καλάκανθος Geop 45 6 (ιγ′ 4 2), Löw n. 288.

ܩܘܡܩܡܐ grus? ThMarg **1** 219 8 (sed cf. **2** 418 4).

ܩܘܠܩܠܬܐ pulsatio tintinnabuli BA, BB, PS.

ܩܘܠܘܪܐ κολλύρα ZDMG **9** 877, crustum panis ES **1** 259F (sic l.!), AS **2** 46 11, am **3** 515 8, AM **2** 287 19, ThMarg **1** 257 1, Bhchr 182 2, EN 35 85.

ܩܘܠܪܐ κολλάριον collarium 2Sm 12 31, ES **3** 386D, apap 23 17, am **3** 291 12, Jul 39 26, Bhchr 237 23.

ܩܠܪܝܛܘܣ Joh Eph 90 15, ܩܠܪܛܘܣ AS **2** 107 20 κελλαρίτης cellarius.

ܩܠܐܪܝܘܢ ܩܠܐ ܐܓܘܢ κλαρίων (e σεκουλαρίων Gori annot ad Syncell. ed Paris p. 247 cit Tullberg) ἀγὼν certamen saeculare BO **1** 209, Dion T 12 2.

ܩܠܪܝ commeatus? (PS) AS **3** 340 1.

ܩܠܝܪܘܣ *f.* κλῆρος clerus Vit Rabb 173 8, am **1** 600 14, MS **2** 65 17, Jul 231 6.

ܩܠܝܪܘܣܐ clericus JARS 4u.

ܩܠܝܪܝܩܐ AS **2** 334 4, ܩܠܝܪܝܩܘܣ JSt 78 7, ܩܠܝܪܩܘܣ Vit Rabb 172 22, JSt 91 4, κληρικὸς clericus.

ܩܠܫ **Pe.** et **Af.** fluctus maris movit BB, PS.

ܩܠܝܬܐ aedes (catholici) Bhce § **2** 257.

ܩܘܠܠܬܘܢ, ܩܘܠܐܬܘܢ κόλλαθον apud Syros dimidium τοῦ ὑγροῦ σάτου Epiph 4 66, 42 23 (cf. Symm **2** 182 38).

ܩܠܝܬܐ uno testiculo praeditus ON 92 6 in Lv 21 20.

ܩܡܩܡ (a ܩܡܛܐ q. v.) camo constrinxit BA, BB, PS.

ܩܘܡܣܐ nodi, pediculi seminum, quod natat

supra aquas, quibus semina lavantur BA, BB, PS.

ܩܘܡܒܢܛܘܣ κομβέντος conventus AS **3** 221 18.

ܩܘܡܘܕܐ ECth **2** 18 6, ܩܘܡܕܐ Bhchr 351 13, ܩܘܡܘܕܘܣ Bh ad Paul 19 24, κωμῳδὸς comoedus.

ܩܘܡܘܕܝܐ Métr 10 16, ܩܘܡܘܕܝܐ Bhchr 14 7, comoedia.

ܩܘܡܝܐ? Geop 87 22.

ܩܘܡܝܢܘܢ κύμινον cyminum Duval-Berthelot **2** 273 n. 6, 276 n. 1.

ܩܘܡܝܕܐ gummi arabicum EN 26 73, BB 676 1, 912 6, cf. Löw p. 198 et ܩܘܡܘܣ.

ܩܡܚܐ farina Mt 13 33, Afr 302 1, ES **1** 233C, BO **2** 182a.

ܩܡܚܐ ܕܦܘܠܐ ܐܬܦܬܬܐ ἐρεγμὸς fabae molis fractae Geop 111 8.

ܩܡܛ *1.* colligavit ES **3** 280E, *part. pass.* vinctus ESL **3** 945 1; *2.* prehendit Geop 99 30, arripuit Sind 9apu; *3.* oppressit (πιάσαι) Rie 107 5.

ܩܡܛܐ (Bh ad ll. ܩ praescribit) ruga (*wrinkle*) Eph 5 27.

ܩܘܡܛܐ *1.* ruga ES **1** 379B (nisi emendandum); *2. pl.* i. q. ar. قماط *swaddling clothes or bands* KwDW 400 5.

ܩܡܘܛܐ parcus, avarus Joh Eph 331 20.

Pa. corrugavit, contraxit (vultum) BA n. 6606.

ܡܩܡܛܐ contractus (*contracted with pain*) SB 88 4.

Etpa. corrugatus est Dt 34 7, ES **1** 288A, AS **4** 72 19, Geop 93 28.

ܩܘܡܝܛܛܘܣ Vit Rabb 219 18, ܩܘܡܝܛܛܘܣ Ath 32 17, 35 18 20 κομιτᾶτος comitatus (imperatoris).

ܩܘܡܝܛܐ AS **2** 298 22, ܩܘܡܝܛܣ Epiph 74 33. Bhchr 71 1, EN chr 28 22, *pl.* ܩܘܡܝܛܐ AS 138 4, Cyr in Julian ed. Neumann 52 21, κομήτης stella crinita.

ܩܘܡܛܣ *1.* comites AM **2** 391 23; *2.* καμπτὸς meta Cat Bod 176 11, Bhcar 17 14.

ܩܘܡܝܛܝܣܐ κομήτισσα comitissa Cat Wright **2** 569a.

ܩܡܦܛܪܝܢ χάμπτριον capsula Geop 24 6.

ܩܘܡܝܛܪܝܘܢ ESL **2** 87 13, ܩܘܡܝܛܪܝܢ Chr ed 148 1, ܩܘܡܛܪܝܢ ES **3** LXII 38, am **3** 505 15, asd 83 23, ܩܡܝܛܪܝܢ ER 143 11, κοιμητήριον cimeterium.

ܩܡܠ maciem passus est ψ 30 25 (Symm), Joel 1 17 (Hex).

ܩܘܡܠܐ mucor, sordes Cat Vat **3** 356, Adler Vers. Syr 77.

ܩܘܡܠܝ ܢܦܫܐ maculae animi Bhcar 62 16.

ܩܘܡܠܛܐ buccellata (*soldier's bread*) ES **1** 480B.

ܩܘܡܠܐ mucor panis Sanct Vit PS.

ܡܩܡܠܢܘܬܐ caries ψ 38 25 (Symm), Kays 207 15, 240 15.

Af. mucorem duxit (*to mould*) Rie 125 17, cf. Kayser Die Canones des JE p. 102.

ܩܡܠܝܢ am **3** 305 13, ܩܡܠܝܢ Cat MB 11a 19, ܩܡܝܠܝܘܢ Bhchr 214 17, *pl.* ܩܡܠܝܐ Epiph 19 25, ܩܡܝܠܝܐ Bhchr 148 13, car 73 16, κειμήλιον res pretiosa.

ܩܡܘܠܝܐ, ܩܡܘܠܝܐ χιμωλία terra cimolia EN 26 17.

ܩܡܠܘܟܝܢ χαμηλαύκιον, pileus, tiara AS **2** 258 20.

ܩܡܝܢܐ, ܩܡܝܢܘܣ (Duval-Berthelot **2** 58 19) *1.* κάμινος, caminus, focus portatilis Jer 36 12, cf. ON 114 19, Duval-Berthelot **2** 57 5, Ez 22 8 (Hex), EN 36 68; *2.* μαγγανεῖαι? Gal ZDMG **39** 262 10.

ܩܘܡܢܛܪܝܣܝܣ κομενταρήσιος (Perles Etym. Stud. 133) commentariensis (*notary, clerk*) apap **1** 32u, cf. **2** 29c, am **3** 299 1, Joh Eph 7 16.

ܩܘܡܝܣ JSt 56 4, Bhchr 273 9, ܩܘܡܣ Chr ed 156 8, AS **2** 232 26, **3** 244 24, ܩܡܝܣ Joh Eph 80 5, κόμης, comes.

ܩܘܡܡܝܣ κόμμις gummi arabicum Gal ZDMG **39** 277 39, Duval-Berthelot **2** 47pu, cf. ܩܡܝܐ et ܩܡܝܪ.

ܩܡܝܣܝܘܢ καμίσιον camisium cod. Lit univ. eccl. cit PS, cf. ܩܡܝܪܬܐ.
ܩܡܝܣܝܬܐ id. Lag Prov 72 5.

ܩܡܝܥܐ amuletum ES **1** 176E, **2** 464D, IA **2** 180 v. 390, Duval-Berthelot **2** 243 n. 1, Rie 31 10, cf. Kayser Can des JE p. 94.

ܩܡܦܓܐ καμπάγιον calceamenti genus Joh Eph 312 10.

ܩܡܦܘܣ κάμπος campus AS **2** 326 12, Joh Eph 368 15.

ܩܡܨܐ locustae Lv 11 22, Afr 123 16, ES **1** 194E, Chr ed 152 24.

ܩܘܡܪ i. q. ܩܘܡܣ comes ZDMG **27** 496 9.

ܩܡܝܪ *1.* i. q. ܩܡܡܝܣ q. v. Duval-Berthelot **2** 47pu; *2.* var. ܩܡܝܪܝ radix quaedam carotae similis SB 102 5.

ܩܡܝܪܬܐ (cf. Fraenkel p. 45) καμισίον, camisium Hippolytus in Lag. Prov. 72 5.

ܩܘܡܝܩܐ, ܩܘܡܝܩܘܣ κωμικὸς, comicus Cat Vat **3** 354, Cat Wright **1** 91a.

ܩܡܪܐ (pers. Lag GA 80 206) cingulum (*belt*) PsC 8 6, EN 37 34.
ܩܡܪܐ idem 2Rg 1 8, Afr 123 17, ES **2** 379C.

ܩܘܡܪܐ vinculum (?) GeZA **8** 95 14.
ܩܡܪܐ ܕܡܠܘܫܐ orbis, circulus signifer, zodiacus KwD 47 22.

ܩܘܡܪܝܣ κόμαρις comaris Duval-Berthelot **2** 41 17 18.

ܩܡܠܝܗܢ (Lag GA 48 122) medicamentum indicum BS in BB.

ܩܢܐ, ܩܢܐ (IA **2** 220 334) *1.* nidus ψ 104 17, ES **1** 279B, ER 120 6, Kays 254 18; *2.* lupanar (*rookery*) KwDW 197 4.
ܩܢ ES **3** 396D et ܐܩܢ Jer 22 23, Mt **13** 32, ES **2** 17C, IS 18 21 nidificavit.

ܩܢܘܢܐ, ܩܢܘܢܐ (ER 70 8) *pl.* ܩܢܘܢܣ Euseb. in Stud. Bibl. **2** 255 12 κανὼν, *1.* regula Vit Rabb 168 18, Gal ZDMG **39** 244; *2.* tributum AS **3** 54 14, 213 7; *3.* poena Bh in Kayser Can des JE 22 22.
ܩܢܘܢܝܐ regularis ET 3 18.
ܩܢܘܢܝܘܬܐ regularitas BO **2** 87 28.
ܐܬܩܢܘܢ constitutus est Cat MB 55a 4af., Vat **2** 465apu.

ܩܘܢܘܢ AS **2** 204 20, ܩܢܘܢ Joh Eph 228 3 κοινὸν, ܩܘܢܝ JS in MS **1** 92 6, Joh Eph 26 1, AS **2** 281 16, Bhce **1** 249 16, *pl.* ܩܢܘܢܐ Joh Eph 398 24 κοινίον, κοινεῖον concilium, conventus Kayser Can des JE Text p. 22 20.

ܩܘܐܢܝܢ, ܩܘܐܢܝܢ κυάνεον cyaneum Duval-Berthelot **2** 3 8, 5 18.

ܩܘܢܐ κυάνεος (cf. ass. *uḳ(g,k)nu* lapis lazuli? Jensen) cyaneus ES **1** 119B, Pr 23 2, (Hex), PsC 43 15, Kays 190 20, cf. ܩܘܢܐ.
ܩܘܢܝܘܬܐ color niger, nigredo Bh ad Thr 5 10.
ܩܘܢ vel ܩܘܢ nigri facti sunt Thr 5 10, cf. Nöld. § 172C.
ܩܘܢܝܢ nigri Pr 23 29.
ܐܬܩܘܢ et ܐܬܩܘܢܝ niger factus est ON 7 7, Nöld. l. l.

ܩܢܐ paravit, acquisivit, possedit Gn 4 1, Afr 247 2, asd 46 7, Philox 62 2, Guidi to 36 1, *met.* didicit Gal ZDMG **39** 246.

ܩܢܝܐ *1.* arundo Löw n. 291, Ex 25 31, ES **1** 314B, Geop 12 1, Kays 113 16, Bhchr 131u; *2.* articulus brachii Afr 388 10; *3.* calamus scriptorius IA **2** 318 v. 1388.

ܩܢܝܐ ܕܒܣܡܐ κάλαμος ἀρωματικὸς acorus calamus L. BB, Löw p. 342.

ܩܢܝܐ ܕܓܒܪܘܬܐ penis EN 10 5.

ܩܢܝܐ ܕܦܪܓܡܝܛܝܣ arundo phragmites L. EN 50 56, BB, Löw p. 341.

ܩܢܝܐ ܩܠܝܠܐ junci genus BA, BB, Löw p. 85.

ܩܢܝܐ ܕܪܐܬܐ ܘܕܟܒܕܐ vena pulmonis et jecoris Bhchr 224 22.

ܩܢܝܡܙܠܬܐ (e ܩܢܝܐ ܡܙܠܬܐ Nöldeke ZDMG **25** 258) et ܩܢܐ ܡܙܠܬܐ (PsC 20 8) Libra (sidus) AS **1** prol. 32, JS 115 8, Kays 193 3.

ܩܢܝܬܐ idola dearum Ez 16 16, cf. ES **2** 178F, JS in ZDMG **29** 110 v. 45, 113 v. 121.

ܩܢܝܢܘܬܐ studium Job 5 2, ES **2** 4A, Jul 67 26, IA **2** 8 32 (sic leg!).

ܩܢܝܬܐ societas (*band, company*) PsC 81 17.

ܩܢܝܢܘܬܐ *1.* possessio, fortunae Ath ܣ 19, Cyr 152 7, JEschol 31 11, Bhchr 130 7; *2.* sq. ܕܐܪܝܐ hebr. גְּוִיַּת הארִיה Jud 14 9 (Hex).

ܩܢܘܝܐ possessor ES **2** 527D, Cat Vat **2** 57.

ܩܢܝܢܐ *1.* possessio ES **1** 487F, ER 101 24, asd 42 20; *2.* pecus h. בְּהֵמָה Gn 34 23, 36 6, 47 18, Geop 37 15, Guidi to 36 8.

Etpe. comparatus, acquisitus est Act 8 20, Philox 162 1, Cyr 25 6, AS **2** 131 1.

ܩܢܝܢܐ possessor ES **2** 19D, Nis 77 3, IA **2** 132 v. 486, Hoffmann Kirch. p. 92 n. 128.

ܩܢܝܢܘܬܐ ἕξις habitus Kays 84 8, Hebr **9** 185 1.

Etpa. comparatus, acquisitus est Philox 91 11, JS Tham v. 123.

ܡܬܩܢܝܢܘܬܐ *1.* possessio Cyr 118 10, 419 1; *2.* studium (?) Jš in ThMarg **2** 142 v. 22.

Af. paravit Jac 1 3, ES **1** 35B, ER 102 3, Philox 27 12, asd 58 24, 108 7.

ܐܩܢܣ insidiatus est ThMarg **1** 390 10 (cf. **2** 661 4), Bhchr 104 19.

ܡܩܢܣܢܐ speculator JohEph 345 22, BB 1147, Bhchr 97 21.

ܩܘܢܛܐ (ON 153 18) et ܩܘܢܛܩܝܬܐ velum navis BA, BB, PS.

ܩܢܘܒܝܢ κοινόβιον coenobium Hoffmann Ausz n. 907, BO **2** diss 135u, **3** 1 183b 27, Card 142pu.

ܩܢܘܒܝܐ coenobita ThMarg **1** 67 6 (cf. **2** p. 405 n. 4) BO **3** 2 338 14, Eb Mai **10** 245 1.

ܩܢܒܪܐ (gr. *καννaβάριος) restio (*roper*) EN 23 2.

ܩܘܢܕܪܝܬܐ ἀσκληπιὰς planta BB, Bh de plantis 8 5a f., Löw p. 178.

ܩܢܒܪܝܣ κιννάβαρις indicum Geop 76 20, Euseb. in Stud. Bibl **2** 255 34.

ܩܘܢܓܐ (κυνηγὸς) *1.* vigil nocturnus EN 17 75; *2.* vespillo AM **2** 103 39.

ܩܘܢܓܝܢ *pl.* ܩܘܢܓܝܐ (Rie 32 1) κυνήγιον venatio (*the fights of wild beasts in the amphitheatre*) dap 76 21, JSt 28 2, 72 3.

ܩܘܢܓܝܪܝܘܢ κογγιάριον congiarium, mensura 6 ξέστας continens Epiph 6 94, 60 9.

ܩܘܢܕܐ (var. ܩܘܢܙܐ) planta quaedam Clr 47 28.

ܩܢܝܕܝܢ κνίδιον cnidium EN 24 38, cf. Löw p. 357 n. 1.

ܩܢܕܝܠܐ *pl.* ܩܢܕܝܠܣ *f.* κανδήλα candela, lampas, fax Jul 228 14, PsC 101 6, asd 51 2, AM **2** 228 23, JSt 22 11, Joh Eph 89 1, Kays 186 12, Bhchr 205 1.

ܩܢܕܘܢܘܣ Act 19 40, ܩܢܕܘܢܘܣ Ath 46 7, dap 16 6, ܩܘܢܕܘܢܘܣ Jul 15 13, nest. ܩܝܢܕܝܢܘܣ Bhchr 351 16, gr. **1** 27 (cf. Stud. Bibl. **3** 100 n. 2) ܩܢܕܘܢܐ TB 31 22, *pl.* ܩܢܕܘܢܐ ES **1** 402E κίνδυνος periculum.

ܩܢܕܘܢܘܬܐ ܚܙܐ (ܩܢܕܘܢܘܬܐ Clrep 44 2, ܩܢܕܘܢܣ Ath 24 10, ܩܢܕܘܢܐ dap 74 6) κινδυνεῦσαι periculum subiit 1Cor 15 29, Jon 1 4 (Hex), Rie 106 24, BS 17-3.

ܩܢܕܘܢܝܐ periculosus Bhce **1** 319 20.

ܩܘܢܕܐ κόνδαξ *1.* i. q. κονδαλισμὸς lusus

puerorum AS 152 13; *2.* i. q. κόνταξ volumen Bh ad Js 8 1.

ܩܘܢܕܩܝܢ κονδάκιον volumen parvum Alex 65u, Cat Bod 276 17.

ܩܘܢܕܪܐ (pers.) arbor ex qua viscus conficitur BB, Löw p. 267.

ܩܘܢܙܐ, ܩܘܢܙܐ κόνυζα inulae spec. Geop 111 25 28.

ܩܘܢܛܐ scutica BB, cf. Sachs Beitr. **2** 59, PS.

ܩܢܛ timuit 4Mcc 14 4, ESZ **1** 737, Bal 291 10, Corluy MP 8 13.

ܩܢܛܐ timor, metus Act 27 9, ES **1** 279C, Vit Rabb 186 23, asd 16 8, Jul 47 1.

ܩܢܛܢܐ timidus 2Cor 8 20, ES **3** 472D, ER 28 8, Clr 44 32, KwDW 64 6, SB 86 21.

Etpa. timuit ES **3** 189F, Bal 252 17, Philox 150 8, Clr 17 21.

Af. terruit ESL **1** 319 26, apap 212 14, Cat Wright 669b.

ܩܢܛܝܣܐ? purpur (*purple*) gr. ἀπὸ τοῦ ἱστοῦ PsC 114 10.

ܩܢܛܝܡܐ κέντημα *1.* punctum Epiph 15 13, Cat Bod 516 15, Bhcar 115 18; *2.* tt. astr. gradus, sexagesima pars diei lunaris GeZA **8** 11 13.

ܩܢܛܢܪܝܢ κεντηνάριον centenarium AS **2** 118 18, Chr ed 157 5, Joh Eph 48 6, Epiph 3 20, Bhchr 78 6.

ܩܘܢܛܣܛܒܠ comes stabuli, gall. *connêtable* Bhchr 533 8.

ܩܘܢܛܪܝܢ κοντάριον hasta ES **1** 125E (phaenomenon caeleste), AS **3** 208 3, Hex: Regn γ 10 6, Ez 39 9, Joh Eph 372 13, Bhchr 201 25.

ܩܢܛܪܘܢ κέντρον centrum GeZA **8** 16 21, Kays 190 13, Bh adsc. ment. 4 9.

ܩܢܛܪܘܢܐ, ܩܢܛܪܝܘܢܐ Mc 15 44 (Phil) κεντυρίων centurio Mt 8 5 (ἑκατόνταρχος) Afr 42 1, ES **3** 16D, dap 103 9, Jul 28 3, Sch 257 15, Kays 172 16.

ܐܬܩܢܛܪ centurio factus est, forma vituperata a Bhgr **1** 48 23.

ܩܢܛܪܘܦܘܣ BO **3** 1 170 *pl.* ܩܢܛܪܘܦܐ Jš in ThMarg **1** CLXV n 1 λυκάνθρωπος daemon nocturnus BA, BB.

ܩܘܢܝܐ κονία cinis lixivia Duval-Berthelot **2** 33 2, Geop 10 18 (= ܩܛܡܐ ܕܩܠܝܐ).

ܩܘܢܝܘܢ κωνεῖον conium maculatum (cf. Löw p. 381) AS **4** 82 14, 83 5, EN 26 73.

ܩܘܢܝܣ Duval-Berthelot **2** 7 13, ܩܘܢܝܣ ib. 233 n. 5, ܩܘܢܝܣ ib. 252 n. 2 (de κῶνος?) resina.

ܩܢܟܐ *pl.* ܩܢܟܐ κόγχη tectum fornicatum arae (*aps*) cf. Hoffmann ZDMG **32** 752, Rabb 221 2 10, JSt 29 6, MAMQ 95 9, JARS 72 14.

ܩܢܟܝܐ et ܩܘܢܟܝܐ ostiarius, janitor (ecclesiae) ES **3** XXV 41, am **1** 498 15, BO **1** 28m, **3** 1 89a 9, Cat Wr 16b, 164a 6, Cat Bod 230 27, JARS 5 1.

ܩܘܢܟܘܠܝܐ κογχύλιον murex, purpura AS 201 25.

ܩܢܟܢܘܢ gemma subflava Ex 28 19, ES **1** 231C, EN 20 45, ON 88 20.

ܩܢܘܡܐ *1.* persona ER 39 20, asd 9 2, Th Marg **1** 135 30, *c. suff. pers.* ipse Lc 11 7, Philox 608 4, dap 2 1, N § 223; *2.* figura Guidi to 19 28; *3.* essentia Afr 122 1.

ܩܢܘܡܐܝܬ *1.* essentialiter ES **3** 59A, ER 57 13; *2.* 'ܩ ܗܘ ipse Bhchr 97 26.

ܩܢܘܡܝܐ *1.* personalis Jš in ThMarg **2** 154 6; *2.* proprius Bhgr **1** 5 19.

ܩܢܘܡܝܘܬܐ *1.* essentia ES **1** 37E (sic leg.); *2.* personalitas Bhchr 99 8.

ܩܢܘܡܬܢܐ subsistens BO **3** 2 199m.

ܩܢܘܡܝܘܬܐ personalitas Cat Wright 802b.

ܩܘܢܡܐ cortex cinnamomi zeylanici (Löw n. 292) Pr 7 17, Sir 24 15, dap 6 7.
ܩܢܡܘܢ (ON 103 17), ܩܢܡܘܡܘܢ (Apoc 18 13), ܩܢܡܘܢ (AS4 58 12) h. קִנָּמוֹן i d. Ex 30 23, Cant 4 14, ES 1 230F, MS 2 21 8, IA 1 106 502.
ܩܝܢܡܘܡܘܢ, ܩܝܢܢܡܘܡܘܢ κιννάμωμον id. Hex: Ex 30 23, Pr 7 17, Jer 6 20.

ܩܘܢܘܣ κῶνος conus, meta Bh in Cat Bod 583 5δ.
ܩܢܐܘܪܘܢ κνέωρον thymelaea Geop 101 15.

ܩܢܣܘܣ κῆνσος census Mt 17 25, Mc 12 14 (Phil).

ܩܢܝܣܩܐ κανίσκιον corbicula AS 3 352 10, Hex: Gn 40 16, Jud 6 19, Epiph 4 63.

ܩܘܢܓܐ i. q. ܩܘܐܢܐ κυάνεος (N § 117 n. 1) ES 1 118D, Gal ZDMG 39 242.
ܐܩܢܓ lividus factus est ESL 2 227 6.
ܡܩܢܓܢܐ cyaneo colore inducens Duv.-Berth. 2 1 3; Cat Wr 1190a 5a f.
ܩܢܓܐ et ܡܩܢܓܐ isatis tinctoria L. Löw n. 293, Duval-Berthelot 2 7 15, EN 27 2.

ܩܘܢܓܐ velum capitis muliebre BO 3 2 910.
ܡܩܢܓܢܘܬܐ ar. مِقْنَع velum, pallium Cat Wr 1 319, BO 3 2 910.
Af. pallio induit BO l. l.

ܩܢܦܐ gr. κάνναβις cannabis sativa Löw n. 294, ES 1 51D, AS 2 237 28, Geop 6 2, Gal ZDMG 39 275 5.

ܩܘܢܣܠ consul BO 3 1 601b 8.

ܩܢܩܢܬܐ? corona ESL 1 487pu.
ܩܘܢܝܩܘ, ܩܘܢܝܩܐ κυνικοὶ cynici philosophi glherm Cat Vat 3 216 27.

ܩܢܩܠܐ κάγκελος cancelli Jud 5 28 (Hex), PsC 24u, Joh Eph 325 22.

ܩܢܩܠܪܐ καγκελάριος cancellarius AS 2 272 8.

ܩܝܩܝܐܣ corr. καικίας caecias ventus AS 143 12, cf. ܩܘܩܝܣ.

ܩܢܩ cantavit ER 8 13, Bhcar 260 7.
ܩܘܢܩܐ cantus ES 2 439D (sic leg.), 557F, ThMarg 1 67 14, BO 3 1 124b 28.

ܩܪܢܘܣ Rgn γ 2^{2} 5, δ 20 20, ܩܪܢܝܣ Bhchr 113 11, ܩܪܢܐܣ AS 3 323 8 κρῆναι fontes, deinde labra, crateres cf. Bernstein ZDMG 3 423.
ܩܢܪܣ, ܩܘܢܪܣ κυνάρας cardami spec. Geop 96 9 cf. Löw p. 294.

ܩܢܩܠܬܐ v. s. v. ܩܢܐ.

ܩܢܬܪܝܕܝܣ κανθαρίδες scarabaei vineis infesti Geop 42 1.

ܩܣܐܡܘܬܐ *1.* σπάσμα convulsio Gal ZDMG 39 244; *2.* ܩܣܐ ܕܒܣܪܐ ܡܢ ܠܒܣܬܪ ὀπισθότονοι morbus, quo membra retro tracta rigescunt Gal ZDMG 39 243 cf. ܡܩܣܐܡܘܬܐ.

ܩܣܘܚܐ callosus BA, PS.
ܩܣܚܘܬܐ callositus BA, PS.

ܩܣܝܣ, ܩܣܝܐ κασσίς galea 1Rg 17 5, Sap 5 18 (Hex), color caeruleus (caeli) Job 38 29, cf. ES 2 16E.
ܩܣܝܐ (, rukk. cf. Bh ad l. l.) lichene laborans Lv 22 22, EN 11 29.
ܩܣܝܕܝܢ κασσίδιον galea Bhce 1 377 12.

ܩܣܡܘܬܐ al. ܩܣܡܘܬܐ i. q. h. אַלְמֻגִּים ligni genus 1Reg 10 11, cf. ES 1 466C, ON 45 2.

ܩܣܛܐ (assim. gr. ξέστης Lag. Rie gr. XXXVII ZDMG 9 878 sed v. Nöldeke SBWA 1882 p. 1179 Anm. 7) *1.* urceus, urna Ex 16 33, Hebr 9 4, ES 1 218D, ESL 1 509 15, apap 1 42 7, Bhchr 130 12, ce 1 387 10; *2.* sextiarius, mensura quaedam (*quart*) JSt 82 7, Duval-Berthelot 2 22u, Epiph 48 30 sq., 59 98 sq.

ܩܘܣܛܘܕܝܐ, ܩܘܣܛܘܕܝܐ κουστωδία, custodia Mt 27 65 (Phil).

ܒ' ܕܐܠܘܬܐ martyrium Jul 66 28.

ܩܣܛܘܢ (corr.) planta quaedem Geop 51 23 (cf. Löw p. 282).

ܩܣܛܢܐ χάστανα castanea Geop 14 25.

ܩܣܛܘܢܪܐ (nest. ܩܶ' Bh ad Mt p. 69 8, gr. 4 4 5) κουεστιονάριος quaestionarius (carnifex, qui reos cruciat, examinat) Mt 27 65, Afr 297 4, ER 137 10, asd 49 11, PsC 82 14, am 1 212 13, JS in MS 1 93 2.

ܩܣܛܘܢܪܘܬܐ munus quaestionarii PsC 199 6.

ܩܣܛܘܣ κίστος cistus Geop 87 8.

ܩܣܛܘܪ κάστωρ castor Phys cap. II.

ܩܶܣܛܪܐ *pl.* ܩܣܛܪ̈ܝܢ Bhchr 90 22, *f.* κάστρον castra (*fort*), vicus am 2 316 13, AS 2 21u, JSt 70 14, Bhchr 74 3.

ܩܶܛܣܛܪܘܡܐ κατάστρωμα gradus arae (cf. Bh ad Joel 2 17, ܕܪ̈ܓܐ ܕܩܕܡ ܡܕܒܚܐ EN 18 99, et BA: المصطبة قدام المذبح *the bench in front of the altar*, contra BO 2 diss. 795 cancellos notare dixit, deinde locum cancellis clausum seu sanctuarium cf. Bhce 2 738 n. 5) h. אולם Ez 8 16, Joel 2 17, gr. ναός 1 Mcc 7 36, ES 2 173D, Rabb 221 9, dap 87 7, AS 2 124 27, ThMarg 1 171 6 (cf. 2 342 n. 2), SB 39 4, 95 12.

ܩܣܛܪܝܣܝܣ AS 2 272 10, ܩܣܛܪܝܣܝܘܣ ib 273 7 καστρήσιος castrensis, summus eunuchorum.

ܩܶܣܝܐ, ܩܶܣܝܬܐ κασία cassia Löw n. 295, Ex 30 24, ES 1 230F, Geop 52 3, Sch 30 8, Ez 27 17 (Hex).

ܩܰܣܘܠܐ κασοῦλα casula, vestis sacerdotalis AM 2 298 39, 341u.

ܩܘܣܘܡܒܘ κόσυμβοι fimbriae Ex 28 4 (Hex).

ܩܘܣܘܡܒܘܛܘܣ κοσυμβωτὸς fimbriatus Ex 28 4 (Hex).

ܩܘܣܡܘܣ κόσμος mundus Card 112 3.

ܩܰܣܡܶܣ ornavit Thes. hymn. 3 257apu, Kw DW 202 19, Card 99 23, 102 19, TA 26 46, EN 23 4.

ܩܘܣܡܝܘܛܝܣ κοσμιότης honestas glherm.

ܩܘܣܡܝܩܣܛܘܪܝܐ (ex analogia voc. ܐܩܠܣܝܣܛܝܩܣܛܘܪܝܐ) historia profana, universalis Guidi chron 7 1.

ܩܝܣܘܣ AS 2 334 27, ܩܝܣܘܣ Geop 44 21 κισσὸς hedera.

ܩܣܩܘܣܝܐ? AS 2 337 1.

ܩܣܣ Joh Eph 376 10 leg. ܩܣܘܣ.

ܩܶܣܰܪ (nest. ܩܶܣܰܪ Bhgr 4 4 5) καῖσαρ *1.* caesar Lc 20 25, dap 49 8; *2. met.* refugium ESL 1 639u, glherm.

ܩܶܣܰܪܝܐ caesareus Bhchr 105 2.

ܩܣܪܝܢܐ καισαριανοὶ caesarei Spic 24 7.

ܩܘܣܬܐ decrepitus (asinus) EN 41 39.

ܩܝܣܪܝܣ, ܩܣܪܐ κίσσηρις pumex Duv.-B. 2 4u.

ܩܰܣܰܪ pumicavit (*to rub with pumice-stone*) Duval-Berthelot 2 258 n. 1.

ܩܥܐ clamavit Lc 23 21, ES 1 443F, Corluy MP 14 7, ECth 2 69 3.

ܩܥܬܐ (N § 78) clamor Zeph 1 10, Afr 126 17, asd 39 21.

Etpe. plausu exceptus est IA 1 228 14.

Af. clamare fecit ESL 2 481 1, Bhcar 258 15.

ܩܥܶܐ o (jac. ܩܥܶܐ Bhgr 1 118) *1.* inclinavit, flexit (genua) ES 2 377A, Clr 109 1; *2.* se inclinavit Gn 24 18, Act 9 40, ES 3 560C, AS 2 372u, Jul 52 2.

ܩܥܳܝܐ genuflexio Add 5 15, EN 5 94.

ܩܦܠ (?) ἀφελὼν defregit Geop 48 9.

ܩܦܠܬܐ *1.* fascia, qua crines revinciuntur AS **3** 238 19, am **1** 381 4; *2.* h. מִקְלָעוֹת opus caelatum 1Rg 7 31, cf. ON 98 6.

ܩܘܦܠܐ baculus, pedum ER 97 4, Bh ad Js 58 5, Spic Solesm **4** 245 10.

ܩܦܪ luxatus est (*was wrenched off*) ThMarg **1** 280 7.

ܩܦܪܬܐ *1.* cicatrix IA **1** 118, 810, AS **2** 116 26, Bhgr **1** 215pu; *2.* puteus EN 48 95; *3.* h. מַצֵּבָה LXX θήκη truncus (? arboris) Js 6 13 (Peš et Hex) cit AS **2** 312 3; *4.* testa conchae Duval-Berthelot **2** 84u.

ܩܦܪܢ et ܡܩܦܪ concavus ZDMG **35** 300.

ܩܦ se inclinavit ESJ 48 6, de Ex 15 8 v. s. v. ܩܦܐ *2*a.

ܩܦܩܦܐ incubatio ON 94 8.

Pa. *1.* exclusit (ova) dap 21 24; *2.* gr. θάλπεσθαι Dt 22 6 (Hex), Masius: incubuit.

ܩܦܩܦܐ noctua magna h. יַנְשׁוּף Lv 11 17, Js 34 11, ES **1** 241C, EN 45 21, ON 90 5.

ܡܩܦܩܦܢܐ incubans Dt 22 6, Afr 238 22, ES **1** 279B.

ܩܦܐ *1. tr.* a) coacervavit ES **1** 196E; b) collegit Duval-Berthelot **2** 35 10, c) cepit, prehendit Bhchr 216 16; *2. intr.* a) densatus, conglomeratus est h. קפא Ex 15 8 cf. ES **1** 216E, ZDMG **24** 543 (ON 86u ܩܦܦ), b) natavit (*to float*) KwDW 51 4 5, c) surrexit (*rear itself up, rise up*) SB 51 19, d) delatus, appulsus est Clr 152 3, e) deversatus est (*to alight*) ES **1** 200A, am **2** 351 10, f) accrevit (luna) ER 68 11.

ܩܦܝܬܐ postica pars cervicis Job 15 26, ES **2** 7B (sic leg.).

ܩܘܦܝܐ *1.* congeries, acervus Nis 73 46; *2.* limus, inundatio AS **2** 317 17, Joh Eph 363 9, Dion T 162 17; *3.* σκύβαλα stercora Phil 3 8 (Phil).

Etpe. sq. ܠܡܐܢܐ portum cepit (navis) Kays 106 22.

ܩܦܕ (N § 160B, Job 7 5, 30 30, ψ 199 20, cit Philox 206 14, Thr 4 8) et ܩܦܕ horruit ES **2** 13E, ESL **1** 451 8, am **3** 332 14.

ܩܦܝܕܐ corrugatus ENchr 82 6 cf. p. 138u.

Etpe. *1.* corrugata est (cutis) Thr 5 10; *2.* convolutus est Js 38 12, ES **2** 82F; *3.* horruit JARS 178 16.

ܩܘܦܕܐ *1. f.* (N § 84, Bhgr **1** 9 5) herinaceus (*hedge-hog*) Js 14 23, Zeph 3 14, ES **2** 78E, AS **4** 42 23, EN 42 81; *2.* et ܩܘܦܕܢ et ܩܦܘܕ noctua KwDW 264 6 9, 266 5, 267 19 24, 367 17.

ܩܘܦܕܝܢܐ κοπάδιον segmen (carnis) *piece* Th Marg **1** 394 1, EN 83 97, ON 97 11.

ܩܦܝܙܐ (pers. Lag. GA 81 207) mensura Bhchr 199 14.

ܩܦܙ LXX κεφὰζ h. פָּז Cant 5 11 (Hex), cf. MS **2** 24 4, Spic Solesm **4** 38 22.

ܩܦܚ contudit ES **3** 563C, AS **3** 242 13, TB 40 9, Bhcar 68 15.

Pa. *1.* pugnis cecidit (*to box*), verberavit Mt 26 67, ES **1** 321C, apap **1** 112 8, asd 20 6, JS in ER 397 26; *2.* oppressit Afr 386 9; *3.* delevit, exstirpavit ES **2** 488A; *4.* impulit Vit Rabb 175 8.

ܩܘܦܚܐ *1.* ictus, plaga ES **3** 169F, IA **1** 110 v. 625, BO **3** 1 146pu; *2.* oppressio Vit Rabb 180 27; *3.* afflictatio ψ 43 40 (Hex); *4.* redargutio Bh ad Jos 10 10, Mt 2 25; *5.* ܐܓܪܬܐ ܕܩ' epistola increpatoria Bhce **3** 115 10.

Etpa. *1.* caesus, verberatus est IA **1** 24 12, Ath 48 1, Arist 27 10, KwDW 60 11; *2.* sq. ܒ se fregit, confectus est (aliqua re) Gesch. Josephs ed Weinberg (Halle 1893) 26 12.

ܩܦܣܢܛܐ (pers? Fraenkel p. 38, Nöldeke Pers. Stud. **2** 41) placentae genus ON 112 3.

ܠܩܦܘܠ corr. AS **3** 195 16.

ܩܦܠܬܐ ܢܣܒ capita cepit i. e. censum instituit AS 205 7.

ܩܦܠ *1.* devolvit Hoffmann Ausz n. 341, KwDW 102 2; *2.* dispersit ES **1** 124A; *3.* delevit ES **1** 289F; *4.* nudavit 2Par 34 11.

ܩܦܠܐ *1.* brachii complexus ψ 128 7; *2.* machinatio, insidiae ES **2** 475E, ER 322 4, IA **2** 194 6.

ܩܦܠܐ *1.* ordo, series h. כִּפְלַיִם Job 11 6; *2.* thesaurus, adytum, arcanum Afr 188 9, ER 16 21, ES **3** 127A.

Etpa. *1.* devolutus est Philox 266 9; *2.* convolutus est SB 153 15; *3.* dispersus est ER 63 22, ES **1** 14C; *4.* exscissus est ES **3** 56C; *5.* decorticatus est (*to be peeled*) PsC 132 18.

ܩܘܦܠܐ sophismata intricata ES **3** 100B, ESL 1 105 6.

ܩܦܠܐ *f.* ar. قافلة agmen mercatorum (*caravan*) KwDW 27 6.

ܩܘܦܠܐ *pl.* ܩܘܦܠܝܢ AM **2** 297 5 lat. *copula*? (Kayser Can des JE p. 140 cf. Fraenkel p. 16) vinculum 1Par 20 3, Rie 133 23, Ep Jer 18 (Hex), ZDMG **27** 623 4a f., EN 38 64.

ܩܘܦܠ ar. قوفل betel ind. EN 26 83.

ܩܦܝܠܐ, ܩܦܠܐ et ܩܦܝܠܘܣ Rie 31 4 κάπηλος caupo Rabb 218 3, Cyr 7 15, Rie 55 3, MS **1** 112 2.

ܩܦܝܠܘܬܐ ܥܒܕ cauponatus est Jš in ThMarg **2** 166 31.

ܩܦܝܠܝܩܐ καπηλικὸς astutus, fallax Cyr 99 11.

ܩܦܝܠܝܘܣܐ ܥܒܕ (καπηλεῦσαι) cauponatus est 2Cor 2 17 (Phil), Cyr 177 2, 324 31.

ܩܦܠܝܣ *pl.* ܩܦܠܝܕܣ κεφαλὶς capitulum (columnae) Ex 26 24, 36 36 (Hex).

ܩܦܠܐܘܢ, ܩܦܠܐܘܢ *pl.* ܩܦܠܐ (κεφαλαῖον) *1.* capitulum (libri) dap 1 3, Ge in Afr p. 19 19, AS **2** 385 5; *2.* summa (pecuniae) Act 22 28 (Phil).

ܩܦܠܘܛܐ (gr. κεφαλωτὸν) *1.* clavus, paxillus (*peg*) h. מַסְמְרוֹת Jer 10 4, apap **1** 85 19, AM **2** 144 13; *2.* allii spec. BB, Löw p. 227.

ܩܛܪܓܣܝܐ (corr. e κατεργασία? PS) supellex AS **2** 89 2.

ܩܦܝܕܐ, ܐܘܦܬܐ *1.* σταφίδες uvae passae Geop 88 17; *2.* μάζαι placentae ex uvis passis et satureja factae ib. 100 4.

ܩܘܦܘܠܝܬܘܣ κουφόλιθος lapis albus Duv.-Berthelot **2** 234 n. 3.

ܩܘܦܝܢܐ κόφινος corbis Mt 14 20, ESL **3** 135 5, apap **1** 69 2, am **3** 271 8, ECth **3** 41 61.

ܩܘܦܢܕܝܪ lat. (via) compendiaria (*short way*) ER 128 11 (cf. Nöldeke in ENchr p. 139n).

ܩܦܣ *1. tr.* a) contraxit Jud 3 16, ES **1** 529C, b) collegit 2Par 34 28, ESL **2** 327 17, c) retraxit (manum) ES **1** 477C, ER 107 16, Alex 8 3 (radios) Philox 536 11, d) composuit (ad sepeliendum) asd 41 3, AM **2** 146, e) impedivit Nis 60 43, f) removit asd 49 26; *2. intr.* a) se contraxit ES **2** 513A, b) se collegit ES **1** 140D.

ܩܦܣ ܐܪܟܐ (nest. ܩܦܣ Bhgr **1** 70) = h. גֹּמֶד אָרְכָּהּ Jud 3 16, cubitus, cum digiti complicantur, os brachii BA, BB.

ܩܘܦܣܐ Bhchr 508 23, BO **2** 73 31, Bhcar 13 13 et ܩܦܣܐ Rgn γ 18 20 (Hex), Bhce **1** 253 21 poples.

ܩܘܦܣܐ claustrum (*flood-gate*) Bhce **2** 525 11.

ܩܘܦܣܬܐ vestis lanea EN 36 28.

ܩܦܣܐ ESJ 117 10 et saepius ܒܝܬ ܩ' horreum Lc 12 18, ES **1** 195F, am **3** 536 4, AS **3** 215 13.

ܩܦܣܐ ܕܚܠܝܠܐ EN 32 17 paralysis.

ܩܦܝܣܐ brevis Ath ܩܠ 4, JE in ES **2** 293u, Bhchr 288 17.

ܩܦܝܣܘܬܐ *1.* brevitas Cat Wr **1** 336b, Bhcar 8 13; *2.* ἄνεσις glherm.

ܩܦܣܐ poples (*knuckle*) AM **1** 218 34 cf. Bernstein ZDMG **4** 321, am **1** 245 13, cf. Hoffmann Ausz n. 749.

Etpe. congregatus est 2Par 30 3, Ath ܥ 18.

Pa. *1.* collegit Neh 12 44; *2.* retraxit (manum) ESL **1** 115 21.

Etpa. *1.* se subtraxit ψ 32 8 (Aqu.); *2.* abolitus est Cyr 372 3.

Af. abolevit (legem) Cyr 370 21.

ܩܦܦܐ (e gr. κάψος Fraenkel p. 118) capsus, cavea Sind 5 7, Bh in Jer 5 27, corbis AS **2** 209 3.

ܩܘܦܣܐ (e gr. κύβος Fraenkel p. 21 n. 2) *1.* latrunculus (*chessman*) Zach. Rhet. Leb. d. Sev. v. Ant. ed. Spanuth 13 25, Bh ZDMG **40** 451, EN 29 43; *2.* tessera ψηφίδες Spic Solesm **4** 17 5, Bhce **3** 209 12, Eb Mai **10** 179 28; *3.* opus tessellatum (? *mosaic work?*) Guidi chron 21 12, cf. Nöldeke Übers. 26 n. 2; *4.* silex = ܫܠܡܐ Ex 4 24 (Hex); *5.* grando EN 96 9; *6.* = ܩܦܣܐ capsa ES **2** 167A, Guidi to 44 5.

Af. ἐψηφολόγησεν pavimento tessellato instruxit Cant 3 10 (Hex).

ܩܦܣܩܣ, ܩܦܣܩܝܣ καψάκης mensura, magnus = 13 ξέσται, parvus = 4 ξέσται, Regn γ 17 12 (Hex), Epiph 5 71, 44 30.

ܩܦܨܐ i. q. ܩܦܣܐ cavea Bh ad Jer 5 27.

ܩܦܪܐ (κάπρος) verres EN 42 66.

ܩܘܦܪܐ *1.* i. q. ܟܘܦܪܐ pix Kays 261 1, ON 77 2; *2.* κύπρος = 2 μόδιοι Epiph 6 93, 57 39.

ܩܦܪܐ i. q. ܩܘܦܪܐ *1.* ON l. l.

Pa. pice texit SB 31 16.

ܩܦܪܝܢ h. כְּפָרִים Cant 4 16 (Hex).

ܩܦܪ κάππαρις capparis Löw n. 201, Ecol 12 5, Geop 5 25, Gal ZDMG **39** 276 7, EN 26 90.

ܩܦܝܪܐ mensura quaedam (leg. ܩܦܝܙܐ?) Geop 83 25.

ܩܐܦܘܪ, ܩܦܘܪ i. q. ܟܐܦܘܪ q. v. camphora glherm, Bhchr 212 23.

ܩܦܪܝܐ claudicans JS 32 13, Hoffmann in ENchr 138u leg. ܩܦܝܪܐ, Gildemeister in Rh Mus. NF **27** 451 leg. ܩܦܝܕܪܐ = قفدر, قفندر foedus, turpis, quod ipsum e lat. „compendiarius" ortum cognovit Nöldeke.

ܩܘܦܐܪܘܣ Geop 87 14, ܩܘܦܪܝܘܣ ib. 113 6 κύπειρον cyperus Löw p. 277.

ܩܘܦܪܝܢܘܢ κύπρινον aes cyprium Duval-Berthelot **2** 40 18. 54 2.

ܩܦܪܝܘܣ? turbae? Joh Eph 232 14.

ܩܘܦܩܦܐ avis, quae muscas et culices captat BA, BB, PS.

ܩܘܦܩܦܢܐ upupa EN 44 14.

ܩܨܪ *1.* totondit Jer 9 25, Afr 207 6, ES **1** 422C; *2.* definivit ES **1** 85D, Bal 265 3, IA **2** 336 6; *3.* promisit Rechtsb 35 9; *4.* sq. ܥܡ συνεφώνησε pactus est Mt 20 13, apap 173 8.

ܩܨܪܐ, ܩܨܪܐ Spic Solesm **4** 45 10, finis Am 8 2, ES **1** 51C, Jul 175 1.

ܩܨ ܡܢ Métr 10 2, Bhcar 151 1, ܥܡ ib. 32 19, Bh de div sap **13** 3 propter, ob.

ܩܨܬܐ finis Job 26 14; *2. st. cstr.* propter Bhce **3** 457 17, car 156 5, BO **2** 259, 286, ܥܠ id. BO **2** 403.

ܩܘܨܬܐ cincinnus Cant 5 11, ES **2** 457F, ER 8 22, PsC 13 4.

ܩܘܨܬܢܐ cincinnatus Hebr **9** 207 685.

ܩܨܪܐ *1.* pactum Sap 12 21, Rechtsb 12 10; *2.* feneratio (*usury*) Afr 72 18, IA **1** 276 38, Philox 255 14, Vit Rabb 176 24.

ܩܨܨܬܐ segmina, ramenta (?) Duval-Berthelot **2** 45 17.

ܩܨܘܨܬܐ determinatio Rechtsb 33 20.

ܩܨܘܨܐ „clamator" animal quoddam MAMQ 94 4.

Etpe. *1.* evulsa est (penna) Geop 114 19; *2.* constitutum, definitum est (pretium) ESJ 29 11; *3.* sq. ܒ tributum, versum est ES **1** 41C.

Pa. *1.* concidit, amputavit (ἀπέτεμε) 2Par 28 24, Sir 25 26; *2.* totondit ES **2** 120D.

Af. *1.* aliquid alicui in relationem induxit, alicui ob aliquid succensuit ES **2** 408A, **3** 302F, Nis 36 197 *part. pass.* definitus, tributus ES **3** 245C, odio dignus 242E; *2.* movit, impulit Philox 340 12; *3.* pactionem fecit (*strike a bargain*) ThMarg **1** 386 9.

ܩܨܐ *1.* fregit (panem) ES **2** 409B, ER 61 6, dap 62 29; *2.* eucharistiam celebravit ES in Hahn et Siefert Chrest. 154 8, apap 60 12, IA **2** 28 7.

ܩܨܝܐ *1.* fractio Jud 19 5, Act 2 42, ES **2** 500D, ER 61 8; *2.* frustum Mt 15 37, ES **2** 440C, am **2** 644 17.

ܩܨܘܨܐ frustulum KwDW 9 18.

ܩܨܝܬܐ fractio (panis) Lc 24 35 (Phil).

ܩܨܬܐ *1.* frustum ES **1** 339C; *2.* panis eucharisticus AS **2** 9 13, 133 23, Rie 232 8, BO **3** 2339a 3, cf. Kayser ad JE Can p. 106.

Etpe. *1.* fractus est 1Cor 11 24, AS **3** 33 14, BO **3** 1 358; *2.* constitutum est Bal 287 9.

Pa. i. q. Pe *1.* Js 58 7.

ܩܨܒܐ ar. قصّاب lanius, macellarius (*butcher*) Bh ZDMG **40** 451, ON 97 3.

ܩܐܨܝ ar. القاضي judex Bhchr 396 4, cf. ܩܕܝ.

ܩܨܡ *1.* vaticinatus, hariolatus est ER 9 24, Jul 71 26, Ez 21 29 (Hex); *2.* i. q. gr. ἐπιθήσετε φαλάκρωμα h. תָשִׂימוּ קָרְחָה Dt 14 1 (Hex cit Bh).

ܩܨܡܐ *1.* vaticinatio, hariolatio ES **2** 383F, Arist 11 20, Clr 49 13; *2.* incantatio, magia ER 8 24, Jer 14 14 (Hex).

ܩܨܘܡܐ *pl. f.* ܩܨܘܡܝܬܐ (Rie 5 12) vates, hariolus Mi 3 7, ER 6 6, asd 27 20.

ܩܨܘܡܘܬܐ *1.* vaticinium Ez 21 21 (Hex), divinatio PsC 29 1; *2.* magia ES **2** 381B.

Pa. hariolatus est Regn δ 21 6 (Hex) JE in Lamy dissert. 134 16.

ܡܩܨܡܐ vates, hariolus ES **2** 374C, ER 7 24, asd 15 6.

ܩܘܨܡܐ, ܩܨܡܐ fuligo (*soot*) ER 19 27, Ex 9 8 (Hex), Gal ZDMG **39** 280 14, EN 30 81.

ܩܨܥ **Etpe.** confractus est BA, PS.

ܩܨܦ o *1.* invidit ES **3** 222D; *2.* iratus est Jul 85 7, Joh Eph 267 14, KwDW 208 8; *3.* moleste tulit, vituperavit sq. ܒ Nis 36 164, Philox 391 8; *4.* increpuit ES **3** 253B; *5.* sq. ܡܢ timuit, metuit AS 175 8, KwDW 41 11 etc.

ܩܨܝܦܐ *1.* maestus, tristis Afr 392 13 e Mc 10 22 (Peš: ܟܡܝܪܐ), Sind 16 22; *2.* tenuis, subtilis Bh ad Jud 13 12.

Etpe. maestus fuit, aegrotavit Vit Rabb 205 9.

Pa. vexavit apap 258 5.

Etpa. maestus fuit ES **2** 541B, ESL **1** 559 14, AS **3** 182 21.

ܩܨܘܪܐ fullo (*fuller*) ES **1** 419A, KwD 52 9, Dion T 128 8, Bhchr 48 17.

ܩܨܪܘܬܐ ars fullonis Bhgr **2** 119.

ܩܨܝܪܐ palea (*chaff*) Geop 70 11, cf. Löw p. 159.

ܠܐ ܡܩܨܪܐ ἄγναφος non subactus Mt 9 16, Mc 2 21 (Phil).

Etpa. refrigeratus est Bhcar 97 7 (leg. ܐܬܩܪܪ).

ܩܨܪ i. q. ܩܣܪ καῖσαρ ES **2** 432E.

ܩܩܐ i. q. h. קָאַת Lv 11 17, ψ 102 7, Js 34 11, cf. ES **1** 241D, **2** 78D, pelecanus AS **4** 55 27, Physiol XX, EN 45 19, cf. Nöldeke in Löw p. 426 ad 354 3.

ܩܩܒܐ χακκάβη *1.* olla Geop 47 7, Duval-

Berthelot **2** 25 8; *2.* perdix am **2** 49 7, EN 45 16.

ܩܩܒܬܐ (ON 97 8 'ܩ, cf. ass. *ḳakabânu* turtur? Delitzsch Ass. St. 107) perdix AS **2** 235 20, Bh ad Js 17 11.

ܩܝܩܐܘܡܝܢܝ κεκαυμένη combusta (terra) JS 128 5.

ܩܩܘܢܐ urceus BA, BB, PS.

ܩܩܘܠܐ (cf. ass. *ḳāḳūlu* Meissner ZA **6** 293 seq.) EN 26 88 et ܩܩܘܠܝ ib. 26 84 (pers.) amomum cardamomum Löw n. 296.

ܩܩܠܬܐ, ܩܩܠܬܐ sterquilinium ψ 113 7, ES **1** 121E, **2** 317A, ER 143 2, Cat Bod 10 12.

ܩܘܩܘܠܝܢ, ܩܘܩܘܠܝܘܢ κουκούλλιον cucullus parvus Cat Wr **1** 232b, Vat **2** 332.

ܩܘܩܠܝܢ Cat Par 81b 20, Bh in JE Can 11 3 et ܩܘܩܠܘܢܐ κυκλοῦν *1.* hymnus, quem sacerdotes in processione aram circumeuntes cantant Cat Wr **1** 376a, Thes hymn **3** 243 1; *2.* compedes Spic Solesm **4** 243 14.

ܩܘܩܠܡܝܢܘܣ κυκλάμινος cyclaminus JS 97 11.

ܩܘܩܠܘܣ, ܩܘܩܠܐ *f.* κύκλος cyclus ThMarg **1** 92 15, Hebr **9** 199 547.

ܒܩܘܩܠܘܣܐܝܬ ἐν κύκλῳ circulariter Card 108 13, Bh adsc. ment. 8 3.

ܩܘܩܠܘܣܝܘܬܐ circularitas Cat Wr **3** 1166b.

ܩܘܩܡܐ (lat. *cucumis* Sachau ad Gawâliḳî p. 54) olla BA n. 5729.

ܩܩܢܐ, ܩܢܐ (N § 31) *1.* aratum 2Sm 24 22, ES **2** 392F, Jul 8 9, JS 50 6, Kays 136 20; *2.* jugum ZDMG **28** 623 n. 1.

ܩܩܢܓ pers. solanum halicacabum, alkekengi BB, PS.

ܩܘܩܢܘܣ, ܩܘܩܢܘܣ, *pl.* ܩܘܩܢܐ κύκνος olor, cycnus Spic 39 17, JS 86 9, glherm, Arist 14 13, Bh ad ψ p. 207 90, ad Js 34 11.

ܩܘܩܝܐܣ AS 142 30 (sic leg.), ܩܘܩܐ Epiph 72 3 καικίας aquilo, cf. ܩܐܠܩܝܠ.

ܩܪ̈ܒܐ ܚܒ̈ܝ commilitones, sodales Hoffmann Ausz n. 965.

ܩܪ *1.* friguit, alsit ES **3** 72F, Nis 29 105; *2.* frigidus fuit Afr 413 2; *3.* refriguit ES **1** 440A, Philox 531 9.

ܩܘܪܐ *1.* frigus JS in MS **1** 38 165; *2.* κατάψυξις perfrigeratio Geop 105 13.

ܩܘܪܬܐ *1.* frigus ESL **3** 97apu; *2.* ܩܘܪܐ ܕܠܒܐ gaudium Spic 43 5, Clr 155 3.

ܩܪܬܐ *pl.* ܩܪ̈ܬܐ Kays 247 21 frigus Pr 25 20.

ܩܪܝܪܐ frigidus Jer 18 14, Mt 10 42, Ath ܩܠܐ 6, SB 11 22.

ܩܪܝܪܘܬܐ frigus ES **1** 439D, ER 44 22, Philox 572 13, Gal ZDMG **39** 246.

ܩܘܪܪܐ κατάρρους, κορύζη perfrictio Gal ZDMG **39** 242.

Af. refrigeravit Philox 568 14, TB 71 23, Gal ZDMG **39** 273 12.

ܩܪܪ refrigeravit AS 142 21, Gal ZDMG **39** 242.

ܐܬܩܪܪ refrigeratus est ES **1** 439D, Ath 29 3, Kays 240 8.

ܩܘܪܘܪܐ, ܩܪܘܪܐ *pl.* ܩܪܘܪ̈ܝܬܐ ar. قارورة (Fraenkel p. 70) lagoena Duval-Berthelot **2** 51 10 15.

ܩܪܪܐ lat. *carrarius*, auriga am **3** 73 10, cf. Wright apap **2** 206a.

ܩܪܐ *1.* clamavit Lv 1 1, ES **1** 423F; *2.* proclamavit (regem) ES **1** 540B; *3.* admovit (ad munus) dap 56 1, Bhce **2** 491 16; *4.* commovit, impulit ES **1** 545F; *5.* invitavit 1Sm 9 13; *6.* appellavit ER 33 5, Philox 606 4, MB 10 125; *7.* sq. ܒܩܪܢܐ cornu cecinit Philox 598 5, dap 13 7; *8.* legit ES **1**

386A, Philox 607 17, Gal ZDMG **39** 265 3; *9.* studuit (literis) Zach Rhet 1 2, 2 2.

ܩܪܝܐ ܕܠܠܝܐ s. ܠܠܝܐ 'ܩ pollutio nocturna Dt 23 11, Duval-Berthelot **2** 1 5, Eb Mai **10** 252 26, EN 10 8.

ܩܪܝܐ contentio, certamen Sir 40 5.

ܩܪܝܢܝܐ contentiosus IA **1** 174 v. 2111, am **2** 297 16, *adv.* Lv 26 21, Nis 35 283, dap 48 17.

ܩܪܝܢܝܘܬܐ contentiositas Lv 26 28, Afr 318 1, dap 48 18, JARS 119u.

ܩܪܝܢܐ *1.* vocatio Afr 26 4; *2.* lectio Neh 8 8, dap 12 1, Vit Rabb 168 17, asd 26 2; *3.* capitulum ES **1** 542E; *4.* studium Zach. Rhet. Leb. ed. Sev. v. Ant. ed. Spanuth 18 26; *5.* eruditio Joh Eph 67 26, BO **3** 1 429; *6.* lis IA **1** 174 4.

ܩܪܬܐ *1.* clamor ψ 69 3; *2.* electio, designatio (episcopi) Bhce § **2** 537.

ܩܪܝܬܐ *1.* vocatio (κλῆσις) 2Ptr 1 10, ES **1** 353F, Bhce **2** 577 11, ἐπίκλησις Hoffmann Kirch p. 98 n. 288, ON 82 17 = vocativus ib 8 21; *2.* κλῆσις appellatio ES **1** 146A, JEgr. (ed. Wright) ܐ 7, BA 2133; *3.* lectio dap 119 2, Cat Wr 24a 3a f., inde recitatio carminum, metrum Cat Wr 1177 n. 3, Cat Vat 491 12a f., cf. praef. ad ON VI; *4.* invocatio AS **3** 75 11 (daemonum) Zach. Rhet. Leb. d. Sev. v. Ant. ed. Spanuth 3 2; *5.* invitatio Cyr 278 3; *6.* designatio Joh Eph 118 1, BO **2** 213; *7.* clangor (tubarum) Lv 23 24, cantus (galli) BO **3** 2 339.

ܩܪܝܬܐ *1.* trabs, tignum Mt 7 3, dap 20 25, am **2** 315 17, Bhchr 239 1; *2.* materies ES **1** 534B; *3.* pediculus = ܩܠܡܐ Kays 42 3, myzetes, scarabaeo similis, frumento infestus ψ 77 46 (Symm).

ܩܪܘܝܐ *1.* lector dap 37 18, ES **2** 488D, JSt 5 4, (in ecclesia) Bhce **1** 99 21, Eb Mai **10** 270 14; *2.* vocans ES **2** 323A; *3.* tt. gr. κλητικὸς vocativus AS **4** 28 1, herm 66, 115u, ET 12 15 *f.* id. ET 21 1; *4.* nomen accentus ET 38 7.

ܩܪܘܝܘܬܐ *1.* nominatio ES **1** 24F; *2.* appellatio ET 11 14; *3.* officium lectoris BO **3** 2 797.

ܩܪܝܐ ܕܬܪܢܓܠܐ gallicinium, cantus galli Mc 13 35, Rie 26 24, Cat Vat **3** 55, EN 46 41.

Etpe. *1.* vocatus est Philox 598 8, asd 15 11; *2.* nominatus, appellatus est Philox 602 4, Gal ZDMG **39** 249 2, Cyr in Julian ed. Neumann 62 4; *3.* se invicem provocaverunt ER 36 23; *4.* lectus est asd 17 7; *5.* cantum est ES **2** 259E; *6.* invitatus est Spic Solesm **4** 120 21.

Af. *1.* proclamare jussit Bhchr[1] 76; *2.* legere jussit ThMarg **1** 75 8.

ܡܩܪܝܢܐ magister lectionis Cat Wr **1** 105, JAP **7** 5 118.

ܩܪܐ (cf. ܩܪܥܐ) cucurbita pepo Löw n. 297, Jon 4 6, Afr 249u, ES **2** 378C, Geop 20 2, MAMQ 33 5.

ܩܘܪܐܢ ar. قُرْآن al-Koran Bhchr 363 11.

ܩܪܒ o (N § 160A) *1.* prope fuit ES **1** 545B; *2.* appropinquavit Lv 9 8, Philox 306 16, asd 36 13, Dion T 58 8; *3.* certavit, pugnavit Mal 3 5, Vit Rabb 160 16; *4.* tetigit Gn 32 25, Js 6 7.

ܩܪܒܐ pugna, bellum 2Rg 8 28, ER 78 23, Philox 584 6, Bhce **2** 725 22.

ܩܪܒܢܐ bellicus Jer 21 4 (Hex).

ܩܪܒܬܢܐ *1.* bellicosus Jos 17 1, ES **1** 216C, 314F, Philox 597 20; *2.* bellator, pugnator Afr 425 10, ES **1** 482B, Philox Mem. dei Lincei **12** 1884 p. 500b 20.

ܩܪܒܬܢܘܬܐ bellicositas Vit Rabb 159 12, Jul 172 7, Bhchr 108 1.

ܩܪܒܬܢܝܐ *1.* bellicosus PsC 95 2; *2.* militaris Cat Vat **3** 247.

ܩܘܪܒܐ *1.* propinquitas Ez 7 8, Afr 199 13, ES **3** 454C, Joh 6 19 (Bernst.); *2.* 'ܩ aut 'ܠܩ fere, ferme Jul 6 5, AS 90 14, Bhchr 110 13.

ܩܘܪܒܢܐ *1.* donum dap 46 7, JE in ES **1** 562 2; *2.* sacrificium Ex 20 24, ER 85 21, dap 32 11; *3.* eucharistia Spic Solesm **4** 231 15.

ܩܘܪܒܢܝܐ eucharisticus Cat Wright 334a.

ܩܪܘܒܐ *1.* adventus παραγενέσθαι Hoffmann

Kirch p. 92 n. 137; *2.* accusatio Rechtsb 19 16, Cyr 251 21.

Pa. *1.* adduxit Ex 21 6, BO **3** 1 150, obtulit Guidi to 19 35; *2.* exhibuit, tradidit (librum) Chr ed 155 8; *3.* sacrificavit Nm 28 2, ES **2** 29B, Cyr in Julian ed Neumann 53 13, JS in MS **1** 48 91; *4.* eucharistiam celebravit AS **2** 292 2, Rie 24 4, Spic Solesm **4** 223 9.

ܩܘܪܒܢܐ *1.* oblatio IA **1** 226 25 spec. eucharistiae ESL **2** 51 6, Bh in Kays Can JE 8 5; *2.* missa BO **2** 177a, Cat Bod 23pu; *3.* liturgia Clr ep. 302 5.

ܩܪܝܒܐ *1.* propinquus asd 35 23, Gal ZDMG **39** 287 12; *2.* alter, proximus ER 83 16, Philox 151 19, Ath ܠ 20; *3.* cognatus Guidi to 21 136.

ܩܪܝܒܘܬܐ *1.* propinquitas ES **1** 17B, Philox 151 19; *2.* ܩ' ܫܢܬܐ fere annum Bh ZDMG **40** 451.

ܡܩܪܒܘܬܐ oblatio Cat Vat **2** 289.

ܡܩܪܒܢܘܬܐ id. Cyr 403 8 25.

Etpa. *1.* appropinquavit 1Cor 7 1, ER 82 18; *2.* oblatus est Act 21 26, ESL **1** 257 23, Corluy MP 35 7; *3.* sacrificatus est Philox in Mem. dei Lincei **12** 1884 p. 491n. 15; *4.* matrimonio junctus est ES **1** 266F (sic leg.!); *5.* eucharistiam accepit JohEph 52 8, BO **3** 2 457.

ܠܐ ܡܬܩܪܒܢܐ inaccessibilis Spic Solesm **4** 60 20.

ܡܬܩܪܒܢܝܬܐ المتقارب metrum dodekasyllabum Card 2 4.

ܡܬܩܪܒܢܘܬܐ appropinquatio ES **1** 174A, Philox 31 16, Ath 36 16, Eph 2 18 (Phil), Cyr 59 9.

Af. bellum gessit, pugnavit 1Rg 20 29, ES **1** 195A, Philox 479 3, Chr ed 148 29.

ܡܩܪܒܢܘܬܐ belligeratio KwDW 16 8.

Ettaf. impugnatus est Dn 9 26 (Hex), Th Marg **1** 44 5, Bhchr 117 6, ce **1** 291 12.

ܩܪܒܐ Joh Eph 113 16, AS **2** 18 22, **3** 307 3 9 (sic leg.!), Bhce **1** 209 6, *pl.* ܩܪ̈ܒܐ Joh Eph 168 8, ܩܪܒܐ (sic leg. pro ܩܘܪܒܐ) PsC 63 8, 65 15 καράβιον (Fraenkel 218) navis oneraria.

ܩܪܒܝܬܐ navicula Epiph 10 88.

ܩܪܒܘܢܝܐ χαρβωνία carbo Duval-Berthelot **2** 21 15, 26 6, Bhchr 158 2.

ܩܪܦܣܝܢ (*χαρπάσιον) vestis carbasina am **2** 50 12, cf. ܟܪܦܣܐ.

ܩܘܪܟܒ, ܩܪܟܒ (cf. pers. قورچى PS) magister operarum am **2** 204 18, Cat Wr 1134a.

ܩܪܕܐ *1.* ricinus communis Löw n. 298, Geop 113 2, EN 25 56; *2.* pediculus κροτῶνες Geop 113 2, EN 44 94.

ܡܫܚܐ ܕܩܪܕܐ κίκι Löw ll. Gal ZDMG **39** 216 25.

ܩܪܕܢܐ faber ferrarius Corluy MP 18 11, Cat Vat **3** 330.

ܩܪܕܢܘܬܐ fabrica ferraria SB 7 6, 30 9 12, Cat Bod 455n, Cat Vat **3** 364.

ܩܘܪܕܢܘܬܐ opificium ferrarium Card 36 22.

ܩܪܕܦ *1.* colaphum duxit (ἐκονδύλιζον) Am 2 7, 5 11 (Hex); *2.* impedivit „in fabulis Aramaeis“ BA 6601.

Etpa. confectum est (vitrum) BB 217 22.

ܩܪܕܠܐ (χαλδάριον? PS) olla Ex 27 3, 1Sm 2 14, 1Ez 1 11, AS **2** 21 14, Rie 131 6.

ܩܘܪܙܝܠܐ verruca BA, BB, PS.

ܩܪܘܟܘܕܝܠܘܣ κροκόδειλος crocodilus Arist 19 9 cf. ܩܪܩܕܝܠܘܣ.

ܩܘܪܕܡܘܢܐ χαρδάμωμον cardamomum Löw p. 350, Gal ZDMG **39** 276 9, Geop **116** 1 (pro κάρδαμον Löw p. 396), EN 26 85.

ܩܪܝܕܘܣ gen. χαρίδος squillae AS **4** 97 17,

ܩܘܪܙܠܐ dolus, astutia, insidiae BA n. 4182 cf. ܣܘܪܙܠܐ.

ܩܪܙܠܐ glomus filorum convolutorum BA, BB, PS.

ܩܪܚ *1.* sq. ܒ celebravit (nomen alicujus) ES **2** 530B; *2.* definivit (*to specify distinctly*) JSt 43 4; *3.* calvus factus est Lc 13 40 (nest.).

ܩܪܚܐ *1.* calvus 2Rg 2 23, ES **1** 522F, Joh Eph 226 15, KwDW 101 13; *2.* i. q. h. נָקֹד maculatus Gn 30 35, ES **1** 85B, cornibus egens ON 86 2; *3. pl.* ciceres(?) BB, Löw p. 172.

ܩܪܚܘܬܐ calvitium Lc 11 42, ES **1** 522B, glherm.

ܩܘܪܚܬܐ calvitium ES **2** 450, Js 3 24, Jer 47 5 (Hex).

ܩܪܝܚܐ *1.* clarus, manifestus Rabb 238 22, Bhchr 5 6, *adv.* ES **3** 99A, IA **1** 12 v. 250; *2.* apertus ThMarg **1** 121 19; *3.* nobilis Bhchr 87 4, celeber MB 15 194.

ܩܪܚܐ procella ψ 83 16, AM **2** 335 12 (sic leg.!), AS 143 26, cf. Bernstein ZDMG **6** 353.

Af. *1.* explicavit Hoffmann Ausz n. 950; *2.* calvus factus est Lv 13 40 (jac.).

ܡܩܪܚܢܐ eloquens EN 15 58.

Ettaf. *1.* clarus factus est Cat Vat **2** 5 31 (Bernst. conj. ܐܬܬܩܪܚ) BB 347 1; *2.* revelatus est Card 125 18.

ܩܪܛ scalpsit (*to engrave*) Duval-Berthelot **2** 262 n. 1.

ܩܘܪܛܬܐ segmentum carnis Bhchr 115 14.

ܩܪܛܘܡܐ *1.* scalprum EN 38 62; *2.* rostrum ib 44 10.

Etpe. scalptus est BB 135u, 341 10.

ܩܪܛܘܢܐ (Fraenkel p. 200) *1.* κερατωνία ceratonia siliqua Geop 62 29, Gal ZDMG **39** 276 21, EN 26 87; *2.* et ܩܪܛܘܢܐ ON 149 19, κεράτιον siliqua Epiph 57 53, cf. Symm **2** 198 97, AS **2** 215 5 cf. ܩܪܛܝܣ.

ܩܪܛܢܐ ܕܚܪܘܒܐ succus acaciae EN 24 32, BB 277 14, cf. Löw p. 197 v. s. v. ܚܪܒ.

ܩܪܛܐ (Fraenkel p. 200) quarta (pars sicli) Simeon lettere ed Guidi (Rom 1881) ܒ 4a f., am **1** 396 1, Duval-Berthelot **2** 27 31.

ܩܪܝܛ χρήτη creta Duval-Berthelot **2** pass. ܩܪܝܛܘܣ ib 229 n. 6, ܩܪܝܛܐ ib 290 n. 2.

ܩܘܪܛܒܠܐ τρίβολος tribulus (planta) h. ברקנים Jud 8 7 16, קמוש Js 34 13, Mt 7 16, ES **2** 439F, Gal ZDMG **39** 300 1, cf. Löw n. 302.

ܩܘܪܛܒܠ ܬܡܠܐ aparina BB 247 15 cf. Löw p. 293.

ܩܪܛܠܐ κάρταλλος (Fraenkel p. 78) corbis, sporta ThMarg **1** 394 3, Bhce **1** 263 18, ad Mt 35 27.

ܩܪܛܡ praecidit Geop 92 23, 99 30.

ܩܪܛܡܐ, ܩܪܛܡܬܐ nebula tenuis, cineri similis ON 87 5, 135 2.

ܩܘܪܛܡܐ semen carthami tinctorii (*safflower seed*) KwDW **167** 13 17, EN 83 97.

ܩܘܪܛܡܐ praecisio sermonis EN 83 98.

ܩܘܪܛܝܢܐ χορτῖνα cortina Cat Wr 23b, AM **2** 156 5.

ܩܪܛܝܣ Bh ZDMG **40** 451 κεράτιον nummulus cf. ܩܪܛܐ.

ܩܝܪܘܛܘܣ χηρωτὸς candela cerea ON 98 7.

ܩܪܛܝܣ, ܩܪܛܝܣ (ECth **3** 40 8) χάρτης charta asd 61 23, PsC 257 18, Mar 30 5, BO **1** 238 6, ON 109 1, cf. ܟܪܛܝܣ.

ܩܪܛܓܢܐ craticula = τήγανον Euseb V c. 1, cit Cureton asd 184n ad 54 24, cf. ܛܓܢܐ.

ܩܘܪܛܘܪ *pl.* ܩܘܪܛܘܪܝܣ κουράτωρ curator Rechtsb 5 21, 6 20, Joh Eph 82u, Bhchr 69 8, car 69 11 (sic leg.!).

ܩܘܪܛܘܪܘܬܐ cura Bh in JECan 23 16.

ܩܪܝܬܐ st. cstr. ܩܘܪܝܬ (ES **1** 536E) ܩܪܝܬ (ib 548A) st. abs. ܩܪܝܐ ܡܢ ܩܪܝܐ (ER 128 18, BO **3** 1 473a m, ThMarg **1** 54 18, Bhchr 343 19) *pl.* ܩܘܪܝܐ et ܩܘܪܝܣ (ER 161 6, JSt 34 7, AS **2** 160 7, am **3** 239 4) et ܩܘܪܝܘܣ AS **2** 379 3, N § 146 *1.* vicus, oppidum Jos 21 3, Chr ed 147 3; *2.* ager Mt 13 24, 19 29, Geop 5 2, 6 11; *3.* κτῆμα possessio Pr 31 16 (Hex), Act 5 21, cf. Bernstein ZDMG **4** 219.

ܩܘܪܝܬ ܡܕܝܢܐ (N § 203 6) κωμόπολις AM **1** 100 24.

ܩܘܪܝܝܐ vicanus, rusticus ES 1 530D, Vit Rabb 188 18, JSt 35 13, KwDW 143 23.
ܩܘܪܝܘܬܐ rusticitas ECth 4 847 (cf. Bernstein ZDMG 6 361), KwDW 402 18.

ܩܪܝܘܢܐ χηρίωνες cerea (*lighted tapers*) ER 142 4, JSt 26 13, AS 3 57 5, Bhchr 158 14.

ܩܪܘܟܐ καρούχα carruca Ex 14 6, Js 66 20, ES 2 96F, ZA 1 162 v. 1853, am 2 649 7, JS in MS 2 112 v. 574.

ܩܪܟܕܢܐ, ܩܪܟܕܢܐ JA 1 116 v. 749 (Lag. Rie gr. X n. 2, Hübschmann ZDMG 46 240) χαρχηδόνιος, chalcedonius (lapis) Ex 28 19, ES 1 231C, PsC 224 14, Kays 59 3.

ܩܪܟܡܐ ES 1 156D i. q. ܟܪܟܡܐ q. v.

ܩܘܪܠܐ (γρύλλος? Fraenkel p. 118) grus KwD 109 19.

ܩܪܡ *1.* obduxit 2Rg 18 16, Philox 622 15, Chr ed 145 17, asd 9 4; *2.* texit Pr 7 16, dap 6 6, Bal 316 1 (*to plate*) JSt 83 6; *3.* induxit (aliqua re) Ex 25 11, dap 98 2, BO 2 235 7.
ܩܪܡܐ (nest. ܩ Bh ad Pr 7 11) tegumentum ES 1 251D, dap 6 6, Ex 25 17 (Hex).
ܩܪܡܐ id. Ex 27 10, ES 1 260F, AS 3 20 1.
ܩܪܘܡܐ cui supercilia conjuncta Joh Eph 270 13, BA, PS.
ܩܪܘܡܬܐ indumentum, involucrum Ex 25 11.
ܩܡܪܡܐ tegumentum (cordis) Hos 13 8, ES 2 248A, ON 112 5.

Etpe. inductus est Ez 37 8, Afr 164 19, dap 82 13.

Pa. obtendit ES 2 372B.

ܩܘܪܡܘܣ χορμὸς *1.* truncus (corporis) Joh Eph 207 2; *2.* stipes AM 2 146 23, Bhchr 205 2.

ܩܪܡܝܕܐ, ܩܪܡܝܕܐ Duval-Berthelot 2 101 4, κεραμίδιον (Fraenkel p. 5) later (*brick*) Geop 25 28, Kays 164 14, Bhchr 350 15.

ܩܪܡܠܐ i. q. ܩܡܠܐ q. v. Cat Wr 616b, BA n. 6606.

ܩܪܘܣܛܘܦܠܐ? Zach. Rhet. Leb. d. Sev. v. Ant. ed. Spanuth 9 1.

ܩܠܡܪܝܢ καλαμάριον (Fraenkel p. 29) calamarium EN 31 94.

ܩܪܡܝܣܐ κεράμιος vas terrenum Mc 14 13 (Phil.).
ܩܪܡܝܕܐ et ܩܪܡܝܬܐ am 3 518 16 hydria, lagena am 3 519 17, Joh Eph 153 21, EN 39 84.

ܩܪܡܣܛܘܣ κρεμαστὸς pensilis (hortus Semiramidis) Bhchr 28 2.

ܩܪܢܐ *f.* (N§84) *1.* cornu Ex 38 2, Rabb 247 7, Philox 519 17, JS in asd 96 8; *2.* vas forma cornus 1Sm 10 1, ES 1 491E, IA 2 302 v. 1150; *3.* adminiculum (sellae) *side-rail* Bhchr 173 20; *4.* s. ܙܘܝܬܐ pinna (tecti) dap 8 28; *5.* lacinia Mt 9 20, dap 119 13, ESL 1 257 2; *6.* caput (pecuniae) Lv 6 5, ES 2 400C, ZDMG 17 756, Bh ZDMG 40 451, Eb Mai 10 236u; *7.* littera gr. κεραία, Peš ܩܪܢܬܐ Mt 5 18 (Cur); *8.* mensura = 12 sextarii Duval-Berthelot 2 69 16, 17; *9.* δίκταμνον planta Löw n. 300.
ܩܪܢ ܕܟܪܐ ὁ κριὸς hoedus? PsC 1 2, cf. Nöldeke Beitr 13.
ܩܪܢ ܚܕܐ rhinoceros PsC 211 13.
ܩܪܢܢܐ cornutus ψ 69 32 = 68 24 (Symm), EN 42 37.
ܩܪܢܝܐ ψ 69 31 et ܩܪܢܢܝܐ PsC 21 10 id.
ܩܘܪܢܝܬܐ *1.* origanum AS 4 39 2, Bhgr 2 24 5; *2.* γλήχων Mentha Pulegium L Geop 111 27, Gal ZDMG 39 254 7; *3.* seq. ܢܗܪܐ, καλαμίνθη Calamintha officinalis Geop 51 7, Gal ZDMG 39 275 1, cf. Löw n. 277.
ܟܪܡ ܩܪܢܐ (cf. κάροινον, κάρυνον, *caroenum* talm. קרינא, ass. *karanu* sed v. Delitzsch Prol 147 n. 3) horreum vini ZDMG 33 331n (pr. domus vindemitoris der. a קרינא ex ass. *kurunnu?* Jensen, Fr. conj. ܟܪܡ ܚܡܪܐ).

ܩܪܘܢܬܐ (ar. مقرونان) sportae, quibus uvas portant BA n. 6602, EN 51 67.

ܩܪܘܢܐ κορώνη cornix AS **4** 54 13, KwD 64 18, Jer 3 2 (Hex).

ܩܪܘܢܘܣ (a χρόνος?) plumbum Duval-Berthelot **2** 10 8, 44 17, ܩܪܘܢ ib. 41 18 etc., ܩܪܢ 42 14, 44 19, ܩܪܢܘ 44 3 et 16.

ܩܪܘܢܘܠܒܣ et ܩܪܘܢܘܠܒܘܣ χρόνου λέβος fragmentum plumbi Duval-Berthelot **2** 56 16 et pu, 57 17.

ܩܘܪܢܣܐ malleus Js 41 7, ES **2** 88E, ER 115 20, Arist 13 17, BA n. 3010.

ܩܪܢܣ malleo percussit Bh ad 2Tim 4 14 (p. 41 9).

ܩܘܪܢܝܒܬܐ (cf. ܩܘܪܢܒܐ) velum magnum EN 20 34.

ܩܪܣ *1.* exaruit IA **2** 90 33; *2.* asper fuit AS 189 28.

ܩܪܝܣܐ *1.* aridus (*dried up*) ThMarg **1** 226 10; *2.* frigidus Bhce **1** 159 13; *3.* durus (vir) ib. 283 4; *4.* 'ܩ, ܠܒܐ h. שַׂעַר סור 2Rg 11 6.

ܩܪܝܣܘܬܐ *1.* ariditas EbPar 14 7; *2.* pertinacia Bhce **2** 617 21; *3.* ܩܪܝܣܘܬ ܢܦܫܐ μικρολογία glherm.

ܩܪܝܣܐ difficilis, durus Bhcar 1 63 10.

Etpe. durus factus est BB 341 12.

ܩܪܣܘܢܐ carossa? ES **2** 379E, PS conj. ܩܪܘܣܐ.

ܩܐܪܘܣܐ, ܩܪܣܐ καιρὸς *1.* tempus AS 163 21; *2.* miseria, angustiae 2Par 11 25, Afr 148 13, ES **1** 211D, JS in asd 97 1; *3.* bellum πόλεμος Mt 24 6.

ܩܪܣܣ κρᾶσις mixtura AS 21 27, 163 19.

ܩܘܪܣܡܠܐ vestis genus AM **1** 224 (nisi ܩܪܣܡܐ leg. q. v.).

ܩܪܘܣܛܠܠܘܣ, ܩܪܘܣܛܠܘܣ (sic leg. AS **4** 100 6) κρύσταλλος crystallus Js 54 12, Ap 4 6, ES **1** 122A, Spic Solesm **4** 41u.

ܩܪܣܝܐ κερασέα, κερασία prunus cerasus L. Geop 13 23, Löw p. 151.

ܩܪܘܣܣܐ κροσσοὶ fimbriae Joh Eph 153 18.

ܩܪܝܣܒܕܣܬܐ *f.* στοιβάδες rami abscissi Mc 11 8 (Phil).

ܩܪܛܠܐ *1.* apud Jacobitas i. q. ܩܪܛܐ q. v. AS **2** 46 10, Duval-Berthelot **2** pass., Bhgr **1** 206 4, cf. Nöldeke in Löw p. 351; *2.* i. q. ܩܘܪܛܠܐ *2.* GeZA **8** 35 16.

ܩܘܪܛܠܐ *1.* mantica Bhce **1** 315 13, BA n. 4179, EN 39 88; *2.* σκάφη mactra, labrum Geop 85 16; *3.* capistrum Bhce **3** 97 5.

ܩܪܛܒܝܬܐ fructus cucumeribus similes, quibus medicamenta parant JE in Journ of s. l. **10** 18 26, ES **1** 530C ad 2Rg 4 39, ubi Peš ܦܩܘܥܐ.

ܩܪܥܬܐ (ar. مِقْرَعة) scutica ON 101 19.

ܩܘܪܙܐ servi filius BA, PS.

Etpa. tecto instructus cst BB 341 14.

ܩܘܪܩܦܬܐ var. ܩܪܩܦܐ genus calcei am **3** 311 3.

ܩܪܝܩܠܬܐ Cat Wright **2** 491 28, i. q. ܩܪܝܦܬܐ BB lampas.

ܩܘܪܘܦܠܛܝܣ κουροπαλάτης praefectus palatii AS **3** 233 3 19.

ܩܪܦܣܝܬܐ χαρπήσιον genus ligni aromatici Gottheil a list of plants n. 176, cf. ZDMG **47** 518.

ܩܘܪܩܫܐ suppellex vilis JARS 11u, EN 37 54.

ܩܪܩܪ ludibriose annictavit? ESL **2** 369 10, Nis 64 13.

ܩܪܩܪ ܐܠܐ v. s. v. ܐܠܐ.

ܩܘܪܩܪܬܐ fila BB 144u.

ܩܘܪܩܪܐ clavus trabalis BB 1194 10.

ܩܪܩܪܐ *1.* πάχνη pruina Dn 3 70 (Hex); *2. pl.* frigus ESL **1** 465 15, AS 141 20.

ܩܪܩܪܐ i. q. pr. *1.* ON 112 12.

ܩܪܫܪ? accusans IS 42 2.

ܩܘܪܨܢܬܐ *pl.* ܩܪܨܢܝܬܐ urtica κνίδη Job 31 40 (Hex), Hos 9 6 (Symm), ES **2** 14C, ἀκαλύφη Gal ZDMG **39** 287 13; ܙܪܥ ܩ' κόκκος κνίδιος Gal ZDMG **39** 277 32.

ܩܘܪܣܠܐ talus (*ankle-bone*) 2Sm 22 37, ES **2** 25F, Philox 207 9, Corluy MP 35 13, Bhchr 223 12.

ܩܘܪܨܢܝܬܐ (ar. قُرّيصة) urtica BB Löw p. 357.

ܩܪܩ singultivit (gallina) BA n. 6607, cf. ܩܘܪܩܪܐ.

ܩܪܛܐ (lat. *cortex* Fraenkel ZA **9** 10 n. 1) calceus tenuis BA n. 4267.

ܩܪܛܝܐ sutor EN 21 69.

ܩܘܪܟܐ (κίρκος) annulus nasi (cameli) EN 41 35.

ܩܪܘܪܢ TB 139 14, leg. ܦܪܘܩܢ salvator noster.

ܩܪܝܩܐ κυριακὸς dominicus? AS **2** 333 6, Card 99 8.

ܩܪܩܘܣܬܐ (pers. قرقى? PS) pileus, cucullus BA, BB.

ܩܘܪܩܒܢܐ (cf. ass. *kukubanu* = *pī karši*? Jensen) h. מֻרְאָה guttur ingluvies (avis) Lv 1 16, EN 44 10, BB 212 20.

ܩܪܩܒܬܐ i. q. ܩܪܩܦܬܐ q. v. Cyr 202 15, Cat Vat **3** 70 6a f.

ܩܪܩܕܝܠܘܣ TB 107 2, ܩܘܪܩܕܝܠܘܣ Geop 40 18, ܩܘܪܩܕܝܠܘܣ Phys 20 1, κροκόδειλος crocodilus cf. ܩܘܪܩܝܠܘܣ.

ܩܪܩܘܣܢܐ impensa, sumptus BA, BB, PS.

ܩܪܩܠ *f.* (Bhgr **1** 14 15, N§84) i. q. h. מִכְבָּר Ex **27** 4, ES **1** 230B.

ܩܪܩܘܠܐ (εσαρκόκολλα? PS) glutinum BA.

ܩܘܪܩܠܐ i. q. ܩܘܪܐ q. v. BA.

ܩܪܩܠܘܢ (*caracalla* Fraenkel p. 52) genus vestimenti Bhchr 147 20, cf. ܐܩܪܩܠܘܢ.

ܩܘܪܩܡܐ *1.* i. q. ܩܘܡܡܐ q. v. BA l. l.; *2.* ocreae EN 40 6.

ܩܪܘܩܘܡܓܡܐ κροκόμαγμα (Diosc 141) Duval-Berthelot **2** 270 8, ܩܪܘܩܡܓܡܐ il 11pu, ܩܪܘܩܡܓܡܐ 47pu, ܩܘܪܘܩܘܡܓܡܐ ib. 247 9 af.

ܩܪܩܢ AS **2** 307 3 leg. ܩܪܒܢ q. v.

ܩܪܘܩܘܢܝܠܘܣ κροκόνιλοι (du Cange) = κροκόδιλοι Bh praef ad Jer 1 6.

ܩܪܩܝܢܘܣ χαρκίνος cancer AS **4** 91 11.

ܩܪܩܘܫܐ (pers. Lag GA 81 208) *1.* vultur maximus Hex: ψ 146 9, Js 34 11, AS **4** 66 25, BA n. 4614; *2. pl.* latrunculi (*chess-men*) BB, PS.

ܡܩܪܩܫܢܐ nomen accentus i. q. ܡܢܩܫܢܐ JBh 9 2.

ܩܘܪܩܣܐ h. קרסים Ex 26 6, κίρκοι Jer 40 1 (Aqu), ar. الزرد EN 36 25, ON 157 8, orbiculus?

ܩܪܩܘܣ κίρκος circus Bhchr 56 14.

ܩܪܩܝܣܐ, ܩܪܩܣܐ am **1** 217 10, κιρκήσια ludi circenses Vit Rabb 179 21, Jul 127 10, AM **2** 140 13, Hoffmann Kirch 91 n. 109.

ܩܪܩܦܬܐ *1.* calva ESL **1** 499pu, Jul 82 12, IS 12 11, JS in MS **2** 86 151 (sic leg.); *2.* vertex, cacumen (montis) Joseph 8 1, JEh 45 15; *3.* fastigium (ecclesiae) BO **3** 1 150a 13.

ܩܪܩܦܝܬܐ calva (*skull*) PsC 32 6.

ܩܪܩܦ caput abstulit, decollavit AS **2** 283 17.

ܩܘܪܩܪܐ *1.* singultus (gallinae) EN 46 42; *2.* flatus (ventus) Bh ZDMG **40** 451.

ܩܪܩܘܪܐ (*f.* Bhgr **1** 13 13, N§88) κέρκουρος navicula Act 27 16, am **3** 542 10, AS **1** 15 27, Bhchr 106 1.

ܩܪܩܫ quassit, concussit (*to rattle*) Jul **161** 6, 183 25, JSA v. 229, JS in ZDMG **29** 112 v. 374, Bhchr 342 17.

ܩܘܪܩܫܐ *1.* concussio AS **4** 61 27; *2.* strepitus JSA v. 274.

Etpa. *1.* timore affectus, tremore perculsus est ES **3** 633F; *2.* strepitum dedit Phys 13 9.

ܩܪܫ a friguit AS 199 23, Geop **6** 11, JS in ThMarg **2** 172 9.

ܩܪܫܐ *1.* olla; *2.* sterquilinium; *3.* catarrhus BB, PS.

ܩܘܪܫܐ *1.* frigus Act 28 2, ES **2** 407A, Philox 579 6, PsC 72 18, AS **2** 72 19; *2.* colostrum BB 168 7.

ܩܪܘܫܐ frigidus Geop 33 1, EbMai **10** 290 12.

ܩܪܝܫܐ frigidus Joh 18 18, AS **3** 348 6, *f. subst.* colostrum BB 165 22.

Pa. frigefecit AS **3** 348 8, Geop 108 24.

ܩܪܘܫܐ ar. قروش nummi Cat MB 56a 6 a f.

ܩܘܪܛܡܛܐ (?) guttae Geop 118 20.

ܩܝܪܘܛܐ Cyr 54 11, Gal ZDMG **39** 276 24, ܩܪܘܛܐ Gal ll. 299 10, Bhchr 223 2, ܩܝܪܘܛܐ AS **3** 170 22, κηρὸς cera.

ܩܪܝܬܐ κριθή hordeum Gal ZDMG **39** 278, Bh de plantis 23 4 a f.

ܩܫ *1.* senuit Jos 13 1, ES **3** 203C, AS **4** 67 16; *2.* collegit (ligna) 1Rg 17 10, ES **1** 491B, ON 86 15.

ܩܫܐ presbyter Hoffmann Ausz n. 917. Guidi chron 23 3, inscr. nest. anni d. 1303 Mém. de l'académie de St. Petersbourg 1890 p. 47 n. 14 5, 71 n. 41 5.

ܩܫܐ et ܩܫܬܐ stipula Js 41 2, ES **2** 88C, Geop 47 20, 69 25, Jud 15 5 (Hex).

Pa. seniorem declaravit Dt 21 16, ES **1** 6C.

ܩܫܝܫܐ *1.* senex, senior Jos 7 6; *2.* major, avus Bhchr 141 13; *3.* senior seu praeses (convivii) Mar 53 6; *4. pl.* ܩܫܝܫܐ et ܩܫܝܫܢܐ (N § 74) Rechtsb 9 10, JohEph 89 12, BO **1** 386 10, **3** 2 456 18 presbyter Rabb 214 4, asd 18 12, MS **2** 69 17, Chr ed 150 11.

ܩܫܝܫܘܬܐ *1.* munus presbyteri 1Tim **3** 1, dap 10 4, JSt 70 17, Joh Dar in ER 409 16; *2.* senatus Lc 22 66 (Phil).

ܩܫܝܫܘܬܐ presbyterium AS **2** 126 1, 227 17.

Etpa. *1.* vetustus fuit ES **2** 488A, Nis 381 14; *2.* senior factus est ES **1** 16D, **2** 476A.

ܩܫܒܐ *1.* dactylus siccus Cast Löw p. 110; *2.* signum, indicium (?) Philox 385 16.

ܩܫܘܬܐ sagittatio ES **1** 158A cf. ܩܫܬܐ.

ܩܫܝܐ *1.* durus Ex 18 26, ER 88 20, ES **3** 227A, Cyr 260 2, MAMQ 65 8; *2.* audax, procax Js 48 4, Mc 8 17, dap 49 16, Cyr 263 21; *3. f. pl.* grana (fructuum) EN 51 62.

ܩܫܝܘܬܐ *1.* duritas Dt 9 27, ER 89 16, Nestle Chr[1] 59 130; *2.* seq. ܣܘܪܝܢܓܘܢ συρίγγων τίλον Gal ZDMG **39** 243; *3.* ܩܫܝܘܬ ܩܕܠܐ pertinacia Zach. Rhet. Leb. d. Ṣev. v. Ant 19 36.

Pa. durum reddidit Ex 7 3, asd 8 24, KwDW 48 3, SB 53 8.

ܩܘܫܝܐ *1.* durities ES **1** 212C, TB 102 28; *2. tt. gr.* durities literae EṢ 16 5 etc., cf. Nöld § 23—25.

Etpa. *1.* induratus est Ex 13 15, Corluy MP 20 6; *2.* durum se praestitit Act 19 9, ESJ 151 3, MS **1** 113 1, KwDW 64 10.

Af. durum reddidit 1Rg 12 3, dap **47** 3, KwDW 53 23.

ܩܘܫܦܐ strabo BA, BB, PS.

ܩܫܪܐ ܕܒ ER 138 10, leg. ܩܫܝܪܐ PS.

ܩܘܫܪܐ cadaver ES **2** 335F.

ܩܫܒܪܐ στοιβή Js 55 13 (Hex), contra Bernstein ZDMG **4** 206 vide Löw p. 127 n. 1.

ܩܫܬܐ *f. pl.* ܩܫܬܬܐ (N § 86) arcus Jos 24 12, ES **1** 547E, Vit Rabb 195 7, KwDW 180 12.

ܩܫܬܐ ܕܥܢܢܐ ἶρις arcus coelestis Ap 4 3.

ܩܫܬܐ et ܩܫܬܝܐ ES **2** 158A sagittarius 1Sm 33 3, ES **1** 513F, am **2** 275 1, TB 127 11.

ܩܘܫܬܐ *m.* et *f.* (N§86) veritas ψ 57 4, Joh 6 32, ES **1** 433A, Vit Rabb 180 5.
ܒܩܘܫܬܐܝܬ et ܕܒܩܘܫܬܐܝܬ (N§155a) re vera Jul 103 10, 161 10, BO **3** 1 91b 7, ThMarg **1** 63 6.
ܩܘܫܬܢܐܝܬ et ܒܩܘܫܬܢܐܝܬ re vera KwDW 391 11, Métr 10 12.
ܩܘܫܬܢܝܐ verus Off 129 8, BO **3** 1 310a u, KwDW 131 9.

ܩܘܫܬܐ cistus speciosus Löw n. 305, Geop 87 8, Gal ZDMG **39** 278 44.
ܩܘܫܬܐ Nah 1 10 (Hex), σμίλαξ Bernstein ZDMG **4** 212, *conj.* ܩܘܫܐ BB = ܩܘܫܐ q. v. cf. Löw p. 230.

ܩܛ haesit Afr 294 10, ThMarg **1** 397 6.
ܩܛܝܛܐ infixus ER 121 21, Bhce **2** 501 7.
Af. *1.* fixit (oculos) ES **2** 198 10, AS **4** 79 24, am **2** 179 14, KwDW 11 5 (animum) JSConst v. 68, Zach. Rhet. Leb. d. Sev. v. Ant. ed. Spanuth 3 15; *2.* infixit (ungulas) ESJ 73 9; *3.* affixit AS **2** 58 24.

ܩܛܐ (ex ass. *ḳâtu* manus Delitzsch Ass. St. **1** 19) manubrium, capulus BA n. 1068.

ܩܛܝܐ cachinnatio et vulg. cessatio vociferationis in fletu BB, PS.

ܩܛܝܒ? AS **2** 236 8.

ܩܬܕܪܐ καθέδρα cathedra (*seat*) PsC 258 1, 7, 9.

ܩܬܝܛܐ κάθετος perpendiculum EN 23 12.
ܩܬܛܘܣܝܢ (κάθετος) conclavia perpendicularia Duval-Berthelot **2** 100apu, 101 7.

ܩܬܘܠܝܩܐ *1.* καθολικὸς catholicus Bhchr 227 2, ENchr 329; *2.* καθολικὴ a) ecclesia catholica Chr ed 147 16, Spic Solesm **4** 230 2, b) ܩܬܘܠܝܩܝ proclamatio BO **2** 203, c) nomen venae maximae Guidi chron 14 14, BB 203 22, 288 6.
ܩܬܘܠܝܩܘܣ universalis (historia) ThMarg **1** 196 6.
ܩܬܘܠܝܩܘܬܐ catholicatus ThMarg **1** 187 12, Bhce **3** 231 2.

ܩܬܘܠܝܩܝܢ catholicus BO **3** 1 77, Cat Vat **2** 524 spec. liber V. et N. T. complectens Cat Wright 1a, Cat Bod 1 seq.
ܐܬܩܬܠܩ catholicus factus est BO **3** 1 567a 5, Bhgr **1** 48 24, EbMai **10** 260 28.

ܩܬܝܣܡܐ *pl.* ܩܬܝܣܡܛܐ κάθισμα *1.* canticum quod sedendo persolvitur, ut cantoribus levamen concedatur (du Cange) Alex 61 8, Cat Wright **1** 128a, Cat Bod 177 10, Bhce **2** 627 n. 1; *2.* vigesima psalterii pars cf. ThMarg **1** 292 n. 6.

ܩܬܗܘܦܘܩܝܡܢܘܢ καθ' ὑποκείμενον glherm.

ܩܘܬܬܐ cachinnatio Bhchr 346 23, EN 45 33.

ܩܬܪܐ (N p. 15 n. 2) rupes Joh Eph 26 10, 27 15, JEh 20 1, Bhchr 150 1, AS **4** 92 5.

ܩܬܪܐ ES **2** 485E, ܩܬܪܘܣ IA **2** 130 v. 458, ܩܬܪܘ Spic Solesm **4** 230 1, Bhce **1** 55 9 κάθαροι cathari.

ܩܝܬܪܐ *pl.* ܩܝܬܪܘܢ (Ap 15 2) κιθάρα cithara ψ 108 3, ES **1** 45C, 524C, Rabb 245 16.
ܩܝܬܪܘܬܐ musica AS **4** 5 11.
ܩܝܬܪܘܕܐ *f.* ܩܝܬܪܘܕܝܬܐ Bhchr 154 21, κιθαρῳδὸς citharoedus Ap 14 2, ES **1** 524C, Kays 111 7.
ܩܝܬܪܘܕܘܬܐ ars citharoedica Bhchr 143 9.
ܩܝܬܪܣܛܝܣ κιθαριστὴς citharista Rie 31 3.
ܡܩܝܬܪܢܐ citharoedus EN 28 32.
ܕܡܬܩܝܬܪ τὸ κιθαριζόμενον 1Cor 14 7 (Phil).

ܐܬܩܬܪܘܢ ES **1** 266F, leg. ܐܬܩܪܘܢ q. v. (PS *conj.* ܐܬܩܝܪܘܢ).

ܩܬܪܘܢܐ *1.* scatebra ES **1** 23C; *2.* aquaeductus (*water-course*) SB 114 17, BO **1** 85.

ܩܬܐܪܣܝܣ καθαίρεσις remotio, abrogatio MAMQ 90 8, BO **2** 76 1, Spic Solesm **4** 183 2, AS **1** 20 6.

ܬܪܣ s. acc. vel ܡܢ removit (munere) Bhce **1** 79 3, Eb Mai **10** 267 16, JARS 42 12.

ܬܘܪܣܐ remotio BO **3** 1 434, Bhce § **2** 97.

Etpa. remotus est SB 135 10, BO **2** diss 125, Bhce **1** 151 apu, EbMai **10** 312 3.

ܡܬܪܣܢܐ Geop 58 29, ܡܬܪܣܢܝܬܐ ib. 117 28, καθαρτικὸν purgativum.

ܪ

ܪ vicesima litera alphabeti Rêš, numerus 200.

ܪܐܬܐ, ܪܐܐ *pl.* ܪܐܘܬܐ (N § 146) pulmo ES **2** 316D, AS **3** 122 6, Gal ZDMG **39** 243, Bhchr 224 22.

ܪܒܘܒܐ alumnus IA **2** 222 22.

ܪܒܐ (N§146) a) *pl.* ܪܘܪܒܐ magnus Gn 7 11, Gal ZDMG **39** 250 21, *adv.* ܪܘܪܒܐܝܬ ib. 259 6, summus (sacerdotum) asd 45 25; *2. pl.* ܪܘܪܒܢܐ princeps 2Par 1 4, ES **1** 445B, Chr ed 157 4; *3. pl.* ܪܒܢܐ, ܪܒܢ̈ܐ doctor, magister ES **2** 492E, Philox 11 13, JS in ER 393 19, Kays 131 20.

ܪܒܝܬܐ *pl.* ܪܒܝܬ̈ܐ (Bhchr 252 19) oeconomus, ἐπίτροπος Mt 20 8, BO **3** 2 845.

ܪܒܝܬܘܬܐ oeconomia Lc 16 2, ESL **1** 267 23, dap 31 16, KwDW 303 6.

ܪܒܟܘܡܪܐ pontifex maximus ES **1** 544F, dap 36 27.

ܪܒܟܘܡܪܘܬܐ munus pontificis maximi Vit Rabb 196 8, Euseb. hist. eccl. ed. Dindorf XXVIII 14.

ܪܒܘܬܐ magnitudo, honor Jos 7 19, Vit Rabb 197 1, asd 63 15, Corluy MP 26 7.

ܪܒܢܘܬܐ doctrina Philox 158 1.

ܪܘܪܒܘܬܐ magnificentia ES **1** 434E.

ܪܒܐܝܬ magnopere, valde ES **3** 257B, ESL **1** 489 1, Nis 4 28, JS in ER 408 3.

ܪܒܒܝܬܐ tumultus ESJ 17 4, Rabb 247 12, JS in MS **1** 92 28.

ܪܒܘ *pl.* ܪܒܘܬܐ (N§148C) decem milia ER 35 4, asd 1 5, am **3** 271 7.

ܐܪܒܘܒܝܬܐ et ܪܒܘܒܝܬܐ bubones Joh Eph 161 3, AS **2** 315 9, Bhchr 80 23, EN 9 78.

ܡܪܒܥܐ limen Ez 41 23, BB 1149u.

ܪܘܪܒ auxit, amplificavit asd 101 1.

ܪܘܪܒܐ amplificatio Bhgr **1** 194 14.

ܪܘܪܒܬܐ multitudo Ath 25 2.

Etpa. *1.* magnus evasit ES **1** 552A, Bh ad Mt 27 14; *2.* superbivit 1Rg 21 20, ES **1** 440F ad 1Rg 1 5; *3.* dominatus est Nm 16 13.

ܪܒܝ ῥαββί Joh 3 2, ܪܒܘܢܝ Joh 20 6 ap NT 28 18 (cf. not p. 60), ESL **2** 751 18, Journ of s. l. **6** 12 2, ܪܒܘܠܝ ES **2** 407F, Nis 4 86, ῥαββουνί (cf. Geiger ZDMG **21** 411) doctor!

ܪܒܐ *1.* magnus evasit Jud 13 24, ER 64 9, PsC 23 3, JS in MS **1** 95 29; *2.* superavit Bh ad Js 19 2.

ܪܒܝܬܐ *1.* auctio Afr 233 20; *2.* accretio (lunae) ES **3** 50B; *3.* germen ES **2** 180D ad Ez 17 4; *4.* educatio ES **1** 247B; *5.* alumnus 1Sm 2 33.

Pa. *1.* auxit 2Cor 9 10, Philox 111 14; *2.* promisit, aluit (capillos) ER 8 22, dap 3 21; *3.* educavit ES **3** XXVI 42, dap 11 6, Guidi to 21 105.

ܪܘܒܝܐ *1.* educatio dap 72 27, TB 41 8, Journ of s. l. **6** 4 14; *2.* incrementum Nis 13 72; *3.* confectio (gratiae) Cat **2** 305 5a f., (fermenti) ib. 364 17.

ܪܒܝܬܐ fenus, usura Ez 18 8, Mt 25 27, ES **2** 405F, asd 28 1, KwD 107 12.

ܡܪܒܝܢܝܬܐ nutrix Vit Rabb 160 25, Zach Rhet Leb d. Lev v. Ant. ed Spanuth 14 22.

ܬܪܒܝܬܐ *1.* augmentum ER 101 24, dap 9 23; *2.* accretio (lunae) IS 117 22; *3.* educatio dap 11 20; *4.* alumnus Afr 52pu, EC mart. Pal. 44u, cf. Nöldeke ZDMG **43** 536 n. 2.

Etpa. *1.* auctus est Philox 111 21; *2.* educatus est TB 66 1.

Af. crescere fecit ES **2** 64C (sic leg.!).

ܪܒܕܝܢ ῥαβδίον virgula Duval-Berthelot **2** 294 n. 1.

ܪܘܒܐܗ (pers. Lag GA 81 209) vulpes BS in BB.

ܪܒܥ *1.* putruit (*to rot*) ES **3** 322F, Vit Rabb 195 26, AS **2** 300 4, JSt 79 8; *2.* exstinctus est Philox 515 12.

ܪܒܝܥ putridus ES **2** 394A.

Etpe. putruit BB 342 22.

ܪܒܠܐ i. q. ܪܓܠܐ q. v. Bhgr **1** 22 14, Löw p. 117.

ܪܘܒܠܐ inflatio, tumor EN 33 46, BB 52 31.

ܡܪܒܠ inflatus (*gathered*) JSt 21 10, BB 52 26.

Etpe (BB 342 23) et **Etpa.** inflatus est Joh Eph 39 1, AS **2** 357 11, Bhchr 324 24.

ܪܒܠܐ (cf. ܪܒܘܠܐ) summus pastorum ON 114 1.

ܪܝܒܣ Rheum Ribes BA n. 4480, Löw p. 171.

ܐܪܒܥ (ar. أَرْبَع) quattuor.

ܐܪܒܥܐ ܒܫܒܐ dies Mercurii (*Wednesday*) JSt 62 2.

ܐܪܒܥܬ ܪܓܠܝܢ *pl.* ܐܪܒܥܬ ܪܓܠܐ vel ܐܪܒܥܬ ܪܓܠܝܗܘܢ (N § 152) quadrupes ER 76 10, Ath 22 4, ThM 6 8, SB 25 6.

ܪܒܥܐ mensura h. בַּת Ezr 7 22, μετρητὴς Joh 2 6, am **3** 127 13.

ܪܘܒܥܐ pars quarta 2Rg 6 25, ES **1** 232D, Bhchr 242 19.

ܪܒܝܥܐ *1.* imber vernalis Jer 3 3, ES **1** 427C; *2.* tympanon h. תֹּף Jud 11 34, 2Sm 6 5, ψ 150 4, ZDMG **24** 545, Philox 396 4, Kays 186 4, Bhchr 519 8.

ܪܒܝܥ ar. رَبِيع mensis tertius et quartus anni Moslemici Bhchr 213 8, Cat MA 89b 41.

ܪܒܝܥܝܐ *1.* quartus; *2.* quatriduanus de Lazaro, qui per IV dies in sepulcro jacuit Nis 41 202; *3.* imber vernalis Joel 2 23.

ܡܪܒܥ ܓܦܐ quattuor alis praeditus JE in ES **2** 293 7.

ܡܪܒܥ ܦܐܐ tetrapla Cat Wright **1** 32a.

ܡܪܒܥ ܪܓܠܐ quadrupes Rie 5 10, Job 41 16 (Hex).

ܡܪܒܥܝܘܬܐ quaternitas τετράδιον Act 12 4 (Phil), Philox Memor. dei Lincei **12** 1884 p. 496b 6, MS **2** 6 6, JE in ES **2** 293 21.

ܡܪܒܥ quadratus ES **1** 231C, PsC 219 19.

ܐܪܒܥܣܪ quattuordecim.

ܐܪܒܥܣܪܝܘܬܐ *1.* aetas XIV annorum ES **1** 556C; *2. pl.* quattuordecades BS 255 8.

ܪܒܥ (ar. ربض) procubuit (*to lie down*) Nm 22 27, ES **1** 107D, dap 57 1, Bal 256 5, Jul 79 26.

ܪܒܥܐ cubile Ez 25 5, cf. ES **2** 188A, JS 17 2 (Hex).

ܪܒܝܥܬܐ mons, collis ES **3** 653 19, Rgn δ 23 17 (Hex), cf. Bernstein ZDMG **3** 424.

ܡܪܒܥܐ *1.* cubile Js 65 10, ES **2** 188A; *2.* uterus ER 96 7, dap 34 25, Guidi to 35 17, JEh 6 1.

ܡܪܒܥܢܝܬܐ cubile Cant 12 8, ES **1** 189E, Jul 79 26, Geop 111 26, JEh 45 4, Bhchr 199 24.

ܪܒܘܥܐ *f.* (N § 84) patinula, scutella Cast.

Af. procumbere fecit ES **2** 193F.

ܪܒܨ *1.* depressit Nis 2 91, IA **2** 88 172, asd 61 8, JSA v. 353; *2.* vocali ܪܒܨܐ pronunciavit Bhgr **2** 7 v. 30.

ܪܒܨܐ compressio EbMai **10** 200 4.

ܪܒܨܐ vocalis e cf. N § 9.

ܪܒܨܐ *f.*? JSA v. 402.

ܪܒܝܨܐ litera vocali ܪܒܨܐ ornata Bhgr **1** 3 21.

Etpe. humiliatus est ES **1** 209A, ER 32 9, AS **3** 317 1, Clr 93 20.

Pa. domuit ES 1 531C.

Etpa. depressus est ES **3** 40B.

ܬܪܒܨܐ aula domus EN 54 38 (ex ass. *tarbaṣu* Feuchtwang ZA **6** 440).

ܪܒܫܬܐ tritura (frumenti ope boum) ON 109 13.

ܪܓ *1.* cupivit Lc 22 15, ES **1** 371 2, Philox 115 20, dap 1 16, Ath 41 15; *2.* ܪܓܬ am **2** 283 8, BO **1** 224a et ܪܓܬ ܠܟ MAMQ 82 7, JSA v. 157, BO **1** 191a cupivi.

ܪܘܓܐ cupiditas Joh Eph 331 1.

ܪܓܬܐ *pl.* ܪܓܝܬܐ et ܐܪܓܝܬܐ Cyr 22 12, cupido Za 7 14, AS **4** 40 24.

ܪܓܬܢܐ cupidus Kays 123 8, Bhchr 220 23.

ܪܓܝܓܐ *1.* cupidus Phil 1 23, JS Const v. 49 4, Zach. Rhet. Leb. d. Sev. v. Ant. ed. Spanuth 16 13; *2.* pulcher ER 25 20, Chr ed 146 4.

ܪܓܝܓܬܐ et ܐܪܓܝܓܬܐ (N § 51) cupido ἐπιθυμία Rom 1 24, ER 99 18, Nestle Chr[1] 59 130.

ܪܓܝܓܘܬܐ pulchritudo Eb Par 108 2.

ܪܓܘܦܐ cupidus Bh de div sap 4 7.

ܪܓܘܓܐ cupidus Eb Par 56 16.

ܪܘܓܬܢܐ cupidus Pr 1 23 (Hex).

ܪܘܓܬܢܐ libidinosus Rie 20 19, Nm 11 34 (Hex), JE gr 78 9.

ܪܓܪܓ cupiditatem excitavit 1Rg 21 25, Philox 399 21, ECth **3** 39 50.

ܪܘܓܪܓܐ gaudium, jucunditas Nis 6 190, ECth **2** 17 11.

Etpa. *1.* cupivit Gn 31 30, ES **1** 353A, ER 86 16, Jul 195 11; *2.* delectatus est ES **1** 31B.

ܪܓܒ ar. رجب mensis VIIus anni Moslemici Bhchr 188 24, ENchr 29 20.

ܪܓܙ iratus est Dt 9 19, ES **1** 485F, dap 30 3, Ath ܠܘ 7.

ܪܘܓܙܐ *1.* ira Mt 3 17, Afr 50 2, ES **2** 85D, Guidi to 19 20; *2.* poena divinitus immissa Nis 1 12 etc.

ܪܓܝܙܐ iratus ES **1** 477C, dap 49 23, KwDW 44 22.

ܪܓܝܙܘܬܐ ira ES **3** 219F, KwDW 267 7.

ܪܘܓܙܢܐ indignatio Jer 48 39 (Hex).

ܪܘܓܙܢܬܐ iracundus Pr 29 22, ES **1** 488E, Philox 189 11, IS 54 3.

ܪܘܓܙܢܘܬܐ iracundia ESL **2** 183 22, Philox 462 12, glherm.

Af. iratum reddidit Hebr 3 15, asd 56 3.

ܪܓܙܬܐ al. ܐܪܓܙܬܐ h. אַרְגָּז cista 1Sm 6 8, cf. ES **1** 343F.

ܪܓܝ irrigatus est ESL **3** 105 8.

ܪܓܝܐ *1.* humidus ES **2** 479F; *2.* tener Cyrill ZDMG **27** 596 v. 138, 173; *3.* χλωρὸς viridus Gal ZDMG **39** 243.

ܪܓܝܘܬܐ humiditas ES **1** 119D, Gal ZDMG **39** 246.

Pa. *1.* humectavit ER 5 5, Eb Par 14 7; *2.* emollivit Nis 16 4, 19 93, BO **3** 1 465a 25.

Etpa. *1.* humectatus est ESL **1** 17 9, ER 66 6; *2.* germinavit, pullulavit Cyrill ZDMG **27** 598 v. 259.

Af. *1.* humidum fecit Ez 17 34 (Hex); *2.* florentem, fertilem fecit ES **2** 525E; *3.* speravit, cupivit KwDW 13 10, 43 15, 217 5 etc.

ܪܓܠܐ *pl.* ܪܓܠܬܐ EbMai **10** 242 20, *1.* pes Js 1 6, ER 52 1, AS **2** 368 12, ܩܡ ܥܠ ܪܓܠܘܗܝ ܬܪܬܝܢ rectus astitit Jul 207 3; *2. pl.* ܪܓܠܐ ἀστράγαλος, nomen plantae Gal ZDMG **39** 253 67.

ܪܓܠ ܐܪܝܐ λεοντοπόδιον BB in Löw p. 304.

ܪܓܠܐ ܒܬܪ pedisequa, proximus sequens ES **2** 577D.

ܪܓܠܐܝܬ pedibus Bhchr 254 23, ad Js 41 3.

ܪܓܠܢܐ pedes 1Sm 4 10, ES **1** 548E, Jul 162 9.

ܪܓܠܬܐ ܚܝܘܬܐ ζῷον πεζὸν glherm.

ܪܓܠܬܐ et ܐܪܓܠܬܐ rivus Ex 47 5, Joh 18 1, ES **1** 489F, ESL **1** 105 1, Chr ed 146 15.

ܪܓܠܬܐ fauces (*ravine*) PsC 134 19, JEh 44 17, ThMarg **1** 168 9, Cat Wright **2** 865a, Bhchr 264 2.

Etpe. pedibus ivit Bhchr 142 8.

ܪܓܠܐ cursor ON 138 2.

ܪܓܡ lapidavit Ex 17 4, Joh 11 8, ES **1** 472E, dap 114 16, Jul 196 3.

ܪܓܡܐ ES **2** 421E et ܪܘܓܡܬܐ MAMQ 92 1, lapidatio.

ܪܓܘܡܐ lapidator am **2** 205 11, ܪܓܘܡܬܐ ܕܐܠܩܐ אַבְנֵי אֶלְגָּבִישׁ Ez 13 11 (Hex).

ܪܓܘܡܝܐ lapidatio ES **1** 511A, MS **1** 109 8, JEschol 32 1, Bh ZDMG **40** 451.

Etpe. lapidatus est ES **2** 98A, OM 25 8, asd 22 27.

ܪܓܘܡܩܝܬܐ (cf. ܠܓܘܬܐ Lag prov 85) θυλάκια marsupia Tob 9 5.

ܪܓܘܣ AS **3** 220 7, ܐܪܓܘܣܐ (sic leg.) ib. 233 20, ῥόγος stipendium.

ܪܓܫ *1.* tumultuatus est, fremuit ψ 2 1, ES **3** 70E, Nis 28 9; *2.* se movit (cupido) ES **1** 439F; *3.* sensit Pr 17 10, ES **1** 441C.

ܪܓܫܐ *1.* tumultus Joel 3 14, ES **2** 253D; *2.* sensus Hebr 5 14, Afr 6 12, ES **1** 267C, Philox 543 15, Ath ܒ 11, KwDW 131 10.

ܪܓܫܬܐ *1.* sensus, sensibilitas ER 46 9, Nis 2 175, Philox **174** 13 (αἴσθησις) Gal ZDMG **39** 253 4; *2.* s. ܕܢܓܗܐ primum lucis signum JS in MS **1** 92 27.

ܪܓܝܫ sentiens ES **3** 366A, Philox 72 17, asd 47 22.

ܪܓܝܫܐ sensibus praeditus MS **2** 104 445, glherm, *adv.* MS **3** 104 v. 448.

ܪܓܝܫܘܬܐ sensibilitas Kays 68 13.

ܪܘܓܫܐ *1.* tumultus Joel 3 14, ES **2** 253D; *2.* murmur (imbris) 1Rg 18 41, ES **1** 498A.

Etpe. *1.* commotus est ESL **1** 525 7; *2.* sensit ES **2** 305A; *3.* sensus est Philox 41 5.

ܡܬܪܓܫܢܝܬܐ sensibilis ER 84 24.

ܪܘܓܫܢܝܐ *1.* perceptione praeditus ER 100 1, glherm; *2.* sensibus subjectus ECth **3** 39 32; *adv.* AS **3** 157 22.

Af. sensit seq. ܒ 1Joh 2 3, ER 61 15, Philox 35 5, ES **3** XXVI 4, Chr ed 146 21.

ܡܪܓܫܢܐ testis oculatus (*eye-witness*) ThMarg **1** 122 1.

ܡܪܓܫܢܘܬܐ *1.* sensus Philox 27 12, JS in asd 109 12; *2.* intelligentia Prov 5 2 (Hex).

ܪܕ, ܪܐܕ titulus generalis officialium Persarum cf. Nöldeke Sassan 447 seq., MS **2** 68 16, am **2** 572 1, Corluy MP 9 2, 15 11, Guidi chron 14apu.

ܪܕܕܐ et ܐܪܕܕܐ (Lag Sem **1** 24) vestimentum tenue Cant 5 7, Afr 117 2, AS **3** 21 1, Bhchr 329 22.

ܐܪܕ pandit, diduxit, numeravit ES **2** 383D.

ܪܕܐ *1. intr.* a) fluxit ES **1** 550C, Ath ܢ 10; Gal ZDMG **39** 305 1, b) ambulavit Lc 2 15, Corluy MP 42 3, Clr ep app 297 10, c) cucurrit Guidi to 37 18, d) vectus est (navi) Act 20 6, Bhchr 105 9, (navis) Philox 562 21; *2. trans* a) impulit Ath 39 12, Spic Solesm **4** 12 7, b) castigavit Dt 21 18, Lc 23 16, Sir 30 2, Rabb 240 6.

ܪܕܝܐ *1.* fluxus Lv 20 16, ES **1** 249A, MS **2** 101; *2.* cursus ES **3** 349D.

ܪܕܝܐܝܬ caste IA in MS **1** 14 82.

ܪܕܝܘܬܐ doctrina, disciplina IA in MS **1** 17 257, PsC 56 17.

ܠܐ ܪܕܝܘܬܐ *1.* ruditas ES **1** 139D; *2.* ignorantia PsC 89 3.

ܪܕܘܝܐ castigator, eruditor Rabb 373 6, MS **2** 69 4, Rom 2 20 (Phil).

ܡܪܕܝܐ (nest. ܡ' Bhgr **4** 4 5) via, spatium Nm 33 8, Lc 2 44, ES **1** 523D, Bhchr 211 16.

ܡܪܕܝܬܐ *1.* fluxus Lc 8 44 (sanguinis) Mc 5 25; *2.* menses (feminae) dap **117** 18; *3.* cursus ES **1** 125C, ER 72 25, dap **114** 2; *4.* navigatio Act 27 10.

ܡܪܕܘܬܐ *1.* castigatio Zeph 3 2, ER 84 13, Philox 196 2, Bh ad Job 2 10; *2.* disciplina, doctrina Zach. Rhet. Leb. d. Sev. v. Ant. ed. Spanuth 9 23.

ܡܪܕܘܬܢܐܝܬ castigando ThMarg **1** 314 1.

Etpe. *1.* emissa, in canales educta est (aqua) Nis 3 98; *2.* castigatus est ES **1** 342D, **3** 453C, Philox 196 8; *3.* doctus, eruditus est, didicit Act **7** 22, Zach. Rhet. ed. Spanuth 3 5.

Pa. reduxit ESL **2** 125pu.

Af. *1.* fluere fecit Js 48 21, ES **2** 172D, ܢܦܩ ܡܪܕܝܐ haemorrhagia laborans Hoffmann Ausz n. 878; *2.* castigavit ES **1** 522D.

ܪܘܕܕܦܢ Gal ZDMG **39** 295 7, ܪܘܕܕܦܢܐ ib 290 8, Sir 24 16, AS **4** 100 23, EN 25 58, ܪܕܕܦܢܐ Geop 44 11, ܪܘܕܘܕܐܦܢܝ Rie 134 16 ῥοδοδάφνη Nerium oleander Löw n. 86, cf. ܗܪܘܢ.

ܐܬܪܙܦ convolutus est (?) AS **3** 68 17.

ܡܪܙܢܐ (ar. مِرْدَن) fusus, cui deest ansa BB 1038 4, 1153 5.

ܪܕܦ persecutus est Jud 3 28, ER 99 17, Philox 573 12.

ܪܕܝܦܘܬܐ persecutio 2Tim 3 11, asd 32 22.

ܪܕܘܦܐ *f.* ܪܕܘܦܬܐ Afr 408 10 persecutor Neh 9 11, ES **1** 504F, MS **2** 53 43.

ܪܕܘܦܝܐ persecutio Mt 13 21, Chr ed 149 8, SB 143 1.

Etpe. persecutione vexatus est 2Tim 3 12, Philox 573 7.

ܪܕܩ *1.* insidiatus est AS **2** 72 26, ThMarg **1** 390 10; *2.* observavit ψ 36 23 (Hex), Joh Eph 401 21.

ܪܗܒ (Barth p. 9) cucurrit, trepidavit Eccl 5 1 (Hex).

ܪܗܝܒܐܝܬ timide ER 24 16.

ܪܗܝܒܘܬܐ terror ES **3** 51B.

ܪܗܒܐ *1.* terror Sap Sal 17 7; *2.* clamor (φωνή) 1Mcc 5 31.

ܪܗܒܬܐ *1.* terror Joseph **3** 1 119, ES **1** 266D; *2.* celeritas Bhchr 213 25, gr **1** 215pu.

ܪܗܒܢܐ *1.* turbatus Mc 5 38; *2.* terribilis ER 24 21; *3.* celer JS in asd 100 19, Bhchr 34 16, *adv.* Nis 31 112.

ܪܗܒܢܘܬܐ *1.* timor Lv 26 56, OM 154; *2.* celeritas ES **1** 43A, Eb Par 70 2.

ܪܗܒܢ terrens (*alarming*) KwD 333 23.

Etpa. territus est Dt 20 3, Lc 1 29, asd 9 22, JS ib 89 7.

Af. terruit ES **2** 319C, ER 89 21, KwDW 23 20.

ܡܪܗܒ cucurrit, trepidavit Jos 10 13, ES **1** 29C, ER 71 14, Guidi to 19 40.

ܡܪܗܒܢܐ *1.* acceleratio ES **2** 35C, KwDW 137 7; *2.* celeritas 2Rg 7 15, ER 152 24, Philox 594 14.

ܡܪܗܒܬܐ السريع metrum decasyllabon Card 2 5.

ܡܪܗܒܐܝܬ τάχιστα Gal ZDMG **39** 267 6.

Estaf. *1.* territus est Joh 14 1 (Cur); *2.* trepidavit, cucurrit ER 64 14, dap 53 21, MS **2** 45u.

ܪܗܒܘܢܐ (gr. ἀρραβών Fraenkel p. 190 n. 1) arrha, depositum 2Cor 5 5, Afr 106 6, Nis 60 101, dap 93 23, Jul 186 12.

ܪܗܒܘܢܐܝܬ *1.* interim ES **2** 267F; *2. like a pledge* ThMarg **1** 220 8.

ܪܗܛ (N § 183) cucurrit Jos 8 19, Afr 274 19, ES **2** 342D, Guidi to 19 26, Clrep 28 5.

ܪܗܛܐ (nest. ܪ̈ Bhgr **4** 4 5) *1.* cursus Act 12 14, ES **1** 502C, AS 115 27 (vitae) Corluy MP 43 6, sq. ܕܟܪܣܐ diarrhoia EN 33 34; *2.* canalis Gn 30 38 41, Ex 2 16 tegula (*rafter*) ThMarg **1** 271 16; *3.* h. רהטים cirri Cant 7 6, cf. MS **2** 28 4.

ܪܗܛܐ BZ 16 18, ܦܫܝܩܐ ܪ̈ ET 38 5, JBh 18 11, ܠܐ ܦ̈ ܪ̈ ET 38 1 nomina accentuum.

ܪܗܛܐ cursus aquae ON 46 2.

ܪܗܘܛܐ cursor IA **2** 106 59, Philox 155 5.

ܡܪܗܛܐ opes ES **1** 557E, Jul 93 27, Eccl 5 8 (Hex), Zach. Rhet. Leb. d. Sev. v. Ant. ed. Spanuth 18 34.

ܡܪܗܛܬܐ stadium, circus ThMarg **1** 69 2, ܡܪܗܛܬ ܚܡܪܐ asinorum mos (in sepeliendo) BO **3** 1 187 7.

ܪܗܛܢܐ cursus Jer 23 10, ES **2** 137F.

ܪܗܛܢܐ cursor 1Sm 22 17, ES **1** 499F, dap 40 11.

Af. currere fecit Afr 131 7, Philox 243 12, asd 66 3.

ܡܪܗܛܐܝܬ *1.* celeriter ER 71 1, AS **2** 177 3; *2.* summatim Cat Vat **2** 534 24.

ܡܪܗܛܢܐ *1.* cursus (aquae) ES **1** 524B; *2. tt. gr.* linea de cujus usu vide N § 52C, ET 35 15.

ܡܪܗܛܢܘܬܐ venatio Hoffmann Kirch 20 9.

ܪܘܐܐ pus, putredo ES **2** 3A, Nis 10 51, Dion T 137 4, JS in Steph. Sud 22 15, SB 97 19.

ܪܘܐܢܐ putridus χυμώδης Gal ZDMG **39** 243.

Af. *1.* putruit Vit Rabb 204 11, AS **2** 350 20, Dion T 179 18; *2.* putrefecit ES **2** 345C.

ܪܓܫ *1.* vociferatus est ES **2** 407F, Nis 35 236, personuit JSAbb 280 v. 273 (leg. ܪܓܫܬܐ); *2.* sq. ܥܠ cupivit ES **1** 446A; *3.* rebellavit ES **1** 471A.

ܪܓܫܐ tumultus, clamor Mt 27 24, ES **1** 353A, Jul 198 15, ENchr 30 10.

ܬܪܓܘܫܐ tumultus Joh Eph 166 3.

Etpe. tumultuatus est Jer 50 22 (Hex).

Af. *1.* sonare fecit ES **3** 277C, Vit Rabb 171 17; *2.* tumultuatus est Nm 14 1, Jul 45 21, ThMarg **1** 35 6, Bhchr 174 7.

ܡܪܓܫܢܘܬܐ strepitus Nestle Chr[1] ܡܘ n. 1.

ܪܘܙ a (N § 160a) *1.* gaudio exsultavit Act 2 26, ES **3** 355B, Ath 25 25, JS in asd 94 21; *2.* laete crevit (planta) Geop 5 28; *3.* frequens fuit (urbs) AS 179 20.

ܪܘܙܐ exsultatio Am 6 7, Ath 19 22.

Af. *1.* gaudio affecit ES **3** 276F, Nis 1 55, Jul 19 22; *2.* hilarem reddidit (vultum) Eb Par 111 15.

ܪܘܚ respiravit (cor) ON 35 2, 111 12.

ܪܘܚܐ *m.* saep. *f. pl.* ܪܘܚܐ et ܪܘܚܬܐ (N § 87) *1.* ventus Gn 8 1, ES **2** 458F, Corluy MP 39 4; *2.* animus Pr 25 28, Jer 4 12, ES **2** 476B, ܪ' ܕܩܘܕܫܐ spiritus sanctus pass.; *3.* daemon Act 19 16, Eb Mai **10** 246 9; *4.* ܪܘܚ ܐܪܝܐ halitus leonis i. q. lepra BO **1** 190.

ܪܘܚܢܐ spiritualis 1Cor 2 13, ER 66 10, Joh Eph 220u, *adv.* dap 77 11.

ܪܘܚܢܘܬܐ spiritualitas ES **1** 135E, Philox 169 10, SB 154 47.

ܐܬܪܘܚܢ cupivit Card 59apu.

ܪܘܚܢܝܐ spiritualis 1Cor 15 44, ES **1** 519D, Ath ܥܘ 5, Corluy MP 44 15.

ܪܘܚܢܝܘܬܐ spiritualitas Alex 57u.

ܪܘܚ amplus, spatiosus fuit ES **3** 278A.

ܪܘܚܐ *1.* gaudium ES **3** 594D; *2.* *tt. gr.* vocalis o BZ in Merx p. 173.

ܪܘܚܬܐ et ܐܪܘܚܬܐ *1.* spatium Joseph 14 13; *2.* evaporatio διάπνευσις Geop 36 8; *3.* respiratio, recreatio ἄνεσις 2Cor 8 13, Job 36 16, asd 79 19, dap 22 7.

ܪܘܝܚܐ *1.* amplus Mt 7 13, ES **3** 136F, Bal 265 15, Ath 53 18, JS in asd 103 16; *2.* flans Duval-Berthelot **2** 16 17.

ܪܘܝܚܘܬܐ amplitudo ES **1** 119C, Ath 53 21.

ܡܪܘܚܐ (Bh in JECar 10 19) et ܡܪܘܚܬܐ flabella BO **2** 225 17, Bhce **2** 693 17, Bh in JECan 7 23.

Pa. amplificavit Dt 12 20, Jer 22 14, ES **2** 73C, ON 33 22.

ܕܡܠܟܐ, ܬܪܘܚܘܬܐ leg. ܬܪܘܝܚܘܬܐ q. v. AS **2** 231 14.

Etpa. *1.* amplificatus est ENchr 56 14; *2.* recreatus est, respiravit ES **1** 524E, dap 68 10, Ath ܣܒ 7, KwDW 25 3.

Af. *1.* amplificavit ENchr 20 3; *2.* respirare fecit Ath 53 24, Corluy MP 39 2; *3.* adjuvit (pauperes) PsC 33 4, KwDW 66 12, ZDMG **46** 467 21.

ܐܬܪܘܚܚ circulos egit (aqua lapide pulsa) BB 1155 12.

ܪܘܛܐ rami longi et tenues populi aut salicis ThMarg **1** 271 19.

ܐܩܝܒ ܪܘܚ apap **1** 284 6, quod Wright **2** 251na a √רום frustra explicare conatus est, leg. ܡܪܘܚ ut am **3** 120 1.

ܐܬܪܘܛܛ *1.* commotus est Spic 45 2; *2.* concussus est Philox 606 11, am **2** 249 6, JARS 83 6, Eb Par 38 15, vacillavit AS **1** 12 16.

ܪܘܝ inebriatus est Gn 43 34, Act 2 13, asd 47 25, Bhchr 165 9 *met.* Jul 45 27, AM **2** 73 32.

ܪܘܝܘܬܐ satietas Ath 40 15, Bh ad Dt 29 19.

ܪܘܝܐ ebrius 1Cor 5 11, ES **1** 333B, dap 11 21.

ܪܘܝܘܬܐ ebrietas Dt 29 19, ES **1** 55F, Bal 303 4.

ܡܪܘܝܢܐ inebrians ES **1** 253B.

Etpa. inebriatus est 1Sm 1 14, ES **1** 333A.

Af. *1.* potum praebuit JE in ES **1** 500 5; *2.* ebrium fecit Ath ܡܠ 26.

ܪܘܐܐ i. q. ܪܐܐ q. v. PS 372, Löw p. 117.

ܪܡܐ *1.* altus Chr ed 146 30, ap NT 19 5 (de voce) ES **1** 388E; *2.* superbus AS 170 11.

ܪܡܬܐ collis Corluy MP 22 5.

ܪܡܘܬܐ superbia ψ 10 4, ES **1** 561A.

ܪܘܡܐ ; ܐܪܕܠ bdellium Löw n. 307.

ܪܘܡܐ *1.* altitudo ES **2** 411E, ER 41 25, Guidi to 18 5; *2.* collis KwD 82 9.

ܪܝܡܐ *1.* altitudo ER 118 16; *2.* exaltatio ES **1** 210F, am **3** 407 10, ThMarg **1** 147 7; 3. ܪܝܡ ܪܝܫܐ solatium Bhchr 512 15.

ܪܡܬܐ lapis pergrandis JS in MS **1** 35 68, **2** 90 209.

ܡܪܘܡܐ (ex hebr. מָרוֹם Nöld. Mand. Gr. 129 n. 1) altitudo 2Rg 19 22, Mc 11 10, Afr 63 2, ES **1** 431D, dap 41 7.

ܡܪܘܡܢܐ excelsus CatVat **2** 304 21, EbPar 41u.

ܡܪܝܡܐ excelsus, summus Spic Solesm **4** 123 14, Nestle Chr[1] 59 125, Eb Par 31 9.

Af. *1.* sustulit ESL **1** 641pu (sic leg.!), Guidi to 37 21; *2.* dempsit ES **1** 307C, Lc 16 3 (Phil); *3.* abolevit ES **1** 359B; *4.* destillavit Duval-Berthelot **2** 10 6 8 etc.; *5.* negavit glherm.

ܡܪܝܡܢܐ negativus Bhgr **1** 158 17.

ܡܪܝܡܢܘܬܐ negatio, sublatio glherm.

Ettaf. *1.* sublatus est Vit Rabb 171 10, Ath ܝ 16; *2.* abolitus est Philox 494 11; *3.* se sustulit, surrexit ER 9 4, ES **2** 210F; *4.* superbivit dap 2 28; *5.* relatus est (nuntius) BB 282u.

ܡܬܪܝܡܢܘܬܐ exaltatio KwDW 11 9.

ܪܘܡܡ *1.* exaltavit Js 23 4, Jac 4 10, Rabb 224 5; *2.* sustulit (vocem) Ath 23 8.

ܪܘܡܡܐ exaltatio ES **1** 103A, Vit Rabb 204 26, Jul 240 1.

Etpa. *1.* se sustulit ER 11 19; *2.* exaltatus est Mt 11 23, ES **2** 337A, IA **1** 66 v. 270.

ܪܘܡܐ *pl.* ܪ̈ܘܡܐ ῥεῦμα rheuma Gal ZDMG **39** 243.

ܪܗܘܡܝܐ Ῥωμαῖος Romanus Act 22 27, inde miles Joh Eph 124 9, Rechtsb 18 1.

ܪܗܘܡܝܘܬܐ πολιτεία civitas Romana Act 22 28, ON 151 19.

ܪܘܢ (EN 25 39) et ܪܐܘܢ Duval-Berthelot **2** 5 10, 49 7, ܪܘܢ et ܪܘܢܕ BB (pers. راوند Lag GA 82 213) rheum Löw p. 170.

ܪܘܠܟܐ ἀδολεσχία garritus 4Rg 9 11 (Hex) cf. Bernstein ZDMG **3** 415.

ܪܘܟܐ *f.* (N § 84) malva Löw n. 308, 2Rg 4 39 cf. ES **1** 530C, Job 24 24 (Hex).

ܪܘܠܣܘܬܐ λῆρος nugae TB 79 13, cf. Field 28.

ܪܘܦܐ ῥοπή minuta ECth **1** 33 5, 62 8, Sim Šanql 36, BB 134 11.

ܪܘܩܐ *1.* i. q. ܪܝܩܐ q. v. Cast; *2.* cerebrum Card.

ܪܘܦܬܐ (cf. ܪܦ) h. רִפוֹת alica (*grit*) 2Sm 17 19.

ܪܘܙܐ et ܐܪܙ (Bh ZDMG **40** 451) pers. Lag GA 24 54 oryza sativa Löw n. 306, KwD 41 12, Sind 10 4, Gal ZDMG **39** 291 16, Bhchr 137 25.

ܪܐܙܐ (cf. ܐܪܙܐ) *1.* secretum Corluy MP 8 7; *2.* explicatio allegorica ES **1** pass. ܒܪܐܙ Nis 29 22, ܐܝܟ ܪܐܙ ib 46 31, ܪܐܙ ib 45 122 sicut; *3.* sacramentum Rabb 231 8, Philox in Steph. bar Sud 30 2; ܕܪ̈ܐܙܐ, ܚܡܫܐ ܕܦܨܚܐ Joh Eph 129 2, Rie 118 16, ܕܪ̈ܐܙܐ ܚܡܫܐ ܒܫ BO **1** 332a, feria quinta in coena domini ἡ ἁγία πεντάς cf. Kayser Can JE p. 88.

ܪܐܙܢܐܝܬ allegorice ES **1** 380A, JS in MS **1** 66 254.

ܪܐܙܢܝܘܬܐ natura secreta JS in MS **1** 53 v. 234.

ܐܬܪܐܙ et ܐܬܪܙܙ clam confabulatus est Jul 99 26, ON 30 8.

ܪܐܙܢܝܐ allegoricus ES **1** 131D, Zach. Rhet. Leb. d. Sev. v. Ant. 21 36, Kays 27 23.

ܪܐܙܢܘܬܐ secretum ES **1** 130E.

ܐܬܪܙ *1.* constituit am **1** 30 18; *2.* conjuravit

Guidi chron 7 11, ON 30 19; *3.* significatus est BO **3** 1 356bu, Eb Mai **10** 330 20.
ܪܰܙܶܙ *1.* significavit Eb Mai **10** 271 15; *2.* secretum cognovit Eb Par 76u.
ܐܶܬ݂ܪܰܙܰܙ mysteriis initiatus est ON 30 20.

ܡܰܪܙܒܳܐ (cf. Fraenkel 24 n. 2, Barth 44/5) canalis, catarracta (*water-spout*) SB 114 17, ON 109 6.

ܪܘܙܒܢܳܐ (pers.) exsecutor Corluy MP 36 16, am **2** 229 8.
ܪܰܙܦܘܳܐ (Lag GA 81 212) radix vitis BS in BB, Löw p. 89.

ܪܙܠܒ (cf. pers. ریز fundens) catinus(?) Duval-Berthelot **2** 38u.

ܐܶܬ݂ܪܰܙܰܢ macruit, tabuit Js 17 4, ES **2** 47F.
ܐܶܬ݂ܪܰܙܰܢ se castigavit Bhce **1** 263 19.

ܪܙܦ *1.* stillavit ψ 77 18, 2Par 29 24; *2.* sparsit, adspersit Lv 1 5 (Nest).
ܪܶܙܦܳܐ adspersio EN 48 99.
ܪܘܙܳܦܳܐ *1.* effluvium ES **3** 101D, Nis 21 86; *2.* fusio Jul 119 25 *met.* dolorum JS in asd 91 23.

Etpe. adspersus est BB 343 9.

Af. fudit, sparsit Lv 1 5 (jac), 2Par 35 11, ES **1** 222F, Jul 116 27, Bhchr 396 23.

Ettaf. fusus est Rgn δ 9 32 (Hex).

ܐܰܪܙܰܦܬܳܐ malleus (*hammer*) Jud 4 21, ES **1** 459C, AS **2** 114 12, PsC 270 4, Bhchr 121 12.

ܪܘܙܝܩܳܐ (pers. Lag GA 81 210) commeatus quotidianus 1Mcc 1 35, KwD 78pu, Bh ZDMG **40** 482, BA n. 1296.

ܪܚܝܳܐ (nest. ܪ̈ Bhgr **4** 4 5) *f. pl.* ܪ̈ܚܘܬܳܐ JSt 72 13, am **3** 557 17 et ܪ̈ܚܝܐ PsC 261 1 (N § 79A) mola Js 47 1, Afr 151 7, ES **1** 256D.
ܪܚܝܳܝܳܐ molaris Mc 9 42 (Phil).

ܪܚܶܡ *1.* amavit Joh 16 27, ES **2** 312C, Rabb 241 16, asd 82 10; *2.* desideravit KwDW 20 20.

ܪܰܚܡܳܐ *1.* uterus Ex 13 2; *2.* intestina ES **3** 139A, sedes affectuum ES **1** 528E, ER 143 13; *3.* genitalia AS **4** 50 17; *4.* misericordia, gratia Rom 12 1, Guidi to 29 215.
ܐܰܪܚܡܳܢܳܐ misericors AS 157 10.
ܪܰܚܡܳܢܳܐ (e jud. רַחֲמָן? Geiger ZDMG **21** 688) misericors ES **2** 487F, Jul 216 27, *adv.* Zingerle Chrest 412 v. 56.
ܪܰܚܡܳܢܘܬ݂ܳܐ misericordia Eb Par 115 9.
ܪܰܚܡܬ݂ܳܐ amor Jer 31 3, ES **1** 372E, JS in asd 107 12, ThMarg **1** 34 9.
ܪܰܚܡܬ݂ܳܢܳܐ (jac. ܪ̈ Bhgr **4** 4 5) misericors Sir 2 11, 1Petr 3 8, ES **3** 9E.
ܪܰܚܡܬ݂ܳܢܘܬ݂ܳܐ misericordia Eb Mai **10** 308 30.
ܪܰܚܡܬ݂ܳܢܳܝܳܐ misericors Kays 180 15.
ܪܳܚܡܳܐ (jac. ܪ̈ Bhgr **4** 4 5) amicus Afr 169 2, ES **2** 1A, **3** 238F.
ܪܳܚܡܬ݂ܳܐ (N § 23E) amica Afr 354 14.
ܪܳܚܡܘܬ݂ܳܐ amicitia Lc 11 8, Jul 222 24, Euseb. hist. eccl. ed. Dindorf XXVI 15.
ܪܚܝܡܳܐ amatus Spic 40 6, ESJ 14 8, Bal 298 26, Ath ܠܓ 4.
ܪܚܝܡܬ݂ܳܐ (N § 23E) amata Dt 21 15, ES **1** 278E.
ܪܚܝܡܳܢܳܐ amabilis Guidi to 18 18.
ܪܚܝܡܘܬ݂ܳܐ amor ES **3** 293F, dap 50 13.

Etpe. *1.* amatus est Hos 1 8, Sir 7 35, Rabb 241 19; *2.* clementiam adeptus est Afr 18 8.

Pa. (nest. **Pe.** Bhgr **4** 4 5 contra edit. Bibl.) miseratus est Phil 2 27, ES **1** 164B, Arist 22 24.

ܪܘܚܳܡܳܐ misericordia Card 99 14.
ܡܪܰܚܡܳܢܳܐ misericors Rom 9 16, ESL **1** 313 4, ER 45 26, Guidi to 35 25.
ܡܪܰܚܡܳܢܘܬ݂ܳܐ misericordia Tob 1 3, asd 71 4, Act 10 32 (Phil).
ܡܪܰܚܡܳܢܘܬ݂ܟ݂ܘܢ *your grace, your lordship* Joh Eph 119 8.
ܪܚܘܡܬ݂ܳܢܳܐ misericors ES **1** 518B.

Etpa. miseratus est Mt 14 14, ES **2** 42B, Rabb 247 4, Ath ܝ 19.

ܪܰܚܶܦ *1.* incubuit, fovit (ova) ES **1** 14E, 118A; *2.* miseratus est Afr 192 2; *3.*

consecrationem peregit Bhce **3** 34 13; *4.* inclinavit (?) Bh in JECan 11 8.

ܪܘܚܦܐ *1.* incubatio ES **1** 117F; *2.* misericordia Phil 2 1, ES **2** 306A, dap 16 9, Bhcar 96 9.

ܪܚܘܦܘܬܐ incubatio Steph. bar Sud. p. 109 n. 1l. 1.

ܡܪܚܦܢܐ misericors Ex 34 6, dap 31 7, Rabb 371 21.

ܪܘܚܩܐ distantia Mt 16 58, Afr 321 1, ER 120 27, Corluy MP 21 15.

ܪܚܘܩܘܬܐ prohibitio Bh ZDMG **40** 452.

ܪܘܚܩܢܐ abrenuntiatio BO **1** 173b.

ܪܚܝܩܐ remotus, distans Mc 7 6, ER 121 6, Gal ZDMG **39** 263 12.

ܪܚܝܩܘܬܐ distantia ES **3** 182F, Eb Par 118 2.

Etpa. abiit, discessit, recessit Rom 16 17, ES **3** 191C, ER 85 25, Philox 259 23.

ܫܘܬܪܚܩܘܬܐ *1.* discessio, longinquitas glherm; *2.* abstinentia Ath 26 23; *3.* aversio, defectio Jer 2 19 (Hex); *4.* repudium Jer 3 8 (Hex).

ܫܘܬܪܚܩܢܝܬܐ المتفاوت metrum hexakaidecasyllabum Card 2 4.

Af. *1.* removit ψ 103 12, ES **1** 555A, Cyr 20 1, Chr ed 146 10; *2.* abiit, discessit Dn 3 29, Mt 7 23, ES **3** 191C, JS in ER 406 26.

ܡܪܚܩܘܬܐ *1.* prohibitio, remotio Bh ZDMG **40** 452; *2.* ἀποστασία defectus Rgn γ 21 13, Dt 24 3 (Hex), Mt 19 7 (Phil), (quod Bernstein frustra tentavit cf. Field p. 17).

ܟܬܒܐ ܡܪܚܩܢܝܬܐ ἀποστάσιον repudium Mt 5 31 (Phil), Bh ad Mt 16 10.

ܪܚܫ (Barth p. 48) *1.* se movit 1Rg 20 33, ES **2** 346E, Bal 298 4; *2.* serpsit Ez 38 20 (Hex).

ܪܚܫܐ *1.* reptile ES **2** 335B, ER 81 82, Corluy MP 38 10, EN 7 23; *2.* *pl.* βράγχοι Gal ZDMG **39** 243.

ܪܚܫܢܐ reptilis Bh ad Job 40 14.

ܪܚܘܫܐ animalculum KwDW 17 10, ON 133 6.

ܪܚܫܐ caries (*decay*) KwDW 56 13.

ܪܚܫܬܐ reptilia Kays 90 16.

Af. *1.* movit Joh Eph 71 3; *2.* reptilia produxit Ex 16 20, ES **1** 17F, Vit Rabb 168 24; *3.* cupivit Hoffmann Ausz n. 133, JARS 6 3.

ܪܚܫܘܫܐ reptilia JE in Rie 134 5.

ܪܚܫܘܫܬܐ myrobalsamum BB, cf. Löw p. 74.

ܪܛܒ humidus fuit ThMarg **1** 404 21.

ܪܛܒܐ (jac. ܪ̈ܛܒܐ Bhgr **4** 4 5 N § 94E) humiditas Job 8 16.

Etpe. humectatus est BB 343 7.

Pa. humectavit Lc 16 24, TB 71 22, Gal ZDMG **39** 273 12, Kays 16 3.

ܪܛܝܒܐ humidus Jud 16 7, EN 7 30.

ܪܛܝܒܘܬܐ humiditas ES **1** 117C, Eb Par 89u.

Af. humectavit ES **2** 446D, Nis 10 36, Philox 354 10, AS **2** 51 10.

ܪܛܐ **Pa.** aut **Af.** derisit ECth **5** 19 9.

ܪܛܠܐ (ar. رَطْل Fraenkel 202) pondus Bh ZDMG **40** 452 cf. ܠܝܛܪܐ.

ܪܛܢ (nest. ܪܛܢ Bhgr **1** 118) murmuravit Ex 16 7, Joh 6 61, JS in MS **1** 64 177, Jul 188 16.

ܪܛܢܐ murmur Ex 16 7, ES **1** 249C, Bal 255 26, Jul 182 18.

ܪܛܢܐ dap 31 9, *f. pl.* ܪܛܢ̈ܝܬܐ ib 64 14 murmurans.

ܪܛܢܢܐ et ܪܛܢ̈ܐ murmuratio Sir 16 10, dap 12 18, Jul 77 11.

Pa. murmuravit Ex 16 8, asd 2 21, Ath 13, Jul 182 12.

ܬܪܛܢܐ murmuratio ES **3** 454C, Philox 155 3. Eb Par 71 4.

Af. murmurare fecit Nm 14 36.

ܪܛܝܢܐ et ܪܝܛܢܐ (ῥητίνη) *1.* resina Gn 37 25, Geop 46 26, Jul 51 12, Duval-Berthelot **2** 15 12; *2.* lithargyrum (?) Duval-Berthelot **2** 10 13.

ܪܗܛܘܪܐ, ܪܝܛܪܐ, ܪܗܛܪ (Bhce 1 363 4) ῥήτωρ rhetor Act 24 11, ES **2** 317D, JA in MS 116 v 198, Jul 99 9, PsC 115 13.

ܪܗܛܪܘܬܐ eloquentia Es **3** LI 37, AS **2** 115 20, Zach. Rhet. Leb. d. Sev. v. Ant. ed. Spanuth 2 10.

ܪܗܛܪܝܐ rhetorica Bhce **1** 363 5.

ܪܗܛܪܝܐ rhetoricus Bh ad Paul 11 9.

ܪܗܛܪܝܘܬܐ rhetorica BO **3**1 326b 26, Eb Par 2 14.

ܪܗܛܪܝܢ ῥητορεῖον oratorium Jul 99 4.

ܪܗܛܘܪܝܩܐ rhetoricus Métr 53 n.

ܪܗܛܘܪܝܩܝ ῥητορική rhetorica BO **3**1 327a 7.

ܪܝܚܐ, ܪܐܚܐ (asd 25 15) *pl.* ܪ̈ܝܚܐ ER 142 21, ES **2** 336A, N § 74 odor Ez 20 28, ER 92 20, Guidi to 19 21.

ܪܝܚܢܐ odorosus (*sweet scented*) ES **1** 84D, Geop 48 8, Gal ZDMG **39** 243, SB 23 12.

ܪܝܚܢܘܬܐ odor Jš in ThMarg **1** CLXVI l. 10, Eb Par 108 5.

Pa. placavit (*to appease*) JSt 57 14, Joh Eph 327 3, Bhce **1** 23 1.

Etpa. placatus est Joh Eph 324 25.

Af. *1.* odoratus est 1Cor 12 17, ES **2** 17F; *2.* odorari fecit ThMarg **1** 55 5.

ܡܪܝܚܢܘܬܐ *1.* ὄσφρησις olfactio 1Cor 12 17 (Phil); *2.* aromaticum Gal ZDMG **39** 287 1.

Ettaf. olfactum est ES **3** 48F, EN 49 24.

ܪܐܡܐ (Delitzsch Prol 15 sq.) ex h. רְאֵם bubalus, al. monoceros Js 34 7, Job 39 9, cf. ES **2** 17A, IA **2** 326 v. 511, AS **4** 47 10, Duval-Berthelot **2** 31 3pu.

ܪܝܩܐ (ex h. רִיק) vanum Js 40 15 (Hex).

ܪܝܩܢܐ vanus Js 41 29, ES **2** 90B, am **2** 575 2.

ܪܝܩܢܘܬܐ vanitas Js 59 4, AS **3** 28 16.

ܪܝܪܐ saliva 1Sm 21 14 = Philox 140 2, Job 6 6 = IA in MS **1** 17 v. 206, ES **3** LIV 48.

ܪܝܪܢܝܐ lubricus Bh ad ψ p. 166 58.

ܪܝܫܐ *1.* caput Gn 40 16, Rabb 227 8; *2.* vertex, cacumen Js 2 2, Guidi to 19 46, JAP **7**8 438 1; *3.* fastigium (turris) Gn 11 4, sq. extremus digitus ER 54 17; *4.* princeps, dux ἄρχων Joh 12 42, Bhchr 257 7; *5.* primitiae Dt 18 4, Jer 3 2, cf. ES **1** 100B; *6.* initium (anni) 4Ezr VII bis 4, ES **1** 426C, Gal ZDMG **39** 275 3; *7.* capitulum AS 100 25, am **3** 185 2, Joh Eph pass.

ܡܢ ܪܝܫ iterum Bhchr 172 4.

ܡܢ ܪܝܫ, ܡܢ ܪܫ (ER 3 16) *1.* ab initio ES **1** 296C, Ath ܡ 22, Jš in ThMarg **2** 140u; *2.* denuo Corluy MP 18 14.

ܡܢ ܪܫ ܠܬܚܬ a summo ad imum asd 10 2, Add 27 19.

ܪܫ ܐܬܪܐ toparcha Cat Vat **2** 348u.

ܪܫ ܕܝܪܐ archimandrita Vit Rabb **213** 14, Chr ed 181 23.

ܪܫܬ ܕܝܪܐ abbatissa AS **2** 207 16.

ܪܝܫ ܕܝܪܘܬܐ munus archimandritae AS **2** 280 19, Cat Par 27u 38.

ܪܫ ܣܡܟܐ assessorum (convivii) primus Mar 55 11.

ܪܫ ܟܘܡܪܐ ἀρχιερεὺς pontifex, summus sacerdos Act 7 1.

ܪܫܟܘܡܪܝܐ ἀρχιερατικὸς pontificalis Act 4 6 (Phil).

ܪܫܟܘܡܪܘܬܐ pontificium Zach. Rhet. ed. Spanuth 1 10, Bhchr 41 9.

ܪܫ ܟܘܡܪܘܬܐ id. BO **3**1 272b 25.

ܪܫ ܡܒܘܥܐ fons Philox 554 20, Chr ed 146 28.

ܪܫ ܚܝܠܐ brassica rapa BB, Löw p. 242.

ܪܫ ܚܡܪܐ planta quaedam BA, Löw p. 41, 100.

ܪ̈ܫܝ ܓܒܝܐ praesules ecclesiae Cat Vat **2** 275 13.

ܪܫܐܝܬ praecipue am **2** 209 21.

ܪܫܝܬܐ *1.* (nest. ') initium asd 101, MS **2** 17, ܒܪܫܝܬ, ܡܢ ܪ' ab initio Gn 1 1, ER 65 17, dap 84 12; *2. pl.* primitiae dap 32 12, ON 45 14.

ܪܫܝܐ *1.* primus IA **2** 10 92; *2.* praecipuus Rabb 241 15, ON 45 14; *3.* magnificus, insignis ES **3** 401E, asd 20 17, Guidi to 19 50; *4.* pretiosus (lapis) ON 115 2.

ܪܫܢܐ MB 56 8, am **2** 535 11, Bhchr 219 15, princeps Guidi to 18 9, BO **3**1 217b.

ܪܫܢܘܬܐ *1.* principatus dap 96 20, asd 31 13,

Philox 540 15, am **2** 574 17; *2.* dominatio, regnum ES **1** 508A.

ܪܥܝ (cf. Agrell otiola syr. 37) principem fecit Bhchr. 200 18, ZDMG **40** 452.

ܐܬܪܥܝ et ܐܬܪܥܝ BO **2** 220 25, princeps factus est ThMarg **1** 120 12, Cat Vat **3** 354, Bhchr 198 6.

ܪܥܝܬܐ capitulum (plantae) Geop 68 16.

ܪܟ mollis factus est, fuit Mc 13 28, Nis 7 11 (Bevan).

ܪܟܟܐ mollities ESL **1** 75 23.

Pa. mollivit Js 1 6, Gal ZDMG **39** 255 8.

ܪܟܝܟܐ *1.* mollis μαλακὸς Lc 2 25, Vit Rabb 203 9; *2.* debilis (ignis) asd 83 17; *3. adv.* leniter ES **1** 101C, Guidi to 27 131; *4. subst.* sericum asd 14 17, Add 34 17.

ܪܟܝܟܘܬܐ mollities ES **1** 119E.

ܪܘܟܟܐ *1.* mollitio dap 45 19; *2. tt. gr.* mollitio literae (opp. ܩܘܫܝܐ) N § 23 sq, ES 16 5 etc.

ܡܪܟܟܢܐ μαλακτικὸς Gal ZDMG **39** 243.

Etpa. mollitus est AS **2** 204 8, Cyr 55 29, ThMarg **1** 83 21.

Af. mollivit ES **2** 549D, JohEph 24 13.

ܐܬܪܟܟ mollitus est Corluy MP 22 3.

ܐܪܩܒ ES **2** 64C leg. ܐܪܩܒ.

ܪܟܒ *1.* vectus est (equo etc.) Nm 22 22, ES **2** 261A, asd 111 17; *2.* sq. ܐܘܪܚܐ ingressus est (viam) Cyrill ZDMG **27** 593 v. 107; *3.* saluit, iniit (feminam) Geop 102 11.

ܪܟܒܐ *1.* cursus (sideris) JS 106 10; *2.* ζευκτηρία vinculum (remi) Act 27 40.

ܪܟܒܬܐ initus Geop 102 2.

ܪܟܘܒܐ *1.* animal ad equitandum ES **2** 437E, Guidi to 41 23, Jul 230 26; *2.* currus ES **3** 296B, JS in MS **2** 112 v. 550, JEh 36 4; *3.* equitatio ThMarg **1** 152 1, 357 15; *4.* solum, pavimentum ES **3** 101B; *5.* locus quietis ES **3** 577E.

ܪܟܝܒ vectus, equitans dap 56 22.

ܪܟܒܐ *1.* eques ON 45 19; *2,* lapis molae superior 2Sm 11 21, ES **1** 281E, am **2** 88 9.

ܪܟܘܒܬܐ animal ad equitandum JARS 15 2 (nisi ܪܟܘܒܐ leg.).

ܡܪܟܒܐ navis ZDMG **27** 498 9.

ܡܪܟܒܬܐ *1.* currus Act 8 38, Afr 247 16, JS in MS **2** 104 v. 429, AS **3** 239; *2.* ephippium Hoffmann Ausz n. 693, BA n. 6701.

Etpe. salta, inita est (femina) Lv 20 16, Geop 102 2.

Pa. *1.* in chorda collocavit (sagittam) ES **1** 547E; *2.* composuit ES **2** 323F, ER 21 12, Gal ZDMG **39** 273 13; *3.* commentus est ES **1** 507A, Philox 531 6, KwDW 50 20.

ܪܟܒܐ eques Judith 2 5, JA **2** 280 v. 825, Hagg 2 23 (Hex), ON 45 20.

ܪܘܟܒܐ *1.* compositio 2Mcc 15 40, ES **2** 195E, Philox 543 4, JS in MS **1** 69 v. 316; *2.* cogitatum ER 33 6.

ܡܪܟܒܘܬܐ compositio σύνθεσις Ex 30 32 (Hex), Spic Solesm **4** 185 7, glherm.

Etpa. compositus est Afr 6 13, ER 48 8, Philox 508 3.

Af. *1.* vectus est (navi) am **1** 350 2; *2.* equitare fecit 1Rg 1 33, ES **1** 443B, KwDW 114 14, Bhchr 99apu; *3.* inire, salire fecit Lv 19 19, ES **1** 245E.

ܪܟܠܐ mercator Jul 166 7, Bhchr 162 11.

ܪܟܢ *1.* se inclinavit Lc 24 29, ER 18 8, apap **1** 30 8, (de die) Cant 2 17, (de umbra) Philox 375 9; *2.* seq. ܥܠ invasit (stupor) JS in MS **1** 93 9.

ܪܟܢܐ *1.* declivitas Jul 97 17; *2.* cantus, melodia ZDMG **33** 667, EN 28 83; *3.* concentus (sententiarum) IA **1** 118 v. 804.

ܡܪܟܢܐ fulcrum asd 11 15.

Etpe. *1.* se inclinavit Jud 1 14, ES **1** 462B, ER 109 8; *2.* se fulsit Ath 16 2, JS in asd 93 25.

ܪܟܝܢ inclinatus BO **1** 286 n. 2.

ܪܟܝܢܘܬܐ propensio AS **3** 281 3.

Etpa. (ita metrum postulat, Bickell) flexus est ES **3** 282B.

Af. *1.* flexit, inclinavit ES **1** 27D, Guidi to 20 77, Philox 247 10; *2.* coegit JS in asd 101 2; *3.* se inclinavit JS in asd 103 22.

ܐܪܘܟܠ ESL **1** 673 7, leg. ܐܪܟܝܠ.

ܪܟܫܐ *pl.* ܪ̈ܟܫܐ (Dt 17 16, Afr 81 20) et ܪܟܫ̈ܬܐ (ES **1** 184E, AS **1** 63 20), equus et *coll.* equi Js 5 8, ES **2** 110A, Guidi to 43 4, Bhchr 204 21.

ܪܡܬܐ h. רִמָּה vermis, tinea Js 14 11, Job 25 6, ES **2** 10E, ER 4 6, Philox 366 3, EN 44 92.

ܪܡܬܐ *pl.* ܪ̈ܡܐ piscina Ex 7 19, 8 5, ES **1** 514D, TB 75 14.

ܪܡܐ *1.* jecit Mt 9 16, Gal ZDMG **39** 271 10; *2.* cecīdit ES **1** 534B; *3.* conciliavit (pacem) Philox 307 23; *4.* ܫܠܝܐ quievit, quietum se tenuit JS in asd 102 10; *5.* ܪܡܐ ܠܝ ܕ curae mihi est Joh Eph 41 13, ܣܝܡܐ ܕܪܡܐ ܠܒ ὑπόθεσις propositum Euseb. hist. eccl. ed. Dindorf XIX 16, cf. XX 2; *6.* se effudit JEh 15 3.

ܪܡܝܐ *1.* jactio, jactus ES **1** 394E, Ez 17 17 (Hex); *2.* ܪܡܝ ܐܝܕܝܐ et 'ܐ 'ܪ ὑπογραφὴ subscriptio asd 61 23, Jul 224 5, BO **2** 18, Cat Wright **1** 99 1, Hoffmann Kirch p. 91 n. 90, Bhce **1** 235apu.

ܬܪܡܝܬܐ jactus ER 123 1.

ܡܪܡܝܬܐ quinta decima psalterii pars ThMarg **1** 287 11, BO **3** 1 527 cap 9, Bh ad ψ p. 100 38, Dietrich comment. de Ps. p. 9, Bickell conspectus p. 88.

ܪܘܡܝܐ et ܪܘܡܣܦܐ OM 93 2, *1.* collatio, collecta ES **3** 378C, Nis 46 41, EbMai **10** 286 12; *2.* strena nuptialis Afr 106 10, ES **3** LVI 23, JS in MS **2** 63 338, asd 106 2, cf. p. 191n ad 105 7.

Etpe. *1.* se dedit (alicui rei) προσέχειν Tit 1 14, ES **1** 34C, Joh Eph 47 17, Cyr in Julian ed. Neumann 56 7; *2.* se paravit ad, ἐγχειρεῖν Gal ZDMG **39** 259 3; *3.* se accommodavit, concessit Corluy MP 10 12, ThMarg **1** 15 16, Bhchr 404 10; *4.* respondit, se opposuit Job 32 14.

Pa. seq. ܐܟܠ ܩܪ̈ܨܘܗܝ ἐκακολόγει calumniatus est 2Mcc 4 1, ON 25 11.

ܪܡܝܐ deceptor, fraudator Rechtsb 20 11.

ܪܡܝܘܬܐ fraus dap 73 26, Rechtsb 20 11.

ܪܡܘܣܘܬܐ fraus dap 75 6 (nisi emendandum).

ܡܪܡܝܢܐ διάβολος calumniator Job 1 6, KwDW 23 10, Bhchr 389 8.

ܡܪܡܝܢܘܬܐ calumnia 2Mcc 4 41, Philox 126 21, IS 2 18, KwDW 124 20.

ܬܪܡܝܬܐ fundatio καταβολὴ 2Mcc 2 29, Joseph 4 6, ESL **2** 107 11, ܡܢ ܬܪܡܝܬܗ ܕܥܠܡܐ ab initio mundi Mt 25 34, MS **2** 70 9, AS **2** 231 14.

Etpa. deceptus est Rechtsb 31 27.

Af. *1.* jecit ER 79 22; *2. met.* subjecit Act 6 11 (Phil); *3.* fudit ESL **1** 391 13; *4.* excitavit Guidi to 18 12; *5.* seq. ܢܘܪܐ accendit Journ of s. l. **6** 25 3; *6.* seq. ܡܠܐ i. q. ܐܪܡܝ ܡܠܐ quocum commutatur Jul 236 24, 25 25, 239 12, 161 6, cf. Hoffmann Ausz p. 54 n. 461, MS **2** 70 24; *7.* meritus est ES **3** 206B; *8.* decepit Bhchr 450 2; *9.* seq. ܥܠ calumniatus est IS 3 7, aggressus est JohEph 412 9; *10.* seq. ܐܝܕܐ subscripsit Spic Solesm **4** 226 21; *11.* seq. ܐܘܪܚܐ profectus est JSA v 103; *12.* seq. ܥܠ stravit (asinum) *to saddle* 1Rg 13 23.

Ettaf. *1.* jactus est MS **2** 32 4, AS **2** 265 10, Bhce **3** 73 14; *2.* fusus est Geop 17 6.

ܪܡܕܢ ar. رمضان nonus mensis anni Moslemici ENchr 11 8.

ܪܡܙ o *1.* innuit Pr 1 13, Lc 1 22, asd 86 17; *2.* significavit ES **1** 369C, 452B, JEschol 2 17; *3.* insinuavit ES **1** 238F.

ܪܡܙܐ nutus Afr 373 3, ER 139 1, Philox 533 7, JS in asd 103 8.

ܪܡܙܘܢܐ nutus parvus ET 3 14.

ܪܡܘܙܢܐ *1.* significus, indicans Nm 21 27 (Hex), JE in Journ of s. l. **10** 19 25, *adv.* ES **2** 65F; *2.* demonstrativus Bhgr **1** 78 21.

Etpe. significatus est ES 1 6B.

Pa. innuit Philox 101 15, ψ 35 9, 34 41 (Hex).

ܪܘܡܚܐ *f.* (N§84) hasta 1Rg 18 28, Afr 34 8, ER 14 15, JS in MS **1** 71 v. 385.

ܪܘܡܠܠ i. q. ܪܡܠ q. v. BO **2** 227apu.

ܪܡܟܐ *f.* (N§84) *pl.* ܪܡܟܐ Cyr 200 1, Kays 162 21 et ܪܡܟܬܐ Kays 96 2 (pers. Lag GA 82 214) grex ES **2** 470A, Mt 8 30 (Phil).

ܪܡܟܝܐ gregalis Cyr 281 4.

ܪܡܟܐ pastor Cast.

ܐܬܪܡܠ *1.* viduus factus est (*to lose one's wife or husband*) Judith 8 4, ES **1** 97C, Rechtsb 16 27, SB 94 7, Bhce **3** 235 13; *2.* viduam fecit KwDW 369 3.

ܐܪܡܠܐ viduus dap 62 19, ES **2** 421D, Vit Rabb 206 7.

ܐܪܡܠܬܐ vidua Mc 12 42, Afr 164 1, ER 102 5, dap 11 5.

ܐܪܡܠܘܬܐ viduitas Gn 38 11, Judith 10 3, ES **1** 513E, dap 62 1.

Ettaf. viduus factus est PsC 244 9, Rechtsb 29 18, ThMarg **1** 150 15.

ܪܘܡܢܐ punica granata Löw n. 310, Cant 4 3, ES 1 230C, Gal ZDMG **39** 295 8, Bhchr 233u.

ܪܘܡܢܐ ܕܒܪܐ centaurium EN 26 36, Löw p. 365.

ܪܘܡܢ ܡܪܝܒ βαλαύστιον balaustium Gal ZDMG **39** 254 3.

ܪܐܡܢܘܣ ῥάμνος rhamnus Geop 103 26.

ܪܡܝܣܐ *1.* placidus Pr 14 17, Afr 104 9, ES **3** 454C, IA in MS **1** 17 v. 232, Bhchr 364 26; *2.* mollis, lenis (incessus) Philox 410 14.

ܪܡܝܣܘܬܐ lenitas, mansuetudo Afr 9 8, ER 99 8, Nis **15** 17.

Etpe. pollutionibus laboravit BB 752 15.

ܪܘܡܨܐ ܕܢܘܪܐ? τέφρα cinis Tob 8 2.

ܪܘܡܨܐ cinis ZDMG **12** 122 18, Duval-Berthelot **2** 20 2, 29 2, EN 30 83.

ܪܡܩܐ sic leg. pro ܪܡܩܐ q. v. cf. ar. رَمَص Fraenkel.

ܪܡܩܠܐ i. q. ܪܡܠ q. v. Bhchr 123 25.

ܪܡܫܐ vesper Jos 2 5, Afr 343 4, Rabb 232 9, Guidi to 20 91.

ܪܡܫܝܐ *1.* vespertinus ESZ **2** 32, Ath ܡܒ 12, Bhchr 70 4; *2. f.* hora vespertina ThMarg **1** 243 11, Pall. ib. **2** 34 9.

Pa. *1.* vesperavit ESL **1** 425 16; *2.* ad vesperam usque commoratus est Nis 2 187; *3.* vespere fecit Bhcar 12 12.

ܪܢܐ cogitavit, putavit seq. ܒ Job 10 1, ES **1** 220E, Guidi to 36 23, Gal ZDMG **39** 246.

ܪܢܝܐ *1.* cogitatio 1Sm 10 2, ES **3** 583A, MS **1** 113 5; *2.* cura Afr 79 2, ER 22 2, Guidi to 43 21.

ܡܪܢܝܬܐ *1.* cogitatio ES **3** 509B, Add 23 16; *2.* cura Afr 27 9, ER 24 20, Guidi to 36 22, Lc 21 34 (Phil).

Etpa. *1.* cogitavit ES **2** 332D, Mc 13 16 (Phil), Kays 48 16; *2.* spectavit, egit Guidi to 39 9; *3.* poenituit eum Gn **6** 6 (Hex).

ܪܘܢܓܐ? splendor ES **3** 96F.

ܪܣ *1.* sparsit, adspersit Ex 12 22, Afr 217 9, ES **1** 243 6, dap 6 6, AS **4** 56 26; *2.* stillavit Pr 3 20, ES **1** 7E; *3.* instillavit, infudit ES **3** 305A, Geop 18 25.

ܪܣܣܐ *1.* adspersio Nm 19 9, Hebr 12 24, Ath ܝܒ 16; *2.* effusio dap 1 7.

ܪܣܝܣܐ et ܐܪܣܝܣܐ guttae (spec. roris) Dt 32 2, ES **2** 279F, IA **2** 84 31, AS **3** 31 9.

Etpe. adspersus est ῥαντίζουσα Hebr 9 13, Ath ܝܒ 23.

Pa. stillavit ES **2** 433D.

Af. fluere fecit (preces) ESL **3** 733 18.

ܪܘܣܡܓܐ i. q. ܪܣܡܐ q. v. Cast.

ܪܣܘܣ (pers. راسو) mustela KwD 30 7, KwDW 313 8.

ܪܣܘܣܬܐ dap 26 26 i. q. ܐܪܣܘܣܬܐ q. v.

ܪܣܦܢ ܡܚܐ cui saepe colaphi infringuntur ar. صفعان EN 14 1.

ܪܐܣܛܡܢ antimon Duval-Berthelot **2** 99 6 8, 102 7.

ܪܣܘܠܐ ar. اَلرَّسُول legatus (dei) Journ of s. l. **3** 123.

ܪܣܦ a *1. intr.* a) destillavit Dt 32 2, b) fluxit Bal 296 1, Jul 212 18, c) effluxit JS in MS **2** 146 403, d) se effudit ES **3** 387A; *2. tr. met.* instillavit (vitam) Guidi to 36 11, AS **3** 94 14.

ܪܣܦܐ ros EN 56 95.

ܪܘܣܬܓܐ (pers.) saeptum Bh ZDMG **24** 511u, ad Jud 5 28.

ܪܘܣܬܐ catena KwD 13 11.

ܪܘܣܬܩܐ (pers Lag GA 81 211) provincia Corluy MP 15 9, am **2** 560 8, BO **3** 1 149a 2, ThMarg **1** 66 16.

ܪܥ *1.* fregit Js 2 4, Joel 3 10; *2.* delevit Joseph 1 4; *3.* contudit Cat Vat **2** 364 19 (sic leg.).

ܪܥܥܐ fractura συντριμμὸς Am 5 1 (Hex), cf. Bernstein ZDMG **4** 209, IS 94 6.

Etpe. perfractus est Bhchr 355 2.

ܪܥܝܥ fractus 2Rg 18 21, Mt 12 20, ES **1** 557B.

ܪܘܥܥܐ vexatio ES **3** 65A.

ܪܥܪܥ *1.* fregit Ez 29 7 (Hex), ψ 74 22 (ib.); *2.* διακλύζεσθαι eluit (os) Gal ZDMG **39** 243.

Etpa. confractus est ES **1** 517B, Ez 29 3 (Hex), ψ 37 17 (Symm).

ܪܥܐ (ar. رعى) *1. tr.* pavit (*to pasture*) Gn 30 36, dap 23 16, Philox 140 11; *2. intr.* pastus est Js 11 7, ES **2** 40C, Cyr 125 5.

ܪܥܝܐ pastio ES **1** 83A, 306C; *2.* pascuum Joh 10 9, ES **2** 194A, am **3** 76 11.

ܪܥܝܐ ܐܝܠܐ ἐλαφόβοσκον BB 631 23, Löw n. 311.

ܪܥܝܐ ܕܝܘܢܐ verbena? BB Löw n. 317.

ܪܥܝܬܐ *1.* pascuum Joh Eph 371 3, Bhchr 85 20; *2.* grex Joh Eph 345 4.

ܪܥܝܐ *pl.* ܪܥܘܬܐ (N§79A) pastor Gn **46** 34, asd 19 13, Guidi to 18 4.

ܪܥܐ ܐܩܪܐ Pr 29 3 (Hex) et ܪܥܐ ܙܢܝܬܐ Rie 15 23 πορνοβόσκος leno.

ܪܥܝܘܬܐ munus pastoris, pastio ES **1** 200D, AS **2** 368 8.

ܪܥܝܢܝܐ pastoralis Cyr 73 29.

ܡܪܥܝܬܐ *1.* pascuum ψ 95 7, ES **1** 18B; *2.* grex Jer 23 1, Lc 2 8, Afr 195 1, ES **2** 193F, Vit Rabb 181 13; *3.* dioecesis Bhce **2** 499 8.

ܪܥܐ (ar. رَضِيَ) seq. ܒ contentus aliqua re 1Par 29 17, JS Abb 288 372, Bhchr **146** 3.

ܪܥܝܢܐ *1.* cogitatio ER 40 1; *2.* fictio Ath 34 15; *3.* consilium, voluntas Guidi to 19 41.

Pa. placavit, reconciliavit 2Cor 5 18, Afr 255 2, ES **1** 556B, Joh Eph 383 21.

ܬܪܥܘܬܐ reconciliatio 2Cor 5 19, ES **1** 87D, Philox 23 3, Joh Eph 351 25, Bhchr 303 12.

ܬܪܥܝܬܐ *1.* cogitatio Lc 1 51, ER 35 12; *2.* intelligentia Pr 1 4, Gal ZDMG **39** 246 2.

ܬܪܥܝܬܢܝܐ mentalis EbMai **10** 191 25.

Etpa. *1.* placatus est Lv 1 3, dap 53 28, Corluy MP 35 2, Joh Dar in MS **1** 106 12; *2.* cogitavit Jud 19 30, Afr 469 4, Gal ZDMG **39** 263 13; *3.* commentus est dap 47 19, Philox 174 13; *4.* spectavit, egit Vit Rabb 172 25.

ܡܪܥܒܬܐ h. מֻרְבֶּכֶת oleo perfusa Lv 6 14, semiassata EN 34 92.

Etpa. perterritus est IA **1** 118 803.

ܪܥܘܬܐ species, adspectus Clr 121 15.

ܪܥܠ tremuit 3Mcc 2 16, ES 2 306E, Philox 162 19, asd 17 1.

ܪܥܠܐ *1.* tremor ES 1 219E, Corluy MP 22 1; *2.* motus terrae Bhchr 166u.

ܪܥܠܐ tremor Nah 2 11, Za 12 2, ES 2 304F.

ܪܥܠܬܐ tremor Hex: Ex 15 16, ψ 54 10.

ܪܥܝܠܐ *1.* commotus, quassatus Nis 11 85; *2.* timens ES 2 416B, ER 19 7.

ܪܥܝܠܘܬܐ (al. 'ܪ) tremor ψ 115 (116) 11.

Af. *1.* tremore affecit Ez 29 7, ES 1 369F, Philox 167 5, Rabb 227 20, Joh Eph 68 10; *2.* tremere coepit Bhchr 258 26.

ܪܥܡ *1.* sonuit ES 2 496A, Guidi to 43 11; *2.* tonuit 1Sm 7 10, ES 1 346E, Zingerle Chrest 404 7, IS 13 12 (cf. Nöldeke ZDMG **25** 672).

ܪܥܡܐ *1.* sonus (tubae) Spic Solesm **4** 245 20; *2.* tonitrus Ap 14 2, ES 1 356C, Corluy MP 13 12.

ܪܥܡܢܐ (nest. ܪ) *1.* tristis ES 1 105D, JS Abb 42 167, *adv.* Guidi to 20 97; *2.* iratus Th Marg 1 83 12.

ܬܪܥܘܡܬܐ *1.* murmuratio, mussitatio, indignatio Col 3 13, ES 2 408A, am 3 420 19, JS in asd 102 14; *2.* tristitia Mi 2 6, ES 3 443B, Bal 299 18.

ܡܬܪܥܡܢܘܬܐ indignatio Cyr 100 2, 431 9.

Etpa. *1.* murmuravit Ex 15 24, ES 2 480E, Dion T 139 11, SB 23 12; *2.* iratus est ES 3 XLIX 42, PsC 64 12, Clr 140 1; *3.* tristis fuit ER 92 10; *4.* miseratus est apap 1 146 8; *5.* proclamatus est Nis 1 15.

Af. resonare fecit Journ of s. l. 7 39 2.

ܪܥܡܫܐ pandiculatio Cast.

ܪܥܦܐ (N§94C) panis in cinere coctus Nm 11 8, ES 1 256D, 501B, Spic Solesm 4 44 5.

ܪܥܨ *1.* dilaniavit Dn 8 7 (Hex); *2.* contrivit Mc 14 3, Lc 9 39 (Phil).

ܪܘܥܬܐ *f.* (N§86, in Löw p. 423 contra Löw p. 203, sed cf. ass. *ru'(a)tu* Jensen) *st. abs.* ܪܘܥܐ Bhcar 150 4, spuma Ep Jud 13, Duval-Berthelot 2 9 17, EN 25 62.

ܪܘܥܬܢܐ et ܪܘܥܬܢܝܐ spumosus ἀφρώδης Gal ZDMG **39** 292 9, BB 267 11.

ܪܘܥܬܢܘܬܐ spumositas AS 142 7.

Af. spumavit Mc 9 18, ESL 1 691pu, AS 2 34 2.

ܪܦ se movit ER 4 7, Philox 166 7.

ܪܦܐ *1.* nidus ES 2 35B, am 2 338 1, SB 31 12; *2.* agmen (pullorum) IA 2 328 v. 1531, AM 2 232 8, AS 4 94 18.

ܪܦܦܐ *1.* motus, motio ER 91 19, IA in MS 1 16 204; *2.* ܪܦ ܥܝܢܐ momentum temporis 1Cor 15 52, Afr 132 14, ES 1 11D, ܪܦܦܐ id. = 1/2000 ܫܥܬܐ Sim Šanql 14; *3.* i. q. ar. اختلاج gr. παλμὸς salissatio, palpitatio membrorum, e qua vaticinantur Jul 48 27, ON 93 18, JE in Rie 131 13, cf. Kayser JE Can p. 128.

ܪܦܦܢܐ momentanus ThMarg 1 27 9.

Pa. incubuit, fovit ES 3 XLIX 14.

Af. movit ES 2 505D, AM 2 275 15.

ܪܦܪܦ movit (labra) AS 2 197 19.

ܪܘܦܪܦܐ motus, concussio Bhcar 96 8.

Etpa. motus est AS 1 12 16, BB 134 16.

ܪܦܐ *1. tr.* sanavit, firmavit ES 2 447C (cf. ZDMG **40** 723); *2.* laxus fuit Philox 600 1.

ܪܦܝܐ *1.* mollis Hebr 12 16, ES 1 121A; *2.* piger ES 1 199E; *3. adv.* laxe ES 1 352C.

ܪܦܝܘܬܐ *1.* solutio, remissio Philox 602 7; *2.* neglegentia, pigritia ES 1 507C, JS Abb 74 483, MS 1 102 5; *3.* petulantia Clr ep 203 8.

Pa. laxavit Job 12 21.

ܪܘܦܝܐ emollitio Duval-Berthelot 2 223 n. 3.

Etpa. *1.* laxatus est Philox 596 4; *2.* debilitatus est KwDW 182 6; *3.* remisit Hebr 12 3, Ath 30 15; *4.* neglegens fuit Philox 284 15.

Af. *1.* reliquit ER 125 3, dap 100 6, MS 2 67 22, Rechtsb 38 5; *2.* movit (castra) JohEph 216 10; *3.* remisit (manum) Corluy MP 9 16; *4.* timidum reddidit IA 2

272 v. 675; *5.* permisit, concessit ESZ **1** 693.

ܡܪܦܝ *1.* laxus 2Sm 17 2; *2.* mollis (sonus) Bhgr **1** 197 4.

ܡܪܦܝܢܘܬܐ neglegentia Eccl 10 4, Philox 575 16.

ܪܦܦ serpsit Clr 134 28.

ܪܦܘܕܝܢ *pl.* ܪܦܘܕܝܐ ῥεπούδιον repudium Rechtsb 8 10, 23 4.

ܪܦܝܣ i. q. ܪܦܣ q. v. Geop 52 26.

ܪܦܝܣܐ tumens BB 34 21, Cast.

ܪܦܣܐ tumor Cast.

ܪܦܪܢܕܪ leg. ܪܦܪܢܕܪܐ ῥεφερενδάριος referendarius AS **2** 319 8.

ܪܦܣ (Barth p. 33) *1.* supplosit (pedem) Ez 6 11, ES **2** 188B, Jul 23 26; *2.* saltavit Afr 85 11, ES **2** 450E; *3.* calcavit Bhchr 555 3.

ܪܦܣܐ *1.* saltatio Ath ܡ 26, Ex 32 19 (Hex); *2.* calcatio Bhchr 505 23.

ܪܘܦܣܐ 1/17 pars ܡܚܘܬܐ minutae Sim Šanql 14.

ܪܘܦܣ cervus damus Physiol III.

ܪܦܫܐ *1.* humerus, scapula asd 80 11, am **2** 229 10, EN 9 75; *2.* ventilabrum Js 30 24, Mt 3 12, ES **1** 33D, ESL **2** 35 8, am **3** 384 5.

ܪܦܫ a *1.* se movit ES **2** 346E, Nis 31 165, JS in MS **1** 91 8; *2.* redundavit, corrosus est (vermibus) Act 12 23, ES **1** 18C, SB 97 19; *3.* serpsit (ulcus) ES **2** 451A, Philox 8 10; *4.* raptim se movit (*to palpitate*) Hoffmann Ausz n. 773.

ܪܦܫܬܐ motus, impulsus ES **2** 460A, Bh de div sap 6 3.

ܪܦܫܬܐ motus Kays 79 23, Philox 8 14.

ܪܦܝܫ redundans (pediculis) Joh Eph 6 17.

ܪܦܫܬܐ *1.* reptilia TB 107 2; *2.* chordae IA **1** 296 48.

ܪܦܫܘܬܐ motus Philox 82 1.

ܪܨ *1.* contudit, confregit ES **1** 321C, Jul 134 1, JS in asd 105 24; *2.* contrivit ES **1** 247F, IA **2** 226 v. 140; *3.* conculcavit Rabb 365 27.

ܪܨܨܐ *1.* luxatura Geop 94 8; *2.* contritio ψ 89 4 (Symm).

Etpe. contusus est ER 3 18, ThMarg **1** 295 10, Bh in JE Can 18 15.

Pa. fregit ψ 74 14, ESL **2** 689 2, am **3** 299 20, KwDW 399 24, Jud 10 8 (Hex).

ܪܨܝܥܐ scissus? JSt 50 5, AS **2** 55 26.

ܡܪܨܨܐ infixus BA n. 6731.

ܪܩ *1.* scaturivit am **2** 75 7, Bh in Hebr **8** 51 16; *2.* perfusus fuit ES **3** 165F; *3.* defluus (ῥυάς) fuit Geop 41 24.

ܪܩܐ gutta ES **2** 529D.

ܪܩܐ ES **2** 497F, ܪܩܐ (ON 46 11 artificiose inter ܪ̈ et ܪ̇ distinguit) Afr 188 11, ES **2** 342E, Vit Rabb 168 5, ܪܘܩܐ Hoffmann Ausz n. 62, fons parvus.

ܪܩܢܘܬܐ ulcerositas BB 60 10, 155 5.

ܪܨܦ *1.* stravit, munivit viam (*to pave*) ESL **1** 497 23, Geop 10 12, Bhchr 39 11; *2.* arcte connexit JSA v. 365.

ܪܨܝܦ *1.* stratus Cant 1 16 (cf. MS **2** 13 15), Jul 228 23, JS in ER 390 19; *2.* spissus, densus ZDMG **13** 54 13; *3. f.* ܒܠܛܐ ܪܨܝܦܬܐ (EN 23 13: ܪ̈) λιθόστρωτος Joh 19 13, ܐܪܨܝܦܬܐ h. רִצְפָּה pavimentum 2Par 7 3.

ܪܨܝܦܘܬܐ adhaesio, stratura Bhcar 7 10.

ܪܨܦܐ pavimentum 2Rg 16 17, ON 99 18.

Etpe. stratus est BB 343apu.

ܪܩ spuit, conspuit Lv 15 8, Mt 26 67, ES **1** 282B, dap 39 10, ThMarg **1** 349 1.

ܪܩܐ gr. ῥακά abjectus, vilis Mt 5 22, ESL **1** 47 13, dap 39 10, MS **1** 110 12.

ܪܩܐ (ex ar. رَقّ?) testudo BB 490 4 a f.

ܪܩܢܘܬܐ mentha BB, JAP 1872 p. 475, Löw p. 261.

ܪܘܩܐ sputum Joh 9 6, ES **2** 433A, ER 138 27, Ath 49 5.

ܪܩܩܐ *1.* sputio Gal ZDMG **39** 243, 293 22; *2.* vadum (*shallow*) Ex 2 5, ES **2** 390D, JSt 4 5, SB 48 14.

ܡܪܩܩܐ venter Jud 3 22, ES **1** 310D, Jul 119 28, am **1** 497 2.

Etpe. consputus est ES **1** 282C, Spic Solesm **4** 28 1, Bhce **1** 325apu.

ܪܩܝܩܐ *1.* tenuis dap 98 2, Bhchr 134 18; *2.* consputus ZDMG **29** 114 165.

Af. *1.* extenuavit Ex 39 3; *2.* suppuravit ES **2** 390D.

ܪܡܓܐ uter Gn 21 14, ES **2** 6A, am **1** 502 14, Bhgr **1** 213 22.

ܪܡܟܐ mutuli, lapides e parietibus prominentes, quibus tigna nituntur ON 98 2.

ܪܘܡܐ (nest. ܪ̈) saltatio Afr 111 3, ES **2** 408B, **3** 329A.

ܡܪܩܘܕܬܐ *pl.* ܡܪܩܘܕܝܬܐ *1.* lamentatio lugubris Gn 50 10, ES **1** 278D, PsC 252 4, am **1** 189 14; *2.* contio, domus lugubris Vit Rabb 207 3; *3.* manuum torsio Nis 75 54.

ܡܪܩܘܕܝܐ lamentativus Bhgr **1** 158 19.

Etpe. defletus est Ez 24 16 (Hex).

Pa. saltavit Jud 16 25, ES **1** 403C, dap 94 21.

ܪܩܘܕܐ saltator Spic 16 27, Philox 148 5.

Af. lamentatus est, deflevit Afr 411 2, ES **1** 213D, dap 94 25, am **3** 227 10.

Ettaf. defletus est Jer 8 2 (Hex).

ܐܪܡܨܬܐ pustulae rubrae EN 33 41.

ܪܘܩܢܐ ῥυκάνη runcina (*plane*) EN 30 67, cf. Löw p. 10.

ܪܩܥ *1.* stabilivit ψ 135 6, Afr 278 14, ER 65 13, asd 9 24; *2.* adligavit Duval-Berthelot **2** 38 2.

ܪܩܝܥܐ et ܐܪܩܝܥܐ *1. adj.* spissus πυκνὸς Geop 26 14, 20; *2.* πεπιεσμένος compressus Lc 6 38; *3. subst. m.* rarius *f.* (N§87) firmamentum Gn 1 6, Afr 266 10, Rabb 248 2, JS in asd 96 2.

ܐܪܩܥܬܐ *pl.* ܐܪܩܥܬܐ SB 88 10, saepius ܪܘܩܥܐ *1.* pannus Mt 9 16, ESJ 30 18, Bal 288 5, Geop 87 19; *2.* schedula (ex ar. رقعة?) Bhce **3** 209 11.

Etpe. stabilitus est ES **1** 13E, 119A.

Af. i. q. Pe. am **3** 353 13.

ܪܩܝܦ tectus Geop 106 27.

ܪܩܦܐ tigillum BB Cast.

ܪܘܩܬܐ i. q. ܪܩܬܐ Card.

ܪܩܫ contudit AM **2** 63 11.

ܡܪܩܫܐ ὕπερον pistillum Pr 23 31 (Hex).

ܡܪܩܫܬܐ AM **2** 61 37, ܡܪܩܘܫܬܐ Geop 47 11, 114 3 mortarium.

Etpe. contusus est BB 344 5.

ܪܫܐ vituperavit, reprehendit Rom 9 19, ER 37 10, dap 31 28, JS in MS **1** 40 v. 207.

ܪܫܝܐ vituperator ES **2** 449C, IA **2** 141 22, Philox 128 21, SB 100 16.

ܪܫܘܬܐ Ath 49 11, leg. ܪܫܢܘܬܐ ἀρχαὶ.

ܡܪܫܝܢܘܬܐ vituperatio, opprobrium ES **2** 449B, dap 14 29, Philox 552 15, ECth **4** 27 9, Rie 94 11.

ܪܫܝܬܐ *1.* opprobrium Act 25 7, ER 40 13, dap 50 19, Ath 12 1; *2.* donum 1Ezr 1 7.

Etpe. vituperatus est Act 19 40, Afr 62 5, ES **2** 366F, dap 68 6.

Pa. donavit 1Ezr 1 7.

Af. *1.* seq. ܒ vituperavit Lc 23 14, asd 83 1; *2.* seq. ܛܝܒܘܬܐ beneficio affecit Act 25 9, KwDW 249 15.

ܪܫܠ remisit manus Afr 421 20 (nisi Af. legendum).

ܪܫܠܐ resolutio EN 32 17; *2.* (nest. ܪܫܝܠ) diffluens (sanie) Lv 22 22, ON 92 6.

Etpe. solutus est Gal ZDMG **39** 243, Bhchr 134 12.

Pa. solvit am **3** 400 10.

Etpa. *1.* relaxatus est 2Sm 4 1, ES **2** 172C, Jul 178 4; *2.* inductus est Mos. Agh. in Rendic. dei Lincei 1886 p. 409 25.

Af. *1.* remisit (manus) Jos 10 6, ES **1** 301A; *2.* dedit (animum cupiditatibus)

Ath 40 16; *3.* sivit ES **3** 162E, ER 52 24; *4.* concessit, permisit ES **1** 331F, **2** 516B, Nis 26 29; *5.* condonavit Bal 330 5; *6.* tremuit MB 32 v. 438.

ܡܪܫܠ prolixus AS **2** 154 15, Joh Eph 255 19, Bhce **1** 241 18.

ܪܫܡ *1.* signavit Act 4 28, ES **1** 300A, Corluy MP 44 9, Dion T 75 9; *2.* repraesentavit ES **1** 149F; *3.* inscripsit (librum) BO **1** 466b.

ܪܘܫܡܐ *1.* signum Ez 9 4, ES **2** 491F, Vit Rabb 165 10, asd 15 13; *2.* consignatio AS **2** 272 6.

ܪܫܡܐ consignatio (quae fit signo crucis) Bh in JE Can 16 8, Cat Vat **2** 147 10.

Etpe. *1.* signatus est AS **2** 298 12, Sev A 66 8; *2.* inscriptus est (liber) Spic Solesm **4** 53 17.

Pa. insculpsit Card 98 7.

ܡܪܫܡܢܐ instrumentum pictoris EN 30 18.

Af. delineavit Philox 204 9, Kays 199 2.

ܪܫܝ v. s. v. ܪܫܐ.

ܪܫܥ scelestus fuit ES **2** 456E.

ܪܘܫܥܐ scelus 2Mcc 15 10, Vit Rabb 197 1, MS **1** 113 3.

ܪܫܥܐ id. ECth **2** 18 3, Clr 137 27.

ܪܫܝܥܐ scelestus Act 2 23, dap 46 17, Rabb 365C, *adv.* ES **2** 536C, Vit Rabb 180 1.

ܪܫܝܥܘܬܐ ἀσέβεια impietas glherm.

Af. scelus commisit, sceleste egit Eccl 7 17, ES **1** 505D, dap 18 28, Philox 165 22, Ath ܢ 16.

ܪܫܦ o et a (Philox 407 8) repsit, serpsit Jer 46 21, Afr 109 10, ES **1** 247B, am **2** 338 1, MS **1** 115 14.

ܪܫܦܐ reptio IA **1** 294 18.

ܪܚܫܐ reptile Bal 262 18, SB 26 5.

Etpe i. q. **Pe.** BB 344 3.

Af. repere fecit IA **2** 108 15.

ܪܫܩܐ (ex ar. Fraenkel BACS **3** 79 contra Barth p. 46) jactio (sagittae) EN 41 25.

Etpe. jactus est BB 344 4.

ܪܬ tremuit Sap 17 9, ES **1** 346C, Vit Rabb 184 1, Philox 162 19, am **2** 37 14.

ܪܬܝܬܐ et ܐܪܬܝܬܐ *m.* et *f.* (Bhgr **1** 11 18, N§ 86) tremor Js 33 14, Mc 16 8, Afr 221 1, ES **1** 217A, asd 109 20, JARS 182 2.

ܪܬܝܬܐ et ܐܪܬܝܬܐ tremens Jud 7 3, ES **3** 400C, MS **2** 156 v. 1260.

Pa. tremuit dap 85 6, AS **2** 262 14.

ܪܬܐ admonitio Card 100 1.

ܪܬܝܐ et ܐܪܬܝܐ admonitio asd 19 6, dap 76 3.

Af. admonuit Act 8 31, ES **2** 356A, dap 91 24.

ܡܪܬܝܢܘܬܐ admonitio 2Tim 1 7, Philox 248 4, Ath 54 24.

Ettaf. *1.* admonitus est BO **2** 72 11; *2.* κατηχήθη religione christiana doctus est Rie 10 5, Bh in JE Can 11 3.

ܡܬܪܬܝܢܐ catechumenus ES **4** XXV 19.

ܪܬܚ *1.* fervuit, exarsit, calefactus est Philox 572 3, JSt 71 5, asd 55 9, Jš in Th Marg **2** 172 9, *met.* (timore dei) Zach Rhet 6 6; *2.* effervuit, bullivit 1Mcc 13 7, Afr 164 18, ES **1** 111E.

ܪܬܚܐ (nest. ܪ Bhgr **4** 4 5) ardor, aestus Ez 24 10, ES **1** 278D, Philox 572 5, Jul 189 25.

ܪܬܝܚܐ inflammatus am **1** 467 19.

ܪܬܝܚܘܬܐ calefactio, fervor sanguinis glherm.

Af. *1.* calefecit Ez 24 10, 2Mcc 7 4, ES **1** 118A; *2.* effervescere fecit ER 4 8.

Šaf. *1.* large effudit dap 95 4, Ath ܘ 8; *2.* divitem fecit IA in MS **1** 15 27; *3.* fertilis fuit (annus) ESJ 108 2.

ܫܘܪܬܚܐ *1.* copia ES **2** 137D, Rabb 232 9; *2.* divitiae IA **2** 132 v. 486, KwDW 66 2.

ܫܘܪܬܚܢܝܐ augmentativus Bhgr **1** 158 20.

ܡܫܪܬܚܢܘܬܐ copia, abundantia KwD 37 3, Philox 486 4, Ob 2 20 (Hex), cf. Bernstein ZDMG **4** 212.

Eštaf. *1.* repletus est Bal 285 21, ECth **1** 60 12; *2.* abundavit Philox 272 20, KwDW 122 5, ThMarg **1** 20 19; *3.* excessit BO **1** 218a; *4.* seq. ܡܢ major fuit IA **2** 150 197.

ܪܛܡ *1.* mussitavit, murmuravit am **3** 411 1, Rie 116 6; *2.* susurravit ES **3** 633D; *3.* locutus est ES **2** 388D, Nis 69 101; *4.* narravit Bh ZDMG **40** 452; *5.* sonum edidit Bhchr 412 21.

ܪܛܡܐ *1.* sonus ESZ **1** 733, Guidi to 36 15, Dion T 170 18; *2.* sermo ES **2** 415F, Jul 70 14; *3.* nomen accentus BZ 3 5.

ܪܬܡܢܐ edentulus, balbus EN 31 35.

ܪܬܡ i. q. h. רֹתֶם Rg γ 19 4 (Hex).

ܪܬܚ spumavit ESL **1** 123 6, Pseudo Euseb in Journ of s. l. **5** p. 404 l. 7 (num utroque loco ܐܬܪܬܚ legendum?).

ܪܬܝܟ demissus IA **2** 84 74.

Af. *1.* decidit Ez 21 15, ES **2** 184C, Geop 103 20; *2.* evellit Ez 28 9, ES **2** 188B.

ܐܪܬܫ pupugit Geop 104 3.

ܫ

ܫ XXIma litera alphabeti, Šîn, numerus 300.

ܫܐܕܐ (e bab. Delitzsch Paradies 153) daemon Lv 17 7, Mt 8 31, ER 183 1, asd 52 6.

ܫܐܕܢܐ daemoniacus ES **2** 409E, Philox Mem. dei Lincei **12** 1884 p. 460b 17.

ܫܐܕܢܘܬܐ natura daemoniaca Bhchr 268 3,

ܫܐܕܢܝܐ daemoniacus ES **1** 240B, Nis 61 32, Joh Eph 155 10.

ܫܐܠ interrogavit seq. ܒ Jos 9 14, ES **1** 566E.

ܫܐܠܬܐ *1.* petitio Jud 8 24, ES **2** 209A, dap 66 2, Vit Rabb 186 4; *2.* postulatio BO **3** 1 282a, postulatum BZ 10 20; *3.* seq. ܕܒܝܬܐ suppellex KwDW 55 12; *4.* ܫܐܠܬ ܫܠܡܐ salutatio ThMarg **1** 95 17.

ܫܐܠܐܝܬ et ܐܫܬܐܠܐܝܬ (ES **1** 134A, Bhchr 499 8) *1.* mutuo ES **1** 134A, in vicem Bhchr 499 8; *2.* communicatorie, adscititie ES **2** 460C; *3.* metaphorice JS Abb 184 4, Gal ZDMG **39** 293 22.

ܫܐܠܢܝܬܐ deceptiones Nis 40 30 (Bevan contra Bickell, qui „quaestiones" vertit).

ܫܐܘܠܐ *1.* interrogans ES **3** 369D; *2.* petens ER 25 7.

Etpe. *1.* recusavit, renuit (παραιτεῖσθαι) Lc 14 18, ES **1** 422D, AS 177 19, JohEph 317 10; *2.* abdicavit Bhchr 251 22.

ܡܫܬܐܠܢܘܬܐ παραίτησις *1.* abdicatio Guidi chron 11 16; *2.* appellatio Hoffmann Kirch. 86 n. 28; *3.* excusatio Zach Rhet 24 6.

Pa. interrogavit Lc 23 6, Philox 139 4, Guidi to 20 62.

ܫܘܐܠܐ *1.* interrogatio 2Rg 16 15, ER 111 22, Ath ܠ 8; *2.* quaestio JSt 12 11, MS **2** 72 11.

ܫܘܐܠܝܐ interrogativus Bhgr **1** 158 14.

ܡܫܐܠܢܐ *1.* ἐρωτηματικός interrogativus ET 12 15, herm 66 115n, AS **4** 10 26; *2.* nomen accentus ET 38 6, BZ 15 15.

Etpa. *1.* petitus est Sir 46 20; *2.* interrogatus est Act 22 24.

Af. *1.* interrogavit Jul 231 16; *2.* commodavit Lc 11 5.

ܫܐܪܬܐ catena Ez 23 42, ES **1** 267F, AS **3** 20 24, am **2** 327 16.

ܫܐܪܝܐ, ܫܐܪܝܐ ER 143 1, ܫܪܝܐ Jul 228 21 (korean. *sir* OSchrader Ling.-hist. Forschungen zur Handelsgesch. u. Waarenkunde p. 233) σηρικός, sericus (pannus) *silk* Ap 18 12, ES **2** 43E, PsC 195 11, Guidi to 25 57, asd 14 24, BO **1** 186.

ܫܒ *1. intr.* devenit Act 10 11, ES **3** 11B,

dap 103 13; *2. tr.* demisit Mc 2 4, am **2** 538 11, Bhce **1** 103 1, JARS 99 11.

ܫܒ̈ܐ venae JEh 28 5.

ܫܒܒܐ vicinus Lc 1 65, ES **1** 120A, JS in ER 393 2.

ܫܒܒ ܢܗܪܐ ποταμογείτων planta BB, Löw n. 315.

ܫܒܒܬܐ vicina Lc 15 91, ES **3** 111F, IA **2** 324 v. 1465.

ܫܒܒܘܬܐ *1.* vicinitas ES **2** 367C, Chr ed 146 30, JS in ER 397 21; *2.* pars urbis MS **2** 73 2, Bhchr 178 2.

ܫܒܒܘܢܐ et ܫܒܒܘܢܝܐ Js 28 25 27, Gal ZDMG **39** 281 7, nigella sativa Löw n. 314, ES **2** 69A, Geop 44 23, AS **4** 101 25, EN 26 71.

ܫܒܝܒܐ scintilla ES **2** 18E, 454A, ThMarg **1** 187 17.

ܫܒܘܒܝܬܐ stranguria TA 40 225.

Af. demisit Jer 38 6.

ܫܒܬܐ *pl.* ܫܒ̈ܐ (N§81 ex h. שַׁבָּת) *1.* sabbatum Lc 6 1, Ath 42 13, Sev in ES **2** 199 4; *2.* hebdomas dap 20 8.

ܫܒܬܐ ܦܨܚܝܬܐ dies paschalis Chr ed 153 17.

ܒܝܬ ܫܒܬܐ *pl.* ܒܝܬ ܫܒ̈ܐ ap NT 29 19, Jul 24 7 *1.* synagoga Chr ed 150 23, JSt 44 12, ThMarg **1** 60 7; *2.* refectorium ThMarg **1** 235 11.

ܫܒܬܝܐ *1.* sabbaticus ES **2** 440D, AS **2** 32 3, am **3** 385 3; *2.* hebdomadarius (*who had certain duties assigned to him in the monastery, which lasted a week,* du Cange 339) AM **2** 280 18.

ܫܒܬܝܐܝܬ sabbaticus Cyr 61 26, *adv.* Sev in ES **2** 199 7.

ܫܒܬ quievit Ath 19 11, AS **2** 296 19.

Pa. sabbatizavit Cyr in Jul ed Neumann 57 18.

ܫܘܒܬܐ *1.* sabbatismus Hebr 4 9 (Phil); *2.* quies Bh ad ψ p. 144 75.

Af. sabbatizavit Lc 23 32, 2Mcc 6 6, BB 305 15.

ܫܒܐ *1.* cepit Dt 21 10, asd 56 5, Chr ed 156 23; *2.* abegit (pecus) Rechtsb 20 15.

ܫܒܝܐ *1.* captivitas Dt 28 41, Afr 416 4, ES **1** 551B, Ath 34 6; *2.* captivi ES **1** 61D.

ܫܒܝܬܐ captivitas et captivi Dt 21 10, ES **1** 507A, Dn 2 25 (Hex).

Etpe. *1.* captus est Jer 29 4, BO **3** 2 119; *2.* inundata est (urbs) BO **1** 393.

ܡܫܬܒܝܢܘܬܐ captivitas (*the being taken captive*) KwDW 36 14.

ܫܒܘܝܐ qui capit ES **1** 550F, JS in MS 183 226.

Af. capere sivit Jer 29 14, ES **1** 272F.

ܫܘܒܚܐ *1.* laus, gloria Mt 24 30, Guidi to 10 9 etc.; *2.* δόξα opinio glherm; *3.* pars quarta de ܡܪܒܥܬܐ q. v. ThMarg **1** 287 10, Bh ad ψ p. 100 38, Dietrich comment p. 9, Bickell conspect. 88.

ܫܘܒܚܘܢܐ gloriola Cyr 260 18.

ܫܒܝܚܐ *1.* laudatus 2Rg 5 1, asd 38 2; *2. f. subst.* gloria Js 12 4 (Hex).

ܫܒܝܚܘܬܐ gloria, magnificentia ES **2** 507B, Spic Solesm **4** 26 6.

Pa. *1.* laudavit, praedicavit Mt 9 8, Gal ZDMG **39** 264 14; *2.* ἔδοξε *was of opinion* Bh in Hebr **3** 250 4, cf. **4** 186.

ܬܫܒܘܚܬܐ (N § 23E) gloria, laudatio, honor Lc 2 9, ES **1** 312A, ER 95 16, MS **1** 9 326.

ܬܫܒܘܚܬܢܐ gloriosus ThMarg **1** 18 8.

ܡܫܒܚ ܦܘܡܐ v. s. v. ܦܘܡܐ.

Etpa. *1.* laudatus, celebratus est ἐδοξάσθη Ex 14 4, Joh 13 21, ES **2** 312B, Vit Rabb 202 15; *2.* gloriatus est Guidi to 35 6.

ܫܒܛܐ (Barth p. 50) *1.* baculus Mc 6 8, ES **1** 529C, dap 95 23, AM **2** 321 13; *2.* sceptrum Gn 49 10, ES **1** 107F; *3.* gens, stirps (Hebraeorum) Jos 4 12, Afr 56 11, Nm 17 16 (Hex).

Pa. ἑλκύνω duxit, caelavit (aes) Rgn γ 10 16 (Hex), Js 41 7 (ib) cf. Nöldeke in Löw p. 239.

ܫܒܛܛܐ *1.* flagellum Cat MB 206 20; *2.* clavulus Bhchr 182 20; *3.* et ܫܘܒܛܛܐ EN 43 85, BB 268 6, piscis sporulus (*turbot*) Arist 19 12.

ܫܘܒܛܐ ἔλασμα Hab 2 19 (Hex).

Etpa. ductum est (aes) Cyr 413 10, Job 41 15 (Hex), BB 246pu.

ܫܒܛܒܛܐ πολύγονον equisetum ramosissimum Löw p. 34, Geop 112 6, Gal ZDMG **39** 293 26.

ܫܒܛ (e bab. *šabāṭu*) mensis Februarius Joh Eph 90 11, Journ. of s. l. **7** 42 6, Cat Vat **3** 366 16.

ܫܒܛܪܐ extensus, planus IA **2** 268 v. 937.

ܫܒܝܠܐ *1.* via Hebr 12 13, ES **3** 349A, Philox 542 14, Bal 256 20; *2.* vestigium Sind 5 2.

ܫܒܝܠܘܠܐ via parva am **1** 483 16.

Pa. *1.* duxit Nm 10 2, ES **2** 496E, Kw DW 189 21, Bhchr 312 21; *2.* aperuit, munivit (viam) ER 128 14.

ܫܒܠܐ dux AS **1** 24 23, BO **3**1 183b 18, Eb Par 77 13.

ܡܫܒܠܢܐ *1.* hegumenus BO **3**2 916 6; *2.* dux, rector MB 62 2.

Etpa. ductus est AS 100 26, ThMarg **1** 62 6 = BO **3**1 184a 15.

ܫܒܠܐ *f.* rarius *m.* (N § 87) saepius ܫܒܠܬܐ *pl.* ܫܒ̈ܠܐ (Lag Nom. n. XX) *1.* spica Gn 41 5, Mt 21 1, ES **1** 39F, Bal 270 11; *2.* et ܫܒܠܬ ܢܪܕܝܢ nardus Löw n. 316, Gal ZDMG **39** 290 1; *3.* virgo, signum zodiaci Kays 193 3, Bhchr 216 18, cf. Nöldeke ZDMG **25** 256; *4.* sq. ܕܡܝ̈ܐ i. q. h. שִׁבֹּלֶת fluctus Js 27 12 cf. ES **2** 66D.

ܫܒܥܐ septem.

ܫܒܝܥܝܐ *1.* septimus; *2.* *pl.* septem (planetae) Spic 9 7.

ܫܒܥܬ ܛܘܪ̈ܝܢ septem montes Rev. Sém. 1894 p. 246 11.

ܫܒܥܝܢ septuaginta.

ܫܒܥܝܢܝܐ septuagintaviralis Kays 174 8, Cat Bod 46 5, Bhce **1** 419 1.

ܫܒܘܥܐ *1.* hebdomas Dn 10 24, ES **2** 221A, dap 89 13, Bhchr 168 19; *2.* hebdomas septem annorum ES **1** 249C.

ܫܒܘܥܐ ܕܚܓܐ h. חַג שָׁבוּעוֹת pentecoste Ex 34 32, Ath 19 15.

ܫܒܘܥܐ ܕܝܘܡܬܐ hebdomas dierum i. e. quinquaginta dies BO **3**2 265 24.

ܫܒܘܥܬܐ hebdomas Lv 23 16.

ܫܒܨ confudit, miscuit Cast.

ܫܒܩ *1.* sivit, passus est Nm 20 21, ER 50 6, Gal ZDMG **39** 269 14; *2.* dimisit (uxorem) Joh Dar in ER 411 13 (leg. ܫܒܝܩܬܐ); *3.* condonavit, remisit Mt 6 12, dap 46 21; *4.* repudiavit Dt 22 19; *5.* reservavit Rom 11 4; *6.* fecit ignem PsC 175 4, 161 9.

ܫܒܩܐ admissio Joseph 4 9.

ܫܒܩ ܕܡܐ sanguinis missio Philox 378 20.

ܡܫܒܩܐ ܕܡܝ̈ܐ h. אֲפִיקֵי מַיִם rivi Cant 5 12.

ܡܫܒܩܢܐ qui condonat ES **3** 262E.

ܫܒܘܩܝܐ manumissio Dn 12 7 (Hex).

ܫܘܒܩܢܐ *1.* condonatio Dn 8 9, ER 28 7, dap 20 11, Dion T 126 5; *2.* dimissio Mt 19 7, Afr 365 6.

Etpe. condonatum, remissum est Chr ed 147 2, dap 26 21, JSt 64 14.

ܡܫܬܒܩܢܘܬܐ permissio ThMarg **1** 103 6, Bh ad Job 1 6.

ܫܒܘܩܐ *1.* truncus, codex ES **1** 190A, 259B; *2.* virga, sceptrum Js 25 5, Guidi to 19 39.

ܫܒܘܩܬܐ baculus, virga Rgn δ 4 29 (Hex), Bhce **1** 337 14, id ZDMG **40** 452.

ܫܒܪܐ puer, parvus Pr 1 4, asd 19 25, Gal ZDMG **39** 262 13, *f.* *1.* parva Philox 156 3, puella Bhchr 259 2; *2.* puellae modo ludens JS in asd 107 18.

ܫܒܪܘܬܐ pueritia Pr 1 22, ES **2** 453B, Philox 156 7, Bh ZDMG **40** 453.

ܫܒܪܝܐ puerilis ER 24 15, Ath ܗܘ 26, JE in Journ of s. l. **10** 25 24.

ܫܒܪܢܐ puerilis Cyr 27 14.

Pa. sq. ܢܦܫܗ puerili modo se gessit AS **3** 97 7.

ܫܒܘܪܐ puerilis, imperitus KwD 3 18, Bhgr **1** 35 6.

ܫܒܪܐ peganum Harmala Löw n. 317.

Etpa. se quasi infantem et innocentem gessit ES **2** 320B.

ܫܒܘܪܩܢ (pers. Lag GA 82 125) chalybs EN 29 46.

ܫܒܫܒܬܐ, ܫܒܫܬܐ *pl.* ܫܒ̈ܫܬܐ (N § 80) palmes, pampinus (*tendril*) Gn 40 10, Joh 15 2, Afr 378 17, ES **2** 177E, am **2** 388 4.

ܫܒܫܬܢܝܐ κληματῖτις BB, Löw p. 250.

ܫܒܫ adulatus est SB 94 n. 2.

ܫܘܒܫܐ amicitia MS **2** 4 7.

Etpa. adulatione affectus est Hoffmann Ausz n. 40.

ܫܒܬܐ (N § 86) pers. (Lag GA 82, 216, Arm. Stud. § 1939 sed cf. Meissner ZA **6** 293) anethum graveolens Löw n. 318, Mt 23 23, Geop 98 4, Gal ZDMG **39** **252** 45, EN 50 33.

ܫܓܥ stravit (*plaster with mud or lime*) ThMarg **1** 207 16.

ܫܓܠܐ lippus Lv 21 2 (?) Ferr. Cast.

ܫܓܠܘܬܐ lippitudo Card.

ܫܓܐ erravit ES **2** 340E, Vit Rabb 194 12, Jul 122 25, SB 10 2.

ܫܓܝܐ error ES **2** 457E, Bhcar 2 16.

ܫܘܓܝܬܐ errores JS in MS **2** 152 n. 1195.

Af. in errorem induxit ECth **2** 18 19.

ܫܓܕܬܐ *pl.* ܫܓ̈ܕܐ amygdalus communis Löw n. 319, Eccl 12 5, Geop 13 23, 72 30.

ܫܓܫܢ insinuavit BB 1164u.

ܫܓܠ (pers.) thos, canis aureus KwD 1u, KwDW 284 12.

ܫܓܘܠܡܢܐ ar. شُغْل occupatio (animi) ON 45 3.

ܫܓܠܠܐ (e ܫܓܠܠܐ ܫܓ?) tibicen (*buttress*) Th Marg **1** 205 18.

ܫܓܫ *1.* decepit, fefellit Cyr 84 16; *2.* studuit Cyr 155 29; *3.* occupavit MB 25 337 (leg. ܫܓܫܢ!).

ܫܓܝܫܘܬܐ neglegentia ER 34 12, Philox 235 3, IA **1** 206 4; ܒܫ' temere, inconsulte (*in vain, to no purpose*) ES **2** 450B, Jul 98 27, SB 11 15.

ܫܓܝܫ occupatus (aliqua re) Bhchr 131 16.

Etpe. occupatus est, se occupavit Joh Eph 245 18, ThMarg **2** 139 19, Bhchr 201 6.

Pa. conjectavit? BA 6763.

Af. occupavit Bhchr 375 13, 387 11, ZDMG **40** 453.

ܫܓܪܐ securis Cast.

ܫܓܝܬܐ amor Bh ZDMG **40** 454.

ܫܓ̈ܢܐ morbi locales Card.

ܫܓܢ mutavit, transformavit Gal ZDMG **39** 285 1, BO **3** 1 98b 29.

ܫܘܓܢܝܐ transformatio μεταμόρφωσις Jac 1 17, ES **3** 127A, AS 138 29, JS in ER 405 20, Kays 91 18.

ܡܫܓܢ diversus Dn 7 7, Philox 570 19.

Etpa. *1.* mutatus, transformatus est 1Sm 10 6, Afr 457 12, ES **1** 80B, Guidi to 38 5; *2.* dissimulavit ES **1** 480C; *3.* alium vestitum induit 1Rg 14 2, Bhchr 274 19.

ܫܓܥ obtexit, occultavit Card.

ܫܓܪ o *1.* fluxit (lacrima) Vit Rabb 186 11, Guidi to 21 139, 27 161; *2.* ivit, decessit apap **1** 265 2; *3.* descendit ZDMG **28** 618 v. 843; *4.* reliquit apap **1** 275 2; *5.* incendit, calefecit Ez 24 5, ES **3** 459E, apap **1** 14 1, Duval-Berthelot **2** 20 10; *6.* incitavit Joh Eph 9 8; *7.* exarsit, fervuit ES **1** 126B, Philox 44 12, Duval-Berthelot **2** 20 12.

ܫܓܪܐ calefactio Js 44 15 (Hex), EN 30 77.

ܫܓܪܐ Bhchr 111 14, ܫܓ̈ܪܐ EN 9 68 gingiva (*gum, jaw*).

ܫܓܪܐ, ܫܓܪܐ et ' cursus aquae Rechtsb 33 7, BO **3** 1 339, EbMai **10** 242a 5, b 1, ZDMG **28** 598 v. 262.

ܫܓܪܐ (vetere scribarum vitio ortum e ܫܓܕܐ q. v. Nöldeke in Löw n. 399) amygdala Gn 43 11, ESJ 161 6, Mar Narses ed Grabowski 9 5, EN 83 18, Merx 176 13.

ܫܓܝܪܐ *1.* ardens Rabb 366 7, JS in asd 88 14; *2.* inflammatus Jul 232 1, MS **2** 72 3, de angelis שְׂרָפִים OM 239u; *3.* coctus (later) ES **2** 72B, ThMarg **1** 135 8.

ܫܓܝܪܘܬܐ ardor Kays 87 2.

ܫܓܘܪܐ calefactor apap **1** 22 10.

Etpe. *1.* missus est apap **1** 276 10, 279 9; *2.* ivit, se contulit apap **1** 261 10, 276 2; *3.* inflammatus est ES **1** 121D, Vit Rabb 203 24; *4.* calefactus, fervefactus est Ap 9 2, Sch 4 3.

Pa. *1.* demisit Nat 63 15; *2.* inflammavit ES **3** XXV 43.

Etpa. inflammatus est Philox **613** 15.

ܫܓܪ *1.* devolvit Bhchr 150 2; *2.* monstravit Cat Wr 878 b.

Etpa. omisit, abjecit (astutiam) TA 42 24.

ܫܓܪܬܐ corr. e. ܫܓܪܐ q. v. EN 25 60, Löw p. 282.

ܫܓܫ *1.* turbavit Pr 6 14, ES **2** 333E, dap 47 5; *2.* excitavit ER 3 8, Joh 11 34 (Bernst.); *3. intr.* tumultuatus est Act 24 19.

ܫܓܫܐ perturbatio JSA 456, JohEph 122 20.

ܫܓܝܫܐ perturbatus Nis 75 112, 77 77 82, *f. subst.* tumultus 1Sm 5 11, 14 20.

ܫܓܝܫܘܬܐ *1.* perturbatio ES **3** 99E, ER 8 17; *2.* φαντασία Pel 1 25; *3.* ὑπόκρισις simulatio, adulatio apap **1** 128 5, 140pu.

ܫܓܘܫܐ perturbator Act 19 40, Philox 369 17, Dion T 124 2.

ܫܓܘܫܘܬܐ perturbatio dap 47 27.

ܫܘܓܫܐ *1.* perturbatio Mt 26 5, ES **2** 162D, dap 47 2; *2.* afflictio asd 41 1; *3.* tumultus Act 24 18.

Etpe. perturbatus est Esth 3 15, ES **2** 359E, Ath 48 19.

Pa. perturbavit Lc 23 5, dap **46** 24, Guidi to 35 1.

ܡܫܓܫܢܐ perturbator ES **2** 377A, *f. pl.* Js 41 13 (Hex).

ܡܫܓܫܢܘܬܐ irritatio Zach Rhet **27** 36.

ܡܫܓܫܐ perturbatus ES **2** 369B, Nis 11 104, 75 114.

ܫܘܓܫܝܐ perturbatio ESZ **1** 687, Jul 16 4, Joh Eph 90 22.

ܫܘܓܫܬܢܐ *1.* seditiosus ES **1** 447F; *2.* adulator AS **4** 81 14.

ܫܘܓܫܬܢܘܬܐ perturbatio Philox 462 13.

ܫܕܪܐ *1.* locus, munus Gn 40 13 21, ESJ 91 8, Bhchr 197 11; *2.* status Eb Par 98 2.

ܫܕܐ *1.* jecit Ex 15 4, ES **1** 513F, Corluy MP 14 3; *2.* dejecit Dt 9 17, Bhce **2** 531 11; *3.* sq. ܪܣܢܐ ܠܢܝܚܘܬܐ voluptati habenam remisit Nis 21 4; *4.* abjecit, rejecit ES **3** XXIX 3; *5.* ejecit, exiliavit Chr ed 154 17.

ܫܕܝܐ (nest. ܫܶ Bhgr **4** 4 5) jactio TB 127 11.

ܫܕܝܐ, ܫܕܝܐ aquaeductus JS in ZDMG **25** 337 v. 262.

ܫܕܝܬܐ (ON 138 6 ܫܕܝܬܐ) *1.* hasta PsC 56 7, Joh Eph 403 2; *2.* sq. ܕܩܠܥܐ, lapis funda jactus PsC 101 17.

ܫܕܝܐ ܕܓܐܪܐ (nest. ܫܶ Bhgr **4** 4 5) teli jactus Bhchr 83 5, ܫܕܝܐ ܕܟܐܦܐ λίθου βολή Lc 22 41, ThMarg **1** 339 9, ܫܕܝܐ ܕܩܫܬܐ *a bowshot* JSt 60 18.

Etpe. *1.* ejectus est Rabb 218 3; *2.* sq. ܥܠ se jecit, ruit in dap 4 17.

Pa. *1.* jecit Philox 416 18, ON 291 1; *2.* rejecit, repudiavit Joh Eph 34 6.

ܫܕܝܐ casula seu sticharium, vestis presbyteri BO **3** 2 681 4, 819u, BB 266 9.

Etpa. ejectus, projectus est Nis **61** 29.

Af. jecit ES **1** 155A, Dion T 182 14, ZDMG **28** 661 n. 3, Act 22 23 (Phil).

ܫܕܒܘܝ (pers. Lag GA 25 57) fructus myristicae moscatae BB, Löw p. 85.

ܫܕܟ petiit (puellam) Rechtsb 54 13.

ܫܘܕܟܐ *1.* petitio (puellae) Rechtsb 54 13; *2.* conjugium Sir 11 7, (EN 51 82 fundamentum); *3.* dona quae sponsus ex animi voluntate sponsae mittit Bh in JE Can 16 3.

ܫܕܠ (Delitzsch Prol 101) blanditus est ES **3** 673D, Nis 9 48.

ܫܕܠܐ blanditiae ES **1** 383A, Philox 427 5, Bh de div sap 16 14.

ܫܕܠܐ ib. ES **1** 32A, ER 14 14.

ܫܕܝܠܐ blandus ESL **1** 315 13.

Pa. *1.* blanditus est Hos 2 14, ES **2** 237B, *2.* blanditiis induxit Ex 22 15, ES **1** 32A.

ܡܫܕܠܐ blandus 1Thess 2 5, am **1** 431 20.

ܫܘܕܠܐ et ܫܘܕܠܐ (N p. 25 n. 1) *1.* blanditiae dap 6 10, TB 84 6, KwD 8 2, Guidi to 19 29; *2.* illecebrae ES **2** 169C.

Etpa. blanditiis illectus est ES **1** 408D, Philox 446 6, Ath ܠ 6.

ܫܕܡܘܬ h. שדמות Rgn δ 23 4 (Hex).

ܫܕܢܐ et ܫܕܢܝ (pers. *šâdnah*, ar. شادنج Lag GA 82 217) αἱματίτης haematites BB 637 7 8.

ܫܕܪ misit, demisit Lc 7 19, Vit Rabb 164 27, Guidi to 21 129.

ܫܘܕܪܐ missio *1.* ἀποστολή Bar 1 25 (Hex); *2.* ἐξουσία permissio Eccl 8 8 (Hex).

ܫܕܪܬܐ missio am **2** 633 5, BO **3**1 132a 4, Bhchr 337 10, JARS 132 11.

Etpa. missus est ThMarg **1** 37 16, KwDW 177 19.

ܡܫܬܕܪܢܘܬܐ missio, ἀποπομπή Lc 16 10 (Hex sec. Bh ad l. s.) *the being sent* KwDW 57 12.

ܫܘܕܣܬܐ ex ar. سُدْس pars sexta EbMai **10** 255b 3.

ܫܗܐ *1.* desertus, infirmus, exstinctus fuit, languit Nis 36 182, 46 74; *2.* friguit ER 52 15.

ܫܗܐ, ܫܗܝܐ *1.* desertus ES **1** 6E; *2.* frigidus Js 2 6, dap 115 10.

ܫܗܝܐ desertum ES **1** 6E.

ܫܗܝܘܬܐ desertum ES **1** 151B, ܫܗܝܘܬ ܢܦܫܐ animi defectus EN 32 31.

Pa. *1.* refrigeravit ES **1** 431B, Philox 548 13; *2.* lenivit ES **1** 443D (vim hiemis) Jul 189 26, (frigus) JS in MS **1** 38 v. 165; *3.* placavit KwDW 137 6; *4.* exstinxit Bh ZDMG **40** 459.

ܡܫܗܝܢܘܬܐ frigus Philox 575 17.

Etpa. *1.* refrigeratus est ES **2** 352B, JS in asd 103 8; *2.* placatus, lenitus est Kw DW 122 14.

Af. refrigeravit Philox 179 13.

ܫܗܒܐܙ (pers. شاهباز) falco EN 44 8.

ܫܗܕܒܝܪ (pers. شاهدبير) scriba regis Corluy MP 32 13.

ܫܗܕܢܝ (pers. Lag GA 82 218) semen cannabis BB Löw p. 211.

ܫܗܬܪܓ (pers. Lag GA 82 218) fumaria offic. L. EN 26 69, BB in Löw p. 208.

ܫܗܘܫܪܘܝܪ (pers. Lag GA 83 5) margarita regis BO **3**1 352 1.

ܫܗܣܦܪܡ Eut 26 72, ܫܐܗܣܦܪܡ BB (pers. Lag GA 83 9) ocimum basilicum Löw p. 142, 153.

ܫܗܓܠܐ i. q. ar. أَشْهَل = ܙܪܝܠܐ q. v. Merx p. 176 n. 16.

ܫܗܪ vigilavit Mt 26 38, ES **2** 330F, dap 93 6, Ath 33 6, JSt 25 3.

ܫܗܪܐ vigiliae 2Cor 6 7, ES **1** 439D, Philox 581 18, Ath 31 27.

ܫܗܪܐ *1.* vigil ES **3** 481B; *2.* custos OM 19 17; *3.* presbyter, qui nocturno praesertim officio decantando praeest BO **3**2 820, ThMarg **1** 75 3, Bhce **3** 326 n. 1.

ܫܗܪܝܓܢ *pl.* pers. ܫܗܪܝܓܢ nobilis, qui dihkanis majore dignitate fruebatur Th Marg **1** 151 7, 164 7, cf. Nöld. Sass. 446 seq., Hoffmann p. 236-9.

ܫܗܪܣܘܣ (pers. Lag GA 83 219) forum quadratum (urbis Môṣil) Bhchr 226 10, 516 14.

ܫܘܐ *1.* par, dignus fuit Lc 20 35, Guidi to 42 16, Spic Solesm **4** 246 11; *2.* constitit (*to cost*) ES **3** 409A; *3.* meritus est c. acc. rei 1Tim. 5 18.

ܫܘܐ, ܫܘܝܐ *1.* par, aequalis Mc 14 56, *adv.* ES **3** XXV 35, ER 45 22; *2.* concors Fab 31 8; *3. pl.* ܫܘ̈ܝܐ nomen accentus JBh 18 10.

ܫܘܝܢ ܡܠܟܐ συμβούλιον concilium, senatus Act 25 12 (Phil).

ܫܘܝܬ et ܫܘܐ (N § 155a) simul AS **3** 68 28, KwDW 318 7, Duval-Berthelot **2** pass.

ܫܘܝܘܬܐ *1.* mediocritas pretii JSt 35 3, 41 16, ON 84 1; *2.* 'ܒܫ pariter ES **2** 274F.

ܫܘܝܘܬܐ *1.* paritas, aequitas Col 4 1, ER 34 19, Ath 37 9; *2.* concordia ES **2** 289D; *3.* aequinoctium AS 90 8, Spic Solesm **4** 57 10.

ܫܘܝܘܬܐ ܕܐܝܡܡܐ ܘܠܠܝܐ aequinoctium Geop 6 18.

ܫܘܝܘܬܐ ܩܠܐ συμφωνία symphonia Lc 15 25 (Phil).

ܫܘܝܘܬܐ ܪܗܛܐ συνδρομή concursus Act 21 30 (Phil).

ܫܘܝܐ *1.* manubrium asciae EN 84 26, ON 97 20; *2.* hastile 2Sm 21 19, 23 7.

ܫܘܝܬܐ funis praes. quo metiuntur Ez 40 3, ES **2** 265F, am **2** 336 18, Bhchr 420 10.

ܫܘܝܢܐ debitus honor IA **2** 102 207 leg. ܫܘܝܐ?

Etpe. *1.* par fuit ER 117 14; *2.* dignus habitus est KwDW 104 3; *3.* dignum se praestitit dap 20 11, Philox 605 6, Vit Rabb 170 1; *4.* se conjunxit, conjuravit Mt 18 19, KwDW 69 4.

Pa. *1.* pandit, stravit Mc 11 8, Ath 15 17; *2.* texit Pr 7 16, dap 6 3, ThMarg **1** 357 12; *3.* detersit Lc 7 38, dap 72 17; *4.* sq. ܥܠ stravit (equum) ap NT 3 1.

ܡܫܘܝܬܐ المتساوي metrum hexakaidekasyllabum Card 2 3.

ܬܫܘܝܬܐ *1.* tegumentum Gn 49 21, dap 6 5, Vit Rabb 181 27; *2.* lectus Afr 161 1, Ath ܟܘ 13.

Etpa. passus, stratus est BA n. 6904.

Af. *1.* planum fecit Mc 1 3; *2.* parem existimavit Mt 20 12, Bal 275 4; *3.* dignum habuit 2Thess 1 11, ES **1** 532B, Corluy MP 34 7.

Ettaf. *1.* par factus est Ex 32 17 (Hex); *2.* dignus habitus est Rie 95 24.

ܫܘܒ *1.* aruit, arefactus est Mt 13 6 (Cur), ESL **2** 331 5, JSt 41 18, Rie 135 1; *2.* i. q. ܫܒ devenit BB 144u.

ܫܘܒܐ aestus Gn 41 27, ES **1** 215C, JS in MS **1** 30 152, JSt 41 18.

ܫܘܒܬܐ aestus Afr 191 12, ES **2** 258F, Kays 207 17.

ܫܘܝܒܐ, ܫܐܝܒ *1.* aridum (lignum) Js 5 24, GeZA **8** 36 8; *2.* putridus (fructus) ER 353 18; *3.* rubiginosus Duval-Berthelot **2** 59u.

Af. torruit Rie 135 2, Eb Par 32 1.

ܫܘܓ purgavit Duval-Berth. **2** 23 2, 45 20.

ܫܘܓܬܐ *1.* lotio ψ 108 10, Afr 226 22, dap 12 16, JE in ES **1** 509 13; *2.* sq. ܕܐܐܪ̈ܐ duratio aeris Duval-Berthelot **1** 95 18.

ܡܫܘܓܬܐ lavacrum Joh 13 5, ESL **1** 391 13.

ܡܫܘܓܐ ܕܐܐܪ̈ܐ duratio aeris Duval-Berthelot **2** 95 15 19, 96 20.

Af. lavit Ex 30 19, Mt 27 24, Afr 307 3, Bal 281 23, JE in MS **1** 50 144.

Ettaf. lautus est ES **1** 233C, AS 149 10.

ܫܘܓܐ ar. ساج lignum tectoniae grandis Löw p. 64, PsC 2 11, ZDMG **8** 836.

ܫܘܕ *1.* effudit Nis 30 69, cf. ܐܫܕ; *2.* flavit (ventus) ψ 91 6 h. שוד (Bhadl. ܫܘܕܐ cf. ON 134 21), inde Eb Mai **10** 246 10.

ܫܘܙܐ, ܫܙܐ zizyphus BB, Löw p. 286, EN 51 75.

ܫܘܙܐ auriga AS 156 1 leg. ܫܘܙܐ q. v.

ܫܘܪ (ex assyr. Delitzsch Prol 140 n. 4)

servavit, liberavit Dn 3 15, Afr 60 13, Rabb 226 16, Ath 51 11.

ܫܘܙܒܐ, ܫܘܙܒܬܐ servatio liberatio Jos 20 9, ES **1** 2F, 444B, Bhchr 137 12.

ܡܫܘܙܒܢܐ servator Corluy MP 38 7.

ܡܫܘܙܒܢܘܬܐ servatio Gn 45 7, ES **2** 270D.

Etpa. *1.* se servavit, evasit JSt 14 17; *2.* servatus est Act 24 4, Vit Rabb 170 6, Corluy MP 13 3, Bhchr 303 7.

ܫܘܚ germinavit Pr 12 12, Mt 13 5, ES **1** 190A.

ܫܘܚܐ germinatio ThMarg 88 16.

Af. *1.* germinare fecit Afr 450 11, ES **1** 152D, 434A; *2.* peperit ES **1** 177D.

ܫܚ evanuit 2Pt 3 12, Kays 118 16.

ܫܝܚܐ puteus am **2** 56 1, BO **3** 1 499 a cap 5, ThMarg **1** 368 17.

ܫܝܚܘܬܐ Ath ܠ 22, ܠܓ 1, Lag GA 23 52 em.

ܫܝܚܘܬܐ q. v.

ܫܚܝܘܬܐ audacia ES **2** 100D (nisi ܫܝܚܘܬܐ leg.).

ܫܚܝܢܐ audax, procax 2Mcc 3 25, am **3** 130 13.

ܫܚܝܢܘܬܐ audacia, procacitas 2Mcc 2 21, ES **2** 264D, Spic 39 18, JSt 81 1, am **3** 130 10.

Af. *1.* ausus est 2Cor 10 2, Vit Rabb 189 26, ECth **1** 19 2, TB 12 29; *2.* sq. ܠܘܩܒܠ repugnavit, restitit ECth **3** 51 1, Jul 95 2.

ܫܛ contempsit Jac 2 6, ER 28 18, Jul 95 2, Chr ed 146 23.

ܫܘܛܐ flagellum 1Rg 12 11, ES **2** 39B, apap **1** 155 9, Bh ZDMG **40** 453.

ܫܝܛܐ contemptus, contemnendus ES **2** 335B, *adv.* Ath 40 11, *f. pl.* verbera asd 53 15.

ܫܘܛܝܘܬܐ dialecto urbis Tirhân i. q. ܒܙܝܪܐ q. v. BA n. 4868.

ܫܘܛܢܐ contemptor Rabb 236 11.

ܫܘܛܢܘܬܐ contemptio AS **2** 216 12.

Etpe. contemptus est Act 19 27, Vit Rabb 173 4, JS in MS **2** 66 1, Dion T 119 1.

ܫܘܛܐ ܕܐܝܕܘܗܝ = h. אַרְבּוֹת יָדָיו Js 25 11, Bh ad ll. extensio.

Af. contempsit Ath 50 10.

ܡܫܝܛܐܝܬ modo vili, contemnendo ES **1** 144F.

ܡܫܝܛܘܬܐ contemptio JEschol 14 19.

ܫܘܟ ἀκάνθιον Gal ZDMG **39** 250 15.

ܫܘܐܠ ar. شَوَّال mensis decimus anni Moslemici Bhchr 205 18.

ܫܘܚܢܐ *1.* vulnus ER 38 12, asd 57 5; *2.* ulcus Lv 13 10, Afr 148 8, ES **1** 422C, dap 3 29; *3.* cicatrix, vibex (μώλωψ) 1Petr 2 24, JSt 121 17; *4.* particula panis BO **3** 1 242 30.

ܫܘܚܢܬܐ pars corporis superior Bhce **1** 233 19.

ܡܫܚܢܘܬܐ dolor ON 33 10.

Af. vulneravit, dolorem inflixit ES **3** 420D, JS Const v. 162, ZDMG **12** 122 12, Kays 16 7.

ܫܘܥܝܐ vitex agnus castus L. Löw n. 320.

ܫܥ *1.* livit, illevit Gn 6 14, ES **1** 51C, PsC 268 9, Ez 13 10 (Hex); *2.* clausa fuit (auris) ES **2** 387B.

ܫܘܥܐ saxum, rupes 2Sm 21 10, ES **3** 495C, JS in asd 100 18, JE in ES **1** 296 schol 15.

ܫܘܥܝܢܐ *1.* saxeus JEh 46 14; *2.* lapideus Bh ad Jos 5 1.

ܫܘܥܝܢܘܬܐ saxificatio BO **3** 1 415a 25 = Th Marg **1** 16 4, cf. Duval JAP **9** 3 p. 376.

ܫܥܬܐ (N § 23E, Delitzsch Prol 39 seq) *pl.* ܫܥܐ *1.* momentum temporis AM **2** 121 16; *2.* hora Joh 13 1, ES **1** 562B, Chr ed 152 10; *3.* hora (stella) Spic 17 17.

ܒܪ ܫܥܬܗ εὐθὺς statim Gal ZDMG **39** 260 4, cf. s. v. ܒܪ.

ܒܝܬ ܫܥܐ horologia AS **3** 209 17.

ܫܥܝܐ *1.* audax, procax ES **1** 441C, ER 34 9, Philox 562 6; *2. adv.* a) temere ES **1** 21C, b) frustra ES **2** 409D, c) simpliciter Spic Solesm **4** 12 2.

ܫܥܝܘܬܐ audacia ES **1** 441C.

ܫܝܦܐ *1.* litus, litura JEh 1 15, Ez 13 12 (Hex); *2.* pix JAP **7** 8 465 n. 77.

Etpe. litus est Js 23 3, Geop 62 12.

ܐܫܬܫܝܦܘ saxificatus est ON 7 5.

ܫܦ *1. trans.* livit, illevit AM **2** 358u, MS **2** 73 11, Bh in JE Can 19 12, Duval-Berthelot **2** 39 2 etc.; *2. intr.* a) serpsit, repsit Lv 11 42, ES **1** 154F, KwDW 55 8 etc., b) recubuit AS **4** 58 14, c) incubuit (gallina) glherm, BB 175 11.

ܫܘܦܐ *1.* limatio, expolitio ES **2** 498B, Kays 183 9, Bhcar 115 12; *2.* scobs delimata Duval-Berthelot **2** 2 9, 3 2 7, 43 20; *3.* fucus ES **3** 94F; *4.* incubatio IA **2** 134 543; *5.* scelus (?) ES **2** 498B.

ܫܘܦܝܬܐ ܕܢܚܝܪܐ os nasi EN 8 62.

ܫܘܦܢܐ lima (*file*) Ex 32 20, JAP **7** 8 462 n. 66, Duval-Berthelot **2** 21 11.

ܫܦܝܐ pasta Duval-Berthelot **2** 44 18, 51 2.

ܫܝܦܐ *1.* κολλούριον collyrium Ap 3 18; *2.* purgamentum Philox 532 11.

ܫܝܦܐ ܕܓܝܠܩܪܐ granum hierae? BB Löw n. 325.

ܫܝܦܬܐ *1.* scobs delimata Duval-Berthelot **2** 41 18, 44 17, 55 7, 237 n. 5; *2.* gummi liquidum Duval-Berthelot **2** 245 n. 4.

Etpe. *1.* illitus est Ex 30 32, asd 51 1; *2.* limatus est Fab 28 5.

Pa. mulsit PsC 33 3.

ܫܘܦܝܐ refrenatio Bh de div sap 36 8.

ܡܫܦܝܐ *1.* tenuis ER 32 18; *2.* purus, clarus ES **2** 510A, *adv.* luculenter IA **2** 216 v. 201.

Af. paravit ES **2** 510A.

ܫܩܐ *f.* rarius *m.* (N§87) *1.* femur Joh 19 31, ES **2** 205F, ER 39 18, Corluy MP 37 1; *2.* gens, stirps (cf. Wellhausen NGG '93 p. 479 n. 3) Jul 79 12, Bhchr **145** 12.

ܫܘܩܐ *1.* forum, via publica Pr 7 8, ES **2** 109D, asd 40 6, Chr ed 146 30; *2.* = ܕܪܬܐ claustrum Cat Wright **1** 201b n.

ܫܘܩܝܐ *1.* forensis Act 19 38 (Phil); *2.* homo vagus Bhchr 160 14.

ܫܘܪ *1.* saluit Act 3 8, Joseph 3 1; *2.* transiluit Ath 31 3; *3.* prorupit, scaturivit Job 40 18, ES **2** 529D.

ܫܘܪܐ murus ψ 18 30, Afr 20 3, ER 42 6, Chr ed 145 19.

ܫܘܪܐ chorea Job 40 21.

ܫܘܪܬܐ saltus ES **2** 533D, Job 39 25 (Hex), ThMarg **1** 311 16.

Pa. *1. trans.* incitavit Bal 330 4, Philox 331 18; *2. intr.* a) saluit Afr 166 8, ES **3** 198F, AS **4** 48 5, b) prorupit (?) ES **1** 82E, cf. Bernstein ZDMG **4** 306, c) se paravit, accinxit ad ES **1** 417A.

Etpa. *1.* subsiluit Joseph 24 2, am **3** 1 37 3; *2.* seq. ܥܠ fidem habuit Bal 306 18 (= ESJ 184u, ܐܫܬܘܪ ܥܠ ܡܠܬܗܘܢ = ܐܫܪܪ ܩܠܐ (ܘܐܡܪܬܘܢ).

ܫܘܓܫܐ turbatio Kays 38 22.

ܫܘܫܐ glycyrrhiza Löw n. 322, Geop 47 22, Gal ZDMG **39** 255 9.

Pa. turbavit Kays 198 12.

ܫܘܫܒܝܢܐ (cf. ass. sive bab. *susap(b)inu* (?) Jensen) *1.* paranymphus, amicus sponsi Jud 14 11, ES **1** 324A, AS **3** 126 19 JS in asd 106 2, EbMai **10** 211 1; *2.* sponsor baptismatis Sev A 51 11.

ܫܘܫܒܝܢܬܐ *pl.* ܫܘܫܒܝܢܝܬܐ am **3** 9 6 et ܫܘܫܒܝܢܝܬܐ ib. 131 17 amica sponsae ESL **3** 159 5, JE in JAP 1888 p. 478 n. 1 l. 10, Eb Mai **10** 211 1.

ܫܘܫܒܝܢܘܬܐ officium paranymphi Cat Wright **2** 992b.

ܐܚܝܢܘܬܐ ܫܘܫܒܝܢܝܬܐ affinitas cum sponsore baptismatis Bh in JE Can 23 12.

ܫܘܫܦ grunnivit (sus) BA n. 6780, Hoffmann Ausz n. 1280.

ܫܘܫܠܬܐ *pl.* ܫܘܫܠܐ ἕλμινς lumbricus Geop 94 29, Bhgr **1** 12 7, EN 33 36, BB 241 10.

ܫܘܫܡܐ sesamum orientale Löw n. 321, PsC 82 6, Gal ZDMG **39** 295 10, KwDW 179 3 4, Bh ZDMG **40** 452, ENchr 102 18.

ܫܘܫܡܢܐ (N§27, 31) formica Pr 6 6, dap

61 11, Geop 9 21, Jul XVII 16, AS **4** 39 13, Bhchr 437 23.

ܫܘܫܡ ܐܢܫܐ animalculum hybridum Job 11 4 (Hex), Cat Wr **3** 1192b, EN 43 70.

ܫܘܫܢܬܐ *pl.* ܫܘܫܢ̈ܐ (aegypt. Lag Mitt **2** 16) lilium Löw n. 323, Ex 25 31, 1Rg 6 18, ES **1** 459D, Bal 332 15, Geop 14 3, Gal ZDMG **39** 278 54.

ܫܘܫܦܐ (√נשף? Hoffmann Ausz n. 820, cf. ass. sive bab. *šusupp(bb)u* Jensen) *f.* (N § 84) tegumentum capitis, velum (*headcloth, veil*) Gn 38 19, Ex 34 33, ES **1** 27C, ER 14 24, JS in MS **1** 41 v. 247, Kays 90 19, Bhchr 310 6.

ܫܘܬܦܐ (ex. ass. *šutapu* socius Meissner ZA **8** 82sq.) *1.* socius Js 1 23, Sir 8 10, Afr 466 2, ER 24 27, dap 50 17; *2.* maritus am **3** 232 8, KwDW 224 6.

ܫܘܬܦܬܐ *1.* socia Sap Sal 8 8, Vit Rabb 183 18, Mal 2 14 (Hex); *2.* conjux am **1** 192 21, KwDW 223 15.

ܫܘܬܦܘܬܐ *1.* communio dap 115 13, Cat Bod 490, Gal ZDMG **39** 244; *2.* coitus Bhchr 134 19; *3. tt. gr.* μετοχή participium Dion Thr cit Gottheil not ad EṢ p. 18.

ܫܬܦ *1.* participavit cum aliquo asd 14 26, JS Const v 676; *2.* addidit Philox 580 19.

Etpa. *1.* particeps fuit Hos 6 9, ER 27 15, Ath 40 17; *2.* coiit Mt 1 18, dap 96 22; *3.* se miscuit Philox 574 23.

ܫܬܝܦܐ = ܚܠܦܐ ܫܚܐ q.v. BB 47 17, Löw p. 286.

ܫܚܐ *1.* macruit ES **2** 376F; *2.* liquefactus est Ez 24 23 (Hex).

Af. liquescere fecit 4Ezr 8 22.

ܫܚܠ *1.* liquefactus est Ex 16 21 (Hex); *2.* debilitatus est Ex 15 15 (Hex).

ܫܚܝܬܐ *pl.* ܫܚܝ̈ܬܐ ala, humerus Jer 38 12, asd 54 17, Bh chr 472 25, EN 9 82.

ܫܚܝܡܬܐ cibus acidus EN 35 94.

ܫܚܕ *1.* corrupit (aliquem pecuniā) Ez 16 33, ES **2** 213F, Joh Eph 115 3, Bhchr 199 7; *2.* ad corrumpendum dedit (pecuniam) ESL **2** 339 3.

ܫܘܚܕܐ male ܫܘܚܕܐ Nis 15 19, donum, quo quis corrumpitur Ex 18 21, Afr 194 19, ES **1** 483F, Vit Rabb 184 17, AS **3** 165 3.

Pa corrupit ES **2** 179E, Bh ad Js 1 23.

Etpa. corruptus est 2Mcc 10 20, MS **2** 92 22, Philox Mem. d. Lincei **12** 1884 p. 498b 17.

ܫܚܛܬܐ (√חטא Lag Mitt **4** 48) morbi genus am **3** 354 4, Dion T 157 17.

Pa. *1.* consumpsit, dissipavit διασκορπίζων Lc 16 1 (Cur); *2.* delevit ES **1** 489D; *3.* tentavit ES **2** 285B; *4.* corrupit Eb Mai **10** 217 32, BB 117 1.

ܫܘܚܛܢܐ *1.* deletio ES **2** 281F, Kays 38 22; *2.* deformatio am **3** 120 3; *3.* corruptio ES **3** XXVI 10; *4.* malum Jul 38 21, Th Marg **2** 39 7.

ܡܫܚܛܢܐ λοιμός pestis Act 24 5.

Etpa. *1.* turbatus est Afr 424u; *2.* combustus est ESL **1** 465 15; *3.* vastatus est Bh ad Js 47 1, JARS 104 1; *4.* tentatus est ES **2** 492F; *5.* corruptus est ES **2** 221F.

ܫܚܠ *1. tr.* o percolavit (*to filter*) Duval-Berthelot **2** 32 20, 33 13 16; *2. intr.* a) fluxit Thr 1 2, ES **2** 172D, Bal 289 19, b) scaturivit Vit Rabb 168 5, c) tabuit TB 43 27, d) cessavit ES **2** 516A.

ܫܚܠܐ fluctus, flumen Job 28 6, ES **1** 122F, ER 66 7.

ܫܚܠܐ *1.* patina Ex 38 3, ES **1** 254B, ON 84 3; *2.* colum (*filter*) ON l. l.

ܫܚܠܐ *1.* fluctus ES **2** 497F; *2.* effluvium, flumen ES **3** 579E, fortasse faex Nis 17 10; *3.* colum (*filter*) Lag prov 75, EN 38 66, Löw p. 125; *4.* vilissimus quisque (servorum) am **2** 224 1, cf. 235 14.

ܫܚܠܬܐ rivulus ES **2** 342F.

Etpe. macruit Bh ad Js 17 4.

Pa. conflavit Job 28 1.

Etpa. *1.* conflatus, defaecatus est Nis 43 214; *2.* seq. ܥܠ iratus est Bh ZDMG **40** 453.

Af. *1.* tabescere fecit ES **2** 15A; *2.* solvit, liquefecit, purificavit ES **2** 363B.

ܫܚܡ periit, interiit ER 127 27.

ܫܚܘܡܐ fuscus, niger ES **2** 457F, Bhchr 229 4, EN 11 27.

ܫܘܚܩܐ arbutus unedi BB 513pu.

ܫܚܝܡܐ *1.* simplex a) sensu bono ES **1** 630F, dap 84 27, b) sensu malo = stultus Ath ܝܟ 27, Rie 121 8, Dion T 149 3, Jud 11 3 (Hex), *adv.* dap 74 24; *2.* profanus ES **1** 475F; *3.* laicus BO **3** 1 239a cap 3.

ܫܚܝܡܘܬܐ *1.* massa atra Nis 49 149 (nisi ܫܚܘܡܘܬܐ leg.); *2.* simplicitas Philox 445 19.

Pa. *1.* denigravit Cat MB 4a 11a f.; *2.* profanavit BO **3** 1 247b, Bh in JE Can 12 9.

ܫܘܚܡܐ *1.* perturbatio BO **3** 1 472b cap 26; *2.* stagnatio ThMarg **1** 50 19.

ܫܘܚܡܢܐ σχετλιαστικὸς Bhgr **1** 82 11 (cf. Merx p. 248).

Etpa. *1.* denigratus, offuscatus est ES **3** 532E, Bhchr 581 21; *2.* deturpatus est BO **3** 1 129b 32, Bhcar 129 5; *3.* seq. ܒ indignatus est (*to be offended at*) asd 111 19; *4.* simplex factus est am **1** 425 15.

Af. nigrum fecit ES **3** 578C.

ܫܚܢ *1.* se calefecit Mc 14 54; *2.* calefactus est 1Rg 1 1, Hg 1 6, ES **1** 439B.

ܫܘܚܢܐ ulcus 2Rg 20 7, Lc 16 20, Afr 136 2, ES **1** 194E, dap 45 20.

Pa. *1.* calefecit ES **1** 127C, Arist 8 10; *2.* inflammavit ECth **2** 65 5, cf. Bernstein ZDMG **6** 359; *3.* ebrium fecit 3Mcc 5 2.

ܫܚܝܢܐ aqua calida ISt 87 11.

ܫܚܝܢܘܬܐ calor Hab 3 14, ES **1** 124B, am **3** 367 10.

ܡܫܚܢܐ Bh in JE Can 19 11 et ܡܫܚܢ Lc 16 20 (Phil) ulcerosus.

Etpa. *1.* calefactus est Job 31 20, ESL **3** 677 16, ER 19 22, Philox 427 24; *2.* combustus est apap **1** 85 6; *3.* desideravit Nis 71 63; *4.* insanivit (μαίνεσθαι) 2Mcc 4 4; *5.* congregatus est Joseph **7** 1.

ܫܚܢܘ, ܫܚܢܬܐ (Ath ܚܐ 22, ܚܝ 1 *conj.* Lag GA 23 52) ar. شِحْنَة praesidium urbis Bhchr 287 3.

ܫܚܘܠܐ colostrum BA n. 724, BB 168 6.

ܫܚܩ o *1.* contudit Geop 103 30; *2.* contrivit Act 15 19, ES **1** 276A, contritus fuit ES **3** 374C; *3.* vexavit, oppressit Ath ܚܘ 7, dap 47 25, AM **2** 315u; *4.* castigavit dap 11 16; *5.* laboravit, operam dedit, exercuit Nis 40 10, 41 72, 43 92; *6.* praeparavit, composuit ES **3** 371C.

ܫܘܚܩܐ *1.* vexatio, cruciatio Pr 20 30, Afr 230 6, ES **1** 439D, IA in MS **1** 20 451; *2.* labor Nis 66 29; *3.* moeror ES **3** 586F; *4.* vituperatio acerba JS in ZDMG **24** 267 4 cf. 277.

ܫܚܝܩ et ܫܚܝܩ *1.* laborans ES **3** 127F, Nis 7 46, 9 43; *2.* laboriosus, aerumnosus, contristatus ES **3** 242C, JS in asd 97 10.

Etpe. *1.* contritus est Eccl 12 7; *2.* vexatus est ER 42 20; *3.* operam dedit asd 2 25; *4.* seq. ܥܡ iratus est (*be angry with*) KwDW 217 8.

ܫܚܩܐ pelecanus ON 90 9.

ܫܚܪ *1.* niger factus est Thren 5 10 (Hex), ψ 30 25 (Aqu); *2.* timuit? Joh Eph 79 14, 113 8; *3.* vitriolum adhibuit Duval-Berthelot **2** 57 2 11.

ܫܚܪܬܐ *m.* et *f.* (N § 87) grex (suum, daemonum etc.) ES **1** 25D, Bal 253 8, Joh Eph 254 16, Bh ad Job 1 6.

ܫܘܚܪܐ *1.* nigredo ESL **2** 255 1; *2.* carbo Joel 2 6, ES **3** 278E, am **3** 69 7, Bh ZDMG **40** 453; *3.* fuligo (*soot*) apap **1** 54 11, Duval-Berthelot **2** 28 21, 101 19.

ܫܚܪܐ (Nöldeke Pers St II SBWA 1892 p. 45 contra Lag Nom 32n) vitriolum Kays 256 4, EN 25 63.

ܫܚܪܐ id. Geop 117 7, Kays 269 4, Duval-Berthelot **2** pass.

ܫܚܪܘܬܐ id. Duval-Berthelot **2** 39 2.

Pa. domuit, coegit, ἀγγαρεύειν Mt 5 41, ER 104 14.

ܫܚܪܐ nigra panis frustula BO **3** 1 228 a 16 = ThMarg **1** 60 10.

ܫܚܪܘܪܬܐ *pl.* ܫܚܪ̈ܬܐ locus asper et difficilis (*steep descent*) ἀντίπτωμα Sir 32 20, JSt 61 6, am **3** 216 16, BO **3** 261 n. 1.

ܫܘܚܪܐ nigredo Js 2 18, ES **2** 107C.

ܫܘܚܪܝܐ niger BA adsc. ment. 11 6.

Af. nigrum fecit ES **2** 101C, apap **1** 55 2.

ܫܚܪܘܪܐ turdus Merula L (*ousel*) EN 45 22.

ܐܫܬܚܪ (Barth p. 21) restitit, relictus est Jos 13 2, Sir 23 27, ES **1** 59B, ER 144 14.

ܡܫܬܚܪܢ postpositus (*placed a little too late*) Th Marg **1** 92 13.

ܐܫܬܚܪܢ *1.* in pejus mutatus est ES **2** 551C; *2.* defecit BB 313 12.

ܫܒܪܘܚܐ mandragora BB 835 13.

ܫܚܬ aeruginem contraxit ES **3** 55A, Jul 219 13.

ܫܘܚܬܐ *f.* (N§86) *1.* aerugo Ez 3 46, ES **3** 107C, Gal ZDMG **39** 305 3; *2.* lepra ESL **3** 931 17; *3.* sordes AS **2** 57 3.

ܫܘܚܬܢܐ ulcerosus Bh ZDMG **40** 453.

ܫܚܬܐ lenticula palustris EN 48 93, BB in Löw p. 236.

ܫܚܬܐ acervus am **2** 600 12.

Pa. inquinavit ES **2** 439F.

Af. *1.* perdidit IA **1** 250 8; *2.* aeruginem contraxit Jac 5 23, Duval-Berthelot **2** 48 10.

ܫܚܠܬܐ ἄλφιτον farina hordeacea (*barley-meal*) Judith 10 5, Ruth 2 14, KwD 55 1, PsC 75 5, EN 34 88.

ܫܛܐ ar. شاطى rivus, canalis Card.

ܫܛܝܛܐ asper durus, Cast.

ܫܛܐ *1.* contempsit Rg δ 19 21 (Hex), Ath 43 5; *2.* stultus fuit 1Sm 21 16, Rom 1 22; *3.* seq. ܥܡ moechatus est Bh ad Mt 35 4.

ܫܛܝܐ stultus 1Cor 12 6, Jul 53 1, Corluy MP 24 6, Vit Rabb 189 12, Eccl 5 2 (Hex).

ܫܛܝܘܬܐ stultitia 2Rg 9 11, ES **2** 5C, Vit Rabb 194 6, Spic Solesm **4** 14 18.

Etpe. rejectus est ES **2** 371D.

Etpa. *1.* desipuit 1Sm 21 16, ES **3** 396A, IA **2** 256 371; *2.* excidit ab BO **3** 1 475bu; *3.* seq. ܥܡ moechatus est Guidi chron 29pu.

Af. *1.* stultum fecit 1Cor 1 20; *2.* despexit 1Par 15 29.

ܫܛܚ pandit, planavit 2Sm 17 19, ES **2** 116C, KwD 41 4.

ܫܛܚܐ forum, vicus חָצֵר Lv 25 31, Jud 5 7, ES **1** 71D, ECth **1** 2 21.

ܫܛܚܐ agmen locustarum Cyrill ZDMG **27** 585 v. 110.

ܫܛܝܚܐ planus ES **1** 149C, PsC 100 17.

ܫܛܝܚܘܬܐ *1. t. t. math.* planum glherm, Hebr **9** 179apu, BB 901 27; *2.* planitas ES **1** 121A, JEh 6 8.

ܒܝܬ ܡܫܛܚܐ h. מִשְׁטַח locus ubi (retia) extenduntur Ez **26** 5.

ܡܫܛܚܘܬܐ tenta (retia) BO **3** 1 389b 21, (tabernacula) Bhce **3** 73 14.

ܫܛܦ fidit Lv 1 17, am **2** 50 3.

ܫܛܝܦܐ obliquus 1Rg 6 4, ES **1** 488E.

ܫܛܝܦܬܐ alabastrum Mt 26 7, ES **3** 75F, ECth **4** 10 3, Epiph 43 24, Bhce **3** 435 20.

ܫܛܪ *1.* stultus fuit Joh Eph 176 12, Th Marg **1** 62 16, Bh ad Ez 8 14; *2.* stultus visus est Kays 33 5.

ܫܛܝܪܐ (cf. ZDMG **28** 648) stultus ES **3** LIV 46, Rabb 234 12, IA **2** 180 v. 395, AS **3** 318 23.

ܫܛܝܪܘܬܐ stultitia Joh Eph 121 12, Lc 24 11 (Phil), Ge ZA **8** 27 4, Bhchr 242 11.

ܫܛܪܐ et ܐܫܛܪܐ (e bab. *šaṭāru* Jensen) χειρόγραφον syngraphum Jer 32 10, Col 2 14, Vit Rabb 206 9, Jul 210 19, dap 52 25.

ܫܝܘܠ *f.* (N§84) h. שְׁאוֹל inferi Ap 19 23, ES **3** 337B, Bal 255 4, Ath 37 21.

ܫܝܘܠܝܐ infernus BO **2** diss p. 22, Bh ad Za 9 11.

ܫܝܢܐ (pers. cf. bactr. *šayana* arm. *šen* Lag arm. St. § 2333) *1.* terra culta (opp. deserto)

Philox 480 15; *2.* res secundae Chr ed 147 1; *3.* pax Afr 102 5, ES **1** 24D, Vit Rabb 186 25; *4.* ܫܠܝܐ ἥμερος cicur, mansuetus Gal ZDMG **39** 243.

ܫܠܝܢܐ pacatus ES **1** 46.

Pa. *1.* tutas reddidit (vias) Chr ed 152 7; *2.* pacavit Mt 40 22; *3.* placavit 2Mcc 4 31, ES **1** 545C; *4.* reconciliavit dap 50 8.

ܫܠܝܢܘܬܐ pacatio ES **3** 96A, Jer 29 7 (Hex), ThMarg **1** 38 3.

ܡܫܠܝܐ *1.* pacatus Bh ZDMG **40** 452; *2.* cicur, mansuetus Cyr 125 12.

ܡܫܠܝܢܘܬܐ pax Philox 23 3, PsC 140 6.

ܡܫܠܝܢܐ *1.* mansuefaciens ESZ 1669; *2.* mansuetus Nestle Chr[1] 55 52.

Etpa. *1.* placatus est Ez 38 8, ES **2** 79A, OM 313 7; *2.* se reconciliavit, reconciliatus est Act 7 26, Afr 291u, dap 53 28, Bhchr 132 8; *3.* benigne se gessit Ath ܠܐ 1.

ܫܝܥܝܘ ar. شِيعَة Schi'a, asseclae 'Alii Bhchr 193 23.

ܫܝܪܐ pulvis culus ON 104 6, BB 1169 19 (cf. Fraenkel BASG **3** 72).

ܫܝܪܬܐ (Fraenkel p. 180 n. 1) agmen iter facientium (*caravan*) Gn 37 25, JSt 54 10, Sind 17 20, ThMarg **1** 233 2, Bhchr 185 7, ENchr 80 8.

ܫܝܪ ܫܝܪܝܢ (nest. 'ܫܝ Bhgr **4** 4 5 h. שִׁיר הַשִּׁירִים) canticum canticorum.

ܫܝܪܐ cantica ES **3** 128A.

ܫܝܪ ܐܡܠܓܝ (pers.) Myrobalani emblici BB, Löw p. 130.

ܫܝܫܐ (Lag GA 83 220) marmor Cant 5 15, cf. MS **2** 25 1, am **3** 347 7, PsC 70 11, Duval-Berthelot **2** 44 20, Bhchr 79 23.

ܫܝܫܬܐ et ܫܝܫܐ Duval-Berthelot 43 4 10, *pl.* ܫܝܫܐ ib. 21 22 vitreum Duval-Berthelot **2** 23 19, 41pu, EN 39 77, ON 150 6.

ܫܝܢ placavit, quietum reddidit Pr 2 2, Bhcar 96 3, JARS 146 3.

Etpa. placatus est BA n. 6927.

ܫܟܒܐ *1)* punctum vocalis a) supernum = ܙܩܦܐ PS s. v. ܙܩܦ, b) infernus = e ܚܒܨܐ; BB s. v., ET 32 5 7, 33 16 19; *2.* interpunctio a) superna = ܥܠܝܐ ܦܩܘܕܐ BZ p. 19 = JBh p. 86, ZKM **1** 206, 207, Pel 15, b) infernus = ܬܚܬܝܐ BZ 5 14, 6 15 cf. Hoffmann ON XVI.

ܫܫܠܬܐ (N § 23E, 31) *1.* catena ψ 117 27, Mc 5 4, ES **1** 325E, Bhchr 75u; *2.* punctum vocalis a) supernum = ܩܘܫܝܐ Hunain in BB s. v. ܡܫܫܠܬܐ, b) infernum = e ܣܚܪܐ BA 2356, 5807.

ܫܫܠܬܢܐ formā catenae Ex 28 22 (Hex).

ܫܫܦܐ i. q. ܫܦܫܦܐ q. v. KwD 40 11.

ܫܘܬܘܡܐ βούτυμος junci genus Job 40 16 (Hex) cf. Löw p. 55.

ܫܘܬܦܘܪܐ cingulum e fibris palmae textum K, PS, Löw p. 125.

ܫܘܬܐܬܐ *f.* (N § 120, ZDMG **37** 535 n. 1) qualitas Dn 1 13, ESL **1** 451 9, TB 9 33, SB 48 19, ThMarg **1** 65 13.

ܫܘܬܝܩܐ antiquus Mar 62 7, am **2** 632 3.

ܡܢ ܫܘܬܝܩܬܐ ܐܚܪܝܐ ab antiquissimis temporibus ET 4 14.

ܫܬܐ Duval-Berthelot **2** 38 13, 54 17 19, ܫܬܐ ib 38 10, 40 3 alumen.

ܫܬܒ *1.* jacuit, quievit, dormivit 1Rg 1 21, Joh 11 11, Afr 161 1, ES **1** 439F; *2.* mortuus est OM 101 12, ThMarg **1** 114 7.

ܫܬܒܬܐ somnium BB 811 18.

ܫܬܒܬܢܝܬܐ coturnix AS **4** 83 11.

ܫܬܝܒ jacens, dormiens Pr 23 34, Nis 70 59, ON 46 16.

ܡܫܬܒܐ cubile 1Rg 1 47, PsC 15 2.

ܡܫܬܒܢܝܬܐ areolae Sir 24 35.

Af. *1.* jacere fecit 2Sm 8 2; *2.* consopivit (*to make sleepy*) am **3** 113 7.

ܐܫܟܚ (N § 45, 164) *1.* repperit, invenit Philox 489 11, Bhchr 14 6; *2.* potuit Philox 446 18; *3.* superavit ESL **2** 339 5.

ܫܘܟܚܐ inventio Cyrill ZDMG **24** 591 v. 56.

ܫܟܝܚܘܬܐ *1.* inventio Rabb 226 22, Ath 24 12; *2.* inventum ES **1** 160 B, IA in MS **1** 15 150.

ܡܫܟܚ et ܐܫܬܟܚ Guidi to 27 139, inventus Philox 587 3, Gal ZDMG **39** 284 11.

ܡܫܟܚܢܐ fieri potest Rabb 220 3, Philox Mem. dei Lincei **12** 1884 p. 477 20.

ܠܐ ܡܫܟܚܢܐ impossibilis AS **4** 12 29.

Etpe. inventus est ESL **2** 779 7, Philox 593 22, Gal ZDMG **39** 246.

ܫܟܢ *1.* se demisit (*sink down in flying, alight*) Jš in ThMarg **1** CLIX 23, KwDW 42 19, 168 22; *2.* habitavit Mt 13 32 (Cur), ER 93 11.

ܫܟܢܐ *1.* domicilium ES **3** 200D, Phys 12 9; *2.* daemon hominem inhabitans ZDMG **29** 111 v. 89; *3. pl.* depositum, sedimentum Duval-Berthelot **2** 49 20, 251apu.

ܫܟܝܢܬܐ *1.* domicilium 1Par 28 2, ES **1** 188E; *2.* (e jud. שְׁכִינָה Geiger ZDMG **21** 489) majestas divina ES **1** 345A, **3** 568A, Philox 288 15.

ܡܫܟܢܐ σκηνή tabernaculum, domicilium Hebr 8 2, Afr 463 10, Ath 19 21.

ܡܫܟܢ ܙܒܢܐ h. מִשְׁכַּן אֹהֶל מוֹעֵד tabernaculum foederis (apud Hebraeos) Ex 40 2, ES **1** 236B, ER 97 27, JS in MS **1** 61 80.

ܡܫܟܢܐ (nest. 'ܡ N § 126E, cf. Fraenkel p. 190, e bab. *maškanu*) *1.* pignus Pr 20 16, Afr 387 19, ES **1** 91B, dap 17 19; *2. met.* sponsor ES **2** 7F.

ܡܫܟܢ *1.* pignori dedit Vit Rabb 199 26, Rechtsb 26 6, PsC 274 17; *2.* pignori sumpsit Afr 387 19.

ܡܫܟܢܢܘܬܐ oppigneratio JSt 19 2, Rechtsb 28 24.

ܐܬܡܫܟܢ *1.* se oppigneravit ES **1** 279F, IA **1** 232 153; *2.* oppigneratus est Philox 576 23.

Pa. *1.* pacavit Corluy MP 39 15, Ath 46 14; *2.* dedit, donavit ES **3** XLVII 24, 480F, Ath 25 11, MB 5 57.

ܫܘܟܢܐ, ܫܘܟܢܐ (N p. 25 n. 1) donum ES **1** 128E, AS **2** 364 10, Ath 28 11, IN in MS **1** 98 17, BO **1** 436a.

Etpa. donatus est ES **2** 53 7, Bhcc **1** 315 8, ad Rom 4 2.

Af. habitare fecit ES **2** 414B.

ܫܘܟܦܐ inunctio ESL **3** 705 2.

ܐܫܟܦܐ germina Cast.

Etpa. *1.* involutus est TA 42 240; *2.* κατεδαπανήθη consumptus est Sap Sal 5 14.

Af. erexit (?) AS **3** 257 4.

ܫܟܦܐ JS 30 14 et ܐܫܟܦܐ (ass. bab. *aškapu* Jensen Kosmologie 294) sutor KwDW 31 20, Bhchr 206 13.

ܐܫܟܦܘܬܐ sutura ESL 1 465 6.

ܫܟܪ *1.* deturpatus, deformatus, caligatus est (oculus) Nis 31 118; *2.* inebriatus fuit ES **2** 551D, Rabb 236 14.

ܫܟܪܐ h. שֵׁכָר sicera Lv 10 9, ES **1** 253A, Philox 396 2, Ath ܩܠܐ 19, Bhchr 166 9.

ܫܟܪܘܢܐ (Nöld. in Löw p. 381 n. 1, contra Lag GA 83 221) hyoscamus Löw n. 326, ES **2** 438C, Geop 12 5, Gal ZDMG **39** 300 4, EN 24 1.

ܫܟܪܬܐ pravitas am **2** 77 14.

ܫܟܝܪܐ *1.* foedus, turpis ES **1** 162C, Ath ܟܗ 8, Pr 17 10 (Hex); *2.* stultus εὐηθής 2Mcc 2 32.

ܫܟܝܪܘܬܐ *1.* foeditas MS **2** 11 16, Zach. Rhet. ed. Spanuth 3 23; *2.* pravitas Bhce **2** 729 26.

Pa. *1.* deturpavit ES **2** 340B; *2.* blasphemavit ES **2** 438C, Nis 38 73; *3.* diripuit ES **2** 551C.

ܫܘܟܪܐ *1.* actio turpis ES **2** 442C, **3** 58F; *2.* convicium ES **2** 548F; *3.* blasphematio ESL **1** 193 14.

ܡܫܟܪܐ turpis, foedus Js 18 2, ES **1** 29B, Philox 363 10, Arist 16 1.

ܡܫܟܪܘܬܐ foeditas Philox 368 23.

Etpa. *1.* foedatus, deturpatus est ES **2** 501D, 502B; *2.* insaniam simulavit 1Sm 21 14.

ܫܟܪ al. ܫܟܪ (pers.) saccharum Sind 10 4, Bhchr 276 7, EN 34 73.

ܫܠܠ *1.* jacuit, quievit Jer 30 10, Vit Rabb 189 18, Corluy MP 10 13, Jul 219 13; *2.* effugit, evasit Hoffmann Ausz n. 532.

ܫܘܠܠܬܐ *f.* (N § 86, ON 47 10 ܫܘܠܠܬܐ) faex ECth **1** 73 14.

ܫܠܝܠܐ jacens Jer 48 11, ES **1** 275D, Kays 82 5, ON 47 11.

Etpa. ad quietem perductus est ES **2** 390D.

Af. ad quietem perduxit ES **2** 474C.

ܫܠܐ saccus Cast.

ܫܠܠܬܐ *pl.* ܫܠܠ̈ܬܐ s. ܕܕܡܐ θρόμβοι αἵματος guttae sanguinis Lc 22 14.

ܫܠܠܐ *1.* praeda Afr 137 19, *met.* gaudium am **3** 15 17 cf. apap **2** 157a; *2.* conjunctio (*twinings, twistings, ramifications*) AS **2** 216 28, ThMarg **1** 335 11, cf. **2** 588 n. 2, ESL **1** 437 10, ܚܒܝܟ ܠܠܠܐ ܕܫܠܠܘܗܝ leg. ܕܫܠܝܠܘܗܝ?

ܫܠܐ extraxit, excepit Ex 2 10, ES **1** 336D, IA **1** 196 428.

ܫܠܐ ܢܘ̈ܢܐ ardea cinerea (*heron*) Lv 11 16, h. שָׁלָךְ, ES **1** 241C, KwD 12 3, EN 25 20.

ܡܫܠܝܢܐ *pl.* ܡܫܠܝܢ̈ܬܐ (N § 79A) furca Ex 27 3, ES **1** 336D.

Etpe. exceptus est Clr 157 16.

ܫܠܝ *1.* quievit 2Rg 11 20, ES **3** 192F, asd 32 11; *2.* desiit ES **1** 520F, Philox 159 12, asd 40 8; *3.* tacuit ES **1** 30F, reticuit ib 340F.

ܫܠܐ, ܫܠܝܐ quietus, tacitus 1Tim 2 23, IA **2** 232 v. 238, Guidi to 40 24, Corluy MP 44 1.

ܫܠܝܘܬܐ quies ES **1** 14E, ER 18 4, Nis 15 13.

ܫܠܝܐ *1.* quies Lc 8 24, ER 79 22, Jul 46 15; *2.* otium asd 17 13, Add 39 3; *3. tt.gr.* quies literae consonantis vocale egentis h. שְׁוָא ET 21 16, Bhgr pass.

ܡܢ ܫܠܝܐ ܐܬܐ Act 9 3, ܡܢ ܫܠܝܐ Nm 6 9, Chr ed 146 7, ܫܠܝܐܝܬ Lc 2 13, Pall in ThMarg **2** 32apu, ܫܠܝܐܝܬ Corluy MP 14 2, BO **1** 455b, KwDW 29 21 subito.

ܫܠܝܐ quies Zach. Rhet. ed. Spanuth 26 4.

ܫܠܝܘܬܐ *1.* quies dap 118 1; *2.* cessatio 1Thess 5 17, ܕܠܐ ܫ' ἀδιαλείπτως, JN in MS **1** 97 10, Ath 25 13.

ܫܠܘܝܐ *1.* desistens ES **3** XXIX 37; *2.* scopa Jer **52** 18 (Hex).

Pa. *1.* ad quietem perduxit ES **3** 98A, Philox 179 2; *2.* cessare fecit Act 19 35, Jul 171 19, asd 59 8, KwDW **323** 9.

Etpa. ad quietem perductus est ES **2** 407F.

Af. *1.* ad quietem perduxit ψ 65 10, Ez 1 25, ER **52** 12; *2.* cessare fecit ψ 33 24 (Hex).

ܫܠܝܬܐ *pl.* ܫܠܝ̈ܬܐ secundina, membrana foetum tegens Dt 28 57, ES **1** 116F, Philox 265 12, JEh 5 16, AS 200 4, SB 125 8.

ܫܠܚܐ vallis ES **2** 86A, JEh 45 1, Ez **36** 6 (Hex), Bhchr 319 7, EN 48 87.

ܫܘܠܚܐ cauda avium EN 44 11.

ܫܠܚܘܦ̈ܐ variolae parvae BB, ON 47 17.

ܫܠܕܐ *f.* (N § 84) (ex ass. *šalamtu* Haupt, Johns Hopkins University circulars **3** 51) cadaver Mt 14 12, Afr 81 3, ES **2** 552F, Vit Rabb 170 9, JS in MS **1** 93 15.

ܫܠܗܒ (Barth p. 49) *1.* accendit Ap 1 15, ES **2** 18E, JS in MS **2** 96 312; *2. met.* inflammavit Jul 205 6.

ܫܠܗܒܝܬܐ (jac. ܫܠܗܒܝܬܐ Bhgr **1** 26) *1.* flamma Hos 7 6, Afr 448 8, ES **1** 430F, Corluy MP 14 8; *2.* splendor (hastae) ES **2** 17F; *3.* acies (gladii) h. לַהַב Jud 3 22.

ܫܘܠܗܒܐ *1.* flagratio ESL **2** 369 3, AS 144 16, Bh de div sap 35 3; *2.* incensio (cupiditatis) Philox 563 10; *3.* τὸ πυρῶδες Gal ZDMG **39** 305 1.

Etpa. *1.* arsit, exarsit ES **1** 72F, Philox 503 11, Ath ܡܘ 16, JS in MS **1** 27 180;

2. flagravit apap **1** 61 11, Rabb **365** 22; 3. febrivit Bh ZDMG **40** 453.

ܫܠܗܦ spuit (magus in nodos) Card.

ܡܫܠܗܦܬܐ h. עֵיפָתָה desertus, vastus Job 10 22, var. ܫܘܦܐ.

ܫܠܚ o et a (N § 170, cf. Barth p. 41) *1.* exuit Col 3 9, ER 3 15; *2.* misit Mt 10 40, Afr 487 3.

ܫܠܚܐ *1.* agmen Jud 14 8, ES **1** 323E, Joh Eph 71 10; *2.* pellis Judith 12 15; *3. pl.* caulae ESL **2** 357 17.

ܫܠܚܐ exutio ἀπέκδυσις Col 2 11.

ܫܠܚܘܬܐ *1.* exutio (dolorum) Philox 318 21; *2.* cutis exuta (serpentium) ER **66** 21.

ܫܠܝܚܐ *1.* nudus Act 19 16, ES **3** 77E; *2.* apostolus ER 44 4, Chr ed 149 3.

ܫܠܝܚܘܬܐ *1.* nuditas ES **3** 431A, Alex 3 14; *2.* ἀποστολή missio, munus apostoli Act 1 25, ES **2** 254B, Cyr 116 5, PsC 202 13.

ܫܠܝܚܝܐ apostolicus MS **2** 65 17, Cyr 116 6, Ath 20 18.

ܫܠܘܚܐ qui mittit ES **2** 395D, Nis **66** 84, asd 6 13.

Etpe. missus est Lc 1 19, ES **2** 211E, Rabb 234 3.

Pa. *1.* exuit 1Sm 31 9, ZDMG **18** 753 13; *2.* liberavit (doloribus) Philox **204** 1.

ܡܫܠܚܐ *1.* nudus ES **1** 25F; *2.* cortex Sch 28 3.

ܡܫܠܚܬܐ, ܕܣܡܐ cassia BB, Löw p. 348.

Etpa. denudatus est ES **1** 26F, Philox 138 8, Joh Eph 117 7.

Af. *s. acc. pers. et rei* exuit, denudavit Gn 37 23, Lc 11 30, ES **1** 92E, ER 350 6.

Ettaf. missus est BB 348 4.

ܫܫܠܝܚܘܬܐ Seseh, planta medicinalis Cast.

ܫܠܛ a (N § 160A) sq. ܒ *1.* potens fuit, dominatus est Nm 15 9, ES **1** 19B, Philox 88 14, Jš in ThMarg **1** LXXVI n. 64; *2.* vi oppressit Ex 19 22.

ܫܠܛܐ h. שֶׁלֶט pharetra 2Sm 8 7, 2Rg 11 10, ES **1** 405C, IA **2** 288 v. 940, MS **2** 19 9. Bh ad ψ p. 231 20.

ܫܘܠܛܢܐ *1.* potestas, potentia Mt 9 8, asd 30 9; *2.* dominatio ER 40 2, Guidi to 18 11; *3.* auctoritas asd 29 26; *4.* facultas AS **2** 172 13; *5.* libera voluntas TB 114 24; *6.* permissio Spic Solesm **4** 222u; *7.* dioecesis Pel **11** 14, MB 60 13, Cat Vat **3** 291 13; *8.* magistratus Dn **3** 23, princeps Sind 27; *9.* angelus bonus Eph 1 21, Col 1 16.

ܫܘܠܛܢܘܬܐ *1.* potestas JSConst v. 703; *2.* dominatio Bhchr 290 22, de div sap **13** 2.

Pa. sq. ܒ illusit JSt 80 22.

ܫܠܝܛܐ *1.* potens ER 46 25, JS in asd 89 27; *2.* licitum Mt 12 2, Afr 113 9, ES **2** 29B, asd 28 14; *3. pl.* ܫܠܝܛܢܐ (N § 74) magistratus, praefectus Jos 10 24, ES **1** 198D, ER 118 2, am **2** 45 7.

ܫܠܝܛܢܐ = ܫܠܝܛܐ *3.* Philox 67 19 var: ܫܠܝܛܐ.

ܡܫܠܛܐ *1.* gubernatus ER 21 14; *2.* liber ESZ **1** 425, *adv.* permissu, potestate asd 13 12.

ܡܫܠܛܢܘܬܐ *1.* potestas Hoffmann Kirch 7 30; *2.* libera voluntas ER 34 27, Philox 513 11, ܡܫܠܛܢܘܬ ܚܝܠܐ id. JEschol **1** 17.

Etpa. *1.* potitus est sq. ܒ Dn 11 7, Philox 549 11, asd 10 22, Chr ed 157 2; *2.* ei licuit Joh Eph 416 21.

Af. potentem fecit, potestatem ei dedit 1Par 28 21, Afr 123 2, Philox **606** 19, MB 9 110.

ܫܠܡ *1.* integer mansit Js 60 10, ER 64 14, plena fuit (luna) ER 72 16; *2.* completum est ἐπληρώθη Joh 13 8, Afr 269 12, AM **2** 393 34; *3.* convaluit AM **2** 280 5; *4.* exiit, finitum est (tempus) ES **2** 253E, Philox 584 6, asd 32 17; *5.* mortuus est ἐξέπνευσεν Mc 15 37, Lc 23 46, 2Mcc **7** 7 13; *6.* c. ܠ a) congruit dap 12 3, asd 15 18, Dn 13 19 (Hex), b) familiariter usus est aliquo Sir 13 18, c) oboedivit ES **2** 241D, consênsit Chr ed 154 26, d) similis fuit Gal 4 25, BO **1** 237; *7.* impers. ܫܠܡ ܠܗ placuit, convenit Act 5 9 (Phil), Spic Solesm **4** 232 3.

24*

ܫܠܡܐ *1. adj. f.* ܫܠܡܬܐ perfectus, absolutus Ex 28 30, ES **1** 262A, dap 32 12, Ath 15 22; *2.* h. שְׁלָמִים sacrificia Jud 20 26.

ܫܠܡܘܬܐ *1.* perfectio 2Cor 6 15, Guidi to 43 15; *2.* congruentia 1Sm 14 4, ES **1** 460A; *3.* consensus Cant 5 12, Bhchr 72 5.

ܫܠܡܐ *1.* pax, prosperitas Gn 43 23; *2.* salus, salutatio Joh 14 23, JS in MS **1** 11 412, Jul 231 7, ThMarg **1** 70 1; ܫܐܠ ܫ' aut ܫ' ܝܗܒ salutavit Jud 18 15, ER 113 3, Guidi to 22 171.

ܫܝܠܡܐ Gal ZDMG **39** 249 10, BB 147 20, et ܫܝܠܘܡܐ EN 49 11, BB 147 26, αἶρα lolium.

ܫܘܠܡ ܫܢܬܐ (nest. ܫܘ') finis anni Bhgr **4** 4 5.

Etpe. *1.* traditus, deditus est Mt 4 12, 2Cor 12 7, Guidi to 39 15; *2.* se tradidit Clr 42 28.

Pa. *1.* perfecit Dt 20 9, Mt 17 11, Chr ed 147 27, Gal ZDMG **39** 248; *2.* finivit vitam, periit ES **2** 258E, Ex 19 12 (Hex); *3.* solvit (votum) ψ 22 26, Mt 5 33.

ܫܘܠܡܐ *1.* perfectio Cyr 23 3; *2.* finis 1Petr 3 8, Philox 584 6, Steph. Sud 16 11, (terrae) Corluy MP 15 9.

ܡܫܠܡܐ 1Mcc 4 47 et ܡܫܠܡܢܐ perfectus, integer ὁλόκληρος AS **3** 275 9, Alex 3 15, ThM 80 14, Philox **11** 20.

ܡܫܠܡܢܝܬܐ genus vestimenti Js 3 22 (ed. Cer. ܡܫܠܡܢܝܣ) ES **2** 25E.

Etpa. *1.* perfectus est Joh 19 28, ES **1** 222C, Philox 605 5; *2.* impletus, expletus est Lc 18 31, ES **2** 396E.

ܡܫܬܠܡܢܐ oboediens KwDW 27 22, *adv.* ib. 18.

Af. *1.* dedidit, tradidit Mt 26 15, dap 88 6; 2. sq. ܥܡ pacem fecit Jos **16** 4; *3.* edidit, exspiravit animam Bhchr 238 13.

ܡܫܠܡܢܐ *1.* traditor Mc 14 44, dap 68 26; *2.* fidei Moslemicae addictus ar. مُسْلِم Bhchr 121 5.

ܡܫܠܡܢܘܬܐ *1.* traditio Mt 15 2, Vit Rabb 194 3, JE Journ of s.l. **10** 18 4, Bhchr **186** 5; *2.* nomen accentus BZ 5 13.

Ettaf. *1.* traditus est 1Ezr 2 11, Bhchr 357 20; *2.* accepit Bhchr 402 15, id in JECan 18 1.

ܡܫܬܠܡܢܐ perfectus Lv 23 15, IA **1** 128 v. 1042, ܟ̈ܐܦܐ ܡܫܬܠܡܢܝܬܐ lapides non deformati Dt 27 5, ES **1** 283A, dap 108 7, PsC 209 6, AS **3** 92 25.

ܡܫܬܠܡܢ̈ܝܬܐ integer Cat Bod 2 4.

ܫܠܢܓܐ lapides prominentes BB, Cast.

ܫܠܦ extraxit, evellit 1Par 21 5, Bhce **2** 571 1.

ܫܠܦ aruit, marcuit ψ 129 6, Bhcar 115u, 149 1, Eb Par 27 3, cf. Nöldeke ZDMG **46** 678.

ܫܠܦܐ culter EN 38 69.

ܫܠܦܘܐ saccus (*bag*) JSt 49 17.

ܫܠܦ ܙ̈ܘܓܐ forceps EN 30 68.

Pa. decorticavit (?) Geop 90 26 (cf. Nöldeke ZDMG **43** 678n).

ܫܘܠܦܐ vulnus ES **1** 310E, Bhcar 115 11.

Etpa. ar. اشلف? BB 313apu.

ܫܠܦܘܚܝܬܐ *pl.* ܫܠܦ̈ܘܚܐ (√ נפח Hoffmann LCB 1882 p. 320) *1.* olla ES **1** 316E; *2.* vesica κύστις (*bladder*) Gal ZDMG **39** 243, Kays 31 18, Hebr **4** 215 5, EN 10 98; *3.* bulla Geop 105 22; *4.* pustula AM **2** 306 5.

ܫܠܩ coxit, decoxit Duval-Berthelot **2** 28apu, 26 11, AS **4** 101 20, Bhcar 80 6.

ܫܠܝܩ *1.* assatus (*roasted*) PsC 264 16; *2.* elixus Bh ZDMG **40** 453.

ܫܠܩܐ ἀφέψημα decoctum Gal ZDMG **39** 243, ܟ' *boiled* JSt 73 2.

Etpe. coctus est Kays 248 3.

ܫܘܠܩܐ elixatio Ez 24 13 (Hex).

ܡܫܠܩ elixus AS **2** 120 26.

ܫܡܘܪܐ mustela Scythica Cast.

ܫܡܪܚ χλευάζω, luxuriavit, illusit Afr 269 11, am **2** 52 11, Rie 83 17 (cf. gr. p. XLIII) Jš in ThMarg **1** CLXV 10.

ܫܡܪܚܘܬܐ luxuria Cyr 257 27.

ܫܡܐ *pl.* ܫܡܗܐ et ܫܡܗܬܐ (N § 146) *1.* nomen Ex 33 12, ES **1** 146E, Guidi to 20 71, JS Abb 54 305, ܡܓܘܫܐ ܕܫܡܗܬܐ magi clari, famosi ESL **2** 411 23; *2.* fama Joh Eph 380 12, AS **3** 17 2 (sic leg.), Bhce **2** 727pu; *3.* ܒܫܡܐ ܕ eo quod JS in MS **1** 28 221; *4. tt. gr.* ut ὄνομα etiam ceteras orationis partes comprehendit ON 32 21, 39, cf. 94 23, Cat Wr 105b, 106a, JEgr (ed Wright) ܨܐ 3, EN 89 80; declamationis puncta et interpunctiones JBh 14, 15, Hoffmann praef. ad ON V, VI.

ܐܫܡܝ nominavit Philox 4 3.

ܫܡܗ *1.* nominavit, appellavit ER 46 22, Gal ZDMG **39** 257 19, MB 11 128; *2.* se nominavit JS in MS **1** 61 89, chrest. Michaelis p. 75.

ܫܘܡܗܐ *1.* nominatio ES **1** 174D, JN in MS **1** 98 2, Gal ZDMG **39** 273 2; *2.* gloria, fama ES **3** LVII 29.

ܡܫܡܗܐ *1.* clarus, famosus ES **1** 456B, Joh Eph 92 17; *2. adv.* expresse, distincte ES **1** 352D, **2** 21C (sic leg.!).

ܡܫܡܗܢܘܬܐ nominatio MB 15 194.

ܡܫܡܗܢܐ illustris JAP **7** 8 436 2 (leg. ܡܫܡܗܢܐ?).

Etpa. *1.* appellatus est Hebr 5 10, Gal ZDMG **39** 244; *2.* clarus factus est ESL **2** 325 31.

ܫܡܝ nominavit, appellavit Mc 3 16, ES **2** 322D, Bhchr 583 16.

Etpa. nominatus est Dt 25 6, Act 1 23, AS **2** 267 24, JARS 26 7.

ܫܡܛ *1.* extraxit Lv 14 40, ES **1** 33E; *2.* eduxit, distrinxit (gladium) 1Par 10 4, ER 55 15, Jul 45 17; *3.* eripuit JS in asd 89 16.

ܫܡܝܛ discalceatus (*barefooted*) Bh ZDMG **40** 453.

Etpe. *1.* extractus, eductus est Dt 19 5, ES **2** 410A, Jul 191 6, am **2** 93 3; *2.* ruptus est Bhce **2** 525 11.

Af. *s. 2 acc.* excalceavit aliquem Bhchr 184 1.

ܫܡܝܐ *sg. m.* rar. *sg. f.* et *pl. m.* (in bibliis) N § 87, 146 *1.* caelum Gn 1 1, ER 65 13, ESL **1** 615 19; *2.* tectum 1Rg 6 16, Kays 164 22, (*ceiling*) ThMarg **1** 122 16.

ܫܡܝܐ ܕܓܠܕܐ tecta pellicea (in obsidionibus) AS **3** 204 25.

ܫܡܝܐ ܕܦܘܡܐ palatum Ez 3 26, ES **2** 168A, am **3** 259 10, glherm.

ܫܡܝܪܘܦܐ ECth **1** 2 10, graec. ὄροφος, Bernstein ZDMG **6** 357 conj. ܫܡܝܪܘܦܐ, Geiger ib **17** 725, ܫܡܝܪܘܦܐ fornices coll Bhchr[1] 533 7, ce **3** 7 21.

ܫܡܝܐ ܥܠܝܐ convexa coeli Kays 66 4.

ܫܡܝܢ ܒܥܠ = Ζεύς AS 176 24.

ܫܡܝܢܝܐ coelestis 1Cor 15 48, ES **1** 123F, Vit Rabb 186 75, Ath 16 10.

ܫܡܓܠܐ cepae BB, Löw p. 75.

ܫܡܢ pinguis fuit, factus est ψ 118 70, ES **1** 287A, Kays 248 2.

ܫܘܡܢܐ pinguedo Rom 11 17, ES **1** 261D, Vit Rabb 175 1, am **2** 92 3, Bhchr 72 1.

Pa. *1.* pinguem reddidit ES **1** 238B, Rie 135 3; *2.* maturavit ES **3** 590A.

ܫܡܝܢܐ pinguis Ez 34 20, asd 19 22.

Af. pinguem reddidit Pr 15 30, ER 353 18, Hab 1 16 (Hex).

ܫܡܘܢܝܐ quadrans Mt 5 26, ES **2** 320A, IA **2** 320 v. 1430, apap 13 16, dap 66 7.

ܫܡܥ *1.* audivit Gn 37 17, am **1** 388u, Gal ZDMG **39** 267 11; *2.* quaesivit (*to try*) asd 45 23; *3.* oboedivit Philox 111 5; *4.* sq. ܥܡ collocutus est Joh Eph 81 20.

ܫܡܥܐ *1.* auditus Gal ZDMG **39** 267 12; *2.* fama Mt 14 1, ES **2** 269A, JSt 38 15, AS **2** 252 11.

ܫܡܝܥܘܬܐ oboedientia Ath 12 25.

ܫܘܡܥܬܐ *pl.* ܫܘܡܥܬܐ ܒܝܫܬܐ JSA 600 fama infausta 2Sm 4 7, Nis 4 74, JSAbb 42 168.

ܒܪ ܫܘܡܥܬܐ consentiens AS 95 30.

ܫܡܥܬܐ princeps ES **1** 57E.

ܫܡܥܬܢܘܬܐ exauditio Afr 56 21.

ܫܡܘܥܐ *1.* auditor ER 38 7, Gal ZDMG **39** 246 1; *2.* catechumenus Cat Vat **2** 340 19.

ܫܡܥܐ ܕܐܕܢܐ auditio, fama ThMarg **1** 319 3.

ܡܫܡܥܢܘܬܐ auditus Lc 7 1, ER 46 10, JS in MS **1** 91 11, dap **46** 28.

ܡܫܡܥܢܘܬܐ id. Nestle Chr [1] ܦ 1.

Etpe. *1.* auditus est dap 54 8; *2.* oboedivit JSt 53 9.

ܡܫܬܡܥܢܐ et ܡܫܬܡܥܢܐ oboediens Jac 3 17, Ath 20 24, *adv.* IA in MS **1** 19 372.

ܡܫܬܡܥܢܘܬܐ oboedientia Rom 5 19, Solesm Philox 44 12, Spic **4** 231 11.

Af. *1.* audire fecit Cant 2 14, Philox 121 13; *2.* nuntiavit ψ 106 2, Afr 165 2, Guidi to 40 7.

ܫܡܘܥܐ ar. شُمُوع ceratio Duval-Berthelot **2** 96apu.

ܫܡܪܐ Geop 17 19, Gal ZDMG **39** 281 5, ܫܘܡܪܐ AS **4** 39 3, foeniculum capillaceum Löw n. 328.

ܫܘܡܪܐ, ܫܡܪܐ ἰσᾶτις isatis tinctoria Gal ZDMG **39** 258 6.

Pa. *1.* fluere fecit Ex 22 5, ES **2** 427E, Jul 82 7, JS in MS **1** 56 336; *2.* misit, dimisit ES **1** 517F, Philox 178 14, KwDW 126 13, Bh chr 88 24; *3.* dejecit ES **2** 394D; *4.* pronuntiavit MB 7 90.

ܫܘܡܪܐ dimissio BO **3** 1 54 2, EbMai **10** 325 20.

Etpa. *1.* defluxit Corluy MP 21 14; *2.* missus, dimissus est BS 18 28, Rie 110 25, KwDW 64 10, Act 16 36 (Phil); *3.* consuevit Bh ZDMG **40** 544; *4.* dimisit (*let loose on*) KwDW 396 16.

ܫܡܪ ܥܝܢܐ visus hebetudo AS **4** 54 20.

ܫܡܝܪܐ (ex hebr. שָׁמִיר ZDMG **29** 647) *1.* adamas Ez 3 9, ES **2** 129E, IA **2** 62 39, am **2** 83 7; *2.* gr. σμύρις tura tripolitana (*emery*) Duval-Berthelot **2** 9 5, BB 86 3, 972 6.

ܫܡܫܐ *m.* rar. *f.* (N § 87) sol 1Rg 22 36, ES **2** 315B etc.

ܫܡܫܢܝܐ *1.* solaris GeZA **8** 35 4, Bhchr 136 15; *2.* qui solem adorat Bhce **1** 219 n. 4; *3. f. subst.* eclipsis solis ES **2** 309F.

ܫܡܫܢܐܝܬ luce clarius EbMai **10** 281 8.

ܫܡܫ *1.* servivit 4Ezr 6 46, Vit Rabb 172 15, asd 50 1; *2.* functus est EbMai **10** 313 18; *3.* definivit ES **1** 8A.

ܫܡܫܐ *1.* servus, minister ES **1** 444A, Nis 13 67, JS in MS **2** 154 v. 1212; *2.* diaconus Nis 4 137, asd 18 11, Joh Eph 227 8.

ܫܡܫܬܐ diaconissa Rie 24 19, Bhcar 99 11.

ܡܫܡܫܢܐ *1.* minister Mt 20 26, Corluy MP 16 4 *2.* diaconus Rabb 214 4.

ܡܫܡܫܢܝܬܐ *1.* ancilla 1Rg 1 2; *2.* diaconissa Rom 16 1, dap 70 22.

ܡܫܡܫܢܘܬܐ diaconatus ES **3** XLVIII 28.

ܬܫܡܫܬܐ *1.* servitium διακονία 1Mcc 15 32, Afr 116 1, Vit Rabb 172 26, MS **2** 68 9; *2.* ministerium (*sacred vessels*) Hoffmann Kirch p. 87 n. 48.

Etpa. *1.* ei ministratum est Mc 10 45, Philox 362 5, JS in asd 98 6; *2.* factum est (*to take place*) ES **1** 171B, KwDW 137 15, Dion T 139 2; *3.* seq. ܒ rectus, gubernatus est dap 102 9; *4.* (den. a. ܫܡܫܐ) insolatus est, apricus fuit Geop 111 20.

ܫܡܫܪ ON 127 4 et ܫܡܫܪ ar. شمشار tectonia grandis ON 87 21, BB Löw p. 63, 64.

ܫܢܐ *f.* (Bhgr **1** 195 14, N § 84) a) *pl.* ܫܢܐ dens Ex 21 24, ES **1** 336D, ebur ES **2** 260D, ER 116 17, b) *pl.* ܫܢܢܬܐ dens rupis, scopulus ES **1** 357F, Clr 152 3, BB 96 20.

ܫܢܝ ܟܠܒܐ dentibus caninis praediti PsC 174u cf. Nöldeke Beitr. p. 13.

ܫܢܐ ܬܢܝܢܐ bestiae JS in MS **1** 22 41, JSt 79 12, Bhchr 166 10.

ܫܢܝ ܬܘܪܐ, ܫܢܝܢܐ ἠρύγγιον eryngium Gal ZDMG **39** 258 6, Löw p. 179, 329, EN 24 38.

ܫܢܢܐ *m.* et *f.* (N § 87) *1.* acies ES **1** 39C, cuspis (hastae) Bhchr 265 6; *2.* spica ES **2** 422C, Job 24 24 (Hex).

ܫܢܝܬܐ *1.* dens (furcae) 1Sm 2 13, Geop 29

23; *2.* rupes Jer 4 29 (Hex), PsC 271 6, cf. Nöldeke Beiträge 29 n. 3; *3.* mons PsC 268 8 etc., JEh 8 14.

ܫܢܝܢܐ acutus ψ 45 6, dap 121 1, ES **2** 119E, Eb Par 81 5.

ܫܢܢܐ (N § 126B) cos (*grinding-stone*) Bhchr 164 15, EN 31 97.

ܫܢܢܝܬܐ muscus (*moss*) Löw n. 330, ψ 90 5, Bhgr **1** 246 16.

ܫܢܬܐ *absol.* ܫܢܐ ܒܫܢܐ ܫܢܐ ER 51 10, *pl.* ܫܢܝܐ (N § 146) et ܫܢܘܬܐ Cat MB 52b annus pass.

ܒܢܝ ܫܢܝ συνηλικιώτας μου aequales Gal 1 14 (Bh ad l. ܫܢܝ scribit), dap 96 3.

ܫܢܬܐܝܬ quotannis Bhce **1** 29 20.

ܫܢܬܢܝܐ annuus Epiph 72 94, Bhce **2** 637 17, BO **3** 2 937n.

ܫܢܬܢܝܘܬܐ circuitus annuus Kays 28 11.

ܫܢܬܐ (N § 105) somnus Pr 20 13, ES **1** 50B, ER 152 1, Guidi to 20 81.

ܫܢܐ *1.* et ܫܢܐ ܠܗ (N § 252A) mente captus est 1Cor 14 23, ER **6** 5, Guidi to 21 104; *2.* migravit ER 6 26; *3.* recessit (a legibus) asd 48 3; *4.* se convertit ECth **5** 46 31.

ܫܢܝܐ mentis alienatio ES **1** 372C.

ܫܢܝܐ (N § 109) mente captus 1Sm 21 15, ES **1** 502F, asd 15 8.

ܫܢܝܘܬܐ mentis alienatio ES **1** 358B, asd 14 15, Jul 148 1, Arist 15 6.

Pa. *1. tr.* a) removit Mt 4 21 (Cur), asd 31 20, Sch 72 9, b) migrare fecit μετῴκισεν Lc 17 6 (Cur), Act 7 4, c) sustulit, abolevit KwDW 321 12, d) mutavit Dt 19 14, e) convertit ES **1** 504D, f) seq. ܦܪܨܘܦܐ dissimulavit Guidi to 41 1. g) transtulit Act 7 43; *2. intr.* a) migravit, Mt 4 12, Corluy MP 22 9, Philox **37** 18, b) obiit BO **3** 1 158b 1 = ThMarg **1** 26 7, seq. ܠܘܬ ܡܪܗ ES **3** XXXI 39, seq. ܡܢ ܚܝܐ vita decessit BO **3** 1 151a 34.

ܡܫܢܝܢܘܬܐ mente captus TB 24 28.

ܫܘܢܝܐ *1.* remotio ES **1** 519B, Jul 195 2; *2.* mutatio ES **2** 105A, Ath 39 13; *3.* obitus BO **3** 1 184a 16, ThMarg **1** 137 7; *4.* ܫܘܢܝ ܢܦܫܬܐ metempsychosis Bhchr 397 14.

ܠܐ ܡܫܬܢܝܢܐܝܬ immobiliter ES **1** 274C.

Etpa. *1.* expulsus est ES **2** 106E; *2.* transformatus, mutatus est Act 7 16, ES **2** 216F, Gal ZDMG **39** 264 4; *3.* mente captus est ES **2** 438E, JS in asd 106 17, TB 72 2.

Af. mente privavit ES **2** 438C, Nis 57 128, ER **6** 27.

ܫܢܒ amavit Card 68 5.

ܫܢܒܬܐ *1.* amor BO **3** 2 356u; *2.* ܫܢܒܬܐ ܕܦܓܪܐ voluptas corporis BO **3** diss p. 22.

ܫܢܝܒ aegrotus Bh de div sap 6 1.

ܫܢܝܒܘܬܐ amor Bh de div sap 35 3.

Pa. amore implevit Bh de div sap 18 3.

Etpa. cruciatus est Bh de div sap 8 6.

ܫܢܒܪܘܬܐ i. q. ܫܒܪܘܬܐ q. v. BB, l. l.

ܫܢܕܐ saepius *pl.* ܫܢܕܐ (, *rukkâχ*. EN 66 40 cod. Goth) cruciatus 2Mcc 7 8, asd 41 22, Bal 300 13, MS **2** 70 4.

Pa. seq. ܒ cruciavit am **3** 260 3.

ܫܘܢܕܐ cruciatus Nis 2 65.

ܬܫܢܝܕܐ cruciatus JS in asd 99 15, MS **2** 75 6.

Etpa. seq. ܒ cruciavit Jud 8 16, ES **1** 401A, asd 46 15.

ܫܢܙ o *1.* mutavit ES **2** 132A; *2.* recessit Bhcar 138 7; *3.* tremuit (cor) AM **2** 328 10.

ܫܘܢܙܐ auriga TB 37 19, Eb Par 57u.

ܫܘܢܙܝܐ aberratio (a regula) Bhgr **1** 18 16, 19u.

Pa. recessit Bhchr 99 14, EbMai **10** 320 27.

ܡܫܬܢܙܢܐ remotus Bh in Cat Bod 393 2.

ܫܢܕܝܢܐ (gr. χελάνδιον Fraenkel 220) navis magna Cast, linter Ferr.

ܫܢܘܡܢ avest. *chšnûman* placatio, reconciliatio, formula religiosa am **2** 579 2, cf. Nöldeke in Festgruss an Roth p. 37 n. 4.

ܫܢܩ vexavit, cruciavit Ap 11 10, ES **1** 406C, Bal 300 12.

ܫܘܢܩܐ *1.* cruciatus Corluy MP 33 9, asd 54

23, KwDW 72 6; *2.* vexatio 2Petr 2 4, ES **2** 111b, ER 60 19.

ܫܘܥܝܬܐ cruciatus 2Par 21 15, Mt 4 23 (Cur), ES **1** 369F, dap 18 27, Ath 21 1.

ܫܘܥܝܬܐ cruciatus ES **2** 370F, **3** 631D (cf. Bernstein ZDMG **4** 313), EbPar 82 4.

Etpa. cruciatus est Corluy MP 27 1, Ath ܣ 17.

ܫܘܢܪܐ felis ThMarg **1** 395 5, Fab 41 1.

ܫܥܠ *1.* illevit Gn 6 14, ES **1** 534F; *2.* polivit, laevigavit Dion T 57 2.

ܫܥܥܐ *1.* laevitas Gn 27 11, 25 23, cf. Philox 97 10; *2.* lapis laevis AS **2** 62 12, Job 21 33 (Hex), Duval-Berthelot **2** 53 9 10; *3.* ܫ̈ܥܥܐ ܕ ܒܚܠܐ κόχλακες calculi Geop 71 10, cf. Job 8 7 (Hex), Löw p. 238.

ܫܥܥܘܬܐ loca laevia Gn 27 16.

ܫܥܝܥܐ *1.* laevis Ez 24 17, Afr 493 6, ES **2** 187D, JEh 48 12; *2.* pasta Duval-Berthelot **2** 48 5 6.

ܫܥܝܥܘܬܐ *1.* laevitas AS **4** 91 11; *2. st. cstr.* seq. ܡܥܝܐ (λει) εντερία BB 25 21.

ܡܫܥܥܐ trulla (*mason's trowel*) BA n. 6845, EN 23 13.

Af. polivit, laevigavit Pr 28 24 (Aqu).

ܫܥܫܥ laevigavit Geop 61 17.

ܫܥܒܢ ar. شَعْبان mensis octavus anni Moslemici Bhchr 204 10.

ܫܥܘܪ thos, canis aureus (*jackal*) KwD p. LXXXIII, KwDW 150 19, 153 19.

ܫܥܘܬܐ cera Jer 8 22, ES **2** 118D, Jul 57 7.

ܫܥܘܬܬܐ Duval-Berthelot **2** 96 4, leg. ܫܥܘܬܢܝܬܐ colore cerae.

ܫܥܘܬܢܐ flavus (*yellow*) PsC 43 15, EN 35 6.

ܫܥܠ *1.* seq. ܒܡܝܐ natavit BB 508u; *2.* seq. ܐܐܪ volavit Cast.

ܫܥܠܐ pullus serpentis Js 59 5, Bal 262 21, BO **3** 1 89a 27=ThMarg **1** 31 3, TA 40, 233, EN 43 90.

ܫܥܝܐ jocus, ludibrium Eph 5 4, ES **2** 265C, Philox 188 1, dap 86 13.

ܫܥܝܬܐ lusus, ludibrium VitRabb 179 20, PsC 57 15, ECth **1** 48 7, Jer 10 16 (Hex).

ܫܘܥܝܬܐ narratio μῦθος Tit 1 14, ES **2** 10B, ER 50 27, ThMarg **1** 275 16.

ܫܘܥܝܐ jocus Afr 117 10.

ܫܥܝܘܬܐ fraus BB 144 18.

ܡܫܥܝܢܘܬܐ lusus Js 24 8 (Hex).

ܐܫܬܥܝܬܐ *1.* narratio Lc 1 1, ER 36 24, Chr ed 145 4; *2. tt. gr.* praedicatum ar. خَبَر ET 15 18.

ܐܫܬܥܝܢܝܬܐܝܬ *1.* narrando ThMarg **1** 291 11; *2. tt. gr.* in praeterito ET 18 6.

ܐܫܬܥܝܢܝܐ narrativus JEh 9 1, Kays 121 7, Métr 37 10.

ܫܥܝܢܐ lusus Cyr 53 27.

Etpe. lusit Js 11 8, ES **1** 225A, ECth **1** 48 7, JS in asd 105 16, Bhchr 162 5.

ܐܫܬܥܝܢܐ (N § 140) lusus MAMQ 40 9, AS **2** 334 22, Cyr 29u, Bhchr 471 21.

Etpa. narravit, exposuit Lc 7 18, ER 35 11, AM **2** 297 20, Ath 55 21.

Ettaf. seq. ܒ illusus est Jud 16 27 (Hex).

ܫܥܠ tussivit (*to cough*) AS **3** 100 25.

ܫܥܠܐ tussis Geop 51 18, Gal ZDMG **39** 293.

ܫܥܘܠܐ id. Bh ZDMG **40** 454.

ܫܘܥܠܐ tussiens Geop 104 20.

ܫܘܥܠܐ pugillus, manipulus 1Rg 20 10, Afr 495 3, ES **1** 506B, IA **2** 312 1307.

ܫܥܡܘܢܐ cibi genus EN 34 79.

ܫܥܝܢܐ limus Kays 259 6, EN 47 63.

ܫܥܝܢܘܬܐ limositas Kays 104 15.

ܫܥܬܐ AS **3** 279 20, leg. ܫܘ̈ܥܬܐ rupes.

ܐܫܬܥܥ Joseph **5** 1 leg. ܐܫܬܥܝܣ cruciatus est.

ܫܥܪܐ radix ES **3** 124A.

ܫܦ *1.* repsit Lv 11 42, arrepsit IA **2** 216 244; *2.* contrivit ES **1** 226A.

ܫܦܐ sarcophagus BB 546 7.
ܫܦܐ soleae Bhce **1** 277 16.
ܫܦܘܦܐ reptilis BB 685apu.

Pa. serpsit, repsit ES **2** 413A, IA **1** 36 73, ThMarg **1** 56 2 Bhcar 116 15.

ܫܦܝܦܐ serpens IA **2** 328 v. 1533.
ܫܦܘܦܐ tegumentum leg. ܫܘܦܦܐ q. v. ESL **1** 211 18.

Etpa. planatus est(?) Geop 14 24.

Af. *1. tr.* a) planavit, aequavit ES **1** 120B, b) commovit ES **2** 368F, c) flexit ES **3** 402A; *2. intr.* a) concessit, permisit Joh Eph 81 16, Rie 83 10, Bhchr 231 1, b) seq. ܥܡ *to deal gently with* KwDW 26 25, 44 12.

ܡܫܦܦܢܘܬܐ *1.* conniventia Joh Dar in ER 412 1, BO **3** 1 273a 29, EbMai **10** 262 32; *2. gentle dealing* KwDW 248 12.

ܫܦܐ *1.* limavit Ex 32 27, purgavit dap 24 27; *2.* clarus factus est Duval-Berthelot **2** 33 12; *3.* assensus est ES **3** 120, IA in MS **1** 20 412.

ܫܦܝܐ *1.* purus Sap 10 4, ER 22 7; *2.* concors ESL **1** 281 15; *3.* sincerus Bhchr 303 12; *4. adv.* perspicue, manifeste ES **1** 318E; *5. subst.* jusculum AM **2** 350 4; *6.* planities Jer 40 4, Afr 330 17; *7.* ξυστὸν Joseph 5 4.

ܫܘܦܝܐ *1.* stimulus σκόλοψ (*goad*) 2Cor 12 7, Gal ZDMG **39** 243, ThMarg **1** 25 20; *2.* adversarius שָׂטָן 1Sm 29 4; *3.* offensa Philox 580 7, Bhce **1** 283 7.

ܫܦܝܬܐ *1.* scobs Duval-Berthelot **2** 43 13, leg. ܫܝܦܬܐ?; *2.* metrum apud Ascalonenses = 22 ξέσται, apud Azotenses = 18 ξέσται, apud Gazenses = 14 ξέσται Epiph 5 85, 49 50 77.

ܡܫܦܝܬܐ (Fraenkel 256) acus ON 146 5.

Pa. *1.* planavit Js 45 13, ES **2** 314C; *2.* purgavit ES **2** 385C, Philox 272 29; *3.* clarum reddidit, liquavit Duval-Berthelot **5** 17 15, 22u, 29 11.

Etpa. *1.* laevigatus est KwDW 386 3; *2.* purgatus est ES **2** 401E, Philox 454 23, Jul 73 6, JS in asd 96 10.

ܫܦܕ perfodit, percussit Bhchr 311 24, car 142 16.

Pa. percussit Jul 79 15, Bhchr 77 1.

ܫܦܕܐ vas molae EN 31 99.
ܫܦܘܕܐ (de gr. σποδὸς cf. Sachs Beitr **2** 41 n. 48, Lag Mitt **3** 23, Krauss Byz. Zeitschr **2** 546) rutabulum IA **2** 220 v. 335, am **1** 278 15, JohEph **207** 1.

Etpa. *1.* percussus est Jul 168 20; *2.* infixus est Dion T 169 9.

ܫܦܕܘ Kays 59 3, 264 22 leg. ܫܦܕܘ q. v.

ܫܦܛܝܡ h. שֹׁפְטִים liber judicum ES **1** 305B.

ܫܦܘܥܬܐ et ܡܫܦܥܬܐ clyster BA n. 6855.
ܐܫܦܥܬܐ effusio (? animarum) TB 8 13.

Etpe. fusus est ECth **2** 44 17.

ܫܦܠ humilis fuit ES **1** 403D, ER 106 12.
ܫܦܠܐ *1.* humiliatus Nis 76 100, dap 61 22; *2.* humilis, asceta Nis 7 54, 31 218; *3.* piger Nis 11 45.
ܫܦܠܘܬܐ *1.* humilitas ER 111 26, JE in ES **1** 500 3; *2.* pigritia Eccl 10 18, cf. ES **2** 348B; *3.* otium Nis 61 25.
ܫܘܦܠܐ *1.* humiliatio ES **1** 301B, Nis 36 175, Guidi to 43 19, JohEph 110 9; *2. pl.* limbi, fimbriae Js 6 1, ES **2** 29E.
ܫܘܦܠܐ humilitas JohEph 54 23.
ܫܦܠܐ declivitas Dt 1 7.
ܫܘܦܠܐ saepius *pl. 1.* pes (montis) Ex 19 12, ES **1** 41D, am **3** 436 10, MB 35 469, Bhchr 209u; *2.* margo Jer 13 22, ES **2** 126B; *3.* limbus am **3** 413 14, Bhchr 134 11; *4.* fimbria BO **3** 2 806 3.

Pa. humiliavit Act 19 16, ES **1** 342E, ER 91 27, KwDW 12 19.

ܡܫܦܠܢܘܬܐ debilitas KwDW 200 25.

Etpa. *1.* humiliatus est ES **1** 202B, Corluy MP 40 19, JohEph 40 12; *2.* infirmatus est Jud 16 7 11; *3.* laboravit ES **1** 156E.

Af. *1.* humiliavit Jul 153 23; *2.* superatus est ESZ **1** 412, KwDW 36 12, MS **2** 73 23; *3.* infirmatus est ψ 78 18 (Symm), KwDW 256 2; *4.* fessus fuit, fatigatus est Sind 8 apu, KwD 41 2, KwDW 116 3.

ܫܦܠܘܬܐ funes quibus medici utuntur EN 27 11.

ܫܦܠܚܘܣܝܬܐ ES **2** 316E leg. ܫܠܚܘܣܝܬܐ q. v.

ܫܦܐ complanavit Js 28 24, Geop 8 3, Th Marg **1** 282 19.

ܫܦܝܬܐ occa (*harrow*) BA n. 6859.

Pa. occavit Nis 6 110.

ܫܦܝܐ blanditor? ESL **2** 649 23.

ܫܦܢܝܢܐ et ܫܦܢܝܢܬܐ (AS **4** 63 10) turtur ψ 84 4, Lc 2 24, ES **1** 63A, JS in MS **1** 46 38, Bhchr 351 10.

ܫܦܥ *1.* abunde fluxit Joseph **4** 6, Philox 385 12, dap 61 21; *2.* redundavit ER 71 23, Chr ed 145 9, Bhchr 407 3.

ܫܦܥܐ *1.* effusio ES **1** 11E, ER 97 21, Philox 529 15; *2.* fluctus ES **1** 488F; *3.* abundantia Dt 33 19.

ܫܦܥܐ indecens ES **1** 58F.

ܫܦܝܥܐ *1.* abundans asd 44 14, Philox 399 16, Ath ܡܚ 4; *2.* liberalis PsC 35 7, Bhchr 395 14.

ܫܦܝܥܘܬܐ *1.* abundantia, copia (ἀφθονία) Philox 456 15, ThM 40 3, KwDW 378 3; *2.* liberalitas Cyr 93 10.

ܫܘܦܥ ܕܡܐ effusio sanguinis Jos 10 2.

Pa. (BA 6861) effudit Vit Rabb 179 22, Ath ܠ 3.

ܫܘܦܥܐ *1.* effusio Hebr 9 22, ES **3** 269F, Joh Eph 104 13; *2.* redundantia Afr 462 3.

ܡܫܦܥ abundans Lc **6** 22, ON 48 16, *adv.* late, fuse dap 120 21.

Etpa. *1.* effusus est ES **2** 252E, ER 51 7, MS **1** 6 103, MB 2 9; *2.* se effudit (clamor) Job 3 24.

Af. effudit ES **1** 410B, Spic Solesm **4** 211 16, MB 4 37.

ܫܦܪ *1.* pulcher fuit, placuit Jud 14 3, Lc 10 25, ES **1** 555C, ER 122 10; *2.* adulatus est (*to flatter*) KwDW 122 13, 126 8.

ܫܦܪܐ aurora, ܒ̈ ἅμα πρωὶ Mt 20 1 (Cur), ES **1** 353E, AS **2** 367 4, Bhchr 96 25.

ܫܘܦܪܐ *1.* pulchritudo Am 5 22, Joh 1 11, ER 5 15; *2.* gloria JS in asd 87 1, Guidi to 18 4.

ܫܘܦܪܢܐܝܬ adulatorie JohEph 51 6.

ܫܘܦܪܢܘܬܐ, ܫܘܦܪܘܢܘܬܐ (Philox 281 17) *1.* puritas Vit Rabb 190 1; *2.* adulatio IA **1** 296 60, dap 120 21, Cyr 156 15, KwDW 59 2.

ܫܘܦܪܢܐ adulatio KwDW 64 19, Kays 43 17, ON 101 20.

ܫܦܪܐ et ܐܫܦܪܢܐ (BA n. 1604, BB 310 24) sartor KwDW 108u, EN 22 93.

ܫܦܝܪܐ *1.* pulcher Lv 10 19, ES **1** 540C, Ath ܠܐ u; *2.* *pl. f.* beneficia ES **1** 354D.

ܫܦܝܪ ܐܣܦܢܟܝܐ spinacia oleracea L. Löw n. 331, EN 50 35.

ܫܦܝܪܘܬܐ *1.* pulchritudo dap 47 16, Ath ܣܘ u; *2.* ܫܦܝܪܘܬ ܨܒܝܢܐ εὐδοκία voluptas Lc 2 14 (sic leg.!) 10 23 (Phil).

ܫܦܝܪܢܐ adulator JAP **7** 8 449 n. 27, Bhchr 210 13.

ܫܦܝܪܢܘܬܐ adulatio ES **2** 70C, Eb Mai **10** 308 30.

ܫܘܦܪܢܝܐ adulator ESL **2** 321 1, BO **3** 1 149b 26, ThMarg **1** 82 11, *adv.* Bh ad Mt 43 23.

Etpa. *1.* placuit Tit 2 9, ES **1** 101F, Philox in Mem. dei Lincei **12** 1884 p. 498b 16; *2.* adulatus est MAMQ 91u, MB 28 372, JS in asd 99 21.

Af. *1.* purgavit Jer 7 5, asd 108 13; *2.* ornavit, pulchrum reddidit Philox 180 21, JS Tham v. 155; *3.* placuit Sir 13 22, Kays 43 17.

ܫܘܦܪܐ (ex jud. שִׁפּוּרָא) tuba Jud 3 27, Mt 24 31, Afr 156 3, ES **1** 267C, Ath **12** 5.

ܫܘܩܪܐ artemisia Löw n. 58 8, Gal ZDMG **39** 253 61, cf. ܫܩܪܐ.

ܫܩܩܐ et ܐܫܩܩܐ *1.* fissura IA **1** 10 197; *2.* angiportus ῥύμη (*alley*) Lc 14 21 (Cur), Rechtsb 33 7, Bhchr 324 27.

Pa. rupit, fregit Judith 9 16.

ܫܩܫܩܐ sistra (*rattles*) SB 29 n. 5 gloss.

ܫܩܫܘܩܝܐ perturbatio ES **1** 140B.

ܫܩܝܐ potus Gn 24 20, ES **1** 111B, Philox 360 2, apap 102 15, JS in MS **1** 35 53.

ܫܩܝܐ *pl.* ܫܩܝܐ̈ (N § 79A) pincerna (*cupbearer*) Gn 40 1, ES **1** 92C, PsC 241 9, Cyr 309 23.

ܪܒ ܫܩܐ hebr. רבשקה quod ex ass. 2Rg 18 28, ESJ 90 13.

ܫܩܝܬܐ *1.* pocillatrix Eccl 2 8; *2. pl.* trahae (?) Bhchr 213 6.

ܫܩܝܘܬܐ *1.* potio (*drinking*) ES **1** 10D, JS in MS **1** 37 111, KwDW 68 15; *2.* potus (*draught*) KwDW 142 10.

ܫܩܝܬܐ *1.* προποτισμὸς propotio Gal ZDMG **39** 265 9; *2.* ἀντίδοτος antidotum ib. 271 9.

Etpe. irrigatus est Geop 113 18.

Af. potum praebuit Jer 25 17, Mt 10 42, Afr 456 4, ES **2** 508F, Bal 302 26, dap 77 26.

Ettaf. potus ei praebitus est Bhchr 302 14.

ܫܩܠ *1.* sustulit μετῆρεν Mt 19 1, Ez 3 14, Jul 133 18; *2.* portavit Gn 43 34, Ath 1 6, Chr ed 146 2; *3.* seq. ܙܟܘܬܐ reportavit (victoriam) Philox 13 15; *4.* toleravit ER 42 9; *5.* sumpsit Philox 514 11; *6.* accepit asd 20 19, Chr ed 157 4; *7.* expugnavit Bhchr 577 22; *8.* seq. ܢܫ̈ܐ in matrimonium duxit Afr 146 9, Spic Solesm **4** 205 9; *9.* commovit Jul 153 17; *10.* seq. ܩܝܡܐ foedus iniit ZDMG **29** 77 8; *11.* seq. ܫܘܠܡܐ finitus est Philox 583 26; *12.* seq. ܡܬܩܠܐ pependit, libravit Spic **29** 22; *13. absol.* se movit, profectus est Gn 11 2, ES **1** 103C, JSt 63 10, DionT 13 15; *14.* seq. ܦܠܓܐ parti alicujus favit JS in MS **1** 94 29.

ܫܩܠܐ *1.* sublatio ἀναίρεσις Gal ZDMG **39** 264 6; *2.* onus Hos 8 10, ES **2** 243C, asd 51 13; *3.* tributum (*tax*) 1Mcc 3 29, PsC 124 13, ThMarg **1** 293 18, Bhchr 118 21; *4.* seq. ܕܫܘܠܝܗ̈ܘܢ h. שׁוּלָיו limbus, ambitus Js 6 1, ES **2** 29E.

ܫܩܠܘܢܐ onus parvulum Cyr 399 13.

ܫܩܠܐ *1.* tributum Js 22 25; *2* portio, dimensum Gn 43 34, Dn 1 15; *3.* possessio Jul 62 4; *4.* versio Jac. Ed. etymologica vocis συλλαβῆς gr. ed Wright p. 5 et 6 15, ET 23 8, Métr p. 58, 68, 69, ZDMG **24** 270 4, Hoffmann praef. ad ON XVII; *5.* ar. وزن paradigma ET 24 25.

ܫܩܠ ܪܘܚܐ *1.* patientia ER 84 8, Philox 552 15, dap 78 16, Ath 41 11; *2.* labor, studium Vit Rabb 174 9.

ܫܩܘܠܬܐ onus Sir 6 25, Afr 232 12, ES **2** 176A.

ܫܩܘܠ *1.* portans Jos 3 15; *2.* derivatus Sch 127 15, JBh **6** 6.

ܫܩܝܠܘܬܐ derivatio, etymologia Eb Mai **10** 197 11.

ܫܩܝܠܐ ܕܦܘܫܪܐ urethrae, fistulae urinales EN 10 99.

ܡܫܩܠܐ *1.* onus ES **2** 44F; *2.* exilium ES **2** 438A; *3.* expugnatio Bhchr 378 21; *4.* poena Bhchr 308 2.

ܡܫܩܘܠܬܐ onus? ZDMG **30** 239 12.

ܡܫܩܠܢܐ *clarifier, trainer*? KwDW 18 24.

Etpe. *1.* surrexit, ἄρθητι Mt 21 21; *2.* se removit (imper. apage!) am **2** 675 10; *3.* translatus est ES **2** 675 10; *4.* sumptus est Philox 559 22, Nestle Chr[1] 60 140; *5.* apertus est Chr ed 145 22; *6.* expugnatus est AS **1** 16 1.

Pa. sustulit Thren 2 22.

ܫܘܩܠܐ superbia Jul 111 28, Clr ep 36 1.

ܡܫܩܠ superbus Js 28 4, ES **2** 67B, asd 29 12.

ܡܫܩܠܘܬܐ superbia ES **2** 38F, PsC 86 3, Ath 16 15, MS **1** 113 13, KwDW 309 6.

Etpa. *1.* surrexit ψ 7 7, seq. ܥܠ contra Zach Rhet 27 1; *2.* superbus fuit ES **2** 211F, Vit Rabb 175 11, Métr 52 3.

Af. *1.* se movit, profectus est Js **36** 37, ES **2** 81F, Jul 150 16, PsC 97 1, JSt 57 20; *2.* subvolavit Philox 175 18; *3.* suo loco motus est (*to be wrenched*) ES **1** 183D; *4.* proficisci fecit Ex 15 22, SB 92 17; *5.* sublevavit Mt 3 11.

ܡܫܩܠܢܐ profectio (*marche*) JSt 63 20.

ܡܫܩܠܠܐ amictus, pars indumenti sacri Cast.

ܫܩܡܐ (nest. ܫܶ Bhcar **1** 237 24) ficus sycomorus L. Löw n. 332, 1Reg 10 27, ES **2** 37B, Geop 67 6, AS **4** 84 15, Gal ZDMG **39** 298 43.

ܫܩܦ *1.* verberavit, contudit (*to dash*) Pr 10 13, Philox 138 7, JSA v. 511; *2.* tentavit ER 127 25.

ܫܩܦܐ ictus Philox 544 15.

ܫܩܘܦܐ MB 5 52 etc. i. q. ܫܩܘܦܬܐ q. v.

ܫܩܝܦܐ *1.* rupes 2Par 20 16, ES **1** 181F, ER 115 7, Corluy MP 10 3; *2.* ܐܦܝܢ ܫܩܝܦ cujus color mutatus est IS 4 7.

Etpe. vapulavit ON 24 3.

Pa. *1.* verberavit 1Ezr 4 30, ES **1** 143F, IA **1**·118 801; *2.* detraxit AS **4** 96 27; *3.* incitavit ES **2** 245C.

ܫܘܩܦܐ *1.* verbera Guidi to 24 42, Spic Solesm **4** 185 14; *2.* colaphus, alapa ES **1** 45C, Ath 49 4, Joh 19 3 (Bernst.); *3.* h. שִׁדָּפוֹן robigo, uredo (frumenti) 1Rg 18.37; *4.* poena KwDW 242 12; *5.* calamitas KwDW 133 1.

ܡܫܩܦܐ petrosus, saxeus Bhchr 533 6.

Etpa. *1.* jactus est Philox 283 5; *2.* irruit Ath ܠܗ 7; *3.* allisus est ES **2** 275C, Fab 28 6; *4.* verberatus est Spic Solesm **4** 61 5; *5.* colaphos passus est ESL **1** 445 10; *6.* vexatus est Hos 14 1, ES **1** 141E, **2** 163E.

ܫܘܩܪܐ *1.* mendacium Mc 14 57, Afr 185 14, ES **1** 514E, asd 15 5; *2.* injuria ἀνομία Susanna v. 38.

Pa. *1.* mentitus est Spic 5 8, TB 134 33; *2.* decepit KwDW 65 6; *3.* moechatus est Sir 23 18, Philox 182 18.

ܫܩܪܐ mendax *adj.* et *subst.* ES **1** 542A, am **3** 130 11, EbMai **10** 313 25, *pl. f.* mendacia KwDW 127 13.

ܫܩܪܘܬܐ mendacitas Merx 134u.

ܫܩܪܢܐ mendax ES **2** 381C (nisi emend.).

ܫܪ a *1.* verum fuit, constitit Jer 44 29, Afr 164 3, ES **1** 379E; *2.* ܫܪܐ ܠܗ ei visum est = constituit Zach Rhet 6 8.

ܫܪܐ *f.* (N§84) umbilicus (*navel*) Cant 7 3, ES **2** 178C, Jul 247 13.

ܫܘܪܐ PsC 163 15, 201 5, et ܫܘܪܬܐ KwDW 399 15 id.

ܫܪܪܐ *1.* veritas Joh 18 38, Afr 406 3, ER 38 2, Guidi to 36 7; *2.* fidei conjugalis promissio, sponsalia Nis 60 103, 75 93.

ܫܪܪܐ ܕܩ̈ܠܐ suffragium BO **3** 2 668 25.

ܫܘܪܐ germen recens Löw n. 334, Jer 4 6, Afr 250 1, ES **2** 373E, IA **2** 334 1595, Geop 20 2.

Pa. *1.* firmavit, affirmavit ψ 18 35, ES **2** 255E, dap 1 6, Chr ed 145 17, Dn 7 28 (Hex); *2.* instauravit 2Rg 12 12.

ܡܫܪܪܐ *1.* compactus ESL **1** 243 3; *2.* integer asd 53 26, Guidi to 36 20; *3.* sanus Joh 5 6 (Cur), ER 353 18, ON 156 6; *4.* firmus Th Marg **1** 271 16; *5.* verus Mt 22 16, Gal ZDMG **39** 200 10 etc.; *6.* commissarius (Hoffmann Ausz. n. 39) asd 60 24, Alex 15 16, Corluy MP 32 14, Chr ed 147 10, Bhchr 29 13.

ܡܫܪܪܘܬܐ *1.* firmitas ES **3** 252D, Joseph **5** 3; *2.* veritas Col 2 5, MB 27 356.

ܫܘܪܪܐ *1.* firmitas 2Mcc 12 14; *2.* affirmatio, demonstratio ES **3** XXXVI 25, dap 83 13.

ܫܘܪܪܬܐ τὸ στάσιμον glherm.

ܫܘܪܪܝܐ affirmativus Bhgr **1** 158 18.

Etpa. *1.* confirmatus est (talus) Act 3 7 (Phil); *2.* affirmatus est ER 21 6; *3.* firmatus est Dn 8 24 (Hex); *4.* credidit ESJ 228 16, Ath ܡܪ 22; *5.* vicit Corluy MP 24 15.

Af. *1.* firmavit ES **1** 542B; *2.* verum dixit Joseph **6** 3; *3.* credidit ESZ **1** 512, ER 20 4, asd 27 20, Joh Eph 410 8.

Ettaf. (distinctio artificiosa ON 40 45) confirmatus est Philox Mem dei Lincei **12** 1884 p. 480b 26, JS in MS **2** 132 v. 858.

ܫܪܐ *1. tr.* a) solvit Nm 9 17, ES **2** 413B, Corluy MP 37 1, b) fregit (pacem) Chr ed 156 30, (jejunnium) dap 95 2, c) aperuit Chr ed 153 19, d) liberavit ES **2** 299D, Guidi to 44 8, e) dimisit Mt 14 13, ER 139 12, asd 71 18, Joh Eph 399 10, f) removit (munere) asd **17** 15, Bhchr 302 8, g) liquefecit ES **1** 130C, h) delevit dap 56 9, i) abolevit ER 35 5, ECth **2** 55 9, k) dijudicavit (litem) JSt 24 7, l) violavit (legem) ES **3** 395F, cf. Bernstein ZDMG **4** 312; *2. intr.* a) constitit, consedit ES **3** XXX 2, asd 25 17, b) devertit asd 3 7, Add 5 10, c) habitavit Ex 10 14, ES **2** 413A, dap 24 9, d) quievit Guidi to 43 18, e) seq. ܒ invasit (maeror) asd 45 8, f) profluxit (alvus) Geop 109 21.

ܫܪܝܐ *1.* liber ES **2** 452F, *adv.* AS **2** 172 18; *2.* mollis ES **2** 532C; *3.* abundans IA in MS **1** 18 337; *4.* profanus ES **1** 448D.

ܫܪܝܘܬܐ *1.* licentia, effrenatio ES **1** 522A; *2.* ܫܪܝܘܬ ܦܘܡܐ protervitas ES **2** 128A, ܗܕܡܐ 'ܫ laxatio membrorum Mar 36 5.

ܫܪܝܐ *1.* solutio 1Cor 7 27, ES **1** 137E, 449F, Philox 302 19; *2.* finis ES **2** 35C; *3.* separatio Rechtsb 52 15, Bhchr 227 27; *4.* remotio (a munere) Joh Eph 246 10, Bhchr 181 7; *5.* violatio (legis) ER 72 9; *6.* sanatio Cyr 60 18; *7.* responsum ThMarg **1** 146 8; *8.* refutatio MS **2** 8 7, Bhce **3** 181 8; *9.* nomen accentus ET 38 1; *10.* ܫܪܝ ܟܪܣܐ διάῤῥοια alvi profluvium Geop 103 26; *11.* ܬܪܝܨܐ ܕܫܪܝ ܡܫܡܫܢܐ prima dies hebdomadis, quae hebdomadem Apostolorum finiebat Th Marg **1** 393 19; *12.* commoratio ES **1** 261D.

ܫܪܝܬܐ *1.* paralysis, dissolutio EN 33 34; *2.* fissura Bal 268 14.

ܫܪܝܬܐ *1.* articulus Ez 37 7, Afr 164 16, ES **2** 194F, AS **4** 38 1, Bhchr 372 13; *2. tt. gr.* ἄρθρον articulus ET 5 14; *3.* seq. ܕܟܪܣܐ diarrhoia, alvi profluvium KwDW 72 21.

ܫܪܘܬܐ coena, convivium Mt 22 4, Afr 388 14, ES **1** 316E, Bal 300 17, am **3** 51 9.

ܫܪܘܝܐ destructor am **2** 604 11.

ܫܘܪܝܐܝܬ saepius 'ܫܕ (de vocalibus non constat N § 155a) primo νεωστὶ Judith 4 3, Euseb. hist. eccl. ed Dindorf **3** XXXIV 7, Spic 2 7, ESL **1** 379 5, Nis 39 209, 45 141.

ܫܘܪܝܐ *1.* novus ER 88 11, Bhce **3** 443 14, recens (rosa) Guidi to 42 14; *2.* novicius ES **1** 232C, Jul 10 20; *3. f.* primipara JS Const 258 seq.; *4.* primus Bhchr 41 1; *5.* praematurus ES **2** 406F; *6. adv.* ܫܘܪܝܐܝܬ recenter IA **1** 114 693; ܫܘܪܝܢܐܝܬ a) primo IS 90 2, Gal ZDMG **39** 249, b) nuper Act 13 2 (Phil).

ܫܘܪܝܘܬܐ initium, status incipientis ES **1** 412D, BO **1** 455b.

ܡܫܪܝܐ et ܡܫܪܝܐ ܒܝܬ JSt 85 13, *pl.* ܒܝܬ ܡܫܪܝܐ Cyr 110 28 et ܒܝܬ ܡܫܪܝܢܐ Rabb 217 24 *1.* deversorium Mc 14 24, Rabb ll. JS in asd 109 9; *2.* domicilium ER 117 26, Journ of s. l. **7** 36 20, Mc 14 14 (Phil).

ܡܫܪܝܬܐ castra Afr 362 2, ES **1** 523D, Philox 438 3, dap 20 15.

ܫܪܝܢܐ *1.* lorica Js 59 17, ES **1** 367D, ER 146 25; *2.* pulsus arteriarum Bh ZDMG **40** 454; *3.* articulus asd 61 4.

ܕܘܟܝܬܐ ܫܪܝܢܝܬܐ loca in plantis ubi ramulorum commissurae sunt et insitio fit Geop 13 21.

Etpe. *1.* solutus est ER 67 25, MB 24 311, Corluy MP 11 12, Bhce **2** 517 6; *2.* liquefactus est ES **1** 440A; *3.* liberatus est ER 346 10; *4.* dimissus est Gn 44 2, PsC 114 15; *5.* profluxit (alvus) Guidi chron 23 1; *6.* coepit Joseph 9 18 (cf. Gottheil Hebr **3** 139).

ܡܫܬܪܝܢܘܬܐ liberatio Philox 560 12.

Pa. *1.* solvit, debilitavit Vit Rabb 162 4; *2.* coepit seq. part. aut imperf. aut inf. c. ܠ Lc 7 34, ES **1** 535D, ER 359 2, Gal ZDMG **39** 246.

ܫܪܝܐ destructor Corluy MP 8 10.

ܫܘܪܝܐ *1.* initium, principium Joh 15 27, Afr 7 12, ER **61** 25; *2. tt. gr.* ar. مبتدأ subjectum (enuntiationis nominalis) Bhgr **1** 43u; *3.* psalmi breves qui ante ܫܪܝܢܐ decantantur i. q. tractus Romanorum, προκείμενον Graecorum, psalmulus Mediolanensium Badger The Nest. **2** 20.

ܡܫܪܝܐ membris captus, debilitatus Mt 9 2, ESL **1** 329 1, Rabb 371 27, ThMarg **1** 56 1.

ܡܫܪܝܘܬܐ paralysis Js 21 3 (Hex), Bh ad Mt 22 3.

ܬܫܪܝܢܐ (Delitzsch Hebr. Lang 14 seq) ܬܫܪܝ (ܒ)‒ܬܫܪܝ menses October et November, auctumnus JSt 130 22, AS 80 3, Spic Solesm **4** 47 15, Bhce **3** 443 3.

ܬܫܪܝܢܝܐ auctumnalis ThMarg **1** 43 14.

Etpa. *1.* dissolutus, destructus est Nis 47 60; *2.* finitus est PsC 197 10; *3.* requievit ES **1** 98C; *4.* prandit ἀριστᾶν (*to breakfast*) Lc 11 37, ER 128 27, IA **2** 272 691.

Af. *1.* consistere, considere fecit Ez 40 2, Jul 138 26, SB 92 17; *2.* habitare fecit 2Rg 18 11, dap 82 23; *3.* traduxit (e vita ad mortem) asd 68 17; *4.* injecit (timorem) Vit Rabb 193 23.

ܐܫܬܪܘܬ (√ירה Hoffmann GGA 1871 p. 1225 seq.) *1. tt. astr.* συνοδεύειν in conjunctionem iniit IS 102 19; *2.* accidit, obtigit, obviam venit 2Sm 20 1, Lc 23 48 (Cur), asd 3 21, am **3** 10 11 (cf. Wright apap **2** 152b); *3.* seq. ܥܡ conflixit cum ThMarg **1** 33 8; *4.* ausus est 2Sm 20 1.

ܡܫܬܪܘܬܘܬܐ σύνοδος conjunctio IS 108 4.

ܫܪܒ aruit, exsiccatus est Jud 16 7, JSA 199, BB 854 18.

ܫܪܒܐ *1.* narratio, historia ES **1** 496A, Guidi to 23 2, asd 23 2; *2.* sermo Philox pass; *3.* tractatus Cat MB 18 27; *4.* quaestio Gal ZDMG **39** 246; *5.* thema ER 50 2; *6.* causa Bhchr 98pu, ܒ' pro ES **2** 484D.

ܫܪܒܐ, ܫܪܒܐ, ܕܟܣܦܐ summa(?) pecuniae AS **3** 90 21.

ܫܪܒܘܬܐ nugae, ineptiae (*trifle*) SB 8 n. 10, 130 4.

ܫܪܒܬܐ *pl.* ܫܪܒܬܐ (N § 93) stirps, gens, familia Mt 1 17 (Cur), Rabb 364 2, Philox 193 16, dap 80 2.

ܫܪܒܬܐ AS **2** 76 6 l. ܡܫܪܒܬܐ q. v.

ܫܘܪܒܘܬܐ jejunitas, exiguitas (mentis) ECth **3** 39 30 cf. Bernstein ZDMG **6** 361.

Pa. *1.* propagavit ES **2** 455E; *2.* divulgavit Bhchr 169 3.

Etpa. *1.* invenit ES **2** 354B; *2.* continuavit IA **2** 210 140; *3.* narratus est Bal 287 21; *4.* census est Ezr 8 3; *5.* inauguratus est Zingerle Chrest 473 8.

ܫܪܒܠܐ (pers. شلوار Fraenkel p. 47) sarabala (*trowsers*) Dn 3 21, Bhchr 212 11, EN 36 29.

ܡܫܪܒܠܐ sarabalis instructus Bhchr 75apu.

ܫܘܪܒܩܝܢܐ AS 156 26, *pl.* ܫܘܪܒܩܝܢܬܐ Geop 19 28 i. q. ܫܪܘܩܐ q. v.

ܫܪܒܘܩܦܠܐ laqueus, funiculus interulae ESZ **2** 144, Vit Rabb 161 22, ECth **2** 81 14, βρόχος Pr 6 5 (Hex), EbPar 29 10.

ܫܪܓܐ (pers. Lag GA 31 26) lampas, lychnuchus Mt 5 15, ES **3** 417B, IA **2** 312 v 1290, Joh Dar in MS **1** 107 11.

Pe. incendit Js 50 11 (Hex).

Ettaf. luxit ES **2** 350B.

Af. hebetavit Sir 43 4.

ܫܪܓܪܓ vana ostendit AS **3** 275 11.

ܫܪܓܪܓܢܝܬܐ hallucinationes 2Rg 6 18, ES **1** 71C, Philox 463 8, KwDW 115 14, Bhchr 261 21.

ܐܫܬܪܓܪܓ hallucinatus est Ep Jud 8, Philox 443 21, ECth **3** 39 29, Ath ܫܠ 21.

ܫܪܓܝܢ oleum sesami Duval-Berthelot **2** 43 10.

ܫܪܓܠܐ corr. e ܣܪܓ q. v. Cast, BB 704 12.

ܫܪܓܠ *1.* corrupit, induxit (in errorem, peccatum) ES **2** 451A, Cyr 12 8, Jš in Th Marg **2** 141 17; *2.* hebetavit (visum) BO **1** 464b 5.

ܫܘܪܓܠܐ corruptela, illecebrae Bhcar 87 6.

Etpa. *1.* deflexus est ES **1** 539D; *2.* illectus est ES **2** 311A, MS **1** 12 489, Jul 185 21, BO **2** 73 21; *3.* ruit IA **2** 240 74, seq. ܒ in Philox 415 2; *4.* peccavit Nis 15 59.

ܫܪܕܐ (Lag Nom 158 n. 11 seq., nest. ܫ ON 103 2) amygdala amara Löw p. 289, 375, = h. שָׁקֵד Eccl 12 5, ESL **2** 291 2, = ܣܡܝܣܡ Geop 67 2.

ܫܪܘܕܐ (orig.? Nöld. § 125) cadaver ES **2** 8D, ER 13 10, Nis 36 34.

ܫܘܪܒܝܢܐ (e bab. *šurmēnu* cf. ܫܘܪܝܢܐ) ἐλάτη abies juniperus oxycedrus, cupressus sempervivus Löw n. 333, 1Rg 5 22, Afr 387 6, ES **1** 456A, PsC 186 3, Geop 19 28, Gal ZDMG **39** 270 7.

ܐܫܪܛ evellit (oculum) Chamîs cit. Card.

ܫܪܕܢܐ avis quaedam Cast.

ܫܪܝܚܐ impudicus, lascivus ES **1** 157D, Sind 15 15, Bh ZDMG **40** 454.

ܫܪܝܚܘܬܐ impudicitia 4Ez 15 2, ES **2** 34F, Ath 34 14, dap 14 26.

Etpe. *1.* recreatus est, gaudio exsultavit ES **3** 579D; *2.* συντρέχειν concurrit 1Petr 4 4; *3.* studuit Jul 239 12.

Pa. *1.* delevit ES **3** 317E; *2.* recreavit Nis 61 35; *3.* lascivum reddidit ES **2** 439D.

Etpa. *1.* lascivus factus est Ez 16 21, ES **1** 474B, ER 8 9; *2.* studuit ES **3** 574C.

Af. *1.* recreavit ES **3** 575A; *2.* lascivum reddidit ES **1** 47A.

ܫܘܪܚܬܐ genus lathyri BA n. 3773, Löw p. 173.

ܫܪܚܐ multipeda Cast.

ܫܘܪܛܐ ar. شُرْطة (Fraenkel p. 239) custodia regis EN chr 72 4, BB 225 7, 552 5.

ܫܘܪܛܢܐ i. q. ܣܪܛܢܐ q. v. Cat Vat **2** 285 14 a f.

ܫܘܪܛܡܐ pestis Card (corr. e ܫܘܪܛܢܐ? q. v.).

ܫܪܟ o *1.* restitit, relictus est Joseph **3** 4, ES **1** 130B, Philox 425 21, Gal ZDMG **39** 289 9; *2.* pervenit, obtigit (dominatio) ES **1** 363C, seq. ܐܝܕܐ periit JS in asd 98 9; *3.* seq. ܠܐܪܥܐ vel ܠ se inclinavit KwDW 43 10, 283 5, 50 23, 199 7 etc.

ܫܪܟܐ reliquum Jer 29 1, Afr 449 5, Gal ZDMG **39** 248.

ܫܪ̈ܟܐ reliquum Gn 45 7, Afr 492 2, ES **1** 54D, Js 4 2 (Hex).

ܫܪܟܢܐ reliquus ES **1** 127D, Ath 34 9, Spic Solesm **4** 14 22, BO **2** 161 19.

Af. reliquit Bhchr 94 3, in JE Can 13 13.

ܐܫܬܪܦܠ demissus, humiliatus est Bhcar 22 5.

ܫܝܪܚܘܫܬ (pers.) genus roris Kays 228 9, 265 16.

ܫܘܪܢܐ Geop 114 22, ܫܘܢܪܐ ib. 116 19, Arist 19 11 αἴλουρος felis.

ܫܪܝܦܐ aegrotus Card.

ܫܪܥ fregit Card.

ܫܪܘܥܬܐ lectus, in quo Nisibeni dormiebant, ut a reptilibus tuti essent BA n. 6882, BB 1176u.

Etpe. fractus est Card.

ܦܪܙܘܪ the silk cotton tree KwDW 233 2, KwD XLI 1.

ܦܪܙܘܕܢܐ f. 1. sacculus, quo semen plantae continetur ThMarg 1 348 3, Nat 37 7 cf. transl. p. 60 n. 3, not. ad Bh ad ψ p. 122 l. 56 l. 3, Löw p. 203, 363; 2. ἐσχάρα crusta Geop 104 15; 3. seq. ܕܡܘܚܐ cerebri angores glherm.

ܦܪܚܠ 1. deflexit ER 30 2, Cyr 21 6, JS in MS 2 87 153; 2. lapsus est ES 3 253A, dap 19 25, Cyr 63 16; 3. peccavit Jac 2 10, ES 1 388A, dap 5 19, Ath ܩܠ 4.

ܦܘܪܚܠܬܐ lapsus, peccatum, παράπτωμα Rom 5 15, ES 1 562D, dap 25 6, Ath ܡ 13.

ܦܪܚܠܬܐ (al. ܐ) 1. lapsus in lubrico ψ 56 14; 2. insidiae ES 3 190E; 3. ruina (*breach, gap*) Bhchr 76 6.

ܦܪܚܠܘܬܐ error Cyr 12 7.

ܦܪܚܠܢܐ viscosus, lubricus BS in BB 1067 1.

ܦܪܚܠܚܠܬܐ h. חֲלַקְלַקּוֹת loca lubrica ψ 35 6, Jer 23 12, ES 3 384F, AM 2 238 21.

Etpe. 1. delapsus est ES 3 455A; 2. peccavit Jac 3 2, ES 3 276C, Philox 552 24, TB 126 6, dap 26 6.

Af. 1. peccavit Philox 183 1; 2. corrupit SB 24u.

ܦܪܟܫ palpavit, palpitavit Cast.

ܦܪܟܘܫܬܐ pustula, tumor am 1 416 13, JSt 17 19, AS 1 13 22, ThMarg 1 283 2, Bhchr 80 2 3. ENchr 36 1.

ܦܪܩܬܐ ܕܬܘܪܐ stercus boum EN 42 48.

ܦܪܫ repsit ES 1 385D.

ܦܪܫܐ reptilia Js 66 17, ES 1 136A, SB 145 6, Kays 90 16.

ܦܪܫܝܐ reptilis Bh ad Job 40 14.

ܦܪܫܢܝܐ reptili similis Kays 255 12.

ܦܪܘܬܐ sibilans IA 1 14 264.

ܦܪܘܬܐ putamen ovi ES 2 551E, Nis 46 17, IA 1 58 v. 106, Geop 114 17, Kays 70 4.

ܫܦܪܘܩܝܬܐ 1. sibilus (*a whistling*) Mich 6 16, ES 2 282B, JSA v. 527, Bhce 2 576apu; 2. fistula Jud 5 16 (Hex), Sch 60 1.

Af. 1. sibilavit 1Rg 9 8, ES 2 33C, PsC 117 7; 2. splenduit, fulsit ES 3 XLIII 39.

ܦܪܩܘܢܐ (N § 124) genus avium h. רָחָם Lv 11 17, ES 1 241D, EN 45 22, i. q. ܛܘܪܐ ܕܡܘܢ parus ON 82 15.

ܦܪܘܟܬܐ et ܦܪܘܟܬܐ 1. spicilegium, racematio; 2. alapa BB, Cast.

ܦܪܘܫܟܐ tinnitus auris, sonus auribus gravis Cast.

ܦܪܫܐ radix Job 30 4, ES 1 486B, ER 351 26.

ܦܪܫܐ ܕܒܪܩܐ fulmina Cyrill ZDMG 27 597 v. 198.

ܦܪܫܢܝܐ radicalis Bhgr 1 2 23.

Af. radicavit BO 1 5516.

ܦܪܫܫ eradicavit Bhcar 38 5.

ܫܘܡܫܡܪ (sanskr. *çumçamâra* p. سوسمار Lag GA 71 177) chamaeleon EN 43 86, BB.

ܫܠܦܬܐ, ܫܠܦܐ testudo KwDW 75 14, 166 8, 176 10.

ܐܫܬܐ f. (N § 86, 146) pl. ܐܫܬܬܐ c. suff. ܐܫܬܬܗܘܢ 1. fundus am 2 230 18, Geop 48 9; 2. podex, nates 2Sm 10 4, ES 1 406A.

ܫܬ ܐܕܪܐ (nest. ܫܬ Bhgr 4 4 5) purgamentum horreorum Am 8 3 coll ES 2 266B.

ܫܬܐܣܬܐ (nest. ܫ Bh ad Mt 19 3) pl. ܫܬܐܣܐ 1. fundamentum Act 16 20, ER 30 5, asd 33 21, dap 87 18; 2. στοιχείωσις elementa (doctrinae) Gal ZDMG 39 259 7; 3. seq. ܕܫܢܬܐ fundamentum anni i. e. litera dominicalis Cat Vat 2 364.

ܫܬܐܣ, ܫܬܣ condidit ES 1 471B, KwDW 11 23, JARS 85 2.

ܫܘܬܐܣܐ confirmatio Bhgr 1 57 12.

Etpa. conditus est 1Rg 6 37 (Peš), Zach 8 9 (Hex), ENchr 16 14.

ܫܬ (nest. ܫܬ Bhgr 1 70) ܐܫܬ sex.

ܝܘܡܝܢ ܫܬܐ hexaemeron ES 1 120F, Zach. Rhet 14 5, BO 1 339a n. 224.

ܫܬܝܬܝܐ (nest. ܫܬܝ N§ 153) sextus.

ܙܘܝܬܢܝܐ ܫܬܬܝ sexangulus JARS 62 2.

ܓܦܐ ܫܬܬܝ sex alis instructus Card 87 9.

ܝܘܡܝܢ ܫܬܬܝ ܒܪܝܬܐ hexaemeron Bh in Cat Par 164b 3.

ܦܬܐ ܫܬܬܝ hexapla Cat Wright 32 2.

ܫܬܬܙܘܝܬܐ sexangulum Kays 208 16.

ܫܬܬܘܬܐ pars sexta Bh adsc. ment 15 14.

ܐܫܬܝ *1.* bibit Jer 2 18, Philox Mem. dei Lincei **12** 1884 p. 473a 21, dap 97 3, Bh chr 165 9; *2.* passus est dap 23 25.

ܫܬܝܐ potus ES **1** 501B.

ܫܬܘܝܐ potator ES **2** 497F.

ܫܬܝܐ id. Mt 11 19 (Cur).

ܡܫܬܝܐ *1.* potus ES **2** 345E, am **3** 7 8; *2.* compotatio 1Rg 3 15, ES **1** 75D, Bhchr 513 8.

ܡܫܬܘܬܐ compotatio, symposium Mt 22 2, Bal 252 23, Ath 39 20.

Etpe. potatum est ES **3** 157E, Gal ZDMG **39** 271 10, ThMarg **1** 234 11.

ܡܫܬܝܢܝܬܐ potabilis ES **3** 589E, JEh 16 12.

Af. potum dedit JE in ES **2** 144 4.

ܫܬܝܐ (Barth p. 39) textura ES **1** 244A, ESJ 47 15, AS **3** 68 17.

ܡܫܬܝܬܐ h. מַסֶּכֶת textura Jud 16 13, ES **1** 325E, EN 28 21.

ܡܫܬܘܢܐ fistulae textoriae (*spools*) BA n. 6923, BB 1178 9.

Af. texuit Jud 16 13, ES **1** 325E, Philox 308 8.

ܫܬܠ plantavit Am 9 14, ES **2** 191F, IA **1** 216 242.

ܫܬܠܐ plantatio (ecclesiarum) Joh Eph 12 19.

ܫܬܠܬܐ planta, arbor Dt 16 21, Afr 97 1, ES **1** 272A, Arist 8 11.

Etpe. plantatus est IA **2** 326 v. 1495.

ܐܫܬܠܡܢܐ (cf. Fraenkel p. 222, 293) nauclerus BA, BB, PS.

ܐܫܬܠܘܢ utinam! ψ 118 5, 1Cor 4 8, Afr 132 8, ES **1** 67C, asd 48 26.

ܫܬܩ o (N§ 160A) tacuit ψ 50 3, Bal 257 5, Bhchr 145 10.

ܫܬܩܐ *1.* silentium ES **1** 459B, asd 59 8, Ath 26 9, Dion T 78 16; *2.* h. צמה velum Cant 6 7.

ܫܬܝܩܘܬܐ silentium BB 251 6.

Pa. tacere fecit, jussit Mt 22 34, ES **3** 223E, Rabb 368 11, asd 81 4, TB 117 3.

ܡܫܬܩܢܘܬܐ silefactio TB 141 8.

ܫܬܝܩܐ tacitus Mc 3 4, ER 63 13, Philox 138 20, Guidi to 39 9.

ܫܬܝܩܘܬܐ taciturnitas ES **3** 199C.

Etpa. tacere coactus est, tacuit 1Sm 2 9, ES **2** 360E, Bal 262 22, asd 59 3.

ܬ

ܬ XXIIma litera alphabeti Tau, numerus 400.

ܬܐܐ θεε = h. תא Rgn γ 14 28, Ez 40 6 (Hex).

ܬܐܘܓܪܐܦܝܐ θεογραφία TA 26 63.

ܬܐܘܛܘܟܝܢ θεοτόκιον laudatio θεοτόκου Mariae Cat Bod 273 5a f.

ܬܐܘܠܘܓܝܐ θεολογία theologia Nestle Chr[1] ܦܘ 44, Cat Vat **2** 465pu.

ܬܐܘܠܘܓܘܣ θεολόγος theologus Joh Dar in ER 412 2.

ܬܐܘܠܘܓܝܣܐ ܗܘܐ θεολογῆσαι theologiae studuit Kays. 169 23 (dele ܇).

ܬܐܘܦܘܪܘ θεοφόροι inspirati SB 6 2 cf. Prov 25 16.

ܬܐܘܪܝܐ *pl.* ܬܐܘܪܝܣ ES 1 139E θεωρία theoria, contemplatio ES 1 129D, Ath 33 7, JN in MS 1 100 14.

ܬܐܘܪܝܛܝܩܘܣ AS 3 249 12, ܬܐܘܪܝܛܝܩܘܣ Th Marg 1 276 20 θεωρητικὸς theoreticus.

ܬܐܛܪܘܢ, ܬܐܛܪܘܢ ES 3 530B, ܬܐܛܪܘܢ Act 19 29 (Phil), ܬܛܪܘܢ ECth 2 17 1, ܬܐܛܪܐ Zach Rhet 13 22 θέατρον *1.* theatrum Act 19 29, dap 60 10, Vit Rabb 179 20, JSt 22 12, PsC 58 3, Bhchr 48u; *2.* spectaculum Bhce 2 651 25.

ܬܐܡܐ *1.* geminus Gn 37 27, Joh 11 16, Bhce 3 11 8, *pl.* gemini (sidus) Kays 193 1, Bhchr 253 15; *2.* duplex ESL 2 315 22; *3. f. pl.* a) valvae(?) Bhchr 124 24; *2.* ܐܓܪܐ ܬܐܡܐ ܕܚܡܫܐ merces quintuplex Cat Par 11b 11.

ܬܐܡܘܬܐ valvae BB 114 18.

ܡܬܐܡܐ *1.* conjunctus ES 2 372D, Philox 355 5; *2.* duplex Ex 20 14, AS 3 80 8, Js 3 20 (Hex); *3.* gemellus Cant 4 3.

Etpe. se conjunxit TB 121 18.

ܬܐܢܝܬܐ ansa hebr. ללאות Ex 26 4 10 11, 36 11 12 17 (cf. ZDMG 3 421) ES 2 495E, EN 36 25.

ܬܐܬܐ *pl.* ܬܐܢܐ (N § 28, Lag Mitt 1 58 seq., Halévy Mél. p. 200) ficus carica Löw n. 335, ER 82 22, MS 2 65 29, Ath 44 13.

ܬܐܢܐ ܕܒܪܐ τὰ τῶν ἐρυνεῶν σῦκα Gal ZDMG 39 243.

ܬܐܢܐ ܕܠܐ ܒܫܝܠܐ τῶν ἡμέρων οἱ ὄλυνθοι Gal ZDMG 39 243.

ܬܐܢܐ ܝܒܝܫܬܐ ἰσχάδες caricae Gal ZDMG 39 243.

ܬܐܬܐ ܫܩܡܘܬܐ συκομορέα Lc 18 4.

ܬܐܪܬܐ (cf. ass. *tertu* pars interior corporis Jensen) *1.* conscientia συνείδησις Act 23 1, Afr 120 16, ES 1 232C, Jul 77 17, JN in MS 1 98 28; *2.* guttur intimum? AS 4 83 7; *3.* pars corporis prope cor, risum efficiens Hebr 4 214 11.

ܬܐܪ (cf. hebr. תאר ar. تار Barth p. 67, Schwally Idiot 100 Nöldeke LCBl 1894) animadvertit Métr 40 1, ThMarg 1 44 4, 235 18, 304 13.

ܬܐܒܝܠ, ܬܒܝܠ *f.* (N § 84) ex h. תֵּבֵל quod ex ass. sive bab.? Jensen cf. ass. *tābālu* Meissner ZA 4 265 seq.) orbis terrarum Js 14 21, ES 1 432A, dap 106 27, MS 2 63 3, Corluy MP 43 8.

ܬܒܝܠܝܐ οἰκουμενικὸς universalis AS 1 2 6, 3 94 4, Cyr 278 6, BO 1 294b.

ܩܐܢܐ ܠܝܒܘܣܛܝܩܘܢ λιβυστικὸν ligusticum Gal ZDMG 39 280 16, EN 16 90 cf. Löw n. 168.

ܬܒܘܠܬܐ h. תחבולות Job 37 12 (Hex).

ܬܒܢܐ stramentum (*straw*) Jud 19 19, Lc 3 17, ES 1 33D, am 3 494 1, Bhchr 202 17.

ܬܒܥ o et a (N § 170) *1.* seq. acc. petiit, postulavit Jos 20 1, dap 13 22, JSt 3 12, JS in asd 96 78; *2.* ultus est 1Sm 24 13, ES 1 380F; *3.* inquisivit, persecutus est Guidi to 20 85; *4.* seq. ܡܢ punivit Chr ed 146 23 *5. tt. gr.* duram (cum *quššâi*) pronuntiavit literam ON 13 3 seq.

ܬܒܥܬܐ *1.* tributum (*impost*) Chr ed 147 2; *2.* ultio 1Mcc 6 22, Jul 188 11; *3.* persecutio Corluy MP 8 9; *4.* poena Lv 26 14, ES 1 42C, MS 1 106 1.

ܬܒܘܥܐ *1.* rationem petens dap 33 25; *2.* inquirens asd 51 16; *3.* puniens 1Thess 4 6, Ath 21 25.

Etpe. *1.* petitum est Lc 12 48, JS in MS 1 24 77, EbMai 10 329 23; *2.* ultio petita est ἐκζητηθῇ Lc 11 50.

ܬܒܪ o *1.* fregit, confregit ψ 105 33, Philox 490 8, asd 19 21, Ath ܡܘ 16; *2.* vicit, superavit Bhchr 266 17.

ܬܒܪܐ fragmentum Jud 9 53. 2Sm 11 21, ON 132 15.

ܬܒܪܐ *1.* praeda (leonis) Jer 3 30, ES 2 28F, Sir 27 10, Jul 82 4; *2.* clades ES 1 396A; *3.* tristitia (*affliction, grief*) KwDW 60 6, Spic Solesm 4 248 4.

ܬܒܪܬܐ *1.* clades Bhchr 333u; *2.* genus hymnorum Cat Wright 1 375a.

ܬܒܝܪܘܬܐ confractio ES 3 535A.

Etpe. fractus est Lv 6 28.

Pa. confregit 1Rg 19 11, Joh 19 31, ES 1 225F, Dion T 134 11.

ܬܘܒܪܐ fractura ES 2 53F, Philox 600 21, asd 23 7, ThMarg 1 399 5.

Etpa. victus, superatus est Dion T 35 8, Bhchr 182 9.

Af. seq. ܢܦܫܗ se humiliavit 2Par 30 11.

ܬܓܐ, ܬܓܐ (pers.? LagGA 83 222, ex ass. *agū* LagMitt 1 61 contra Halévy Mélanges 201, elamit? Jensen in Horn Grundriss 88u)· corona Dt 32 42, ES 1 540F, IA 1 4 72, JS in asd 96 7.

ܬܓܝ coronavit Card 97 12, EbPar 39 11.

Etpa. coronatus est BB 344 9.

ܬܓܐ ταγὸς(?) rector apap 61 3.

ܬܓܬܐ Cat Bod 540 6a f. leg. ܬܓܬܐ q. v.

ܬܓܡܐ, ܛܓܡܐ (*f.* JAP 5 2 449 3, *m.* ib. 7) τάγμα *1.* ordo Ge in Afr pr. 20 14; *2.* mandatum, jussum ECth 4 31 15; *3.* manus, cohors ES 1 250E, Rabb 372 22, JS in MS 1 56 324, Jul 209 6.

ܬܓܡܐ ܕܒܪ = ܬܓܡܐ ܕܒܪ Nis 41 147.

ܬܘܓܢܐ (√ܝܓܢ = وجا, Samuel thes IV ad TA cf. Nöld. § 128C) *1.* aegritudo, maestitia Js 16 3, ES 2 46; *2.* cogitatio Bhce 2 683 12.

ܬܬܓܪܐ (ab ܐܬܓܪ Nöldeke Mand. Gr. § 112) disceptatio, certamen JS Abb 228 v. 265.

ܬܓܪܐ, ܬܓܪܐ (ex ass. *tamk(g)āru* Jensen ZA 6 349) mercator Mt 13 45, Afr 172 2, ES 1 464E, Ath 21 25, *adv.* mercatorie IA 2 352 1905.

ܬܓܪܘܬܐ v. s. v. ܬܓܪܐ ad *1.* negotium *add.* 1Rg 10 35, asd 28 1, Ath ܩ 26.

Etpa. *1.* mercaturam fecit, negotiatus est Bal 307 19, Jul 223 8; *2.* sibi paravit, acquisivit Mt 25 20, ES 1 134F, Philox 528 19, KwDW 19 22.

ܬܕܐܐ, ܬܕܐ (ES 1 487B), ܬܕܬܐ (IS 130 21) *pl.* ܬܕܘܬܐ Ge Mem. dei Lincei 1892 p. 85 121 *1.* herba, gramen Dt 32 2, ES 1 15D, Arist 18 7, Bhchr 199 25; *2.* ver ES 1 487B, AS 80 3, IS 130 21, Bhchr 360 18.

ܬܕܐܝܐ vernalis AS 90 18, Rie 45 17, Spic Solesm 4 57 10.

ܬܕܐܢܝܐ vernalis Kays 193 2, EN 57 8.

ܬܕܐ *pl.* ܬܕܝܐ (N § 146) mamma ES 2 131F, JS in ER 407 7, Jul 186 1, Spic Solesm 4 214 2.

ܬܘܗܝ *1.* distulit ES 1 77A, ψ 78 27 (Hex), JE in Journ. of s. l. 10 6 26; *2.* moratus est Act 24 22, KwDW 129 18, Bhchr 83 2; *3.* cunctatus est Ath 40 1.

ܬܘܗܝܐ dilatio, moratio Act 25 17, ER 356 8, am 3 393 13, Jul 16 10, KwDW 27 12.

Etpa. *1.* cunctatus est ES 2 343A, Jul 48 22, am 3 82 14; *2.* destitit Bhchr 135 8.

ܡܬܬܘܗܝܢܘܬܐ cunctatio Philox 132 6, BO 3 1 120apu.

ܬܗܘܡܐ *m.* et *f.* (N § 87) *pl.* ܬܗܘܡܬܐ GeZA 8 27 7 (ex hebr. תְּהוֹם) *1.* fluctus ψ 42 8, 33 7, mare Job 28 14, Ath 47 27; *2.* abyssus Ap 11 7, ES 2 544E, MS 2 80 74, Mar 41 5.

ܬܗܘܡܢܝܐ ad abyssum pertinens Kays 252 1.

ܬܗܪ *1. pers.* seq. ܒ miratus est Act 4 13, ES 1 519C, Bal 261 6, JSA 470; *2. impers.* ܠܝ ܬܗܪܐ miratus sum ESL 2 623 3.

ܬܗܪܐ (nest. ܬܗܪܐ Bhgr 4 45) et ܬܗܪܐ Lv 26 16, miror, stupor asd 3 29, Guidi to 20 80, JS in MS 2 110 518.

ܬܗܝܪܐ *1.* miratus JS in asd 102 11; *2.* mirabilis Guidi to 19 28.

Af. mirari fecit ThMarg **1** 77 20.

ܬܘܐ *1. pers.* poenituit eum 1Sm 24 6, Jul 58 1; *2.* ܬܘܝܢܝ ܗܘܐ poenituit me Mt 21 32 (Cur).

ܬܘܝܐ poenitentia ES **1** 380D.

ܬܘܝܬܐ poenitentia 2Cor 7 10, ES **1** 42A, Philox 568 22, dap 15 6, Jul 72 28.

Etpe. poenituit eum 1Sm 15 35, ES **1** 517E, Chr ed 154 14, MS **1** 109 18.

ܡܬܬܘܝܢܐ poenitens ER 122 14.

ܡܬܬܘܝܢܘܬܐ poenitentia Ath 29 18.

Pa. ad poenitentiam commovit ES **1** 380C.

Af. *1.* ad poenitentiam commovit ES **1** 50F, IA in MS **1** 15 145, dap 6 27; *2.* increpuit 1Sm 24 8.

ܬܒ (h. שוב) *1.* rediit 2Rg 5 10, Mt 11 20; *2.* se convertit Lc 15 7, Afr 138 5, Vit Rabb 194 18; *3.* eum poenituit Dt 30 3, Ath 54 1.

ܬܘܒ iterum ES **1** 518E passim in inscriptionibus librorum „porro“.

ܬܘܒܢ rursus Nis 35 193, apap 267 12.

ܬܝܒܘܬܐ poenitentia Bhgr **1** 215pu.

ܬܝܒܘܬܐ poenitentia Mc 1 4, ES **1** 511C, JS in MS **1** 41 242.

ܬܝܒܘܬܐ continentia corporis BO **1** 491b.

ܬܝܒܐ *1.* poenitens Jer 3 14, ES **1** 513B, AS **2** 156 7, KwDW 136 13; *2.* ܬܝ̈ܒܐ ܘܐܙ̈ܠܐ *the visitors going and coming* ThMarg **1** 352 12.

Af. respondit Gn 37 14, Afr 374 18, ES **1** 437A, IA in MS **1** 18 294.

ܬܘܦܐ, ܬܘܦܬܐ (h. תֹּפֶת Barth p. 28) *1.* vomitus Js 19 14, ER 68 18; *2.* saliva Js 28 8, ES **2** 67F, AS **3** 212 16.

ܬܘܦܠܐ saliva Pr 26 11, ES **2** 438E, Bhce **1** 165 1, EN 10 13.

ܬܘܦܢܐ qui vomit Js 28 8, ES **2** 67F.

Pa. evomuit Bh ZDMG **40** 454.

Af. evomuit Afr 422 15, ES **2** 150B, ER 153 19, dap 80 17.

ܬܘܬܐ caprificus Löw p. 391, Geop 17 17, 103 30, IS 96 7.

ܬܘܠܐ gutta Job 38 28 (Hex).

ܬܘܪܓܠܐ βούγλωσσον Gal ZDMG **39** 254 12 cf. ܒܘܪܓܠܝ et Löw p. 165?

ܬܘܗ *1.* stupuit, miratus est Gn 27 33, Mc 9 15; *2.* confusus est JSt 46 4.

ܬܘܗܬܐ *1.* miror Gn 27 33, ES **1** 378A, Philox 199 15; *2.* confusio Nis 9 36.

Etpa. *1.* stupefactus, miratus est Guidi to 38 1; *2.* in errorem inductus est Kays 14 3.

ܡܬܬܘܗܢܘܬܐ stupor ψ 115 3 (Hex).

Af. *1.* mirari fecit ES **1** 346E, ThMarg **1** 77 19; *2.* stupefecit, excitavit Nis 18 52.

ܡܬܘܗܐ stupefactus ES **1** 474E.

ܡܬܘܗܝܢܐ nomen accentus, qui et ܐܬܒܝܠܐ BZ 7 1.

ܬܘܗ ܘܒܘܗ h. תהו ובהו Gn 1 2, ES **1** 6E.

ܬܘܗ ܠܗ ܠܥܠܡܐ pereat mundus ES **3** 287C.

ܬܘܙ saltavit, choreas egit Cast.

ܬܘܚ descendit, demersit(?) Nis 76 98.

ܐܬܝܚ placavit Cyrill ZDMG **27** 591 v. 678.

ܐܬܬܘܚ poenituit eum JARS 155 11, BA n. 2174.

ܬܘܡܐ allium sativum L. (Löw n. 336) Nm 11 5, Afr 312 2, ES **1** 296D, Arist 19 14, ThMarg **1** 105 18.

ܬܘܡܐ ulcus ES **3** 124A.

ܬܘܢܐ, ܬܘܢܬܐ, ܬܘܢܝܐ (√ ون) conclave Gn 43 30, Mt 24 26, ES **1** 287D, Bal 265 20, KwD 103 19.

ܬܢ minxit, urinam reddidit 1Rg 14 10, Bh chr 133 25.

ܬܝܢܐ urina AS **3** 212 17, Geop 69 2, Duval-Berthelot **2** 10 18 etc.

ܬܐܠܐ urina Js 36 12, PsC 173 10, Geop 10 19, Duval-Berthelot **2** 19 4 etc.
ܬܐܠܬܐ urina Rgn δ 18 27 (Hex) cf. Bernstein ZDMG **3** 421.
ܬܝܠܬܐ urina Js 36 12 (Hex), Bh ad 2Rg 18 27.
ܐܬܬܠܝ? accepit 3Mcc 7 18.

ܬܘܟܠܐ apertura loricae BB Cast.

ܬܘܦܐ ES **2** 341F leg. ܬܘܦܣܐ.
ܐܬܬܘ ESL **1** 81 19 leg. ܐܬܬܘ.

ܬܘܪܐ taurus Hos 13 12; dap 32 4.
ܬܘܪ ܦܝܠܐ ταυρελέφαντες PsC 174 14 cf. Nöldeke Beitr. p. 13.
ܬܘܪܬܐ (N§98) vacca, bos femina Afr 264 3, ES **2** 239F, ZDMG **14** 686 6.
ܬܘܪܝܐ bovinus Bhchr 81 12, car 117 4.

ܬܘܗ miratus est ψ 88 16, ES **1** 180B, Jul 58 1.
ܬܘܗܐ miror ZDMG **25** 342, 445.
Pa. mirari fecit ES in MS **1** 10 378.
ܬܘܗܝܐ miratus Jer 6 5, Act 2 12, ER 121 23, ThMarg **1** 244 8.
ܬܘܗܝܘܬܐ stupor Lc 24 11 (Cur), Jul 81 4.
ܡܬܗܦܟ ܒܥܒܕܐ ἀναστρεφόμενος ἐν ἔργοις stimulans, excitans (?) Cast Sir 38 25.

ܬܥܐ *1.* erravit Card 69 14; *2.* seq. ܐܛܥܝܢ in errorem me induxit ES **3** 383E.
ܬܘܥܝܐ *1.* error Pr 5 6, Afr 496 10, dap **6** 22, asd 19 19, Bhchr 353 24; *2.* desertum, solitudo ES **1** 109E, ER 53 3.
ܬܘܥܝܐܝܬ et ܬܘܥܝܢܐܝܬ in errore Philox Mem. dei Lincei **12** 1884 p. 406a 31, BO **3** 1 268a 18, Eb Mai **10** 221 25.
ܬܘܥܝܢܝܐ falsus Bh ad ψ p. 158 18.
Etpa. *1.* siluit 2Sm 19 11; *2.* erravit Afr 428 20.

ܬܘܬܐ morus Löw n. 338, 1Mcc 6 34, Lc 17 6, Gal ZDMG **39** 282 23, Bhchr **216** 8.
ܬܘܬܝܐ antimon Kays 269 4, Duval-Berthelot **2** 38 7 cf. ܐܬܡܕ.

ܬܚ bullivit (olla), aestuavit Cast.
Etpe. vehementer iratus est, pertimuit ES **2** 440F, BB 345 2.
ܬܚܝܪܐ *1.* lascivus ER 34 17, AS **2** 365 21; *2.* studiosus Ath 31 7, *adv.* superbe Joh Eph 11 5.
ܬܚܝܪܘܬܐ superbia, ferocitas ES **1** 42F, ESL **1** 223 9.
Etpa. superbivit Bhchr 87 9, car 138 3.

ܬܚܐ? thus? AS **3** 90 3.

ܬܚܫ infirmus fuit, factus est ES **3** 57C, Philox 355 15, Jul 85 19, Joh Eph 392u.
ܬܚܝܫܐ *1.* debilis ES **3** 279A, Vit Rabb 192 17, JS in asd 100 1, KwDW 75 6; *2.* macer Afr 449 14.
ܬܚܝܫܘܬܐ *1.* debilitas Philox 579 4, KwDW 247 20, ThMarg **1** 219 8 (sic leg.!); *2.* tarditas Bh ZDMG **40** 455.
Af. *1.* debilitavit Afr 450 14, ESL **2** 361 6; *2.* superavit Nis 54 31.

ܬܚܫܝ BA n. 7096, leg. ܬܒܪ q. v.

ܬܚܠܐ lepidium sativum L. Löw n. 339, Geop 92 4, Gal ZDMG **39** 276 8.
ܬܘܚܠܐ i. q. ܕܘܚܠܐ q. v. BB, PS cf. Fraenkel p. 79.
ܬܚܠܐ ES **2** 317A leg. ܬܓܠܐ.

ܬܚܘܡܐ (ass. *taḫûmu* Delitzsch Prol p. 42 n. 1) *1.* finis Jos 13 25, ES **1** 437B, ER 42 1; *2.* *pl.* fines Mt 8 34, Bhchr 401 9.
ܬܚܘܡܘܬܐ finis Bhcar 172 5.
Pa. *1.* finibus circumscripsit ES **1** 424E, Bhchr 123 15; *2.* definivit Dt 19 14, ES **1** 425F, Philox 583 7, MS **1** 109 16; *3.* ei convenit cum aliquo Bh ZDMG **40** 455.
ܬܚܘܡܐ *1.* definitio AS **2** 173 25; *2.* lex Dn 6 12 (Hex).
ܡܬܚܡܢܐ *tt. gr.* determinatus ET 5 19.
ܠܐ ܡܬܚܡܢܘܬܐ natura indefinita gl ad Bh ad Jud p. 31u.

Etpa. *1.* finitus est Cyrill ZDMG **27** 577 v. 20; *2.* definitus est Gal ZDMG **39** 286 9, Spic Solesm **4** 213 17,

ܬܚܡܝܢܝܬܐ ἀνεπιτήδεια πρὸς διαμονὴν minime diuturna Geop 112 16.

ܬܚܝܬ infra Chred 156 6 etc.; ܗܘܘ ܙܒܢܐ ܚܕ 'ܬ uno tempore fuerunt Epiph 26 7.

ܬܚܬ et ܬܚܬܝ ES **2** 363A infra Ez 1 23, Guidi to 42 23.

ܬܚܝܬ infra IA **1** 180 53.

ܠܬܚܬ deorsum Philox 354 11, 'ܠ ܡܢ infra ES **2** 109A, Guidi to **44** 10.

ܬܚܬܝܐ *1.* inferior, infimus Jud 1 15, asd 55 10, Corluy MP 38 13; *2. pl.* inferi ES **1** 487F; *3.* nomen accentus BZ 1 4 seq., ET 21 4, JBh 18 10; *4. f.* a) pars inferior Duval-Berthelot **2** 99 18, b) contignatio, quae plano pede est Cyrill ZDMG **27** 570 v. 86, 89, 571 v. 91.

ܬܚܬܝܘܬܐ inferioritas JS in MS **2** 112, 709.

ܬܚܬܝ humiliavit Bal 255 8, asd 109 2.

ܬܘܚܬܝܐ humiliatio Bh adsc ment 3 17, id ZDMG **40** 455.

ܡܬܚܬܝ inferior Philox Mem dei Lincei **12** 1884 p. 449 6.

ܡܬܚܬܝܢܘܬܐ humilitas Zach Rhet 28 37, Kw DW 237 5.

Etpa. *1.* se humiliavit ER 22 26, Jul 209 22; *2.* subsedit ES **1** 11C; *3.* subjectus est JE in ES **1** 273 14.

ܬܝܬܐ ϑῆτα, litera graeca dap 94 25.

ܬܚܠܐ, ܬܚܠܠܐ sordes (*impurities*) Jer 48 11, ES **2** 476F, ER 49 22, Jul 73 7, KwDW 17 9.

ܬܚܠܘܬܐ impuritas Kays 98 18.

ܬܚܠܢܘܬܐ impuritas Kays 75 17.

ܬܚܠܢܝܐ impurus Kays **104** 10.

ܬܚܠܢܝܘܬܐ impuritas Kays 102m.

ܬܚܠܚܠܐ impurus ψ 60 5, ES **1** 476F, SB 156 13.

ܬܚܠܚܠܘܬܐ impuritas ES **3** 113F, ER 49 18.

ܬܝܘܢ ϑεῖον sulphur AS **4** 102 3, Geop 43 27.

ܬܚܪܐ pluteus (*rail, baluster*) Dt 22 8, ES **1** 279D, Bh ZDMG **24** 511u, EN 54 95.

Pa. coercuit, domuit, retinuit ER 99 18, AS 101 28, TB 63 22.

ܬܝܩܐ, ܬܝܩܐ, ܬܩܐ ϑήκη *1.* vas Zach Rhet 16 4; *2.* sepulcrum Arist 6 12; *3.* vagina (gladii) Joh 18 11 (Bernst.) Ex 25 27 (Hex), Bhchr 504 15.

ܬܝܪܐ litus maris AS **2** 325 10.

ܬܝܫܐ hircus (*buck*) Gn 30 35, ER 8 4, Ath ܒ 23, Sev in ES **2** 183 6.

ܬܝܫ ܐܝܠܐ hircocervus τραγήλαφος Job 39 1 (Hex) glherm.

ܬܟܐ o *1.* oppressit Pr 17 26, 22 16, ES **2** 437D seq. ܒܚ ES **1** 481D; *2.* foeneravit Ez 18 7, ES **2** 181F; *3.* nocuit Vit Rabb 187 20; *4.* riguit Nat 4 14, 13 9, 38 12; *5.* seq. ܒ mansit, quievit ES **2** 437D, **3** 108E; *6.* seq. ܡܢ destitit ER 149 2, IA **2** 252 294, Jul 39 12; *7.* puduit eum KwDW 51 3.

ܬܟܐ *1.* i. q. h. תַּלְפִּיּוֹת Cant 4 4, Bh: pinnae; *2.* catenula Pel 1 28, fascia ES **2** 379C.

ܬܟܬܐ (ass. *tikkatu* Del. AL[3] 147) *1.* vinculum braccis sustinendis EN 37 30; *2.* 'ܬ ܕܚܨܐ *waist, shape* EN 36 29.

ܬܘܟܝܐ *1.* oppressio ψ 10 7, Pr 19 19; *2.* damnum ES **2** 352F, IA **2** 196 705, Jul 186 23, JS in Steph. bar Sudaili 12 9; *3.* debitum ES **2** 533F, usura ES **1** 181F.

Af. jacturam passus est ES **2** 533F, ER 133 26.

ܬܟܡ mugivit (?) camelus AM **2** 361 16.

ܬܟܫ (Barth p. 28) *1.* celeriter venit Js 8 1 3; *2.* invasit Cyrill ZDMG **27** 586 v. 234, 592 v. 43; *3.* institit ἐπέκειντο Lc 23 23; *4.* continuatus est ES **2** 372D; *5.* nimis saepe visitavit IA **2** 48 94; *6.* molestiam exhibuit asd 9 9; *7.* vexavit JSt 6 15.

ܬܘܟܫܐ labor, molestia JSt 4 17.

ܬܟܫܢܐ strepens ES **3** 8A.

ܬܟܫܢܘܬܐ compulsio SB 146 11.

Etpe. vexatus est am **3** 366 16.

Pa. *1.* impulit Zach Rhet 27 14; *2.* studio et sollicitudine fecit aliquid ES **2** 417F; *3.* punivit ES **3** 208F.

ܬܟܝܦܐ *1.* laboriosus ES **1** 439D; *2.* instans, appropinquans Nis 146 3.

ܬܘܟܦܐ *1.* labor Cyr 110 28; *2.* sollicitatio, tentatio Zach Rhet 9 32.

Af. *1.* continuo currere fecit Pr 25 17; *2.* gravem fecit (laborem) Ex 5 6 (Hex); *3.* oppressit Ex 22 24 (Hex).

ܬܓܘܪ (armen. տագաւոր *tag(k)avor*) rex Armeniorum JARS 95 4.

ܬܟܠܬܐ *1.* (ass. *takiltu*) color caeruleus, purpureus Ex 25 4, Ez 16 13, ES **1** 229F, **2** 178E, violaceus Duval-Berthelot **2** 9 13; *2.* (ex h. תכלת Nm 15 38 Fr.) fimbria κράσπεδον Mt 14 36 (Cur), Clr 68 11.

ܬܟܠܐ (ar. ثكل) orbitas Js 47 9.

ܬܟܠ (ar. اتّكل) fidit, confidit 2Sm 22 31, Job 21 23, Pr 28 26.

ܬܟܠܐ fiducia ES **1** 214C.

ܬܘܟܠܢܐ confidentia, fiducia 2Sm 22 2, Philox 146 16, Rabb 241 13, Ath س 10, asd 54 13.

ܬܟܝܠܐ confisus Guidi to 22 166, *adv.* asd 13 7, Corluy MP 11 8.

ܬܟܝܠܘܬܐ confidentia Bal 257 22.

Etpe. fisus, confisus est ψ 145 3, Rom 2 19, ES **1** 187E, asd 81 4.

Af. confidere fecit Js 36 15, Afr 368 5, ER 13 23, IA **2** 256 401, KwDW 258 4.

ܬܟܣ retinuit, coercuit Pr 6 13, ES **3** 104E, JSt 31 7, Jul 131 1.

ܬܟܣܐ *1.* vituperatio ESL **2** 349 21; *2.* nomen accentus ET 37 23, JBh 21 10; *3.* Rabb 362 1 leg. ܬܟܣܐ coll 370 1.

ܬܟܘܣܐ coercens IA **1** 272 v. 488.

Etpe. retentus est TB 40 7.

Pa. *1.* impedivit 1Cor 9 12; *2.* retinuit am **1** 209 18, (in loquendo) Bh ad Jer 13 9; *3.* vituperavit Philox 392 17.

ܬܘܟܣܐ vituperatio ES **3** 74E.

ܡܬܟܣܢܐ vituperator ES **3** 169F.

ܬܠܐ (ex ass. *tillu* e **tal'u* = تلع?? Jensen) *1.* monticulus, collis PsC 68 18; *2.* vestimentum tenue (?) Joh Eph 76 17.

ܬܠܝܠܐ monticulus Dt 13 17, ES **2** 183E, **3** 207D. Bhchr **280** 22.

ܬܠܘܠܝܬܐ *pl.* ܬܠܘܠܝܬܐ collis parvulus am **3** 552 13 18.

ܬܠܘܠܝܬܐ collis parvulus AS **3** 81 24.

Pa. inquinavit Bhcar 136 16.

ܬܠܝܠܐ humidus Geop 6 3, AS 141 18.

ܬܠܝܠܘܬܐ humor, humiditas Lc 8 6, Philox 6 14, Corluy MP 20 10, Bhce **2** 649 23.

Etpa. humectatus est BB 345 15.

ܬܠܐ *1.* appendit, suspendit Act 10 39, asd 49 1, dap 92 3; *2.* sustulit ESL **2** 25 12, Guidi to 20 96, Bal 298 1; *3.* praelegit dap 46 10.

ܬܠܐ pediculus (botri) AS **4** 43 4.

ܬܠܬܐ oratio Cat Vat **2** 149 10 a f.

ܬܠܝܬܐ ansa Kays 191 2.

ܬܠܝܐ nervi corpus continentes Jer 4 19, ES **2** 108C.

ܡܬܠܝܬܐ suspensoria(?) Philox 416 19.

Etpe. *1.* adhaesit Corluy MP **16** 10; *2.* operam dedit alicui rei Cyrill ZDMG **27** 597 v.179, 180.

ܡܬܠܝܢܘܬܐ ܚܝܠܐ ἑλκτικὴ δύναμις Gal ZDMG **39** 243.

Etpa. adhaesit ON 4 12, 32 20.

Af. suspendere fecit ES **3** 452D.

ܬܠܚܡܐ cibus acidus EN 35 95.

ܬܠܚܘܬܐ sermocinatio, collocutio Cast.

ܬܠܓܐ nix Mt 17 2, Afr 78 1, ES **1** 118C, JSt 77 1.

ܡܬܠܓܐ nive refrigeratus Bhchr 373 21.

Af. albus evasit ψ 67 35 (Aqu), TA **26** 47, Eb Par 17 11.

Etpe. albus evasit ψ 67 35 (Hex) SB 62 5, BB 345 20.

ܬܠܓܡܘܢ Card 107 19 leg. ܬ̈ i. e. εἰλιγμένον circumvolutum Fr.

ܬܠܥ scidit, dilaceravit ES **2** 236C, am **1** 36 7, Js 36 22 (Hex), Joh Eph 207 1.

ܬܠܥܐ *1.* fissura (nubium) AS 142 24; *2.* fauces JEh 31 8; *3.* seq. ܕܬ̈ܠܥܐ ῥήγματα Gal ZDMG **39** 243, hernia EN 33 39.

Pa. laceravit ES **2** 386C, MS **2** 59 219, KwDW 167 5.

ܬܘܠܥܐ dilaceratio AM **2** 104 9, (*cleaving*) JSt 28 14.

Etpa. *1.* dilaceratus est 2Sm 22 8, ES **3** 374F, apap 120 3, ThMarg **1** 293 2; *2.* fractus est ES **2** 146F, Ez 28 20 (Hex); *3.* prorupit AS 142 26.

Af. scidit IA **2** 316 v. 1361.

ܬܠܦܬܐ i. q. ܦܬܐ q. v. urceus parvus angusto ore BA 4598.

ܬܠܩܡܐ (Dozy: *trilicium* cf. Lag Nom 100 n. 9, pers.? Fraenkel 197) sacculus EN 38 64.

Af. irrisit, illusit BA n. 7200, 7201.

ܬܘܠܥܐ *f.* (N§84, 127) vermis Pr 12 4, ES **2** 345A, asd 51 24, AS **2** 121 12.

ܬܘܠܥܬܐ *1.* vermis KwD 109 21; *2.* purpura Js 1 18, Afr 78 2.

ܬܠܥܦ̈ܐ palpebrae AS **2** 24 20, AS 182 1, ThMarg **1** 320 10, Kays 63 9, Bh ZDMG **40** 455, EN 8 61.

ܬܠܦܝܘܬ i. q. h. תלפיות Cant 4 4, MS **2** 19 8.

ܬܘܠܩܝܢ θυλάκιον sacculus Epiph 3 41u.

ܬܠܫ o *1.* evellit AS **3** 354 23, Hex: ψ 52 7, Eccl 3 2; *2.* laceravit asd 56 29.

Etpe. evulsus est apap 71u.

ܬܠܬܐ tres.

ܬܠܝܬܝܐ *1.* tertius; *2.* triunus Nis 2 49, asd 11 18, Sev 42 4 (sic leg.!); *3.* triplex (lingua) i. e. fallax Sir 18 13; *4.* triduanus, dominus Jesus Christus, qui per tres dies in sepulcro jacuit Nis 1 105, 41 202; *5.* abavus ES **1** 552B (sic leg.!); *6.* mediator dap 32 20; *7. f. tt. astr.* tertia Kays 193 12.

ܬܠܬܐܝܬ ter Kays 172 12.

ܬܠܝܬܝ̈ܢ ܐܦ̈ܐ triplices Hebr **9** 185 314.

ܬܠܬܐ ܒܝܘܡܐ tertio die Cyr 428 26, Zach Rhet 13 12.

ܬܠܝܬܝ̈ܐ ܦܘܠܡ̈ܐ i. q. h. שָׁלִישִׁים Ex 15 4 (Hex).

ܬܠܬܐ ܫܡܗ̈ܐ tribus nominibus insignitus Spic Solesm **4** 226 16.

ܬܠܝܬܝܘܬܐ triunitas ES **1** 118A, ER 95 20, Sev A 67 4.

ܬܘܠܬܐ tres annos natus Gn 15 9, ES **1** 63A, JS in MS **1** 59 26. EN 39 98, 84 30, ON 85 17.

ܬܘܠܬܐ tertia pars Nm 15 7, 2Cor 12 2. IA **2** 226 115, Bhchr 234 1, EN 84 30.

ܬܠܬܘܬܐ? ὑπώπια καὶ ἀλωπεκίαι Geop 95 1.

Pa. *1.* tertio fecit 1Rg 18 34, Nis 1 149, ThMarg **1** 284 13; *2.* ter repetivit ES **1** 433B, Philox Mem. dei Lincei **12** 1884 p. 490a 29; *3.* effecit ES **2** 400D, Bal 291 26. IA in MS **1** 15 116.

ܬܡܝܡܐ perfectus Gn 6 9, Bal 292 24, Guidi to 19 24.

ܬܡܝܡܘܬܐ perfectio Jos 24 14, ψ 27 1, Guidi to 26 105, Ge in Mem. dei Lincei 1892 p. 54 167.

Etpa. se tanquam infantem gessit ES **2** 320B.

ܡܬܘܡ (N§59, = *mataimâ* Jensen) *c. suff.* ܡܬܘܡܝܗܘܢ ER 62 19, ܡܬܘܡܝܗ̇ dap 60 6, ܡܢ ܡܬܘܡܝܗܘܢ Eb Par 94 8, ܡܬܘܡܝܗܘܢ Clr 17 1, inde ab omni tempore, ܠܐ ܡ̈ nunquam ES **1** 354D, Spic Solesm **4** 248 13, ܠܐ ܡ̈ ܡܢ id. Mos. Agh. in Rendic. dei Lincei 1886 p. 555 15.

ܡܬܘܡܐܝܬ aeterne, semper ES **2** 278F, JS in ER 400 1.

ܡܬܘܡܝܐ aeternus Ath 25 3, Vit Rabb 198 1, Philox Mem. dei Lincei **12** 1884 p. 453b 25.

ܡܬܘܡܝܘܬܐ aeternitas Ath 27 1, Cyr 28 18, Spic Solesm **4** 124 13.

ܬܡܬܡ balbutivit Bhchr 209 2, EN 11 33.

ܬܗܪ miratus est Gn 43 33, Guidi to 38 3.
ܬܗܪܐ miror Jer 42 8, ES 1 249B, Bal 301 5.
ܬܗܝܪܐ *1.* stupens 2Sm 13 20; *2.* mirabilis ES 1 540B, Guidi to 42 116, KwDW 203 23.
Etpe. miratus est ES 2 354F.
Etpa. miratus est IA 2 202 862, ψ 138 26 (Hex).
Af. mirari fecit Bal 323 26, Ath ܠܗ 16.

ܬܡܘܙ mensis Julius Journ of s. l. 7 41 19.

ܬܡܫܚ ad normam redegit (mensuram) BS in BB 1193 9.

ܬܘܡܝܠܐ θυμέλη (cf. Suicerus thes 1 1411) ara Hoffmann Kirch p. 88 n. 68.

ܬܡܢ et ܬܡܢܐ JSt 13 13, Dion T 10 4, ibi Gn 2 12, ER 63 10.

ܬܡܢܝܐ et ܬܡܢܝܐ (N§40, AS 3 85 22) octo.
ܬܡܝܢܝܐ octavus.
ܬܡܝܢܝ ܙܘܝܬܐ octangulus Bhchr 60 18.
ܬܡܝܢܝܘܬܐ *1.* octavum esse MS 2 26 12, dap 113 24; *2.* ὀγδοάς (Valentini) Spic Solesm 4 18 7.
ܬܘܡܢܐ pars octava Bh adsc. ment. 15 12.

ܬܡܢܘܣ θάμνος virgultum Geop 2 6.

ܬܘܡܘܣ θύμος thymum Geop 26 4.

ܬܡܣܚ ar. التمساح crocodilus KwDW 80 9.

ܬܡܪܬܐ *pl.* ܬܡܪܐ dactylus AS 2 106 10, KwDW 329 11, Geop praef. u, Bhchr 182 1.
ܬܡܪܐ, ܦܝܢܝܩܣ φοῖνιξ phoenix avis PsC 180 8.
ܬܡܪܐ (Barth p. 45) palpebra Pr 4 25, ES 2 331C, Bhchr 164 17, EN 8 61.

ܬܢ fumavit Ex 19 18, ψ 104 32, ES 1 162E, Philox 38 22, 219 9.
ܬܢܢܐ fumus Js 6 4, Afr 438 3, ES 2 30A, JS in asd 96 9.
ܬܢܢܬܐ idem JSA 452.
ܬܢܢܢܐ fumosus AS 141 17, Gal ZDMG 39 243.
Pa. *1.* fumavit Sap Sal 10 7; *2. part. pass.* fumo excitatus Dt 1 44, ThMarg 1 354 7, BA n. 3018, BB 530 1.
Etpa. *1.* fumavit ψ 72 41 (Aqu), Ath 28 27; *2.* fumigatus est ES 3 203A, JS 7 4 (Hex).
Af. *1.* fumavit IA 2 214 v. 232; *2.* fumigavit Geop 44 17, AS 4 101 7, Cyr 104 9.

ܬܢܝܢܐ (ex hebr. תנין?) draco, aspis Afr 279 6, ES 2 371B, ER 89 20, Ath ܡܘ 9.

ܬܢܢ hic Jud 4 20, Mc 16 6, MS 1 96 1.

ܬܢܐ *1.* repetiit dap 112 2, AS 191 6, ThMarg 1 284 13; *2.* narravit ES 1 587A, Bal 275 20, asd 14 2; *3.* locutus est, dixit Cyrill ZDMG 27 585 v. 182, 589 v. 522.
ܬܢܝܐ *tt. gr.* ar. الاستثناء exceptio Bhgr cap 10.
ܬܢܝܢܐ *1.* iteratio, repetitio ES 3 198F, Philox 159 17, seq, ܕܬܢܝܐ ictus repetitus MS 2 58 186; *2.* narratio Kays 197 21; *3. adv.* iterum h. שֵׁנִית Js 11 11, Afr 367 8, ES 3 198F, AS 3 79 2, asd 28 11.
ܬܢܝܢܐ duplex Bh ad Mt 49 24.
ܬܢܝܢܐ *1.* iteratio Nis 35 47 48; *2.* commemoratio asd 58 19; *3.* ܬܢܝܢ ܢܡܘܣܐ Deuteronomium AS 4 54 16, Ath ܝ 4.
ܬܢܝܢܘܬܐ = מִשְׁנֶה 2Rg 22 14 (ubi Peš ed. Cer. ܬܢܝܢܝܬܐ) cf. ES 1 565 qui explicat: ܕܒܝܬ ܡܕܪܫ ܠܡܠܦܘ ܚܟܡܬܐ.
ܬܢܝܢܘܬ iterum Jos 5 2, Afr 208u, dap 102 3, Joh Eph 3 12, ENchr 47 12.
ܬܢܝܢܝܐ exclusivus Bhgr 1 158 15.
ܬܢܘܝ (N§83, Barth p. 67) conditio ES 1 132B, Bal 295 20, Jul 179 5, JSt 77 11, am 3 414 20, JS in MS 1 28 225.
Etpe. narratum est Bal 275 17, KwDW 211 13.

Pa. *1.* narravit KwDW 211 19; *2.* seq. *part.* iterum fecit Ath 53 23.

ܬܢܝܬܐ narratio 1Rg 9 7, dap 4 17, 30 19, Bhchr 175 21.

ܬܢܚ torpuit (*to become rigid*) ES **1** 183D, Bhcar 55 7.

ܬܢܘܚܐ fortis Cast.

ܬܢܘܚܘܬܐ vehementia frigoris Cast.

ܬܘܢܚܐ perditio Cast.

ܬܢܟܐ Am. Or. Soc. Proc. 1888 LXVIIu, ܬܢܟܐ Cat Bod 540 6 a. f. (sic leg.!), ܬܢܟܬܐ Cat MB 37b 21, tangae, monetae species apud Persas cf. Meninski I col 1436.

ܬܢܟܪܐ fuligo Cast i. q. ܬܢܢܪ?

ܬܢܘܟܐ cannabis sativa BB, Löw p. 324.

ܬܢܢܪ et ܬܢܟܪ ferruminatio auri (gall. *soudure d'or*) Duval-Berthelot **2** 54 21.

ܬܘܢܓܐ collis Card.

ܬܢܘܪܐ *1.* (Dvořak ZK **1** 114 seq., Delitzsch Prol 146 n. 3) furnus Hos 7 4, Afr 290 8, ES **1** 126B, JSt 72 12; *2.* (pers. Lag GA 51 135) lorica ES **3** 208C, Bal 268 15, PsC 172 4.

ܬܢܘܪܬܐ furnus ThMarg **1** 209 13.

ܬܣܘܡܣܝܛܣ (?) genus olei SB 145u, cf. BB in transl. 128 n. 1.

ܬܐܣܘܪܐ, ܬܣܘܪ θησαυρὸς thesaurus Jul 67 13, Joh Eph 330 23.

ܬܥܠܐ vulpes Jud 15 4, Mt 8 20, Afr 259 7, ES **1** 110A, IA **1** 58 v. 1103, Jul 79 26.

ܬܥܠܘܬܐ capilli e palpebris humore acerbo evulsi BB 994 8.

Pa. caudam movit (canis) BB 1057 10.

ܬܥܒ *1. intr.* laboravit, fatigatus est ER 344 15, Nis 49 100, Philox 271 16, IA **1** 180 33, ThMarg **2** 135u; *2. trans.* fatigavit ThMarg **1** 75 2.

ܬܥܒܐ labor ES **1** 420F, Philox 271 17, Jul 94 12, Cyr 30 28, ThMarg **1** 64 1, Bh ZDMG **40** 455.

ܬܥܝܒܐ *1.* vexatus, fatigatus ES **3** 372B, Bh ZDMG **40** 455; *2.* laboriosus Philox 271 4, Bhce **3** 427 3.

ܬܥܝܒܘܬܐ fatigatio, labor SB 40 15, 53 1, BO **3** 1 120a 8.

ܬܦܐ (cf. bab. *tabbu* (*tappu*)? Jensen) rivus, canalis ψ 65 10, ES **2** 72D, JS in MS **1** 56 334, PsC 70 4.

Pa. deduxit (rivum) Card 99 14, BO **3** 1 129b 26, Cat MB 84b 4 a. f.

Etpa. deductus est TA 32 127, BB 346 12.

ܬܦܐ calefecit 2Rg 4 38, Ez 24 6, ES **2** 187C.

ܬܦܝܐ *pl.* ܬܦܝ̈ܬܐ (N § 79A) *1.* focus Lv 11 35, Geop 48 20, Rödiger Chrest 100 14; *2.* tripus Duval-Berthelot **2** 22 2, 24 17 etc.

Pa. defluere fecit Cyrill ZDMG **27** 574 v. 313.

ܬܦܠܐ h. תְּפִלִּין φυλακτήρια tabulae, in quibus 10 leges conscriptae erant, a doctoribus et Pharisaeis a cervice suspensae Mt 23 5 cf. Bh ad l., Cyr 205u, EN 84 12.

ܬܦܠܝܬܐ indusia ON 84 16.

ܬܦܢܟܐ (pers. تُپَنْك, تَبَنك forma fundendi aurifabri Rödiger, glherm) *1.* prototypus AS **1** 223D, BO **3** 2 363u; *2.* typus, imago ESL **1** 607 2, Jul 41 11, MS **1** 107 9, AS **3** 93 18, cf. Guidi to p. 33.

ܬܦܢܟܝܐ *1.* secundum prototypum formatum, derivatum glherm; *2.* relativum (adjectivum) Sev in Merx 212.

ܐܬܬܦܢܟ prototypus factus est TA 34 143.

ܬܦܣܩܐ (?) santalum album L, BB, Löw p. 107.

ܬܦܣܝܐ Geop 99 20, ܬܐܦܣܝܐ EN 25 47, θαψία herba aut lignum insula Thapsi oriundum, quo tinctores ad colorem croceum efficiendum utuntur.

ܬܩܗ seq. ܠܒܒܐ *was unmindful of* ThMarg **1** 305 22 leg. ܡܬܬܦܩܘ ܡܬܬܦܩܝܢ?

ܬܩܗܐ sceptrum 1Sm 2 32, ES **1** 338C, am **2** 569 18, Bhchr 426 25.

ܬܩܠ o *1.* pependit, trutina examinavit Jer 32 10, Afr 495 3, ES **2** 246F, ER 39 25; *2.* pondus habuit Jos 7 21, Bhchr 205 1; *3.* solvit ES **1** 507A, Jer 31 9 (Hex); *4.* condidit Cyrill ZDMG **27** 589 v. 467.

ܬܩܠܐ onus ThMarg **1** 247 3.

ܬܩܠܐ pondus aut impetus ES **3** 192E.

ܬܘܩܠܬܐ offensio et lapis offensionis (*stumbling and stumbling-block*) 1Sm 18 21, Mt 16 23, ER 127 21, asd 15 16.

ܬܩܘܠܐ onera (*imposts*) Bhchr 363 17, ZDMG **40** 455.

ܬܩܘܠܐ zygostates (*keeper of the public scales*) Js 33 18, ES **2** 77C.

ܡܬܩܠܐ *1.* libra, trutina Afr 495 3; *2.* pondus dap 28 25; *3.* Sekel 2Rg 15 20, ES **1** 252B, Bhchr 157 7; *4.* onus Bal 266 6.

ܡܬܩܠܢܝܐ ad pondus pertinens Bh ad Lv 25 37.

ܡܬܩܠܬܐ libra, trutina 2Rg 21 13, ES **1** 564C.

ܬܩܠܬܐ pondus Duval-Berthelot **2** 100 3 14 16, 102 15.

ܬܘܩܠܐ onus Afr 268 7.

Etpe. *1.* trutina examinatus est ER 27 17; *2.* offendit προσκόπτειν Mt 4 6, Philox 191 5, dap 39 1, asd 46 8, Ath 55 15; *3.* allisus est (*to be set up*) ES **1** 404F, PsC 44 9 etc.

Pa. ponderavit ES **2** 495B.

Etpa. gravatus est Philox 536 14.

Af. offendit ER 127 26.

ܬܩܢ *1.* stetit 1Rg 2 12, ES **2** 277A; *2.* surrexit Guidi to 26 90; *3.* restitit asd 27 26; *4.* pacatus est ES **3** 98F; *5.* in ordinem coactus est JSTham v. 24.

ܬܩܢܐ glarea tenuis EN 476 4.

ܬܩܢܐ *1.* firmus dap 80 28; *2.* locus tutus Chr ed 145 11; *3.* pudicus BB 380 4, justus ON 102 14; *4. f. pl.* indoles (*qualities of the mind and character*) KwDW 390 25, Th Marg **1** 364 18; *5. adv.* a) in tuto dap 12 2, b) firmiter, recte Nis 15 34, Philox 3 15, c) attente JSAbb **60** 353.

ܬܩܢܘܬܐ *1.* firmitas ES **3** 117F, ER 99 9; *2.* ordo Joh Eph 301 2.

ܡܬܩܢܐ pes, basis Hoffmann Ausz n. 313.

Pa. *1.* statuit, collocavit Guidi to **20** 101. ECth **1** 78 27; *2.* conservavit Ath 55 17.

ܬܘܩܢܐ *1.* creatio ES **1** 128B, Philox 137 18, Arist 1 8, Sch 101; *2.* praeparatio Duval-Berthelot **2** pass; *3.* opus asd 9 19, JS in MS **1** 53 237; *4.* nutrimentum ESĹ **3** 649 2.

ܬܩܝܢܐ firmus, stabilitus ES **3** 666E.

ܬܩܝܢܘܬܐ firmitas Philox 281 21.

Af. *1.* statuit, constituit, collocavit 1Sm 5 3, ψ 9 8, 103 19; *2.* creavit Rabb 247 2; *3.* stabilivit, paravit ψ 24 2, 1Rg 6 19, Philox 27 3; *4.* reparavit Mt 4 21 (cf. Bh ad l. 12 17), Vit Rabb 190 15; *5.* condidit asd 18 9; *6.* direxit ES **3** 99A, Rabb 373 2.

ܡܬܩܢܢܘܬܐ correctio Bh ZDMG **40** 455.

ܡܬܩܢܢܘܬܐ conditio dap 101 26.

ܬܩܢܒܐ? decrepitus (senex) Bhce **3** 43 16.

ܬܩܦ validus fuit Act 7 17, ES **2** 226F, AS **3** 88 14.

ܬܘܩܦܐ (N § 103) *st. cstr.* ܬܘܩܦ robur, vigor Dn 11 9, ES **1** 105E, asd 43 19.

Pa. validum reddidit, firmavit Philox 580 5.

ܬܩܝܦܐ validus, robustus Lc 1 52, ER 91 22, asd 10 25, JS in MS **1** 65 221.

ܬܩܝܦܘܬܐ robur Rabb 369 3.

Etpa. firmatus est 1Par 19 13.

ܬܪ (ex ܬܪܝܢ Nöldeke Rec. Vit. Hormizd. ed. Budge ZDMG **48** 535) *c. suff.* ܬܪܝܗ etc. apud Bhgr **1** 84 20, 86 7 8, Sev. Tagr. cod. Götting. 153b.

ܬܐܘܪܝܐ (N § 172C a gr. θεωρία, sed cf. ass.

tārū rector? Jensen) paedagogus 2Rg 10 1, 1Cor 4 15, TB 130 15, AS **3** 206 1.

ܪܒܝ educavit Ath ܠܘ 7 8.

ܬܘܪܒܝܐ educatio EbPar 39 16.

ܡܪܒܝܢܝܬܐ educatrix Cyr 371 22.

ܡܪܒܝܢܘܬܐ educatio Cyr 167 21.

Etpa. educatus est ES **1** 475A, TB 61 24, Ath ܨܒ 5.

ܬܪܒܐ *1.* pinguedo ψ 63 6, Afr 62 13, ES **2** 7C, IA **2** 228 167, JS in MS **1** 69 139; *2.* caro (fructus) Bh ZDMG **40** 455.

Af. pinguis fuit BB 342 18.

ܬܪܒܢܟܐ (pers. *tarbanak* Fraenkel 289) tunica ES **1** 230C, Ex 28 42 (Hex).

ܬܪܓܡ (Lag Mitt **2** 17 7, Delitzsch hebr. Lang 50u, Jensen ZA **6** 55) *1.* interpretatus est asd 47 10; *2.* concionatus est ὁμιλεῖν ESL **2** 23 16, asd 22u, 69 21 23, Cat Wright 956b, 958b, BO **3** 1 66 2, cf. Hoffmann Kirch p. 89 n. 88; *3.* traduxit, transtulit AM **1** 89a, 29b 23 etc.

ܬܘܪܓܡܐ *1.* explicatio, interpretatio ES **2** 91F, Vit Rabb 179 9, asd 69 23, BO **1** 299b; *2.* translatio Act 1 19, ES **1** 523E, Bhchr 231 12; *3.* oratio funebris ThMarg **1** 145 2, Badger Nest **2** 19; *4.* collectio hymnorum ad fidem exhortantium Badger Nest **2** 19.

ܬܪܓܡܢܐ interpres Gn 42 23, Afr 333 14, ES **1** 98D.

ܡܬܪܓܡܢܐ interpres Ex 4 16, ES **2** 80F.

Etpa. explicatus est JS in ER 399 13.

ܬܪܘܕܐ cochlear Vit Rabb 183 3, AS **2** 140 2, Geop 48 19, AM **2** 350 4, Duval-Berthelot **2** 35 10, Bh ZDMG **40** 455.

ܬܪܝܬܐ beta Js 51 20 (Hex.).

ܬܪܙ a satiatus est ER 153 21.

ܬܪܙܐ aviditas ES **1** 280B, AS **1** 65u.

ܬܪܝܙܐ satiatus Philox 416 9, IA **2** 8 21.

Pa. *1.* explevit IA **2** 236 v. 281; *2.* dilaceravit JE in JAP 1888 p. 470 n. 1 l. 14, Bh ad Ez 8 14.

Etpa. *1.* expletus est Kays 128 10; *2.* fissus est BB 347 3.

ܬܪܚܐ (ass. *turaḫu* Hoffmann Ausz n. 134, ar. تُرْخ Nöldeke ZDMG **33** 331), ܐܬܪܚܐ MB 16 204, ܬܪܘܚܐ *pl.* ܬܪܘܚܬܐ ThMarg **1** 126 13, cf. **2** 267a 3 et ܬܪܘܚܐ ib. **1** 14 16 capra caucasica ES **3** 653A, am **2** 402 20.

ܬܪܦ *1.* humectatus est Js 34 7, Bhchr 504 14; *2.* dissolutus est Bh ZDMG **40** 455.

ܬܪܦܐ succus Nm 6 3, ES **1** 253A, EN 36 8.

Etpa. *1.* humectatus est JEh 17 1; *2.* dissolutus est Geop 5 11.

Af. *1.* humectavit Bh ZDMG **40** 456; *2.* dissolvit, maceravit Geop 4 20, Bhchr 285 19; *3.* macerare fecit Duval-Berthelot **2** 27 31, 31apu.

ܬܪܝܢ, ܬܪܬܝܢ duo.

ܬܪܝܗܘܢ, ܬܪܬܝܗܘܢ JBh 8 12, ܬܪܝܗܝܢ ܗ Js 61 7 (Hex), N§154, secundo AS 40 10, Bhchr 351 8.

ܬܪܝܢ ܝܡܝܢܐ cujus dextra debilitata Bh ad Jud 3 15.

ܬܪܝܢ ܟܝܢܐ duarum naturarum (in Christo) assertor AS **2** 364 14, BO **1** 294b, Bhchr 71 21.

ܬܪܝܢܐ et ܬܪܝܢܝܐ AS **2** 265 7, *f.* ܬܪܝܢܝܬܐ Kays 193 12, secundus AS **2** 245 24, Bhchr 131 3, *adv.* διχῶς glherm, duobus modis ET 26 5.

ܬܪܝܢܝ ܠܫܢܐ bilingues, duplices Pr 11 13 (Hex).

ܬܪܝܢܝ ܐܦܐ dissimulatores Rie 114 7.

ܬܪܝܢܝ ܪܓܠܐ δίποδες glherm.

ܬܪܝܢܝ ܬܐܡܬܐ δίδυμος Pr 26 20 (Hex).

ܬܪܝܢܘܬܐ *1.* dualitas AS 105 1, Bhce **1** 151 2; *2.* natura duplex Cat Vat **2** 231 16; *3.* ܬܪܝܢܘܬ ܟܝܢܐ assertio duarum naturarum in Christo Bhchr 71 15; *4.* seq. ܩܢܘܡܐ duae hypostases BO **3** 1 121a 25; *5.* ܬܪܝܢܘܬ ܪܓܠܐ τὸ δίπουν glherm.

ܐܬܪܝܘܕܝܢ Cat Wright **1** 317a, ܐܬܪܝܘܕܝܢ Cat Bod 300 8, τριῴδιον triodium cf. ܛܪܝܘܕܝܢ.

ܐܬܪܝܩܐ, ܐܬܪܝܩܢ Bhchr 54 5, ܐܬܪܝܩܢ Bhcar 134 2, θηριακὸν theriacum ER 48 6, am **3** 134 13, Geop 58 14.

ܐܬܪܘܦܐ palea Cast.

ܐܬܪܘܫܠܐ lentus, piger IA **2** 322 v. 1445, Métr 28apu, Bh ad Za 11 17, TA 40 232.

ܐܬܪܘܦܠܐ *f.* MAMQ 8 10 pera (*wallet*) 1Sm 17 40, Mt 10 10, ES **3** 454B, asd 6 26, Bhce **1** 317 1.

ܐܬܪܡܘܣ (θέρμος) lupinus termis Löw n. 337, MS **4** 101 20, Geop 5 25, Gal ZDMG **39** 258 4.

ܐܬܪܐ? redundantia (ventris) AS **1** 65 25.
ܐܬܪܘܣܬܐ urceus (*jar*) KwDW 390 17.
ܐܬܪܘܙܝܬܐ cypressus BS in BB Löw p. 308.

ܐܬܪܢܓܠܐ, ܐܬܪܢܘܓܠܐ (ENchr 53 15, JAP **5** 2 441pu) ex ass. Oppert ZA **7** 339, gallus Mt 26 31, Afr 229 33, ESL **1** 437 8, Rie 24 25.
ܐܬܪܢܓܘܠ ܓܪܐ upupa Lv 11 18, ES **1** 241D.
ܐܬܪܢܓܘܠܬܐ *pl.* ܐܬܪܢܓܘܠܝܬܐ (PsC 56 11, Bh ZDMG **40** 456) gallina Mt 23 37, ES **1** 118A, PsC 18 7.

ܐܬܪܘܢܘܣ, ܐܬܪܘܢܘܣ, ܐܬܪܘܢܘܣ Joh Eph 118 18, *pl.* ܐܬܪܘܢܘܣ Joh Eph 68 10, θρόνος sedes (spec. episcopi) Act 4 6, Afr 280 12, ES **1** 232A, Vit Rabb 172 10, dap 56 15.
ܐܬܪܘܢܝܢ θρονίον sella am **3** 506 15, Joh Eph 235 19, EbMai **10** 267 12.

ܐܬܪܣܝ nutrivit 1Rg 17 4, Afr 239 2, ES **3** 51B, SB 5 15.
ܐܬܪܣܝܬܐ (nest. ܐܬܪܣܝܬܐ Bh ad Mt 55 2) *1.* nutritio dap **11** 22; *2.* nutrimentum ES **1** 471B, Bhchr 232 17.

ܐܬܪܣܝܐ *pl.* ܐܬܪܣܝܬܐ dap 61 4; *1.* nutrimentum Gn 45 5, ER 82 3, dap 59 3, Ath 15 27; *2.* commeatus Bhchr 23 4.
Etpa. nutritus est dap 59 2, Ath 15 27.

ܐܬܪܝܣܩܝܐ θρησκεία religio glherm.
ܐܬܪܐܣܩܝܐܣ θρασκίας ventus Epiph 72 99.

ܐܬܪܥ *1.* fregit, perfregit 2Sm 5 20, Chr ed 145 24; *2.* perforavit ES **1** 419F; *3.* seq. ܥܪܩܐ aperuit venam Bhchr 347 5; *4.* aperuit (os) Cyr 68 2; *5.* seq. ܕܡܥܐ lacrimae se profuderunt ESL **1** 331 2; *6.* flere fecit ES **3** 379B, ThMarg **1** 225 14.
ܐܬܪܥܐ *1.* porta Ez 46 12, Chr ed 145 22, Bh chr 145u; *2.* seq. ܕܡܠܟܘܬܐ aula (persica) Corluy MP 30 6, Guidi chron 7 9; *3.* capitulum KwDW 34 1 etc., KwDW 329 1; *4.* consilium KwD 30 5.
ܐܬܪܥܘܢܐ ostium Dn 14 20 (Hex).
ܐܬܪܥܐ ostiarius 2Rg 7 10, Mc 13 34, AS **1** 17 19, AS 151 3.
ܐܬܪܥܝܬܐ ostiaria Zach Rhet 17 39.
ܐܬܪܥܢܐ ostiarius am **1** 15u, Jš in ThMarg **1** CLXIV 1.
ܐܬܪܥܢܝܬܐ ostiaria Zach Rhet 17 34.
ܐܬܘܪܥܬܐ *1.* rima, fissura Js 58 12, JS in asd 89 1; *2.* foramen (*hole*) AS **3** 257 4, JSt 21 14; *3.* ruina (muri) Js 22 9, Afr 11 3; *4.* res adversae ES **1** 208A, ER 11 9.
ܐܬܪܝܥܐ *1.* erumpens, defluens (de lacrimis) ES **3** 253C, 418F, Bal 290 27 (de oculis) ES **3** 479A; *2.* procax Rabb 229 20.
ܐܬܪܝܥܘܬܐ laceratio JE in ES **2** 211 1.
ܐܬܪܘܥܐ vastator Ez 7 22, Mi 2 13.
Etpe. *1.* disruptus est Jer 39 2; *2.* laceratus est KwDW 164 13; *3.* perforatus est AS 97 4; *4.* corruit Chr ed 147 29, asd 5 4; *5.* coepit AS **2** 172 18.
Pa. vastavit Js 24 1, ES **3** 211D.

ܐܬܪܥܘܪܐ genus cucumerum ON 92 19 (cf. Nöldeke ZDMG **35** 497).

ܐܬܪܥܣܪ duodecim.

ܬܪܥܣܪܬܐ (N § 151) duodecim (apostoli) Mt 20 17 (Cur), ESL **1** 391 6, am **1** 4pu, Th Marg **2** 254 22.

ܬܪܥܣܪܘܬܐ numerus XII SB 114 10.

ܬܪܦܝܡ h. תְּרָפִים Jud 17 3, Rgn δ 23 24 (Hex).

ܬܪܦ *1.* natavit Card; *2.* incisionem induxit seq. ܒ Georgius Alkoš cit Card; *3.* purgavit; *4.* expulit Card.

Af. natare fecit Card.

ܬܪܨ *1. trans.* a) direxit Pr 11 5, ER 87 21, JAP **7** 8 474 n. 18, b) rectam fecit (viam) Mt 3 3 (Cur); *2. intr.* se convertit Mt 8 32 (ὥρμησεν), Jul 147 17, Bhchr 201 3.

ܬܪܝܨܐ *1.* rectus Am 5 10, Hebr 12 13, Gal ZDMG **39** 244; *2.* ܬܪܝܨ ܫܘܒܚܐ orthodoxus ES **3** XLII 11, am **3** 506 13, Bhchr 73 18; *3. absol.* id. BO **1** 295a.

ܬܪܝܨܘܬܐ *1.* directio ES **1** 527F; *2.* recta ratio 1Rg 9 4, Vit Rabb 187 27, asd 77 16; *3.* instrumentum fabri lignarii glherm.

Etpe. rectus factus est ES **2** 509D.

Pa. *1.* direxit ES **1** 476C, ER 85 14, asd 107 14; *2.* admonuit Cyr 212 4, Ath 24 10; *3.* recte egit dap 48 17.

ܬܘܪܨܐ *1.* correctio, repressio Corluy MP 9 1; *2.* admonitio ER 85 5, Zach Rhet 11 15, Bhce **2** 483 12.

Etpa. in rectam viam ductus est KwDW 86 7, BB 38 2.

Af. paravit Philox in Steph. bar Sudaili 42 18.

ܬܪܘܣ (gr.?) cantus Bhcar 133 13.

ܬܪܫܝܫ h. תַּרְשִׁישׁ gemma alba Ex 28 20, EN 84 36, ON 47 21.

ܬܪܬܟܘܡܐ hyoscamus Card.

ܬܫܥ, ܬܫܥܐ novem.

ܬܫܝܥܝܐ nonus.

ܬܫܥܣܪ, ܬܫܥܬܥܣܪ, ܬܫܬܥܣܪ undeviginti.

ܬܫܥܬܥܣܪܝܘܬܐ, ܬܫܥܣܪܐ, ܚܘܕܪܐ cyclus undeviginti annorum GeZA **8** 9 18.

ܬܫܥܝ (den. a. ܬܫܥܝܬܐ) invenit, mentitus est JARS 94pu.

ܬܬܐ *f.* (N § 86) gluten Js 44 12, ESL **2** 111 9, Gal ZDMG **39** 277 35, Jš in ThMarg **1** CXVI 10, Bhcar 148 13.

ܬܬܘܪܐ (cf. ass. *titurru* pons Jensen = talm. תיתורא Lotz Tiglathpileser 144) agger, moles EN 52 90.

INDEX LATINO-SYRIACUS.

accepit ܢܣܒ 208a, ܩܒܠ 310a, ܐܫܬܩܠ 370b, ܩܒܠ 385a.
accessus ܦܪܘܣܘܕܘܣ 290b
accidit ܐܬܐ 29b, ܓܕܫ 50b, ܗܘܐ 81b, ܥܪܥ 262a, ܦܓܥ 264b, ܐܬܩܪܝ 306b, ܩܪܐ 388a
accidens ܓܕܫܐ 155a, ܣܘܡܒܝܒܐ 233a
se accinxit ܚܙܩ 114a, ܣܘܪ 377b
accipiter ܢܨܐ 211a
se accommodavit ܐܬܛܝܒ 355a
accretio ܬܘܣܦܬܐ 344b
accrevit ܗܓܪ 151b, ܬܩܦ 331a
accubuit ܣܡܟ 50b, ܣܡܟܐ 58a, ܐܣܬܡܟ 229a
accumbere fecit ܐܣܡܟ 153b
accurate ܒܚܬܝܬܐܝܬ 35b
accuratio ܚܬܝܬܘܬܐ 25a
accusatio ܩܛܪܓܐ 337a
accusator ܩܛܝܓܪܐ 317a
accusavit ܐܟܠ ܩܪܨܐ 9b, ܐܬܪܓܡ 93b, ܚܪܓ 152a, ܩܛܪܓ 191a, ܥܙܠ 263a, ܦܪܣ 309b, ܩܛܪܓ 320a
acerbus ܡܪܝܪܐ 318b, a. fuit ܡܪ 192b
acervus ܓܦܐ 144a, ܟܪܘܐ 164b, ܥܘܪܡܬܐ 168a, ܥܪܡܬܐ 261b, ܦܐܓܐ 311b, ܫܬܘܐ 331a, ܬܒܢܐ 373a, straminis ܐܡܘܪܐ 11b, manipulorum ܓܕܝܫܐ 50b, ' ܓܡܘܪܐ 228a
acetum ܐܘܟܣܝܓܪܘܢ 10a, ܚܠܐ 111a
ach! ܐܚ 6b
achates ܐܟܐܛܝܣ 9a
acidus ܚܡܝܥܐ 115b, ܚܡܝܥܐ 125a, cibus a. ܐܡܪܐ 14a, ܚܡܥܐ 371a, ܚܡܥܐ 397b
acies ܚܘܪܒܐ 124b, ܣܕܪܐ 175a, ܨܦܪܐ 220a, ܦܘܡܐ 380b, gladii

ܦܘܡܐ 263b, ܣܟܝܢܐ 266b, ܚܘܪܒܬܐ 376b
acinaces ܣܦܣܪܐ 207b
acinus ܚܒܬܐ 131a, ܚܪܨܢܐ 160a, ܥܡܒܬܐ 257b
acna ܐܟܢܐ 25a
aconitum ܐܩܘܢܝܛܘܢ, ܚܢܩ 118a, ܚܢܩ ܐܪܝܐ 149a, ܐܩܘܢܝܛܘܢ, ܬܠܦܝܢ 317b.
acorus calamus ܩܢܝܐ ܒܣܝܡܐ 327a
acquisivit ܐܬܩܢܝ 255b, ܩܢܐ 312a, ܩܢܐ 326b, ܩܢܐ 393b
acta ܣܘܥܪܢܐ 145a, ܦܪܟܣܝܣ 281b, ܦܪܟܣܝܣ 287b
actio ܣܘܥܪܢܐ 233a
actor ܡܫܡܫܢܐ 63a
actus ܐܢܪܓܝܐ 15b
acuit ܐܚܕ 122b, ܚܕ 124b, ܫܢܢ 175a, ܫܢ 175b, ܫܢ 318a
aculeus ܡܪܕܐ 65b, ܥܘܩܣܐ 98a, ܥܘܩܣܐ 173b, ܡܚܛܐ 190a, ܥܘܩܣܐ 239a, ܟܘܒܝܬܐ 258b, tribuli ܦܪܘܣܬܐ 290b
acus ܡܚܛܐ 109a, ܡܚܛܬܐ 383a, clavi ܣܘܟܬܐ 311a, magna ܐܘܪܕܐ 26a, ܡܚܛܐ 196b, oculis fucandis ܫܘܦܬܐ 114a
acuta ܐܘܟܣܘܐ 10a
acutus ܚܪܝܦܐ 62a, ܚܪܝܦܐ 62b, ܚܕܝܕܐ 104a
ad , ܠܘܬ 88b, ܠܘܬ 174a, ܥܕܡܐ 302b
adamas ܐܕܡܐܣ 3b, ܐܕܡܘܣ 12a, ܫܡܝܪܐ 380a
adamiticus ܐܕܡܝܐ 3b
adaptavit ܐܪܡܘܣ 174b
addidit ܐܘܣܦ 147b, ܐܝܬܝ 174a, ܐܘܣܦ 213b, ܐܘܣܦ 371a
adduxit ܐܝܬܝ 29b, ܐܥܠ 96a, ܐܝܬܝ 198b, ܐܘܒܠ 213b, ܩܪܒ

272b, ܩܪܒ 337a, gradatim a. ܐܕܪܓ 78a
ademptus est ܐܬܢܣܒ 251a
adeo ut , ܥܕܡܐ ܠܡܐ 8a
adeps suillus ܐܣܘܢܓܝܘܢ ܕܚܙܝܪܐ 10a
adeptus est ܐܕܪܟ 78b, ܐܬܢܣܒ 255b.
adhaesio ܕܒܝܩܘܬܐ 359b
adhaesit ܐܬܢܩܦ 4b, ܕܒܩ 65b, ܐܬܕܒܩ 75a, ܚܒܩ 102a, ܢܩܦ 213a, ܢܩܦ 217a, ܢܩܦ 239a, ܐܬܢܩܦ 265a, ܐܬܚܒܩ 299b, ܐܬܠܒܟ 397b
adhortatio ܡܘܥܐܢܐ 221b
adhortatus est ܚܦܛ 120b
adhuc ܥܕܡܐ ܠܗܪܟܐ 87b, ܬܘܒ 243b, ܥܕܟܝܠ 244a
adiantum ܐܕܝܐܢܛܘܢ 135a, a. capillus Veneris ܣܥܪܐ ܕܐܪܥܐ 233b
adjectivum ܫܡܐ ܫܡܝܫܐ 186a
aditus ܡܥܠܬܐ 250a
adjudicavit ܦܣܩ 90b
adjungens ܡܫܘܬܦܐ 248a
adjunxit ܐܘܣܦ 75a, ܐܬܩܦ 138a
adjuvit ܐܥܕܪ 174a, ܣܝܥ 225a, ܥܕܪ 245a, ܐܥܕܪ 349b, *pass.* ܐܬܥܕܪ 289a.
adligatio ܐܣܘܪܬܐ 166a
adligavit ܐܣܪ 360a, *pass.* ܐܬܐܣܪ 120a.
adminiculum ܣܡܟܐ 339b, laterale ܣܢܕܐ 79a
administratio ܡܕܒܪܢܘܬܐ 241a
administravit ܕܒܪ 66a, ܦܪܢܣ 288b
admirabilitas ܬܡܝܗܘܬܐ 59a
admiratio ܬܡܗܐ 75a
admisit ܩܒܠ ܐܦܐ 144a, culpam ܐܬܚܝܒ 105a
admissarius ܣܘܣܝܐ 29a, ܐܠܦܝܘܢ 320b

admissio ܡܥܠܢܐ 364b
admonitio ܡܘܕܥܢܘܬܐ 155a, ܡܪܬܝܢܘܬܐ 245a
admonuit ܐܘܕܥ 91b, ܐܪܬܝ 361b, ܙܗܪ 404a, *pass.* ܐܬܬܥܝܪ 120b
admovit ad munus ܩܪܒ 338b
adnumeratus est ܐܬܡܢܝ 189a, cf. s. v. ܪܢܝܐ 96a
adolescens ܥܠܝܡܐ 49b, ܛܠܝܐ 134a, ܥܠܝܡܐ 147b
adoptatio ܣܝܡܬ ܒܢܝܐ 224b
adoptavit ܐܒܢܝ 45a
adoratio ܣܓܕܬܐ 184a
adorator ܣܓܘܕܐ 274a
adplicavit ܐܬܢܩܦ 138a
adscititie ܡܬܝܬܐܝܬ 362a
adspersit ܪܣܣ 95a, ܙܠܚ 142a, ܙܪܩ 272, ܪܣܣ 351a, ܪܣܣ 356b
adspectus ܚܙܘܐ 93b, ܚܙܬܐ 249a
adspexit ܚܪ 69a, ܚܪ 107a, furtim ܚܪ ܒܓܢܒܐ 58b
adstrinxit ܐܣܪ 108b, ܚܒܫ 308a
adulatio ܚܢܦܘܬܐ 108a, ܡܦܪܓܣܘܬܐ 366a
adulator ܡܦܪܓܣܢܐ 174b
adulatus est ܦܪܓܣ 365a, ܦܪܓܣ 384b
adulteravit ܓܪ 52b, ܛܥܐ 146a
adultus ܡܫܡܠܝܐ 157b, ܓܒܪܐ 251b
aduncus ܟܦܝܦܐ 57a
adustio ܟܘܝܬܐ 221b
adustus est ܐܬܟܘܝ 123b
advena ܬܘܬܒܐ 151a
advenit ܐܬܐ 29b, ܐܬܩܪܒ 78b, ܡܛܐ 183b, ܩܪܒ 300b, ܐܬܩܪܒ 310a
adventicius ܬܘܬܒܐ 151a
adventus ܡܐܬܝܬܐ 190a, ܡܛܝܬܐ 250a, ܡܐܬܝܬܐ 336b
adverbium ܡܠܬܐ ܕܠܘܬ 250b, ܡܬܚܘܝܢܐ ܕܡܠܬܐ 313a
adversarius ܒܥܠܕܒܒܐ 42b, ܣܩܘܒܠܐ 80a, ܡܣܩܒܠܢܐ 193a, ܣܛܢܐ 383a
adversatus est ܐܣܬܩܒܠ 310a
adversus ܠܘܩܒܠ 309b
advertit animum ܙܗܪ 313a
advocavit ܩܪܐ 88b
advolavit ܐܬܦܪܚ 246b
adytum ܐܕܘܛܘܢ 3b, ܩܕܫܐ 332a
aedificatio ܒܢܝܢܐ 253b
aedificavit ܒܢܐ 40a, ܐܘܠܨ 74b
aegritudo ܟܪܝܘܬܐ 164b, ܡܟܪܗܢܘܬܐ 191b, ܟܘܪܗܢܐ 393a
aegrotavit ܐܬܟܪܗ 334b
aegrotus ܟܪܝܗܐ 165a, ܡܟܪܗ 194b, ܟܪܝܗ 381b, ܡܟܪܗܢܐ 389b
aemulatus est ܛܢ 193a
aenigma ܐܘܚܕܬܐ 7a, ܡܬܠܐ 272b
aequalis ܫܘܐ 368a, *pl.* ܫܘܝܢ ܫܘܝܢ 381a, a. fuit ܫܘܐ 209b
aequator ܫܘܝܢܐ 16b
aequavit ܐܫܘܝ 383a, *pass.* ܐܫܬܘܝ 153b
aequilatera ܐܝܣܘܦܠܘܪܐ 8a
aequinoctiale ܐܝܣܘܡܝܪܝܢܘܢ 19a
aequinoctium ܫܘܝܘܬܐ 368a
aequiperavit ܐܫܘܝ 74a, ܐܫܬܘܝ 237a
aequipondium ܡܬܩܠܐ 215b
aequivalentia ܫܘܝܘܬܐ 74a
aequus ܟܐܝܢ 26b, ܬܪܝܨ 90b, ܫܘܝܐ ܒܫܘܝܐ 268a
aer ܐܐܪ 1a
aera ܫܘܪܝܐ 35b, ܡܢܝܢܐ 143a, ܡܢܝܢܐ 236b
aerarium ܓܙܐ 74b, ܒܝܬ ܓܙܐ 236b, privatum ܦܪܝܒܛܘܢ 284a
aerugo ܐܪܘܓܐ 27b, ܚܠܘܕܐ 373a
aerumnosus ܥܢܝܐ 372b
aes ܢܚܫܐ 204a
aestas ܩܝܛܐ 320b
aestimatio ܫܘܡܐ 203a
aestimavit ܐܘܩܪ 74a, magni ܣܒܪ 126a, ܝܩܪ 149a
aestuavit ܓܠܫ 51b, ܐܬܓܠܫ 54b, ܛܪܦ 133b, ܐܬܚܡܡ 261b, ܪܬ 395b
aestus ܚܘܡܐ 97b, ܫܘܚܢܐ 114b, ܛܪܘܦܝܐ 138b, ܚܘܡܐ 155b, ܡܠܝܐ 186b, ܡܥܡܠܐ 188b, ܪܬܚܐ 361b, ܫܠܗܒܝܬܐ 368b
aetas ܐܝܠܝܐ 25a, ܡܫܘܚܬܐ 195b, ܥܠܝܡܘܬܐ 263b, ܫܢܝܐ 315a
aeternus ܕܠܥܠܡܝܢ 251b, ܡܢ ܥܠܡܐ 398b, ab aeterno ܡܢ ܥܠܡܝܢ 315b
aethericus ܐܬܝܪܝܐ 30b
affabilis ܦܫܝܩܐ 148b
affecit ܐܚܕ 172a, *pass.* ܐܬܐܚܕ 39b
affectio ܡܚܫܘܬܐ 113b
affinis ܚܬܢܐ 90b, ܫܚܝܢܐ 114b, ܚܬܢܐ 128a
affirmatio ܫܘܪܪܐ 224b, ܡܫܪܪܢܘܬܐ 225a
affirmavit ܫܪܪ 119b, ܐܫܪܪ 122b, ܩܡ ܥܠ 276b, ܩܡ ܥܠ ܚܕ 319a, ܫܪܪ 386b
affixit ܩܒܥ 310b, ܩܒܥ 343a
affixum ܩܒܝܥܐ 217b
afflavit ܢܦܚ 246b
afflictatio ܫܘܢܩܐ 70b, ܡܫܬܢܩܢܘܬܐ 246b, ܫܘܢܩܐ 331b
afflictio ܐܘܠܨܢܐ 174a, ܥܩܬܐ 366a
afflixit ܐܠܨ 257b, ܐܠܨ 322a, *pass.* ܐܬܐܠܨ 308b
africus ܠܝܒܐ 175b
agallochum ܐܓܠܘܟܘܢ 2b
agape ܚܘܒܐ 201b
agaricum ܐܓܪܝܩܘܢ 3b

amiantum ܐܡܝܐܢܛܘܢ 13a, b
amica sponsae ܫܘܫܒܝܢܬܐ 370b
amicitia ܫܘܒܥܐ 365a
amictus ܥܛܦܐ 248a, ܬܥܛܦܬܐ 386a
amiculus ܥܦܪܐ 256b
amicus ܒܝܬܝܐ 37b, ܝܕܘܥܐ 144b, ܒܪ ܬܪܒܝܬܐ 254a, ܪܚܡܐ 351a
amisit ܐܘܒܕ 1b, ܐܦܩ 267b
amita ܕܕܬܐ 68a, ܥܡܬܐ 252a
ammi ܢܢܝܐ 207b
ammoniacum ܐܡܘܢܝܩܘܢ 13b, ܐܘܫܩ 29b
amomum ܐܡܘܡܘܢ 13b, ܚܡܡܐ 114b, cardamomum ܩܩܘܠܐ 335a
amovit ܐܥܒܪ 243a
amphora ܐܡܦܘܪܐ 14a, ܚܨܒܬܐ 101a, ܩܘܩܐ 316a
amplexus ܚܘܦܐ 102a
amplexus est ܛܥܢ ܥܠ ܚܕܝܗ 138a, ܥܦܩ 256b
amplificavit ܪܘܪܒ 344b
ampliavit ܦܬܝ 296a
amplus fuit ܪܘܚ 349b
ampulla ܐܦܘܠܐ 22b
amputavit ܓܙܪ 49b, ܓܕܥ 50a, ܩܛܥ 318b, ܩܙܙ 334a
amuletum ܚܪܫܘܬܐ 116a, ܛܠܣܡܐ 135a, ܛܘܦܐ 136b, ܟܬܒܘܬܐ 169b, ܩܡܝܥܐ 314b, ܩܛܪܐ 319b, ܩܡܝܥܐ 326a
amurca ܓܠܕܐ 65b
amygdala ܠܘܙܐ 173a, amara ܡܪܝܪܬܐ 389a
amygdalus ܫܓܕܐ 326b, communis ܫܓܕܬܐ 365a, persica ܚܘܚܐ ܦܪܣܝܐ 109a
amylum ܐܡܘܠܘܢ 13a
anachoreta ܐܢܟܘܪܝܛܐ 207a
anachoreticus vestitus ܫܘܡܟܐ 229b

anagallis ܐܢܓܠܝܣ 14b
analogia usus est ܦܚܡ 268a
anas ܒܛܐ 35b, ܟܫܘܦܐ 184b
anathema ܦܪܝܫܐ 280a
anceps ܦܠܓ ܪܥܝܢܐ 79b
anchora ܐܘܩܝܢܐ 5b, ܐܢܩܘܪܐ 16b
anchusa ܐܢܟܘܣܐ 15b, ܚܠܡܬܐ 113a, ܠܫܢ ܬܘܪܐ 118a
ancilla ܐܡܬܐ 12a, ܫܦܚܬܐ 109b, ܛܠܝܬܐ 134a, ܡܫܡܫܢܝܬܐ 202a, ܥܠܝܡܬܐ 251b, ܦܠܚܬܐ 290a, ܦܪܚܬܐ 291a, ܡܫܡܫܢܝܬܐ 380b
andropogon schoenanthus ܫܦܐ ܕܝܡܐ 113b
anemona ܫܩܝܩܐ, ܕܡ ܐܕܘܢܝܣ 88b, ܫܩܝܩܝܬܐ 157b
anethum graveolens ܫܒܬܐ 365a
anfractus ܡܟܡܣܘܪܐ 323b
angelus ܡܠܐܟܐ 170b, ܥܝܪܐ 249b, ܦܪܝܫܐ 314a, bonus ܫܘܠܛܢܐ 377b, tutelaris ܦܠܝܡܘܢ 275a
angina ܚܘܢܩܐ 125b
angiportus ܫܩܩܐ 385a
angor ܐܥܘܩܐ 3a, angores cerebri ܫܘܪܢܝܐ, ܫܘܢܝܐ 390a
anguiculus ܚܘܝܘܬܐ 106a
anguilla ܓܪܝܬܐ 63a, ܓܪܒܝܐ 95a
anguis ܐܣܦܝܣ 20a
angulus ܓܘܢܝܐ 59a, ܙܘܝܬܐ 91b, ܦܢܝܬܐ 276b
angustiae ܐܘܠܨܢܐ 118a, ܐܘܠܨܐ 214a, ܐܘܠܨܢܐ 340a, cordis ܥܩܬܐ ܕܠܒܐ 99a, in angustiis fuit ܐܬܥܨܝ 105a
angustus ܐܠܝܨܐ 12b, ܥܩܝܩܐ 217b, ܩܛܝܢܐ 318a
anhelavit ܐܬܢܫܡ 173a, ܢܫܡ 204a, ܐܫܩ ܢܫܡܐ 283b
animadvertit ܐܬܒܝܢ 36b, ܐܬܚܙܝ 44a, ܚܙܐ 107b, ܪܓܫ 392b
animal ܙܘܢ 92b, ܚܝܘܬܐ 110a, ad equitandum ܪܟܘܒܐ 354a
animalculum ܪܚܫܐ 352a
animavit ܓܠܝ 49a
animus ܟܠܝ 34a, ܪܘܚܐ 148b, ܢܦܫܐ 210b, ܪܥܝܢܐ 349a, paratus ܡܛܝܒܘܬ ܪܥܝܢܐ 131a, ܫܘܪܢܐ 221a, ܥܒܝܪܘܬܐ 263a
anisum ܐܢܝܣܘܢ 16a
annictavit ludibriose ܡܚܙ 340b
annicula ܚܘܪܦܐ 125a
annona ܐܢܢܘܢܐ 16a, ܡܙܘܢܐ 181b
annulus ܥܙܩܐ 97a, ܥܙܩܬܐ 98a, ܚܘܠܬܐ 247b, cinguli ܦܪܘܙܬܐ 166b, columnae ܦܣܛܝܪܘܣ 279a, nasi ܡܩܒܐ 322b, ܩܘܪܡܐ 341a, portae ܪܒܟܐ ܕܬܪܥܐ 53b, ܦܠܩܣܐ 276a, ܦܪܘܙܐ 291a
annuntiatio ܣܘܒܪܐ 218a
annus ܫܢܬܐ 381a, anno superiore ܐܫܬܩܕܝ 29b, insequente ܠܡܫܢܬ 189b
anomalus ܠܘܕܝܢܐ 244a
ansa ܐܕܢܐ 4a, ܐܢܛܠܐ 25a, ܚܢܝܩܘܬܐ 123a, ܐܘܚܕܐ 143a, ܥܒܣܬܐ 171a, ܡܚܒܣܐ 171b, ܬܠܝܬܐ 392a
anser ܘܙܐ 88a.
ante ܩܕܡ 249a, ܩܘܕܡܝ 312b
antea ܠܩܘܕܡ 312b, fecit ܩܕܡ ib
antequam ܥܕ 244a
pars anterior ܩܘܕܡܬܐ 312b
antevenit ܩܕܡ 312b
anthemis pyrethum ܥܩܪ ܩܪܚܐ 259a
ab antica parte ܡܢ ܩܘܕܡܐ 312b
antichristus ܥܪ ܡܫܝܚܐ 1b

anticipavit ܩܕܡ ܩܘܕܡ 38a
antidotum ܐܢܛܝܕܘܛܘܢ 15a, ܣܡܐ ܕܚܝܐ 385a
antilope ܛܒܝܐ 129a, ܝܥܠܐ 247b
antimon ܟܘܚܠܐ 131a, ܐܣܛܝܡܐ 357a, ܦܘܟܐ 395b
antiphonia ܡܥܢܝܢܘܬܐ 254a
antiquus ܥܬܝܩܐ 374a
antistes ܪܝܫܐ 315b
anus ܥܘܠܐ 133a, ܡܦܩܬܐ 210a, ܚܪܘܬܐ 247b
anus ܣܒܬܐ 216a
anxit ܐܥܩ 308a
anxius ܥܩܐ 118a, mansit ܐܬܥܩ 32b
aparina ܦܘܪܐ ܕܟܠܒܐ ܚܠܝܠܐ 335b
aper ܚܙܝܪܐ ܒܪܐ 108b, silvester ܕܒܪܐ 71a, ܥܒܪܐ 88b
apertura loricae ܦܘܡܐ ܕܫܪܝܢܐ 395a
apertus ܦܬܝܚܐ 338a, vultus ܓܠܐ ܐܦܐ 55a
aperuit ܓܠܐ 55a, ܐܦܬܚ 75b, ܦܬܚ 270a, ܦܬܚ 282a, ܦܫܩ 296b, ܦܬܚ 304b, ܦܪܥ 387a, ܦܬܚ 403b, os ܦܬܚ 296a, viam ܦܢܐ 363a, se a. terra ܐܬܦܬܚܬ 268b, *pass.* ܐܬܦܬܚ 276b, ܐܬܦܬܚ 385b
apiastrum ܓܠܕܐ 49a
apis ܕܒܘܪܬܐ 66a
apium graveolens ܟܪܦܣܐ 167b
apocalypsis ܓܠܝܢܐ 55a
apocope ܓܪܡܐ 50a
apodipnon ܣܘܟܠܐ 217b
apodosis ܦܘܪܥܢܐ 145a, ܦܘܪܥܢܐ 291a
apologia ܡܦܩ ܒܪܘܚܐ 210a
apoplexia ܫܒܪܐ 272b
apostatam fecit ܐܣܛܝ 164a
apostolus ܫܠܝܚܐ 377a
apparatus ܛܝܒܘܬܐ 131a, ܛܘܝܒܐ 133b
apparavit ܥܒܕ 273b
apparuit ܐܬܚܙܝ 32b, ܚܙܝ 39b, ܐܬܓܠܝ 277b
appellatio ܩܪܝܬܐ 362a
appellavit ܩܪܐ 161a, ܩܪܐ 335b, ܫܡܗ 379a
appendit ܐܬܠܝ 75a, ܬܠܐ 213b, ܬܠܐ 397b
appetiit ܪܓܐ 42a, ܐܬܪܓܝ 118a, ܪܓܒ 200a, ܪܓܒ 217a
applicavit ܐܩܪܒ 254a, se a. ܩܪܒ 218a, ܩܪܒ 218b
apportavit ܐܝܬܝ 143a, *pass.* ܐܬܐܝܬܝ 29b
appositio ܬܘܣܦܬܐ 113b
apprehendit ܐܚܕ 6b, *pass.* ܐܬܐܚܕ 78b
appropinquavit ܩܪܒ 173b, ܐܬܩܪܒ 174a, ܩܪܒ 336b
appulsus est ܩܪܒ 331a
apricus fuit ܐܫܬܚܢ 387b
Aprilis ܢܝܣܢ 205b
aptatus est ܐܬܛܝܒ ܛܒ 209b
aptus ܚܫܝܚܐ 74a, ܫܘܝܐ 117a, ܦܐܐ 126b, ܙܕܩ 143a, ܢܐܐ 155a, ܚܫܝܚܐ 174b, ܡܫܚܠܦܐ 178b, ܘܫܒܐ 213a, ܦܐܝ 245a
apud ܠܘܬ 302b, ܠܘܬ 401b
aqua ܡܝܐ 184b, salsa ܡܠܝܚܐ 123b
aquaeductus ܐܡܬܐ 2b, ܡܪܙܒܐ ܕܡܝܐ 29b, ܡܪܙܒܐ 343b, ܡܪܙܒܐ ܕܡܝܐ 366b
aquarius ܕܠܝܐ 68b
aquaticus ܡܝܝܐ 222b
aquila ܢܫܪܐ 71a, ܢܫܪܐ 215a
ara ܓܘܡܪܐ 40a, ܡܕܒܚܐ 65a, ܦܪܕܣܐ 287b, ܒܝܬ 399a
Arabs ܛܝܝܐ 260a, desertum colens ܥܪܒܝܐ 32a
aranea ܓܘܓܐ 51b
araneum textum ܚܘܛ ܡܘܬܐ 49b

aratrum ܦܕܢܐ 265b, ܦܕܢܐ 335a
aravit ܐܪܕ 11a, ܦܕܢ 164b
arbiter ܡܦܣܩܢܐ 192a, ܡܦܣܩܢܐ 273a
arbor ܐܝܠܢܐ 8b
arbutus unedi ܩܘܡܪܐ 62a, ܐܩܘܡܪܐ ܕܥܒܐ 317b, ܩܘܡܪܐ 372a
arca ܩܒܘܬܐ 154b, foederis ܐܪܘܢܐ 27b, vestiaria ܩܡܛܪܐ 248b
arcanum ܐܪܙܐ 332a
arcessivit ܐܝܬܝ 29b
archiater ܪܝܫ ܐܣܘܬܐ 79a
archidiaconus ܐܪܟܕܝܩܘܢ 27a
archimandrita ܪܝܫ ܕܝܪܐ 353b
architectus ܐܪܟܝܛܩܛܘܢ 27b, ܐܪܕܝܟܠܐ 40a
archivum ܒܝܬ ܐܪܟܐ 27a
arcitenens ܩܫܬܐ ܕܢܫܐ 304a
arctium ܐܪܩܛܝܘܢ 28b, Lappa ܠܦܐ 89b
arcturus ܥܓܠܬܐ 156b, ܥܓܠܬܐ 219a
arctus ܓܕܝܐ 243b
arcus ܩܫܬܐ 163a, ܩܫܬܐ 342b, lignea ܩܫܬܐ 109b, tectum fulciens ܩܘܒܬܐ 127a
ardea ܐܪܕܝܘܢ 26a, ܐܪܕܐ 87a, cinerea ܩܩܐ ܚܘܪܐ 376a
ardens ܝܩܕ 302b, ܝܩܕܐ 365b, pars a. ܝܩܕܬܐ 123b.
ardor ܫܠܗܒܝܬܐ 114b, ܚܡܝܡܘܬܐ 116b, ܚܡܝܡܘܬܐ 172b, ܚܡܝܡܐ 262b, ܚܡܐ 361b
area ܐܕܪܐ 4a
arefecit ܐܘܒܫ 114b
arena ܚܠܐ 106a
areolae ܡܩܡܚܬܐ 374b
argentarius ܡܪܓܢܝܐ 261b, ܡܪܓܢܝܐ 308b
argentum ܐܪܓܘܪܘܢ 71b, ܟܣܦܐ

163a, [Syriac] 216b, vile [Syriac] 225a
argilla flava [Syriac] 11a, pura [Syriac] 62a
argillosa terra [Syriac] 162b
argumentum [Syriac] 186b, [Syriac] 249b
argutus est [Syriac] 93b
aridus [Syriac] 199a, [Syriac] 265a, [Syriac] 300a, [Syriac] 300b, [Syriac] 340a
aries [Syriac] 72b, parvus [Syriac] 35a
aristae [Syriac] 113a
aristolochia [Syriac] 99b, [Syriac] 210a, [Syriac] 234b
arithmetica [Syriac] 28b, [Syriac] 189a
arma [Syriac] 93b
armavit [Syriac] 119b
armentarius [Syriac] 44a
armilla [Syriac] 25a, [Syriac] 322a
aroma [Syriac] 209a, *pl.* [Syriac] 87a
aromaticum [Syriac] 353a
arrepsit [Syriac] 382b
arrhabo [Syriac] 3a, [Syriac] 348b
arripuit [Syriac] 34a, [Syriac] 244a, [Syriac] 328a
arrogans [Syriac] 251a
ars [Syriac] 13b, [Syriac] 233a, [Syriac] 274a
arsenicum [Syriac] 99b, [Syriac] 225b
arsit [Syriac] 73b, [Syriac] 100b, [Syriac] 114b, [Syriac] 124a, [Syriac] 148b, [Syriac] 376b
artemisia [Syriac] 46a, [Syriac] 307a, [Syriac] 385a, judaica [Syriac] 224a
arteria [Syriac] 27a, [Syriac] 88b, [Syriac] 150b
articulus [Syriac] 155b, [Syriac] 167b, [Syriac] 387b, humeri [Syriac] 164a, brachii [Syriac] 327a
aruit [Syriac] 114b, [Syriac] 368b, [Syriac] 378a, [Syriac] 388a
arum arisarum [Syriac] 270b
arundo [Syriac] 1a, [Syriac] 94b, [Syriac] 113a, [Syriac] 327a
arx [Syriac] 25a, [Syriac] 37a, [Syriac] 119a, [Syriac] 223a, [Syriac] 323b
ascendit [Syriac] 49b, [Syriac] 227b, [Syriac] 251a, gradatim a. [Syriac] 78a
asceta [Syriac] 74b, [Syriac] 252b, [Syriac] 254b, [Syriac] 383b
ascia [Syriac] 10a, [Syriac] 76a, [Syriac] 111b, [Syriac] 158a, [Syriac] 263a, [Syriac] 276a, [Syriac] 281a
asciavit [Syriac] 199b
asclepias [Syriac] 316b, [Syriac] 327b
asina [Syriac] 30a, [Syriac] 181a
asinarius [Syriac] 123a, [Syriac] 165a
asinus [Syriac] 115b, ferus [Syriac] 260b
aspalathus [Syriac] 248b
asparagus [Syriac] 194b
aspectus tristis [Syriac] 1a
asper [Syriac] 108a, [Syriac] 124b, [Syriac] 156a, [Syriac] 261b, [Syriac] 373a, a. fuit [Syriac] 340a, locus a. [Syriac] 373a
asperitas [Syriac] 243b
asphaltitis [Syriac] 163b
asphodelus [Syriac] 249b
aspis [Syriac] 297b, [Syriac] 399b
assa foetida [Syriac] 111b, [Syriac] 114a
assatus [Syriac] 378b
assavit [Syriac] 130b
assecla [Syriac] 43b, [Syriac] 213a, *pl.* [Syriac] 37a
assensus est [Syriac] 75a, [Syriac] 147b, [Syriac] 383a
asser [Syriac] 76b, [Syriac] 208b
asservatio [Syriac] 205a
assessor [Syriac] 151a, [Syriac] 232a
assiduus [Syriac] 13b, [Syriac] 254a, fuit [Syriac] 114a
assignavit [Syriac] 286a
assimilatio [Syriac] 39b, [Syriac] 120a
assimilavit [Syriac] 74a
assistentia [Syriac] 174a
assula [Syriac] 54b, [Syriac] 255a
assumentum calcei [Syriac] 276b
assumpsit [Syriac] 66a
assumptio [Syriac] 228a
asteriscus [Syriac] 154b
astragalus [Syriac] 152b
astrologia [Syriac] 18b, [Syriac] 187a
astrologus [Syriac] 189a
astrum [Syriac] 201a
astutia [Syriac] 110b, [Syriac] 171b, [Syriac] 337b
astutus [Syriac] 78b, [Syriac] 124b, [Syriac] 178b, [Syriac] 187b, [Syriac] 235b, [Syriac] 261b, [Syriac] 269b, [Syriac] 289b, [Syriac] 305b, [Syriac] 332b
asylum [Syriac] 52a, [Syriac] 88b, [Syriac] 105a, [Syriac] 262a
athleta [Syriac] 170b
atomum [Syriac] 280b, [Syriac] 285a
atramentarium [Syriac] 37a

atramentum nigrum ܕܝܘܬܐ 69b, ܫܚܪܐ 102b, rubrum ܣܘܣܛܪܐ 230a, ܩܪܝܣܡ 240b
atratus ܩܕܝܪܐ 160a
atriplex odorata ܐܛܪܘܦܠܩܣ 99b, halimus ܡܠܘܚܐ 187b, hortensis ܡܠܘܚܐ 319a
atrium ܕܪܬܐ 69a
atropa belladonna ܥܢܒܐ ܕܬܥܠܐ 254a
attactio ܓܘܫܐ 78a
attendit ܨܘܬ ܩܠܐ 224b
attente ܒܐܨܝܬܘܬܐ 401b
attigit ܡܛܐ 64b, ܐܬܩܪܒ 139b, ܐܬܓܫ 196a
attraxit ܢܓܕ 52a, ܢܓܕ 118a, ܐܬܢܓܕ 199a, ܢܓܕ 215b
attribuit ܝܗܒ 114a, ܣܡ 189a
attulit ܐܝܬܝ 29b
auctor ܥܒܘܕܐ 199a
auctoritas ܫܘܠܛܢܐ 15b, ܫܘܠܛܢܘܬܐ 377b
auctumnus ܬܫܪܝܢ 388a
auctus est ܐܬܬܘܣܦ 147b, ܐܬܪܒܝ 150b, ܐܬܪܒܝ 151b
aucupium ܨܝܕܘܬܐ 28a
audacia ܡܪܚܘܬܐ 53b, ܡܪܚܘܬܐ 166b
audax ܡܪܚܐ 57a, ܡܪܝܚܐ 121a, ܡܪܚܐ 194a, ܡܪܚܐ 233a, ܡܪܚܬܢܐ 251a, ܚܨܝܦܐ 342b, ܚܨܝܦܐ 369a, ܚܨܝܦܐ 369b
audivit ܫܡܥ 301b, ܫܡܥ 379b
aufugit ܥܪܩ 285a
augmentativus ܡܘܣܦܢܐ 361b
augmentum ܬܘܣܦܬܐ 151b
augur ܢܚܫܐ 204a
Augustus ܐܒ 1a
aula ܕܪܬܐ 69a, ܬܪܥܐ 345b, ܬܪܥܐ ܕܡܠܟܘܬܐ 413b
aulaeum ܒܝܠܐ 157b
aurifaber ܨܐܘܦܐ 127a
auriga ܪܟܒܐ 84b, ܪܟܒܐ 335b, ܛܥܘܢܐ 381b
auris ܐܕܢܐ 4a
aurora ܨܦܪܐ 199a, ܨܦܪܐ 384b
aurum ܕܗܒܐ 67a
austerus ܥܦܨܐ 156a
ausus est ܐܡܪܚ 57a, ܐܡܪܚ 75a, ܡܪܚ 84a, ܐܡܪܚ 99b, ܐܡܪܚ 121a, ܡܪܚ 233a, ܡܪܚ 247a, ܡܪܚ 308a, ܐܡܪܚ 388a
aut ܐܘ 4a
autem ܕܝܢ 11a, ܕܝܢ 46b, ܕܝܢ 71b
auxilium ܥܘܕܪܢܐ 8b, ܥܘܕܪܢܐ 92b, ܥܘܕܪܢܐ 110b, ܥܘܕܪܢܐ 225a, ܥܘܕܪܢܐ 245a, ܥܘܕܪܢܐ 289a, tulit ܐܥܕܪ 151b, ܥܕܪ 314b
auxit ܐܣܓܝ 153b, ܐܣܓܝ 217b, ܐܣܓܝ 218b, ܐܘܣܦ 344b
avarus ܪܚܡ 148a, ܪܚܡ ܟܣܦܐ 322b, ܪܚܡܘܬܐ 325a
avellit ܥܩܪ 64b, ܥܩܪ 187a, pass. ܐܬܥܩܪ 216b
avena ܫܥܪܐ 79b
aversio ܗܦܘܟܝܘܬܐ 277a, ܗܦܘܟܝܘܬܐ 352a
avertit ܐܗܦܟ 73a, ܐܗܦܟ 86a, ܐܗܦܟ 155a, se a. ܗܦܟ 266a, ܗܦܟ 303a
avicula ܨܦܪܘܢܐ 307a
aviditas ܪܓܬܐ 402a
avidus ܪܓܝܓܐ 17b, ܪܓܝܓܐ 39b, ܪܚܡ 148a, ܪܓܝܓܐ 177a
avis ܛܝܪܐ 133a, ܦܪܚܬܐ 286a, *pl.* ܦܪܚܬܐ 246b, aquatica ܛܝܪܐ ܕܡܝܐ 98a, ܡܝܢܐ 190b, ܛܝܪܐ 198b, rapax ܛܝܪܐ 109b, venatica ܛܝܪܐ 92b
avolavit ܦܪܚ 300a
avunculus ܚܠܐ 106b
avus ܣܒܐ 216a, ܣܒܐ 342a
axis ܐܟܣܢ 10a, ܩܛܪܐ 239a

Baccae myrti ܦܐܪܐ ܕܐܣܐ 45a, juniperi ܦܐܪܐ ܕܒܪܬܐ 288a
baculus ܚܘܛܪܐ 53b, ܚܘܛܪܐ 98b, ܚܘܛܪܐ 109b, ܚܘܛܪܐ 194b, ܚܘܛܪܐ 330b, ܚܘܛܪܐ 363b, ܚܘܛܪܐ 364b
bajulus ܛܥܘܢܐ 138a, ܛܥܘܢܐ 316a
balatus ܦܥܝܐ 271a, ܦܥܝܐ 281a
balaustium ܦܘܪܚܐ ܕܪܡܘܢܐ 356a
balbus ܥܓܠܢܐ 362b
balbutivit ܓܡܓܡ 66b, ܓܡܓܡ 172a, ܓܡܓܡ 176a, ܓܡܓܡ 177a, ܓܡܓܡ 282b, ܐܬܓܡܓܡ 398b
ballista ܒܠܝܣܛܐ 39a
balneum ܒܠܢܐ 39a, ܒܠܢܐ 40a, ܒܠܢܐ 74b, ܒܠܢܐ 114b, ܒܝܬ ܚܡܝܡܐ 222b
balsamum ܐܦܘܒܠܣܡܘܢ 24a, ܒܠܣܡܘܢ 39a, ܦܠܣܡܘܢ 290a
baptismus ܡܥܡܘܕܝܬܐ 298b
baptizavit ܐܥܡܕ 252a
barba ܕܩܢܐ 77a, tenuis ܣܦܪܐ 225a
barbarus ܒܪܒܪܝܐ 45b
barbula labii superioris ܣܦܪܐ ܕܣܦܬܐ 233b
basilica ܒܣܝܠܝܩܐ 20a
basis ܒܣܝܣ 41b, ܒܣܝܣ 60a, ܒܣܝܣ 160b, ܫܬܐܣܬܐ 401b
bdellium ܒܕܠܚܐ 192b, ܒܕܠܚܐ 350a
beatitudo ܛܘܒܐ 130b
beatus ܛܘܒܢܐ 201b
bellum ܩܪܒܐ 77b, ܩܪܒܐ 336b, ܩܪܒܐ 340a
belua immanis ܒܗܝܡܘܬ 33a
benedixit ܒܪܟ 46a, ܒܪܟ

callosus ܡܩܫܝܐ 329b
calor ܫܚܝܢܘܬܐ 372a
caluit ܚܡ 114b, ܪܬܚ 301b
calumnia ܥܠܠܬܐ 233a
calumniatio ܣܘܟܠܐ 296b
calumniatus est ܐܟܠ ܩܪܨܐ 9b, ܓܕܦ 134b, ܥܫܩ 191a, ܥܠܠ 241b, ܦܪܚܣ 263a, ܣܛܢ 353b
calva ܐܒܕ ܪܫܐ 13a, ܩܪܩܦܬܐ 341b
calvaria ܓܓܘܠܬܐ, ܩܪܩܦܬܐ 121b
calvus ܐܨܠܚܐ 48a, ܓܠܝܚܐ 62a, ܩܪܚܐ 338a, calvum fecit ܩܪܚ 312a
calyx ܒܕܒܐ 241a, ܩܠܝܟܣ 310b
calx ܐܣܛܪܘܬܐ 7b, ܓܐܪܐ 61a, ܓܝܪܐ 159a, ܟܫܪܐ 224a
calx ܥܩܒܐ 257b
camelopardalis ܐܢܩܘܪܕܐܠܝܣ 29b, ܓܡܠܐ ܢܡܪܐ 57a, ܙܪܝܦܐ 99b, ܙܪܐܦܐ 180a
camelus ܓܡܠܐ 57a, *pl.* parvi ܒܟܪܐ 38a
cameratus ܡܟܦܦܐ 309a
caminus ܐܬܘܢܐ 37a, ܟܘܪܐ 325b
camisium ܟܡܝܣܐ, ܩܡܝܣܐ 326a
camo constrinxit ܩܡܡ 324b
camphora ܟܦܘܪ 164a, ܩܦܘܪ 333b
campus ܒܪܐ 44a, ܓܠܝܬܐ 53b, ܕܒܪܐ 66a, ܦܩܥܬܐ 326a, in campis degens ܐܝܠܢܝܐ 5a
canalis ܒܝܬ ܡܝܐ 33b, ܨܢܪܐ 227b, ܪܗܛܐ 348b, ܩܢܝܐ 350b, ܫܩܝܐ 373a, ܬܪܥܐ 400b
cancellaria ܩܢܩܠܪܝܘܬܐ 169b
cancelli ܩܢܩܠܐ 292b, ܩܣܛܠܐ 329a
cancer ܣܪܛܢܐ 239a, ܩܪܩܝܢܘܣ 341b, (morbus) ܣܪܛܢܐ 112a

candela ܩܢܕܝܠܐ 327b
candelabrum ܡܢܪܬܐ 198b, ܡܢܪܬܐ 203a
caniculares dies octo primi ܐܘܪܝܘܢ 35b, ܚܡܣܐ 202b
canis ܟܠܒܐ 158a, aureus ܐܒܢ ܐܘܝ 5a, ܕܐܒܐ 87b, ܝܪܘܥܐ 139b, ܫܥܠܐ 181b, ܥܒܝܐ 365a, ܩܝܪܐ 382a, silvester ܙܐܒܐ 149b
canistrum ܡܫܟܢܐ 322a
cannabis ܫܝܢܐ 207b, sativa ܩܢܒܐ 329a, ܐܘܝܢܐ 400a, semen c. ܫܝܢܐ ܕܩܢܒܐ 162b, ܫܘܢܝܙ 367b
canonici ܩܢܘܢܝܩܐ 315a
cantare docuit ܙܡܪ 171b
cantavit ܙܡܪ 96a, ܫܒܚ 218b, ܩܝܢ 329b
cantharides ܕܪܒܪܐ 67b
cantherii ܓܡܠܐ ܕܥܘܦܐ 57a
canticum ܬܫܒܘܚܬܐ ܩܠܐ 113b, ܬܫܒܘܚܬܐ 321a, ܥܢܝܢܐ ܫܪܝܐ 374a
cantilena ܥܢܝܢܬܐ 209a, ܩܝܢܬܐ 211b, ܡܥܢܝܬܐ 254a
cantor ܥܢܘܝܐ 254b
cantus ܙܡܪܐ 79a, ܙܡܪܐ 96a, ܩܠܐ 143a, ܫܘܒܚܐ 218b, ܪܩܕܐ 354b, ecclesiasticus ܡܕܪܫܐ 142a, responsorius ܥܘܢܝܬܐ 254a
canus ܣܝܒܐ 239a
capax fuit ܐܣܦܩ 180a
capella ܥܢܙܐ 196b, (sidus) ܥܝܘܬܐ 249b, martyrum ܒܝܬ ܣܗܕܐ 220b
caper montanus ܝܥܠܐ 27b
capillatus ܣܥܪܢܐ 233b
capillus ܣܥܪܐ 97b
capistravit ܦܪܡ 95b
capistrum ܐܦܣܛܪܐ 23a, ܩܢܛܪܐ 158b, ܦܘܪܡܐ 340b
capitulum (columnae) ܟܠܝܠܐ 311a, ܩܘܒܥܐ 316a, ܩܪܢܐ

332a, (libri) ܦܣܩܐ 225b, ܦܣܘܩܐ 280a, ܩܦܠܐ 293b, ܩܦܠܐܘܢ 296b, ܪܝܫܐ 301b, ܩܦܠܐܘܢ 332a, ܩܪܢܐ 336a, ܪܫܐ 353b, ܪܫܐ 403b
capparis ܟܦܪ 333a, spinosa ܩܦܪܐ 211b
capra ܐܝܓܐܘܣ 16a, ܥܢܙܐ 254b, ܥܢܙܐ 307a, caucasica ܝܥܠܐ 402b
caprea ܒܝܕܐ 69a
caprificus ܦܩܘܥܐ 394b
capsa ܓܠܘܣܩܘܡܐ 56a, ܩܦܣܐ 163a
capsula ܩܦܣܘܠܐ 167b, ܩܦܣܘܠܬܐ 323b
capsus ܩܦܣܐ 333a
captivitas ܫܒܝܬܐ 21a, ܫܒܝܐ 102b
capulus ܐܣܛܠܐ 21a, ܩܒܘܠܐ 76a, ܩܒܠܐ 171b, ܩܒܠܐ 343a
caput ܪܫܐ 353a, pecuniae ܩܪܢܐ 339b, capite subverso ܪܫܗ ܠܬܚܬ 38b
carbasina vestis ܩܪܒܣܝܢ 337b
carbasus ܩܪܒܣܐ 165a
carbo ܓܘܡܪܬܐ 57b, ܦܚܡܐ 268b, ܩܪܒܘܢܐ 337b, ܫܚܘܪܐ 372b
carcer ܒܝܬ ܐܣܝܪܐ 20b, ܒܝܬ ܫܒܝܐ 102b, ܟܠܐ 309a, *pl.* ܒܝܬ̈ܐ 305b
cardami spec. ܩܪܕܡܘܢ 329a
cardamomum ܩܪܕܡܘܡܘܢ 337b
cardo ܨܪܝܪܐ 104b, ܨܢܝܪܐ 301a
carens ܣܪܝܩܐ 119b
caries ܪܩܒܘܬܐ 38b, ܡܬܐܟܠܢܘܬܐ 325b, ܪܩܒܐ 352a
carina ܩܘܦܝܬܐ 237b
caritas ܚܘܒܐ 149a
carmen ܙܡܝܪܬܐ 14a, ܩܝܢܬܐ 195b, ܬܘܫܒܚܬܐ 205b, magicum

ܐܠܘܣܛܢܐ 175 a, strophicum ܡܪܟܢܬܐ 254 a
carminatus ܡܚܒܪܐ 102 b
carminavit ܣܠܩ 109 b
carnifex ܐܣܦܘܩܠܛܪܐ 20 a
caro ܒܣܪܐ 41 b, macra ܩܛܝܢܘܬܐ 142 a, salata ܡܠܝܚܐ 217 a, fructus ܦܐܪܐ 402 a
carpsit ܩܛܦ 178 a
carpus ܦܣܘܬܐ 160 b
carrarius ܩܪܪܐ 335 b
carruca ܩܪܘܟܐ 339 a
carthamus lanatus ܩܘܪܛܡܐ ܕܒܪܐ 168 a, tinctorius ܙܥܦܪܢܐ 99 b, ܩܘܪܛܡܐ 168 a, ejus semen ܩܘܪܛܡܐ 338 a
cartilago ܣܚܘܣܚܐ 118 b, ܩܠܦܘܬܐ 169 a
caruit ܚܣܪ 53 a, ܐܬܩܦܚ 148 a
carum carvi ܩܪܘܝܐ 165 a
carus ܚܒܝܒܐ 101 a
casa parvula ܟܘܟܐ 60 b
caseus ܓܒܬܐ 48 b
cassia ܩܘܣܛܐ 330 a, ܩܫܝܥܬܐ 377 a, tora ܚܝܦܢܐ 123 a
castanea ܩܣܛܢܐ ܟܠܘܐ 38 b, ܩܣܛܢܐ 330 a
castellum ܩܨܪܐ 193 b, ܩܣܛܠܐ 323 b
castigatio ܡܪܕܘܬܐ 275 b
castigavit ܕܪܫ 153 a, ܪܕܐ 199 a, ܐܬܪܕܝ 252 b, ܪܕܐ 347 b, ܡܫܟ 372 b, pugnis ܪܓ 93 a, se c. ܐܬܬܪܝ 351 a, *pass.* ܐܬܕܠ 39 a
castor ܒܣܛܪ 62 b, ܩܣܛܘܪ 330 a
castra ܡܫܪܝܬܐ 107 a, ܩܣܛܪܐ 330 a, ܡܫܪܝܬܐ 387 b
castratus ܐܣܦܘܢܓܐ 5 b, ܓܕܝܐ 51 a, ܡܡܣܪܣܐ 82 b, ܡܣܪܣܐ 101 b
castravit ܣܪܣ 239 a, ܩܨܨ 280 a
castrensis ܩܣܛܪܢܣܐ 330 a
castus ܢܟܦܐ 47 b
casula ܦܝܠܘܢܐ 330 a, ܦܝܠܘܢܐ 366 a
casus ܢܦܠܬܐ 50 b, ܫܘܪܓܪܕܬܐ 93 a, ܦܓܥܬܐ 209 b, ܣܘܥܪܢܐ 262 a, ܦܬܘܡܛܐ 269 b, ܫܘܩܦܐ 310 b
cataracta ܩܛܪܩܛܐ 190 b, ܦܬܟܐ 208 b, ܫܦܘܥܐ 226 b, ܩܛܪܩܛܐ 320 b, ܩܛܪܩܛܐ 350 b
catarrhus ܟܘܪܙܐ 125 b, ܙܘܓܐ 342 a
catechesis ܩܛܝܟܝܣܝܣ 317 b
catechumenus ܫܡܘܥܐ 261 b, ܫܡܘܥܐ 380 a
categoria ܩܛܝܓܘܪܝܐ 317 a
catena ܫܫܠܬܐ 225 b, ܫܝܫܠܬܐ 309 b, ܫܫܠܬܐ 357 b, ܫܫܠܬܐ 362 b, ܫܫܠܬܐ 374 b, ferrea ܫܫܠܬܐ 285 b
catenula ܫܫܠܬܐ 396 b
caterva ܐܣܩܘܦܬܐ 20 a, ܟܢܫܐ 125 a, ܓܘܕܐ 145 a, ܟܢܘܫܬܐ 177 b, ܟܢܘܫܬܐ 225 a, ܟܢܘܫܝܐ 233 a, ܟܢܘܫܬܐ 236 a
cathari ܩܬܪܐ 343 b
catharticum ܡܕܟܝܢܐ 267 b
cathedra ܩܬܕܪܐ 343 a
cathisma ܩܬܝܣܡܐ 151 a
catholicus ܩܬܘܠܝܩܐ 343 a
catinus ܩܥܪܐ 32 b, ܦܝܢܟܐ 33 b, ܩܥܪܐ 160 b, ܦܝܢܟܐ 308 a, ܫܒܪ 351 a
catulus ܓܘܪܝܐ 61 a
cauda ܐܠܝܬܐ 11 a, ܕܘܢܒܐ 75 a, avium ܕܘܢܒܐ 376 a
caudam movit ܫܓܫ 124 a, ܐܬܓܠܓܠ 400 a
caulae ܛܝܪܬܐ 377 a
cauliculus ܩܢܝܐ 160 b
caulis ܩܢܝܐ 314 b, caulem emisit ܩܢܐ 160 b
caupo ܦܘܬܩܝܐ 117 a, ܩܦܝܠܐ 332 a
caupona ܦܘܬܩܐ 298 a
causa ܥܠܬܐ 68 b, ܥܠܬܐ 249 b, ܦܘܪܣܐ 388 b
causidicus ܣܘܢܝܓܘܪܐ 17 a, ܣ 226 a
cauterium ܟܘܝܐ 154 b
cautus ܙܗܝܪܐ 91 a
cavaedium ܕܪܬܐ 87 b
cavea ܦܛܝܪܬܐ 207 b, ܩܠܘܒܐ 322 b, ܩܦܣܐ 333 a
caverna ܢܩܥܐ 103 a, ܣܕܩܐ 111 b, ܢܩܥܐ 213 a, ܢܩܥܐ 259 b, ܚܪܐ 281 b
cavillatio ܡܓܚܟܢܘܬܐ 299 b
cavillavit ܥܫܩ 237 b
cavit ܐܙܕܗܪ 91 a, ܚܣ 105 a
cecĭdit ܢܦܠ 209 b, ܐܬܬܦܠ 287 b, (mare) ܪܕ 90 b
cecīdit ܓܕܡ 50 a, ܓܕܡ 56 b, ܡܚܐ 183 a, ܩܨܠ 279 a, ܩܨܨ 280 a, ܩܛܠ 281 a, ܩܛܠ 318 b, ܪܥܐ 355 a, pugnis ܠܟܡ 138 b, ܩܦܚ 331 b, *pass.* ܐܬܕܠ 39 a, ܐܬܢܩܫ 101 a
cecinit ܙܡܪ 96 a, ܢܓܕ 143 a, ܩܠܣ 175 b, cornu ܩܪܢ 335 b, fidibus ܢܩܫ 213 b
cedria ܩܛܪܢܐ 248 b
cedrus ܐܪܙܐ 26 b, ܩܕܪܘܣ 313 b
cedri fructus ܐܪܙܐ ܕܩܕܪܐ 289 b
celavit ܐܟܣܝ 79 b, ܛܫܐ 136 a, ܟܣܐ 155 a, ܛܡܫ 162 b
celeber ܡܫܡܗܐ 338 a
celebravit ܐܙܥܩ 92 a, ܩܠܣ 175 b, ܓܒܓܒ 245 b, ܩܠܣ 323 a, ܚܓܐ 338 a, *pass.* ܐܬܚܓܝ 363 b
celebritas ܛܒܢܘܬܐ 128 b
celer ܩܠܝܠܐ 106 b, ܩܠܝܠܐ 321 b,

adv. ܒܥܓܠܐܝܬ 124b, ܠܥܠܥܠ 175b, ܡܣܪܗܒܐܝܬ 233b, ܥܓܠ 243b
celeritas ܪܗܛܐ 93b, ܡܣܪܗܒܘܬܐ 124b, ܩܠܝܠܘܬܐ 348a
cella ܩܠܝܬܐ 62b, ܩܘܛܘܢܐ 165b, ܦܘܪܣܐ 285b, ܩܠܐ 320b, ܩܠܝܬܐ 323a
cellaria ܐܘܨܪܐ 25a, ܓܙܐ 180b
cellarius ܡܛܪܘܢ 324b
celtis ܡܫܡܫܐ 185a
census ܡܬܘܬܐ ܕܟܣܦܐ 163a, ܩܢܣܘܣ 329a
census est ܐܬܟܬܒ 388b
centaurium ܩܢܛܘܪܝܘܢ ܐܪܙܐ 356a
centenarium ܩܢܛܝܢܪܐ 328a
centipeda ܡܪܒܥܐ 200b
centrum ܩܢܛܪܐ 200b, ܩܢܛܪܘܢ 328a
centum ܡܐܐ 179a
centurio ܩܢܛܪܘܢܐ 328b
cepa ܒܨܠܐ 43b, ܒܨܠܐ 379b
cepit ܐܚܕ 20b, ܠܒܟ 52a, ܙܪ 93a, ܣܒ 102b, ܟܒܫ 153a, ܠܒܟ 171a, ܩܒܠ 183b, ܟܒܫ 244a, ܚܛܦ 259b, ܨܝܕ 296b, ܩܒܠ 331a, ܫܩܠ 363a, *pass.* ܐܬܬܚܕ 287b
cepula ܒܨܠܝܬܐ 162b
cera ܩܘܪܐ 141b, ܩܘܪܐ 242a, ܫܥܘܬܐ 382a
ceratio ܩܪܛܐ 380a
cerea ܩܪܝܘܢ 339a, candela ܩܪܝܘܢ 338b
ceratode oculi prominente laborans ܡܬܠܚܡܐ 129a
certonia ܚܪܘܒܐ 123a, siliqua ܩܪܛܐ 338a
cerebrum ܡܘܚܐ 182b, ܪܘܫܐ 350b
cerevisia ܙܘܬܐ 93a
certamen ܐܓܘܢܐ 3a, ܐܬܟܬܫܐ 30a, ܕܪܐ 77b, ܕܪܬܐ 79b,

ܚܪܝܢܐ 122b, ܟܬܫܐ 336a, ܐܬܟܬܫ 393a
certandi studium ܩܘܕܡܬܐ 314a
certatus est ܟܬܫ 40a, ܐܬܟܬܫ 61a, ܐܬܚܪܝ 130a, ܐܬܟܬܫ 193b
certavit ܐܬܚܒܛ 42b, ܟܬܫ 336b
certiorem fecit ܒܝܕܥ 144b, ܐܘܕܥ 313a, *pass.* ܐܬܝܕܥ 26b
certo ܒܫܪܪܐܝܬ 53b, ܒܚܬܝܬܐܝܬ 63a, ܡܚܬܝܬܐܝܬ 310b
certum fecit ܡܫܪܪ 276b
cerussa ܐܣܦܝܕܐܓ 13b, ܦܝܣܝܘܬܐ 279b, e stanno praeparata ܐܣܦܝܕܐܓ 19b, ܦ 234a
cervical ܡܫܝܕܐ 322b
cervices ܨܘܪܐ 292a, ܩܕܠܐ 312b, pars postica ܩܕܠܐ 331a
cervus ܐܝܠܐ 8b, damus ܝܚܡܘܪܐ 359a
cessatio ܒܛܠܐ 376b
cessavit ܒܛܠ 32b, ܫܠܐ 35b, ܫܠܐ 371b
cessit ܐܬܦܢܝ 75a, ܐܫܬܠܡ 92b, ܫܒܩ 254b, bene c. ܐܬܩܢ 169a, ܨܠܚ 303b
ceterach officinarum ܕܒܠܐ 75a
chalcanthus ܩܠܩܢܬܘܣ 159a, ܩ 324a
chalcedonius ܩܠܩܕܘܢܐ 339a
chaldaeus ܟܠܕܝܐ 158a
chalifa ܟܠܝܦܐ 159a
chalybs ܐܣܛܘܡܘܡܐ 18a, ܦܘܠܕ 38b, ܦܘܠܕ 273b, ܩܘܛܪܘܢ 365a, quo ignem excitant ܩܕܚܐ 190b
chamaeleon ܚܡܠܝܘܢ 159b, ܩܡܠܝܘܢ 390b
character ܚܬܡܐ 169b

characteristicus ܡܫܘܕܥܢܐ 149b
charta ܟܪܛܝܣ 153b, ܟܪܛܝܣܐ 165b, ܩ 338b
chartularius ܟܪܛܘܠܪܐ 158b, ܟܪ 165b
cheiranthus ܟܪܝܢ 165a
chelidonium majus ܟܠܝܕܘܢܝܘܢ ܪܒܐ 109a, ܡܡܝܪܢ 188b
cherub ܟܪܘܒܐ 164b
chiliarchus ܟܝܠܝܪܟܐ 158b
chimia ܟܝܡܝܐ 155a, ܟܝܡܝܐ 156b
chirographum ܟܬܒ ܐܝܕܐ 158a
chirurgus ܓܪܘܚܐ 257a
chlamys ܟܠܡܝܣ 158b
chlorosis ܝܪܩܢܐ 150a
chorda ܡܬܝܚܬܐ 189a, ܡܕܘܪܬܐ 309b, ܙܡܪܐ 359a
chorea ܪܩܕܐ 378b
chorepiscopus ܟܘܪܐܦܝܣܩܘܦܐ 156a
chorus ܟܘܪܐ 49b, ܓܘܕܐ 97a
chrisma ܡܘܪܘܢ 181b
christianus ܡܫܝܚܝܐ 167a, ܟܪܣܛܝܢܐ 196a, ܢܨܪܝܐ 211b
chronica (liber) ܟܪܘܢܝܩܐ 119b
chronicon ܟܪܘܢܝܩܘܢ 167a, ܡܟܬܒ ܙܒܢܐ 169b
chrysanthemum coronarium ܟܒ ܘܪܕܐ ܕܡܠܟܐ 88b, ܟܒ ܘܪܕܐ 249a
ciborium ܩܒܘܪܝܢ 311b
cibus ܐܟܠܐ 9b, ܡܐܟܘܠܬܐ 57a, ܡܐܟܘܠܬܐ 170b, ܡܐܟܘܠܬܐ 177b, ܡܐܟܘܠܬܐ 218b, ܡܐܟܘܠܬܐ 382b, acidus ܐܡܪܐ 14a, ܡܚܡܥܐ 236a, coctus ܡܒܫܠܬܐ 47a, lautus ܡܦܢܩܐ 268b, ܐܦܢܩܐ 278a, ܦܘܪܢܣܐ 291b, sorbilis ܡܬܓܡܥܢܐ 112a
cicatrix ܡܚܘܬܐ 331a, ܩܘܡܬܐ 369b
cicercula ܛܪܘܕܐ 124a

ciceres ܩܛܢܝܬܐ 115b, ܚܡܨܝܬܐ 123b, ܦܘܠܐ 338a
cichoreum ܥܘܠܬܐ 103b, ܡܪܝܪܬܐ 193a, intybus ܛܪܘܟܣܩܘܡ 134b, ܛܪܘܚܣ 140a
ciconia ܩܘܪܩܝܐ 122b
cicur ܒܝܬܝܐ 374a
cidaris ܟܝܕܪ 313b, ܟܘܒܥܐ ܕܪܝܫܐ 320b
cimeterium ܡܩܒܪܬܐ 202b, ܩܘܡܝܛܪܝܘܢ 325b
cimices ܦܫܦܫܐ 295b
cincinnus ܒܘܣܪܝܢܐ 50a, ܓܕܘܠܬܐ 301a, ܦܘܪܬܐ 333b
cinctio ܚܙܩܐ 153a
cinerea aqua ܡܝܐ ܕܩܛܡܐ 234b
cingulum ܐܣܪܐ 21a, ܗܡܝܢܐ 84a, ܙܢܪܐ 92b, ܙܪܙܐ 97a, ܚܙܩܐ 107a, ܚܨܪܐ 108a, ܚܙܩܐ 153a, ܟܪܣܬܐ 166b, ܟܪܡܐ 168a, ܟܡܪܐ 168b, ܡܐܙܪܐ 182b, ܦܘܕܐ 262a, ܦܣܩܬܐ 326a, ܚܨܪܐ 374b, latum ܦܣܩܝܬܐ ܪܘܝܚܬܐ 76a
cinis ܩܛܡܐ 272a, ܩܛܡܐ 318a, ܩܛܡܐ 356b, lixivia ܥܕܝܐ 328b, in cinerem resolutus est ܐܬܩܛܡ 271b
cinnabaris ܙܝܓܪܘܢ 97a, ܩܝܢܒܪܝܣ 327b
cinnamomum ܩܝܢܡܘܢ 324a, ܩܘܢܡܐ 329a
cinnamum ܩܢܡܘܢ 303b
cinxit ܐܣܪ 20b, ܚܙܩ 103a, ܚܙܩ 104a, ܚܕܪ 105a, ܚܨܪ 108a, ܐܬܚܙܩ 166a, ܬܚܡ 304b, se c. ܐܬܙܪܙ 97a, ܐܬܚܙܩ 153a
cippi ܩܘܠܪܐ 223b
circiter ܐܝܟ 21b, ܟܕܘ 72a
circuitus ܚܘܕܪܐ 166a
circulus ܓܝܓܠܐ 49a, ܚܘܕܪܐ 70b, ܚܘܕܪܐ 104a, ܚܘܕܪܐ 105a

circumcidit ܓܙܪ 53b
circumcisio ܓܙܘܪܬܐ 201a
circumdatus ܡܚܕܪ 192a, est ܐܬܚܕܪ 63a
circumdedit ܚܕܪ 104a, ܐܚܕܪ 166a
circumduxit ܐܚܕܪ 166a
circumfodit ܚܦܪ 60b
circumivit ܚܕܪ 35b, ܚܕܪ 105a, ܐܬܚܕܪ 166a
circumjacentia loca ܚܕܪܐ 104b
circumscripsit finibus ܬܚܡ 105a
circumtulit ܚܕܪ 295a
circumvagatus est ܛܫ, ܛܦ 131b, ܟܪܟ 165b, ܢܕ 201b, ܢܕ 265b, ܐܬܛܦܫ 314b, ܛܘܦܐ 316b
circumvallatus ܚܕܪ 166a
circumvectus est equo ܛܠܩ 131b
circumversio manus ܚܘܕܪܐ ܕܐܝܕܐ 277a
circus ܩܝܪܩܘܣ 341b, ܩܪܩܣܐ 348b
cirri ܩܘܨܘܬܐ 348b, in summo capite ܩܘܨܝܬܐ 267b
cista ܩܘܦܬܐ 24b, ܓܠܘܣܩܡܐ 56a, ܩܪܛܠܐ 285b, ܩܘܦܬܐ 303b, ܩܦܦܐ 309a, ܩܛܘܬܐ 311b, ܩܘܦܬܐ 346b
cisterna ܐܪܘܢܐ 1a, ܓܘܒܐ 60a, ܓܘܒܐ 300a, ܦܪܘܬܐ 309a
cithara ܟܢܪܐ 161a, ܩܝܬܪܐ 343b
citrus medica ܐܬܪܘܓܐ ܡܕܝܐ 108b, ܩܝܛܪܘܣ 290b, ܐܬܪܘܓܐ 320a, cedra ܩܛܪܐ 139b
clades ܡܚܘܬܐ 105a, ܬܒܪܐ 393a

clam ܒܛܘܫܝܐ 33a, ܡܛܫܝܐܝܬ 120a, ܒܛܘܫܝܐ 162a
clamans ܡܩܥܝܢܐ 314a
clamavit ܩܥܐ 31b, ܓܥܐ 60a, ܨܘܚ 97b, ܢܩܐ 200b, ܩܥܐ 245b, ܨܘܚ 300b, ܡܓܥܐ 330b, asinus ܢܗܩ 209a, (gallus) ܩܪܐ 316b, ܩܪܐ 335b
clamor ܓܥܬܐ 59a, ܐܘܝܐ 138b, ܩܥܬܐ 211b, ܩܐܐ 267b, ܩܥܬܐ 348a, ܩܥܬܐ 349a, tumultuosus ܐܘܡܕܐܝܣ 24b
clandestinus ܡܛܫܝܐ 120a
clangor ܓܥܬܐ 61b, ܩܥܬܐ 336a
claritas ܢܗܝܪܘܬܐ 75b
claruit ܐܬܢܗܪ 128b
clarus ܓܠܝܐ 62a, ܢܗܝܪܐ 128b, ܢܗܝܪܐ 201a, ܨܠܝܐ 302b, ܦܪܝܫܐ 338a, ܡܦܪܫܐ 370a, ܡܦܪܫܐ 377a, clara voce ܒܩܠܐ ܪܡܐ 124b, clarum fecit ܢܗܪ 215b, pass. ܢܗܪ 383a
claudus ܐܚܝܪܐ 1b, ܚܓܝܪܐ 53a, ܚܓܝܪܐ 103a, ܚܓܝܪܐ 103b, ܡܥܘܪܐ 333b
clausit ܐܚܕ 6b, ܣܟܪ 106b, ܐܬܚܕ 135b, ܛܡܫ 138a, ܐܚܕ 221a, ܣܟܪ 226b, ܣܓܪ 240a, ܣܟܪ 252b, pass. ܐܬܚܕ 52a, (auris) ܣܟܪ 369b
claustrum ܡܣܓܪܐ 60a, ܚܕܪܐ 158b, ܡܣܟܪܐ 162a, ܩܠܘܣܛܪܐ 264a, ܩܘܒܪܐ 322b, ܩܠܘܣܛܐ 332b, ܩܘܠܐ 370a
clausula ܩܠܘܙܐ 221b
clausus ܣܟܝܪܐ 295a
clava ܓܘܪܙܐ 44a, ܩܘܦܬܐ 98b, ܚܘܛܪܐ 182b, ܩܘܦܐ 285b
clavis ܩܠܝܕܐ 322b
clavulus ܡܣܡܪܐ 363b

clavus ܣܶܟܬܳܐ 225b, ܙܪܳܐ 307a, ܡܣܡܪܳܐ 332b

clemens ܚܢܳܢܳܐ 117a, ܡܪܰܚܡܳܢܳܐ 199b, fuit ܚܰܢܶܢ 118b

clementia ܚܢܳܢܽܘܬܳܐ 106b, ܚܢܳܢܳܐ 118a, ܚܢܳܢܽܘܬܳܐ 201b, clementiam consecutus est ܐܶܬܪܰܚܰܡ 251b

clerici ܩܠܺܝܪܺܝܩܶܐ 250a, ܒܢܰܝ ܩܠܺܝܪܳܐ 315a

clerus ܩܠܺܝܪܳܘܣ 324b

clima ܩܠܺܝܡܳܐ 101b, ܡܰܥܡܽܘܪܬܳܐ 323a

clitellae ܐܽܘܟܳܦܳܐ 10b, ܣܰܡܳܪܬܳܐ 242a

clitoris ܦܰܬܳܐ 157a

cloaca ܐܰܢܳܐ 14a, ܒܶܝܬ ܟܘܪܣܝܳܐ 39b, ܓܶܫܬܳܐ 57a, ܦܳܠܳܐ 320b

clysmus ܚܽܘܩܢܳܐ ܕܡܶܢ ܠܬܰܚܬ 210a

clyster ܡܚܩܢܳܐ 190b, ܚܽܘܩܢܳܐ 208b, ܩܶܠܝܳܐ 383b

cnidium ܩܢܺܝܕܺܝܳܐ 327b

coacervavit ܐܰܓܶܒ 19a, ܟܢܰܫ 138a, ܟܢܳܫܳܐ 234a, ܐܰܥܰܡ 300b, ܩܒܰܠ 331a

coactile ܠܒܳܕܬܳܐ 274b

coadunatio ܡܚܰܝܠܽܘܬܳܐ 310b

coagulativus ܐܰܣܽܘܪܳܐ 6b

coagulavit ܓܒܰܠ 48a, ܓܒܰܢ 48b, ܡܚܰܝܠܳܐ 190a, *pass.* ܐܶܬܓܒܶܢ 199a, *part.* ܩܦܺܝܐܳܐ 309b

coagulum ܡܰܩܦܝܳܢܳܐ 190a

coangustatus est ܥܩܰܬ 318a

coarctatus est ܐܳܠܶܨ 307b, ܐܶܬܐܠܶܨ 308b

coccum ܙܚܘܪܺܝܬܳܐ 93b

coccus tinctilis ܙܚܽܘܪܺܝܬܳܐ 308b

cochlea ܐܽܘܦܠܳܐ 22b, ܚܶܠܙܽܘܢܳܐ 112a, ܩܽܘܩܠܳܐ 321a

cochlear ܐܰܢܳܐ 28b, ܡܳܩܢܺܝܬܳܐ 64a, ܟܰܦܬܳܐ 135b, ܡܰܓܪܽܘܦܳܐ 140b, ܡܶܟܝܳܠܬܳܐ 190a, ܡܰܠܥܰܩܬܳܐ 321a, ܪܰܘܕܳܐ 402a

cocio ܡܰܟܽܘܪܳܐ? 165a

coctus (later) ܓܒܺܝܢܳܐ 366a

codex ܦܢܺܝܩܳܐ 71a, ܟܬܳܒܳܐ 182b, ܦܢܺܝܩܺܝܣ 312a, ܦܶܢܩܺܝܬܳܐ 364b

codicilli ܩܽܘܕܺܝܩܠܳܐ 313b

coegit ܐܰܠܶܨ 10b, ܐܰܓܰܪ 12b, ܥܨܳܐ 212a, ܐܰܩܛܶܪ 232a, ܚܰܒܶܨ 256b, ܩܛܰܪ 262b, ܩܛܺܝܪ 373a, *pass.* ܐܶܬܐܰܠܰܨ 16a, ܐܶܬܐܰܓܰܪ 124a, in ordinem ܛܰܟܶܣ 401b

coena ܚܫܳܡܺܝܬܳܐ 127a, ܚܫܳܡܺܝܬܳܐ 137b, ܥܰܫܳܝܬܳܐ 174b, ܡܰܥܪܒܳܐ 387b, collaticia ܡܰܫܪܽܘܬܳܐ 182a

coenatus est ܚܫܰܡ 177b

coenobium ܕܰܝܪܳܐ 69a, ܥܽܘܡܪܳܐ 253a, ܩܢܘܒܝܢ 327b

coepit ܫܰܪܺܝ 38a, ܐܰܩܶܦ 213b, ܫܪܳܐ 388b, ܐܶܬܛܠܺܝ 403b

coercuit ܟܠܳܐ 90b, ܟܒܰܫ 102a, ܟܒܰܫ 118b, ܚܰܢܶܩ 158a, ܣܟܰܪ 264a, ܟܠܳܐ 396b, ܐܶܚܶܕ 397a, *pass.* ܐܶܬܟܰܒܰܫ 262b, ܐܶܬܟܠܺܝ 304b, *part.* ܟܒܺܝܫܳܐ 7b

coeundi cupiditate flagrans ܚܡܺܝܡܳܐ 268a

cogitatio ܡܰܚܫܰܒ ܠܶܒܳܐ 224b, ܪܶܥܝܳܢܳܐ 357b, ܐܶܣܪܳܐ 393a, —nis lusus ܦܰܟܗܽܘܬܳܐ 280a

cogitatum ܪܶܥܝܳܢܳܐ 354b

cogitavit ܐܰܪܺܝܡ 78b, ܗܓܳܐ 80a, ܗܰܪܶܓ 81a, ܐܶܬܗܰܘܶܝ 82a, ܚܰܫܶܒ 84a, ܚܪܳܐ 87a, ܚܫܰܒ 107a, ܐܶܬܚܰܫܰܒ 111a, ܐܶܣܬܰܟܰܠ 127a, ܐܶܣܬܰܟܰܠ 226a, ܪܢܳܐ 356b, *pass.* ܐܶܬܪܢܺܝ 301a

cognatus ܐܰܚܢܳܐ 6b, ܐܰܚܳܐ 76b, ܚܰܝܠܳܢܳܐ 130b, ܩܰܪܺܝܒܳܐ 337a, factus est ܐܶܬܚܰܝܰܢ 110b

cognitor civitatis ܐܰܦܶܢܛܺܝܩܳܘܣ 2b

cognominatus est ܐܶܬܟܰܢܺܝ 73a

cognovit ܐܶܬܝܰܕܰܥ 36b, ܝܺܕܰܥ 110b, ܝܺܕܰܥ 144b, ܦܰܠܶܓ 292b

cohaeres ܒܰܪ ܝܳܪܬܽܘܬܳܐ 273a

cohaerens ܢܩܺܝܦܳܐ 213a

cohibuit ܟܠܳܐ 90b, ܟܒܰܫ 284b, *part. pass.* ܟܒܺܝܫܳܐ 99a

cohors ܛܰܓܡܳܐ 135a, ܠܶܓܝܳܘܢ 393a

cohortalis ܛܰܓܡܳܝܳܐ 133b

coitus ܙܽܘܘܳܓܳܐ 22b, ܡܶܬܚܰܠܛܳܐ 91b, ܡܶܬܩܰܪܒܳܢܽܘܬܳܐ 371a

colaphus ܩܽܘܠܰܦܳܐ 59b, ܠܽܘܛܡܳܐ 131b, ܩܽܘܦܳܐ 271b, ܩܽܘܠܰܦܳܐ 308b, ܩܽܘܠܦܳܐ 386a, —um duxit ܩܦܰܚ 337b

colchicum ܫܰܡܘܪܳܝܳܐ 115b, ܟܘܠܟܝܩܘܢ 177a, ܩܘܠܟܝܩܘܢ 239b

colica passio ܩܘܠܝܩܝ 314b

collapsus est ܐܶܬܡܰܣܰܝ 268b

collarium ܩܽܘܠܳܪܺܝܳܐ 321b

collatio ܫܽܘܬܳܦܳܐ 268a, ܩܽܘܡܠܳܐ 353a, lustralis ܟܪܽܘܣܳܪܓܽܘܪܳܐ 67a, ܟܪܽܘܣܳܪܓܺܝܪܳܘܢ 167b

collecta ܟܢܽܘܫܬܳܐ 355a

collectio nubium ܥܠܳܠܳܐ 253b, scriptorum ܡܚܰܡܫܬܳܐ ܐܶܬܟܢܫܽܘܬܳܐ 29b

collega ܥܰܡܰܢܳܐ 160b

collegit ܐܰܓܶܒ 19a, ܓܒܳܐ 43a, ܓܒܳܐ 48a, ܢܩܳܐ 103b, ܠܩܰܛ 115a, ܟܢܰܫ 161b, ܚܰܘܪ 178a, ܟܢܳܫܳܐ 195b, ܢܩܰܛ 208a, ܟܢܰܫ 234a, ܠܩܰܛ 272b, ܦܰܓܶܠ 314a, ܩܒܰܨ 319a, ܩܒܰܠ 331a, ܩܒܰܫ 332b, ligna ܡܶܢ 342a se ܟܢܰܫ 261a

colligavit ܪܒܰܛ 304b, ܙܰܪ 307a, ܩܛܰܪ 325a

collis ܓܶܒܥܬܳܐ 197a, ܪܳܡܬܳܐ 345b, ܪܳܡܬܳܐ 350a, ܬܠܳܐ 397b, ܐܽܘܪܒܳܐ 400a, arenae

ܡܪܡܩܢܝܬܐ 305a, magnus ad urbem expugnandam exstructus ܦܪܕܟܬܐ 154a, parvus ܫܢܘܦܪܐ 108b
collisit ܐܬܛܪܦ 139b
collocatio filiae ܡܟܘܪܝܐ 185b
collocavit ܐܘܬܒ 3a, ܐܩܝܡ 401b, in chorda ܙܩܦ 354b, in tuto ܐܚܣܢ 262b
collocutio ܐܬܡܠܠܘܬܐ 397b
collocutus est ܐܣܬܘܕ 221a, ܐܬܥܢܝ 254a, ܡܠܠ ܥܡ 379b
colloquium ܐܘܡܝܠܝܬܐ 14a, ܣܘܢܗܘܕܘܣ 231a
collum ܨܘܪܐ 301a, lagenae ܡܙܠܐ 312b
colluvies ܟܢܘܫܝܐ 260a
collyrium ܫܝܦܐ 370a
colocynthis ܦܩܘܥܐ 310b, ܩܛܐ ܫܘܠܐ 317b, amara ܦܩܘܥܬܐ 236a, —idis fructus ܦܩܘܥܐ 283b
colonia ܩܘܠܘܢܝܐ 323a
colophonium ܩܠܘܦܘܢܝܐ 324a
color ܓܘܢܐ 52a, ܨܒܥܐ 166b, ܨܒܥܐ 228b, ܙܘܥܐ 298b
colossus ܩܘܠܘܣܘܣ 323b
colostrum ܐܠܘܬܐ 11b, ܩܘܪܡܐ 342a, ܫܘܦܐ 372b
colum ܡܨܠܝܬܐ 303b
columna ܐܣܛܘܢܐ 17b, ܣ' 223b, ܐܣܛܘܢܐ 18a, ܐܣܛܘܢܐ 74b, ܥܡܘܕܐ 252a, ܟܪܐ 260b, ܩܡܛܐ 315a, (libri) ܓܘܪܐ 52b, ܦܠܓܘܬܐ 227a
colus ܦܘܠܐ 156a
comaris ܩܘܡܪܘܣ 326b
combussit ܐܘܩܕ 148b, ܦܝܠܛ 221b, *pass.* ܐܬܦܝܠܛ 322a, ܐܬܦܝܠܛܢ 371b, ܐܬܦܠܬܢ 372a
comedit ܐܟܠ 9b
comes ܚܒܪ 160b, ܣܘܥܪܐ 162a, ܢܩܦܬܐ 173a, ܩܘܡܝܣ 326a, *pl.* ܩܘܡܝܛܣ 325b

cometes ܟܘܟܒܐ 205b, ܟܘܡܬܐ 301a, ܩܘܡܝܛܝܣ 325b
comicus ܩܘܡܝܩܐ 326a
comis ܒܣܝܡܐ 41a, ܗܢܝܐ 105b
comitatus ܕܘܪܐ 66a, ܦܪܛܘܩܘܣ 286a, ܩܘܡܝܛܛܐ 325a, est ܠܘܐ 173a, ܐܠܘܝ 174a
comitissa ܩܘܡܝܛܝܣܐ 325b
commeatus ܐܦܢܝܐ 19b, ܙܘܕܐ 92a, ܬܚܘܡܝܬܐ 137b, ܡܢܬܐ 181b, ܙܘܕܐ 300b, ܛܪܘܦܐ 403b, quotidianus ܪܘܫܡܐ 351a
commemoratio ܥܘܗܕܢܐ 245a, ܐܢܢܐ 399b
commemoravit ܐܕܟܪ 72b
commendatitiae literae ܣܘܣܛܛܝܩܐ 232b
commendavit ܐܓܥܠ 60a
commentariensis ܩܘܡܝܛܪܝܣܐ 326a
commentarius ܦܘܫܩܐ 224b
commentum ܚܦܝܠܬܐ 111b
commentus est ܒܪܐ 32a, ܓܒܠ 48a, ܐܬܛܥܝ 133b, ܛܥܡ 174b, ܐܬܦܪܣ 289b, ܙܩܦ 354b, ܐܬܪܓܫ 357b
commercium ܐܦܘܬܘܩܣ 15a, ܫܘܩܠܐ 126b, ܡܣܒܐ ܘܡܬܠܐ 208a, ܣܘܢܛܘܣܐ 231a
commessatio ܙܡܪܐ 96a, ܫܘܚܠܐ 217a
commilitones ܒܢܝ ܦܠܚܐ 335b
comminuit ܕܩ 76b, ܦܬܬ 268b, ܦܪܟ 287a, *pass.* ܐܬܦܬܬ 296a
commisit ܐܫܠܡ ܐܘܫܛ 26b, ܐܓܥܠ 60a, ܗܝܡܢ 82b, ܫܕ 105a, diripiendum ܐܒܙ 34b, scelus ܥܒܕ 237a, se ܛܟܣ 129b, pass. ܐܬܛܟܣ 133b

commissarius ܦܩܝܕܐ 386b
commissura ܕܒܩܐ 65b, ܕܘܒܩܐ 66a
committere fecit ܐܥܒܕ 274a
commonefactio ܥܘܗܕܢܐ 245a
commonefecit ܕܟܝ 155a
commoratio ܡܥܡܪܐ 387a
commoratus est ܐܘܬܒ 7a, ܐܬܥܟܒ 83b
commotio ܙܘܥܐ 200a
commotus ܙܝܥܐ 358a
commovit ܙܝܥ 73a, ܕܠܚ 75b, ܐܩܝܡ 201b, ܢܙܥ 211b, ܐܙܝܥ 242a, ܡܙܐ 335b, ܐܘܥܕ 383a, ܥܘܠ 385a, se ܢܘܕ 197b, *pass.* ܐܬܪܓܫ 59a, ܐܬܕܠܚ 94b, ܐܬܢܟܣ 209b, ܐܬܙܝܥ 347a, ܐܬܙܘܥ 349b
communicatio ܫܘܬܦܘܬܐ 371a
communicatorie ܩܘܢܘܢܝܩܐܝܬ 362a
commune ܩܘܢܝܢܐ 161b
communio ܫܘܬܦܘܬܐ 208a
communis ܓܘܢܢܝܐ 51a
communitas ܫܘܬܦܘܬܐ 112a
commutatio ܫܘܚܠܦܐ 113a
commutavit ܫܚܠܦ 261b, inter se commutaverunt verba ܩܦܣܘ 85b
comoedus ܩܘܡܘܕܘܣ 324b
compactio ܪܨܦܐ 304b
compactus ܕܒܝܩܐ 99a, ܦܩܝܕܐ 386b
comparavit ܕܡܝ 74a, ܡܬܠ 196b, ܦܫܡ 268a, ܦܠܛ 272b
compedes ܩܘܡܦܕܝܣ 335a
compegit ܕܒܩ 65b
compendiaria via ܩܘܦܝܕܪܐ 332b
compensatio ܚܘܠܦܬܐ 113b
compes ܟܒܠܐ 219b
compitum ܦܠܓܘܬ ܐܘܪܚܬܐ 276b
complanavit ܫܘܝ 384a

completorium ܫܘܬܵܦܵܐ 241a
complevit ܫܰܠܶܡ 187a, *pass.* ܫܠܶܡ 377b
complexus ܫܘܼܟܵܠܵܐ 101b, ܩܛܝܼܪܵܐ 332a
complicavit ܟܪܰܟ 256a, ܓܰܕܶܠ 261a, ܓܕܰܠ 287b
compositio ܡܪܰܟܒܽܘܬܵܐ 310b
composuit ܣܝܼܡ 225a, ܪܰܟܶܒ 354b, ܚܢܰܛ 372b, mortuum ܓܢܰܙ 295a, ܩܒܰܪ 332b
compotatio ܡܶܫܬܝܳܐ 391a
comprehendit ܐܰܕܪܶܟ 206a, ܩܒܰܠ 309b
comprehensio ܡܰܕܪܟܳܢܘܼܬܐ 171b
compressio ܥܨܳܪܳܐ 257b, ܥܨܳܪܳܐ 345a
compressit ܙܰܒ 99a, ܐܶܬܚܒܶܫ 126b, ܚܒܰܫ 222b, ܥܨܰܪ 249b, *pass.* ܐܶܬܥܨܰܪ 78b
compressus ܐܶܥܨܝܼܪ 12b, ܩܡܝܼܛܳܐ 360a
compulit ܐܰܠܶܨ 10b, ܐܰܠܶܨ 12a, ܥܨܰܪ 262b
compulsio ܐܳܠܨܳܢܘܼܬܵܐ 396b
compunxit ܢܟܰܣ 212b
conatus ܢܶܨܚܳܢܳܐ 208a
concava superficies ܓܘܼܡܳܐ 163a
concavus ܓܘܼܡܳܢܳܝܳܐ ,ܡܓܰܡܰܡ 331b
concentus ܙܡܳܪܳܐ 96a, ܩܳܠܳܐ ib.b, ܙܡܳܪܳܐ 354b
concepit ܒܛܶܢ 36a, ܩܒܰܠ 101b, ܒܛܳܢܳܐ 259b
concessit ܐܰܪܦܝܼ ܥܒܰܕ 30b, ܐܰܪܦܝܼ 75a, ܐܰܦܣܶܩ 204a, ܐܰܪܦܝܼ 355a, ܐܰܦܣܶܩ 359a, ܫܰܒܶܩ 361a, ܐܶܦܣ 383a, spatium ܐܰܦܬܶܐ 200a
concha Veneris ܟܘܼܟܬܳܐ ܕܢܳܘܢܳܐ 177b
conchylium ܩܘܟܠܝܘܢ 321a
concidit ܩܰܨܶܨ 223b, ܦܣܰܩ 288a, ܦܣܰܩ 294b, ܩܛܰܥ 319a, ܦܪܰܡ 334a, membratim ܦܰܪܶܡ 81a, *pass.* ܐܶܬܦܰܣܰܩ 280b
conciliator nuptiarum ܡܦܰܣܶܩܳܐ 185b
conciliavit ܪܰܥܝܳܐ 355a
concilium ܟܢܘܼܫܝܳܐ 227b, ܣܘܢܗܕܘܣ 228b, ܟܢܘܼܫܬܳܐ 304b, ܡܘܬܒܳܐ 326b, ܥܶܕܬܳܐ 368a
concinnavit lexicon ܟܰܢܶܫ 176a, *pass.* ܐܶܬܟܰܢܰܫ 174b
concio ܟܪܘܼܙܘܼܬܳܐ 45b, lugubris ܡܪܳܕܘܼܬܳܐ 360a
concionatus est ܐܰܟܪܶܙ 165a, ܐܶܬܟܰܪܰܙ 402a
conclave ܟܘܼܢܳܐ 37a, ܬܰܘܳܢܳܐ 69b, ܟܘܼܒܳܐ 237b, ܐܶܣܛܘܳܐ 394b, rotundum ܩܘܒܬܳܐ 104b
conclusit ܣܓܰܪ 74a, ܣܟܰܪ 125a, ܟܠܳܐ 208a, ܚܒܰܫ 227a
conclusio ܫܘܼܠܳܡܳܐ 231b
concors ܐܰܘܝܳܐ 4b, ܫܘܝܳܐ 368a, ܫܘܝܳܐ 383a
concoxit ܒܫܶܠ 132a, ܦܫܰܪ 296a
concrevit ܐܶܬܩܪܶܫ 48b
concubina ܦܰܠܓܳܫܬܳܐ 78b, ܦܝܠܓܫܐ 253b, ܦܠܚܐ 276a
concubitus ܫܟܳܒܳܐ 91b
conculcavit ܕܳܫ 69b, ܕܪܰܟ 257a, ܕܫ 359b, *pass.* ܐܶܬܕܘܼܫ 191b
concupivit ܐܶܬܪܰܓܰܓ 127b
concurrit ܐܶܬܪܗܶܛ 389a
concursio ܐܳܪܥܘܼܬܳܐ 28a
concursus ܟܢܘܼܫܝܳܐ ܪܗܳܛܳܐ 368a
concussio ܙܘܼܥܳܐ 358b
concussit ܙܳܥ 42b, ܢܰܕܢܶܕ 111b, ܐܶܬܬܙܝܼܥ 130a, ܐܰܙܝܼܥ 201b, ܢܦܰܨ 210a, ܢܦܰܨ 213b, ܦܰܪܶܥ 282a, ܫܰܓܶܫ 341b, *pass.* ܐܶܬܙܝܼܥ 92b, ܐܶܬܢܰܕܢܰܕ 223a, ܐܶܬܙܝܼܥ 349b
condemnatio ܚܘܼܝܳܒܳܐ 105a
condensavit ܥܰܒܺܝ 319b
condidit ܐܰܣܶܣ 151b, ܒܪܳܐ 211a, ܒܢܳܐ 224a, ܬܰܩܶܢ 240b, ܬܰܩܶܢ 390b, ܐܰܬܩܶܢ 401b, *pass.* ܐܶܬܒܪܝܼ 115a, ܐܶܬܒܢܝܼ 133b
condimentum ܐܰܪܬܘܼܬܳܐ 24b, ܚܘܼܪܳܫܳܐ 153b
conditio ܦܰܩܳܕܬܳܐ 82b, ܐܢܘܣ 399b
condivit ܬܰܒܶܠ 117b, ܚܰܡܶܪ 180b
condonatio ܫܘܼܒܩܳܢܳܐ 164a
condonavit ܐܰܫܡܶܛ 115a, ܫܒܰܩ 118b, ܐܰܥܒܰܪ 243a, ܐܰܢܰܦܶܠ 361a, ܥܒܰܪ 364b
conduxit ܐܰܓܰܪ 3a, ܐܓܰܪ 88b
confabulatio inanis ܦܟܳܗܬܳܐ 235a
confabulatus est ܡܰܠܶܠ 221a, clam ܐܶܬܠܰܚܰܫ 350b
confecit ܓܡܰܪ 46b, ܫܰܠܶܡ 137a, *pass.* ܐܶܬܓܡܰܪ 38b, ܐܶܬܫܰܡܠܝܼ 294b, ܐܶܬܫܰܠܰܡ 331b, ܐܶܬܓܡܰܪ 337b
confectio ܥܒܳܕܳܐ 344b
confertus ܡܰܟܢܫܳܐ 217b
confessio ܗܘܡܘܠܘܓܝܐ 228b, fidei ܗܘܡܘܠܘܓܝܐ 13a
confessus est ܐܰܘܕܺܝ 144a
confidit ܐܶܬܬܟܶܠ 397a
confirmans ܡܫܰܪܪܳܢܳܐ 49a
confirmatio ܫܘܼܪܳܪܳܐ 110b, ܫܘܼܪܳܪܳܐ 390b
confirmavit ܫܰܪܰܪ 127b, ܚܰܝܶܠ 171a, ܚܰܝܶܒ 247a, ܩܰܝܶܡ 315b, *pass.* ܐܶܬܩܰܝܰܡ 127b, ܐܶܫܬܰܪܰܪ 386b
conflatio ܢܦܳܚܳܐ 308a
conflavit ܢܦܰܚ 371b
conflixit ܐܶܬܟܬܶܫ 388a

confortavit 49a
confregit 126a, 128b, 287b, 359b, 392b, *pass.* 70a, 181a, 334b, 357a
confricuit 123a
confrixit 322a
confudit 364a
confugio ad te 31b
confugit 52a, 138b
confusio 112a, 260a, mentis 299a
confusus est 33b, 394b, *part.* 38b, 95a
congelatus 171a
congelavit 55b
congiarium 327b
congius 155b
conglomeratus est 331a
conglutinatus est 65b
congregatio 304b
congregavit 161b, se 178a, *pass.* 115a, 147b, 173b, 300b, 314a, 372a
congruit 377b
conjecit in fugam 262b
conjugium 366b
conium 328b, maculatum 300a
conjunctim 51a, 161b
conjunctio 16a, 21a, 213a, 231a, 376a, —onem iniit 388a
conjunctus 392a
conjunxit 4b, 52a, 65b, 91b, 101a, 105b, 138a, 153b, 173b, 174a, 178b, se 102b, 116a, 173a, 250a, 304b, 368a, *pass.* 177b, *part.* 392a
conjuratio 4b, 193b
conjuravit 111a, 127a, 179a, 319b, 350b, 368a
conjux 44b, 371a
connexio 12b
connexuit 272a, 359b
conniventia 383a
conopeum 157b, 256b
conquestus est 309b
conquisitio 3a
conquisivit 274a
consaeptum 104b
consarcinavit 307b
consciens 45a
conscientia 392a
conscripsit 287a
conscriptio 169b
consecratio 224b
consecravit 118b, 124a, 313b, *pass.* 154a, 225a, 238b
consecutus est 78b
consedit 151a, 199b, 387a
consensit 4b, 298b, 377b
consentiens 379b
consenuit 38a, 216a, 263b
consequentia 25a
conseruit certamen 319b
conservatio 315b
conservavit 401b, *pass.* 205a
consideratio 126b, 254a
consideravit 64b, 111a
consignatio 361a
consignavit 26a
consiliarius 42b, 44b, 232a
consilium 24a, 110b, 188a, 224b, 283a, 357b, 403b, cepit 127a
consitus locus 211a
consolatus est 36b, 156a, 186b, 203b
consopivit 374b
conspersit 136a, 266b
conspicue 75b
conspissavit 319b
conspuit 359b
constans 13b, 106b, fuit 115a
constantia 240b, 315a
constat mihi 69a
constellatio 74a, 280b
constitit 229a, 319b, 368a, 386a, 387a
constituit 53b, 57b, 62b, 114a, 125a, 139a,

155a, 224b, 236b, 280a, 356b, *pass.* 172b, 207a, 326b, 334a
constitutio 315b
constitutum 88b
constrinxit 99a, 222b, *pass.* 110b, 238a
constructus status 213b
construxit 40a
consubstantialis 44b
consuetudo 126b, 213a, 254a
consuevit 243b, 380a
consuit 106a
consules 22a, 85a
consuluit 91a, 148a
consumens 148a
consumpsit 43b, 46b, 371b, *pass.* 375b
contabescere fecit 238b
contaminavit 216a, *pass.* 120a
contemnendus 92b, 114a
contemplatio 81a, 87a, 254a
contemplatus est 44a
contempsit 40b, 41b, 52a, 60b, 83a, 94b, 191a, 200a, 227a, 260b, 272b, 279b, 321b, 369a, 373a, *pass.* 185a
contemptio 306a, 322a
contendit 12b, 40a, 170b
contentio 130a, 170b, 336a
contentus 202a, 357b
contextus 261a
contexuit 173b
contigit 50b, 169a, 286b
contignatio 69b, 262a, plano pede 28a
continentia 106b, 119a, 318b, 394a
continuatio per gradus 78a
continuavit 388b, *pass.* 396b
continuit 6b, 102b, 203a, 309b, se 229b, *pass.* 259b
continuo 213a, 304b
continuus 13b
contorsit 258a, 295b, 297b
contortus 103a, 258b, 313b
contra 83a, 309b
contractura 50a
contradictio 15b
contraria 310b
contraxit 48b, 195b, 308b, 325a, 332b
contremuit 92b
contribilis 271b
contristatio 249a
contristatus 372b
contrivit 42b, 281a, 287a, 358a, 359b, 372b, 382b, *pass.* 268b
contudit 28b, 42b, 48a, 69a, 76b, 101a, 126a, 128b, 194b, 265b, 271b, 281a, 294a, 318b, 331b, 357a, 360b, 372b, 386a, *pass.* 42b, 287b, *part.* 63b
contulit 268a, se 88b
contumacia 124a
contumax 181b, 255a
contumelia 58b, 152b, 248b, 301b, 306a, 321b
contumeliosas voces emisit 281a
contusio 180b, 309b
conus 329a
convallis 50a
convaluit 377b
conveniens 90b, 174b, fuit 209b
convenit 88b, 96a, 314a, 377b
conventus 107a, 325a, 326b
convertit 85a, 107a, 277a, oculos 141b, se 64a, 113b, 381a, 394a, 404a
convexa coeli 163a, 379b
convexus 309a

conviciatus est ܓܕܦ 50a, ܚܣܕ 58b, ܐܬܚܣܕ 94b, ܨܥܪ 179a, ܐܨܥܪ 275b, ܫܐܛ 301b
convicium ܡܣܩܠܐ 322a, ܚܘܣܕܐ 375b, —iis ܡܚܣܕܐܝܬ 118a
conviva ܒܪ ܡܫܬܘܬܐ 69b, ܣܡܝܟܐ 104a, ܡܣܬܡܟܐ 124b
convivium ܡܫܬܝܐ 41a, ܚܠܐ 217b, ܡܫܬܝܐ 229a, ܩܘܒܠܐ 268b, ܡܫܬܘܬܐ 274a, ܐܩܪܝܬܐ 278a, ܫܘܒܚܐ 310a, ܫܪܘܬܐ 387b
convolvit ܟܪܟ 258a, *pass.* ܐܬܟܪܟ 331b, ܐܬܓܘܠ 348a
convolvulus ܠܘܒܝܐ, ܐܦܩܫܬܐ 24a, arvensis ܣܡܠܐ ܕܐܪܥܐ 102a, turpethum ܬܘܪܒܕ 139b
convulsio ܫܘܚܠܦܐ 329b
cophinus ܩܘܦܝܢܐ 162b
copia ܥܘܫܢܐ 208b, ܡܘܬܪܐ 242a, ܣܘܓܐܐ 260a, ܣܦܩܘܬܐ 295b, ܥܘܬܪܐ 361b, ܡܫܡܠܝܘܬܐ 384a
copiose ܒܣܘܓܐܐ 263b
copulavit ܙܘܓ 91b
coquus ܛܒܚܐ 180a
cor ܠܒܐ 170b
coram ܩܕܡ 249a, ܠܘܩܒܠ 267a
corbicula ܣܠܬܐ 329a
corbis ܟܠܟܬܐ 217a, ܛܠܐ 226b, ܩܘܦܝܢܐ 238a, ܣܠܐ 332b, ܩܦܦܐ 333a, ܩܛܪܐ 338b
corchorus olitorius ܡܠܘܚܝܐ 158b
corda ܡܝܬܪܐ 151b
cordia myxa ܡܘܟܝܛܐ 217b
coria ܓܠܕܐ 41b
coriarius ܕܒܘܓܐ 65a
coriandrum sativum ܟܘܣܒܪܬܐ 162b
corium ܓܠܕܐ 302b
cornix ܥܘܪܒܐ 54a, ܩܘܪܐ 340a
cornu ܩܪܢܐ 339b, —ibus egens ܩܪܢܢܐ 243a
corona ܟܠܝܠܐ 50a, ܬܓܐ 157b, ܥܛܪܐ 393a
corporeus ܓܘܫܡܢܐ 41b
corpus ܓܘܫܡܐ 8a, ܦܓܪܐ 64b, ܓܘܫܡܐ 128a, ܓܘܦܐ 228b, ܦܓܪܐ 265a, ܩܘܡܬܐ 315a
correctio ܬܘܪܨܐ 401b, ܬܘܪܨܐ 404b
correxit ܬܪܨ 94b, ܬܩܢ 155a
corroboravit ܚܝܠ 115a, ܚܝܠ 119b, ܬܩܦ 263a
corrosit ܟܣܣ 46b, ܩܪܡ 262a, *pass.* ܐܬܩܪܡ 359a
corrugatio ܩܡܛܐ 319b
corrugavit ܩܡܛ 325a, *pass.* ܐܬܩܡܛ 160a, ܐܬܩܡܛ 331b
corruit ܐܬܦܠ 403b
corrupit ܚܒܠ 3a, ܚܒܠ 38b, ܚܒܠ 101b, ܐܬܚܒܠ 137a, ܣܪܚ 238b, ܣܪܚ 371a, ܚܒܠ 371b, ܦܣܕ 389a, ܦܣܕ 390a, *pass.* ܐܬܚܒܠ 181a
corruptela ܚܒܠܘܬܐ 109b, ܚܘܒܠܐ 137a
cortex ܩܠܦܬܐ 52b, ܩܠܦܬܐ 324a, ܩܠܦܐ 377a, cedri ܩܠܦܐ 307b, coriarius ܩܠܦܐ 230a, viciarum ܩܠܦܐ 90a
cortina ܩܘܪܛܝܢܐ 338b
corvus ܥܘܪܒܐ 208b, ܥܘܪܒܐ 260a
corylus avellana ܒܠܘܛܐ 12a
cos ܐܒܢܐ ܕܫܢܢܐ 232b, ܫܢܢܐ 262b, ܫܢܝܢܐ 279a, ܫܢܢܐ 279b, ܡܫܢܐ 351a
costa ܐܠܥܐ 12a
costus speciosus ܩܘܣܛܘܣ 330a, ܩܘܣܛܐ 343a
coturnix ܣܠܘܝܐ 374b, *pl.* ܣܠܘܐ 227b
coxa ܚܨܐ 60a, ܩܘܦܣܬܐ 162a, ܚܨܐ 248a
coxit ܐܦܐ 21b, ܒܫܠ 47a, ܓܒܠ 130a, ܫܠܩ 378b, *pass.* ܐܬܦܐ 181a
crambe ܟܪܒܐ 161b
crapula ܪܘܝܘܬܐ 300a
cras ܡܚܪ 183a
crassus ܥܒܝܐ 134a, ܥܒܝܐ 242b, ܥܒܝܐ 243b
crates ܠܒܢܐ 133a, ܦܬܘܪܐ 313b
craticula ܐܣܟܪܐ 140a, ܡܛܓܢܐ 338b
creatio ܒܪܝܬܐ 401b
creatura ܒܪܝܬܐ 148a, ܒܪܝܬܐ 241a
creavit ܒܪܐ 45a, ܒܪܐ 48a, ܐܒܪܝ 81b, ܐܩܝܡ 155a, *pass.* ܐܬܒܪܝ 238b
credidit ܗܝܡܢ 82b, ܗܝܡܢ 218a, ܐܬܗܝܡܢ 387a
creditor ܡܪܐ ܚܘܒܐ 193a
cremavit ܝܩܕ 148b
cremia ܐܥܐ 7a
cremore privatum (lac) ܚܠܒܐ 141b
crepitans ܡܩܪܩܫ 138b
crepitus ܦܘܬܐ 107a, ܛܪܦܐ 314b, ventris ܦܘܬܐ 99a, ܦܘܬܐ 102a, ܦܬܐ 261a
crepuit ܬܪܩܠ 140a, ܐܬܦܩܥ 283b
crepundia ܛܘܚܒܐ 157b
crepusculum ܢܫܦܐ, ܪܡܫܐ 33ab
creta ܓܒܣܐ 129a, ܓܒܣܐ 338a
crevit ܪܒܐ 147b, ܐܬܪܒܝ 180b, ܐܬܪܒܝ 153a, ܪܒܐ 218b, ܪܒܐ 298a, ܫܓܐ 303b, laete ܐܬܦܪܥ 169a, ܥܐ 349a, luna ܐܬܡܠܝ 146b
cribravit ܢܦܐ 203b, ܢܦܐ 260ab, *part. pass.* ܢܦܝܐ 77a
crimen ܥܘܠܐ 43b, ܚܘܒܐ 105a, ܣܟܠܐ 233a

crinis ܣܥܪܬܐ 189a, ܣܥܪܐ 233b, *pl.* albi ܣܝܒܘܬܐ 216a, camelorum ܥܡܪܐ 42a, inguinis ܐܪܟܐ 6a, parvi ܣܥܪܐ 82a, plexi ܓܕܝܠܬܐ 50a
crisis ܒܘܚܪܢܐ 35b
crispus ܩܘܦܣܢܐ 258b
crista galli ܟܪܒܠܬܐ 164b
crocitatio ܪܢܝܬܐ 308a
crocitavit ܢܥܒ 200b
crocitus ܢܥܒܐ 212b
crocodilus ܬܢܝܢܐ 123b, ܬܢܝܢܐ 149b, ܥܠܝܠܐ 200b (cf. 4a), ܩܪܩܘܕܝܠܘܣ 337b, ܩܪܩܕܝܠܘܣ 341a, ܩܪܩܕܝܠܘܣ 399a
crocum Indicum ܟܘܪܟܡ 89a
crocus ܟܘܪܟܡܐ 150a, sativus ܟܘܪܟܡܐ 166b
crotala ܩܪܩܒܬܐ 34a
cruciatio ܫܢܕܐ 372b
cruciatus ܫܘܢܕܐ 118a, ܐܘܠܨܢܐ 130a, ܫܢܕܐ 170b
cruciavit ܫܢܕ 308a, ܫܢܕ 381b, ܫܢܕ 381b, *pass.* ܐܫܬܢܕ 381b
crucifixit ܨܠܒ 98b
crudelitas ܩܫܝܘܬܐ 124a, ܩܫܝܘܬܐ 287a
crudus ܬܝܢܐ 110a, ܚܝܐ 269b
cruentus ܡܕܡܝܐ 73b
cruribus distortis laborans ܟܪܝܥܐ 39a, ܡܟܪܥܐ 298a
crusta ܩܘܠܦܬܐ 390a
crustum panis ܦܬܘܬܐ 324b
crux ܙܩܝܦܐ 98b, ܨܠܝܒܐ 303b
crypta ܡܥܪܬܐ 111b
crystallus ܩܪܘܣܛܠܠܘܣ 340a, indicus ܒܠܘܪܐ 46a
cubicularius ܩܝܛܘܢܝܐ 311a
cubiculum ܐܕܪܘܢܐ 4a, ܩܝܛܘܢ 74b, ܩܝܛܘܢܐ 320b
cubile ܡܫܟܒܐ, ܡܫܟܒܐ 345b, ܡܫܟܒܐ 374b

cubitus ܐܡܬܐ 13a, ܐܡܬܐ 25a, ܐܪܟܘܒܬܐ 63a, ܟܘܪܥܐ 148a, ܟܘܪܥܐ 243b, ܦܘܬܐ 315a, quarta pars ܦܘܫܟܐ 98b
cubuit ܪܒܥ 58a
cucullus ܟܘܣܝܬܐ 54b, ܟܘܣܝܬܐ 162a, ܩܘܩܠܐ 311a, ܦܕܝܘܬܐ 341b, parvus ܩܘܩܠܝܘܢ 335a
cucumis ܩܛܘܬܐ 403b, melo ܩܛܝܬܐ 35b, ܩܪܐ 188b, ܦܩܘܥܐ 281b, Chate et sativus ܩܛܘܬܐ 317a
cucurbita chymica ܐܢܒܝܩܐ 13a, pepo ܩܪܐ 336b
cucurbitulae ܡܨܘܨܬܐ 162b
cucurrit ܪܗܛ 347b, ܪܗܛ 348a, ܪܗܛ 348b
culex ܒܩܐ 43b, ܒܩܐ 100b, ܒܩܐ 260a
culpa ܚܘܒܬܐ 105a
cultellus ܣܟܝܢܐ 55b
culter ܣܟܝܢܐ 2b, ܐܙܡܡܠ 10a, ܣܟܝܢܐ 53b, ܡܣܦܬܐ 226a, ܣܟܝܢܐ 378b, duarum acierum ܦܘܡܝܢ 79b, magnus ܣܦܣܪܐ 224a
cultor ܦܠܚܐ 219a, ܦܠܚܐ 274a
cum ܥܡ 32a, ܥܡ 153b, ܥܡ 251b
cumulavit ܟܢܫ 168a, ܟܢܫ 217b, ܨܒܬ 314b
cumulus ܓܘܪܐ 311a
cunctanter ܒܡܘܚܪܢܐ 204b
cunctatio ܡܘܚܪܢܐ 200a, ܡܘܚܪܢܐ 295a
cunctatus est ܐܘܚܪ 7a, ܐܬܘܚܪ 76a, ܐܘܚܪ 107a, ܐܬܘܚܪ 134a, ܐܘܚܪ 265a, ܐܘܚܪ 393b
cuneus ܣܦܝܢܬܐ 225b
cuniculus ܐܪܢܒܬܐ 122b, ܐܪܢܒܬܐ 212b, ܐܪܢܒܬܐ 276b
cupedia ܦܪܢܩܐ 162b

cupido ܪܓܬܐ 48b, ܪܓܬܐ 148b
cupidus ܪܓܝܓܐ 266b, ܪܓܝܓ 281b
cupivit ܐܬܪܓܪܓ 143a, ܐܬܪܓܪܓ 148a, ܐܬܪܓܪܓ 150b, ܪܓܒ 173a, ܪܓܝ 210b, ܪܓܐ 221a, ܐܬܪܓܝ 221b, ܪܓܐ 298a, ܪܓܐ 304b, ܪܓ 346a, ܐܬܪܓܝ 346b, ܪܓ 349a, ܐܬܪܓܝ 349a, ܐܬܪܓܝ 352b
cura ܒܛܝܠܘܬܐ 36a, ܒܛܝܠܘܬܐ 249a, ܝܨܦܐ 356b, —e mihi est ܝܨܦ ܠܝ 355a, —m habuit ܝܨܦ 221a
curator ܐܦܝܛܪܘܦܐ 22a, ܒܝܬ ܡܕܒܪܢܐ 172a, ܩܘܪܐܛܘܪ 338b
curavit ܐܣܝ 10b, ܐܣܝ 17a, ܐܣܐ 117a, ܝܨܦ 148b, ܕܒܪ 233a, ܐܬܒܛܠ 258a, ܝܨܦ 282b, ܝܨܦ 288b, ܝܨܦ 292a, non ܐܗܡܝ 84a
curculio ܩܠܡܐ 150b, ܩܠܡܐ 189a
curcuma longa ܟܘܪܟܡܐ ܐܪܝܟܐ 166a, 259a
curialis ܩܘܪܝܐܠܝܣ 133b
currus ܪܟܘܒܐ 91b, ܡܪܟܒܬܐ 243b, ܪܟܘܒܐ 354a
cursor ܪܗܛܐ 38b, ܪܗܛܐ 285b, ܪܗܛܐ 346b
cursus aquae ܡܪܕܝܬܐ 83b, ܡܪܕܝܬܐ 363b, equorum ܐܣܛܕܝܘܢ 23b, sideris ܪܗܛܐ 354a, sphaerarum ܪܗܛܐ ܕܓܠܓܠܐ 6b
curvavit ܟܦܦ 163a, ܟܦܦ 164a, *part. pass.* ܟܦܝܦ 46a, ܡܟܦܦܐ 309a
curvus ܟܦܝܦܐ 275a, ܡܟܦܦܐ 297b
curvitas ܟܦܝܦܘܬܐ 258a
cuscuta ܟܫܘܬܐ 168a

cuspis ܒܪܘܙܐ 207b, ܣܢܬܐ 380b
custodia ܢܛܘܪܘܬܐ 91a, ܡܛܪܬܐ 276a, ܣܘܟܬܐ 315b, ܩܕܡܝܬܐ 330a, regis ܡܛܪܬܐ 389b
custodivit ܢܛܪ 205a
custos ܢܛܘܪܐ 103a, arcis ܢܛܘܪܐ 69b, ecclesiae ܩܢܕܘܩܐ 288a
cutis ܓܠܕܐ 53b, ܡܫܟܐ 196a, capitis ܩܪܩܦܬܐ 157b, exuta ܡܫܠܚܬܐ 377a
cyaneus ܩܘܐܢܝܐ 326b, ܩܘܐܢܐ 329a
cyathus ܟܣܐ 204b
cyclaminus ܩܘܩܠܡܝܢܘܣ 335a
cyclus ܩܘܩܠܘܣ 335a
cycnus ܩܘܩܢܘܣ 335b
cylindrum ܐܣܛܘܢܐ 25a, ܓܠܝܠܐ 69b, ܡܓܢܕܪܐ 227b, ܡܕܪܐ 322b
cymbalum ܨܠܨܠܐ 305b, ܨܢܓܐ 307a
cyminum ܟܡܘܢܐ 160a, ܩܘܡܝܢܘܢ 325a
cynara carduncutus ܟܢܪܐ 249b
cynicus ܟܠܒܝܐ 158a, ܩܘܢܝܩܘܣ 329a
cynips ܒܩܬܐ 112b, ܡܓܢܐ 189a
cynodis Dactylon ܢܓܝܠܐ 143a
cynoglossum ܠܫܢ ܟܠܒܐ 166b
cynosorchis ܟܘܠܣܝܐ 59b
cypereus ܣܥܕܐ 219a
cyperus ܐܣܩܛܐ 94a, ܣܥܕܐ 233a, ܩܘܦܪܘܣ 333b
cypressus ܒܪܘܬܐ 47a, ܬܢܘܪܐ 403a, sempervirens ܩܘܦܪܣܐ 389a
aes *cyprium* ܩܘܦܪܝܢ 333b
cyprum ܩܘܦܪܐ 288b
cytinus hypocistis ܗܘܦܘܩܣܛܝܣ 142b

Dactylus ܐܨܒܥܐ 399a, immaturus ܒܠܚܐ 100a, siccus ܩܫܒܐ 342b
daemon ܫܐܕܐ 59a, ܕܝܘܐ 70b, ܕܝܘܐ 349a, ܠܝܠܝܬܐ 362a, hominem intrans ܥܘܕܐ 375a, nocturnus ܡܠܚܝܪܘܬܐ 328b
daemoniacus ܡܫܐܕܐ 170b
damnatio ܚܘܝܒܐ 317a
damnavit ܚܝܒ 105a, *pass.* ܐܬܚܝܒ 124a
damnum ܚܘܣܪܢܐ 101b, ܬܘܫܠܡܐ 119b, ܚܘܣܪܐ 206a, ܗܘܓܠܐ 219b, —o affecit ܐܙܝܩ 215b
daphne oleoides ܕܘܪܩܐ ܕܝܫܐ 79b, ܦܘܓܠܐ 94a, ܡܕܝܢܐ 182b
daricus ܕܪܝܩܐ 78b
daucus carota ܕܘܩܘܣ 125a, ejus radix ܣܘܣܒܝܠܐ 127b
de ܡܢ 188b, ܥܠ 250b
dea ܐܠܗܬܐ 11b
dealbavit ܚܘܪ 107b, ܠܒܢ 139a, ܡܫܚ 159a
debilior fuit ܡܟܟ 318a
debilis ܡܚܝܠܐ 11a, ܕܩܝܩܐ 43a, ܚܠܝܫܐ ܡܢ ܚܝܠܐ 63b, ܐܦܝܚܐ 67b, ܬܢܝܚܐ 105a, ܡܚܝܠܐ 114a, ܡܚܝܠܐ 183a, ܡܚܡܨܐ 195a, ܢܣܝܒܐ 203b, ܡܣܟܢܐ 207b, ܡܚܝܠܐ 214b, ܡܚܠܘܠܐ 227a, ܚܠܝܫܐ 238b, ܡܫܚܠܐ 267b, ܪܦܝܐ 354a, ܐܦܝܟܐ 395b, manus ܦܩܝܥܐ 294b
debilitas ܡܚܝܠܘܬܐ 383b
debilitavit ܚܠܫ 243a, ܡܚܠ 316a, ܡܚܝ 388a, *pass.* ܐܬܚܠܫ 38b, ܐܬܡܚܠ 226a, ܐܬܪܦܝ 358b, ܡܚܐ 371a
debitum ܚܘܒܐ 90b, ܚܘܒܬܐ 396b
debuit ܚܝܒ 105a.
decantatus est ܐܬܩܠܣ 254a
decanus ܕܩܢܘܣ 77a

decem ܥܣܪܐ 255a, milia ܪܒܘ 344a
december ܟܢܘܢ 160b
decempeda ܐܡܬܐ 25a
decens ܝܐܝܐ 213a, *adv.* ܒܛܟܣܐ 88b, ܡܫܚܠܦܐܝܬ 155b
decepit ܐܛܥܝ 58b, ܐܪܓ 94a, ܙܝܦ 99a, ܐܫܠܝ 106a, ܛܥܝ 206a, ܨܝܕ 363a, ܦܬܝ 386b, *pass.* ܐܬܛܥܝ 137a, ܐܬܦܬܝ 225b
deceptor ܪܡܘܝܐ 355b
decerpsit ܩܛܦ 319a
decessit ܫܢܐ 365b, vita ܫܢܐ ܡܢ ܚܝܐ 162a, ܢܦܩ ܡܢ ܥܠܡܐ 381a
decet ܝܐܐ 90b
decĭdit ܦܣܩ 218b
decīdit ܢܦܠ 53b, ܣܚܠ 101a, ܦܣܩ 280a, ܩܛܥ 318a, ܐܬܓܙܪ 362b
decisio ܦܘܣܩܢܐ 293a
deciso modo ܦܣܝܩܐܝܬ 63a
declaravit ܒܝܢ 36b, ܓܠܝ 56a, ܐܘܕܥ 169b, ܦܪܫ 295b
declivitas ܪܡܝܐ 354b, ܚܕܘܪܐ 383b
decoctum ܒܫܠܐ 89a
decollavit ܦܣܩ 341b
decorticavit ܩܠܦ 185a, ܩܠܦ 323b, *pass.* ܐܬܩܠܦ 332b
decorus ܦܐܝܐ 264a
decoxit ܒܫܠ 378b
decrepitus ܩܫܝܫܐ 330b
decrescentia lunae ܚܘܣܪܢܐ ܕܣܗܪܐ 264b
decrevit ܦܣܩ 53b, ܓܙܪ 127b, ܦܣܩ 280a, ܦܩܕ 292b, luna ܚܣܪ 51b
decubuit ܣܡܟ 46a
decuit ܝܐܐ 213a

decurio ܕܩܘܪܝܘܢ 77b, *pl.* ܕܩܘܪܝܘܢܐ 274b
decurtavit ܟܪܝ 164b
decus ܫܘܒܚܐ 88b, ܫܘܦܪܐ 173b, ܫܘܦܪܐ 236b
dedecus ܨܥܪܐ 33b, ܚܣܕܐ 97a
dedicatio (ecclesiae) ܚܘܕܬܐ 16b
dedicavit ܩܕܫ 245a
dedit ܐܘܫܛ 7a, ܝܗܒ 145a, ܝܗܒ 300b, ܐܫܠܡ 360b, ܫܟܢ 375a, nomen ܐܫܡܗ 238b, *pass.* ܐܬܝܗܒ 224b, se ܐܫܠܡ 30b, ܝܗܒ ܐܝܕܐ 144a, ܐܬܚܪܪ 355a
deditus ܡܫܠܡ 212a, est ܐܫܬܠܡ 378a
dedocuit ܣܠܦ 119a
deduxit ܕܒܪ 199a, ܐܚܬ 204a, ܢܚܬ 275b, ܐܚܬ 400b, *pass.* ܐܬܕܒܪ 173a
deerravit ܐܛܥܝ 267b
defaecatus est ܐܬܡܙܓ 371b
defecit ܚܣܪ 43b, ܚܣܪ 51b, ܚܣܪ 57b, ܚܣܪ 62b, ܙܠ 94b, ܐܬܢܣܒ 95a, ܣܦܩ 119b, ܐܫܬܠܡ 135a, ܐܘܚܪ 148a, ܣܦܩ 160a, ܦܣܩ 267b, ܐܬܦܣܩ 269b, ܦܣܩ 294b, ܦܠ 321b, ܐܬܡܚܣܪ 373a
defectio ܚܣܝܪܘܬܐ 113b, ܡܚܣܪܢܘܬܐ 352a
defectus ܚܘܣܪܢܐ 267b, animi ܡܚܝܠܘܬܐ 367a, lunae ܣܘܦܢܐ 120a, solis ܟܣܝܐ 2b, ܚܫܘܟܐ 25a
defensio ܦܘܪܩܢܐ 284b, fidei ܡܦܩܢ ܒܪܘܚ 276a
defervuit mare ܐܬܢܝܚ 282a
definitio ܬܚܘܡܐ 315b
definivit ܬܚܡ 221b, ܦܣܩ 236b, ܦܪܫ 333b, ܣܝܡ 338a, ܦܣܩ 380b, ܐܬܚܡ 395b

deflagratio ܝܩܕܢܘܬܐ 148b
deflavit ܢܦܚ 63b
deflevit ܒܟܐ 37b, ܐܘܠܝ 360a
deflexit ܨܠܝ 223a, ܣܛܐ 390a, *pass.* ܐܬܟܦܦ 103b, ܐܬܦܢܝ 389a
defluens ܪܕܝܐ 403b
defluere fecit ܐܪܕܝ 400b
defluxit ܢܦܠ 200b, ܪܕܐ 215b, ܐܬܢܫܪ 380a
defluxus fuit ܪܕ 359b
defodit ܛܡܪ 136a
deformatio ܣܢܝܘܬܐ 113b, ܥܘܠܐ 371b
deformatus ܡܣܪܩ 308b
deformavit ܐܣܪܩ 238b, ܣܢܐ 279a, *pass.* ܣܪܩ 375b
defraudatio ܒܙܘܙܬܐ 250b
defraudatus est ܐܬܛܠܡ 134b
defuit ܚܣܪ 269b
defunctus ܡܝܬܐ ܢܦܩ 201b, cf. Ettaf.
deglupsit ܩܠܦ 323b
deglutiendi difficultas ܥܣܩܘܬܐ 54b
dejecit ܣܚܦ 101a, ܐܚܬ 204b, ܫܕܐ 209b, ܐܪܡܝ 216a, ܣܚܦ 222b, ܢܚܬ 275b, ܦܟܪ 294b, ܐܪܡܝ 321b, ܫܕܐ 366b, ܥܩܪ 380a, *pass.* ܐܬܪܡܝ 243b
dejectio ܡܘܟܟܐ 22b
delapsus est ܐܬܪܡܝ 390a
delatio ܡܣܟܬܐ 191a, ܐܟܠ ܩܪܨܐ 307b
delatus est ܐܟܠ 331a
delectavit ܒܣܡ 278a, ܦܪܓ 284b, *pass.* ܐܬܒܣܡ 41a, ܐܬܒܣܡ 177a, ܐܬܒܣܡ 202a, ܐܬܦܪܓ 264b, ܐܬܦܪܓ 284b, ܐܬܦܪܓ 291b, ܪܓܐ 298a, ܐܬܪܓܝ 307b, ܐܬܪܓܪܓ 346a
delegit ܓܒܐ 48a
delevit ܥܒܕ 1b, ܚܛܦ 36a, ܥܛܦ, ܥܩܪ 57b, ܣܚܦ 122b,

ܐܫܠܡ 135a, ܐܪܡܝ 216a, ܡܚܐ 238b, ܐܒܕ 243a, ܟܠܐ 258b, ܦܠܓ 268b, ܥܩܡ 280a, ܦܣܩ 281a, ܦܝܣ 331b, ܡܚܐ 332a, ܦܪ 337a, ܦܫܛ 371b, ܡܚܐ 387a, ܡܚܐ 389a, *pass.* ܐܬܥܩܪ 63b, ܐܬܥܩܪ 164a, ܐܬܪܡܝ 241b
deliberavit ܐܬܡܠܟ 126a, ܐܬܡܠܟ 188a, ܐܬܚܫܒ 263b
delicata vita ܦܘܢܩܐ 278a
deliciae ܚܠܝܘܬܐ 47a, —iis usus est ܐܬܦܢܩ 269a
deligavit ad ancoras ܥܓܢ 217a
delineavit ܣܪܛ 239a, ܐܪܫܡ 361a
deliquit ܚܒ 105a
deliratus est ܚܠܡ 31b
delubra ܒܬ̈ܝ ܦܬܟܪܐ 58a
demanavit ܐܬܢܒܥ 197b
demens ܫܢܝܐ 32a
demensum ܡܫܘܚܬܐ 139a, ܦܪܢܣܐ 236b, ܦܣܬܐ 289a, ܡܢܬܐ 315a, ܡܫܚܐ 385b
demersit ܛܒܥ 129b, ܐܪܣ 394b, *pass.* ܐܬܛܒܥ 57a, ܚܒܝ 252a
deminuit ܒܨܪ 43b, ܙܥܪ 73a, ܐܒܨܪ 97b
deminutio ܚܘܣܪܢܐ 119b
demisit ܫܒܩ 363a, ܫܪܐ 366a, ܪܦܐ 367a, caput ܪܟܢ 304b, se ܐܬܪܟܢ 62a, ܪܡܐ 68b, ܐܬܡܟܟ 204a, ܫܕܐ 375a, *pass.* ܐܬܫܕܠ 389b, spes ܐܬܦܣܩ 271b, *part.* ܪܦܝ 362b
demissio animi ܡܟܝܟܘܬ ܪܘܚܐ 318b
demonstratio ܚܘܘܝܐ 44a, ܬܚܘܝܬܐ 285b, ܬܘܕܝܬܐ 386b
demonstrativus ܡܚܘܝܢܐ 355b
demonstravit ܚܘܝ 106a,

ܐܬܚܫܛ 107a, ܐܬܚܙܠ 197a, —re studuit ܦܩܦܩ 234b
dempsit ܐܬܚܠܠ 204b, ܐܬܪܫܡ 350a, sal ܐܬܦܓܣ 271b
denarius ܙܘܙܐ 75b
denegavit praemium ܟܠܐ 134b
denigravit ܟܡܫ 372a, *pass.* ܐܬܟܡܪ 9b
denique ܘܠܒܣܘܦ ܐܦ 57b
denominatio ܫܘܡܗܐ ܫܡܐ 208a
dens ܟܟܐ 57a, ܫܢܐ 205b, ܟܟܐ 380b, molaris ܟܟܐ 262b, serpentis ܙܘܥܬܐ 305b
densa arborum ܫܪܬܐ ܘܡܬܒܐ 118b, ܥܒܝܐ 241a, ܟܦܬܐ 245b
densatio ܥܒܝܘܬܐ 308b
densavit ܥܒܐ 190a, *pass.* ܥܒܐ 331a
densus ܚܫܝܠܐ 7b, ܣܓܝܐ 102a, ܠܒܝܟܐ 171a, ܥܒܝܐ 242a, ܥܒܐ 309b, ܪܨܝܦ 359b, fuit ܐܬܚܫܡ 114b
dentiscalpium ܣܘܟܐ 121a
denudavit ܓܠܐ 43b, ܓܠܠ 261a, ܦܪܥ 290a, ܐܬܚܠܨ 377a, caput ܦܪܥ 291a, *pass.* ܐܬܓܠܝ 55a
denuntiatio ܡܫܕܪܢܘܬܐ 228b, ܡܘܕܥܢܘܬܐ 288b, —nem misit ܦܪܣܡ 284b
denuntiavit ܡܕܪܫ 191a
denuo ܬܘܒ ܐܢܬ 104b, ܡܢ ܪܫ 353b
deorsum ܠܬܚܬ 396a
dependentiae ܬܠܝܬܐ 213a
deploravit ܓܥܐ 37b, *pass.* ܐܬܒܟܝ 11a
depositum ܓܘܚܕܐ 60a, ܦܘܩܕܢܐ 294b, ܓܢܙܐ 348b, ܓܢܙܐ 375a
depraedatio ܒܙܬܐ 54a

depravans ܡܚܒܠܐ 31a
depravatio ܚܘܒܠܐ 261a
deprecator ܒܥܘܝܐ 42a, ܡܦܝܣܢܐ 230b
deprehendit ܐܕܪܟ 78b, *pass.* ܐܬܬܚܕ 7a, ܐܬܕܪܟ 302b
depressio ܡܟܝܟܘܬܐ 185a
depressit ܟܒܫ 253a, ܕܪܟ 345b
depressus humi ܡܬܟܬܫܐ 129b, locus ܒܝܬ ܓܒܐ 199b
depsuit ܓܒܠ 261a, ܠܫ 266b
depulit ܕܚܐ 70a, ܐܬܕܚܩ 144a, ܐܦܩ 168a
depulsio ܕܘܚܝܐ 93b
derasit ܓܪܕ 62a
derisio ܓܘܚܟܐ 59a
derisit ܓܚܟ 54a, ܡܝܩ 181b, ܒܙܚ 299b
derivatio ܡܫܬܩܠܢܘܬܐ 385b
derivativum ܫܡܐ ܕܡܫܬܩܠ 29b
derivatus ܡܫܬܩܠܐ 197a, est ܐܬܦܫܩ 239b, forma derivata ܦܘܫܩܐ 291a
descendit ܢܚܬ 68b, ܢܚܬ 204a, ܢܚܬ 365b, ܢܚܬ 394b
descivit ܐܬܦܪܫ 267a, ܐܬܦܪܩ 209b
descripsit ܟܬܒ 178b, *pass.* ܐܬܪܫܡ 149a
descriptio ܡܟܬܒܢܘܬܐ 237b, ܦܘܪܣܐ 265a
desectio ܦܘܣܩܐ 53b, telae ܡܩܦ ܩܢܝܐ 49b
desertum ܐܦܩܘܪܐ 29a, ܚܘܪܒܐ 66a, ܚܘܪܒܐ 122b, ܚܪܒܐ 260a, ܡܕܒܪܐ 395a
desertus ܥܙܝܠ 367a, fuit ܚܪܒ 299b
desideravit ܪܓ 93a, ܐܬܪܓܝ 117a, ܐܬܪܓܪܓ 143a, ܚܡܕ 217a, ܚܡܕ 282b, ܪܓܢ 351a,

ܐܬܪܓܪܓ 372a, *part.* ܡܬܪܓܪܓܐ 221b
desiderio affectus est ܐܬܪܓܪܓ 39b
designatio ܪܘܫܡܐ 336a
designavit ܪܫܡ 249a, *pass.* ܐܬܪܫܡ 238b
desiit ܫܠܐ 32b, ܒܛܠ 34a, ܫܠܐ 35b, ܫܠܐ 157b, ܥܠܠ 179a, ܦܣܩ 201b, ܦܣܩ 258a, ܩܠ 266a, ܐܫܬܠܝ 267b, ܫܠܐ 269b, ܫܠܐ 318b, ܥܒܪ 376a
desipuit ܐܫܬܛܝ 373b
desistens ܫܠܐ 35b
desolata est terra ܚܪܒ 34a
desolatio ܚܘܪܒܐ 122b, ܨܕܝܘܬܐ 299b
desperans ܡܦܣܩ ܣܒܪܐ 298a, ܡܬܦܣܩ 319a
desperatio ܦܣܩܘܬ ܣܒܪܐ 36b
desperavit ܐܬܦܣܩ 146a, ܦܣܩ ܣܒܪܐ 280a
despexit ܫܛ 40b, ܫܛ 41b, ܐܫܬܛ 83a, ܒܣܪ 94b, ܒܙܚ 97b, ܐܫܬܛ 373b
despondit ܡܟܪ 185b
destillativus ܢܛܘܦܐ 215b
destillavit ܐܛܦ 228a, ܐܬܪܣܡ 350a, ܪܣܡ 357a
destinatus ܥܬܝܕܐ 96a, est ܐܬܥܬܕ 129b
destitit ܒܛܠ 34a, ܓܙ 43b, ܐܬܦܣܩ 84a, ܦܣܩ 85a, ܐܬܕܚܩ 144a, ܫܠ 156a, ܦܣܩ 167a, ܥܠܠ 179a, ܦܣ 267b, ܫܠܐ 269b, ܐܬܬܢܝܚ 393b, ܢܚ 396b
destitutus ܡܣܬܪܩ 44b
destructio ܡܬܦܟܢܘܬܐ 135a
destructor ܦܪܘܥܐ 387b
destruens ܡܦܘܩܣ 148a
desudavit ܦܣ 267b
determinatio ܬܚܘܡܐ 334a
determinatus ܡܬܚܡܢܐ 395b
determinavit ܣܝܡ 125a

108a, ܦܪܫ 220a, ܦܠܓ 269a, ܦܪܩ 293a
discidit ܒܙܥ 35a, ܚܠܩ 125b, ܦܣܩ 238b, ܦܠܓ 286a, ܦܪܡ 288a, ܪܓܡ 304a, ܪܙܐ 307b, ܫܪܛ 311b, *pass.* ܐܬܦܠܓ 239a
discidium ܟܬܒܐ ܕܫܘܒܩܢܐ 73a
disciplina ܕܘܪܫܐ 66b, ܪܕܘܬܐ 347b
discipulus ܐܣܟܘܠܝܐ 19a, ܬܠܡܝܕܐ 146a, ܝܠܘܦܐ 176b
discissio ܒܙܘܥܐ 49b
discordia ܦܠܓܘܬ ܬܪܥܝܬܐ 220a
discordes reddidit ܦܠܓ 272b
discrevit ܒܪܐ 68b, ܦܪܫ 215b, ܦܪܫ 292b
discrimen ܫܘܚܠܦܐ 113b
discussit ܐܬܦܨܝ 255a, ܦܨܐ 279b
se disjunxit ܐܬܦܪܫ 146a
dispersio ܒܘܕܪܐ 135a
dispersit ܒܕܪ 32a, ܒܕܪ 32b, ܒܙܥ 35a, ܕܪܐ 77b, ܙܪܥ 100b, ܦܙܪ 273b, ܦܪܫ 332b, se ܐܬܒܕܪ 285a, *pass.* ܐܬܒܕܪ 56b
displicuit ܒܐܫ 31a
dispositio ܕܝܘܩܣܝܣ 71a, ܕܝܐܬܝܩܣ 72a
disposuit ܣܕܪ 128b, ܛܟܣ 135b, ܦܪܣ 220a, ܨܒܬ 224b, ܩܛܣ 318b, gradatim ܕܪܓ 78a, laqueos ܦܚܐ 303a, separatim ܦܪܫ 285a
disputatio ܕܪܫܐ 28a, ܕܘܪܫܐ 42a, ܡܕܪܫܐ 237b
disputavit ܕܪܫ 79b, ܕܪܫ 86b
disquisitio ܒܘܨܝܐ 42a
disruptus est ܐܬܒܙܥ 35a, ܐܬܦܣܩ 280a, ܦܣܩ 298a, ܐܬܪܙܐ 403b

dissecuit ܢܣܪ 208b, ܦܠܓ 223b, ܦܣܩ 294b
disseminavit ܐܦܣܝܢ 286a
dissensit ܐܬܦܠܓ 220a
dissimulatores ܐܝܪܘܢܐ ܢܩܫܐ 402b
dissimulavit ܐܝܪܘܢܝ 94a, ܐܬܚܫܚ 113b, ܐܬܚܠܦ 365b, ܢܣܒ ܒܐܦܐ 381a
dissipavit ܒܕܪ 32b, ܙܪܥ 100b, ܚܠܚܠ 250b, ܦܙܪ 287a, ܦܪܦܣ 287b, ܦܬܟ 371b
dissolutio ܫܪܝܐ 387b
dissolvit ܐܦܠܓ 270a, capillos ܦܪܥ 291a, se ܐܬܦܪܥ 296a, *pass.* ܐܬܫܪܝ 402b, *part.* ܡܫܪܝܐ 222b
distantia ܚܒܝܠܐ 244a, ܦܘܪܩܢܐ 292a, ܪܘܚܩܐ 352a
distendit ܦܫܛ 294b
distensio ܦܘܫܛܐ 255a
distentum (os) ܦܚܐ 281b
distincte ܡܦܪܫܐܝܬ 379a
distinctio ܦܘܪܫܢܐ 293a
distinxit ܣܝܡ 123b, ܐܦܪܫ 228a
distorsit ܥܩܡ 258a, oculos ܐܥܩܡ 95b
distortio ܥܩܡܘܬܐ 85b
distractio ܬܘܠܓܐ 215b
distractus est ܐܬܡܫܟ 311b
distrinxit ܫܡܛ 379a
distulit ܫܘܚܪ 7b, ܐܬܡܢܥ 207a, ܐܘܚܪ 393b
diu ܡܢ ܙܒܢܐ ܣܓܝܐܐ 196b
diurnus ܐܝܡܡܝܐ 147a
diutius ܝܬܝܪ 83a
diuturnus fuit ܢܓܪ 199b
divellit ܫܪܫ 191b, ܫܪܛ 194b
diversus ܫܢܝܢܐ 96b, ܡܫܚܠܦܐ 113b, ܡܫܚܠܦ 365b, fuit ܐܬܡܢܥ 207a, ܦܪܫ 292b
dives ܥܬܝܪܐ 154a, ܥܬܝܪܐ 169a,

ܥܬܝܪܐ 263b; —item fecit ܐܥܬܪ 361b
dividuus ܦܠܝܓܐ 53a
divinatio ܩܘܣܡܐ 94b, ܡܕܢܚܝܘܬܐ 189b, e pateris [illegible] 278b
divinavit ܩܣܡ 158a
divinus ܐܠܗܝܐ 11b
divisit ܦܠܓ 192a, ܦܠܓ 272b, ܦܪܫ 288b, ܦܪܩ 289a, ܦܠܓ 294b
divitiae ܥܘܬܪܐ 98b, ܩܢܝܢܐ 188b, ܢܟܣܐ 206b, ܥܘܬܪܐ 256a
divortium ܫܘܒܩܢܐ 73a
divulgavit ܦܪܣܝ 286a, ܦܪܣ 388b, se ܐܬܦܪܣܝ 202a
dixit ܐܡܪ 14a, ܡܠܠ 176a, ܐܡܪ 399b, causam ܐܦܘܠܘܓܝܐ 71b, *pass.* ܐܬܐܡܪ 186b
docilis ܡܬܕܪܫ 153b
doctor ܪܒܐ 344a
doctrina ܝܘܠܦܢܐ 67a, ܡܠܦܢܘܬܐ 146b, ܡܪܕܘܬܐ 235b, ܪܕܘܬܐ 347b
docuit ܐܠܦ 12a, ܕܪܫ 36b, ܚܟܡ 111a, ܐܘܕܥ 145a, ܐܠܦ 176b, ܡܠܦ 191a, ܣܟܠ 225b, *part. pass.* ܡܠܦܐ 235a
documenta ܕܘܟܘܡܢܛܐ 71b
dodecasyllabon metrum ܐܒܪܝܣܝ 27a, [illegible] 150b
dolabra ܚܨܝܢܐ 53b, ܢܪܓܐ 121a, ܩܘܠܒܐ 276a
dolichus ܕܘܠܝܟܐ 171a
dolium ܕܢܐ 108a, ܩܘܦܐ 163b, fictile ܟܕܢܐ 172a, *pl.* ܚܒܝܬܐ 47b
dolor ܟܐܒܐ 126a, ܚܫܘܬܐ 164b, ܡܚܘܫܐ 191b, ܬܘܢܚܐ 207a, ܟܪܝܘܬܐ 246b, ܡܫܬܥܠܝܘܬܐ 369b,

oculi ܕܥܝܢܐ 67a, partus ܡܚܠܐ 101b
dolosus ܢܟܘܠܬܢܐ 61b
doluit ܐܬܟܐܒ ܠܗ 31a, ܐܬܚܫܫ 59a, ܚܫ ܠܗ 117a, ܟܐܒ 152a, ܡܪܥ ܠܗ 192b
dolus ܐܨܛܢܥܘܬܐ 24a, ܢܟܠܐ 123b, ܢܟܝܠܘܬܐ 130a, ܢܟܠܐ 133b, ܡܚܛܝܢܘܬܐ ܒܝܫܬܐ 255a, ܡܫܩܠܢܘܬܐ 257b, ܡܥܒܕܢܘܬܐ 258b, ܕܘܒܠܐ 305b, ܨܢܥܬܐ 337b
domesticus ܒܝܬܝܐ 37b, ܕܘܡܣܛܝܩܘܣ 71a, ܒܢܝ ܒܝܬܐ 253b
domicilium ܐܘܢܐ 5a, ܕܝܪܐ 69a, ܡܟܠܐ 151a, ܒܝܬ ܡܫܪܝܐ ܕܝܪܬܐ 229a, ܥܡܘܪܐ 253b, ܡܥܡܪܐ 375a, ܡܫܪܝܐ 387b
dominans ܪܕܝܐ 99b
dominatio ܡܪܘܬܐ 354a
dominatus est ܫܠܛ 188a, ܐܬܡܪܪ 344b, ܫܠܛ 377a
dominus ܒܥܠܐ 42b, ܡܪܐ 154b, ܡܪܝܐ 193a, ܡܪܘܬܐ 282b
domuit ܟܒܫ 135b, ܡܟܟ 153a, ܪܕܐ 345b, ܫܥܒܕ 373a, ܐܠܦ 396b
domus ܒܝܬܐ 37a, ܕܝܪܐ 69a, ܕܘܡܘܣ 74b, ܡܫܟܢܐ 183b
donativa ܕܘܢܐܬܝܒܐ 3b, ܕܘܢܐܛܝܒܐ 75b
donavit ܕܒܚ 89a, ܘܗܒ 92b, ܝܗܒ 149a, ܦܪܣ 261b, ܫܟܢ 375a
donum ܕܫܢܐ 79b, ܡܘܗܒܬܐ 145a, ܢܣܒܬܐ 201b, ܩܘܪܒܢܐ 336b, ܫܘܟܢܐ 360b, *pl.* sponsi ܡܗܪܐ 366b, —o dedit ܐܫܟܢ 53b
dormivit ܕܡܟ 74b, ܢܡ 202a, ܫܢܬ 374b, graviter ܕܡܟ ܫܢܬܐ 129b, ܐܬܚܬܡ ܫܢܬܐ 253a

dorsum manus ܦܣܬܐ 276b
dos ܦܪܢܐ 89b, ܡܘܗܒܬܐ 181a, ܦܪܢܐ 288b
doxologia ܬܫܒܘܚܬܐ ܕܢܘܓܪܐ 186a
dracaena draco ܕܡܐ ܕܬܪܝܢ ܐܚܐ 228b
drachma ܕܪܟܡܘܢ 78b, ܙܘܙܐ 92a, ܡܚܠܐ 227b
draco ܬܢܝܢܐ ܐܬܠܝܐ 30a (sidus), ܕܪܩܘܢ 79a, ܬܢܝܢܐ 399b
dracunculus vulgaris ܩܘܠܘܩܣܝܐ 270b
dramata ܕܪܡܛܐ 78b
dromas camelus ܕܪܘܡܣ 38a
dromedarius ܓܡܠܐ ܪܗܘܛܐ 80b
dubitavit ܐܬܦܠܓ 273a, ܐܬܦܠܓ 294a, ܐܬܥܪܩ 295a
ducenti ܡܐܬܝܢ 179a
ductus ܡܕܒܪܢܘܬܐ 239a
dulciarii genus ܟܠܘܪܒ 95a, ܚܠܝܐ 164a
dulcis ܚܠܝܐ 41a, ܚܠܝܐ 112b
dum ܥܕܡܐ ܕ 159a
duo ܬܪܝܢ 402b, —decim ܬܪܥܣܪ 403b
duplex ܥܦܝܦܐ 246b, ܥܦܝܦܐ 256a, ܬܐܘܡܐ 392a, ܬܪܝܢܐ 397b, *adv.* ܬܢܝܢܘܬ 127b
duplicavit ܐܥܦ 21a
duplicitas ܦܠܝܓܘܬܐ 273a
duplum ܚܕ ܬܪܝܢ 103b
duratio aeris ܡܟܝܠܬܐ ܕܐܐܪ 368b
duravit ܟܪܣ 76a, ܐܬܡܫܚ 196b, ܩܘܝ 199b, ܦܪܥ 262b, ܐܬܩܝܡ 315b
dure pronuntiavit literam ܩܫܐ 129b
duriter ܩܫܝܐܝܬ 248a
duritas ܩܫܝܘܬܐ 243b
duritia ܩܫܝܘܬܐ 70b
durus ܩܫܝܐ 106b, ܩܫܝܐ 108a,

ܦܪܗܣܐ 340a, ܩܫܝܐ 342b, ܩܫܝܘܬܐ 373a
dux ܐܣܛܪܛܝܓܐ 17b, ܕܘܟܣ 72b, ܗܓܡܘܢܐ 80b, ܡܕܒܪܢܐ 199a, ܡܕܒܪܢܐ 224a, ܪܫܐ 250a, ܦܪܘܫܐ 282b, ܪܫܐ 353b
duxit ܕܒܪ 66a, ܗܕܝ 81a, ܐܬܢܓܕ 143a, ܢܓܕ 150b, ܢܓܕ 203a, ܢܓܕ 364a, aes ܢܓܕ 363b, lineam ܣܪܛ 125a, in matrimonium ܐܬܢܣܒ 151a, ܢܣܒ ܐܢܬܬܐ 208a, ܢܓܕ ܫܘܩܐ 385a, *pass.* sulcus ܐܬܢܓܕ 220a
dyspnoea ܥܘܩܢܐ 118a

Ea ܗܐ 82b, *pl.* ܗܠܝܢ 84b
ebenum ܐܒܢܘܣ 2a
ebrius ܡܪܘܝܐ 116a, ܪܘܝܐ 349b, —um fecit ܐܪܘܝ 32b, ܪܘܝ 210b, ܐܪܘܝ 300a, ܫܟܪ 372a
ebullitio ܪܬܚܐ 267a
ebullivit ܐܬܪܬܚ 140a
ebur ܫܢܐ ܕܦܝܠܐ 63a, ܫܢܐ 270b, ܦܝܠܐ 380b
ecbalium elaterium ܩܘܦܐ ܕܚܡܪܐ 192b
ecce ܗܐ 80a
ecclesia ܥܕܬܐ 246a
ecclesiastica (historia) ܐܩܠܝܣܝܣܛܝܩܐ 25a, ܩ' 323b
eclipsis lunae ܐܬܠܝܐ 30a, solis ܐܩܠܝܦܣܝܣ 25a
ecphyma ܥܒܘܪܐ 200a
edax ܐܟܘܠܐ 9b, ܐܟܘܠܬܢܐ 124b, fuit ܐܬܐܟܠ 148a
edentulus ܡܬܦܪܣܐ 264b, ܬܩܛܐ 362b
edictum ܐܕܝܩܛܘܢ 4a, ܦܪܘܣܛܓܡܐ 285a
edidit ܝܠܕ 145a, ܦܪܣܡ

227a, animam ܐܦܠܛ 378a, in lucem ܐܠܓܠܝܐ 55a, monetam ܛܒܥ ܙܘܙܐ 106a, vocem ܦܠܛ ܩܠܐ 292b
edit ܐܦܩ 9b, ܠܒܠܒ 177b
editio ܡܦܩܢܘܬܐ 210a
edocuit ܕܪܫ 79b, clam edocuit est ܐܬܠܚܫ 26b
educatio ܬܘܪܒܝܬܐ 265b
educator ܡܪܒܝܢܐ 128b
educavit ܪܒܝ 344b, ܐܬܪܒܝ 402a
edulcavit ܐܚܠܝ 271b
eduxit ܐܦܩ 210b, ܦܠܛ 379a
effecit ܓܡܪ 241a, ܣܥܪ 398b
effectus ܡܫܡܠܝܢܘܬܐ 233a, ܫܘܡܠܝܐ 274a
effeminatus ܡܬܚܢܬܐ 212a, est ܐܬܚܢܬ 278a
effervuit ܪܬܚ 43a, ܐܬܓܠܓܠ 47b, ܓܠܓܠ 51b, ܪܬܚ 361b
effinxit ܨܪ 149a
effluvium ܕܘܠܦܐ 34a, ܕܘܦܐ 351a, ܦܝܫܐ 371b
effluxit ܪܕܐ 357a
effluxus ܪܕܝܐ 68a
effodit ܚܦܪ 109a, ܚܦܪ 276b, *pass.* ܐܬܚܦܪ 213b, *part.* ܚܦܝܪܐ 210a
effrenatio ܡܦܪܣܢܘܬܐ 268b, ܦܪܝܫܘܬܐ 387a
effrictio aedium ܦܠܚܘܬܐ 276b
effudit ܐܫܕ 28b, ܫܦܥ 235a, ܢܫܒ 368b, large ܦܪܢܣ 361b, se ܕܠܐ 32a, ܪܩܕ 95a, ܣܝܟ 101a, ܣܦܟ 112a, ܦܪܫ 199a, ܫܦܥ 208a, ܪܕܐ 335a, ܪܦܝ 357a
effugiens ܦܥܝܐ 285a
effugit ܐܬܦܪܩ 13a, ܦܠܛ 50b, ܦܠܛ ܘܥܪܩ 180a, ܦܠܚ 274a, ܥܪܩ 376a
effuse flevit ܐܬܡܪܪ ܒܟܝܬܐ 193a

effusio ܫܦܥܐ 356a, ܫܘܦܥܐ 384a, spiritus sancti ܡܫܬܘܕܥܢܘܬܐ ܕܪܘܚܐ 51b
egens ܣܢܝܩܐ 126b
egenus ܡܣܟܢܐ 95a, ܣܢܝܩܐ 235a, ܙܕܩܐ 308a
egestas ܣܢܝܩܘܬܐ 56a, ܚܘܣܪܢܐ 119b
egit ܕܒܪ 66a, choreas ܪܩܕ 319b, de ܐܬܕܪܫ 12a, ܐܬܚܫܒ 356b, ܐܬܢܨܚ 357b
ego ܐܢܐ 14b
ejecit ܫܕܐ 366b, *pass.* ܐܫܬܕܝ 210a, navis ܐܬܦܚܪܘ 103b
ejulavit ܐܬܡܠܚ 314b
elanguit ܐܬܪܦܝ 246b
elatio ܫܘܪܪܐ 128b
elatus est ܐܬܬܪܝܡ 173a
electrum ܐܠܝܩܛܪܘܢ 67b, ܠܟܝܘܪܘܣ 172b, ܫܐܡܐ 323a
electio ܓܒܝܬܐ 336a
electus ܓܒܝܐ 35b
eleemosyne ܙܕܩܬܐ 90b
elegans ܫܦܝܪܐ 236b
elegantia ܫܦܝܪܘܬܐ 123a
elegia ܩܝܢܬܐ 321a
elegit ܓܒܐ 48a, ܐܨܛܒܝ 338b
elementum ܐܣܛܘܟܣܐ 17b, ܣܛܘܟܣܐ 223a, *pl.* ܐܬܘܬܐ 390b, literarum ܐܬܘܬܐ 80b
elephantiasis ܐܪܝܐ 27a, ܫܥܘܪܐ 321a, —i laborans ܓܪܒܐ 62b
elephas ܦܝܠܐ 270b
elixir ܐܟܣܝܪܝܢ 163a
elixus ܫܠܝܩܐ 378b
ellychnium ܦܬܝܠܬܐ 297b
eloquens ܡܡܠܠܐ 175a, ܦܨܝܚܐ 186a, ܡܠܝܠܐ 338a
eloquentia ܡܡܠܠܘܬܐ 14a, ܦܨܝܚܘܬܐ ܕܡܠܬܐ 210a, ܡܡܠܠܘܬܐ 353a
eluit ܕܚܠ 357a
elumbavit ܚܨܨ 243a

elutriavit ܪܦܥ 308a
emaciatus ܡܚܡܣ 196a
embryo mortuus ܢܦܠܐ 183a
emigravit ܐܬܬܠܚ 55a, ܫܢܐ 199b
eminuit ܐܬܪܘܡ 69a, ܐܦܠܓ 284a
emiratus ܐܡܝܪܘܬܐ 14a
emit ܙܒܢ 89a, ܩܢܐ 181b
emollitio ܪܘܟܟܐ 358b
emollitus ܪܟܝܟܐ 61a
emollivit ܪܟܟ 346b, *pass.* ܐܬܪܟܟ 278a
emplastrum ܐܡܦܠܣܛܪܐ 19b, ܡܠܓܡܐ 132a, ܡܠܓܡܐ 319a
emunctio ܡܫܝܚܘܬܐ 54a
enarratio brevis ܐܦܝܛܘܡܐ 228a
enatavit ܣܚܐ ܘܥܒܪ 222b
encaenia ecclesiae ܚܘܕܬܐ 104b
enim ܓܝܪ 54b
ensis ܣܦܣܪܐ 227b, ܣܦܣܝܪܐ 235a
eo ܒܗ ܒܙܒܢܐ 159b
epacte ܐܦܩܛܐ 23b, ܐܦ 86a
ephialtes ܟܒܘܫܐ 153a, ܐܠܐ 202a
ephippium ܐܦܝܦܝܢ 64b, ܫܠܚܐ 113a, ܦܬܟܐ 238a, ܩܠܬܐ 274b, ܣܡܛܘܢ 295b, ܡܪܕܥܬܐ 354b
epidemus morbus ܡܘܬܢܐ 227b
epilepsia ܦܩܘܠܐ 289b
epimedium ܦܝܠܐ ܕܪܘܪܐ 163a
epiphaniae festum ܕܢܚܐ 75b; ܥܐܕܐ ܕܕܢܚܐ 37a
episcopus ܐܦܝܣܩܘܦܐ 23a, ܟܘܡܪܐ 118b, ܦܝܠܐ 287b, factus est ܐܬܐܦܣܩܦ 280b
epistola ܐܓܪܬܐ 3a, ܦܘܩܕܢܐ 136a, ܟܬܒܐ 198b, encyclica ܐܢܩܘܩܠܝܘܢ 16b,

ܦܠܛܪܝܢܘܬܐ 166a, imperatoris ܦܠܛܝܢ 237b
epistylium ܦܪܣܛܘܠܐ 166b
epitaphium ܦܬܓܡܐ 311a
epitropus factus est ܐܬܦܛܪܦ 270a
epocha ܐܦܘܟܐ 143a
eques ܦܪܫܐ 98b, ܦܪܫܐ 293b, ܪܟܒܐ 354a, armatus ܐܣܦܪܫ 17b
equisetum ramosissimum ܩܘܠܝ ܪܟܒܐ 109b, ܡܫܟܐ 364a
equitatio ܪܟܒܘܬܐ 354a
equuleus ܪܟܒܘܣ 87b
equus ܣܘܣܝܐ 222a, ܪܟܫܐ 355a, nobilis ܟܘܪ 51b
eradiatio ܙܘܗܪܐ 82a
eradicavit ܥܩܪ 390b
erasit ܓܪܕ 62a
erectio penis ܚܡܫܐ 259a, thalami nuptialis ܓܢܘܢܐ 319b
eremita ܐܝܚܝܕܝܐ 145b, ܡܕܒܪܝܐ 146a
eremitica vita ܝܚܝܕܝܘܬܐ 117b
erexit ܙܩܦ 98b, ܙܩܦ 300a, ܐܩܝܡ 315b
ergo ܗܟܝܠ 25b, ܓܝܪ 32a, 52a, ܕܝܢ 83a, ܗܟܝܠ 152a, ܟܢ 156b, ܗܟܢ 157a, ܡܟܝܠ 180b, ܡܟܝܠ 185a
erioxylum ܩܛܢܐ 317b, carminatum ܐܦܠܐ 23b cf. addend.
eripuit ܐܚܒ 244a, ܚܕܐ 259b, ܦܨܐ 307b, ܦܪܩ 308a, ܚܛܦ 379a, *pass.* ܐܬܚܛܦ 58b
erosit ܓܪܓܣ 62b
erravit ܛܥܐ 130b, ܛܥܐ 137a, ܛܥܐ 138a, ܐܬܛܥܝ 225b, ܦܥܐ 265b, ܦܢ 266a, ܦܟܐ 365a, ܫܓܐ 395a
error ܦܘܕܥܬܐ 390a
erubuit ܒܗܬ 33b

eruca ܓܪܓܝܪܐ 62a
eructavit ܓܥܐ 60a
eruditio ܡܪܕܘܬܐ 12a, ܪܕܘܬܐ 79b, ܝܘܠܦܢܐ 110b, ܡܪܕܘܬܐ 336a
eruditor ܪܕܝܐ 265b
erudivit ܝܠܦ 111a, ܪܕܐ 181a, *pass.* ܐܬܪܕܝ 79b
erumpens ܦܪܘܚ 403b
ervilia ܟܫܢܐ 168b
ervum ܟܫܢܐ 49a
eryngium ܚܪܚܪ 112a, ܚܪܚܪ ܐܘܪܐ 380b
erysimum ܚܪܡܐ 112b, ܛܘܪܝܘܢ 130b
erythraea centaurium ܩܢܛܘܪܝܢ 260b
esca ܡܐܟܠܐ 61b, ܡܐܟܘܠܬܐ 137b, ܡܐܟܠܬܐ 178a
esculentus ܡܬܐܟܠܢܐ 9b
essentia ܐܘܣܝܐ 5b, ܐܝܬܘܬܐ 9a, ܩܢܘܡܐ 81b, ܝܬܐ 150b, ܟܝܢܐ 328b
Estrangelo ܣܛܪܢܓܠܐ ܣܪܝܝܐ 18b
esurivit ܟܦܢ 163b
et ܘ 87b, et-et ܐܦ-ܐܦ 21b
etiam ܐܦ 8b, ܐܦ 21b
etymologia ܐܛܘܡܘܠܘܓܝܐ 82b, ܫܘܥܠܐ 131a, ܫܡܗܝܐ 385b
eucharistia ܐܘܟܪܣܛܝܐ 5a, ܩܘܪܒܐ 336b, —m celebravit ܩܪܒ 334a
euchitae ܡܨܠܝܢܐ 313b
eunuchus ܡܗܝܡܢܐ 82b, ܡܗܝܡܢܐ 239b
eupatorium ܐܦܛܘܪ 3a
euphorbium ܐܘܦܪܒܝܘܢ 86a, ܚܠܒ ܕܠܐ 111b, ܛܬܘܡܠܘܣ 142b, ܝܬܘܒܠ 151b
evacuavit ܣܪܩ 235a, ܐܪܝܩ 299b
evangelium ܐܘܢܓܠܝܘܢ 5a, ܣܒܪܬܐ 218a

evanuit ܒܛܠ 51b, ܛܫܐ 135a, ܐܬܛܫܝ 137a, ܣܦܩ 160a, ܐܬܚܒܠ 175b, ܦܫ 265a, ܦܫܐ 266a, ܐܬܦܟܪ 269b, ܦܣܩ 271b, ܦܣܩ 294b, ܟܫ 369a
evaporatio ܪܘܚܬܐ 349b
evasit ܐܬܦܠܛ 13a, ܢܦܩ 197a, ܦܠܛ 274a, ܐܬܦܨܝ 369a, ܫܘܙ 376a
evellit ܢܬܦ 121a, ܢܣܚ 187a, ܥܩܪ 194a, ܢܬܫ 216b, ܥܩܪ 257a, ܥܩܪ 258b, ܦܣܩ 294b, ܦܪܩ 308a, ܐܪܝܡ 362a, ܫܠܚ 378b, ܫܠܚ 398a, *pass.* ܐܬܢܣܚ 188b
evenit ܓܕܫ 50b, ܣܕܩ 264b, ܐܪܥ 304a, ܦܓܥ 306b
eventus ܓܕܫܐ 262a
evertit ܐܗܦܟ 86a, ܣܚܦ 241b, ܣܚܦ 247b, ܣܚܦ 258b
evitavit ܐܬܪܚܩ 207a
evomuit ܓܥܐ 60a, ܦܠܛ 274a, ܐܬܩܝܐ 394b
evulgata est fama ܐܬܪܢܡ 96a
ex ܡܢ 188a
exacerbavit ܐܡܪܪ 293a
exactus ܚܬܝܬܐ 127b
exagitavit ܙܘܥ 308a
exaltatio ܪܡܘܬܐ 350a
exaltavit ܐܪܝܡ 150a, ܥܠܝ 251a
examen apium ܚܕܪܐ 246b, avium ܓܘܕܐ 260a
examinatio ܒܘܚܢܐ 43b, ܒܘܩܝܐ 93b, ܒܘܚܢܐ 258a
examinavit ܒܚܢ 32a, ܒܚܢ 35a, ܒܚܢ 35b, ܒܩܐ 43a, ܐܬܒܚܢ 126b, *pass.* ܐܬܒܚܢ 44a
exanthema ܦܘܚܬܐ 324a
exarcha ܐܪܟܘܢ 10b
exardescens ܝܩܝܕܐ 97b
exarsit ܝܩܕ 49b, ܐܬܓܠܗܒ 53a, ܚܡ 100b, ܐܬܚܡܡ 114b,

ܬܡܪ 148b, ܐܬܚܡܬ 172b, ܐܬܚܡܪ 203a, ܚܡܪ 311b, ܐܪܬ 361b, ܚܡܪ 363b, ܐܬܚܡܬ 376b, invidia ܚܣܡܐ ܚܠܒ 39b

exaruit ܝܒܫ 143b, ܚܪܒ 196a, ܝܒܫ 198b, ܡܨܐ 340a

exauditio ܡܫܬܡܥܢܘܬܐ 379b

exaudivit ܥܢܐ 254a, ܥܢܐ 277a, ܦܝ 301b.

excalceavit ܐܫܠܚ 379a

excavatus ܚܦܝܪ 281b

excavavit ܢܩܪ 125b

excellens ܡܝܬܪ 151b

excelsus ܡܪܘܡܐ 350a

excepit ܩܒܠ 376a, sagittas ܐܩܒܠ 28a

exceptio ܡܫܬܘܬܦܢܘܬܐ 208a, ܠܒܪ 399b

excerptum ܦܣܝܩܐ 187a

excerptus est ܐܬܦܣܩ 216b

excessit ܐܬܥܒܪ 361b

excidium ܚܘܪܒܐ 1b, ܚܘܪܒܐ 243b

excĭdit ܐܬܦܣܩ 373b, quod e. ܦܣܩ 216a

excīdit ܦܣܩ 279a, *pass.* ܐܬܦܣܩ 213b

excitatio ܡܙܝܥܢܘܬܐ 61b

excitavit ܚܪܟ 35b, ܚܪܟ 39b, ܙܝܥ 68b, ܐܙܝܥ 93a, ܥܝܪ 127a, ܐܬܥܝܪ 141b, ܚܪܟ 170a, ܥܝܪ 171a, ܓܪܓ 175b, ܢܫܡ 203b, ܢܥܪ 209a, ܥܝܪ 249b, ܐܩܝܡ 318a, ܐܬܪܫ 353b, ܥܝܪ 366a, *pass.* ܐܬܬܥܝܪ 261b

exclamavit ܐܪܝܡ 308a, ܩܪܐ 312a

exclusit ܐܚܕ 281a, ܣܟܪ 331a, *pass.* ܐܬܚܕ 44b

exclusivus ܠܒܪܝܐ 399b

excogitavit ܐܬܚܫܒ 133b

excommunicatio ܫܡܬܐ 280a, ܚܪܡܐ 293a

excoriavit ܫܠܚ 62a

excrementum ܬܦܠܐ 151a

excretivus ܡܦܩܢܐ 210a

excubans ܫܗܪܐ 160a

excubiae ܢܛܪ 145b

excubitores ܩܘܩܘܒܝܛܘܪܣ 236a

excusatio ܐܦܘܠܘܓܝܐ 26b, ܡܬܒܪܝܢܘܬܐ 362b

se excusavit ܢܦܩ ܡܢ 210a, ܐܬܒܪܝ 250a, ܐܦܘܠܘܓܝܐ ܥܒܕ 276a

excussus est ܐܬܢܦܨ 101a

exedra ܐܟܣܕܪܐ 16a

exegit ܬܒܥ 48a

se exemit ܐܬܦܨܝ 255a

exemplar ܦܘܚܡܐ 74a, ܦܘܚܡܐ 268a, ܦܪܨܘܦܐ 293b, ܪܘܫܡܐ, ܐܘܪܚܐ 301b

exemplum ܐܦܝܓܡܐ 15a, ܕܡܘܬܐ 86a, ܐܬܘܬܐ 106a, ܬܘܪܐ 107a, ܡܬܠܐ 138b, ܬܚܘܝܬܐ 205b, ܦܘܚܡܐ 268a, ܦܪܨܘܦܐ 285a

exercitatio ܕܘܪܫܐ 210b

exercitavit ܕܪܫ 79b

exercitus ܐܣܛܪܛܝܐ 10b, ܐܣܛܪܛܝܐ 18b, ܚܝܠܐ 54a, ܡܫܪܝܬܐ 224a, ܦܠܚܘܬܐ 225a, ܚܝܠܘܬܐ 255a

exercuit ܕܪܫ 79b, ܥܒܕ 210b, ܫܡܫ 372b, se ܐܬܕܪܫ 146b

exhausit ܢܙܦ 95b

exhibuit ܚܘܝ 337a

exhortatio ܡܙܝܥܢܘܬܐ 61b

exiguitas ܙܥܘܪܘܬܐ 388b

exiguus ܙܥܘܪ 43b, ܙܥܘܪܐ 94b

exiit ܐܬܦܢܝ 44b, ܢܦܩ 210a, ܢܦܩ 371b

exiliavit ܐܓܠܝ 366b

exilium ܐܣܘܪܐ 10b, ܓܠܘܬܐ 55a, ܓܠܘܬܐ 151a, ܫܒܝܐ 383b

eximius ܡܝܬܪܐ 135a

exinanivit ܐܣܪܩ 123a, ܣܪܩ 240a

existentia ܗܘܝܐ 81b

exitus diei ܡܦܩܐ 85a

exodus ܡܦܩܢܐ 210a

exorcismus ܡܘܡܬܐ 147a

exornatio ܨܒܬܘܬܐ 299a

exortus est ܢܦܩ 197b

expandit ܦܫܛ 56a, ܦܫܛ 138b, ܡܬܚ 196b, ܦܪܣ 282a

expansio crinis ܦܪܥܐ 194b

expavit ܙܘܥ 202b

expedivit linguam ܦܫܩ 294b

expensa ܢܦܩܬܐ 210a

expergefecit ܐܥܝܪ 249b

experrectus est ܩܡ 201b

expers ܣܪܝܩ 55b

expetiit ܒܥܐ 220b

explevit ܡܠܐ 57b, ܫܠܡ 186b, ܓܡܪ 257b, ܐܫܠܡ 402a, votum ܐܩܝܡ 318b

explicatio ܦܘܫܩܐ 402a

explicavit ܦܪܫ 282a, ܦܫܩ 283a, ܦܪܩ 293b, ܐܦܪܫ 338a

explorator ܡܥܩܒܢܐ 236b

exploravit ܒܚܢ 32a, ܒܚܢܐ 43b, ܒܨܐ 64a, ܓܫܫ 255a

expolitio ܡܪܩܐ 370a

expolivit ܡܪܩ 236b

expositio ܡܦܫܩܢܘܬܐ 296a

exposuit ܦܪܫ 220a, ܐܬܦܪܫ 382a, technice ܐܬܚܡ 133b

expresse ܡܦܪܫܐܝܬ 125b, ܡܦܣܩܐܝܬ 379a

expressit ܥܨܪ 191b, verbis ܐܡܪ 306b

expugnavit ܟܒܫ 114a, ܚܪܒ 153a, ܟܒܫ 296b, ܩܛܠ 385a

expulit ܛܪܕ 139b, ܐܦܩ 199b, ܐܩܦ 200a, ܐܩܪܫ 266b, ܪܕܦ

fascis ܩܛܘܪܬܐ 21a, ܐܣܘܪܬܐ 62b
fastigium ܪܝܫܐ 215b, ܟܘܬܠܐ 262b, ܪܘܡܡܘܬܐ 341b, ܫܢܐ 353a
fata Morgana ܦܘܪܬܐ 86b
fatalista ܫܪܒܐܝܐ 125a
fatidicus ܢܒܘܝܐ 144b
fatigavit ܠܐܝ 141b, ܐܠܐܝ 170a, ܠܚܘ 400b, precibus ܐܣܪܘ 121a, *pass.* ܫܪܐ 154a, ܟܦ 246b, ܐܬܠܐܝ 384a, *part.* ܟܦܝܠܐ 252b
fatum ܐܣܛܘܡܣ 14b, ܓܕܐ 53b, ܚܠܩܐ 114a
fatuus ܫܢܝܐ ܚܠܝܠ 248a
fauces ܓܘܫܡܝܬܐ 59b, ܠܚܝܐ 214a, ܦܩܘܬܐ 346b, ܬܘܠܚܐ 398a, —ibus abundans ܚܟܝܟܐ 111b
favit parti alicujus ܢܣܒ ܦܐܬܐ 208a, ܢܣܒ ܦܐܬܐ 385b
favus ܟܘܪܝܬܐ 157a
fax ܡܠܩܛܐ 73b, ܠܡܦܐܕܐ 176b
fea ܟܘܟܒܬܐ ܢܝܐ 176a
febris ܐܫܬܐ 28b, ܚܘܡܬܐ 114b, ܦܘܪܛܘܣ 316a
febrivit ܐܬܚܡܡ 377a
Februarius ܫܒܛ 363b
fecit ܥܒܕ 48a, ܚܫܠ 106a, ܣܥܪ 233a, ܥܒܕ 241a, ܦܠܚ 273b, foedus ܐܩܝܡ 313b, legem ܣܡ 224b, ܣܥܡ 364b, *pass.* ܐܬܥܒܕ 50a, ܐܬܒܢܝ 155a, ܢܗܘ 210a
fefellit ܕܓܠ 66b, ܐܬܚܫܠ 106a, ܐܟܙܒ 137a, ܛܠܡ 206a, ܣܪܩ 365a
fel ܡܪܪܬܐ 192b, rubrum ܚܡܪܬܐ 82a
felis ܩܛܘܬܐ 86b, ܨܦܪܐ 316b, ܫܘܪܬܐ 382a, ܫܘܪܬܐ 389b
felix ܛܘܒܢܐ 49b, ܓܕܝܐ 130b, ܡܫܟܠܐ 154a, fuit ܐܬܛܘܒ 169a
femina ܢܩܒܬܐ 212a, *pl.* ܢܫܐ 214b, et filii ܐܢܫܝܐ 149a
femoralium pars latior ܩܪܒܐ 197b
femur ܚܨܐ 122a, ܡܚܘܬܐ 251a, ܥܛܡܐ 370a, —oris summa pars ܐܘܪܟܐ ܕܚܨܐ 90a
fenestra ܟܘܘܬܐ 13b, ܪܘܙܢܐ 92a, ܟܘܐ 154a
fenus ܪܒܝܬܐ 344b
ferae ܚܝܘܬܐ 204a
fere ܡܛܠ ܕܫܘܪܐ 119b, ܟܡܐ ܕܝܢ 336b
feretrum ܦܘܪܝܐ 76b, ܥܪܣܐ 316a
feriit ܡܚܐ 77b
ferme ܟܡܐ ܕܝܢ 336b
non fermentatus ܦܛܝܪܐ 269b
fermentum ܚܡܝܪܐ 115b, ܚܡܝܪܐ 116a, ܚܡܝܪܬܐ 190a
ferocia ܥܙܝܙܘܬܐ 116b
ferocitas ܐܪܢܘܬܐ 395b
ferruginosus ܐܪܙܢܝܐ 28a
ferrum ܦܪܙܠܐ 285b
ferruminatio auri ܠܚܡ 400a
fertilis ܚܝܠܬܢܐ 31b, terra ܐܪܥܐ 22b, fuit ܦܪܐ 286b, annus ܦܪܝܐ 361b
ferula ܢܪܬܩܐ 149b, communis ܡܣܟܢܐ 322b, asa foetida ܚܠܬܝܬ 307b, persica ܣܓܒܝܢܘܢ 219b
ferulaceus ܢܪܬܩܢܝܐ 200b
ferus ܒܪܝܐ 43a, ܦܪܐ 287a, fuit ܐܬܒܪܝ 207b
fervefecit ܐܫܚܢ 114b
fervidus ܦܠܚܐ 152a
fervuit ܪܬܚ 51b, ܐܬܪܬܚ 155b, ܙܥ 301b, ܪܬܚ 361b, ܥܪܩ 365b
fessus fuit ܐܬܠܐܝ 384a
festinanter egressus sum ܢܦܩܬ ܒܥܓܠ 266a
festinatio ܥܓܠܘܬܐ 139b
festinavit ܫܪܥ 35b, ܣܪܒ 102a, ܐܬܥܓܠ 153a
festuca ܩܠܡܐ 54b, fluitans ܟܠܡܐ 173b
festus dies ܥܐܕܐ 103a, ܥܐܕܐ 111a, ܥܐܕܐ 245b
fibra radicis ܫܪܫܐ 299b
fibula ܦܪܘܩܬܐ 264a, ܦܪܘܩܬܐ 291a, ܡܟܒܬܐ 322b
fictio ܢܟܠܐ 241b
fictus ܡܨܛܢܥ 224a
ficus carica ܬܐܬܐ 392a, immaturus ܦܓܐ 264a, sycomorus ܫܩܡܬܐ 386a
fidejussor ܥܪܒܐ 260a
fidelis ܡܗܝܡܢܐ 153b
fides ܗܝܡܢܘܬܐ 278b, certa ܦܠܝܪܘܦܘܪܝܐ 276a, —em habuit ܗܝܡܢ 82b, ܐܬܗܝܡܢ 370b
fidit ܬܟܠ 397a
fidit ܦܠܓ 282a, ܐܬܦܠܓ 283b, ܦܪܐ 294a, ܦܪܫ 303b, ܦܪ 307b, ܫܩܠ 373b
fiducia ܬܘܟܠܢܐ 55a
fidus ܡܗܝܡܢܐ 82b
figulus ܦܚܪܐ 268b, ܩܘܩܝܐ 316b
figura ܕܡܘܬܐ 74a, ܐܣܟܡܐ 328b
filius ܒܪܐ 44b
filix ܫܪܟܐ 113a, ܪܝܫܐ 215b, ܣܪܚܐ 239a
filum ܚܘܛܐ 72b, ܚܘܛܐ 97a, ܫܘܡܐ 105b, ܢܝܪܐ 205b, ܥܩܪܐ 225b, ܥܘܪܩܬܐ 239b, parvum ܚܘܛܠܐ 297b, vitae ܚܘܛ ܚܝܐ 202a, *pl.* ܚܘܛܐ 247b, ܚܘܛܐ 340b
fimbria ܫܠܘܚܐ 127b, ܬܘܦܝܐ 222a, ܟܘܣܝܬܐ 244a,

ܦܘܪܥܢܘܬܐ 301a, ܩܘܫܘܫܬܐ 330b, ܡܙܘܓܐ 340b, ܫܘܠܡܐ 383b, ܬܫܠܡܬܐ 397a, —ae palmarum ܐܘܪܐ 3b (sic leg.)

fimus ܐܙܒܠܐ 89a, ܙܒܠܬܐ 152b, ܙܒܠܐ 240b, ܓܠܠܐ 293b

finis ܚܪܬܐ 7b, ܬܚܘܡܐ 57b, ܫܘܠܡܐ 125a, ܫܘܡܠܝܐ 128a, ܣܟܐ 221b, ܣܘܦܐ 222a, ܚܪܬܐ 242b, ܬܚܘܡܐ 254b, ܦܘܪܢܣܐ 280a, ܩܨܐ 333b, ܪܝܫܐ 387a, ܬܟܠܝܬܐ 395b, anni ܫܘܠܡܐ ܕܫܢܬܐ 378a

finivit ܫܠܡ 148a, ܫܡܠܝ 280b, *pass.* ܐܬܚܬܡ 36a, ܐܫܬܠܡ 115a, ܫܘܠܡܐ ܚܬܝܡܐ 210a, ܦܠܓ 269b, ܩܨ 298b, ܡܠܐ 385a, tempus ܫܠܡ 377b

finxit ܓܒܠ 32a, ܓܒܠ 48a, ܨܒܬ 49b, ܦܚܡ 139a, ܨܝܪ 226a, ܨܪ 301a, sibi ܐܨܛܒܬ 289b, ܐܬܚܫܒ 304a

firmamentum ܪܩܝܥܐ 360a

firmavit ܚܝܠ 223a, ܣܡܟ 237b, ܥܫܢ 240b, ܫܪܪ 262b, ܩܝܡ 312a, ܩܒܥ 358a, ܚܣܢ 386b, ܐܫܪܪ 401b

firmitas ܚܝܠܐ 155a, ܚܣܝܢܘܬܐ 247a, ܫܪܝܪܘܬܐ 310b

firmus ܐܫܬܪܪ 7b, ܫܪܝܪܐ 63a, ܫܪܝܪܐ 119b, ܬܩܝܦܐ 135b, ܩܝܡܐ 401a

fiscella ܣܠܬܐ 309a

fiscus ܦܝܣܩܘܣ 136a, ܦܝܣܩܘܣ 280b

fissura ܦܪܕܐ 35a, ܦܘܠܓܐ 40b, ܫܕܩܐ 111b, ܨܕܩܐ 208b, ܬܪܥܐ 307b, ܦܠܚܐ 385a, ܦܪܝܬܐ 387b, ܬܒܪܐ 398a, ܬܘܪܥܬܐ 403b

fissus est ܐܬܦܠܓ 255a, ܐܬܬܪܥ 402b

fistula ܐܒܘܒܐ 1a, ܣܦܘܦܐ 239b, ܫܪܘܩܝܬܐ 390a, —lae textoriae ܬܘܪܥܐ 391b, urinales ܡܪܙܒܐ 385b

fixatus ܩܒܝܥܐ 258a

fixit ܢܩܫ 310b, ܩܒܥ 343a, oculos ܚܪ 102b, ܐܚܕ 217a, ܩܒܥ 299b

flabellum ܡܦܘܚܬܐ 168a, ܡܢܦܬܐ 349b

flaccidus ܪܦܝܐ 159b, vir labris flaccidis ܫܦܝܪ ܣܦܘܬܐ 139b

flaccuit ܕܒܠ 76a

flagellum ܡܚܘܬܐ 60a, ܡܓܕܠܐ 87b, ܦܪܓܠܐ 142a, ܡܢܓܕܢܘܬܐ 154b, ܡܚܘܬܐ 193b, ܡܢܓܕܐ 284b, ܫܘܛܐ 363b, ܫܘܛܐ 369a

flagitia ܣܥܪܘܬܐ 306a

flagrans ܝܩܕܐ 148b

flagratio ܝܩܕܢܐ 376b

flagravit ܝܩܕ 73b, ܐܬܝܩܕ 124a, ܪܬܚ 307b, ܡܥܒ 311b, desiderio ܐܬܪܓܪܓ 4b, studio ܐܬܚܦܛ 136b

flamma ܫܠܗܒܝܬܐ 53a, ܫܠܗܒܐ 73b, ܢܘܪܐ 101b, ܫܠܗܒܝܬܐ 301a, ܫܠܗܒܝܬܐ 376b

flans ܢܦܘܚܐ 349b

flatus ܢܫܒܐ 206a, ܢܦܚܐ 341b

flavit ܢܫܒ 209a, ܢܦܚ 214b, ܢܫܒ 368b

flavus ܣܘܡܩܐ 124b, ܙܥܦܪܢܝܐ 150a, ܣܥܡܩܢܝܐ 230a, ܫܚܝܡܐ 382a

flevit ܒܟܐ 37b, ܐܝܠܠ 74b, ܒܟܐ 246b, —re fecit ܐܒܟܝ 403b

flexit ܟܦ 155b, ܟܦܦ 239b, ܐܟܦ 383a, genua ܒܪܟ 46a, ܫܠܡ 330b, jus ܕܐܠ 303a, *pass.* ܐܬܦܢܝ 354b

floccus lanae ܛܘܦܐ 244a, ܛܘܦܐ 245b

floruit ܦܪܚ 39b, ܢܦܩ 80a, ܫܓܫ 283a, ܐܫܓܫ 291a, honore ܐܝܩܪ 149a

flos ܗܒܒܐ 91a, ܦܪܚܐ 228b, ܛܘܦܠܐ 256a, granati ܦܘܩܕܬܐ 155b

fluctuavit ܛܠܛܠ 54b, *pass.* ܐܬܛܠܛܠ 127b

fluctus ܬܘܩܦܐ 393b

flumen ܢܗܪܐ 149b, ܢܗܪܐ 200b

fluxit ܪܕܐ 51b, ܪܕܐ 61a, ܕܒ 68a, ܕܒܐ 347b, ܢܦܩ 357a, ܫܦܥ 365b, ܫܦܥ 371b, abunde ܫܦܥ 384a, sursum ܗܘܐ ܢܦܩ ܠܥܠ 217a, —ens oratio ܡܠܬܐ ܪܕܝܬܐ 83b, —ere fecit ܐܪܕܝ 131b, ܐܪܕܝ 356b, ܫܦܥ 380a

fluxus *adj.* ܪܕܝܐ 242b, *subst.* ܪܕܝܐ 303a

foculus ܟܘܪܐ 160b

focus ܐܬܘܢܐ 400b, portatilis ܡܦܚܐ 325b

fodina ܡܥܪܬܐ 311a, ܡܚܦܪܬܐ 323b

fodit ܚܦܪ 111a, ܢܩܪ 120b, ܚܦܪ 125b, ܢܩܪ 213b

foedavit ܛܢܦ 94b, ܣܝܒ 132a, ܛܢܦ 306a

foedus, a, um ܣܢܝܐ 42b, ܣܡܝܪ 60b, ܣܢܝܐ 230b, ܣܢܝܬܐ 237a, ܣܢܝܐ 375b

foedus, eris ܩܝܡܐ 72a, ܡܠܟܐ 315a, fecit ܐܩܝܡ 314a

foeneratio ܪܒܝܬܐ 333b

foeneravit ܐܘܙܦ 396b

foeniculum ܫܒܬܐ 112b, capillaceum ܫܒܬܐ 380a

foenum [Syriac] 256a, maturum [Syriac] 114b
foenus [Syriac] 18a, [Syriac] 86b, [Syriac] 101b
foetor [Syriac] 305b
foetuit [Syriac] 91a, [Syriac] 98a, [Syriac] 239a
foetus [Syriac] 246a
folium [Syriac] 89a, [Syriac] 141b, [Syriac] 233a, betel [Syriac] 136b, libri [Syriac] 281b, [Syriac] 323b, palmae [Syriac] 107a
follis [Syriac] 209a, [Syriac] 250b, [Syriac] 275b, [Syriac] 293b
fons [Syriac] 23b, [Syriac] 198a, [Syriac] 249a, [Syriac] 353b, calidus [Syriac] 114a, parvus [Syriac] 359b
foramen [Syriac] 35a, [Syriac] 199b, [Syriac] 212a, [Syriac] 213b, [Syriac] 267a, [Syriac] 403b, acus [Syriac] 122a, interulae [Syriac] 178b
foras [Syriac] 44a
foravit [Syriac] 312a
forceps [Syriac] 158a, [Syriac] 378a
fores valvatae [Syriac] 222b
forfex candelaria [Syriac] 178a
forficula auricularia [Syriac] 75a
forma [Syriac] 13a, [Syriac] 74a, [Syriac] 81a, [Syriac] 184b, [Syriac] 189b
formavit [Syriac] 48a, [Syriac] 49b, [Syriac] 139a, [Syriac] 149a, [Syriac] 226a, [Syriac] 283b, [Syriac] 304a, *pass.* [Syriac] 268b, [Syriac] 301a
formica [Syriac] 57a, [Syriac] 370b
formicavit [Syriac] 9b
formido avium [Syriac] 70a, [Syriac] 261a
fornax [Syriac] 3b, lateraria [Syriac] 171b
fornicatus [Syriac] 60b, —a est [Syriac] 96b
fornix [Syriac] 6a, [Syriac] 19b, [Syriac] 37a, [Syriac] 40b, [Syriac] 163a, [Syriac] 309a
fortasse [Syriac] 133a, [Syriac] 153a
forte [Syriac] 72a
fortificavit [Syriac] 119b
fortis [Syriac] 30a, [Syriac] 49a, [Syriac] 63a, [Syriac] 106b, [Syriac] 114a, [Syriac] 132a, [Syriac] 165b, [Syriac] 171a, [Syriac] 263a, [Syriac] 400a, fuit [Syriac] 115a, [Syriac] 247a, —iter se gessit [Syriac] 247a
fortitudo [Syriac] 30a, [Syriac] 115a, [Syriac] 204a, [Syriac] 261b, [Syriac] 262b
fortuitus [Syriac] 50b
fortuna [Syriac] 49b, [Syriac] 50b, [Syriac] 154a, [Syriac] 169a, [Syriac] 280b
forum [Syriac] 190a, [Syriac] 370a, [Syriac] 373b
fossa [Syriac] 48a, [Syriac] 122b, [Syriac] 160b, [Syriac] 268b, [Syriac] 278b, urbem cingens [Syriac] 292b
fovea [Syriac] 31a, [Syriac] 48a, [Syriac] 57a, [Syriac] 57b, [Syriac] 81b, [Syriac] 102b, [Syriac] 111b, [Syriac] 120b, [Syriac] 253a, [Syriac] 268b, [Syriac] 276b, [Syriac] 281a, [Syriac] 303b, frumenti [Syriac] 104a, ignea [Syriac] 3b
fovit [Syriac] 351b, [Syriac] 358b
fragilis [Syriac] 90a, [Syriac] 102a, [Syriac] 135b
fragmentum [Syriac] 62b, [Syriac] 182b, [Syriac] 285a, [Syriac] 287b, [Syriac] 291b, [Syriac] 294b, [Syriac] 292a, [Syriac] 296a
fragor [Syriac] 61b, [Syriac] 283b
fragravit [Syriac] 248a, [Syriac] 266a
frater [Syriac] 6b
fratria [Syriac] 143b
fraudator [Syriac] 355b
fraudulentia [Syriac] 299b
fraus [Syriac] 94a, [Syriac] 206b, [Syriac] 255a, [Syriac] 257b, [Syriac] 258b, [Syriac] 382b
fraxinus [Syriac] 247b
fregit [Syriac] 40b, [Syriac] 101a, [Syriac] 128b, [Syriac] 212b, [Syriac] 255a, [Syriac] 265b, [Syriac] 281a, [Syriac] 296a, [Syriac] 334a, [Syriac] 357a, [Syriac] 359b, [Syriac] 385a, [Syriac] 387a, [Syriac] 389b, [Syriac] 392b, [Syriac] 403b, animum [Syriac] 308a, navem [Syriac] 201a, *pass.* [Syriac] 62b, [Syriac] 398a
fremitus [Syriac] 198b
fremuit [Syriac] 210b, [Syriac] 347a
frendit [Syriac] 125a
frenum [Syriac] 95b, [Syriac] 97a, [Syriac] 172a, [Syriac] 262a, [Syriac] 264a
frequens fuit urbs [Syriac] 349a
friabilis [Syriac] 268b, [Syriac] 294a
friavit [Syriac] 285a, [Syriac] 287a
se fricuerunt [Syriac] 123a
frigidus [Syriac] 140a, [Syriac] 340a, fuit [Syriac] 266a, visus est [Syriac] 146b
friguit [Syriac] 336b, [Syriac] 342a, [Syriac] 367a

frigus ܩܘܪܫܐ 55b, ܓܠܝܕܐ 259b, ܩܪܝܪܘܬܐ 340b, vehemens ܥܪܦܠܐ 96a, ܐܝܬܡܘܢܐ 300a
fritinnitus ܨܘܪܐ 202b, ܨܪܝܪܐ 211b
fritinnivit ܨܪܨܪ 301a
frixit ܩܠܐ 130a
frondosus ܥܒܘܬܢܐ 242a
frons ܒܝܬ ܥܝܢܐ 36b, ܡܨܚܐ 184a, —tis pars ܒܝܬ ܥܝܢܐ 261b
fructificatio ܦܐܪܐ 286b
fructuosus ܡܦܐܪܢܐ 312a
fructus ܐܒܐ 1a, ܐܒܢܐ 4a, ܓܕܫܐ 130b, ܥܠܠܬܐ 179b, ܥܠܠܬܐ 250a, ܦܐܪܐ 264a, ܦܐܪܐ 271b, ܦܐܪܐ 291a, rubi fruticosi ܦܐܪܐ ܕܣܢܝܐ 254b, vitis ܥܢܒܐ 184b
fruges residuae ܥܘܠܠܬܐ 256b
frumentum ܚܛܐ 52b, ܚܛܬܐ 169a, ܥܒܘܪܐ 243a, in area ܐܕܪܐ 4a, stramento purgatum ܒܪܐ 153b
frustillum ܦܘܪܬܐ 316a
frustra ܐܒܝܩܐ 9a, ܒܛܝܠܐܝܬ 36a, ܣܪܝܩ 179b, ܣܪܝܩܐܝܬ 240a, ܣܪܝܩܐܝܬ 369b
frustum ܦܪܬܘܬܐ 287b, ܦܪܬܐ 291b, ܦܬܘܬܐ 294a, ܦܬܬܐ 296a, ܩܨܝܐ 334a, carnis ܓܦܬܐ 41b, massae ܦܪܨܘܦܐ 61b, panis ܦܪܬܐ 286a
fucavit ܨܒܥ 156b
fucus ܦܘܩܘܣ 230a, ܦܘܩܐ 370a
fudit ܢܣܟ 208a, ܐܫܕ 351a, ܐܫܦܥ 355b, *pass.* ܐܬܢܣܟ 383b
fuga ܥܪܘܩܝܐ 50b
fugit ܥܪܩ 55a, ܐܬܒܐܫ 120b, ܚܡܩ 262a, ܦܪܚ 284a, ܦܪܩ 285a
fugitivus ܥܪܘܩܐ 274a

fuit ܗܘܐ 29b, ܗܘܐ 81b
fulcrum ܣܡܘܟܐ 56a
fuligo ܩܛܡܐ 228b, ܩܘܛܡܐ 334b, ܫܚܪܐ 372b, ܐܘܟܡܐ 400a, aeris ܚܡܝܡܐ 313a
fullo ܩܨܪܐ 334b
fulmen ܒܪܩܐ 46b, ܙܠܩܐ 94a, ܟܪܘܢܘܣ 153a, ܣܩܘܢܐ 237a, ܦܘܪܣܐ 291a, ܦܘܪܣܬܐ 312a
fulsit ܨܡܚ 229a, se ܐܬܬܙܝܥ 384b, baculo ܐܬܬܟܝ 110a
fulsit ܒܪܩ 46b, ܙܗܐ 73b, ܙܠܝܩ 75b, ܙܠܓ 80a, ܙܗܪ 91a, ܐܬܢܨܚ 95a, ܨܡܚ 305a, ܐܫܡܫ 390b
fumaria officinalis ܩܦܘܬܐ 160a, ܥܫܒܐ 367b
fumavit ܬܢ 399a
fumus ܩܛܪܐ 102b, ܥܛܪܐ 248a
functus est ܫܡܫ 106a, ܥܒܕ 381b
funda ܩܠܥܐ 283b, ܡܩܠܥܐ 323b
fundamentum ܫܬܐܣܬܐ 160b, ܫܬܐܣܬܐ 262a, ܫܬܐܣܬܐ 390b
fundatio ܫܬܐܣܬܐ 355b
fundus ܥܘܡܩܐ 390b
fungus ܡܘܡܬܝܐ 192b, ܩܛܡܐ 228b, ܦܛܪܝܬܐ 269b
funiculus ܚܒܠܐ 207b, interulae ܦܘܪܩܡܝܬܐ 388b
funis ܚܒܠܐ 29a, ܚܒܠܐ 55b, ܚܒܠܐ 101b, ܚܒܠܐ 136b, ܚܒܠܐ 151b, ܚܒܠܐ 195a, ܩܡܛܐ 368a, brachii ܚܒܠܐ 170a, medicorum ܚܒܠܐ 384a, navigii ܚܒܠܐ 303b
funus ܐܘܠܝܬܐ 92a, ܐܘܠܝܬܐ 173a
fur ܓܢܒܐ 58b, *pl.* ܓܢܒܐ 40a
furatus est ܓܢܒ 34b, ܐܬܓܢܒ 109b, ܐܬܓܢܒ 120a

furca ܡܪܝܫܐ 77b, ܡܫܬܘܢܐ 376a, pedis equi ܪܓܠܐ 303b
furens fuit ܐܬܚܡܬ 43a
furfur ܣܘܢܐ 108b, ܥܘܪܡܐ 168b, ܦܪܐ 284a
furiosus ܫܢܝܐ 191b
furnus ܐܬܘܢܐ 30a, ܬܢܘܪܐ 155b, ܩܡܝܢܐ 288b, ܐܬܘܢܐ 400a
furor ܚܡܬܐ 11b, ܫܢܝܘܬܐ 189b
fuscus ܐܘܟܡܐ 45b, ܫܚܡܐ 372a
fusio ܪܕܝܐ 308a, ܫܦܝܐ 351a
fusus ܦܠܟܐ 247b, ܦܠܟܐ 348a
futilis ܨܪܝܩܐ 267b, ܦܚܝܚܐ 296a
futurus ܥܬܝܕ 83a, ܥܬܝܕܐ 263a

Galangaena ܓܠܢܓܝܢ 158b
galbanum ܚܠܒܢܝܬܐ 111b, ܚܠܒܢܐ 158a
galea ܩܘܢܕܪܐ 232a, ܩܘܒܥܐ 313a, ܩܘܒܥܐ 329b
galearius ܩܘܒܥܐ 56a
galerus ܩܘܒܥܐ 311a
galla ܥܦܨܐ 23b, ܥܦܨܐ 256b
gallicinium ܩܪܝܐ ܕܬܪܢܓܠܐ 336b
gallina ܬܪܢܓܠܬܐ 37b, ܬܪܢܓܠܬܐ 157a, ܬܪܢܓܠܐ 191b
gallus ܬܪܢܓܠܐ 1b, ܬܪܢܓܠܐ 9a, ܬܪܢܓܠܐ 403a, agrestis ܐܒܩܐ 16a
gargarizavit ܓܪܓܪ 259b
garritus ܦܛܦܘܛܐ 174a, ܥܘܪܙܠܐ 350b
garrivit ܦܛܦܛ 31b, ܦܛܦܛ 32a, ܦܛܦܛ 235a, ܦܛܦܛ 271b, ܦܛܦܛ 282b, ܦܛܦܛ 299a
garrulitas ܦܛܦܛܘܬܐ 152a
garrulus ܦܛܦܛܢܐ 186a, ܦܛܦܛܢܐ 314a
gaudium ܚܕܘܬܐ 105b, ܦܨܝܚܘܬܐ 335b, ܦܨܝܚܘܬܐ 346a, ܚܕܘܬܐ 349b, ܪܘܙܐ 376a, gaudio affecit ܐܚܕܝ 349a

gausapa [illegible] 65a
gavisus est [illegible] 41a, [illegible] 68b, [illegible] 104a, [illegible] 177a, [illegible] 282a, [illegible] 291b
gaza [illegible] 53a
gehenna [illegible] 50b
gelatus [illegible] 55b
gemitus [illegible] 14b, [illegible] 51b, [illegible] 130a, [illegible] 140a, columbae [illegible] 31b
gemuit [illegible] 15a, [illegible] 16b, [illegible] 200b, [illegible] 245b
geminus [illegible] 392b, *pl.* (sidus) [illegible] 304a
gemma [illegible] 2a, [illegible] 113a, [illegible] 116a, [illegible] 129b, [illegible] 146a, [illegible] 213a, alba [illegible] 404b, arboris [illegible] 249a, florum [illegible] 324a, subflava [illegible] 328b
genealogia [illegible] 146b
genealogicus [illegible] 143a
gener [illegible] 128a
generalis [illegible] 5a, [illegible] 59b
generatio [illegible] 146b
generavit [illegible] 198b
genesis [illegible] 45a
genitalia [illegible] 49a, [illegible] 351b
genitiva nota [illegible] 146b
gens [illegible] 130b, [illegible] 143a, [illegible] 145a, [illegible] 148a, [illegible] 363b, [illegible] 370a, [illegible] 388b
gentiana [illegible] 59a, [illegible] 228b, [illegible] 321a
gentilis [illegible] 13a, [illegible] 59a, [illegible] 252a
genua [illegible] 46a, [illegible] 262b
genuflexio [illegible] 330b
genuit [illegible] 146b, [illegible] 198b, [illegible] 286b, [illegible] 315b
genus [illegible] 4a, [illegible] 59b, [illegible] 143a, [illegible] 184b
geographi [illegible] 47b
geometer [illegible] 47a, [illegible] 183a, [illegible] 195b
georgici [illegible] 48a
germen [illegible] 291a, [illegible] 341b, [illegible] 375b, recens [illegible] 386b
germinavit [illegible] 51b, [illegible] 113b, [illegible] 197a, [illegible] 198a, [illegible] 239b, [illegible] 346b, [illegible] 369a
gessit bellum [illegible] 183a, se [illegible] 66b
gestator [illegible] 138a
gibber [illegible] 162a, cameli [illegible] 109b
gibbosus [illegible] 48a
gingiva [illegible] 365b
glacies [illegible] 55b
gladiator [illegible] 172b
gladius [illegible] 94a, [illegible] 122b, [illegible] 225a, [illegible] 235a, [illegible] 304b, tenuis [illegible] 111b
glans penis [illegible] 157a
glarea [illegible] 35a, [illegible] ? 46b, [illegible] 120b, tenuis [illegible] 401a
glareola [illegible] 132b
glauca [illegible] 96b, —us [illegible] 100b
gleba [illegible] 34a, [illegible] 35a, [illegible] 62a, [illegible] 180b
globulus [illegible] 260b
globus [illegible] 20a, [illegible] 40a, [illegible] 51b, hominum [illegible] 99a, luteus [illegible] 55a
glomus [illegible] 337b
gloria [illegible] 33a, [illegible] 72b, [illegible] 81a, [illegible] 211b, [illegible] 363b, [illegible] 379a, [illegible] 384b
gloriatus est [illegible] 108a, [illegible] 128b
gluten [illegible] 54b, [illegible] 65b, [illegible] 178a, [illegible] 322a, [illegible] 341a, [illegible] 404b
glycyrrhiza [illegible] 303b, [illegible] 370b
gnosis [illegible] 59b
gonorrhoia [illegible] 68a
gossypium [illegible] 253b, [illegible] 272b
grabatus [illegible] 53b, [illegible] 233b
gradus [illegible] 77b, [illegible] 78a, [illegible] 181b, [illegible] 328a, scalarum [illegible] 107a
graecus [illegible] 145b
gramen [illegible] 253a, [illegible] 393b
gramiae [illegible] 75a cf. 356a, [illegible] 133a, [illegible] 188a
gramma [illegible] 63a
grando [illegible] 45a, [illegible] 45b, [illegible] 333a, minor [illegible] 98a, tenuissima [illegible] 125a
granulum [illegible] 285a
granum [illegible] 39b, [illegible] 100b, [illegible] 197b, berberis [illegible] 124b, granati [illegible] 115b, mali punici [illegible] 62a, seminis [illegible] 292a, [illegible] 293b
gratia [illegible] 351b, —ā datus [illegible] 131a, —e plenus [illegible] 118a, —m rettulit [illegible] 310a, non r. [illegible] 134b
gratis [illegible] 145a, [illegible] 179b

gratulandum erat [illegible] 131a
gravatus est [illegible] 401a
gravida [illegible] 36a, [illegible] 137b
gravis [illegible] 151a, [illegible] 204b, [illegible] 243b, [illegible] 247b, fuit [illegible] 149a, *adv.* [illegible] 217b
gregarius [illegible] 145a
gressus [illegible] 83b, est [illegible] 78a, [illegible] 279b
grex [illegible] 44a, [illegible] 53b, [illegible] 133a, [illegible] 280a, [illegible] 356a, [illegible] 357b, [illegible] 372b, camelorum [illegible] 2a, [illegible] 80a
grossus [illegible] 131a
grunniens [illegible] 209a
grunnitus [illegible] 211b
grunnivit [illegible] 370b
grus [illegible] 166a, [illegible] 324b, [illegible] 339a
gryllus [illegible] 123a, [illegible] 132b, [illegible] 158a, [illegible] 307a
gubernaculum [illegible] 175b, [illegible] 221b.
gubernator [illegible] 311b
gubernatus [illegible] 79b, [illegible] 377b
gubernavit [illegible] 66a, [illegible] 79a, [illegible] 187b, [illegible] 265b, *pass.* [illegible] 289a, [illegible] 388b
gulositas [illegible] 267b
gulosus [illegible] 49b
gummi ammoniacum [illegible] 322b, arabicum [illegible] 204b, [illegible] 325a, cynarae scolymi [illegible] 160b, liquidum [illegible] 378a
gurges [illegible] 60b
gustavit [illegible] 137a
gutta [illegible] 205a, [illegible] 356b, [illegible] 359b, [illegible] 394b, —e sanguinis [illegible] 376a
guttur [illegible] 39b, [illegible] 45a, [illegible] 49a, [illegible] 99a, [illegible] 125b, [illegible] 150b, [illegible] 288b, [illegible] 341a
gypsus [illegible] 60b, [illegible] 162b, [illegible] 178a

Habilis [illegible] 181a, [illegible] 210a
habilitas [illegible] 204a, [illegible] 235b
habitavit [illegible] 69b, [illegible] 151a, [illegible] 253a, [illegible] 375a, [illegible] 387a
habitus [illegible] 19a, [illegible] 327a, est [illegible] 126a
haec [illegible], [illegible] 81a, *pl.* [illegible] 83b
haematites [illegible] 367a
haemorrhagia [illegible] 68a
haemorrhois [illegible] 211b, [illegible] 238a
haemorrhoissa [illegible] 73b
haeresis [illegible] 28a, [illegible] 87b
haesit [illegible] 122a, [illegible] 294a, [illegible] 295a, [illegible] 343a
haesitans [illegible] 34b
halitus [illegible] 82a, [illegible] 174b
hallucinationes [illegible] 388b
hallucinator [illegible] 138a
hamus [illegible] 39b, [illegible] 166b, [illegible] 306a
hariolatus est [illegible] 334a
hariolus [illegible] 94b
harmonia [illegible] 27b, [illegible] 174b
hasta [illegible] 78a, [illegible] 90a, [illegible] 173b, [illegible] 194b, [illegible] 217b, [illegible] 328a, [illegible] 356a, [illegible] 366b, parva [illegible] 176b
hastile [illegible] 239a, [illegible] 368a
hausit [illegible] 52a, [illegible] 64a, [illegible] 95b, [illegible] 186b
haustus [illegible] 200a, [illegible] 204b, [illegible] 240a
hebdomas [illegible] 363a, [illegible] 364a
hebes fuit [illegible] 46b, [illegible] 51a, [illegible] 314a
hebetavit [illegible] 76a, [illegible] 388b, [illegible] 389a
hebetudo visus [illegible] 380a
hectica [illegible] 77a
hedera [illegible] 32b, [illegible] 330b, helix [illegible] 102a
hegumenus [illegible] 364a
heliotropium [illegible] 104b [illegible] 219a, [illegible] 305a
helleborus [illegible] 11b, [illegible] 123a, [illegible] 164a
hellespontus [illegible] 50b
hemicrania [illegible] 273b, [illegible] 364a
hemina [illegible] 84a
herba [illegible] 147b, [illegible] 150a, [illegible] 255a, [illegible] 256a, [illegible] 393b, indica [illegible] 135a, inutilis [illegible] 148a, odorata [illegible] 20a, siccata [illegible] 54b
heres [illegible] 150a
heri [illegible] 30a
herinaceus [illegible] 10a, [illegible] 331b
hermaphroditus [illegible] 188a, [illegible] 212a, [illegible] 214b
hernia [illegible] 378a

heros ܓܢܒܪܐ 49a, ܗܪܘܣ 87b
hexaemeron ܐܫܬܐ ܝܘܡܝ̈ܢ 391a
hexapla ܐܟܣܦܠܐ 10 b, ܫܬܐ ܣܕܪ̈ܝܢ 391a
hi ܗܠܝܢ 83b
hiavit ܦܥܪ 281a
hiberna ܒܝܬ ܣܬܘܐ 240b
hic ܗܢܐ 84b, ܗܪܟܐ 87a, ܠܟܐ 399b, —illic ܠܟܐ ܘܠܟܐ 30b, ܗܪܟܐ ܘܬܡܢ 185a
hiemalis ܣܬܘܝܐ 160a
hiems ܣܬܘܐ 240b
hierae granum ܦܪܕܐ ܕܐܝܪܐ 370a
hilaris ܦܨܝܚܐ 282a, —em reddidit ܐܪܘܙ 349a
hinc ܡܢ ܗܪܟܐ 84a, ܡܢ ܗܪܟܐ 87a, ܗܪܟܐ 185a
hinnivit ܨܗܠ 300a
hinnuleus ܥܘܠܐ 247b
hippodromus ܐܦܕܪܘܡܘܣ 20b
hircus ܬܝܫܐ 396b
hirmus ܐܪܡܘܣ 27b, ܩܘܩܠܝܐ 199 a
hirsutus ܡܣܥܪܢܐ 233b
hirudo ܥܠܩܬܐ 251b
hirundo ܣܢܘܢܝܬܐ 230b
historia ܐܣܛܘܪܝܐ 18b, ܫܪܒܐ 197a, ܬܫܥܝܬܐ 388a
hodie ܝܘܡܢܐ 145b
hoedus ܓܕܝܐ 46a, ܓܕܝܐ 49b, ܓܕܝܐ 307a
holocaustum ܝܩܕܐ 148b, ܡܩܠܘܬܐ 221 a
holoserica ܐܠܘܣܝܪܝܩܘܢ 12a
homicida ܩܛܘܠܐ 277b, ܩܛܠܐ 317a
homilia ܡܐܡܪܐ 14a
homo ܐܢܫܐ 16b, ܒܪܢܫܐ 44b
homunculus ܓܒܪܘܢܐ 49a
honestas ܦܐܝܘܬܐ 88a, ܡܬܟܣܝܢܘܬܐ 330b
honestus ܦܐܝܐ 142a
honor ܐܝܩܪܐ 149 a, ܬܫܒܘܚܬܐ 344a, ܬܫܒܘܚܬܐ 363b, debitus ܫܘܝܐ 368a
honorandus ܡܝܩܪܐ 151a
hora ܫܥܬܐ 369b
hordeum ܣܥܪܐ 233b, ܣܥܪܬܐ 342a, aqua perfusum ܫܘܐ 34a, molitum ܩܡܚܐ 63b
horizon ܐܘܪܝܙܘܢ 5 b, ܐܘܪܝܙܘܢܛܘܣ 26b
horoscopus ܗܘܪܘܣܩܘܦܘܣ 146 a, ܡܘܠܕܐ 193a
horreum ܐܘܨܪܐ 11b, ܒܝܬ ܐܘܨܪܐ 13a, ܐܘܨܪܐ 24b, ܐܘܨܪܐ 180b, ܐܘܨܪܐ 223b, ܐܘܨܪܐ 332b
horridus ܩܫܝܐ 210b
horror febrium ܐܬܪܥܠܐ 259b
horruit ܩܦܕ 98b, ܦܚܕ 247a, ܩܦܚ 309a, ܩܘܡ 331b
hortulus ܓܢܬܐ 6a
hortus ܓܢܬܐ 31a, ܓܢܬܐ 41b, ܦܪܕܝܣܐ 58a, ܦܪܕܝܣܐ 285a
hospes ܐܟܣܢܝܐ 26b, ܓܝܘܪܐ 262a, ܡܫܪܝܐ 310a
hospitium ܐܘܪܚܐ 5a, ܐܟܣܢܝܘܬܐ 10a, ܒܝܬܐ 34b
hostia ܕܒܚܬܐ 38a, ܕܒܚܬܐ 193b, ܩܘܪܒܢܐ 206b, ܩܘܪܒܢܐ 289a
hostis ܒܥܠܕܒܒܐ 42b, ܣܢܐܐ 309b
huc ܠܗܪܟܐ 87a, ܠܗܟܐ 175b
humectavit ܪܛܒ 298b, ܪܛܒ 346b, *pass.* ܐܬܪܛܒ 48b, ܐܬܪܛܒ 402b
humerus ܟܬܦܐ 170a, ܨܪܕܐ 359a, ܫܟܡܐ 371a
humiditas ܪܛܝܒܘܬܐ 204b
humidus ܪܛܝܒܐ 190b, ܪܛܝܒܐ 346b, ܪܛܝܒܐ 397a, fuit ܪܛܒ 352a
humiliavit ܡܟܟ 62a, ܡܟܟ 203b, ܡܟܟ 204a, ܫܦܠ 396a, se ܐܬܡܟܟ ܢܦܫܗ 393a, *pass.* ܐܬܡܟܟ 345b, ܐܬܡܟܟ 389b
humilis ܡܟܝܟܐ 49a, ܡܟܝܟܐ 93a, ܡܟܝܟܐ 114a, ܡܟܝܟ 161a, ܡܟܝܟܐ 185a, ܫܦܠܐ 254b, ܫܦܠܐ 383b
humilitas ܡܟܝܟܘܬܐ 41b, ܡܟܝܟܘܬܐ 183a
humor ܠܚܝܘܬܐ 133b, ܟܝܡܘܣ 155a, ܟܝܡܘܣ 159a
hyacinthus ܗܘܩܝܢܬܘܣ 83a, ܝܩܘܢܬܐ 149a
hyaena ܐܦܥܐ 23a, ܨܒܘܥܐ 144b, ܨܒܘܥܐ 239b
hydra ܐܝܕܪܐ 15a
hydria ܩܠܬܐ 339b
hydropia ܡܝܐ ܡܝܐ 161b
hymnus ܗܘܠܠܐ 79b, ܗܘܠܠܐ 83a, ܙܡܝܪܬܐ 211b, ܩܝܢܬܐ 254a, ܩܠܐ 321a, ܩܘܡܐ 335a
hyoscamus ܒܢܓܐ 375b, ܬܠܬܐ 404b
hypericum ܦܘܓܐ 291a
hypothesis ܗܘܦܘܬܣܝܣ 86b
hypotheticus ܣܝܡܐ 224b
hyrax ܫܦܢܐ 103a
hyssopus ܙܘܦܐ 93a

Ibex ܝܥܠܐ 69a
ibi ܬܡܢ 399a, ubi ܐܝܟܐ 8a, ܕ ܟܐ 164a
ibis ܐܝܒܝܣ 143b
ichneumon ܐܝܟܢܘܡܘܢ 14b, ܐܟܢܘܡܘܢ 158b, ܢܡܝܣܐ 207a
icterus ܝܪܩܢܐ 150a
ictus ܡܚܘܬܐ 77b, ܩܘܫܐ 331b, ܩܫܐ 386a
identicus ܗܘ ܗܘ ܚܕ 82b
idiota ܗܕܝܘܛܐ 81a
idolatra ܦܠܚܐ 313b
idolum ܓܠܝܦܐ 56b, ܓܠܝܦܐ 58a, ܨܠܡܐ 103a, ܕܡܘܬܐ 177b, ܦܬܟܪܐ 297b, pictum

impulsio [illegible] 174a
impulsus [illegible] 359a
impuritas [illegible] 396a
impurus [illegible] 135b, [illegible] 136b, [illegible] 306a, —um declaravit [illegible] 216a
imputavit [illegible] 126a
inanis [illegible] 36a, [illegible] 62b, [illegible] 122b, [illegible] 235a, [illegible] 240a, [illegible] 296a
inauguravit [illegible] 313b, *pass.* [illegible] 388b
inauravit [illegible] 67b
inaures [illegible] 168a, [illegible] 313b
incantamenta [illegible] 125b
incantatio [illegible] 135a, [illegible] 334b
incantator [illegible] 94b
incantavit [illegible] 29a, [illegible] 175a
incarnatio [illegible] 44b, [illegible] 265a
incarnavit [illegible] 41b
incautus [illegible] 11a
incendit [illegible] 53a, [illegible] 198b, [illegible] 201a, [illegible] 233b, [illegible] 365b, [illegible] 388b, *pass.* [illegible] 123b, (irā) [illegible] 97b
incendium [illegible] 73b, [illegible] 148b
incensio [illegible] 376b
incepit [illegible] 227b
incessit [illegible] 83b, [illegible] 279b
incessus [illegible] 250a, mollis [illegible] 94b
incidit [illegible] 123b, [illegible] 312a, se [illegible] 260b, *pass.* [illegible] 125a
incisio [illegible] 208b, —nem induxit [illegible] 404a
incisura sagittae [illegible] 239b
incitavit [illegible] 39b, [illegible] 61a, [illegible] 61b, [illegible] 64b, [illegible] 76a, [illegible] 93a, [illegible] 102a, [illegible] 120b, [illegible] 127b, [illegible] 171a, [illegible] 177b, [illegible] 198a, [illegible] 242a, [illegible] 261b, [illegible] 284b, [illegible] 365b, [illegible] 371b, [illegible] 386a, ad amorem [illegible] 101a, ad properandum [illegible] 109b
inclinatio [illegible] 184a
inclinavit [illegible] 163a, se [illegible] 50b, [illegible] 202b, [illegible] 203a, [illegible] 204b, [illegible] 215b, [illegible] 302a, [illegible] 330b, [illegible] 331a, [illegible] 354b, [illegible] 389b
inclusit [illegible] 115a, [illegible] 219b, [illegible] 221a, [illegible] 307b, se [illegible] 102b, *pass.* [illegible] 192a
incoctus [illegible] 110a
incognitus [illegible] 81a
incola [illegible] 37b, [illegible] 51a, [illegible] 69b, [illegible] 151a, [illegible] 253b, *pl.* [illegible] 16b, [illegible] 17a, [illegible] 146b
incomprehensibilis [illegible] 259b, *adv.* [illegible] 258a
inconstans [illegible] 85b, [illegible] 113a
inconsulte [illegible] 365a
incorporalia [illegible] 19a
incorporatio [illegible] 64b, [illegible] 265a
incrementum [illegible] 147b, [illegible] 344b
increpuit [illegible] 60b, [illegible] 76a, [illegible] 130a, [illegible] 152a, [illegible] 198a, [illegible] 200b, [illegible] 255b, [illegible] 334b, [illegible] 394a
increvit [illegible] 286a
incubatio [illegible] 331a
incubuit [illegible] 217a, [illegible] 351b, [illegible] 358b, [illegible] 370a
incubus [illegible] 202a
inculta terra [illegible] 34a
incurvavit [illegible] 163b
incus [illegible] 219b
incusavit [illegible] 263a
inde ubi [illegible] 104a
indecens [illegible] 384a
indeclinabilis [illegible] 40a
indecorus [illegible] 238a
indesinens [illegible] 75a, *adv.* [illegible] 1b, [illegible] 34a
index [illegible] 183b, [illegible] 312a
indicativus [illegible] 280a
indicavit [illegible] 32b
indicium [illegible] 29b, [illegible] 144b, [illegible] 228b, [illegible] 342b
indictio [illegible] 15a, [illegible] 84a
indicum [illegible] 327b
indiguit [illegible] 232a, [illegible] 308a
indoles [illegible] 401b
inductio [illegible] 85a
induit [illegible] 171b, [illegible] 248a
indulgentia [illegible] 15a, [illegible] 73a
indumentum [illegible] 339a
induratus est [illegible] 342b
indusium [illegible] 135b
industria [illegible] 169a
induxit [illegible] 137a, [illegible] 232a, [illegible] 339a, [illegible] 389a, animum [illegible] 29b, *pass.* [illegible] 29b, in errorem [illegible] 265a
inebriatus est [illegible] 349b, [illegible] 373b
ineffabilis [illegible] 186b
ineptiae [illegible] 4a, [illegible] 32a, [illegible] 92b, [illegible] 282b, [illegible] 296a, [illegible] 299a, [illegible] 388b

ineptus ܦܓܝܢ 261b, ܦܗܝܐ 284a
iners ܡܓܠܠܐ 102a, ܓܘܦܢܐ 243a
inertia ܠܐ ܡܦܩܘܬܐ 235a
inevitabilis ܠܐ ܡܬܦܠܛܢܐ 262b
infans ܥܘܠܐ 246a
infaustus ܡܣܡܠܐ 229b
infector ܨܒܥܐ 299a
infelix ܕܘܝܐ 67b, ܡܣܟܢܐ 226a
inferi ܫܝܘܠ 84a, ܫܝܘܠ 373b
inferior ܬܚܬܝܐ 105a
infidelis ܟܦܘܪܐ 163b
infinitivus ܫܡܐ ܡܫܡܠܝܐ 186a
infinitus ܠܐ ܡܣܬܝܟܢܐ 221b
infirmavit ܡܚܐ 316a, *pass.* ܐܬܡܚܠ 383b
infirmitas ܟܘܪܗܢܐ 165a, ܡܚܝܠܘܬܐ 195a, ܡܚܝܠܘܬܐ 197b
infirmus ܟܪܝܗܐ 31b, ܡܚܝܠܐ 207b, fuit ܡܚܠ 367b, ܐܬܡܚܠ 395b
infixit ܩܒܥ 76a, ܩܒܥ ܡܣܡܪܐ 183a, ܢܥܨ 212a, ܢܥܨ 213b, ܩܒܥ 310b, ܐܩܒܥ 343a, *pass.* ܐܬܩܒܥ 383b, *part.* ܡܩܒܥܐ 359b, remansit ܩܒܥ 217a
inflammatio ܫܘܚܢܐ 221b, cerebri ܦܪܢܝܛܝܣ 288b, cutis ܫܘܚܢܐ 196b
inflammavit ܓܘܪܡܐ 53a, ܐܓܡܪ 255a, ܝܩܕ 307b, ܡܚܪ 312a, ܫܚܢ 372a, ܫܓܪ 376b, *pass.* ܐܬܝܩܕ 233b, *part.* ܝܩܝܕܐ 361b, ܡܫܚܢܐ 365b
inflatio ܢܦܚܐ 345a
inflavit ܢܦܚ 209a
inflixit ܐܡܚܝ 238a
influxit ܣܠܩ 112a
infodit ܛܡܪ 212a, ܩܒܪ 313b
infra ܠܬܚܬ 396a
infremuit ܢܗܡ 211b, ܐܬܥܙܙ 247a
infudit ܢܣܟ 211b, ܪܡܐ 356b
infundibulum ܩܘܦܐ 155b

ingeniosus ܚܪܝܦܐ 13b
ingenuus ܒܪ ܚܐܪܐ 121b, ܚܐܪܐ 142a
ingluvies ܓܪܓܪܬܐ 49b, ܫܘܪܓܪܐ 239b, ܩܘܦܐ 251b, ܙܠܠܘܬܐ 267b, ܩܘܪܡܨܐ 341a
ingratitudo ܟܦܘܪܘܬ ܛܝܒܘܬܐ 134b
ingratus animus ܟܦܘܪܘܬܐ 163b
ingravavit ܝܩܪ 204b
ingrediens ܥܠܘܠܐ 180b
ingressus est ܥܠ 171a, ܕܪܟ 384a
inguina ܚܘܨܐ 116b, ܡܬܢܐ 216b
inhabitatio ܥܡܘܪܘܬܐ 253b
inhalavit ܢܫܡ 197b
inhians ܦܥܪ 281b
inhibuit ܟܠܐ 36a
iniit feminam ܫܡܫ 354a, foedus ܩܝܡ ܩܝܡܐ 385a
inimicitiae ܒܥܠܕܒܒܘܬܐ 244a, ܣܢܐܬܐ 369b
inimicus ܒܥܠܕܒܒܐ 15b, ܒܥܠܕܒܒܐ 42b, ܣܢܝܐ 237a
initiatus ܡܕܢܚ 51a, *pl.* ܡܕܢܚܐ 26b, est ܐܬܕܢܚ 249b, ܐܬܪܙ 351a
initium ܪܫܐ ܫܘܪܝܐ 228a, ܫܘܪܝܐ 250a, ܪܫܐ 353b, ܪܝܫܝܬܐ 387b, ab initio mundi ܡܢ ܪܫܝܬܗ ܕܥܠܡܐ 355b
injecit timorem ܐܪܗܒ 388a
injuria ܥܘܠܐ 101b, ܨܥܪܐ 134b, ܡܨܥܪܢܘܬܐ 238b, ܡܣܟܠܢܘܬܐ 246a, ܒܨܝܪܘܬܐ 248b, ܒܨܝܪܘܬܐ 250b, ܥܘܠܐ 258b, ܫܘܪܡܐ 386b, affecit ܨܥܪ 119b
injustus ܥܘܠܐ 301a, —e ܥܘܠܐܝܬ 262a, egit ܥܘܠ 207b, ܐܥܘܠ 251a

innatus ܟܝܢܝܐ 247b
innocens ܙܟܝܐ 94b, ܡܚܣܝܐ 118b, ܡܕܟܝܐ 186a
innotuit ܐܬܝܕܥ 128b
innovavit ܚܕܬ 104b
innuit ܪܡܙ 36a, ܐܪܡܙ 131b, ܐܪܡܙ 202b, ܪܡܙ 355b
inoculatus est ܐܬܛܥܡ 249a
inopia ܣܘܢܩܢܐ 56a, ܚܘܣܪܢܐ 118b, ܚܘܣܪܢܐ 119b
inordinatus ܡܫܓܫ 95a
inquinatio ܛܘܫܝܬܐ 132a
inquinavit ܛܢܦ 94b, ܛܢܦ 95b, ܛܘܫܐ 135b, ܛܢܦ 136b, ܛܢܦ 138b, ܛܢܦ 140a, ܛܢܦ 141a, ܛܢܦ 142a, ܛܡܐ 169b, ܙܠܦ 298a, ܫܚܬ 373a, ܛܘܫ 397b, *pass.* ܐܬܛܢܦ 200a, *part.* ܡܛܢܦܐ 181b, ܡܛܢܦ 306a
inquisitio ܒܥܬܐ 117a
inquisivit ܒܥܐ 79a, ܒܨܐ 84a, ܐܬܒܨܝ 255b, ܒܥܐ 392b
insaniam simulavit ܐܫܬܢܝ 375b
insanivit ܫܢܐ 283b, ܐܫܬܢܝ 372a
insanus ܫܢܝܐ 32a
insatiabilis ܠܐ ܡܬܣܒܥܢܐ 218a
inscitia ܠܐ ܝܕܥܬܐ 137a
inscripsit ܪܫܡ 212b, ܪܫܡ 361a
insculpsit ܢܩܫ 109a, ܪܫܡ 361a
insevit ܐܛܥܡ 137b, *pass.* ܐܬܛܥܡ 211a
insidiae ܟܡܢܐ 24a, ܡܟܡܢܐ 159b, ܟܡܝܢܐ 178b, ܟܡܢܐ 263b, ܟܡܢܐ 305b, ܡܟܡܢܐ 332a, ܡܨܝܕܬܐ 390a
insidiator ܟܡܝܢܐ 205a
insidiatus est ܟܡܢ 69a, ܢܛܪ

206a, ܟܘܫܐ 255a, ܐܫܛܪ 327a, ܪܫܡܐ 348a
insignis ܡܬܚܙܝܢܐ 135a, ܡܫܘܕܥܐ 145a, ܝܕܝܥܐ 353b
insinuavit ܪܡܙ 355b, ܫܚܠ 365a
insipidus ܦܟܝܗܐ 179b, ܦܟܝܗܘܬܐ 181a, ܦܫܝܟܘܬܐ 271b, ܦܫܝܟܐ 295b
insipiens ܣܟܠܐ 233b
insolatus est ܐܫܬܡܫ 380b
insolens ܫܚܝܡܐ 233b
inspersit ܙܪܩ 32b, ܕܪܩ 142a
inspexit ܚܪ 69b
inspirati ܐܬܢܫܡܘ 392a
inspiratio ܡܫܒܢܫܘܬܐ 58a
inspiravit ܢܫܒ 209a
instauratio ܣܘܡܟܐ ܕܚܘܬܡܐ 318b
instauravit ܚܕܬ 386b
instigavit ܐܓܪܓ 10b, ܓܪܓ 61a
instillavit ܢܛܦ 356b, ܪܣܣ 357a
instituit ܐܬܩܢ 92a, ܐܬܩܝܡ 396b
institor ܬܓܪܐ 235a
instituit ܐܩܝܡ 151a, ܐܪܫܡ 238b, *part. pass.* ܡܬܩܢ 155a
institutio ܬܘܪܨܐ 66b, ܡܬܬܪܨܢܘܬܐ 289a
instrumentum ܐܪܓܢܘܢ 25b, ܐܪܓܢܘܢ 27b, ܡܐܢܐ 179a, musicum ܙܡܪܐ 26a, ܟܢܪܐ 198a, ܢܒܠܐ 213b, torturae ܫܢܕܐ 177b
instruxit ܣܕܪ 181a, ܛܟܣ 210b, ܬܩܢ 220a
insula ܓܙܪܬܐ 53b
insulsitas ܦܟܝܗܘܬܐ 300a
insusurratio ܡܪܢܢܘܬܐ 140b
insusurratum est ܐܬܠܚܫ 177a
integer ܫܠܡܐ 112b, ܡܫܡܠܝܐ 142a, fuit ܫܠܡ 94a, ܫܠܡ 377b
integumentum ܓܠܐ 54b
integuntur cicatricibus vulnera ܡܚܘܬܐ ܡܬܚܠܡܢ 127b
intelligentia ܣܘܟܠܐ 269b, ܡܣܬܟܠܢܘܬܐ 347a, ܐܣܬܟܠܘܬܐ 357b
intelligibilis ܡܬܝܕܥܢܐ 146b
intellexit ܐܣܬܟܠ 36b, ܐܬܒܝܢ 78b, ܐܬܝܕܥ 82a, ܐܣܬܟܠ 107a, ܐܬܒܩܝ 144b, ܣܟܠ 187b, ܐܣܬܟܠ 226a, ܦܗܡ 259b, ܦܗܡ 292b, ܩܡ ܥܠ 315a
intemperans ܐܣܘܛܐ 17b
intemperantia ܐܣܘܛܘܬܐ 177a, ܦܪܝܨܘܬܐ 265a
intendit (telum) ܡܬܚ 117a, ܡܬܚ 196b
intentio ܪܥܝܢܐ 299b
intentus ܚܪܝܦܐ 247b
inter ܒܝܬ 36b, se ܚܕ̈ܕܐ 103b
intercalaris ܡܬܬܘܣܦܢܐ 153a
intercessit ܐܬܡܨܥܝ 192a
intercisus est ܐܬܦܣܩ 123b
interclusit aquam ܣܟܪ 102b, *pass.* ܐܣܬܟܪ 280a
interdixit ܐܣܪ 124a, ܟܠܐ 219b
interfecit ܩܛܠ 125b, ܩܛܠ 128b, ܐܩܛܠ 182a, ܩܛܠ 238b, ܩܛܠ 317b
interfuit ܐܫܬܟܚ 13b, ܐܬܩܪܒ 131a
interiit ܐܒܕ 1b, ܥܒܕ 135a, ܥܒܪ 222a, ܦܢܐ 265a, ܬܠܦ 298b, ܐܬܚܪܒ 372a
interim ܒܝܬ ܙܒܢܐ 348b
intermisit ܫܒܩ 294b, *pass.* ܐܫܬܒܩ 158a
intermittens febris ܐܫܬܐ ܕܡܬܦܣܩܐ 140a, non i. ܡܬܡܛܝܢܐ 231b
interpres ܡܬܪܓܡܢܐ 32b, ܡܦܫܩܢܐ 72a, ܡܬܪܓܡܢܐ 243a
interpretatus est ܦܫܩ 268a, ܦܫܩ 293b, ܦܫܩ 295b, ܦܫܩ 296a, ܐܬܪܓܡ 402a
interpunctio ܢܘܩܙܐ 268a
interrogavit ܫܐܠ 128a, ܫܐܠ 362b
interrupit ܦܣܩ 318b
intertrimentum ܐܦܘܣܛܐ 22b
intervallum ܡܫܚܬܐ 131a, ܦܘܪܫܐ 296a
intestina ܓܘܝܐ 51a, ܡܥܝܐ 179b, ܡܥܝܐ 191b, ܩܪܒܐ 351b, terrae ܐܪܥܐ 51a
inthronisatio ܬܘܪܘܢܘܣܝܣ ܕܟܘܪܣܝܐ 151a
intimus ܡܬܚܡܐ 82b
intinxit ܨܒܥ 298b
intolerabilis ܠܐ ܡܬܣܝܒܪܢܐ 218b
intravit ܥܠ 249b
intricatio ܡܥܪܒܠܘܬܐ 319b
intro ܠܓܘ 51a
introduxit ܐܥܠ 250a
intrusit se ܐܬܚܒܫ 172a
intrusus ܚܒܝܫܐ 112a
intuitus est ܐܬܚܙܝ 44a, ܚܒܝ 249a
intulit ܐܥܒܪ 217a, ܐܥܠ 264b
intumuit ܐܬܢܦܚ ܐܬܩܒܩ 266b
inula ܐܢܘܠܐ 16a, ܩܠܠܐ 328a, helenium ܐܠܢܝܘܢ 243b, ܡܠܚܘܣ 323a
inunctio ܡܫܝܚܘܬܐ 375b
inundatio ܛܘܦܢܐ 51b, ܡܫܦܥܢܘܬܐ 331a
inundavit ܫܦܥ 63b, ܐܫܦܥ 131b
inutilis ܒܛܝܠܐ 36a, ܡܣܬܪܩܐ 195b, herba ܐܪܙܐ 93b, verba inutilia ܡܠܐ ܡܣܬܪܩܢܝܬܐ 282b
invaluit ܚܝܠ 247a, ܥܫܢ 262b
invasio ܥܠܝܠܘܬܐ 29b, ܓܚܫܬܐ 54a
invasit ܕܒܪ 43a, ܐܓܚ ܥܠ

junxit curru ܥܓܠ 264a, *pass.* ܐܬܥܓܠ 238a
Jupiter ܙܘܣ 154a, ܗܪܡܝܣ 196b
juravit ܐܝܡܝ 147a
jurisconsultus ܢܘܡܝܩܐ 283a, ecclesiae ܩܢܘܢܝܩܘܣ 25a
jus ܕܝܢܐ 92b
jus ܕܝܢܐ 68b
jusculum ܡܪܩܐ 383a
jusjurandum ܡܘܡܬܐ 147a
jussit ܦܩܕ 224b, ܦܩܕ 282b, ܦܩܕ 284b, *pass.* ܐܬܦܩܕ 14a, ܐܬܦܩܕ 97b
jussu ܒܦܘܩܕܢܐ 277a
jussum ܦܘܩܕܢܐ 288a, ܦܘܩܕܢܐ 290a, ܦܘܩܕܢܐ 393a
justo ܒܟܐܢܘܬܐ 174b, ܟܐܢܐܝܬ 283a
justus ܙܕܝܩܐ 19a, ܙܕܝܩܐ 90b, ܙܕܝܩܐ 94b, ܟܐܢܐ 147b, ܟܐܢܐ 155a, ܟܐܢܐ 401b
juxta ܠܘܬ 144a
juvenis ܥܠܝܡܐ 49b, ܛܠܝܐ 251b, factus est ܥܠܡ 134b
juvit ܥܕܪ 150b

Labefactus est ܐܬܙܝܥ 93a
labium ܣܦܬܐ 233b
labor ܥܡܠܐ 170a, ܥܡܠܐ 252b, ܠܐܘܬܐ 255a, ܥܡܠܐ 385b, ܥܡܠܐ 396b
laborans ܥܡܠܐ 14a
laboravit ܥܡܠ 105a, ܐܬܥܡܠ 170b, ܠܐܐ 267b, ܠܐܐ 273b, ܐܬܥܡܠ 308a, ܥܡܠ 372b, ܐܬܥܡܠ 384a, ܠܐܐ 400a
labrosus ܣܦܬܢܐ 233b
labrum ܣܦܬܐ 340b, chytropodis ܣܦܬܐ 69a, equi ܣܦܬܐ 286b

labrusca ܓܦܬܐ ܕܒܪܐ 122b
lac ܚܠܒܐ 111b, acidum ܚܠܒܐ 68a, ܚܠܒܐ 128b
lacca ܠܟܐ 168a
laceratio ܬܘܪܥܬܐ 403b
laceravit ܒܙܥ 35a, ܒܙܥ 40b, ܢܬܦ 56a, ܢܬܪ 216a, ܦܪܡ 220a, ܦܪܡ 240a, ܦܪܩ 293b, ܨܪܝ 307b, ܨܪܡ 311a, ܬܪܥ 398a, ܬܪܥ 398a, *pass.* ܐܬܦܪܡ 62b, ܐܬܒܙܥ 64b, ܐܬܬܪܥ 304a
lacerta ܚܠܬܐ 14a, ܚܘܠܬܐ 88b, ܚܘܪܛܐ 123a, magna ܩܪܘܕܝܠܐ 113a, Nilotica ܩܪܘܕܝܠܐ 222b
lacinia ܫܦܘܠܐ 32a, ܫܦܘܠܐ 161a, ܫܦܘܠܐ 339b
lacrima ܕܡܥܬܐ 74b
lactans ܡܝܢܩܐ 147b
lactuca ܚܣܬܐ 118a
lacus ܓܘܒܐ 147a, ܓܘܒܐ 149b, ܓܘܒܐ 252a, ܓܘܒܐ 309b
ladanum ܠܕܢܐ 172b
laesit ܐܙܝܩ 206a, ܚܒܠ 219b, ܚܒܠ 279b
laetificavit ܚܕܝ 278a
laetitia ܚܕܘܬܐ 41a
laetus ܚܕܝܐ 104a, ܚܕܝܐ 105b, ܦܨܝܚܐ 282a, —os clamores sustulit ܝܒܒ 143a
laevigavit ܫܥܐ 382a
lagena ܩܘܠܬܐ 41b, ܩܘܠܬܐ 269b, ܩܘܠܬܐ 272a, ܩܘܠܬܐ 304a, ܩܘܠܬܐ 321b, ܩܘܠܬܐ 335b, ܩܘܠܬܐ 339b
lagopus corylorum ܠܓܘܦܘܣ 316b
laicus ܥܠܡܢܐ 44b, ܥܠܡܢܐ 251b, ܥܠܡܢܐ 372a
lamellosus ܕܩܝܩܐ 300b, ܕܩܝܩܐ 324a

lamentatio ܐܘܠܝܬܐ 88a, ܐܘܠܝܬܐ 360a
lamentatus est ܐܠܝ 11a, ܐܠܝ 37b, ܐܠܝ 117a, ܐܠܝ 146a
lamina ܛܒܠܐ 269a, ܛܒܠܐ 294a, ܛܒܠܐ 306b, —s duxit ܛܒܠ 136b
laminatus est ܐܬܛܒܠ 199a
lampas ܠܡܦܐܕܐ 176b, ܠܡܦܐܕܐ 201a, ܠܡܦܐܕܐ 327b, ܠܡܦܐܕܐ 340b, ܠܡܦܐܕܐ 388b
lampsit ܢܨܨ 174b, ܢܨܨ 176a, ܢܨܨ 177a
lana ܥܡܪܐ 2b, ܥܡܪܐ 80b, ܥܡܪܐ 253b
lanceae ܪܘܡܚܐ 219a
languor ܟܘܪܗܢܐ 184b
lanificium ܥܡܪܐ 247b
lanius ܩܨܒܐ 334a
lanx ܦܝܢܟܐ 129b, ܦܝܢܟܐ 163a, ܦܝܢܟܐ 172a, ܦܝܢܟܐ 178a, ܦܝܢܟܐ 188b
lapicida ܦܣܘܠܐ 25b, ܦܣܘܠܐ 175a, ܦܣܘܠܐ 279a
lapidavit ܪܓܡ 346b
lapideus ܟܐܦܢܝܐ 369b
lapillus ܟܐܦܐ 35a
lapis ܐܒܢܐ 2a, ܟܐܦܐ 152a, aerosus ܟܐܦܐ 159a, annuli ܓܠܦܐ 307a, durus ܟܐܦܐ 305b, laevis ܟܐܦܐ 382a, magnus ܟܐܦܐ 38a, ܟܐܦܐ 350a, molae superior ܪܟܒܐ 354a, os sepulcri tegens ܓܘܠܠܐ 49a, prominens ܟܐܦܐ 378b, pulvere mixtus ܟܐܦܐ 63a
lapsus ܡܦܘܠܬܐ 3a, aquae ܡܦܘܠܬܐ 83b, est ܢܦܠ 390a
laqueus ܦܚܐ 118a, ܦܚܐ 267b, ܦܚܐ 271a, ܦܚܐ 306b, ܦܚܐ 380b

libramentum ܬܩܠܐ 215b
libravit ܐܬܩܠ ܗܝܟܠ ܬܩܠ 385a, se ܐܬܬܩܠ 68a
licentia ܡܦܣܢܘܬܐ 260b, ܦܘܣܣܐ 278b, ܫܘܠܛܢܐ 387a
lichen ܐܠܬܐ ܕܡܫܟܐ 107b, —e laborans ܡܣܟܢܐ 329b
licitatus est ܦܣܩ 235a
licitum ܫܠܝܛܐ 377b
lictor ܐܣܛܘܪܐ 6b, ܐܣܦܩܠܛܘܪܐ 20a, ܓܘܪܐ 53b, ܕܪܒܐ 70b, ܫܒܛܐ 270b
lictus est animo ܚܙܐ ܢܦܫܗ 259b
lien ܛܚܠܐ 132a
ligamentum suspensorium et venosum ܫܪܝܐ ܕܥܪܩܐ 121b
ligavit ܐܣܪ 20b, ܩܛܪ 319b, *part. pass.* ܐܣܝܪܐ 136b
lignum ܩܝܣܐ 321a, *pl.* ܐܥܘܐ 7a, ܥܘܐ 81b, aromaticum ܡܪܘܣܐ 340b, croceum ܥܝܠܕܡܐ 188b, quo pila impellitur ܛܠܛܘܠܐ 138b, super quod volvitur stamen telae ܡܫܘܓܪܐ 184b
ligo ܡܪܐ 192b
ligula coriacea ܛܘܦܣܐ 141a
ligusticum ܐܟܘܡܐ ܕܡܥܝܢܐ 392b
lilium ܫܘܫܢܐ 28a, ܫܘܫܢܬܐ 371a, silvestre ܫܘܫܢܐ ܕܒܪܐ 115a
lima ܫܘܦܝܢܐ 279a
limatio ܫܘܦܐ 376a
limavit ܫܦܐ 383a
limbi ܬܘܠܥܐ 118a, ܫܘܦܠܐ 383b
limen ܐܣܩܘܦܬܐ 226b, ܣܦܐ 233b, ܣܪܦܐ 344b
limes ܠܡܝܛܘܦܝ 176b
limi oculi ܣܕܝܟܐ ܕܥܝܢܐ 38b
limitatio ܬܚܘܡܐ 221b
limus ܫܘܠܬܐ 331a, ܚܡܬܐ 382b
linamentum ܡܦܬܠܐ 185a
linea ܣܘܪܛܐ 107a, ܣܘܪܓܐ 238a, ܚܘܛܐ 239a
lingua ܠܫܢܐ ܡܠܬܐ 45a, ܠܫܢܐ 176a, ܠܫܢܐ 177a, ܠܫܢܐ 178b, ܡܡܠܠܐ 186a, ܠܥܙܐ 221a
linimentum ܡܫܘܚܬܐ 167b, ܡܫܚܐ 187b
linteamina ܐܬܘܢܐ 30a
linum ܟܬܢܐ 170a
linxit ܠܚܟ 174b, ܠܚܟ 176a, ܠܚܟ 177a
lippitudo ܚܡܨܘܬܐ 252b, ܪܡܨܐ 305a
lippus ܚܡܝܨܐ 365a
liquavit ܫܚܢ 230a, ܫܚܢ 383a
liquefecit ܦܫܪ 296a, ܐܫܚܢ 372a, ܬܪܐ 387a, *pass.* ܐܬܦܫܪ 62b, ܕܒ 68a, ܦܫܪ 371a
liquor ܡܘܣܩܘܐ 96a, auri ܟܪܘܣܐܠܝܘܢ 167a
lis ܕܝܢܐ 68b, ܬܢܝܐ 122b, ܩܪܒܐ 287b, ܬܓܪܐ 336a
litania ܠܝܛܢܝܐ 175a
litera ܐܬܘܬܐ 29b, ܣܦܪܐ 339b, *pl.* ܐܟܬܒ̈ܐ 3a, ܟܬܒܐ 35a, ܟܬܒܬܐ 169b, ܣܦܪܘܬܐ 235b
lithargyrum ܠܝܬܪܓܘܪܘܢ 352b
lithospermum ܙܪܥܐ ܕܟܐܦܐ 99b
litigatio ܚܪܝܢܐ 265b
litigavit ܕܢ 68b, ܚܪ 86b, ܐܬܚܪܝ 130a, ܚܪܝ 322a
litigiosus ܚܪܝܢܐ 211a
liturgia ܠܝܛܘܪܓܝܐ 175a, ܩܘܪܒܢܐ 337a
livia columba ܝܘܢܐ ܕܒܪܐ 244a
lividus ܟܘܪܐ 45b, fuit ܐܟܘܡ 150a, ܐܟܡ 329a
livit ܛܫ 132a, ܛܫ 369b, ܛܫ 370a
lixivia ܐܠܐ 7a
lobus hepatis ܣܪܝܐ ܕܟܒܕܐ 121b
locavit ܐܘܬܒ 7a
loco ܒܕܘܟܬܐ 113a, ܚܠܦ 224b
loculus ܓܠܘܣܩܡܐ 76b, ܓܘܪܐ 88a, ܬܝܒܘܬܐ 111a, ܩܒܘܬܐ 231a, cf. ܪ 305b
locus ܐܬܪܐ 30b, ܕܘܟܬܐ 72a, ܫܘܐ 366b, asper ܟܪܫܐ 261a
locusta ܓܘܒܐ 93a, ܪܩܘܨܐ 308b, ܩܡܨܐ 326a, caudata ܐܪܒܐ 20b, non alata ܣܠܥܡܐ 196a
locutus est ܐܡܪ 14a, ܠܠܠ 177a, ܠܥܙ 178b, ܡܠܠ 186a, ܐܡܠܠ 221a, ܪܛܢ 362a, ܬܢܝ 399b
lodix feralis ܥܪܣܐ 40b
logica ܠܘܓܝܩܘܢ 172b, ܡܠܘܠܘܬܐ 186a
lolium ܙܘܙܢܐ 28a, ܓܕܘܐ 93b, ܠܓܦܐ ܠܥܬܐ 178b, ܫܥܠܐ 378a
longinquitas ܪܚܝܩܘܬܐ 352a
longus ܐܪܝܟܐ 27a, ܝܡܝܢܐ 199b, fuit ܐܪܟ 149b
loquacitas ܦܛܦܛܘܬܐ 237b
loquax ܦܛܦܛܢܐ 86a
lorarius ܠܘܪܪܝܐ 173b
lorica ܙܪܕܐ 90a, ܫܪܝܢܐ 99a, ܛܘܪܩܘܣܐ 141b, ܫܪܝܢܐ 387b, ܬܘܪܩܐ 400a
loricatus ܠܒܝܫ 172a
lorum ܣܛܘܪܐ 142a, ܪܨܘܥܬܐ 262a, ܫܘܪܐ 311b, pectoris ܚܙܝܐ ܕܚܕܝܐ 44b, *pl.* ܐܦܘܓܐ 7b, ܐܦܘܪܛܘܣ 16b, ܦܓܪܐ 269b
lotio ܫܝܓܐ 378b
lotura ܫܘܓܐ 316a
lotus ܦܠܛܐ 161a
lubricus ܙܠܝܩܐ 353a, ܦܪܥܘܬܐ 390a
lucerna ܫܪܓܐ 277b
lucifer ܢܓܗܐ 199b
lucratus est ܐܬܪ 312a, ܩܠܠ 319a
lucrum ܝܬܪܘܬܐ 209b, ܩܘܠܣܐ 274a
luctator ܟܘܫܪܐ 77b

mechanicus ܡܟܢܝܩܐ 185b
mediator ܡܨܥܝܐ 398b
medicago sativa ܐܣܦܣܬܐ 20a, ܦܣܦܣܬܐ 279b
medicamentum ܐܣܛܘܪܓ 26b, ܦܪܡܩܝ 63a, ܒܛܪܚܣܐ 98a, ܣܡܐ 130a, ܣܡܐ ܕܐܘܡܢܘܬܐ 133a, aridum ܦܫܟܐ 234a
medicavit ܐܣܝ 161a
medicinam exercuit ܐܣܝܘܬܐ 228b
medicus ܐܣܝܐ 17a, ܒܘܪܓܐ 257a
medimnus ܡܕܝܡܢܐ 179b, ܡܕܝܡܢܘܣ 180b
mediocris ܡܨܥܝܐ 195b
mediocritas pretii ܡܨܥܝܘܬܐ 368a
meditatus est ܗܓܐ 80a, ܗܓܝܣ 84a, ܗܪܓ 87a
medium ܡܨܥܬܐ 51a, ܡܨܥܬܐ 192a, ܦܠܓܐ 272b, ܦܠܓܘܬܐ 273a
medulla ܡܘܚܐ 170b, palmae ܩܘܪܐ 316b
mel ܕܒܫܐ 66b
melilotus ܡܠܝܠܘܛܘܣ 62a, ܩܘܪܡܘܡܐ 84b, ܡܠܝܠܘܛ 157b
melior fuit ܝܬܪ 151b
melius ܛܒ 283a, ܛܒܝܒ 294b
melodia ܙܡܪܐ 354a
membrana pulmonem a jecore et liene distinguens ܡܫܟܐ 71b, —e similis ܡܫܟܢܝܐ 196a
membrum ܗܕܡܐ 87a, virile ܙܩܘܪܐ 72b, cervi ܐܝܠܐ 95a
meminit ܐܬܕܟܪ 72b, ܗܓܐ 84a, ܐܬܬܥܝܕ 171a, ܥܗܕ 245a
memoria ܥܘܗܕܢܐ 86a
memoriter ܡܢ ܠܒܐ 170b
mendacium ܕܓܠܘܬܐ 94a, ܟܕܒܘܬܐ 261b, ܫܘܩܪܐ 381b
mendax ܕܓܠܐ 66b, ܟܕܒܐ 153b
mendicavit ܚܕܪ 104a
mendicus ܚܕܪܐ 175a, ܡܣܟܢܐ 223a
mendum ܛܘܥܝܬܐ 137a
mens ܗܘܢܐ 34a, ܪܥܝܢܐ 82a, —te captus ܫܢܝܐ 68a, ܫܢܝܐ 149b, est ܫܢܐ 381a, praeditus ܡܗܘܢܐ 144b
mensa ܛܒܠܝܬܐ 129a, ܛܒܠܐ 140b, ܦܬܘܪܐ 151a, ܦܬܘܪܐ 274a, ܦܬܘܪܐ 298b, ܦܬܘܪܐ 302a
mensis ܝܪܚܐ 149b, *pl.* ܝܪܚܐ 163b, ܝܪܚܐ 347b
menstruatio ܕܫܬܐ 26b
mensura ܡܫܘܚܬܐ 61b, ܡܫܘܚܬܐ 236b, ܟܝܠܐ 345a, agri ܫܢܝܐ 121b, completa ܡܫܘܚܬܐ 170a, frumenti ܣܐܬܐ 221a
mensus est ܐܬܟܝܠ 16a, ܟܠ 156b, ܡܫܚ 195b, agros ܡܫܚ 183a
mentalis ܡܬܝܕܥܢܐ 359b
mentha ܢܢܥܐ 188b, ܢܢܥܐ 207b, ܢܢܥܐ 359b, aquatica ܢܢܥܐ ܕܡܝܐ 222b, ܣܝܣܢܒܪܝܢ 232b, odorosa ܢܢܥܐ 87a, pulegium ܦܘܠܝܓܝܘܢ 339b
mentitus est ܕܓܠ 66b, ܟܕܒ 153b, ܫܩܪ 237b, ܟܕܒ 386b, ܐܕܓܠ 404b
mentum ܕܩܢܐ 97a, ܕܩܢܐ 158b
mercator ܬܓܪܐ 354b, ܬܓܪܐ 393a
mercatura ܬܐܓܘܪܬܐ 3b, ܬܐܓܘܪܬܐ 284b
mercatus ܫܘܩܐ 89b
merces ܐܓܪܐ 3a
mercurialis ܐܪܡܘܢܐ 27b
Mercurii dies ܚܕ ܒܫܒܐ 345a
mercurius ܗܪܡܝܣ 71b, ܗܪܡܝܣ 81b, ܢܒܘ 90a, ܢܒܘ 92a, ܢܒܘ 93a, ܟܘܟܒܐ 248b, ܟܘܟܒܐ 253b
meretrix ܙܢܝܬܐ 94b, ܙܢܝܬܐ 96b, ܙܢܝܐ 288b
meridies ܛܗܪܐ 130b, ܛܗܪܐ 147a, ܛܗܪܐ 199a, ܦܠܓܗ ܕܝܘܡܐ 272a
meritus est ܐܫܬܘܝ 353b, ܫܘܐ 368a
merops ܩܪܩܦܬܐ 88b
mersit ܐܛܒܥ 57b, ܛܒܥ 118a, ܛܒܥ 298b. *pass.* ܐܬܛܒܥ 129b
mesopotamicus ܒܝܬܢܗܪܝܐ 200b
mespilus ܥܘܙܪܪܐ 161a, ܥܘܙܪܪܐ 198b, ܦܣܦܣܬܐ 232b, ܙܥܪܘܪܐ 238b, germanica ܙܥܪܘܪܐ 108b
messem fecit ܚܨܕ 319a
messuit ܚܨܕ 121a
meta ܡܛܪܬܐ 190a, ܡܛܪܬܐ 196b, ܡܛܪܬܐ 325b, ܣܘܦܐ 329a, vitae ܣܘܦܐ 205b
metalla ܡܛܠܠܐ 183b, ܡܛܠܐ 311a
metaphora ܫܘܚܠܦܐ 256a, —ice ܫܘܚܠܦܐܝܬ 362a
metatus ܡܛܛܘܣ 183b
metaxa ܡܛܟܣܐ 183b
metempsychosis ܫܘܚܠܦ ܢܦܫܬܐ 381b
meteora ignea ܡܛܐܘܪܐ 253a
methodus ܡܬܘܕܘܣ 196b
metretae ܡܛܪܛܐ 197b
metricus ܡܫܘܚܬܢܐ 91b
metropolis ܐܡܐ ܕܡܕܝܢܬܐ 12b, ܡܛܪܘܦܘܠܝܣ 184a
metrum ܟܝܠܐ 156b, ܡܫܘܚܬܐ

195b, ܩܢܛܐ 205b, ܡܪܬܝܬܐ 336a
metus ܕܚܠܬܐ 70a, ܙܘܥܬܐ 92b, ܡܪܬܐ 328a
meus ܕܝܠܝ 71a
mica panis ܦܪܬܘܬܐ 291b
micuit ܒܪܩ 46b, ܐܙܠܓ 69a
migratio ܫܘܢܝܐ 108b
migravit ܫܢܐ 83b, ܫܢܝ 242b, ܥܠ 381a
miles ܐܣܛܪܛܝܘܛܐ 18b, ܦ 224a, ܦܠܚܐ 273b, ܦܠܚܐ ib
militaris ܡܪܬܝܬܐ 336b
militavit ܦܠܚ 156a
milium ܟܘܟܒܪܐ 50b, ܕܘܚܢܐ 70b
mille ܐܠܦܐ 12a
millepeda ܕܒܬܐ 75a, ܚܡܫܐ 144b, ܡܐܬܐ 180b, ܡܠܥܒܪ 324a
milliarium ܕܡܝܠܐ 71a, ܡܝܠܐ 184b, ܡܝܠܐ 187b, ܡܡܝܐ 229a, ܡܝܠܐ 229b
milvus ܕܝܬܐ 72a
mimus ܡܝܡܘܣܐ 188b
mina ܡܢܝܐ 189a
minae ܡܘܥܟܢܐ 284b
minaretum ܡܢܪܬܐ 283a
minatus est ܟܐܡ 53a, ܕܚܠ 70a, ܐܬܚܟܡ 175a, ܐܬܢܟܦ 207b, ܐܬܡܪܡ 247a
mineralia ܐܝܬܘܬܐ 51a, ܩܘܡܝܐ 323b
ne minimum quidem ܠܐ ܙܥܘܪܐ 43b, ܠܐ ܦܠܓܐ 266b
minister ܕܝܢܐ 68b, ܫܡܫܐ 82b, ܡܫܡܫܢܐ 201b, ܦܠܚܐ 273b, ܦܩܕܐ 380b, ecclesiae ܕܝܘܩܢܐ 77a
minium ܣܩܪܐ 186a
minor ܙܥܘܪܐ 98a
minus fecit ܙܥܪ 43b
minuta ܦܠܓܘܬܐ 318a, ܩܠܝܠ 353b
minutiae ܕܩܘܩܬܐ 77a
minutus est ܙܥܪ 43b, ܐܬܙܥܪ 209b
minxit ܬܫ 394b
mirabilia ܬܕܡܪܬܐ 38b, facinora ܕܚܝܠܬܐ 48b
miraculum ܐܬܐ 29b, ܬܕܡܘܪܬܐ 75a, ܫܓܫܐ 110b, ܦܠܝܐ 293a
miratus est ܬܗܐ 59a, ܬܡܗ 394b, ܬܘܗ 394b, ܬܗܪ 395a, ܬܗܝ 399a
miscuit ܙܘܓ 99a, ܚܠܛ 101a, ܚܒܨ 112a, ܡܙܓ 180b, ܡܙܓ 182a, ܐܬܚܠܛ 260a, ܦܠܛ 297a, ܥܪܒ 364b, se ܐܬܚܠܛ 155a, ܐܬܥܪܒ 371a
miser ܕܘܝܐ 67b, ܚܫܝܟܐ 114a
miseratus est ܚܣ 106b, ܐܬܪܚܡ 117a, ܪܚܡ 351b, ܪܚܡ ib., ܐܬܪܚܡ 358a
misericordia ܦܝܣܐ 278b, ܪܚܡܐ 351b
misericors ܡܪܚܡܢܐ 199b
miseria ܟܒܝܫܘܬܐ 31a, ܥܠܘܒܘܬܐ 40b, ܟܪܝܘܬܐ 53a, ܕܘܝܘܬܐ 95a, ܕܘܝܐ 340a
misit ܫܕܪ 367a, ܫܕܐ 377a, ܪܡܐ 380a, folia ܦܪܥ 291a
missa ܩܘܪܒܐ 337a
missalis vestis ܕܡܫܡܫܢܘܬܐ 73b
missio ܐܫܬܕܪܘܬܐ 6a, sanguinis ܫܦܝܟܘܬ ܕܡܐ 364b
misy ܡܣܝܢ 311b
mitra ܡܨܢܦܬܐ 238a, ܣܘܕܪܐ 240a, ܦܐܪܐ 270b, ܦܝܠܘܢܐ 283a, ܦܘܩܪܐ 283b, ܡܨܢܦܬܐ 306a
mixtura ܡܘܙܓܐ 340a
mixtus ܚܠܝܛ 38a, non ܠܐ ܡܚܠܛ 25b
Mobed ܡܘܗܦܛܐ 181a
mobilis ܡܬܬܙܝܥܢܐ 85b
moderatus est ܡܫܚ 77a
modestus ܡܢܟܦܐ 151a, ܢܟܦܐ 166b
modicus ܩܠܝܠ 26b, ܙܥܘܪ 195b
modius ܩܒܐ 180a, ܡܘܕܝܐ 194a, ܣܐܬܐ 216a, ܡܘܕܝܐ 223b
modo — modo ܗܫܐ — ܗܫܐ 89b
modus ܐܟܢܘܬܐ 8a, ܐܣܟܡܐ 19a, ܙܢܐ 96b, ܡܫܘܚܬܐ 195b, ܩܢܘܢܐ 205b, carminis ܐܣܟܡܐ 213b
moechatus est ܓܪ 52b, ܓܘܪܐ 373a, ܓܘܪ 381b
moeror ܥܩܬܐ 372b
mola ܪܚܝܐ 351a
moles ܬܩܠܬܐ 404b
molestia ܥܘܠܡܢܐ 255b, —m exhibuit ܠܐܝ 396b
molestus ܠܐܝ 170a, ܟܒܝܪܐ 174a, fuit ܐܬܡܪܡ 149a, —m fuit ܗܘܐ ܠܗ ܡܠܝܐ 319a
molitor ܛܚܘܢܐ 204b
mollis ܪܟܝܟܐ 222b, ܪܟܝܟܐ 267b, ܦܫܝܛܐ 278a, ܪܟܝܟܐ 354a, ܪܟܝܟܐ 356, ܪܟܝܟܐ 358b, ܪܟܝܟ 387a
moluit ܛܚܢ 132a
molybditis ܡܘܠܝܒܕܐ 149b
momentum ܪܦܦܐ 203a, ܪܦܦܐ 203b, temporis ܪܦܦ ܥܝܢܐ 297a, ܫܥܬܐ 369b
momordit ܢܟܬ 65b, ܢܟܬ 207a, ܢܟܬ 216a
monachus ܐܝܚܝܕܝܐ 2a, ܝܚܝܕܝܐ 102b
monasterium ܕܝܪܐ 174a
monastica vita ܕܝܪܝܘܬܐ 69b, ܕܝܪܝܘܬܐ 146a
moneta ܡܘܢܝܛܐ 189b, ܦܠܣܐ 227b
monitio ܡܘܥܟܢܐ 284b
monitus est ܐܬܪܬܝ 111a
monoceros ܪܝܡܐ 353a

monogramma regium 130a
Monophysitae 72a
mons 131b, 345b, 381a
monstravit 304b, 366a
monticulus 108b, 397b
mora 21b
moratus est 7a, 158a, 393b
morbus 152a, 156a, 165a, 195a, 371a, stomachi 24b, tergi 125a
mores 26b, 66b, 85b, 96b
moringae arabicae fructus 281a
mors 88b, 293a
mortarium 2b, 21a, 69a, 90a, 180b, 280b, 360b
mortifer 317b
mortuus 243b, est 182a, 202a, 254b, 269b, 374b, 377b, excitatus 94b
morus 395a
mos 182b
moschus 196b
motus (animi) 197b, terrae 49b, 92b, 201b, 268b, 358a
movit 92a, 93a, 141b, 200a, 201b, 232a, 334b, castra 358b, clamorem 307b, se 68b, 143b, 352a, 358b, 359b, cupido 347a, *pass.* 51b, gradu 209b
mucor 325b
mucro 124b
mucus 183a
mugitus 271a
mugivit 60a
mulier 17a
mulierculae 214b
mulsit 111b, 195b, 370a, cantu 211b
multavit 119b
multipeda 389b
multiplicatus est 219a, 251a
multitudo 242a, 252a
multus 153a, 218a, fuit 149b
mulus 31b, 45b, 153b
mundavit 222b
mundus 45a, 63b, 251b, 338b
munivit 119b, 193b, viam 359a, 364a
munus 13b, 77b, 91a, 162b, 217a, 366b, nuptiale 69b
muraena 194b
murex 328b
muria 10a, 111a, 174b, 194b
murmur imbris 347a
murmuratio 358a
murmuravit 86a, 140a, 352a, 362a, aqua 316b
murus 49b, 370b, parvus 45a, —i magni 28b
mus 258a, arvalis 109a, magnus 25b, 28a
musa paradisiaca 181a
musca 65a
muscus 226b, 381a, 316b
musica 191a, 343b
mussitatio 358a
mussitavit 362a
mustela 12b, 26b, 58a, 157a, 226b, 314a, 357a, scythica 378b, zibellina 230a
mustum 42b, 190b, 195a
mutavit 85a, 104b, 113b, 365b, 381a, 381b
mutilavit 103a, *pass.* 238b
mutulus lucernae 72b, 220b, *pl.* 360b
mutuo 362a, data pecunia 10a
mutus 32b, 125b, 127b, 304b
mutuum accepit 145b
myristicae moscatae fructus 366b
myrobalani emblici 374a
myrobalsamum 352b
myropola 41b
myrrha 192b
myrtus 17a

mystax ܪܘܫܡܐ 98a, ܩܨܡܐ 279b
mysterium ܐܪܙܐ 26a, ܡܫܪܝܬܐ 241a
myzetes ܡܙܝܬܐ 336a

Naeniae ܢܥܝܬܐ 126a
nam ܓܝܪ 54b
namque ܒܪܡ 152a
naphta ܢܦܛܐ 209b
narcissus ܢܪܩܝܣ 214b
nardus ܢܪܕܝܢ 214a, ܫܒܠܬ ܕ' 364a
nares ܢܚܝܪܐ 204a, ܡܥܦܩܢܬܐ 215a
narratio ܫܪܒܐ 388a
narravit ܐܫܬܥܝ 72b, ܐܬܢܝ 128b, ܬܫܥܝ 176a, ܬܢܐ 362a, ܐܫܪܒ 382b, ܐܠܐ 399b
Nasiraeus ܢܙܝܪܐ 203a
natalicia sidera ܒܝܬ ܝܠܕܐ 146a
natatio ܣܚܝܐ 131b
natavit ܣܚܐ 221b, ܛܦܐ 331a, ܛܦܚ 382a, ܫܛܐ 404a
nates ܥܛܐ 107b, ܐܥܛܐ 390b
natio ܐܘܡܬܐ 13a, ܝܚܫܐ 148a
natron ܢܛܪܘܢ 205b
natura ܐܝܬܘܬܐ 19a, ܟܝܢܘܬܐ 59b, ܟܝܢܐ 150b, ܟܝܢܐ 155a, ܦܘܣܝܣ 279a
natus est ܐܬܝܠܕ 146b
nauclerus ܢܘܩܠܪܐ 202b, ܐܡܒܘܪܐ 391b
naufragium ܛܒܥܐ 201a
nausea ܓܘܥܐ 300a, —m movit ܐܓܥ 200a
nauta ܡܠܚܐ 147a, ܡܠܚܐ 187b, ܢܘܛܐ 202a
navavit operam ܫܓܫ 120a
navale minus ܡܝܢܐ 234a
navicula ܐܠܦܐ 100b, ܩܪܒܐ 225b, ܡܥܒܪܬܐ 324a, ܩܪܩܘܪܐ 341b

navigatio ܡܪܕܝܬܐ 131b
navigium ܡܪܕܝܬܐ 78b
navis ܐܠܦܐ 12a, ܐܣܦܝܢܐ 18b, ܐܪܩܦ 27b, ܡܥܒܪܬܐ 179b, ܡܥܒܪܬܐ 186a, ܣܦܝܢܬܐ 234b, ܩܪܩܘܪܐ 354a, oneraria ܩܪܩܘܪ 337a
ne ܕܠܡܐ 179a, forte ܕܠܡ 78b
nebula ܥܪܦܠܐ 172b, ܥܢܢܐ 249a, ܥܪܦܠ 318a, tenuis ܕܥܒܐ 71a, ܥܪܦܠܐ 338b
necavit ܚܢܩ 101b
necessarius ܡܬܒܥܢܐ 105a, ܣܢܝܩ 126b, —ae res ܣܘܢܩܢܐ 232a
necesse fuit ܐܠܨ 12b
necessitas ܐܢܢܩܐ 16a, ܚܫܚܘܬܐ 174a, ܚܫܚܐ 257a, ܩܛܝܪܐ 319b
nefastus ܛܢܦܐ 59a
negatio ܟܦܘܪܘܬܐ 23b
negavit ܟܦܪ 134b, ܐܟܦܪ 350a
neglexit ܐܗܡܝ 40b, ܫܛ 43b, ܐܪܦܝ 79b, ܐܪܦܝ 84a, ܫܢ 259a, ܐܫܠܝ 267b
negligenter ܒܡܪܦܝܘܬ 41b
negligentia ܡܪܦܝܘܬܐ 34a, ܡܪܦܝܘܬܐ 36a, ܫܠܝܐ 196a, ܡܪܦܝܐ 318b, ܡܪܦܝܐ 319a, ܡܪܦܝܐ 365a
negotiatus est ܐܬܬܓܪ 393b
negotium ܐܬܓܪܬܐ 3b, ܐܬܘܬܐ 13b, ܡܣܚܪܘܬܐ 233a, ܥܢܝܢܐ 254a, ܥܢܝܢܐ 256a
nemus ܥܒܐ 245b
nequitia ܒܝܫܘܬܐ 113a, ܒܝܫܘܬܐ 124a
nerium oleander ܕܦܢܐ 87a, ܪܘܕܘܕܦܢ 165b, ܪܘܕܘܕܦܢ 348a
nervus ܓܝܕܐ 54a, ܓܝܕܐ 88b, ܥܪܩܐ 151b, in coxa ܢܫܝܐ 59b, lumborum ܩܘܛܢܐ 268a, —i corpus continentes ܐܚܝܕܐ 397b
nescio ܠܐ ܝܕܥ ܐܢܐ 69a

nevit ܙܠ 247a, ܛܘܐ 295b
nex ܩܛܠܐ 317b
nexit ܐܣܪ 50a, ܐܣܪ 65a, ܩܛܪ 297a
nictatus est ܩܪܨ ܥܝܢܐ 237a
nidor ܩܘܛܪܐ 305b
nidus ܩܢܐ 326b, ܩܢܐ 358b
nigella sativa ܩܘܨܚܐ 363a
niger ܐܘܟܡܐ 9b, ܐܟܡܐ 152a, ܐܘܟܡܐ 160a, ܚܫܘܟܐ 372a, fuit ܐܘܟܡ 146a, ܟܡܐ 372a
nigredo ܐܘܟܡܘܬܐ 326b
nimis ܛܒ ܝܬܝܪܐܝܬ 262a
nisi ܐܠܐ 10b, ܐܠܐ ܐܢ 44a
nitrum ܢܛܪܘܢ 45b, ܒܘܪܩܐ 215b, boracicum ܒܘܪܩܐ ܕܠܡܘܢ 47a, —i squama ܢܛܪܘܢ ܕܩܠܦܐ 205b
nix ܬܠܓܐ 377b, plurima ܬܠܓܐ 67a
nobilis ܐܘܓܝܢܣ 4b, ܡܝܩܪܐ 130b, ܡܝܩܪܐ 142a, ܬܡܝܗܐ 144b, ܡܝܩܪܐ 180a, ܚܐܪܐ 293a, ܡܥܠܝܐ 338a, ܪܒܐ 367b
nocendi studium ܡܚܒܠܢܘܬܐ 31a, vis ܚܒܠܢܘܬܐ 174a
noctua ܩܘܩܝܐ 154b, ܩܘܦܐ 245b, magna ܩܘܩܝܐ 331a, parva ܩܘܦܬܐ 316a
nocuit ܐܙܝܩ 86b, ܐܣܟܠ 119b, ܚܒܠ 206a, ܚܒܠ 219b, ܗܪ 238b, ܐܙ 396b
nodus ܩܛܪܐ 319b, culmi ܓܘܡܪܐ 116a, in nodum formatus est ܐܬܩܛܪ 164a
nomen ܫܡܐ 379a
nominatio ܫܡܗܘܬܐ 336a
nominavit ܐܟܢܝ 128b, ܫܡܗ 161a
non ܠܐ 170a, ܠܝܬ 173a, est ܠܝܬ 175b
nonnulli ܐܢܫܝܢ 16b
nos ܚܢܢ 15a, ܚܢܢ 116b

obstrepuit ܐܬܚܪܫ 283b
obstructas aures habens ܣܟܝܪܐ 108a
obstruxit ܛܡܫ 135b, ܣܟܪ 240a
obstupefactus ܡܬܕܡܗ 172b
obstupefecit ܬܡܗ 38b, ܐܬܡܗ 59a, ܐܕܡܪ 67b, ܛܡܪ 135b
obtemperatio ܡܛܘܥܐ 205a
obtemperavit ܛܥܐ 213a
obtendit ܡܬܚ 339a
obtexit ܚܦܐ 19b, ܐܚܦܐ 249a, ܚܦܝ 256a, ܩܪܡ 365b
obtigit ܐܬܓܕܫ 388a, ܦܓܥ 389b
obtinuit ܐܚܕ 244a
obtorpuit ܥܘܢ 214b
obtrectatio ܕܘܚܠܐ 88b, ܛܘܪܦܐ 179b
obtruncavit ܦܣܩ 318b
obtulit ܩܪܒ 259b, ܐܩܪܒ 303b, ܩܪܒ 337a
obturavit ܛܡܫ 135b, ܣܟܪ 300a
obtusus (vino) ܡܪܘܝܐ 300a, fuit ܗܡܐ 46b
obumbravit ܛܠܠ 134a
obviam ivit ܐܪܥ 28a, ܦܓܥ 262a, laete ܣܘܚ 221a
obviam venit ܐܬܩܒܠ 213a, ܦܓܥ 264b, ܐܬܓܕܫ 388a
occa ܡܣܪܩܐ 384a
occaecavit ܐܚܫܟ ܥܝܢܐ 6b, ܥܘܪ 76b, ܣܡܐ 120a, ܣܡܠ 156b, ܐܣܡܐ 159b, ܥܘܪ 229a, ܥܘܪ 247a, ܥܘܪ 252b, *pass.* ܐܬܥܘܪ 51a
occasio ܐܦܢܐ 21b, ܥܠܬܐ 30b, ܥܠܬܐ 205b, ܥܘܢܬܐ 245a, ܦܠܓܐ 275b
occidit ܥܪܒ 260a
occlusit ܛܡܫ 135b, ܥܨܪ 252b
occultavit ܛܫܐ 19a, ܛܡܪ 79b, ܛܫܐ 120a, ܛܫܐ 142b, ܟܣܐ 154b, ܟܣܐ 160a, ܟܣܐ 162b, ܟܣܐ 241a, ܟܣܐ 365b, se ܐܬܛܫܝ 59a
occupatio ܥܢܝܢܐ 365a
occupavit ܥܪܩ 86b, ܚܕ 211b, ܐܚܕ 254a, ܥܩܬ 255a, ܥܢܐ 365a, *pass.* ܐܬܐܚܕ 14b, ܐܬܥܢܝ 234a, ܐܬܐܚܕ 256a
occurrit ܐܪܥ 28a, ܐܦܓܥ 264b
occursio ܐܘܪܥܐ 300b
oceanus ܐܘܩܝܢܘܣ 5b
ocimum basilicum ܫܘܫܢܐ 106a, ܒܣܝܠܝܩܘܢ 367b
ocrea ܦܪܣܦܐ 45b, ܩܘܢܡܝܐ 341b
octapla ܬܡܢܝܬܐ ܩܘܡܐ 256a
octo ܬܡܢܝܐ 399a
octocaidecasyllabon ܬܡܢܬܥܣܪܝܬܐ 221b
octoechus ܐܘܟܛܘܐܟܘܣ 9a
oculus ܥܝܢܐ 249a
odio fuit ܐܬܣܢܝ 119a
odit ܣܢܐ 9a, ܣܢܐ 230b, ܣܢܐ 237a
odor ܪܝܚܐ 41a, ܪܝܚܐ 222a, ܪܝܚܐ 266a, ܪܝܚܐ 353a, carnis assatae ܩܛܪܐ 221a
odoramentum ܒܣܡܐ 187a
odoratae plantae ܒܣܡܐ 236a
oeconomus ܪܒܝܬܐ 288b, ܪܒܝܬܐ 344a
offendit ܐܬܬܩܠ 86b, ܬܩܠ 193b, ܬܩܠ 262b, *pass.* ܐܬܬܩܠ 168b, ܐܬܬܩܠ 248a, ܬܩܠ 255a
offensa ܬܘܩܠܐ 383a
offensio ܬܘܩܠܐ 93b, ܡܬܬܩܠܢܘܬܐ 243a, ܬܘܩܠܐ 401a
offensor ܡܟܫܠܢܐ 206a
officiales ܐܘܦܝܩܝܐ 23b, ܕܪܓܐ 78a
officiosus ܬܫܡܫܬܐ 126a
officium ܬܫܡܫܬܐ 13b, ܬܫܡܫܬܐ 133b
offuscavit ܐܚܫܟ 51a, *pass.* ܐܬܚܫܟ 372a
olera ܝܪܩܐ 100a, ܝܪܩܐ 150a
oleum ܡܫܚܐ 195b, cedrinum ܩܕܪܝܢܐ 248b
olfactio ܡܬܪܝܚܢܘܬܐ 353a
olfecit ܪܚ 222a
olitor ܓܢܢܐ 163a
oliva ܙܝܬܐ 94a
olla ܩܕܪܐ 9a, ܩܘܩܐ 46b, ܩܕܪܐ 136b, ܩܕܪܐ 154b, ܩܕܪܐ 313b, ܩܘܩܐ 316a, ܩܕܪܐ 334b, ܩܘܩܐ 338a, ܩܕܪܐ 337b, ܩܕܪܐ 342a, ܩܕܪܐ 378b
olor ܩܘܩܢܘܣ 335b
olympias ܐܘܠܘܡܦܝܣ 12a
omentum ܬܪܒܐ 111b
omisit ܫܒܩ 43b, ܫܒܩ 242b, ܐܫܬܒܩ 366a
omnino ܟܠܗ ܟܠ 57b, ܟܠܢܫ 186b, ܡܢ ܟܠ 221b, ܟܠ 233b, ܟܠܗܘܢ 277b, ܡܢ ܟܠ ܦܘܡ 289b
omnipotens ܐܚܝܕ ܟܠ 7a, ܟܠ 171a
onobrychis ܚܡܪܝܬܐ 259b
onus ܡܘܒܠܐ 137b, ܛܥܢܐ 143b, ܛܥܢܐ 149a, ܛܥܢܐ 164a, ܛܥܢܐ 255b, ܛܥܢܐ 385b, ܛܥܢܐ 401a, navis ܛܥܢܐ 3b
onyx ܫܘܗܡܐ 139a
opem tulit ܐܥܕܪ 150b
opera ܥܒܕܐ 179b, ܥܒܕܐ 185b
operam dedit, navavit ܐܬܚܦܛ 10b, ܐܬܚܦܛ 120b, ܐܬܚܦܛ 133b, ܐܬܚܦܛ 169a, ܐܬܚܦܛ 258a, ܚܦܛ 263a, ܐܬܚܦܛ

289b, ܦܠܚ 317b, ܫܡܫ 372b, ܐܬܦܠܚ 397b
operarum magister ܪܒ ܦܥܠܐ 337b
operarius ܐܓܝܪܐ 125b, ܦܥܠܐ 322b
operculum ܚܦܝܐ 103a, ܚܘܦܝܐ 118b
operuit ܚܦܐ 120a
opes ܐܘܨܪܐ 5b, ܢܟܣܐ 206b, ܥܘܬܪܐ 348b
opimus ܫܡܝܢܐ 177b
opinatus est ܣܒܪ, 66b
opinio ܣܒܪܐ 117a, ܣܘܥܪܢܐ 218a, ܪܥܝܢܐ ܡܚܫܒ 221b, ܚܘܫܒܐ 363b
opium ܐܦܝܘܢ 22b
oppidum ܩܪܝܬܐ 68b, ܟܦܪܐ 165b, ܡܕܝܢܬܐ 338a, parvum ܩܪܝܬܐ ܙܥܘܪܬܐ 13b
se oppigneraverit ܐܬܡܫܟܢ 375a
oppositus ܩܘܒܠܐ 95b, ܠܘܩܒܠ 309b
se opposuit ܩܡ 69b, ܩܒܠ 310a, ܐܬܥܫܢ 355b
oppressio ܥܘܠܨܢܐ 99a, ܐܘܠܨܢܐ 134b, irae ܐܟܪܐ 7a
oppressit ܐܠܨ 12b, ܚܒܨ 43a, ܐܚܒܫ 58a, ܕܚܩ 207b, ܐܛܡ 217a, ܚܒܨ 250b, ܐܟܪ 257a, ܨܥܪ 262b, ܚܡܨ 263a, ܐܬܦܪܫ 304a, ܪܦܫ 306b, ܩܛܠ 325b, ܩܘܫ 331b, ܫܡܛ 372b, ܫܚܩ 377a, ܐܬܐ 396b, ܐܬܚܒܨ 397a, *pass.* ܐܬܐܠܨ 16a
opprobrium ܚܣܕܐ 321b, ܚܪܝܦܘܬܐ 360b
optativus ܪܓܝܓܘܬܐ 143a, ܡܬܪܓܓܢܐ 303b
optavit ܐܬܪܓܝ 117b
opticus ܚܙܝܢܝܐ 69a
optio ܩܛܪܢܐܘܦܛܝܘܢ 22a, ܓܒܝܬܐ 48a
opus ܥܒܕܐ 224b, ܣܘܥܪܢܐ 233a, ܦܘܠܚܢܐ 241b, ܥܒܕܐ 281a

ܦܘܪܣ ܡܕܒܪܢܘܬܐ 284b, ܐܦܝܠܐ 401b, erat ܗܘܐ ܡܕܒܪܢܐ 42a
ora maritima ܣܦܪ ܝܡܐ 101b, ܬܚܘܡܐ 288a
oracula sibyllina ܣܝܒܠܝܘܣ 219a
orarium ܐܘܪܪܐ 25b, ܣܘܕܪܐ ܕܨܘܪܐ 83b
oratio ܡܐܡܪܐ 14a, ܡܠܬܐ 397b, funebris ܡܐܡܪܐ ܐܦܝܛܐ 402a
oratorium ܒܝܬ ܨܠܘܬܐ 353a
orbiculatim ܟܘܪܝܐܝܬ 54b
orbiculus ܓܘܠܠܐ 51b, ܦܘܪܡܐ 341b
orbis ܚܘܕܪܐ 105a, cribri ܥܪܒܠܐ 139a, terrarum ܬܐܒܝܠ 103a, ܬܒܝܠ 151a, ܥܡܘܪܬܐ 253b, ܐܬܟܠ 392b
orbavit ܐܟܠ 146a, *pass.* ܐܬܚܪܒ 247a
orbitas ܬܟܠܘܬܐ ܕܒܢܝܐ 56a, ܛܟܠܐ 397a
orbus ܓܪܝܕܐ 53a, ܝܬܡܐ 151a
orcus ܫܝܘܠ 243b
ordinatio ܬܘܩܢܐ 165b, ܡܬܩܢܢܘܬܐ 238b
ordinator ܡܬܩܢܢܐ 224b
ordinatus ܡܬܩܢ 258a
ordinavit ܬܩܢ 123b, ܛܟܣ 139a, ܐܣܪ 287a, ܦܩܕ 318b, *pass.* ܐܬܬܩܢ 187a
ordo ܛܟܣܐ 77b, ܬܘܩܢܐ 133b, ܣܕܪܐ 220a, ܥܢܝܢܐ 222b, ܬܪܥܐ 332a, ܕܪܓܐ 393a, ܐܬܪܐ 401b, ex ordine ܒܛܟܣܐ 213a, secundum ordinem ܡܛܟܣܐܝܬ 155a
organicus ܐܪܓܢܝܩܝܐ 110a
organis praedita ܐܘܪܓܢܐ 25b
oriens ܡܕܢܚܐ 75b
origanum ܐܘܪܝܓܢܘܢ 26a, ܫܘܪܥܢܐ

339b, majoranum ܡܪܘܢܐ 194a, maru ܡܪܘ ib.
originarius ܥܬܝܩܐ 197b
Orion ܓܢܒܪܐ 49a, ܓܒܪܐ 249b
ornamentum ܐܣܛܠܐ 11b, ܨܒܬܐ 95b, ܣܘܪܩܐ 125a, ܨܒܬܐ 299a, capitulare ܩܘܒܥܐ 283b, lunatum ܣܗܪܘܢܐ 304b, muliebre ܚܠܝܐ 129a
ornatus ܡܨܒܬܐ 19a
ornavit ܨܒܬ 81a, ܨܝܪ 123b, ܨܒܬ 127a, ܨܒܬ 157b, ܨܒܬ 228a, ܐܨܒܬ 264a, ܨܒܬ 301a, ܩܫܛ 330b, ܐܨܒܬ 384b, *pass.* ܐܬܨܒܬ 67b, ܐܬܨܒܬ 297a
ornithogalum ܚܠܒܐ ܕܦܪܚܬܐ 112a, ܟܘܟܒܐ 125a
orobanche ܚܢܩ ܥܕܫܐ 60b, ܐܪܝܐ ܕܒܩܠܐ 259a
orthodoxus ܬܪܝܨ ܫܘܒܚܐ 28b, ܫܪܝܪ ܬܫܒܘܚܬܐ 404a
ortus sideris ܕܢܚܐ 16b, solis ܡܕܢܚ ܫܡܫܐ 228a
ortus est ܕܢܚ 73b, ܝܠܕ 75b, ܗܘܐ 81b, ܢܒܥ 197a
oryza ܪܘܙܐ 46b, ܘܪܙܐ 89a, sativa ܪܘܙܐ 350b
os, oris ܦܘܡܐ 266b
os, ossis ܓܪܡܐ 63a, nasi ܐܦܣܐ ܕܢܚܝܪܐ 370a, palmulae ܓܪܡܐ 56b
oscillum ܕܘܢܕܐ 68b, ܐܘܫܠܐ 96a
oscitavit ܐܬܦܬܚ 266a, ܦܥܐ 267a, ܦܚܐ 281a
osculatus est ܢܫܩ 215a
ossifraga ܦܪܣܐ 275b
ostendit ܚܘܝ 106a
ostentatio ܫܘܒܗܪܐ 33a, ܦܘܚܙܐ 277b
ostiarius ܐܘܣܛܝܪܝܐ 18a, ܦܢܩܝܛܐ 328b, ܬܪܥܐ 403b

ostrea ܐܘܣܛܪܐܩܘܢ 18b, ܐ̈ܟܠܐ 95b
otiosus ܒܛܝܠܐ 197b, ܒܛܠ 35b
otium ܒܛܠܐ 32b, ܫܠܝܘܬܐ 235a, ܦܢܝܐ 376a, ܦܢܝܘܬܐ 383b
ovile ܐܘܠܝܬܐ 17b, ܕܪܬܐ 69b
ovis ܐܒܪܘܒܛܘܢ 60a, ܢܩܝܐ 212a, ܥܢܐ 284a
ovum ܒܥܬܐ 37a, ܒܝܥܬܐ 45a, *pl.* ܐ̈ܒܝܥܐ 1a, piscium ܒܪܐ 87a
oxymel ܐܘܟܣܘܡܠܝ 226b

Pacavit ܐܬܦܝܣ 33a, ܦܝܣ 385a, *pass.* ܐܬܦܝܣ 401a
pactum ܩܝܡܐ 88b, ܦܘܣܩܢܐ 236b
pactus est ܦܣܩ 333b
paedagogus ܦܕܓܘܓܐ 265a, ܪܒܝܐ 402a
paederastia ܡܫܟܒܘܬܐ 219b
paene ܩܠܝܠ ܕܠܐ 43b
paeninsula ܓܙܪܬܐ ܦܠܓܘܬܐ 143b
paenula ܦܐܢܠܐ 270b, ܦܝܢܠܐ 275a
paeonia ܦܐܘܢܝܐ ܩܠܝܡܢܐ 116b, ܦܐܘܢܐ 267a
paetus ܦܬܝܐ 106b
paganus ܚܢܦܐ 27b, ܐܪܡܝܐ 117b, ܚܢܦܐ 264b
pagina ܦܬܘܪܐ 227a
pagus ܩܪܝܬܐ 163b, —i dominus ܡܪܐ ܩܪܝܬܐ 67b
pala ܪܦܫܐ 13a, ܡܦܣܬܐ 20b, ܡܥܪܦܬܐ 64a, annuli ܩܘܦܐ ܕܥܙܩܬܐ 316a, ferrea ܦܬܝܐ 192b
palatium ܐܦܕܢܐ 8a, ܐܦܕܢܐ 22a, ܒܝܪܬܐ 37a, ܗܝܟܠܐ 82b, ܦܠܛܝܢ 233a, ܦܠܛܝܢ 274b
palatum ܦܠܛܐ 117b, ܐܓܪܐ 379b
palea ܬܒܢܐ 234b, ܥܘܪܐ 334b, ܐܒܘܪܐ 403a
palear ܡܙܪܐ 59b
pallium ܐܣܛܠܐ 13a, ܐܦܘܠܝܢ 21b, ܐܡܦܝܠܝܢ 23b, ܒܪܣܐ 54b, ܓܘܠܬܐ 153a, ܕܒܝܩܐ 159b, ܓܘܫܦܐ 168b, ܛܠܝܬ 189b, ܛܠܝܬܐ 194b, ܛܦܣܐ 219a, ܟܣܘܬܐ 242b, ܟܬܝܢܐ 248a, ܠܚܦܐ 250a, ܡܥܛܦܐ 256b, ܡܥܦܪܬܐ 274b, ܦܕܝܡܬܐ 329a
pallor ܝܘܪܩܢܐ 150a
palma ܦܥܡ 295a, *pl.* ܕܩܠܐ 79a
palmes ܣܘܟܐ 365a, *pl.* ܕܠܝܬܐ 73a
palmulae immaturae ܟܠܘܬܐ ܐܦܝܐ 39a, praematurae ܒܘܟܪܐ 70b, ܦܘܩܝܬܐ 202b
palpavit ܓܫܫ 64b, ܡܫܫ 195b, ܡܫ 272b, ܦܬܟܬܐ 390a
palpebrae ܐܬܝܩܬܐ 398a, ܐܦܝܐ 399a, —is pendentibus laborans ܩܘܫܢܐ 154b
palpitatio membrorum ܪܦܦܐ 358b
palpitavit ܢܛ 201b
palumbes ܒܪ ܝܘܢܐ 260a
palus ad vitem adligandam ܫܘܦܢܐ 120a
palus, udis ܐܓܡܐ 2b, ܐܣܝܐ 14b, ܒܝܨܬܐ 135a, ܝܡܐ 147a, ܟܠܘܬܐ 247a, in litore fluminis ܐܣܘܐ 19a
palustris ܕܒܓܡܐ 83b, locus ܒܝܨܬܐ 129b, planta ܢܣܫܐ 207b
pampinavit ܟܪܝ 244a
pampinus ܣܘܟܐ 60b, ܥܝܪܬܐ 301a, ܣܘܟܬܐ 365a
pandecta ܦܢܕܩܛܐ 277b
pandiculatio ܪܚܦܐ 358a
pandit ܦܪܣ 289a, ܫܛܚ 347b, ܦܫܛ 368a, ܫܛܚ 373b
panicula ܫܒܠܬܐ 225a, floris ܐܦܪܐ 61a
panicum ܕܘܚܢܐ 70b, ܦܢܝܩܘܢ 321b, miliaceum ܦܢܓܐ 284a
panis ܐܓܝܒܐ? 11a, ܓܠܘܣܩܐ 134b, ܓܡܘܣܐ 174b, ܣܘܪܝܐ 232b, ܦܬܐ 265b, ܦܬܘܬܐ 288b, ܦܪܝܡܬܐ 289a, aqua mixtus ܒܠܝܠܐ 176a, biscoctus ܦܩܣܡܛܐ 272a, in cinere coctus ܡܛܓܢܐ 141a, ܪܓܝܦܐ 358a, non fermentatus ܦܛܝܪܐ 62b, in patina coctus ܛܓܢܐ 139a, sacratus ܦܪܘܣ 79a, signatus ܛܒܝܥܐ 129b, tenuis ܪܩܝܩܐ 166b
pannarius ܒܙܪܐ 34b
pannicula ܦܢܝܩܘܠܐ 278a
pannus ܒܪܬܐ 45b, ܒܠܘܬܐ 54b, ܝܪܥܬܐ 207a, ܣܦܪܘܢܐ 240a, ܟܪܘܟܐ 244a, ܦܢܝܐ 289a, ܦܪܐ 292a, ܨܪܝܐ 307b, ܡܣܟܠܬܐ 319a, ܐܦܪܕܬܐ 360b, nitidus ܕܘܪܐ 67b, subsutus ܐܨܠܬܐ 18a, tinctus ܨܒܥܐ 298b
panther ܢܡܪܐ 31a, ܢܡܪܐ 145b, ܢܡܪܐ 266a, ܦܢܬܝܪ 278a
papa ܦܦܐ 31a, ܦܐܦܐ 281b
papaver ܦܫܦܫܐ 185a
papilio ܦܦܝܠܝܘܢ 281b
papilla ܚܕܝܐ 34b, ܬܕܝܐ 112b
papyraceae naves ܓܡܐܝܬܐ 143a
papyrus ܐܪܕܝܐ 25b, ܦܐܦܘܪܘܣ 281b
par ܐܘܝܐ 4b, ܐܝܟܢܐ 9a, ܙܘܓܐ 91b, fuit ܫܘܐ 191b, ܫܘܐ 368a, *adv.* ܫܘܝܐܝܬ 83a
parabola ܡܬܠܐ 197a
paracletus ܦܪܩܠܛܐ 293b
paradigma ܦܬܠܐ 385b

paradisus [Syriac] 33b, [Syriac] 58a, [Syriac] 285a
paragauda [Syriac] 284b
paralysis [Syriac] 332b, [Syriac] 387b
paralyticus [Syriac] 243a
paranymphus [Syriac] 370b
parasangus [Syriac] 289b
paratus [Syriac] 174b
paravit [Syriac] 48a, [Syriac] 53b, [Syriac] 122b, [Syriac] 131a, [Syriac] 263a, [Syriac] 300b, [Syriac] 304a, [Syriac] 326b, [Syriac] 370a, [Syriac] 404b, se [Syriac] 224b, [Syriac] 225a, [Syriac] 355a, [Syriac] 370b, sibi [Syriac] 393b, ignominiam [Syriac] 319b
parcus [Syriac] 119a, [Syriac] 203b, [Syriac] 325a, *adv.* [Syriac] 106b
parens [Syriac] 146b, *pl.* [Syriac] 1a
paries [Syriac] 17a, [Syriac] 106b
parietaria [Syriac] 173b
pars [Syriac] 33b, [Syriac] 53b, [Syriac] 189a, [Syriac] 271b, [Syriac] 280a, *pl.* [Syriac] 37a
particeps [Syriac] 208a
participium [Syriac] 371a
particula [Syriac] 21a, exornativa [Syriac] 227a, hostiae [Syriac] 157b, panis [Syriac] 369b
partitio [Syriac] 272b
parturivit [Syriac] 101b
parum abfuit [Syriac] 43b
parus [Syriac] 307a
parvus [Syriac] 43b, [Syriac] 77a, [Syriac] 92b, [Syriac] 97b, [Syriac] 364b
pascha [Syriac] 279a, [Syriac] 282a
paschalis dies [Syriac] 363a
pascuum [Syriac] 202a

passer [Syriac] 199b, [Syriac] 307a
passus [Syriac] 78a, [Syriac] 279b
passus est [Syriac] 75a, [Syriac] 126a, [Syriac] 217a, [Syriac] 364b, [Syriac] 391a
pasta [Syriac] 24b, [Syriac] 370b, [Syriac] 382a
pastinaca [Syriac] 18a
pastor [Syriac] 165b, [Syriac] 212b, [Syriac] 250a, [Syriac] 356a, [Syriac] 357a, —um summus [Syriac] 345a
patefecit viam [Syriac] 79a
patella [Syriac] 172a, [Syriac] 270b, genūs [Syriac] 90a
patens [Syriac] 55b, porta [Syriac] 282a, —tes literae [Syriac] 297a
pater [Syriac] 1a, [Syriac] 31a, [Syriac] 265b
patera [Syriac] 95a, [Syriac] 190a, [Syriac] 237b, [Syriac] 270b, [Syriac] 277b, [Syriac] 301a, [Syriac] 302a, [Syriac] 305b, [Syriac] 312a, olei [Syriac] 96a
patibulum [Syriac] 259a
patiens [Syriac] 233b, [Syriac] 242a
patientia [Syriac] 200a, [Syriac] 218a, [Syriac] 388b, —m adhibuit [Syriac] 199b
patina [Syriac] 95a, [Syriac] 129b, [Syriac] 140b, [Syriac] 172a, [Syriac] 371b
patinula [Syriac] 348b
patria [Syriac] 196b
patriarcha [Syriac] 270a, [Syriac] 287a
patricius [Syriac] 270a
patronus [Syriac] 270a

patruus [Syriac] 68a
paucus [Syriac] 72b, *pl.* [Syriac] 43b, [Syriac] 97b, [Syriac] 321b, —is [Syriac] 164b
paulatim [Syriac] 7b, [Syriac] 30b, [Syriac] 144a, [Syriac] 321b
paulisper [Syriac] 186b
paululum [Syriac] 97b
paulum abest [Syriac] 119b
pauper [Syriac] 31a, [Syriac] 226a
paupertas [Syriac] 53a, [Syriac] 95a, [Syriac] 240a, [Syriac] 308a
pavimentum [Syriac] 354a, [Syriac] 359b
pavit [Syriac] 357a
pavus [Syriac] 131b
pax [Syriac] 374a, [Syriac] 378a
paxillus [Syriac] 332b, ligneus [Syriac] 271b, [Syriac] 320a
peccator fuit [Syriac] 136b
peccatum [Syriac] 249b
peccavit [Syriac] 31a, [Syriac] 109a, [Syriac] 225b, [Syriac] 238b, [Syriac] 389a, [Syriac] 390a
pecten [Syriac] 240b, textorius [Syriac] 166a
pectus [Syriac] 104a, [Syriac] 208b
pecunia [Syriac] 163a, [Syriac] 261b
pecus [Syriac] 253b, [Syriac] 318a, [Syriac] 327a
pedamentum [Syriac] 113a
pedes [Syriac] 270b, [Syriac] 346b
pedetentim [Syriac] 30b
pediculus [Syriac] 323a, [Syriac] 336a, [Syriac] 337b, [Syriac] 397b
pedum [Syriac] 165b, [Syriac] 194b, [Syriac] 330b

peganum harmala ܓܦܦܐ 47a, ܦܝܓܢܐ 264b, ܦܓܢܐ 364b
in pejus mutatum est ܐܬܚܠܦ 373a
pelargus ܩܝܩܢܝܐ 276a
pelecanus ܩܩܐ 334b, ܩܩܐ 372b
pellex ܓܘܪܬܐ 259b
pellexit ad amorem ܦܬܝ 237a
pellicea vestis ܫܪܘܢܬܐ 104b
pellis ܓܠܕܐ 41b, ܓܠܕܐ 55b, ܡܫܟܐ 377a
pellucidus ܨܠܝܠܐ 201a
pelvis baptismalis ܥܡܕܐ 88a
penetrans color ܨܒܥܐ 169b
penetravit ܒܙܥ 46b, ܐܬܒܙܥ 51a, ܚܕܪ 112a, ܥܒܪ 136a, ܦܠܫ 253a, ܦܠܫ 279b, ܢܩܒ 310b
penis ܙܢܒܐ 44b, ܙܒܘܪܐ 327a
penna ܐܒܪܐ 2a, ܓܦܐ 56b, ܡܫܪܐ 121b, ܢܘܨܬܐ 194a, ܦܬܪܐ 233b
pentecoste ܦܢܛܩܘܣܛܐ 116b, ܦܢܛܩܘܣܛܐ 277b, ܓܘܙܐ 364a
pependit ܐܬܬܠܝ 75b, ܬܠܐ 385a, ܬܠܐ 401a
pepercit ܚܣ 106b, ܚܣ 115a, ܚܣ 117a
peperit ܐܝܠܕ 146a, ܝܠܕ 181a, ܝܠܕ 211a, ܐܘܠܕ 369a
pepones ܩܫܘܐ 269a, ܩܬܐ 316b
per ܒܝܕ 144a
pera ܬܪܡܠܐ 110a, ܬܪܡܠܐ 165a, ܟܝܣܐ 178a, ܡܫܟܐ 180b, ܬܪܡܠ 182b, ܬܪܡܠܐ 403a
percepit ܐܪܓܫ 78b, ܩܒܠ 137a, ܩܒܠ 315a
percipiendus ܡܬܩܒܠܢܐ 144b
percipiens ܡܩܒܠܢܐ 208a
percolavit ܕܘܠ 303a, ܙܩܦ 306b, ܫܚܠ 371b
perculsus est timore ܐܬܬܙܝܥ 59a
percussio ܡܚܘܬܐ 64b, ܢܘܩܫܐ 213a
percussit ܡܚܐ 129b, ܡܚܐ 139a, ܡܚܐ 141a, ܢܩܫ 385b, *pass.* ܐܬܡܚܝ 67a, ܐܬܡܚܝ 304b
percussor ܡܚܘܝܐ 76a
percutere fecit ܐܡܚܝ 183a
percutiendi instrumentum ܡܚܘܬܐ 101a
perdidit ܐܘܒܕ 1b, ܐܒܕ 33b, ܚܪܒ 36a, ܚܪܒ 57b, ܚܒܠ 63b, ܣܚܦ 75a, ܐܘܒܕ 120a, ܛܠܩ 129b, ܐܛܠܩ 135a, ܐܘܒܕ 222a, ܐܘܒܕ 243a, ܐܘܒܕ 267b, ܦܪܥ 286a, ܐܘܒܕ 321b, ܐܘܒܕ 373a
perditio ܐܒܕܢܐ 400a
perdix ܩܩܒܢܐ 76a, ܩܩܒܐ 103a, ܩܩܒܐ 133a, ܩܩܒܐ 291b, ܩܩܒܢܐ 335a
peregit ܐܫܠܡ 33a, ܦܥܠ 210b, ܥܒܕ 241b, noctem ܒܬ 34b, *pass.* actio sacerdotalis ܐܬܦܩܕ 154a
peregrinans ܬܝܒܐ 103a
peregrinatio ܬܘܬܒܘܬܐ 108b
peregrinus ܐܟܣܢܝܐ 10a, ܢܘܟܪܝܐ 52b
perfecit ܓܡܪ 57b, ܐܫܠܡ 148a, ܫܟܠܠ 157b, ܫܠܡ 221b, ܐܫܠܡ 241b, *pass.* ܐܬܓܡܪ 62b, ܐܫܬܠܡ 127b, ܐܫܬܠܡ 187a
perfectus ܓܡܝܪܐ 378a, ܡܫܠܡܐ 398b, *adv.* ܓܡܝܪܐܝܬ 186b
perfodit ܚܦܪ 67a, ܢܩܒ 276b, ܢܩܒ 383b, *pass.* ܐܬܢܩܒ 272a
perforatio ܢܩܒܐ 89a
perforavit ܢܩܒ 44a, ܢܩܒ 110b, ܢܩܒ 212a, ܢܩܒ 212b, ܢܩܒ 268b, ܢܩܒ 276b, ܢܩܒ 304b, ܢܩܒ 403b, *pass.* ܐܬܢܩܒ 35a
perfregit ܬܒܪ 403b, *pass.* ܐܬܬܒܪ 357a
perfrictio ܩܘܪܫܐ 335b
perfrigeratio ܩܘܪܐ 335b
perfudit ܢܨܠ 211b, *pass.* ܙܠܦ 359b
perfuga ܥܪܘܩܐ 55a
pergamentum ܦܪܓܡܢܘܢ 229a
pergula ܬܪܥܐ 261a
periculum ܢܣܝܘܢܐ 208a, ܩܢܕܝܢܘܣ 327b
perigonium ܦܪܘܢܐ 321a
periit ܐܒܕ 1b, ܐܒܕ 33b, ܚܪܒ 35b, ܚܪܒ 38a, ܓܡܪ 57b, ܚܒܠ 63b, ܡܝܬ 83b, ܐܬܛܠܩ 129b, ܣܦ 222a, ܦܪܥ 254b, ܫܩܡ 372a, ܐܬܐܒܕ 389b
periodeutes ܦܪܝܕܘܛܐ 233a, ܦܪܝܕܘܛܐ 287a
periodus ܦܪܝܘܕܐ 143a
peripatus ܦܪܝܦܛܐ 291b
peritus ܡܕܪܫ 51a, ܡܕܪܫ 69a, ܡܕܪܫܐ 111a, ܝܕܘܥܐ 144b, ܡܕܪܫ 181a, ܡܕܪܫܐ 187b, ܡܕܪܫ 235b
perlustravit ܒܚܪ 43a
permansit ܐܬܡܛܝ 315b
permisit ܐܪܦܝ 75a, ܐܦܣ 278b, ܐܪܦܝ 359a, ܐܫܒܩ 361a, ܐܦܣ 383a, *pass.* mihi ܐܦܣܢ ܠܝ 82b
permissio ܦܘܣܐ 367a, ܡܦܣܢܘܬܐ 364b, ܫܘܒܩܢܐ 377b
permixtio ܚܘܠܛܢܐ 38a
permutavit ܫܚܠܦ 113a
pernicies ܐܒܕܢܐ 1b, ܚܘܒܠܐ 63b, ܚܒܠܐ 101b, ܚܘܒܠܐ 222a
perniciosus ܡܚܒܠܢܐ 206a

pernoctavit [Syriac] 199b
perpendiculum [Syriac] 160b, [Syriac] 343a
perpetuus [Syriac] 213a
perquisivit [Syriac] 43a, [Syriac] 44a, [Syriac] 216b, [Syriac] 272b, [Syriac] 276b, *pass.* [Syriac] 181b
perrexit [Syriac] 213b
perscripsit [Syriac] 301b
perscrutator [Syriac] 43b
perscrutatus est [Syriac] 255a, [Syriac] 272b, [Syriac] 316b
persecutus est [Syriac] 258a, [Syriac] 316a, [Syriac] 348a, [Syriac] 392b
perseveravit [Syriac] 13b, [Syriac] 115a, [Syriac] 218a, [Syriac] 247a
persona [Syriac] 292a, [Syriac] 328b
personuit [Syriac] 349a
perspicuus [Syriac] 46a, —m fecit [Syriac] 215a, *adv.* [Syriac] 55a, [Syriac] 62a, [Syriac] 79b, [Syriac] 201a, [Syriac] 383a
persuasio [Syriac] 82b, [Syriac] 271a, [Syriac] 276a
perterritus est [Syriac] 295b
pertica [Syriac] 259a
pertimuit [Syriac] 395b
pertinacia [Syriac] 340a, [Syriac] 342b
pertinax [Syriac] 193b, [Syriac] 248a, [Syriac] 257a, [Syriac] 314a
pertinuit [Syriac] 183b
perturbatio [Syriac] 68a, [Syriac] 73a, [Syriac] 95a, [Syriac] 132a, [Syriac] 139b, [Syriac] 172a, [Syriac] 250b, [Syriac] 255a, [Syriac] 366a, [Syriac] 372a, [Syriac] 385a
perturbatus [Syriac] 306b
perturbavit [Syriac] 38a, [Syriac] 38b, [Syriac] 43a, [Syriac] 73a, [Syriac] 92b, [Syriac] 191b, *pass.* [Syriac] 32a, [Syriac] 33b, [Syriac] 95a, [Syriac] 319a
pervasit [Syriac] 46b
pervenit [Syriac] 29b, [Syriac] 183b, [Syriac] 190a, [Syriac] 229a, [Syriac] 304a, [Syriac] 312b, [Syriac] 389b
perversitas [Syriac] 1b, [Syriac] 255a
perversus [Syriac] 85a, [Syriac] 255a
pervertit [Syriac] 95a, [Syriac] 181a, [Syriac] 191b, [Syriac] 246a, [Syriac] 258a, [Syriac] 287b, [Syriac] 317a
pervius [Syriac] 83b
pes [Syriac] 60a, [Syriac] 266a, [Syriac] 346b, [Syriac] 401b, lychnuchi [Syriac] 40b, montis [Syriac] 383b
pessulum [Syriac] 308a
pessum dedit [Syriac] 1b
pestilentia [Syriac] 40a
pestis [Syriac] 97a, [Syriac] 182a, [Syriac] 371b
petasus [Syriac] 225a
petiit [Syriac] 42a, [Syriac] 84a, [Syriac] 316a, [Syriac] 392b, cornū [Syriac] 77b, puellam [Syriac] 366b
petiolus [Syriac] 314b
petitio [Syriac] 75b, [Syriac] 362a
petrificatio [Syriac] 369b
petrosus [Syriac] 386a
petulantia [Syriac] 246a, [Syriac] 358b
petulcus [Syriac] 243b
pexit [Syriac] 240a
phalanx [Syriac] 273a
phantasia [Syriac] 277b
phantasma [Syriac] 80a
pharetra [Syriac] 320b, [Syriac] 377a
pharmacopola [Syriac] 248b, [Syriac] 302a
pharmacum [Syriac] 78a, [Syriac] 228b
pharus [Syriac] 288b, [Syriac] 289b
phaseolus [Syriac] 171a, mungo [Syriac] 179b
phasiana avis [Syriac] 78a, [Syriac] 279a
philosophus [Syriac] 275b
phiola [Syriac] 180a, [Syriac] 304a
phlegmaticus [Syriac] 273b
phoca [Syriac] 158a, [Syriac] 267a
phoenix (avis) [Syriac] 277b, [Syriac] 399a, dactylifera [Syriac] 77a
phthisis [Syriac] 24b, [Syriac] 297b
phui [Syriac] 266b
phylacteria [Syriac] 400b
physalis alkekengi [Syriac] 116a
physiognomia [Syriac] 310b
physiologus [Syriac] 186b, [Syriac] 279a
piaculum [Syriac] 118b
piatus est [Syriac] 247b
picea [Syriac] 267a
pictus [Syriac] 95b
piger [Syriac] 32b, [Syriac] 102a, [Syriac] 134a, [Syriac] 179a, [Syriac] 197b, [Syriac] 208b, [Syriac] 383b, [Syriac] 403a
piget me [Syriac] 246b
pignus [Syriac] 84b, [Syriac] 375a
pigritia [Syriac] 358b

pila ܟܘܪܝܬܐ 40a, ܛܦܐ 51b, ܬܘܪܡܘܣܬܐ 74b
pileus ܩܘܠܣܘܢܐ 325b, ܦܝܠܘܬܐ 341a
pili ܣܥܪܐ 89a, caprini ܡܪܥܙܐ 194b
pilula ܟܘܠܝܟܬܐ 39a, ܟܘܪܝܬܐ 40b, ܦܝܠܘܠܐ 278a
pincerna ܫܩܝܐ 385a
pineus ܦܝܢܝܐ 267a
pinguedo ܕܗܢܐ 67b, ܚܠܒܐ 262b, ܫܘܡܢܐ 269a, ܬܪܒܐ 402a
pinguis ܕܗܝܢܐ 67b, ܫܡܝܢܐ 134a, ܫܡܝܢܐ 379b
pinna ܓܦܐ 52b, ܐܒܪܐ 60b, ܦܝܢܝܬܐ 256a, ܦܠܝܢܘܣ 278a, ܦܪܐ 339b
pinus ܐܪܙܐ 11b, ܦܝܬܘܣ 277b, —i fructus ܩܘܙܐ 307b
pinxit ܨܪ 301a
piper ܦܠܦܠܐ 275b
pipitus ܓܘܠܓܠܐ 51b, ܨܪܨܘܪܐ 307a
pirum ܐܓܢܣܐ 140b, ܦܝܪܘܢ 286b
pirus communis ܟܘܡܬܪܐ 160b, malus ܚܙܘܪܐ 108b
pisa ܟܠܝܠܐ 111b
piscatus ܨܝܕܐ 302b, est ܨܕ 300b
piscina ܦܝܣܩܝܢܐ 280b, ܒܪܟܬܐ 355a
piscis ܟܘܪܬܢܬܐ 37a, ܕܘܓܐ 82a, ܢܘܢܐ 124b, ܢܘܢܐ 202b, cetaceus ܩܛܐ 309a, sale induratus ܛܪܝܚܐ 140b
pistacia ܦܣܬܩܐ 279a, ܦܣܬܩܐ 281a, —e magnae ܒܛܡܬܐ 175b, palaestina ܒܛܡܬܐ 36a
pistillum ܟܘܢܐ 37b, ܡܕܩܐ 77a, ܡܕܩܐ 213b, ܡܕܘܟܐ 360b

pistor ܐܦܝܐ 21b, ܚܒܙܐ 152b, ܢܚܬܘܡܐ 204b
pisum ܦܝܣܘܢ 279b, parvulum ܦܩܣܝܢ 280b
pituita ܚܠܛܐ 123b, ܦܠܓܡܐ 273b
pius ܡܚܣܝܢܐ 70a, ܡܙܕܩܢܐ 82b, ܚܣܝܐ 274a
pix ܙܦܬܐ 98a, ܟܘܦܪܐ 163b, ܦܝܣܐ 269a, ܩܝܪܐ 321a, ܩܘܦܪܐ 333a, ܪܘܫܐ 370a
placabilis ܡܬܪܥܝܢܐ 118b
placavit ܐܦܝܣ 201b, ܪܥܐ 353a, ܪܥܝ 357b, ܫܟܢ 367b, ܫܦܝ 374a, ܫܦܝ ib., ܬܪܥܝ 394b
placenta ܐܩܪܘܨܐ 20a, ܐܦܪܐ 21b, ܓܪܓܠܐ 48b, ܓܪܝܣܐ 64a, ܙܠܝܬܐ 100b, ܚܠܝܬܐ 102a, ܚܒܝܨܬܐ 109a, ܠܚܡܝܬܐ 136a, ܟܥܟܐ 152b, ܟܘܠܐ 154b, ܟܠܘܪܝܣ 155b, ܟܥܟܐ 157a, ܡܠܝܬܐ 160b, ܡܓܕܐ 163a, ܡܓܠܐ 172a, ܦܘܠܢܬܐ 330b, ficaria ܕܒܠܬܐ 65b, plana ܦܫܝܛܬܐ 160a
placentulae ܦܠܩܘܢܛܐ 276a
placidus ܢܝܚܐ 201b, ܪܕܝܐ 356a
placuit ܫܦܪ 41b, ܐܫܬܦܪ 84b, ܐܬܛܝܒ 172b, ܦܠܚ 264a, ܫܦܪ 377b, ܫܦܪ 384b
plaga ܡܚܘܬܐ 77b, ܡܚܘܬܐ 183a, ܦܘܓܥܐ 331b, venti ܦܢܝܬܐ 59a
planavit ܫܘܝ 373b, ܐܫܘܝ 383a
planeta ܟܘܟܒܐ 137a
planities ܦܩܥܬܐ 283a, ܦܩܥܐ 383a, circa urbem ܦܪܘܕܐ 177b
planta ܢܨܒܬܐ 147b, ܫܪܒܐ 253a, aquatica ܨܡܚܬܐ 230b, pedis ܦܩܬܐ 278a, spinosa ܕܪܕܪܐ 59b

plantago ܠܫܢܐ ܕܐܡܪܐ 178b, asiatica ܚܠܐ 174b, psyllium ܒܙܪܩܛܘܢܐ (sic leg.) 46a, ܩܘܕܪܐ ܠܪܙ 99b, 294a, ܦܘܩܬܐ 166b
plantatio ܢܨܒܐ 224b
plantavit ܢܨܒ 211a, ܫܬܠ 311a, ܫܬܠ 391b
planus ܦܫܝܛܐ 283b, ܡܫܝܚܬܐ 364a, —m fecit ܐܦܫܛ 368b, —am fecit orationem ܦܫܛ 64b
planxit manus ܛܦܩ 234a
platanus orientalis ܕܘܠܒܐ 73a, ܕܘܠܒ 306a
platea ܫܘܩܐ 274b
plausit ܛܪܦ 141a, ܛܦܩ 213b
plectron ܡܙܡܘܪܐ 213b
Plejades ܐܪܝܒܐ 12a, ܟܝܡܐ 249b
plenilunium ܡܠܝܘܬ ܣܗܪܐ 135a, ܦܠܓܗ 162a, ܦܠܓܗ ܕܝܪܚܐ 220b, ܦܢܣܠܢܘܣ 278a
plenus ܡܠܐ 93b, ܚܠܝܐ 102a, ܡܠܝܐ 186b, —a luna ܡܫܡܠܝܐ 101a, fuit ܡܠܐ 377a, *adv.* ܡܠܝܐܝܬ ܡܠܐ 233b
plexit ܓܕܠ 49b, ܦܩܠ 237b
pluit ܡܛܪ 184a
pluma parva ܢܘܬܦܐ 194b
plumarium opus ܦܠܘܡܪܝܢ 275a
plumbea moneta ܐܣܛܪܐ 17a
plumbum ܐܒܪܐ 2b, ܐܒܪܐ 15b, ܐܢܟܐ 340a, adustum ܡܘܪܝܐ 194a
pluralis ܣܘܓܐܐ 161b, ܣܓܝܐܐ 218b
plus minus ܝܬܝܪ ܒܨܝܪ 119b, 151b
pluteus ܡܣܘܪܐ 183b, ܬܪܩܐ 396b
pluviosus dies ܣܓܪܝܪܐ 219b
pocillatrix ܫܩܝܬܐ 385a

praecinctus ܡܚܡܝܢ 231b
praecipue ܪܝܫܐܝܬ 353b
praeclarus ܢܨܝܚܐ 149a
praeco ܟܪܘܙܐ 165a
praecoqua mala ܒܟܘܪܝܬܐ 47a
praecordia ܡܥܠܢܐ 162a
praecursor ܡܩܕܡܢܐ 77a, ܫܒܠܐ 83b, ܦܪܘܕܪܘܡܘܣ 295b
praeda ܒܙܬܐ 34b, ܓܙܬܐ 53b, ܕܒܪܬܐ 66a, ܚܛܘܦܝܐ 171a, ܫܒܝܐ 302a, ܫܠܠܐ 376a, ܬܒܪܐ 393a
praedatus est ܒܙܙ 40a
praedicatio ܟܪܘܙܘܬܐ 45b, ܟܪܘܙܬܐ 128b
praedicatus ܡܬܡܠܠ 176a
praedicatum ܡܠܬܐ 128a
praedicavit ܐܟܪܙ 144a, ܣܒܪ 218a, ܟܪܙ 363b
praedictiones ܩܕܡ ܡܠܐ 313a
praedixit ܐܬܢܒܝ 198a
praedo ܓܝܣܐ 54b, ܚܛܘܦܐ 176b
praeductale ܡܕܒܪܢܘܬܐ 238a
praefatio ܦܪܘܡܝܘܢ 263b
praefectura ܐܦܪܟܘܬܐ 24a
praefectus ܐܦܪܟܐ 7a, ܐܦܛܪܘܦܐ 14a, ܐܦܛܪܘܦܘܣ 22a, ܕܘܟܣܐ 40b, ܗܓܡܘܢܐ 80b, ܗܝܦܐܪܟܐ 86b, ܡܕܒܪܢܐ 159b, ܡܫܠܛܢܐ 184b, ܫܠܝܛܐ 377b, custodiae ܐܪܟܝܦܘܠܩܣ 97a
praefica ܐܠܝܬܐ 11a
praefinivit ܣܡ ܩܕܡ 313a
praejudicium ܩܕܡ ܕܝܢܐ 313a
praelatus est ܐܬܩܕܡ 237a
praelegit ܩܪܐ 397b
praeligavit os ܚܒܫ 39a
praematurus ܒܟܝܪܐ 387b, fructus ܒܟܘܪܐ 38a
praemeditatio ܪܢܝܐ ܩܕܡܝܐ 294a
praemissum ܦܪܘܛܣܝܣ 286b
praeparatio ܛܘܝܒܐ 401b
praeparavit ܛܝܒ 96a, ܛܝܒ 372b
praeponderavit ܟܪܥ 204b
praepositus ܦܪܘܣܛܛܐ 291b
praeputium ܥܘܪܠܘܬܐ 56a, ܥܘܪܠܬܐ 176b, ܥܘܪܠܘܬܐ, ܥܘܪܠܐ 196a, ܥܘܪܠܘܬܐ 261a
praescientia ܩܕܡܐ ܝܕܥܬܐ 313a
praesens ܠܘܬ ܐܦܐ 249a
praesepe ܐܘܪܝܐ 27a
praeservatio ܢܛܘܪܘܬܐ 205a
praesidium ܢܛܘܪܬܐ 205a, ܥܘܕܪܢܐ 241a, urbis ܚܣܢܐ 372b
praestitit ܝܗܒ 106a, ܝܬܪ 151b, ܝܬܪ 153a, ܥܕܒ 188a, ܥܒܕ 211a
praestituit ܣܡ ܩܕܡ 313a
praesules ecclesiae ܪܝܫܝ ܥܕܬܐ 353b
praesumptio ܩܕܡ ܣܒܪܐ 313a
praetendit ܐܬܥܠܠ 250a
praeter ܠܒܪ ܡܢ 44a
praeteriit ܥܒܪ 51b, ܥܒܪ 83b, ܥܒܪ 242b
praetextum ܥܠܬܐ 249b, ܦܪܘܦܣܐ 289b
praetexuit ܐܬܥܠܠ 250a
praetor ܐܦܪܛܘܪܐ 2b, ܦܪܛܘܪ 286b
prandit ܐܬܫܪܝ 388a
prandium ܫܪܘܬܐ 259b
prasinus ܝܘܪܩܢܐ 168a, ܦܪܐܣܝܢܘܣ 290b
pratum ܥܡܩܐ 193b
pravitas ܥܘܩܡܘܬܐ 109a, ܥܘܝܘܬܐ 238b, ܥܘܝܬܐ 375b
pravus ܥܩܝܡܐ 38a, ܥܩܡܬܐ 258a, ܥܘܝܐ 297b
precatio ܒܥܘܬܐ 168b, ܒܥܘܬܐ 213b
precativus ܡܬܟܫܦܢܐ 271a
precatus est ܒܥܐ 42a
preces ܐܣܠܝܬܐ 117a, ܨܠܘܬܐ 303a
prehendit ܐܚܕ 325a, ܩܒܠ 331a, —ere fecit ܐܚܕ 7a
presbyter ܩܫܐ, ܩܫܝܫܐ 342b
pressit ܐܥܨ 99a, ܕܚܩ 102a, ܚܨ 106b, ܥܨܪ 194b, ܥܨܪ 257a, *pass.* ܐܬܥܨܪ 174a, *part.* ܥܨܝܪ ܥܨܝܪܐ 233b
pressorium ܡܥܨܪܬܐ 275b
pretiosus ܝܩܝܪܐ 149b, ܪܝܫܐ 353b, fuit ܝܩܪ 128a, —ae res ܣܓܝܐܬܐ 115a, ܡܩܘܐ 325b
pretium ܕܡܝܐ 74a, ܛܝܡܐ 133a
primitiae ܒܟܘܪܐ 38b, ܪܝܫܐ 353b
primo ܒܪܝܫܐܝܬ 387b
primogenitus ܒܘܟܪܐ 38a, ܒܪܐ ܩܕܡܝܐ 167a
primus ܩܕܡܝܐ 312b, fuit ܒܟܪ 38a
princeps ܫܠܝܛܐ 212a, ܪܫܐ 344a, ܪܝܫܐ 353b, ܩܘܡܢܛܐ 377b, ܫܠܝܛܐ 379b
principium ܫܘܪܝܐ 388a, a—o ܡܢ ܩܕܡ 312b
prioritas ܩܕܡܝܘܬܐ 312b
prisma ܦܪܝܣܡܐ 208b
privatim ܠܚܘܕܝܗ 223b
privavit ܓܠܙ 36a, ܓܠܙ 53a, ܚܣܪ 55b, ܛܠܡ 135a, ܣܪܩ 146a, *pass.* ܐܬܓܠܙ 1b, ܐܬܚܣܪ 62a, ܐܬܛܠܡ 207a
privilegium ܐܦܣܘܣܐ 10a, ܦܪܝܣܐ 288b
pro ܚܠܦ ܕ 21b, ܣܘܦ 113b, ܥܠ ܐܦܝ 190a, ܚܠܦ 388b
probavit ܒܚܢ 35b, ܒܩܐ 43b, *part. pass.* ܒܚܝܪܐ 35b
probitas ܬܪܝܨܘܬܐ 94a
problemata ܦܪܘܒܠܡܛܐ 284a
proboscis ܦܘܡܐ 92b, ܢܚܘܪܐ 123b, ܢܚܘܪܬܐ 124b

probrio affectus est ܚܪܦ 306a
probus ܙܟܝܐ 90b
procax ܫܪܝܚܐ 121a, ܡܥܙܐ 342b, ܥܫܝܢܐ 369a, ܥܫܝܐ 369b, ܠܐ ܢܓܝܠ 403b, factus est ܐܬܥܫܢ 263b
procedens ܢܦܩ 210a, ex ore ܚܕܬܐ 38b
procella ܙܥܦܐ 94a, ܙܘܥܦܬܐ 100a, ܡܫܥܠܐ 127a, ܥܠܥܠܬܐ 154b, ܩܘܒܥܠܐ 157a, ܢܫܒܐ 214b, ܥܠܥܠܐ 250b, ܥܪܦܠܬܐ 259a, ܦܬܢܐ 338a
processio ܦܘܠܚܢܐ 210a
processit ܐܬܦܠܚ 150b
processus ܦܪܘܩܣܘܣ 292b
proclamatio ܩܠܘܬܐ 343a
proclamavit ܩܪܐ 335a, *pass.* ܐܬܩܪܝ 358a
proconsul ܐܢܬܘܦܛܘܣ 17a
procreavit ܐܘܠܕ 51b
procubuit ܓܗܢ 46a, ܐܬܓܗܢ 50b, ܪܒܥ 345a
procul ܡܢ ܪܘܚܩܐ 309b
procuratio ܐܦܛܪܘܦܘܬܐ 22a
prodigus ܡܣܪܚܢ 175a, ܦܙܪܢܐ 286a
prodiit ܐܬܓܠܝ 44b
productio fructuum ܡܥܒܢܘܬܐ 137b
profanavit ܛܡܐ 136b
profanus ܓܢܝܐ 44a, ܡܣܠܝܐ 372a, ܪܫܝܥܐ 387a, —m ܚܘܠܐ 111a, —a historia ܡܘܬܘܠܘܓܝܐ 330b
profecit ܦܠܚ 295a
profectio ܐܙܠܐ 6b
profectus est ܐܬܦܢܝ 240a, ܐܫܬܢܝ ܡܢ ܐܬܪܐ 353b, ܫܒܩ 385a, in exilium ܓܠܐ 55a
profestum ܝܘܡܐ ܕܚܠܐ 310a
profluens oratio ܡܠܬܐ ܪܕܝܐ 83b
profluvium sanguinis post partum ܢܦܨܐ 153b

profluxit ܫܪܐ 387a
profudit ܐܫܕ 28b, se ܦܪܣ 200b
profugus ܥܪܘܩܐ 52a
profuit ܥܕܪ 6b, ܐܘܬܪ 84b, ܗܢܐ 151b
profunditas ܥܘܡܩܐ 52b, ܬܗܘܡܐ 107b, ܥܘܡܩܐ 253a
progenies ܫܪܒܬܐ 7b, ܫܪܒܬܐ 100b, ܦܪܝܐ 286b
progerminavit ܐܒܒ 39b
progressus est ܐܬܩܕܡ 150b, ܥܒܪ 197b, ܩܕܡ 279b, ܐܬܩܕܡ 304b, ܩܪܒ 313a, celeriter ܐܣܬܪܗܒ 107a
prohibitio ܟܠܝܢܐ 158a, ܥܘܟܒܐ 333a
prohibuit ܐܟܠܝ 299b, *pass.* ܐܬܟܠܝ 304b
projectus est ܐܫܬܕܝ 366b
prolixus ܡܫܘܚܐ 361a, —a barba praeditus ܕܩܢܢܐ 177b
prologus ܦܪܘܠܘܓܘܣ 287b
prolongatus ܡܓܪܓܐ 196b
prominens locus ܫܢܐ 200a
promisit ܡܠܟ 187b, ܡܠ 333b
promissio ܫܘܘܕܝܐ 144a
promissum ܡܘܠܟܐ 88b
promovit gradatim ܣܠܩ 78a
promptus ܡܛܝܒ 231b, linguā ܦܨܝܚ 178b
pronomen ܚܠܦ ܫܡܐ 113b, ܫܡܐ ܚܠܝܦܐ 126b
pronuntiatio ܡܦܩ ܡܠܬܐ 80a
pronuntiavit ܐܡܠܠ 39b, ܦܣܩ 125a, ܚܘܝ 178b, ܡܠܠ 179a, ܦܪܣܡ 267a, ܩܠܐ 380a, *pass.* ܐܬܦܪܣܡ 210b
prooemium ܦܪܘܐܡܝܘܢ 288a
se propagans ܢܦܪܣܢ 146b
propagavit ܐܦܪܝ 143a, ܦܪܐ 388b, *pass.* ܐܬܦܪܝ 239b
propago ܫܒܘܚܐ 197a, *pl.* ܙܪܘܥܬܐ 79a

prope ܠܘܬ 88b, fuit ܩܪܒ 336b
propensio ܪܓܬܐ 354b
propensus ܢܛܐ 212a
propheta ܢܒܝܐ 198a
propinqui ܩܪܝܒܐ 193a
propitiator ܡܚܣܝܢܐ 118b
propolis ܡܣܠܝܬܐ 231a
propositio ܦܪܘܬܣܝܣ 144a, ܣܘܡܐ ܕܦܬܘܪܐ 312b
proposuit ܐܣܝܡ 6b, ܣܡ 224a, ܣܡ ܦܬܘܪܐ 238b, ܩܪܒ 313a
propotio ܫܡܘܥܬܐ 385a
proprietas ܕܝܠܝܘܬܐ 71a, ܚܕܝܠܘܬܐ 127b
propter ܡܛܠ ܗܕܐ 21b, ܡܛܠ 183b, ܡܢ ܥܠ 333b
propugnaculum ܚܣܢܐ 31b, ܦܪܩܐ 241a
propugnator ܬܓܪܐ 136a
propulit ܕܚܐ 70a
prorupit ܓܠܚ 51b, ܓܚ 52a, ܓܚܚ 60a, ܦܬܚ 197a, ܦܪܐ 200a, ܦܪܨ 248a, ܦܪܨ 370b, ܐܬܦܪܨ 398a
proscriptio ܛܘܪܕܐ 138b
proselytus factus est ܐܬܓܝܪ 52b
prosiluit ܫܘܪ 200a
prosperitas ܫܝܢܐ 378a
prosperum fecit ܐܨܠܚ 304a
prostravit ܐܓܗܢ 46a, ܣܚܦ 257a, se ܐܬܓܚܢ 62a
protector ܦܪܘܛܝܩܛܘܪ 286b, ܦܛ 275a
protendit ܐܪܝܡ 69a
protervitas ܚܨܝܦܘܬ ܐܦܐ 387a
protervus ܩܫܐ ܥܠ ܐܦܐ 208a, ܚܨܝܦ 271b
protexit ܟܣܐ 241a
protoplasma ܐܘܦܠܣܡܐ 13a
prototypus ܐܦܛܘܦܐ 400b
protuberantiae genae ܦܘܪܬܐ ܕܦܐܬܐ 108b

protulit ܐܪܝܡ 75b, ܐܦܩ 286b, sententiam ܐܦܩ 39b
provectus aetate ܡܫܡܠܝ ܝܘܡܬܐ 250a
provenit ܢܦܩ 200a
proventus ܥܠܠܬܐ 137b, ܡܦܩܐ 169a
proverbium ܡܬܠܐ 272b, —o usus est ܐܡܬܠ 197a
providentia dei ܡܦܪܢܣܢܘܬܐ 288b
providit ܐܬܒܩܝ 91a, ܚܪܐ 148a
providus ܚܟܝܡܐ 114a
provincia ܐܦܪܟܝܐ 7a, ܡܕܝܢܬܐ 156a, ܪܘܫܢܘܬܐ 357a
provocans ad voluptatem ܡܫܓܫܢܐ 127b
provocavit ܓܪܝ 31b
proximo die ܠܝܘܡܐ ܕܒܬܪܗ 30b
prudens ܥܠܝܡܐ 137b, ܚܟܝܡܐ 144b, ܦܟܝܗܐ 269b, factus est ܐܬܚܟܡ 82b, —ter ܚܟܝܡܐܝܬ 112b, ܡܣܬܟܠܐܝܬ 161a
prudentia ܚܟܡܬܐ 36b, ܚܟܡܬܐ 82a, ܪܥܝܢܐ 261b
pruina ܓܠܝܕܐ 340b
pruna ܫܟܢܐ 57b, ܡܪܫܢܐ 312a, juniperina ܡܪܫܢܐ ܕܒܪܘܬܐ 262a
prunus ܫܟܢܐ 109a, armeniaca ܚܘܚܐ ܐܪܡܢܝܐ 99b, ܚܘܚܐ 108b, cerasus ܡܪܫܢܐ 340b
prurivit ܚܟ 110b
psallit ܙܡܪ 96b
psalta ܦܣܠܛܝܣ 279a
psalterium ܐܦܣܠܛܝܪܢ 22b, ܟܢܪܐ 68a, ܦܣܠܛܪܝܢ 279b
psilothrum ܢܘܪܐ 226b, ܦܣܝܠܘܬܪܘܢ 279b
psittacus ܒܒܓܐ 31a, ܦܣܝܛܩܘܣ 132b, ܦܣܝܛܩܘܣ 279a, ܦܣܝܛܐ 281b

ptisana ܐܦܬܢܐ 28a
ptocheum ܐܦܬܘܟܝܢ 3b, ܦܛܘܟܝܢ 269a
puber ܥܠܝܡܐ 35b, ܥܠܝܡܐ 50b
publicanus ܡܟܣܐ 185b
publicatio ܡܦܪܣܝܢܘܬܐ 210b
publicus ܕܡܕܝܢܬܐ 74b, ܕܡܠܟܘܬܐ 274b
pudefecit ܒܗܬ 152a, *pass.* ܒܗܬ 202b
pudenda ܒܗܬܬܐ 116b, ܡܒܗܬܢܘܬܐ 119b, ܥܪܛܠܝܘܬܐ 216b, ܦܓܪܐ 265a, ܩܠܢܐ 290a
pudicus ܢܟܦܐ 47b, ܢܟܦܐ 206a, ܢܟܦܐ 401b
pudicitia ܢܟܦܘܬܐ 166b
pudor ܒܗܬܬܐ 229b, ܢܟܦܘܬܐ 305a
puduit eum ܒܗܬ 33b, ܐܬܒܗܬ 115b, ܢܟܦ 120b, ܐܬܢܟܦ 156a, ܒܗܬ 206b, ܚܡܪ 396a.
puella ܛܠܝܬܐ 33b, ܥܠܝܡܬܐ 134a, ܪܒܝܬܐ 146b
puer ܛܠܝܐ 63b, ܥܠܝܡܐ 134a, ܪܒܝܐ 146b, ܫܒܪܐ 251b, ܝܠܘܕܐ 364b, *pl.* ܝܠܕܐ 78a
puerpera ܝܠܕܬܐ 153b
puerulus ܛܠܝܐ ܙܥܘܪܐ 33b, ܥܘܠܐ 93b, ܛܠܝܐ 223a
pugillus ܚܘܦܢܐ 57b, ܩܒܘܨܐ 93b, ܫܥܘܠܐ 120b, ܩܡܨܐ 382b
pugio ܣܟܝܢܐ 44a
pugna ܐܬܟܬܫܘܬܐ 30a, ܩܪܒܐ 77b
pugnavit ܐܬܟܬܫ 170b, ܩܪܒ 336b
pugnus ܟܘܦܐ 93a
pulcher ܫܦܝܪܐ 143a, ܝܐܝܐ 264a, ܫܦܝܪܐ 278a, ܫܦܝܪܐ 346a, fuit ܫܦܪ 284a, ܫܦܪ 384b
pulchritudo ܫܘܦܪܐ 93b
pulex ܦܪܥܘܫܐ 294a
pullulavit ܢܒܛ 198b, ܐܦܪܥ 346b

pullus ܒܪܐ 44b, ܦܪܘܓܐ 251b, ܦܪܘܓܐ 284a, columbinus ܦܪܘܓܐ 90b, gallinaceus ܦܪܘܓܐ 89a, ܥܘܠܐ 90a, equi ܣܝܚܐ 181a, ܥܝܠܐ 248b, serpentis ܩܪܘܬܐ 382a
pulmo ܪܐܬܐ 344a
pulpa colocynthidis ܩܪܘܬܐ ܕܦܩܘܥܬܐ 59b
puls ܦܪܘܓܐ 284a
pulsatio tintinnabuli ܩܘܫܩܫܐ 324b
pulsavit chordas ܢܩܫ 196b, *pass.* ܢܩܫ 213b
pulsus arteriarum ܢܩܫܐ 387b
pulvinar ܒܣܕܝܐ 40b
pulvinus ܒܣܕܝܐ 17a
pulvis ܐܦܪܐ 2a, ܚܠܐ 70a, ܚܠܐ 80a, ܚܠܐ 108b, ܚܠܐ 111a, ܥܦܪܐ 246b, ܥܦܪܐ 256b, clementiae ܚܠܐ 117a, lapidis ܚܠܐ ܕܟܐܦܐ 77a, factus est ܐܬܚܠܠ 182b
pulvisculus ܚܠܐ 169a
pumex ܦܘܡܝܩܣ 295b, ܡܫܚܐ 338b
pumiliones ܐܢܫܐ 182b, ܓܒܪܐ ܦܚܘܬܐ 273a
punctatio ܢܘܩܙܐ 268a
punctio ܢܩܙܐ 77b
punctum ܢܘܩܙܐ 138a, ܢܘܩܙܐ 212b, ܢܩܙܬܐ 328a, diacriticum ܢܘܩܙܐ 293a
punica granata ܪܘܡܢܐ 356a
punivit ܫܩܠ ܕܝܢܐ 119b, ܦܪܥ 224b, ܦܪܥ 282b, ܐܬܕܢ 392b, ܐܬܦܪܥ 397a, *pass.* ܐܬܕܝܢ 39a
pupilla ܒܒܬܐ 33b
puppis ܣܘܦܐ 7b, ܚܪܬܐ 169b
pupugit ܕܩܪ 65b, ܢܩܙ 98b, ܢܩܙ 212b, ܕܩܪ 238b, ܐܬܢܩܙ 362b
purgamentum ܣܚܘܦܝܐ 227a,

ܡܢܩܐ 370a, horreorum ܡܢܩ ܐܘܨܪ̈ܐ 390b
purgans ܡܕܟܝܢܐ 206b
purgatio ܡܕܟܝܢܘܬܐ 161b, ܡܪܩܐ 192a
purgativus ܡܕܟܝܢܝܐ 210a, ܩܐܬܪܛܝܩܘܢ 344b
purgavit ܚܦܐ 72a, ܕܟܝ 95b, ܛܠܠ 111a, ܦܪܓ 163b, ܡܪܩ 180b, ܡܪܩ 195a, ܢܩܠ 212b, ܦܠܐ 272b, ܨܠܠ 302b, ܨܦܐ 306b, ܪܩܐ 308a, ܫܦܝ 368b, ܫܦܐ 383a, ܬܪܩ 404a, *pass.* ܐܬܢܩܝ 215a, ܐܨܛܠܠ 302a
purificatio ܟܘܪܐ 244a
purificavit ܐܫܚܠ 372a
puritas ܫܦܝܘܬܐ 384b
purpur ܐܪܓܘܢܐ 25b
purpura ܦܘܪܦܘܪܐ 236b, ܦܘܪܦܝܪܐ 291b, ܩܘܡܣܐ 328b, ܐܘܟܡܐ 398a
purpureus ܦܘܪܦܘܪܢܝܐ 232b
purus ܕܟܝܐ 72a, ܡܕܟܝܐ 186a, ܡܪܩܐ 195a, ܢܩܕܐ 211b, ܢܩܝܐ 212b, ܨܠܝܠܐ 230a, ܨܠܝܠܐ 302a, ܡܣܢܢܐ 370a, fuit ܙܟܐ 94a
pus ܫܘܚܢܐ 179b, ܡܘܓܠܐ 190b, ܥܘܪܐ 349a
pusillanimus fuit ܙܥܪ 97b
pustula ܒܠܬܐ ܚܕܐ 45a, ܫܠܚܘܦܐ 114b, ܫܠܚܘܦܝܬܐ 378b, ܫܠܚܘܦܐ 390a, —e rubrae ܚܡܪܘܪܬܐ 360a
putamen ܩܠܦܬܐ 52b, ܩܠܦܬܐ 324a, ovi ܩܠܦܬ ܒܝܥܬܐ 390a
putavit ܣܒܪ 126a, ܚܫܒ 162b, ܚܫܒ 166b, ܐܣܬܒܪ 218a, ܣܒܪ 356b
puteus ܓܘܒܐ 31a, ܡܒܘܥܐ 213b, ܒܐܪܐ 369a
putredo ܒܩܘܠܘܬܐ 267b
putridus ܡܣܪܝܐ 43b, ܣܪܝܚܐ 222b, ܣܪܝܐ 368b

putrefecit ܣܪܝ 38b, *pass.* ܣܪܝ 34a
putruit ܒܩܠ 34a, ܣܪܚ 239a, ܣܪܝ 348a
pyra onchina ܩܢܟܝܢܐ 45a
pyrites ܦܘܪܝܛܝܣ 195a
pyxidicula ܩܘܦܣܐ 163a
pyxis lignea ܩܘܦܣܐ ܕܩܝܣܐ 267b

Qatâ avis ܩܛܐ 147b
quadrans ܩܘܕܪܢܛܝܣ 313b, ܪܘܒܥܐ 379b
quadratus ܡܪܒܥܐ 132b
quadravit ܪܒܥ 209b
quaesivit ܒܥܐ 42a, ܒܨܐ 128a, ܒܚܢ 148a, ܒܩܐ 217a, ܒܥܐ 282b, ܒܨܐ 316a, ܒܥܐ 379b
quaestio ܫܘܐܠܐ 93b, ܒܥܬܐ 362b, ܫܐܠܬܐ 388a
quaestionarius ܩܘܐܣܛܝܘܢܪܝܐ 330a
quaestuosus ܡܬܬܓܪܢܐ 312a
quaestus ܬܓܘܪܬܐ 274a
qualitas ܐܝܟܢܝܘܬܐ 8a, ܐܝܟܢܝܘܬܐ 8b, ܩܘܠܝܬܐ 374b
quam ܐܘ 4b, ܡܐ 179b, ܡܢ 180b, ܡܢ 189a, —diu ܟܡܐ 159a
quando ܐܡܬܝ 14b
quanto ܟܡܐ ܕܝܬܝܪ 159b, magis ܟܡܐ ܕܝܬܝܪ 103b
quarta pars sicli ܪܘܒܥܐ 338b
quartana ܪܒܝܥܝܬܐ 132b
quassatus ܪܥܝܥܐ 358a
quassit ܢܦܨ 64a, ܪܥܥ 141b, ܛܪܦ 210a, ܪܥܥ 341b
quattuor ܐܪܒܥܐ 345a
quercus ܒܠܘܛܐ 4a, ܒܠܘܛܐ 38b, ܩܘܝܣ 288b, ilex ܒܠܘܛܐ 142a
qui ܐܝܢܐ 8b
quia ܡܛܠ 32a
quidam ܦܠܢܝܐ 275a
quid ܡܢ 188b
quidditas naturalis ܡܢܘܬܐ 155a

quidam ܐܢܫ 16b
quidem ܡܢ 188b
quies nocturna ܫܠܝܐ 34b
quietum reddidit ܫܠܝ 374a
quievit ܫܠܐ 32b, ܫܠܝ 58a, ܫܠܐ 156a, ܢܚ 201b, ܫܠܝ 305a, ܫܠܝ 363a, ܫܒܩ 374b, ܫܠܝ 376a, ܫܠܐ 376a, ܫܠܐ 387a, ܬܒ 396b
quinque ܚܡܫܐ 146a
quis ܡܢ 188b, tu ܡܢ ܐܢܬ 128a
quisquiliae ܩܫܐ 195b
quo ܐܝܟܐ 8a
quocunque modo ܐܝܟ ܕܗܘ 8a
quod ܕ 32a, ܕ 144a, ܟܕ 159a, ܡܛܠ ܕ 183b
quominus ܕܠܐ 73a
quoniam ܡܛܠ 32a
quoque ܐܦ 21b
quotannis ܫܢܬ ܫܢܬ 381a
quotidie ܝܘܡ ܝܘܡ 145b
quotiescunque ܐܡܬܝ ܕ 14b
quousque ܥܕܡܐ ܠܐܡܬܝ 14b

Rabidus ܡܫܬܪܝܢܐ 237b
rabies ܫܪܝܘܬܐ 267a, ܫܘܢܝܐ 283b
racematio ܥܘܠܠܬܐ 52a, ܥܘܠܠܬܐ 390b
racemavit ܥܠܠ 43a, ܥܠܠ 141b
radicalis ܥܩܪܢܝܐ 59b
radius ܙܠܝܩܐ 63a, ܙܠܝܩܐ 91b, ܙܠܝܩܐ 95b, ܙܠܝܩܐ 101b, ܙܠܝܩܐ 194a, ܙܠܝܩܐ 239a, lucis ܙܠܝܩܐ ܕܢܘܗܪܐ 7b, ܙܠܝܩܐ 33a, —i ܙܠܝܩܐ 44b
radix ܥܩܪܐ 54a, ܫܪܫܐ 259a, ܫܪܫܐ 382b, ܥܩܪܐ 390b, betae ܫܪܫܐ 229a, nymphaeae loti ܠܘܛܐ 272a, punicae granatae ܪܘܡܢܐ 194a, ܫܪܫܐ 259a
ramenta ܢܣܘܪ̈ܬܐ 333b

retraxit ܣܚܒ 118b, ܦܫ 155b, ܩܦܨ 332b
retribuit ܦܪܥ 277a
retrorsum ܠܒܣܬܪܐܝܬ ܡܢ 42a
retroversus ܠܒܣܬܪܐ 30b
rettulit ܦܢܐ 291a, *pass.* ܗܦܟ 228a, ܐܬܦܢܝ 350a
revelatio ܓܠܝܢܐ 32b, ܓܠܝܢܐ 55a
revelavit ܓܠܐ 55b, ܦܪܣ 290a, ܦܪܥ 272b, *pass.* ܐܬܦܪܣ 338a
revendidit ܙܒܢ ܗܦܟ 85a
reverendus ܢܟܦܐ 99b
revertit ܗܦܟ 85a, ܬܒ 248a
revixit ܚܝܐ 110a, ܩܡ 312a
revocavit ܒܥܐ 73a, ܚܙܪ 154b, ܐܩܝܡ 313b
rex ܡܠܟܐ 187b, ܡܠܟܘܬܐ 227b
rexit ܕܒܪ 66a, *pass.* ܐܬܕܒܪ 188a, ܐܬܡܕܒܪ 380b, *part.* ܡܕܒܪܐ 79b
rhamnus lotus ܐܛܕܐ 175b, ܐܛܕܐ 241a, ܚܪܘܒܐ 247b, zizyphus ܙܘܙܦܐ 93a
rhetor ܪܗܛܪܐ 352b
rheum ܪܐܘܢ 115b, ܪܐܘܢ 350b, ribes ܪܝܒܣ 148a, ܪܝܒܣ 348a
rheuma ܪܘܡܐ 350a
rhinoceros ܪܝܡܐ 166a, ܪܝܡܐ 339b
rhus cotinus ܐܘܓܐ 4b
ricinus ܩܪܛܐ 129b, communis ܩܪܛܐ 303b, ܩܪܛܐ 337b
rictus ܦܘܡܐ 122a
ridica ܣܟܐ 113a
rigor ܩܫܝܘܬܐ 321a
riguit ܩܪܫ 396b
rima ܣܕܩܐ 111a, ܦܪܬܐ 286a, ܦܪܬܐ 307b, ܬܪܥܐ 403b
ringens ܡܚܪܩܐ 56b

ripa ܣܦܬܐ 233b, ܣܦܪܐ 235b, maris ܝܡܐ ܕܝܡܐ 167b, ulterior ܥܒܪܐ 242b
risit ܓܚܟ 54a, ܓܚܟ 316b
rivulus ܢܗܪܐ 371b
rivus ܢܗܪܐ 149b, ܝܒܠܐ 203b, ܪܕܝܐ 346b, ܦܘܪܬܐ 364b, ܫܩܝܐ 373a, ܐܓܘܓܐ 400b
rixa ܚܪܝܢܐ 201b, ܚܪܝܢܐ 211a, ܡܨܘܬܐ 237b
robigo ܫܘܦܢܐ 386a
roboravit ܐܚܝܠ 282b
robur ܚܝܠܐ 186a, ܥܘܫܢܐ 247a, ܬܘܩܦܐ 262b, ܐܠܘܢܐ 401b, juvenile ܥܠܝܡܘܬܐ 134b
robustus ܚܝܠܬܢܐ 110b, ܚܝܠܬܢܐ 119b
ronchus ܢܚܝܪܐ 122a, ܢܚܝܪܐ 203b
ros ܛܠܐ 133b, ܪܣܝܣܐ 357a
rosa ܘܪܕܐ 88b, —e caninae fructus ܘܪܕܐ ܕܟܠܒܐ 231b
rosit ܟܪܡ 262a
rostrum ܢܩܘܪܐ 92b, ܢܩܘܪܐ 192b, ܚܪܛܘܡܐ 198a, ܢܩܘܪܐ 212a, ܢܩܘܪܐ 215a, ܢܩܘܪܐ 286b, ܦܘܡܐ 338a
rota ܓܝܓܠܐ 49a, ܓܝܓܠܐ 116a, figularis ܓܝܓܠܐ ܕܦܚܪܐ 141a
rotundus ܓܘܠܐ 54b, ܚܘܕܪܢܝܐ 59a
rubens pudore ܣܡܩ 302a
ruber ܣܘܡܩܐ 99a, ܣܘܡܩܐ 230a, color ܐܣܦܝܢܐ 20a, ܣܘܡܩܐ 237b
rubia tinctorum ܦܘܬܐ 266a
rubiginosus ܚܠܘܕܐ 368b
rubigo ܚܠܘܕܐ 97a
rubrica ܣܢܝܦܝ 240b, sinopica ܣܘܡܩܐ 185b
rubus ܣܢܝܐ 269a, fruticosus ܣܢܝܐ 231b
rudis ܓܠܡܐ 243b, ܓܠܡܐ 247b
ruditas ܠܐ ܝܕܥܬܐ 347b

ruga ܩܡܛܐ 31b, ܩܡܛܐ 160b, ܩܡܛܐ 325a
rugitus ܢܗܡܬܐ 60b
rugivit ܢܗܡ 60a, ܢܗܡ 200b, ܢܗܡ 209a
ruina ܡܦܘܠܬܐ 80b, ܫܘܪܝܐ 122b, ܣܘܚܦܐ 181a, ܡܦܘܠܬܐ 209b, ܡܦܘܠܬܐ 223a, ܚܘܪܒܐ 390b, ܬܪܥܐ 403b
ruit ܐܬܪܡܝ 139b, ܢܦܠ 199a, ܢܦܠ 244a, ܐܬܚܪܒ 250b, ܐܬܪܡܝ 366b, ܐܬܦܫܛ 389a
rumex ܚܡܥܐ 115b
ruminavit ܐܬܦܢܝ 61a
rumor ܩܠܐ 128a
runcatio ܚܙܕܐ 244a
runcina ܡܣܚܐ 279a, ܡܣܚܐ 360a
rupes ܫܘܥܐ 139a, ܫܘܥܐ 226b, ܫܘܥܐ 343b, ܫܘܥܐ 369b, ܫܘܥܐ 381a, ܫܘܥܐ 397a
rupit ܦܪܩ 385a, foedus ܗܦܟ ܩܝܡܐ 85a, *pass.* ܐܬܦܪܩ 283a, ܐܬܦܪܩ 286b, ܐܬܦܪܥ 293b, ܦܪܥ 296a, ܐܬܦܪܥ 379a, ovum ܐܦܩ 281a
ruptura ܬܒܪܐ 307b
rursus ܬܘܒ 394a, fecit ܗܦܟ 85a
rusticus ܐܟܪܐ 30b, ܦܠܚܐ 264b, ܩܘܪܝܝܐ 339a
rutabulum ܡܚܬܐ 197b, ܡܚܬܐ 383b
rythmus ܡܫܘܚܬܐ 174b

Sabbatum ܫܒܬܐ 363a, sanctum ܫܒܬܐ ܩܕܝܫܬܐ 218a
saccellarius ܣܩܠܪܐ 236b
saccharum ܫܟܪ 130a, ܫܟܪ 375b
sacculus ܟܝܣܐ 157a, ܟܝܣܐ 316a, ܟܝܣܐ 398a, ܟܝܣܐ ib., seminis ܟܝܣܐ ܕܙܪܥܐ 390a

saccus ܐܘܪܣܝܐ 28a, ܓܘܠܩܐ 52a, ܚܣܢܬܐ 110a, ܛܥܢܬܐ 127b, ܠܒܘܪܬܐ 130a, ܡܠܬܐ 137b, ܣܦܩܠܬܐ 219b, ܣܩܐ 236a, ܟܘܠܟܐ 250b, ܩܛܠܬܐ 274b, ܫܩܐ 376a, ܬܒܪܢܐ 378b, — magnus ܓܪܒܐ 178b

sacerdos ܟܘܡܪܐ 154a, ܟܗܢܐ 160a

sacramentum ܐܪܙܐ 350b

sacrarium ܐܕܝܛܘܢ 9a

sacrificavit ܕܒܚ 65a, ܢܩܣ 212a

sacrificium ܕܒܚܬܐ 251a, ܕܒܚܐ 257b, ܩܘܪܒܢܐ 293a, ܩܘܪܒܢܐ 336b, ܢܟܣܬܐ 378a

sacrum ܩܘܪܒܐ 313b

saeculum ܕܪܐ 69a

saepe ܣܓܝܐܐܝܬ 217b, fecit ܐܣܓܝ 218b

saeptum ܕܪܬܐ 77b, ܣܝܓܐ 221a, ܦܪܟܐ 309a, ܫܘܪܐ 357a

saevitia ܥܙܝܙܘܬܐ 243b

saevivit ܥܙܙ 245a

saevum animal ܣܪܘܦܬܐ 238b

sagacitas ܟܘܦܐ 155a

sagax ܚܪܝܦܐ 124b, ܦܟܝܗܐ 318a

saginationes ܩܛܠܬܐ 269a

saginavit ܦܛܡ 262b

sagitta ܓܐܪܐ 61a, —e missio ܫܦܝܠܬܐ 168a

sagittarius ܓܐܪܐ 168b, ܩܫܬܐ 342b

sagittatio ܫܦܝܠܬܐ 342b

sal ܡܠܚܐ 187a, ammoniacum ܢܘܫܕܪ 215a

salacitas ܣܥܪܐ 268a

salamandra ܐܣܠܡܢܕܪܐ 13b, ܣܠܡܢܕܪܐ 227b

salissatio ܦܪܟܐ 358b

saliva ܪܘܩܐ 353a, ܬܘܦܠܐ 394a, cujus — effluit ܡܠܥܒܬܐ 135b

saltandi modus ܪܩܕܐ 76a

saltatio ܪܩܕܐ 68b, ܪܩܕܐ 360a

saltator ܐܪܩܕܢܐ 27b

saltavit ܕܘܨ 121b, ܫܘܪ 267b, ܦܨܚ 279a, ܪܩܕ 359a, ܫܘܪ 394b

saluit ܕܚܐ 198b, ܢܒܐ 200a, ܦܪܣ 306b, ܥܘܠ 314a, ܪܘܨ 354b, ܫܘܪ 370a

salus ܫܠܡܐ 378a

salutatio ܫܐܠܬ ܫܠܡܐ 362a

salutavit dextra ܝܡܢ 147a

salvavit ܐܦܠܛ 50b, ܦܪܩ 292a

salvia ܠܓܝܣܦܐ ܕܪܒܐ 135a

sanatio ܐܣܝܘܬܐ 387a

sanavit ܐܣܝ 17a, ܐܣܬܟܡ 113a, ܚܠܡ 161a, ܐܚܝ 214b, ܣܘܟܣܝ 222a, ܣܟܣܟܣ 228b, ܚܠܡ 257a, ܪܦܐ 358a

sanctio ܩܘܝܡܐ 125a

sanctus ܩܕܝܫܐ 118b, ܩܕܝܫܐ 206b, ܩܕܝܫܐ 254b

sandali lignum ܨܢܕܠ 56a

sandalia ܣܢܕܠܐ 135b, ܣܡܐ 219b, ܣܡܐ 230b

sandapila ܩܘܦܐ 316a

sane ܐܢ 8b

sanguis ܕܡܐ 73a, —ne carens ܕܡܐ 97b

sanguisuga ܥܠܘܩܬܐ 251b

santalinum lignum ܨܢܕܠ, ܨܢܕܠ 305b

sanus ܚܠܝܡܐ 386a

sapidus ܛܥܝܡܐ 137b

sapiens ܚܟܝܡܐ 111a

sapientia ܚܟܡܬܐ 234a

sapo ܨܒܘܢܐ 306b

saponaria officinalis ܟܪܝܬܐ 245b

saporem nullum habuit ܦܟܗ 271b

sapphirus ܣܦܝܠܐ 234b, ܣܦܝܪܐ 236b, ܣܦܝܪܘܢ 285b

sarabala ܫܪܒܠܐ 388b

sarcinae ܐܡܫܘܢܐ 149a, ܛܥܢܐ 164a, ܛܥܢܬܐ 167b

sarcinarius equus ܛܪܘܕܐ 45b

sarcivit ܚܠܛ 186b, ܚܛ 244a

sarcocolla ܐܢܙܪܘܬ 247b

sarcophagus ܓܠܘܣܩܡܐ 248b, ܫܘܒܒܐ 383a

sardius ܣܪܕܝܢ 238a

sardonyx ܣܪܕܘܢܟܣ 249a

sarmenta ܫܒܫܬܐ 100b

sartago ܛܓܢܐ 130a

sartor ܐܘܪܦܐ 78a, ܚܝܛܐ 106a

satan ܣܛܢܐ 223b

satelles ܣܪܕܝܐ 70b

satiatus est ܐܣܒܥ 402a

satietas ܣܒܥܘܬܐ 190a, ܣܒܥܐ 217b, ܣܒܥܘܬܐ 235a, ܣܒܥܘܬܐ 349b

satis ܣܦܩ 153b, fuit ܣܦܩ 235a

satrapes ܣܛܪܦܐ 224a, ܣܛܪܦܐ 267a

satureja ܨܥܬܪܐ 308b

saturnus ܟܐܘܢ 155b

saxeus ܟܐܦܢܝܐ 386a, —a terra ܟܐܦܢܝܬܐ 56a

saxum ܟܐܦܐ 369b, —a ingentia ܟܐܦܐ 32a

scabellum ܟܘܒܫܐ 153a

scabies ܓܪܒܐ 33a, ܓܪܒܐ 46b, ܚܫܦܐ 89a, ܚܫܦܬܐ 110b, ܚܟܘܟܐ 124b, ܟܪܝܬܐ 169b, ܓܪܒܐ 177b, ܓܪܒܐ 324a, —e tectus est ܐܬܓܪܒ 107b

scala ܣܒܠܬܐ 217a

scalpellus ܐܙܡܠܐ 29b, ܓܠܘܦܐ 56b, ܙܡܠܐ 96a

scalptor ܓܠܘܦܐ 236a

scalpsit ܓܠܦ 338a

scamnium ܐܣܩܡܘܢܝܐ 20b, ܣܩܡܘܢܝܐ 229b, 237a

scapulum ܟܬܦܐ 359a

scapus ܩܢܝܐ 167a

scarabaeus ܚܦܘܫܬܐ 103a,

ܫܪܛܘܬܐ 125a, ܡܫܪܛܘܬܐ 135a, ܡܥܠܬ ܐܪܥܐ 329b
scarificatio ܫܪܛܐ 110b
scarlatum ܣܩܪܠܛ 236b
scarus ܣܩܪܘܣ 237b
scatebra ܡܒܘܥܐ 343b
scaturivit ܢܒܥ 60a, ܢܒܥ 197a, ܢܒܥ 198a, ܪܬ 359b, ܦܪܣ 370b, ܫܚܠ 371b
scelestus ܥܘܠܐ 181b, ܪܫܝܥܐ 301a, ܦܪܘܛܣ 284a, —e egit ܥܘܠ 279b
sceletus ܫܠܕܐ ܝܒܝܫܐ 63a
scelus ܚܘܒܬܐ 31a, ܚܛܗܐ 43b, ܣܟܠܘܬܐ 105a, ܫܘܪܥܬܐ 124a, ܥܘܠܐ 250b, ܢܘܟܪܝܐ 361a, *pl.* ܥܘܠܐ 230b
scena ܚܝܠ ܫܘܘܐ 108a
scenopegia ܡܛܠܠܬܐ, ܥܐܕܐ ܕܡܛܠܠܐ 310b
sceptrum ܣܩܦܛܪܘܢ 237a, ܫܒܛܐ 363b, ܫܒܛܐ 364b, ܬܐܠܐ 401a
schedula ܐܓܪܬܐ 360b
schisma ܦܠܓܘܬܐ 220a, ܦܠܓܘܬܐ 273a
schismaticus ܦܪܝܫܐ 293a
schola ܐܣܟܘܠܐ 18b, ܣ̈ 226a, ܒܝܬ ܡܕܪܫܐ 79b
scidit ܦܠܓ 223b, ܦܪܩ 239b, ܦܪܣ 265b, ܦܪܬ 283a, ܨܪܡ 303b, ܬܒܪ 398a, *pass.* ܐܬܦܪܡ 288a
scientia ܝܕܥܬܐ 144b
scilicet ܗܟܝܠ 176a, ܗܘ 186a, ܕܗܘ 245b
scilla ܐܣܩܝܠ 20b, ܣ̈ 236b
scintilla ܓܡܘܪܬܐ 35b, ܓܡܘܪܬܐ 39b, ܙܠܝܩܐ 177b, ܦܪܚܬܐ 286a, ܫܒܒܐ 363a
scissura ܦܪܝܥܘܬܐ 59a, ܨܪܝܐ 307b
scissus ܦܪܝܡ 260b
scobs ܢܣܘܪܬܐ 22b, ܢܣܘܪܬܐ 45b, ܓܙܪܬܐ 76b, ܢܣܪܐ 208b, ܫܘܦܬܐ 235b, ܫܘܦܬܐ 383a, delimata ܫܘܦܐ 370a
scolopendra ܐܪܙܠܐ 75a, ܡܐܐ ܪܓܠܝܢ 324a
scopa ܡܟܢܫܬܐ 124b, ܡܟܢܫܬܐ 161b, ܡܓܪܦܬܐ 376b
scopulus ܫܘܥܐ 77a, ܫܘܥܐ 380b
scopus ܢܝܫܐ 190a, ܢܝܫܐ 196b, ܢܝܫܐ 205b
scoria ܚܨܝܦܐ 48a, ܚܠܐ 69a, ܛܝܢܐ 122b, ܥܒܪܐ 182b, ܫܘܦܬܐ 227a, ܫܘܦܬܐ 235b, ܩܪܐ 313a
scorpio ܥܩܪܒܐ 259a
scortum ܙܢܝܬܐ 96b
scriba ܣܦܪܐ 169b, ܣܦܪܐ 235b, regis ܣܦܪܐ ܕܡܠܟܐ 367b
scrinium ܩܡܛܪܐ 202b
scripsit ܟܬܒ 166b, ܟܬܒ 169a, ܪܫܡ 210b, ܪܫܡ 224b, ܨܪ 227a, ܨܪ 238b, ܨܝܪ 265a, ܪܫܡ 301b, male ܩܠܩܠ 239b
scriptor ܟܬܘܒܐ 14a
scriptura ܟܬܒܐ 235b
scrofula ܚܙܝܪܐ 108b
scrutatus est ܒܨܐ 35a, ܒܨܐ 43a, ܒܨܐ 84a
sculpsit ܓܠܦ 56b
scutella ܩܥܪܬܐ 345b, ampla ܦܝܢܟܐ 191a
scutica ܡܚܘܛܐ 20b, ܡܚܘܛܐ 55b, ܡܚܘܛܐ 328a, ܫܘܛܐ 340b
scutula ܦܝܢܟܐ 163a
scutum ܬܪܣܐ 58a, ܬܪܣܐ 219a, ܬܪܣܐ 226b
secessus ܡܦܩܬܐ 118b
secessit ܐܬܦܢܝ 223a
secretum ܐܪܙܐ 26a, ܟܣܝܬܐ 142b, ܫܬܝܩܘܬܐ 224b, ܡܟܣܝܐ 241a, ܪܐܙܐ 350b
secrevit ܦܪܫ 72a
secta ܡܕܒܪܢܘܬܐ 67a, ܗܪܣܝܣ 70a, ܫܒܝܠܐ 225a, —m formavit ܥܒܕ 220a
sectio ܦܣܩܬܐ 280a, ܦܣܩܐ 301b, ܩܛܥܐ 318a
secundina ܣܠܝܬܐ 376a
secundo ܬܢܝܢܘܬ 402b
secundum ܐܝܟ 174a, ܠܘܬ 177b, ܡܛܠ 190a, ܥܠ 252a
secundus ܬܢܝܢܐ 402b
securis ܢܪܓܐ 53b, ܢܪܓܐ 76a, ܢܪܓܐ 121a, ܢܪܓܐ 130a, ܩܘܒܐ 214a, ܦܣܩܬܐ 281a, ܢܪܓܐ 285b, ܢܪܓܐ 365b
securitas ܫܠܝܘܬܐ 19b, ܫܠܝܘܬܐ 119b
secutus est ܢܩܦ 65b, ܢܩܦ 213a, ܪܕܦ 221a, ܢܩܦ 257b, gradatim ܐܬܢܩܦ 78a, partes alicujus ܐܬܢܩܦ 4b
sed ܐܠܐ 11a, ܒܪܡ 46b, ܕܝܢ 71b
sedavit ܫܠܝ 33a, ܐܫܠܝ 76a, ܫܠܝ 189b, ܐܢܝܚ 201b
sedes ܟܘܪܣܝܐ 37a, ܡܘܬܒܐ 151a, ܬܪܘܢܘܣ 403a, episcopi ܟܘܪܣܝܐ 72a, ܟܘܪܣܝܐ 167b
sedile ܡܘܬܒܐ 302a
sedimentum ܩܡܐ 375a
sedit ܝܬܒ 151a, —ere fecit ܐܘܬܒ 153b
seditio ܫܓܘܫܝܐ 82b, ܫܓܘܫܝܐ 233b
seditiosus ܐܣܛܣܝܣܛܐ 18a, ܫܓܘܫܐ 366b
sedule ܐܬܚܦܛ 10b, ܚܦܝܛܐܝܬ 169a
seduxit ܛܥܝ 82a, ܐܛܥܝ 214b, ܐܛܥܝ 223a
segmen ܦܣܩܬܐ 331b, *pl.* ܦܣܩܬܐ 209b, ܦܣܩܬܐ 333b
segmentum ܦܣܩܬܐ 64a, ܦܣܩܐ 300b, ܦܣܩܐ 318b, carnis ܦܣܩܐ 213a, ܦܣܩܬܐ 338a
segnis ܚܒܢܢܐ 179a, ܚܒܢܢܐ 197b

segregavit ܦܪܫ 72a
selegit ܓܒܐ 48a
sella ܟܘܪܣܝܬܐ 39a, ܐܣܛܪܘܢ 403a, familiarica ܐܦܣܝܩܝܐ 22b, ܡܫܟܒܐ ܒܝܬ ܝܐ 37a, ܒܝܬ ܡܫܟܢܐ 122a, ܒܝܬ ܐܒܐ 151a, ܒܝܬ ܡܘܬܒܐ 227b, parva ܡܘܬܒ 227b
semel ܙܒܢ 89b
semen ܙܪܥܐ 99b
semidrachma ܙܘܙܐ 225a
semimortuus ܦܠܓܘ ܡܝܬ 273a
semisomnus ܦܠܓ ܕܡܟ 249b
semita ܫܒܝܠܐ 318b
semper ܡܬܘܡ 157b, ܡܬܘܡ 398b
sempervivum ܚܝ ܠܥܠܡ 110a
senatus ܣܘܢܩܠܝܛܘܣ 232a, ܒܝܬ ܡܠܟܐ 368a
senex ܣܒܐ 216a, ܩܫܝܫܐ 289a
sensim ܩܠܝܠ ܩܠܝܠ 7b, ܡܬܥܒܕܢܐܝܬ ܩܠܝܠ 321b
sensit ܚܣ 107b, ܪܓܫ 347a
sensus ܡܕܥܐ 225b
sententia ܣܘܓܠܐ 59b, ܡܠܬܐ 186a, ܦܬܓܡܐ 296b
sentina ܥܘܡܩܐ 164a
senuit ܣܒ 38a, ܩܫܫ 216a, ܥܬܩ 263b, ܫܚܩ 342a
separatio ܦܘܪܫܐ 387a
separavit ܦܪܫ 32a, ܦܪܫ 206b, ܦܪܫ 220a, ܦܪܕ 270a, ܦܠܓ 273a, ܦܪܕ 290b, ܦܪܫ 292b, *pass.* ܐܬܦܪܫ 282a
sepelivit ܩܒܪ 92a, ܟܦܪ 256a, ܛܡܪ 310a
seposuit ܣܝܡ 118b
septem ܫܒܥܐ 364a
September ܐܝܠܘܠ 11a
septentrio ܓܪܒܝܐ 61b
sepulcrum ܒܝܬ ܩܒܘܪܐ 37b, ܒܝܬ ܩܒܘܪܐ 57a, ܩܒܘܪܬܐ 57b, ܩܒܪܐ 249a, ܐܒܢܐ 396b

sera ܐܪܒܬܐ 7a, ܩܠܝܕܐ 60a, ܚܘܪܬܐ 99a, ܡܘܟܠܐ 138a, ܣܟܪܐ 158b, ܡܘܩܕܐ 185a, ܡܘܟܠܬܐ 226b, ܩܠܝܕܐ 251b
Seraphim ܣܪܦܐ 240a
serena (tempestas) ܨܚܘܐ 282a, ܫܦܝܐ 301b
serenissimus ܢܨܝܚܐ 33a
seria ܚܒܝܬܐ 101a, ܕܘܢܐ 203a
sericum ܐܣܛܡܘܢ 2b, ܫܐܪܝܐ 354a, rasum ܐܣܛܠܐ 7b, —us ܬܦܝܐ 362b
series ܣܕܪܐ 96b, ܣܕܪܐ 220a, ܣܘܕܪܐ 332a
serius ܡܘܚܪܐܝܬ 7b
sermo ܡܐܡܪܐ 14a, ܕܒܘܪܐ 79b, ܡܠܬܐ 178b, ܡܡܠܠܐ 186a, ܡܡܠܐ 221a, ܪܘܚܐ 362a
sermocinatio ܐܣܛܘܪܝܐ 397b
serotinus ܠܩܝܫܐ 178a
serpens ܐܝܟܕܢܐ 63b, ܚܘܝܐ 106a, ܚܪܡܢܐ 124a, ܚܘܪܒܐ 167b, ܚܘܝܐ 215a
serpsit ܪܚܫ 112a, ܫܪܨ 352a, ܪܚܫ 359a, ܪܚܫ 361a, ܫܪܨ 370a, ܪܚܫ 383a, ulcus ܐܬܪܚܫ 111a, ܢܦܩ ܐܬܪ 202a, ܪܚܫ 359a
serra ܡܣܘܪܐ 208b
serum lactis ܡܝܐ ܕܚܠܒܐ 140b
serva ܐܡܬܐ 13a, ܫܦܚܬܐ 109b
servavit ܢܛܪ 211b, ܐܬܚܫ 259b, ܢܛܪ 274a, ܢܛܪ 282a, ܢܛܪ 369a, non ܠܐ ܢܛܪ 134b
servitium ܦܘܠܚܢܐ 68b, ܥܒܕܘܬܐ 274a
servivit ܦܠܚ 380b
servus ܥܒܕܐ 63b, ܡܫܡܫܢܐ 86b, ܥܒܕܐ 88b, ܥܒܕܐ 241b, ܡܫܡܫܢܐ 251b, ܥܒܕܐ 380b, —i filius ܒܪ ܒܝܬܐ 340b

sesamum orientale ܫܘܫܡܐ 377b, —i oleum ܫܝܪܓܐ 389a
seseh ܫܘܫܢܒܘܢܐ 377a
sex ܫܬ 391a
sexangulum ܐܟܣܓܘܢܘܢ 10a, ’ܐ 83a
sexta pars ܫܬܝܬܐ 220a. ܫܬܝܬܐ 367a
sextarius ܩܣܛܐ 329b
si ܐܠܘ 11b, ܐܢ 14b
sibilans ܫܪܝܩܐ 390a
sibilavit ܫܪܩ 211b, ܫܪܩ 301a
sic ܗܟܢ 83a, ܗܟܢ 160b
siccatus ܝܒܝܫܐ 122b
siccus ܝܒܝܫܐ 143b, ܝܒܝܫܐ 199a, ܝܒܝܫܬܐ 217a
sicera ܫܟܪܐ 375b
sicut ܐܝܟܢܐ 9a
sigillum ܚܬܡܐ 127b, ܛܒܥܐ 129b
signavit ܚܬܡ 106a, ܪܫܡ 361a
significatio ܣܘܟܠܐ 126b, ܦܘܫܩܐ 205b, ܪܘܫܡܐ 225b
significavit ܐܘܕܥ 131b, ܪܡܙ 351a, ܪܫܡ 355b, *pass.* ܐܬܚܘܝ 177a, ܐܬܦܫܩ 197a
signum ܐܬܐ 29b, ܐܬܐ 40a, ܪܘܫܡܐ 79a, ܐܬܐ 94a, ܢܝܫܐ 189b, ܦܘܫܩܐ 205b, ܪܘܫܡܐ 342b, zodiaci ܡܠܘܫܐ 187a, ܙܘܕܝܩܘܢ 229a
silens ܫܬܝܩܐ 32b
silentium ܫܬܩܐ 391b
silentiarius ܫܠܝܢܛܝܪܐ 227b
silex ܨܘܪܐ 227b, ܫܘܥܐ 333a
siliqua ܚܪܘܒܐ 338a, —is exuit ܩܠܦ 56b
silphium ܐܠܦܝܢ 2b, ܣܠܦܝܘܢ 227b
siluit ܐܫܬܬܩ 395a, —ere fecit ܫܬܩ 39a
silva ܥܒܐ 81b, ܚܘܪܫܐ 245b

silvescere ܒܥܕ ܒܪܐ 247a
silvestris ܕܒܪܝܐ 299b
silvosus ܡܚܘܪܬܐ 242a
simia ܩܘܦܐ 56a, ܩܘܦܐ 316a
simila ܣܡܝܕܐ 56a, ܣܡܝܕܐ 108b, ܣܡܝܕܐ 215a, ܣܡܝܕܐ 228b
simile ܦܠܐܬܐ 197a, ܦܠܐܬܐ 272b
similis ܕܡܐ 91b, ܡܬܚܫܒ 129b, ܒܕܡܘܬܐ 171b, ܕܡܘܬܐ 217a, ܕܡܝܐ 268a, fuit ܕܡܐ 73b, ܕܡܝ 227b, ܫܘܐ 377b
simplex ܦܫܝܛܐ 34a, ܦܫܝܛܐ 44b, ܦܫܝܛܘܬܐ 81a, ܦܫܝܛܐ 295a, ܦܫܝܛܐ 372a, *adv.* ܦܫܝܛܐܝܬ 22b, ܦܫ 86a, ܦܫܝܛܐܝܬ 369b
simul ܐܟܚܕܐ 9a, ܟܚܕܐ 161b, ܟܚܕ 368a
simulacrum ܨܠܡܐ 74a, ܨܠܡܐ 133b
simulatio ܐܣܟܡܐ ܕܒܐܦܐ 241b, ܢܟܝܠܘܬܐ 366a
simulator ܐܣܟܝܡܐ 19a, ܡܢܟܠܐ 299b
simulavit ܥܒܕ ܕܡܘܬܐ 208a, ܢܟܠ 226a
simus ܦܛܝܣܐ 270a
sinapis ܚܪܕܠܐ 44b, ܚܪܕܠܐ 123a, ܚܪܕܠ 234a
sincerus ܫܦܝܐ 383a
sindon ܣܕܝܢܐ 23b, ܣܕܝܢܐ 157b, ܣܕܝܢܐ 164a, ܣܕܝܢܐ 219b, ܣܕܝܢܐ 265a
sine ܒܠܐ 38b, ܕܠܐ 39b, ܠܐ 223b
singularis ܝܚܝܕܝܐ 105b, ܝܚܝܕܝܐ 146a
singularitas ܝܚܝܕܝܘܬܐ 82b, ܝܚܝܕܝܘܬܐ 145b
singuli ܚܕ ܚܕ 103b, ܚܕ ܚܕ 144a
singultientes ܐܝܟ ܕܐܚܝܕ ܓܘܫܩܐ 267a
singultivit gallina ܩܪܩ 341a
singultus ܓܘܫܩܐ 138b, ܓܘܫܩܐ 341b
sinistra ܣܡܠܐ 227b
sinus ܥܘܒܐ 35b, ܥܘܒܐ 116b, ܥܘܒܐ 161a, ܥܘܒܐ 241a, cum brachiis ܥܘܦܐ 60b, intestinus ܥܘܒܐ 242b, maris ܐܬܪܐ 4a, ܥܘܒܐ ܕܝܡܐ 178b
sipho vinarius ܣܝܦܘܢܐ 181a
sirius (ܟܘܟܒܐ) ܫܥܪܐ 158a
sistra ܨܨܠܐ 222b, ܨܨܠܐ 385a
sisymbrium polycerum ܬܘܪܝܐ 130b
sitiens ܨܗܐ 302b
sitis ܨܗܝܐ 300a
situla ܕܘܠܐ 68b, ܕܘܠܐ 153b, ܕܘܠܐ 222b
situs ܣܝܡܐ 151a, ܣܝܡܐ 224b
sive ܐܘ 4b, ܐܘ ܕܝܢ 5a
sivit ܫܒܩ 139a, ܐܪܦܝ 360b, ܫܒܩ 364b
smaragdus ܙܡܪܓܕܐ 46b, ܙܡܪܓܕܐ 96b, ܙ 230a
smegma ܣܒܘܢܐ 120a
soccus ܣܩܘܬܐ 61b, e lana textus ܣܘܦܐ 88a
socer ܚܡܐ 114b
socia ܒܪܬ ܙܘܓܐ 213a
societas ܫܘܬܦܘܬܐ 301b, ܫܘܬܦܘܬܐ 327a
socius ܫܘܬܦܐ 96a, ܚܒܪܐ 102a, ܚܒܪܐ 160b, ܫܘܬܦܐ 371a
socotrinum ܨܒܪܐ 236a
sodales ܒܢܝ ܚܒܪܐ 335b
Sodomitarum vitium ܣܕܘܡܝܘܬܐ 219b
sol ܫܡܫܐ 380a
solanum halicacabum ܥܢܒ ܬܥܠܐ 335a, melongena ܒܕܢܓܐܢ 32a, ܥܢܒ ܬܥܠܐ 143b, nigrum ܥܢܒ ܬܥܠܐ 90a, ܥܢܒ ܬܥܠܐ 254b
solatium ܒܘܝܐܐ 350, —o affectus est ܐܬܒܝܐ 36b
solea ܣܘܠܝܬܐ 162a, ܣܘܠܝܬܐ 230b, ܣܐܢܐ 383a, ferrea ܣܘܠܝܬܐ 134a, ܣܘܠܝܬܐ 209a
solemnis ܥܐܕܢܝܐ 103a
solidus ܫܪܝܪܐ 64b, ܫܪܝܪܐ 112b
solitaris ܝܚܝܕܝܐ 103b
solitudo ܝܚܝܕܝܘܬܐ 118b, ܚܘܪܒܐ 122b, ܡܕܒܪܐ 139a, ܝܚܝܕܘܬܐ 244a, ܕܒܪܐ 299b, ܫܦܝܐ 395a
solium ܟܘܪܣܝܐ 303b
sollers ܚܪܝܦܐ 13b, ܚܪܝܦܘܬܐ 135a, ܚܪܝܦܐ 169a
sollicitatio ܐܘܟܦܬܐ 397a
sollicitudo ܐܘܟܦܬܐ 95a, ܝܨܝܦܘܬܐ 120b, ܝܨܝܦܘܬܐ 318a
sollicitus ܝܨܝܦܐ 118a
solubilis ܡܫܬܪܝܢܐ 182a
solum ܐܪܥܐ 354a
solus ܒܠܚܘܕܘܗܝ 105b, ܝܚܝܕܝܐ 145b
soluta natura ܕܒܝܪܘܬܐ 32b
solutio ܫܘܪܝܐ 36a, ܫܪܝܐ 292a, ܫܘܪܝܐ 295b, ܪܦܝܘܬܐ 358b, ventris ܫܠܝܐ 68b
solvit ܫܪܐ 185b, ܦܪܩ 271a, ܫܪܐ 291a, ܦܪܩ 292b, ܦܪܥ 296a, ܪܦܝ 360b, ܐܫܠܝ 372a, ܫܪܐ 387a, linguam ܦܬܚ ܦܘܡܐ 294b, verbum ܦܫܩ 378a, *pass.* ܦܫܩ 269b
somniavit ܚܠܡ 112b
somnium ܚܠܡܐ 374b
somnolentia ܢܘܡܬܐ 129b
somnus ܕܡܟܘܬܐ 74b, ܫܢܬܐ 135a, ܫܢܬܐ 202a, ܫܢܬܐ 381a, in —o ܒܫܢܬܐ 209b
sonchus oleraceus ܚܣܐ ܕܒܪܐ 103b

stabulum ܐܘܪܝ 11a, ܐܣܛܒܠܝܢ 17b
stacten ܐܣܛܐܩܛܐ 18a, ܣ̈ 223b, ܢܛܘܦܬܐ 205a
stadium ܐܣܛܕܝܐ 17b, ܣ̈ 223a, ܕܪܡܐ 184b, ܦܪܣܚܬܐ 348b
stagnans ܩܝܡ 309b
stagnatio ܩܘܝܡܐ 372a
stagnum ܐܓܡܐ 147a
stannum ܐܢܟܐ 15b, ܟܣܛܪܐ 179b
stapia ܪܟܒ ܓܠܐ 37b
statim ܒܪ ܫܥܬܗ 45a, 369b, ܡܢ ܐܘܦܝܬܗ 72a, ܗܘܝܬܐ 103b
stationes ܐܣܛܛܝܘܢܣ 17b, ܣ̈ 223a
statua ܐܢܕܪܝܣܛܐ 15a, ܓܘܪܬܐ 56b
statuit ܐܩܝܡ 401b
status ܟܘܪܣܛܐ 82b, ܡܪܐ 366b, partui proximus ܩܪܝܒܬܐ ܕܝܠܕ 78a
statutum habuit ܐܬܩܝܡ 263a
stella ܟܘܟܒܐ 154b, crinita ܩܘܡܝܛܝܣ 325b
stellio ܫܡܡܝܬܐ 307b
stellula ܐܣܛܪܝܣܩܘܣ 18b
stercus ܓܠܠܐ 43a, ܙܒܠܐ 89a, ܚܪܐ 122a, ܟܒܝܫܐ 240b, ܦܘܬܐ 297a, ܩܘܒܐ 331a, ܪܥܝܐ 390a
sterilis ܥܩܪܐ 34a, ܥܩܝܪܐ 53a, ܝܒܫܐ 134b, ܥܩܪܐ 258b
sternutamentum ܥܛܫܐ 248b
sterquilinium ܩܩܠܬܐ 335a, ܩܠܩܠܐ 342a
stetit ܩܡ 314b, ܐܬܩܝܡ 401a
stibium ܟܘܚܠܐ 156b, ܫܪܒܐ 299b
sticharium ܫܒܝܐ 306b
stichica ܣܛܝܟܝܢ 224a
stillavit ܕܠܦ 73b, ܢܛܦ 204b, ܪܣ 351a, ܪܣܣ 356b
stilus ܡܓܪܦܬܐ 169b, ܪܫܡܐ 301b

stimulus ܙܩܬܐ 98b, ܡܪܕܝܐ 383a
stipem dedit ܐܦܪܣ 104b
stipendium ܦܣܝܣܐ 347a
stipes ܓܙܘܪܐ 4b, ܓܘܪܣܐ 53b, ܩܘܪܡܐ 339a
stipula ܓܠܐ 54b, ܩܫܬܐ 342a
stirps ܫܪܒܬܐ 363b, ܫܪܫܐ 370a, ܫܪܒܬܐ 388b
stola ܐܣܛܠܐ ,ܒܥܕܝܬܐ 83b
stolidus ܣܟܠܐ 298b, *adv.* ܣܟܠܐܝܬ 248a
storax ܐܣܛܘܪܩܐ 18b, ܡܥܛܦܢܝܬܐ 111b
storea ܚܨܝܪܬܐ 238a, ܡܣܟܬܐ 281a, ܪܗܛܐ 306a
strabo ܣܩܝܠܐ 106b, ܦܬܝܠܐ 139b, ܡܥܩܡ 237a, ܡܥܘܩܐ 324a, ܥܩܡܐ 342b
stragulum ܡܫܘܝܬܐ 50a, ܡܦܫܛܐ 79b, ܫܘܝܐ 107a, junceum ܚܨܝܪܐ 45b
stramentum ܡܫܘܝܬܐ 162a, ܩܫܐ 392b, concisum ܬܒܢܐ 98a
strangulatio ܚܢܩܐ 118a
stranguria ܚܨܪܐ 308a, ܩܛܝܪܘܬܐ 363a
strata (via) ܐܣܛܪܛܐ 18a
stratum ܡܫܘܝܐ 207a, lecti ܐܣܛܪܘܡܐ 19b
stravit ܫܘܐ 185a, ܫܘܝ ܥܪܣܐ 355b, ܪܡܐ 359b, ܦܪܣ 365a, ܫܛܚ 368a
strena nuptialis ܫܘܫܒܝܢܐ 355a
strepitus ܩܠܐ 86b, ܫܓܘܫܝܐ 125a, ܡܗܘܡܝܬܐ 138b, ܓܕܫܬܐ 198b, ܚܫܘܠܬܐ 242a, ܪܓܘܫܝܐ 302b, ܫܘܩܠܐ 342a, ܪܗܛܘܬܐ 349a
strepuit ܪܓܫ 200b
striae ܣܪܛܐ 125a
stridor ܫܪܘܩܐ 125a, —em edidit ܨܪܚ 186a
strigilis ܡܓܪܕܬܐ 284b

strix ܐܠܝܬܐ 11a, ܩܘܦܐ 34a, ܠܝܠܝܬܐ 72a
structor ܒܢܝܐ 220a
strues ܓܕܫܐ 164b, lignorum ܣܝܩܐ 53b
struthiocamelus ܐܣܛܪܘܬܘܩܡܠܘܣ 29b, ܒܢܬ ܝܥܢܐ 161a, ܓܡܠܐ ܦܪܚܐ 209a, ܥܘܦܐ ܕܢܥܡܐ 307a, ܢܥܡܐ ,ܪ̈ ib.
struxit ܣܡ 314b
studens ܨܒܘܬܐ 14a
studiosus ܚܦܝܛܐ 235b, ܪܕܝܐ 395b
studium ܐܘܟܦܐ 10b, ܐܬܝܩܐ 26b, ܙܘܝܚܘܬܐ 36a, ܛܪܘܢܘܬܐ 148b, ܚܦܝܛܘܬܐ 169a, ܩܘܡܐ 210b, ܟܘܢܢܐ 231a, ܣܥܪܐ 233a, ܣܪܗܒܘܬܐ 234a, ܡܠܬܐ 327a, ܪܟܫܐ ܛܘܒܐ 385a, partium ܦܠܓܘܬܐ ܕܡܠܘܐ 208a
studuit ܐܠܦ 12b, ܐܬܥܢܝ 13b, ܪܗܒ 42a, ܙܘܚ 81a, ܚܦܛ 102a, ܨܒܐ 120a, ܐܬܛܟܣ 133b, ܛܟܣ 136a, ܐܬܓܪܓ 179a, ܪܕܝ 187b, ܥܢܐ 336a, ܐܬܚܦܛ 389a
stultitia ܫܛܝܘܬܐ 243b, ܣܟܠܘܬܐ 248a, ܫܛܝܘܬܐ 296a
stultus ܫܛܝܐ 34a, ܫܛܝܐ 172b, ܣܟܠܐ 176a, ܣܢܝܐ 225b, ܣܟܠܐ 269b, ܫܛܝܐ 299a, ܪܩܐ 375b, fuit ܣܟܠ 373a, ܫܛܐ 383b
stupa ܥܡܪܬܐ 240a
stupefactus est ܐܬܕܡܪ 34b
stupens ܬܡܝܗܐ 399a
stupidus ܐܬܒܗܝܬ ܣܟܠ 248a
stupor ܬܗܪܐ 393b
stupravit ܓܠܐ 47b, ܛܢܦ 96b, ܛܠܡ 101b, ܣܒ 136b, ܓܠܐ 249b
stupuit ܐܬܬܡܗ 32b, ܬܡܗ 65b, ܐܬܕܡܪ 75a, ܬܘܗ 394b
sturnus ܙܪܙܝܪܐ 99b, ܦܪܓܝܬܐ 291a

surditas ܚܪܫܘܬܐ 307b, cordis ܓܘܢܚܬܐ 242b

surdus ܐܛܪܡܢܐ 7b, ܐܘܩܐ 66b, ܚܪܫܐ 125b, ܦܩܕܐ 282a, ܫܬܩܐ 304b, fuit ܚܪܫ 248a

surrexit ܐܬܬܩܝܡ 60a, ܢܨܒ 98b, ܐܬܬܩܝܡ 202b, ܩܡ 300a, ܩܡ 314b, ܩܡ 331a, ܐܬܬܪܝܡ 350a, ܐܬܬܟܝܠ 385b, ܬܩܢ 401a

surripuit ܓܢܒ 34b

sursumduxit ܐܣܩ 228a

sus ܚܙܝܪܐ 108b

suscepit ܐܬܩܒܠ 75a

suspendio interemit ܚܢܩ 118a

suspendit ܬܠܐ 397b

suspicio ܚܘܫܒܐ 119a, ܡܚܫܒܢܘܬܐ 218a

suspirium ܐܢܚܬܐ 16b, ܬܢܚܬܐ 105b

sustentatio ܣܘܡܟܐ 315b

sustentavit ܣܡܟ 92b

sustinuit ܐܣܝܒ 29b, ܣܝܒܪ 115a

sustulit ܫܩܠ 64a, ܕܠܐ 95b, ܐܛܝܦ 133a, ܐܪܝܡ 202b, ܢܛܠ 204b, ܢܣܒ 212b, ܢܣܒ ܡܥܠ 215a, ܐܥܒܪ 243a, ܥܒܪ 258a, ܐܪܝܡ 350a, ܫܩܠ 381a, ܫܩܠ 385a, ܬܠܐ 397b, —e medio ܐܦܩ 270a, se ܐܬܬܛܝܠ 47a, ܥܠܝܐ 49b, ܙܘܥ 92a

susurravit ܪܛܢ 95b, ܠܚܫ 175a, ܪܛܢ 211b, ܪܛܢ 362a

susurro ܡܠܚܫܢܐ 140b

sutor ܚܪܫܐ 341a, ܐܣܟܦܐ 375b

suxit ܐܝܢܩ 147b, ܡܨ 191a, ܡܨ 240a, —gere fecit ܐܡܨܝ 197b

syllaba ܦܣܘܩܐ 80a, ܚܛܘܦܐ 131b, ܢܩܫܬܐ 213b, ܩܛܝܢܐ 385b

syllogismus ܣܘܠܓܝܣܡܘܣ ܡܐܠܦܢܐ 161b, ܣܘܠܠܘܓܝܣܡܘܣ 227a, cf. 231b

symbolum ܐܪܙܐ 45a, ܐܛܘܡܣܐ 138b, ܦܠܐܬܐ 272b

symphonia ܙܘܡܪܐ 306b, ܩܠܐ ܕܦܘܡܐ 368a

symposium ܡܫܬܝܬܐ 391a

synagoga ܟܢܘܫܬܐ 161b, ܒܝܬ ܟܢܘܫܬܐ 363a

synaxis ܟܢܘܫܝܐ 161b, ܣܘܢܐܟܣܝܣ 231b

syncellus ܣܘܢܩܠܐ 232a, ܒܪ ܩܠܝܬܐ 323a

syngrapha ܫܛܪ ܚܘܒܐ 55a, ܫܛܪܐ 373b

synodus ܟܢܘܫܝܐ 161b, ܣܘܢܗܕܘܣ 231a

synthronismus ܣܘܢܬܪܘܢܝܣܡܘܣ 232b

syrinx ܡܫܪܘܩܝܬܐ 208b

syrupus ܣܝܪܘܦ 237b

Syrus ܐܪܡܝܐ 27b

systema ܣܘܡܟܐ 315b

Tabellarius ܒܠܕܪܐ 129a

taberna ܚܢܘܬܐ 117b

tabernaculum ܡܫܟܢܐ 375a

tabes ܚܘܠܢܐ 203b, ܦܬܝܫܘܬܐ 297b

tabuit ܢܬܟ 204b, ܬܒܪ 215b, ܐܬܬܪܝܙ 351a, ܡܣܘ 371b, —escere fecit ܗܒ 68b

tabula ܠܘܚܐ 71a, ܠܘܚܐ 76b, ܛܒܠܝܬܐ 129a, ܠܘܚܐ 173a, ܦܢܩܝܬܐ 208b, ܦܛܩܐ 269b, ܦܢܩܝܬܐ 276a, ܦܢܩܝܬܐ 278a, ferrea ܦܪܙܠܐ 285b

tabularium ܣܘܪܓܕܪܐ 74b

tabulatum ܓܫܘܪܬܐ 262a, superius ܓܫܘܪܬܐ 251a

tacuit ܫܬܩ 125b, ܕܡܩ 160a, ܫܠܐ 376a, ܫܬܩ 391b

taeda ܕܠܝܩܐ 73b

taedio captus est ܐܬܐܠܨ 16a, fuit ܐܬܡܓܝ 218a

taeduit ܐܬܡܠܝ 31a, ܡܓܝ 60b, ܡܐܢ 179a, ܩܢܛ 318a

taeniae ܬܢܝܬܐ 118a

talarium ܦܘܪܬܐ 239b, ܦܪܬܐ 265b

talcum ܛܠܩ 135a

talentum ܛܠܢܛܐ 134b, ܟܟܪܐ 157a

talpa ܚܘܠܕܬܐ 112a

talus ܥܩܒܐ 125b, ܩܘܒܝܐ 167b, ܩܘܪܣܝܐ 341a

tamarix ܐܬܠܐ 259a

tanto ܗܟܢܐ 159b

tapetum ܛܦܝܬܐ 136b, ܛܦܝܛܐ 138b, ܛܦܝܬܐ 139a, ܡܟܣܝܬܐ 184b

tarde ܒܚܪܝܐ 204b

tarditas ܡܘܚܪܘܬܐ 395b

tardus fuit ܐܬܘܚܪ 99a, ܐܬܛܒܛܒ 134b

tartarus ܛܪܛܪܘܣ 140a

taurus ܬܘܪܐ 395a, magnus ܐܪܓܝܢܐ 6a

tectonia grandis ܦܩܐ 380b, ejus lignum ܩܝܣܐ 368b

tectorium ܛܝܪܐ 139b

tectum ܐܓܪܐ 3a, ܐܛܠܠܐ 134a, ܦܛܠܠܐ 278b, ܡܛܠܠܐ 379b, fornicatum arae ܦܢܝܬܐ 328b, —i pars prominens ܐܓܪܐ 93b, —o instructus est ܐܬܛܠܠ 340b

tectus ܡܟܣܐ 360b

tegumentum ܬܟܣܝܬܐ 115a, ܐܬܟܣܝܬܐ 120a, ܡܟܣܝܐ 164a, ܡܟܣܝܬܐ 184b, ܚܘܪܬܐ 239a, ܡܟܣܝܐ 281a, ܦܘܪܣܐ 289a, ܦܪܣܬܐ 319a, capitis ܟܘܣܝܐ 371a, sacerdotis ܐܦܘܕܐ 23a, digiti ܐܨܒܥܬܐ 17a, ܒܪ ܙܒܢܐ 44b, libri ܩܘܛܐ 66a, hirsutum ܣܥܪܢܐ 234a

thus ܠܒܘܢܬܐ 41a, ܟܘܢܕܪܘܣ 171b, ܩܣܛܐ 192b
thymelea ܬܘܡܠܐܣ 329a
thymus ܣܗܪܐ 90a, ܣܥܬܐ 107b, ܬܘܡܘܣ 399a
tiara ܬܐܓܐ 158b, ܟܘܒܥܐ 220b, ܩܘܕܪܝܬܐ 305a
tibia ܥܛܡܐ 96b, ܩܢܝܐ 303b
tibicen ܙܡܪܐ 56a, ܡܙܡܪܢܐ 365a
tigillum ܩܪܝܬܐ 360b
tignum ܐܣܦܢܐ 19b, ܟܫܘܪܐ 65b, ܩܢܝܐ 336a
tigris ܢܡܪܐ 207b
tilia ܦܠܘܬܐ 276a
timendus ܕܚܝܠܐ 99b
timens ܕܚܝܠܐ 358a
timiditas ܕܚܠܬܐ 318a
timidum reddidit ܐܪܗܒ 358b, *adv.* ܪܗܝܒܐܝܬ 348a
timo ܩܘܡܐ 45b
timor ܕܚܠܬܐ 59a
timuit ܕܚܠ 70a, ܙܘܥ 154b, ܙܘܪ 155b, ܪܚܠ 328a
tinctura ܨܒܥܐ 136a, ܨܒܥܐ 282b, ܨܒܥܘܬܐ 283a, metallorum ܨܒܥ 271a
tinea ܣܣܐ 150b, ܥܫܐ 232b, ܥܠܐ 266b, ܪܡܫܐ 355a
tinnitus ܙܢܓܐ 96b, aurium ܐܢܓܐ 90a, ܛܢܛܢܐ 390b
tinnivit ܛܢ 302b
tintinnabulum ܙܓܐ 90a, —is instructus ܡܙܓܓܐ 97a
tinxit ܨܒܥ 298b
titillavit ܓܓܓ 123b
titulus ܛܝܛܠܘܣ 132b
toga ܛܘܓܐ 131a, cucullata ܦܝܢܘܠܐ 37a, lanea ܓܠܝܬܐ 36b
toleravit ܐܣܝܒܪ 29b, ܣܝܒܪ 115a, ܣܒܠ 137b, ܣܝܒܠ 217a, ܣܝܒܪ 218a, ܣܒܠ 385a

tonsillae ܢܝܒܬܐ 203b
tonuit ܪܥܡ 186a, ܪܥܡ 358a
tonus ܩܠܐ 314b, cum versu intercalari ܩܘܢܢܐ 166a
toparcha ܪܝܫ ܐܬܪܐ 353b
topazius ܛܘܦܐܙܝܢ 99a, ܛܘܦܐܙܝܘܢ 138a, ܦܛܕܬܐ 213a
torcular ܡܥܨܪܬܐ 186b, ܡܥܨܪܬܐ 257b
tormen ܥܠܠܐ 251b, —ina intestinorum ܩܘܠܢܓ 75b
tormentum ܫܘܢܩܐ 240a, ܫܘܢܩܐ 315a, —a equulei ܩܝܣܐ 306b
tornator ܛܘܪܢܘܛܐ 141a
tornavit (verba) ܓܠܦ 56b
torpor ܐܕܢܬܐ 319a
torpuit ܐܬܥܛܠ 400a
torques ܩܕܠܐ 44b, ܡܢܝܩܐ 84a, ܐܩܐ 94a, ܓܕܠܐ 257b, ܛܘܪܩܘܣ 271a
torrefactus est ܐܬܩܠܝ 199a
torrens ܢܚܠܐ 99a
torruit ܩܠܐ 130b, ܩܠܐ 221b, ܐܩܠܝ 368b
torsio manuum ܦܘܬܠܐ 360a
tortuosus ܥܩܡܐ 258a
tortus est ܐܬܥܩܡ 164b, ܐܬܦܬܠ 266b
torus ܕܓܠܐ 172a
totondit ܓܙ 52b, ܓܙܐ 63b, ܚܦܦ 235b, ܩܨ 333b
totus ܟܠ 157a, ܓܡܝܪܐ 186b
trabs ܐܣܦܢܐ 19b, ܟܫܘܪܐ 65b, ܫܩܝܐ 127b, ܩܢܝܐ 336a
tractatum ܛܪܩܛܛܘܢ 114a
tractatus ܡܡܠܠܐ 14a, ܡܐܡܪܐ 388b
tractavit ܐܬܡܫܚ 13b, ܓܫ 66a
tradidit ܐܫܠܡ 26b, ܐܫܠܡ 60a, ܝܗܒ 143a, ܡܣܪ 191a, ܡܣܪ 337a, ܐܫܠܡ 375a
traduxit ܢܦܩ 212b, ܐܥܒܪ

243a, ܐܥܒܪ 388a, ܐܥܒܪ 402a
tragelaphus ܝܥܠܐ 148a
tragoedus ܛܪܓܘܕܐ 139b
trahens navem ܡܠܚܐ 12b
tranquillitas ܫܠܝܐ 201b
transfixit ܕܩܪ 77b
transfodit ܕܩܪ 77b
transformavit ܫܚܠܦ 365b, *pass.* ܐܬܚܠܦ 85b, ܐܫܬܚܠܦ 381b
transgressus est ܥܒܪ 78a, ܥܒܪ 242b
transiit ܥܒܪ 51b, ܥܒܪ 229a, ܥܒܪ 242b
transitus ܥܒܪܐ 301b
transparens ܫܦܝܐ 222b
transsiluit ܫܘܪ 370a
transtra ܣܦܐ 180b
transtulit ܐܥܒܪ 86a, ܫܢܐ 143a, ܐܦܢܝ 210b, ܐܥܒܪ 243a, ܫܩܠ 295b, ܫܢܝ 384a, ܐܥܒܪ 402a, *pass.* ܐܬܥܒܪ 251a
transversum egit ܐܦܢܝ 266a
trapezita ܛܪܦܝܙܝܛܐ 141b, ܡܥܪܦܢܐ 226b
traxit ܓܪܫ 61a, ܓܪܓܪ 62a, ܢܓܕ 191a, ܢܓܕ 206a, ܢܓܕ 208b, ܢܓܕ 215b
tremissis ܛܪܝܡܝܣܝܣ 141a
tremitus ܙܘܥܐ 201b
tremor ܪܬܝܬܐ 213b, —e perculsus est ܐܬܡܪܡܣ 342b
tremuit ܙܥ 66b, ܪܬܬ 68b, ܐܙܕܥܙܥ 97a, ܐܬܙܝܥ 123a, ܢܥܨ 202b, ܥܨܐ 234a, ܪܬܬ 358a, ܪܬ 361a, ܪܥܠ 381b
trepidans ܪܬܝܬܐ 75a, —vit ܪܗܒ 348a
tres ܬܠܬܐ 398a
triangulum ܛܪܝܓܘܢܘܢ 139b
tribulus ܕܪܕܪܐ 338b
tribunal ܒܝܡ 36b, ܒܝܬ ܕܝܢܐ 71b

tribunus ܛܪܝܒܘܢܐ 139b
tributum ܡܕܐܬܐ 48a, ܡܕܐܬܐ 53a, ܟܣܦܐ 137a, ܡܟܣܐ 163a, ܡܟܣܐ 180a, ܡܡܢܘܬܐ 196a, ܡܢܬܐ 326b, ܫܘܩܠܐ 385b, ܟܪܓܐ 392b
tribuit ܝܗܒ 126a, ܦܣܩ 278a, *pass.* ܐܬܝܗܒ 273a
triclinium ܬܪܝܩܠܝܢܐ 192a
trigonella foenum graecum ܦܠܒܐ 272a
triodium ܛܪܝܘܕܝܢ 30b, ܛܪܝܘܕܝܢ 403a
triplex ܬܠܝܬܝܐ 398a, *pl.* ܬܠܝܬܝܬܐ 256a
tripus ܬܠܬ ܪܓܠܐ 160b
tristis ܟܡܝܪܐ 2a, ܥܩܝܩܐ 126a, ܥܩܝܪܐ 160a, ܟܪܝܐ 246b, ܡܪܝܪܐ 334b, ܪܕܝܦܐ 358a
tristitia ܥܩܬܐ 141b, ܟܪܝܘܬܐ 393a
triticum ܚܛܐ 58b, ܚܛܬܐ 109a, ܩܡܚܐ 289b, repens ܚܛܐ ܕܒܪܐ 63b, spelta ܙܘܢܐ 160b
tritura ܕܝܫܐ 345b
triunus ܬܠܝܬܝܐ 398a
trivit ܫܚܩ 48b, ܕܩ 78b
troglodyta ܡܥܪܝܐ 283b
tropicus ܛܪܘܦܝܩܐ 142a
trucidavit ܩܛܠ 54a
trulla ܡܓܪܦܐ 382a
trullissavit ܛܫ 139a, ܫܥ 159a
truncus ܓܙܥܐ 14b, ܓܘܫܡܐ 246b, ܥܩܪܐ 339a, ܩܘܪܡܐ 364b
trutina ܡܘܙܢܝܐ 167b, ܡܬܩܠܐ 401a
tu ܐܢܬ 17a
tuba ܫܝܦܘܪܐ 306b, ܩܪܢܐ 384b
tuber ܦܛܪܐ 156b, ܓܙܪܐ 260b
tubulus textoris ܡܣܬܩܬܐ 228a
tudes ܡܩܒܬܐ 109a, in harpasto ܪܘܡܚܐ 300b
tugurium ܓܙܪܐ 261a
tulit ܢܣܒ 92a
tum ܗܝܕܝܢ 8a, ܐܦ 9b, ܟܕ 30b, ܗܝܕܝܢ 82b, ܟܕ 160b
tumens ܙܥܘܦܐ 359a
tumor ܙܥܘܦܐ 242b, ܢܘܦܚܐ 264b, ܢܦܝܚܘܬܐ 345a, ܙܥܦܐ 390a, scroti ܩܠܝܬܐ 320b, *pl.* ܙܥܦܐ 33b, ܦܘܚܐ 210a
tumuit ܙܥܦ 91b, ܐܬܢܦܚ 209b
tumultuatus est ܫܓܫ 347a, ܥܪܩ 366a
tumultus ܐܫܬܓܫܘܬܐ 18a, ܫܓܘܫܝܐ 223b, ܫܘܓܫܐ 34a, ܪܘܓܙܐ 86b, ܗܘܡܢܐ 93a, ܐܘܟܠܣܐ 95a, ܫܓܘܫܝܐ 242a, ܡܚܝܘܬܐ 250b, ܫܓܘܫܝܐ 285a, ܩܠܐ 297b, ܪܘܓܙܐ 344a, ܪܘܓܙܐ 349a
tumulus ܓܠܐ 300b, ܩܒܪܐ 311a
tunc ܗܝܕܝܢ 9b, ܗܝܕܝܢ 82b
tunica ܟܘܬܝܢܐ 170a, ܦܬܓܡܐ 289a, ܡܠܒܘܫ 322b, ܟܘܬܝܢܐ 402a, virilis ܡܚܫܒܐ 309b
tura tripolitana ܫܥܝܪܐ 380a
turba ܟܢܫܐ 86b, ܐܘܟܠܘܣ 102a, ܐܘܟܠܘܣ 112b, ܥܡܐ 139b, ܡܫܬܩܠܐ 217b, ܫܓܘܫܝܐ 240a, ܟܢܫܐ 285a, promiscua ܚܒܘܫܝܐ 260a
turbatio ܫܓܘܫܝܐ 174a, ܫܓܘܫܝܐ 370b
turbator ܫܓܘܫܐ 92b, ܡܫܓܫܢܐ 292b
turbavit ܕܠܚ 68a, ܫܓܫ 73a, ܥܪܩ 238b, ܥܪܩ 366a, *pass.* ܐܫܬܓܫ 38a, ܐܬܕܠܚ 300a, *part.* ܫܓܝܫܐ 306b, ܕܠܝܚܐ 348a
turbidus ܥܟܝܪܐ 95a
turbo ܥܠܥܠܐ 99a, *pl.* ܥܠܥܠܐ 166a
turdus merula ܩܛܘܪܐ 373a
turma ܛܘܪܡܐ 28b, ܛܘܪܡܐ 49b, ܛܘܪܡܐ 135a, —tim ܛܘܪܡܐ 225a
turpis ܛܢܦܐ 42b, ܣܢܝܐ 94b, ܣܢܝܐ 156a, ܣܢܝܐ 230b, ܥܪܝܐ 306a, ܢܟܝܪܐ 375b
turpitudo ܥܪܛܠܝܘܬܐ 35b, ܒܗܬܬܐ 97a
turris ܡܓܕܠܐ 45b, ܡܓܕܠܐ 50a, ܦܪܓܘܣ 92a, ܦܘܪܓܘܣ 287b, ܦܘܪܓܘܣ 292b
turtur ܫܘܦܢܝܢܐ 384a
tussivit ܫܥܠ 382a
tutatus est ܢܛܪ 205a
tutor ܐܦܛܪܘܦܐ 22a
tutudit ܢܩܫ 208b, ܢܩܫ 213b
tutus locus ܡܫܘܙܒܐ 401b
tympanon ܦܠܓܐ 129a, ܬܦܐ 155b, ܦܠܓܐ 273a, ܛܒܠܐ 345a
typhon ܥܠܥܠܐ 99a
typus ܐܦܣܐ 400b
tyrannus ܛܘܪܢܐ 141a

Ubi ܐܝܟܐ 8a, ܐܝܟܐ 30b, ܐܝܟܐ 164a, —que ܒܟܠ ܐܬܪ 72a
ulcerositas ܫܘܚܢܐ 359b
ulcerosus ܡܫܚܢܐ 373a
ulcus ܫܘܚܢܐ 35a, ܫܘܚܢܐ 264b, ܫܘܚܢܐ 369b, ܫܘܚܢܐ 372a, ܫܘܚܢܐ 394b, *pl.* ܫܘܚܢܐ 45a, in auribus ܫܘܚܢܐ ܕܐܕܢܐ 45a
ulmus ܫܡܘܫܐ 222a, ܓܘܡܐ 261b, ܐܠܐ 269a
ulna ܐܡܬܐ 13a, ܐܡܬܐ 60b, ܫܪܥܐ 63a, ܐܡܬܐ 315a
ultimus ܐܚܪܝܐ 7b
ultio ܬܒܥܬܐ 249b, ܦܘܪܥܢܐ 291a
ultra ܠܗܠ ܡܢ 83a
ultus est ܐܬܒܥ 213a, ܦܪܥ 282a, ܬܒܥ 392b
ululatus ܝܠܠܐ 86b
ululavit ܝܠܠ 11a, ܐܠܠ 140a, ܥܘܩܐ 245b

umbilicus ܫܘܪܪܐ 162a, ܫܪܐ 386b
umbra ܛܠܠܐ 106b, ܛܘܠܐ 133b
umbraculum ܡܛܠܠܬܐ 134a, ܦܘܪܡܣܐ 167b
unanimus ܫܘܐ 4b
uncia ܐܘܢܩܝܐ 5a, ܐܘܢܩܝܐ 16b, ܡܬܩܠܬܐ 190a, ܐܘܢܩܝܐ 212b
uncinus ܐܘܩܝܐ 5b
uncus ܡܩܘܪܐ 166b
unda ܓܠܐ 54b
unde ܡܢ ܐܝܟܐ 8b
undeviginti ܬܫܥܣܪ 404b
undique ܡܢ ܟܠ ܓܒ 72a
unguentum ܡܫܚܐ 95b, ܡܫܝܚܘܬܐ 117b
unguis ܛܦܪܐ 139a
ungula ܛܠܦܐ 136a, ܛܦܪܐ 139a, ܦܪܣܬܐ 257b, ܦܪܣܬܐ 289a, ܦܪܣܬܐ 290b, —s amisit ܐܬܫܠܚ 203b
unicus ܝܚܝܕܝܐ 145b
universalis ܟܠܢܝܐ 221b, ܩܬܘܠܝܩܘܣ 343a, ܓܘܢܝܐ 392b
universitas ܓܘܐ 51a, ܟܢܫܘܬܐ 157a
univit ܚܝܕ 146a, *pass.* ܐܬܚܝܕ 65b
unus ܚܕ 103b
unxit ܡܫܚ 196a, se ܐܬܡܫܚ 67b
upupa ܩܘܩܦܬܐ 23b, ܐܘܦܐ 33b, ܚܠܝܠܐ 113a, ܢܓܪܐ 144b, ܦܘܩܦܩܐ 333b, ܬܪܢܓܠ ܓܒܐ 403a
urbs ܡܕܝܢܬܐ 68b, ܩܪܝܐ 165b, munita ܟܪܟܐ 105b
urceus ܐܒܪܝܩܐ 2b, ܐܠܓܐ 3a, ܓܘܓܝܐ 31b, ܟܠܟܬܐ 35b, ܓܪܒܐ 59a, ܓܘܪܐ 61a, ܓܪܒܐ 61b, ܕܘܪܩܐ 90a, ܚܪܦܐ 104b, ܚܨܒܬܐ 106b, ܚܨܒܐ 121a, ܟܘܙܐ 153b, ܟܘܠܬܐ 155b, ܡܩܠܐ 194b, ܦܘܩܐ 316a, ܩܘܠܬܐ 321b, ܩܘܩܐ 329b, ܩܩܒܐ 335a, ܬܢܘܪܬܐ 403a, cyprius ܩܘܦܪܝܣܝܢ 159a, parvus ܐܠܓܐ 398a, vinarius ܩܢܝܢܐ 306b
uredo ܩܛܡܬܐ 386a
urethrae ܩܢܝܐ ܕܡܬܘܢܬܐ 385b
urina ܡܝܐ ܕܪ̈ܓܠܐ 184b, ܦܣܪܐ 296a, ܬܘܪܐ 394b
urinator ܓܘܨܐ 252a
urna ܩܠܦܬܐ 37a, ܓܘܪܐ 63a, ܕܢܐ 75a, ܩܘܠܬܐ 329b
ursit ܕܚܩ 97b, ܚܙܩ 102a, ܐܠܨ 174a
ursus ܕܒܐ 65a
urtica ܚܪܘܠܐ 110b, ܡܪܩܬܐ 341a, ܡܪܩܬܐ 341a
usque ܐܝܡܡܐ 13b, ad ܥܕܡܐ 243b
ussit ܚܪܟ 123b, ܟܘܐ 154a
usura ܐܘܠܦܢܐ 24b, ܥ 86b, ܪܒܝܬܐ 344b, ܬܘܢܐ 396b
usus ܚܫܚܘܬܐ 167b
usus est ܐܬܚܫܚ 126b, ܚܫܚ 137a, ܐܬܚܫܚ 289a, familiariter ܥܡܗ 221a, ܐܬܚܫܚ 254a
ut ܐܝܟ 8a, ܐܝܟܢܐ 9b, ܟܕ 159a, ܡܛܠ ܕ 183b, fortasse ܕܠܡܐ 73b
uter ܓܘܕܐ 51b, ܙܩܐ 61b, ܙܩܐ 98a, ܚܡܬܐ 114a, ܙܩܐ 147a, ܙܩܬܐ 250b, ܙܩܐ 311b, ܙܩܐ 360a
uterus ܟܪܣܐ 167a, ܟܪܣܬܐ 176b, ܡܪܒܥܐ 345b, ܪܚܡܐ 351b
utilis ܡܘܬܪܐ 84b, ܡܘܬܪܢܐ 126b, ܡܘܬܪܢܐ 201b
utilitas ܝܘܬܪܢܐ 151b, ܦܘܬܪܢܐ 283a
utinam ܠܘ ܟܝ 173a, ܐܠܘ 391b
uva ܥܢܒܬܐ 219a, ܥܢܒܬܐ 240b, ܥܢܒܬܐ 254a, —e immaturae ܒܘܣܪܐ 41b, ܚܨܪܡܐ 123a, praematurae ܦܘܪܝܐ 202b, passae ܐܩܡܩܝܐ 24b, ܚܫܘܦܐ 162b, ܡܫܡܫܐ 332b
uvula ܓܡܓܡܬܐ 171b
uxor ܐܢܬܬܐ 17a, ܐܢܬܬܐ 91b

Vacavit ܐܬܦܢܝ 33a, ܐܬܦܠܓ 235a
vacca ܬܘܪܬܐ 394b
vacillavit ܐܬܪܥܠ 95b, ܛܥܐ 159b, ܡܛ 181a, ܡܓܓ 191b, ܡܝܠ 193b, ܢܕ 201b, ܐܬܢܝܕ 349b
vacuus ܣܦܝܩܐ 235a
vades factus est ܐܬܥܪܒ 179a
vadum ܓܘܒܐ 52b, ܓܢܝܬܐ 55a, ܡܥܒܪܬܐ 242b, ܡܥܒܪܐ 366a
vae ܐܘܝ 4b, ܐܘܝ 8a, ܘܝ 31a, ܘܝ 88a, ܘܝ 248b
vagans ܓܠܘܠܐ 54b
vagatio ܦܘܠܐ 265b
vagatus est ܪܕ 66a
vagina ܓܘܦܪܐ 61a, ܕܢܐ 93b, ܬܟܢܝܬܐ 111a, ܬܐܒܐ 396b
vagivit ܒܟܐ 246b
vagus ܛܥܝܐ 370a
valde ܛܒ 130b, ܛܒ 151b, ܝܬܝܪ 153a, ܣܓܝ 218b, ܪܒܐ 344a
vale dixit ܐܫܬܒܩ 88b
valgus ܡܚܝܢܐ 293b, ܡܚܝܢܐ ib.
validus ܚܝܠܬܢܐ 132a, ܚܣܝܢܐ 182b, ܚܝܠܐ 247a, fuit ܐܬܥܫܢ 401b
vallis ܚܠܠܐ 5a, ܓܠܝܐ 54b, ܢܚܠܐ 203b, ܦܩܥܬܐ 283b, ܥܡܩܐ 376b
vallum ܚܝܠܐ 31b, ܓܕܪܐ 49b, ܓܠܐ 54b
valuit ܚܝܠ ܐܬܚܝܠ 6b, ܐܬܚܝܠ 78b
valvae ܐܒܘܒܬܐ 3b, ܬܪܥܐ 392a
vaniloquentia ܣܪܝܩܘܬܐ 121b

vaniloquus ܦܘܫܩܐ 86a, ܡܦܩܒܪ̈ܐ 237b
vanitas ܒܛܝܠܘܬܐ 36a, ܣܪܝܩܘܬܐ 240a
vannus ܡܪܕܝܐ 77b
vanus ܒܛܝܠܐ 80a, ܣܪܝܩܐ 122b, fuit ܒܛܠ 137a, —m ܣܪܝܩܐ 353a
vapor ܐܠܗܠ 30a, ܗܠܐ 80a, ܠܚܘܬܐ 172a, ܡܠܚܐ 318a
vapulavit ܐܬܢܓܕ 199a, ܐܬܡܚܝ 337a
variegatus ܡܨܝܪܐ 157a
variolae parvae ܦܘܠܚܝܬܐ 376b
varius ܓܘܢܐ 45b, ܡܚܠܦܐ 243a, ܦܘܫܚܐ 271a, ܡܫܚܠܦܐ 297a, ܦܪܝܫܐ 313b
vas ܡܐܢܐ 108a, ܛܦܝܐ 136b, ܡܐܢܐ 160b, ܟܠܝܐ 164b, ܡܐܢܐ 179b, ܡܫܚܐ 180a, ܩܕܪܐ 396a, *pl.* ܡܐܢ̈ܐ 47b, ܓܪܒܐ 249b, fictile ܦܚܪܐ 41b, ܚܨܦܐ 61b, ܕܘܕܐ 203a, *pl.* ܟܘܙܐ 57a, forma cornus ܩܪܢܐ 339b, glandis ܓܠܘܛܐ 38b, ligneum ܟܘܐܬܐ 45b, lucernae ܫܪܓܐ 142b, molae ܪܚܝܐ 383b, plumbeum ܐܒܪܐ 19b, potorium ܟܣܐ 134a, terrenum ܦܚܪܐ 339b, vinarium ܐܘܩܝܐ 24b
vasculum ܟܘܬܐ 158b
vastavit ܐܚܪܒ 34b, ܚܪܒ 122b, ܣܚܦ 191b, ܒܙܙ 238b, ܒܙ 299b, ܒܙܙ 403b, *pass.* ܐܬܚܪܒ 371b
vaticinatus est ܐܬܢܒܝ 334a
vates ܢܒܝܐ 108a, ܚܙܝܐ 204a, ܩܨܡܐ 296a
vectis ܡܘܫܠܐ 185a, ܡܘܫܠܐ 316a, januae ܚܠܩܐ 134a
vectus est ܪܟܒ 66a, ܐܬܪܟܒ 92a, ܪܟܒ 354a, navi ܐܬܥܒܪ 131b, ܪܟܒ 347b
vehemens ܐܠܝܨܐ 12b, ܥܫܝܢܐ 193a, ܡܬܚܝܠܢܐ 242b, ܚܣܝܢܐ 243b
vehementia ܚܣܝܢܘܬܐ 97b, ܥܘܫܢܐ 100a, ܩܫܝܘܬܐ 122b, ܚܣܝܢܘܬܐ 255a
vel ܐܘ 4b
velatus ܡܟܣܝܐ 152b, ܡܬܥܛܦ 306a
vellicatus est ܐܬܡܠܫ 188b
vellus ܓܙܬܐ 52b
velum ܐܦܪܣܐ 21b, ܒܝܠܐ 88a, ܫܘܩܐ 111a, ܫܘܩܐ 111b, ܟܠܬܐ 150a, ܟܠܬܐ 157b, ܦܪܣܐ 220a, ܓܪܕܐ 249a, ܦܪܣܐ 287a, ܦܪܣܐ 289a, ܩܘܪܝܐ 329a, ܩܘܠܐ 371a, magnum ܩܘܪܝܐ 340a, navis ܩܘܠܥܐ 327a, reticulatum ܡܨܕܬܐ 217a
vena ܥܪܩܐ 327a, ܫܪܝܢܐ 363a, —e jugulares ܩܘܬܢܐ 268a
venatio ܨܝܕܐ 204a, ܨܝܕܘܬܐ 327b, ܨܝܕܘܬܐ 348b
venatus est ܨܝܕ 52a, ܨܕ 300b
vendidit ܙܒܢ 89b, ܐܙܒܢ 133a, ܙܒܢ 181b
veneficus ܚܪܫܐ 46b, ܚܪܫܐ 102b
venenum ܣܡܐ 91b, ܚܡܬܐ 116b, ܡܪܪܬܐ 180b, ܣܡܐ 192b, ܚܡܬܐ 228b
venerabilis ܡܝܩܪܐ 156a
veneratus est ܣܓܕ 219a, ܝܩܪ 273b
veneta factio ܦܪܣܝܢܐ 297a
venit ܐܬܐ 29b, ܡܛܐ 84a
venter ܟܪܣܐ 167a, ܡܪܒܥܐ 368a
ventilabrum ܪܦܫܐ 359a
ventilatio ܪܘܚܐ 77b, ܡܪܘܚܐ 93a
ventilatum ܕܪܝ 38a
ventilavit ܐܕܪܝ 215a, ܕܪܝ 228a
ventriculus avium ܩܘܫܩܘܪܐ 280b, interior ܟܪܣܐ 254b
ventus ܙܠܥܦܐ 214b, ܪܘܚܐ 349b
Venus stella ܟܘܟܒܬܐ 91b, ܟܘܟܒܬܐ 154b
vepres ܣܢܝܐ 148a
ver ܐܒܝܒܐ 393b
veratrum album ܚܪܒܩܐ 123a, ܚܪܒܩܐ 259a
verbascum ܒܘܠܒܘܣ 34a, ܦܠܘܡܘܣ 275a
verbena ܩܢܝܐ 357b, peristereon ܦܪܝܣܛܪܝܘܢ 290a
verbera ܡܚܘܬܐ 20b, ܢܓܕܐ 138b
verberavit ܡܚܐ 170a, ܢܓܕ 183a, ܢܓܕ 199a, ܢܓܕ 304a, ܡܚܐ 331b, ܡܚܐ 386a
verbum ܡܠܬܐ 14a, ܡܠܐ 45a, ܦܬܓܡܐ 81a, ܡܠܬܐ 172a, ܡܡܠܠܐ 176a, ܡܠܬܐ 186a, ܡܠܬܐ 296a
verecundia ܒܗܬܬܐ 156a
veredarius ܐܒܠܓܪܐ 19b, ܒܠܕܪܐ 38b
verisimile est ܡܬܚܙܐ 73b
veritas ܫܪܝܪܘܬܐ 127b, ܩܘܫܬܐ 343a
veritus est ܕܚܠ 70a, ܕܚܠ 154b, ܕܚܠ 156a
vermis ܬܘܠܥܐ 62a, ܣܪܘܥܐ 116a, ܩܘܨܝܬܐ 222a, ܪܡܬܐ 355a, ܐܘܟܠܐ 398a
vernalis ܬܫܪܝܢܝܐ 205b, imber ܡܠܩܘܫܐ 38a, ܪܕܝܐ 345a
verres ܚܙܝܪܐ 333a
verrit ܟܢܫ 64a, ܢܫܡ 114b, ܟܢܫ 161b, ܡܟܫ 195b
verrucae ܛܠܘܦܐ 77a, ܡܘܪܕܝܬܐ 337b

versatus ܡܬܗܦܟ 69a
versatus est ܐܬܗܦܟ 66a, ܐܬܗܦܟ 85a, ܐܬܗܠܟ 151a
versavit se ܦܢܐ 295b
versicolor ܦܪܝܫ ܓܘܢ̈ܐ 25b, ܡܠܘܢܐ 112a
versiculus ܦܣܘܩܐ ܙܥܘܪܐ 296b
versio ܦܘܫܩܐ 210b
versus *praep.* ܠܘܬ 21b
versus *subst.* ܒܝܬܐ 37a
versus est ܗܦܟܐ 316a
versutus ܡܬܗܦܟܢ 85b, ܢܟܝܠܐ 235b
vertex ܩܕܩܕܐ 48b, ܪܝܫܐ 341b, ܩܪܩܦܬܐ 353a
vertigo ܕܘܪܐ 301b, capitis ܣܚܪܬܐ 126b
vertit ܗܦܟ 85a, ܐܦܢܝ 277a
veru ܫܦܘܕܐ 139a
verus ܫܪܝܪܐ 387a, —m ܫܪܝܪܐܝܬ 233a
vervex ܕܟܪܐ 46a, ܚܒܫܐ 153a, ܕܘܪܐ 165a, ܕܥܪܒܐ 198b
vesica ܫܠܦܘܚܝܬܐ 378b
vespa ܙܒܘܪܐ 66a
vesper ܪܡܫܐ, ܥܪܒܐ 276b, ܪܡܫܐ 356b
vespertilio ܦܪܚܕܐ 286a
vespillo ܩܒܘܪܐ 66a, ܡܩܒܪܢܐ 327b, ܩܒܘܪܐ 311a
vestigium ܥܩܒܬܐ 257b, ܥܩܒܐ 364a
vestimentum ܠܒܘܫܐ 59a, ܟܬܝܢܐ 61b, ܡܐܢܐ 111b, ܣܬܠܝܬܐ 120a, ܠܒܘܫܐ 159a, ܐܣܛܠܝܬܐ 162b, ܟܘܬܝܢܐ 163a, ܟܘܬܝܢܬܐ 219a, ܡܥܦܪܐ 283a, ܦܪܘܣܬܐ 341a, sacerdotale ܟܘܬܝܢܐ 256b, tenue ܢܚܬܐ 347b
vestis ܐܣܛܠܐ 17b, ܐܙܪܐ 24b, ܠܒܘܫܐ 171b, ܡܐܢܐ 179a, ܢܚܬܐ 204b, ܦܪܘܣܬܐ 340a, auro picta ܕܗܒܢܝܬܐ 65a, colore splendido ܐܪܓܘܢܐ 25b, eremitarum ܫܥܪܢܝܬܐ 195b, lacera ܦܪܝܡܬܐ 239b, lanea ܫܥܪܐ 332b, monachi ܐܣܟܡܐ 50a, muliebris ܦܪܣܬܐ 172b, nova ܐܣܛܠܐ ܚܕܬܐ 113b, pellicea ܦܪܘܬܐ 285b, e pilis texta ܣܥܪܢܝܬܐ 140b, e pilis caprinis facta ܣܩܐ 194a, sacerdotalis ܦܝܪܐ 265a, striata ܡܫܘܚܠܦܬܐ 109b
vestitus ܐܣܛܠܐ 19a, ܠܒܘܫܐ 93b, ܠܒܝܫܐ 133b, sacerdotum ܐܦܘܕܐ 22a
vestivit ܐܠܒܫ 172a, ܥܛܦ 194b, ܟܣܝ 248a, *pass.* ܐܬܥܛܦ 162b, *part.* ܡܥܛܦܐ 152b
veterani ܐܘܛܪܢܐ 5a
vetuit ܟܠܐ 280a, ܦܪܩ 284b
vetus ܥܬܝܩܐ 38b, ܩܕܡܝܐ 263b
vexatio ܐܘܠܨܢܐ 70b, ܐܘܠܨܐ 97b, ܨܥܪܐ 244a, ܥܩܬܐ 253b, ܐܘܠܨܢܐ 357a
vexavit ܐܠܨ 12b, ܕܚܩ 64b, ܐܨܝ 70a, ܒܝܫ 75b, ܐܙܝ 99b, ܫܓܫ 141b, ܫܓܫ 178b, ܛܪܕ 200b, ܥܩܬ 202a, ܥܩ 211a, ܨܥܪ 242b, ܐܥܩ 252b, ܦܪܥ 334b, ܥܩܬ 372b, ܫܚܩ 381b, ܬܘܪ 396b, *pass.* ܐܬܐܠܨ 191b, ܐܬܕܚܩ 322a, ܐܬܫܚܩ 386a
vexillum ܒܢܕܐ 40a, ܢܝܫܐ 79a, ܣܝܡܐ 205b
vezirus ܘܙܝܪܐ 88a
vi ܒܩܛܝܪܐ 61a
via ܐܘܪܚܐ 26b, ܐܘܪܚܐ 96b, ܫܒܝܠܐ 158b, ܫܘܩܐ 289b, ܡܪܕܝܬܐ 318b, ܡܪܕܐ 347b, ܡܫܘܠܐ 364a, publica ܦܠܛܝܐ 370a
viator ܥܒܘܪܐ 108b
vibex ܡܚܘܬܐ 369b
vicarius ܐܣܛܘܦܐ 113b, ܡܬܚܠܦܢܐ 138b, ܚܠܦܐ 205a, ܩܘܝܡܐ 272a
viciae spec. ܟܘܫܢܐ 168b
viciniae ܫܒܒܘܬܐ 213a
vicinus ܡܩܪܒܐ 363a
vicit ܙܟܐ 94a, ܢܨܚ 120a, ܚܣܢ 250b, ܐܬܓܒܪ 387a, ܙܟܐ 392b, *pass.* ܐܬܙܟܝ 105a, ܐܬܙܟܝ 174a
victima ܕܒܚܐ 65a, ܢܟܣܬܐ 206b
victus ܣܝܒܪܬܐ 19b, ܡܐܟܘܠܬܐ 37b, ܙܘܢܐ 92a, ܬܘܪܣܝܐ 92b
vicus ܩܪܝܬܐ 163b, ܟܦܪܐ 330a, ܡܕܝܢܬܐ 338b, ܩܘܪܝܐ 373b
videlicet ܟܝܬ 176a
videns ܚܙܝܐ 297a
videre fecit ܚܘܝ 39b
videtur ܡܬܚܙܐ 73b
vidit ܚܙܐ 69a, ܚܪ 107a, ܚܙܐ 107b, ܣܟܐ 114b
viduus ܐܪܡܠܐ 356a
vigil nocturnus ܡܫܗܪܢܐ 327b
vigilavit ܫܗܪ 249a, ܥܝܪ 369b
vigilia ܫܗܪܐ, ܡܛܪܬܐ 315a
viginti ܥܣܪܝܢ 255b
vigna ܟܘܪܡܐ 171a
vigor ܚܝܠܬܢܘܬܐ 106b, ܚܣܝܢܘܬܐ 186b, ܬܘܩܦܐ 401b
vilis ܡܨܥܪܐ 49a, ܙܥܘܪܐ 92b, ܡܫܝܛܐ 93a, ܫܝܛܐ 114a, ܡܚܝܠܐ 266b, ܙܥܘܪܐ 359b, —simus quisque ܚܣܝܪܐ 371b
vilitas ܫܝܛܘܬܐ 41b
viluit ܐܬܫܝܛ 95a
villa ܐܚܘܙܬܐ 3b
villicus ܐܦܛܪܘܦܘܣ 22a, ܐܝܩܘܢܘܡܐ 25a
vinacea ܓܘܦܢܐ 160a
vinctura ܚܘܫܒܐ 257a

vinculum ܐܣܘܪܐ 108a, ܚܢܩܐ 118a, ܟܒܠܐ 152b, ܡܬܟܠܐ 190b, ܡܬܘܚܐ 223b, ܟܢܫܬܐ 262a, ܦܘܠܚܐ 332a, ܐܦܣܬܐ 396b, *pl.* ܦܩܕܐ 314a, oris ܦܓܘܡܐ 39a, remi ܪܟܫܐ 354a

vindemia ܡܛܘܠܐ 319a

vindicavit ܩܡ ܠ 314b, sibi ܐܬܦܪܥ 223b

vinea ܟܪܡܐ 166b, *pl.* ܟܪܡܘܬܐ 141b

vinum ܚܡܪܐ 116a, mulsum ܐܢܘܡܠܝܢ 16a, ܡܠܝܚܐ 112b

vinxit ܐܣܪ 20b, ܟܒܫ 257b, ܦܟܪ 272a, ܦܪܟܠ 287b, ܡܛܪ 319a, *pass.* ܐܬܚܒܫ 107a, ܐܬܟܪܟ 307b, *part.* ܡܚܒܫܐ 136b

viola ܒܢܦܫܝܢ 40b, ܡܢܝܢܫܐ 190a

violavit ܚܒܠ 242b, ܥܘܠ 279b, ܦܪܐ 387a

violentus ܒܪܝܫܐ 100b, ܡܛܘܡܐ 142a

vipera ܐܟܕܢܐ 9a, ܟܠܒܐ 297b

vir ܓܒܪܐ 48b, ܡܕܝܢܐ 188b

virilia ܡܢܐ 155a

virga ܚܘܛܪܐ 109b, ܫܒܛܐ 182b, ܥܘܪܒܐ 345a, ܫܒܛܘܬܐ 364b, —e decisae ܣܘܪܦܐ 50a, —e extrema pars ܫܘܪܝܐ 199a

virgo ܒܬܘܠܬܐ 47b, ܥܠܝܡܬܐ 251b, zodiaci ܫܒܠܬܐ 364a

virgulta ܫܒܝܒܐ 78a, ܢܨܒܐ 148a, ܢܨܒܬܐ 197a, ܦܪܝܥܬܐ 239b, ܣܘܣܢܝܢ 399a

viridus ܪܛܝܒܐ 346a

virtualiter ܚܝܠܢܐܝܬ 110a

virtus ܐܪܝܘܬܐ 26b, ܚܝܠܬܢܘܬܐ 35b, ܚܝܠܐ 150b, *pl.* ܚܝܠܘܬܐ 130b

viruit ܐܬܪܒܝ 150a

vis ܐܪܝܘܬܐ 99a, ܒܪܝܫܐ 100a, ܚܝܠܐ 110a, ܚܝܠܬܢܘܬܐ 122b, ܥܘܫܢܐ 247a, ܥܘܠܐ 257a, ܥܘܡܩܐ 274a, ܡܛܝܢܐ 319b, *pl.* ܥܘܫܢܐ 263a

viscera ܡܥܝܐ 51a

viscosus ܕܒܝܩܐ 390a

viscum ܕܒܘܩܐ 66a

visit ܣܥܪ 233a

visitator ܣܥܘܪܐ 287a

visitatus est ܐܬܣܥܪ 282b

visus ܚܙܘܐ 107a, ܚܙܬܐ 108a

vita ܚܝܘܬܐ 37a, ܚܝܐ 110a, ܫܝܢܐ 253a, ܫܠܝܐ 267b, tranquilla ܫܠܝܐ 156a

vitavit ܐܙܕܗܪ 91a

vitaxa ܦܛܝܫܐ 269a

vitex agnus castus ܐܓܢܘܣ 369b

vitiavit ܚܒܠ 47b, *pass.* ܐܬܚܒܠ 78b, *part.* ܡܚܒܠܐ 41b, ܡܚܒܠܐ 219b

vitiligo ܒܘܗܩܐ 169b

vitiosus ܚܒܝܠܐ 255a

vitis ܓܦܢܐ 60b, ܓܦܬܐ 240b, alba ܦܪܝܘܢܐ 82a, nigra ܦܫܬܐ 296a, radix ܥܩܪܐ 351a, —um cultor ܦܠܚܐ 166b

vitium ܚܘܒܠܐ 56a, ܡܘܡܐ 93b, ܫܘܪܐ 181b, ܢܩܝܠܐ 206a, ܦܘܪܐ 266a

vitriolum ܩܠܩܢܬܪ 90a, ܡܪܩܫܝܬ 311b, ܫܚܝܐ 372a, album ܩܠܩܕܝܣ 324a, cuprinum ܩܠܩܢܬܪ 190b

vitrum ܙܓܘܓܝܬܐ 90a, ܙܓܘܓܝܬܐ 374a

vitulus ܥܓܠܐ 26a, ܬܘܪܐ 196a, ܥܓܠܐ 243a

vituperatio ܡܘܡܐ 372b, ܨܘܚܝܬܐ 397a

vituperavit ܚܣܕ 90b, ܨܚܝ 93b, ܒܣܪ 97a, ܓܢܐ 152a, ܐܫܝܛ 162a, ܥܠܡ 179a, ܚܣܕ 334b, ܨܚܐ 360b, *pass.* ܐܬܚܣܕ 181b

vituperium ܨܘܚܝܬܐ 301b

vix ܒܥܡܠܐ 119b

vixit ܚܝܐ 83b, ܚܝܐ 110a, ܐܬܕܒܪ 218b, ܥܡܪ 253a

vocabulum ܡܠܬܐ ܫܡܐ 45a

vocalis ܩܠܢܝܐ 92b, ܢܩܫܬܐ 213b, —i instruxit ܙܘܥ 80b

vocatio ܩܪܝܢܐ 336a

vocavit ܩܪܐ 31b, ܩܪܐ 60a, *pass.* ܐܬܩܪܝ 97b

vociferatio ܩܥܬܐ 200b

vociferatus est ܩܥܐ 46b, ܩܥܐ 281a, ܪܓܫ 349a

vola ܦܣܬܐ 160b, ܟܦܐ 163a, ܦܫܟܐ 278a

volans ܦܪܚܐ 93a

volavit ܦܪܚ 131b, ܦܪܚ 133a, ܦܪܚ 286a, ܦܪܚ 382a

volitavit ܦܪܦܪ 287b

voluit ܨܒܐ 298a

volumen ܐܣܛܠܐ 8b, ܦܢܩܝܬܐ 54b, ܟܪܟܐ 55a, ܟܪܟܐ 160a, ܡܓܠܬܐ 328a

voluntarie ܡܨܒܝܢܐܝܬ 221b

voluntas ܨܒܝܢܐ 357b, libera ܚܐܪܘܬܐ 377b, ad —tem ܟܨܒܝܢܗ 201b

voluptas ܒܣܝܡܐ 201b, ܒܣܝܡܘܬܐ 264b, ܦܘܢܩܐ 278a, ܦܘܢܩܐ 284b, ܦܘܢܩܐ 291b, corporis ܦܘܢܩܐ ܕܦܓܪܐ 381b

volutavit ܥܓܠ 260b, se ܐܬܥܓܠ 43a, ܐܬܥܓܠ 291b, ܐܬܦܪܦܪ 291b, ܦܪܦܪ 292b, *pass.* ܐܬܥܓܠ 54b, ܐܬܦܪܦܪ 85b

volvit ܥܓܠ 243b, ܚܦܪ 258a, ܥܓܠ 258a, se ܐܬܥܓܠ 262a

vomer ܣܟܬܐ 225b

vomitus ܬܝܩܐ 60b, ܬܝܩܐ 394a

vorax ܫܥܘܡܐ 124a

vortex ܥܘܠܥܠܐ 39b, ܥܘܪܥܠܐ

INDEX ANALYTICUS.

ܡܬܓܘܒܠܐ v. s. v. ܢܓܒ
ܡܢܝܚܘܬܐ v. s. v. ܢܘܚ
ܡܢܚܬܐ v. s. v. ܢܚܬ
ܡܢܚܠܐ v. s. v. ܢܚܠ
ܢܘܗܪܐ ܡܢܚܪܐ v. s. v. ܢܚܪ
ܡܬܪܝܡܬܐ v. s. v. ܪܘܡ
ܡܬܒܠܐ v. s. v. ܐܬܒܠ
ܡܬܪܢܝ v. s. v. ܪܢܝܐ
ܡܬܘܙܠܬܐ v. s. v. ܐܙܠ
ܡܬܘܣܦܬܐ v. s. v. ܐܣܦܐ
ܡܬܘܦܬܐ v. s. v. ܝܦܐ
ܡܬܚܢܢܐ inf. v. ܚܢܢ
ܡܬܚܢܬܐ v. s. v. ܚܢ
ܡܬܚܘܪܐ v. s. v. ܚܘܪ
ܡܬܚܛܛܐ v. s. v. ܚܛܐ
ܡܬܚܠܠܬܐ v. s. v. ܚܠܠ
ܡܬܚܫܒܬܐ v. s. v. ܚܫܒ
ܡܬܛܦܩܢܘܬܐ v. s. v. ܛܦܩ
ܡܬܛܠܠܬܐ v. s. v. ܛܠܠ
ܡܬܛܪܦܬܐ v. s. v. ܛܪܦ
ܡܬܝܠܦܢܐ v. s. v. ܐܠܦ
ܡܬܡܠܘܡ v. s. v. ܐܡ
ܡܬܠܟܡܟܢ v. s. v. ܐܬܟܡܟܢ
ܡܬܡܣܒܢܐ v. s. v. ܢܣܒ
ܡܬܡܣܩܢܐ v. s. v. ܢܣܩ
ܡܬܣܢܝܘܬܐ v. s. v. ܣܢܐ
ܡܬܣܬܒܥܢܐ v. s. v. ܣܒܥ
ܡܬܣܬܟܠܐ v. s. v. ܣܟܠ
ܡܬܣܬܪܐ v. s. v. ܢܣܪ
ܡܬܟܝܢܐ v. s. v. ܟܘܢ
ܡܬܟܪܝܬܐ v. s. v. ܟܪܐ
ܡܬܦܘܫܢܐ v. s. v. ܢܦܫ
ܡܬܦܘܠܬܐ v. s. v. ܢܦܠ
ܡܬܦܦܩ v. s. v. ܢܦܩ
ܡܬܝܪܘܬܐ v. s. v. ܝܪܬ
ܡܬܪܒܝܬܐ v. s. v. ܪܒܐ
ܡܬܪܓܠܬܐ v. s. v. ܪܓܠ

ܡܬܢܩܒܬܐ v. s. v. ܢܩܒ
ܡܩܦܪܐ v. s. v. ܢܩܦ
ܡܬܪܘܝܬܐ v. s. v. ܪܘܐ
ܡܬܪܡܝܘܬܐ v. s. v. ܪܡܐ
ܡܩܒܠܐ v. s. v. ܢܩܒ
ܡܬܩܦܬܐ v. s. v. ܩܦ
ܡܩܝܠܐ v. s. v. ܩܝ
ܡܬܩܠܠܘܬܐ v. s. v. ܐܩܠ
ܡܐܠܕ inf. v. ܐܬܠܕ
ܡܠܘܡ v. s. v. ܠܡ
ܕܝܕܒ v. s. v. ܠܘܪ
ܢܬܒܠ imperf. v. ܐܬܒܠ
ܢܗܘܐ imperf. v. ܗܘܐ
ܢܚܢܐ imperf. v. ܚܢܐ
ܢܣܦܐ imperf. v. ܢܣܒ
ܢܩܘܡ imperf. v. ܩܘܡ
ܢܚ v. s. v. ܐܢܚ
ܢܐܠܕ imperf. v. ܐܬܠܕ
ܢܥܠ imperf. v. ܥܠ
ܩܒ imper. v. ܢܩܒ
ܩܘܩܪܘܩ v. s. v. ܩܘܩܘܪܩ
ܩܡ imper. v. ܩܘܡ
ܩܩܠܠ v. s. v. ܩܠܠ
ܡܩܪܘܒ v. s. v. ܩܪܒ
ܚܠܐ v. s. v. ܚܠܐ
ܦܐܡܐ v. s. v. ܦܡ
ܦܘܡ imper. v. ܢܦܡ
ܦܠ imper. v. ܢܦܠ
ܦܩܘܡ v. s. v. ܦܘܡܐ
ܦܪ imper. v. ܢܦܪ
ܦܪܘܣܐ v. s. v. ܦܪܣܐ
ܪܘܒ imper. v. ܢܪܒ
ܪܘܠ imper. v. ܢܪܠ
ܬܪܦܠܐ v. s. v. ܐܬܪܦ
ܩܘܒ imper. v. ܢܩܒ
ܩܘܠ imper. v. ܢܩܠ
ܩܘܩ imper. v. ܢܩܩ

ܦܩ imper. v. ܢܦܩ
ܪܓܠܐ pl. v. ܪܓܠܐ
ܪܘܓܠܐ pl. v. ܪܓܠܐ
ܪܡܪܡ v. s. v. ܪܘܡ
ܪܐܐ v. s. v. ܪܐܐܐ
ܫܒ imper. v. ܢܫܒ
ܫܒܘܪ v. s. v. ܒܘܪ
ܫܒܫ v. s. v. ܫܒܒ
ܫܘܘܕܝܐ v. s. v. ܝܕܐ
ܫܘܬܒܠ v. s. v. ܐܬܒܠ
ܫܘܚܒ v. s. v. ܚܒܒ
ܫܘܚܪ v. s. v. ܐܚܪ
ܫܘܩ imper. v. ܢܫܩ
ܫܘܛܛ v. s. v. ܫܛ
ܫܘܬܐ v. s. v. ܫܬܐ
ܫܚܠܦ v. s. v. ܚܠܦ
ܫܟܠܠ v. s. v. ܟܠܠ
ܫܡܗܬܐ pl. v. ܫܡܐ
ܫܡܠܝ v. s. v. ܡܠܐ
ܫܥܒܕ v. s. v. ܥܒܕ
ܫܪܝܘܬܐ v. s. v. ܫܪܐ
ܫܪܫܠ v. s. v. ܪܫܠ
ܫܪܝܫ v. s. v. ܪܝܫ
ܫܬܐܣ v. s. v. ܐܣܬܐ
ܬܐ imper. v. ܐܬܐ
ܬܐܬܐ v. s. v. ܐܬ
ܬܠܕ imper. v. ܐܬܠܕ
ܬܘܠܕܬܐ v. s. v. ܐܬܠܕ
ܬܘܢܚܬܐ v. s. v. ܐܢܚ
ܬܘܢܣܬܐ v. s. v. ܐܢܣ
ܬܘܢܚܐ v. s. v. ܐܢܚ
ܬܘܣܦܐ v. s. v. ܝܣܦ
ܬܫܢܐ v. s. v. ܫܢܐ
ܬܠܩܒܬܐ v. s. v. ܠܩܒ
ܬܡܫܘܬܐ v. s. v. ܡܫܐ
ܬܪܓܘܬܐ v. s. v. ܪܓܐ

ADDENDA ET EMENDANDA.

1a ܐܒܘܒܐ add. ex assyr. *imbūbu* a $\sqrt{}$ *nabā[bu?]* tibia cantare, Jensen.

ܐܒܘܒܝܬܐ bubones (sic leg.!) leg. ܐܪܒܘܒܝܬܐ q. v.

1b add. ܐܒܝܪܬܐ i. q. ܐܒܝܪܬܐ *1.* Bh ad Lv 6 3 Barth.

add. ܐܒܝܪܘܬܐ ܗܘܢܐ amentia Philox 157 1.

ܒܐܒܝܒ et ܒܐܒܝܒܐ apud Anton. rhet. id, quod ܐܒܝ significare et ex gr. derivatum esse falso affirmat Bhgr **1** 175 2 seq.

2a ܐܒܝܠܐ pius Jul 101 1 Bg.

add. ܐܒܠܐ, ܐܒܠܬܐ tabulatum superius BB 154, 16 14.

add. ܐܒܠܝܣܩܘܣ ὀβελίσκος Hos 1 8 (Hex), cf. Field Prol p. IV.

2b add. ܐܘܒܪܐ BB 50 5 i. q. ܘܒܪܐ.

ܐܓܢܬܐ lanx corr. e ܓܢܬܐ? Fr.

3a ܐܓܘܣܛܛܝܩܘܢ donativa = αὐγουστατικὸν, cf. Ducange 337 „Δωνατικὴ Donativum Augustaticum“. Fr.

ܐܓܪ **Af.** add. s. ܥܡ conductionem fecit cum aliquo Philox 308 20.

3b add. ܐܘܓܪܐ BB 51 16 i. q. ܘܒܪܐ q. v.

add. ܐܕܘܕܐ olla magna BB 35 3.

ܐܕܘܓܐ add. deprecator ON 6 17.

ܐܕܪܐ leg. lepidium latifolium L. L.

ܐܕܪܘܢܐ corr. ex ܐܕܘܢܐ p. 350 L.

4a add. ܐܘܕܝܐ (sic leg. pro ܐܘܪܝܐ) Guidi Testo siriaco della descrizione di Roma (Bullet. della commiss. arch. commun. di Roma XII 1884) p. 222 l 14 i. e. ᾠδεῖα Fr.

add. ܐܬܕܪܝ den. ab ܐܕܪܐ ON 7 6.

ܐܕܪܘܢܐ e pers. اَنْدَرُون Fleischer ad Levy Nhbr WB **1** 33 L.

add. ܐܕܪܘܢܘܬܐ neglegentia BB 36 12, cf. ܐܕܪܫ p. 79.

4b ܐܘܒܐ pro οὐαὶ leg. ὤβία Lagerström Parad. patrum 28 n. 13. D.

add. ܐܘܓܐ ܐܘܓܐ εὖγε εὖγε ψ 35 21 (graece) cit Bhgr **1** 181 13.

ܐܘܙܢܐ add. patera JS Const v. 262.

pu. leg. αὐτοματάρειον L.

5b add ܐܘܪܐ colaphus BB 86 apu.

6b ܐܙܕܠ add abductus est (ἀπηνεγμένοι) Ez 27 19 (Hex).

add ܐܚܠܐ rete Bhgr **1** 233 8.

ܐܚܘܡܐ add. Löw p. 146.

add. ܐܚܪܘܢ et ܐܚܪܘܢܐ et ܙܪܘܢ = ܚܙܪܘܢ q. v. p. 247 Duval-Berthelot **2** 7 10, 97 6, BB 122u, 700 14 etc. D.

7a add. ܐܚܕ **Pa.** = **Pe.** *4.* Dt 18 10, cf. ON 93 17.

add. ܐܘܚܕܢܢܐ aenigmaticus Bh ad Joh 2 19.

ܐܚܠܐ add. (cf. ass. *uḫullu* Jensen) *2.* δορύκνιον Jer 2 22 (Hex).

ܐܘܚܕܐ leg. ܐܘܚܠܐ.

7b add. ܒܐܚܪܝܬ post Afr 98 12B, ܒܐܚܪܝܬ ܙܒܢܐ in fine temporis Rev. Sém. 1894 p. 243 3.

8a add. ܐܝܟܢ *1.* quo modo πῶς Mt 16 11 S; *2.* cur διὰ τὶ Nm 22 37, 1 Sm 1 8, Mc 11 31, Lc 20 5 S, cf. Bhgr **1** 171 apu.

ܐܝܟܐ ubi? Mt 2 2 4, Mc 15 47, Lc 22 9 11, Joh 1 28 38 39 S, ܠܐܝܟܐ quo? Lc 17 37 S.

ܐܝܟܢܐܝܬ quodam modo Hebr **9** 196 444.

8b ܐܝܠܝܘܣ i. e. εἴλειος L.

9b ܐܟܠܐ leg. teredo cf. JS ZDMG **31** 381 4, Bhgr **2** 80 4 a f. D.

add. ܐܟܠ ܚܠܒܗ euphorbium BB 158 4.

add. ܐܟܠܐ malleus Bhgr **2** 80 4 a f. D.

ܐܩܠܘܒܝܬܐ *pl.* ܐܩܠܘܒܝܬܐ 1 Tim 4 3, Jul 110 5, 8 15 etc. D.

ܐܫܟܢ ad ܐܫܟܠܐ pertinet D.

10a ܐܘܟܣܝܕܝܢ (leg. ὀξείδιον) D.

ܐܟܣܝܐ leg. ἀξία dignitas, add JohTell 64 11, cf. BB 163 7 D.

add. ܐܩܝܠܐ sedulus Jul 121 15 D. Bg.

ܐܩܘܦܐ l. clitellarius (BB اكّاف) Fr.

11a ܐܟܪܐ i. e. ὠχρὰ L.

ܐܟܬܠܐ 4. l. explorator, speculator, add Philox 130 1, 516 13, *f.* provocatrix D.

add. **Etpa.** turbatus est TA 40 215.

13a add. ܐܡܐ ܕܡܠܟܐ aqueductus Sir 25 30, ܐܡܐ ܕܡܠܟܐ ברכת המלך Neh 2 14 D.

ܐܡܬܐ e gr. ἄμη Field Index syr.

add. ܐܡܝܣܝܐܣ corr. ex ἡμισείας Spic Solesm 4 232 22.

add. ܐܡܐ ܒܢܝ sodales ThMarg Bg.

13b ܐܡܘܪܐ i. q. ܐܡܘܪܐ, BB ܐܡܘܪܐ, L.

add. ܐܡܝܬ vox memorialis praefixorum verbi Bhgr 1 93 17.

ܐܡܝܬܢܝܐ *1.* praefixo verbali praeditus Bhgr 1 90 13; *2.* praefixa (litera) ib. 92 4a f.

add. ܐܡܦܐ corr. e nymphaea Guidi Testo etc. l. l. 222 15, cf. 230.

ܐܡܦܘܪܐ add. ON 32 6, BB 189 23.

14a ܐܢܪܐ cf. ܚܡܪܐ ZDMG 46 232 L.

add. ܐܢܘܪܘܣܐ dissertatiuncula ON 49 17.

14b ܐܡܪܝܡܢܝܐ *1.* (sic leg.) est ἀμεριμνία securitas Fr.

ܐܢܚܬܐ add. aggeres (ὄχθαὶ) Jos 3 15 (Hex).

add. ܐܢ gemuit Zach 9 5 (Hex) D.

Etpe. id. Vit Anton 14 9.

ܐܢܩܘܬܐ truncus ab ὄνος, cf. חמור Levy Nhebr. WB II 77[I] 1 42 Fr.

15a add. ܐܢܕܘܠ i. q. اندول (Dozy) lectica apud Seres BB 200 8.

add. ܐܢܚܬܐ, ܐܢܚܬܐ gemitus ψ 31 11, 38 10, 102 6 T., PetrIb 32 5.

ܐܢܛܘܒܐ l. genus oleris D.

15b add. ܐܢܛܝܦܐܬܝܐ antipathia Bhgr 1 172 16.

ܐܢܛܝܩܐ leg. ἀττικὴ attica cf. BB 1106 4 a f. D.

add. ܐܣܘܐ = ܐܣܝܐ am 4 318 10 14.

add. ܐܢܓܠܝܣ ἔγχελυς am 4 515pu.

16a add. ܐܢܠܒܘܣ analabus, vestis sacerdotis Cat Vat 2 287 4a f.

add. ܐܢܛܝܘܡܛܐ ἐναντιώματα St. Sin 1 20b 11.

16b ܐܢܕܪܐ add. *4.* tectum calicis Bh in Kays Can JE p. 11 10.

add. ܐܢܬܐ ܕܐܢܬܐ τραγάκανθα gummi traganthum Duval-Berthelot 2 34 7, 45 19, cf. BB 213 14, 818 5, 819 22, 1008 16, Gal ZDMG 39 300 n. 8, Löw p. 49 n. 24 D.

add. ܐܢܩܪܝܣ ἐγκρὶς Nm 11 8 (Hex).

17a ܐܣܐ leg. μυρσίνη L.

add. ܐܣܐ ܕܓܪܐ *1.* praeputium BB 217 13; *2.* pudendum muliebre ib. 438 3.

ܐܣܩܘܦܐ repagulum sic recte PS. Fr.

17b add. ܐܣܘܕܘܣ εἴσοδος ingressus Cat Vat 2 149 4a f.

18a ܐܣܛܪܛܝܓܘܣ leg. ܐܣܛܪܐ ܛܝܓܘܣ Fr.

19a add. ܐܣܛܘܡܐ v. p. 226.

ܐܣܠܐ leg. ܐܣܠܐ coll. assyr. *usallu* Brockelmann.

19b add. ܐܣܛܘܐ porticus ON 116 3.

ܐܣܦܢ gr. σφὴν cf. BB 235 18, 239 14, PS 313, D., sed cf. hebr. ספן Wellhausen.

20a ܐܣܦܣܬܐ add. Nöldeke Ṭabari 244n D.

ܐܣܦܪܓܡ leg. ocymum basilicum L.

20b ܐܣܩܘܪܝܢ cf. ܣܩܘܪܝܢ p. 237b i. e. σκευάριον (σκέβριον) vasculum Ducange 1384, 1385 Fr.

21a ܐܣܪܝܣ leg. σέσελι, sed del. L.

ܐܣܛܠܐ *2.* del. D.

21b add. ܐܫܪܝܬ ܒܫܐ exordium cepit ab Bhgr 1 1 16.

add. ܒܬܚܘܡ prorsus Joh 20 16 S.

22a ܐܦܐ leg. ܐܦܐ D. L.

ܐܦܛܘܐ leg. ὕπατοι L.

22b add. ܐܦܝ = ܐܦܐ BB 263 10.

23a add ܐܦܘܣܟܘܠܣܛܝܩܘܢ ἀπὸ σχολαστικῶν scholasticus PetrIb 81 20.

ܐܦܪܝܫ BB 265 4, القريش cibi species Dozy 2 328, 329, cf. Fraenkel WZKM 1889 p. 237, D.

add. ܐܦܩܐ inguen BB 84 18.

23b add. ܐܦܩܬܐ BB 266 14 i. q. ܐܦܩܬܐ q. v.

add. ܐܦܘܩܐܛܐܣܛܐܣܝܣ ἀποκατάστασις reditus ad principium Joh. Dar. in Steph. b. Sud. p. 66 n. 2 u.

24a ܐܦܪܬܐ nihil aliud est quam h. אֶפְרָתָה Fr.

ܐܦܪܘܣܐ add. *3*. concilium Joh 11 47 S, BB 267 17.

ܐܦܩܐ, ܐܦܩܠܐ l. vitis vinifera silvestris, labrusca L.

24b add. ܐܦܣܝܩܘܣ Zach Rhet 9 9, Joh Tell 74 5, *pl.* ܐܦܣܝܩܐ Joh Tell 73 11, = ܐܟܕܝܩܘܣ ἔκδικος.

add. ܐܩܛܘܣܛܐܣ ἑκατοστὰς Spic Solesm 4 232 19.

add. ܐܩܛܣܛܣܝܐ ἀκαταστασία confusio Joh Tell 58 8, 64 6 D.

25a ܐܩܠܝܡܐ ܩܠܐ (sic) em. ܐܩܠܡܐ Lag. Mitt. 3 59, L.

25b add. ܐܩܪܝܒܝܣ ἀκριβὲς justum Joh Tell 77 18.

ܐܪܓܠܐ cf. ܐܪܓܠ, ܐܪܓܠܐ BB 298 Fr.

add. ܐܣܛܪܓܠܘܣ ἀστράγαλος BB 224 20, 227 2, 283 1.

26a add. ܐܪܓܘܪܘܦܪܛܝܣ ἀργυροπράτης am 4 347 7.

add. ܐܠܠܝܓܘܪܝܐ allegoria Zach Rhet 21 20.

26b ܐܪܘܣ ܕ cf. ܥܪܘܣ, ܥܪܘܣܐ, عرس L.

ܐܪܚܐ *5*. add. ܚܕܐ ܐܪܚܐ ܘܬܪܬܝܢ semel aut bis Geop 71 14 15; *7*. agmen iter facientium Bal 285 4, ESJ 26 4 D.

ܐܪܝ leg. ܐܪܝ Pa.

add. ܐܪܥܐ in fab. aram. aliis ܐܪܥܐ, Tekritensibus ܐܪܥܐ gleba terrae BB 287 13.

add. ܐܛܓܝܢ ἀτταγὴν Nat 27 9, D.

27a add. ܐܘܪܛܪܐ BB 91 ὀρτάρια Fr.

27b add. ܐܪܡܢܝܩܐ ἀρμενιακὰ (μῆλα) Geop 13 23, Löw p. 150 D.

ܐܪܡܢܩܐ l. ܐܪܡܢܝܩܐ D.

28a ܐܪܥܐ add. aut ܐܪܥܐ PS 393, 394, am 4 538 1, 588 2, Nöldeke, Die Erzählung vom Mäusekönig 2n, D.

ܐܪܩܦܐ Bal 287 3, ESJ[2] 36 8, ܐܪܩܦܐ quod praeferendum D.

add. ܐܫܟܪܐ anchusa ON 117 6.

29a ܐܫܦܐ add. ZDMG 30 768 Fr.

ܐܫܦܝܢܐ add. Bh ad Jud 19 24, BB 310 13.

29b add. ܐܬܠܝܬܐ (cf. Fraenkel 222, 293) praefectus navis in fab. aram. BB 313 7.

ܐܬܠܝܪܐ coll. arm. նշտրակ em. ܢܫܬܪܐ Fr. Müller WZKM 8 364.

ܐܬܐ *4*. del. est r. ܐܬܐ D.

Af. add. *4*. derivavit BB 292 16 etc.; *5*. s. ܥܡ ܢܦܫܗ secum reputavit Cat Vat 3 375 27; *6*. imper. ܐܝܬܐ sic AS 92 20, 130 23, Paeterm. 244 7, ܐܝܬܐ ܐܝܟ ܕܐܡܪܝܢ = e. g. apud grammaticos D.

30a ܐܢܬܠܝܐ ἡ ἀνθηλία Hoffmann.

30b ܐܬܠܦܪܘܬܝܣ λεπρωθεὶς (cf. Symm 2 166 26) de ܐܬܠ L.

31a ܒܥܠܕܒܒܐ add. diabolus NT Peš pass. D.

add. ܒܓܘܪܐ der. a. ܒܓܘܪܘܬܐ ON 7 4.

add. ܒܓܠܐ ܒܓܠܐ = ܐܒܓܠܐ ܐܒܓܠܐ ψ 35 21, versio Armen. cit. Bhgr 1 181 14.

add. ܒܘܐܬܘܣ βοηθὸς adjutor ZachRhet 10 11.

ܒܓܪܐ add. Guidi chron 23 16 D.

31b add. ܒܓܝܓܘܬܐ macies BB 355 20.

add. ܒܓܘܓܝܬܐ bullae BB 355 5.

ܒܓܘܪܐ del. ruga scr. i. q. ܒܓܪܐ cf. BB 357 3, 363 16.

32a add. ܒܓܪܐ *1*. pressorium Geop 85 22 D., *2*. sagitta BB 357 9.

ܒܓܠܐ leg. lacinia D.

add. ܒܕܩܐ fissura, distantia BB 364 8.

32b ܒܕܘܩܐ add. *3*. occultorum scripturae sensuum indicator CatWr 1 53, BO 3 2, CMXLII, 492 inf., praef. ad ON XX.

ܒܕܝܩܐ l. ܒܕܝܩܐ BB 360 9 D.

33b add. ܒܘܡܐ noctua BB 362 9.

1 32 l. AS 3 207 7, ܒܘܩܘܬܐ etc.

ܒܘܪܐ vox nihili, leg. ܒܘܪܐ cf. p. 34a Fr.

ܒܘܛܟܘܬܐ leg. *draughts*.

34a add. ܒܘܫܐ = ܐܒܘܫܐ BB 367 9.

ܒܚܡܩ cf. ܒܚܡܩ Wellh.

add. ܒܪܣܝܐ χερσεία? Jer 49 13 (Hex).

34b ܒܓܐ *2*. del. leg. ܒܓܢܗ cf. Bickell consp. p. 28 B.

35a ܒܕܐ aries etc. del. D.

add. ܒܛܡܘܣܐ lapilli Geop 75 11 D.

ܒܓܐ *2*. leg. *pore*.

ܒܙܪܐ vix „oleum“ est; est ar. بزّار i. e. ven-

ditor olei e semine lini expressi cf. بزر = بزر الكتان Dozy Suppl. I. 81; EN 79 86 leg. الدهّان المشّاح Fr.
add. ܒܪܙܩܛܘܢܐ plantago psyllium L (Löw n. 254).
35b ܒܚܢ add. ܡܝܐ ܒܚܘܢܝܐ aqua examinans i. e. fervescens, quareus innocentiae probandae causa manus mergebat am 4 220 7.
Pa. inflammavit Js 1 25 (Hex), Joh Tell 65 9 D.
ܒܥܛ add. *4.* calcitravit BB 413 17.
36a add. ܡܒܛܠ ܒ curans Philox 144 16.
ܒܛܠܬܐ add. *pl.* ܒܛܠܢܐ Nestle Chr² 96 205.
36b add. ܒܛܢ **Etpe.** conceptus est ψ 51 7, 90 2 T., Khaiath Éléments 9 8.
Pa. = **Af.** Lv 18 21 (nest.) cf. Bh ad l.
add. ܒܥܝܛܘܬܐ calcitratus BB 371 10.
add. ܡܣܬܟܠܢܘܬܐ intelligentia KwD 54 1.
37a ܒܪܩܬܐ add. *3.* = hebr. קָדְקֹד vertices ψ 68 22 T.
add. ܒܛܡܐ vicia BB 247 20, 384u.
ܒܝܬ ܟܬܒܐ φελόνης add. gl. Chrysost. τὸ γλωσσοκόμον ἔνθα τὰ βιβλία ἔκειτο L.
37b add. ܒܝܬܝܐܝܬ familiariter StSin 1 25 16.
ܐܝܬܝ add. terminatione relativa (نِسْبَة) praeditus est Bhgr 1 71 8.
add. ܒܝܫܐ = ܐܒܝܫܐ q. v. BB 393 1.
38a add. ܒܘܟܪܐ (cf. ܒܘܟܪܐ) = ܒܟܝܪܐ Philox 10 19 D.
add. ܒܠ *1.* confusus fuit BB 550pu; *2.* confudit ib. 357 4.
38b ܒܠܒܠ add. acceleravit Jul 162 3, 166 26 D.
ܒܠܘܛܐ et ܒܠܘܛܐ cf. BB 380u, 397 2 var. lect. ad ܒܠܛܐ 1Rg 6 18 q. v. D.
add. ܒܠܛ removit (obicem) Joh Tell 76 5.
39a ܒܠܛܐ add. *pl.* ulcera parva in labiis interioribus BB 393 15.
ܒܠܝܘܛܐ EN 40 1 est (equus) cinereus a gr. βάλιος format. secund. βαδιστής? Fr.
39b ܒܠܥܐ add. *1.* בֶּלַע κατάπωμα Jer 51 44 (Hex); *2.* singultus (*hiccough*) Rie 131 20, cf. Kayser Can JE p. 132.
add. ܒܘܠܒܠܐ alteratio dactylorum BB 369 14.

ܒܙܪܐ pro granum leg. fissura pomi granati Löw p. 364 L.
ܒܙܪ add. **Ettaf.** = **Etpe.** Bhgr. 1 204 6.
ܒܩܐܠܐ desertum del.; Nis 3 99 leg. ܒܩܐܠܐ i. e. *remis*, Bickell in gl. erravit Fr. cf. Bickell consp. p. 29.
add. ܒܘܨܝܐ studium ON 11 8.
Etpa. add. ܐܬܒܨܝ speravit Philox 61 15.
40a ܒܘܒܘܢܝܣ add. corr. e βουβῶνες BB 362 16 et Gal in PS s. v. ܐܒܘܒܘܢܐ D.
add. ܐܬܒܪܩܠ perturbatus est ON 33 9.
40b ܒܪܢܐ fort. leg. ܒܪܢܐ vel ܦܪܢܐ i. e. pers. پرند (פרנדא Levy Nhebr. WB 4 119) „sericum", textus alter ܦܪܢܕ praebet Fr.
ܒܪܩܣܣ add. σπαράττειν Jul 57 3, StSin 4 5 4.
Etpa. ἐσπαράχθη Jer 5 16 (Hex).
41a ܒܣܩܘܛܐ del.
add. ܒܣܩܛ = ܒܣܩܛ Joh 18 6 S.
add. ܒܣܩܝܛܝܢܘܣ Duval-Berth. 2 211n 4, ܒܣܩܛܝܘܣ ib. 212 n. 1, vox incerta.
ܒܣܩܛܝܪ add. et ܒܣܩܛܝܪ Petrus der Iberer ed Raabe (Leipzig 1895) 7 18.
add. ܒܣܝܠܝܩܘܣ βασιλικὸς regius Joh 4 46 (Phil sec Bh).
add. ܒܘܣܘܪܝܣ ὄσυρις BB 77apu.
add. ܒܣܡ condivit (mortuum) Mc 14 8, am 4 180 9; 187pu, (vinum) Mc 15 23 S.
41b add. ܡܒܣܬܪܝܬܐ ἔξαλλα Dn 11 36 (Hex).
add. ܡܒܣܪ incarnatus CatVat 3 221u.
42a add. ܒܘܥܒܥܐ ebullitio BB 371 8.
Etpa. ebullivit BB 412 4a f.
ܒܘܥܝܐ add. παράκλησις solatium Lc 2 25 S.
42b ܒܥܠ add. περκάσει Am 1 13 (Hex).
43a ܒܨܐ **Pa.** add. *4.* investigavit StS 4 11 18.
add. ܒܥܝܪܐܝܬ modo bestiali Guidi chron 12pu.
ܒܨܘܥܝܐ leg. tinctorius Duv.-B. 2 57 17, D, L.
ܒܪ leg. *failed.*
43b add. ܒܪܘܠܝܬܐ et ܒܪܘܠܬܐ carbo ardens ἄνθρακες διάπυροι Geop 50 3, 52 11 14 D.
44a add. ܒܘܟܪܐ primum floris tempus BB 373 11, cf. 401 16.
add. ܒܘܠܘܣܐ baculus Nestle Chr² 96 12 D.
44b ܒܪܝܬܐ add. sed cf. assyr. *bireti* Brock.

add. ܡܥܒܪܢܐ removens apap 255 8 D.
add. ܡܥܒܪܢܘܬܐ exceptio Bhgr 1 51 2.
add. ܐܪܥܐ ܒܪ αὐτόχθων Js 8 33, ψ 35 35 (Hex).
ܒܢܝ ܡܠܟܐ consiliarii Jul 144 14, 146 24 D.
ܒܢܝ ܩܪܒܐ asseclae KwD 2 1 Bg.
ܡܬܒܪܢܫ homo factus Joh Tell 67 11.

45a ܒܪ ܐܠܗܐ leg. ܒܪ ܡܠܟܐ L.
add. ܒܪ ܓܢܣܗ ejusdem generis Bhgr 1 210 14.
ܒܪܬ ܐܪܒܥܝܢ ܘܫܬ ܙܘܙܐ 36 denariis empta (vestis) am 4 337 11.
ܒܪܬ ܩܠܐ χερμάδες s. χερμάδια Job 38 38 (Hex).
ܒܪ ܐܪܙܐ μύστις Sap Sal 8 4 (Peš).
add. ܒܪܝܬܐ creatus ON 123 23.

45b ܒܪ ܫܩܐ leg. *greave, legging.*

46a ܒܪܙܘܡܐ del. cf. ad p. 35a.
ܒܪܓܢܬܐ leg. artemisia L.

46b ܒܪܣܘܐ e pers. L.
ܒܪܛܫ add. se agitavit (piscis) BB 445 7.
ܒܪܪ add. **Etpe.** pronuntiata est (litera opp. ܐܬܪܟܟ) Bhgr 1 202 21.
ܒܪܬܐ glarea leg. ܒܪܬܐ?
add. ܒܪܝܩܐ ar. بَرِّيق cantharus ad metiendum serviens ZDMG 42 458 16.

47a apu l. ܐܦܘܬܐ.

47b ܒܠܣܦܣ potius ܒܠܣܦܣ (sic BB) add. malachites inauratus s. chrysocolla D.

48a add. ܓܒܐ **Etpa.** selectus est Mt 13 40, cf. ON 36 11.
Af. add. se consecravit AS 19 9 D.
add. ܓܘܒܝܬܐ minae ON 12 20.

48b ܓܕܓܠܐ l. (cf. ܡܓܕܓܠܐ) leontice leontopetalon Löw p. 304.
ܓܥܪ increpuit leg. ܓܥܪ Fr.

49a ܓܘܕܢܐ ad apiastrum add. melissa, ante ervum *2.* ponendum. L.

49b ܓܕܝܠܐ add. fila KwD 109 1 Bg.

50a 1 del (nisi ܓܕܝܐ leg.) add. Kays 79 4, Jul 47 4, apap 259 16 D.

50b ܓܕܝܪܐ i. e. ar. غدير Fr.
ܓܕܝܬܐ leg. ܓܪܝܬܐ anguilla Löw n. 97, cf. ܓܪܝܬܐ D.
ܓܘܠܓܘܠܬܐ leg. ܓܘܠܓܘܠܬܐ sic etiam PS, Fr.

add. ܓܕܝܪܐ ar. غدير cisterna ZDMG 42 458 4.
ܐܬܓܕܪ leg. ܐܬܓܪܕ cf. BB 473 13 D.
ܓܘܕܐ add. *pl.* ܓܘܕܘܣ Steph bar Sudaili p. 93 n. 1 15.

51a add. ܡܓܘܕܦܢܘܬܐ responsio Khaiath Éléments 138 11.

51b ܓܙ del. transiit, praeteriit T.
add. ܓܘܙܐ ܗܢܕܝܐ nux Indica Duval-Berthelot 1 38 14 D.

52a ܓܘܢܐ *2.* l. species; *3.* gemma del. ܐܬܦܫܩ explicatur „color albus" Fr. D.
ܓܘܢܐ l. خرشف cynara scolymus L. cf. BB 471 11, Löw p. 293 D.
add. ܓܘܠܬܐ globulus ON 116 21.

52b ܓܘܪܣ leg. (GA 27 64) milium L.
ad ܓܘܫܐ et ܓܘܫܐ (BB ܓܘܫܐ) cf. ܓܘܫܐ 64a Fr.
ܓܘܬܐ Geop 64 4 l. caro (fructus) D.

53a ܓܙܝܬܐ add. am 4 333 5.
add. ܓܙܡܐ virga decisa Bhgr 2 90 23.

53b add. **Etpe.** minae jactae sunt JEschol 29u.
add. ܓܘܪܐ metrum 3 libras continens BS in BB 462 12.
add. ܓܙܝܪܘܬܐ decisio Nestle chr[2] 104 367.

54a add. ܐܬܓܕܠ prohibitus est BB 319 6.

54b ܓܪܐ add. cf. ar. غِرَاء D.
ܓܠܠ add. *2.* rotundum fodit κύκλῳ φιαλοῦν Geop 83 29 D.
ܓܘܠܠܬܐ add. *pl.* ܓܘܠܠܐ am 4 265 11.
ܓܠܐ add. *3.* feretrum, libitina am 4 267 15.

55a ܓܠܐ add. **Etpa.** in exilium missus est ON 22 16.

55b add. ܓܠܟ (pers. كلك) sepia et alcyonum BB 493 16, 770 2, cf. ZDMG 47 533 D.
add. ܓܠܝܕܘܬܐ ܕܫܬܐ siccitas am 4 554 1.

56a add. ܐܬܓܠܝܬܐ ܡܠܐ verba inventa BB 1005 1.
ܓܠܘܢܐ cf. ܓܠܘܢܐ BB 481 1, ܓܠܘܢܐ PS 21 Fr.
ܓܠܘܣܐ add. σκῦλα Jer 38 2 (Hex).
ܓܠܣܢܛܐ leg. lignum santali L.

56b add. ܓܠܨ se contraxit ESL 1 281 pu (= قلص Nöldeke GGA 1882 p. 1509) D.
ܓܠܘܩܘܪܝܙܐ l. γλυκύρριζα D.

ܓܠܐܪܝܢ add. γαλάριον BB 443 13, 490 11 D.
57a add. ܓܘܣܐܘܬܐ sordes BB 499pu.
ܓܡܠܐ EN 28 27 l. funis cf. ON 146 3, BB 500 19, BA 2928, cantherius (cf. ܓܡܠܘܬܐ) cf. n. 3356, 4547, BB 177 21, 500 17, 658u, glossae ad Mt 19 24 D.
add. ܓܡܣܘܬܐ ar. جرمان? BB 466 3.
57b add. ܓܡܝܪܘܬܐ perfectio Spic Solesm 4 63 9.
58a ܓܠܐ add. κατεκλίθη Dn 2 29 (Hex).
59a add. ܛܘܪܦ ܠܒܐ stupor Philox 520 20, EbPar 46 8.
59b ܓܢܣܝܐ l. ܓܢܣܝܣ BB 469 11 D.
ܓܘܓܘܠܝܣ l. γογγυλίς Langkavel p. 25 L.
add. ܓܪܘܐ porcellus BB 563 15, corr. e ܚܘܪܐ cf. ܓܘܪܝܐ.
ܓܘܦܬܐ *1.* colaphus add. BB 86pu.
add. ܓܘܠܐ ܚܘܪܐ leucacanthus = ischias Rie 132 15, cf. Kayser CanJE p. 137.
ܐܓܪ del. (ar. etc.) den. a. ܐܓܪܐ Nöld. D.
add. ܡܣܟܒܐ accubitus Par. Patrum (Markstein-Tullberg) 11 8, ON 41 13 D.
60a ܓܝܣܐ leg. γεῖσον D.
add. ܓܘܫܥܬܐ vomitus Bhgr 2 101u.
Pa. vomuit ib.
ܓܘܣܦܢܕ leg. ܓܘܣܦܢܕܝܪ i. e. گوسپندگیر baculus curvatus pastoris BB in PS col 3684 s. v. ܡܚܛܠܐ Nöld. contra D.
add. ܓܦܢܐ pinna (piscis) BB 508u, 952 12.
60b ܓܦܠܐ add. BB 90apu, Löw p. 61.
ܓܦܦ l. βλαστολογεῖν traduxit (vitem) D.
add. ܓܘܦܦܐ καταστόρεσις traductio (vitis) Geop 32 9, γύρωσις 72 16, 81 28 D.
61a add. ܓܦܪܐ unguis aduncus BB 511 18.
ܓܪ add. **Etpe.** tractus est apap 24 8 Bg.
ܓܪܐ add. *pl.* ܓܪܐ Jer 51 38 D.
ܓܪܒܐ add. scabies (animalium) apap 237Bg.
61b add. ܓܘܪܕܐ et ܓܘܪܕܬܐ calix plantae, capula, in qua semen BA, PS, Bhgr 2 100 15.
ܓܪܓ ψ 78 41 ad *1.* reponendum T.
add. ܓܘܪܓܬܐ segmenta BB 473u.
62a ܐܬܓܪܓܠ leg. se volutavit D.
ܓܪܓܡܐ leg. a. unedo L.
ܓܪܓܪܐ leg. εὔζωμον.

62b ܓܪܕܐ leg. ܓܪܕܐ Bhgr 2 90u, BB 515 21, Nat 6 12 D.
add. ܓܪܝܕܐ derasum Bh in Kays Can JE 14 27.
add. ܐܬܓܪܕܡ dedolatus est BB 320 16.
ܓܪܕܢܝܩܐ add. a pers. گردنیک (*gardanîk*) Fr.
ܓܪܕܦ **Etpa.** add. ON 40 1.
63b ܓܪܘܡܐ χροσοκόμη del, Gal etc. transfer ad ܓܪܘܡܐ *2.* D., ib. leg. alica L.
ܓܘܪܣܡܐ leg. ܓܘܪܣܡ BB 475 12 D.
add. ܓܪܝܬܐ ancilla Bhgr 2 81 5a f.
64a add. ܓܘܪܝܐ BB 475 7, ܓܘܪܝܐ ib. 716 7, porculus corr. e ܚܘܪܐ cf. ܓܘܪܐ supra (contra Duval JAP '94 p. 567, qui e pers. گراز derivavit, sed ز = ܙ?)
add. ܓܘܪܒܬܐ (var. ܓܪܒܬܐ) scabies BS in BB 517 17.
add. ܓܘܪܫܐ tractio Bhgr 2 106 18.
ܡܓܪܫ AS ll. l. ܡܪܓܫ „sentiens" Fr.
add. ܓܫܐ i. e. ܓܘܫܐ q. v. PetrIb 13 15.
64b add. ܓܫܪܐ apud alchimistas i. q. ar. خرّوب ceratonia siliqua BB 521apu.
add. ܐܬܓܫܓܫ ar. انكشط discessit BB 320 9.
add. ܓܫܬܐ Métr 54, corr. e ܓܫܬܐ q. v. N. contra D.
ܓܘܫܡܐ add. *2.* textus libri Euseb in Stud. Bibl. 2 255 7, Bh ad Jos 6 25, gr 2 15 7.
add. ܡܓܫܡܢܘܬܐ corporatio Philox in Mem. dei Lincei 12 1884 p. 466a 18, 483b 23.
65a add. ܓܫܫܐ stillatio, fluxus BS in BB 522 18.
ܓܫܪܐ add. e bab. *gišru* Jensen, cf. ZA 9 422.
65b ܓܛܝܡܐ vox ficta = قطيم „amputatus" Fr.
65a ܕܒܚܪܐ leg. ܕܒܚܪ, BB 558 6 D.
65b add. ܕܒܚܬܐ punctio ON 91 19.
66b ܕܒܕܒ leg. balbutivit L.
67a ܕܓܠܐ *1.* dolor oculi add. Bhgr 2 91 v. 1068, cf. Comm. l. 4 (BB 84 1 ܕܓܠܐ).
ܕܓܫ leg. perfodit D.
add. ܕܓܫܐ perfossio KwD 120 11 Bg.
67b add. ܕܗܠܝܙ ar. pers. دهليز porticus ON 116 3.
add. ܕܘܝܐ miserulus Cat Vat 2 248 4.

68a ܠܒܫ add. **Etpe.** se vestivit? am **4** 338 2, leg. ܐܬܠܒܫ?
add. ܡܫܓܫܢܐ turbulentus apap 203 Bg.
Pa. del., Geop 111 8, leg. ܡܕܒܪ D.
68b ܠܒܝ **Pa.** add. *2.* ministravit ES **3** 439, apap 176 16, BO **1** 94.
add. ܕܘܕܐ mutulus lampadis BB 539 12, cf. ܕܘܕܐ ib. 574 12.
ܡܕܒܪܢܘܬܐ *pl.* ܡܕܒܪܢܐ add. Joh Tell 72 6.
ܕܘܪܐ add. *2.* voluptas Cyr in Julian ed. Neumann 56 9.
69a add. ܡܕܒܪܢܝ ܣܘܣܘܬܐ equorum domitores BB 1010 4a f., var. ܡܕܒܪܢܐ ib. 1155 2, cf. BA 6658.
ܕܘܪܐ Job 41 6, leg. ܕܩܘܢܝܗܝ ܕܘܪܐ Job 41 6
סְבִיבוֹת שִׁנָּיו gingiva ON 118 1, BB 547 11, Bhgr **2** 59 23 D.
ܕܪܐ add. hominum genus (*generation*) Philox 87 1.
add. ܕܘܪܐ domicilium ON 93 14.
70a ܕܝܠܐ add. *2.* אֵל deus ψ 81 10 T.
70b ܕܝܘܠܐ leg. sporta dactylorum BB 531 17, 673 21 D, cf. Fraenkel p. 79.
ܕܝܫܐ leg. ܕܝܫܐ ad ܕܘܫ, Bernstein D.
ܕܚܐ add. *2.* ἀπεσκοράκισεν abjecit ψ 26 9 (Hex).
71b add. ܕܝܩܢܝܩܐ δικανική jurisprudentia Zach Rhet 3 7.
72b add. ܕܟܪ masculinum fecit Bhgr **2** 21 5a f.
ܕܟܪܘܬܐ genus masculinum Bhgr **1** 7 11.
Etpa. genere masculino usitatus est Bhgr **2** 15 n. 112.
73a ܕܠܝ **Etpa.** *2.* potius **Etpe.** der. a ܕܠܝܐ Bhgr **2** 86 4a f.
ܡܕܠܝܢܘܬܐ ἀναγωγεὺς Ign. Eph. 9, Bg.
73b ܕܡܐ add. *3.* vita Jul 169 3 B.
74a ܕܡܝܐ vox nihili leg. ܕܡܘܬ PS, B.
ܡܕܡܝܢܐ imitator PetrIb 13 1.
74b add. ܕܡܘܣܝܐ tabulae publicae am **4** 363 11.
75a ܕܡܨܐ leg. ܪܡܨܐ ar. رمص Fr. D.
ܕܢܐ *1. pl.* ܕܢܝܬܐ; *2. pl.* ܕܢܐ ON 13 14.
ܕܢܒ Jul 167 4 agmen novissimum exercitus aggressus est cf. זִנֵּב Dt 25 18, Jos 10 19 B, Bg.

75b add. ܕܝܣܩܘܢ (gr.?) suppellex ecclesiastica am **4** 299 5.
76a ܕܝܘܩܣ corr. e ܩܘܩܣ L.
ܕܝܣܩܘܪ leg. ܕܝܣܩܘܪ D.
76b add. ܕܣܩܪܝܘܣ Zach Rhet 12 21.
add. ܕܦܪܢܐ (ass. *dapranu* Delitzsch WB 226b) juniperus BA, BB.
ܕܦܬܐ leg. Löw p. 55n.
ܕܩܬܐ scobs add. Ex 32 20, Philox 89 14.
77a ܕܩܪܣ leg. Jul 230 25.
add. ܕܘܩܝܕܣ δοκίδες meteora ignea Cyr in Julian ed Neumann 52 22, cf. Lag Symm 93 45.
add. ܕܘܩܣܘܬ *f.* ducatus, munus ducis Joh Tell 72 11.
add. ܕܩܠܝܬܐ spelunca BB 589 3.
77b add. ܕܪ pugnavit Philox 609 2.
78a ܕܪܕܪܐ leg. Centaurea Calcifraga L.
ܕܪܙܝܢܬܐ pers.? cf. Hübschmann ZDMG **46** p. 235 n. 25.
78b ܕܪܘܬܐ add. *2.* ancilla KwDW 228 9, cf. Nöldeke GGA 1884 p. 683, EN 77 42; *3.* propago Geop 31 19 20, 66 4 9, 67 9 10 13 etc., 73 16, 80 26 D.
Af. add. *2.* propagavit Geop 67 12 D.
79a ܕܪܦܢ leg. laurus L.
add. ܕܘܪܩܐ ar. دورق amphora ansata BB 191 21.
79b add. ܕܪܝܫܐ usitatus (nomen) Bhgr **1** 210 23 (regula) ib. 228 1.
80a add. ܡܚܫܒܢܐ cogitans AS 43 20 D.
80b ܚܫܒ add. **Etpe.** cogitatum est ON 39 1.
add. ܚܒܠܬܐ ruina Eb Par 71 7.
81a ܗܕܡ **Etpa.** membris instructus est Philox 337 20.
add. ܗܕܪܝܩܘܣ Zach Rhet 12 11.
add. ܗܕܪܬܐ ornatus, gloria Spic Solesm **4** 193 6.
81b ܗܘܐ add. **Etpa.** creatus est BB 321u.
82a add. ܗܘܢܢܐ prudens Vit Anton 11 26.
add. ܗܘܩܘܢܘܡܘܣ i. q. 'οἰ οἰκονόμος am **4** 535 5.
82b add. ܗܛܡܢܝܛܐ τεμενίτης Zeph 1 4 (Hex).
add. ܗܝܡܢܘܬܐ (sic leg.) fiducia Eb Par 126 3.

83a add. ܢܦܩ = ܢܦܩ. Joh 13 22 S, cf. Wellhausen NGG 1895 p. 5.
add. ܡܫܓܫܢܐ tumultuans Bhgr 1 60apu.
83b 7 JS leg. IS L.
ܗܠܝܩܘܢܝܣ cf. BB 633 17, Ἑλικωνίας musa Heliconia, inscriptio poematis D.
84b add. ܗܝܐ i. q. ar. هيا res Bhgr 1 7 15, 20 20.
ܡܘܥܕ contio add. Joh Tell 10 2.
ܗܘܦܘܬܝܩܘܣ leg. ܗܘܦܘܬܝܩܐ hypothetica Spic Sol 4 35 13.
85b add. ܐܢܟܪܝܘܬܐ ܢܘܟܪܝܐ abalienatio PetrIb 95 7.
add. ܡܗܦܟܬܐ cognomen urbis Sodom apap 78u Bg.
86a add. ܡܘܣܝܩܘܣ = ܡܘܣܝܩܝܣ q. v. Zach Rhet 15 39.
86b add. ܗܪܗܪ cogitavit? Mich 3 5 (Hex).
87a 8 leg. ἐρωδιὸς L.
ܗܪܘܕܐ add. Mt 23 23 S.
add. ܗܘܪܝܘܢ ὥριον, ὡρεῖον horreum PetrIb 106 4, 112 4.
ܗܘܪܝܪܐ ὡρειάριος horrearius, praeses et custos horrei PetrIb 106 20.
87b add. ܗܘܬܘܣ ἦθος mos Joh Tell 69 20.
88a ܘܟܠܬܐ leg. ܟܠܬܐ (a ܟܠܬܐ) Fr.
88b ܙܟܘܪܐ *1.* servus add. Mar Bassus X 16.
ib. 20 leg. ἄκορον L.
ib. 26 leg. anemona L.
ܙܝܪܐ aut ܟܝܪܐ cf. rabb. לורטא של מלכא D.
89a 4 leg. ܙܪܝܙܐ L., = רציצה Levy Nhebr WB IV 468 Fr.
ܙܡܡܐ *1.* = ζέμμα Fr.
89b ܙܫܩ = زشق L.
ܙܘܙܐ leg. Tob 1 13.
90a ܚܪܘܩܬܐ ܕܪܘܟܒܬܐ leg. patella coxae L.
add. ܚܪܫܘܬܐ et ܚܪܫܘܬܐ surditas BB 675 4.
90b add. ܚܘܪܐ genus piscis BB 175 17.
91b add. ܚܘܪܐ quercus Bhgr 1 234 21.
92b ܚܘܪܛܐ *2.* rostrum add. BB 282 24, 680 21.
93a ܚܘܛܐ leg. Löw n. 93.
ܛܝܣ volans add. am 4 213 3.
add. ܛܦܫ ܥܝܢܐ, ܛܦܫܘܬܐ hebes oculorum acies BS in BB 685 14.
93b ܛܠܠܐ leg. ܛܠܠܐ BB 867 L.

94a ܛܪܦ *3.* signum del. IA 2 278 v. 798
ܛܪܦ ܙܝܢܐ est „arma percutere“ Fr.
94b add. ܛܠܠܐ ζάλη aestus maris Basil. cit Bhgr 1 11 19.
add. ܛܠܝܐ contemptibilis Jer 15 19 (Hex).
95a ܛܠܝܪܘܣ cf. ܣܠܘܪܐ et σίλουρος Wellh.
ܛܦܚ **Etpe.** add. *2.* effusus est ψ 69 6 (Hex).
96b leg. ܛܦܣܐ et ܛܦܣܐ Fr.
97a ܐܬܛܪܦ add. ἐκβράσσεται Am 9 9 (Hex).
98a ܛܪܦܐ *2.* Duval em. ܛܪܦܐ.
ܛܪܘ, ܛܪܣ leg. ܛܪܘ, ܛܪܣ L.
ܛܪܦܢܐ leg. strigilis L.
ܛܪܡܘܣ add. κύαμοι? L.
98b add. ܡܬܝܪܘܬܐ altitudo MB 33 453.
add. ܝܬܝܪܐ = ܝܬܝܪܐ Jacob. orthogr. 3, Bg.
99a add. ܝܪܘܩܐ? BB 1050 n. 9.
ܝܬܦ add. ἀπέθλιψε τὸν πόδα Nm 20 25 (Hex), ἐσφήνωσε (τὰς θύρας) Jud 3 23 ib.
ܝܪܝܩܘܬܐ add. Bhgr 1 24 6.
99b add. ܙܪܕ pers. زرد. cf. ܙܪܕܐ lorica ON 117 9.
ܙܪܕܘܬܐ melius ܙܪܕܘܬܐ et ܙܪܕܘܬܐ BB 702, 704, BA, L.
ܙܪܢܝܬܐ add. pers. زرنيا L.
100a ܙܪܣ leg. ܙܪܣܢ.
101a ܣܟܣܘܟ κνησμὸς leg. ܣܟܣܘܟ Fr.
ܣܟܣܟܬܐ add. PetrIb 73 17.
101b ܣܟܠ add. *3.* vehementer cupivit Joh Tell 27 3.
add. ܣܟܠܬܐ = ܫܟܠܐ Mc 13 8 S.
102a ܣܟܘܪܬܐ leg. στυπτηρία L.
add. ܣܟܪܬܐ claustrum MB VII n. 2.
ܣܟܘܪܐ *2.* add. Nis 3 115 B.
102b ܣܟܘܪܐ add. ON 88 8, 112 11.
103a ܫܒܐ add. *2.* multitudo hominum Mar Narses ed Grabowsky 13 14.
103b ܫܒܫܒܐ ܣܓܝ interdum N§241 Wellh.
104a ܚܘܙܘܙ ar. حضض succus lycii BB 722 21, cf. 705 2.
105a ܫܛ add. **Af.** vituperavit ON 36 23.
u. l. ܫܛܝܬܐ L.
106a add. ܡܚܘܝܢܐ demonstrans Philox 512 21.
107a ܚܘܩܐ $\sqrt{}$ חקק cf. חק regula et ThMarg 1 174 9 Wellh.

ܫܘܚ cunctatus est l. ܐܫܬܘܚ? L.

ܫܚܝܢܐ leg. ܫܚܝܢܐ √ حضر Hoffmann Fr. D.

107b ܫܚܘܪܐ add. *3.* carbo exstinctus Bhgr **1** 94u.

108a ܫܚܝܐ add. visus Philox 615 16.

ܫܚܠ add. *4.* praefixit (baculum ferro) am 4 540 4.

108b ܫܚܝܪܐ leg. vestigia venti in arena Bhgr **2** 95 18.

109b add. ܫܚܩܦܬܐ *1.* scabies; *2.* striae vestis BB 741 19.

110a ܫܛܘܐ ܕܝܪܩܐ add. ζωόφυτον cf. AS 118 18 D.

110b add. ܫܝܠܐ clamor sublatus ad auxilium petendum, inde auxilium ON **102** 20, BB 744 13, Bhgr **2** 95 22.

add. ܫܟܝܢܐ sapiens EbPar 41 11.

add. ܫܟܘܒܝܐ cognitio, compressio (feminae) ON 26 17.

111a add. ܫܟܠܬܐ urceus aquarius Bhgr **1** 95u.

111b ܫܟܠܝܐ leg. lathyrus Löw p. 173 L.

ܫܟܒ ܗܟܐ leg. Löw p. 192.

ܫܘܟܠܐ *1.* leg. ܫܘܟܠܐ L.

112a ܫܠܟܠܐ add.? BB 147 ܫܠܟܠܐ L.

add. ܫܠܦܘܪܐ mus campestris BB 750 14.

ܫܠܦܬܐ leg. ܫܠܦܬܐ asa foetida, del Löw p. 118 L.

ܡܫܠܡܢܐ obses del. gr. συμμίξεων h. התערבות cf. PS Fr.

112b ܫܠܦܘܚܐ *2.* leg. cynips, musca.

113a ܫܠܡܬܐ del. (ar. etc.) L.

ܫܠܡܐ ex ar. جلس Fr.

ܫܠܡܐ *2.* nequitia Job 20 18 del., vertit h. תמורתו i. e. mutatio Fr.

ܫܘܠܡܐ add. ἄγνος Job 40 17 (Hex).

113b add. ܫܘܠܡܢܐ = ܫܘܠܡܢܐ Mc 8 37 S.

114a add. ܫܠܟܐ, ܫܠܟܬܐ lac gelatum BB 755 22.

add. ܫܠܡܐ Tirhanensibus lignum, quo navem retinent et ad ripam appellunt BB 756 14.

114b add. ܫܘܡܫܬܐ vulg. scopae BB 757 6.

ܫܘܡܣܪܐ leg. nitrum = pers.-ar. سورج cf. ZDMG **46** 743 not. Fr.

114b ܫܡܫܘܬܐ add. *2.* thermae PetrIb 83 15.

115a add. ܫܩܠ ܒܕܩܢܗ ܐܫܠܡ ܒܥܩܢܗ barbam ejus corripuit Joh Tell 65 8.

115b ܫܡܓܐ leg. granum L.

ܫܡܝܪܘܬܐ pudicus add. Vit Anton 5 15.

116a ܫܡܫܪܐ leg. ܫܡܫܪܐ.

add. ܫܡܪܐ (sic!) asinarius ON 75 1.

ܫܡܪܘܬܐ cf. ܐܫܡܪܘܬܐ, ܫܡܪܐ aut ܫܡܪܐ BB 666 4, 669 9, 761 1 = ὄνοι ὑπὸ ὑδρίας Dioscor 1 183 D.

ܫܡܪܬܐ idem ac ܫܡܪܬܐ q. v. Fr.

116b add. ܫܡܫ quintam partem sumpsit Bhgr **1** 71 10, **Etpa.** *pass.* ib. 11.

118a ܫܡܪܐ versum e gr. πικρομάρουλα Langkavel 80 4 L.

119a add. ܫܢܘܬܐ fortitudo Job **28** 10, cf. Bhgr **1** 21 15, **2** 94 4a f.

120a add. ܫܢܢ i. q. ܫܢܢ 1Rg 20 38, cit Bhgr **1** 96 21.

add. ܫܢܦܘܢܐ anchusa, qua caput lavant ON 117 6.

120b add. ܫܣܘܪܐ res qua manus hominis os animalis examinat? ON 99 19.

add. ܫܥܐ ܫܥܐ = ܫܥܐ ܡܢ fugit StS **1** 31b 21.

122a add. ܫܦܘܪܬܐ, ܫܦܪܬܐ? ulcera foetida? Cat Vat **3** 243u.

122b ܫܦܪܐ *2.* leg. stiva cf. Vogelstein Dissert. Breslau 1894 p. 26 n. 9.

ܫܦܘܪܬܐ del. cf. PS, Fr.

123a add. ܐܫܬܪܦ decorticatus est BB 324 20.

ܫܪܝܦܐ corr. e ܫܪܝܦܐ, ܫܪܦܐ PS 1368b 25, Fr. cf. Fr. Müller WZKM **8** 367 n. 1.

123b ܫܪܐ add. *3.* infixit am **4** 158 4; *4.* ܫܪܐ ܒܗ ܟܠܝܠܐ coronā ornatus erat am **4** 129 4.

add. ܫܪܝܐ frigus, ܫܪܝܐ frigefactus BB 773u.

add. ܫܪܫܪ *1.* anhelavit, fremuit ON 113 12; *2.* latravit BB 773 19, 1057 9.

ܫܪܝܐ pro EN 38 70 leg. BA, L.

124b ܫܪܘܩܘܣ leg. δαύκου L.

add. ܡܫܪܝܦ astutus Philox 75 6.

add. ܫܪܦܬܐ solea BS in BB 911 16.

125b ܫܪܐ *2.* del. est **Etpa.** Fr.

126b add. ܡܫܪܓܫܢܐ ad cogitandum commovens StS **1** 256 24.

127a ܚܫܚܬܐ del., leg. cum PS ܚܫܚܬܐ q. v. Fr.
add. ܪܡܫ vesperi fecit 1Sm 17 16, ON 21 22.
ܨܡܕ add. *4.* conjugavit (verbum) Bhgr **1** 114, 116 etc. passim D.
add. ܨܘܡܕܐ formatio Philox 89 10.
128a ܨܠܡ add. **Ettaf.** = **Etpe.** (nisi em.) MB 36 489.
128b add. ܐܬܦܫܚ fractus est BB 325 7.
128a add. ܛܐܘܣ τέως apud Occidentales i. q. ܥܕܡܐ q. v. apud Orientales Bhgr **1** 183u.
129a ܛܒܠܢܐ leg. ܛܒܠܐ cf. ܛܒܠܐ L. Fr.
add. ܛܒܠܝܬܐ ܕܡܥܝܬܐ tabula latruncularia BB 1591 L.
ܛܒܠܪܐ = ταβελλάριος = ταχύδρομος, ܛܒܘܠܪܐ = ταβουλάριος archivarius Lipsius Die Edess. Abgarsage p. **21** et **22** D.
129b ܛܓܒ *1. tr.* o; *2. intr.* a Bhgr **1** 118 9 10.
ܛܓܒܘܬܐ add. *2.* somnus Eb Par 52 6.
ܛܓܡܐ add. *6.* verba, tenor verborum JARS 69 14, 101 10, 115 11, 116 14, 152 5 cf. Hilgenfeld Textkritische Bemerkungen zu JARS Jena 1894.
130a ܛܓܢܐ add. τήγανον D.
ܛܓܢܝܬܐ *2.* leg. ܛܓܢܝܬܐ q. v. L.
130b ܛܗܪ **Etpa.** add. seq. ܥܠ Philox Mem. dei Lincei **12** 1884 p. 459a 22.
add. ܛܘܒܐ ܕܢܦܫܐ animus promptus am **4** 378 2, ܛ' ܕܥܝܢܐ benignitas, oculus faustus Joh Tell 24 3.
131a 15 leg. ܛܠܐ L.
add. ܛܘܪܡܚܢܐ scriba militaris (*fourier*) Jul 121 18 Bg.
Etpa. add. *2.* posuit ψ 94 16; *3.* properavit ψ 119 60 T.
add. ܐܬܛܘܪܦ perturbatus est am **4** 357pu.
131b add. ܛܘܫܝܬܐ stratum, tapetum Bhgr **1** 23 22, BA, BB.
add. ܛܘܚܪܐܝܬ tarde Bhgr **1** 16 12.
132a ܛܘܪܝܐ del. i. q. ἐλελίσφακος L.
ܛܘܪܝܣ lectio genuina est, scil. ταύρια, ταύρεα scutica Ducange 1536 (cf. etiam طوريّة Fleischer de gl. **2** 12) Fr.
ܛܚܠ nest. ܛܚܠ (sic leg.!)

132b ܛܚܪܐ leg. haemorrhoides L.
133a add. ܕܪܡܫܢܐ ܛܚܪܐ = الحسد نكث؟ BB 802 7.
ܛܚܠܝܢ, ܩܕܠܐ = ܛܚܠܝܢ, PS 1475a Fr.
ܛܚܢܐ add. BB 806 L.
134a ܛܚܝܨܐ *3.* leg. compressus EN 11 28, BB 809 Fr.
135a add. ܐܬܛܚܠ sepore e morbo letali affectus est BB 325 27.
ܛܠܐܩܘܣ add. BB 269 6.
add. ܛܠܝܬܐ ܕܟܘܣܐ lathyrus PS 1877 L.
ܛܠܘܦܣܐ leg. *1.* pustulae faciei EN 33 41; *2.* ܛܠܘܦܣܐ ܕܥܠ ܚܘܪܐ, adiantum Gal ZDMG **39** 249 7, BB 37 L.
ܛܠܘܦܣܐ ܕܡܝܐ leg. lemna L.
ܛܠܘܦܣܐ add. BB 1480 s. v. ܦܘܦܣܐ.
ܛܠܘܠܐ *3.* leg. v. 199; *4.* leg. decrescentia lunae PS, Fr.
ܛܠܫ add. **Etpa.** inquinatus est apap 32 Bg.
135b ܛܠܘܪܐ add. e τρουλλα = ܛܪܘܠܐ 140b Fr.
ܛܡܪ add. **Etpe.** occlusus est ON 38 23.
Etpa. id. ES **3** 582A, AM **2** 106.
136a add. ܛܡܝܪܬܐ *1.* res abditae; *2.* somnia BB 811 18.
ܛܡܝܪܐ ܕܡܠܟܐ ricinus communis BB 812.
ܛܡܣܪܘܢܐ pallia BB 812 11.
137a ܛܢܒܘܪܐ leg. 'ܛܢ L.
add. ܛܢܒܘܪܝܬܐ saltandi modus ON 116 9.
137b add. ܛܥܢܘܬܐ transportatio Cat Vat **2** 306 8.
138a add. ܛܥܢ **Etpe.** molestus fuit Vit Anton 9 2.
Pu leg. topazius L.
138b ܛܦܫܘܬܐ add. Vit Anton 17 7.
139a ܛܦܣܐ cf. ܛܦܣܐ 129b Fr., cf. REJ **27** 247 n. 2 L.
ܛܦܪܐ (sic leg.) leg. unguis et de tenero ungui Wellh.
leg. ܛܦܪܐ ܕܐܝܕܐ L.
ܛܩܣܝܣܡܘܢ leg. Khaiath Élements 123 8.
ܛܪܓܪܐ; genuinae glossarum lectiones sunt ܛܪܓܪܐ et صقر, cf. turc. چاقر falco (ܛܪܓܪܐ etiam BB 820 17, pro ܛܪܓܪܐ = الصقر scribendum est) Fr.

140a ܬܪܛܢ leg. murmuravit L.

ܬܪܬܘܚܬܐ add. s. ܡܠܐ ܕ quae ex corde ebulliunt Cyr in Julian ed. Neumann 59 23.

140b ܬܪܝܣܩܠܝܢ leg. ܬܪܝܣܩܠܝܢ scil τρισκέλλιον Ducange 314 3a f. Fr.

ܬܪܝܣܩܠܝܬܐ jac. ܬܪܝܣܩܠܝܬܐ Bh ad Jos 9 5.

141a ܬܪܝܣܐ lat. *tressis* jud. טריסית Levy Nhebr. WB **2** 191b Fr.

142a ܬܪܝܨܐ *4.* leg. insignis L.

142b ܬܪܬܝܢ add. طرابيث et ܬܪܬܝܢ BB 819, 832 L.

ܬܫܥ *4.* add. ZA **9** 365apu.

143a ܚܠܐ leg. cynodon L.

ܚܒܠܬܐ del., leg. ܚܒܠܬܐ byblinae cf. PS 516 Fr.

143b ܝܒܡ leg. (viduam fratris) in matrimonium duxit L.

ܚܠܐ var. ܚܡܠܐ BB 835 L.

144a ܐܬܚܪܡ add. s. ܚܪܡ foedus iniit Mar Narses ed. Grabowski 3 4.

ܐܠܚܪܒ Jud 5 12 v. s. v. ܚܪܒ.

144b ܬܒ add. *3.* s. ܬܘܒ resipuit am **4** 558 14, 570 14.

ܬܒܥܐ add. *3.* familiares ON 100 1.

add. ܚܪܒܐ, ܚܪܒܐ insectum quoddam BB, PS, L.

145a ܟܢܫ *2.* leg. ܟܢܫ L.

add. ܐܬܟܢܫܬ congregata est BB 344 21.

146a ܝܠܕ corr. e ܝܠܕ q. v. BB 845 17, cf. 539 17, 774 11

146b ܡܝܠܕܬܐ mater leg. ܡܝܠܕܬܐ; ܡܝܠܕܬܐ obstetrix est ON 18 18 19.

add. **Ettaf.** genitus, natus est Spic Solesm **4** 26 8.

ܚܠܕܐ var. ܚܠܕܐ BB 846 4, corr. e ܚܠܐ D.

147a add. ܝܡܝܢܘܬܐ jurandi consuetudo ON 102 4.

add. ܝܡܒܘܣ ἴαμβοι carmina metrica (Gregorii Theologi) Cat Vat **3** 31 4a f.

add. ܟܠܬܐ sponsa BB 847 10.

147b ܬܓܐ add. *2.* exstitit (haeresiarcha) Euseb. Hist. eccl. ed Dindorf p. XXVIII 8.

148a ܟܘܡܘܣ corr. e ܟܘܡܘܣ q. v. ON 98 22.

148b ܟܘܡܣ add.? L.

149a ܟܘܫܐ add. *2.* liber Cat Vat **3** 278 10a f., 279 10a f.

ܟܘܣܝܐ add. ܟܘܣܝܢܘܬܐ Spic Solesm **4** 42 1.

add. ܒܝܬ ܟܘܪܐ latrinae? Guidi Testo siriaco etc. 222u, cf. 233, Bh ad Jos 3 24.

add. ܟܒܝܪܐ ON 95 22, ܟܒܝܪܐ BB 850 12 gravis.

149b ܟܒܝܪܐ *4.* leg. lithargyrum L.

ܟܝܪܐ add. λαμία Js 36 13 (Hex).

150b ܟܒܕܐ *1.* leg. oesophagus Bh ad ψ p. 104 57 L.

ܟܒܘܪܝ del., est شوك يهودى BB 271 811 D. L.

add. ܟܒܬܐ herbarum copia (? الخصب) BB 854 15.

ܟܝܬܐ add. *2.* sita (urbs) Khaiath Éléments 153 1.

152a ܟ leg. numerus XX D.

ܟܠܐ leg. ES **3** 39 6, ܟܠܐ *conj.* N: ܟܠܐ?

ܟܠܐ *2.* ܟܠܐ leg. ܟܠ ܟܠܐ N.

add. ܐܬܟܐܦ lapis factus est ON 7 5.

ܟܠܝܐ leg. ܟܠܝܐ ad √ܟܠܐ N.

153a ܟܠܝܬܐ leg. ܟܠܝܬܐ BA, N., add. ܟܠܝܬܐ Hoffmann Ausz. p. 103 n. 915D et ܟܠܝܬܐ ES **1** 230B.

Etpe. leg. Jul 96 22 pro Lc.

add. **Af.** induere fecit ψ 30 11, IA **1** 248 2 N. T.

ܟܡܐ fortasse, add. „jam" N.

ܟܡܐ ܟܡܐ leg. ἐρείκη, add. ZDMG **40** 760 L.

ܟܡܝܢܐ var. ܟܡܢܐ N.

ܟܡܟܐ *2.* sinapi conditum cf. Levy s. v. כבש L.

ܟܡܟܐ add. aut ܟܡܟܐ PS, L.

add. ܟܡܟܐ *1. pl.* lac gelatum BB 785 22; *2.* prooemium (?) BS in BB 866 15.

153b ܟܢ add. *2.* profectus est apap 53 18 Bg.

ܟܢܫܐ add. et ܟܢܫ BA *pl.* leg. ܟܢܫܐ N.

154a ܟܐܕܪ cf. mand. כאדיר Nöldeke Mand. Gramm. 154. Fr.

add. ܟܪܝܘܬܐ infirmitas ψ 195 15 Aqu.

add. ܟܪܟܪ blaterator, vaniloquus BA, K, PS, N.

ܐܬܟܪܟܪ leg. ܐܬܟܪܟܪ? N.

154b ܟܘܒܐ e pers. كوب Fr.

add. ܟܘ = ܟܠܐ N.

ܟܘܪ *2.* del. N.

add. ܐܬܟܪܘܡ inversis palpebris laboravit BB 328 19.

ܟܘܫܟܐ *1.* e pers. كوك, كاك PS, Fr.
ܟܘܫܟܬܐ *2.* del., est θύελλα N., add. casa, tugurium Hoffmann Ausz. n. 142 Wellh.
ܡܟܘܟܒ add. stellatus Bh ad Gn 1 14 N.
add. ܐܬܟܘܟܒ asterisco insignitus est PS, N.
155a ܟܝ leg. = ܐܬܟܝܒ N.
add. ܟܝܒ constitit, formavit CatWr 670a, ER 123 3 PS
Etpa. *2.* leg. incidit in N.
ܡܟܝܢܐ *2.* add.? N.; *3.* quasi naturaliter insitus Ez 47 22 (Hex).
155b ܟܘܦܠܬܐ leg. ܟܘܦܠܬܐ (=ܟܘܦܝܬܐ) N.
ܐܬܟܘܪ add. am 1 237 2 Wellh.
156a ܟܦܪ leg. h. כפר √ܟܦܪ N.
ܟܘܦܪܐ *2.* leg. ܟܘܦܪܐ N.
156b ܟܚܝܠܐ add. *2. adj.* nigris oculis praeditus BA, PS, N.
ܟܝܠܐ leg. mensura N.
add. ܟܡܟܘܡܬܐ Bhgr 1 24 3, ܟܡܟܘܡܬܐ BA, BB, lectica operta, qua mulieres iter faciunt.
ܟܝܣܘܦܐ leg. ܟܘܣܦܐ ed. Novoeborac. N.
157a add. ܩܝܪܐ ex ar. خيار cucumis ON 92 11.
ܟܠܐ leg. ܟܠܐ N.
ܟܠܝܒܬܐ add. ܟܠܝܒܬܐ BB, L.
ܟܡܟܐ dem. a pers. كاك Fr.
ܟܡܘܣܐ corr. e ܟܡܘܣܝܣܐ quod ipsum e ܟܡܘܣܛܝܣܐ?
ܟܡܫܐ leg. cartilago (ar. مشاش) BA n. 4903, BB 929 5 D (cf. ad. ܟܡܘܫܐ).
add. ܟܠ ܟܠܗ omnino Joh Tell 79 1, am 4 579 13.
157b ܟܠܟܠ corr. e ܟܠܟܠ N.
ܟܠܬܐ add. *3.* pudendum muliebre BB 438 3.
l 11 et 12 leg. anemone L.
ܟܠܝܠܐ add. *3.* s. ܕܫܢܬܐ circulus anni N.
ܟܠܝܠ ܡܠܟܐ leg. *1.* melilotus L.
ܟܠܟܠܬܐ del., ed. Cer. ܩܠܠܐ N.
add. ܡܟܠܟܠܬܐ=ܟܘܠܟܠܐ MB 38, 524 D.
ܟܠܐ add. *3.* substitit Afr 20 7, Bhchr 167 13, ZDMG 19 146 N.
ܟܠܝܐ ܟܪܣܐ leg. alvum adstringens N.
158a ܟܠܐ **Etpe.** add. *4.* recusavit am 4 344 3.
ܟܠܒܢܐ add. *2. adj.* caninus Sir 4 30, 1Sm 25 31, MAMQ 27 12 N.

ܟܠܒܬܐ leg. ܟܠܒܬܐ N.
add ܟܘܢܝܩܐ κυνικὸς 1Rg 25 3 (Hex), CatWr 440a.
ܟܠܒ potius ܟܠܒ ? N.
ܐܟܠܒ leg. PsC 109 7.
158b ܟܠܒܐ leg. ܟܠܒܐ cf. JE gr (Wright) 4b N; *2.* del., l. l. leg. ܟܠܒܐ ܕܝܡܐ Fr.
ܟܠܒܢܐ corr. e ܟܠܒܢܐ D. L.
ܟܠܝܢܘܣ corr. e χαλινὸς Fraenkel p. 246 N.
ܟܠܝܐ = χαλινὸς? N.
ܟܠܘܢ leg. χελώνην N.
159b ܟܡܗ leg. caecus fuit N, add. Eb Par 112 15.
ܟܡܠܝܢܐ cf. pers. كملى Vullers 2 888 Fr.
add. ܟܝܡܝܐ ܟܡܝܣܛܐ alchimistae BB 267 23 etc.
ܟܡܢ add. **Pa.** etiam apud Occidentales Jud 21 20, 2Rg 6 8 N.
add. **Etpa.** multis locis insidiatus est ON 5 8.
160a 1 leg. ܟܡܢܐ male ܟܡܢܐ N.
7 leg. ܟܡܢܘܬܐ N.
ܟܡܣ *1.* add.? *3.* add. aruit N, add. Philox 596 5.
ܟܡܪ **Af.** add. *3.* tristis factus est ESL 1 599 str. 24 N.
ܟܡܫܘܬܐ add. acini aridi, immaturi decidentes JSt 36 13 N.
add. ܟܡܫ aruit App Bhchr 42 1 N.
160b 1 leg. ܟܡܘܬܐ N.
4 leg. ܟܡܬܪܐ aut ܟܡܬܪܐ? N.
ܟܝ leg. ܘܟܝ, ܘܐܟܝ sed, ܐܟܝ multo minus N.
leg. ܟܢܝܫ pudicus, honestus N.
161b ܟܢܪܐ add. cf. Barth Nominalbildung p. 65.
ܟܢܫܬܐ potius ܟܢܫܬܐ? N.
add. ܘܐܟܢܫ, ܟܢܫܢܫ et cetera am 4 206 11.
add. ܟܢܫܐ collecta (ira) Jer 25 38 (Hex).
ܟܢܘܫܝܐ *pl.* leg. ܟܢܘܫܝܬܐ.
ܡܟܢܫܬܐ *pl.* ܡܟܢܫܢܝܬܐ PS (ergo *sg.* ܡܟܢܫܢܝܬܐ?) N.
ܟܢܘܫܝܐ *2.* leg. opus collectum N.
162a ܟܢܫܪܐ add. ܟܢܫ ܡܝܐ ON 141 13, BB 879 13.
add. ܟܢܫ ܡܝܐ ὕδρωψ Cod. syr. Sachau 302f 46r Bg.
ܟܢܦܬܐ add. *pl.* ܟܢܦܬܐ et ܟܢܦܐ N.
add. ܟܣܝܣܐ vituperandus Bhcar 166 13 N.

Pa. = **Af.** AM **2** 324 N.

Ettaf. ܐܬܬܦܢܝ ad ܠܦܢܐ referendum, ES **2** 343E **Etpe.** leg. N.

ܦܘܡܐ add. πῶμα Nm 19 15, 4Rg 12 9 (Hex).

ܦܘܚܠܐ leg. plenilunium N.

162b add. ܦܘܣܬܐ (var. ܦܘܣܬܐ) medicamentum ex atramento sutorio, mali Punici cortice, gummi Arabico aliisque rebus, quibus admisceri solet muscus ar. رامك et سُكّ (cf. Avicenna L. **2** p. ٢٥٣, Plempius L. **2** p. 270 cit Freytag) BB 879 20, cf. 76 19.

ܦܘܣܛܩܐ corr. e ܦܘܣܛܩܐ BB 880 5 i. e. ܦܣܛܩܐ + ܒ cf. BB 1332 26 D.

ܦܘܣܩܦܣܐ corr. e ܦܘܣܩܦܣܐ Nestle St. Sin 4 p. VIIIn.

ܦܘܣܩܪܐ leg. ܦܘܣܩܪܐ N.

ܦܘܚܡܐ leg. ܦܘܚܡܐ (sg. *ܦܘܚܡܐ) *2.* add. Kayser Can JE 27 8 N.

163a ܦܘܣܛܪܝܘܢ cf. ZDMG **24** 511 562, = ξυστάριον? N.

ܦܘܩܐ *4.* del., lectio falsa est N.

ܦܘܩܕܐ *2.* leg. ܦܘܩܕܐ ON 77 9 10.

163b ܦܚܐ **Etpe.** add. et **Etpa.** N.

ܦܚܚܐ *2.* add. *abs.* ܦܚܚ *f.* ܦܚܚܬܐ ψ 107 9 N.

add. ܦܚܝܚ famelicus AS **4** 40 24, PsC 122 4, ZDMG **40** 435 2 N.

ܦܚܡܐ leg. ܦܚܡܐ q. v. N.

ܦܚܪ *1.* del. N.

164a **Pa.** absolvit del. N, add. ἐξέμαξε ψ 17 46 (Hex).

ܦܚܦܚܐ add.? N.

add. ܦܚܕܐ vinculum ON 77 9.

ܦܛ add. s. gen. vel suffixo locus Job 31 22, ES **2** 317C, **3** 138A N.

ܦܛܐ add. et ܦܛܒ *3.* tristis fuit BO **3** 2 465 CatWr 1079b N.

164b ܦܛܪܐ *2.* ambra del. ON 19 15, ܚܒܨܐ pro ܐܒܨܐ i. e. انبار positum „acervum" significat cf. PS 1807 7 انبار ܦܛܪܐ Fr.

Etpa. add. *2.* doluit ES **1** 548, AM **2** 330, Joh Eph 73 7 N; *3.* ܥܠܘܗܝ ܐܬܦܛܪܝ doluit Vit Anton 15 14.

Af. add. *1.* abbreviavit CatWr 600b, Jac. Ed. ed Martin 2 21.

ܦܛܠܐ *2.* leg. ψ 65 11 T.

Etpe. *2.* leg. ܐܬܦܛܪ N.

ܦܛܠܐ, ܦܛܠܝܬܐ Gottheil List 145 ܦܛܠܐ L.

ܦܛܠܒܠܐ cf. κρώβυλος N.

165a ܦܛܡܐ *2.* cocio add.? N.

ܦܛܘܠܐ leg. ܦܛܘܠ L.

ܦܛܘܠ leg. Löw n. 149.

ܦܛܡ add. **Pa.** i. q. **Af.** IA **1** 168pu, ZDMG **29** 117 N.

ܦܛܘܩܐ del. nuntius N.

ܦܛܘܩܝܬܐ add. proclamatio, preces ad fideles BO **3** 1 528a 532a, 535a.

add. ܦܛܝܩܐ proscriptus BA, BB, Eb. PS, N.

add. ܦܛܘܩܝܐ praedicatio Bhgr **1** 1 11 N.

Af. add. *3.* exheredavit Philox 98 16; *4.* interdixit (ecclesiā) BO **3** 1 350a D.

165b ܦܛܪܘܠܝܢܐ leg. ܦܛܪܘܠܝܢ BB 919 27 D.

ܦܛܪ *3.* add. circumdedit 2Sm 22 4, ψ 18 5, Bh ad ψ 18 12 N.

166a add. ܦܛܪܐ convolvulus σμῖλαξ Jer 46 14 (Hex).

leg. ܡܦܛܪܘܬܐ *2.* del. N.

Ettaf. del. N.

166b ܦܛܟܠ scripsit add. male N.

ܦܛܟܠܬܐ add. et ܦܛܟܠܬܐ N.

add. ܦܛܟܡ croco condivit Sev Rhet 135v, BA, K, PS, N.

ܦܛܡܐ add. *2.* vitis BA, K, PS, N.

ܦܛܡܐ add. et ܦܛܡܐ JSAv. 655, Nis 4 116, 5 72 N.

ܦܛܘܡ ܦܛܠܐ leg. qua impudentia N.

167a1 leg. ܦܛܒܐ i. e. κράμβη cf. ܦܛܒܐ D. L.

ܦܛܣ del., corr. N.

ܦܛܘܦܐ add. *pl.* ܦܛܘܦܐ *f.* Cat Vat **3** 241 27.

167b 1 pro Loth leg. PS, N.

ܦܛܣܘܓܐ ex ar. كرسوع Fr.

l. 15 leg. χρυσόπρασον L.

ܦܛܓܐ add. *2.* ramuli ON 13 13.

ܦܛܓܐ, ܦܛܓܐ add.? N.

ܦܛܦܣܐ leg. ܦܛܦܣܐ Bhgr **1** 21 22 N.

ܦܛܦܐ leg. Lag Mitt **2** 358 L.

ܦܛܦܐ add. *pl.* sagittae τόξευμα 4Rg 9 16 (Hex), ψ 75 4 Symm N.

Pa. leg. **Af.** N.

168b ܩܘܪܛܐ sic.! Bh ad l. l. N.

ܩܛܠ del. N.

Etpe. leg. offensus est N.

ܩܘܩܐ (sic leg. N) leg. ervilia D. L.

ܩܘܩܝܐ add. et ܩܘܩܐ Joh Tell 25 1 N.

ܩܝܣܝܘܣ leg. ܩܝܣܝܘܣ ἱκέσιος N.

add. ܩܝܣܝܘܬܐ CatWr 281b N.

169a ܩܘܫܪܐ 2. leg. prosperitas N.

ܩܫܝܪܐ del. N.

ܩܫܝܪܐ 2. leg. probus N.

Etpa. 3. del. N.

ܡܬܩܫܪܢܘܬܐ leg. ܡܬܩܫܪܢܘܬܐ N.

ܡܩܫܪܢܘܬܐ add. cf. ܡܩܫܪܢܘܬܐ (?) ܡܩܫܪܢܘܬܐ L.

ܩܫܬܐ add. 3. ludus, schola elementaris Vit Rabb 190 7 N.

Pa. del. N.

Af. 1. leg. conscripsit, (libri) auctor fuit N.

170a ܩܠܦܬܐ add. *pl.* ܩܠܦܝܬܐ N, add. ܩܠܦܝܬܗܘܢ Mc 6 9 S, ܩܠܦܬܗ Joh 21 7 S; 2. leg. membrana (ovi) L.

ܩܠܦܬܐ add. vel ܩܠܦܐ (Nov. 33 et PS) leg. nervus vel vena brachii N.

add. ܩܪܒܐ certamen IA 2 26 36 N.

ܩܪܝܒܐ 2. leg. daemoniacus N.

Pa. del. N.

171a ܩܪܫ add. **Pa.** (aut **Af.**) spissavit Bhchr (Bruns) 242 1, BO 3 2 487D.

ܩܪܫ 5 add.(mos) ZDMG 29 905, Jul 61 16Bg.

171b ܩܫܝܘܬܐ del., ES ll. ܩܫܝܘܬ ܪܥܝܢܐ perversitas indolis Fr.

172a ܠܒܫ add. **Ettaf.** indutus est ON 23 1.

add. ܠܒܝܒܘܬܐ δία λόγων, ἐπὶ λόγῳ fide data ipsum impune venturum Joh Tell 39 4.

172b ܐܬܠܒܟ leg. ܐܬܠܒܟ Fr.

173b ܠܓܙ add. **Af.** contempsit MB 4 45.

ܠܓܡ add. ἅπτεσθαι StS 4 3 1.

174a add. ܠܘܪܐ lora = verbera am 4 282 19.

ܠܚ leg. ܠܚ signum? L.

174b ܠܚܡܐ add.? + ܠܚ L.

ܠܚܡ add. **Ettaf.** = **Etpe.** am 4 209 16.

175a add. ܠܚܡܬܐ = ܠܚܡܬܐ AS 47 6D.

176a add. ܠܚܡܬܐ = ܠܚܡܬܐ BB 356 15.

add. ܠܚܘܚܐ perturbatio Nestle chrest[2] 80u.

add. ܠܚܘܦܐ planta in parietibus nascens ON 97 22.

176b add. ܠܚܡ 'se conjunxit, adhaesit Ge in Mem. dei Lincei 1892 p. 82 47.

177b ܠܚܘܡܐ del. Ez 10 13, ib. ܠܚܘܡܐ Fr.

ܠܚܝܙܬܐ sic leg. cf. Bhgr 1 65 15 seq., add. „si lectio genuina est, fortasse (contra regulam permutationis sibilantium) ad ar. لقظ referendum est" Fr.

178a add. ܠܩܛܝܩܪܝܐ lecticarii Joh Tell 74 20D.

add. ܠܩܛܐ λεκτὴ lectus PetrIb 96 2.

178b ܠܓܪܐ e pers. ليرد Vull 2 1108 = غراه Fr.

ܠܥܘܠܐ leg. mucus cf. לשלשתא Levy Nhebr WB 2 527 Fr.

179a ܠܦܦ add. **Etpe.** colligatus est (liber) Cat Vat 3 122 21.

179b ܡܠܦܠܦܘܬܐ add. 2. pronuntiatio Bhgr 1 54 11.

ܡܓܡܐ nil nisi μάγμα in κροκόμαγμα p. 168a, cf. ZDMG 47 518, PS 3737 L.

180a ܡܓܝܘܣܐ vas add. Ex 38 16, Nm 4 7 Fr.

add. ܡܓܪ vacillavit et cecidit BB 1008 1.

ܡܓܝܣܘܬܐ leg. ܡܓܝܣܘܬܐ.

ܡܕܪܐ add. *pl.* ܡܕܪܐ JAP 1895 p. 119 156.

180b add. ܡܕܢܐ metallum Cat Vat 2 344 30, PS *conj.* ܡܛܠܠܐ.

add. ܡܕܪ = ܡܕܪ (cf. ܡܕܪ) ON 91 1.

ܡܝܛܘܣ add. gr. μίτος Fr.

181a ܡܕܪ add. surdus evasit Nat 36 8 D.

ܡܕܪܐ add. praes. de ovis PS, L.

add. ܡܗܘܐ Gottheil List n. 702 l. ܡܗܘܐ? L.

182b ܡܕܪܫܐ add. codex in carcere am 4 131 9.

ܡܕܪܝܢ l. ܡܕܪܝܢ L.

ܡܚܐ add. 5. s. ܒܗܬܬܐ puduit eum Narses in Khaiath Éléments 108 4; 6. fragravit (odor) am 4 158pu cf. **Af.**

add. ܐܬܡܚܡܚ = ܐܬܡܚܡܚ q. v. BB 1193 3.

184b ܡܝܡܐ add. cf. ܐܡܝܡܐ L., nonne potius e gr. μίμημα, tertio μ dissimilato? (sed jud. אימום, quod huic gr. Goldberg Derech Erez Rabba 3 d comparat, certe semiticum est de vocalibus cf. ܐܡܝܐ etc.).

185a add. ܡܟܝܟܬܐ ταπεινὰ Job 22 29 (Hex).

185b ܡܟܠܬܐ add. ܡܟܠܬܗ am 4 606 10.

186a ܡܫܚܘܬܐ vide ZA III 53 Fr.
186b add. ܡܥܛܦܐ pallium Cat Vat **2** 287 4a f., leg. ܡܥܛܦܐ cf. ad p. 251a.
187a add. ܡܫܠܡܢܘܬܐ perfectio JAP 1895 p. 113 34.
add. ܡܓܒܝܬܐ excerptum ON 109 22.
add. ܡܠܚܬܐ salifodina Petr. Ib. 119 17.
187b add. ܡܓܢܦ, ܡܓܢܒ (gr.?) vestimenti genus am **4** 313u.
188a add. ܡܡܠܟܢܐ consiliarius Stud. Sin **1** 27 24.
add. ܡܠܟܘܬܐ = ܡܠܟܘܬܐ Cat Vat **2** 302 8.
add. **Ettaf.** rex factus est Bhgr **1** 45 14.
ܡܩܢܐ *2.* leg. cynips, musca.
189b ܡܢܝܐ *2.* fascis del. etiam ZDMG **40** 443 sudarium est Fr.
ܡܢܐܘܢ add. Cat Vat **2** 443 7af.
add. ܡܢܠܘܓܝܘܢ μηνολόγιον Cat Vat **2** 435 18.
190a add. ܡܢܕܘܣ μανδύας stola noviciorum Cat Vat **2** 288 10.
ܡܣܟܬܐ leg. ܡܣܟܬܐ et post ܡܣܟܐ ponendum cf. Bhgr **2** 106apu.
190b ܡܣܟܠܐ „vinculum“ probabiliter forma vulgaris ex ar. مَسَّاكة Fr.
ܡܣܡܢܐ add. am **4** 521 18.
ܡܣܘܡܐ *2.* leg. i. q. ܡܣܘܡܐ p. 184b L.
191a ܡܣܘܪܝܢ add. = μινσώριον, μινσόριον lanx Ducange 935b Fr.
191b add. ܡܣܪܣܪܐ morbo gravi et continuo laborans BB 1101 3.
ܡܣܪܣܪܘܬܐ morbus gravis et continuus ib.
ܡܥܨ add. **Etpa.** dolore ventris laboravit BB 332 10.
192a add. ܡܦܣܩܬܐ ܡܦܣܩܢܐ interpunctio Bg.
add. ܡܦܣܩܘܬܐ interpositio Bhgr **1** 62 14.
192b ܡܨܥܐ leg. ܡܨܥܝܐ ad ܡܨܥ referendum Fr.
193a ܡܩܕܢ ܩܕܠ add. حنظل? Löw 332 L.
194a add. ܡܪܘܩܘܬܐ i. q. ܡܪܘܩܐ ON 86 79.
ܡܪܘܩ i. e. ar. مرزق Fr.
194b ܡܪܩܘܠܣ add. ܡܪܩܘܠܣ BB 1156, 633, 177 19 L.
195a ܡܪܩܝܬܐ add. cf. ܡܪܩܝܬܐ L.
ܡܪܬܘܢ leg. marathrum L.

195b ܡܫܚܬܐ add. *3.* spatium definitum temporis Petr. Ib. 35 3.
198b ܢܓܪ **Pe.** del leg. ܡܢܓܪܐ PS. Fr.
ܢܓܝ leg. adduxit Nis 35 287? leg. ܢܓܝܗ ut cod. A in Bickell consp. p. 28 B. sed cf. **Etpe.** adductus est BB 1195 4.
199a add. ܢܓܝܕ vexatus (frigore) am **4** 337 9.
ܢܓܝܪܐ leg. calix argenteus hebr. משכיות כסף, cf. ON 101 17, sec. Bh ad l. et gr **1** 39 16 baculus capite incurvo.
199b ܢܓܢ **Af.** *3.* leg. ܐܢܓܢ.
ܢܓܠ add. **Etpe.** ad casum pulsus est ON 100 18.
ܢܓܪܐ *2.* del, JEh ll. = *1.* Barth.
200a add. ܢܕܕ corr. e. ܢܕܝܕ BA, BB, PS, L.
ܢܕܐ add. *3.* curvatum fuit (genu) apap 130 5, exsertus fuit (dens) Jacob Orthogr. 10 Bg.
Etpa. add. lectio ed. Cer. ܐܬܢܕܝܘ bona esse videtur, a ܢܕ PS 2309 l 24 derivanda.
ܐܬܬܢܕܝܘ ter in eadem sententia recte traditum semel corruptum esse minus probabile est Fr.
add. ܢܕܝܐ i. q. ܡܕܝܐ et ܢܕܝܐ ON 18 17.
200b ܢܕܝܕܐ add. cf. ܢܕܕ L corr. e. ܢܕܝܕ.
ܐܬܢܕܝ leg. ܐܬܢܕܝ Fr.
ܢܗܩ add. **Etpa.** ingemuit, anhelavit BB 333 10.
201a ܢܚܠܐ lens add. (lendis) L.
201b ܢܘܚܬܐ add. *3.* obitus Cat Vat **2** 163 4af.
202a ܢܝܚܐ add. *3.* defunctus Bhchr 390, ce § II 459, BO **1** 536, PS.
202b add. ܐܬܢܘܢ ut piscis natavit Bhgr **2** 1 8.
add. ܢܩܫܐ χαλάσματα Ex 23 15, ܢܩܫܬܐ χαλαστὰ Ex 28 14 (Hex).
add. ܢܘܡܣܛܝܪܢ i. q. ܢܘܡܣܛܪܢ Cat. Vat **2** 207 apu.
ܢܘܪܐ add. germen BB 401 16.
203a ܢܘܪܬܐ leg. ܢܘܪܬܐ cf. Bhgr **1** 31 apu, N § 79B 2.
ܢܘܝܬܐ add. praeferenda est lectio ܢܘܝܬܐ (probabiliter ܢܘܝܬܐ) cfr. נוויתא Levy Nhbr. WB **3** 345 Fr.
204b ܢܚܘܬܡܐ *miller* add. *and baker* L.

205a ܢܛܦ **Pa.** del ψ 68 9 et add. *2.* copiose stillavit ψ 68 8, ON 35 4.

ܢܓܪ **Af.** add. *2.* s. ܪܘܚܐ longanimus fuit BB 109 14.

206a ܢܓܦܬܐ add. *2.* stuprum Petr. Ib. 5 16; *3.* ἐπιβουλή ψ 5 10 (Hex).

206b ܢܕܘܢܝܐ leg. ܢܕܘܢܐ? Fr.

ܢܟܦ add. ON 37 18—20, 78 20 21 inter ܢܟܦܬܐ pudefactio, ܢܟܦܬܐ pudor, ܢܟܦܘܬܐ pudicitia distinguit.

ܡܢܟܦܐ leg. ܡܢܟܦܐ ad **Pa.** D.

207a ܡܢܟܬܢܝܬܐ morsus add. Stud. Sin **1** 28 14.

add. ܢܡܠܐ (cf. ar. نَمَّل, tunis. *nämmäla* Stumme 43 8) nidi formicarum ON 40 17.

add. ܢܡܪܡ murmuravit BB 1109 15.

add. ܐܬܢܡܘܣ data est (lex) Cat Vat **2** 465 apu.

207b ܢܫܪܐ add. laqueus, decipula KwD 27 8 Bg.

ܢܡܪܐ *1.* leg. pardalis; *2.* add. Gesenius Thes. s. v. אשרה *nemora* L.

ܢܡܪܐ leg. funiculus cannabinus L.

ܢܣܒ oppressit del, BA 6118 leg. ܢܣܒ Fr.

add. ܢܩܫܐ (cf. ܢܩܫܐ) signa prognostica Cardahi 103 17, BB 1214 4 D.

ܢܩܫܐ leg. infirmus L.

209a ܢܥܓܠܐ leg. ܢܥܓܠܐ i. e. ar. سَعْلط Fr.

add. ܐܬܢܓܚܣ re aliqua in faucibus haerente anxus fuit BB 334 2.

210a add. ܢܦܩܬܐ versio Cat Vat **3** 44 5.

add. ܡܦܩܢܐ exitus, finis (mensis) am **4** 630 4.

210b add. ܢܦܪܐ φρύαγμα Jer 8 16 (Hex).

211a ܢܨܚ **Pa.** add. *3.* illustravit Cat Vat **2** 34 13.

211b ܢܨܪܐ leg. ܢܨܪܐ L.

add. ܢܨܪܢܝܐ blandus Bhgr **1** 7 1.

212a ܢܩܦ add. **Etpe.** se iuclinavit ON 31 1.

add. ܢܩܒܘܬܐ genus femininum Bhgr **1** 7 11.

212b ܢܩܠܐ add. *3.* pannus bene pictus Bhgr **2** 110 19; *4.* interula acu elaborata Ez 16 16 (Hex).

213b add. ܢܩܫܐ mactra ON 116 22.

214a ܢܩܫ **Etpe.** add. *6.* indictum est (bellum) Jul 103 25 Bg.

Af. pulsavit (portam) Lc 13 25 S, nisi ܢܩܫ leg. cf. notes p. XXXVII.

ܢܪܒ farsit del, Geop 70 4 leg. ܐܬܪܒܘܗ (a ܪܒ p. 99) Fr.

ܢܪܘܐ leg. ܢܪܒܐ, Geop γ 10 7 ῥίζης, Plin HN **18** 6 47 radicibus L.

215a ܢܪܙ **Af.** add. *3.* ἐῤῥοίζησε 4 Rgn 13 17 (Hex).

ܢܫܐ add. **Etpe.** = **Etpa.** ON 137 3.

215b ܢܫܠ add. **Etpe.** *1.* tractus est Sap 1 12 (Peš) ψ 7 22 (Hex) *2.* abreptus est Cyr 71 5, MS **2** 10 20, BO **3** 116.

Pa. add. *2.* evellit (crines) Bhad Lev 21 5.

216b add. ܐܬܢܬܠ vexatus est Petr. Ib. 84 2 (nisi ܐܬܬܠܠ leg.).

add. ܣܐܡܐܝܬܐ tinctio argentea Cat Vat **2** 246 15af.

217a ܣܒܟܬܐ leg. caro salita L.

217b ܣܒܣܛܢ leg. cordia L.

219a ܣܓܠܬܐ leg. cyperus L.

219b ܣܓܦ **Pa.** add. *2.* taedio affecit Petr. Ib. 17 11.

apu leg. ܣܓܦ ܐܪܓܐ D. L.

220a ܣܓܪܐ *1.* leg. ἀγριοβάλανον L. *2.* leg. ilex add Löw nr. 81 D.

220b ܣܕܪܘܬܐ leg. ܣܕܪܘܬܐ D.

221a add. ܣܗܘܪܐ i. q. ܣܗܪܐ am **4** 168 7.

add. **Ettaf.** allatus, citatus est Bhgr **1** 163 12.

221b add. ܣܘܟܠܢܘܬܐ gubernatio Pr 1 5 (Hex).

ܣܘܟܠܢܘܬܐ *1.* add. πέρας Ez 43 13 (Hex).

222a ܣܘܦܣܛܐ cf. ܣܘܦܪܬܐ Fr.

223a ܣܚܪܬܐ leg. ܣܚܪܬܐ *pl.* ܣܚܪܬܐ Bhgr **1** 33 9.

ܣܛܘܠܐ add. Petr. Ib. 59 10.

223b add. ܣܛܪܐ διχοτόμημα Cant 2 17 (Hex).

224a ܣܛܪܘܢܐ add. ܣܛܪܘܢܐ Stud. Sin **4** 18 11.

224b add. ܣܝܡܐ ܕܟܬܒܐ scribendi genus, stilus Bhce **3** 411 Bg.

225a ܣܝܢ add. i. e. Sin, deus lunae cf. BB, Duval-Berthelot transl. 74 n. L.

225b ܣܝܦ **Etpe.** leg. **Etpa.** Wellh.

ܣܟܠ add. **Etpe.** cognitus est Iob 33 15, ON 25 17.

226a 1 **Etpa.** add. *2.* agnovit Joh 20 16 S, am **4** 345u.

226b ܐܣܩܦܢܝܬܐ pro σκαπάνη scr. σκάφος, σκαφίον Fr.

ܐܣܟܪܐܣ ἐσχάραι leg. crustae, cicatrices Fr., add. BB 643 19, 20, 22, 1349 19 D.

l. 8 add. cf. ZDMG **41** 363 L.

227a add. ܣܝܠܝܓܢܝܢ σιλίγνιον placenta e siligine facta am **4** 340pu, 341 2.

add. ܣܝܠܝܛܪܐ in columnas divisus Bhgr **1** 4 6.

ܣܝܡܢܬܪ cf. Duval JAP 1894 p. 542, Rev. Ét. Juiv. 1894 p. 290.

228a ܣܘܠܩܐ add. *3.* ἀνάβασις peregrinatio sacra Petr. Ib. 20 5 (coll. ψ 83 6).

228b add. ܐܣܩܦ claudicavit Gn 32 31 cf. ON 79 12, 86 5.

229a ܣܡܪ **Etpe.** add. *3.* χυθήσεται Iob 3 24 (Hex).

ܣܘܢܩܝܐ add. *3. t. t. gr.* i. q. ar. إسناد Bhgr **1** 43pu.

229b add. ܣܘܡܦܐܬܝܐ συμπάθεια sympathia Bhgr **1** 11 21.

230b add. ܣܦܣܠܐ am **4** 553 6 leg. ܣܦܣܠܐ σελίδιον scamniolum.

231a ܣܦܝܠ leg. ܣܦܠ cfr. ܣܦܠܛܐ 233a Fr.

231b ܣܘܡܒܘܠܝܘܛܐ corr. e συμβουλευτὴς D., nonne potius συναλισταί?

add. ܣܘܢܟܣܪ synaxarium Cat Vat **2** 171u.

add. ܣܕܝܪܘܬܐ ordinatio JAP 1895 p. 113 34.

232a ܣܦܢܩܪ leg. falco D.

ܣܦܪ add. Joh Tell 73 19.

232b add. ܡܣܛܪܘܠܝܐ leg. ܡܣܛܪܘܠܝܐ = mastrulia = μαστρυλλεῖον = ματρυλλεῖον Guidi Testo siriaco 222 20 cf. 232.

233a add. ܣܩܒ **Etpe.** *1.* dubitavit BB 245u; *2.* rejecta est (pituita) BB 1122 19.

ܣܩܠܐ leg. ܣܩܠܐ = ܣܩܠܐ Fr.

234a ܣܩܐ add. *4.* transiit am **4** 187 17.

234b add. ܣܩܘܦܐ i. q. ܡܬܩܦܢܐ Bhgr **1** 216 2.

ܣܩܠܘܦܝܐ leg. aristolochia L.

ܣܩܢܝܬܐ add. *2.* χελώνη Eccl 12 6 (Hex).

ܣܐܦܢܘܢ i. e. Σάπανον ἔλαιον Geop. Niclas p. 625 D.

335a ܣܦܩ **Pa.** add. se effudit (flumen) ON 126 3.

236a ܦܪܓܠܐ EN 17 76, leg. ܦܪܓܠܛܐ. Pro الفرجيل leg. الفراجيل (cf. الفراكلة PS 2715 32); vox ar. a ܦܪܓܠ φραγέλλιον scutica formata est et ܦܪܓܠܛܐ φραγελλίτην significat; a σκῦτος *scutica* derivandum est voc. Quae Lagard. in ed. EN ad hunc locum annotavit (et hic parenthesis l. 25) delenda sunt. Fr.

236b ܣܩܠ AS 173 5 leg. ܡܣܩܠܠ politus, ornatus cf. Baumstark Lucubrationes Syro Graecae (Lipsiae 1894 p. 510, no. 462).

237a ܣܢܩܬܕܪܘܣ leg. ܣܘܢܩܬܕܪܘܣ i. e. συγκάθεδρος cf. 232a Fr.

237b ܣܪ add. **Ettaf.** odio fuit BB 346 8.

ܐܣܛܪܩܐ ex ἱστοκεραία ortum esse Th. Nöldeke me docuit Fr.

ܣܪܓܝܣ add. sigillum am **4** 320 14.

237b add. ܣܪܟܐ palus χάρακες Sir 22 18 (Hex), Bhgr **1** 214 24.

238b add. ܫܢܬܐ ܫܡܫܝܬܐ annus solaris AS 90 10, 12 D.

239b ܣܪܢܐ talarium del. cf. PS 2743 19 Fr.

add. ܣܪܘܦ acetabulum coxae ON 130 15.

ܣܪܣܩܐ etiam ar. السجق explicatur, vid. PS. In hoc sensu est σαρσίκιον = *salsicia* (v. Wessely Denkschr Wien Ak 1887, 229) Fr.

add. ܣܪܓܠܐ ON 42 11 = ܣܪܓܠܐ.

ܣܪܓ add. *3.* fidit, scidit Joh Tell 50 1.

240a ܣܪܦ add. **Pa.** aut **Af.** absorbere fecit apap 41 8 Bg, D.

240b ܣܪܩܝܢܐ ex ar. سرقين vel pers. سرگين Fr. D. cf. Fr. Müller WZKM **8** 365.

241a add. ܡܣܬܪܘܬܐ praesidium, protectio Petr. Ib. 20 15.

ܬܠܬܐ add. ܬܠܬܝܢ ܙܒܢܝܢ tricies Geop 7 27, ܙܒܢܐ ܣܓܝܐܐ saepe DionT 84 19, 95 19 etc. D.

ܥܘܫܢܐ add. onus (navis) am **4** 356 1, opes ib. 583 5.

241b add. ܥܘܙܡܬܐ incantamentum AM 1 54.

242b ܥܕܪ *6.* add. ܡܥܕܪܢܐ ܚܡܪܐ πάροινος Tit 1 7, Joh Tell 30 9.

243a **Etpe.** *2.* add. Stud. Sin **4** 12 20.

ܥܘܕܪܐ del „leg. ܥܘܕܪܐ?“ cf. AS 130 27, BB 1403 6, 11 D.

243b add. ܚܪܓ petiit (cornu) Vit Anton 14 19.

244a ܟܘܪܕܬܐ add. ܟܪܕܬܐ Bhgr 1 22pu leg. columba livia L. (cf. ܟܪܕܡܐ).

ܟܘܪܕܬܐ del, EN 37 75 leg. ܟܘܪܕܐ cfr. PS 2855 45 ܦܪܕܐ ܘܫܘܡܠܐ Fr.

245a ܟܦܪ add. ܟܦܪ ܢܦܫܗ animum recepit apap 233 Bg, Vit Anton 13 25.

add. **Pa.** in memoriam revocavit ES 1 442 C, cf. ON 39 16.

246a add. ܟܠܐ ἐξεκλησίασε Job 11 10 (Hex).

add. ܟܠܝܪܝܐ ecclesiasticus Joh Tell 77 4.

l. 22 vide PS 2765 38 Fr.

246b ܟܡܫ **Etpa.** leg. **Etpe.**

add. ܐܬܟܡܫ doluit BB 332 11.

247a add. ܟܪܘܝܐ = ܢُقَّارُ ܓܠܐ ON 90 4, cf. ܟܪܝܐ avis rapacis species Bar C. Hex 133v, PS 2849.

ܟܘܫܠ add. **Ettaf.** = **Etpa.** ON 7 6.

249a 1. 2. del. cf. PS 2833 7a f. Fr.

ܟܫܡܐ add. ἐμφυλλισμὸς insitio inter lignum et corticem Geop 60 27, cf. Niclas 754, 755 D.

249b ܟܠܟܠܬܐ ar. عِلَّة separandum a √ܟܠܠ ar. غَلَّ.

ܟܬܝܪܘܬܐ leg. coarctatio, constrictio cf. PS Fr.

250a ܟܠܠ **Af.** add. *2.* fructum tulit am 4 363 12.

250b add. ܡܟܠܟܠܐ scutica BB 1126 7.

251a add. ܡܟܠܟܐ pallium AS 2 156 22, BO 1 174, cf. hebr. מְעִיל D.

251b add. ܟܠܡܣܘܣܐ adolescentulus ON 97 11.

ܟܠܡ fervefecit; probabiliter Geop 43 17 leg. ܫܠܩ = שלק Levy Nhbr WB 4 566, 567, ar. سلق Fr.

252a ܟܡܦܢܝܐ add. *3.* rudis Bhgr 1 66 18 (cf. ܟܡܦܐ Joh Tell 68 1 et עם הארץ).

252b add. ܐܬܟܡܣܡܣ contractus est BB 463 7.

253a ܟܡܪ *3.* leg. ܟܡܪ.

ܟܡܪܬܐ pon. post ܟܡܪܐ 253b cf. Wellhausen NGG 1895 p. 4.

253b add. ܟܡܫ mersus est ON 106 7.

254a 5a f. leg. ܟܢܝܬܐ ܕܐܢܫܐ L.

254b add. ܟܢܣ **Etpa.** caprarius factus est BB 336 20.

255a ܐܬܟܣܣ add. *2.* frendit Jer 4 19 (Hex).

256a ܟܥܠ add. *3.* occupavit PetrIb 66 10.

256b add. ܟܦܪ **Ettaf.** pallio indutus est ON 7 1.

257a ܟܪܟ **Pa.** add. vinxit Joh 11 44 S.

257b ܟܪܘܬܐ ܩܪܛܐ est ar. عصارة قرط L, D, leg. ܟܪܘܬܐ ܩܪܛܝܐ BB 277 14.

ܟܪܬܐ ex hebr. עצרת Fr.

ܟܘܪܣܬܐ *1.* leg. uva passa L.

258a ܟܘܡܣܬܐ add. *2.* vermis in fructibus degens Bhgr 1 235 6.

258b ܟܪܡܬܐ et 262a ܟܪܡܐ leg. sempervirens L.

259a 10 leg. ܐܘܪܙ ܟܪܡܬܐ L.

259b ܟܪܘܬܐ add. am 4 357u, 358 4.

Etpe. add. *3.* occupatus est (negotio) Joh Tell 25 3.

Af. add. *2.* prandit Bhgr 1 4u, 89 11.

260a ܟܪܒܬܐ desertum ex hebr. ערבה Fr.

add. ܟܘܪܒܬܐ *1.* commixtio AS 165 25; *2. pl.* panni consuti ON 95 6.

ܟܪܒܬܐ leg. populus, salix L.

260b ܟܪܕܡܐ cf. ܟܪܕܬܐ 244a Fr.

ܟܘܪܕܬܐ add. Jer 15 4 (Hex).

261a add. ܐܬܟܪܦܠ se nudavit BB 36 2.

262b add. ܟܘܪܣܬܐ corrosio Stud. Sin 1 38 20.

263a add. ܡܟܫܦܢܐܝܬ manifeste BB 1129 18.

ܟܫܦ add. *4.* compressit (feminam) KwD 120 5 8 Bg.

264b ܦܘܠܓܬܐ BB 1500 9, corr. e ܟܠܓܬܐ D.

265b add. ܡܦܪܙ dispersus ON 30 1.

267a ܦܘܩܕܢܐ add. *4.* ܒܦܘܩܕܢܗ ܕ jussu alicujus am 4 608 10.

267b ܦܟܗ add. *4.* s. ܦܟܗ ܠ superatus est, inferior fuit am 4 128 12.

268a add. ܦܘܟܣܐ simile ON 43 8.

268b ܦܠܫܬܐ add. *2.* argilla Lev 14 5, Vit Rabb 172 23, ON 160 23, am 4 382 11, 386 9.

add. ܦܠܝܫ perforatus ES 2 388B, Vit Anton 17 1 n.

269a add. ܦܘܕܢܐ mentha ON 146 15.

ܦܛܘܡܬܐ saginationes corr. e ܦܛܡܐ L.

270a add. ܦܛܘܠܐ = ܦܛܠܐ ON 92 3.

270b pro ܦܛܠܐ ON 116 11 legit ܦܫܛܠܐ et calcei genus esse vult.

271a ܦܛܘܫ add. *2.* cantilenae genus gr.? Bhgr **1** 194 2.

ܦܝܠܐ corr. e ܦܝܠܐ q. v. L.

271b ܦܠܐ *4.* leg. ܦܠܐ.

272b ܦܠܐ *3.* del. Jer 43 4 (Hex) add. *6.* ἐφθείρισε Jer 43 12 (Hex).

274a ܦܠܚ **Af.** add. *5.* servire fecit Joh Tell 14 7.

275b add. ܦܠܣܛܣ = ܐܦܠܣܛܣ ON 123 20.

279a add. ܦܣܛܝܩܝܣ πιστικῆς Mc 14 3, Joh 12 3 S.

add. ܦܣܝܟܐ ψιχία frustula panis PetrIb 84 7.

280a ܦܣܩ *2.* add. d) cessavit, evanuit Nis 13 85, 58 55 56 cf. Bickell consp. p. 29.

ܦܣܩܐ add. *10.* distinctio Bhgr **1** 17 19.

280b ܦܘܣܩܢܐ add. *5.* ܦ̈ܣܩܐ ܕ' pactum Jul 180 4, 208 21, 209 11, 59 11 Bg.

add. ܦܣܩ ܪܝܫܐ decollatio Cat Vat **2** 399 6 a f.

ܦܣܟܐ πόσχα add. Joh Tell 23 8.

ܦܣܦܣ add. ܦܣܦܣ apap 291 Bg., *pl.* ܦܣܦܣܝܢ Nestle Chr 53 10.

281a ܦܥ add. **Ettaf.** fractus est BB 346 16.

282a ܦܪܣ **Etpe.** add. *2.* أُسِرَ BA, ischuria laboravit ZDMG **42** 459 2.

283a ܦܩܝܠܐ ut ܦܩܝܠܐ e φακιόλιον sumptum est Fr.

283b add. ܦܩܥܐ scissura, rima ON 81 7 8.

add. ܦܩܘܐ *1.* φύκιον alga Geop 84 19 22; *2.* rana BA n. 404, BB 87 23 D.

add. ܐܦܩܘܕܐ i. q. ܐܦܩܘܕܐ q. v. BB 266 14.

add. ܦܩܝܪܐ ar. فقير fakir Bhchr (Bruns) 551 6D.

ܦܩܝܪܐ cf. Nöldeke in Fraenkel 292. Ex hac forma بقيار (Dozy I 105) sumptum est Fr.

284b add. ܦܪܓܝܢ i. q. ܦܪܓܝܢ q. v. ON 107 2.

285b add. ܦܪܓܐ ܕܥܩܪܐ i. q. ܦܪܓ capparis ON 103 3.

286a ܦܪܚ **Pa.** add. *3.* volavit ψ 102 7, Bhgr **1** 93pu.

288a pu leg. ἄρκευθος L.

288b add. ܠܦܪܐ = εἰς ὀφρὺν Lc 4 29 S, cf. Wellhausen NGG 1895 p. 4.

add. ܦܪܡܒܘܠܐ corr. e παρεμβολαί castra Guidi Testo siriaco 222 19, cf. 232.

ܦܪܝܢܘܣ leg. πρῖνος L.

289a ܦܪܣܐ ܕܐܐܪ concussio aeris del. Bickell in gl. 622 hunc locum minus bene explicavit. Vertendum est: „Conculcate malum calcibus vocis et contundite errorem ungulis aeris“. Poeta hymnis, quibus malum impugnandum est, hic metaphorice calces attribuit, quasi corporeis, item aeri, qui in canendo commovetur, ungulas. Itaque hic locus ad ܦܪܣܬܐ referendus est Fr.

290a add. ܦܪܣܛܘܠܝܗܘܢ peristylia eorum Guidi Testo siriaco 221 16, cf. 226.

ܦܪܣ *2.* add. am **4** 334 7.

290b ܦܪܣܡܣܬܐ lignum, quo navem retinent et ad ripam appellunt BB 756 14.

291a ܦܪܥ add. **Af.** scaturire fecit (aquam) am **4** 594 14.

291b ܦܪܥܘܬܐ leg. ܦܪܥܘܬܐ BB 1634 3D.

292B ܦܪܩܝܢ add. ar. فارقين pers. پارگین armen. պարկէն Hübschmann ZDMG **36** 132, cf. ܦܪܓܝܢ.

293a add. ܦܪܩܝܬܐ sacrificium am **4** 364 9.

293b ܦܪܫܐ *3.* ܐܘܢܓܠܝܘܢ ܕܡ' leg. evangelium separatorum oppositum ܕܡܚܠܛܐ 'ܐ evangelio mixtorum aut Diatessaron Tatiani cf. Tixeront Les origines de l'Église d'Édesse p. 131, The four gospels in syriac from a Sinaitic palimpsest introd. p. XX, XXIII D.

ܦܪܬܐ *3.* folliculus del. cf. PS 3228 8 a f. Fr.

294a add. ܦܫܝܬܐ ܕܚܫܝܫܐ? fibrae fœni? PetrIb 28 19.

294b ܦܫܛ add. *3.* remisit am **4** 519 13.

295a ܦܫܛܠܐ add. *2.* *pl.* nummi genus ON 149 17.

295b add. ܐܬܦܫܦܫ doluit BB 1198 18.

ܦܫܦܫܐ leg. ܦܫܦܫܐ BB 425 6, cf. ܦܫܦܫ 1513 7 et ܦܫܦܫܐ BA n. 2581D.

ܦܫܦܫܐ leg. ܦܫܦܫ BB 396 15 D.

ܦܛܪܝܘܬܐ add. *3.* venia, licentia ἄδεια Jer 34 18 (Hex).

296b add. ܩܛܠܐ = ܩܛܠܐ KwD 109 4, Kays 18 15 D.

297a ܒܝܬ ܡܘܬܐ add. ܒܝܬ ܡܘܬܐ Geop 43 2, cf. neo-syr. PS 3088D.

298b ܦܘܠܓܐ leg. ܦܘܠܓܐ N § 107.

ܙܒܪ leg. ܙܒܪ?

add. ܙܒܘܥܬܐ tinctura BB 282apu.

299b add. ܙܪܝܒ ἀπάτη, ἐπιβουλή dolus (*cunning*) Stud. Sin 4 15 5.

301b add. ܙܘܡܪܐ ܙܡܝܪܘܬܐ nominatio AS 43 27 Bg.

Af. add. *4.* dictavit am 4 390 4.

302a add. ܙܚܝܐ αἰδούμενος Rie 2 11 D.

ܙܝܕܠܢܐ pharmacopola ex ar. صيدنة Fr.

302b add. ܡܙܪܓܠܝܐ reticularis Bhgr 1 14 15.

303b ܙܠܒ **Af.** add. cruce signavit Cat Vat 2 287 7a f.

304b add. ܙܡܐ rima portae Dn 13 18 (Hex), AS 2 338 18, cf. ON 43 16.

306b ܙܦܬܐ storea add. *pl.* ܙܦܐ Bhgr 1 31 7, 232u; *2.* seq. ܕܡܢܝܐ, cista ON 81 13.

ܙܩܦ add. *2.* gravis Bhgr 1 97 7.

add. ܙܩܦܝܐ epidemus (morbus) BB 646 21, 953apu.

add. ܡܫܚܐ ܕܡܪܟܟܘܬܐ inunctio et emollitio crurum BB 1139 13.

307a ܙܩܐ ܕܙܩܐ leg. ܙܩܐ ', BB, D.

10a f. l. 13 L.

307b add. ܚܠܝܩ laevis et glaber BB 444 7.

4a f. l. macer L.

309a add. ܚܠܦܝܢ piscis genus Nat 56 12 D.

309b add. ܚܘܡܪܐ ulcus BB 252 1.

add. ܚܘܡܪܐ i. q. ܚܘܡܪܐ Nat 8 14 D.

ܚܡܪܐ Bh ad Lv 27 16, recte ܚܡܪܐ; vide Kerber Bh in Lev (Diss. Bresl.) 30 et cfr. 311b 7 Fr.

311b ܚܡܪܐ *1.* add. *pl.* ܚܡܪܝܢ am 4 146pu itaque del. (ex ar. قدّة).

312b add. ܡܛܐ *4.* advenit ἤγγικεν Mt 3 2 S, cf. Wellhausen NGG 1895 p. 4.

313b 1 leg. קרשים L.

8 pro ܡܛܪܐ leg. ܡܛܪܐ D. L.

314a ܛܘܪܐ add. Hübschmann ZDMG 46 p. 242 n. 63.

314b add. ܛܘܡܐ incunabula JAP 1895 p. 113 38.

add. ܛܘܡܝܬܐ odae Cat Vat 2 306apu.

315a ܡܫܘܚܬܐ *5.* jusjurandum am 4 532 9; *6.* *t. t. geometr.* dimensio Stud. Sin 1 22 9 10, BB 477 4.

316a 7 leg. ܛܘܪܣܐ D.

add. ܐܬܛܦܣ animadvertit IA 2 204 48, 560 11, Cat Wright 670a, Bhgr 1 97 23, Vit Anton 17 17, Nöldeke ib. 45 n. 2.

316b ܛܝܪܐ *2.* leg. ܛܝܪܐ 335b Fr.

316b add. ܛܦܪܐ ظفر? BB 340 20.

ܛܩܛܘ cf. armen. կտաւ *ktau* linum.

318a ܛܩܛܡ add. **Etpa.** in cinerem redactus est Cat Vat 2 474 15.

318b add. ܒܠܚܘܕܝܗܝܢ κατὰ μόνας, solus am 4 282 18.

add. ܛܪܝܫܐ acidus? Ge in Mem dei Lincei 1885 p. 119.

ܛܘܛܣܛܣܐ add. *2.* restitutio, reconvalescentia PetrIb 123 13.

add. ܕܠܐ ܡܛܠ, indesinenter Joh Tell 75 18.

319b ܡܛܪ add. *1.* h) s. ܐܒܠ lugere JAP 1895 p. 122 226.

add. ܡܛܪܝܢܐ violentus ON 103 15.

320a apu leg. 39 L.

320b ܟܝܠܘܢܐ *1.* probabiliter κήλων vide Vogelstein, Dissert. Breslau 1894 p. 16 n. 22 קילון fossa Fr.

322a ܟܐܐ **Etpa.** add. ἀνιᾶσθαι, ἐπιστένειν Stud. Sin 4 6 23.

322b ܟܠܒܪܐ add. Joh Tell 24 19.

324a ܩܠܦ **Etpe.** add. *2.* in squamas abiit (cutis leprosi) PetrIb 41 16.

add. ܩܘܠܦܐ formatio squamarum Petr Ib 91 18.

ܩܠܦܐ contra ea, quae Bernstein ZDMG l. l. disputavit, e gr. sumptum non est Fr.

324b add. ܡܢܐ apparavit (cibum) 2Sm 13 6 (graec) cit Bhgr 1 15 4.

add. ܡܢܬܐ κλῆρος pars am 4 323 15.

325a ܩܡܨܐ ܕܚܡܨܐ ܐܦܘܩܐ leg. ciceres L.

325b ܩܡܦܢܝܐ add. *pl.* voc. ܩܡܦܢܐ̈ PetrIb 39 11 cf. Nöldeke LCB 1895 col 486.

326a 8 leg. κόμμι L.

328b ܩܘܢܐܢܬܪܘܦܘܣ leg. gr. κυνάνθρωπος JAP 1892 XIX 156 D.

329a add. ܩܝܡ indicavit? Bhgr 1 229 1.

329b ܩܢܕܝܣ contra ea, quae Bernstein ZDMG 11. disputavit, ad κανάλης Ducange 569 (cum dissimilatione) referendum est Fr., cf. jam Guidi Testo siriaco p. 227.

330a add. ܩܘܣܛܘܕܝ Mt 27 65 S, ܩܘܣܛܘܕܝܐ ib. 66.

ܩܘܣܛܘܣ leg. κόστος costus D.

add. ܩܘܐܣܛܘܪ quaestor PetrIb 81 1.

331a add. ܐܘܟܠܐ ὄχλος Joh 7 49 S, cf. Wellhausen NGG 1895 p. 5.

332a ܩܘܦܠܐ add. *2.* sera, claustrum Joh Tell 76 4.

332b add. ܩܦܢܐ κάπνη fumarium PetrIb 91 10.

333b add. ܩܦܩܦܐ helleborus BB 165 25.

ܩܘܩܒܢܝܬܐ leg. alauda L.

334a ܩܨܒܐ e قصّاب sumptum esse, ut ipse supra annotavi, non jam pro certo dixerim, quum קצב Levy Nhbr WB 4 358 mihi in mentem venerit Fr.

334b ܩܪܒ **Etpe.** corr. ex ܐܬܩܪܒ BB 341 1. add. ܐܬܩܪܡ a fullone subactus est BB 341 7.

337b ܩܪܘܓܪ de pers. قُورچی cogitari nequit, sed v. Nöldeke Sasan. 502 Fr.

ܩܪܢܐ ܕܐܪܙܐ leg. κίκεως καρπὸς L.

ܩܪܩܫ *2.* add. BB 1148 2 ܩܪܩܫ.

338a ܩܪܛܐ leg. *1.* acacia EN 26 87, قرط; *2.* versio erronea pro κεράτιον Geop 62 29, ZDMG 39 276 21; *3.* et ܩܪܛܝܐ e gr. receptum κεράτιον etc. L.

338b ܩܪܝܬܐ add. ܩܪܝܬܐ Joh 7 42 S.

339a ܩܪܡ add. *4.* ܫܡܝܐ ܩܪܝܡ ܥܢܢܐ coelum nubibus tectum est PetrIb 89 22.

339b ܩܪܡܝܣ add. e gr. κεράμιος ut praec. Fr. add. ܩܪܡܝܣܝܢ vestimenti genus BB 768 19. u. leg. ܩܪܢܐ cf. 180b s. v. ܩܪܢ.

340b ܩܪܦܝܕܐ e κρηπίδιον Fr.

341b add. ܩܘܪܩܝܣ leg. ܩܘܪܩܝܣ κόρακες genus piscium PetrIb 128 9.

ܩܪܘܣܝܢ leg. קרסים L et κρίκοι D.

342b add. ܩܫܐܢܝ (ܩܫܢܐ) *faïence émaillée* (propr. de Caschan) JARS 124 12, 132 8 = قاشانى Dozy D.

343a ܩܘܫܛܐ leg. costus L. D.

344a add. ܐܪܒ multus fuit 2Mcc 8 8, cf. Schulthess Vit Anton p. 6.

add. ܪܒܢܐ *sg.* doctor Joh Tell 34 15.

345b ܪܓܘܫܐ add. m! Joh Tell 23 4.

ܐܪܕܝܬܐ leg. ܐܪܕܝܬܐ L.

u. add. BB 594A 29 L.

347a ܪܓܫ **Af.** add. *2.* sentire fecit apap 245pu D.

348b add. ܡܬܪܗܒܢܘܬܐ trepidatio ψ 31 23 T.

349b add. ܪܘܕܐ στρωτῆρες? Cant 1 17 (Hex).

350b add. ܪܘܙ φλυαρεῖ Jer 20 7 (Hex).

add. ܪܙ secreta scrutatur Stud. Sin 4 4 14.

351a ܪܘܙ **Etpe.** add. PetrIb. 56 15.

ܪܘܙܐ leg. ܪܘܙܐ L.

351b 6 leg. רַחֲמָן L.

ܪܚܡ add. **Af.** amatum fecit Vit Anton 8 8.

353a add. ܡܪܝܥܘܬܐ morbus, quo corpus tumescit am 4 249 3.

353b add. ܪܝܫܐ summa (scortorum, particularum) am 4 372 15, Bhgr 1 188 16.

354a ܪܟܘܒܐ add. *6.* ܪܟܘܒ̈ܐ ܕ' Jul 70 5, corr. e ܪܟܘܒܐ? D.

add. ܪܟܘܒܬܐ i. q. ܪܟܘܒܐ *1.* am 4 555 11.

355a add. ܪܡܐ m. i. q. ܪܡܬܐ am 4 139 15.

357b add. ܐܪܥܝܘܬܐ εὐδοκία (corr. e ܐܪܥܝܘܬܐ?) Lc 2 14 S.

add. ܪܥܝܐ βόσκημα? ψ 118 176 (Hex).

add. ܪܥܘܠܐ tremens Bhgr 1 38 14.

358a ܪܥܡܬܐ add. *3.* s. ܪܛܢ lamentabatur Vit Rabb 155 10, Vit Anton 10 26.

359b ܡܪܦܐ add. BB 1159A 19.

ܪܩܐ; quod supra in parenthesi posui, dubium est, cum etiam Mandaei ריקא (Nöldeke Mand Gr 101) habeant Fr.; add. Bh gr 2 90apu.

360a add. ܡܪܩܥܬܐ = ܐܪܩܥܬܐ Mc 2 21 S.

360b add. ܪܦܝܘܬ ܐܝܕܝܐ relaxatio manuum Lc 21 25 S.

362b ܫܐܠ Af. add. *3.* excusavit Lc 14 17 S.

363b ܚܛܝܦܘܬܐ add. *2.* direptio? (var ܚܛܘܦܘܬܐ) am **4** 320 4.

7a f. leg. ἑλκύνω L.

364a ܚܒܛ **Etpa.** add. *2.* virgis caesus est JAP 1895 p. 119 152.

ܚܒܛܐ add. et ܚܘܒܛܐ Mc 8 6 8, Lc 20 29 S.

364b ܚܒܫ add. **Pa.** permisit Mc 1 34 S.

365a ܚܓܐ add. αὐτόματον BB 57 21, 106 18, PS 456 5a f. L.

365b ܚܓܝܪܐ add. et ܚܓܝܪܬܐ BA, BB, K, L.

ܚܓܝܪ̈ܬܐ etc. del. L.

366a ܚܢܦ **Pa.** add. ἐκολάκευσε Job 19 7.

ܕܡܚܢܦܐ θελγομένη Hos 7 11 (Hex).

367a add. ܢܚܘܫܘܢ ܚܘܫܐ ναυτιάω Stud. Sin 4 1, cf. ܚܘܫܐ ܕܝܡܐ.

367b **Etpa.** add. *3.* animo relictus est am **4** 588 5.

368a add. ܡܫܚܘܦܬܐ aequalis BB 650A 14 L.

add. ܚܘܦܬܐ pavimentum Ez 40 17 (Hex).

368b ܚܪܫܐ leg. tectonae L.

369a ܚܛܪ̈ܐ *f. pl.* leg. virgae cf. am **4** 145 3.

369b ܚܘܟ i. e. ar. شوك D, Fr., L.

370a add. ܚܪܝܫܐ ῥινητὸν limatum Jer 10 5 (Hex).

371a add. ܚܢܢ ܡܚܢܢܘܬܐ misericordia Petr Ib 10 7.

372a 6 leg. unedo L.

ܚܡܬ **Etpa.** *4.* del.

add. ܐܬܚܡܬ (cf. Bernstein ZDMG **3** 359, **4** 404) insanivit 2Mcc 4 4, apap **1** 85 6, 86 14, cf. **2** 79, 80n, Joh Tell 35 10 D.

372b 4 add. BB 925 14 L.

ܚܡܝܬܐ add. *5.* inimicitiae am **4** 330 2.

373a ܚܡܣ **Af.** add. *3.* periit Bhgr **2** 3 v. 5.

373b ܚܡܪܐ *1.* add. Joh Tell 52 13, cf. Nöldeke ZDMG 1876 p. 358.

374b add. ܚܢܝܩܘܬܐ mors am **4** 354 17.

375a ܚܢܝܛܘܬܐ add. *3.* sepulcrum BO **3** 1 460, **3** 2 356, JAP 1892 XIX p. 338 D.

ܡܫܟܢ ܙܒܢܐ leg. אהל מועד, משכן L.

375b ܚܢܘܩܐ leg. hyoscyamus L.

ܚܢܝܟܐ add. παράδοξος IS 3, ἄμορφος ib. 4, ἄτοπον glherm, PS 3 18, L.

376a add. ܚܢܝܩܐ ܡܘܬܐ mors Joh Tell 81 21.

ܚܠܐ add. ثلّ BB 1378, PS 680 s. v. ܚܠܠ L.

377a ܫܠܝܚܝܐ add. *3.* scripta apostolorum am **4** 509 4.

378a ܡܦܩܢܘܬܐ add. *2.* editio ἔκδοσις Job 7 11 (Hex).

378b ܚܨܕܘܬܐ add. *pl.* ܚܨ̈ܕܐ am **4** 377 19.

add. ܚܨܘܕܐ leguminis species Kays 28u D.

ܚܪܡ add. maledixit Nöldeke apud Euting Nabataeische Inschr p. 32 D.

379a ܚܪܡ del.. leg. ܐܬܚܪܡܘ D.

380a ܚܪܡ **Pa.** add. *5.* excommunicavit Joh 12 42 S.

380b add. ܡܫܡܫܢܐ minister JAP 1895 p. 123 245.

383a add. ܡܫܦܝܐ (√ ܫܦܐ aut ܫܦܝ?) declive (montis) PetrIb 98 4.

add. ܫܦܝܘܬܐ = ܫܦܝܐ *5.* am **4** 557u.

Pa. add. *4.* laevigavit am **4** 159 5.

383b ܫܦܝܐ *2.* del. asceta cf. Bickell consp. p. 29.

384b ܫܘܦ **Af.** add. *4.* detersit Joh 13 5 S.

385a ܫܘܦܪܐ leg. ܫܦܝܪܐ D.

386b ܚܝܐ add. *3.* convaluit am **4** 568 2.

388a ܡܫܡܫ ܐܫܡܫ et ܡܫܡܫ ܐܫܡܫ pronunciandum praescribit Bh ad Lev p. 23 1 (ed Kerber, Breslau 1895).

ܐܬܚܫܡܘ add. cf. Wellhausen NGG 1895 p. 5.

391b add. ܚܬܪ pers. چتر umbraculum JARS 89 4.

392b ܐܝܟ *5.* cf. ܐܝܟ *1c.*

393a ܐܨܒܐ add. *4.* *pl.* πράγματα ἀβουλητά Stud. Sin **4** 11 20.

395a ܛܒܐ cf. Lag. Arm. Stud. n. 867.

395b ܛܘܟܣܐ add. *3.* lex am **4** 331 10.

399a ܩܘܕܪܢܛܐ add. κοδράντης (= ܩܘܕܪܢ) Mc 12 42 S, cf. Wellhausen NGG 1895 p. 4.

400a add. ܐܠܘܦܝܣ ἡ ἀλώπηξ Lc 13 32 S.

401a ܛܘܩܠܐ add. *2.* offensio Joh Tell 14 16.

add. ܛܪ (pers.) nomen avis Nat 25 15 D.

402a add. ܐܬܛܪܦ, ܐܬܛܪܦ ἐστεατώθη Jer 5 28 (Hex).

403a add. ܬܪܣܘ = θαρσεῖτε Mc 6 50 S.

403b add. ܕܡܐ ܕܘܡܐ ܛܪܦ haemorrhagia laboravit am **4** 133 5.

INDEX COMPENDIORUM.

Act Acta apostolorum.

Add The doctrine of Addai, the apostle, now first ed. by G. Phillips. London 1876.

Afr The homilies of Aphraates ed. by W. Wright. London 1869.

Alex La légende syriaque de St. Alexis, texte syr. éd. par A. Amiaud. Paris 1889.

Am Amos.

am Acta martyrum et sanctorum I-IV. Paris 1890-94.

AM Acta sanctorum martyrum ed. St. Ev. Assemanus, Romae 1748. 2 voll.

Ap Apocalypsis Johannis.

apap Apocryphical acts of the apostles ed. by W. Wright. London 1871. 2 voll.

ap N T Contributions to the apocryphical literature of the new testament ed. by W. Wright. Lond. 1865.

Ar Aristides, the apology on behalf of the Christians ed. by J. R. Harris. Cambridge 1891.

AS P. Lagardii Analecta Syriaca. London 1858.

ASI etc. Anecdota Syriaca ed. J. P. N. Land Lugd. Bat. I—IV 1862—75.

asd Ancient syriac documents ed. by W. Cureton. London 1864.

Ath The festal letters of Athanasius ed. by W. Cureton. London 1848.

B A. Bevan.

BA Syrisch-arabische Glossen her. von G. Hoffmann. Kiel 1874.

Bal Balaei opera in Ephraemi Rabbulae al. opera ed. Overbeck. Oxon. 1865.

Bar liber Baruch.

Barth Etymologische Studien von J. Barth. Leipzig 1893.

BB Bar Bahlûl lexicon syriacum ed. R. Duval. Paris 1890—92 fs. 1—3.

Bg Baethgen in Deutsche Literaturzeitung 1894 col 1448 sq.

Bh Barhebraeus.

Bh adsc. ment. Barhebraeus adscensio mentis ed. Gottheil in Mitt. des ak. or. Ver. Berlin 1890.

Bh car Barhebraeus carmina ed. A. Scecabi. Rom 1877.

Bh ce Barhebraeus chronicon ecclesiasticum ed. Abbeloos et Lamy. Lovanii. 3 voll 1872—77.

Bh chr Barhebraeus chronicon syriacum ed. Bedjan. Paris 1890.

Bh de div. sap. Barhebraeus carmen de divina sapientia ed. P. J. Notayn. Romae 1880.

Bh gr Oeuvres grammaticales d'Abou'lfaradj dit Bar Hebraeus ed. Martin. Paris 1872.

BO J. S. Assemanus Bibliotheca orientalis. Rom. 1719—28. 3 voll.

BS Bibliotheca Syriaca a P. de Lagarde collecta Gottingae 1892.

BZ Bar Zubi traité sur l'accentuation chez les Syr. or. par Martin. Paris 1877.

Cant Canticum Canticorum.

Card Liber thesauri de arte poetica Syrorum per P. D. G. Cardahi. Rom 1875 et ejusdem Al-Lobâb Dictionnaire syriaque arabe. Beyrouth 1887.

Cast Edm. Castelli lexicon syriacum ex ejusdem lexico heptaglotto seorsim typis describi curavit atque sua adnotata adjecit J. D. Michaelis. Gottingae. 1788.

Cat Bod Catalogi codd. mscr. bibliothecae Bodlejanae pars VI ed. R. P. Smith. Oxon. 1864.

Cat MB Catalogus codd. mscr. qui in Museo Britannico asservantur. p. I codd. syr et carsh. complectens ed. Rosen et Forshall. London 1838.

Cat Par Manuscrits orientaux. Catalogue des mscr. syr. et sab. de la bibliothèque nationale (ed. H. Zotenberg). Paris 1874.

Cat Vat Bibliothecae apostolicae vaticanae codd. mscr. catalogus ed. St. Ev. Assemanus I 2.3. Rom 1758.1759.

Cat Wr Catalogue of the syriac manuscripts in the British Museum by W. Wright. London 1870—72. 3 voll.

Chr ed Untersuchungen über die Quellen etc. der Edessenischen Chronik v. L. Hallier. Leipzig 1892.

Clr Clementis Romani recognitiones syr. ed. P. A. de Lagarde. London 1861.

Clr ep S. patris nostri Clementis Romani epistolae binae de virginitate ed. J. Th. Beelen. Lovanii 1856.

Col Pauli epistola ad Colossenses.

Cor Pauli epistola ad Corinthios.

Cur Remains of a very ancient recension of the four gospels in Syriac ed. by W. Cureton. London 1858.

Cyr S. Cyrilli Alexandrini commentarii in Lucae evangelium quae supersunt ed. R. P. Smith. Oxonii 1858.

Cyrill Die Gedichte des Cyrillonas ZDMG 27, 566 sq.

D R. Duval (JAP 1894 p. 563 sq.).

Dan Daniel.

dap Didascalia apostolorum syriace (ed. P. de Lagarde). Lipsiae 1854.

Del Prol. Fr. Delitzsch Prolegomena eines neuen hebr. ar. WB zum A.T. Leipzig 1886.

Dion Thr Dionysii Thracis grammatica ed. Merx in Historia artis gramm.

Dion T Dionysii Tellmahhrensis liber I e cod. syr. vat. ed. O. F. Tullberg. Upsala 1850.

Duv B Duval Berthelot, La chimie au moyen âge. Paris 1893. cf. Duv. Notes sur la lex. syr. et ar. Extr. du JAP. 1893.

Dt Deuteronomium.

Eb Mai Ebedjesu collectio canonum in Mai scriptorum veterum nova collectio tom X. Rom 1841.

Eb Par Ebedjesu Liber Paradisi ed. Cardahi. Beriti 1889.

EC th Eusebius of Caesarea on the Theophania ed. S. Lee, London 1842.

Eccl. Ecclesiastes.

EN Eliae Nisibeni interpres ed. P. de Lagarde in Praetermissorum libri duo. Gött. 1879.

EN chr Fragmente syrischer und arabischer Historiker her. von F. Baethgen. Abh. für die Kunde des Morgenlandes VIII 3. Leipzig 1884.

Eph Pauli epistola ad Ephesios.

Epiph Epiphanii de mensuris ac ponderibus liber ed. P. de Lagarde in Veteris testamenti ab Origene recensiti fragmenta. Gottingae 1880.

ER Ephraemi Syri aliorumque opera selecta ed. Overbeck. Oxonii 1865.

EṢ A treatise on syriac grammar by Mar Elia of Ṣôbhâ ed. Gottheil. Berlin 1887.

ES Ephraemi Syri opera omnia ed. P. Benedictus Rom 1737—43. 3 voll.

ESJ Ephraemi Syri histoire de Joseph. Paris 1887.

ESL Ephraemi Syri hymni et sermones ed. Lamy. Mechlinii 1882—89. 3 voll.

ESNis Ephraemi Syri carmina nisibena ed. Bickell. Lipsiae 1866.

ESZ Ephraemi Syri sermones duo ed P. P. Zingerle. Brixiae 1868.

Esth Esther.

ET Syrische Grammatik des Mar Elias von Tirhan. her. von Fr. Baethgen. Leipzig 1880.

Ex Exodus.

Ez Ezechiel.

Ezr Ezra.

Fab Beiträge zur syr. Fabelliteratur v. S. Hochfeld. Halle 1893.

Field Fr. Field, Otium Norvicense pars II. Oxonii 1876.

Fr S. Fraenkel.

Fraenkel Die aramaeischen Fremdwörter im Arabischen von S. Fraenkel. Leiden 1886.

Gal Pauli epistola ad Galatas.

Gal ZDMG Galenus de alimentorum facultatibus ed. Merx ZDMG 39.

Ge Georgius Arabum episcopus epistolae astronomicae ed. Ryssel ZA VIII, poemi siriaci in Memorie della Reale Academia dei Lincei Roma 1892.

Geop Geoponicon in sermonem syriacum versorum quae supersunt P. de Lagarde edidit. Lipsiae London 1860.

GGA Göttinger Gelehrte Anzeigen.

gl herm Glossarium ad Hermeneutica ed. Hoffmann.

Gn Genesis.

Guidi chron. Un nuovo testo siriaco sulla storia degli ultimi Sassanidi ed. Guidi in Actes du VIIIme congrès international des orientalistes; übersetzt von Nöldeke SBWA 1893 no. IX.

Hb Habakuk.

Hebr Epistola ad Hebraeos.

Hebr I etc. Hebraica Chicago vol I etc.

herm De hermeneuticis apud Syros Aristoteleis scr. J. G. Hoffmann. Lipsiae 1869.

Hex Versio Hexaplaris.

Hg Haggai.

Hoffmann Ausz. Auszüge aus den syr. Acten pers. Märtyrer. Abh. für die KM. Leipzig 1880.

Hoffmann Kirch. Verhandlungen der Kirchenversammlung zu Ephesus am 22. Aug. 449 aus einer syr. Hds. übers. von G. Hoffmann. Festschrift für J. Olshausen. Kiel 1873.

Hos Hosea.

IA S. Isaaci Antiocheni opera omnia ed. G. Bickell. Gissae 1873 u. 77. 2 voll.

Jac Jacobi epistola.

JAP Journal Asiatique, Paris.

JARS Histoire de Jaballaha patriarche et de Rabban Sauma, Paris 1888.

J Bh A letter by Mar Jacob bishop of Edessa on syriac orthography, also a tract by the same author and a discourse by Gregory Bar Hebraeus on syriac accents ed. G. Phillips. London 1869.

JE Jacobus Edessenus.

JE Can. Die Canones des Jacob von Edessa von C. Kayer. Leipzig 1886.

JE gr Jacobus Edessenus grammatica denuo edidit Merx in Historia artis gr.

JE h Etudes sur l'hexaemeron de Jacques d'Edesse par A. Hjelt. Helsingfors 1892.

JE schol. Scholia on passages of the old testament by mar J. b. of E., ed. by G. Phillips. London 1864.
Jer Jeremias.
Ign Corpus Ignatianum by W. Cureton. London 1849.
IN Isaac Ninivita.
Joh Evangelium Johannis.
Joh Bernst. Das heilige Ev. des Joh. her. von G. H. Bernstein. Leipzig 1853.
1. 2. Joh Johannis epistolae.
Joh Dar Johannes Darensis.
Joh. Eph The third part of the ecclesiastical history of John bishop of Ephesus ed. by W. Cureton. Oxford 1853.
Joh Tell Het leeven van Johannes van Tella door Elias. Syrische Tekst en Nederlandsche Vertaling. Akademische Prœfschrift door H. G. Kleyn. Leyden 1882.
Jon liber Jonae.
Jos liber Josuae.
Joseph Das 6te Buch des bellum Judaicum von H. Kottek. Berlin 1886 et ed. Ceriani in Pescitto.
Journ. of s. l. Journal of sacred literature and biblical record.
Js Jesajas.
IS Inedita Syriaca her. von E. Sachau. Wien 1870.
JS Jacobus Sarugensis.
JSA Jacobus Sarugensis carmen de Alexandro ed. Knös chrest. p. 66—107 et Budge ZA VI 356 s 9. cf. Budge history of Alexander p. 103 sq.
JS Abb Abbeloos De vita et scriptis J. Batnarum Sarugi in Mesopotamia episcopi. Lovanii 1867.
JS Const. L'omelia di Giacomo di Sarug sul battesimo di Constantino imperatore. Memorie della reale academia dei Lincei VIII Roma 1883.
JS Tham. Jac. Sar. sermo de Thamar ed. a J. Zingerle. Oeniponte 1871.
Jš Jesujab Adiabeni epistolae in Th. Marg.
J St The chronicle of Josua Stylites ed. by Wright. Cambridge 1882.
Jud Liber Judicum.
Jul Julianos der Abtrünnige Syr. Erzählungen her. von G. Hoffmann. Leiden 1880.
Kays Das Buch der Erkenntnis der Wahrheit her. von Kayser. Leipzig 1889.
KwD Kalilag und Damnag alte syr. Uebersetz. des ind. Fürstenspiegels her. von G. Bickell. Leipzig 1876.
KwDW The book of Kalilah and Dimnah translated from Arabic into Syriac ed. by W. Wright, London 1884.
L I. Löw.
Lag GA P. de Lagarde, Gesammelte Abhandlungen. Leipzig 1868.
Lag Mitt. P. de Lagarde, Mitteilungen, Bd. I—IV. Göttingen 1884—89.
Lag Symm. P. de Lagarde, Symmicta II. Göttingen 1880.
Lc Lucae evangelium.
LC Zarnckes Literarisches Centralblatt.
Löw I. Löw. Aramaeische Pflanzennamen. Leipz. 1881.
Lv Leviticus.
Mal Malachia.
MAMQ Die Geschichte des Mâr Abhdîšô' und seines Jüngers Mâr Qardagh her. v. H. Feige. Kiel 1890.
Mar Acta S. Maris apostoli ed. Abbeloos. Brüssel-Leipzig 1885.
MB La légende de Mar Bassus martyr Persan publié par J. B. Chabot. Paris 1893.
MBA Monatsberichte der Berliner Akademie.
Mc Marci evangelium.
Mcc libri Maccabaeorum.
Merx Historia artis grammaticae apud Syros scr. A. Merx. Leipzig 1889, Abh. f. d. K. d. M. IX. 2.
Métr De la métrique chez les Syriens par Martin. Abh. f. d. K.d. M. VII. 2. Leipzig 1879.
Mich Micha.
MP Historia s. Mar Pethion ed. Corluy. Brüssel 1888, Anal. Bolland.
MS Monumenta syriaca e romanis codd. collecta ed. Mösinger et Zingerle. Oeniponte 1869—78. 2 voll.
Mt evangelium Matthaei.
N Th. Nöldeke, sq. § ejusdem Kurzgefasste syr. Grammatik. Leipzig 1880.
Nah Nahum.
Nat Das Buch der Naturgegenstände her. von Ahrens Kiel 1892.
Neh Nehemja.
NGGW Nachrichten der Göttinger Gesellschaft der Wissenschaften.
Nm Numeri.
Nöld. Beitr. Beiträge zur Geschichte des Alexanderromans: Denkschriften d. Wiener Academie phil. hist. Cl. Bd. 38 nr V 1890.
Ob Obadja.
Off Liber Psalmorum, horarum diurnarum, ordinis officii divini. Paris 1886.
OM Officium feriale juxta ritum ecclesiae Syr. Maronitarum. Rom 1830.
ON Opuscula Nestoriana ed. G. Hoffmann. Kiel 1880.
Pall Palladii paradisus extracta in Th. Marg.
Par libri Paralipomenon (Chronicorum).
Pel Acta sanctae Pelagiae syr. ed. J. Gildemeister. Bonn 1879.
Petr epistola Petri.
Petr Ib Petrus der Iberer. Ein Charakterbild zur Kirchen- und Sittengeschichte des fünften Jahrhunderts. Syrische Uebersetzung einer um das Jahr 500 verfassten Griechischen Biographie. Herausgegeben und übersetzt von R. Raabe. Leipzig 1895.
Phil versio Philoxeniana ed. White sive Pauli epistola ad Philippenses.
Philox. The discourses of Philoxenus edited by E. A. W. Budge. London 1894.
Phys Physiologus syrus ed. Tychsen. Rostockii 1795.
Pr liber Proverbiorum.
ψ liber Psalmorum.
PS Payne Smith Thesaurus syriacus.
Ps C The history of Alexander the Great being the syriac Version of the Pseudo Callisthenes ed. by E. A. W. Budge. Cambridge 1889.
Rabb Rabbulae opera in Ephraemi al. opera ed. Overbeck. Oxonii 1865.
Rechtsb Syrisch-Römisches Rechtsbuch her. von Bruns und Sachau. Leipzig 1880.
Rg liber Regum.
Rie Reliquiae juris ecclesiastici syr. ed. P. A. de Lagarde. Lipsiae 1856.
Rom Pauli epistola ad Romanos.
S The four gospels in the old syriac version. Transscribed from the palimpsest in the convent of mount Sinai by R. Bensley, J. R. Harris and F. C. Burkitt. With an introduction by Mrs Lewis. Cambridge 1894.
Sap Sapientia Salomonis.
SB The book of the bee by the bishop Solomon ed. by E. A. W. Budge. Oxford 1886.
SBWA Sitzungsberichte der Wiener Akademie der Wissenschaften.
Sch Die Schatzhöhle syrisch-deutsch her. von C. Bezold. Leipzig 1888.
Sev Severus bar Šakku dialogus de grammatica ed. Merx in Hist art. gram.
Sev A D. Severi Alexandrini de ritibus bapt. et s. synaxis ed. G. F. Boderiano. Antverpiae 1572.
Sim Šanql. Die Chronologie des Simeon Šanqlawâyâ. von Fr. Müller. Leipzig 1889.
Sind Sindban oder die 7 weisen Meister syr.-deutsch von F. Baethgen. Leipzig 1879.
Sir Siracides.
Sm libri Samuelis.
Soph Die Fabeln des Sophos her. von J. Landsberger. Posen 1859.
Spic Spicilegium syriacum ed. by W. Cureton. London 1855.
Spic Solesm Analecta sacra Spicilegio Solesmensi parata ed J. B. Pitra t. IV. patres antenicaeni ed. Martin. Paris 1893.
Steph bar Sud Stephen bar Sudaili, the Syrian Mystic and the book of Hierotheos by A. L. Frothingham. Leide 1886.
StudSin Studia Sinaitica I Catalogue of the Syriac Manuscripts in the convent of St. Catherine on Mount Sinai, compiled by A. Smith Lewis IV A tract of Plutarch de capienda ex inimicis utilitate ed. E. Nestle. London 1894.
T L. Techen.
TA Das Gedicht Tekkaf l'Arestotalis ed. S. Samuel. Halle 1893.
TB Titi Bostreni contra Manichaeos libri IV. syr. ed. P. de Lagarde. Berlin 1859.
Thes. hymn. H. A. Daniel, Thesaurus hymnologicus t. III ed L. Splieth.
Thess Pauli epistola ad Thessalonicos.
ThM Theodori Mopsuesteni fragmenta syriaca ed. E. Sachau. Lipsiae 1869.
Th Marg. The book of Governors the historia monastica of Thomas bishop of Marga ed. by E. A. W. Budge. London 1893. 2 voll.
Thr liber Threnorum.
Tim Pauli epistola ad Timotheum.
Tit Pauli epistola ad Titum.
to Testi orientali inediti sopra i sette dormienti di Efeso publ. d. J. Guidi. Rom Ac. dei Lincei 1885.
Tob Liber Tobith.
V Rabb Vita Rabbulae in Ephraemi al. opera ed. Overbeck. Oxonii 1865.
Wis Horae syriacae auctore N. Wisemann. Rom 1829.
WZKM Wiener Zeitschrift für d. Kunde d. Morgenlandes.
ZA Zeitschrift für Assyriologie her. von C. Bezold.
Zach Zacharja.
Zach Rhet. Zacharias Rhetor: das Leben des Severus von Antiochien in syrischer Uebersetzung her. v. J. Spanuth. Göttingen 1893 (Progr. d. Gymn. zu Kiel).
ZATW Zeitschrift für alttestamentliche Wissenschaft her. von Stade.
ZDMG Zeitschrift der Deutschen Morgenländischen Gesellschaft.
Zeph Zephanja.

Typis Guilelmi Drugulini Lipsiensis.